STÁLIN

SIMON SEBAG MONTEFIORE

Stálin

A corte do czar vermelho

Tradução
Pedro Maia Soares

5ª reimpressão

COMPANHIA DAS LETRAS

Grafia atualizada segundo o Acordo Ortográfico da Língua Portuguesa de 1990, que entrou em vigor no Brasil em 2009.

Título original
Stalin — The Court of the Red Tsar

Capa
João Baptista da Costa Aguiar

Foto de capa e lombada
Bettmann / Corbis / Stock Photos
Hulton-Deutsch Collection / Corbis / Stock Photos

Preparação
Araci dos Reis Rodrigues

Índice remissivo
Luciano Marchiori

Revisão
Ana Maria Barbosa
Otacílio Nunes

Atualização ortográfica
Adriana Bairrada
Viviane T. Mendes

Dados Internacionais de Catalogação na Publicação (CIP)
(Câmara Brasileira do Livro, SP, Brasil)

Sebag Montefiore, Simon, 1965-
Stálin : A corte do czar vermelho / Simon Sebag Montefiore ; tradução Pedro Maia Soares. — 1ª ed. — São Paulo : Companhia das Letras, 2006.

Título original: Stalin : The Court of the Red Tsar
Bibliografia.
ISBN 978-85-359-0768-1

1. Chefes de Estado — União Soviética — Biografia 2. Estadistas — União Soviética — Biografia 3. Estadistas — União Soviética — Condições sociais 4. Stálin, Josif, 1879-1953 5. União Soviética — Política e governo — 1917-1936 6. União Soviética — Política e governo — 1936-1953 I. Título

05-9239 CDD-947.0842

Índices para catálogo sistemático:
1. Período de Stálin, 1924-1953 : União Soviética : História 947.0842
2. Stálin : Período governamental, 1924-1953 : União Soviética : História 947.0842

EDITORA SCHWARCZ S.A.
Rua Bandeira Paulista, 702, cj. 32
04532-002 — São Paulo — SP
Telefone: (11) 3707-3500
www.companhiadasletras.com.br
www.blogdacompanhia.com.br
facebook.com / companhiadasletras
instagram.com / companhiadasletras
twitter.com / cialetras

Para Lily Bathsheba

Sumário

PARTE 10

O TIGRE EM FIM DE CARREIRA, 1949-53

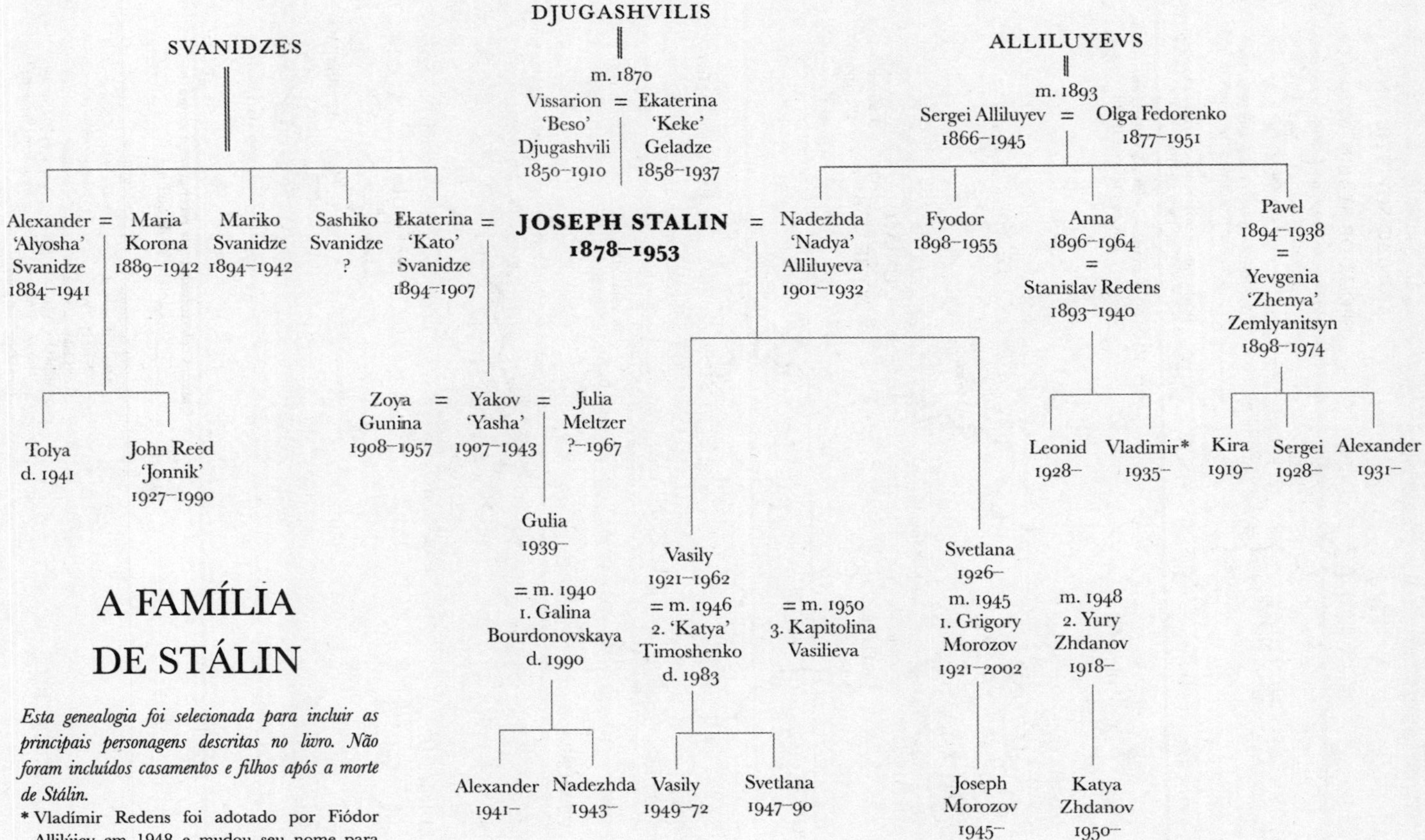

A FAMÍLIA DE STÁLIN

Esta genealogia foi selecionada para incluir as principais personagens descritas no livro. Não foram incluídos casamentos e filhos após a morte de Stálin.

* Vladímir Redens foi adotado por Fiódor Allilúiev em 1948 e mudou seu nome para Allilúiev

A UNIÃO SOVIÉTICA NA ÉPOCA DE STÁLIN 1929-53
Território conquistado na guerra da Finlândia (1940)
Territórios acrescentados em 1939/1940 pelo pacto Mólotov-Ribbentrop
Territórios alemão e tcheco anexados pela URSS em 1945
Extensão da invasão alemã em janeiro-julho de 1942
SUÉCIA
FINLÂNDIA
Leningrado
ESTÔNIA
LETÔNIA
mar Báltico
LITUÂNIA
Gorki (Nijy-Nóvgorod)
Moscou
Smolensk
Minsk
BIELO-RÚSSIA
UNIÃO SOVIÉTICA
Kúibichev (Samara)
POLÔNIA
Kursk
Kiev
TCHECOSLOVÁQUIA
Khárkov
Stalingrado (Tsarítsin)
HUNGRIA
UCRÂNIA
Rostov-sobre-o-Don
ROMÊNIA
IUGOSLÁVIA
Kertch
Ialta
mar Cáspio
BULGÁRIA
mar Negro
GEÓRGIA
Tbilissi
Baku
ARMÊNIA
AZERBAIJÃO
GRÉCIA
TURQUIA
IRÃ
Teerã
Cidades selecionadas que receberam o nome de camaradas de Stálin:
Mólotov (Perm)
Jdánov (Mariupol)
Kalínin (Tver)
Vorochílov (Lugansk)
Ordjonikidze (Vladikafkaz)
Kírov (Viatka)
Gorki (Nijy-Nóvgorod)
Kúibichev (Samara)
Vorochílovsk (Stavropol)
Stalingrado (Tsarítsin)
Stálino (Iujovska)
Stalinbad (Duchanbe)
Kirovabad (Elizavetpol)
mar Mediterrâneo

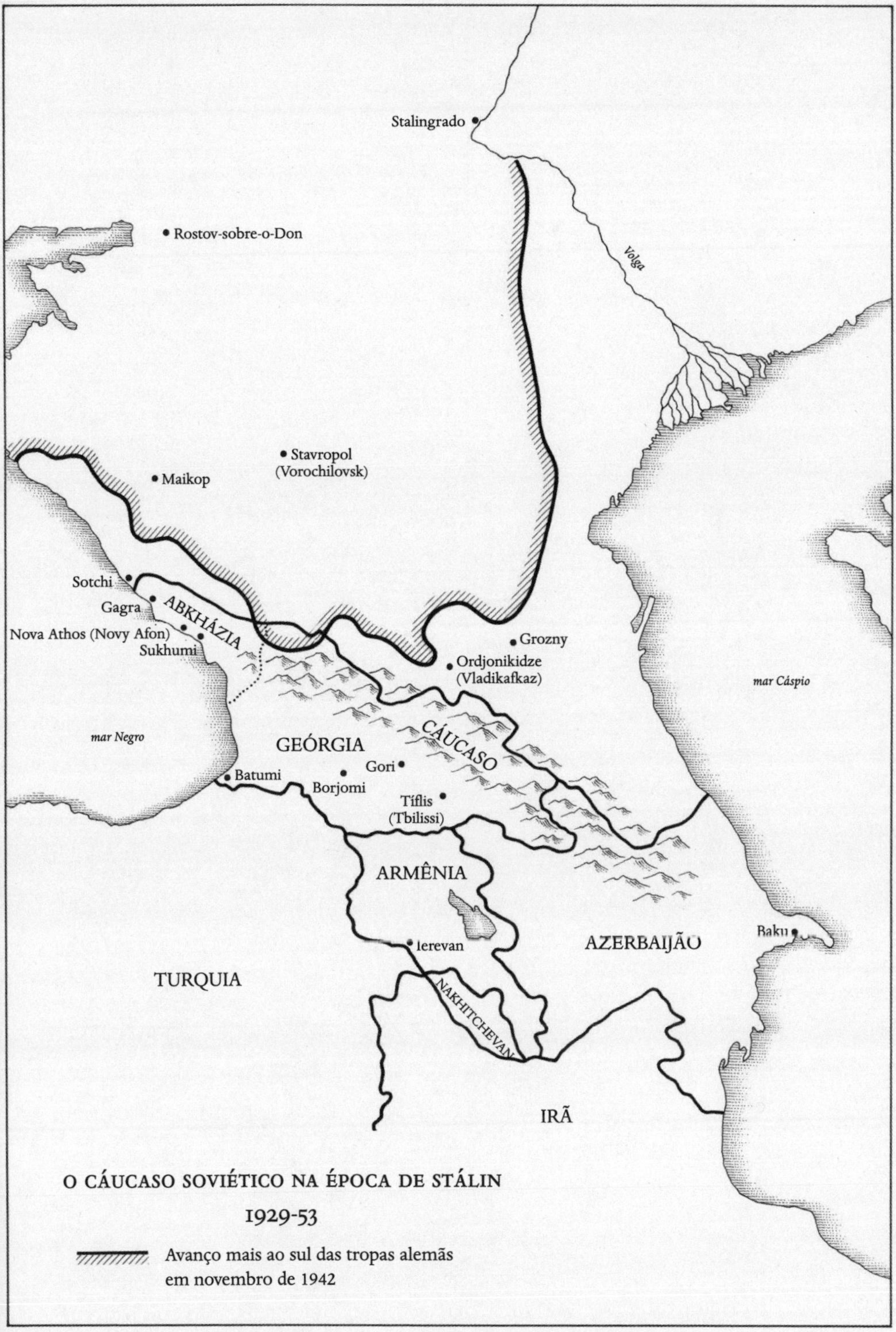

O CÁUCASO SOVIÉTICO NA ÉPOCA DE STÁLIN
1929-53

Introdução e agradecimentos

Recebi a ajuda generosa de muitas pessoas na realização deste livro, de Moscou a São Petersburgo e Sukhumi, de Tbilissi a Buenos Aires e Rostov. Meu objetivo era simplesmente fazer um retrato de Stálin, de seus vinte altos potentados e suas famílias, mostrar como eles governaram e como viveram na cultura singular de seus anos de poder supremo. Não tenho a pretensão de escrever uma história de suas políticas externa e interna, de suas campanhas militares, sua juventude ou a luta com Trotski. Trata-se de uma crônica de sua corte, desde sua aclamação como "o líder" em 1929 até sua morte. É uma biografia de seus cortesãos, um estudo de alta política e poder e costumes informais. De certo modo, é uma biografia do próprio Stálin escrita por meio de suas relações com os companheiros de poder: ele jamais sai do palco.

Minha missão era ir além da explicação tradicional de Stálin como um "enigma", "louco" ou "gênio satânico" e de seus camaradas com "homens sem biografia", temíveis sicofantas de bigode em fotografias em preto e branco. Ao lançar mão do arsenal de novos arquivos e memórias não publicadas, entrevistas feitas por mim mesmo e materiais bem conhecidos, espero que Stálin se torne um personagem mais compreensível e íntimo, embora não menos repelente. Acredito que situar Stálin e seus oligarcas no idiossincrático contexto bolchevique, como membros de uma ordem "militar-religiosa" de portadores da espada, explica boa parte do inexplicável. Stálin era completamente singular, mas muitas de suas ideias e características, tais como a dependência da morte como instrumento político e sua paranoia, eram compartilhadas por seus camaradas. Ele era um homem de seu tempo, assim como seus auxiliares.

Mólotov e Béria são provavelmente os mais famosos deles, mas muitos são pouco conhecidos no Ocidente. Iejov e Jdánov deram seus nomes a épocas, mas continuam na sombra. Alguns, como Mekhlis, mal foram estudados, mesmo pelos acadêmicos. Mikoian era admirado por muitos, Kaganóvitch, amplamente desprezado. Eles podiam apresentar uma máscara cinzenta para o mundo exterior, mas muitos eram exuberantes, dinâmicos e exagerados. O acesso à correspondência deles e até a suas cartas de amor ao menos lhes dará vida.

Ao contar suas histórias, este livro é inevitavelmente uma advertência: dos muitos assassinos em massa que aqui aparecem, apenas Béria e Iejov foram processados (e não por seus verdadeiros crimes). A tentação sempre foi pôr a culpa de todos os crimes em uma pessoa: Stálin. Hoje, há uma obsessão no Ocidente quanto ao culto da vilania: uma competição macabra, mas inane entre Stálin e Hitler para descobrir quem seria "o pior ditador do mundo", fazendo-se a contagem de suas supostas vítimas. Isso tem o efeito de apenas culpar um maluco, e não nos oferece nenhuma lição sobre o perigo das ideias e dos sistemas utópicos, nem sobre a responsabilidade dos indivíduos.

A Rússia moderna ainda não encarou seu passado: não houve redenção, o que talvez ainda lance uma sombra sobre o desenvolvimento da sociedade civil. Muitos russos de hoje não me agradecerão pela franqueza íntima de uma história que prefeririam esquecer ou evitar. Embora certamente não diminua a imensa culpa de Stálin, este livro talvez desestimule a ficção conveniente de que ele foi o único responsável, ao revelar os homicídios de toda a liderança, bem como seus sofrimentos, sacrifícios, vícios e privilégios.

Tive a enorme felicidade de contar com a ajuda de muitas pessoas. Este livro foi inspirado por Robert Conquest, que me deu um apoio paciente e generosos conselhos durante toda a sua confecção. Sou imensamente grato a Robert Service, professor de História da Rússia da Universidade de Oxford, que supervisionou esta obra com estímulo generoso e conhecimento admirável e cujas leitura e edição detalhada do texto foram inestimáveis. Na Rússia, fui "supervisionado" pelo mais importante estudioso da política stalinista, Oleg Khlevniuk, pesquisador sênior do Arquivo do Estado da Federação Russa (GARF), que me orientou e me ajudou durante todo o tempo. Em questões relacionadas com o NKVD/MGB, tive a felicidade também de contar com a ajuda de Nikita Petrov, vice-presidente do Centro de Pesquisas Científicas da Memória de Moscou, o maior estudioso da polícia secreta russa atualmente. Sobre assuntos militares, fui orientado e ajudado, tanto na pesquisa em arquivos como na interpretação, pelo professor Oleg Rjechevski e seus associados. Nas questões diplomáticas, tive o privilégio de contar com o conhecimento, as checagens e a amizade charmosa de Hugh Lunghi, que compareceu aos encontros de Teerã, Ialta e Potsdam e a reuniões com Stálin no final da década de 1940. Sir Martin Gilbert foi generoso ao compartilhar tanto seu conhecimento como seus contatos na Rússia. Em assuntos georgianos, meus guias foram Zackro Megrelichvili, professor (de Estudos Americanos) da Universidade Estadual de Língua e Cultura Ilia Tchavtchavadze de Tbilissi, e Gela Tcharkviani. Sobre assuntos abkhazianos, devo agradecer ao maior estudioso de Sukhumi, professor Slava Lakoba. Sou grato também pela orientação e pelas ideias das seguintes pessoas: Geoffrey Hosking, professor de História Russa da Universidade de Londres; Isabel de Madariaga, professora emérita de Estudos Eslavônicos da Universidade de Londres; e Alexander Kamenski, professor de História Russa Antiga e Moderna da Universidade Estadual Russa para Humanidades de Moscou. Roy Medvedev, Edvard Radzinski, Arkadi Vaksberg e Larissa Vassilieva também me aconselharam e auxiliaram. Tive a felicidade de contar com a ajuda desse grande elenco e só posso agradecer com humildade; nestas páginas, a sabedoria é deles, os erros são meus.

Tive a sorte de empreender esta tarefa quando se abriu uma parte apreciável do Arquivo Presidencial do Arquivo Estatal Russo de História Social e Política (RGASPI), em 1999, o que significou que pude usar uma grande quantidade de novos e fascinantes documentos e fotografias, como cartas de Stálin, de membros de seu círculo e suas famílias, o que tornou este livro possível. Além disso, tive acesso a novos materiais militares dos Arquivos Estatais Russos de Guerra (RGVA) e dos Arquivos Centrais do Ministério da Defesa da Federação Russa (TSAMO RF), em Podolsk. Oleg Khlevniuk foi meu fiador original no RGASPI e no GARF. Meus maiores agradecimentos vão para Larissa A. Rogovaia, chefe de seção no RGASPI, especialista em documentos de Stálin e eminente intérprete de seus manuscritos, que me ajudou em todas as etapas. Agradeço também à doutora Ludmilla Gatágova, pesquisadora do Instituto de História da Rússia. Mas, sobretudo, devo agradecimentos à talentosa professora Galina Babkova, do Departamento de História da

Universidade Estatal Russa de Humanidades, que me ajudou tanto neste livro quanto o fizera em *Potemkin*.

Tive a sorte de obter acesso a muitas testemunhas da época e, amiúde, a seus documentos familiares, inclusive às memórias não publicadas de seus pais. Sou imensamente grato por isso a Vladímir Grigóriev, vice-ministro de Imprensa, Televisão e Rádio da Federação Russa, proprietário da editora Vagrius; a Galina Udenkova, do RGASPI, que compartilhou seus raros contatos comigo; a Olga Adamíchina, que conseguiu várias de minhas entrevistas; e a Rosamond Richardson, que generosamente me deu acesso a seus contatos com a família Allilúiev e às fitas de suas entrevistas com Svetlana Allilúieva. Kitty Stidworthy permitiu-me usar as lembranças não publicadas de Vera Trail de Iejov. Meus agradecimentos à doutora Liuba Vinográdova por seu charme e sua eficiência, empatia, paciência ao me ajudar em muitas entrevistas. Agradecimentos especiais a Alan Hirst e Louise Campbell por me apresentarem aos Mólotov. O general de divisão Stiepan Mikoian e sua filha Askhen foram encantadores, hospitaleiros, prestativos e generosos. As seguintes pessoas também ofereceram suas memórias e seu tempo: Kira Allilúieva, Vladímir Allilúiev (Redens), Natália Andréieva, Nikolai Baibakov, Nina Budiony, Júlia Kruschcheva, Tânia Litvinova, Igor Malenkov, Vôlia Malenkova, Sergo Mikoian, Joseph Minervin (neto de Kaganóvitch), Stas Námin, Viatcheslav Níkonov (neto de Mólotov), Eteri Ordjonikidze, Marta Péchkova, Natália Poskrióbicheva, Leonid Redens, Natália Ríkova, general de divisão Artiom Serguéiev, Iúri Soloviov, Oleg Troianovski, Iúri Jdánov, Nadejda Vlássik. Agradeço à minha pesquisadora Galina Babkova por conseguir as entrevistas com Tina Egnatachvili e Gulia Djugachvili. Devo agradecer ao admirável Mark Fielder, da Granada Productions, com quem tive o prazer de trabalhar no documentário sobre Stálin da BBC2. Em São Petersburgo, agradeço ao diretor e aos funcionários do Museu Kírov.

Em Tbilissi, o professor Megrelichvili conseguiu-me muitas entrevistas, contou-me lembranças de seu padrasto Chalva Nutsibidze e me apresentou a Maia Kavtaradze, que compartilhou comigo as memórias não publicadas de seu pai. Gela Tcharkviani contou-me suas lembranças de juventude e, sobretudo, deu-me generosamente acesso às memórias não publicadas de seu pai. Sou grato também às seguintes pessoas: Nádia Dekanozova, Aliocha Mirtchkulava, Eka Rapava, Nina Rukhadze. Agradeço a Lika Basileia por me acompanhar ao Palácio Likani e Gori e a Nino Gagochidze e Irina Dmetradze por sua ajuda enérgica; a Nata

Patiachvili por sua ajuda na tradução e na obtenção de entrevistas; a Zurab Karumidze; e a Lila Aburchvili, diretora do Museu Stálin, em Gori.

Pelo apoio durante minha viagem à Abkházia, devo agradecer à embaixadora britânica na Geórgia, Deborah Barnes Jones; a Thadeus Boyle, administrador de serviço de campo, UNOMIG; a Anri Djirgonia, primeiro-ministro abkhaziano. Este livro não teria sido possível sem Victoria Ivleva-Yorke. Agradeço a Saida Smir, diretor da datcha Novy Afon e aos funcionários das outras residências de Stálin em Sukhumi, Kholódnaia Retchka, lago Ritsa, Museri e Sotchi. Agradeço a Eva Soldati por ter entrevistado Leopoldo Bravo e sua família, em Buenos Aires.

Agradeço a acolhida durante minhas visitas a Moscou e outros lugares a: Masha Slonim, que descobri ser neta de Maxim Litvínov; Marc e Rachel Polonski, que moram no apartamento do marechal Kóniev, em Granovski, onde aconteceram muitos eventos relatados neste livro; Ingaborga Dapkunaite, David Campbell, Tom Wilson, em Moscou; Olga Polizzi e Julietta Dexter, em São Petersburgo.

Um agradecimento especial a duas das mais sábias cabeças históricas: meu pai, dr. Stephen Sebag-Montefiore, que foi brilhante na leitura da psicologia de Stálin, assim como o fora com Potiómkin; e minha mãe, April Sebag-Montefiore, por seus dons sem jaça de linguagem e psicologia.

Devo agradecer a minha agente Georgina Capel; ao presidente da Orion, Anthony Cheetham; ao meu editor, Ion Trewin; e a lorde e lady Weidenfield. Agradeço pelas respostas a minhas perguntas e por ajudar-me de várias maneiras a: Andy Apostolou, Bernardette Cini, professor Derek Beales, Vadim Beniátov, Michael Bloch, dr. David Brandenburger, Winston Churchill, Pável Tchinski, dra. Sarah Davies, Ellen, lady Dahrendorf, Mark Franchetti, Lisa Fine, Serguei Degtiarev Foster, dr. Dan Healy, Elena Durden-Smith, Levan e Nino Gachechiladze, professor J. Arch Getty, Nata Gologre, Jon Halliday, Andrea Dee Harris, Mariana Haseldine, Laurence Kelly, Dmitri Khankin, Anne Applebaum, Joan Bright Astley, Maria Lobanova, V. S. Lopatin, embaixador da República da Geórgia e sra. Teimuraz Mamatsachvili, Neil McKendrick, o Mestre, Gonville & Caius College, Cambridge, Catherine Merridale, princesa Tatiana Metternich, Edward Lucas, Charles e Patty Palmer-Tomkinson, Martin Poliakoff, professor Richard Overy, David Pryce-Jones, Alexánder Prozverkin, Antony Beevor, Julia Tourchaninova e Ernst Goussinsksi, professor E. A. Rees, Hugh Sebag-Montefiore, conde Fritz von der Shulenberg, professor Boris Sokolov, lady Soames, Geia Sukanichvili, lorde Thomas de Swynnerton, conde Nikolai Tolstoi, príncipe George Vassiltchikov, dr. D. H. Watson,

Adam Zamoyski. Devo muito a minha tutora russa, Galina Oleksiuk. Agradeço a Jane Birkett, minha valente editora de texto, a John Gilkes pelos mapas, a Douglas Matthews pelo índice, e imensamente a Victoria Webb pelo trabalho heroico de cotejar as provas.

Por fim, mas em primeiro lugar, devo agradecer amorosamente a minha esposa, Santa Montefiore, não somente por traduzir do espanhol os materiais sobre Leopoldo Bravo, mas sobretudo por tolerar e até, às vezes, receber bem, durante anos a fio, a presença constante de Stálin em nossas vidas.

Lista de personagens

Ióssif Stálin, nascido Djugachvili, conhecido como "Soso" e "Koba". Secretário do Partido Bolchevique (1922-53) e premiê (1941-53). Marechal. Generalíssimo.

Família

Keké Djugachvili, mãe de Stálin

Kató Svanidze, primeira esposa de Stálin

Iákov Djugachvili, filho do primeiro casamento de Stálin. Capturado pelos alemães

Nádia Allilúieva, segunda esposa de Stálin

Vassíli Stálin, filho de Stálin e Nádia Allilúieva, piloto, general

Svetlana Stálin, agora conhecida como Allilúieva, filha de Stálin

Artiom Serguéiev, filho adotivo de Stálin e Nádia

Serguei Allilúiev, pai de Nádia

Olga Allilúieva, mãe de Nádia

Pável Allilúiev, irmão de Nádia, comissário do Exército Vermelho casado com

Jênia Allilúieva, cunhada de Nádia, atriz, mãe de Kira

Aliocha Svanidze, irmão de Kató, georgiano, cunhado de Stálin, diretor de banco casado com

Maria Svanidze, judia georgiana, memorialista, cantora de ópera

Stanislas Redens, cunhado de Nádia, membro da polícia secreta, casado com
Anna Redens, irmã mais velha de Nádia

Aliados

Víctor Abakúmov, membro da polícia secreta, chefe da Smersh, ministro da MGB
Andrei Andréiev, membro do Politburo, secretário do CC, casado com
Dora Khazan, melhor amiga de Nádia, vice-ministra dos Têxteis, mãe de Natacha Andréieva
Lavrenti Béria, "Tio Lara", membro da polícia secreta, chefe do NKVD, membro do Politburo encarregado da bomba nuclear, casado com
Nina Béria, cientista, a quem Stálin tratava "como uma filha", mãe de Sergo Béria, cientista, casado com
Marta Péchkova Béria, neta de Gorki, cunhada de Béria
Semion Budiony, marechal de cavalaria, membro do Grupo Tsarítsin
Nikolai Bulgánin, "o Encanador", tchequista, prefeito de Moscou, membro do Politburo, ministro da Defesa, aparente herdeiro
Candide Tcharkviani, chefão do Partido Georgiano e confidente de Stálin
Semion Ignátiev, ministro da MGB, artífice do Complô dos Doutores
Lázar Kaganóvitch, "Lázar de Ferro" e "a Locomotiva", velho bolchevique judeu, secretário-geral do Partido no começo da década de 1930, comissário dos Transportes (1935), membro do Politburo
Mikhail Kalínin, "Papa", o "Ancião da Aldeia", presidente soviético, camponês-operário
Nikita Khruchióv, primeiro-secretário de Moscou, depois da Ucrânia, membro do Politburo
Serguei Kírov, chefão de Leningrado, secretário do CC, membro do Politburo e amigo íntimo de Stálin
Valerian Kúibichev, economista e poeta, membro do Politburo
Alexei (A. A.) Kuznietsov, vice de Jdánov em Leningrado; após a Segunda Guerra, secretário do CC e curador da MGB, herdeiro aparente de Stálin como secretário
Néstor Lakoba, chefão abkhaziano
Gueorgi Malenkov, apelidado de "Melanie" ou "Malania", secretário do CC; aliado de Béria
Liev Mekhlis, "O Demônio Sombrio" e "Tubarão", judeu, secretário de Stálin, depois editor do *Pravda*, chefe político do Exército Vermelho

Akáki Mgeladze, abkhaziano, depois chefão georgiano; Stálin o chamava de "Lobo"

Anastas Mikoian, velho bolchevique armênio, membro do Politburo, ministro do Comércio e Abastecimento

Viatcheslav Mólotov, conhecido como "Cu-de-pedra" e "Nosso Vetcha", membro do Politburo, premiê, ministro do Exterior, casado com

Polina Mólotova, nascida Karpóvskaia, conhecida como Camarada Jemtchújina, "A Pérola", judia, comissária da Pesca, responsável pela indústria de perfumes

Grigori Ordjonikidze, conhecido como Camarada Sergo e como "Rabo de Stálin", membro do Politburo, ministro da Indústria Pesada

Karl Pauker, ex-barbeiro da Ópera de Budapeste, guarda-costas de Stálin e chefe da Segurança

Alexander Poskrióbichev, ex-enfermeiro, chefe de gabinete de Stálin, casado com

Bronka Metálikova Poskrióbicheva, médica, judia

Mikhail Riúmin, "Pequeno Micha", "O Anão", vice-ministro da MGB e coordenador do Complô dos Doutores

Nikolai Vlássik, guarda-costas de Stálin e chefe do Diretório de Guardas

Klim Vorochílov, marechal, membro do Politburo, comissário da Defesa, veterano de Tsarítsin, casado com

Ekaterina Vorochilova, memorialista

Nikolai Voznessenski, economista de Leningrado, membro do Politburo, vice-premiê, herdeiro ungido por Stálin a premiê

Guenrikh Iagoda, chefe do NKVD, judeu, apaixonado por Timocha Gorki

Ábel Ienukidze, "Tio Ábel", secretário do Comitê Executivo Central, georgiano, *bon vivant*, padrinho de Nádia

Nikolai Iejov, "Amora" ou "Kolia", chefão do NKVD, casado com

Ievguênia Iejova, editora, socialite, judia

Andrei Jdánov, "O Pianista", membro do Politburo, chefão de Leningrado, secretário do CC, chefe naval, amigo de Stálin e herdeiro aparente, pai de

Iúri Jdánov, chefe do Departamento de Ciências do CC, casado com Svetlana Stálin

Generais

Grigori Kulik, marechal, chefe da Artilharia, mulherengo e trapalhão, veterano de Tsarítsin

Boris Chápochnikov, marechal, chefe do Estado-Maior, oficial favorito de Stálin
Semion Timochenko, marechal, vencedor da campanha da Finlândia, comissário da Defesa, veterano de Tsarítsin; sua filha casou-se com Vassíli Stálin
Alexander Vassilevski, marechal, chefe do Estado-Maior, filho de padre
Gueorgi Júkov, marechal, vice-comandante em chefe, melhor general de Stálin

Inimigos e ex-aliados
Nikolai Bukhárin, "querido do Partido", "Bukhartchik", teórico, membro do Politburo, cogovernante com Stálin em 1925-9, amigo de Nádia, direitista, principal réu no último processo exemplar
Liev Kámenev, membro esquerdista do Politburo, derrotou Trotski com Stálin, com quem governou em 1924-5, judeu. Réu no primeiro processo exemplar
Alexei Ríkov, "Rikvodca", membro direitista do Politburo, premiê e cogovernante com Stálin e Bukhárin em 1925-8. Réu no último processo exemplar
Leon Trotski, gênio da Revolução, judeu, comissário da Guerra e criador do Exército Vermelho, "comandante de opereta", nas palavras de Stálin
Grigori Zinóviev, membro esquerdista do Politburo, chefão de Leningrado, judeu. Triunvirato com Stálin e Kámenev em 1924-5. Réu no primeiro processo exemplar

"Engenheiros da alma humana"
Anna Akhmátova, poeta, "freira-meretriz", disse Jdánov
Isaac Babel, autor de *A cavalaria vermelha* e amigo de Eisenstein, Mándelstam
Demian Bedny, "o poeta proletário", companheiro jovial de Stálin
Mikhail Bulgákov, romancista e dramaturgo, Stálin viu sua peça *Dias das turbinas* quinze vezes
Ilia Ehrenburg, escritor judeu e figura literária europeia
Serguei Eisenstein, maior diretor de cinema da Rússia
Máximo Gorki, romancista mais famoso da Rússia, próximo de Stálin
Ivan Kozlovski, tenor da corte de Stálin
Óssip Mándelstam, poeta: "Isolem, mas preservem", disse Stálin
Boris Pasternak, poeta, "vive nas nuvens", disse Stálin
Mikhail Chólokhov, romancista dos cossacos e da coletivização
Konstantin Símonov, poeta e editor, amigo de Vassíli Stálin, favorito de Stálin

Prólogo

O JANTAR FESTIVO — 8 DE NOVEMBRO DE 1932

Por volta das dezenove horas de 8 de novembro de 1932, Nádia Allilúieva Stálin, a esposa de 31 anos, rosto oval e olhos castanhos do secretário-geral do Partido, vestia-se para a ruidosa festa anual que celebraria o 15º aniversário da Revolução. Puritana, diligente mas frágil, Nádia orgulhava-se de sua "modéstia bolchevique", usando os vestidos mais sem graça e sem forma, envolvida em xales simples, com blusas de colarinho quadrado e sem maquiagem. Mas, naquela noite, fazia um esforço especial. No apartamento sombrio dos Stálin, na construção do século XVII de dois andares do Palácio Potechny, que significa "palácio do divertimento", pois abrigara outrora os atores czaristas e um teatro, ela rodopiava diante de sua irmã Ana, com um vestido preto longo e inusitadamente moderno, com rosas vermelhas bordadas, importado de Berlim. Daquela vez, ela concordara em fazer um penteado, em vez de usar seu coque costumeiro. Descontraída, colocou uma rosa escarlate nos cabelos negros.

Prestigiada por todos os magnatas* bolcheviques, tais como o premiê Mó-

* Esta palavra, muito usada pelo autor ao longo do livro, refere-se às pessoas poderosas, importantes, influentes ou ilustres da época de Stálin, o que popularmente se chamaria de "mandachuva". (N. T.)

lotov e sua esposa, a esbelta, inteligente e sedutora Polina, que era a melhor amiga de Nádia, a festa era promovida anualmente pelo comissário da Defesa Vorochílov, que morava no longo e estreito prédio da Guarda Montada, a cinco passos do Potiéchni. No mundo minúsculo e íntimo da elite bolchevique, aquelas noitadas simples e alegres acabavam com os potentados e suas mulheres dançando gigas cossacas e cantando lamentos georgianos. Mas, naquela noite, a festa não acabou do modo usual.

Na mesma hora, a poucas centenas de metros dali, perto do mausoléu de Lênin e da Praça Vermelha, em seu escritório do segundo andar do Palácio Amarelo, uma construção triangular do século XVIII, Ióssif Stálin, o secretário-geral do Partido Bolchevique e o *Vojd* — líder — da União Soviética, então com 53 anos, 22 a mais do que Nádia e pai de seus dois filhos, encontrava-se com seu agente da polícia secreta favorito. Guenrikh Iagoda, vice-presidente da GPU,* um filho de joalheiro judeu com cara de doninha, originário de Nijny Nóvgorod, com um "bigode hitlerista" e um gosto por orquídeas, pornografia alemã e amizades literárias, informava Stálin de novos complôs contra ele dentro do partido e mais turbulência no campo.

Stálin, assessorado por Mólotov, de 42 anos, e o responsável pela economia, Valerian Kúibichev, que parecia um poeta louco, com cabelos desgrenhados, um entusiasmo por bebidas, mulheres e, apropriadamente, escrever poesia, ordenou a prisão dos que se opunham a ele. A tensão daqueles meses crescia à medida que Stálin temia perder a Ucrânia, que, em certas partes, caíra numa distopia de fome e desordem. Quando Iagoda saiu, cinco minutos depois das sete da noite, os outros ficaram conversando sobre a guerra para "dobrar a espinha" do campesinato, qualquer que fosse o custo para as milhões de vítimas da maior epidemia de fome da história provocada pelo homem. Eles estavam decididos a usar os grãos para financiar o gigantesco programa de industrialização da Rússia. Mas, naquela noite, a tragédia ocorreria mais perto de casa: Stálin iria enfrentar a crise

* A polícia secreta soviética foi inicialmente chamada de Comissão Extraordinária para Combater a Contrarrevolução e a Sabotagem, conhecida como Tcheca. Em 1922, tornou-se a Administração Política do Estado (GPU), depois GPU Unida: OGPU. Em 1934, foi absorvida no Comissariado Popular de Assuntos Internos (NKVD). Porém, os membros da polícia secreta ainda eram conhecidos como "tchequistas" e a própria polícia secreta como "Os Órgãos". Em 1941 e 1943, a Segurança do Estado foi separada em seu Comissariado próprio, o NKGB. De 1954 a 1991, levou o nome de Comissão de Segurança do Estado, a KGB.

pessoal mais profunda e misteriosa de sua carreira. Ele a relembraria sem cessar pelo resto de seus dias.

Cinco minutos depois das oito, acompanhado pelo grupo, Stálin desceu as escadas na direção da festa, caminhando pelas vielas e praças cheias de neve daquela fortaleza medieval de muros vermelhos, vestido com a túnica do partido, velhas calças largas, botas de couro macio, velho sobretudo do Exército e seu *chapka* (gorro) de pele de lobo com orelheiras. Seu braço esquerdo era levemente menor do que o direito — mas a diferença era muito menos perceptível do que se tornou na velhice — e ele costumava fumar um cigarro ou cachimbo. A cabeça e os cabelos grossos e curtos, ainda pretos, mas já com as primeiras manchas grisalhas, irradiavam a força graciosa dos homens das montanhas do Cáucaso; seus olhos felinos, quase orientais, eram "cor de mel", mas soltavam chispas lupinas amarelas quando ele estava irado. As crianças achavam seu bigode espinhento e seu cheiro de tabaco acre, mas, como Mólotov e suas admiradoras femininas lembravam, Stálin ainda era atraente para as mulheres, com quem flertava de modo tímido e desajeitado.[1]

Essa figura atarracada e baixa, de 1,68 metro de altura, que caminhava pesadamente, mas com rapidez, com as pontas dos pés voltadas para dentro (modo de andar imitado meticulosamente pelos atores do Bolchoi quando interpretavam czares), conversando de forma calma com Mólotov em seu sotaque forte de georgiano, era protegida apenas por dois guarda-costas. Os poderosos andavam por Moscou quase sem segurança. Até o suspeitoso Stálin, que já era odiado no campo, ia a pé de seu escritório para casa com apenas um guarda-costas. Uma noite de tempestade de neve, Mólotov e Stálin, no caminho para casa, atravessavam "sem guarda-costas" a praça Manege quando foram abordados por um mendigo. Stálin deu-lhe dez rublos, e o vagabundo, desapontado, gritou: "Seu burguês desgraçado!".

"Quem pode entender nosso povo?", comentou Stálin. Apesar do assassinato de autoridades soviéticas (inclusive uma tentativa de matar Lênin, em 1918), as coisas continuaram muito relaxadas até o assassinato do embaixador soviético na Polônia, em junho de 1927, quando houve um leve aperto na segurança. Em 1930, o Politburo aprovou um decreto "para proibir o camarada Stálin de andar a pé pela cidade". No entanto, ele continuou com suas caminhadas por mais alguns anos. Essa era uma idade de ouro que, em poucas horas, acabaria em morte, senão assassinato.[2]

Stálin já era famoso por sua inescrutabilidade de esfinge e modéstia fleumática, representadas pelo cachimbo que fumava de modo ostentoso, como um ancião camponês. Longe de ser a mediocridade burocrática insossa desdenhada por Trotski, o verdadeiro Stálin era uma pessoa melodramática, enérgica e orgulhosa, excepcional em tudo.

Sob a calma lúgubre dessas águas insondáveis havia redemoinhos mortais de ambição, ódio e infelicidade. Capaz tanto de se comportar com autocontrole como de ter rompantes imprudentes, ele parecia fechado numa armadura fria de aço, mas suas antenas eram extremamente sensíveis, e seu gênio impetuoso de georgiano era tão incontrolável que quase arruinara sua carreira ao se lançar contra a mulher de Lênin. Era um neurótico volúvel com o temperamento tenso e fervente de um ator excitável que se compraz com o próprio drama — o que seu sucessor Nikita Khruchióv chamou de um *litsedei*, um homem de muitas faces. Lázar Kaganóvitch, um de seus camaradas mais próximos por mais de trinta anos, que também se dirigia à festa, deixou a melhor descrição desse "personagem singular": ele era "um homem diferente em diferentes momentos [...]. Conheci não menos de cinco ou seis Stálins".

Porém, a abertura de seus arquivos e muitas fontes novas disponíveis o iluminam mais do que nunca: não é mais suficiente descrevê-lo como um "enigma". Sabemos agora como ele falava (constantemente sobre si mesmo, amiúde com honestidade reveladora), como escrevia notas e cartas, o que comia, cantava e lia. Colocado no contexto da liderança fissípara soviética, um ambiente sem par, ele se torna uma pessoa real. O homem que havia dentro dele era um político superinteligente e talentoso para quem o próprio papel histórico era fundamental, um intelectual nervoso que lia história e literatura de modo compulsivo, um hipocondríaco inquieto que sofria de amidalite crônica, psoríase, dores reumáticas em seu braço deformado e algidez, resultado de seu exílio na Sibéria. Loquaz, sociável e excelente cantor, esse homem solitário e infeliz arruinou todas as suas relações de amor e de amizade ao sacrificar a felicidade à necessidade política e à paranoia canibalesca. Marcado pela infância e de temperamento anormalmente frio, tentou ser um pai e marido amoroso, mas envenenou todos os poços emocionais. Esse amante nostálgico de rosas e mimosas acreditava que a solução para todos os problemas humanos era a morte e foi obcecado por execuções. Esse ateu devia tudo aos padres e via o mundo em termos de pecado e arrependimento, mas era um "marxista convicto e fanático desde a juventude".

Seu fanatismo era "semi-islâmico", seu egotismo messiânico, sem fronteiras. Assumia a missão imperial dos russos, mas continuava a ser um georgiano, levando as vendetas de seus antepassados para Moscou.

A maioria dos homens públicos tem o hábito cesarista de se afastar de si mesmo para admirar a própria figura no palco mundial, mas o afastamento de Stálin era em grau maior. Seu filho adotivo, Artiom Serguéiev, lembra dele gritando com o filho Vassíli por ter se aproveitado do nome do pai. "Mas eu sou um Stálin também", disse Vassíli.

"Não, você não é", replicou Stálin. "Você não é Stálin e eu não sou Stálin. Stálin é o poder soviético. Stálin é o que ele é nos jornais e nos retratos, não você, nem mesmo eu!"

Ele era uma criação de si mesmo. Um homem que inventa seu nome, data de nascimento, nacionalidade, educação e seu passado inteiro, a fim de mudar a história e desempenhar o papel de líder, provavelmente acabará numa instituição mental, a não ser que abrace, por vontade, sorte e habilidade, o movimento e o momento que podem inverter a ordem natural das coisas. Stálin foi um homem assim. O movimento foi o Partido Bolchevique; seu momento, a decadência da monarquia russa. Após a morte de Stálin, virou moda considerá-lo uma aberração, mas isso significava reescrever a história de modo tão grosseiro quanto o próprio Stálin fez. Seu sucesso não foi um acidente. Ninguém se ajustava mais às intrigas conspiratórias, às filigranas teóricas, ao dogmatismo homicida e à frieza desumana do partido de Lênin. É difícil encontrar uma síntese melhor entre um homem e um movimento que o casamento ideal de Stálin com o bolchevismo: ele era um espelho de suas virtudes e defeitos.[3]

Nádia estava excitada porque se vestia para uma festa. No dia anterior, na parada do Dia da Revolução, a dor de cabeça fora insuportável, mas ela agora estava alegre. Assim como o verdadeiro Stálin era diferente de sua personagem histórica, o mesmo acontecia com Nadejda Allilúieva. "Ela era muito bonita, mas não se vê isso nas fotografias", lembra Artiom Serguéiev. Ela não tinha uma beleza convencional. Quando sorria, seus olhos irradiavam honestidade e sinceridade, mas era também solene, distante e perturbada por males físicos e mentais. Sua frieza era periodicamente destruída por ataques de histeria e depressão. Sofria de ciúmes crônicos. Ao contrário de Stálin, que tinha a graça de um verdugo, ninguém lembra do senso de humor de Nádia. Ela era uma bolchevique, bem capaz de agir como informante do marido, denunciando seus inimigos. Era então o casamento de um ogro e uma ovelha, uma metáfora do tratamento que Stálin dava à Rússia? Somente na medida em que se tratava de um casamento bolchevique em todos os sentidos, típico da cultura peculiar que o gerou. Contudo, visto de outro ângulo, trata-se simplesmente da tragédia comum de um empedernido viciado em trabalho que não poderia ser um parceiro pior para sua esposa autocentrada e desequilibrada.

A vida de Stálin parecia ser uma fusão perfeita de política e família bolchevique.

Apesar da guerra brutal contra os camponeses e da crescente pressão sobre os líderes, aquele era um período de idílio feliz, uma vida de fins de semana no campo em datchas tranquilas, jantares alegres no Kremlin e férias lânguidas às margens do mar Negro que os filhos de Stálin lembrariam como as mais felizes de suas vidas. As cartas de Stálin revelam um casamento difícil, mas amoroso:

"Olá, Tatska [...] sinto tanto a sua falta Tatotchka — estou solitário como um mocho", escreveu para Nádia, usando o apelido carinhoso dela, a 21 de junho de 1930. "Não vou sair da cidade a negócios. Estou só acabando meu trabalho e depois vou sair da cidade com as crianças amanhã. [...] Então adeus, não demore muito, volte para casa mais cedo! Beijos! Seu Ióssif."[4] Nádia estava tratando de suas dores de cabeça em Carlsbad, Alemanha. Stálin sentia saudades dela e cuidava das crianças, como qualquer marido. Em outra ocasião, ela terminava uma carta assim: "Peço muito que cuide de você! Mando beijos apaixonados, tal como você me beijou quando nos despedimos! Sua Nádia".[5]

Nunca foi uma relação fácil. Ambos eram apaixonados e suscetíveis: suas brigas eram sempre dramáticas. Em 1926, ela levou os filhos para Leningrado, dizendo que o estava abandonando. Mas ele implorou que voltasse e ela voltou. Percebe-se que esse tipo de briga era frequente, porém havia intervalos de um tipo de felicidade, embora não se devesse esperar aconchego nessa espécie de lar bolchevique. Stálin era amiúde agressivo e insultante, no entanto o que mais tornava difícil sua convivência era provavelmente seu distanciamento. Nádia era orgulhosa e severa, mas sempre doente. Se camaradas como Mólotov e Kaganóvitch achavam que ela estava à beira da "loucura", sua própria família admite que ela era "às vezes enlouquecida e demasiado sensível, todos os Allilúiev tinham sangue cigano instável". Os dois eram impossíveis de maneira parecida. Ambos eram egoístas, frios com temperamento fogoso, embora ela não tivesse nada da crueldade e duplicidade dele. Talvez fossem parecidos demais para ser felizes. Todas as testemunham concordam que a vida com Stálin "não era fácil, era uma vida dura". Não era um "casamento perfeito", disse Polina Mólotova à filha do casal Svetlana, "mas qual casamento o é?".[6]

Após 1929, eles ficavam frequentemente separados, pois Stálin ia de férias para o sul no outono, quando Nádia ainda estava estudando. Não obstante, os tempos felizes eram cálidos e amorosos: suas cartas eram levadas e trazidas por mensageiros da polícia secreta e os bilhetes seguem-se com tal rapidez que parecem e-mails. Mesmo entre esses ascetas bolcheviques havia insinuações de sexo: os "beijos muito apaixonados" que ela relembrou na carta citada acima. Eles gostavam da companhia um do outro. Como vimos, ele sentia muitas saudades quando ela estava longe e Nádia também sentia a falta dele. "É muito chato sem você", escreveu ela. "Venha para cá e será gostoso ficarmos juntos."[7]

Eles compartilhavam Vassíli e Svetlana. "Conte alguma coisa sobre as crianças", escreveu Stálin do mar Negro. Quando ela está longe, ele relata: "As crianças estão bem. Não gosto da professora, ela anda correndo pelo lugar e deixa Vássia e Tolika [o filho adotivo Artiom] correr da manhã à noite. Tenho certeza de que Vaska vai mal nos estudos e quero que eles aprendam alemão". Muitas vezes, ela mandava junto com a carta os recados infantis de Svetlana.[8] Compartilhavam suas preocupações com saúde como qualquer casal. Quando estava fazendo a cura nos banhos de Matsesta, perto de Sotchi, Stálin contou a ela: "Já tive dois banhos e terei dez [...]. Acho que ficarei seriamente melhor".

"Como está sua saúde?", perguntou ela.

"Tive um eco nos pulmões e uma tosse", respondeu ele. Seus dentes eram um problema perene: "Seus dentes, por favor, trate deles", disse Nádia.

Quando ela foi fazer uma cura em Carlsbad, ele pediu preocupado: "Você visitou os médicos — conte-me a opinião deles!". Sentia falta dela, mas se o tratamento demorasse mais, ele compreendia.[9]

Stálin não gostava de trocar de roupa e usava trajes de verão no inverno; ela então se preocupava: "Mando-lhe um sobretudo porque depois do sul você pode pegar um resfriado".[10] Ele também mandava presentes para Nádia: "Estou lhe mandando alguns limões", escreveu ele, orgulhoso. "Você vai gostar deles." Esse jardineiro zeloso gostaria de cuidar de limoeiros até sua morte.[11]

Eles fofocavam sobre os amigos e camaradas que viam: "Ouvi dizer que Gorki [o romancista famoso] foi a Sotchi", escreveu ela. "Talvez esteja visitando você — que pena para mim. Ele tem uma conversa tão encantadora [...]".[12] E, é claro, como uma criada bolchevique vivendo naquela minúscula família mais ampla de líderes e suas esposas, Nádia era quase tão obcecada por política quanto Stálin, passando adiante o que Mólotov ou Vorochílov lhe haviam contado.[13] Mandava-lhe livros e ele agradecia, mas reclamava quando faltava um. Ela caçoava de Stálin devido à forma como ele aparecia na literatura dos russos brancos emigrados.

A modesta e austera Nádia não temia dar ordens. Repreendeu Poskriόbichev, o sombrio chefe de gabinete de Stálin, quando estava em férias, queixando-se de que "não recebemos nenhuma literatura estrangeira. Mas dizem que existem coisas novas boas. Talvez você converse com Iagoda [subchefe da GPU] [...]. Na última vez, recebemos livros muito desinteressantes [...]".[14] Quando voltou das férias, mandou a Stálin as fotografias: "Só as boas — Mólotov não está engraçado?". Ele depois caçoou do absurdamente impassível Mólotov na frente de Churchill e Roosevelt. E mandou para Nádia fotografias das férias dele.[15]

Porém, no final dos anos 20, Nádia estava descontente do ponto de vista profissional. Queria ser uma mulher com carreira bolchevique séria por seus próprios méritos. No começo dos anos 20 datilografara para o marido, depois para Lênin e Sergo Ordjonikidze, outro dínamo georgiano, responsável agora pela Indústria Pesada. Depois foi para o Instituto Agrário Internacional, no Departamento de Agitação e Propaganda, onde, perdido nos arquivos, encontramos o trabalho diário da esposa de Stálin em toda a sua monotonia bolchevique: seu chefe pede a sua assistente, que se assina "N. Alliluíeva", para cuidar da publicação de um artigo extremamente chato intitulado "Devemos estudar o movimento jovem na aldeia".

"Não tenho absolutamente nada a ver com ninguém em Moscou", resmungava ela. "É estranho, mas me sinto mais próxima de gente que não é do Partido — mulheres, é claro. O motivo é que elas são de convivência mais fácil. [...] Há uma quantidade incrível de preconceitos novos. Se não trabalha, você é só uma *baba*!* Ela tinha razão. As novas mulheres bolcheviques, como Polina Mólotova, eram políticas por seus próprios méritos. Essas feministas desprezavam as donas de casa e datilógrafas como Nádia. Mas Stálin não queria uma mulher desse

* Ela certamente cuidava de Stálin como uma boa *baba*: "Stálin tem de seguir uma dieta de frango", escreveu ao presidente Kalínin em 1921. "Só nos coube quinze frangos [...]. Por favor, aumente a cota, pois só estamos na metade do mês e sobram apenas cinco [...]."

tipo para ele: sua Nádia seria o que ele chamava uma "*baba*".[16] Em 1929, Nádia decidiu se tornar uma mulher poderosa do partido e não saiu de férias com o marido, mas ficou em Moscou a fim de prestar exame para a Academia Industrial, onde estudaria fibras sintéticas, daí sua correspondência amorosa com Stálin. A educação era uma das grandes realizações bolcheviques e havia milhões como ela. Stálin queria realmente uma *baba*, mas apoiou a iniciativa de Nádia: por ironia, seus instintos talvez estivessem certos, pois ficou claro que ela não era suficientemente forte para ser estudante, mãe e esposa de Stálin ao mesmo tempo. Muitas vezes, ele terminava a carta assim: "Como vão os exames? Beijo minha Tatka!". A mulher de Mólotov tornou-se comissária do povo — e havia todos os motivos para que Nádia esperasse o mesmo.[17]

Do outro lado do Kremlin, os magnatas e suas esposas convergiam para o apartamento de Vorochílov, sem saber da tragédia que estava prestes a cair sobre Stálin e Nádia. Nenhum deles vinha de longe. Desde que Lênin mudara a capital para Moscou, em 1918, os líderes viviam num mundo secreto isolado, atrás de muros de quatro metros de espessura, guarnecido por ameias e enormes portões fortificados, que, mais do que qualquer outra coisa, parecia um parque temático de 25 hectares da história da velha Moscou. "Aqui, Ivan, o Terrível, costumava passear", contava Stálin aos visitantes. Ele passava diariamente pela catedral Arcângelo, onde Ivan jazia enterrado, pela Grande Torre de Ivan, o Grande, e o Palácio Amarelo, onde trabalhava, fora construído para Catarina, a Grande: em 1932, havia catorze anos que Stálin vivia no Kremlin, o mesmo tempo que morara com seus pais.

Esses potentados — os "trabalhadores responsáveis", na terminologia bolchevique — e suas equipes, os "trabalhadores de serviço", moravam em apartamentos espaçosos e de pé-direito alto outrora ocupados por autoridades e mordomos czaristas, principalmente no Potiéchni ou no Guardas Montados, vivendo tão perto uns dos outros que pareciam professores morando em um *college* de Oxford. Stálin aparecia sempre nas casas deles e os outros líderes iam a sua casa para bater um papo, quase para pedir emprestado a proverbial xícara de açúcar.

A maioria dos convidados precisava apenas percorrer o corredor para chegar ao apartamento do segundo andar de Kliment Vorochílov e sua esposa Ekaterina no Guardas Montados (oficialmente era o Edifício dos Guardas Vermelhos, mas ninguém usava esse nome). Chegava-se à casa deles por uma porta na arcada que continha o pequeno cinema para onde Stálin e seus amigos fugiam com frequência após o jantar. Dentro, era aconchegante, mas espaçoso, com salas revestidas de madeira escura, cujas janelas, acima dos muros do Kremlin, davam vista para a cidade. Vorochílov, o anfitrião de 52 anos, era o herói mais popular do panteão bolchevique, um jovial e fanfarrão cavalariano, outrora um torneiro mecânico, com um bigode elegante, quase d'artagnanesco, cabelos claros e rosto querubínico de bochechas rosadas. Stálin teria chegado com o puritano Mólotov e o devasso Kúibichev. A esposa de Mólotov, a morena e formidável Polina, sempre bem-vestida, vinha de seu apartamento no mesmo edifício. Saindo do Potiéchni, Nádia cruzou a ruela acompanhada por sua irmã Ana.

Em 1932, não haveria escassez de comida e bebida, mas ainda não chegara o tempo em que os jantares de Stálin se tornaram banquetes imperiais. A comida — *hors-d'oeuvres* russos, sopa, vários pratos de peixe salgado e talvez um pouco de cordeiro — foi feita na cantina do Kremlin e levada quente para o apartamento, onde foi servida por uma empregada e acompanhada por vodca e vinho da Geórgia, num desfile de brindes. Diante do desastre sem paralelo nas regiões onde 10 milhões de pessoas estavam morrendo de fome, com uma conspiração dentro do partido, incerto da lealdade de seu próprio séquito — e com o problema adicional de uma esposa perturbada —, Stálin sentia-se sitiado e em guerra. Tal como os outros que estavam no centro desse redemoinho, precisava beber e relaxar. Ele sentava-se ao meio da mesa, jamais à cabeceira, e Nádia ficava do lado oposto.[18]

Durante a semana, a família Stálin tinha por base o apartamento no Kremlin. Eram dois filhos: Vassíli, de onze anos, um menino pequeno, teimoso e nervoso, e Svetlana, de sete anos, uma menina sardenta de cabelos ruivos. Havia também Iákov, então com 25 anos, filho do primeiro casamento de Stálin, que passara a morar com o pai em 1921, depois de ter crescido na Geórgia; era um menino moreno, de belos olhos. Stálin o achava irritantemente lento. Quando tinha dezoito anos, se apaixonara e se casara com Zoia, filha de um padre. Stálin não aprovou o casamento porque queria que Iacha estudasse. Em um "pedido de ajuda", Iacha tentou suicídio, mas a bala apenas raspou seu peito. Stálin considerou isso uma "chantagem". A severa Nádia censurava a falta de moderação de Iákov: "ela ficou tão horrorizada com Iacha", comentou Stálin. Mas ele era ainda menos compassivo com o filho.

"Não conseguiu nem atirar direito", gracejou com crueldade. "Era seu humor militar", explica Svetlana. Mais tarde, Iákov divorciou-se de Zoia e voltou para casa.[19]

Stálin nutria expectativas altas e, tendo em vista o próprio sucesso meteórico, injustas em relação aos filhos, mas adorava sua filha. Além desses três, havia Artiom Serguéiev, o adorado filho adotivo, que estava com frequência na casa deles, embora sua mãe ainda fosse viva.* Stálin era mais indulgente do que Nádia, embora tivesse batido em Vassíli "um par de vezes". Com efeito, essa mulher retratada como angelical em todas as histórias era, a seu modo, mais autocentrada que Stálin. Sua própria família a considerava "totalmente egoísta", relembra seu sobrinho Vladímir Redens. "A babá se queixava que Nádia não tinha o menor interesse pelos filhos." Sua filha Svetlana concordava que ela estava mais interessada em seus estudos. Tratava as crianças com severidade e jamais disse a Svetlana "uma palavra de elogio". É surpreendente que brigasse mais com Stálin não sobre sua política maligna, mas por mimar os filhos!

Contudo, não é justo culpá-la por isso. Seu dossiê médico, preservado por Stálin em seu arquivo, e os testemunhos daqueles que a conheciam confirmam que Nádia sofria de uma grave doença mental, talvez de uma depressão maníaca hereditária, que sua filha chamava de "esquizofrenia", e de uma doença na cabeça que lhe provocava enxaquecas. Ela precisou de períodos de repouso especiais para cura em 1922 e 1923, quando sentiu "tontura e fraqueza". Sofreu um aborto em 1926 que, revelou sua filha, lhe causou "problemas femininos". Depois disso, não teve menstruação por meses a fio. Em 1927, os médicos descobriram que seu coração tinha uma válvula defeituosa — e ela sofria de fadiga, angina e artrite. Em 1930, a angina atacou de novo. Suas amídalas haviam sido recentemente retiradas. A viagem a Carlsbad não curou suas misteriosas dores de cabeça.

Não lhe faltavam cuidados médicos — os bolcheviques eram tão obsessiva-

* Uma das poucas tradições atraentes do bolchevismo era a adoção dos filhos de heróis mortos e de órfãos comuns. Stálin adotou Artiom quando seu pai, um revolucionário famoso, foi morto em 1921 e sua mãe estava doente. Do mesmo modo, Mikoian adotou os filhos de Serguei Chaumian, o herói de Baku; Vorochílov adotou o filho de Mikhail Frunze, o comissário de guerra que teve morte suspeita em 1925. Mais tarde, Kaganóvitch e Iejov, homens realmente durões, também adotaram órfãos.

mente hipocondríacos quanto fanaticamente políticos. Nádia foi tratada pelos melhores médicos na Rússia e na Alemanha. Mas não eram psiquiatras: é difícil imaginar um ambiente pior para uma mulher frágil do que a aridez cruel daquela panela de pressão do Kremlin permeada pelo bolchevismo marcial que ela tanto cultuava — e a desconsideração irada de Stálin, a quem ela tanto reverenciava.

Nádia estava casada com um egotista exigente incapaz de dar a ela — e provavelmente a ninguém — felicidade; era como se a energia incansável de Stálin a sugasse e a deixasse seca. Mas é óbvio também que ela era a pessoa errada para ele. Nádia não acalmava a tensão de Stálin, mas a aumentava. Ele admitiu que ficava desconcertado com as crises mentais dela. Simplesmente não possuía os recursos emocionais para ajudá-la. Às vezes, sua "esquizofrenia" era tão grave que "ficava quase louca". Os poderosos, e a própria família Allilúiev, compadeciam-se de Stálin. Contudo, apesar da turbulência do casamento e de sua estranha semelhança de paixão e ciúme, eles se amavam a sua maneira.

Afinal, era para Stálin que Nádia estava se arrumando. O "vestido preto com desenhos de rosas aplicados [...]" fora dado de presente a ela por seu irmão Pável Allilúiev, que acabara de voltar com sua costumeira arca de presentes de Berlim, onde trabalhava para o Exército Vermelho. Com o orgulhoso sangue cigano, georgiano, russo e alemão de Nádia, a rosa destacava-se contra o fundo de seus cabelos negros. Stálin ficaria surpreso porque, como diz o sobrinho dela, ele "nunca a estimulou a vestir-se com mais glamour".[20]

Bebeu-se muito no jantar, sob o comando de um *tamada* (na Geórgia, pessoa que propõe os brindes). Esse papel foi provavelmente exercido por um georgiano esfuziante como Grigori Ordjonikidze, sempre chamado de Sergo, que se parecia com um "príncipe georgiano", com sua juba comprida e seu rosto leonino. Em algum momento da noite, sem que os outros presentes notassem, Stálin e Nádia ficaram bravos um com o outro. O fato não era raro. Para ela, a noite começou a desmoronar quando, entre brindes, danças e flertes ao redor da mesa, Stálin mal notou como ela se vestira, ainda que fosse uma das mulheres mais jovens presentes. Isso era certamente uma grosseria, mas nada incomum em muitos casamentos.

Eles estavam cercados pelos outros magnatas bolcheviques, todos endurecidos por anos de clandestinidade, manchados pelo sangue da guerra civil e agora exultantes, ainda que esfalfados, com os triunfos industriais e as batalhas rurais da revolução de Stálin. Alguns, como Stálin, tinham mais de cinquenta anos. Mas a maioria era composta de fanáticos enérgicos e robustos de trinta e tantos anos, alguns dos administradores mais dinâmicos que o mundo já conhecera, capazes de construir cidades e fábricas contra todas as dificuldades, mas também de matar seus inimigos e travar uma guerra contra seus próprios camponeses. Vestidos com suas túnicas e botas, eram machistas, beberrões, poderosos e famosos em todo o Império, astros com egos flamejantes, responsabilidades colossais e Mausers em seus coldres. Lázar Kaganóvitch, o belo e impetuoso sapateiro judeu, secretário-geral do Partido, acabara de voltar do Cáucaso Norte, onde comandara execuções em massa e deportações. Lá estavam também o comandante cossaco Budiony, um fanfarrão com luxuriantes bigodes de pontas caídas e admiráveis dentes brancos, e o esbelto, sagaz e ativo armênio Mikoian, ambos veteranos de expedições brutais para conseguir grãos e esmagar camponeses. Eram políticos com senso teatral, volúveis, violentos e pitorescos.

Compunham uma família incestuosa, uma teia de velhas amizades e ódios duradouros, casos amorosos compartilhados, exílios na Sibéria e lutas na guerra civil: Mikhail Kalínin, o presidente, visitava os Allilúiev desde 1900. Nádia conhecia a esposa de Vorochílov de Tsarítsin (depois Stalingrado) e estudava na Academia Industrial com Maria Kaganóvitch e Dora Khazan (esposa de Andréiev, outra figura importante também presente), suas melhores amigas, ao lado de Polina Mólotova. Por fim, estava presente o intelectual Nikolai Bukhárin, de barba ruiva e olhos piscantes, pintor, poeta e filósofo que Lênin chamara de "querido do Partido" e que fora o amigo mais íntimo de Stálin e Nádia. Era um sedutor, o Puck dos bolcheviques. Stálin o derrotara em 1929, mas ele continuara amigo de Nádia. O próprio Stálin nutria por "Bukhartchick" aquela mistura mortal de admiração e inveja que lhe era habitual. Naquela noite, Bukhárin foi readmitido, pelo menos temporariamente, no círculo mágico.

Irritada com a falta de atenção de Stálin, Nádia começou a dançar com seu padrinho georgiano, o ruivo e oblíquo "Tio Ábel" Ienukidze, oficial no comando do Kremlin que já chocava o partido com seus casos com bailarinas adolescentes. O destino de "Tio Ábel" ilustraria as armadilhas mortais do hedonismo quando a vida privada pertencia ao Partido. Talvez Nádia quisesse irritar Stálin. Natália Ríkova, que estava no Kremlin naquela noite junto com seu pai, o ex-primeiro-ministro, mas não no jantar, ouviu no dia seguinte que a dança de Nádia enfurecera Stálin. A história é certamente crível porque outros relatos mencionam que ela flertara com alguém. Talvez Stálin estivesse tão bêbado que nem notara.

Stálin estava ocupado com o próprio flerte. Embora Nádia estivesse a sua frente, ele flertava descaradamente com a "linda" esposa de Alexander Iegórov, um comandante do Exército Vermelho com quem servira na guerra da Polônia, em 1920. Galia Iegórova, nascida Zekrovskaia, de 34 anos, era uma impetuosa atriz de cinema, uma morena "bonitinha, interessante e charmosa", conhecida por seus casos e vestidos ousados. Entre aquelas opacas matronas bolcheviques, ela devia parecer um pavão no galinheiro, pois, como admitiria mais tarde, circulava em um mundo de "companhias deslumbrantes, roupas de estilo [...] flertes, bailes e divertimentos". O estilo de flertar de Stálin alternava-se entre o tradicional cavalheirismo georgiano e, quando bêbado, rudeza pueril. Naquela ocasião, este último triunfou. Stálin sempre divertia crianças jogando biscoitos, cascas de laranja e pedaços de pão em pratos de sorvete ou xícaras de chá. Ele flertou com a atriz do mesmo modo, jogando bolas de pão nela. Sua corte a Iegórova deixava Nádia com ciúmes maníacos: ela não tolerava aquilo.

Stálin não era mulherengo: estava casado com o bolchevismo e comprometido emocionalmente com o próprio drama pela causa da Revolução. Quaisquer emoções privadas eram bagatelas comparadas com o aperfeiçoamento da humanidade por meio do marxismo-leninismo. Mas, mesmo que não ocupassem lugar de destaque em sua lista de prioridades, mesmo que estivesse emocionalmente aleijado, Stálin não se desinteressava das mulheres — e as mulheres estavam definitivamente interessadas por ele, até "enamoradas", segundo Mólotov. Um dos membros de seu séquito disse depois que Stálin se queixava de que as mulheres da família Allilúiev não o deixavam sossegado porque "todas queriam ir para a cama com ele". Havia um pouco de verdade nisso.

Fossem esposas de camaradas, conhecidas ou criadas, as mulheres zumbiam a sua volta como abelhas amorosas. Seus arquivos recentemente abertos revelam como era bombardeado por cartas de fãs não diferentes daquelas recebidas por pop stars modernos. "Querido camarada Stálin [...]. Eu vi você em meus sonhos [...]. Espero ter uma audiência [...]", escreve uma professora de província, acrescentando esperançosa, como uma *groupie* de olhos vidrados: "Mando junto minha fotografia [...]". Stálin respondeu em tom brincalhão, mas negativo:

"Camarada desconhecida! Peço-lhe que acredite que não desejo desapontá-la e que estou pronto para respeitar sua carta, mas devo dizer que não tenho como satisfazer seu desejo (não tenho tempo!). Desejo-lhe tudo de bom. J. Stálin. P.S.: Sua carta e fotografia devolvidas". Mas às vezes deve ter dito a Poskrióbichev que gostaria de encontrar suas admiradoras. Isso bate com a história de Ekaterina Mikúlina, uma jovem atraente e ambiciosa de 23 anos que escreveu um tratado sobre "Competição socialista de trabalhadores" e o enviou a Stálin, admitindo que estava cheio de erros e pedindo a ajuda dele. Stálin convidou-a a visitá-lo no dia 10 de maio de 1929. Ele gostou da moça e consta que ela passou a noite na datcha, na ausência de Nádia.* Dessa curta ligação, Ekaterina não recebeu nenhum benefício, exceto a honra de ter um prefácio escrito por Stálin.

Com certeza, Nádia, que o conhecia muito bem, suspeitava que Stálin tivesse casos e tinha todos os motivos para isso. Seu guarda-costas Vlássik confirmou para sua filha que Stálin era tão assediado que não conseguia resistir a todas as ofertas: "Afinal, ele era um homem", comportando-se com a sensualidade senhorial de um tradicional marido georgiano. O ciúme de Nádia era, às vezes, maníaco, às vezes indulgente; em suas cartas, ela o provocava amorosamente sobre suas admiradoras femininas, como se sentisse orgulho de estar casada com um homem tão importante. Mas, no teatro, pouco antes ela arruinara a noite ao ter um ataque de cólera quando ele flertara com uma bailarina. Mais recentemente, havia a cabeleireira do Kremlin, com quem Stálin tinha com certeza algum tipo de namorico. Se apenas visitasse a barbearia como os outros líderes, essa jovem anônima não teria virado um problema. Mas Mólotov lembrava-se dela cinquenta anos depois.

Stálin tivera sua cota de *affairs* dentro do Partido. Seus relacionamentos foram tão curtos quanto suas passagens pelo exílio. Suas namoradas eram, na maioria, companheiras revolucionárias ou esposas de companheiros. Mólotov se impressionava com o sucesso dele com as mulheres: quando, pouco antes da Revolução, Stálin roubou uma namorada sua chamada Marusia, ele atribuiu o fato aos "belos olhos castanho-escuros dele", embora roubar uma garota desse sujeito lerdo e pesadão dificilmente faça de Stálin um casanova. Kaganóvitch confirmou que Stálin teve casos com várias camaradas, inclusive com a "bela e

* Ela tornou-se depois diretora de uma fábrica de gramofones, da qual foi demitida anos mais tarde por aceitar suborno. Viveu até 1998, mas nunca falou sobre sua curta amizade com Stálin.

roliça" Ludmila Stal, que era mais velha que ele. Uma fonte menciona um caso mais antigo, com Dora Khazan. Stálin talvez tenha se beneficiado da liberdade sexual revolucionária, mesmo com seu jeito acanhado, gozando de algum sucesso entre as garotas que trabalhavam na secretaria do Comitê Central, mas continuou a ser um caucasiano tradicional. Preferia ligações com funcionárias discretas da GPU: a cabeleireira enquadrava-se no figurino.

Assim como o ciúme, os ataques de depressão de Nádia estimulavam aquilo mesmo que ela temia. Todas essas coisas — sua doença, o desapontamento com o vestido, a política, o ciúme e a inépcia de Stálin — juntaram-se naquela noite.[21]

Stálin era insuportavelmente rude com Nádia, mas os historiadores, em sua determinação de retratá-lo como um monstro, ignoraram quão insuportavelmente rude ela era com ele. Essa "mulher irascível", como Pauker, o chefe da segurança de Stálin, a descreveu, gritava com frequência com o marido em público, motivo que levava sua própria mãe a considerá-la "uma idiota". O cavalariano Budiony, que estava no jantar, lembrava como ela estava "sempre censurando e humilhando" Stálin. "Não sei como ele aguenta", confidenciou para sua esposa. Àquela altura, a depressão de Nádia se tornara tão grave que ela disse a uma amiga que estava "cheia de tudo, inclusive das crianças".

A falta de interesse de uma mãe pelos filhos é um sinal evidente de perigo, mas não havia ninguém para tomar providências. Stálin não era o único que estava perplexo com ela. Poucos membros daquele círculo pouco polido, inclusive mulheres do Partido como Polina Mólotova, entendiam que Nádia sofria provavelmente de depressão clínica: "Ela não conseguia se controlar", disse Mólotov. Ela precisava desesperadamente de compreensão. Polina Mólotova admitiu que o *Vojd* era "grosseiro" com Nádia. A montanha-russa deles continuava. Em um momento, ela estava deixando Stálin; no dia seguinte, amavam-se de novo.

No jantar, dizem alguns relatos, foi um brinde político que a inflamou. Stálin brindou à destruição dos Inimigos do Estado e notou que Nádia não erguera sua taça.

"Por que você não está bebendo?", ele a interpelou com truculência, sabedor de que ela e Bukhárin não aprovavam sua política em relação ao campesinato. Ela o ignorou. Para conseguir sua atenção, Stálin atirou-lhe uma casca de laranja e sacudiu cigarros para ela, mas isso a deixou furiosa. Quando ela estava ainda mais irada, ele gritou: "Ei, você! Beba um drinque!".

"Meu nome não é 'ei'!", replicou ela, levantando-se e saindo furiosa da sala. Foi nesse momento provavelmente que Budiony escutou-a gritar com Stálin: "Cala a boca! Cala a boca!".

Stálin meneou a cabeça no silêncio que se seguiu.

"Que tola!", murmurou, sem compreender o quanto ela estava perturbada. Budiony deve ter sido um dos muitos que se solidarizaram com Stálin.

"Eu não deixaria minha mulher falar desse jeito comigo!", declarou o bravo cossaco, que talvez não fosse o melhor conselheiro, pois sua primeira esposa se suicidara, ou pelo menos morrera acidentalmente enquanto brincava com sua pistola.[22]

Alguém precisava seguir Nádia. Ela era a esposa do líder, então a esposa do vice-líder tinha de procurá-la. Polina Mólotova pegou seu casaco e foi atrás de Nádia. Elas deram voltas e voltas ao redor do Kremlin, como outros faziam em tempos de crise. Nádia queixou-se a Polina: "Ele resmunga o tempo todo [...] e por que tem de flertar desse jeito?". Ela falou do "negócio com a cabeleireira" e Iegórova no jantar. As mulheres decidiram, como costumam fazer as mulheres, que ele estava bêbado, se fazendo de bobo. Mas Polina, devotada ao Partido, também criticou sua amiga, dizendo que "estava errado abandonar Stálin num momento tão difícil". É possível que a *Partiinost* — devoção ao Partido — de Polina tenha feito Nádia se sentir ainda mais isolada.

"Ela se acalmou", lembrou Polina, " e falou sobre a Academia e suas chances de começar a trabalhar [...]. Quando parecia perfeitamente calma", nas primeiras horas da madrugada, despediram-se. Ela deixou Nádia no Palácio Potiéchni e atravessou a rua para ir para casa.

Nádia foi para seu quarto, deixando cair a rosa de seus cabelos junto à porta. A sala de jantar, com uma mesa especial para os telefones de governo de Stálin, era a peça principal do apartamento, de onde saíam dois corredores. À direita, ficavam o escritório de Stálin e um pequeno quarto onde ele dormia numa cama de campanha ou num divã, mantendo os hábitos de um revolucionário itinerante. Os horários tardios de Stálin e a frequência rigorosa à Academia de Nádia significavam que eles tinham quartos separados. A governanta Carolina Tyl, as babás e as criadas ficavam mais ao fundo desse corredor. O corredor da esquerda levava ao minúsculo quarto de Nádia, onde a cama ficava coberta com seus xales preferidos. A janela abria-se para as rosas perfumadas dos jardins Alexândrovski.

* * *

Os movimentos de Stálin nas duas horas seguintes são um mistério: teria voltado para casa? A festa continuou *chez* Vorochílov. Mas o guarda-costas Vlássik disse a Khruchióv (que não estava na festa) que Stálin saiu para um encontro em sua datcha de Zubálovo com uma mulher chamada Gússieva, esposa de um oficial, descrita por Mikoian, que apreciava a estética feminina, como "muito linda". Algumas dessas casas de campo ficavam a apenas quinze minutos de carro do Kremlin. Se ele foi, é possível que tenha levado com ele alguns de seus bons companheiros quando as esposas foram dormir. A mulher de Vorochílov era famosa pelo ciúme. Mólotov e o presidente Kalínin, um velho libertino, foram mencionados depois a Bukhárin pelo próprio Stálin. Com certeza, Vlássik teria ido junto no carro de Stálin. Quando ele não apareceu em casa, consta que Nádia telefonou para a datcha.

"Stálin está aí?"

"Sim", respondeu o "idiota inexperiente" de um guarda de segurança.

"Quem está com ele?"

"A mulher de Gússiev."

Essa versão pode explicar o súbito desespero de Nádia. Porém, um retorno da enxaqueca, uma onda de depressão ou simplesmente a solidão sepulcral do apartamento lúgubre de Stálin nas primeiras horas da manhã são também explicações verossímeis. Há ainda furos nessa história: Mólotov, a babá e a neta de Stálin, entre outros, insistiam que Stálin dormiu em casa. Stálin não receberia mulheres na datcha de Zubálovo porque sabemos que seus filhos estavam lá. Mas havia muitas outras datchas. O que é mais importante é que ninguém conseguiu identificar essa Gússieva, embora houvesse vários oficiais do Exército com esse nome. Além disso, Mikoian jamais mencionou isso a seus filhos ou em suas memórias. O formalista Mólotov talvez estivesse protegendo Stálin em suas conversas de velhice — ele mentiu sobre muitos outros assuntos, tal como Khruchióv, ditando suas lembranças quando estava senil. Parece mais provável que, se essa mulher fosse a "bela" esposa de um soldado, se tratasse de Iegórova, que estava na festa e cujo flerte foi a primeira causa da briga.

Jamais saberemos a verdade, mas não há contradição entre esses relatos: Stálin foi provavelmente beber com alguns farristas na datcha, talvez com a presença de Iegórova, e certamente voltou para o apartamento nas primeiras horas da manhã. O destino desses magnatas e de suas mulheres dependeria em breve da relação deles com Stálin. Muitos sofreriam mortes terríveis nos cinco anos seguintes. Stálin jamais esqueceu o papel que cada um deles desempenhou naquela noite de novembro.

Nádia olhou para um dos muitos presentes que seu irmão Pável trouxera de Berlim, junto com o vestido preto bordado que ainda estava trajando. Era um presente que ela pedira porque, dissera ao irmão, "às vezes é tão assustador e solitário no Kremlin, com apenas um soldado de plantão...". Era uma refinada pistola feminina, em um elegante coldre de couro. Ela é sempre descrita como uma Walther, mas, na verdade, era uma Mauser. É pouco divulgado que Pável também trouxe uma pistola idêntica para Polina Mólotova, mas pistolas não eram difíceis de encontrar naquele círculo.

Stálin, sempre que chegava em casa, não ia ver a mulher, mas simplesmente ia para a cama, em seu quarto, do outro lado do apartamento.

Alguns dizem que Nádia trancou a porta de seu quarto. Ela começou a escrever uma carta para Stálin, "uma carta terrível", pensou sua filha Svetlana. Altas horas, entre duas e três da manhã, quando terminou de escrever, ela deitou-se na cama.[23]

A casa despertou como sempre. Stálin costumava ficar na cama até as onze. Ninguém sabia quando ele voltara para casa e se havia encontrado Nádia. Era tarde quando Carolina Til tentou abrir a porta de Nádia e talvez a tenha arrombado. "Tremendo de pavor", ela encontrou o corpo de sua patroa no chão, ao lado da cama, no meio de uma poça de sangue. A pistola estava a seu lado. Ela já estava fria. A governanta correu para chamar a babá. Elas voltaram e deitaram o corpo na cama antes de discutir o que fazer. Por que não acordaram Stálin? A "gente miúda" tem uma aversão muito razoável a dar más notícias a seus czares. "Lívidas de medo", telefonaram para o chefe da segurança Pauker, depois para "Tio" Ábel Ienukidze, o último a dançar com Nádia e político encarregado do Kremlin, e Polina Mólotova, a última pessoa a vê-la com vida. Ienukidze, que morava no Guardas Montados, como os outros, chegou primeiro — entre os líderes, foi o único a ver a cena intacta, conhecimento pelo qual pagaria caro. Mólotov e Vorochílov chegaram minutos depois.

Pode-se imaginar o alvoroço frenético no apartamento enquanto o líder da Rússia dormia para apagar a bebedeira de um lado do corredor e sua esposa dormia para a eternidade do lado oposto. Eles também chamaram a família de Nádia — seu irmão Pável, que morava do outro lado do rio, e os pais, Serguei e Olga Allilúiev. Alguém chamou o médico da família, que, por sua vez, convocou o conhecido professor Kushner.

Esse grupo díspar de magnatas, família e criadas, ao procurar pelos motivos do ato de desespero e traição de Nádia, encontraram a carta irada que ela deixara. Ninguém sabe o que continha, ou se foi destruída por Stálin ou outra pessoa. Mas Vlássik, o guarda-costas de Stálin, revelou mais tarde que outra coisa fora encontrada no quarto dela: um exemplar da "Plataforma" antistalinista, escrita por Riutin, um antigo bolchevique que estava agora na prisão. Isso poderia ser significativo ou não significar nada. Na época, todos os líderes liam as publicações da oposição e dos emigrados, e ela talvez estivesse lendo o exemplar de Stálin. Em suas cartas a ele, Nádia contava o que lera na imprensa dos Brancos "sobre você! Está interessado?". Não obstante, naquela época, no resto do país, a mera posse daquele documento significava prisão.

Ninguém sabia o que fazer. Reuniram-se na sala de jantar aos sussurros: deveriam acordar Stálin? Quem iria dar a notícia ao *Vojd*? Como ela morrera? De repente, Stálin entrou na sala. Alguém, muito provavelmente Ienukidze, o velho amigo de Stálin que, a julgar pelos arquivos, assumira a responsabilidade, deu um passo à frente e disse: "Ióssif, Nadejda Serguéievna não está mais entre nós. Ióssif, Ióssif, Nádia está morta".[24]

Stálin ficou arrasado. Aquela criatura política ao extremo, com um desrespeito desumano pelos milhões de mulheres e crianças que morriam de fome em seu país, exibiu mais humanidade nos dias seguintes do que o faria no resto de sua vida. Olga, a mãe de Nádia, uma senhora elegante de espírito independente que conhecia Stálin havia tanto tempo e lamentava o comportamento da filha, correu para a sala de jantar, onde Stálin ainda absorvia a notícia. Os médicos que haviam chegado ofereciam gotas de valeriana — o Valium dos anos 30 — para a mãe inconsolável, mas ela não conseguia tomá-las. Stálin assumiu a dianteira:

"Eu tomo as gotas", disse ele, e engoliu a dose inteira. Ele viu o corpo e a carta, que, segundo Svetlana, o chocou e feriu cruelmente.

Pável, o irmão de Nádia, chegou com sua radiante esposa, Ievguênia, conhecida por todos como Jênia, e que desempenharia um papel secreto na vida de Stálin — e sofreria por isso. Eles ficaram chocados não somente com a morte da irmã, mas com a aparência de Stálin.

"Ela me aleijou", disse ele. Jamais o haviam visto tão suave, tão vulnerável. Ele chorava, dizendo algo parecido com esse lamento de muitos anos depois: "Oh, Nádia, Nádia [...] como precisamos de você, eu e as crianças!". Os rumores de homicídio começaram imediatamente. Stálin teria voltado ao apartamento e atirado nela em seguida? Ou a insultara de novo e tinha ido dormir, abandonando-a para que se matasse? Mas a tragédia levantou questões maiores também: até então, a existência dos magnatas era uma "vida maravilhosa", tal como descrita por Ekaterina Vorochilova em seu diário. Naquela noite, isso acabou para sempre. "Como nossa vida no Partido se tornou tão complexa, incompreensível ao ponto da agonia?", pergunta ela. A "agonia" estava apenas começando. O suicídio "alterou a história", sustenta Leonid Redens, sobrinho de Stálin. "Ele tornou o Terror inevitável." A morte de Nádia criou um dos raros momentos de dúvida numa vida de crença férrea em si mesmo e certezas dogmáticas. Como Stálin se recuperou e qual o efeito dessa humilhação sobre ele, seu círculo e sobre a própria Rússia? A vingança por esse fracasso pessoal desempenhou um papel no terror vindouro, quando alguns dos convidados daquela noite iriam liquidar os outros?

Stálin pegou de repente a pistola de Nádia e a sopesou nas mãos. "Era um brinquedo", disse a Mólotov, acrescentando estranhamente: "Era disparada apenas uma vez por ano!".

O homem de aço "estava um trapo, derrubado", explodindo em "ataques esporádicos de raiva", culpando todo mundo, até os livros que ela lia, antes de mergulhar no desespero. Então declarou que renunciaria ao poder. E que também ia se matar:

"Não posso continuar vivendo deste jeito..."[25]

PARTE I

Aquela época maravilhosa: Stálin e Nádia, 1878-1932

1. O georgiano e a estudante

Nádia e Stálin estavam casados havia catorze anos, mas sua relação era mais profunda e longa do que isso, tão impregnada estava do bolchevismo. Eles haviam compartilhado as experiências de formação da vida clandestina, a intimidade com Lênin durante a Revolução, depois a guerra civil. Stálin conhecia a família dela havia quase trinta anos e a encontrara pela primeira vez em 1904, quando Nádia tinha três anos de idade. Ele estava então com 25 e era marxista havia seis.

Ióssif Vissariónovitch Djugachvili não nasceu a 21 de dezembro de 1879, a data oficial de seu aniversário. Na realidade, "Soso" nasceu numa cabana minúscula (que ainda existe), filho de Vissarion ou "Beso" e sua esposa Ekaterina, "Keké", nascida Geladze, mais de um ano antes, em 6 de dezembro de 1878, em Gori, uma pequena cidade junto ao rio Kura, na Geórgia, uma província romântica, montanhosa e desafiadoramente não russa, a milhares de quilômetros da capital do czar: ficava mais perto de Bagdá que de São Petersburgo.* Os ociden-

* Isso não deixou indiferente outro camponês que nasceu a algumas centenas de quilômetros de Gori: Saddam Hussein. O líder curdo Mahmoud Osman, que negociou com ele, observou que o estúdio e o quarto de Saddam estavam cheios de livros sobre Stálin. Hoje, a cabana em que Stálin nasceu está cercada por um magnífico templo de mármore com colunas brancas construído por Lavrenti Béria e continua a ser o centro do Bulevar Stálin, perto do Museu Stálin.

tais costumam não perceber quão distante era a Geórgia: reino independente durante milênios, com língua, tradições, cozinha e literatura próprias, foi engolido aos bocados pela Rússia, entre 1801 e 1878. Com seu clima ensolarado, rixas sangrentas entre famílias, canções e vinhas, parece-se mais com a Sicília que com a Sibéria.

O pai de Soso era um sapateiro semi-itinerante violento, beberrão, que batia em Soso e Keké, que, por sua vez, como o filho recordou mais tarde, "o surrava impiedosamente". Certa vez, Soso jogou uma adaga no pai. Stálin lembrava como Beso e o padre Tcharkviani, o pároco local, embebedavam-se juntos, deixando sua mãe furiosa: "Padre, não faça de meu marido um beberrão, isso vai destruir minha família". Keké expulsou Beso. Stálin sentia orgulho da "força de vontade" dela. Mais tarde, quando Beso levou Soso à força para ser aprendiz de sapateiro em Tiflis (hoje Tbilissi), os padres de Keké o trouxeram de volta.

Ela passou a lavar roupa para os comerciantes locais. A mãe de Stálin era devota e ficou muito amiga dos padres que a protegiam. Mas também era mundana e saliente: é possível que tenha feito concessões que são tentadoras para uma mãe sozinha miserável, tornando-se amante dos patrões. Isso inspirou as lendas que envolvem amiúde a paternidade de homens famosos. É possível que Stálin fosse filho de seu padrinho, um rico estalajadeiro, oficial e lutador amador chamado Koba Egnatachvili. Mais tarde, Stálin protegeu os dois filhos de Egnatachvili, que continuaram seus amigos até sua morte e, na velhice, contavam histórias das proezas de lutador do pai. Não obstante, às vezes é preciso admitir que grandes homens são filhos dos próprios pais. Consta que Stálin era muito parecido com Beso. Contudo, ele mesmo afirmou certa vez que seu pai era um padre.

Stálin nasceu com o segundo e o terceiro dedo do pé esquerdo grudados. Ficou com o rosto marcado por um ataque de varíola e, mais tarde, machucou o braço esquerdo, provavelmente num acidente de carruagem. Tornou-se um jovem pálido, atarracado e carrancudo, com olhos cor de mel e grossos cabelos pretos — um *kinto*, um garoto de rua georgiano. Tinha uma inteligência excepcional e uma mãe ambiciosa que desejava que ele se tornasse padre, talvez como seu verdadeiro pai. Mais tarde, Stálin jactava-se de ter aprendido a ler aos cinco anos escutando o padre Tcharkviani ensinar o alfabeto. Com essa idade, também ajudava a filha de treze anos do padre na leitura.

Em 1888, entrou para a escola dominical de Gori e, em 1894, ganhou uma "bolsa de estudos de cinco rublos" para o seminário de Tiflis, na capital da Geórgia. Stálin contou depois a um confidente: "Meu pai descobriu que junto com a bolsa eu também ganhava dinheiro (cinco rublos por mês) para cantar no coro [...] e uma vez, ao sair, eu o encontrei.

'Meu jovem', disse Beso, você esqueceu seu pai [...]. Dê-me pelo menos três rublos, não seja ruim como sua mãe!'

'Não grite!', respondeu Soso. 'Se você não for embora imediatamente, vou chamar o guarda!'" Beso retirou-se de maneira furtiva.* Ele foi morto numa briga por volta de 1910.

Às vezes, Stálin mandava dinheiro para ajudar a mãe, mas a partir de então manteve distância dela, cujo humor sarcástico e disciplina rígida se pareciam com os dele. Escreveu-se muita psicologia rasteira sobre a infância de Stálin, mas do que podemos ter certeza é que cresceu numa família pobre e influenciada por padres, vítima de violência, insegurança e suspeita, porém inspirada pelas tradições locais de dogmatismo religioso, rixas entre famílias e banditismo romântico. "Stálin não gostava de falar sobre seus pais e sua infância", mas não faz sentido exagerar em sua análise psicológica. Era emocionalmente atrofiado e carecia de compaixão, mas suas antenas eram super-sensíveis. Era anormal, mas o próprio Stálin compreendia que os políticos raramente são normais: a História, escreveu mais tarde, está cheia de "gente anormal".

O seminário proporcionou-lhe sua única educação formal. O ensino catequético e os "métodos jesuítas" de vigilância, espionagem, invasão da vida interior, a violação dos sentimentos das pessoas causavam repulsa em Stálin, mas o influenciaram tanto que ele passou o resto de sua vida refinando seus estilos e métodos. A escola estimulou sua paixão autodidata pela leitura, mas ele se tornou ateu no primeiro ano. "Fiz alguns amigos", disse ele, "e um debate acirrado começou entre os crentes e nós!" Logo abraçou o marxismo.

* Agradeço a Gela Tcharkviani por me dar acesso ao manuscrito inédito e fascinante das memórias de seu pai, Candide Tcharkviani, primeiro-secretário do Partido Georgiano, 1938-51. Na velhice, Stálin passava horas contando sua infância para ele. Tcharkviani tentou achar o túmulo de Beso no cemitério de Tiflis, mas não conseguiu. Achou fotos que seriam de Beso e pediu a Stálin para identificá-lo, porém ele disse que não eram de seu pai. Portanto, é improvável que a foto que costuma ser identificada como de Beso seja dele de fato. Sobre a paternidade de Stálin, a família Egnatachvili nega enfaticamente que o estalajadeiro fosse seu pai.

Em 1899, foi expulso do seminário, entrou para o Partido dos Trabalhadores Social-Democratas da Rússia e se tornou um revolucionário profissional, adotando o nome de guerra Koba, inspirado pelo herói do romance *O parricida*, de Alexander Kazbegi, um fora da lei caucasiano arrojado e vingativo. Ele combinava a "ciência" do marxismo com sua imaginação transbordante: escreveu poesias românticas, publicadas em georgiano, antes de trabalhar como meteorologista no Instituto Meteorológico de Tiflis, o único emprego que teve antes de se tornar um dos governantes da Rússia, em 1917.

"Koba" estava convencido da panaceia universal do marxismo, "um sistema filosófico" que se adequava à totalidade obsessiva de seu caráter. A luta de classes combinava com sua belicosidade melodramática. O sigilo paranoico da intolerante e idiossincrática cultura bolchevique também se ajustava a sua confiança autossuficiente e seu talento para a intriga. Koba mergulhou nos subterrâneos da política revolucionária, que era uma mistura fervilhante e estimulante de intriga conspiratória, bizantinismo ideológico, educação acadêmica, disputas entre facções, casos amorosos entre revolucionários, infiltração da polícia e caos organizacional. Esses revolucionários provinham de todas as partes — eram russos, armênios, georgianos, judeus, trabalhadores, aristocratas, intelectuais e doidivanas — e organizavam greves, tipografias, reuniões e "expropriações". Unidos no estudo obsessivo da literatura marxista, havia sempre uma divisão entre os emigrados burgueses cultos, como o próprio Lênin, e os homens rudes de ação na Rússia. A vida na clandestinidade, sempre itinerante e perigosa, foi a experiência de formação não somente de Stálin, mas de todos os seus camaradas. Isso explica muito do que aconteceu depois.[1]

Em 1902, Koba ganhou fama com sua primeira prisão e o exílio na Sibéria, o primeiro de uma lista de sete, dos quais escapou seis vezes. Esses exílios estavam longe da brutalidade dos campos de concentração de Stálin: os czares eram policiais ineptos. Constituíam quase umas férias de leitura em distantes aldeias siberianas, com apenas um gendarme de plantão em tempo parcial, durante as quais os revolucionários vinham a se conhecer (e odiar), se correspondiam com seus camaradas em Petersburgo ou Viena, discutiam questões abstrusas do materialismo dialético e tinham casos com as garotas locais. Quando o chamado da liberdade ou da revolução se tornava urgente, eles fugiam, atravessando a taiga até o trem mais próximo. No exílio, os dentes de Koba, uma fonte de dor durante toda a sua vida, começaram a se deteriorar.

Koba apoiou sofregamente Vladímir Lênin e sua obra seminal, *Que fazer?*. Esse gênio político dominador combinava as lições práticas maquiavélicas sobre a tomada do poder com o domínio da ideologia marxista. Explorando o cisma que levaria à criação de seu Partido Bolchevista, a mensagem de Lênin era a de que um partido supremo de revolucionários profissionais podia tomar o poder para os trabalhadores e depois governar em nome deles, numa "ditadura do proletariado", até que isso não fosse mais necessário porque o socialismo fora alcançado. A visão leninista do partido como "o destacamento avançado" do "exército dos proletários [...], um grupo de luta de líderes", estabeleceu o tom militarista do bolchevismo.[2]

Em 1904, ao voltar a Tiflis, Koba conheceu seu futuro sogro, Serguei Allilúiev, doze anos mais velho do que ele, um hábil eletricista russo casado com Olga Fedorenko, uma beldade georgiana/alemã/cigana enérgica, com uma queda por casos amorosos com revolucionários, poloneses, húngaros e até turcos. Correram rumores de que Olga teve um caso com o jovem Stálin, que seria o pai de sua futura esposa Nádia. Isso é falso, pois Nadejda já estava com três anos quando seus pais conheceram Koba, mas seu caso com Olga é bem verossímil e ele mesmo pode ter sugerido isso. Olga, de acordo com sua neta Svetlana, tinha um "fraco por homens meridionais", dizendo que os "russos são grosseirões", e sempre foi carinhosa com Stálin. Seu casamento era complicado. Diz a lenda familiar que Pável, o irmão mais velho de Nádia, viu a mãe cortejar Koba. Essas ligações curtas eram ocorrências comuns entre revolucionários.

Muito antes de se apaixonarem, Stálin e Nádia faziam parte da família bolchevique que passou pelo lar dos Allilúiev: Kalínin e Ienukidze, entre outros presentes àquele jantar de 1932. Havia outra ligação especial: pouco depois de conhecer os Allilúiev em Baku, Koba salvou Nádia de se afogar no mar Cáspio. Um laço romântico, se é que chegou a haver algum.[3]

Entrementes, Koba casou-se com outra flor de família bolchevique: Ekaterina, "Kató", uma georgiana morena e plácida, filha de uma família culta, era irmã de Alexander Svanidze, outro bolchevique saído do seminário de Tiflis, que entrou para o séquito de Stálin no Kremlin. Vivendo numa cabana perto dos campos de petróleo de Baku, Kató deu-lhe um filho, Iákov. Mas as aparições de Koba em casa eram esporádicas e imprevisíveis.

Durante a revolução de 1905, em que Leon Trotski, um jornalista judeu, montou o soviete de Petersburgo, Koba afirmou que estava organizando revoltas camponesas na região de Kartli, na Geórgia. Após a reação czarista, viajou para uma conferência bolchevique em Tammerfors, Finlândia — seu primeiro encontro com seu herói Lênin, aquela "água da montanha". No ano seguinte, Koba foi ao Congresso em Estocolmo. Na volta, levou a vida de um bandoleiro caucasiano, levantando fundos para o Partido em assaltos a bancos e "expropriações". Ele se jactava na velhice desses roubos: "Nossos amigos se apossaram de 250 mil rublos na Praça Ierevan!".[4]

Após visitar Londres quando da realização de um Congresso, a querida e meio ignorada Kató morreu de tuberculose "em seus braços", em Tiflis, a 25 de novembro de 1907. Koba ficou inconsolável. Quando a pequena procissão chegou ao cemitério, Koba apertou a mão de um amigo e disse: "Esta criatura amoleceu meu coração de pedra. Ela morreu e com ela morreram meus últimos sentimentos ternos pelas pessoas". Koba apertou o peito: "Está vazio aqui dentro". Não obstante, deixou o filho Iákov para ser criado pela família de Kató. Depois de se esconder no apartamento dos Allilúiev em Petersburgo, foi recapturado e mandado de volta para seu lugar de exílio, Solvytchegodsk. Foi nessa remota vila insignificante que, em janeiro de 1910, Koba mudou-se para a casa de uma jovem viúva chamada Maria Kuzakova, com quem teve um filho.*

Depois de mais uma fuga, Koba retornou a Petersburgo em 1912, compartilhando o quarto com um bolchevique corpulento que seria seu camarada mais próximo: Viatcheslav Scriábin, de apenas 22 anos, acabara de adotar o costume bolchevique de assumir um codinome bem masculino, escolhendo o "nome industrial" de Mólotov — "o martelo". Koba também assumira uma alcunha "industrial": em 1913, assinou pela primeira vez um artigo com o nome "Stálin". Não era por coincidência que "Stálin" rimava com "Lênin". Talvez já tivesse

* O filho, Konstantin Kuzákov, gozou de poucos privilégios, porém consta que durante os Expurgos, quando caiu sob suspeita, apelou para seu verdadeiro pai, que escreveu "Intocável" em sua ficha — mas isso pode ter acontecido simplesmente porque era filho de uma mulher que foi gentil com Stálin no exílio. Em 1995, após uma bem-sucedida carreira de executivo da televisão, Kuzákov, em um artigo intitulado "Filho de Stálin", anunciou: "Eu era ainda criança quando fiquei sabendo que era filho de Stálin". É quase certo que existiu outro filho de um exílio posterior.

usado esse nome antes, e não apenas por seu som metálico. Talvez o tivesse tomado emprestado da "bela e rechonchuda" bolchevique Ludmila Stal, com quem tivera um caso.[5]

Esse "georgiano maravilhoso", como Lênin o chamou, foi cooptado pelo Comitê Central do Partido no final da Conferência de Praga de 1912. Em novembro, Koba Stálin viajou de Viena a Cracóvia para se encontrar com Lênin, com quem ficou. O líder supervisionou seu dileto discípulo na escrita de um artigo que expressava a posição bolchevique sobre a sensível questão da nacionalidade, a partir de então uma especialidade de Stálin. "O marxismo e a questão nacional", que defendia a manutenção do Império Russo unido, granjeou-lhe renome ideológico e a confiança de Lênin.

"Foi você que escreveu tudo isso?", perguntou Lênin (de acordo com Stálin).

"Sim... Cometi algum erro?"

"Não, ao contrário, está excelente!" Essa foi sua última viagem ao exterior antes da Conferência de Teerã, em 1943.

Em fevereiro de 1913, Stálin foi preso de novo e recebeu uma pena de exílio suspeitamente leve: seria ele um agente da Okhrana, a polícia secreta do czar? O sensacionalismo histórico da duplicidade de Stálin revela uma incompreensão ingênua da vida na clandestinidade: os revolucionários foram incessantemente espionados pela Okhrana, mas muitos eram agentes duplos ou triplos.* Koba estava disposto a trair colegas que se opunham a ele, mas, como a Okhrana admitia em seus relatórios, ele continuava a ser um marxista fanático — e era isso o que importava.

O último exílio de Stálin começou em 1913, no distante e gélido Nordeste da Sibéria, onde ganhou o apelido de "Zé Bexiguento" dos camponeses locais. Temendo-se mais fugas, os exilados foram levados para Kureika, uma aldeia desolada em Turukhansk, ao norte do Círculo Ártico, onde a perícia de Stálin na pesca convenceu os habitantes locais de que possuía poderes mágicos e onde teve mais uma amante. Stálin escreveu cartas de lamentação para Serguei e Olga

* O recente *The secret file of Joseph Stalin*, de Roman Brackman, afirma que todo o Terror foi uma tentativa de Stálin de liquidar os que sabiam de sua duplicidade. Houve muitos motivos para o Terror, embora o caráter de Stálin tenha sido uma causa fundamental. Stálin liquidou muitos daqueles que o conheceram nos tempos antigos, mas misteriosamente preservou outros. Ele também matou mais de 1 milhão de vítimas que não conheciam seu passado. Porém, Brackman faz também um excelente relato das intrigas e traições da vida clandestina.

Allilúiev: "A natureza nesta região maldita é vergonhosamente pobre". E implorava que lhe mandassem um postal: "Estou louco de saudade por cenas da natureza, mesmo que seja apenas no papel". Não obstante, foi também um tempo feliz, talvez o mais feliz de sua vida, pois até morrer gostava de lembrar de suas aventuras naquele lugar, em particular da expedição de caça, quando esquiou taiga adentro, matou muitas perdizes e depois quase morreu congelado no caminho de volta.[6]

Os erros militares e a escassez de alimentos da Grande Guerra destruíram inexoravelmente a monarquia, que, para surpresa dos bolcheviques, desmoronou de repente, em fevereiro de 1917, e foi substituída por um governo provisório. A 12 de março, Stálin chegou à capital e visitou os Allilúiev: uma vez mais, Nádia, uma linda morena de dezesseis anos, sua irmã Ana e seu irmão Fiódor interrogaram seu herói sobre suas aventuras. Quando o acompanharam de bonde até a sede do jornal *Pravda*, ele bradou: "Não se esqueçam de separar um quarto para mim no novo apartamento".

Stálin encontrou Mólotov como editor do *Pravda* e logo se apoderou do cargo. Enquanto Mólotov assumira uma linha radical contra o governo, Stálin e Liev Kámenev, Rosenfeld de nascimento, um de seus camaradas mais próximos, eram mais conciliadores. Lênin, que chegou no dia 4 de abril, rejeitou as vacilações de Stálin. Num raro pedido de desculpas a Mólotov, Stálin concedeu: "Você estava mais perto de Lênin".

Quando Lênin precisou fugir para a Finlândia a fim de evitar a prisão, Stálin o escondeu no apartamento dos Allilúiev, tirou-lhe a barba e o levou para fora do país em segurança. As irmãs Ana, que trabalhava na sede do Partido Bolchevique, e Nádia ficaram acordadas à noite. O georgiano divertiu-as imitando políticos e lendo em voz alta Tchekhov, Pushkin e Gorki, como faria para seus filhos.[7] A 25 de outubro de 1917, Lênin deflagrou a Revolução Bolchevique.

Stálin pode ter sido um "borrão cinzento" naquela época, mas era o borrão do próprio Lênin. Trotski admitiu que o contato com Lênin era feito principalmente por meio de Stálin, porque ele interessava menos à polícia. Quando Lênin formou o novo governo, Stálin fundou seu Comissariado das Nacionalidades, com um secretário, o jovem Fiódor Allilúiev, e uma datilógrafa, Nádia.[8]

Em 1918, os bolcheviques lutavam pela sobrevivência. Diante de um avanço alemão galopante, Lênin e Trotski foram forçados a assinar o acordo pragmático de Brest-Litovsk, cedendo boa parte da Ucrânia e do Báltico ao kaiser. Após o colapso da Alemanha, tropas britânicas, francesas e japonesas intervieram enquanto os exércitos brancos atacavam o regime cambaleante, que mudou sua capital para Moscou a fim de ficar menos vulnerável. Em breve, o império sitiado de Lênin encolheu para o tamanho da Moscóvia medieval. Em agosto, Lênin foi ferido numa tentativa de assassinato, vingada pelos bolcheviques com uma onda de terror. Em setembro, recuperado, ele declarou a Rússia "um acampamento militar". Seus mais implacáveis apagadores de incêndio eram Trotski, o comissário de guerra que criou e dirigiu o Exército Vermelho a partir de seu trem blindado, e Stálin, os únicos dois líderes que tinham acesso a Lênin sem necessidade de agendar o encontro. Quando Lênin criou um órgão executivo de tomada de decisões com apenas cinco membros, chamado Birô Político, ou Politburo, ambos foram seus membros. O intelectual judeu de óculos era o maior herói da Revolução, logo abaixo de Lênin, enquanto Stálin parecia um provinciano rude. Mas a majestade condescendente de Trotski ofendia os "velhos combatentes ilegais", gente simples das províncias, que ficavam mais impressionados com o sentido prático inflexível de Stálin, o qual via em Trotski o principal obstáculo para sua ascensão.

A cidade de Tsarítsin desempenhou um papel decisivo na carreira de Stálin — e em seu casamento. Em 1918, a cidade estratégica do Baixo Volga, a porta para os grãos (e o petróleo) do Cáucaso Norte e chave meridional para Moscou, parecia que iria cair nas mãos dos brancos. Lênin despachou Stálin para Tsarítsin como diretor-geral de Abastecimento de Alimentos no Sul da Rússia. Mas Stálin logo conseguiu ser elevado a comissário, com amplos poderes militares.

Em um trem blindado, com quatrocentos guardas vermelhos, Fiódor Allilúiev e sua datilógrafa adolescente Nádia, Stálin entrou em Tsarítsin a 6 de abril e encontrou a cidade assolada por inépcia e traição. Stálin mostrou a que viera fuzilando os suspeitos de serem contrarrevolucionários; "um implacável expurgo da retaguarda", escreveu Vorochílov, "administrado com mão de ferro". Lênin ordenou que fosse ainda mais "impiedoso" e "implacável". Stálin respondeu: "Pode ter certeza de que nossa mão não vai tremer".

Foi ali que Stálin compreendeu a conveniência da morte como o instrumento político mais simples e eficaz, mas de forma alguma foi o único a pensar assim: durante a guerra civil, os bolcheviques, com suas botas de couro, capotes e coldres, abraçaram um culto do glamour da violência, uma brutalidade que Stálin assumiu integralmente. Foi ali também que Stálin conheceu e se tornou amigo de Vorochílov e Budiony, ambos presentes ao jantar de 8 de novembro de 1932, que compuseram o núcleo de seu apoio político e militar. Em julho, quando a situação militar deteriorou-se, Stálin assumiu o controle efetivo do Exército: "Preciso ter poderes militares". Era o tipo de liderança que a Revolução exigia para sobreviver, mas foi um desafio a Trotski, que criara o Exército Vermelho com a ajuda dos chamados "especialistas militares", ex-oficiais czaristas. Stálin não confiava nesses úteis renegados e os fuzilava sempre que possível.

Ele morava num vagão luxuoso que pertencera a uma cantora cigana e o decorara com seda azul-clara. É provável que nesse cenário Stálin e Nádia tenham se tornado amantes. Ela estava com dezessete anos, ele tinha 39. Deve ter sido uma aventura emocionante e terrível para uma estudante. Quando chegaram, Stálin usou o trem como quartel-general: dali ordenava os constantes fuzilamentos executados pela Tcheca. Naquele tempo, as mulheres acompanhavam seus maridos na guerra. Nádia não estava sozinha. As esposas de Vorochílov e Budiony também se encontravam em Tsarítsin.

Stálin e esses fanfarrões compunham uma "oposição militar" a Trotski, a quem ele chamava de "comandante de opereta, um tagarela, ha ha ha!". Quando deteve um grupo dos "especialistas" de Trotski e os aprisionou numa barcaça no meio do Volga, Trotski reclamou irado. A barcaça afundou com aparentemente todos a bordo. "A morte resolve todos os problemas", teria dito Stálin. "Nenhum homem, nenhum problema." Era o modo de agir bolchevique.*

Lênin chamou Stálin de volta. Não importava que ele tivesse provavelmente piorado as coisas, desperdiçado a experiência dos oficiais czaristas e apoiado uma turma de doidivanas brandindo seus sabres. Stálin fora implacável — a impiedosa aplicação de pressão que Lênin desejava. Mas o *kinto* percebera de relance a glória do generalíssimo. Mais do que isso, a inimizade com Trotski e a aliança com o

* Mais tarde, parece que Stálin confirmou a história do afundamento da barcaça numa carta fascinante a Vorochílov: "No verão após a tentativa de assassinato de Lênin [...] fizemos uma lista de oficiais que reunimos no Manege [...] para fuzilar em massa [...]. Assim, a barcaça de Tsarítsin não foi resultado da luta contra os especialistas militares, mas impulso do centro [...]". Cinco futuros marechais da Segunda Guerra Mundial lutaram em Tsarítsin: em ordem ascendente de competência, Kulik, Vorochílov, Budiony, Timochenko e Júkov (embora este último tenha lutado lá em 1919, depois da saída de Stálin).

"grupo de cavalarianos de Tsarítsin" eram seminais: talvez ele admirasse a coragem irresponsável de Vorochílov e Budiony, qualidade de que carecia. Sua aversão a Trotski tornou-se uma das paixões decisivas de sua vida. Casou-se com Nádia ao voltar, mudando-se para um modesto apartamento no Kremlin (compartilhado por toda a família Allilúiev) e, depois, para uma bela datcha chamada Zubálovo.[9]

Em maio de 1920, Stálin foi nomeado comissário político para a Fronteira Sudoeste, depois que os poloneses capturaram Kiev. O Politburo ordenou a conquista da Polônia para disseminar a revolução para o Ocidente. O comandante da frente ocidental que avançava sobre Varsóvia era um jovem brilhante chamado Mikhail Tukhatchevski. Quando lhe ordenaram que transferisse sua cavalaria para Tukhatchevski, Stálin recusou-se a obedecer a ordem até que fosse tarde demais. As vendetas decorrentes desse fracasso acabaram em massacre dezessete anos depois.[10]

Em 1921, Nádia demonstrou sua austeridade bolchevique ao ir a pé para o hospital, onde deu à luz um filho, Vassíli, seguido cinco anos depois por uma filha, Svetlana. Nessa época, era datilógrafa no escritório de Lênin, posição que seria muito útil nas intrigas que estavam por vir.

A "vanguarda" dos bolcheviques, composta de muitos jovens que estavam agora com as mãos sujas de sangue da brutalidade da luta, via-se como uma minoria isolada e combatida, que governava nervosamente um império vasto e arruinado, também cercado por um mundo hostil. Embora desdenhasse os operários e os camponeses, Lênin mesmo assim surpreendeu-se ao descobrir que nenhuma dessas classes o apoiava. Propôs então um único órgão para governar e supervisionar a criação do socialismo: o Partido. Foi esse hiato embaraçoso entre a realidade e a aspiração que tornou tão importante a fidelidade quase religiosa do Partido à pureza ideológica e tão obrigatória sua disciplina militar.

Nesse dilema peculiar, eles improvisaram um sistema peculiar e buscaram conforto numa visão de mundo peculiar. O órgão soberano do Partido era o Comitê Central (CC), composto por cerca de setenta membros, eleitos anualmente pelos congressos do Partido, que depois se tornaram menos frequentes. O CC elegia o pequeno Politburo, um supergabinete de guerra que decidia as diretrizes políticas, e um secretariado de cerca de três secretarias para governar o Partido. Eles dirigiam o governo convencional de um Estado de partido único, radicalmente centralizado e verticalizado: Mikhail Kalínin, nascido em 1875, o único camponês verdadeiro na liderança, conhecido como o "ancião camponês de toda a União", tornou-se o chefe de Estado em 1919.* Lênin dirigia o país na qualidade de premiê, o presidente do Conselho dos Comissários do Povo, um gabinete de ministros que executava as ordens do Politburo. Havia uma espécie de democracia dentro do Politburo, mas, depois das crises desesperadas da guerra civil, Lênin baniu as facções. O Partido recrutou freneticamente milhões de novos membros, mas seriam eles confiáveis? Aos poucos, uma ditadura burocrática autoritária tomou o lugar dos debates honestos dos primeiros dias, mas em 1921, Lênin, aquele improvisador superlativo, restaurou um grau de capitalismo, para salvar o regime em uma solução conciliatória chamada Nova Política Econômica (NEP).

Em 1922, Lênin e Kámenev manobraram para nomear Stálin secretário-geral — ou Gensec — do CC para dirigir o Partido. O secretariado de Stálin era a casa de máquinas do novo Estado, dando-lhe os poderes imensos que ele exerceu no "caso georgiano", quando ele e Sergo anexaram a Geórgia, que se havia separado do império, e depois impuseram sua vontade ao Partido Georgiano, de orientação independente. Lênin não gostou disso, mas seu derrame, em dezembro de 1922, o impediu de agir contra Stálin. O Politburo, assumindo o controle da saúde do maior trunfo do Partido, proibiu-o de trabalhar mais de dez minutos por dia. Quando Lênin tentou fazer mais, Stálin insultou Krupskaia, a mulher de Lênin, um acesso de raiva que poderia ter-lhe custado a carreira.**

* Stálin nunca foi o chefe de Estado titular da União Soviética, nem Lênin. O título de Kalínin era o de presidente do Comitê Executivo Central, tecnicamente o órgão legislativo mais alto, mas ele era chamado coloquialmente de "presidente". A partir da Constituição de 1936, seu título passou a ser o de presidente do Presidium do Soviete Supremo. Somente com a Constituição de Bréjnev foi que a Secretaria-Geral do Partido acrescentou a Presidência a seus títulos. Os bolcheviques inventaram todo um jargão novo de acrônimos em seu esforço para criar um novo tipo de governo. Os comissários do povo (*Narodny Komissar*) eram conhecidos como *narkoms*. O Conselho (Soviete) de Comissários era chamado de *Sovnarkom*.

** A briga de Stálin com Krupskaia chocou os sentimentos burgueses de Lênin. Mas Stálin julgou-a totalmente coerente com a cultura do Partido: "Por que deveria me curvar diante dela? Dormir com Lênin não significa que se compreende o marxismo-leninismo. Só porque ela usa o mesmo banheiro de Lênin...". Isso levou a algumas piadas clássicas de Stálin, em que ele advertia Krupskaia que, se não obedecesse, o Comitê Central nomearia outra mulher para esposa de Lênin. Isso é um conceito muito bolchevique. Seu desrespeito por Krupskaia provavelmente não diminuiu com as queixas dela sobre os flertes de Lênin com suas assistentes, inclusive Elena Stássova, aquela que Stálin ameaçou promover a "esposa".

Somente Lênin podia ver que Stálin estava emergindo como seu mais provável sucessor e então ditou secretamente um testamento em que exigia sua demissão. Em 21 de janeiro de 1924, ele sucumbiu a um infarto fatal. Contra sua vontade e a da família, Stálin orquestrou uma verdadeira deificação do líder e seu embalsamamento como um santo ortodoxo em um mausoléu na Praça Vermelha. Stálin comandou a ortodoxia sagrada de seu herói morto para construir o próprio poder.

Em 1924, um observador externo esperaria que Trotski sucedesse a Lênin, mas, na oligarquia bolchevique, a fama cintilante contava contra o despreocupado comissário de Guerra. O ódio entre Stálin e Trotski não se baseava apenas em personalidade e estilo, mas também em diretrizes políticas. Stálin já usara o patrocínio do Secretariado para promover seus aliados Mólotov, Vorochílov e Sergo; ele também oferecia uma alternativa estimulante e realista à insistência de Trotski na revolução europeia: "socialismo em um só país". Os outros membros do Politburo, liderados por Grigori Zinóviev e Kámenev, os mais próximos de Lênin, também estavam aterrorizados com Trotski, que unira todos contra si. Assim, em 1924, quando o testamento de Lênin foi aberto, Kámenev propôs que Stálin permanecesse como secretário, não se dando conta de que não haveria outra chance de removê-lo nos próximos trinta anos. Trotski, o mandachuva da Revolução, foi derrotado com facilidade e rapidez surpreendentes. Depois de demitir Trotski de sua base de poder do Comissariado da Guerra, Zinóviev e Kámenev descobriram tarde demais que a verdadeira ameaça era seu companheiro de triunvirato.

Até 1926, Stálin os derrotaria também, ajudado por seus aliados de direita Nikolai Bukhárin e Alexei Ríkov, que havia sucedido a Lênin no posto de premiê. Stálin e Bukhárin apoiavam a NEP. Mas muitos dos linhas duras regionais temiam que aquela concessão minasse o bolchevismo, protelando o dia do ajuste de contas com o campesinato hostil. Em 1927, uma crise agrícola provocou o confronto, desencadeado pelo gosto bolchevique pelas soluções extremadas de seus problemas, e pôs o país num ritmo marcial repressivo que perduraria até a morte de Stálin.

Em janeiro de 1928, Stálin foi pessoalmente à Sibéria investigar a queda na produção de grãos. Reencenando seu glorioso papel de comissário da guerra civil, ordenou a colheita compulsória e pôs a culpa da escassez nos chamados kulaks, que estavam retendo suas colheitas na esperança de obter preços maiores.

Em geral, kulak significava um agricultor que empregava alguns lavradores ou possuía algumas vacas. "Dei uma boa sacudida nos órgãos do Partido", disse Stálin mais tarde, mas ele logo descobriu que "os direitistas não gostavam de medidas duras [...] eles achavam que era o começo da guerra civil nas aldeias". Ao retornar, o premiê Ríkov o ameaçou: "Acusações criminais poderão ser feitas contra você!".

Porém, os comissários jovens, os "homens do comitê" no coração do partido, apoiaram a requisição violenta de grãos executada por Stálin. A cada inverno, eles iam para o interior a fim de arrancar os grãos dos kulaks, identificados como os principais inimigos da revolução. No entanto, perceberam que a NEP fracassara. Precisavam encontrar uma solução militar drástica para a crise dos alimentos.

Stálin era um radical por natureza e então roubou descaradamente as roupagens dos esquerdistas que acabara de derrotar. Ele e seus aliados já estavam falando de uma nova e definitiva revolução, a "Grande Virada" à esquerda para resolver o problema do campesinato e do atraso econômico. Esses bolcheviques odiavam o velho mundo obstinado dos camponeses: eles deveriam ser levados para fazendas coletivas, e sua produção, confiscada e vendida no exterior para financiar uma industrialização instantânea que produzisse tanques e aviões. Acabou a venda privada de alimentos. Os kulaks receberam ordens para entregar sua produção e seriam processados como especuladores se não o fizessem. Aos poucos, os próprios aldeões foram forçados a entrar em fazendas coletivas. Quem resistisse, era um kulak inimigo.

Do mesmo modo, na indústria, os bolcheviques desencadearam seu ódio aos técnicos, ou "especialistas burgueses" — na verdade, apenas engenheiros de classe média. Enquanto treinavam sua própria elite vermelha, intimidaram aqueles que diziam que os planos industriais de Stálin eram impossíveis com uma série de processos falsos, que começaram na mina de carvão de Chakhti. Nada era impossível. O pesadelo rural resultante foi como uma guerra sem batalhas, mas com mortes em escala monumental.[11] Apesar disso, os comandantes dessa luta, os magnatas de Stálin e suas esposas, ainda viviam no Kremlin como uma família surpreendentemente aconchegada.

2. A família do Kremlin

"Ah, que época maravilhosa foi aquela", escreveu a esposa de Vorochílov em seu diário. "Que relações simples, simpáticas, amistosas."[1] A vida colegiada íntima dos líderes até a metade dos anos 30 não poderia estar mais distante do clichê de um mundo stalinista lúgubre e aterrador. No Kremlin, estavam sempre entrando e saindo uns da casa dos outros. Pais e filhos viam-se constantemente. O Kremlin era uma aldeia de intimidade sem paralelo. Engendradas por décadas de afeição (e, obviamente, ressentimentos), as amizades se aprofundavam ou se desgastavam, as inimizades ferviam. Stálin costumava passar na casa de algum de seus vizinhos para uma partida de xadrez. Natacha Andréieva lembra que ele enfiava o rosto na porta e perguntava: "Andrei está?". "Ou Dora Moisevna?" Às vezes, ele queria ir ao cinema, mas seus pais estavam atrasados, então ela o acompanhava. Quando Mikoian queria algo, simplesmente atravessava o pátio e batia na porta de Stálin, onde era convidado a jantar. Quando ele não estava em casa, enfiavam um bilhete por baixo da porta. "Infelizmente você não estava; bati em seu apartamento e ninguém respondeu", escreveu Vorochílov.[2]

Quando Stálin estava de férias, esse bando alegre passava sempre na casa de Nádia para mandar mensagens ao marido dela e ficar sabendo das últimas fofocas políticas: "Ontem Mikoian passou por aqui e perguntou por sua saúde e disse que vai visitá-lo em Sotchi", escreveu Nádia a Stálin em setembro de 1929.

"Vorochílov voltou hoje de Nalchik e me telefonou." Por sua vez, Vorochílov deu-lhe notícias de Sergo. Poucos dias depois, Sergo visitou-a acompanhado por Vorochílov. Depois, ela falou com Kaganóvitch, que mandou lembranças a Stálin. Algumas famílias eram mais reservadas que outras: enquanto os Mikoian eram altamente sociáveis, os Mólotov, que moravam no mesmo andar, eram mais reservados e bloqueavam a porta entre os dois apartamentos.[3] Se Stálin era o diretor indiscutível dessa escola loquaz, então Mólotov era seu bedel pudico.

O único a apertar a mão de Lênin, Hitler, Himmler, Göring, Roosevelt e Churchill, Mólotov era o aliado mais próximo de Stálin. Apelidado de "cu de ferro" devido a seu infatigável ritmo de trabalho, Mólotov gostava de corrigir as pessoas e contar que o próprio Lênin o chamara de "cu de pedra". Baixo, atarracado e com uma larga testa, olhos castanho-claros gélidos que piscavam atrás dos óculos redondos e ataques de gagueira quando estava irado (ou falando com Stálin), Mólotov, aos 39 anos, parecia um estudante burguês, o que de fato fora. Mesmo entre os crentes do Politburo distinguia-se como defensor obstinado da teoria e da severidade bolcheviques: o Robespierre da corte de Stálin. Contudo, possuía também um instinto para o possível na política do poder: "Sou um homem do século XIX", definiu-se.

Nascido em Kukarla, um fim de mundo perto de Perm (depois rebatizado de Mólovov), Viatcheslav Scriábin era filho de um vendedor beberrão, um aristocrata pobre, mas sem relação com o compositor. Tocara violino para comerciantes em sua cidade natal e, fato incomum entre os homens de Stálin, tinha uma educação secundária superficial, embora tenha se tornado um revolucionário aos dezesseis anos. Mólotov considerava-se um jornalista — conheceu Stálin quando ambos trabalhavam no *Pravda*. Era cruel e vingativo, chegando a recomendar a morte daqueles ou daquelas que o contrariavam, ríspido com os subordinados, com quem perdia constantemente a paciência, e tão disciplinado que era capaz de dizer "vou tirar uma sesta de meia hora" e acordar no trigésimo minuto. Ao contrário de muitos dos membros enérgicos do Politburo, era um diligente sem inspiração.

Candidato a membro do Politburo desde 1921, "nosso Vetcha" fora secretário do Partido antes de Stálin, mas Lênin o denunciara pelo "mais vergonhoso e estúpido burocratismo". Quando Trotski o atacou, revelou o complexo de inferioridade intelectual que compartilhava com Stálin e Vorochílov: "Nem todos entre nós podem ser gênios, camarada Trotski", ele respondeu. A agressividade desses bolcheviques improvisados era enorme.

Mólotov, então segundo-secretário, logo abaixo de Stálin, admirava Koba, mas não o venerava. Discordava dele com frequência e o criticou até o fim. Era capaz de beber mais do que qualquer outro membro da liderança, façanha não desprezível no meio de tantos beberrões. Parecia gostar das brincadeiras de Stálin, mesmo quando este o chamava de o "Molotstein" judeu.

Sua qualidade especial era a devoção por Polina Karpóvskaia, sua esposa judia, conhecida pelo nome de guerra Jemtchújina, "a Pérola". Sem ser bonita, mas destemida e inteligente, Polina dominava Mólotov, venerava Stálin e se tornou uma líder pelos próprios méritos. Bolcheviques devotos, se apaixonaram numa conferência de mulheres, em 1921. Mólotov achou-a "inteligente, linda e, sobretudo, uma grande bolchevique".

Ela era o consolo para a disciplina, o estresse e a severidade de sua cruzada, mas Mólotov não era um autômato. Suas cartas de amor revelam que ele a idolatrava como um adolescente apaixonado. "Polinka, querida, meu amor! Não posso esconder que às vezes sou dominado pela impaciência e pelo desejo de estar perto de você e de seus carinhos. Beijo-a, minha querida, desejada [...]. Seu Vetcha dedicado. Estou amarrado a você de corpo e alma [...] meu bem." Às vezes, as cartas eram loucamente apaixonadas: "Anseio por beijar você impacientemente e beijo todo o seu corpo, adorada, querida, meu amor". Ela era seu "radiante amor, meu coração e felicidade, meu prazer, meu bem, Polinka".[4]

Svetlana, a filha mimada de Mólotov, e os outros filhos dos membros do Politburo brincavam no pátio, mas "não queríamos morar no Kremlin. Nossos pais estavam sempre dizendo para não fazermos barulho. 'Vocês não estão na rua agora', eles diziam. 'Vocês estão no Kremlin.' Era como uma prisão, e tínhamos de mostrar passes e conseguir passes para que nossos amigos pudessem nos visitar", lembra Natacha, filha de Andréiev e Dora Khazan. As crianças topavam constantemente com Stálin: "Eu tinha dez anos, usava longas tranças e estava brincando com Rudolf Menjinski [filho do chefe da OGPU] quando fui subitamente erguida por mãos fortes e me virei e vi o rosto de Stálin com seus olhos castanhos e expressão muito intensa e severa. 'Então, quem é você?', perguntou ele. Eu disse 'Andréieva'. 'Bem, continue a pular, então!'". Depois disso, Stálin conversava amiúde com ela, em especial porque a escada que conduzia ao primeiro cinema do Kremlin ficava em frente à porta do apartamento deles.

Com frequência, o jantar de Stálin era uma simples continuação de suas reuniões com os camaradas viciados em trabalho: a sopa era colocada sobre o aparador, os convidados podiam servir-se e muitas vezes trabalhavam até as três da manhã, lembra Artiom, o filho adotivo de Stálin. "Eu via Mólotov, Mikoian e Kaganóvitch o tempo todo." Stálin e Nádia jantavam amiúde com os outros casais do Kremlin. "Os jantares eram simples", escreveu Mikoian em suas memórias. "Dois pratos, algumas entradas, às vezes um pouco de arenque [...]. A sopa era o primeiro prato e depois carne ou peixe e frutas de sobremesa — como em qualquer outro lugar da época." O jantar era acompanhado de uma garrafa de vinho branco e poucos drinques. Ninguém ficava à mesa por mais de meia hora. Uma noite, Stálin, que se interessava seriamente pela imagem política, imitou as medidas de Pedro, o Grande, com relação às barbas: "Livre-se desta barba!", ordenou a Kaganóvitch. Em seguida, pediu a Nádia uma tesoura: "Faço o serviço eu mesmo".* Kaganóvitch cortou a barba no ato. Eram assim os divertimentos do jantar *chez* Stálin e Nádia.

As esposas eram influentes. Stálin escutava Nádia: ela conhecera um rapazola rotundo e de orelhas grandes, um montador nas minas dos Donets chamado Khruchióv, na Academia, onde ele estava esmagando a oposição com energia. Ela o recomendou a Stálin, que lançou sua carreira. O jovem funcionário jantava regularmente com eles. Stálin sempre gostou de Khruchióv, em parte devido à recomendação de Nádia. "Foi assim que sobrevivi [...] meu bilhete de loteria", lembrava Khruchióv. Ele simplesmente não podia acreditar que ali estava Stálin, o semideus que venerava, "rindo e brincando" com ele, tão modesto.

Nádia não temia falar com Stálin sobre injustiças: quando um funcionário, provavelmente um direitista, foi tirado de seu emprego, ela implorou por sua carreira e disse a Stálin que "esses métodos não deveriam ser usados com esses

* É claro que Kaganóvitch manteve o bigode, que continuava na moda. Até mesmo os pelos do rosto se baseavam então no culto do líder: se um cliente queria um cavanhaque com barba e bigode, pedia ao barbeiro um "Kalínin". Quando Stálin mandou Bulgánin cortar a barba, ele chegou a um meio-termo, mantendo um cavanhaque "Kalínin".

trabalhadores [...] é tão triste [...]. Ele parecia morto. Sei que me odeia por interferir, mas acho que você deveria interferir neste caso que todo mundo sabe que é injusto". Stálin concordou inesperadamente em ajudar e ela ficou emocionada: "Estou tão contente por você confiar em mim [...] é uma vergonha não corrigir um erro". Stálin não engolia bem esse tipo de interferência de nenhuma outra pessoa, mas parece que conseguia aceitá-lo de sua jovem esposa.

Polina Mólotova era tão ambiciosa que, quando achou que seu chefe, o Comissário para a Indústria Leve, não estava à altura do cargo, perguntou a Stálin, durante um jantar, se poderia criar uma indústria de perfume soviética. Stálin chamou Mikoian e colocou a indústria de cosméticos TeJe de Polina sob seu comando. Ela se tornou a czarina da fragrância soviética. Mikoian a admirava por ser "capaz, inteligente e vigorosa", mas "arrogante".[5]

Com exceção dos esnobes Mólotov, esses potentados ainda levavam vida simples nos palácios do Kremlin, inspirados pela devoção à causa revolucionária e sua obrigatória "modéstia bolchevique". A corrupção e a extravagância ainda não tinham se disseminado: com efeito, as esposas dos membros do Politburo mal conseguiam vestir seus filhos, e os novos arquivos mostram que o próprio Stálin ficava às vezes sem dinheiro.

Nádia Stálin e Dora Khazan, a esposa ascendente de Andréiev, pegavam o bonde diariamente para ir à Academia. Nádia costuma ser citada como um modelo de modéstia por usar seu nome de solteira, mas Dora fazia o mesmo: era o estilo da época. Sergo proibiu sua filha de usar sua limusine para ir à escola: "Burguês demais!". Por outro lado, os Mólotov já eram notoriamente não proletários: Natália Ríkova ouviu seu pai se queixar de que os Mólotov jamais convidavam seus guarda-costas para comer à mesa com eles.

Na casa de Stálin, Nádia estava no comando: Svetlana diz que sua mãe administrava o lar com um "orçamento modesto". Orgulhavam-se de sua austeridade bolchevique. Nádia regularmente exauria o dinheiro da manutenção doméstica: "Por favor, me mande cinquenta rublos porque só vou receber meu dinheiro em 15 de outubro e não tenho mais".

"Tatka, esqueci de mandar o dinheiro", respondeu Stálin. "Mas mandei agora (120 rublos) com colegas que vão hoje [...]. Beijos, Ióssif." Depois ele checou se ela havia recebido o dinheiro. Ela respondeu: "Recebi a carta com o dinheiro. Obrigada! Estou contente porque você está voltando! Escreva quando chegar, para que eu possa encontrá-lo!"[6]

A 3 de janeiro de 1928, Stálin escreveu para Khalátov, o chefe da GIZ (a editora do Estado): "Preciso muito de dinheiro. Mande-me duzentos rublos!".* Stálin cultivava seu puritanismo tanto por convicção como por gosto: quando encontrou móveis novos em seu apartamento, reagiu com violência: "Parece que alguém da manutenção ou da GPU comprou alguns móveis [...] contrariando minha determinação de que a mobília velha está boa", escreveu ele. "Descubra e puna os culpados! Peço que remova a mobília e a guarde no depósito!"

Os Mikoian tinham tantos filhos — cinco meninos, mais algumas crianças adotadas, e no verão a família extensa armênia vinha por três meses — que sofriam de falta de dinheiro, embora Mikoian estivesse entre os homens mais poderosos do país. Assim, Achken Mikoian pedia dinheiro emprestado em segredo das outras esposas dos membros do Politburo que tinham menos crianças. Mikoian teria ficado furioso se soubesse disso, de acordo com seus filhos. Quando Polina Mólotova viu os maltrapilhos filhos do casal, criticou a mãe deles, que disse: "Tenho cinco meninos e não tenho dinheiro". "Mas você é esposa de um membro do Politburo!", retrucou Polina.[7]

* Stálin seguia o mesmo princípio com suas roupas: recusava-se a substituir seu magro guarda-roupa de duas ou três túnicas surradas, calças velhas e seus sobretudo e boné favoritos da guerra civil. Não estava sozinho nesse ascetismo de vestuário, mas tinha consciência de que, tal como Frederico, o Grande, que estudara, seus trajes deliberadamente velhos e modestos só acentuavam sua autoridade natural.

3. O encantador

Esse pequeno grupo de líderes idealistas e implacáveis, cuja maioria tinha entre trinta e quarenta anos, era o motor de uma vasta e impressionante revolução: eles iriam construir o socialismo imediatamente e abolir o capitalismo. Seu programa industrial, o Plano Quinquenal, faria da Rússia uma grande potência que nunca mais seria humilhada pelo Ocidente, sua guerra no campo exterminaria para sempre o inimigo interno, os kulaks, e retornaria aos valores de 1917. Foi Lênin que disse: "Terror de massa impiedoso contra os kulaks [...]. Morte a eles!". Milhares de jovens compartilhavam desse idealismo. O Plano exigia um aumento de 110% da produtividade que Stálin, Kúibichev e Sergo insistiam que era possível porque tudo era possível. "Diminuir o ritmo significa ficar para trás", explicou Stálin em 1931. "E os retardatários são derrotados! Mas não queremos ser derrotados [...]. A história da velha Rússia consistia [...] em ser derrotada [...] devido a seu atraso."

Os bolcheviques podiam tomar de assalto qualquer fortaleza. Qualquer dúvida era traição. A morte era o preço do progresso. Cercados de inimigos, como acontecera na guerra civil, eles sentiam que mal conseguiam manter o controle do país. Por isso, cultivavam a *tverdost*, a dureza, virtude bolchevique.*

* Contudo, essa brutalidade coexistia com um código rígido de maneiras partidárias: os bol-

Stálin era elogiado por isso: "Sim, ele vigorosamente corta fora o que está podre [...]. Se não o fizesse, não seria [...] um guerreiro comunista". Stálin escreveu a Mólotov sobre "inspecionar e reprimir batendo na cara das pessoas" e disse a funcionários que iria "esmagar seus ossos".

Bukhárin resistiu à "Revolução de Stálin", mas ele e Ríkov não eram páreo para o apadrinhamento e o charme de Stálin, nem para o gosto bolchevique pelas soluções violentas. Em 1929, Trotski foi para o exílio, com um ar de altivez aturdida no rosto, para se tornar o crítico mordaz de Stálin no exterior, e seu símbolo máximo de traição e heresia na Rússia. Bukhárin foi retirado pelo voto do Politburo. Stálin era o líder dos oligarcas, mas estava longe de ser um ditador.

Em novembro de 1929, enquanto Nádia estudava para seus exames na Academia Industrial, Stálin retornou revigorado de suas férias e intensificou imediatamente a guerra aos camponeses, exigindo "uma ofensiva contra os kulaks [...] ficar pronto para a ação e acertar na classe dos kulaks um tal golpe que ela não se levante mais". Mas os camponeses se recusaram a fazer a colheita, declarando guerra ao regime.

A 21 de dezembro de 1929, no auge dessa colossal e terrível empreitada, os jovens magnatas e suas esposas, cansados, porém febris com seus notáveis êxitos na construção de novas cidades e fábricas, excitados com as expedições brutais contra os obstinados camponeses, chegaram à datcha de Stálin em Zubálovo para comemorar seu quinquagésimo aniversário oficial, na noite em que nossa história realmente começa. Naquele dia, cada um dos magnatas escreveu um artigo no *Pravda* saudando-o como o *Vojd*, o líder, o herdeiro legítimo de Lênin.

Dias depois da festa de aniversário, os líderes perceberam que precisavam acelerar sua guerra no campo e literalmente "liquidar os kulaks como classe". Desencadearam uma guerra da polícia secreta em que a brutalidade organiza-

---

cheviques deviam se comportar em relação aos camaradas como cavalheiros burgueses. Os divórcios eram "desaprovados com mais severidade do que pela Igreja católica". Quando Kaganóvitch registrou na sentença de morte de um general inocente que ele era "uma puta", escreveu apenas "p...". Mólotov editou o uso que Lênin fez da palavra "merda", substituindo-a por "...", e censurava pudicamente o uso de "palavras que não se usam nos círculos partidários". Ao criticar a poesia crua de Demian Bedny, Kaganóvitch disse a Stálin que "ser um poeta proletário do povo não significa de forma alguma mergulhar até o nível das qualidades negativas de nossas massas".

da, a pilhagem criminosa e a ideologia fanática se combinaram para destruir a vida de milhões. O círculo de Stálin seria fatalmente testado pelos rigores da coletivização porque seus membros eram julgados pelo desempenho nessa crise. O veneno desses meses marcou as amizades de Stálin, até mesmo seu casamento, começando o processo que culminaria nas câmaras de tortura de 1937.

Stálin consumia metade do espaço de suas cartas a seus homens perdendo a paciência e a outra metade pedindo desculpas por isso. Tratava de tudo em tom pessoal. Quando Mólotov retornou de uma expedição à Ucrânia em busca de grãos, Stálin lhe disse: "Eu poderia cobri-lo de beijos de gratidão por sua ação lá" — frase que dificilmente se esperaria do Stálin durão da lenda.

Em janeiro de 1930, Mólotov planejou a destruição dos kulaks, que foram divididos em três categorias: "Primeira categoria: [...] a ser eliminada imediatamente"; a segunda deveria ser aprisionada em campos de trabalho; a terceira, 150 mil famílias, deveria ser deportada. Mólotov supervisionava os esquadrões da morte, os trens, os campos de concentração como um comandante militar. Entre 5 e 7 milhões de pessoas caíram finalmente nas três categorias. Não havia maneira de selecionar um kulak: o próprio Stálin se afligia,* escrevendo em suas anotações: "O que significa kulak?".

Durante 1930-1, cerca de 1,68 milhão de pessoas foram deportadas para o Leste e o Norte. Em poucos meses, o plano de Stálin e Mólotov levara a 2200 rebeliões envolvendo mais de 800 mil pessoas. Kaganóvitch e Mikoian comandaram expedições ao campo com brigadas de soldados da OGPU e trens blindados como se fossem senhores da guerra. Suas cartas manuscritas a Stálin estão marcadas pela emoção fraternal de sua guerra pelo aperfeiçoamento humano contra os camponeses desarmados: "Tomando todas as medidas quanto a alimentos e grãos", relatou Mikoian a Stálin, citando a necessidade de acabar com os "sabotadores": "Enfrentamos grande resistência [...]. Precisamos destruir a resistência". No álbum de fotografias de Kaganóvitch o vemos indo para a Sibéria com seu pelotão armado de facínoras de jaqueta de couro, interrogando camponeses,

* Entre seus pensamentos reveladores sobre os kulaks anotados em pedaços de papel encontramos: "kulaks — desertores"; e depois, mais sugestivo, "aldeias e escravos". Um camponês revelou como os kulaks eram escolhidos: "Que fique só entre nós três, os camponeses pobres da aldeia fazem uma reunião e decidem: 'Fulano e beltrano têm seis cavalos [...]'. Eles notificam a GPU e pronto, fulano e beltrano pegam cinco anos". Somente romancistas e poetas são realmente capazes de captar a alienação brutal das aldeias: o romance de Andrei Platónov *A escavação* é o melhor deles.

investigando suas pilhas de feno, descobrindo os grãos, deportando os acusados e avançando novamente, exausto, caindo no sono entre paradas. "O trabalho de Mólotov é realmente duro e muito cansativo", contou Mikoian a Stálin. "O volume de trabalho é tão vasto que precisa de cavalos-vapor."

Sergo e Kaganóvitch possuíam os "cavalos-vapor" necessários: quando os líderes decidiam sobre alguma coisa, ela podia ser feita de imediato, numa vasta escala e independente das perdas em termos de vidas humanas e recursos. Béria, um georgiano, membro da polícia secreta em ascensão, disse mais tarde: "Quando nós, bolcheviques, queremos fazer algo, fechamos os olhos para todo o resto". Essa fraternidade impiedosa vivia num frenesi insone de excitação e atividade, impulsionada por adrenalina e convicção. Considerando-se Deus no primeiro dia, estavam criando um mundo novo num frenesi apaixonado: as grandes bestas do Politburo personificavam as qualidades do comissário stalinista, "mentalidade partidária, moralidade, rigor, atenção, boa saúde, conhecedores de seu métier", mas sobretudo, como disse Stálin, precisavam de "nervos de aço".

"Participei pessoalmente disso", escreveu o jovem ativista Liev Kópeliev, "percorrendo o campo, procurando os grãos escondidos [...]. Esvaziei os baús de armazenagem dos velhos, fechei meus ouvidos ao choro das crianças e aos gemidos das mulheres [...]. Estava convencido de que realizava a grande e necessária transformação do campo."

Os camponeses acreditavam que podiam forçar o governo a parar destruindo os próprios animais: o sentimento que podia levar um camponês a matar seus animais, o equivalente em nosso mundo a tocar fogo em nossa casa, dá uma ideia da escala do desespero: 26,6 milhões de cabeças de gado foram mortas, 15,3 milhões de cavalos. A 16 de janeiro de 1930, o governo decretou que a propriedade dos kulaks podia ser confiscada se eles destruíssem os animais. Se pensavam que os bolcheviques seriam obrigados a alimentá-los, os camponeses estavam enganados.[1]

À medida que a crise piorava, até os lugares-tenentes mais fiéis de Stálin relutavam em arrancar os grãos do campesinato, em especial na Ucrânia e no Cáucaso Norte. Stálin censurou-os, mas, embora fossem até vinte anos mais moços, alguns responderam com fúria e ameaças de demitir-se. Andrei Andréiev, de 35 anos, chefe do Cáucaso Norte, era próximo de Stálin (sua esposa, Dora, era a melhor amiga de Nádia). Não obstante, disse que as exigências de Stálin eram impossíveis: ele precisava de pelo menos cinco anos. Primeiro Mólotov tentou encorajá-lo: "Caro Andréievitch, recebi sua carta sobre suprimentos de grãos, vejo que é muito duro para você. Vejo também que os kulaks estão usando novos métodos de luta contra nós. Mas espero que consigamos dobrá-los [...]. Mando-lhe saudações e os melhores votos [...]. P.S.: Estou saindo correndo para a Crimeia de férias".[2]

Então Stálin, nervoso, perdeu a paciência com Andréiev, que ficou amuado até Stálin pedir desculpas: "Camarada Andréiev, não acho que você não está fazendo nada no campo do suprimento de grãos. Mas os suprimentos de grãos do Cáucaso Norte estão nos cortando como uma faca e precisamos de medidas para fortalecer o processo. Por favor, lembre-se, cada novo milhão de *poods** é muito valioso para nós. Por favor, não esqueça, temos muito pouco tempo. Então, ao trabalho? Com saudações comunistas, Stálin". Mas Andréiev ainda estava incomodado e então Stálin rabiscou uma nova carta para ele, dessa vez chamando-o por um diminutivo e apelando a sua honra bolchevique: "Olá, Andriucha, estou atrasado. Não fique zangado. Sobre estratégia [...] retiro minhas palavras. Gostaria de sublinhar de novo que pessoas próximas devem gozar de confiança e ser honradas até o fim. Falo de nossa gente do topo. Sem isso, nosso Partido fracassará totalmente. Aperto sua mão, I. Stálin". Com frequência, ele tinha de retirar o que dissera.[3]

A base do poder de Stálin no Partido não era o medo: era o charme. Entre os magnatas ele mandava, mas eles também julgavam suas políticas, em geral, apropriadas. Era mais velho do que todos, com exceção do presidente Kalínin, mas os magnatas usavam o informal "você" para se dirigir a ele. Vorochílov, Mólotov e Sergo chamavam-no de "Koba". Às vezes, eram até atrevidos: Mikoian, que o chamava de Soso, terminou uma carta dizendo: "Se você não for preguiçoso, escreva para mim!". Em 1930, todos esses magnatas, em especial o carismático e feroz Sergo Ordjonikidze, eram aliados, não protegidos, capazes de agir com independência. Havia amizades íntimas que representavam alianças potenciais contra Stálin: Sergo e Kaganóvitch, os dois chefões mais duros, eram amicíssimos. Vorochílov, Mikoian e Mólotov discordavam amiúde de Stálin.[4] Seu dilema estava no fato de que era o líder de um partido sem *Führerprinzip*, mas governante de um país acostumado com a autocracia czarista.

* *Pood*: unidade de medida russa equivalente a cerca de 16 500 quilogramas. (N. T.)

Stálin não era o terrível burocrata pintado por Trotski. É certo que era um organizador de talento. "Jamais improvisava" e "tomava cada decisão pesando-a cuidadosamente". Era capaz de trabalhar por horas sem parar — dezesseis por dia. Mas os novos arquivos confirmam que seu verdadeiro gênio estava em algo diferente — e surpreendente: "Ele era capaz de encantar as pessoas". Embora fosse, de um lado, incapaz de verdadeira empatia, por outro era um mestre das amizades. Perdia a paciência frequentemente, mas, quando decidia encantar alguém, era irresistível.

O rosto de Stálin era "expressivo e versátil", seus movimentos felinos "elásticos e graciosos": ele zumbia de energia sensível. Todos que o viam "ficavam ansiosos para vê-lo de novo" porque "ele criava o sentimento de que havia um novo laço que os ligava para sempre". Artiom disse que ele fazia "nós, crianças, nos sentirmos como adultos e nos sentirmos importantes". Os visitantes ficavam impressionados com sua calma modéstia, seu cachimbo, a tranquilidade. Quando o futuro marechal Júkov o conheceu, não conseguiu dormir depois: "A aparência de I. V. Stálin, sua voz calma, a concretude e profundeza de seus julgamentos, a atenção com que escutou o relatório, tudo me impressionou muito". Sudoplátov, um membro da Tcheca, pensou que "era difícil imaginar que tal homem pudesse nos enganar, suas reações eram tão naturais, sem o menor senso de pose", mas também notou "certa aspereza [...] que ele não [...] escondia".

Aos olhos desses toscos bolcheviques das regiões, seu discurso público calmo e monótono era uma virtude, uma grande vantagem sobre a magia oratória de Trotski. Sua falta de fluência, sua antioratória inspirava confiança. Suas falhas, a agressividade, a brutalidade de seus ataques de ira irracional, eram falhas do Partido. "Não se confiava nele, mas era o homem em quem o Partido confiava", admitiu Bukhárin. "Ele é como o símbolo do Partido, as camadas mais baixas confiam nele." Mas, sobretudo, refletiu o futuro chefe da polícia secreta Béria, ele era "extremamente inteligente", um gênio político. Por mais rude ou encantador que fosse, "dominava seu círculo com sua inteligência".[5]

Stálin não convivia apenas com os magnatas: prestigiava também os funcionários mais jovens, na busca constante de lugares-tenentes mais duros, leais e incansáveis. Era sempre acessível: "Estou pronto para ajudá-lo e recebê-lo", respondia amiúde a pedidos.[6] Os funcionários procuravam Stálin diretamente. Os menos graduados o chamavam pelas costas de *Khozyain*, que é usualmente traduzido por "chefe", mas significa muito mais: o "senhor". Nicolau II chamara a si mesmo de "*khozyain* das terras russas". Quando escutava alguém usar essa palavra, Stálin ficava "claramente irritado" por sua aura feudal: "Isso soa como um rico proprietário rural da Ásia Central. Idiota!".[7]

Os magnatas viam nele seu patrono, mas ele se considerava muito mais. "Sei que você está diabolicamente ocupado", escreveu-lhe Mólotov em seu aniversário. "Mas aperto sua mão de 51 anos [...]. Devo dizer que em meu trabalho pessoal sou grato a você [...]."[8] Todos eram gratos a ele. Mas Stálin via em seu papel marcas da cavalaria medieval e da santidade cristã: "Vocês não precisam duvidar, camaradas, estou preparado para devotar à causa da classe trabalhadora [...] todas as minhas forças, toda a minha capacidade, e se for necessário, todo o meu sangue, gota a gota", escreveu para agradecer ao Partido por tê-lo aclamado líder. "Suas congratulações, ponho no crédito do grande Partido [...] que me teve e me criou a sua imagem e semelhança." Era assim que ele se via.[9]

Não obstante, esse autoungido herói messiânico trabalhava duro para envolver seus protegidos num abraço irresistível de intimidade amigável que os convencia de que não havia ninguém em quem ele confiasse mais. Stálin era irascível, mas estava longe de ser um chato sem humor: era sociável e divertido, embora veemente à exaustão. "Ele era muito engraçado", diz Artiom. De acordo com o comunista iugoslavo Milovan Djilas, seu "humor grosseiro e presunçoso" era "velhaco" e "malicioso", mas "não desprovido por completo de sutileza e profundidade", embora jamais estivesse longe do humor negro. Sua espirituosidade seca era aguda, mas dificilmente wildiana. Certa vez, quando o tenor Kozlovski se apresentava no Kremlin, os membros do Politburo começaram a pedir determinada canção.

"Por que pressionar o camarada Kozlovski?", interveio Stálin com calma. "Deixem que cante o que quiser." E depois de uma pausa: "E acho que ele quer cantar a ária de Lensky de *Onegin*". Todos riram e Kozlovski obedeceu, cantando a ária.*

Quando Stálin nomeou Isakov comissário naval, o almirante respondeu que a missão seria árdua demais porque tinha apenas uma perna. Uma vez que a marinha fora "comandada por gente sem cabeça, uma perna não faria falta",

* No Bolchoi, Kozlovski perdeu de repente sua voz durante o *Rigoletto*. O cantor olhou desamparado para o camarote de Stálin, apontando para sua garganta. Rápido como um raio, Stálin apontou em silêncio para o lado esquerdo de sua túnica, perto do bolso onde as medalhas são penduradas e desenhou uma medalha. A voz de Kozlovski voltou. Ele ganhou a medalha.

brincou Stálin. Ele gostava particularmente de zombar das pretensões da casta governante: quando uma lista de tediosos merecedores de medalhas baixou em sua escrivaninha, ele escreveu sobre ela: "Cagões ganham a Ordem de Lênin!". Gostava de dar trotes. Durante a invasão italiana da Etiópia, mandou que seus guarda-costas pusessem "Ras Kasa ao telefone imediatamente!". Quando um jovem guarda voltou "semimorto de preocupação" para explicar que não conseguia telefonar para esse chefe nas montanhas abissínias, Stálin riu: "E você está na segurança!". Era capaz de respostas prontas pungentes. Zinóviev acusou-o de ingratidão: "A gratidão é uma doença de cachorro", replicou rápido.[10]

Stálin "sabia tudo sobre seus camaradas mais próximos — TUDO!", enfatiza a filha de um deles, Natacha Andréieva. Observava seus protegidos, educava-os, levava-os para Moscou e preocupava-se muito com eles: promoveu Mikoian, mas disse a Bukhárin e Mólotov que achava que o armênio "ainda é um patinho em política [...]. Se crescer, ele melhorará".[11] O Politburo estava cheio de egomaníacos ferozes, como Sergo Ordjonikidze: Stálin era adepto de persuadi-los com lisonjas, encantá-los, manipulá-los e intimidá-los a fazer o que queria. Quando chamou dois de seus homens mais capazes, Sergo e Mikoian, do Cáucaso, eles discutiram com ele e entre eles, mas sua paciência para acalmá-los (e enganá-los) foi infindável.[12]

Stálin supervisionava pessoalmente seus arranjos de vida. Em 1913, quando ficou em Viena com a família Troianovski, dava à filha do casal um saco de balas todos os dias. Depois perguntou à mãe da criança: para quem ela correria se ambos a chamassem? Ao ser submetida à experiência, a menina correu para Stálin, na esperança de ganhar mais balas. Esse cínico idealista usava os mesmos incentivos com o Politburo. Quando Mikoian se mudou para Moscou, Stálin emprestou-lhe seu apartamento. Como Mikoian adorou o apartamento, Stálin simplesmente o deu a ele. Quando o jovem e provinciano Béria foi a Moscou para o 17º Congresso, Stálin pôs seu filho de dez anos na cama, em Zubálovo.[13] Quando ele aparecia de surpresa no apartamento dos membros do Politburo, Maia Kaganóvitch lembra que Stálin insistia para que acendessem a lareira. "Nenhum detalhe era pequeno demais."[14] Cada presente era apropriado para quem o recebia: ele deu a seu *sabreur* cossaco Budiony espadas com dedicatória gravada. Distribuía pessoalmente os carros e os aparelhos mais recentes.* Há uma lista nos arquivos

* Kírov, o chefe de Leningrado, morava num enorme apartamento com uma quantidade espan-

com a letra de Stálin destinando carros para cada líder: suas esposas e filhas lhe escreveram cartas de agradecimento.

E havia também a questão do dinheiro: esses poderosos ficavam amiúde com pouco dinheiro, porque os salários eram pagos com base no "Máximo do Partido", o que significava que um "trabalhador responsável" não podia ganhar mais do que um operário muito bem pago. Mesmo antes de Stálin abolir essa restrição, em 1934, havia maneiras de driblá-la. Cestas de alimentos da cantina do Kremlin e rações especiais dos GORT (armazéns do governo) eram entregues aos líderes. Mas eles recebiam também *pakets*, presentes secretos em dinheiro, como um bônus de banqueiro ou dinheiro vivo num envelope pardo, e cupons para as férias. As quantias eram decididas nominalmente pelo presidente Kalínin e pelo secretário do Comitê Executivo Central, o mordomo de todas as guloseimas, Ienukidze, mas Stálin interessava-se muito por esses *pakets*. Nos arquivos, Stálin sublinhou as quantias numa lista intitulada "Presentes em dinheiro dos fundos do Presidium para grupos de trabalhadores responsáveis e membros de suas famílias". "Números interessantes!", escreveu ele na lista.[15] Quando notava que sua equipe estava sem dinheiro, intervinha secretamente para ajudá-la, pedindo direitos de publicação para seu secretário-chefe Tovstukha. Escreveu ao editor-chefe que, se Tovstukha negasse que estava duro, "está mentindo. Ele está precisando desesperadamente de dinheiro". Costumava se considerar irônico chamar a elite soviética de "aristocracia", mas eles eram muito parecidos com uma nobreza feudal cujos privilégios dependiam totalmente de sua lealdade.

No momento em que esses potentados precisavam ser mais duros do que nunca, alguns estavam se tornando brandos e decadentes, em particular aqueles com acesso ao luxo, como Ienukidze e o agente da polícia secreta Iagoda. Ademais, os chefes regionais montaram seus séquitos próprios e se tornaram tão poderosos que Stálin os chamava de "grão-duques". Mas não havia "príncipe" do Partido tão beneficente quanto ele, o patrono dos patronos.

---

tosa de equipamentos modernos. Lá estava um imenso refrigerador americano — General Electric — dos quais a URSS importou apenas dez. Gramofones americanos eram especialmente valorizados: havia uma "radiola" na qual Kírov podia escutar o balé Mariinsky em seu apartamento; havia um "petiphone", um gramofone de manivela sem alto-falante e outro com alto-falante, além de um rádio-lâmpada. Quando a primeira televisão chegou a Moscou, pouco antes da guerra, os Mikoian receberam o objeto estrangeiro que refletia a imagem em um vidro que se projetava num ângulo de 45 graus. Quanto a Budiony, Stálin escreveu: "Dei-lhe a espada, mas não é muito bonita, então decidi mandar-lhe uma melhor com dedicatória — está a caminho!".

O Partido não era apenas uma massa de grupos que se autopromoviam — era quase um negócio de família. Clãs inteiros eram membros da liderança: Kaganóvitch era o mais moço de cinco irmãos, três dos quais eram bolcheviques de alto escalão. Os parentes por afinidade de Stálin eram todos funcionários graduados. Os irmãos de Sergo eram ambos bolcheviques importantes no Cáucaso, onde as unidades familiares eram a norma. Uma trama de casamentos* complicava as relações de poder e teria resultados fatais: quando um líder caía, todos os ligados a ele desapareciam também, como alpinistas amarrados a uma mesma corda de segurança.[16]

As "espinhas" dos camponeses — conforme a expressão assustadora de Stálin e Mólotov — foram de fato dobradas, mas a escala da luta abalou até seus mais implacáveis defensores. Em meados de fevereiro de 1930, Sergo e Kalínin fizeram uma viagem de inspeção ao campo e, ao retornar, ordenaram uma parada. Sergo, que no papel de chefe da Comissão de Controle do Partido organizara a campanha contra os direitistas, determinava agora que a Ucrânia parasse de "socializar" o gado.

Stálin perdera o controle. O hábil tático cedeu diante dos magnatas e concordou em recuar — com prudência ressentida. A 2 de março, escreveu seu famoso artigo "Aturdido pelo sucesso", no qual afirmava seu sucesso e culpava as autoridades locais por seus erros, o que aliviou a pressão** nas aldeias.[17]

Stálin considerara seus aliados o "círculo mais firme" de "amigos", uma irmandade "formada historicamente na luta contra [...] o oportunismo" de Trotski e Bukhárin. Mas agora sentia que o Politburo estava eivado de dúvidas e deslealdades, no momento em que a "Revolução de Stálin" transformava o campo num pesadelo distópico.[18] Mesmo em épocas tempestuosas, as reuniões do Politburo, ao meio-dia das quintas-feiras, em torno das duas mesas paralelas da Sala do Sovnarkom [Conselho dos Comissários do Povo] do Palácio Amarelo, podiam ser surpreendentemente serenas.[19] Stálin jamais presidiu o Politburo, deixando essa função para o premiê Ríkov. Tinha o cuidado de nunca ser o primeiro a falar, de acordo com Mikoian, para que ninguém se sentisse amarrado a sua opinião antes de se manifestar.[20]

* Por exemplo, a esposa de Kámenev era irmã de Trotski; a mulher de Iagoda era da família Svérdlov; Poskrióbichev, o secretário de Stálin, era casado com a irmã da nora de Trotski. Dois stalinistas de alto escalão, Shcherbákov e Jdánov, eram cunhados. Mais tarde, os descendentes dos membros do Politburo se casariam entre si.

** No romance de Chólokhov *Solo virgem revolvido*, os cossacos suspendem sua revolta quando leem esse artigo. Mas também se retiram da fazenda coletiva.

Havia muita escrevinhação durante essas reuniões. Bukhárin, antes de perder seu lugar, desenhava caricaturas de todos os líderes, muitas vezes em poses ridículas, com ereções rampantes ou em uniformes czaristas. Caçoavam da vaidade e estupidez de Vorochílov, embora esse herói da guerra civil fosse um dos aliados mais próximos de Stálin. "Olá, amigo!", chamava-o Stálin com carinho. "Pena que você não esteja em Moscou. Quando virá?"

"Vaidoso como uma mulher", ninguém gostava mais de uniformes do que Vorochílov. Esse *boulevardier* proletário, que usava roupa de flanela branca em sua suntuosa datcha e trajes brancos para jogar tênis, era um alegre epicurista, "amável e amante dos divertimentos, apreciador de música, festas e literatura", gozando da companhia de atores e escritores. Stálin soube que estava usando o lenço da esposa devido a uma gripe de verão: "Claro, ele se ama tanto que cuida muito de si mesmo. Ha! Ele até faz exercícios!", riu Stálin. "Notório estúpido", Vorochílov quase sempre caía nas brincadeiras.

Metalúrgico de Lugansk (rebatizada com seu nome), Vorochílov, como muitos dos líderes de Stálin, mal completara dois anos de escola. Membro do Partido desde 1903, Klim compartilhara um quarto com Stálin em Estocolmo em 1906, mas ficaram amigos em Tsarítsin. A partir de então, Stálin apoiou seu "comandante em chefe do torno mecânico" até ele se tornar comissário da Defesa, em 1925. Vorochílov detestava as mentes militares mais sofisticadas — o complexo de inferioridade era uma das paixões que moviam o círculo de Stálin. Desde que entregava a cavalo a correspondência dos mineiros de Lugansk, sua mente estava mais à vontade com o equino do que com o mecanizado.

Descrito em geral como um covarde choramingas diante de seu chefe, ele flertara com as oposições e era perfeitamente capaz de perder a paciência com Stálin, a quem sempre tratou como um velho companheiro. Era pouca coisa mais moço que Koba e continuou a dar nome aos bois depois do Terror. De cabelos claros, rosto rosado, olhos cálidos sempre piscando, era de natureza afável: a coragem desse *beau sabreur* era inigualável. Contudo, sob sua afabilidade querubínica havia algo mau nos lábios que revelava um temperamento petulante, uma crueldade vingativa e um gosto pelas soluções violentas.* Uma vez convencido, era "politicamente tacanho", obedecendo às ordens recebidas com rigidez.

* "Você conhece Marapultsa", escreveu Vorochílov a Stálin em outubro de 1930. "Ele foi condenado a cinco anos [...]. Acho que você concorda comigo que ele foi condenado com razão." Em outra

Seu culto só perdia para o de Stálin; até no Ocidente, o romancista Denis Wheatley publicou um panegírico intitulado *A águia vermelha* — "a espantosa história do menino das minas que derrotou soldados profissionais de três nações e é agora Senhor da Guerra da Rússia".[21]

Em um bilhete que circulou numa reunião, Vorochílov escreveu: "Não posso fazer o discurso aos fabricantes de freios porque estou com dor de cabeça". "Para liberar Vorochílov, proponho Rudzutak", respondeu Stálin, sugerindo outro membro do Politburo. Mas Vorochílov não ia escapar com tanta facilidade: Rudzutak se recusou, então Kalínin sugeriu que Vorochílov fizesse o discurso. "Contra!", votou Vorochílov, assinando: "Vorochílov, que está com dor de cabeça e não pode falar!".[22]

Se Stálin aprovava o discurso de um líder, mandava um bilhete escatológico entusiasmado: "Um líder mundial, foda-se! Li seu relatório — você criticou todo mundo — fodam-se!", escreveu aprovando Vorochílov,[23] que queria mais elogios: "Diga-me com mais clareza — falhei cem por cento ou só 75 por cento?". Stálin replicou em seu estilo inimitável: "Foi um bom [...] relatório. Você deu uma palmada no rabo de Hoover, Chamberlain e Bukhárin. Stálin".[24]

Também se decidiam questões sérias: durante uma discussão de orçamento, Stálin instigou verbalmente Vorochílov a defender seu departamento: "Eles o estão roubando, mas você está quieto". Quando voltaram a discutir algo que Stálin achava que já fora decidido, seus colegas receberam este bilhete: "O que significa isto? Ontem concordamos com uma coisa sobre o discurso e hoje outra. Desorganização! Stálin". As designações eram feitas também desse modo. O tom era muitas vezes de brincadeira. Vorochílov queria inspecionar o Exército na Ásia Central: "Koba, posso ir? Eles dizem que estão esquecidos".

"A Inglaterra vai se queixar que Vorochílov veio atacar a Índia", respondeu Stálin, que queria evitar todos os envolvimentos externos enquanto industrializava a Rússia.

"Ficarei quieto como um camundongo", persistiu Vorochílov.

"Assim é pior. Eles vão descobrir e dizer que Vorochílov veio em segredo com intenções criminosas", rabiscou Stálin. Quando chegou o momento de designar

ocasião, Vorochílov apelou a Stálin por um "semilunático" que conhecia desde 1911 e estava na cadeia. "O que eu quero que você faça? Quase nada [...] mas que considere por um minuto a destruição de Minin e decida o que fazer com ele [...]."

Mikoian para dirigir o comércio exterior, Vorochílov perguntou: "Koba, devemos dar a pesca a Mikoian? Ele daria conta disso?".[25]

Com frequência, os membros do Politburo negociavam títulos. Assim, Vorochílov propôs a Kúibichev: "Eu fui o primeiro a propor a candidatura de Piatakov em conversa com Mólotov e Kaganóvitch e apoiarei você como seu segundo [...]".[26]

As reuniões do Politburo podiam durar horas, cansando até Stálin: "Escute", escreveu a Vorochílov durante uma sessão, "vamos adiar até quarta à tarde. Hoje não é bom. Já são 4:30 e ainda temos três grandes questões para discutir [...] Stálin". Às vezes, Stálin escrevia cansado: "As questões militares são tão sérias que devem ser discutidas com seriedade, mas minha cabeça não é capaz de trabalho sério hoje".[27]

Porém, Stálin percebia que o Politburo poderia facilmente se unir para dispensá-lo. Ríkov, o premiê direitista, não acreditava em seus planos e agora Kalínin também estava indeciso. Stálin sabia que poderia ser derrotado pelo voto e até mesmo derrubado.*[28] Os novos arquivos revelam como Kalínin discutia abertamente com Stálin.

"Você defende os kulaks?", rabiscou Stálin, e passou o bilhete para Papa Kalínin, o ex-camponês de modos moderados, óculos redondos, cavanhaque e bigode curvo.

"Não os kulaks", Kalínin escreveu embaixo, "mas o camponês comercial."

"Mas você esqueceu dos mais pobres?", rabiscou Stálin. "Você ignorou o campesinato russo?"

"Muitos de renda mediana são russos , mas o que me diz da situação dos não russos? Eles são os mais pobres", argumentou Kalínin.

"Agora você é o presidente bachkir,** não o russo!", repreendeu Stálin.

"Isso não é um argumento, é uma maldição!"[29] A maldição de Stálin de fato caiu sobre aqueles que se lhe opunham durante essa grande crise. Ele jamais es-

* Eles discordavam amiúde dele, com certeza em questões menores como numa discussão sobre a escola militar do Kremlin: "Parece que, depois das objeções do camarada Kalínin e de outros (sei que mais membros do Politburo também fazem objeções), podemos perdoá-los porque não é uma questão importante", escreveu Stálin a Vorochílov. Depois de derrotar Bukhárin em 1929, Stálin queria nomeá-lo comissário para a Educação, mas, como Vorochílov contou a Sergo numa carta, "porque somos uma maioria unida, nós aprovamos (contra Koba)".

** Bachkir ou basquir, povo de origem mongólica, convertido ao islamismo, que habita a Bachkíria, república situada entre os montes Urais e o rio Volga. (N. T.)

queceu a traição de Kalínin. Cada crítica era uma batalha pela sobrevivência, uma questão de pecado *versus* bondade, doença *versus* saúde, para esse egotista neurótico e suscetível, em sua missão messiânica. Durante aqueles meses, ele ruminou sobre a deslealdade dos que o cercavam, pois sua família e seus aliados políticos estavam totalmente entrelaçados. Stálin tinha todos os motivos para se sentir paranoico. Com efeito, os bolcheviques acreditavam que a paranoia, que chamavam de "vigilância", era uma obrigação quase religiosa. Mais tarde, Stálin falaria em particular sobre o "temor sagrado" que mantinha até mesmo ele em alerta.

Sua paranoia fazia parte de um círculo vicioso pessoal que se revelaria letal para muitos que o conheciam, mas era compreensível. Suas políticas radicais levaram a repressões excessivas que provocaram a oposição que ele mais temia. Suas reações desequilibradas produziram um mundo em que ele tinha motivos para ter medo. Em público, reagia a tudo isso com um humor sarcástico e uma tranquilidade modesta, mas é possível encontrar amplos indícios de suas reações histéricas em particular. "Você não pode me silenciar ou manter minha opinião confinada", escreveu a Vorochílov durante as lutas com os direitistas, "contudo, você afirma 'quero ensinar a todos'. Quando acabarão esses ataques a mim? Stálin".[30] Isso se estendia à família. Uma de suas cartas para Nádia se perdeu. Stálin estava obcecado pelo sigilo de suas cartas e planos de viagem. Impulsivamente, culpou sua sogra, mas Nádia a defendeu: "Você acusou injustamente mamãe. Acontece que a carta jamais foi entregue a alguém. [...] Ela está em Tiflis".[31]

Nádia achava engraçado que os estudantes da Academia fossem divididos em "kulaks, camponeses médios e camponeses pobres", mas estava brincando com a liquidação de mais de 1 milhão de mulheres e crianças inocentes. Há provas de que Nádia passou informações a Stálin sobre seus inimigos, mas isso estava mudando. A luta rural dividiu seus amigos: os adorados Bukhárin e Ienukidze confidenciaram-lhe suas dúvidas. Seus colegas de estudo a "acusaram de direitista", brincou ela com Stálin, que teria ficado perturbado por atacarem sua esposa num momento em que ele estava entrando em águas realmente turbulentas.[32]

De férias no Sul, Stálin ficou sabendo que Riutin, um velho bolchevique que estivera encarregado do cinema, estava tentando criar uma oposição para demiti-lo. Ele reagiu com rapidez e escreveu a Mólotov a 13 de setembro: "Com respeito a Riutin, parece ser impossível nos limitarmos a expulsá-lo do Partido [...] ele terá de ser expulso para algum lugar o mais longe possível de Moscou. Essa escória* contrarrevolucionária deve ser completamente desarmada".[33] Ao mesmo tempo, Stálin arranjou uma série de processos exemplares e "conspirações" dos chamados "sabotadores". Ele redobrou o impulso da coletivização e a corrida para industrializar a todo custo. À medida que a tensão aumentava, atiçava a atmosfera marcial, inventando novos inimigos para intimidar seus verdadeiros oponentes dentro do Partido e entre os especialistas técnicos que diziam não ser possível cumprir o plano.

Stálin mandou que Mólotov divulgasse todos os testemunhos dos "sabotadores" imediatamente e depois, "após uma semana", anunciasse que "todos esses canalhas serão executados por um pelotão de fuzilamento. Todos devem ser fuzilados".[34]

Então voltou-se para o ataque aos direitistas dentro do governo. Ordenou uma campanha contra a especulação monetária que atribuía aos comissários das finanças de Ríkov, aqueles "comunistas duvidosos" Piatakov e Briukhánov. Stálin queria sangue e ordenou que Menjinski, o culto chefe da OGPU, prendesse mais sabotadores. Mandou Mólotov "fuzilar duas ou três dúzias de sabotadores infiltrados nessas repartições".[35]

No Politburo, Stálin fez uma piada com o assunto. Quando os líderes criticaram Briukhánov, ele esboçou para Valéri Mejlauk uma defesa do Gosplan, a agência de planejamento econômico: "Por todos os pecados novos, existentes e futuros, pendurar pelas bolas, e se as bolas forem suficientemente fortes e não se romperem, perdoá-lo e pensar que ele é correto, mas, se romperem, então jogá-lo no rio". Mejlauk era também um cartunista consumado e fez um desenho dessa tortura, com testículos e tudo.[36] Sem dúvida, todos gargalharam. Mas Briukhánov foi posto no olho da rua e depois destruído.

Naquele verão de 1930, quando o 16º Congresso coroou Stálin líder, Nádia sofria de uma doença grave — então ele a enviou a Carlsbad para o melhor tratamento médico e a Berlim para ver seu irmão Pável e a esposa deste, Jênia. Os problemas médicos dela eram complexos, misteriosos e provavelmente psicossomáticos. Os registros médicos de Nádia, preservados por Stálin, revelam que em várias ocasiões ela sentia "dores abdominais agudas", causadas provavelmente

* *Nechist* significa um diabo imundo no folclore camponês.

por seu aborto anterior. Depois havia as dores de cabeça, tão fortes quanto enxaquecas, que poderiam ser sintomas de sinosteose, uma soldadura de ossos do crânio normalmente separados, ou talvez fossem simples efeito do estresse causado pela guerra interna da União Soviética. Embora estivesse muito ocupado com a organização do Congresso e com a luta contra os inimigos nas aldeias e no Politburo, Stálin foi mais carinhoso que nunca.

4. A fome e o campo: Stálin no fim de semana

"Tatka! Como foi a viagem, o que você viu, esteve com os médicos, o que eles dizem sobre sua saúde? Escreva-me e me conte", escreveu Stálin a 21 de junho. "Começamos o Congresso no dia 26 [...]. As coisas não vão tão mal. Sinto sua falta [...] volte para casa logo. Beijos." Assim que terminou o Congresso, escreveu: "Tatka! Recebi todas as três cartas. Não pude responder, estava ocupado demais. Agora estou finalmente livre [...]. Não demore a voltar para casa. Mas fique mais tempo se sua saúde assim exigir [...] Beijos".[1]

No verão, Stálin, apoiado pelo temível Sergo, encaminhou uma de suas falsas conspirações, o chamado "Partido Industrial", para implicar o presidente Kalínin e parece ter usado provas de que "Papa", conhecido mulherengo, estava desperdiçando fundos estatais com uma bailarina. O presidente implorou perdão.[2]

Stálin e Menjinski também estavam em comunicação constante sobre outras conspirações. Stálin preocupava-se com a lealdade do Exército Vermelho. A OGPU forçou dois oficiais a testemunhar contra o chefe do Estado-Maior Tukhatchevski, o comandante talentoso e arrojado que fora o mais acirrado inimigo de Stálin desde a guerra da Polônia de 1920. Tukhatchevski era odiado pelos oficiais menos sofisticados, que se queixaram a Vorochílov que o soberbo comandante "faz troça de nós" com seus "planos grandiosos". Stálin concordava que eles eram "fantásticos" e tão excessivamente ambiciosos que eram quase contrarrevolucionários.[3]

Os interrogatórios da OGPU acusaram Tukhatchevski de planejar um golpe contra o Politburo. Em 1930, isso provavelmente era ultrajante demais até para os bolcheviques. Stálin, que ainda não era ditador, sondou seu poderoso aliado Sergo: "Só Mólotov, eu e agora você sabemos disso [...]. Será possível? Que coisa! Discuta isso com Mólotov [...]". Porém Sergo não iria até esse ponto. Não haveria prisão e processo de Tukhatchevski em 1930: o comandante estava "cem por cento limpo", escreveu dissimuladamente Stálin a Mólotov em outubro. "Isso é muito bom."[4] É interessante que, sete anos antes do Grande Terror, Stálin testasse as mesmas acusações contra as mesmas vítimas — um ensaio para 1937 —, mas não conseguisse obter apoio.[5] Os arquivos revelam uma fascinante continuação; depois de compreender a ambiciosa modernidade das estratégias de Tukhatchevski, Stálin pediu-lhe desculpas: "Agora a questão ficou mais clara para mim; tenho de concordar que minha observação foi forte demais e minhas conclusões não estavam de forma alguma corretas".[6]

Nádia retornou de Carlsbad e juntou-se a Stálin nas férias. Ruminando sobre como dominar Ríkov e Kalínin, Stálin não fez com que ela se sentisse bem-vinda. "Não achei que você queria que eu prolongasse minha estada, muito pelo contrário", escreveu Nádia. Ela partiu para Moscou, onde os Mólotov, sempre os abelhudos do Kremlin, "repreenderam-na" por "deixá-lo sozinho", como ela contou irada a Stálin. Ele ficou irritado com os Mólotov e com o sentimento de Nádia de que não era bem-vinda: "Diga a Mólotov que ele está errado. Censurar você, fazer você se preocupar comigo só pode ser feito por alguém que não me conhece".[7] Depois, ela ficou sabendo por seu padrinho que Stálin postergara sua volta para outubro. Ele explicou que mentira a Ienukidze para confundir seus inimigos: "Tatka, eu lancei aquele rumor [...] por motivos de sigilo. Somente Tatka, Mólotov e talvez Sergo sabem a data de minha chegada".[8]

Próximo de Mólotov e Sergo, Stálin não confiava em um de seus amigos mais íntimos, que simpatizava com os direitistas: o padrinho de Nádia, "Tio Ábel" Ienukidze. Apelidado de "Tonton", esse veterano conspirador estava com 53 anos, dois a mais que Stálin, e conhecia Koba e os Allilúiev desde a virada do século. Também ex-seminarista de Tiflis, ele criou em 1904 a gráfica secreta dos bolcheviques em Batumi. Jamais foi ambicioso, e dizia-se que recusara a promoção ao Politburo, mas era amigo de todo mundo, sem guardar ressentimentos contra as oposições derrotadas, sempre pronto a ajudar os antigos companheiros. Esse afável sibarita georgiano tinha boas relações com os militares, com o Partido e no Cáucaso, personificando o enredamento incestuoso do bolchevismo: tivera um caso com Ekaterina Vorochilova antes do casamento dela. Contudo, Stálin ainda gostava da companhia de Ienukidze: "Olá, Ábel! Que diabo retém você em Moscou? Venha para Sotchi [...]".[9]

Enquanto isso, Stálin voltava-se contra o premiê Ríkov. Ele bebia tanto que nos círculos do Kremlin chamavam vodca de "Rívodca". "O que fazer com Ríkov (que incontestavelmente os ajudou) e Kalínin [...]?", escreveu ele a Mólotov a 2 de setembro. "Sem dúvida, Kalínin pecou [...]. O CC deve ser informado para ensinar Kalínin a não se meter com esses velhacos de novo."[10]

Kalínin foi perdoado — mas a advertência era clara: ele jamais voltou a se opor a Stálin, tornando-se um carimbo covarde para todas as suas atrocidades. Mas Stálin gostava de Papa Kalínin e apreciava as lindas garotas que participavam de suas festas em Sotchi. O sucesso de seus "belos" encantos logo chegaram aos ouvidos da semitolerante, semiciumenta Nádia em Moscou. "Fiquei sabendo por uma mulher jovem e bonita que você estava lindo no jantar de Kalínin, que estava incrivelmente engraçado e fez todos rir, embora se sentissem tímidos em sua augusta presença", escreveu ela.

A 13 de setembro, Stálin sugeriu a Mólotov que "nossa cúpula de Estado está acometida por uma doença terrível [...]. É necessário tomar medidas. Mas o quê? Falarei com você quando voltar a Moscou [...]". Disse a mesma coisa a outros membros do Politburo. Eles sugeriram Stálin para o lugar de Ríkov: "Caro Koba", escreveu Vorochílov, "Mikoian, Kaganóvitch, Kúibichev e eu pensamos que seria melhor unificar a liderança do Sovnarkom e designar você para ela, uma vez que deseja assumir a liderança com toda a força. Isso não é como 1918-21, mas Lênin liderou de fato o Sovnarkom." Kaganóvitch insistia que tinha de ser Stálin. Sergo concordava. Mikoian escreveu também que na Ucrânia "eles destruíram a colheita no ano passado — muito perigoso [...]. Hoje precisamos de liderança forte de um único líder, como aconteceu na época de Illich [Lênin], e a melhor decisão é você ser candidato à Presidência [...]. O mundo inteiro não sabe quem é o governante de nosso país?".[11]

Contudo, ninguém jamais ocupara ao mesmo tempo os cargos de secretário-geral e premiê. Ademais, poderia um estrangeiro,* um georgiano, comandar formalmente o país? Então Kaganóvitch apoiou o indicado por Stálin, Mólotov. "Você deveria substituir Ríkov", disse Stálin a Mólotov.[12]

A 21 de outubro, Stálin revelou mais traições: Serguei Sirtsov, candidato a membro do Politburo e um de seus protegidos, foi denunciado por conspirar contra ele. A denúncia já fazia parte do ritual cotidiano e do dever bolchevique — os arquivos de Stálin estão cheios de cartas desse tipo. Sirtsov foi convocado pelo Comitê Central. Ele implicou o primeiro secretário do Partido Transcaucasiano, Beso Lominadze, um velho amigo de Stálin e Sergo. Lominadze admitiu participar de reuniões secretas, mas afirmou que apenas desaprovava a comparação de Stálin a Lênin. Como sempre, Stálin reagiu de modo melodramático: "É uma vilania inimaginável [...]. Eles brincaram de dar um golpe, brincaram de ser o Politburo e mergulharam na baixeza [...]". Então, após esse rompante, perguntou a Mólotov: "Como vão as coisas com você?".[13]

Sergo queria expulsá-los do Partido, mas Stálin, que já sabia de suas sondagens sobre Tukhatchevski, e que sua posição ainda não era suficientemente forte, fez com que fossem expulsos apenas do Comitê Central. Há um pequeno, porém importante, pós-escrito nessa história: Sergo Ordjonikidze protegia seu amigo Lominadze ao não revelar todas as suas cartas ao CC. Em vez disso, foi até Stálin e as ofereceu a ele pessoalmente. Stálin ficou chocado — por que não o CC? "Porque lhe dei minha palavra", disse Sergo. "Como pôde fazer isso?", replicou Stálin, acrescentando depois que Sergo não agira como um bolchevique, mas "como [...] um príncipe. Eu disse a ele que não queria fazer parte de seu segredo [...]". Mais adiante, isso assumiria um sentido terrível.

A 19 de dezembro, uma assembleia se reuniu para consolidar as vitórias de Stálin sobre seus oponentes. Assembleias eram as reuniões do todo-poderoso Comitê Central, que Stálin comparava a um "Areópago", no enorme salão convertido do Grande Palácio do Kremlin, com painéis de madeira escura e bancos como os de uma severa igreja puritana. Era o lugar em que os líderes centrais e os vice-reis regionais, que governavam faixas do país como primeiros secretários de repúblicas e cidades, se encontravam como um conselho medieval de barões.

* O próprio Lênin governara como premiê (presidente do Sovnarkom) de 1917 a 1924. Após sua morte, seu sucessor natural era Kámenev, mas ele não assumiu o posto porque não era russo, e sim judeu. Então Ríkov ganhou o cargo.

Essas reuniões pareciam o coro de uma reunião evangélica viciosa, com constantes exclamações de "Certo!" ou "Brutos!", ou apenas risos. Aquela foi uma das últimas assembleias em que a velha tradição bolchevique de argumentação e espirituosidade intelectual ainda desempenhou um papel. Vorochílov e Kaganóvitch entraram em choque com Bukhárin, que apoiava a linha de Stálin, agora que seus direitistas haviam sido derrotados: "Estamos corretos em esmagar o mais perigoso desvio direitista", disse Bukhárin.

"E aqueles contaminados por ele!", gritou Vorochílov.

"Se você está falando sobre a destruição física deles, deixo-a para aqueles camaradas que são [...] dados à sede de sangue." Escutaram-se risos, mas as brincadeiras estavam ficando sinistras. Era ainda impensável para o círculo interno do poder ser tocado fisicamente, contudo Kaganóvitch pressionou Stálin a ser mais duro com a oposição, enquanto Vorochílov afirmava que "a Procuradoria deve ser um órgão muito ativo [...]".[14]

A assembleia demitiu Ríkov e nomeou Mólotov primeiro-ministro.* Sergo entrou para o Politburo e assumiu o Conselho Econômico Supremo, o colosso industrial que comandava todo o Plano Quinquenal. Ele era o buldôzer ideal para impor a industrialização. As novas promoções e o impulso agressivo para completar o Plano em quatro anos desencadearam uma confusão de rixas entre esses potentados. Eles defendiam seus próprios comissariados e seguidores. Quando mudavam de cargo, tendiam a mudar de compromissos: como presidente da Comissão de Controle, Sergo apoiara as campanhas contra os sabotadores e destruidores na indústria. No momento em que assumiu a Indústria, passou a defender seus especialistas. Começou a discutir constantemente com Mólotov, de quem "não gostava muito", sobre seus orçamentos. Não havia grupo radical: alguns eram mais extremados em momentos diferentes. O próprio Stálin, o principal organizador do Terror, seguiu um caminho sinuoso em sua revolução.

Ele foi o árbitro de discussões que se tornaram tão violentas que Kúibichev, Sergo e Mikoian ameaçaram renunciar, defendendo seus postos: "Caro Stálin", escreveu Mikoian friamente, "seus dois telegramas me desapontaram tanto que não consegui trabalhar durante dois dias. Posso aceitar qualquer crítica [...] ex-

* Stálin anunciou orgulhosamente essa mudança ao romancista Máximo Gorki, que estava na Itália: "Ele é um líder corajoso, inteligente, bastante moderno — seu verdadeiro nome é Scriábin". (Teria Stálin, sempre um esnobe intelectual, acrescentado o "Scriábin" para impressionar Gorki com a falsa associação de Mólotov ao compositor, de quem não era parente?)

ceto ser acusado de ser desleal ao CC e a você [...]. Sem seu apoio pessoal, não posso trabalhar como responsável pelo Abastecimento e Comércio [...] é melhor achar um novo candidato, mas me dê outro trabalho [...]". Stálin pediu desculpas a Mikoian e também teve de se desculpar amiúde com os outros. Ditadores não precisam pedir desculpas.[15] Enquanto isso, Andréiev retornava de Rostov para chefiar a Comissão de Controle disciplinadora, e Kaganóvitch, de apenas 37 anos, se tornava subsecretário de Stálin, unindo-se ao secretário-geral e premiê Mólotov num triunvirato.

"Impetuoso e másculo", alto e forte, com cabelos pretos, longos cílios e "belos olhos castanhos", Lázar Moisevitch Kaganóvitch era um viciado em trabalho, com os dedos sempre ocupados com contas de âmbar ou um porta-chaves. Sapateiro com educação primária mínima, olhava primeiro para as botas dos homens. Ao se impressionar com alguma, às vezes forçava o dono a tirá-la para poder admirá-la sobre sua escrivaninha, onde ainda mantinha um conjunto de ferramentas gravado com dedicatória, um presente de trabalhadores agradecidos.

Típico modelo do moderno administrador viril, Kaganóvitch tinha um temperamento explosivo, assim como seu amigo Sergo. Mais feliz com um martelo nas mãos, batia frequentemente em seus subordinados ou os erguia pela lapela, mas era cauteloso em política, "rápido e esperto". Entrava muitas vezes em conflito com o diligente Mólotov, que o considerava "grosseiro, duro e tacanho, muito enérgico, um bom organizador, que tropeçava na [...] teoria", mas era o líder "mais devotado a Stálin". Apesar do forte sotaque judeu, Sergo achava que ele era o melhor orador: "Ele conquistava realmente a plateia!". Dirigente impetuoso tão duro e enérgico que foi apelidado de "Locomotiva", Kaganóvitch "não somente sabia como aplicar pressão", disse Mólotov, "como tinha alguma coisa de facínora". Ele "conseguia que as coisas fossem feitas, disse Khruchióv. "Se o CC pusesse um machado em suas mãos, ele cortaria um tumulto em pedacinhos", mas destruiria as "árvores saudáveis junto com as podres". Stálin o chamava de "Lázar de Ferro".

Nascido em novembro de 1893 numa choça da aldeia remota de Kabana, na fronteira entre a Ucrânia e a Bielo-Rússia, era de família judia ortodoxa pobre — cinco irmãos e uma irmã dormiam no mesmo quarto. Lázar, o mais moço, foi recrutado para o Partido por seu irmão em 1911 e participou de agitações na Ucrânia com o codinome improvável de "Kosheróvitch".

Lênin o apontou como líder emergente: ele era muito mais impressionante do que parecia. Lendo constantemente em sua enorme biblioteca, educando-se com livros de história czaristas (e os romances de Balzac e Dickens), esse "trabalhador-intelectual" era o cérebro por trás da militarização do Estado partidário. Em 1918, aos 24 anos, governou e aterrorizou Nijny Nóvgorod. Em 1919, exigiu uma ditadura rígida, pedindo a disciplina militar do "centralismo". Em 1924, escrevendo em prosa clara, mas fanática, projetou o mecanismo do que veio a ser o "stalinismo". Depois de dirigir a seção de nomeações do CC, "Lázar de Ferro" governou a Ásia Central e, em 1925, a Ucrânia; em 1928, retornou a Moscou, e entrou para o Politburo como membro pleno no 16º Congresso, em 1930.

Kaganóvitch e sua esposa Maria conheceram-se numa missão secreta, quando tiveram de fingir que eram casados: foi-lhes fácil desempenhar o papel, pois se apaixonaram e se casaram efetivamente. Eram tão felizes juntos que andavam sempre de mãos dadas, mesmo nas limusines do Politburo, criando sua filha e um filho adotado num lar amoroso e um tanto judaico. Jocoso e emocional, Lázar era um atleta que praticava esqui e equitação, mas possuía o instinto mais pusilânime de autopreservação. Por ser judeu, Kaganóvitch tinha consciência de sua vulnerabilidade, e Stálin era sensível a isso, protegendo seu camarada do antissemitismo.

Kaganóvitch foi o primeiro stalinista verdadeiro, cunhando a palavra durante um jantar em Zubálovo. "Todo mundo fala sobre Lênin e leninismo, mas Lênin já se foi há muito tempo [...]. Viva o stalinismo!"

"Como você ousa dizer isso?", retorquiu Stálin com modéstia. "Lênin era uma torre alta e Stálin é um dedo mínimo." Mas Kaganóvitch tratava Stálin com muito mais reverência do que Sergo ou Mikoian: ele era, nas palavras desdenhosas de Mólotov, "duzentos por cento stalinista". Admirava tanto o *Vojd*, admitia ele, que "quando vou ver Stálin, tento não esquecer nada! Preocupo-me sempre. Preparo todos os documentos em minha pasta e encho meus bolsos com colas, como um estudante, porque ninguém sabe o que Stálin vai perguntar". Stálin reagia ao respeito escolar de Kaganóvitch ensinando-o a soletrar e pontuar, mesmo quando já detinha tanto poder: "Reli sua carta", escreveu Kaganóvitch a Stálin em 1931, "e me dei conta de que não segui suas instruções para dominar as marcas de pontuação. Comecei, e não consegui dominar bem, mas posso fazê-lo apesar do peso de meu trabalho. Tentarei usar pontos finais e vírgulas em cartas futuras".[16] Ele respeitava Stálin como o "Robespierre" da Rússia e se recusava a chamá-lo pelo íntimo "tu": "Você alguma vez chamou Lênin de 'tu'?".[17]

Sua brutalidade era mais importante que sua pontuação: recentemente esmagara levantes camponeses do Cáucaso Norte à Sibéria Ocidental. Ao suceder a Mólotov no governo de Moscou, já herói de um culto que se aproximava do de Stálin, Lázar de Ferro começou a criação vandálica de uma metrópole bolchevique, dinamitando com entusiasmo edifícios históricos.

No verão de 1931, uma grave escassez de alimentos no campo começava a se transformar em fome. Em meados de julho, ao mesmo tempo em que o Politburo suavizava sua campanha contra os especialistas industriais, a luta rural continuava. A GPU e os 180 mil trabalhadores do Partido enviados das cidades usavam as armas, o linchamento e o sistema de campos de concentração para dobrar as aldeias. Mais de 2 milhões foram deportados para a Sibéria ou o Cazaquistão; em 1930, havia 179 mil escravizados nos Gulags; em 1935, chegavam quase a 1 milhão.[18] O terror e o trabalho forçado se tornaram a essência da atuação do Politburo. Numa folha de papel coberta de garatujas, Stálin rabiscou com um lápis grosso azul:

1. Quem pode fazer as prisões?
2. O que fazer com os ex-militares brancos em nossas fábricas?
3. As prisões devem ser esvaziadas de prisioneiros. [Ele queria que fossem sentenciados com mais rapidez para abrir espaço aos kulaks.]
4. O que fazer com diferentes grupos presos?
5. Planejar [...] deportações: Ucrânia 145 mil. Cáucaso Norte 71 mil. Baixo Volga 50 mil (muito!), Bielo-Rússia 42 mil [...] Sibéria Ocidental 50 mil, Sibéria Oriental 30 mil [...].

E assim prossegue até totalizar 418 mil exilados.[19] Ao mesmo tempo, somava os *poods* de grãos e pão à mão, em pedaços de papel,* como um dono de armazém de aldeia que dirigisse um império.[20]

* Ao longo de toda a sua carreira, ele anotaria em sua caderneta pessoal a reserva de ouro do país, ou o número de tanques em sua reserva na batalha de Moscou, como se fossem as joias da Coroa. Interessava-se especialmente pela produção de ouro, em sua maior parte, produto do trabalho forçado.

"Vamos sair da cidade", rabiscou Stálin por volta dessa época para Vorochílov, que respondeu no mesmo papel: "Koba, será que você pode ver [...] Kalmikov por cinco minutos?".

"Posso", respondeu Stálin. "Vamos sair da cidade e levá-lo conosco."[21] A guerra de extermínio no campo não impedia de forma alguma o veraneio dos magnatas. Logo depois da Revolução, eles haviam recebido suas datchas, onde, com frequência, o verdadeiro poder era negociado.

No centro dessa vida idílica estava Zubálovo, perto de Usovo, a 35 quilômetros de Moscou, onde Stálin e vários outros líderes tinham suas datchas. Antes da Revolução, um milionário do petróleo de Baku chamado Zubálov construíra duas propriedades muradas, cada uma com uma mansão, uma para seu filho, outra para ele mesmo. Havia quatro casas no total, datchas góticas de desenho alemão. Os Mikoian compartilhavam a grande casa de Zubálovo Dois com um comandante do Exército Vermelho, um comunista polonês e Pável Allilúiev. Vorochílov e outros comandantes dividiam a casa pequena. Suas esposas e filhos visitavam-se sempre — a família extensa da Revolução gozando de um verão tchekhoviano.

A Zubálovo Um de Stálin era um mundo mágico para as crianças. "Era uma verdadeira vida de liberdade", relembra Artiom. "Tanta felicidade", pensava Svetlana. Os pais ficavam no andar de cima, as crianças no de baixo. Os jardins eram "ensolarados e abundantes", escreveu Svetlana. Stálin era um jardineiro entusiasmado, embora preferisse inspecionar e podar rosas ao trabalho de verdade. As fotografias mostram-no passeando com seus filhos pequenos pelo jardim. Havia uma biblioteca, uma sala de bilhar, um banho russo e, mais tarde, um cinema. Svetlana adorava essa "vida abrigada e feliz", com horta, pomar e uma fazenda onde ordenhavam vacas e alimentavam gansos, galinhas e galinhas-d'angola, gatos e coelhos brancos. "Tínhamos lilases brancos, roxos, jasmins que minha mãe adorava e um arbusto muito cheiroso com perfume de limão. Caminhávamos pelos bosques com a babá. Colhíamos morangos silvestres, groselhas e cerejas."

"A casa de Stálin vivia cheia de amigos", lembra Artiom. Os pais de Nádia estavam sempre lá, embora vivessem então separados. Ficavam em cômodos diferentes, mas brigavam à mesa. Enquanto Serguei gostava de consertar coisas pela casa e era amistoso com os criados, Olga, de acordo com Svetlana, "assumia ares de grande dama e adorava sua alta posição, coisa que minha mãe jamais fez".

Nádia jogava tênis com um imaculado Vorochílov, quando ele estava sóbrio, e Kaganóvitch, que jogava de túnica e botas. Mikoian, Vorochílov e Budiony* montavam cavalos trazidos da cavalaria do Exército. No inverno, Kaganóvitch e Mikoian esquiavam. Mólotov puxava sua filha em um trenó como um pônei puxando um arado. Vorochílov e Sergo eram caçadores ávidos. Stálin preferia o bilhar. Os Andréiev eram alpinistas, uma atividade que consideravam apropriada a bolcheviques. Em 1930, Bukhárin ainda frequentava Zubálovo com esposa e filha. Trazia alguns animais de sua coleção — suas raposas de estimação andavam soltas pelo terreno. Nádia era amiga de "Bukhartchik" e eles costumavam caminhar juntos. Ienukidze também fazia parte dessa família extensa. Mas sempre havia trabalho a fazer.

As crianças estavam acostumadas aos guarda-costas e secretários: os guarda-costas faziam parte da família. Pauker, o chefe da segurança, e Nikolai Vlássik, guarda-costas pessoal de Stálin, estavam sempre lá. "Pauker era muito divertido. Gostava de crianças como todos os judeus e não se considerava em alta conta, mas Vlássik pavoneava-se como um peru recheado", diz Kira Allilúieva, sobrinha de Stálin.

Karl Pauker, 36 anos, era o favorito das crianças e importante para o próprio Stálin. Símbolo da cultura cosmopolita da Tcheca daquela época, esse judeu húngaro fora cabeleireiro da Ópera de Budapeste antes de ser convocado para o Exército austro-húngaro, capturado pelos russos em 1916 e se converter ao bolchevismo. Era um ator consumado que representava sotaques, especialmente os judeus, para Stálin. Rotundo, com a barriga contida por um espartilho (motivo de muita troça), careca, perfumado, com uma boca vermelha sensual, esse artis-

* O inspetor de Cavalaria do Exército Vermelho Semion Budiony, nascido no Don cossaco, era um ex-sargento dos Dragões do czar, condecorado na Primeira Guerra Mundial com a ordem de São Jorge da Cavalaria, a mais alta distinção existente. Serviu primeiro ao czar, depois à Revolução e pessoalmente a Stálin pelo resto de sua vida; distinguiu-se em Tsarítsin, no Décimo Exército de Vorochílov e ganhou fama internacional como comandante do Primeiro Exército de Cavalaria. Quando Babel publicou os contos de *Cavalaria vermelha*, narrando a crueldade, o lirismo e o machismo dos cossacos e a impiedade taciturna de Budiony (e seus "dentes deslumbrantes"), o furioso comandante tentou proibi-los, sem êxito. Sem jamais ter entrado para o Politburo, continuou a ser íntimo de Stálin até a Segunda Guerra Mundial e, embora sempre devotado à cavalaria, estudou muito para modernizar seu conhecimento militar.

ta gostava dos uniformes elaborados da OGPU e desfilava sobre botas com salto de quatro centímetros. Às vezes voltava à antiga profissão e fazia a barba de Stálin como se fosse um criado pessoal, usando talco para preencher as marcas da varíola. Fornecedor de guloseimas, carros e produtos novos para os membros do Politburo, guardava os segredos da vida privada dos magnatas e dizia-se que fornecia bailarinas para Kalínin e Vorochílov.

Pauker costumava exibir seu Cadillac, um presente de Stálin, às crianças. Muito antes de Stálin concordar em trazer de volta a árvore de Natal, em 1936, Pauker se vestia de Papai Noel, distribuindo presentes pelo Kremlin e fazendo festas de Natal para as crianças. Um agente da polícia secreta vestido de Papai Noel é um símbolo desse mundo estranho.[22]

Outra figura que nunca estava muito longe era Alexander Poskrióbichev, o chefe de gabinete de Stálin de 39 anos, que andava apressado pelo jardim de Zubálovo, entregando os últimos documentos. Baixo, careca, pelos ruivos, esse filho de um fabricante de botas dos montes Urais fizera curso de enfermeiro, realizando reuniões bolcheviques em sua enfermaria. Quando o encontrou trabalhando no CC, Stálin lhe disse: "Você tem uma aparência apavorante. Vai aterrorizar as pessoas". Esse "anão de ombros estreitos" era "terrivelmente feio", parecido com "um macaco", mas possuía "uma excelente memória e era meticuloso no trabalho". Seu Setor Especial era o coração da máquina do poder de Stálin. Poskrióbichev preparava as reuniões do Politburo e comparecia a elas.

Quando Stálin ajudava um protegido a conseguir um apartamento, era Poskrióbichev quem se encarregava do assunto: "Peço que OS AJUDE IMEDIATAMENTE", escrevia Stálin para ele. "Informe-me por carta sobre a execução rápida e exata deste pedido." Perdida nos arquivos até agora está a correspondência de Stálin com Poskrióbichev; aqui o encontramos caçoando do secretário: "Estou recebendo jornais ingleses, mas não alemães [...] por quê? Como você pode cometer um erro? É burocratismo? Saudações. I. Stálin". Às vezes, ele caía no desagrado: em 1936, encontramos em uma lista de coisas a fazer de Stálin: "1. Perdoar Poskrióbichev e seus amigos".

A face triste e contorcida desse Quasímodo era uma previsão do ânimo do líder. Se era amistosa, a pessoa estava gozando do favor de Stálin. Se não, ele assoprava às vezes: "Você se prepare". Os *cognoscenti* sabiam que a melhor maneira de conseguir com que Stálin lesse suas cartas era endereçá-la a Alexander Nikolaiévitch. No trabalho, Stálin o chamava de camarada, mas em casa ele era Sacha, ou "o Chefe".

Poskrióbichev era parte bufão, parte monstro, mas depois sofreu muito nas mãos de Stálin. De acordo com sua filha Natália, ele perguntou se poderia estudar medicina, porém Stálin obrigou-o a estudar economia. Mas, no final, esse enfermeiro mal treinado proporcionava o único cuidado médico que Stálin recebia.[23]

Stálin levantava-se tarde, por volta das onze horas, tomava o café da manhã e trabalhava durante o dia nas pilhas de papéis que carregava embrulhados em jornal — não gostava de pastas. Quando estava dormindo, pais ansiosos imploravam silêncio aos filhos.

A grande refeição do dia era um "brunch" entre três e quatro da tarde, com toda a família e, é claro, metade do Politburo e suas esposas. Quando havia visitantes, Stálin fazia o papel de anfitrião georgiano. "Ele era meticulosamente hospitaleiro, daquele jeito asiático", lembra Leonid Redens, seu sobrinho. "Era muito gentil com as crianças." Sempre que as crias de Stálin precisavam de alguém para brincar, lá estavam seus primos Allilúiev, os filhos de Pável, Kira, Sacha e Serguei, e os meninos mais moços de Ana Redens. Estava também a família bolchevique: os filhos queridos de Mikoian, que Stálin apelidou de os Mikoiantchiks, vinham da casa ao lado.

As crianças andavam juntas, mas Svetlana descobriu que havia meninos demais e poucas meninas para brincar. Seu irmão Vassíli a maltratava e se exibia contando histórias sexuais que mais tarde ela admitiu que a incomodavam e perturbavam. "Stálin era muito carinhoso com Svetlana, mas, na verdade, não gostava dos meninos", relembra Kira. Ele inventou uma menina imaginária chamada Lelka que era o *alter ego* perfeito de Svetlana. O fraco Vassíli já era um problema. Nádia sabia disso e lhe dava mais atenção. Mas os pais bolcheviques não cuidavam de seus filhos: eles eram criados por babás e tutores. "Era como se fosse uma família aristocrática nos tempos vitorianos", diz Svetlana. "Com os outros era a mesma coisa, os Kaganóvitch, Mólotov, Vorochílov [...]. Mas todas as damas daquela alta-roda trabalhavam, então minha mãe não me vestia ou dava comida. Não lembro de nenhum afeto físico seu, mas ela gostava muito de meu irmão. Ela certamente me amava, eu percebia, porém era uma disciplinadora." Certa vez, quando rasgou uma toalha de mesa, apanhou muito de Nádia.

Stálin beijava e apertava Svetlana com "afeto georgiano transbordante", porém mais tarde ela afirmou que não gostava do seu "cheiro de tabaco e do bigode hirsuto". Sua mãe, cujo amor era tão difícil de conquistar, tornou-se a santa intocável a seus olhos.

Os bolcheviques, que acreditavam ser possível criar um "novo homem" leninista, punham ênfase rígida na educação.* Os magnatas eram autodidatas semieducados que jamais pararam de estudar; desse modo, esperavam que seus filhos dessem duro e ficassem mais cultos que eles, falando três idiomas que haviam aprendido com tutores especiais (os filhos de Stálin e Mólotov tinham o mesmo professor de inglês).

O Partido não vinha apenas *antes* da família, ele era uma *über*-família: quando Lênin morreu, Trotski disse que estava órfão e Kaganóvitch já chamava Stálin de "nosso pai". Stálin admoestou Bukhárin: "O elemento pessoal não vale um vintém. Não somos um círculo familiar ou uma roda de amigos íntimos — somos o partido político da classe operária". Eles cultivavam a frieza.** "Um bolchevique deve amar mais seu trabalho do que sua esposa", disse Kírov. Os Mikoian constituíam uma família armênia muito unida, mas Anastas era um pai "duro, exigente, até severo" que jamais esquecia que era um bolchevique e membro do Politburo: quando batia no filho, dizia entre os golpes: "Não é VOCÊ que é Mikoian, sou EU!". A mãe de Stiepan Mikoian "às vezes se esquecia e nos dava um abraço". Certa ocasião, em um jantar no Kremlin, Stálin disse a Ienukidze que "um verdadeiro bolchevique não deveria e não poderia ter uma família, porque deveria se dedicar por inteiro ao Partido". Como disse um veterano: "Se tem de escolher entre o Partido e o indivíduo, você escolhe o Partido, porque o Partido tem o objetivo geral, o bem de muitos, mas uma pessoa é apenas uma pessoa".

Contudo, Stálin podia ser bem indulgente com as crianças, dando-lhes carona em volta de sua propriedade na limusine. "Acho que 'tio Stálin' realmente me amava", reflete Artiom. "Eu o respeitava, mas não o temia. Ele conseguia tornar uma conversa interessante. Sempre fazia você formular seus pensamentos como se fosse um adulto."

* Liev Mekhlis, ex-secretário de Stálin e então diretor editorial do *Pravda*, mantinha um "diário bolchevique" para seu filho recém-nascido, Leonid.

** Kírov, por exemplo, não via suas irmãs havia vinte anos quando foi assassinado; com efeito, nem se preocupava em lhes dizer quem ele era e onde estava. Elas só descobriram quando leram nos jornais que o famoso Kírov era seu irmão Kóstrikov.

"Vamos brincar de quebrar ovos — quem consegue quebrar primeiro?", perguntava Stálin a seu sobrinho Leonid quando os ovos cozidos chegavam. Distraía as crianças jogando cascas de laranja, rolhas de vinho no sorvete ou biscoitos no chá delas. "Nós, crianças, achávamos isso hilariante", relembra Vladímir Redens.

Era uma tradição caucasiana deixar os bebês chupar vinho dos dedos dos adultos e, quando ficavam mais velhos, dar-lhes pequenos copos da bebida. Stálin oferecia com frequência a Vassíli, e depois a Svetlana, pequenos goles de vinho, que pareciam inofensivos (embora Vassíli tenha morrido de alcoolismo), mas isso enfurecia a rígida Nádia. Discutiam constantemente sobre isso. Quando Nádia ou sua irmã o criticavam, Stálin dava de ombros: "Vocês não sabem que é medicinal?".

Certa ocasião, Artiom fez algo que poderia ter se tornado grave, porque Stálin já estava bastante desconfiado. "Enquanto os líderes trabalhavam na sala de jantar", o pequeno Artiom viu a sopa que, como sempre, estava no aparador. O menino se esgueirou pelas costas de Stálin, Mólotov e Vorochílov e salpicou o líquido com tabaco de Stálin. Depois ficou esperando para ver se eles iam tomar a sopa. "Mólotov e Vorochílov a experimentaram e descobriram o tabaco. Stálin perguntou quem tinha feito aquilo. Eu disse que tinha sido eu."

"Você experimentou a sopa?", perguntou Stálin.

Artiom balançou a cabeça.

"Pois está deliciosa", brincou Stálin. "Você experimenta e, se gostar, pode ir dizer a Carolina Vasilvna [Til, a governanta] para pôr sempre tabaco na sopa. Se não gostar, é melhor não fazer isso de novo."

As crianças sabiam que estavam num lar político. "Olhávamos tudo com humor e ironia", diz Leonid Redens. "Quando Stálin despedia um comissário, para nós era uma diversão." A brincadeira não permaneceria engraçada por muito tempo.[24]

Esse círculo campestre sabia das indizíveis depredações no interior do país. Stanislas Redens, cunhado de Stálin e Nádia, era o chefe da GPU na Ucrânia, no centro da fome, um cargo que acarretava conhecimento íntimo e participação: não há dúvida de que sua esposa falava com Nádia sobre a tragédia na Ucrânia. Não demorou para isso envenenar não somente o casamento de Stálin, mas também a própria família bolchevique.

5. Férias e inferno: o Politburo à beira-mar

No final de 1931, Stálin, Nádia e a maioria dos magnatas já estavam em férias quando a escassez de alimentos se transformou em fome coletiva. Eles levavam suas férias muito a sério. Com efeito, pelo menos 10% das cartas trocadas entre os membros do círculo de Stálin, mesmo nos piores anos de fome, dizem respeito às férias (outros 20% tratam de saúde). Os contatos durante as férias eram a melhor maneira de conhecer Stálin: mais carreiras se fizeram, mais intrigas foram feitas naquelas varandas ensolaradas do que nas ameias nevadas do Kremlin.*

Havia um ritual fixo para tirar essas férias: a questão era apresentada formalmente ao Politburo "para propor ao camarada Stálin uma semana de férias", mas, no final dos anos 20, as férias já se haviam ampliado de "vinte dias" para um ou dois meses "por sugestão dos médicos". Depois de definidas as datas, o secretário de Stálin mandava um memorando a Iagoda, dando-lhe o cronograma "para que se providenciem guarda-costas".[1]

Os potentados viajavam em trens particulares, guardados por tropas da

* Essas férias longas eram formalmente propostas por seus colegas, e os decretos encontrados nos arquivos dizem: "Por proposta de Ordjonikidze", ou "Aprovar a proposição dos camaradas Mólotov, Kaganóvitch, Kalínin de conceder ao camarada Stálin vinte dias de férias".

OGPU, para a Riviera soviética — as datchas e sanatórios meridionais do Politburo espalhavam-se da Crimeia, no oeste, ao spa georgiano de Borjomi, a leste. Mólotov preferia a Crimeia, mas Stálin gostava mais da costa vaporosa do mar Negro, que ia de Sotchi às cidades semitropicais de Sukhumi e Gagra, na Abkházia. Tudo era propriedade do Estado, mas estava subentendido que quem as supervisionava tinha preferência em seu uso.

Os magnatas visitavam-se, pedindo permissão para não atrapalhar as férias dos outros, mas tendiam naturalmente a se concentrar em torno de Stálin. "Stálin gostaria de ir a Mukhalatka [na Crimeia],* mas não quer perturbar ninguém. Peça a Iagoda para organizar guarda-costas [...]"[2]

Havia um lado negro nas férias. A OGPU planejava com todo o cuidado a jornada ferroviária de Stálin, que, durante a fome, era acompanhada de um vagão de provisões. Se, ao chegar, a equipe julgasse que ainda haveria escassez de víveres para Stálin e seus convidados, seus assistentes enviavam rapidamente um telegrama a Orel e Kursk para que mandassem mais. Eles anunciavam com animação que durante a viagem haviam feito as refeições quentes de Stálin. "Quanto à GPU", escreveu um de seus assistentes, "há muito trabalho, ocorreram prisões em massa" e ainda estavam trabalhando na caça "aos que sobram [...]. Dois grupos de bandidos foram presos".[3]

O gosto de Stálin mudou com o tempo, mas nos anos 30 sua favorita era a datcha 9, em Sotchi. Krasnaia Poliana, Campina Vermelha, era "uma casa de madeira com uma varanda em toda a sua volta", diz Artiom, que costumava acompanhar "tio Stálin" nas férias.** A casa de Stálin ficava no alto do morro, enquanto as de Mólotov e Vorochílov ficavam simbolicamente no vale abaixo.

* Mukhalatka era o balneário preferido de Mólotov e Mikoian, embora ambos também orbitassem em torno de Stálin em Sotchi. Continuou a ser um lugar favorito dos soviéticos: o balneário fica perto de Foros, onde Gorbatchóv foi preso durante o golpe de Estado de 1991. Naturalmente, sendo bolcheviques, os líderes estavam sempre trocando os funcionários desses locais: "Belinski foi rude [...] não pela primeira vez", escreveu Stálin a Iagoda e Mólotov. "Ele deve ser tirado imediatamente do controle de Mukhalatka. Nomeie alguém como Iagoda ou aprovado por Iagoda." Se não achavam as casas de veraneio de seu gosto, propunham novos luxos: "Não há um bom hotel no mar Negro para turistas, especialistas estrangeiros e líderes trabalhadores", escreveu Kalínin a Vorochílov. "Para apressar isso, devemos entregar o assunto à GPU."

** Em meados dos anos 30, Miron Merjánov, o arquiteto de Stálin, reconstruiu a casa em pedra. A grande casa verde-escura ainda está lá: abriga agora um museu com um boneco de Stálin à escrivaninha e um Café Stálin, um parque temático ministalinista nos jardins.

Quando Nádia acompanhava o marido, eles costumavam convidar uma família maior, que incluía Ienukidze e o poeta proletário obeso Demian Bedny. Cabia à equipe de Stálin, junto com a polícia secreta e os chefes locais, preparar a casa antes de sua chegada: "A vila [...] foi 100% renovada", escreveu um dos funcionários, "como se estivesse pronta para uma grande festa", com todas as frutas imagináveis.[4]

Eles gostavam de tirar férias em grupos, como uma fraternidade de universidade americana, muitas vezes sem as esposas, que ficavam com os filhos em Moscou. "Mólotov e eu andamos a cavalo, jogamos tênis, boliche, passeamos de barco, caçamos — em uma palavra, um descanso perfeito", escreveu Mikoian a sua esposa, listando os outros que estavam presentes. "É um mosteiro bolchevique." Mas, em outras ocasiões, levavam esposas e filhos também: quando saiu de férias, o desgrenhado economista e poeta Kúibichev viajou em torno do mar Negro com "um grupo grande e animado" de lindas garotas e *bon-vivants*.[5]

Eles competiam para sair de férias com Stálin, mas o companheiro mais popular era o fascinante e absorvente Sergo. Ienukidze convidava amiúde seu amigo mulherengo Kúibichev para sua aldeia georgiana. Stálin sentia um pouco de ciúme desses homens e pareceu deliciado quando Mólotov faltou a um encontro com Sergo: "Você está fugindo de Sergo?", perguntou.[6] Eles sempre perguntavam uns aos outros a respeito de quem estava lá: "Aqui em Nalchik estamos eu, Vorochílov e Sergo", escreveu Stálin.[7]

"Recebi seu bilhete", Stálin contou a Andréiev. "Com os diabos! Eu estava em Sukhumi e não nos encontramos por acaso. Se eu soubesse de sua intenção de visitar [...], jamais teria partido de Sotchi [...]. Como passou as férias? Caçou tanto quanto queria caçar?"[8] Depois de chegar em casa, os magnatas avisavam qual o melhor lugar: "Venha para a Crimeia em setembro", escreveu Stálin a Sergo de Sotchi, acrescentando que Borjomi, na Geórgia, era confortável "porque não tem mosquitos [...]. Em agosto e meados de setembro, estarei em Krasnaia Poliana [Sotchi]. A GPU descobriu uma datcha muito boa nas montanhas, mas minha doença me impede de ir para lá [...]. Klim [Vorochílov] está agora em Sotchi e nos encontramos com muita frequência [...]".[9]

"No Sul", diz Artiom, "o centro do planejamento ia com ele." Stálin trabalhava na varanda numa cadeira de vime, em uma mesa de vime sobre a qual ficava uma enorme pilha de papéis. Aviões chegavam todos os dias, trazendo-lhe cartas. Poskrióbichev (que ficava amiúde num chalé vizinho) vinha entregá-las.

Stálin exigia constantemente mais revistas para ler. Costumava ler as cartas e depois contar aos meninos suas respostas. Uma vez, recebeu carta de um operário se queixando de que não havia chuveiros em sua mina. Stálin escreveu sobre a carta que "se não houver solução rápida e continuar sem água, o diretor da mina deve ser processado como Inimigo do Povo".[10]

Stálin era assediado por perguntas de Mólotov e Kaganóvitch, que ficavam de plantão em Moscou. "É uma vergonha que não tenhamos uma conexão por telefone com Sotchi",* escreveu Vorochílov. "Um telefone nos ajudaria. Gostaria de visitá-lo por dois ou três dias e também dormir. Faz tempo que não consigo dormir direito."[11] Mas Stálin apreciava seu domínio: "O número de inquirições do Politburo não afeta minha saúde", disse a Mólotov. "Pode mandar quantos pedidos de informações quiser — ficarei contente de respondê-los." Todos escreviam longas cartas manuscritas a Stálin, sabendo que, como dizia Bukhárin, "Koba adora receber cartas".[12] Kaganóvitch, no comando em Moscou pela primeira vez, se aproveitou plenamente disso, embora o Politburo ainda tomasse a maioria das decisões, com Stálin intervindo de longe se não concordasse. Os magnatas vaidosos, abrasivos, emocionais discutiam amiúde de forma violenta na ausência de Stálin: depois de uma briga com seu amigo Sergo, Kaganóvitch admitiu para Stálin que "isso me chateia muito". Stálin se deliciava frequentemente com esses conflitos: "Bem, queridos amigos [...] mais altercações [...]". Não obstante, até Stálin se exasperava às vezes: "Não posso e não devo tomar decisões sobre todas as questões possíveis e imagináveis levantadas no Politburo. Vocês devem ser capazes de estudar e produzir uma resposta [...] por vocês mesmos!".[13]

Havia tempo também para a diversão. Stálin interessava-se muito pelos jardins e pomares da casa: plantava limoeiros e laranjeiras, capinava com orgulho e punha seu séquito para labutar ao sol. Gostava tanto do jardineiro de Sotchi, um certo Alfiórov, que escreveu a Poskrióbichev: "Seria bom pôr [Alfiórov] na Academia de Agricultura — ele é o jardineiro em Sotchi, um trabalhador muito bom e honesto".

* Mas isso foi uma dádiva para os historiadores: o principal meio de comunicação deles foram as cartas até 1935, quando se instalou uma linha telefônica segura entre Moscou e o Sul. Trotski parafraseara o comentário de Herzen sobre Nicolau I, "Gengis Khan sem telégrafo", para chamar Stálin de "Gengis Khan sem telefone". Contudo, é de fazer pensar o fato de que, durante vários meses por ano, ele governava sem nenhum telefone.

Sua vida no Sul não se assemelhava em nada com a fria solidão que se associa a seu nome. "Ióssif Vissarionóvitch gostava de expedições na natureza", escreveu Vorochilova em seu diário. "Ele dirigiu o carro, nos instalamos perto de um pequeno rio, acendemos fogo e fizemos um churrasco, entoando canções e contando piadas." O séquito todo ia nessas expedições.

"Reunimo-nos todos com frequência", escreveu um secretário entusiasmado para outro. "Praticamos tiro ao alvo com rifles, saímos em caminhadas e excursões nos carros, subimos até a floresta e fazemos churrascos em que assamos kebabs, nos embebedamos e depois comemos a boia!" Stálin e Ienukidze entretinham os convidados com histórias de suas aventuras de conspiradores pré-revolucionários, enquanto Demian Bedny contava "histórias obscenas das quais tinha uma reserva inesgotável". Stálin caçava perdizes e passeava de barco.

"Lembro da datcha em Sotchi, quando Klim e eu éramos convidados pelo camarada Stálin", escreveu Vorochílova. "Eu o observava jogando boliche enquanto Nadejda Sergueievna jogava tênis." Stálin e o cavalariano Budiony jogavam boliche com Vassíli e Artiom. Budiony era tão forte que, quando jogava a bola, quebrava os pinos e a proteção atrás deles. Todos riam de sua força (e estupidez): "Você é tão forte que não precisa de cérebro". Caçoavam dele por ter se machucado ao saltar de paraquedas. "Ele achou que estava saltando de um cavalo!"

"Somente dois homens ficaram conhecidos como os maiores cavaleiros do mundo — o marechal Lannes de Napoleão e Semion Budiony", o defendia Stálin, "então devemos escutar tudo o que ele diz sobre cavalaria!" Anos depois, Vorochílova só poderia escrever: "Que época adorável!".[14]

Naquele setembro de 1931, Stálin e Nádia receberam a visita de dois potentados da Geórgia, um que ela adorava, outro que detestava. O popular era Néstor Lakoba, o velho líder bolchevique da Abkházia, que ele governava como um feudo independente com brandura incomum. Protegia alguns dos príncipes locais e resistia à coletivização, sustentando que não havia kulaks abkhazianos. Quando o Partido da Geórgia apelou a Moscou, Stálin e Sergo apoiaram Lakoba. Esguio e garboso, olhos brilhantes, cabelos pretos penteados para trás e portando um aparelho de surdez, já que era parcialmente surdo, esse artista passeava pelas ruas e cafés de seu pequeno reino como se fosse um trovador. Como maître dos balneários da elite, conhecia todo mundo e estava sempre construindo novas casas para Stálin e organizando banquetes para ele — tal qual é retratado no romance de Fazil Iskander *Sandró de Tchegem*. Stálin o considerava um verdadeiro aliado. "Eu Koba, você Lakoba!", brincava. Lakoba era outro membro da família bolchevique que passava as tardes sentado na varanda com Stálin. Quando visitava a datcha, trazendo banquetes e canções abkhazianas, Stálin gritava: "Viva a Abkházia!". Artiom diz que a chegada de Lakoba "era como luz se derramando sobre a casa".

Stálin permitia que Lakoba o aconselhasse sobre o Partido da Geórgia, que era particularmente dominado por uma panelinha e resistia às ordens do centro. Esse era o motivo da presença do outro convidado: Lavrenti (versão georgiana de Lourenço) Pavlóvitch Béria, chefe da GPU do Transcáucaso. Béria era careca, baixo e ágil, com um rosto largo, lábios grossos sensuais e "olhos de serpente" atrás de um pincenê cintilante. Esse aventureiro talentoso, inteligente, implacável e incansavelmente capaz, que Stálin descreveria um dia como "nosso Himmler", exibia a adulação exótica, os apetites sexuais e a crueldade refinada de um cortesão bizantino em sua ascensão para dominar primeiro o Cáucaso, depois o círculo de Stálin e, por fim, a própria União Soviética.

Nascido perto de Sukhumi, de ascendência mingreliana, provavelmente filho ilegítimo de um proprietário rural abkhaziano e sua devota mãe georgiana, Béria havia com quase certeza sido agente duplo para o regime anticomunista que governara Baku durante a guerra civil. Dizia-se que Serguei Kírov o havia salvado da pena de morte, destino de que escapou somente porque não houve tempo para preparar a execução. Tendo se formado arquiteto na Politécnica de Baku, sentiu-se atraído pelo poder da Tcheca, para a qual entrou e na qual prosperou, promovido por Sergo. Até mesmo pelos padrões dessa organização horripilante ele se destacou pelo sadismo. "Béria é um homem para quem não custa nada matar seu melhor amigo se esse melhor amigo disser alguma coisa ruim sobre Béria", afirmou um de seus capangas. Sua carreira como aventureiro sexual começou — contou ele mais tarde para sua nora — numa viagem de estudos de arquitetura à Romênia, quando foi seduzido por uma mulher mais velha. Mas quando estava na prisão, durante a guerra civil, apaixonou-se pela sobrinha de seu companheiro de cela, uma adolescente loira de olhos dourados chamada Nina Gueguetchkori, de família da pequena nobreza: um tio dela foi ministro do governo menchevique da Geórgia, outro do governo bolchevique. Aos 22 anos, quando já era um tchequista antigo, e ela estava com dezessete anos, Nina pediu a libertação do tio. Béria cortejou-a e eles finalmente fugiram em seu trem oficial; deriva daí o mito de que ele a estuprou em seu vagão. Ao contrário, ela permaneceu apaixonada por seu "sedutor" durante toda a sua longa vida.

Béria estava então com 32 anos e personificava a geração de líderes de 1918, muito mais instruída que os mais velhos da primeira geração, como Stálin e Kalínin, ambos com mais de cinquenta anos, ou que os da segunda, de Mikoian e Kaganóvitch, beirando os quarenta. Tal como este último, Béria era competitivo em tudo e um ávido esportista: jogava de zagueiro no time de futebol da Geórgia e praticava jiu-jítsu. Friamente competente, servilmente sicofanta, mas cintilante de maldade, tinha talento para cultivar protetores. Sergo, então chefe do Cáucaso, facilitou sua ascensão na GPU e, em 1926, apresentou-o a Stálin. Béria assumiu o comando da segurança de suas férias.

"Sem você, eu não seria ninguém", escreveu Béria a Sergo. "Você é mais do que um irmão ou um pai para mim." Sergo conduziu-o através de reuniões que o inocentaram da acusação de trabalhar para o inimigo. Em 1926, quando Sergo foi promovido para Moscou, Béria indispôs-se com ele e passou a cultivar o homem mais influente da região, Lakoba, importunando-o para que lhe conseguisse outro encontro com Stálin.

Stálin ficara irritado com as lisonjas pegajosas de Béria. Quando ele chegou à datcha, grunhiu: "O quê, ele veio de novo?". E mandou-o embora, acrescentando: "Diga-lhe que quem manda aqui é Lakoba!". Quando Béria se indispôs com os chefões da Geórgia, que o consideravam um charlatão amoral, Lakoba o apoiou. Contudo, Béria tinha objetivos mais ambiciosos.

"Prezado camarada Néstor", escreveu a Lakoba, "quero muito ver o camarada Koba antes de sua partida [...] por favor, lembre-o disso."

Dessa vez, Lakoba levou Béria ao *Vojd*. Stálin se enfurecera com a panelinha de insubordinados da direção da Geórgia, que promoviam seus velhos amigos, fofocavam com seus patrocinadores em Moscou e sabiam demais sobre seu passado inglório. Lakoba propôs a substituição desses velhos bolcheviques por Béria, um dos membros da nova geração devotados a Stálin. Nádia detestou Béria à primeira vista.

"Como você pode receber aquele homem em casa?"

"Ele é um bom trabalhador", replicou Stálin. "Dê-me fatos."

"De que fatos você precisa?", gritou Nádia. "Ele é um patife. Não o quero em minha casa." Mais tarde, Stálin lembrou que a mandara para o inferno: "Ele é meu amigo, um bom tchequista [...] confio nele [...]". Kírov e Sergo advertiram Stálin contra Béria, mas ele ignorou os conselhos, atitude da qual se lastimou depois. Naquela ocasião, recebeu bem seu protegido. Contudo, "quando ele chegou em casa", relembra Artiom, "trouxe escuridão com ele". Stálin, de acordo com as anotações de Lakoba, concordou em promover o tchequista, mas perguntou: "Béria será bom?".

"Béria será ótimo", respondeu Lakoba, que em breve teria motivos para se arrepender dessa resposta.[15]

Depois de Sotchi, Stálin e Nádia foram para uma estação de águas em Tsaltubo. Stálin escreveu a Sergo a fim de lhe contar sobre seu plano para o novo protegido. Disse ter visto os chefes regionais e caçoou, chamando um deles de "figura muito cômica" e outro de "gordo demais agora". E concluiu: "Eles concordaram em pôr Béria no Kraikom [comitê regional] da Geórgia". Sergo e os chefes georgianos ficaram estarrecidos ao ver um policial chefiando velhos revolucionários. Contudo, Stálin terminava a carta mandando "saudações de Nádia. Como está Zina?".[16]

Ir à estação de águas era uma peregrinação anual. Em 1923, Mikoian encontrou Stálin sofrendo de reumatismo, com o braço enfaixado, e sugeriu que ele fosse aos banhos de Matsesta, perto de Sotchi. Mikoian chegou a escolher a casa com três quartos e um salão na qual Stálin ficou. Era um sinal da profunda amizade entre os dois homens.[17] Com frequência, ele levava Artiom consigo "em um velho Rolls-Royce aberto fabricado em 1911". Eram acompanhados apenas pelo guarda-costas pessoal Vlássik.*

Parece que Stálin tinha vergonha do corpo, fosse pelo braço ou por sua psoríase: entre os líderes, somente Kírov ia aos banhos com ele. Mas ele não se importava com Artiom. Enquanto se ensopavam no vapor, Stálin contava a Artiom "histórias sobre sua infância e as aventuras no Cáucaso, e discutia nossa saúde".

Stálin era obcecado por sua saúde e a de seus camaradas. Eles eram "trabalhadores responsáveis" perante o povo, e a preservação de sua saúde era uma

* O motorista para o sul chamava-se Nikolai Ivánovitch Soloviov, que se supunha tivesse sido chofer de Nicolau II. Na verdade, Soloviov fora motorista do general Brusilov, mas conduzira o czar uma vez, durante a Primeira Guerra Mundial.

questão de Estado. Isso já era uma tradição soviética: Lênin supervisionava a saúde de seus líderes. No começo dos anos 30, o Politburo de Stálin trabalhava tanto e sob tanta pressão que não surpreendia que a saúde de seus membros, já minada pelo exílio czarista e a guerra civil, ficasse seriamente comprometida. Suas cartas parecem atas de uma convenção de hipocondríacos.*

"Agora estou ficando saudável", confidenciou Stálin a Mólotov. "As águas aqui perto de Sotchi são muito boas e funcionam contra esclerose, neurose, ciática, gota e reumatismo. Você não deveria mandar sua mulher para cá?"[18] Stálin sofria as consequências da dieta pobre e dos invernos gelados de seus exílios: suas amígdalas inflamavam quando estava estressado. Gostava tanto do especialista de Matsesta, o professor Valedinski, que o convidava com frequência a tomar conhaque na varanda com seus filhos, o romancista Máximo Gorki e membros do Politburo. Mais tarde, transferiu Valedinski para Moscou e o professor continuou a ser seu médico até a Segunda Guerra Mundial.

Seus problemas dentais poderiam ser a causa de suas dores. Depois que seu dentista Chapiro trabalhou heroicamente, por insistência de Nádia, em oito de seus dentes amarelados e podres, Stálin ficou agradecido: "Você quer me pedir alguma coisa?". O dentista pediu um favor. "O dentista Chapiro, que trata muito de nossos trabalhadores responsáveis, me pede (agora ele está me tratando) para colocar sua filha no departamento médico da Universidade de Moscou", escreveu Stálin a Poskrióbichev. "Acho que devemos dar uma ajuda a esse homem pelo serviço que ele presta diariamente a nossos camaradas. Você poderia resolver isso [...] muito rápido [...] porque corremos o risco de perder prazos [...]. Espero sua resposta." Se não conseguisse colocar a filha do dentista em Moscou, então PoskriYóbichev deveria tentar Leningrado.[19]

Stálin gostava de falar de sua saúde com os amigos: "Em Sotchi, cheguei com pleurisia [seca]", contou a Sergo. "Agora me sinto bem. Tomei dez banhos terapêuticos. Não tive mais complicações com o reumatismo."[20] E os amigos também contavam seus males.[21]

* Béria não foi o único futuro monstro com quem Stálin se preocupou nessas férias. Ele também mostrou interesse especial por Nikolai Iejov, o jovem oficial que seria o chefe da polícia secreta durante o Terror: "Dizem que Iejov prolonga suas férias por um ou dois meses, não é tão ruim. Iejov é pessoalmente contra, mas eles dizem que ele precisa disso. Prolonguemos suas férias e deixemos que fique em Abastuman por mais dois meses. Voto a favor". Iejov era obviamente um homem em quem se devia ficar de olho.

"Como vai sua pedra nos rins?", perguntou Stálin a Sergo quando estava em férias com Kaganóvitch. As cartas formam um triângulo hipocondríaco. "Kaganóvitch e eu não pudemos ir, estamos sentados num grande barco a vapor", respondeu Sergo, contando a "Soso": "Kaganóvitch está um pouco adoentado. A causa ainda não está clara. Talvez seu coração esteja assim-assim [...]. Os médicos dizem que as águas e os banhos especiais vão ajudá-lo, mas ele precisa de um mês aqui [...]. Sinto-me bem, mas ainda não descansei [...]".

Kaganóvitch mandou um bilhete também, dos banhos de Borjomi. "Querido camarada Stálin, mando-lhe um olá vaporoso [...] É uma pena que a tempestade o impeça de nos visitar."[22] Sergo também contou a Stálin sobre a saúde de Kaganóvitch: "Kaganóvitch está com as pernas inchadas. A causa ainda não foi estabelecida, mas é possível que seu coração esteja batendo fraco demais. Suas férias terminam no dia 30 de agosto, porém será necessário prolongá-las [...]".[23] Até mesmo os que ficavam em Moscou mandavam relatórios médicos a Stálin em férias: "Rudzutak está doente e Sergo está com micróbios de tuberculose e o estamos mandando para a Alemanha", relatou Mólotov ao seu líder. "Se dormirmos mais, cometeremos menos erros."[24]

As aulas estavam começando, então Nádia voltou para Moscou. Stálin retornou a Sotchi, de onde mandava seus bilhetes afetuosos: "Jogamos boliche. Mólotov já nos visitou duas vezes, porém a esposa dele foi para outro lugar". Sergo e Kalínin chegaram, mas "não há nada de novo. Peça a Vássia e Svetlana que me escrevam".

Ao contrário do ano anterior, Stálin e Nádia haviam convivido bem durante as férias, a julgar por suas cartas. Apesar de Béria, o tom dela era confiante e alegre. Nádia queria contar ao marido sobre a situação em Moscou. Longe de ser anti-Partido, ela continuava ansiosa por passar em seus exames e se tornar uma administradora qualificada: trabalhava com afinco em seus projetos têxteis com Dora Khazan.

"Moscou está melhor", escreveu ela, "mas como uma mulher que se empoa para cobrir seus defeitos, especialmente quando o pó escorre em camadas." O remodelamento de Moscou empreendido por Kaganóvitch já estava sacudindo a cidade, tal era sua energia explosiva. A destruição de Cristo Salvador, a feia catedral do século XIX, para dar lugar a um Palácio dos Sovietes muito mais horrível, progredia lentamente. Nádia começou a relatar "detalhes" que achava que Stálin precisava saber, porém os via segundo uma estética bastante feminina: "O Kremlin está limpo, mas seu pátio de estacionamento é muito feio [...]. Os preços nas lojas estão muito altos e os estoques muito grandes. Não fique bravo porque sou tão detalhista, mas eu gostaria que o povo ficasse livre de todos esses problemas e isso seria bom para todos os trabalhadores [...]". Depois, voltava-se para o próprio Stálin: "Por favor, descanse bem [...]". Contudo, as tensões no governo não podiam ser escondidas de Nádia: com efeito, ela vivia no coração delas, no minúsculo mundo do Kremlin, onde os outros líderes a visitavam todos os dias: "Sergo me telefonou — estava desapontado com sua carta acusadora. Ele parecia muito cansado".[25]

Stálin não estava bravo com os "detalhes". "É bom. Moscou muda para melhor."[26] Pedira a ela que falasse com Serguei Kírov, o chefe de Leningrado, de quem ele gostava em especial: "Ele decidiu visitá-lo a 12 de setembro", contou-lhe ela, perguntando alguns dias depois: "Kírov o visitou?". Kírov chegou logo a Sotchi, onde sua casa ficava no vale, abaixo da de Stálin. Participaram de jogos que talvez refletissem o encanto de Stálin com a meteorologia: "Com Kírov, testamos a temperatura no vale, onde ele mora, e aqui, onde vivo — há uma diferença de dois graus".* Stálin não era um nadador, provavelmente devido a seu braço ruim, embora dissesse a Artiom que era porque "gente da montanha não nada". Mas naquela ocasião foi nadar com Kírov.

"Que bom que Kírov foi visitá-lo", respondeu ela com doçura ao marido, que a salvara uma vez nas águas. "Você deve ter cuidado ao nadar." Mais tarde, ele teria uma piscina especial dentro da casa de Sotchi, da sua altura exata, para que pudesse se refrescar em privado.

Enquanto isso, a epidemia de fome ganhava ímpeto: Vorochílov escreveu a Stálin estimulando o envio de líderes às regiões para ver o que estava acontecendo.

"Você tem razão", concordou Stálin em 24 de setembro de 1931. "Nem sempre compreendemos o significado de viagens pessoais e o conhecimento em pessoa das coisas. Ganharíamos muito mais se viajássemos mais e conhecêssemos as pessoas. Eu não queria sair de férias, mas [...] estava muito cansado e minha saúde está melhorando [...]." Não era o único em férias enquanto discutia a

* Mais tarde, o velho ditador comandaria disputas em que seus convidados teriam de beber um copo de vodca por cada grau que errassem.

fome: Budiony relatava a morte pela fome, mas concluía: "A construção de minha nova casa de campo está terminada, é muito bonitinha [...]".[27]

"Está chovendo sem parar em Moscou", informava Nádia a Stálin. "As crianças já tiveram gripe. Protegi-me agasalhando-me bem." Depois, provocava-o em tom de brincadeira falando do livro de um desertor sobre Lênin e Stálin. "Li os jornais brancos. Há um material interessante sobre você. Está curioso? Pedi a Dvinski [assistente de Poskrióbichev] para encontrá-lo [...]. Sergo telefonou e se queixou de uma pneumonia [...]."

Havia uma temível tempestade em Sotchi: "O vento uivou durante dois dias com a fúria de uma besta enfurecida", escreveu Stálin. "Dezoito carvalhos grandes foram derrubados no terreno de nossa datcha [...]." Ele estava contente por receber as cartas dos filhos: "Beije-os por mim, são boas crianças".

O bilhete de Svetlana para seu "primeiro-secretário" ordenava: "Olá, *Papotchka*. Volte para casa logo — é uma ordem!". Stálin obedeceu. A crise piorava.[28]

6. Trens cheios de cadáveres: amor, morte e histeria

"Os camponeses comiam cães, cavalos, batatas podres, casca de árvores, qualquer coisa que encontrassem", observou uma testemunha, Fiódor Bélov, enquanto, no meio dessa crise, Stálin celebrava seu aniversário em Zubálovo. "Lembro de visitar aquela casa com Kliment em aniversários e recordo a hospitalidade de Ióssif Vissariónovitch. Canções, danças, sim, sim, danças. Todos dançavam como podiam!", escreveu a memorialista Ekaterina Vorochílova, a esposa judia do comissário da Defesa, também uma revolucionária, outrora amante de Ienukidze e agora uma gorda dona de casa. Primeiro, cantavam: Vorochílova lembra de árias de óperas, canções camponesas, lamentos georgianos, baladas cossacas e, surpreendentemente para aqueles homens sem Deus, hinos religiosos aprendidos em igrejas e seminários.

Às vezes, esqueciam as damas e cantavam canções obscenas. Vorochílov e Stálin, que, quando meninos, haviam participado de coros de igreja, cantavam juntos: Stálin "tinha uma boa voz de tenor e adorava canções e música", escreve ela. "Tinha suas árias favoritas"; gostava, em particular, de melodias georgianas antigas, árias do Rigoletto e sempre queria escutar o hino da liturgia ortodoxa *Mnogaia leta*. Mais tarde, diria ao presidente Truman que "a música é uma coisa excelente, reduz a besta que há no homem", tema sobre o qual era com certeza um expert. O tom da voz de Stálin era perfeito: era uma voz "rara" e "doce". Com efeito, um de seus assessores disse que ele poderia ter sido um cantor profissional, possibilidade histórica difícil de imaginar.

Stálin controlava o gramofone americano: "Mudava os discos e entretinha os convidados — adorava os divertidos". Mólotov dançava com Polina "do jeito russo, com um lenço", no estilo formal de alguém que estudou danças de salão. Os caucasianos dominavam a festa. Vorochílova conta que Anastas Mikoian convidou Nádia Stálin para dançar. Esse armênio, que, tal como Stálin, estudara para padre, era esguio, circunspeto, determinado e industrioso, com cabelos negros, bigode e olhos brilhantes, um nariz aquilino quebrado e gosto por roupas imaculadas que, mesmo quando vestia sua túnica e suas botas usuais, lhe emprestavam um ar de dândi. Muito inteligente e de humor dos mais sarcásticos, tinha talento para as línguas: entendia inglês e, em 1931, aprendeu sozinho alemão traduzindo *Das Kapital*.

Mikoian não tinha medo de contradizer Stálin, e contudo tornou-se o maior sobrevivente da história soviética, permanecendo no topo até a época de Bréjnev. Bolchevique desde 1915, conseguira escapar ao fuzilamento dos famosos 26 comissários durante a guerra civil e era agora o senhor do comércio e abastecimento.* Svetlana, a filha de Stálin, considerava-o o mais atraente dos magnatas, "jovial e vistoso". Era certamente o melhor dançarino e o mais bem vestido. "A gente nunca se entediava com Mikoian", diz Artiom. "Ele é nosso cavalheiro", declarou Khruchióv. "Pelo menos, é o melhor que temos!" Mas advertia contra confiar naquela "raposa astuta do Leste".

Embora devotado a sua modesta esposa, Achken, Mikoian, na tentativa talvez de incluir Nádia nas festividades, "arrastou os pés durante muito tempo diante de Nadejda Serguéievna, convidando-a para dançar a *lezginka* [uma dança tradicional caucasiana que ela conhecia bem]. Ele dançava muito rápido, esticando-se como se fosse mais alto e mais magro". Mas Nádia ficou "tão tímida e envergonhada" diante desse cavalheirismo armênio que "cobriu o rosto com as mãos e, como se fosse incapaz de reagir a sua dança doce e artística, escapou de suas investidas". Talvez percebesse o ciúme de Stálin.

Vorochílov era tão gracioso e leve no salão quanto pesado e desajeitado na

* "De Illitch [Lênin] a Illitch [Leonid Illitch Bréjnev], sem acidente ou golpe", dizia um ditado russo. Na qualidade de responsável pelo abastecimento, Mikoian foi aos Estados Unidos em 1936 para estudar seus métodos e retornou com o sorvete americano, entre outras delícias; conseguiu tornar-se uma espécie de rara marca soviética de excelência. Após visitar os Estados Unidos, perdeu o gosto pelas túnicas do Partido e durante o resto de sua carreira usou, sempre que possível, ternos alinhados.

política. Dançava a *gopak* e depois pedia parceiras para o que sua esposa chamava de "seu principal número, a polca". Não surpreende que a atmosfera entre os magnatas fosse tão febril. No campo, o próprio regime parecia cambalear.[1]

No verão, quando Fred Beal, um radical americano, visitou uma aldeia perto de Khárkov, então capital da Ucrânia, encontrou os habitantes mortos, com exceção de uma mulher insana. Os ratos banqueteavam-se nas cabanas, que se haviam transformado em câmaras mortuárias.

A 6 de junho de 1932, Stálin e Mólotov declararam que "não será permitido nenhum desvio com relação a quantidades ou prazos estabelecidos para a entrega dos grãos". A 17 de junho, o Politburo ucraniano, liderado por Ian Tchubar e Stanislas Kosior, implorou por ajuda alimentar, pois as regiões estavam em "estado de emergência". Stálin culpou os próprios Tchubar e Kosior, junto com a destruição feita por inimigos — a fome não passava de um ato hostil contra o Comitê Central e, portanto, contra ele mesmo. "A Ucrânia ganhou mais do que deveria", escreveu ele a Kaganóvitch. Quando um funcionário corajoso relatou ao Politburo o que acontecia, Stálin interrompeu: "Eles nos dizem, camarada Terekhov, que você é um bom orador, mas o que transpira é que você é um bom contador de histórias. Fabricar tal conto de fadas sobre fome! Achou que nos assustaria, mas não vai funcionar. Seria melhor que você deixasse o cargo de [...] secretário do CC ucraniano e entrasse para a União dos Escritores: você vai inventar fábulas e os tolos as lerão". Mikoian recebeu a visita de um ucraniano que perguntou: "Será que o camarada Stálin, ou alguém do Politburo, sabe o que está acontecendo na Ucrânia? Se não sabem, vou lhe dar uma ideia. Um trem chegou recentemente a Kiev cheio de cadáveres de gente que morrera de inanição. Eles apanharam cadáveres durante todo o trajeto de Poltava".

Os magnatas sabiam exatamente o que estava acontecendo.* Suas cartas

* Quando Beal, o americano, relatou o que vira a Petrovski, o presidente do Comitê Central da Ucrânia, ele respondeu: "Sabemos que milhões estão morrendo. É um fato lamentável, mas o futuro glorioso da União Soviética o justificará". Em 1933, estima-se que 1,1 milhão de famílias, ou seja, 7 milhões de pessoas, já haviam perdido suas propriedades e metade delas havia sido deportada. Três milhões de lares foram liquidados. No início desse processo, em 1931, havia 13 milhões de famílias coletivizadas, de um total de 25 milhões. Em 1937, 18,5 milhões estavam coletivizadas, mas havia então apenas 19,9 milhões de famílias: 5,7 milhões, talvez 15 milhões de pessoas, haviam sido deportadas, muitas delas mortas.

mostram como eles vislumbravam coisas terríveis de seus trens de luxo. Budiony escreveu a Stálin de Sotchi, onde estava em férias: "Olhando para as pessoas da janela do trem, vejo gente muito cansada com roupas velhas e gastas, nossos cavalos são pura pele e osso [...]". O presidente Kalínin, o anódino "ancião da aldeia" de Stálin, escarneceu dos "impostores políticos" que pediam "contribuições para a Ucrânia 'faminta'. Somente classes degradadas em desintegração podem produzir tais elementos cínicos". Contudo, a 18 de junho de 1932, Stálin admitiu a Kaganóvitch o que chamou de "disparates evidentes" da "fome" na Ucrânia.

O número de mortos dessa fome "absurda", que aconteceu somente para levantar dinheiro a fim de fabricar fundidores de ferro-gusa e tratores, teria ficado entre 4 e 5 milhões e talvez tenha atingido 10 milhões, uma tragédia sem igual na história, exceto as causadas pelos terrores nazista e maoista. Os camponeses sempre foram o Inimigo dos bolcheviques. O próprio Lênin dissera: "O camponês deve passar um pouco de fome". Kópeliev admitiu que "como o resto de minha geração, eu acreditava firmemente que os fins justificam os meios. Vi gente morrendo de fome". "Eles negam ter responsabilidade pelo que aconteceu depois", escreveu Nadejda Mándelstam, esposa do poeta, em suas clássicas memórias *Esperança abandonada*. "Mas como podem fazer isso? Afinal, foi essa gente dos anos 20 que demoliu os velhos valores e inventou as fórmulas [...] para justificar a experiência sem precedentes: não se pode fazer uma omelete sem quebrar os ovos. Cada nova morte era justificada com a desculpa de que construíamos um notável mundo 'novo'." A mortandade e a fome causaram tensão para o Partido, mas seus membros mal estremeceram: como conseguiram tolerar a morte em tal escala?

"Uma revolução sem pelotão de fuzilamento não faz sentido", teria dito Lênin. Ele passou sua carreira elogiando o Terror da Revolução Francesa porque seu bolchevismo era um credo único, "um sistema social baseado em sangria". Os bolcheviques eram ateus, mas dificilmente políticos seculares no sentido convencional: dignavam-se a matar com a presunção da mais alta proeminência moral. O bolchevismo pode não ter sido uma religião, mas estava perto. Stálin disse a Béria que os bolcheviques eram "uma espécie de ordem religioso-militar". Quando Jerjinski, o fundador da Tcheca, morreu, Stálin chamou-o de "cavaleiro devoto do proletariado". A "ordem dos portadores de espada" de Stálin assemelhava-se mais aos templários, ou mesmo à teocracia dos aiatolás iranianos, do que a qualquer movimento secular tradicional. Eles morreriam e matariam por sua fé no progresso inevitável na direção do aperfeiçoamento humano, sacrificando suas famílias com um fervor visto somente nos massacres e martírios religiosos da Idade Média — e do Oriente Médio.

Eles se consideravam pessoas especiais de "sangue nobre". Em 1941, quando Stálin perguntou ao general Júkov se a capital poderia cair, disse: "Podemos segurar Moscou? Diga-me como um bolchevique!", tal qual um inglês do século XVIII poderia dizer "diga-me como um cavalheiro!".

Os "portadores de espada" tinham de *crer* com fé messiânica, agir com a implacabilidade correta e convencer os outros de que estavam certos ao fazer isso. O fanatismo "quase islâmico" de Stálin era típico dos magnatas bolcheviques: o filho de Mikoian chamava seu pai de "fanático bolchevique". A maioria tinha um passado de devoção religiosa.* Odiavam a cultura judaico-cristã, mas a ortodoxia de seus pais foi substituída por algo ainda mais rígido, uma amoralidade sistemática: "Essa religião — ou ciência, como era modestamente chamada por seus adeptos — investe o homem de autoridade semelhante à de Deus [...]. Nos anos 30, muitas pessoas traçaram um paralelo com a vitória do cristianismo e acharam que essa nova religião duraria mil anos", escreveu Nadejda Mándelstam. "Todos concordavam com a superioridade do novo credo que prometia o céu na terra, em vez de recompensas no outro mundo."

O Partido justificava sua "ditadura" pela pureza de sua fé. Suas Escrituras eram os ensinamentos do marxismo-leninismo, considerados verdades "científicas". Uma vez que a ideologia era tão importante, todos os líderes tinham de ser — ou parecer — entendidos em marxismo-leninismo; assim, passavam suas noites fatigantes estudando enfadonhos artigos sobre materialismo dialético para melhorar suas credenciais esotéricas. Isso era tão importante que Mólotov e Polina discutiam marxismo até em suas cartas de amor: "Politchka, minha querida [...] ler os clássicos marxistas é muito necessário [...]. Você deve ler mais obras de Lênin que sairão em breve e depois algumas de Stálin [...]. Quero muito ver você".

* Pelo menos, os velhos bolcheviques tiveram uma educação religiosa: Stálin, Ienukidze e Mikoian foram seminaristas, Vorochílov cantou no coro, Kalínin frequentou a igreja na adolescência. A mãe de Béria passava tanto tempo na igreja que acabou morrendo lá. Os pais judeus de Kaganóvitch eram *frum*: quando o visitaram no Kremlin, sua mãe não ficou impressionada: "Mas vocês são todos ateus!", disse ela.

"Espírito partidário" era "um conceito quase místico", explicou Kópeliev. "Os pré-requisitos indispensáveis eram disciplina de ferro e observância fiel de todos os rituais da vida partidária." Como disse um veterano comunista, um bolchevique não era alguém que apenas acreditava no marxismo, mas "alguém que tinha fé absoluta no Partido em qualquer circunstância [...]. Uma pessoa com capacidade para adaptar sua moralidade e sua consciência de tal modo que pudesse aceitar incondicionalmente o dogma de que o Partido jamais está errado — ainda que esteja sempre errado". Stálin não exagerava quando alardeava: "Nós, bolcheviques, somos pessoas de um talhe especial".[2]

Nádia não era de "talhe especial". A fome alimentou as tensões no casamento de Stálin. Quando a pequena Kira Allilúieva visitou seu tio Redens, chefe da GPU em Khárkov, ela abriu as persianas do trem especial e viu, para seu espanto, gente faminta, com barrigas inchadas, seguindo o trem e implorando comida e cães famélicos correndo a seu lado. Kira contou a Jênia, sua mãe, que destemidamente informou Stálin.

"Não dê atenção", respondeu ele, "ela é uma criança e inventa coisas."* No último ano do casamento de Stálin, encontramos fragmentos tanto de felicidade como de tormento. Em fevereiro de 1932, no aniversário de Svetlana, ela estrelou uma peça para seus pais e o Politburo. Os dois meninos, Vássia e Artiom, recitaram versos.[3]

"As coisas por aqui parecem satisfatórias, estamos todos muito bem. As crianças estão crescendo, Vássia tem dez anos agora e Svetlana cinco [...]. Ela e o pai são grandes amigos [...]", escreveu Nádia para a mãe de Stálin em Tiflis. Não era uma boa ocasião para contar grandes segredos, no entanto o tom é interessante. "No todo, temos pouquíssimo tempo livre, Ióssif e eu. Você provavelmente ficou sabendo que voltei para a escola depois de velha. Não acho o estudo difícil em si. Mas é bem difícil encaixá-lo entre minhas tarefas domésticas no decorrer do dia. Mas não estou me queixando e até agora dei conta de tudo." Ela achava difícil a tarefa.

Os nervos de Stálin também estavam tensos ao extremo, mas ele continua-

* Os Allilúiev haviam retornado recentemente da Alemanha e estavam chocados com as mudanças: "Havia barreiras e filas em toda parte", lembra Kira. "Todos estavam com fome e medo. Minha mãe sentia vergonha de usar os vestidos que trouxera. Todos caçoavam das modas europeias."

va com ciúme dela: achava que os velhos amigos Ienukidze e Bukhárin o destruíam aos olhos de Nádia. Bukhárin visitou Zubálovo e passeou pelos jardins com ela. Stálin estava trabalhando, mas voltou e aproximou-se deles sem ser visto no jardim para gritar a Bukhárin: "Vou matar você!". Ingênuo, Bukhárin considerou aquilo uma brincadeira asiática. Quando ele se casou com uma bela adolescente, Ana Larina, outra filha de família bolchevique, Stálin, embriagado, telefonou-lhe no meio da noite: "Nikolai, meus parabéns! Mais uma vez, você me superou!". Bukhárin perguntou como. "Uma boa esposa, uma bela esposa [...] mais jovem que minha Nádia!"[4]

Em casa, Stálin alternava entre fanfarrão ausente e marido valentão. No passado, Nádia delatara dissidentes da Academia: nos últimos meses, é difícil dizer se ela estava denunciado inimigos ou irritando Stálin, que ordenara a prisão deles. Há a história dessa "mulher irascível" gritando com ele: "Você atormenta a todos, isso sim! Você atormenta seu filho, sua mulher, todo o povo russo". Quando Stálin discutiu a importância do Partido acima da família, Ienukidze retrucou: "E os seus filhos?". Stálin gritou "eles são DELA!", apontando para Nádia, que saiu chorando.

Nádia ficava cada vez mais histérica, ou, como Mólotov dizia, "desequilibrada". Eteri, a filha de Sergo, que tinha todos os motivos para odiar Stálin, explica: "Stálin não a tratava bem, mas tal como todos os Allilúiev, ela era muito instável". Parecia ficar alheia às crianças e a todo o resto. Stálin confidenciou a Khruchióv que, às vezes, se trancava no banheiro, enquanto ela batia na porta e gritava: "Você é um homem impossível. É impossível viver com você!".

Essa imagem de Stálin como marido impotente, dominado pela mulher e encolhido no banheiro, assediado por Nádia, de olhos desvairados, deve ser a visão mais incongruente de toda a carreira do Homem de Aço. Mesmo desnorteado, com sua missão sob ameaça, Stálin ficava desconcertado com as manias de Nádia. Ela disse a uma amiga que "tudo a entediava — estava cheia de tudo".

"E as crianças?", perguntou a amiga.

"Tudo, inclusive as crianças." Isso dá uma ideia das dificuldades que Stálin enfrentava. O estado mental de Nádia parece mais uma doença psicológica que desespero causado por protesto político ou mesmo por seu marido aparvalhado. "Ela teve ataques de melancolia", contou Jênia a Stálin, ela estava "doente". Os médicos receitaram "cafeína" para animá-la. Mais tarde, Stálin culpou a cafeína e tinha razão: essa substância exacerbaria desastradamente seu desespero.[5]

* * *

Stálin também ficou histérico ao sentir que as vastas estepes ucranianas escapavam a seu controle: "Parece que, em algumas regiões da Ucrânia, o poder soviético deixou de existir", escreveu em bilhete apressado para Kosior, membro do Politburo e chefe ucraniano. "Isso é verdade? A situação é assim tão ruim nas aldeias ucranianas? O que a GPU está fazendo? Quem sabe você verifica esse problema e toma as providências."[6] Os magnatas percorriam novamente o interior para confiscar grãos, em expedições semimilitares mais ferozes, com tropas da OGPU e autoridades do Partido usando pistolas. Mólotov foi para os Urais, o Baixo Volga e a Sibéria. Quando estava lá, as rodas de seu carro atolaram na lama e o carro caiu numa vala. Ninguém se feriu, mas Mólotov sustentou: "Fizeram um atentado contra a minha vida".[7]

Stálin percebia as dúvidas dos chefes locais, tornando-se mais consciente do que nunca da necessidade de alguém mais duro, como Béria, que promoveu para dirigir o Cáucaso. Chamou os chefes georgianos a Moscou e atacou violentamente os velhos "chefetes" bolcheviques: "Tenho a impressão de que não há nenhuma organização partidária na Transcaucásia", encenou para a galeria. "Existe apenas o domínio dos chefetes — votando a favor de quem quer que beba vinho com eles [...]. É uma palhaçada completa [...] precisamos promover homens que trabalhem honestamente [...]. Sempre que mando alguém até lá, eles se tornam chefetes também!" Todos riram, mas ele então ficou sério: "Esmagaremos todos os ossos deles se esse domínio dos chefetes não for liquidado [...]".

Sergo estava ausente.

"Onde está ele?", sussurrou um dos presentes a Mikoian, que respondeu: "Por que Sergo participaria da coroação de Béria? Ele o conhece bem demais". Houve oposição aberta à promoção de Béria: os chefes locais quase conseguiram removê-lo para uma província distante, mas Stálin o salvou. Então, definiu a essência da carreira de Béria: "Ele resolve problemas, enquanto o Politburo apenas gasta papel!".*

"Não vai funcionar, camarada Stálin. Não podemos trabalhar juntos", respondeu um georgiano.

* Margaret Thatcher usou expressão semelhante em relação a seu ministro favorito, lorde Young: "Ele me traz soluções; outros me trazem problemas". Todo líder aprecia funcionários desse tipo.

"Não posso trabalhar com aquele charlatão!", disse outro.

"Vamos resolver essa questão do modo rotineiro", disse Stálin, encerrando raivoso a reunião e designando Béria primeiro-secretário da Geórgia e segundo-secretário da Transcaucásia. Béria chegara lá.[8]

Na Ucrânia, Fred Beal percorria aldeias onde ninguém ficara vivo e encontrava mensagens dolorosas rabiscadas ao lado dos cadáveres: "Deus abençoe os que entram aqui, para que nunca sofram como nós", escreveu alguém. Outra mensagem dizia: "Meu filho. Não conseguimos esperar. Que Deus esteja contigo".

Kaganóvitch, patrulhando a Ucrânia, não se comoveu. Estava mais escandalizado com os líderes maricas de lá: "Olá, querido Valerian", escreveu a Kúibichev, "estamos trabalhando bastante sobre a questão da preparação dos grãos [...]. Tivemos de criticar demais as regiões, em especial a Ucrânia. O humor deles, particularmente de Tchubar, é muito ruim [...]. Repreendi as regiões". Mas, no meio dessa devastação da morte, Kaganóvitch não ia estragar as férias de ninguém: "Como você se sente? Aonde planeja ir nas férias? Não pense que vou falar com você de novo antes do fim de suas férias [...]".[9]

Após um encontro final com Kaganóvitch e Sergo em seu escritório, no dia 29 de maio de 1932, Stálin e Nádia partiram para Sotchi. Lakoba e Béria os visitaram, mas este último tinha agora acesso a Stálin. Ele deu o fora em seu patrono Lakoba, que murmurou no ouvido de Béria: "Que sujeito desprezível".[10]

Não sabemos como Stálin e Nádia se deram durante essas férias, mas a pressão aumentava dia a dia. Stálin governava por correspondência um país à beira da rebelião, recebendo as más notícias em pilhas de relatórios da GPU — e as dúvidas de seus amigos.* Enquanto Kaganóvitch reprimia os operários têxteis revoltosos de Ivanovo, Vorochílov estava descontente e mandava a Stálin uma carta notável: "Ao longo da região de Stavropol, vi todos os campos sem cultivo. Estamos esperando uma boa safra, mas não a obtivemos [...]. Através da

* Stálin achava que o "círculo de amigos", temperado pela luta com as oposições, estava se desfazendo sob a pressão da crise e das rixas entre Sergo e Mólotov. Confidenciou a Kaganóvitch que o camarada Kúibichev, já um alcoólatra, "cria uma má impressão. Parece que foge do trabalho [...]. Pior ainda é a conduta do camarada Ordjonikidze. Este último não leva evidentemente em conta que sua conduta (com rispidez contra os camaradas Mólotov e Kúibichev) provoca o solapamento de nosso grupo de liderança". Além disso, Stálin estava insatisfeito com Kosior e Rudzutak, entre outros membros do Politburo.

minha janela do trem, a verdade é que toda a Ucrânia parece menos cultivada do que o Cáucaso Norte [...]". Vorochílov terminava seu bilhete: "Desculpe-me por contar essas coisas durante suas férias, mas não posso ficar em silêncio".[11]

Mais tarde, Stálin disse a Churchill que aquela foi a época mais difícil de sua vida, pior que a invasão de Hitler. "Foi uma luta terrível" em que ele teve de destruir "10 milhões. Foi horrível. Durou quatro anos. Foi absolutamente necessário [...]. Não adiantava discutir com eles. Certo número deles fora reassentado nas partes setentrionais do país [...]. Outros foram massacrados pelos próprios camponeses — tal era o ódio contra eles".[12]

Os camponeses, compreensivelmente, atacavam os funcionários comunistas. Sentado ao sol no terraço da datcha de Sotchi, um Stálin irado e defensivo fervilhava sobre o rompimento da disciplina e a traição dentro do Partido. Em ocasiões como aquela, parecia retirar-se para uma fortaleza melodramática cercada por inimigos. A 14 de julho, pôs-se a escrever, ordenando que Kaganóvitch e Mólotov, em Moscou, criassem uma lei draconiana para fuzilar os camponeses famintos que roubavam até palhas de cereais. Eles redigiram o famoso decreto contra "apropriação indevida de propriedade socialista", com punições graves "baseadas no texto de sua carta".* A 7 de agosto, isso tornou-se lei. Stálin estava então em estado de pânico, escrevendo a Kaganóvitch: "Se não fizermos um esforço para melhorar a situação na Ucrânia, podemos perdê-la". Stálin culpava a fraqueza e a ingenuidade de seu cunhado Redens, chefe da GPU ucraniana, e do chefe local, Kosior. O lugar estava "eivado de agentes poloneses que são muitas vezes mais fortes do que Redens e Kosior pensam". Fez com que Redens fosse substituído por alguém mais duro.

Nádia voltou para Moscou mais cedo, talvez para estudar, talvez porque a tensão em Sotchi fosse insuportável. Suas dores de cabeça e abdominais pioraram. Isso, por sua vez, pode ter aumentado a ansiedade de Stálin, mas seus nervos eram muito mais fortes. As cartas dela não sobreviveram: talvez ele as tenha destruído, talvez ela não tenha escrito nenhuma, mas sabemos que fora

* Assim como os cereais alimentavam a máquina industrial, o mesmo faziam os próprios camponeses. Na mesma semana, Stálin e Sergo, de férias em Sotchi, ordenaram que Kaganóvitch e Mólotov transferissem mais 20 mil trabalhadores escravos, provavelmente kulaks, para a nova cidade industrial de Magnitogorsk. A repressão talvez propiciasse deliberadamente trabalho escravo.

influenciada contra a campanha: "Ela era controlada com facilidade por Bukhárin e Ienukidze".

Vorochílov opôs-se a Stálin, sugerindo que seria possível resistir a suas diretrizes com um esforço conjunto do Politburo. Quando um camarada ucraniano chamado Kornêiev matou um ladrão (possivelmente faminto) e foi preso, Stálin achou que ele não deveria ser punido. Mas Vorochílov, um defensor improvável da moral, examinou o caso, descobriu que a vítima era um adolescente e escreveu a Stálin para manter a sentença de Kornêiev, ainda que fosse uma pena de prisão curta. No dia em que recebeu a carta de Klim, 15 de agosto, Stálin passou por cima de Vorochílov, libertou Kornêiev e o promoveu.[13]

Seis dias após a manifestação de Vorochílov, a 21 de agosto, Riutin, que fora anteriormente preso por criticar Stálin, reuniu-se com alguns camaradas para aprovar o "Apelo a todos os membros do Partido", um manifesto devastador que pedia sua deposição. Dentro de poucos dias Riutin foi denunciado à GPU. Sua oposição, logo depois do caso Sirtsov-Lominadze e dos acenos de Vorochílov, irritou e assustou Stálin. A 27 de agosto, ele estava de volta ao Kremlin para encontrar-se com Kaganóvitch. Talvez tenha voltado também para reunir-se a Nádia.[14]

Por mais medonha que estivesse a situação no país, a saúde dela já seria suficiente para minar o moral de uma pessoa forte. Ela estava terrivelmente enferma, sofrendo de "dores agudas na região abdominal", e o médico anotou: "Retornar para mais exames". Não se tratava apenas de tensão psicossomática devido à crise, mas também de consequências do aborto de 1926.

A 31 de agosto, Nádia foi examinada de novo: teria Stálin a acompanhado à clínica Kremlevka? Ele tinha apenas dois compromissos, às quatro da tarde e às nove da noite, como se o dia tivesse sido deixado deliberadamente livre. Os médicos anotaram: "Exame para considerar operação dentro de três, quatro semanas". Seria para o abdome ou para a cabeça? Contudo, não operaram.[15]

A 30 de setembro, Riutin foi detido. É possível que Stálin, apoiado por Kaganóvitch, tenha exigido a pena de morte para Riutin, mas a execução de um camarada — um "portador da espada" — era um passo perigoso, a que resistiam Sergo e Kírov. Não há provas de que isso tenha sido discutido formalmente — Kírov não compareceu às reuniões do Politburo do final de setembro e de outubro. Além disso, Stálin não proporia uma medida desse tipo sem primeiro discutir com Sergo e Kírov, tal como fizera no caso de Tukhatchevski, em 1930. É provável que nunca tenha proposto a pena de morte especificamente. A 11 de outubro, Riutin foi sentenciado a dez anos nos campos de concentração.

A "Plataforma" de Riutin chegou ao lar de Stálin. De acordo com o guarda-costas Vlássik, Nádia obteve uma cópia do documento com seus amigos da Academia e mostrou a Stálin. Isso não significa que ela tenha aderido à oposição, mas parece algo agressivo, embora pudesse se tratar também de uma tentativa de ajuda. Mais tarde, o texto foi encontrado no quarto dela. Nos anos 50, Stálin admitiu que não dera atenção suficiente a ela durante aqueles meses finais. "Havia tanta pressão sobre mim [...] tantos inimigos. Tínhamos de trabalhar dia e noite [...]."[16] Os assuntos literários talvez fossem uma distração bem-vinda.

7. Stálin, o intelectual

A 26 de outubro de 1932, uma elite seleta de cinquenta escritores foi misteriosamente convidada à mansão *art déco* do maior romancista vivo da Rússia, Máximo Gorki.* O alto e magro escritor, com seu bigode grisalho, então com 64 anos, encontrou os escritores na escadaria. A sala de jantar estava cheia de mesas recobertas com toalhas brancas. Eles esperavam excitados. Então Stálin chegou com Mólotov, Vorochílov e Kaganóvitch. O Partido levava a literatura tão a sério que os magnatas editavam pessoalmente as obras de escritores proeminentes. Depois de alguns minutos de conversa fiada, Stálin parou de sorrir e começou a falar sobre a criação de uma nova literatura.

Foi uma ocasião momentosa: Stálin e Gorki eram os dois homens mais famosos da Rússia e sua relação era um barômetro da literatura soviética. Desde o final dos anos 20, Gorki estava tão próximo de Stálin e Nádia que veraneava com eles.[1] Nascido em 1868, Máximo Pechkov usara suas experiências amargas (daí seu *nom de plume* Gorki) de órfão árabe que sobrevivera a "abominações vis", vivendo de restos entre párias em aldeias camponesas, para escrever obras-primas que inspiraram a Revolução. Mas em 1921, desiludido com a ditadura de

* Nenhum dos grandes escritores, como Akhmátova, Mándelstam, Pasternak, Bulgákov ou Babel, estava lá, mas Chólokhov, que Stálin considerava "um grande talento artístico", estava presente.

Lênin, exilou-se numa vila em Sorrento, Itália. Stálin procurou atraí-lo de volta. Entrementes, colocara a literatura russa sob o comando da Associação Russa dos Escritores Proletários (AREP), "o braço literário do Plano Quinquenal para a indústria", que hostilizava e atacava os escritores que não retratassem a Grande Virada com entusiasmo. Gorki e Stálin começaram um complexo *pas de deux*, em que vaidade, dinheiro e poder desempenharam seus papéis para estimular o escritor a voltar. A experiência de Gorki do atraso primitivo do campesinato fez com que ele apoiasse a guerra de Stálin contra as aldeias, mas achava os padrões da AREP horríveis. Em 1930, a vida de Gorki já estava azeitada com presentes generosos da GPU.[2]

Stálin concentrou seus encantos felinos em Gorki.* Em 1931, ele retornou para se tornar o ornamento literário de Stálin e lhe foi concedida uma grande pensão, além dos milhões que ganhava com seus livros. Morava numa mansão em Moscou que pertencera ao milionário Ryabuchinski, uma grande datcha fora da capital e uma *villa* palaciana na Crimeia, além de dispor de vários funcionários, todos agentes da GPU. As casas de Gorki tornaram-se o quartel-general da *intelligentsia*, onde ele ajudou jovens escritores brilhantes como Isaac Babel e Vassíli Grossman.

Os magnatas adotaram Gorki como sua celebridade literária, enquanto o tchequista Iagoda cuidava dos detalhes da administração do lar de Gorki, passando cada vez mais tempo na casa do escritor. Stálin levou seus filhos para conhecer Gorki e brincar com os netos do escritor; Mikoian levou seus filhos para brincar com o macaco de estimação de Gorki. Vorochílov participou de cantorias. A neta de Gorki brincava com Babel um dia e com Iagoda no dia seguinte.

Stálin gostava dele: "Gorki esteve aqui", escreveu a Vorochílov num bilhete sem data. "Conversamos sobre várias coisas. Uma pessoa boa, inteligente, amistosa. Ele gosta de nossa política. Compreende tudo [...]. Em política, está conosco contra a direita." Mas também percebia que Gorki era um trunfo que podia ser

* "Durante o Congresso, eu estava com muito trabalho", escreveu a Gorki em 1930, em tom amistoso e confiante. "Agora as coisas estão diferentes e posso escrever. Claro que não é bom, mas agora temos a oportunidade de amenizar o erro. 'Sem erro, sem arrependimento, sem arrependimento, sem salvação.' Dizem que você está escrevendo uma peça sobre os sabotadores e quer material novo. Estou reunindo material e mandarei para você. [...] Quando virá à URSS?" Ele tratava Gorki quase como um membro do governo soviético, consultando-o sobre a promoção de Mólotov. Se demorava a responder, Stálin pedia desculpas por seu comportamento "porco".

comprado. Em 1932, mandou celebrar os quarenta anos de vida literária de Gorki. Sua cidade natal, Nijni Nóvgorod, foi rebatizada com seu nome, assim como a principal rua de Moscou, Tverskaia. Quando Stálin deu o nome dele ao Teatro de Arte de Moscou, o burocrata literário Ivan Gronski protestou: "Mas, camarada Stálin, o Teatro de Arte está mais associado a Tchekhov".

"Isso não tem importância. Gorki é um homem vaidoso. Devemos amarrá-lo ao Partido", retrucou Stálin.[3] A coisa funcionou: durante a liquidação dos kulaks, Gorki soltou seu ódio aos camponeses atrasados nas páginas do *Pravda*: "Se o inimigo não se rende, deve ser exterminado". Ele visitou os campos de concentração e admirou seu valor reeducativo. Apoiou projetos de trabalho escravo, como o Canal Belomor, que visitou com Iagoda, ao qual cumprimentou: "Vocês, companheiros rudes, não se dão conta do grande trabalho que estão fazendo!".[4]

Iagoda, o membro dominante da polícia secreta, seguia na esteira de Stálin. "A primeira geração de jovens tchequistas [...] distinguia-se por seu gosto sofisticado e queda pela literatura", escreveu Nadejda Mándelstam. "Os tchequistas eram a vanguarda do Novo Povo." O *grand seigneur* dessa vanguarda era Iagoda, de 39 anos, que se apaixonou pela nora de Gorki, Timocha; ela era "jovem, muito bonita, alegre, simples, deliciosa" e casada com Max Pechkov.

Filho de um joalheiro, com formação em estatística e aprendiz de farmácia como assistente de químico, Guenrikh Iagoda (seu prenome verdadeiro era Enoch), que entrara para o Partido em 1907, também era de Nijny Nóvgorod, que lhe deu seu cartão de visitas.* "Superior" às criaturas que o seguiam, de acordo com Ana Larina, Iagoda tornou-se um "carreirista corrupto", mas nunca foi um homem de Stálin. Estivera mais próximo dos direitistas, porém mudou de lado em 1929. Sua grande realização, apoiada por Stálin, foi a criação mediante trabalho escravo do vasto império econômico dos Gulags. Era um homem distante, baixo e quase calvo, sempre de uniforme completo. Tinha queda por vinhos franceses e brinquedos sexuais: outro assassino com dedos verdes, jactava-se de que sua datcha tinha "2 mil orquídeas e rosas", ao mesmo tempo em que gastava quase 4 milhões de rublos na decoração de suas residências. Frequentava as casas de Gorki, cortejando Timocha com buquês de suas orquídeas.[5] Gorki foi indica-

* Mas era também casado com a realeza revolucionária: Ida, sua esposa, era sobrinha de Svérdlov, o gênio organizador e primeiro chefe de Estado. Por coincidência, Gorki adotara o tio de Ida. O cunhado de Iagoda era Leopold Averbakh, escritor proletário que fora presidente da AREP e que ajudou a atrair Gorki de volta a Moscou e fez parte de seu círculo quando chegou.

do para presidente da União dos Escritores e aconselhou Stálin a acabar com a AREP, que foi abolida em abril de 1932, causando tanto prazer como confusão entre a *intelligentsia* que esperava alguma melhora. Então veio um convite.

Enquanto brincava ameaçadoramente com um canivete de cabo de madrepérola, Stálin, com um "tom de ferro" na voz, propôs: "O artista deve mostrar a vida com veracidade. E se ele mostra nossa vida verdadeira, não pode deixar de mostrá-la avançando para o socialismo. Isso é, e será, realismo socialista". Em outras palavras, os escritores deviam descrever o que a vida deveria ser, um panegírico do futuro utópico, não o que a vida era. Então houve um toque de farsa, como sempre proporcionado inconscientemente por Vorochílov:

"Vocês produzem os bens de que precisamos", disse Stálin. "Mais do que máquinas, tanques, aeroplanos, precisamos de almas humanas." Mas Vorochílov, sempre simplório, entendeu isso literalmente e interrompeu Stálin para dizer que os tanques também eram "muito importantes".

Os escritores, declarou Stálin, eram "engenheiros de almas humanas", uma frase notável de audácia e crueza — e apontou o dedo para os que estavam mais perto dele.

"Eu? Por que eu?", retrucou o escritor mais próximo. "Não estou discutindo."

"De que adianta não discutir?", interrompeu Vorochílov de novo. "Você tem de dar prosseguimento a isso." Àquela altura, alguns dos escritores estavam bêbados com o vinho de Gorki e o aroma estonteante do poder. Stálin encheu seus copos. Alexander Fadéiev, o romancista bêbado e mais notório dos burocratas literários, pediu ao romancista cossaco preferido de Stálin, Mikhail Chólokhov, que cantasse. Os escritores brindaram com Stálin.

"Bebamos à saúde do camarada Stálin", conclamou o poeta Lugovskoi. O romancista Nikifórov saltou e disse: "Estou cheio disso! Bebemos à saúde de Stálin um milhão e cento e quarenta e sete mil vezes. Ele provavelmente está cheio disso também". Houve um silêncio. Mas Stálin apertou a mão de Nikifórov: "Obrigado, Nikifórov, obrigado. Estou cheio disso".[6]

Não obstante, Stálin jamais se cansava de tratar com escritores. Mándelstam estava certo ao dizer que a poesia era mais respeitada na Rússia que em qualquer outro lugar, pois lá "as pessoas são mortas por causa dela". Stálin importava-se muito com a literatura. Ele pode ter exigido "engenheiros da alma humana", mas estava longe de ser o filisteu idiota que seus modos poderiam sugerir. Não somente admirava e apreciava a grande literatura, como discernia entre escrevinhadores e gênios. Desde os tempos do seminário era um leitor voraz e dizia ler quinhentas páginas por dia; no exílio, quando um companheiro de prisão morreu, Stálin apropriou-se da biblioteca dele e recusou-se a compartilhá-la com seus camaradas. Sua fome de conhecimento literário era quase tão forte quanto sua fé no marxismo e sua megalomania: é possível dizer que essas eram as paixões que comandavam sua vida. Não possuía talento literário, mas, em termos de leitura, era um intelectual, apesar de ser filho de um sapateiro e de uma lavadeira. Com efeito, não seria exagero dizer que Stálin foi o governante da Rússia que mais leu, de Catarina, a Grande, a Vladímir Pútin, mais até que Lênin, que era um intelectual pleno e gozara dos benefícios de uma educação nobre.

"Ele trabalhou duro para se aperfeiçoar", disse Mólotov. Sua biblioteca consistia em 20 mil volumes bem manuseados. "Se quiser conhecer as pessoas a sua volta, descubra o que elas leem", aconselhava Stálin. Svetlana encontrava na biblioteca da família de *A vida de Jesus* aos romances de Galsworthy,* Wilde, Maupassant e, mais adiante, Steinbeck e Hemingway. Sua neta observou-o mais tarde lendo Gogol, Tchekhov, Victor Hugo, Thackeray e Balzac. Na velhice, ainda estava descobrindo Goethe. Ele "adorava Zola".

Os bolcheviques, que acreditavam na perfectibilidade do Homem Novo, eram autodidatas ávidos, e Stálin era o mais consumado e diligente de todos. Lia com seriedade, fazia anotações e aprendia citações, como um estudante onipotente, deixando uma marginália em livros que variavam de Anatole France à *História da Grécia antiga*, de Vipper. Tinha "um conhecimento muito bom de Antiguidade e mitologia", relembrou Mólotov. Era capaz de citar a *Bíblia*, Tchekhov e *O bom soldado Chveik*, assim como Napoleão, Bismarck e Talleyrand. Seu conhecimento da literatura da Geórgia era tal que debatia poesia arcana com o filósofo Chalva Nutsibidze, que disse, depois que Stálin deixara de ser um deus, que seus comentários editoriais eram notáveis. Lia literatura em voz alta para seu círculo — em geral Saltikov-Schedrin ou uma nova edição do poema épico

* *A saga dos Forsyte*, de Galsworthy, e *O último dos moicanos*, de Fenimore Cooper, eram provavelmente as duas obras estrangeiras mais populares entre todos os membros do Politburo, que pareciam ver nelas, respectivamente, uma condenação da família capitalista e uma descrição da repressão imperialista britânica nas Américas.

medieval do georgiano Rustaveli, *O cavaleiro na pele da pantera*. Adorava *O último dos moicanos*, espantando um tradutor a quem saudou em pele-vermelha falso: "Grande chefe saúda cara-pálida!".

Seu gosto profundamente conservador continuou fixado no século XIX, mesmo durante o florescimento modernista dos anos 20: sempre ficou mais feliz com Puchkin e Tchaikovski que com Akhmátova e Chostakóvitch. Respeitava os intelectuais e mudava completamente de tom quando tratava com um professor famoso. "Peço mil desculpas por não poder satisfazer seu pedido agora, ilustre Nikolai Iakovlevitch", escreveu ao professor de linguística. "Após a conferência, poderei nos dar quarenta, cinquenta minutos, se o senhor concordar [...]."

Stálin tinha condições de apreciar a genialidade, mas, tal como em relação ao amor e à família, sua crença no progresso marxista era brutalmente dominante. Admirava o "grande psicólogo" Dostoievski, porém o baniu porque era "ruim para os jovens". Gostava tanto das sátiras de Mikhail Zoschenko, mesmo quando zombavam dos burocratas soviéticos, que costumava ler trechos para Vassíli e Artiom e ria no final: "Aqui foi onde o camarada Zoschenko se lembrou da GPU e mudou o final!" — uma piada típica de seu cinismo brutal misturado com humor negro sarcástico. Reconhecia que Mándelstam, Pasternak e Bulgákov eram gênios, mas suas obras foram proibidas. Contudo, era capaz de tolerar mestres excêntricos: Bulgákov e Pasternak nunca foram presos. Mas caía em desgraça quem, gênio ou escrevinhador, insultasse a pessoa ou a política de Stálin, pois as duas eram sinônimas.

Seus comentários são mais fascinantes quando tratam de um mestre como Bulgákov, cuja peça sobre a guerra civil *Dias das turbinas*, baseada em seu romance *A guarda branca*, era a preferida de Stálin: assistiu ao espetáculo quinze vezes. Quando a peça *Fuga* de Bulgákov foi acusada de "antissoviética e direitista", Stálin escreveu ao diretor do teatro: "Não é bom chamar a literatura de direita ou esquerda. Essas são palavras do Partido. Em literatura, use classe, antissoviética, revolucionária ou antirrevolucionária, mas não direita e esquerda [...]. Se Bulgákov acrescentasse aos oito sonhos um ou dois em que descobrisse o conteúdo social internacional da guerra civil, o espectador compreenderia que o honesto 'Serafima' e o professor foram expulsos da Rússia, não pelo capricho dos bolcheviques, mas porque viviam à custa do povo. É fácil criticar *Dias das turbinas* — é fácil rejeitar, porém é mais difícil escrever boas peças. A impressão final da peça é boa para o bolchevismo". Quando não teve permissão para trabalhar, Bulgákov apelou para Stálin, que lhe telefonou para dizer: "Vamos tentar fazer algo por você".

O dom de Stálin, afora seus ritmos catequéticos de pergunta e resposta, era a capacidade de reduzir problemas complexos à simplicidade lúcida, talento inestimável em um político. Podia rascunhar com rapidez, em geral de próprio punho, um telegrama diplomático, discurso ou artigo na prosa mais clara e, contudo, frequentemente sutil (como demonstrou durante a guerra) — mas também era capaz de grosseria canhestra, embora isso refletisse, em parte, seu deliberado machismo proletário.*

Stálin não era apenas o supremo censor: ele apreciava seu papel de editor-chefe imperial, remendando sem parar a prosa dos outros, e adorava nada mais do que rabiscar a expressão que cobre as páginas de sua biblioteca — aquele risinho sombrio: "Ha-ha-ha!".[7]

O sarcasmo de Stálin não ajudava Nádia, cuja depressão, alimentada pela cafeína e pelo estresse do próprio marido, piorou. Contudo, havia momentos de ternura tocante: Nádia tomou um drinque a que não estava acostumada e ficou doente. Stálin a pôs na cama e ela disse pateticamente: "Então você me ama um pouquinho afinal". Anos mais tarde, Stálin contou esse episódio a sua filha.

Em Zubálovo para passar o fim de semana, Nádia, que jamais dirigiu uma palavra de elogio a Svetlana, advertiu-a para não aceitar, se Stálin lhe oferecesse vinho: "Não tome bebida alcoólica!".

Se Nádia via na pequena tolerância de Stálin em relação aos filhos um pecado grave, pode-se imaginar como ela se sentia diante de sua rudeza, sem falar da tragédia dos camponeses. Naqueles últimos dias, Nádia visitou seu irmão Pável e sua esposa Jênia, que acabavam de voltar de Berlim, no apartamento deles: "Ela me cumprimentou de um modo muito frio", notou a filha deles Kira, mas o fato

* Boris Pilniak, o romancista russo mais respeitado até o retorno de Gorki, que caíra em desgraça, escreveu nervosamente a Stálin para perguntar se poderia ir ao exterior: "Estimado camarada Pilniak", respondeu o líder (com sarcasmo, pois odiava Pilniak graças a seu conto "História da lua inextinta", que sugeria que Stálin providenciara o assassinato médico do comissário de Defesa Frunze, em 1925), "as inquirições mostram que os órgãos de controle não se opõem a sua ida ao exterior. Eles duvidaram disso, mas agora deixaram de duvidar. Então [...] sua ida ao exterior está decidida. Boa sorte. Stálin". Pilniak foi executado a 21 de abril de 1938.

é que Nádia era uma mulher dura. Passou algumas noites trabalhando em projetos com Dora Khazan, cochichando no quarto da filha desta, Natália Andréieva.

Assim, ficamos com o retrato perturbador de um marido e uma esposa que alternavam entre atenção amorosa e explosão violenta de raiva, pais que tratavam os filhos de modo diferente. Ambos eram dados a humilhar um ao outro em público, mas Nádia parece ter amado "meu homem", como o chamava. Foi uma época tensa, porém havia uma diferença entre esse casal muito nervoso e sensível. Stálin era esmagadoramente forte, como Nádia disse a sua mãe: "Posso afirmar que fico maravilhada com sua força e energia. Somente um homem realmente saudável poderia aguentar a quantidade de trabalho de que ele dá conta". Por sua vez, ela era fraca. Se alguém iria se romper, seria ela. O envolvimento emocional atrofiado dele lhe possibilitava resistir aos piores golpes.

Kaganóvitch saiu novamente de seu feudo em Moscou para esmagar os dissidentes em Kuban, ordenando represálias em massa contra os cossacos e deportando quinze aldeias para a Sibéria. Ele chamava isso de "a resistência dos últimos remanescentes das classes moribundas conduzindo a uma forma concreta de luta de classes". As classes estavam morrendo, sem dúvida. Kópeliev viu "mulheres e crianças com barrigas distendidas, ficando azuis, ainda respirando, mas com olhos vazios e sem vida. E cadáveres — cadáveres em casacos esfarrapados de pele de carneiro e botas baratas de feltro; cadáveres em cabanas de camponeses, na neve que derretia do velho Vologda, sob as pontes de Khárkov". O "Lázar de Ferro" providenciou várias execuções de açambarcadores de grãos e voltou a tempo para o fatídico jantar em comemoração do aniversário da Revolução.

A 7 de novembro, os potentados receberam a saudação no alto do recém-construído Mausoléu de Lênin. Reuniram-se mais cedo no apartamento de Stálin, com seus sobretudos e chapéus, pois a temperatura estava abaixo de zero. Nádia já estava assumindo seu lugar na parada, como delegada da Academia. A governanta e as babás trataram de deixar Vassíli e Artiom vestidos e prontos; Svetlana ainda estava na datcha.

Um pouco antes das oito da manhã, os líderes saíram conversando do Palácio Potiéchni, atravessaram a praça central e passaram pelo Palácio Amarelo, rumo às escadas que levavam ao mausoléu. Estava terrivelmente frio lá em cima; o desfile durou quatro horas.* Vorochílov e Budiony esperavam a cavalo em di-

* Havia cadeiras escondidas para que os de disposição mais fraca pudessem descansar e, melhor

ferentes portões do Kremlin. Quando a Torre Spasski, o equivalente de Moscou ao Big Ben, tocou, eles saíram trotando para se encontrar na metade do caminho, diante do mausoléu, e desmontaram para se unir aos outros líderes.

Muita gente viu Nádia naquele dia. Ela não parecia deprimida nem descontente com Stálin. Passou marchando, erguendo seu rosto oval na direção dos líderes. Depois, reuniu-se a Vassíli e Artiom na tribuna à direita do mausoléu e encontrou Khruchióv, o qual apresentara a Stálin. Olhou para o marido e, como qualquer esposa, preocupou-se porque o sobretudo dele estava aberto: "Meu homem não trouxe o cachecol. Vai pegar um resfriado e ficar doente", disse ela, mas foi atingida subitamente por uma de suas torturantes dores de cabeça. "Ela começou a gemer, 'oh, minha dor de cabeça!'", relembra Artiom. Após a parada, os meninos pediram à governanta para perguntar a Nádia se poderiam passar o feriado em Zubálovo. Era mais fácil persuadir a governanta do que enfrentar a mãe severa.

"Eles podem ir para a datcha", respondeu Nádia, acrescentando alegremente: "Em breve, me formarei na Academia e então haverá férias verdadeiras para todos!". Ela estremeceu: "Oh, minha dor de cabeça!". Stálin, Vorochílov e os outros estavam bebendo na pequena sala atrás do mausoléu onde havia sempre um bufê.

Na manhã seguinte, os meninos foram levados para Zubálovo. Stálin trabalhou como sempre em seu escritório, reunindo-se com Mólotov, Kúibichev e o secretário do CC Pável Postíchev. Iagoda mostrou as transcrições de mais uma reunião anti-Stálin dos velhos bolcheviques Smirnov e Eismont, um dos quais dissera: "Não me digam que não há ninguém em todo este país capaz de removê-lo". Ordenaram a prisão deles, depois foram para o jantar no apartamento de Vorochílov. Nádia também estava a caminho. Tinha a melhor das aparências.[8]

Em algum momento do início da madrugada, Nádia pegou a pistola Mauser que seu irmão Pável lhe dera e deitou em sua cama. O suicídio era uma morte bolchevique: ela fora ao funeral de Adolf Yoffe, o trotskista que protestou contra a derrota imposta por Stálin às oposições matando-se com um tiro em

---

ainda, havia uma sala atrás com um bar para os que precisassem "tomar" coragem. O primeiro chefe de Estado bolchevique, Iákov Svérdlov, morreu em 1919 depois de uma parada enregelante; o membro do Politburo Alexander Scherbakov faleceu depois de comparecer à parada da vitória de 1945; o presidente tcheco Klement Gottwald morreu depois de suportar as horas geladas do funeral de Stálin, no mausoléu.

1929. Em 1930, o poeta modernista Maiakovski também cometeu o supremo protesto. Ela ergueu a pistola até o peito e puxou o gatilho uma vez. Ninguém escutou a voz daquela arma feminina minúscula: as paredes do Kremlin eram grossas. Seu corpo rolou para fora da cama e caiu no chão.[9]

PARTE 2

Os bons companheiros: Stálin e Kírov, 1932-4

8. O funeral

Nádia morreu instantaneamente. Horas depois, Stálin ainda absorvia a notícia na sala de jantar. "O que falta em mim?", perguntou para sua cunhada Jênia Allilúieva. A família ficou chocada quando ele ameaçou se suicidar, algo que "jamais haviam escutado antes". Lastimou-se em seu quarto durante dias: Jênia e Pável decidiram ficar com ele para evitar que cometesse algum desatino. Stálin não conseguia entender por que aquilo acontecera, o que significava. Por que logo ele recebera aquela terrível punhalada nas costas? "Ele era inteligente demais para não saber que as pessoas sempre se suicidam para punir alguém", escreveu sua filha Svetlana; então se perguntava sem cessar se era verdade que fora desatencioso; não a amara? "Fui um mau marido", confessou a Mólotov, "não arranjava tempo para levá-la ao cinema." A Vlássik disse: "Ela destruiu completamente a minha vida!". Olhava desolado para Pável e grunhia: "Que belo presente você deu para ela! Uma pistola!".

Por volta da uma da tarde, o professor Kushner e um colega examinaram o corpo de Nadejda Stálin em seu pequeno quarto. O professor rabiscou num pedaço de papel quadrado arrancado de um dos cadernos das crianças: "A posição do corpo é a de que sua cabeça está sobre o travesseiro virada para o lado direito. Perto do travesseiro, sobre a cama há uma arma pequena". A governanta deve ter recolocado a arma sobre a cama. "O rosto está absolutamente tranquilo, os olhos semiabertos. No lado direito do rosto e do pescoço, há marcas azuis e vermelhas e sangue [...]." Havia equimoses em sua face: Stálin teria algo a esconder? Teria retornado ao apartamento, discutido com ela, batido nela e depois atirado em Nádia? Tendo em vista seu histórico assassino, uma morte a mais não é impossível. Mas a equimose poderia ter sido causada pela queda da cama. Jamais alguém com algum conhecimento daquela noite sugeriu que Stálin pudesse tê-la matado. Mas ele certamente sabia que seus inimigos iriam espalhar esse boato.

"Há um furo de cinco milímetros sobre o coração — um buraco aberto", observou o professor. "Conclusão: a morte foi imediata em consequência de um ferimento aberto no coração." Esse pedaço de papel, que podemos ver agora no Arquivo do Estado, ficaria seis décadas em segredo.

Mólotov, Kaganóvitch e Sergo iam e vinham, decidindo o que fazer: como sempre nesses momentos, o instinto bolchevique mandava mentir e encobrir, embora nesse caso, se tivessem sido mais abertos, talvez tivessem evitado as calúnias mais danosas. Estava bastante claro que Nádia cometera suicídio, mas Mólotov, Kaganóvitch e o padrinho dela, Ienukidze, obtiveram a concordância de Stálin de que aquela autodestruição não podia ser anunciada publicamente: seria tomada por um protesto político. Eles anunciariam que ela morrera de apendicite. Os médicos, profissão cujo juramento hipocrático seria desconsiderado pelos bolcheviques tanto quanto pelos nazistas, assinaram a mentira. Os criados foram informados de que Stálin estivera em sua datcha com Mólotov e Kalínin, mas não surpreende que tenham tagarelado de modo perigoso.

Ienukidze redigiu o anúncio da morte de Nádia e depois escreveu uma carta de condolências a ser publicada no dia seguinte no *Pravda*, assinada por todos os líderes e suas esposas, a começar pelas quatro maiores amigas dela, Ekaterina Vorochílova, Polina Mólotova, Dora Khazan e Maria Kaganóvitch: "Nossa querida amiga, uma pessoa de alma maravilhosa [...] jovem, vigorosa e devotada ao Partido Bolchevique e à Revolução". Até mesmo essa morte foi vista por esses dogmáticos singulares em termos de bolchevismo.[1]

Uma vez que Stálin mal conseguia raciocinar, Ienukidze e os magnatas debateram sobre como fazer o funeral. O ritual fúnebre bolchevique combinava elementos da tradição czarista com sua própria cultura idiossincrática. Os mortos eram embelezados pelos melhores agentes funerários, em geral os professores encarregados do cadáver de Lênin, depois ficavam expostos em câmara-ardente com as faces níveas frequentemente carregadas de ruge, em meio a uma *mise-en-scène* surrealista de luxuriantes palmeiras tropicais, coroas de flores e bandeiras vermelhas, tudo iluminado com lâmpadas de arco voltaico. Os membros do Politburo levavam e traziam o esquife aberto do Salão das Colunas, onde também montavam guarda, como os cavaleiros de outrora. A eminência rígida era então cremada e realizava-se um funeral militar plangente, com o Politburo carregando novamente um elaborado catafalco onde era levada a urna com as cinzas para ser colocada no muro do Kremlin. Mas Stálin deve ter exigido um funeral de tipo antigo.

Ienukidze presidiu a comissão fúnebre com Dora Khazan e Pauker, o tchequista que era muito próximo de Stálin. Eles se encontraram pela primeira vez na manhã seguinte e decidiram o cortejo, o local de enterro, a guarda de honra. Pauker, o especialista em teatro — ex-cabeleireiro da Ópera de Budapeste — ficou encarregado das orquestras: haveria duas, uma militar e uma teatral de cinquenta instrumentos.[2]

Stálin não estava em condições de falar. Pediu que Kaganóvitch, o melhor orador do Politburo, fizesse a oração. Até mesmo aquele buldôzer enérgico, que acabara de fuzilar multidões de cossacos inocentes, ficou intimidado com o fardo de fazer tal discurso diante de Stálin, mas, como em tantas outras tarefas macabras, "Stálin pediu e eu fiz".[3]

A morte de Nádia por apendicite foi anunciada às crianças em Zubálovo: Artiom ficou perturbado, mas Vassíli nunca se recuperou. Svetlana, então com seis anos, não compreendeu a finitude da mãe. Vorochílov, tão gentil em todas as questões não políticas, visitou-a, mas as lágrimas não o deixaram falar. As crianças mais velhas foram levadas para Moscou; Svetlana ficou na datcha até o funeral.

Quando o corpo foi removido do apartamento, em alguma hora da manhã do dia 10, uma garotinha no Guarda Montada, diante do Palácio Potiéchni de Stálin, ficou grudada na janela de seu apartamento. Natália Andréieva, filha de Andréiev e Dora Khazan, que estava cuidando do funeral com Ienukidze, observou um grupo de homens que carregavam um caixão. Stálin caminhava ao lado, sem luvas no frio gélido, com lágrimas que escorriam pelas faces.[4] O corpo deve ter sido levado ao Kremlevka para encobrir os hematomas.

Os meninos Vassíli e Artiom chegaram ao lúgubre apartamento de Stálin, onde Pável, Jênia e Ana, irmã de Nádia, se revezavam nos cuidados ao viúvo, que permaneceu em seu quarto e não saiu para jantar. O lugar estava permeado de murmúrios: a mãe de Artiom chegou e contou-lhe estupidamente a verdade sobre o suicídio. Artiom inquiriu com imprudência a governanta sobre o fato. Ele e sua mãe foram repreendidos. "As coisas que vi naquela casa!", relembra Artiom.

Durante a noite, o corpo foi levado para o Salão das Colunas, na Praça Vermelha, onde hoje está a loja de departamentos GUM, mas que então era ocupado pelo Comitê Central Executivo de Ienukidze. Esse edifício seria cenário de alguns dos grandes processos e câmaras-ardentes da época de Stálin. Às oito horas da manhã seguinte, Iagoda juntou-se à comissão fúnebre.

As três crianças foram levadas para o salão em que Nadejda Allilúieva Stálin jazia em esquife aberto, com o rosto redondo cercado de flores, os machucados empoados e pintados com ruge pelos mestres macabros de Moscou. "Ela estava muito bonita no caixão, muito jovem, com o rosto claro e adorável", relembra sua sobrinha Kira Allilúieva. Zina Ordjonikidze, a gorducha esposa do irreprimível Sergo, pegou a mão de Svetlana e conduziu-a até o caixão. Ela chorou e eles a afastaram rapidamente. Ienukidze a confortou, mandando-a de volta para Zubálovo. Só ficou sabendo do suicídio uma década depois, pela *Illustrated London News*.

Stálin chegou acompanhado pelo Politburo, que montou guarda em torno do catafalco, dever ao qual se acostumariam nos seguintes anos mortais. Stálin chorava. Vassíli deixou Artiom e correu na direção dele e "abraçou seu pai dizendo, 'papai, não chore!'". Com o acompanhamento de um coro de soluços da família de Nádia e dos durões do Politburo e da Tcheca, o *Vojd* se aproximou do caixão com Vassíli agarrado a ele. Stálin olhou para aquela mulher que o amara, odiara, punira e rejeitara. "Eu nunca vira Stálin chorar antes", disse Mólotov, "mas, enquanto ele estava ali, ao lado do caixão, as lágrimas rolaram por seu rosto."

"Ela me abandonou como um inimigo", disse Stálin com amargura, e então Mólotov escutou-o dizer: "Não salvei você". Estavam prestes a fechar o caixão quando Stálin os deteve subitamente. Para surpresa de todos, inclinou-se, ergueu a cabeça de Nádia e começou a beijá-la ardentemente. Isso provocou mais choro.

O esquife foi levado para a Praça Vermelha, onde foi colocado numa carruagem fúnebre negra com quatro pequenos domos em cada canto que sustentavam um pálio intrincado, em um cortejo que parecia pertencer aos tempos do czar. Uma guarda de honra marchava ao redor da carruagem e soldados enfileiravam-se nas ruas. Seis palafreneiros vestidos de preto conduziam seis cavalos e, na frente, uma banda militar tocava a marcha fúnebre. Bukhárin, que era amigo de Nádia, mas a contaminara politicamente, ofereceu suas condolências a Stálin. O viúvo insistiu estranhamente que fora para a datcha depois do banquete e que não estava no apartamento. Ele não tinha nada a ver com a morte. Assim Stálin propagou um álibi.

A procissão percorreu as ruas, onde o público foi mantido à distância pela polícia. Ali estava o primeiro de muitos funerais em que a causa da morte seria escondida da maioria. Stálin caminhava entre Mólotov e Mikoian, por sua vez escoltados por Kaganóvitch e Vorochílov. Pauker, resplandecente em seu uniforme e com a barriga apertada por seu espartilho invisível, acompanhava ao lado. Vassíli e Artiom caminhavam atrás deles junto com a família, a nata do movimento bolchevique e delegados da Academia de Nádia. Olga, sua mãe, a culpava: "Como você pôde fazer isso?", dizia à filha ausente. "Como pôde deixar seus filhos?" A maioria da família e dos líderes concordava e compadecia-se de Stálin. "Nádia errou", declarou a direta Polina. "Ela o deixou num momento tão difícil."

Artiom e Vassíli ficaram para trás e perderam Stálin de vista. Houve quem dissesse que Stálin não foi ao enterro, ou que foi direto para o cemitério de Novodiévitchi. Nenhuma dessas versões é verdadeira. Iagoda insistiu que não era seguro para ele caminhar durante todo o trajeto. Quando a procissão chegou à praça Manege, Stálin e Olga foram levados de carro ao cemitério.

Lá, ele ficou de um lado do túmulo e os dois meninos o observavam do outro. Bukhárin falou, depois Ienukidze anunciou o orador principal: "Foi tão difícil, com Stálin presente", relembrava Kaganóvitch. O Comissário de Ferro, mais acostumado a diatribes e discursos de propaganda, fez sua oração naquele tipo especial de linguagem bolchevique: "Camaradas, estamos no funeral de um dos melhores membros de nosso Partido. Ela cresceu na família de um trabalhador bolchevique [...] ligada organicamente ao nosso Partido [...] era uma amiga dedicada dos que governavam [...] travando a grande luta. Distinguiu-se pelos melhores traços de um bolchevique — firmeza, resistência na luta [...]". Depois voltou-se para o líder: "Somos amigos íntimos e camaradas do camarada Stálin. Compreendemos o peso da perda do camarada Stálin [...]. Compreendemos que devemos compartilhar o fardo da perda do camarada Stálin".

Stálin pegou um punhado de terra e jogou-o sobre o caixão. Pediram a

Artiom e Vassíli que fizessem o mesmo. Artiom perguntou por que aquilo era necessário. "Para que ela possa ter um pouco de terra da sua mão", disseram-lhe. Mais tarde, Stálin escolheu o monumento que repousou sobre seu túmulo, com uma rosa para lembrar a que ela usava nos cabelos e orgulhosamente adornado com as palavras sagradas: "Membro do Partido Bolchevique". Pelo resto de sua vida, Stálin ruminou sobre a morte dela. "Oh, Nádia, Nádia, o que você fez?", cismava na velhice, pedindo desculpas: "Havia sempre tanta pressão sobre mim".[5] Esse fracasso pessoal provocou uma das alterações seminais em seu caráter.

"Depois de 1932, Stálin mudou", observou Kaganóvitch. A deserção de Nádia o feriu e humilhou, rompendo mais um de seus poucos laços com a simpatia humana, redobrando sua brutalidade, seu ciúme e sua autopiedade.

A família cuidou de Stálin, ficando de prontidão no apartamento, para o caso de ele precisar de alguma coisa. Uma noite, Jênia Allilúieva visitou-o, mas não havia nenhum som. Então escutou um guincho feio e encontrou o *Vojd* deitado no sofá, na semiescuridão, cuspindo na parede. Pôde perceber que ele estava ali havia muito tempo, pois a parede estava cheia de rastros de cuspe.

"Que diabo está fazendo, Ióssif?", perguntou ela. "Você não pode ficar assim." Ele não disse nada, de olhos fixos na saliva que escorria pela parede.[6]

Na época, Maria Svanidze, esposa de Aliocha, seu ex-cunhado, que começava então a escrever um notável diário,* achou que a morte de Nádia fez com que ele perdesse um pouco a consistência de "herói de mármore". Em seu desespero, ele repetia duas perguntas: "Não importam as crianças, eles a esqueceram em poucos dias, mas como ela pôde fazer isso comigo?". Às vezes, adotava a perspectiva oposta e perguntava a Budiony: "Entendo que ela tenha feito isso comigo, mas e as crianças?". A conversa acabava sempre da mesma forma: "Ela destruiu minha vida. Ela me mutilou". Era um fracasso pessoal que solapava sua confiança. Stálin, escreveu Svetlana, "queria renunciar, mas o Politburo disse: 'Não, não, você tem de ficar!'".

Rapidamente, ele recuperou a confiança messiânica em sua missão: a guerra contra os camponeses e contra seus inimigos dentro do Partido. Sua mente

* Maria "Marusia" Svanidze se tornaria uma figura vital na corte de Stálin: seu diário manuscrito, um dos documentos mais reveladores dos anos 30, foi preservado por Stálin em seu próprio arquivo.

voltou-se para os recém-detidos Eismont, Smirnov e Riutin, cuja "Plataforma" fora encontrada no quarto de Nádia. Bebia muito e sofria de insônia. Um mês após a morte da esposa, a 17 de dezembro, rabiscou um estranho bilhete para Vorochílov: "Os casos de Eismont, Smirnov e Riutin estão cheios de álcool. Vemos uma oposição encharcada de vodca. Eismont, Ríkov. Animais selvagens caçando. Tomski, repito Tomski. Animais selvagens à solta que rosnam. Smirnov e outros rumores de Moscou. Como um deserto. Sinto-me péssimo, sem dormir muito". Essa carta mostra quão perturbado Stálin estava depois da morte de Nádia. Ela exala bebida e desespero.

Ele não amoleceu em relação aos camponeses. A 28 de dezembro, Póstichev mandou um bilhete sobre colocar guardas da GPU nos silos elevadores de cereais porque havia muito roubo de gente faminta. Depois acrescentava: "Houve fortes elementos de sabotagem de suprimento de pão nas Estações de Trator Coletivas [...]. Deixe-me mandar 2-300 kulaks de Dneipropetrovsk para o Norte por ordem da GPU".

"Certo! *Pravilno!*", escreveu Stálin entusiasmado, com seu lápis azul.

Nádia pairou sobre Stálin até sua própria morte. Sempre que encontrava uma pessoa que a conhecia bem, ele falava sobre ela. Dois anos depois, quando encontrou Bukhárin no teatro, perdeu um ato inteiro falando de Nádia, sobre como não conseguia viver sem ela. Com frequência, conversava sobre ela com Budiony.* A família se encontrava a cada 8 de novembro para relembrá-la, mas ele odiava esses aniversários, permanecendo no Sul; contudo, mantinha fotografias dela, cada vez maiores, em suas casas. Afirmava ter abandonado a dança quando Nádia morreu.

Milhares de cartas de condolência inundaram o *apparat* de Stálin e as poucas que ele escolheu para guardar são interessantes: "Ela era frágil como uma flor", diz uma delas. Talvez a tenha preservado porque terminava falando dele: "Lembre-se, precisamos de você, então cuide-se". Guardou também um poema dedicado a ela que apelava para sua visão do eu:

Noite no oceano, tempestade selvagem [...]
Uma silhueta assombrada na ponte do navio.

* Budiony perdera sua primeira esposa num possível suicídio, talvez quando ela descobriu sua relação com a futura segunda mulher, a cantora Olga. Ironicamente, o outro líder soviético cuja esposa se suicidara era o brilhante comandante mais odiado por Stálin, Mikhail Tukhatchevski.

É o capitão. Quem é ele?

Um homem de carne e osso.

Ou é de ferro e aço?

Quando os estudantes quiseram dar o nome de Nádia a seu instituto, ele não concordou, mas simplesmente mandou o pedido a Ana, irmã de Nádia: "Após ler esta nota, deixe-a sobre minha escrivaninha!". A dor ainda estava viva dezesseis anos depois, quando um escultor escreveu para dizer que queria lhe dar um busto de Nádia. Stálin escreveu laconicamente a Poskrióbichev, seu chefe de gabinete: "Diga-lhe que recebeu a carta e a está devolvendo. Stálin".

Não havia tempo para prantear. O Partido estava em guerra.

Às quatro da tarde de 12 de novembro, dia seguinte ao funeral, Stálin chegou ao seu escritório para encontrar-se com Kaganóvitch, Vorochílov, Mólotov e Sergo. Junto com eles estava o amigo mais íntimo de Stálin, Serguei Mironich Kírov, primeiro-secretário de Leningrado e membro do Politburo. "Depois da trágica morte de Nádia", Maria Svanidze notou que "Kírov era a pessoa mais próxima que conseguia abordar Ióssif com intimidade e simplicidade, para dar-lhe conforto e aconchego". Stálin voltou-se para Kírov que, segundo ele, "cuidava de mim como de uma criança".[7]

Sempre cantando alto árias de óperas, transbordante de alegria e entusiasmo juvenil, Kírov era um daqueles homens descomplicados que fazem amigos com facilidade. Baixo, bonito, com olhos levemente tártaros, marcas de varíola, cabelos castanhos e maçãs do rosto saltadas, era apreciado igualmente por mulheres e homens. Casado e sem filhos, dizia-se que era mulherengo, com queda por bailarinas do Balé Mariinski, que ele controlava em Leningrado.* O certo é que acompanhava de perto o balé e a ópera, escutando-a de seu apartamento graças a uma ligação especial. Viciado em trabalho, como seus camaradas, Kírov gostava da vida ao ar livre, de acampar e caçar com seu companheiro de bebida Sergo. Tal como Andréiev, era um montanhista ávido, hobby apropriado para um bolchevique. Estava de bem consigo mesmo, o que talvez o tenha tornado

* Foi portanto perfeitamente apropriado que o Mariinski tenha sido rebatizado de Kírov após sua morte.

tão atraente para Stálin, cujas amizades se pareciam a paixões — e, tal como as paixões, podiam se transformar rapidamente em inveja. Na época, Stálin queria estar todo o tempo com Kírov, que entrava e saía de seu escritório cinco vezes por dia na semana seguinte ao funeral de Nádia.

Seu nome verdadeiro era Serguei Kóstrikov. Filho de um funcionário de saúde débil que o deixou órfão, nasceu em 1886 em Urzhum, a oitocentos quilômetros a nordeste de Moscou; foi enviado por caridade para a Escola Industrial de Kazan, na qual se destacou. Mas a revolução de 1905 interferiu em seus planos universitários e ele entrou para o Partido Social-Democrata, tornando-se um revolucionário profissional. Entre um exílio e outro, casou-se com a filha de um relojoeiro judeu, porém, como todos os bons bolcheviques, sua vida pessoal "estava subordinada à causa revolucionária", de acordo com sua esposa. Durante as calmarias anteriores à guerra, trabalhou como jornalista na imprensa burguesa, o que era rigorosamente proibido pelo Partido, e isso era uma mancha negra em seu pedigree bolchevique. Em 1917, estabeleceu o poder no Terek, no Cáucaso Norte. Durante a guerra civil, foi um dos comissários fanfarrões no Cáucaso Norte, ao lado de Sergo e Mikoian. No Astracã, impôs o poder bolchevique em março de 1919, com generoso derramamento de sangue: mais de 4 mil foram mortos. Quando um burguês foi apanhado escondendo sua mobília, Kírov mandou fuzilá-lo. Ele e Sergo, ambos bolcheviques brutais da geração da guerra civil, cujas vidas e mortes foram paralelas, planejaram a tomada da Geórgia em 1921, permanecendo em Baku depois. Ele provavelmente encontrara Stálin em 1917, mas travou maior conhecimento com seu chefe nas férias de 1925: "Caro Koba, estou em Kislovodsk [...]. Estou melhorando. Dentro de uma semana, irei visitá-lo [...]. Saudações para todos. Diga alô para Nádia", escreveu ele. Kírov era um favorito da família. Stálin dedicou um exemplar de seu livro *Sobre Lênin e o leninismo*: "Para SM Kírov, meu amigo e irmão amado". Em 1926, Stálin tirou Zinóviev de sua base de poder em Leningrado e promoveu Kírov ao comando do Partido na capital de Pedro, o Grande, então o segundo maior do país. Ele entrou para o Politburo em 1930.[8]

Quando Kírov perguntou se poderia voar para o sul a fim de encontrá-los nas férias de 1931, Stálin respondeu: "Não tenho o direito e não aconselharia ninguém a autorizar voos. Peço humildemente que venha de trem". Artiom, presente com frequência nessas ocasiões, relembra: "Stálin gostava tanto de Kírov que ia pessoalmente buscá-lo no trem, em Sotchi". O líder sempre passava "um tempo adorável com Kírov", mesmo nadando e visitando a *bania*. Às vezes, quando Kírov nadava, "Stálin ia até a praia e ficava sentado, esperando por Kírov", diz Artiom.

Após a morte de Nádia, a amizade de Stálin com "meu Kiritch" se tornou mais insistente. Stálin telefonava amiúde para Leningrado a qualquer hora da noite: o telefone *vertuchka* [de linha direta] ainda pode ser visto no apartamento de Kírov, ao lado de sua cama. Quando ia a Moscou, Kírov preferia ficar com Sergo, que gostava tanto do companheiro de bebida que sua viúva lembrava de como, certa vez, ele fingiu uma batida de carro para que Kírov perdesse o trem.* Contudo, Stálin e Kírov eram "como dois irmãos, caçoando um do outro, contando piadas sujas, rindo", diz Artiom. "Grandes amigos, irmãos e eles precisavam um do outro."[9]

Isso não significava que Stálin confiasse completamente nele. No outono de 1929, ele orquestrou críticas do *Pravda* a Kírov.[10] Por mais que gostasse dele, Stálin também podia ficar irritado com seu companheiro. Em junho de 1928, parece que um de seus artigos sofreu alterações ao ser publicado no *Leningradskaia Pravda*, provocando uma carta que revelava a paranoia de Stálin até em coisas menores: "Compreendo [...] as razões técnicas [...]. Mas não sei de outros exemplos de artigos de membros do Politburo [...]. Parece estranho que as quarenta, cinquenta palavras cortadas sejam as mais brilhantes sobre como o campesinato é uma classe capitalista [...]. Espero sua explicação".[11]

Kírov não considerava Stálin um santo: durante as celebrações de aniversário de 1929 que o elevaram a *Vojd*, os moradores de Leningrado ousaram mencionar a opinião de Lênin sobre a rudeza de Stálin.[12] Kírov também conhecia a mentalidade incomum do líder: quando um estudante lhe enviou algumas questões sobre ideologia, Stálin as encaminhou para Kírov com este bilhete: "Kírov! Você deve ler a carta do estudante Fedótov [...] um jovem totalmente analfabeto em política. Quem sabe você telefona e fala com ele; é provável que seja um 'membro bêbado e corrompido do Partido'. Acho que não devemos implicar a GPU. Por falar nisso, o estudante é um trapaceiro muito bom com uma face antissoviética que esconde artisticamente atrás de um rosto simples que diz 'me ajudem a entender. Talvez você entenda tudo — eu não'. Saudações! Stálin".[13]

* Falsas colisões de carro, frequentemente com efeitos fatais, se tornariam uma característica bizarra do governo de Stálin.

Sem dúvida, a intimidade de Kírov com Sergo, Kúibichev e Mikoian preocupava Stálin. As contestações de 1932 — a Plataforma de Riutin, a possível resistência de Kírov à execução de Riutin, a fome, o suicídio de Nádia — mostraram que Stálin precisava de lealdade mais firme.

Após a morte de Nádia, Kírov quase fazia parte da família: Stálin insistia em que ficasse com ele, não com Sergo. Kírov ficava tanto no apartamento de Stálin que sabia onde estavam os lençóis e travesseiros e dormia no sofá. As crianças o adoravam e, às vezes, quando ele estava lá, Svetlana fazia um show de bonecas para ele. Sua brincadeira predileta era seu governo de imitação. Seu pai era "primeiro-secretário". Essa stalinete escrevia ordens do tipo: "Para meu primeiro-secretário, ordeno que me permita ir ao teatro com você". Ela assinava "A senhora ou chefe (*khoziaika*) Setanka". Pendurava os bilhetes na sala de jantar, acima da mesa de telefone. Stálin respondia: "Obedeço". Kaganóvitch, Mólotov e Sergo eram segundos-secretários de Setanka, mas "ela tem uma amizade especial com Kírov", observou Maria Svanidze, "porque Ióssif é muito próximo e bom com ele".[14]

Stálin retornou à vida ascética do bolchevique clandestino, com a tensão e a variedade do revolucionário em fuga, exceto que agora seu avanço inquieto se parecia mais com o trem de um cã mongol. Embora fosse uma criatura da rotina, precisava de movimento perpétuo: havia camas em suas casas, mas também grandes divãs duros em cada sala. "Jamais durmo numa cama", contou a um visitante. "Sempre num divã" e onde quer que estivesse lendo. "Que personagem da História tinha o mesmo hábito espartano?", perguntou, respondendo com aquela onisciência autodidática: "Nicolau I". A morte de Nádia naturalmente mudou a maneira como Stálin e seus filhos viviam.[15]

9. O viúvo onipotente e sua adorável família: Sergo, o príncipe bolchevique

Stálin não suportou continuar morando no apartamento do Palácio Potiéchni e na mansão de Zubálovo porque a lembrança de Nádia era muito dolorosa. Bukhárin ofereceu uma troca de apartamentos. Stálin aceitou essa oferta camarada e mudou-se para o apartamento de Bukhárin, no primeiro andar do triangular Palácio Amarelo, o antigo Senado,* quase embaixo de seu escritório. Uma vez que ficava onde as duas alas do Senado se encontravam em ângulo, seu local de trabalho era conhecido pelos *cognoscenti* como o "Cantinho". O piso encerado, com tapetes vermelhos e verdes, os painéis de madeira e as cortinas melancólicas eram mantidos limpos; reinava um silêncio quase hospitalar. Seu secretário Poskrióbichev ficava na frente da antessala, sentado à escrivaninha imaculada, e controlava o acesso. O escritório de Stálin era comprido, arejado e retangular,

* O presidente Pútin ainda governa desse edifício, sede do poder na Rússia desde Lênin. O chefe de gabinete de Pútin trabalha no antigo escritório de Stálin. Até 1930, Stálin manteve seu principal escritório no quinto andar do edifício de granito cinza do Comitê Central, na Praça Velha, no morro acima do Kremlin, onde fora bem servido por seus sucessivos secretários, Liev Mekhlis, que progrediu para cargos mais importantes, e Tovstukha, que morreu prematuramente. Foi ali que Stálin planejou suas campanhas contra Trotski, Zinóviev e Bukhárin. Em 1930, Poskrióbichev e o Setor Especial, o fulcro da ditadura de Stálin, mudaram-se para o Palácio Amarelo (conhecido também como prédio do Sovnarkom ou Conselho dos Comissários do Povo), onde o Politburo se reunia, Stálin trabalhava e, a partir de 1932, passou a residir.

cheio de cortinas e com fogões russos ornamentados para os quais se inclinava a fim de aliviar a dor nos membros. Uma escrivaninha enorme ficava no canto direito mais distante e uma longa mesa recoberta de pano verde, com cadeiras de encosto reto com capas brancas, ficava à esquerda, sob os retratos de Marx e Lênin.[1]

Embaixo, o sombrio apartamento "formal", com "teto abobadado", seria sua residência em Moscou até a morte. "Não era como um lar", escreveu Svetlana. Fora outrora um corredor. Ele esperava que as crianças estivessem lá quando voltava para a ceia, a fim de examinar e assinar suas lições de casa, como qualquer pai. Até a guerra, manteve essa rotina — alguns de seus relatórios de pai para os professores dos filhos ainda sobrevivem no arquivo.

As crianças adoravam Zubálovo — era o verdadeiro lar delas —, e Stálin decidiu não privá-las disso. Construiu então para si uma datcha "térrea, maravilhosa, moderna e arejada", em Kuntsevo, a nove quilômetros do Kremlin. Essa casa tornou-se sua residência principal, até morrer ali, vinte anos depois; ao longo do tempo, ela foi ampliada para tornar-se uma mansão de dois andares, grande mas austera, pintada de verde-camuflagem, com um complexo de guaritas, casas de hóspedes, estufas, um banho russo e um chalé especial para sua biblioteca, tudo cercado por pinheiros, duas cercas concêntricas, inumeráveis postos de controle e pelo menos cem guardas.* Ali se entregava a sua ânsia natural por privacidade, expressão externa de seu distanciamento emocional: nenhum guarda ou criado ficava na casa; a não ser que viessem amigos para passar a noite, permanecia sozinho. Após o jantar, Stálin ia de carro para Kuntsevo — era tão próxima que com frequência era chamada de "Perto" por seu círculo, porque ele também ficava, às vezes, em sua casa "Longe", em Semionovskoe. A vida idílica continuava em Zubálovo, para Svetlana, um "paraíso parecido com uma ilha encantada".

Stálin não se tornou um eremita assombrado depois da morte de Nádia. É verdade que passava ainda mais tempo com seus magnatas, quase como uma

* Tal como a maioria de suas outras residências, Kuntsevo foi construída por Merjánov: Stálin mandava fazer constantes renovações e, depois da guerra, ordenou a construção de mais um andar. Após sua morte, os conteúdos das casas foram retirados, mas no governo de Bréjnev foram remontados pela equipe reunida de Stálin. Assim permanecem até hoje, sob a égide do órgão de segurança FSB, mas exatamente como era quando Stálin estava vivo, inclusive com seus pincéis de barba e o gramofone.

corte segregada de um czar do século XVII. Mas o todo-poderoso viúvo também se viu envolto pelo abraço amoroso, embora sufocante, de uma família que acabara de se reconstruir. Pável e Jênia Allilúiev, que haviam voltado recentemente de Berlim, tornaram-se seus companheiros constantes. Ana, irmã de Nádia, e seu marido, Stanislas Redens, haviam retornado de Khárkov, pois ele fora nomeado chefe da GPU de Moscou. Redens, um belo polonês corpulento que usava topete e estava sempre com seu uniforme tchequista, fora secretário de Dzerjínski, o fundador da polícia secreta. Ele e Ana se apaixonaram durante a expedição de Stálin e Dzerjínski para investigar a queda de Perm em 1919. Redens tinha reputação entre os velhos bolcheviques austeros de "assumir ares" e ser um beberrão devido a um incidente infeliz. Até 1931, fora chefe da GPU da Geórgia. Porém, de acordo com a família, fora vítima de uma brincadeira de seu vice, Béria, mais digna de uma noitada entre amigos do que de uma intriga de polícia secreta — mas que funcionou. Béria embebedou Redens e mandou-o para casa nu. As lendas familiares raramente contam a verdade: as cartas de Stálin revelam que Redens e os chefes locais tentaram obter a remoção de Béria do Baixo Volga, mas alguém, provavelmente Stálin, interveio. Béria nunca o perdoou. Mas foi Redens, e não Béria, quem partiu.

Stálin gostava de seu alegre cunhado, porém duvidava de sua competência como tchequista e o retirou da Ucrânia. Ana, mãe amorosa de seus dois filhos, era uma mulher de boa índole, mas imprudente, que — os próprios filhos admitem — falava demais. Stálin a chamava de "tagarela".[2]

Um terceiro casal compunha esse sexteto de parentes amorosos. Aliocha Svanidze, que também acabara de voltar do exterior, era irmão da primeira mulher de Stálin, Kato, que morrera em 1907. "Belo, loiro, olhos azuis e nariz aquilino", era um dândi georgiano que falava francês e alemão e ocupava altas posições no Banco do Estado. Stálin gostava muito dele — "eram como irmãos", escreveu Mikoian. Sua esposa Maria, uma soprano judia da Geórgia "com um pequeno nariz arrebitado, tez clara e grandes olhos azuis", era a prima-dona, em tempo integral, na ópera de sua própria vida.* Svetlana disse que esse casal especioso era atrevido, sempre trazendo presentes do exterior. Maria, como todas as damas da corte de Stálin, parecia ter uma queda pelo *Vojd*. Havia uma competição

* Eles puseram nas costas do filho o absurdo nome bolchevique de Johnreed, em homenagem ao autor de *Dez dias que abalaram o mundo*.

constante e baixa pelos favores dele entre essas damas, tão ocupadas em se sentir superiores e depreciar as outras, que, com frequência, não percebiam os sinais perigosos do mau humor de Stálin.[3]

Enquanto isso, Iákov, agora com 27 anos, qualificava-se como engenheiro elétrico, embora Stálin preferisse que ele seguisse a carreira militar. Iacha "se parecia com o pai na voz e na aparência", mas o irritava. Às vezes, Stálin conseguia demonstrar enérgica afeição: mandou-lhe um de seus livros, *A conquista da natureza*, com esta dedicatória: "Iacha, leia este livro imediatamente. I. Stálin".[4]

Quando Svetlana se tornou uma ruiva sardenta, Stálin disse que ela era idêntica à mãe, sempre seu maior elogio, mas, na verdade, era como ele: inteligente, teimosa e determinada. "Eu era seu bicho de estimação. Depois da morte de mamãe, ele tentou ficar mais próximo. Era muito afetuoso, queria saber como eu ia. Dou valor agora ao fato de que ele era um pai muito amoroso [...]." Maria Svanidze recordava como Svetlana andava em volta do pai: "Ele a beijava, admirava, dava-lhe comida de seu prato, escolhendo os melhores pedaços para ela". Svetlana, com sete anos, declarava com frequência: "Desde que papai me ame, não me importo que o resto do mundo me odeie! Se papai me dissesse 'voe para a Lua', eu faria isso!". Contudo, ela achava sua afeição asfixiante — "sempre aquele cheiro de tabaco, soltando nuvens de fumaça com o bigode e me abraçando e beijando". Na verdade, Svetlana foi criada por sua amada babá, a robusta Alexandra Bichkova, e a vigorosa governanta Carolina Til.[5]

Um mês após a morte de Nádia, Artiom lembra que ela ainda perguntava quando a mãe voltaria do exterior. Svetlana tinha pavor do escuro, que acreditava estar ligado à morte. Ela admitiu que não conseguia gostar de Vassíli, que ou a intimidava, estragando seu divertimento, ou lhe contava detalhes sexuais perturbadores que ela acreditava que haviam prejudicado sua visão do sexo.

Vassíli, então com doze anos, foi o mais atingido: "Ele sofreu um choque terrível", escreveu Svetlana, "que o destroçou por completo". Tornou-se um menino grosseiro, truculento, que falava palavrões diante das mulheres, esperava ser tratado como um príncipe e, contudo, era tragicamente inepto e infeliz. Causava distúrbios em Zubálovo. Ninguém contava a Stálin sobre suas terríveis travessuras. No entanto, Artiom diz que Vassíli era realmente "bom, gentil, doce, desinteressado das coisas materiais; podia ser um valentão, mas também defendia os meninos menores". O menino tinha pavor de Stálin, ao qual respeitava como "Cristo para os cristãos". Na ausência de seu pai desapontado, Vassíli cresceu no ambiente emocionalmente subnutrido dos guarda-costas, agentes da polícia secreta sicofantas e grosseiros, em vez de contar com babás amorosas, mas firmes. Pauker supervisionava esse pequeno lorde soviético. Efimov, o comandante de Zubálovo, contava sobre ele a Vlássik, que então informava ao "chefe".

Stálin confiava em Nicolai Vlássik, seu devotado guarda-costas, um camponês musculoso e inculto de 37 anos que entrara para a Tcheca em 1919 e fora guarda do Politburo, para depois, a partir de 1927, cuidar exclusivamente do *Vojd*. Tornou-se um poderoso vizir ao lado de Stálin, mas foi a coisa mais próxima de uma figura paterna para Vassíli, que apresentaria suas namoradas a ele para receber sua aprovação.

Quando seu comportamento na escola tornou-se impossível, foi Pauker que escreveu a Vlássik que sua "remoção para outra escola é absolutamente necessária". Vassíli ansiava pela aprovação de Stálin: "Olá, pai!", escreveu numa carta típica em que usa uma versão infantil do jargão bolchevique. "Estou estudando na nova escola, é muito boa e acho que vou me tornar um bom Vaska vermelho! Pai, escreva para mim sobre como você está e como estão suas férias. Svetlana vive bem e estuda na escola também. Saudações de seu coletivo de trabalho. Vaska Vermelho." Mas também escrevia cartas aos membros da polícia secreta: "Olá, camarada Pauker. Estou bem. Não brigo com Tom [Artiom]. Pego bastante [peixe] e muito bem. Se não estiver ocupado, venha nos ver. Camarada Pauker, peço que me mande um vidro de tinta para minha caneta". Então Pauker, que era tão próximo de Stálin que fazia sua barba, mandou a tinta para o menino. Quando ela chegou, Vassíli agradeceu ao "camarada Pauker", dizendo que não fizera outro menino chorar e denunciando Vlássik por acusá-lo disso. A vida entre estudantes e membros da polícia secreta já levava o menino mimado a denunciar os outros, hábito que poderia se revelar mortal para suas vítimas no futuro. O tom principesco é inconfundível: "O camarada Efimov o informou de que lhe pedi uma arma, mas não a recebi. Talvez você tenha esquecido, então, por favor, mande-a. Vássia".

Stálin estava desconcertado com a indisciplina de Vassíli e sugeriu mais rigor. A 12 de setembro de 1933, Carolina Til saiu de férias; então Stálin, que estava no Sul, mandou as seguintes instruções para Efimov em Zubálovo: "A babá vai ficar na casa de Moscou. Faça com que Vássia não se comporte abusivamente. Não lhe dê tempo livre e seja rigoroso. Se Vássia não obedecer à babá e for ofensivo, mantenha-o 'com antolhos'", e acrescentou: "Faça com que Vássia fique longe de Ana Serguéieva [Redens, irmã de Nádia] — ela o estraga com concessões perigosas". Durante as férias, Stálin mandou uma carta e alguns pêssegos ao filho. "Vaska Vermelho" agradeceu. No entanto, nem tudo estava bem com Vassíli. A pistola que matara Nádia continuava na casa de Stálin. Vassíli mostrou-a a Artiom e deu-lhe o coldre de couro como recordação.[6]

Foi somente anos depois que Stálin compreendeu o quanto os filhos haviam sido prejudicados por sua ausência e pelo cuidado dos guarda-costas — o que ele chamava de "segredo mais profundo em seu coração": "Crianças que crescem sem a mãe podem ser criadas perfeitamente por babás, mas elas não podem substituir a mãe [...]".[7]

Em janeiro de 1933, Stálin apresentou uma arrogante fanfarronada bolchevique à assembleia: o Plano Quinquenal fora um sucesso notável. O Partido providenciou uma indústria de tratores e a produção de energia elétrica, carvão, aço e petróleo. Cidades haviam sido edificadas onde antes não havia nada. A represa e a hidrelétrica do rio Dnieper e a ferrovia turco-siberiana foram concluídas (construídas pela crescente força de trabalho escravo de Iagoda). Quaisquer dificuldades eram culpa da oposição inimiga. Contudo, era o tempo da Fome 33, quando milhões morreram de fome e centenas de milhares foram deportados.

Em julho de 1933, no navio *Anokhin*, Kírov juntou-se a Stálin, Vorochílov, Iagoda e Berman, o chefe do Gulag, sistema de campos de trabalho forçado, para comemorar a inauguração de um gigantesco projeto de trabalho socialista: o canal entre os mares Báltico e Branco, ou, no acrônimo bolchevique, o Belomor,* um canal de 227 quilômetros iniciado em dezembro de 1931 e terminado pelo trabalho escravo faraônico de 170 mil prisioneiros, dos quais cerca de 25 mil morreram em um ano e meio. Vorochílov elogiou depois Kírov e Iagoda por suas contribuições para esse crime.[8]

Quando o verão chegou, os magnatas estavam exaustos depois de cinco anos de trabalho hercúleo na direção do triunfante Plano Quinquenal, derrotan-

* Os cigarros Belomor tornaram-se uma das marcas mais populares, fumados pelo próprio Stálin, quando estava sem seu preferido, Herzegovina Flor. O canal Belomor foi um dos triunfos celebrados por escritores e cineastas; Gorki, o romancista que se tornara um apologista vergonhoso dos piores excessos do bolchevismo, editou um livro, *O canal com o nome de Stálin*, que elogiava espantosamente os aspectos humanitários do Belomor.

do a oposição e, sobretudo, esmagando o campesinato. Após suportar tanta tensão, precisavam relaxar se não quisessem ter um colapso — mas mesmo que a crise da Fome 33 tivesse sido superada graças à repressão maciça, aquele não era o momento de descansar. Sergo, que, como comissário do povo da Indústria Pesada, dirigia o Plano Quinquenal, sofria de problemas cardíacos e circulatórios — Stálin supervisionou pessoalmente seus tratamentos.[9] Kírov também estava sob pressão, sofrendo de "batimentos cardíacos irregulares [...] grave irritabilidade e péssimo sono". Os médicos ordenaram que descansasse.[10] Kúibichev, chefe do Gosplan, que tinha a tarefa impossível de fazer os números do planejamento funcionar, andava bebendo e correndo atrás de mulheres: Stálin queixou-se a Mólotov, resmungando depois que ele se tornara "um devasso".[11]

A 17 de agosto, Stálin e Vorochílov partiram em seu trem especial.* Sabemos, a partir de um bilhete não publicado, que o *Vojd* já estava paranoico quanto a sua movimentação, farto de sua cunhada Ana Redens e cioso para que Klim fosse mais discreto: "Ontem, perto de minha cunhada (uma tagarela) e dos médicos (eles fofocam), eu não quis dizer quando ia partir exatamente. Agora estou informando você que decidi ir amanhã [...]. Não é bom falar abertamente. Somos ambos petiscos apetitosos e não devemos informar todo mundo devido a nossa abertura. Assim, se você concordar, vamos amanhã às duas. Então vou mandar Iusis [o guarda-costas lituano de Stálin que dividia tarefas com Vlássik] pedir imediatamente ao chefe da estação ferroviária que acrescente um vagão, sem informar para quem é. Até amanhã às duas [...]". Seriam férias agitadas: houve até uma tentativa de assasinato.[12]

Em Krásnaia Poliana, Sotchi, Stálin encontrou Lakoba, o chefe abkhaziano, esperando-o na varanda, ao lado do presidente Kalínin e de Poskrióbichev. Quando ele e Lakoba caminhavam pelo jardim, Béria, agora verdadeiro vice-rei do Cáucaso, juntou-se a eles. Lakoba e Béria, já inimigos, tinham vindo separadamente. Depois do desjejum na varanda, o *Vojd*, seguido por esse séquito, logo ampliado com a presença de Ian Rudzutak, um velho bolchevique letão que presi-

* Estamos especialmente bem informados sobre essas férias porque não somente possuímos a correspondência de Stálin com Kaganóvitch, que ficou na chefia em Moscou, como a GPU tirou fotografias que montaram num álbum especial para Stálin; Lakoba, o anfitrião da Abkházia, também mantinha anotações: portanto, temos som e imagem.

dia a Comissão de Controle, mas em quem Stálin confiava cada vez menos, passeou pelos jardins.

"Deixem de preguiça", disse Stálin. "Os arbustos precisam ser limpados." Os líderes e os guardas começaram a trabalhar, juntaram galhos e cortaram mato, enquanto Stálin, vestido com sua túnica branca e calças largas enfiadas nas botas, supervisionava, fumando seu cachimbo. Pegando um forcado, também ajudou no trabalho de limpeza. Béria usou um ancinho, enquanto um dos líderes de Moscou cortava com um machado. Béria tomou o machado e, cortando para impressionar Stálin, brincou, com óbvio duplo sentido: "Estou apenas demonstrando ao senhor do jardim,Ióssif Vissariónovitch, que posso derrubar qualquer árvore". Para Béria, nenhum líder era grande demais para não ser cortado. Em breve, ele teria a oportunidade de brandir sua machadinha.

Stálin sentou-se em sua cadeira de vime e Béria sentou-se atrás dele, como um cortesão medieval, com a machadinha em seu cinto. Svetlana, que então chamava Béria de "tio Lara", foi trazida para reunir-se a eles. Enquanto Stálin trabalhava em seus papéis e Lakoba escutava música em fones de ouvido, Béria chamou Svetlana, sentou-a em seu joelho e foi fotografado numa imagem famosa, com seu pincenê brilhando ao sol e suas mãos na criança, enquanto o líder trabalhava pacientemente ao fundo.

Vorochílov e Budiony, que também tinham aparecido, levaram Stálin, no assento dianteiro de um Packard conversível, para inspecionar seus cavalos produzidos pelos haras do Exército. Saíram a passeio e depois foram caçar, Stálin carregando alegremente o rifle ao ombro, com o chapéu para trás enquanto o guarda tchequista limpava-lhe o suor da testa. Após um dia de caçada, ergueram barracas para um piquenique e um churrasco ao ar livre. Mais tarde, Stálin foi pescar. A informalidade de toda a viagem é óbvia: foi uma das últimas vezes em que viveu assim.[13]

Entrementes, Stálin sentiu-se afrontado quando, em sua ausência, Sergo conseguiu manipular o Politburo contra ele. Kaganóvitch ficou no posto, enquanto mais e mais líderes saíam de férias, e escrevia a Stálin quase todos os dias, terminando sempre com o mesmo pedido: "Por favor, informe-nos de sua opinião". Os magnatas estavam em briga constante por recursos: quanto mais dura a luta pela coletivização, quanto mais rápido o ritmo da industrialização, mais acidentes e erros cometidos pelas fábricas, maior a luta dentro do Politburo pelo controle de seus feudos. O "cu de pedra" Mólotov, o premiê, brigava com Ordjonikidze, o esquentado comissário da Indústria Pesada, e Kaganóvitch discutia com Kírov, que entrava em choque com Vorochílov e assim por diante. Mas de repente o Politburo uniu-se contra a vontade de Stálin.[14]

No verão de 1933, Mólotov recebeu um relatório com a denúncia de que uma fábrica de Zaporójie produzia peças defeituosas de ceifadeiras devido a sabotagem. Mólotov concordava com Stálin que, sendo o sistema perfeito e a ideologia cientificamente correta, todos os erros industriais deviam ser resultado de sabotagem dos destruidores, e por isso mandou o procurador-geral Akúlov prender os culpados. Os líderes locais apelaram a Sergo. Quando o caso foi julgado na Suprema Corte, o governo foi representado pelo procurador-adjunto, o advogado ex-menchevique Andrei Vichinski, que seria um dos homens mais notórios de Stálin no Terror. Mas, com Stálin de férias, Sergo defendeu apaixonadamente seus funcionários da indústria e persuadiu o Politburo, inclusive Mólotov e Kaganóvitch, a condenar o relato de Vichinski.

A 29 de agosto, Stálin descobriu o que Sergo havia feito e disparou um telegrama de fúria farisaica: "Considero a posição adotada pelo Politburo incorreta e perigosa [...]. Acho lamentável que Kaganóvitch e Mólotov não tenham sido capazes de resistir à pressão burocrática do Comissariado Popular da Indústria Pesada". Dois dias depois, Kaganóvitch, Andréiev, Kúibichev e Mikoian anularam oficialmente sua resolução. Stálin ruminou sobre o perigo da capacidade de Sergo de usar seu indiscutível prestígio e força de personalidade para dominar seus potentados, desabafando com Mólotov: "Considero que Sergo se comporta como um desordeiro. Como você pôde deixá-lo vencer?". Stálin estava pasmo por Mólotov e Kaganóvitch terem se deixado levar. "O que está acontecendo? Kaganóvitch passou a perna em alguém? [...] E ele não é o único." Disparou reprimendas: "Escrevi a Kaganóvitch para expressar meu espanto por ele ter ficado, neste caso, do lado dos elementos reacionários".

Duas semanas depois, a 12 de setembro, ainda arengava a Mólotov que Sergo mostrava tendências anti-Partido ao defender "elementos reacionários do Partido contra o Comitê Central". Puniu Mólotov chamando-o de volta de suas férias na Crimeia — "nem eu nem Vorochílov gostamos do fato de que você está tirando seis semanas de férias, em vez de duas" — e depois se sentiu culpado por isso: "Estou um pouco constrangido por ser a razão de seu retorno antecipado", desculpou-se, mas depois mostrou sua raiva com Kaganóvitch e Kúibichev: "É óbvio que seria temerário deixar o trabalho do centro para Kaganóvitch sozinho (Kúibichev pode começar a beber)".[15] Mólotov retornou infeliz para Moscou.[16]

Stálin derrotou facilmente Sergo, mas a veemência de seu ataque ao "desordeiro" mostra quão a sério levava o líder mais forte depois dele mesmo. Sergo Ordjonikidze, nascido em 1886, filho da nobreza georgiana, rabugento e irritadiço, era a personificação do administrador duro stalinista. Órfão aos dez anos, teve pouca educação, mas obteve diploma de enfermeiro.* Já estava no Partido aos dezessete anos e foi preso pelo menos quatro vezes antes de se unir a Lênin em Paris, em 1911, sendo um dos poucos stalinistas a experimentar a emigração (por pouco tempo). Membro do Comitê Central desde 1912 (como Stálin), foi pessoalmente responsável em 1921 pela anexação e bolchevização da Geórgia e do Azerbaijão, onde era conhecido como o "rabo de Stálin". Lênin atacou-o por esbofetear um camarada e por se entregar a orgias ébrias com mulheres assanhadas, mas também o defendeu por seu modo de gritar agressivo brincando: "Ele grita [...], mas é surdo de um ouvido".

Na guerra civil, Sergo fora um herói leonino e arrojado, à vontade a cavalo (foi acusado de cavalgar um cavalo branco através da conquistada Tiflis), tão "jovem e forte" que "parecia que nascera com o longo casaco militar e botas". Era explosivamente temperamental. No início dos anos 20, chegou mesmo a bater em Mólotov, numa rixa sobre o livro de Zinóviev, *Leninismo*, incidente que demonstra quão a sério eles levavam as questões ideológicas. Kírov os separara. A filha de Sergo, Eteri, relembra que esse georgiano vulcânico ficava amiúde tão esquentado que esbofeteava seus camaradas, mas a explosão passava logo — "ele daria sua vida por quem amava e mataria quem odiava", disse sua esposa, Zina.

Promovido para dirigir a Comissão Central em 1926, Sergo era o aliado mais agressivo de Stálin na luta contra as oposições até que foi colocado na direção da Indústria Pesada. Ele não entendia as sutilezas da economia, mas empregou especialistas que entendiam, dirigindo-os com charme e força. "Você aterroriza os camaradas no trabalho", queixou-se um de seus subordinados, que apelavam com frequência contra seus humores. "Sergo realmente os esbofeteou!", escreveu Stálin em tom de aprovação a Vorochílov, em 1928. "A oposição ficou apavorada!"

Sergo, que flertara com Bukhárin e depois o traíra, era um vigoroso defen-

* Após a Segunda Guerra Mundial, Stálin relembrou que, no exílio, "eu, como camponês, ganhava oito rublos por mês. Ordjonikidze, como nobre, ganhava doze rublos, e assim os nobres deportados custavam ao Tesouro 50% a mais do que os camponeses". O outro enfermeiro diplomado na liderança era Poskrióbichev.

sor da "Grande Virada" de Stálin — "ele aceitou a política de corpo e alma", disse Kaganóvitch. Adorado por amigos, de Kaganóvitch a Bukhárin e Kírov, Sergo era "o perfeito bolchevique", pensava Maria Svanidze, e "cavalheiro" também, de acordo com Khruchióv. "Seus olhos gentis, cabelos grisalhos e grande bigode", escreveu o filho de Béria, "davam-lhe a aparência de um velho príncipe georgiano." Embora devesse sua carreira a Stálin, era a última grande besta do Politburo, cético em relação ao culto de Stálin, com clientela própria na indústria e no Cáucaso, que era capaz de defender. Com certeza, nunca tinha medo de discordar de Stálin,* a quem tratava como um irmão mais velho irritadiço: às vezes, quase lhe dava ordens.

Em setembro de 1933, Sergo estava de férias em Kislovodsk, seu balneário favorito, de onde entrou logo em correspondência enérgica com Stálin, que se indignava com esse "príncipe" magnânimo. Sergo era, queixou-se Stálin, "vaidoso ao ponto da insensatez".[17]

"Aqui em férias", escreveu Stálin, "não fico sentado em um lugar, mas vou de um lugar para outro [...]." Após um mês, mudou-se para sua casa recém-construída em Museri, mais ao sul. Situada no topo de um morro, em um parque semitropical, era uma residência de dois andares feia e cinzenta, com seu amado painel de madeira, varanda ampla, grande sala de jantar e linda vista para um porto, onde Lakoba construíra um cais especial. Era cercada por trilhas sinuosas que conduziam a uma casa de verão redonda, na qual Stálin trabalhava, e por uma escadaria até o mar. Com frequência, Lakoba e Stálin caminhavam até uma aldeia próxima, onde os moradores locais providenciavam banquetes abkhazianos ao ar livre.

A 23 de setembro, Lakoba arranjou uma viagem de barco e caça: Stálin e Vlássik partiram do cais especial no iate a motor *Estrela Vermelha*, com suas armas nos joelhos. De repente, houve uma rajada de metralhadora disparada da costa.

* Stálin tratava Sergo como um irmão mais moço incontrolável: "Você causou confusão esta semana", escreveu tipicamente a ele, "e teve sucesso. Devo cumprimentá-lo ou não?". Em outra ocasião: "Amanhã, a reunião sobre reforma bancária. Você está preparado? Deve estar". Quando Stálin o repreendeu, acrescentou, "Não me castigue por ser rude [...]. Na verdade, me censure quanto você quiser". Em geral, assinava "Koba". Os bilhetes de Sergo quase sempre discordam de alguma decisão de Stálin: "Caro Soso", criticou em um bilhete, "a nova Rússia está sendo construída por americanos?". Era também capaz de dar instruções a Stálin: "Soso, eles querem pôr Kaganóvitch na aviação civil [...]. Escreva a Mólotov e Kaganóvitch e diga a eles para não fazer isso!".

10. Vitória estragada: Kírov, o complô e o 17º Congresso

Vlássik jogou-se sobre Stálin no convés do *Estrela Vermelha* e pediu permissão para responder ao fogo. Atirando na direção da terra, o barco dirigiu-se para mar aberto. De início, Stálin pensou que fosse uma salva de tiros de recepção dos georgianos, mas mudou de ideia. Recebeu uma carta dos guardas de fronteira admitindo que haviam atirado porque acharam que se tratava de uma embarcação estrangeira. Béria investigou o caso pessoalmente, exibindo sua crueldade para obter resultados que impressionaram Stálin, mas levantou suspeitas de que ele mesmo havia planejado o ataque para minar a posição de Lakoba, o responsável pela segurança dentro da Abkházia. Os guardas foram despachados para a Sibéria. Vlássik e Béria ficaram mais próximos de Stálin.[1]

Em terra, o séquito seguiu para Gagra, onde a GPU encontrara uma nova datcha nas colinas que Lakoba começara a reformar. Ela tornou-se uma residência predileta: Khołódnaia Rechka (Riacho Frio), um sonho stalinista construído sobre um rochedo com uma vista deslumbrante.* Ao retornar a Sotchi, Svetlana ficou

* A casa de Gagra é uma das residências mais lindas de Stálin, mas também a menos acessível. Mais tarde, as crianças ganharam as próprias casas. Uma trilha sinuosa de degraus desce até o mar. Contudo, é invisível do continente. Tal como a maioria dessas casas, ainda está sob o controle da segurança presidencial abkhaziana, escondida, lúgubre, porém perfeitamente preservada. Museri fica ao lado do mesmo *resort* secreto do CC, Pitsunda, onde Khruchióv tinha uma casa quando pri-

com Stálin, mas, quando voltou para a escola, ele se viu "como uma coruja solitária" e ansiava pela companhia de Ienukidze.[2] "O que o mantém em Moscou?", escreveu para Ábel. "Venha para Sotchi, nadar no mar e descansar seu coração. Diga a Kalínin por mim que ele comete um crime se não mandar você de férias imediatamente [...]. Você poderia ficar comigo na datcha [...]. Visitei a nova datcha em Gagra hoje [...]. Vorochílov e sua mulher estão encantados com ela [...] Seu Koba."[3]

Após essas longas férias, a "coruja solitária" retornou a Moscou a 4 de novembro, para planejar o Congresso dos Vitoriosos que iria coroá-lo pelos triunfos dos últimos quatro anos. Era como se Moscou despertasse de um longo pesadelo. A fome acabara. A colheita melhorara. Os milhões mortos de fome estavam enterrados e esquecidos em aldeias que haviam desaparecido do mapa para sempre.

Havia muito a comemorar quando os delegados começaram a chegar para o 17º Congresso, no final de janeiro. Deve ter sido um momento de orgulho e entusiasmo para os 1966 delegados com direito a voto que vinham de todos os cantos do paraíso proletário. O Congresso era o mais alto órgão do Partido, que teoricamente elegia o Comitê Central que governaria em seu nome até a próxima reunião, em geral quatro anos depois. Mas, em 1934, já era uma pantomima de triunfalismo, supervisionada por Stálin e Kaganóvitch, coreografada de forma minuciosa por Poskrióbichev.

Não obstante, o Congresso não era só trabalho: o grande Palácio do Kremlin enchia-se subitamente com os trajes exóticos de cossacos barbudos, cazaques e georgianos vestidos de seda. Ali, os vice-reis da Sibéria, da Ucrânia ou da Transcaucásia renovavam seus contatos com aliados no centro, enquanto os delegados mais jovens encontravam protetores.* A geração de Lênin, que consi-

---

meiro-secretário e onde, nos anos 80, Mikhail e Raisa Gorbachev construíram uma muito criticada casa de veraneio multimilionária, nos últimos anos da União Soviética. Todas as residências permanecem vazias, mas guardadas no calor úmido abkhaziano.

* Esses provincianos queriam encontrar seus heróis, e gastava-se muito tempo posando para os fotógrafos no salão onde se reuniam em grupos ansiosos e sorridentes, com botas, túnicas e bonés, em torno de Stálin, Kalínin, Vorochílov, Kaganóvitch e Budiony. No 15º Congresso, realizado em 1927, Stálin era apenas um dos líderes que posavam com seus fãs. No 17º, Stálin está sempre no centro. O álbum está mutilado pelo enorme número de figuras riscadas ou cortadas porque foram presas e executadas nos quatro anos seguintes: dos 1966 delegados, 1108 seriam presos. Poucos sobreviveram.

derava Stálin seu líder, mas não seu Deus, ainda dominava, porém o *Vojd* ofereceu cuidado especial aos seus protegidos mais jovens.

Ele convidou Béria, sua esposa loira Nina e o filho deles ao Kremlin para ver um filme com o Politburo. Sergo Béria,* então com dez anos, e Svetlana Stálin, que se tornariam amigos, viram com Stálin o desenho animado *Os três porquinhos* antes de partirem para Zubálovo, onde os Béria juntaram-se aos magnatas no banquete e na cantoria de canções da Geórgia. Quando Sergo Béria sentiu frio, Stálin o abraçou e deixou-o aninhar-se dentro de seu sobretudo forrado de pele de lobo, antes de colocá-lo na cama. Deve ter sido emocionante para Béria, o provinciano ambicioso que adentrava o portal do poder.

"STÁLIN!", exclamou o *Pravda*, quando ele compareceu ao Bolchoi. "O aparecimento do ardentemente amado *Vojd*, cujo nome está unido de modo inseparável a todas as vitórias obtidas pelo proletariado, pela União Soviética, foi saudado com ovações tumultuosas" e "gritos sem fim de 'hurra!' e 'Viva nosso Stálin!'."

Porém, alguns chefes regionais haviam ficado abalados com a brutal má administração de Stálin. Um grupo de conspiradores parece ter se reunido secretamente em apartamentos de amigos para discutir seu afastamento. Cada um deles tinha suas razões: no Cáucaso, Orakhelachvili foi insultado pela promoção de Béria. Haviam escarnecido dos pedidos de Kosior de ajuda para alimentar a Ucrânia. Algumas dessas reuniões ocorreram supostamente no apartamento de Sergo, onde Orakhelachvili estava hospedado. Mas quem substituiria Stálin? Kírov, popular, vigoroso e russo, era o candidato deles. Na cultura bolchevique, com sua obsessão pela pureza ideológica, o ex-cadete e jornalista burguês, sem credenciais ideológicas, que devia sua carreira a Stálin, era um candidato improvável. Mólotov, sempre fiel a Stálin, zombava de Kírov, por jamais ter sido um candidato sério.

Quando foi abordado, no apartamento de Sergo, Kírov teve de pensar rápido no que fazer: disse a eles que não tinha interesse em substituir Stálin, mas que poderia fazer com que as reclamações deles fossem ouvidas. Kírov ainda es-

* O nome era evidentemente uma homenagem a Ordjonikidze, o ex-protetor de Béria, uma amizade que se transformara em ódio mútuo.

tava doente, recuperando-se de uma gripe, e sua reação mostra que carecia de coragem para aquele cálice envenenado. Sua reação instintiva imediata foi contar a Stálin, o que fez provavelmente em seu novo apartamento, onde denunciou o complô, repetiu as reclamações e negou qualquer interesse em se tornar líder.

"Muito obrigado", consta que Stálin respondeu, "não esquecerei o que devo a você." Ele estava certamente perturbado com o fato de que seu "Kiritch" fosse considerado seu sucessor por aqueles velhos bolcheviques. Mikoian, amigo de Kírov, declarou que Stálin reagiu com "hostilidade e sentimento de vingança em relação a todo o Congresso e, é claro, contra o próprio Kírov". Este se sentiu ameaçado, mas não demonstrou nada em público. Stálin escondeu sua ansiedade.

No salão do Congresso, Kírov sentou-se brincando ao lado de sua delegação, não no Presidium, o tipo de demagogia que irritava Stálin, que perguntava do que estavam rindo. Sua vitória estava estragada. Mas aquela luta constante contra traidores também era adequada a seu caráter e sua ideologia. Nenhum líder político estava mais programado para essa luta perpétua contra inimigos do que Stálin, que se considerava um cavaleiro solitário da história, partindo resignado para outra missão nobre: a versão bolchevique do caubói misterioso que chega à cidade corrupta da fronteira.

Não havia sinal de tudo isso no triunfo público: "Nosso país tornou-se um país de indústria poderosa, um país de coletivização, um país de socialismo vitorioso", declarou Mólotov na abertura do Congresso, a 26 de janeiro. Stálin teve a satisfação de ver seus inimigos, de Zinóviev a Ríkov, velhos e novos, elogiarem-no extravagantemente: "O glorioso marechal de campo das forças proletárias, o melhor dos melhores — camarada Stálin", declarou Bukhárin, agora editor do *Izvestia*. Mas quando Póstichev, outro velho bolchevique recém-promovido para dirigir a Ucrânia, chamou Kírov, o Congresso ovacionou-o de pé. Kírov ergueu-se e mencionou Stálin ("o grande estrategista da libertação do povo trabalhador de nosso país e de todo o mundo") 29 vezes, terminando entusiasmado: "Nossos sucessos são realmente tremendos. O resto que se dane [...] vocês só queriam viver e viver — realmente, olhem para o que está acontecendo. É um fato!". Stálin uniu-se aos "aplausos ensurdecedores".

A última tarefa do Congresso era eleger o Comitê Central. Em geral, tratava-se de uma formalidade. Os delegados recebiam a cédula, uma lista de nomes preparada pelo Secretariado (Stálin e Kaganóvitch) que eram propostos pelo recinto: Kírov propôs Béria. Os eleitores riscavam os nomes a que se opunham e votavam nos não marcados. A 8 de fevereiro, no final do Congresso, os delegados receberam as cédulas, mas, quando a comissão de contagem dos votos começou a trabalhar, houve um choque. Esses eventos ainda são misteriosos, mas parece que Kírov recebeu uma ou duas negativas, enquanto Kaganóvitch e Mólotov foram riscados em mais de cem cédulas cada um. Stálin recebeu entre 123 e 292 negativas. Estavam automaticamente eleitos, no entanto era mais um golpe na autoestima de Stálin, confirmando que cavalgava sozinho em meio a "traidores de duas faces".

Quando Kaganóvitch, que dirigia o Congresso, recebeu a informação da comissão eleitoral, correu a Stálin para perguntar o que fazer. É quase certo que Stálin mandou-o destruir a maioria dos votos negativos (embora Kaganóvitch naturalmente negasse isso, mesmo na velhice). Com certeza, 166 votos ainda estão perdidos. No dia 10, os 71 membros do CC foram anunciados: Stálin recebeu 1056 votos e Kírov 1055 de um total de 1059. A nova geração, personificada por Béria e Khruchióv, entrou para o Comitê, enquanto Budiony e Poskrióbichev eram eleitos candidatos a membros. O plenário desse novo órgão reuniu-se logo depois para trabalhar.

Stálin urdiu um plano para lidar com a perigosa eminência de Kírov, propondo que fosse chamado de Leningrado e nomeado um dos quatro secretários, satisfazendo assim os que o queriam promover ao Secretariado. No papel, uma grande promoção; na realidade, isso o poria sob os olhos de Stálin, isolando-o da clientela de Leningrado. No círculo de Stálin, uma promoção para o centro era uma bênção ambígua. Kírov não foi o primeiro nem seria o último a protestar vigorosamente — mas, aos olhos de Stálin, uma recusa significava pôr o poder pessoal acima da lealdade ao Partido, um pecado mortal. O pedido de Kírov para ficar em Leningrado por mais dois anos foi apoiado por Sergo e Kúibichev. Stálin retirou-se zangado.

Sergo e Kúibichev aconselharam Kírov a fazer um acordo com Stálin: ele se tornou terceiro-secretário, mas permaneceu temporariamente em Leningrado. Uma vez que ele teria pouco tempo para Moscou, Stálin estendeu a mão para outro membro recém-eleito do CC que se tornaria o líder mais próximo dele: Andrei Jdánov, chefe de Gorki (Nijny Nóvgorod), mudou-se para Moscou como quarto-secretário.

Kírov voltou para Leningrado ainda gripado, com uma congestão no pulmão direito e palpitações. Em março, Sergo lhe escreveu: "Ouça, meu amigo, você precisa descansar. Realmente, nada vai acontecer aí sem você durante dez, quinze dias [...]. Nosso companheiro compatriota [o codinome deles para Stálin] o considera um homem saudável [...] apesar disso, você deve fazer um breve descanso!". Kírov sentia que Stálin não o perdoaria pelo complô. Contudo, Stálin demonstrava amizade sufocante, insistindo para que se encontrassem constantemente em Moscou. Era com Sergo, e não com Stálin, que Kírov precisava discutir suas apreensões. "Quero muito conversar com você sobre várias questões, mas não se pode dizer tudo numa carta, então é melhor esperar até nosso próximo encontro." Eles certamente discutiram política em particular, tomando cuidado para não revelar nada no papel.[4]

Havia indícios do ceticismo de Kírov em relação ao culto de Stálin: no dia 15 de julho de 1933, ele escreveu formalmente ao "camarada Stálin" (não o habitual Koba) que reproduções da fotografia dele haviam sido impressas em Leningrado em papel "um tanto fino". Infelizmente, não podiam fazer melhor. Podemos imaginar Kírov e Sergo zombando da vaidade de Stálin.[5] Em âmbito privado,* Kírov imitava o sotaque de Stálin para seus amigos de Leningrado.[6]

Quando Kírov visitava Stálin em Moscou, eram companheiros de copo, mas Artiom lembra que havia um lado competitivo em suas brincadeiras. Uma vez, num jantar em família, fizeram brindes jocosos. Kírov, que com frequência "monopolizava a conversa e se tornava o centro da atenção", saudou Stálin, zombando do culto: "Um brinde a Stálin, o grande líder de todos os povos e de todos os tempos. Sou um homem ocupado, mas provavelmente esqueci algumas das outras grandes coisas que você também fez!". Ele era capaz de falar com o líder de um modo impensável para Béria ou Khruchióv.

"Um brinde para nosso amado líder do partido em Leningrado e possivelmente do proletariado de Baku também, mas ele me garante que não consegue ler todos os papéis — e de que mais você é o amado líder?", replicou Stálin. Até mesmo a caçoada embriagada entre os dois estava prenhe de raiva e ressentimento mal escondidos; contudo ninguém do círculo familiar notou que eles eram mais do que grandes amigos. Porém, os "anos vegetarianos", como a poeta Akhmátova os chamou, estavam prestes a acabar: os "anos carnívoros" estavam chegando.[7]

* Entre os objetos em seu apartamento, preservado em Leningrado, está uma de suas caixas de cigarros blasonada com um retrato pouco atraente de Stálin com um nariz muito longo. A caixa se abre quando se aperta o nariz na foto.

A 30 de junho, Adolf Hitler, recém-eleito chanceler dos alemães, trucidou seus inimigos dentro do Partido Nazista, naquilo que ficou conhecido como a Noite dos Longos Punhais — um feito que fascinou Stálin.

"Você soube o que aconteceu na Alemanha?", perguntou a Mikoian. "Que sujeito esse Hitler! Esplêndido! Essa é uma façanha que exige muita habilidade!" Mikoian ficou surpreso com a admiração de Stálin pelo fascista alemão, mas os bolcheviques não eram nada estranhos ao massacre.

11. O assassinato do favorito

Naquele verão, a repressão parecia estar amainando. Em maio, morreu Menjhinski, o presidente da OGPU, intelectual sombrio que estava sempre doente e passava a maior parte do tempo recluso, estudando manuscritos persas em qualquer dos doze idiomas que dominava. A imprensa anunciou que a odiada OGPU perecera com ele, absorvida que fora por um novo Comissariado Popular dos Assuntos Internos — o NKVD. Isso provocou esperanças de que haveria uma nova liberdade na Rússia. Mas o novo comissário era Iagoda, que vinha dirigindo a OGPU havia algum tempo.

A ilusão desse degelo foi confirmada quando Iagoda foi a Stálin e recitou um poema de Óssip Mándelstam, que, com sua amiga, a linda poeta de Leningrado Anna Akhmátova, escrevia versos com clareza emocional cortante que ainda brilham naquele crepúsculo da humanidade como raios de honestidade de partir o coração. Naturalmente, eles achavam difícil conformar-se à mediocridade soviética.

Iagoda prestou a Mándelstam a homenagem irônica de decorar os dezesseis versos que amaldiçoavam Stálin e zombavam dele como um bigodudo "habitante de penhasco do Kremlin" e "assassino de camponeses" cujos "dedos gordos" eram "oleosos como gusanos". O poeta Demian Bedny queixara-se a Mándelstam que Stálin deixava marcas de dedos engordurados nos livros que costumava tomar emprestado. Seus companheiros de liderança eram uma "turba de chefes de pescoço fino", verso que escreveu depois de observar o pescoço de Mólotov esticando-se para fora do colarinho e a pequenez de sua cabeça. Daí a ordem fria para Iagoda, que soa como se se tratasse de um vaso inestimável: "Preserva, mas isola".

Na noite de 16 para 17 de maio, Mándelstam foi preso e sentenciado a três anos de exílio. Enquanto isso, os amigos do poeta corriam para apelar a seus protetores entre os magnatas bolcheviques. Sua esposa, Nadejda, e o colega poeta Boris Pasternak apelaram a Bukhárin no *Izvestia*, enquanto Akhmátova era recebida por Ienukidze. Bukhárin escreveu a Stálin que Mándelstam era um "poeta de primeira linha [...] mas não muito normal [...]. P.S.: Boris Pasternak está completamente estupefato com a prisão de Mándelstam e ninguém mais sabe nada". E, no que talvez tenha sido o argumento mais contundente, ele lembrou Stálin de que os "poetas estão sempre certos, a História está do lado deles".

"Quem autorizou a prisão de Mándelstam?", resmungou Stálin. "Vergonhoso." Em julho, sabendo que notícias de seu interesse se espalhariam como ondas num lago antes do iminente Congresso dos Escritores, Stálin telefonou a Pasternak. Suas chamadas para os escritores já tinham um ritual. Poskrióbichev telefonava primeiro para avisar a pessoa de que o camarada Stálin desejava falar-lhe e que, portanto, ela deveria ficar de prontidão. Quando a chamada foi feita, Pasternak estava no apartamento comunal e disse a Stálin que não conseguia escutar, pois havia crianças gritando no corredor. "O caso de Mándelstam está sendo revisto. Tudo ficará bem", disse Stálin antes de acrescentar: "Se eu fosse poeta e visse meu amigo poeta em dificuldades, faria tudo para ajudá-lo". Pasternak tentou definir seu conceito de amizade, que Stálin interrompeu: "Mas ele é um gênio, não é?".

"Mas não é essa a questão."

"Qual é a questão, então?"

Pasternak, que era fascinado por Stálin, disse que gostaria de falar com ele pessoalmente. "Sobre o quê?", perguntou Stálin.

"Sobre a vida e a morte", disse Pasternak. Desconcertado, Stálin desligou. Porém, a conversa mais significativa aconteceu depois, quando Pasternak tentou persuadir Poskrióbichev a refazer a ligação. Poskrióbichev recusou-se. Pasternak perguntou se ele poderia repetir o que fora dito. A resposta foi um grande sim.

Stálin orgulhava-se de compreender o brilhantismo: "Ele é, sem dúvida, um grande talento", escreveu sobre outro autor. "É cheio de caprichos, mas assim são as pessoas talentosas. Deixe-o escrever o que quiser, e quando!"

A extravagância de Pasternak pode ter salvado sua vida, pois, mais tarde, quando sua prisão foi proposta, Stálin teria supostamente retrucado: "Deixem aquele habitante das nuvens em paz".[1]

A intervenção de Stálin é famosa, mas não havia nada de novo nela: o que Nicolau I foi para Púchkin, Stálin foi para todos os seus escritores. Fingia considerar-se apenas um observador casual: "Camaradas, quem conhece as artes os ajudará — sou apenas um diletante".[2] Mas era tanto um *gourmet* como um *gourmand* [comilão]. Seus papéis revelam críticas onipotentes a escritores, que escreviam para ele em resmas.

O escritor de estimação de Stálin era o "poeta proletário" Demian Bedny, um versificador falstaffiano, com olhos afáveis que brilhavam numa cabeça "parecida com um enorme caldeirão de cobre", cujas obras eram publicadas regularmente no *Pravda* e que saía de férias com Stálin desfiando um repertório infindável de anedotas obscenas. Recompensado com um apartamento no Kremlin, era membro do Politburo literário. Mas Bedny começou a irritar Stálin: bombardeava-o com reclamações e seus egrégios poemas, numa longa e ridícula correspondência, ao mesmo tempo em que se entregava a bebedeiras dentro do Kremlin: "Ha-ha-ha! Tentilhão!", exclamou Stálin numa dessas cartas. Pior: Bedny resistia teimosamente às críticas de Stálin: "O que me diz do presente na Rússia?", Stálin escrevinhou para ele. "Bedny esquece os erros!"

"Concordo", acrescentou Mólotov. "Não deve ser publicado sem melhorar." Stálin estava cansado de seu poeta embriagado e o expulsou do Kremlin: "Não deve haver mais escândalos dentro dos muros do Kremlin", escreveu em setembro de 1932. Bedny ficou magoado, mas Stálin o tranquilizou: "Você não deve considerar a saída do Kremlin como uma expulsão do Partido. Milhares de respeitáveis camaradas vivem fora do Kremlin e o mesmo faz Gorki!".[3]

Vladímir Kirchon era um dos membros do círculo de Gorki e outro beneficiário dos fundos da GPU que gostava de mandar a Stálin tudo o que escrevia. Se o escrito lhe favorecia, não podia fazer mal: "Publicar imediatamente", rabiscou Stálin no último artigo de Kirchon ao devolvê-lo ao editor do *Pravda*. Quando Kirchon mandou sua nova peça, Stálin a leu em seis dias e escreveu de volta: "Camarada Kirchon, sua peça não é ruim. Deve ser montada logo".[4] Mas Kirchon estava sendo recompensado por sua lealdade política: era um dos escrevinhadores que haviam destruído maldosamente a carreira de Bulgákov. Porém, após a criação do realismo socialista, Kirchon escreveu a Stálin e Kaganóvitch para perguntar se ele estava em desgraça. "Por que está colocando a questão da confiança?", respondeu Stálin de próprio punho. "Peço-lhe que acredite que o Comitê Central está absolutamente contente com seu trabalho e confia em você."[5]

Os escritores também apelavam a Stálin para resolver suas rixas. Panfiórov escreveu para se queixar de que Gorki estava zombando de sua obra. O comentário de Stálin: "Fútil. Arquivar em meu arquivo. Stálin".[6]

Quando não gostava de um escritor, falava sem rodeios, como neste comentário que mandou para Vorochílov sobre um artigo: "Klim, minha impressão: um tagarela de primeira que acha que é o Messias. Sim! Sim! Stálin".* Quando o escritor americano Upton Sinclair escreveu-lhe para pedir a libertação de um diretor de cinema, Stálin comentou: "Inexperiente!".[7] Seu teatro preferido era o de Artes de Moscou, então era mais gentil com seu famoso diretor, Stanislavski, pondo a culpa de suas opiniões em seus colegas. "Não apreciei muito a peça *Suicídio* [de N. Erdman] [...]. Meus camaradas mais próximos pensam que é vazia e até danosa [...]"[8]

Seus "camaradas mais próximos", muito menos versados em literatura que ele, tornaram-se também tiranos literários: Stálin, Mólotov e Kaganóvitch (um sapateiro inculto) decidiam as questões artísticas. Mólotov, por exemplo, voltou-se contra Bedny com uma mistura absurda de ameaça pessoal e crítica literária. Bedny, um linguarudo, chegou mesmo a ousar jogar Stálin contra Mólotov, que lhe passou uma descompostura severa: "Li a carta de Stálin para você. Concordo totalmente. Não pode ser dito melhor do que por ele [...]". Mólotov advertiu-o sobre rumores de desacordos entre os líderes — "Você também participou, camarada Bedny. Eu não esperava por isso. Não é bom para um poeta proletário [...]". E deu-lhe até conselhos poéticos: "É muito pessimista [...] você precisa abrir uma janela pela qual o sol possa brilhar [heroísmo do socialismo]".[9]

Stálin informava amiúde Gorki e outros escritores de que estava corrigindo

* Quando leu a sátira de Andrei Platónov sobre o "Alto Comando" da coletivização, *Para futuro uso*, supostamente escreveu "canalha" no manuscrito e disse a Fadéiev: "Dê-lhe um cinto, para 'futuro uso'". Platónov nunca foi preso, mas morreu, de tuberculose, em grande privação.

seus artigos com Kaganóvitch, uma ideia que devia horrorizá-los. Nos teatros, desenvolveu a pantomima de dar seu julgamento sobre uma nova peça, que era seguido ao pé da letra por Kaganóvitch e Mólotov. No *loge* do Politburo e na sala atrás dele, o *avant-loge*, onde comiam entre os atos, Stálin fazia comentários sobre os atores, as peças, até sobre a decoração do *foyer*. Cada comentário se tornava objeto de rumores, mitos e decisões que afetavam carreiras.

Stálin assistiu a uma nova peça sobre Pedro, o Grande, de Alexei Tolstoi, outro escritor emigrado que voltara ao país e que, ao lado de Gorki, era o autor mais rico do Império. O conde Tolstoi, nobre ilegítimo e renegado, retornara para a Rússia em 1923, quando foi saudado como o "conde-camponês-operário". Esse ginasta literário especializou-se em compreender Stálin, jactando-se de que "é preciso ser realmente um acrobata". Sua obra *Na prateleira* foi atacada por escritores bolcheviques. Stálin saiu do espetáculo pouco antes do fim, acompanhado até seu carro pelo cabisbaixo diretor. Pressentindo a desaprovação imperial, a peça foi atacada violentamente dentro do teatro, até que o diretor retornou em triunfo para anunciar: "O camarada Stálin, ao falar comigo, fez o seguinte julgamento: 'Uma peça esplêndida. Só é uma pena que Pedro não tenha sido representado de modo suficientemente heroico'". Stálin recebeu Tolstoi e deu-lhe "o ponto de vista histórico correto" para seu próximo projeto, o romance *Pedro, o Grande*.

Essa pantomima repetiu-se exatamente do mesmo modo quando Kaganóvitch rejeitou uma nova montagem do diretor de teatro de vanguarda Meyerhold e foi perseguido até o carro pelo desapontado artista. Contudo, ele protegeu o ator do teatro iídiche Salomon Mikhoels. Tal como os *grands seigneurs* do século XVIII, os magnatas protegiam seus teatros, seus poetas, cantores e escritores e defendiam seus protegidos,* a quem recebiam em suas datchas e visitavam suas casas. "Todo mundo vai visitar alguém", escreveu Nadejda Mán-

* Havia outro escritor que emigrara e retornara a quem Stálin protegia pessoalmente. Ilia Ehrenburg, um judeu da Boêmia, amigo de Picasso e Malraux, queixou-se de perseguição pelo Partido. Seu velho colega de escola Bukhárin apelou por ele. Stálin rabiscou na carta: "Para o camarada Kaganóvitch, dê atenção ao documento anexo — não deixe os comunistas enlouquecerem Ehrenburg. I. Stálin". Mólotov e Bukhárin ajudaram Mándelstam. Vorochílov auxiliava sua turma, bem como seu "pintor da corte" Guerássimov. Kírov protegia o balé Mariisnki, Ienukidze o Bolchoi. Iagoda patrocinava seus escritores e arquitetos, encontrando-os amiúde na mansão de Gorki. Poskrióbichev recebia o tenor Kozlovski em casa.

delstam em suas memórias, que proporcionam um guia moral incomparável para a época. "Não há outro meio." Mas quando o Partido voltava-se contra seus protegidos, os líderes os abandonavam rapidamente.[10]

Os artistas eram fascinados por Stálin: Pasternak ansiava por encontrá-lo. "Posso encontrá-lo?", escreveu o poeta Gidosh ansioso. Meyerhold apelou a Stálin para ter um encontro que, disse ele, acabaria "com minha depressão de artista", e assinou "Com amor".

"Stálin não está aqui agora", respondeu Poskrióbichev.[11]

A 30 de julho, um mês depois da Noite dos Longos Punhais de Hitler, Stálin foi para a datcha de Sotchi, onde se encontraria com seu velho favorito, Kírov, que não tinha vontade de estar lá, e o novo, Andrei Jdánov, que deve ter se sentido honrado pelo convite. Eram quatro, pois Jdánov levou consigo seu filho Iúri, futuro genro de Stálin, um jovem que o *Vojd* iria considerar o homem soviético ideal. Eles se reuniram para escrever uma nova história da Rússia.

Já doente e cansado, Kírov era o tipo de pessoa que gostava de acampar e caçar com amigos como Sergo. Não havia nada relaxante em umas férias com Stálin. Com efeito, escapar de férias com ele se tornaria uma experiência comum para todos os seus convidados. Kírov tentou cair fora, mas Stálin insistiu. Kírov, percebendo que "Stálin estava comandando uma luta de vontades", não podia recusar o convite. "Não estou contente", disse a sua esposa. "Estou entediado aqui [...]. Em nenhum momento posso ter umas férias tranquilas. Ao diabo com isso." Essa era uma atitude que Stálin dificilmente precisava ou esperava de "meu Kiritch", mas se tivesse lido essas cartas, elas teriam confirmado seus sentimentos já então ambíguos em relação a Kírov.[12]

Os três líderes e o menino "sentaram-se à mesa colocada na sacada, no tempo magnífico que fazia no terraço fechado" da enorme casa de Sotchi, com seu pátio e sua pequena piscina interna para Stálin. As criadas trouxeram *hors-d'ouevre* e bebidas. "Nós quatro íamos e vínhamos", diz Iúri Jdánov. "Às vezes, entrávamos para o estúdio, às vezes descíamos para o jardim, até a casa de verão de madeira." A atmosfera era descontraída e livre. Nos intervalos, Kírov levou Iúri para colher amoras, que trouxeram para Stálin e Jdánov. Todas as noites, Kírov voltava para sua datcha e os Jdánov para a deles. Às vezes, o solitário Stálin ia com eles. "Não havia guarda-costas, nem veículos acompanhantes, nem carros do NKVD", diz Iúri Jdánov. "Éramos apenas eu, na frente, ao lado do motorista, e meu pai e Stálin no banco de trás." Certo dia, partiram ao entardecer e, quando acenderam as luzes, viram duas garotas pedindo carona na beira da estrada.

"Para!", disse Stálin. Abriu a porta e deixou as garotas entrar nos assentos do meio do Packard de sete lugares. As garotas o reconheceram: "É Stálin!", Iúri ouviu uma delas sussurrar. Eles deixaram as garotas em Sotchi. "Essa era a atmosfera da época." Estava prestes a mudar.

Por mais informal que pudesse ser, Jdánov, tal como Béria, era um dos poucos magnatas que poderiam ter levado seu filho para uma reunião com Stálin, ainda que o adolescente o conhecesse desde quando tinha cinco anos de idade. "Somente Jdánov recebia de Stálin o mesmo tipo de tratamento de que Kírov gozava", explicou Mólotov. "Depois de Kírov, era de Jdánov que Stálin gostava mais. Ele o valorizava acima de todos os outros."[13]

Atraente, de olhos castanhos, amplo tórax e atlético, embora asmático, Jdánov era sempre cordial e sorridente, com um estoque pronto de piadas. Tal como Kírov, era um companheiro alegre, que gostava de cantar e tocar piano. E conhecia Stálin muito bem. Nascido em 1896 em Mariupol, um porto do mar Negro, Andrei Alexândrovitch Jdánov, de família nobre (como Lênin e Mólotov), descendia de intelectuais tchekhovianos. Era filho de um mestre de Estudos Religiosos da Academia de Religião de Moscou que trabalhou com o pai de Lênin como inspetor de escolas públicas (sua tese foi sobre "Sócrates como pedagogo"), e sua mãe, que se formara no Conservatório Musical de Moscou, era filha de um reitor de academia religiosa. Jdánov era o único representante nos altos círculos do Partido da classe média educada do século XIX. Sua mãe, pianista de talento, ensinou-o a tocar bem.

Estudou numa escola religiosa (como Stálin), sonhou ser agricultor e depois, aos vinte anos, frequentou o Colégio de Treinamento de Oficiais, em Tiflis. Isso "o familiarizou com a cultura e as canções da Geórgia". Cresceu com três irmãs que se tornaram bolcheviques: duas delas jamais se casaram e se tornaram tias solteiras revolucionárias que moravam em sua casa, dominando Jdánov e irritando muito Stálin. Entrou para o Partido em 1915 e ganhou fama na guerra civil como comissário, tal como tantos outros. Em 1922, já dirigia Tver, depois Nijny Nóvgorod, quando então foi chamado para coisas maiores.

Escrupuloso e rígido em assuntos partidários, seus papéis revelam um homem de diligência meticulosa que não conseguia abordar um tema sem antes ter um conhecimento enciclopédico dele. Apesar de nunca ter terminado um curso superior (embora tenha frequentado a faculdade de Agronomia), Jdánov era mais um entre os obcecados por trabalho, e estudava vorazmente música, história e literatura. Stálin "respeitava Jdánov como um colega intelectual", diz Artiom, a quem telefonava constantemente para perguntar: "Andrei, você leu este livro novo?". Os dois estavam sempre pegando Tchekhov ou Saltikov-Shchedrin para ler em voz alta. Rivais enciumados zombavam de suas pretensões: Béria o apelidou de "o pianista". Jdánov e Stálin compartilhavam a educação religiosa, as canções georgianas, o gosto pela história e pela cultura russa clássica, obsessões autodidatas e ideológicas e o senso de humor — exceto por Jdánov ser um moralista.* Era pessoalmente devotado a Stálin, a quem chamava de "Ióssif Vissariónovitch", jamais de Koba. "O camarada Stálin e eu decidimos..." era seu modo pomposo preferido de começar uma reunião.[14]

No terraço ou na casa de verão, eles discutiram história, época por época, sobre uma mesa cheia de livros de história czaristas e revolucionários. Jdánov fazia as anotações. O supremo pedagogo não conseguia parar de exibir seus conhecimentos.** A missão deles era criar uma nova história, que se tornasse a ortodoxia stalinista. Stálin adorava estudar história e tinha lembranças tão felizes de seu professor da disciplina no seminário que se deu ao trabalho de escrever a Béria, em setembro de 1931: "Nikolai Dmitrievitch Makhatadze, de 73 anos, encontra-se na prisão de Metetchi [...]. Conheço-o desde o seminário e não creio que ele represente um perigo para o poder soviético. Peço que liberte o velho homem e me conte o resultado".[15]

Era viciado em história desde então. Em 1931, interveio decisivamente na academia para criar o precursor em história do "realismo socialista" na ficção: a partir de então, a história não seria o que os arquivos diziam, mas o que o Parti-

* Sua esposa Zinaida era mais puritana ainda: certa vez, disse a Svetlana Stálin que o romancista Ehrenburg "gosta de Paris porque há mulheres nuas lá". Foi Zinaida quem teve a falta de tato suficiente para contar a Svetlana que sua mãe era "doente" mental.

** Iúri Jdánov, o menino que estava junto com Stálin, Kírov e seu pai, é a principal fonte deste relato e vive agora em Rostov, onde concordou generosamente em ser entrevistado para este livro. Essas férias se tornaram famosas devido ao destino de Kírov logo depois; elas estão presentes no romance de Anatoli Ribakov *Filho de Arbat*. Iúri Jdánov lembra de Stálin lhe perguntando: "Qual foi o gênio de Catarina, a Grande?". Ele respondeu: "Sua grandeza está na escolha do príncipe Potiómkin e outros amantes e funcionários de talento para governar o Estado".

do decretava em férias como aquelas. A biblioteca de história de Stálin foi toda lida e anotada; dava atenção especial às guerras napoleônicas, à Grécia Antiga, às relações entre Alemanha, Inglaterra e Rússia no século XIX e a todos os xás da Pérsia e czares da Rússia. Estudioso nato, ele sempre examinava o passado da questão do momento.[16]

Enquanto Jdánov estava em seu elemento na discussão de Sotchi, Kírov estava fora de seu campo. Diz-se que tentou escapar dizendo: "Ióssif Vissariónovitch, que tipo de historiador sou eu?".

"Não tem importância. Sente-se e escute", retrucou Stálin. Kírov ficou tão queimado do sol que nem conseguia jogar *gorodki*: "Por mais estranho que pareça, estamos ocupados a maior parte do dia. Não é o que eu esperava como recreação. Bem, ao diabo com isso", escreveu a um amigo em Leningrado. "Vou dar no pé assim que possível." Contudo, Iúri Jdánov relembra uma "feliz cordialidade" entre Stálin e Kírov, que trocavam piadas grosseiras que Jdánov escutava em silêncio. Iúri ainda lembra da piada de Stálin sobre Jesus: estavam trabalhando na casa de verão, que ficava sob um grande carvalho, quando Stálin disse aos amigos, apontando para a árvore: "Olhem para vocês comigo aqui. Esta é a árvore Mamre". Jdánov sabia da *Bíblia* que era embaixo dessa árvore que Jesus reunia seus apóstolos.*

Pode ter havido um desdobramento mais sinistro que preocupou Kírov: enquanto estava fora, Moscou tentou remover seu chefe de confiança do NKVD em Leningrado, Medved, amigo íntimo de sua família, e substituí-lo por um ex-criminoso, Evdokimov, um dos companheiros de férias de Stálin que mais bebiam. Stálin estava tentando afrouxar o poder de Kírov e talvez até controlar sua segurança. Kírov recusou-se a aceitar Evdokimov.[17]

Quando Kírov voltou para Leningrado, Stálin despachou Jdánov para Moscou, a fim de supervisionar o primeiro Congresso dos Escritores. Era o primeiro teste de Jdánov, no qual ele passou com distinção, conseguindo, com a ajuda de Kaganóvitch, enfrentar as exigências de Gorki e a histeria de Bukhárin. Jdánov relatou todos os detalhes a Stálin numa carta de vinte páginas, num estilo fastidioso que revelava a intimidade entre eles e a nova eminência do mais jovem. (Parece que havia uma competição surda entre seus homens para ver quem escre-

* Quando o escritor Mikhail Chólokhov criticou o louvor ao líder, Stálin respondeu com um sorriso irônico: "O que posso fazer? O povo precisa de um deus".

via as cartas mais longas: se isso é verdade, Jdánov foi o vencedor.) Tal como um aluno diante do tutor, Jdánov jactava-se de seu bom trabalho: "A opinião de todos os escritores — nossos e estrangeiros — foi boa. Os céticos que previam o fracasso têm de admitir agora o sucesso colossal. Todos os escritores viram e compreenderam a atitude do Partido". Ele admitia que "o Congresso custou-me muito em termos de nervos, mas acho que me saí bem". Stálin apreciou essa sinceridade sobre sua fraqueza.[18] Terminado o Congresso, Jdánov teve até de pedir desculpas a Stálin porque "não escrevi para você. O Congresso tomou tanto tempo [...]", mas também se desculpou por escrever "uma carta tão longa — não posso fazer de outro modo".

Àquela altura, os outros líderes haviam saído de férias: "Mólotov, Kaganóvitch, Tchubar e Mikoian partiram hoje. Kúibichev, Andréiev e eu ficamos". Jdánov, que nem era candidato ao Politburo e era novo no Secretariado, ficou encarregado do país, assinando decretos. Era mais um sinal de que a importância do Politburo estava encolhendo: a proximidade a Stálin era a fonte do poder real.* A Rússia soviética gozava seus últimos meses de oligarquia e se aproximava o primeiro da ditadura.[19]

Jdánov, um dos mais frágeis dos burros de carga de Stálin, estava exausto: "Peço um mês de férias em Sotchi [...]. Sinto-me muito cansado", escreveu a Stálin. É claro que trabalhariam na sua amada história: "Durante as férias, gostaria de examinar os livros didáticos de história [...]. Já examinei os livros do segundo grau — não são bons. Uma grande saudação para você, caro camarada Stálin!".[20]

Qual era o humor de Stálin nessa calmaria antes da tempestade? Estava frustrado com erros crassos do NKVD e com a "choradeira" de mandachuvas do Partido. A 11 de setembro, queixou-se a Jdánov e Kúibichev sobre a coerção desorientada da polícia secreta: "Descubram todos os erros dos métodos de dedução dos trabalhadores da GPU [...]. Libertem pessoas perseguidas que são inocentes se são inocentes e [...] expurguem a OGPU de gente com 'métodos de dedução' específicos e punam todos — quem quer que sejam" [nas palavras de Stálin: "sem olhar para suas caras"].[21] Alguns dias depois, um marinheiro desertou para a Polônia.

* Após o 17º Congresso, as reuniões formais do Politburo se tornaram aos poucos menos frequentes. Muitas vezes, a reunião era apenas uma conversa de Stálin com alguns camaradas: as atas de Poskrióbichev assinalam apenas "camaradas Stálin, Mólotov, Kaganóvitch — para" e os outros recebiam às vezes telefonemas dele, que marcava seus votos e rubricava com seu P embaixo. Mais para o final do ano, houve uma reunião em setembro, nenhuma em outubro e uma em novembro.

Stálin ordenou imediatamente a Jdánov e Iagoda que punissem a família do marujo: "Informem-me de imediato que 1. os membros da família do marinheiro foram detidos e 2. se não, quem é culpado pelo erro [de não o ter feito] em nossos órgãos e se foi o culpado punido pela traição de nossa pátria". A tensão estava crescendo também em sua relação com Kírov.[22]

A 1º de setembro, Stálin despachou os membros do Politburo para o campo a fim de conferir a colheita. Kírov foi mandado ao Cazaquistão, onde ocorreu um estranho incidente que pode ter sido uma tentativa de assassinato ou destinado a parecer isso. As circunstâncias são obscuras, mas quando ele voltou a Leningrado, outros quatro tchequistas foras acrescentados à sua guarda pessoal, somando nove homens que trabalhavam em turnos, em diferentes lugares. Isso fez de Kírov um dos líderes soviéticos mais protegidos. Ele não gostou disso, sentindo que se tratava de mais uma tentativa de separá-lo de seus tchequistas locais, em particular de seu guarda-costas Boríssov, de meia-idade e obeso, mas leal. Após seu giro pelo campo, Sergo e Vorochílov juntaram-se a Stálin nas férias, enquanto Jdánov inspecionava Stalingrado, de onde mandou uma carta de treze páginas, exibindo sua segurança ao afirmar que alguns trabalhadores deveriam ser "mandados a julgamento aqui". Terminava a carta com entusiasmo: "Cem vezes: ao diabo com os detalhes!".

Quando retornou a Moscou, em 31 de outubro, Stálin quis novamente ver Kírov, que estava argumentando contra seu plano de acabar com o racionamento de pão, do qual ele dependia para alimentar a enorme população de Leningrado. Kúibichev era aliado de Kírov: "Preciso de seu apoio", escreveu ele de Leningrado. A 3 de novembro, Maria Svanidze registrou a chegada de Stálin a seu apartamento acompanhado de Kaganóvitch, enquanto o "gordo absurdo" Jdánov corria atrás dele. Ele telefonou a um Kírov relutante e o convidou a ir a Moscou "para defender os interesses de Leningrado". Stálin deu o telefone a Kaganóvitch, que "convenceu Kírov a vir". Maria disse que Stálin queria apenas "ir à sauna com ele e contar piadas".

Poucos dias depois, Kírov foi com Stálin e seu filho Vassíli para Zubálovo a fim de ver um espetáculo de marionetes montado por Svetlana e depois jogaram bilhar. Khruchióv, que compareceu à reunião do Politburo na qualidade de estrela em ascensão, testemunhou uma "troca de palavras ásperas" entre Stálin e Kírov. Khruchióv ficou chocado ao ver o *Vojd* se comportar "com desrespeito em relação a outro membro do Partido". Svanidze notou que Stálin estava de "mau humor". Kírov retornou ansioso para Leningrado: queria discutir a tensão crescente com seu amigo: "Não vejo Sergo há muito tempo".[23]

A 7 de novembro houve outro sinal do aparente degelo. Na recepção diplomática no Salão Andreievski, presidida por Stálin, Kalínin e Vorochílov, a tradicional banda do Exército Vermelho foi substituída, para espanto de todos, por Antonin Ziegler e sua Jazz Revue. A agitada música de suingue pareceu completamente fora de lugar, e ninguém sabia se deveria dançar ou não. Então o pé de valsa Vorochílov, que estava tomando aulas de dança de jazz, começou a dançar um foxtrote vigoroso com sua esposa, Ekaterina Davidovna.[24]

A 25 de novembro, Kírov voltou a Moscou para a sessão plenária, esperando conversar com Ordjonikidze.[25] Sergo não compareceu. No início daquele mês, ao visitar Baku com Béria, ficara subitamente enfermo depois do jantar. Béria o levou de trem de volta a Tiflis. Após a parada de 7 de novembro, Sergo adoeceu de novo com hemorragia intestinal e depois sofreu um grave ataque cardíaco. O Politburo mandou três especialistas para examiná-lo, mas eles ficaram confusos com seus misteriosos sintomas. Não obstante, Sergo estava decidido a retornar para a plenária, mas Stálin ordenou-lhe "cumprir rigorosamente as instruções do médico e não voltar para Moscou antes de 26 de novembro. Não seja leviano com sua doença. Lembranças. Stálin".

Quando Béria estava envolvido, era de fato estúpido ser leviano com a doença: Stálin talvez não quisesse que Sergo e Kírov se encontrassem. Béria, o que se oferecera para usar o machado, já sabia da desilusão do líder com Sergo. Ele se revelaria adepto de venenos. Com efeito, o NKVD contava com um departamento secreto de médicos envenenadores, sob o comando do dr. Grigori Maironovski, mas Béria precisava de pouca ajuda nessas questões. Ele realmente levou o veneno dos Bórgias para a corte dos bolcheviques.[26] Porém o próprio Stálin ruminava sobre veneno; refletindo sobre as intrigas venenosas da corte persa no século XVIII, que estava estudando, rabiscara antes em seu bloco de apontamentos durante uma reunião do Politburo: "Veneno, veneno, Nadir Khan".[27]

Após a plenária, no dia 28, Stálin acompanhou pessoalmente Kírov até o trem Flecha Vermelha, abraçando-o em seu compartimento.[28] No dia seguinte, Kírov estava de volta ao trabalho em Leningrado. A 1º de dezembro, começou a preparar um discurso em casa e depois, de capa de chuva e gorro pontiagudo de operário, foi a pé de seu apartamento ao escritório. Entrou no prédio neoclássico e grandioso do Instituto Smolny pelo acesso principal. Às quatro e meia da tarde, seguido por seu guarda-costas Boríssov, Kírov subiu pelas escadas para seu escritório, no terceiro andar. O velho Boríssov ficou para trás, seja por incapacidade, seja por ter sido atrasado por alguns tchequistas de Moscou que apareceram na porta.

Kírov saiu da escada, virou à direita e cruzou com um jovem de cabelos pretos chamado Leonid Nikoláiev, que se encostou na parede para deixá-lo passar — e depois o seguiu. Nikoláiev puxou um revólver Nagan e atirou na nuca de Kírov da distância de um metro. A bala atravessou o gorro. Nikoláiev virou a pistola para si mesmo e apertou o gatilho, mas um eletricista que estava trabalhando por perto conseguiu derrubá-lo e a bala atingiu o teto. Boríssov chegou ofegante, de arma na mão, sem poder fazer nada. Kírov estava caído com o rosto no chão, a cabeça voltada para a direita, o gorro jogado no solo e ainda agarrado a sua pasta — um bolchevique viciado em trabalho até o fim.

Seguiram-se vários minutos de caos em que testemunhas e policiais correram em todas as direções, vendo o mesmo evento de formas diferentes e dando versões conflitantes: até a arma foi vista no chão e na mão do assassino. Parece haver um tipo especial de miasma no ar em acontecimentos terríveis, e esse não foi diferente. O que importa é que Kírov jazia morto no chão, perto do inconsciente Nikoláiev. Rosliakov, amigo de Kírov, ajoelhou-se a seu lado, ergueu sua cabeça e sussurrou: "Kírov, Mironitch". Enquanto Rosliakov segurava sua cabeça, levaram-no para uma mesa de conferência, com o sangue que escorria de seu pescoço deixando uma trilha de heroico sacramento bolchevique pelo corredor. Afrouxaram seu cinto e abriram seu colarinho. Medved, o chefe do NKVD de Leningrado, chegou, mas foi detido na porta por tchequistas de Moscou.

Chegaram três médicos, inclusive um georgiano, Djanelidze. Todos declararam Kírov morto, mas continuaram a aplicar-lhe respiração artificial até quase 5h45 da tarde. Os médicos em Estados totalitários ficam aterrorizados diante de pacientes eminentes mortos — e com bons motivos. Enquanto os médicos desistiam, os presentes se deram conta de que alguém teria de contar a Stálin. Todos lembravam onde estavam quando Kírov foi assassinado: o JFK soviético.[29]

PARTE 3

No limiar: 1934-6

12. "Estou órfão": O *connaisseur* de funerais

Poskriόbichev atendeu o telefonema de Stálin no escritório. Chudov, o adjunto de Kírov, deu a terrível notícia de Leningrado. Poskriόbichev tentara telefonar para Stálin, mas não obteve resposta, então mandou uma secretária encontrá-lo. O *Vojd*, de acordo com seu diário, estava numa reunião com Mólotov, Kaganóvitch, Vorochílov e Jdánov, mas telefonou imediatamente para Leningrado, insistindo em interrogar o médico georgiano em sua língua. Depois telefonou de novo para perguntar o que vestia o assassino. Um boné? Trazia objetos estrangeiros? Iagoda, que já telefonara e fizera a mesma pergunta, chegou ao escritório de Stálin às 5h50 da tarde.

Mikoian, Sergo e Bukhárin chegaram rápido. Mikoian lembrava especificamente que "Stálin anunciou que Kírov fora assassinado e, no ato, sem nenhuma investigação, disse que os partidários de Zinóviev [o ex-líder de Leningrado e oposição de esquerda a Stálin] haviam iniciado um terror contra o Partido". Sergo e Mikoian, que eram muito próximos de Kírov, ficaram particularmente consternados, pois Sergo não pudera ver o amigo uma última vez. Kaganóvitch notou que Stálin "ficou chocado de início".[1]

Mas, sem demonstrar nenhuma emoção agora, Stálin mandou que Ienukidze, como secretário do Comitê Executivo Central, assinasse uma lei de emergência que decretava que os acusados de terrorismo fossem processados dentro de dez dias e a execução fosse imediata, sem apelo após o julgamento. Stálin deve ter redigido pessoalmente o decreto. Essa lei de 1º de dezembro — ou, antes, as duas diretivas daquela noite — era o equivalente da lei de autorização de Hitler, porque estabeleceu a base para um terror aleatório, sem nem mesmo a máscara da lei. Em seu nome, nos três anos seguintes, 2 milhões de pessoas foram sentenciadas à morte ou aos campos de trabalhos forçados. Mikoian disse que não houve discussão nem objeção. Com a mesma facilidade com que destravavam suas Mausers, os membros do Politburo entraram na mentalidade militar de emergência da guerra civil.

Se houve alguma oposição, veio de Ienukidze, aquela figura insolitamente benigna entre esses valentões amorais, mas foi ele quem acabou assinando o decreto. Os jornais declararam que as leis foram aprovadas por uma reunião do Presidium do Comitê Central — o que provavelmente significou que Stálin intimidou Ienukidze numa sala enfumaçada depois da reunião. O que motivou o poltrão Kalínin, o presidente que estava presente, a não assiná-lo é também um mistério. Sua assinatura aparecera quando o fato fora anunciado nos jornais. De qualquer modo, o Politburo só votou oficialmente alguns dias depois.

Stálin de imediato decidiu que comandaria pessoalmente uma delegação a Leningrado para investigar o assassinato. Sergo queria ir junto, mas Stálin mandou-o ficar devido a seu coração fraco. Com efeito, Sergo estava abalado pela dor e poderia sofrer outro ataque cardíaco. Sua filha lembrava que "aquela foi a única ocasião em que ele chorou abertamente". Sua esposa, Zina, viajou a Leningrado para confortar a viúva de Kírov.

Kaganóvitch também queria ir, mas Stálin lhe disse que alguém precisava governar o país. Ele levou consigo Mólotov, Vorochílov e Jdánov, junto com Iagoda e Andrei Vichinski, o procurador-adjunto, que se havia oposto a Sergo no início daquele ano. Naturalmente, foram acompanhados por um trem cheio de agentes da polícia secreta e os lacaios do próprio Stálin, Pauker e Vlássik. O homem mais significativo que Stálin escolheu para acompanhá-lo foi Nikolai Iejov, chefe do Departamento de Pessoal do CC. Iejov era um dos jovens especiais, como Jdánov, em quem Stálin começava a confiar.[2]

Os líderes locais se reuniram traumatizados na estação. Stálin desempenhou seu papel, o de um Lancelot de coração partido e irado com a morte de um cavaleiro amado, com teatralidade pré-planejada. Ao descer do trem, caminhou até Medved, o chefe do NKVD de Leningrado, e bateu em seu rosto com a mão enluvada.

De imediato, foi para o hospital para inspecionar o corpo, depois estabeleceu o quartel-general no escritório de Kírov, onde começou sua estranha investigação, ignorando quaisquer indícios que não apontassem para um complô terrorista de Zinóviev e da oposição de esquerda. O pobre Medved, o alegre tchequista esbofeteado por Stálin, foi o primeiro a ser interrogado e criticado por não evitar o assassinato. Depois, o "pequeno e maltrapilho" assassino Nikoláiev foi trazido de arrasto. Ele era uma daquelas trágicas e simples vítimas da história, tal como o holandês que tocou fogo no Reichstag, caso com o qual este apresenta muitas semelhanças. Esse anão frágil de trinta anos fora expulso do Partido e depois reintegrado, mas escrevera a Kírov e Stálin reclamando de sua situação. Estava aparentemente aturdido e nem mesmo reconheceu Stálin, até que lhe mostraram uma fotografia. Caindo de joelhos diante do líder com botas de cano alto, soluçou: "O que eu fiz, o que eu fiz?". Khruchióv, que não estava na sala, sustentava que Nikoláiev se ajoelhara e dissera que fizera aquilo em missão do Partido. Uma fonte próxima de Vorochílov afirma que Nikoláiev tartamudeou: "Mas você mesmo me disse...". Alguns relatos sustentam que ele foi esmurrado e chutado pelos tchequistas presentes.

"Levem-no daqui!", ordenou Stálin.

O bem informado desertor do NKVD Orlov escreveu que Nikoláiev apontou para Zaporójets, chefe-adjunto do NKVD de Leningrado, e disse: "Por que está me perguntando? Pergunte a ele".

Zaporójets fora imposto a Leningrado em 1932 e era o homem de Stálin e Iagoda no feudo de Kírov. O motivo para inquirir Zaporójets era que Nikoláiev já fora detido em outubro rondando de modo suspeito a casa de Kírov; levava um revólver, mas fora libertado sem mesmo ser revistado. Em outra ocasião, os guarda-costas evitaram que ele atirasse. Porém, quatro anos mais tarde, quando foi processado, Iagoda confessou, num testemunho cheio de mentiras e verdades, ter ordenado a Zaporójets "não pôr nenhum obstáculo no caminho do ato terrorista contra Kírov".

Depois trouxeram a esposa do assassino, Milda Draul. O NKVD espalhou a história de que o tiro de Nikoláiev fora um crime passional, pois Kírov teria um caso com sua mulher. Draul era uma mulher de aparência simples. Kírov gostava de bailarinas nanicas, mas sua esposa também não era bonita: é impossível penetrar no mistério do gosto sexual, porém quem conhecia os dois acreditava que compunham um par improvável. Draul afirmou que não sabia de nada. Stálin foi até a antessala e ordenou que Nikoláiev recebesse toda a atenção médica.

"Para mim já está claro que uma organização terrorista contrarrevolucionária bem organizada está ativa em Leningrado [...]. Deve-se fazer uma investigação minuciosa." Não houve uma tentativa de analisar realmente o homicídio de forma científica. Com certeza, Stálin não queria descobrir se o NKVD estimulara Nikoláiev a matar Kírov.

Diz-se que Stálin visitou o "canalha" mais tarde em sua cela e passou uma hora com ele sozinho, oferecendo-lhe a vida em troca de testemunhar contra Zinóviev em um julgamento. Posteriormente, Nikoláiev se perguntou se não seria traído.[3]

A obscuridade transforma-se então em deliberada névoa espessa. Houve uma protelação. Baríssov, o guarda-costas de Kírov, foi trazido para ser interrogado por Stálin. Somente ele poderia revelar se fora retardado na entrada do Smolny e o que sabia das maquinações do NKVD. Boríssov entrou no banco de trás de um corvo preto do NKVD, e quando o motorista se dirigia para o Smolny, o passageiro do banco dianteiro pegou a direção e o carro deu uma guinada e raspou a lateral em um edifício. Nessa estranha batida, de algum modo Boríssov foi morto. O "abalado" Pauker chegou à antessala para anunciar o ocorrido. "Acidentes de carro" grosseiros como este se tornariam em breve um risco ocupacional para bolcheviques eminentes. Quem quer que quisesse ocultar um complô poderia desejar a morte de Boríssov. Quando foi informado dessa morte extremamente suspeita, Stálin denunciou a tcheca local: "Eles não foram capazes nem de fazer as coisas direito".[4]

O mistério jamais apresentaria uma solução convincente. Teria Stálin mandado matar Kírov? Não há provas de que o tenha feito, contudo a suspeita de sua cumplicidade ainda paira no ar. Khruchióv, que chegou a Leningrado em outro trem como delegado de Moscou, afirmou anos depois que Stálin ordenou o assassinato. Mikoian, em muitos aspectos uma testemunha mais confiável que Khruchióv, e com menos a provar, veio a acreditar que Stálin estava de alguma forma envolvido no crime.

É certo que Stálin não confiava mais em Kírov, cujo assassinato serviu como pretexto para destruir as velhas panelinhas bolcheviques. Sua redação da lei de 1º de dezembro, minutos após a morte, parece tão suspeita como sua decisão de culpar Zinóviev pelo homicídio. Com efeito, ele tentara substituir Medved, amigo de Kírov, e conhecia o suspeito Zaporójetsque, que, pouco antes do crime, saíra de licença sem permissão de Moscou, talvez para se ausentar da cena. Nikoláiev era um pacote patético de circunstâncias suspeitas. E havia também os estranhos eventos do dia do assassinato: por que Boríssov foi retido na porta e por que já havia oficiais do NKVD de Moscou no Smolny logo depois do crime? A morte de Boríssov é muito suspeita. E Stálin, sempre tão cauteloso, foi também capaz de uma jogada afoita, particularmente depois de admirar a reação de Hitler ao incêndio do Reichstag e seu expurgo.

Não obstante, boa parte dos eventos parece menos sinistra se os examinarmos mais de perto. A segurança frouxa de Kírov não prova nada, pois até Stálin andava amiúde com um ou dois guardas. A arma é menos suspeita se nos lembrarmos de que todos os membros do Politburo andavam armados. A deterioração da relação de Stálin com Kírov era típica dos atritos dentro de seu séquito. A reação rápida de Stálin ao assassinato e sua investigação surrealista não significam que ele o tenha planejado. Quando Voíkov, o embaixador soviético na Polônia, fora assassinado, a 27 de junho de 1927, Stálin reagira com a mesma rapidez e igual desinteresse pelos verdadeiros culpados. Naquele caso, disse a Mólotov que "sentia o dedo da Inglaterra" e imediatamente mandou fuzilar muitos dos assim chamados "monarquistas". Os bolcheviques sempre consideraram a justiça um instrumento político. O NKVD local, desesperado para esconder sua incompetência, pode muito bem ter arranjado o assassinato de Boríssov. Muita coisa pode ser explicada pela habitual inépcia do pânico totalitário.

Porém, seria certamente ingenuidade esperar provas escritas do crime do século. Sabemos que, em outros homicídios, Stálin deu ordens verbais em nome da *Instantsiya*, um eufemismo quase mágico para a Suprema Autoridade, com o qual ficaremos muito familiarizados.* O envolvimento direto de Iagoda parece improvável, porque ele não era particularmente íntimo de Stálin, mas havia muitos tchequistas, de Agránov a Zaporójets, que eram de sua confiança pessoal e suficientemente amorais para fazer qualquer coisa que o Partido pedisse. É improvável que tenha sido um genérico "livrem-me deste sujeito turbulento", porque Stálin tinha de administrar os detalhes de tudo. Assim, talvez tenha lido a carta que Nikoláiev lhe enviou e explorado seu ressentimento de perdedor contra Kírov.[5]

* *Instantsiya* deriva do uso alemão no século XIX de *aller instanzen*, que significa apelar à Suprema Corte.

A amizade de Stálin com Kírov era unilateral e frágil, mas não há dúvida de que "Stálin simplesmente o adorava", de acordo com o "Lázar de Ferro", que acrescentou que "ele tratava a todos politicamente". Suas amizades, tal como as paixões adolescentes, variavam do amor e da admiração ao ciúme rancoroso. Ele era um exemplo extremo do epigrama de Gore Vidal: "Cada vez que um amigo tem sucesso, um pouco de mim morre". Adorara Bukhárin, cuja viúva explica que Stálin podia amar e odiar a mesma pessoa "porque amor e ódio nascidos da inveja [...] lutam um com o outro no mesmo peito". Talvez a traição de Kírov de sua amizade sincera tenha provocado uma fúria como a de uma mulher desprezada, seguida de uma culpa terrível após o assassinato. Mas, mesmo com seus "amigos", ele cultivava a privacidade e o distanciamento: queria ser supremamente esquivo.[6]

Stálin sempre foi um amigo mais leal daqueles que conhecia muito menos. Quando um estudante de dezesseis anos lhe escreveu, mandou-lhe dez rublos de presente — gesto que o garoto agradeceu também por carta. Entregava-se constantemente a ataques de sentimentalismo em relação a amigos da juventude; "Estou lhe mandando 2 mil rublos", escreveu a Peter Kapanadze, seu amigo do seminário que se tornou padre e que era então professor, em dezembro de 1933. "Não tenho mais agora [...]. Suas necessidades são uma ocasião especial para mim, então mando meus royalties [do livro] para você. Também receberá 3 mil rublos de empréstimo [...]. Viva muito e seja feliz" — e assinou a carta com o nome do pai, "Beso".

Uma estranha carta não publicada ilustra essa cordialidade distante: em 1930, ele recebeu um pedido do chefe de uma fazenda coletiva na distante Sibéria para admitir um policial czarista que dizia ter conhecido Stálin. Esse velho gendarme fora de fato guarda de Stálin no exílio. Mas ele escreveu uma longa recomendação de próprio punho: "Durante meu exílio em Kureika, de 1914 a 1916, Mikhail Miêrzlikov foi meu guarda. Naquela época, ele tinha uma ordem — guardar-me [...]. Está claro que eu não podia ter relações 'amistosas' com Miêrzlikov. Contudo, devo testemunhar que, embora não sendo amistosas, nossas relações não eram hostis como costumavam ser entre exilado e guarda. Isso se explica por que, me parece, Miêrzlikov cumpria seu dever sem o zelo usual, não me espionava ou me perseguia, fazia vista grossa para minhas saídas e frequentemente censurava os policiais por barrar suas 'ordens' [...]. É meu dever testemunhar tudo isso. Foi assim que aconteceu entre 1914 e 1916, quando Miêrzlikov era meu guarda, diferindo dos outros policiais para melhor. Não sei o que ele fez sob o poder kolchak e soviético, não sei como ele está agora".

Ali estava, em um homem que matou seus melhores amigos, uma amizade verdadeira. Gostasse ou não de Kírov, Stálin certamente explorou o assassinato para destruir não apenas seus oponentes, mas os menos radicais entre os próprios aliados.[7]

Kírov ficou exposto em câmara-ardente em um caixão aberto, com uma túnica azul e cercado de bandeiras vermelhas, coroas de flores e palmas tropicais do funeral bolchevique, em meio à grandiosidade neoclássica do Palácio Taurida.* Às nove e meia da noite de 3 de dezembro, Stálin e o Politburo formaram a guarda de honra, outra parte do ritual fúnebre bolchevique. Vorochílov e Jdánov pareciam perturbados, mas Mólotov estava impassível. "Espantosamente calmo e impenetrável estava o rosto de I. V. Stálin", observou Khruchióv, "dando a impressão de que estava perdido em pensamentos, olhando fixo para o cadáver baleado de Kírov." Antes de partir, Stálin designou Jdánov para chefe de Leningrado, cargo que somou ao de secretário do CC. Iejov também ficou para supervisionar a investigação.

Às dez da noite, Stálin e os outros carregaram o esquife de Kírov até uma carreta de canhão. O corpo foi transportado lentamente pelas ruas que levavam à estação, onde foi posto no trem que levaria Stálin para Moscou. Enfeitado com coroas, esse trem da morte partiu depois da meia-noite, deixando para trás o cérebro de Kírov, que seria examinado no Instituto Leningrado em busca de sinais de inteligência revolucionária.**

Antes mesmo de o trem chegar a Moscou, Agránov, o tchequista que dirigia a investigação, interrogou o assassino: "Teimoso como uma mula", relatou a Stálin.

* O Palácio Taurida foi cenário do baile extravagante oferecido pelo príncipe Potemkin a Catarina, a Grande, em 1791, mas era também a sede da Duma, o parlamento cautelosamente concedido por Nicolau II após a revolução de 1905. Em 1918, o palácio abrigou a Assembleia Constituinte que Lênin mandou guardas vermelhos bêbados fechar. Era, portanto, o berço e o túmulo das duas primeiras democracias da Rússia antes de 1991.

** Esse estudo do cérebro fazia parte do ritual científico-racionalista da morte dos grandes bolcheviques. O cérebro de Lênin fora extraído e estava em estudos no Instituto do Cérebro. Quando Gorki morreu, seu cérebro também foi para lá. Tratava-se, obviamente, de uma distorção marxista da tradição da época romântica de enterrar separado o coração de grandes homens, fosse Mirabeau ou Potemkin. Mas a era do coração acabara.

"Alimentem bem Nikoláiev, deem-lhe frango", respondeu Stálin, que gostava muito desse prato. "Alimentem-no para que fique forte, então ele nos dirá quem o estava comandando. E, se não falar, lhe daremos uma lição e ele contará [...] tudo".[8]

Na estação Outubro, de Moscou, o caixão foi transferido novamente para uma carreta de canhão e depositado no Salão das Colunas para o funeral, no dia seguinte. Pouco depois, Stálin resumiu ao Politburo sua investigação pouco convincente. Mikoian, que adorava Kírov, estava tão transtornado que perguntou como Nikoláiev escapara duas vezes da prisão com uma pistola e de que forma Boríssov fora morto.

"Como pode ter acontecido?", concordou Stálin indignado. "Alguém deveria responder por isso, não é mesmo?", exclamou Mikoian, apontando para o estranho comportamento do NKVD. "O diretor da OGPU [Iagoda] não é responsável pela segurança do Politburo? Ele deveria ser responsabilizado." Mas Stálin protegeu Iagoda, concentrando-se em seu alvo, os velhos bolcheviques como Zinóviev. Mais tarde, Sergo, Kúibichev e Mikoian ficaram profundamente desconfiados: Mikoian discutiu o "comportamento obscuro" de Stálin com Sergo, provavelmente em suas caminhadas pelo Kremlin, lugar tradicional dessas conversas proibidas. Ambos estavam "surpresos e espantados e não conseguiam entender". Sergo, penalizado, perdeu a voz. Diz-se que Kúibichev propôs uma investigação do CC para conferir a que estava sendo feita pelo NKVD. É certamente duvidoso que Mikoian, que ainda admirava Stálin com fervor e o serviria com lealdade até sua morte, acreditasse naquela época que seu líder era responsável pelo crime. Os bolcheviques estavam acostumados a se autoenganar e deixar de lado dúvidas incômodas.[9]

Naquela noite, Pável Allilúiev repetiu seu papel após a morte de Nádia ao ficar com Stálin em Kuntsevo. Apoiado em sua mão, Stálin murmurou que depois da morte de Kírov estava "absolutamente órfão". Disse isso de modo tão comovente que Pável o abraçou. Não há motivo para duvidar da sinceridade de sua aflição por alguém ter assassinado Kírov — ou por eles terem precisado fazer aquilo.

Às dez da manhã do dia 5, com a rua Gorki fechada e rígida segurança comandada por Pauker (como no enterro de Nádia), o séquito de Stálin reuniu-se no Salão das Colunas. O funeral foi um exagero de *kitsch* sentimental bolchevique, com tochas ardentes, cortinas de veludo vermelho e estandartes pendurados do teto mais palmeiras — e um frenesi moderno de mídia, com a imprensa disparando suas câmeras e arcos voltaicos iluminando o corpo, como se fosse um acessório em um teatro iluminado por néon. A orquestra do Bolchoi tocou as marchas fúnebres. Não só os nazistas eram capazes de montar funerais brilhantes para seus cavaleiros tombados; até as cores eram as mesmas: tudo era vermelho e preto. Stálin já declarara Kírov seu camarada martirizado mais próximo: sua cidade natal, Viatka, o balé de Leningrado e centenas de ruas foram batizadas com seu nome.

O esquife repousava sobre um calicó escarlate e o rosto de Kírov apresentava uma "cor esverdeada", com uma mancha azul na têmpora, onde batera com a cabeça ao cair. Sua viúva sentou-se ao lado das irmãs que ele não vira ou se preocupara em contatar durante trinta anos. Redens, o chefe do NKVD de Moscou, acompanhou sua esposa grávida, Ana Allilúieva, e os Svanidze até seus lugares, ao lado das esposas dos membros do Politburo. O silêncio reinava. Escutava-se apenas o clique das botas dos sentinelas. Então Maria Svanidze ouviu "os passos daquele grupo de águias fortes e resolutas": o Politburo assumiu sua posição em torno da cabeça de Kírov.

A orquestra do Bolchoi atacou a marcha fúnebre de Chopin. Depois, no silêncio, escutaram-se os ruídos das câmeras de cinema: Stálin, com as mãos cruzadas sobre a barriga, ficou ao lado de Kaganóvitch, com um cinturão de couro em torno da túnica protuberante. Os guardas começaram a aparafusar a tampa do caixão. Mas, tal como no enterro de Nádia, Stálin os deteve dramaticamente, subindo ao catafalco. Com todos os olhos pregados em sua face "contrita", inclinou-se devagar e beijou a testa de Kírov. "Foi uma cena pungente, sabendo-se quão próximos eles eram", e todo o salão irrompeu num choro audível; até os homens soluçavam abertamente.

"Adeus, amigo querido, nós o vingaremos", murmurou Stálin ao cadáver. Estava se tornando um especialista em funerais.

Um por um, os líderes se despediram de Kírov: pálidos, Mólotov, Jdánov e Kaganóvitch se inclinaram, mas não beijaram o morto, enquanto Mikoian colocou a mão na borda do caixão e se inclinou. A esposa de Kírov desmaiou e os médicos tiveram de dar-lhe gotas de valeriana. Para a família de Stálin, a perda de Kírov, "uma pessoa totalmente encantadora adorada por todos", estava ligada à morte de Nádia, porque sabiam que ele havia "transferido toda a dor e o peso da perda" de sua mulher para seu querido amigo.

Os líderes saíram e o caixão foi fechado e levado para o crematório, onde Pável e Jênia Allilúiev observaram-no desaparecer no forno. Os Svanidze e outros retornaram para o apartamento de Vorochílov, cena da última ceia de Nádia, para um jantar tardio. Mólotov e os outros magnatas jantaram com Stálin em Kuntsevo.

Na manhã seguinte, Stálin, com seu velho sobretudo e gorro pontiagudo, Vorochílov, Mólotov e Kalínin atravessaram com a urna das cinzas — colocada em um minitemplo clássico ornamentado do tamanho de um esquife, coberto de flores —, a Praça Vermelha, onde milhões de trabalhadores aguardavam em silêncio gélido. Kaganóvitch discursou — outro paralelo com o funeral de Nádia —, clarins fizeram uma saudação, cabeças e bandeiras se abaixaram, e Sergo, o "bolchevique perfeito", depositou a urna onde ainda descansa, na Muralha do Kremlin. "Achava que Kirich iria me enterrar, mas aconteceu o oposto", disse a sua esposa depois.[10]

As execuções já haviam começado: a 6 de dezembro, 66 "guardas brancos", presos por planejar atos terroristas antes do assassinato de Kírov, foram sentenciados à morte pelo Colégio Militar da Suprema Corte, presidido por Vassíli Ulrikh, um nobre alemão do Báltico que se tornou juiz draconiano de Stálin. Outros 28 foram fuzilados em Kiev. No dia 8, Nikolai Iejov, acompanhado por Agránov, retornou a Moscou de Leningrado para fazer um relato de três horas sobre sua caça aos "terroristas".

Apesar da tragédia e dos sinais perigosos de que até bolcheviques seriam fuzilados pelo assassinato de Kírov, a vida do círculo de Stálin continuou normal, ainda que um pouco triste. Após a reunião com Iejov, Mólotov, Sergo, Kaganóvitch e Jdánov jantaram com Stálin, Svetlana e Vassíli, os Svanidze e Allilúiev em seu apartamento, como de costume. Svetlana ganhou presentes para ajudá-la a se recuperar da perda de seu querido "segundo-secretário" Kírov. Stálin "estava mais magro, pálido, com um olhar perdido. Ele sofre tanto". Maria Svanidze e Ana Allilúieva azafamavam-se ao redor dele. Aliocha Svanidze advertiu Maria para manter distância. Era um bom conselho, mas ela não o aceitou porque achava que era apenas ciúme de uma relação que possivelmente incluía um caso no passado distante. Não havia comida suficiente; então Stálin chamou Carolina Til e mandou-a conseguir mais. Ele mal comeu. Naquela noite, levou Aliocha Svanidze, com Svetlana e Vassíli, para passar a noite em Kuntsevo, enquanto os outros foram para o apartamento de Sergo.

Uma vez que Stálin declarara pouco depois da morte de Kírov que Zinóviev e seus seguidores eram os responsáveis, não surpreende que Iejov e o NKVD tenham encarcerado praticamente um "centro de Leningrado" e um "centro de Moscou", segundo listas feitas pelo próprio Stálin. Nikoláiev, interrogado para "provar" a conexão com Zinóviev, admitiu haver uma no dia 6 de dezembro. Zinóviev e Kámenev, os dois camaradas mais próximos de Lênin e ex-membros do Politburo que haviam salvado a carreira de Stálin em 1925, foram detidos. Os testemunhos dos "terroristas" foram mostrados ao Politburo. Stálin ordenou pessoalmente que o procurador-geral-adjunto Vichinski e Ulrikh os condenassem à morte.[11]

As testemunhas lembram que, como diz Iúri Jdánov, "tudo mudou depois da morte de Kírov". A segurança foi extremamente reforçada numa época em que a informalidade da corte de Stálin, com seu senso de diversão, suas mulheres ambiciosas e crianças em correria, parecia mais importante do que nunca para confortar o consternado *Vojd*. Contudo, a atmosfera mudara para sempre: a 5 de dezembro, Rudzutak achou que viu Stálin apontar para ele e acusar esse orgulhoso e semieducado velho bolchevique de ter "estudado na faculdade, então como seu pai pode ter sido um proletário?". Rudzutak escreveu a Stálin: "Eu não incomodaria você com tais ninharias, mas ouço tanta fofoca sobre mim, é triste terem chegado até você". Ian Rudzutak era um letão inteligente, membro do Politburo e aliado de Stálin, com um currículo de dez anos em prisões czaristas, com "olhos expressivos e cansados", uma "leve coxeadura causada pelos trabalhos forçados", e um fotógrafo entusiástico da natureza, mas que sentiu a frieza de Stálin, que não confiava mais nele.

"Você está enganado, Rudzutak", respondeu Stálin. "Eu estava apontando para Jdánov, não para você. Sei muito bem que você não frequentou a faculdade. Li sua carta na presença de Mólotov e Jdánov. Eles confirmaram que você está enganado."[12]

Logo após o assassinato, Stálin estava caminhando pelo Kremlin com um oficial da Marinha e passou por guardas de segurança que estavam agora postados a intervalos de dez metros ao longo dos corredores, treinados para seguir todos os transeuntes com o olhar. "Você nota como eles são?", perguntou Stálin ao oficial. "Você caminha pelo corredor e pensa, 'qual deles será?'. Se for este, ele atirará em mim pelas costas, se for aquele, atirará na cara."[13]

A 21 de dezembro, pouco antes dessas execuções, o círculo íntimo chegou a Kuntsevo para comemorar o aniversário de 55 anos de Stálin. Quando não houve mais lugares suficientes à mesa, Stálin e os homens trouxeram outras mesas. Mikoian e Sergo foram eleitos *"tamada"*. Stálin ainda estava deprimido pela perda de Kírov, mas aos poucos recuperou o ânimo. Porém quando Maria Svanidze quis ler um poema, Aliocha a impediu, talvez por saber que sua bajulação, ou seu óbvio pedido de uma viagem das damas ao Ocidente, irritaria Stálin.*

O jantar foi *shchi* (sopa de repolho) e depois vitela. Stálin serviu a sopa aos convidados, dos Mólotov, Poskrióbichev (com esposa nova) e Ienukidze a seus filhos. "Stálin comeu direto da sopeira, pegando a carne com seu garfo", lembra Artiom. Béria e seu ex-protetor Lakoba, senhor da Abkházia, chegaram na metade do jantar.

Stálin fez um brinde a Sachiko Svanidze, irmã de sua primeira esposa, Kato, e Aliocha. Isso enfureceu a mulher de Aliocha, Maria Svanidze: havia uma guerra constante entre as mulheres pela estima de Stálin. Então, o *Vojd* notou as crianças e "serviu a mim e a Vassíli um pouco de vinho", relembra Artiom, "perguntando 'o que há com vocês? Bebam um pouco de vinho!'". Anna Redens e Maria Svanidze, tal como Nádia, resmungaram que não era bom para elas, mas Stálin riu: "Vocês não sabem que é medicinal? Pode curar todo tipo de coisa!".

Então a noite ficou sentimental: assim como a família pensara em Nádia durante o enterro de Kírov, agora essa Banquo** feminina aparecia na festa também. Sergo ergueu a taça a Kírov: "Algum canalha o matou, o levou para longe de nós!". O silêncio foi rompido por choro. Alguém bebeu a Dora Khazan, mulher de Andréiev, que era uma das favoritas de Stálin, e a seus estudos na Academia. Isso fez Stálin lembrar de Nádia e ele falou: "Três vezes falamos da Academia, então bebamos a Nádia!". Todos se levantaram em lágrimas. Um por um, caminharam em torno da mesa e brindaram a Stálin, que parecia agoniado. Ana Redens e Maria Svanidze beijaram-no na face. Maria achou que ele estava "mais brando, mais afável". Depois, Stálin brincou de disc-jóquei, pondo seus discos

* O poema de Maria revela tanto a devoção como a desfaçatez das damas da corte de Stálin: "Desejamos muitas felicidades ao nosso Querido Líder e vida sem fim. Que os inimigos sejam espantados. Liquidem todos os fascistas [...]. No próximo ano, que o mundo fique sob seu domínio e governe toda a humanidade. Pena que as senhoras não podem ir para o Ocidente, a Carlsbad. É tudo igual em Sotchi".

** Alusão ao personagem da peça *Macbeth*, de William Shakespeare. (N. E.)

preferidos no gramofone enquanto todos dançavam. Então os caucasianos cantaram lamentos com seu todo-poderoso menino de coro.

Mais tarde, como forma de descontrair depois da tristeza, Vlássik, o guarda-costas que era dublê de fotógrafo da corte, reuniu os convidados para uma foto, em um registro notável da corte de Stálin antes do Terror: até essa fotografia causaria mais rixas entre as competitivas mulheres.

Stálin sentou-se no meio, cercado por suas adoradoras: a sua direita, a atrevida Sachiko Svanidze, depois Maria Kaganóvitcha e a soprano Maria Svanidze; a sua esquerda, a esbelta e elegante primeira-dama Polina Mólotova. Os uniformes misturaram-se às túnicas do Partido: Vorochílov, sempre resplandecente como oficial sênior do país, Redens em azul NKVD, Pável Allilúiev em seu uniforme de comissário militar. No chão, sentaram-se os sorridentes caucasianos Sergo, Mikoian e Lakoba, enquanto Béria e Poskrióbichev mal conseguiram entrar no limite inferior do enquadramento. Mas, aos pés de Stálin, ainda mais destacada quando ele posou de novo, somente com as mulheres, estava um gato de Cheshire, sorrindo para a câmera como se tivesse ficado com a cereja do bolo: Jênia Allilúieva.[14]

13. Uma amizade secreta: A rosa de Nóvgorod

"Você se veste tão bem", disse Stálin com admiração a sua cunhada Jênia Allilúieva. "Devia fazer da moda sua profissão."

"Que nada! Não consigo nem pregar um botão", retrucou Jênia com uma risadinha. "Todos os meus botões são pregados por minha filha."

"E daí? Você deveria ensinar às mulheres soviéticas a se vestir!", replicou Stálin.

Após a morte de Nádia, Jênia praticamente se mudou para a casa de Stálin para cuidar dele. Em 1934, parece que essa relação se transformou em algo mais. Escultural, olhos azuis, cabelos louros ondulados, sardas, nariz arrebitado e grande boca sorridente, Jênia, de 36 anos, era filha de um padre de Nóvgorod. Não era linda, mas essa "rosa dos campos de Nóvgorod", de pele dourada e espírito malicioso, irradiava saúde. Quando estava grávida de sua filha Kira, cortou lenha pouco antes do parto. Enquanto Dora Khazan se vestia com roupas austeras e Vorochílova engordava, Jênia ainda era jovem, viçosa e completamente feminina com seus vestidos cheios de babados, colares vistosos e lenços de seda.

Essas mulheres achavam Stálin ainda mais atraente porque estava obviamente muito sozinho depois da morte de Nádia e Kírov: "Sua solidão está sempre em nossa mente", escreveu Maria Svanidze. Se o poder é um grande afrodisíaco, então a adição de força, solidão e tragédia é um coquetel estonteante. Porém Jênia era diferente. Conhecia Stálin desde seu casamento com Pável, o irmão de Nádia, na época da Revolução, mas eles haviam estado no exterior muito tempo e retornaram de Berlim logo antes do suicídio. Então desenvolveu-se uma nova relação entre o viúvo e essa mulher divertida e alegre. O casamento de Pável e Jênia não foi fácil. Inadequado para a vida militar, ele era gentil, mas histérico como Nádia. Jênia resmungava sobre a fraqueza dele. O casamento quase acabara no início dos anos 30, quando Stálin mandara que ficassem juntos. Apesar de ter dado a pistola a Nádia, Pável ficava com frequência com o viúvo.

Stálin admirava a *joie de vivre* de Jênia. Ela não tinha medo dele: na primeira vez em que chegou a Zubálovo após o retorno de Berlim, encontrou uma refeição sobre a mesa e comeu tudo. Stálin entrou depois e perguntou: "Onde está minha sopa de cebola?". Jênia admitiu que a tomara. Isso poderia ter provocado uma explosão, porém Stálin apenas sorriu e disse: "Da próxima vez, é melhor que façam duas". Jênia dizia o que pensava; fora ela, entre outros, que lhe contara sobre a fome de 1932, mas Stálin a perdoara por isso. Era letrada, e Stálin a consultava sobre o que deveria ler. Ela sugeriu história do Egito, mas brincou que ele começara "a copiar os faraós". Jênia o fazia rir desbragadamente com seus chistes grosseiros. A conversa deles se parecia com as caçoadas entre seus amigos mais rudes. Ela era uma especialista em *chastushka*, versinhos indecentes com trocadilhos. É difícil traduzi-los, mas os preferidos de Stálin eram gemas do tipo: "É fácil cagar de uma ponte, mas uma pessoa fez isso e caiu", ou "Sentar na própria merda faz você se sentir seguro como uma fortaleza".

Jênia não se continha e, sem tato, esvaziava a bola das tensas mulheres do Partido, enquanto Stálin adorava brincar com as damas de sua corte. Quando Polina Mólotova, senhora da indústria do perfume, gabou-se para ele que estava usando seu mais novo produto, Moscou Vermelho, Stálin deu-lhe uma cheirada: "É por isso que você cheira tão bem", disse ele.

"Ora, Ióssif, ela está cheirando a Chanel nº 5!", interrompeu Jênia. Mais tarde, ela se deu conta de que cometera um erro: "Por que diabos fui dizer aquilo?". Entre os políticos, um comentário desses podia fazer inimigos, numa época em que a política estava prestes a se transformar num esporte sangrento. Não obstante, somente ela conseguia se safar com esses comentários, porque Stálin "respeitava sua irreverência".

Na solenidade de implantação da Constituição de 1936, Jênia, que estava sempre atrasada, atrasou-se dessa vez também. Ela entrou furtivamente e achou que ninguém havia notado, até que Stálin a cumprimentou.

"Como você me viu?", perguntou ela.

"Eu vejo tudo, posso enxergar a dois quilômetros de distância", respondeu ele, cujos sentidos eram ferozmente agudos. "Você é a única que ousou se atrasar."

Stálin precisava de conselhos femininos sobre seus filhos. Quando Svetlana, que amadureceu muito cedo, apareceu com sua primeira saia, Stálin deu-lhe uma aula sobre "modéstia bolchevique", mas perguntou a Jênia: "Uma menina pode se vestir desse jeito? Não quero que ela mostre os joelhos".

"Mas é natural", retrucou Jênia.

"E ela me pede dinheiro", disse o pai.

"Tudo bem, não?"

"Para que o dinheiro?", insistiu ele. "Uma pessoa pode viver bem com dez copeques!"

"Ora, Ióssif! Isso foi antes da Revolução", provocou ela.

"Achei que se podia viver com dez copeques", murmurou Stálin.

"O que eles estão fazendo? Imprimindo jornais especiais para você?" Somente Jênia poderia dizer esse tipo de coisa para ele.

É provável que Stálin e Jênia tenham se tornado amantes nessa época. Os historiadores nunca sabem o que acontece atrás das portas dos quartos, e o sigilo conspiratório bolchevique, bem como seu moralismo pudico, tornam especialmente difícil pesquisar esses assuntos.* Mas Maria Svanidze observava a relação deles e registrou-a em seu diário, que o próprio Stálin preservou: naquele verão, Maria percebeu como Jênia buscava ficar sozinha com Stálin. No inverno seguinte, ela registra como Stálin voltou a seu apartamento e encontrou Maria e Jênia. Ele "caçoou de Jênia por engordar de novo. Tratou-a com muito carinho. *Agora que sei de tudo, fiquei de olho neles* [...]".

"Stálin estava apaixonado por minha mãe", assegura Kira, a filha de Jênia. Filhas talvez tendam a acreditar que grandes homens se apaixonam por suas mães, mas Leonid Redens, sobrinho de Jênia, também acredita que era "mais do que uma amizade". Há ainda outro indício: no final dos anos 30, Béria abordou Jênia com uma oferta que parece uma desajeitada proposta de casamento de

* Ainda hoje, os que conhecem esses segredos persistem em acreditar, nas palavras do filho adotivo de Stálin, general Artiom Serguéiev, agora com oitenta anos, que sua "vida privada é secreta e irrelevante para seu lugar na história". Até agora não surgiram cartas de amor, exceto as de Nádia.

Stálin. Quando ela se casou de novo, após a morte do marido, Stálin reagiu com fúria ciumenta.

Ele sempre foi gentil e cortês com Jênia. Telefonava pouco para Ana Redens ou Maria Svanidze, mas Svetlana lembra que ligava com frequência para conversar com Jênia, mesmo depois que a relação deles acabou.

Jênia estava longe de ser a única mulher atraente ao redor de Stálin. Em meados dos anos 30, ele ainda levava uma vida social normal, com um séquito que incluía uma roda cosmopolita de mulheres jovens e frívolas. Mas, naquele momento, era Jênia quem se sentava aos pés dele.[1]

Logo depois da festa, a 28 e 29 de dezembro, o assassino Nikoláiev e seus catorze corréus foram julgados por Ulrikh em Leningrado. O juiz réptil telefonou a Stálin para pedir ordens.

"Acabe com isso", mandou o *Vojd*, lacônico. De acordo com a lei de 1º de dezembro, eles foram fuzilados dentro de uma hora — e suas inocentes famílias logo depois. No mês de dezembro, 6501 pessoas foram fuziladas.[2] Stálin não possuía planos precisos para o aumento do Terror, apenas a crença de que o Partido tinha de ser aterrorizado para se submeter e que os velhos inimigos precisavam ser erradicados. Oportunista e supersensível, ele avançou sinuosamente na direção de seu objetivo. O NKVD não conseguiu fazer a ligação entre Leningrado e o "centro de Moscou" de Zinóviev e Kámenev, mas tinha meios de persuadir seus prisioneiros a fazê-lo. Em meados de janeiro, já havia estimulado um prisioneiro a implicar os dois velhos bolcheviques, que foram sentenciados a dez e cinco anos de prisão, respectivamente. Stálin distribuiu uma carta secreta que advertia que toda a oposição devia ser "tratada como guardas brancos" e "presa e isolada". A lotação nas prisões foi tão grande que os campos foram inundados pela "torrente de Kírov"; mas, ao mesmo tempo, Stálin orquestrava um "degelo": "A vida se tornou mais risonha, camaradas", disse ele. "A vida ficou melhor."[3]

A 11 de janeiro, Stálin e a maioria do Politburo compareceram a uma celebração de gala da indústria cinematográfica soviética no Bolchoi, uma espécie de "Oscar sem as piadas". Os diretores ganharam a Ordem de Lênin, que dissera: "Para nós, a mais importante de todas as artes é o cinema", a forma artística da nova sociedade. Stálin controlava pessoalmente uma "Hollywood soviética" por meio do Conselho Estatal do Cinema, dirigido por Boris Chumiatski, com quem estivera no exílio. Ele não apenas interferia nos filmes, como supervisionava minuciosamente os diretores e as produções desde o roteiro: seu arquivo revela como ele até ajudou a escrever canções. Conversava sobre cinema com sua roda e via todos os filmes antes que fossem exibidos ao público, tornando-se seu supremo censor. Stálin era uma combinação de Joseph Goebbels e Alexander Korda, um par improvável unido pelo amor ao celuloide.[4]

Era um fã de cinema obsessivo. Em 1934, já vira *Chapaiev* e *Os bons companheiros* tantas vezes que os conhecia de cor. Dirigido por Grigori Alexândrov, este último foi supervisionado pessoalmente por ele. Quando o filme ficou pronto, Chumiatski decidiu atormentar Stálin e exibiu apenas o primeiro rolo, fingindo que o segundo não estava terminado. O *Vojd* adorou a fita: "Mostre-me o resto!".

Chumiatski chamou Alexândrov, que esperava nervoso do lado de fora: "Você está sendo chamado no tribunal!".

"É um belo filme", Stálin disse ao diretor. "Sinto-me como se tivesse passado um mês de férias. Levem-no para longe do diretor. Ele pode estragá-lo!", gracejou.

Alexândrov iniciou imediatamente uma série dessas comédias musicais leves: depois de *Circo*, fez o filme predileto de Stálin, *Volga, Volga*. Ao último da série, o diretor deu o nome de *Cinderela*, mas Stálin mandou uma lista de doze títulos possíveis, inclusive *A senda brilhante*, que Alexândrov aceitou. Na verdade, Stálin trabalhou nas letras das canções também: há uma nota intrigante em seu arquivo, datada de julho de 1935, em que ele escreve os versos de uma das canções a lápis, mudando e riscando para escandir a letra:

Uma canção alegre é fácil para o coração;
Ela jamais o aborrece;
E todas as aldeias, pequenas e grandes, adoram a canção;
Cidades grandes amam a música.

Embaixo da letra, ele rabisca as palavras: "Fazer saltar. Espírito. Mikoian", e depois, "obrigado, camaradas".[5]

Quando pediu a ajuda de Stálin para seu filme *Aerograd*, o diretor Alexander Dovjenko foi chamado ao Cantinho em seguida e pediram-lhe para que lesse o roteiro inteiro para Vorochílov e Mólotov. Mais tarde, Stálin sugeriu seu próximo filme, acrescentando que "nem minhas palavras, nem artigos de jornal o obrigam a nada. Você é um homem livre [...]. Se tem outros planos, faça outra coisa. Não fique embaraçado. Eu o chamei, então você deve ficar sabendo disso". Ele aconselhou o diretor a usar "canções folclóricas russas — canções maravilhosas", que gostava de tocar em seu gramofone.

"Você já as escutou?", perguntou Stálin.

"Não", respondeu o diretor, que não tinha gramofone.

"Uma hora após a conversa, trouxeram o gramofone até minha casa, um presente de nosso líder"; e concluía Dovjenko: "Disso vou me lembrar pelo resto de minha vida".[6]

Enquanto isso, os magnatas discutiam como lidar com Serguei Eisenstein, de 36 anos, o diretor judeu-germânico-letão de vanguarda de *Encouraçado Potemkin*. Ele ficara muito tempo em Hollywood e, como Stálin informou ao romancista americano Upton Sinclair, "perdeu a confiança de seus amigos na URSS". Stálin disse a Kaganóvitch que ele era um "trotskista, senão pior". Eisenstein foi atraído de volta e posto a trabalhar em *O prado de Bejin*, inspirado em uma história de Pavlik Morózov, o menino-herói que denunciou o próprio pai por ser kulak. O projeto aparatoso não saiu como Stálin esperava. Kaganóvitch denunciou a confiança de seus colegas: "Não podemos confiar em Eisenstein. Ele desperdiçou novamente milhões e não nos deu nada [...] porque é contra o socialismo. Eisenstein foi salvo por Viacheslav [Mólotov] e Andrei Jdánov, que estavam dispostos a dar outra chance ao diretor". Mas Stálin sabia que ele era "muito talentoso". Com o aumento da tensão com a Alemanha, ele encomendou a Eisenstein um filme sobre o vencedor de invasores estrangeiros, *Alexandre Nevski*, promovendo seu novo paradigma de socialismo e nacionalismo. Stálin adorou o filme.

Ao escrever um longo memorando ao diretor Friedrich Emmler sobre seu filme *O grande cidadão*, Stálin registrou como terceiro ponto: "A referência a Stálin deve ser excluída. Em vez de Stálin, mencione o Comitê Central".[7]

A modéstia de Stálin era, à sua maneira, tão ostentatória quanto os excessos de seu culto pessoal. Os próprios líderes haviam promovido o culto de Stálin, que era o triunfo de seu complexo de inferioridade. Mikoian e Khruchióv culpavam Kaganóvitch por estimular a vaidade escondida de Stálin e inventar o stalinismo: "Vamos substituir viva o leninismo por viva o stalinismo!". Stálin criticava Kaganóvitch, mas ele conhecia seu líder melhor do que ninguém e continuou a promover o "stalinismo".

"Por que você me elogia como se uma única pessoa decidisse tudo?", perguntou Stálin. Ao mesmo tempo, supervisionava pessoalmente o culto que florescia nos jornais: no *Pravda*, foi mencionado em metade dos editoriais entre 1933 e 1939. Sempre ganhava flores e era fotografado com crianças. Publicavam-se artigos do tipo "Como conheci o camarada Stálin". Os aviões que voavam sobre a Praça Vermelha formavam a palavra "Stálin" no céu. O *Pravda* declarava: "A vida de Stálin é a nossa vida, nosso lindo presente e futuro". Quando apareceu no 7º Congresso dos Sovietes, 2 mil delegados gritaram e o saudaram. Um escritor descreveu a reação como "amor, devoção, altruísmo". Uma operária sussurrou: "Como ele é simples, como é modesto!".

Havia cultos semelhantes para os outros: Kaganóvitch era celebrado como o "Lázar de Ferro" e o "Comissário de Ferro" e em milhares de imagens em desfiles. Vorochílov era homenageado nas "Rações Vorochílov" para o Exército e no "Prêmio Vorochílov de Tiro", e as comemorações de seu aniversário eram tão grandiosas que Stálin fez um de seus discursos famosos em um deles. Os estudantes trocavam figurinhas desses heróis como se fossem de jogadores de futebol, com o vistoso Vorochólov atingindo um valor muito mais alto que o austero Mólotov.[8]

A modéstia de Stálin não era totalmente assumida: em suas muitas batalhas entre vaidade e humildade, ele ao mesmo tempo estimulava os elogios e os desprezava. Quando o Museu da Revolução perguntou se poderia expor os manuscritos originais de suas obras, respondeu: "Não achei que, com sua idade, você seria tão tolo. Se o livro está publicado aos milhões, por que precisa do manuscrito? Queimei todos os manuscritos!".[9] Quando os editores de um relato georgiano de sua infância mandaram um bilhete a Poskriómbichev pedindo permissão, Stálin proibiu Jdánov de publicá-lo, reclamando que era "falta de tato e estupidez" e exigindo que os culpados "fossem punidos". Mas, em parte, isso era para manter o controle da apresentação de seus primeiros tempos de vida.[10]

Ele tinha consciência dos absurdos do culto e era suficientemente inteligente para saber que a adoração de escravos era inútil. Um estudante de colégio técnico foi ameaçado de prisão por jogar um aviãozinho de papel que atingiu o retrato de Stálin. O rapaz apelou a Stálin, que o apoiou: "Eles foram injustos com você", escreveu. "Peço [...] não o punam!" Depois brincou: "O bom atirador que atinge o alvo deve ser elogiado!".[11]

Contudo, precisava do culto e o estimulava em segredo. Com seu fiel chefe de gabinete, podia ser honesto. Dois bilhetes enterrados nos arquivos de Poskrióbichev são especialmente reveladores: quando uma fazenda coletiva pediu o direito de adotar o nome de "Stálin", ele autorizou o secretário a batizar qualquer coisa com seu nome: "Não me oponho ao desejo deles de 'ter permissão para usar o nome de Stálin', ou ao de outros [...]. Dou-lhe o direito de responder a tais propostas com consentimento [sublinhado] em meu nome".[12]

Um admirador escreveu para dizer: "Decidi mudar meu nome para o do melhor pupilo de Lênin, Stálin", e pedia a permissão do titã. "Não me oponho", respondeu Stálin. "Até concordo. Ficarei feliz porque essa circunstância me dará a oportunidade de ter um irmão mais moço. (Eu não tenho irmãos.) Stálin."[13] Logo depois da entrega dos prêmios cinematográficos, a morte tocou de novo o Politburo.

14. O anão ascende; Casanova cai

A 25 de janeiro de 1935, Valerian Kúibichev, que estava com 47 anos, morreu inesperadamente de infarto e alcoolismo, apenas seis semanas depois de seu amigo Kírov. Uma vez que questionara a investigação do NKVD e era aliado de Kírov e Sergo, afirmou-se que ele fora morto por seus médicos, suspeita não necessariamente confirmada por sua inclusão na lista daqueles supostamente envenenados por Iagoda. Entramos agora numa fase de criminalidade tão tortuosa e gangsterismo desavergonhado que todas as mortes de pessoas proeminentes são suspeitas. Mas nem todas as mortes citadas como "assassinato" nos processos stalinistas foram crimes: é preciso aceitar que ocorreram algumas mortes naturais na década de 1930. Vladímir, o filho de Kúibichev, acreditava que seu pai fora morto, mas esse beberrão heroico estava doente havia algum tempo. Os magnatas levavam uma vida tão pouco saudável que é espantoso como tantos viveram até idade avançada.

Não obstante, foi conveniente para Stálin, que aproveitou a oportunidade para promover, a 1º de fevereiro,* dois jovens astros que estavam dentro do espírito da época. Quando Kaganóvitch assumiu a tarefa colossal de dirigir as fer-

* Mikoian e Tchubar, um funcionário graduado da Ucrânia, como eram os dois membros candidatos mais antigos do Politburo, ganharam participação plena, enquanto Jdánov e Eikhe, chefe da Sibéria Ocidental, assumiram seus postos de membros candidatos.

rovias, entregou Moscou a Nikita Khruchióv, o operário semialfabetizado que um dia seria o sucessor de Stálin.[2]

Kaganóvitch conheceu Khruchióv durante a Revolução de fevereiro de 1917 na cidade mineira da Iuzovka, na Ucrânia. Apesar de um flerte de Khruchióv com o trotskismo, seus protetores eram de primeira linha: "Kaganóvitch gostava muito de mim", relembrava ele. O mesmo acontecia com Nádia ("meu bilhete de loteria") e o próprio Stálin. Mais parecido com uma bala de canhão que com um furacão, os olhos claros e porcinos de Khruchióv, seu físico atarracado e sorriso aberto com dentes de ouro exalavam rudeza primitiva e energia prometeica, mas camuflavam sua esperteza. Como primeiro-secretário da capital, comandou a transformação da "Moscou stalinista"; com um enorme programa de construções, a destruição de velhas igrejas e a criação do metrô, entrou para a elite. Já frequentador habitual de Kuntsevo, esse crente ambicioso e impiedoso se considerava um "filho" de Stálin. Nascido em 1894, filho de um mineiro camponês, esse labrego meteórico se tornou o "animal de estimação" de Stálin.[3]

Foi outro protegido de Kaganóvitch que emergiu subitamente como o homem do futuro. Iejov já estava na chefia do caso Kírov. Então foi promovido para o lugar de Kírov na Secretaria do CC e, a 31 de março, foi oficialmente designado para supervisionar o NKVD.[4] Aquele que logo ficaria famoso como um dos monstros da história, o "anão sangrento" e um fantasma de quem ninguém se lembrava nem de ter encontrado, era apreciado por quase todos que o conheceram naquela época. Era "um homem sensível, humano, gentil, delicado", que tentava ajudar em "qualquer questão pessoal desagradável", lembravam seus colegas. As mulheres, em particular, gostavam dele. Seu rosto era quase "lindo", relembrava uma senhora, seu sorriso era amplo, tinha olhos azuis esverdeados inteligentes, seus cabelos eram espessos e pretos. Gostava de flertar e brincar, era "modesto e cordato". Não era apenas um enérgico viciado em trabalho; esse "homem baixo e esguio, sempre vestido com ternos baratos e amarrotados e camisa de cetim azul", encantava as pessoas conversando com seu sotaque de Leningrado. Era tímido de início, no entanto podia ser divertido e exuberante, com um fino senso de humor. Sofria de uma leve coxeadura, mas era um belo barítono, tocava violão e dançava a *gopak*. Porém, era magro e pequeno: em um governo de homens baixos, era quase um pigmeu, com 1,51 metro de altura.[5]

Nascido em 1895 numa pequena cidade lituana, filho de um guarda-florestal que dirigia um salão de chá/bordel e de uma criada, Iejov, tal como Kaganóvitch e Vorochílov, só passou alguns anos na escola primária antes de ir trabalhar na fábrica Putilov, em São Petersburgo. Sem ser intelectual, era um autodidata obsessivo, apelidado de "Kolya, o amante dos livros", e possuía as virtudes administrativas de um bolchevique: ímpeto, rigidez, talento organizacional e memória excelente, aquele ativo burocrático descrito por Stálin como um "sinal de alta inteligência". Baixo demais para servir no Exército czarista, consertava armas e entrou para o Exército Vermelho em 1919; em Vitebsk, conheceu Kaganóvitch, seu protetor. Em 1921, estava trabalhando na República Tártara — onde provocou ódio ao demonstrar desprezo pela cultura local — quando ficou doente, o primeiro dos muitos sinais de sua fragilidade. Teria então conhecido Stálin. Em junho de 1925, tornou-se um dos secretários da Quirguísia. Após estudar na Academia Comunista, foi promovido para trabalhar no CC, depois foi comissário-adjunto da Agricultura. Em novembro de 1930, Stálin o recebeu em seu escritório. Por sugestão de Kaganóvitch, Iejov começou a frequentar o Politburo. Nos primeiros anos da década de 1930, chefiou o Departamento de Designações de Pessoal do CC e ajudou Kaganóvitch a expurgar o Partido em 1933, florescendo num frenesi de dinamismo burocrático exaustivo. Contudo, já mostrava sinais de perigo e complexidade.[6]

"Não conheço um trabalhador mais ideal", observou um colega. "Depois de lhe confiar uma tarefa, você pode esquecer e ter certeza de que ele a executará." Porém havia um problema: "Ele não sabe como parar". Tratava-se de uma característica admirável e letal em um bolchevique durante o Terror, mas ela se estendia também à vida pessoal de Iejov.

Seu humor era estupidamente pueril: comandava competições entre comissários sem calças para ver quem jogava mais longe as cinzas de um cigarro com um peido. Entregava-se a orgias com prostitutas, mas era também um bissexual entusiasta, tendo gozado de encontros vorazes com seus colegas aprendizes de alfaiate, soldados no front e até altos bolcheviques, como Filipp Goloschéikin, que providenciara o assassinato dos Románov. Seu único hobby, além de festas e fornicação, era colecionar e fazer cópias de iates. Instável, sexualmente confuso e muito nervoso, era fraco demais para competir com buldôzers como Kaganóvitch, para não mencionar o próprio Stálin. Iejov sofria de doenças nervosas constantes, entre elas feridas e pele irritadiça, tuberculose, angina, ciática, psoríase (como Stálin, provavelmente) e o que chamavam de "neurastenia". Mergulhava amiúde na depressão, bebia demais e tinha de ser alimentado por Stálin para manter-se no trabalho.[7]

Stálin recebeu-o em seu círculo: Iejov se exaurira e o líder insistiu em mais temporadas de descanso. "Iejov é contra isso, mas dizem que ele precisa", escreveu em setembro de 1931. "Prolonguemos suas férias para que fique em Abastuman mais dois meses."[8] Stálin dava apelidos a seus preferidos: chamava Iejov de "minha amora" (*iejevika*). Os bilhetes de Stálin eram amiúde questões pessoais curtas: "Ao camarada Iejov. Dê-lhe algum trabalho", ou "Escute e ajude".[9] Contudo, compreendia instintivamente a essência de Iejov: em seu arquivo, há um bilhete não publicado de agosto de 1935 que resume a relação deles. "Quando você diz alguma coisa, sempre o faz!", escreveu Stálin. Ali estava o âmago da parceria deles.[10] Quando Vera Trail, cujo relato do encontro com Iejov permanece inédito, o conheceu em seu auge, ela notou que Iejov percebia tão bem os desejos dos outros que era capaz literalmente de "terminar as frases deles". Não tinha educação formal, mas era astuto, capaz, perceptivo e sem limites morais.[11]

Iejov não ascendeu sozinho: foi acompanhado por sua esposa, que se tornaria o flerte mais vistoso e, literalmente, mais letal do séquito de Stálin. Aconteceu de o poeta Mándelstam testemunhar a corte deles. Em uma dessas coincidências incríveis, o encontro do melhor poeta da Rússia com seu maior assassino, Mándelstam viu-se no mesmo sanatório de Sukhumi em que estavam Iejov e sua então esposa, Tônia, em 1930. Os Mándelstam estavam no sótão da mansão do Parque Dedra que tinha o formato de um gigantesco bolo de casamento.*

Iejov casara-se com a instruída e marxista sincera Antonina Titova em 1919. Em 1930, Tônia tomava banho de sol numa espreguiçadeira na mansão de Sukhumi, lendo *Das Kapital* e gozando das atenções de um velho bolchevique, enquanto seu marido levantava-se cedo todas as manhãs para colher rosas para uma mulher, também casada, que estava na mesma mansão. Colher rosas, viver romances adulterinos, cantar e dançar a *gopak*: tem-se uma ideia do mundo incestuoso dos bolcheviques em férias. Porém a nova amante de Iejov não era uma antiga bolchevique, mas a versão soviética de uma melindrosa que já o havia

* Essa datcha, construída por um milionário judeu, mais tarde conhecida como Dom (casa de) Ordjonikidze e agora famosa como "Casa de Stálin", era o lugar predileto da liderança: o fundador da Tcheca, Félix Dzerjinski, ficava lá frequentemente. Trotski estava se recuperando nessa datcha na época da morte de Lênin, quando Stálin e Ordjonikidze conseguiram que ele perdesse o funeral. Stálin (e Béria) ficou ali depois da guerra; a grande sala de bilhar foi instalada especialmente para ele, que também se interessava muito pelas árvores e flores plantadas pelos chefes locais do Partido até sua morte. Em uma das partes mais sinistras da pesquisa para este livro, o autor ficou quase sozinho nessa casa estranha, mas histórica, provavelmente no sótão de Mándelstam.

apresentado a seus amigos escritores em Moscou. Iejov divorciou-se de Tônia naquele ano e casou-se com ela.

Esguia e de olhos faiscantes, Ievguênia Feigenberg, aos 26 anos, era uma judia sedutora e cheia de vida de Gomel. Essa voraz *groupie* literária era tão promíscua quanto seu novo marido: possuía o entusiasmo amoroso de Messalina, mas nada de sua perfídia. Casara-se primeiro com um funcionário, Khayutin, depois com Gadun, que foi nomeado para a embaixada soviética em Londres. Ela o acompanhou, mas quando ele foi chamado de volta à Rússia, Ievguênia ficou no exterior, datilografando na legação de Berlim. Foi lá que conheceu sua primeira estrela literária, Isaac Babel, a quem seduziu com a frase habitual das *groupies* quando encontram seus heróis: "Você não me conhece, mas eu o conheço muito bem". Essas palavras assumiram depois um significado terrível.

De volta a Moscou, conheceu "Kolia" Iejov.[12] Ievguênia sonhava ter um salão literário: a partir de então, Babel e o astro do jazz Leonid Utsesov frequentaram os Iejov. Foi ela quem perguntou aos Mándelstam: "Pilniak vem nos visitar. Quem vocês visitam?". Mas Iejov também era obsessivamente devotado à obra de Stálin — os escritores não o interessavam. O único magnata que era amigo dos Iejov era Sergo, assim como sua esposa, Zina: fotografias mostram os dois casais em suas datchas. A filha de Sergo, Eteri, lembra como Ievguênia "vestia-se muito melhor que as outras esposas bolcheviques".[13]

Em 1934, Iejov estava de novo tão exausto e coberto de furúnculos que quase teve um colapso. Stálin, em férias com Kírov e Jdánov, mandou Iejov gozar do cuidado médico mais luxuoso disponível na *Mitteleuropa* e ordenou que o adjunto de Poskrióbichev, Dvinski, enviasse à embaixada em Berlim esta nota em código: "Peço-lhes que deem muita atenção a Iejov. Está gravemente enfermo e não posso avaliar a gravidade da situação. Deem-lhe ajuda e tratem-no com carinho [...]. É um bom homem e um trabalhador muito precioso. Ficarei agradecido se informarem regularmente* ao Comitê Central sobre seu tratamento".[14]

Ninguém fez objeções à ascensão de Iejov. Ao contrário, Khruchióv achou que era uma designação admirável. Bukhárin respeitava seu "bom coração e

* Enquanto escrevia seus livros de história com seus queridos amigos Jdánov e Kírov, Stálin recebia relatórios detalhados sobre a saúde de seu "precioso" camarada. O caso de Iejov é uma ilustração clássica do controle obsessivo do Partido sobre todos os detalhes acerca de seus líderes. "Os banhos radioativos de Badgastein" melhoraram a saúde de Iejov, relatou a embaixada após cinco dias. Alguns dias mais tarde, o paciente sentia-se sem energia após os banhos, seguia uma dieta,

consciência limpa", embora tenha notado que ele rastejava diante de Stálin — mas certamente não era o único.[15] "Amora" trabalhou apreensivo com Iagoda para forçar Zinóviev, Kámenev e seus infelizes aliados a confessar a responsabilidade pela morte de Kírov e por todo tipo de façanha vil.[16]

Não demorou para que "Amora" estendesse as garras para esmagar um dos mais antigos amigos de Stálin: Ábel Ienukidze. O sibarita cordial alardeava seus casos sexuais com garotas cada vez mais jovens, inclusive bailarinas adolescentes. As meninas enchiam seu escritório, que veio a parecer uma espécie de agência de encontros bolchevique para amantes descartadas e futuras.

O círculo de Stálin já estava cheio de cochichos sobre suas extravagâncias: "Sendo dissoluto e sensual", Ienukidze deixava um "mau cheiro por toda parte, entregando-se à obtenção de mulheres, destruindo famílias, seduzindo meninas", escreveu Maria Svanidze. "Tendo todas as guloseimas da vida em suas mãos [...] usava isso para os próprios objetivos imundos, comprando meninas e mulheres." E, o que é pior, Ienukidze era "sexualmente anormal", pegando meninas cada vez mais jovens para, finalmente, chegar a crianças de nove a onze anos de idade. As mães eram pagas. Maria queixou-se a Stálin, que certamente começou a dar-lhe ouvidos: já não confiava em Ienukidze desde 1929.

O padrinho de Nádia cruzou o limite entre família e política na vida de Stálin e isso se revelou uma cerca perigosa de pular. Amigo generoso da esquerda e da direita, pode ter feito objeções à lei de 1º de dezembro, mas também personificava a decadência da nova nobreza. Ábel não era o único: o próprio Stálin sentia-se cercado por porcos no cocho. Estava sempre sozinho, mesmo entre sua roda de amigos, convencido de sua distância e, com frequência, solitário. Ainda em 1933, implorara a Ienukidze que passasse as férias com ele. Em Moscou, pedia amiúde que Mikoian e Aliocha Svanidze, que era como um "irmão" para ele, ficassem para dormir. Mikoian ficou algumas vezes, mas sua esposa não

---

mas ainda fumava sem parar — e as feridas em suas coxas e pernas haviam quase desaparecido. O CC votou para lhe enviar a enorme quantia de mil rublos. Depois, ele teve dores no apêndice, mas, tendo consultado os médicos de Moscou, Kaganóvitch ordenou que não fosse submetido a cirurgia, "exceto se absolutamente necessário". Após outro descanso em um sanatório italiano, os Iejov retornaram no outono.

gostava disso: "Como ela poderia verificar se eu estava realmente na casa de Stálin?". Svanidze ficava com mais frequência.[17]

O catalisador da queda de Ienukidze foi o tema preferido de Stálin: a história pessoal para os bolcheviques ocupava o mesmo lugar que a genealogia para os cavaleiros medievais. Quando seu livro *As imprensas secretas bolcheviques* foi publicado, o editor do *Pravda* Mekhlis mandou a Stálin a obra com um bilhete em que dizia que "certas partes estão [...] marcadas". As notas de Stálin na margem de seu exemplar mostram sua irritação: "Isto é falso!", "lorotas" e "asneira". Quando Ienukidze escreveu um artigo sobre suas atividades em Baku, Stálin o distribuiu ao Politburo temperado com um "ha-ha-ha!". Ienukidze cometeu um erro grave ao não mentir sobre as façanhas heroicas de Stálin. Isso era compreensível porque o principal papel na criação do movimento de Baku fora desempenhado por ele mesmo.

"Que mais ele quer?", queixou-se Ienukidze. "Estou fazendo tudo o que me pediu, mas isso não é suficiente para ele. Ele quer que eu admita que é um gênio."[18]

Outros não eram tão orgulhosos. Em 1934, Lakoba publicou uma história bajulatória do papel heroico de Stálin em Batumi. Sem querer ficar para trás, Béria mobilizou um bando de historiadores para falsificar seu livro *Sobre a história das organizações bolcheviques no Transcáucaso*, que foi publicado no mesmo ano, sob seu nome. "Para meu querido e adorado mestre", dedicou Béria. "Ao grande Stálin!"[19]

Então a morte de Nádia alcançou Ienukidze: uma célula terrorista foi "descoberta" por Iejov no Kremlin, dirigida por Ábel. Kaganóvitch proclamou em estilo shakespeariano: "Há algo de podre aqui!". O NKVD prendeu 110 dos empregados de Ienukidze, bibliotecários e criadas, por terrorismo. Os complôs stalinistas sempre exibiam uma beldade malvada: efetivamente, havia uma "condessa" que teria envenenado páginas de livros para matar Stálin. Dois foram condenados à morte e o resto ganhou de cinco a dez anos de prisão nos campos de trabalho forçado. Tal como tudo que acontecia ao redor de Stálin, esse "caso do Kremlin" possuía vários ângulos: em parte, tinha por alvo Ienukidze, em parte, visava limpar o Kremlin de elementos possivelmente desleais, mas estava também de alguma forma ligado a Nádia. Uma criada, cujo apelo ao presidente Kalínin encontra-se nos arquivos, foi presa por fofocar com suas amigas sobre o suicídio de Nádia. Stálin certamente não esquecera que Ienukidze havia "dominado" politicamente Nádia e fora o primeiro a ver seu corpo.

Ienukidze foi posto no olho da rua, obrigado a publicar uma "Correção de erros", rebaixado para dirigir um sanatório no Cáucaso e atacado violentamente por Iejov (e Béria) numa assembleia. "Amora" primeiro aumentou as apostas: Zinóviev e Kámenev não eram apenas *moralmente* responsáveis pelo assassinato de Kírov — eles o haviam planejado. Depois, voltou-se contra o pobre "Tio Ábel, que acusou de cegueira política e complacência criminosa ao deixar os contrarrevolucionários Zinóviev-Kámenev e terroristas trotskistas" fazerem seus ninhos dentro do Kremlin, enquanto tramavam matar Stálin. "Isso quase custou a vida ao camarada Stálin", alegou ele. Ienukidze era "o representante mais típico dos comunistas corruptos e arrogantes, brincando de cavalheiros 'liberais' à custa do Partido e do Estado".

Ienukidze defendeu-se culpando Iagoda: "Ninguém foi contratado sem a aprovação da segurança!".

"Não é verdade!", retrucou Iagoda.

"Sim, é verdade! [...] Eu, mais do que ninguém — posso encontrar um monte de erros crassos. Eles podem ser caracterizados como traição e duplicidade."

"Ainda assim", interveio Béria, atacando Ienukidze por seu generoso hábito de ajudar os camaradas caídos em desgraça, "por que você fez empréstimos e deu ajuda?"

"Espere um pouco [...]", respondeu Ienukidze, citando um velho amigo que estivera na oposição, "eu conhecia seu presente e seu passado melhor do que Béria."

"Conhecíamos sua situação atual tão bem quanto você."

"Não o ajudei pessoalmente."

"Ele é um trotskista atuante", replicou Béria.

"Deportado pelas autoridades soviéticas", interveio o próprio Stálin.

"Você agiu errado", acrescentou Mikoian.

Ienukidze admitiu ter dado a outro oposicionista algum dinheiro porque a esposa dele lhe fizera um apelo.

"E daí que morra de fome?", disse Sergo. "E daí que ela resmungue? O que isso tem a ver com você?"

"O que você é? Uma espécie de criança?", gritou Vorochílov. Os ataques à frouxidão da segurança de Ienukidze eram também ataques a Iagoda: "Admito minha culpa", confessou ele, "em que não [...] agarrei Ienukidze pela garganta [...]".

Sobre a questão de como punir Ienukidze, houve desacordo: "Devo admitir", disse Kaganóvitch, "que nem todos o julgaram responsável nessa questão [...] mas o camarada Stálin farejou sem demora um rato". O rato foi finalmente expulso do Comitê Central e do Partido (temporariamente).[20]

Dias depois, em Kuntsevo, um Stálin mal-humorado de repente sorriu para Maria Svanidze: "Está contente por Ábel ter sido punido?". Maria estava feliz com essa limpeza atrasada do ferimento supurado da depravação. No 1º de maio, Jênia e os Svanidze reuniram-se a Stálin e Kaganóvitch para comer kebabs, cebolas e molho, mas o *Vojd* estava tenso, até que as mulheres começaram a matraquear. Depois elas ergueram um brinde a Nádia. "Ela me deixou aleijado", refletiu Stálin. "Após condenar Iacha por se matar, como pôde fazer a mesma coisa?"[21]*

* Ignorando a queda de Tio Ábel, Svetlana decidiu que queria ir para a datcha de Lipki, que fora a escolha de Nádia para uma casa de férias, toda decorada a seu estilo. Stálin concordou, embora fosse "duro para Ióssif estar lá", escreveu Maria. Toda a extensa família, junto com Mokoian, partiu em um comboio de carros. Stálin estava muito afável com Mikoian. Svetlana perguntou se podia ficar acordada para o jantar e Stálin permitiu. Vassíli também participava com frequência do jantar dos adultos.

15. O czar anda de metrô

Em meio ao caso Ienukidze, Stálin, Kaganóvitch e Sergo foram à festa de aniversário da adorada babá de Svetlana no apartamento dele. "Ióssif comprou um chapéu e meias de lã" para ela. De bom grado e com amor, deu comida de seu prato a Svetlana. Todos estavam excitados e otimistas porque acabara de entrar em funcionamento o grande metrô de Moscou, batizado com o nome de Kaganóvitch, uma obra magnífica com salões de mármore que mais pareciam palácios. Seu criador, Kaganóvitch, trouxera dez bilhetes para Svetlana, suas tias e os guarda-costas para uma viagem. De repente, encorajado por Jênia e Maria, Stálin decidiu que iria também.

Essa mudança de plano provocou uma "comoção" entre os cortesãos de Stálin, que é descrita com hilaridade no diário de Maria. Eles ficaram tão nervosos com essa excursão não planejada que telefonaram até para o premiê; em questão de minutos, quase a metade do Politburo estava envolvida no assunto. Todos já estavam em suas limusines quando Mólotov atravessou correndo o pátio para informar Stálin que "uma viagem desse tipo, sem preparo, pode ser perigosa". Kaganóvitch, "o mais preocupado de todos, ficou pálido" e sugeriu que fossem à meia-noite, quando o metrô estaria fechado, mas Stálin insistiu. Três limusines com magnatas, senhoras, crianças e guardas foram do Kremlin até a estação. Quando o grupo chegou à plataforma, não havia trem. Podem se imaginar os esforços frenéticos de Kaganóvitch para achar um bem depressa. O público notou Stálin e gritou-lhe cumprimentos. O líder ficou impaciente. Quando o trem finalmente chegou, o grupo embarcou com vivas.

Eles desceram em Okhotny Rad para inspecionar a estação. Stálin foi cercado por fãs e Maria quase foi esmagada contra uma coluna, mas o NKVD finalmente alcançou o grupo. Maria notou que Vassíli estava assustado, porém Stálin se comportava com jovialidade. Aconteceu então uma total confusão russa quando Stálin decidiu retornar para casa, mudou de ideia e desceu em Arbat, onde houve outro quase-tumulto, antes de que voltassem todos ao Kremlin. Vassíli estava tão perturbado por toda a experiência que chorou na cama e teve de tomar gotas de valeriana.[1]

A viagem marcou outro declínio nas relações entre os líderes e as senhoras Svanidze e Allilúiev, aquelas atrizes não bolcheviques, todas "pó de arroz e batom", nas palavras de Maria. Kaganóvitch ficou furioso com as mulheres por terem persuadido Stálin a viajar de metrô sem aviso e sibilou para elas que teria arranjado a viagem se lhe tivessem avisado com antecedência. Somente Sergo teria balançado a cabeça diante dessa cena ridícula. Dora Khazan, batalhando para ascender no Comissariado da Indústria Leve, achou que elas eram "mulheres fúteis que não faziam nada, frívolas desperdiçadoras de tempo". A família começou a sentir que "éramos apenas parentes pobres", disse Kira Allilúieva. "Era assim que eles nos faziam sentir. Até Poskrióbichev nos desprezava, como se estivéssemos no meio do caminho." Quanto a Béria, a família, com erro de julgamento fatal, não fez questão de esconder que não gostava dele. As mulheres interferiam e fofocavam como Nádia jamais fizera. Mas no mundo rígido bolchevique e levando especialmente em conta a concepção de Stálin de família, eles foram longe demais. Maria, que havia denunciado a Stálin os amores de Ienukidze, jactou-se em seu diário: "Eles dizem até que sou mais forte do que o Politburo porque posso derrubar decretos".

Pior do que isso, as mulheres tramavam vendetas umas contra as outras. A fotografia da festa de aniversário de 1934 causou outra rixa que minou a confiança de Stálin. Sachiko Svanidze, ao ficar com ele em Kunstsevo, achou a foto sobre a mesa de Stálin e tomou-a emprestado para fazer algumas cópias, o tipo de comportamento atrevido encontrado com frequência em mulheres ambiciosas das cortes imperiais, sugerindo que aquelas damas liam regularmente os papéis que estavam na escrivaninha de Stálin. Maria, que detestava a ascensão descarada de

Sachiko, descobriu o fato e advertiu Stálin: "Você não pode deixá-la fazer da sua casa uma loja e começar a realizar negócios com sua bondade". Foi uma das raras ocasiões em que Stálin foi criticado por excesso de bondade. Ele ficou irritado, culpando seus secretários e Vlássik pela perda da foto. Por fim, disse que Sachiko podia "ir para o inferno", mas sua fúria voltou-se igualmente para toda a família: "Eu sei que ela fez coisas maravilhosas por mim e outros velhos bolcheviques [...] mas, apesar disso, ela sempre se sente ofendida, escreve cartas para mim por nada e exige minha atenção. Não tenho tempo para cuidar de mim mesmo e não consegui cuidar nem de minha mulher [...]". Nádia estava sempre em sua lembrança.

Sachiko foi afastada, para felicidade de Jênia e Maria, mas elas também tomavam liberdades. Os Svanidze ainda se comportavam como se Ióssif fosse seu bondoso *pater familias*, não o grande Stálin. Quando ele convidou os Svanidze e Allilúiev para jantar com ele depois de assistir ao balé Kírov, "calculamos mal o tempo e só chegamos quase à meia-noite, quando o balé acabava às dez. Ióssif não gosta de esperar". Essa é uma maneira muito atenuada de contar o evento: é difícil imaginar alguém se esquecendo do tempo e deixando um presidente americano esperar por duas horas. Aqui vemos Stálin por intermédio dos olhos de seus amigos, antes que o Terror o transformasse num Ivan, o Terrível, moderno: vemo-lo levar um chá de cadeira de seus convidados por duas horas, largado em Kuntsevo para jogar bilhar com seus guarda-costas! Stálin, despojado de seu sentimento de missão histórica e sacerdotal, deve ter refletido sobre o desrespeito desses aristocratas soviéticos: não tinham o menor medo dele.

Quando chegaram, os homens saíram para jogar bilhar com o irritado Stálin, que foi claramente hostil às mulheres. Mas, depois do vinho, brilhou de orgulho por Svetlana, contando seus ditos encantadores como qualquer pai. Não obstante, eles pagariam pelo atraso.[2]

Stálin adorara sua viagem de metrô não programada e contou a Maria como ficara comovido "com o amor do povo por seu líder. Aqui, nada foi preparado e fixado. Como ele disse, [...] o povo precisa de um czar, a quem possa cultuar e por quem possa viver e trabalhar".[3] Ele sempre acreditara que o "povo russo é czarista". Em várias ocasiões, comparou-se com Pedro, o Grande, Alexandre I e Nicolau I, mas esse filho da Geórgia, uma satrapia persa durante séculos, também se identificava com os xás. Chamou dois monarcas de seus "professores" em suas anotações: um era Nadir Xá, o construtor de impérios persa do século XVIII, sobre o qual escreveu: "Nadir Khan. Professor". (Interessava-se também por outro xá, Abbas, que decapitou dois filhos e mandou ao pai suas cabeças: "Serei como o xá?", perguntou a Béria.)

Mas considerava Ivan, o Terrível, seu verdadeiro *alter ego*, seu "professor",* algo que revelava constantemente a camaradas como Mólotov, Jdánov e Mikoian, aplaudindo seu necessário assassinato dos poderosos boiardos. Ivan também perdera sua adorada esposa, morta pelos boiardos. Isso levanta a questão de como seus magnatas poderiam dizer que foram "enganados" pela verdadeira natureza de Stálin, uma vez que ele elogiava de forma aberta um czar que matou sistematicamente sua nobreza.[4]

No final de 1935, ele também começou a reproduzir alguns dos aspectos externos do czarismo: em setembro, restaurou o título de marechal da União Soviética (embora não de marechal de campo), promovendo Vorochílov e Budiony, além de três outros heróis da guerra civil, entre eles Tukhatchevski, que odiava, e Alexander Iegórov, o novo chefe de Estado-Maior, cuja esposa perturbara bastante Nádia na noite de seu suicídio. Para o NKVD, criou um posto equivalente ao de marechal, promovendo Iagoda a comissário-geral da Segurança do Estado. De repente, o esplendor masculino tinha novamente importância: Vorochílov e Iagoda ufanavam-se em seus uniformes. Quando Stálin mandou Bukhárin em viagem a Paris, disse-lhe: "Seu terno está puído. Você não pode viajar assim. [...] As coisas são diferentes conosco agora; você precisa estar bem vestido". Stálin tinha tal olho para os detalhes que o alfaiate do Comissariado de Relações Exteriores telefonou naquela tarde. Mais do que isso, o NKVD tinha acesso aos últimos luxos, dinheiro e casas. "Libere-me 60 mil rublos de ouro para comprar carros para nossos trabalhadores do NKVD", escreveu Iagoda com tinta cor-de-rosa a Mólotov no dia 15 de junho de 1935. Stálin (com caneta azul) e Mólotov (caneta vermelha) assinaram a liberação, mas a reduziram para 40 mil. Porém isso ainda correspondia a muitos Cadillacs. Stálin já ordenara que os Rolls-Royces do Kremlin fossem concentrados na "garagem especial".[5]

* Em seu círculo, Stálin chamava Bukhárin de "Chuiski", de acordo com Kaganóvitch, referindo-se tanto à família Chuiski, de boiardos que foram senhores absolutos do jovem Ivan, como ao assim chamado "czar boiardo" após a morte de Ivan. Em ambos os sentidos, Stálin estava identificando sua posição com a de Ivan contra os boiardos.

Stálin tornara-se um czar: as crianças cantavam agora "Obrigado, camarada Stálin, por nossa infância feliz", talvez porque ele tivesse trazido de volta as árvores de Natal. Mas, ao contrário dos Románov cheio de joias, tão identificados com a velha aldeia russa e seus camponeses, Stálin criou seu tipo especial de czar, modesto, austero, misterioso e urbano. Não havia contradição alguma disso com seu marxismo.[6]

Às vezes, a preocupação amorosa de Stálin com seu povo era levemente absurda. Em novembro de 1935, por exemplo, Mikoian anunciou aos stakhanovitas do Kremlin que Stálin estava muito interessado em sabão e pedira amostras, "após o que recebemos um decreto especial do Comitê Central sobre a classificação e a composição do sabão", anunciou, sob aplausos. Depois Stálin passou do sabão para banheiros. Khruchióv dirigia Moscou com o prefeito Nikolai Bulgánin, outra estrela ascendente, um bonito mas implacável loiro ex-tchequista com um cavanhaque: Stálin os apelidou de "pais da cidade". Khruchióv foi chamado: "Fale com Bulgánin e façam alguma coisa [...]. As pessoas procuram desesperadamente e não conseguem achar um lugar para se aliviar [...]".[7] Mas gostava de brincar de Paizinho, intervindo de cima em favor de seu povo. Em abril, um professor do Cazaquistão chamado Karenkov apelou a Stálin por ter perdido o emprego: "Ordeno que parem de imediato com a perseguição ao professor Karenkov", determinou* aos chefes cazaques.[8] É difícil imaginar Hitler ou Roosevelt investigando mictórios, sabonetes ou professores de aldeia.

O obtuso mas apropriado Vorochílov deu outro passo mais fundo no lamaçal da depravação soviética quando leu um artigo sobre vandalismo adolescente. Escreveu uma nota ao Politburo dizendo que Khruchióv, Bulgánin e Iagoda "concordam que não há alternativa senão prender os pequenos vagabundos [...]. Não entendo por que não se fuzila a escória". Stálin e Mólotov aproveitaram a oportunidade para acrescentar outra arma terrível a seu arsenal para uso contra os oponentes políticos, decretando que a partir de então crianças de doze anos poderiam ser executadas.[9]

* Quando não obteve resposta, mostrando de novo a atitude dos chefes locais em relação ao centro, Poskrióbichev foi atrás do primeiro-secretário cazaque: "Não tivemos confirmação de nossa ordem". Dessa vez, o chefe local respondeu imediatamente. Mas isso apenas ilustra como os chefes locais ignoravam Moscou em questões pequenas e grandes, seguindo a velha tradição russa de obediência aparente, ao mesmo tempo em que evitavam a execução de fato das ordens.

De férias em Sotchi, Stálin ainda estava furioso com as besteiras de amigos decaídos e crianças truculentas. O incansavelmente sociável Ienukidze ainda conversava sobre política com seu velho companheiro Sergo. Stálin não conseguia entender como alguém leal pudesse continuar amigo de quem havia caído. Stálin confidenciou sua desconfiança de Sergo a Kaganóvitch (amigo de Sergo): "É estranho que Sergo continue amigo" de Ienukidze. Stálin mandou que Ábel, aquele "sujeito esquisito", fosse afastado de sua datcha. Agindo de modo fulminante contra a "escória" do "grupo de Ienukidze" e os velhos bolcheviques, "aqueles 'velhos estúpidos', na expressão de Lênin", Kaganóvitch removeu Ábel para Khárkov.[10]

Vassíli, então com catorze anos, também o preocupava: quanto mais absoluto Stálin ficava, mais delinquente Vassíli se tornava. Esse mini-Stálin macaqueou seus tutores tchequistas, denunciando as esposas dos professores: "Pai, já pedi ao comandante para remover a esposa do professor, mas ele se recusa [...]", escreveu Vassíli. O hostilizado comandante de Zubálovo relatou que enquanto "Svetlana estuda bem, Vássia vai mal — ele é preguiçoso". Os diretores da escola chamaram Carolina Til para perguntar o que fazer. Ele gazeteava ou dizia que o "camarada Stálin" lhe ordenara não trabalhar com certos professores. Quando a governanta achou dinheiro em seu bolso, Vassíli não revelou de onde vinha.

A 9 de setembro de 1935, Efimov relatou friamente a Stálin que Vassíli escrevera: "Vássia Stálin, nascido em março de 1921, morto em 1935". O suicídio era um fato naquela família, mas também na cultura bolchevique: quando Stálin começou a "limpeza" no Partido, seus oponentes começaram a se matar, o que só contribuiu para deixá-lo mais ultrajado; chamava a isso de "cuspir no olho do Partido". Pouco depois, Vassíli entrou numa escola de artilharia, junto com os filhos de outros líderes, inclusive Stiepan Mikoian; seu professor também escreveu a Stálin para se queixar das ameaças de suicídio de Vassíli.

"Recebi sua carta sobre os truques de Vassíli", escreveu Stálin para V. V. Martychin. "Estou respondendo muito tarde porque estou ocupado demais. Vassíli é um menino mimado, de capacidades medianas, selvagem (um tipo de cita), nem sempre honesto, usa chantagem com 'regras' fracas, frequentemente descarado com os fracos [...]. Foi mimado por diferentes protetores que o lembram a cada passo que ele é o 'filho de Stálin'. Estou contente por ver que você é um bom professor, que trata Vassíli como qualquer outra criança e exige que ele obedeça ao regime da escola [...]. Se Vassíli não se arruinou até agora é porque em nosso país existem professores que não dão quartel a esse filho caprichoso de um barão. Meu conselho é: trate Vassíli COM MAIS RIGOR e não tenha medo de suas falsas ameaças e chantagens de 'suicídio'. Eu lhe darei apoio [...]."[11]

Svetlana, em férias com o pai, continuava a ser a predileta adorada. Ao ler as cartas de Stálin a Kaganóvitch (geralmente sobre a perseguição a Ienukidze), quase podemos vê-la sentada perto dele na varanda, enquanto ele escreve suas ordens com seus lápis vermelhos, entronado em sua cadeira de vime, junto à mesa de vime cheia de pilhas de papel embrulhados em jornal que eram trazidas diariamente por Poskrióbichev. Ele a menciona com frequência. Parece que Kaganóvitch assumiu o posto de Kírov como "secretário do Partido" de Svetlana, saudando-a em suas cartas a Stálin e acrescentando: "Salve nossa chefe, Svetlana! Espero instruções [...] sobre o adiamento de quinze, vinte dias do período escolar. Um dos secretários LM Kaganóvitch". Vassíli era o "colega-chefe de Svetlana".

Três dias depois, Stálin informava Kaganóvitch que "Svetlana, a Chefe* [...] exige decisões [...] a fim de averiguar seus secretários".

"Salve, Chefe Svetlana!", respondeu Kaganóvitch. "Esperamos por ela com impaciência." Quando voltou a Moscou, ela visitou Kaganóvitch, que relatou a seu pai: "Hoje nossa Chefe Svetlana inspecionou nosso trabalho".[12]

Então Stálin ficou sabendo por Béria que sua mãe Keké estava ficando mais fraca. A 17 de outubro, foi a Tiflis para visitá-la: era a terceira vez que fazia isso desde a Revolução.

Béria assumira a responsabilidade de cuidar da velha dama, como um cortesão que cuida de uma imperatriz viúva. Ela vivera durante anos em quartos confortáveis das dependências de empregados do palácio do governador czarista Michael Voronstov, onde tinha a companhia de duas senhoras. Todas usavam a tradicional touca e os vestidos longos das viúvas georgianas. Béria e sua mulher, Nina, visitavam Keké com frequência, relembrando seu gosto apimentado por fofocas sexuais: "Por que não arranja um amante?", perguntou a Nina. Stálin era um filho negligente, mas ainda cumpria o dever de escrever seus bilhetes: "Querida mãe, por favor, viva 10 mil anos. Beijos, Soso". Pedia desculpas: "Sei que está desapontada comigo, mas que posso fazer? Estou ocupado e não posso escrever com frequência".

* *Khozyaika* significa senhora, o feminino de *Khozyain*, chefe, senhor, o apelido de Stálin na burocracia, embora também signifique usualmente "dona de casa".

A mãe mandava doces, e Soso, dinheiro. Mas, na qualidade de filho que substituíra o marido como homem da casa, ele sempre fazia o papel de herói, revelando seus sonhos de destino e coragem: "Olá minha mamãe, as crianças lhe agradecem pelos doces. Estou com saúde, não se preocupe comigo [...]. Eu estarei à altura de meu destino! Você precisa de mais dinheiro? Mando-lhe quinhentos rublos e fotos minhas e das crianças. P.S.: As crianças a cumprimentam. Depois de Nádia, minha vida privada é muito dura, mas um homem forte deve ser *sempre* corajoso".[13]

Stálin preocupava-se especialmente em proteger os irmãos Egnatachvili, filhos do estalajadeiro que era o benfeitor de sua mãe. Alexander Egnatachvili, oficial tchequista em Moscou (supostamente o provador de alimentos de Stálin, apelidado de "Coelho"), mantinha esse velho vínculo vivo: "Minha querida mãe espiritual", escreveu Egnatachvili em abril de 1934, "ontem visitei Soso e conversamos durante muito tempo [...] ele engordou [...]. Nos últimos quatro anos, não o vi tão saudável [...]. Ele estava brincando muito. Quem diz que está mais velho? Ninguém acha que tem mais de 47!". Mas ela estava enferma.

"Sei que você está doente", escreveu Stálin para ela. "Seja forte. Estou lhe mandando meus filhos [...]." Vassíli e Svetlana ficaram nas residências de Béria e depois visitaram a velha senhora em seu "quarto minúsculo", cheio de retratos do filho. Svetlana lembrava como Nina Béria conversava com ela em georgiano, mas Keké não conseguia falar russo.

Stálin recrutou seu cunhado Aliocha Svanidze e Lakoba para acompanhá-lo na visita à mãe, enquanto Béria fazia rápidos arranjos. Não ficou por muito tempo. Se tivesse olhado em volta, teria notado que ela não tinha apenas fotografias de Stálin em seu quarto, mas também um retrato de Béria. Ele tinha seu próprio culto de personalidade na Geórgia, mas, mais do que isso, devia ser como um filho para ela.

Os verdadeiros sentimentos de Stálin em relação a sua mãe eram complicados porque ela gostava de bater nele e pelos supostos casos dela com seus patrões. Há uma pista desse possível complexo de santa-puta em sua biblioteca: ele sublinhou um trecho de *Ressurreição*, de Tolstoi, sobre uma mãe que é ao mesmo tempo boa e má. Mas ela também tinha tendência a fazer comentários inconvenientes, ainda que perspicazes. Keké perguntava-se por que Stálin rompera com Trotski: os dois deveriam governar juntos. Agora, sentado sorridente ao lado dela, ele fez a pergunta reveladora:

"Por que você me batia tanto?"

"Por isso você ficou tão bom", respondeu ela, antes de perguntar: "Ióssif, o que você é agora exatamente?"

"Bom, lembra do czar? Pois é, sou uma espécie de czar."

"Você teria feito melhor se fosse padre", disse ela, comentário que deleitou Stálin.

Os jornais noticiaram a visita com o sentimentalismo nauseabundo de uma versão bolchevique dos semanários de fofoca: "Aos 75 anos, Keké é afável e animada", derramou-se o *Pravda*. "Ela parece se acender quando fala sobre os momentos inesquecíveis de seu encontro. 'O mundo inteiro exulta quando olha para meu filho e para nosso país. O que você esperaria que eu, sua mãe, sentisse?'".

Stálin ficou irritado com esse ataque de caretice stalinista. Quando Poskrióbichev lhe mandou o artigo, escreveu de volta: "Não tem nada a ver comigo". Mas depois rabiscou outro bilhete para Mólotov e Kaganóvitch: "Exijo que acabemos com os *potins petit-bourgeois* que se infiltraram em nossa imprensa [...] inserir a entrevista com minha mãe e toda essa asneira. Peço para ficar livre do alarido publicitário incessante desses canalhas!". Mas estava contente por sua mãe estar com saúde, dizendo-lhe "Nosso clã é evidentemente muito forte" e mandando mais presentes: uma touca, uma jaqueta e alguns medicamentos.[14]

De volta a Moscou,* Stálin decidiu reabrir e expandir o caso Kírov, que havia se acalmado depois do fuzilamento de Nikoláiev, e a condenação de Zinóviev e Kámenev no início de 1935. Os dois velhos bolcheviques foram interrogados de novo e a rede de prisões se ampliou. Então um ex-associado de Trotski chamado Valentin Olberg foi detido pelo NKVD em Gorki. Seu interrogatório "estabeleceu" que Trostski também estava envolvido no assassinato de Kírov. Seguiram-se mais prisões.[15]

* Caso tenhamos esquecido de que se tratava de um Estado baseado na repressão, Jdánov e Mikoian estavam inspecionando os projetos de trabalho escravo do NKVD no Ártico, tais como o canal de Belomor: "Os tchequistas aqui fizeram um grande trabalho", escreveu Jdánov com entusiasmo a Stálin. "Eles possibilitam que ex-kulaks e elementos criminosos trabalhem para o socialismo e possam se tornar gente de verdade."

16. Escolha seus parceiros, monte em seus prisioneiros: o espetáculo do processo

Como se essas sombras crescentes não existissem, a festa de aniversário de Stálin, com a presença dos magnatas, de Béria e da família, foi "agitada e alegre". Vorochílov estava resplandecente em seu novo uniforme branco de marechal, enquanto sua deselegante esposa olhava com ciúme para o vestido berlinense de Maria Svanidze. Após o jantar, cantaram e dançaram como nos velhos tempos: com Jdánov nas harmonias, entoaram canções abkhazianas, ucranianas, estudantis e cômicas. Stálin decidiu pedir um piano para que Jdánov pudesse tocar. Em meio à hilaridade geral, Postyshev, um dos chefes ucranianos, dançou com Mólotov — e "esse casal divertiu muito Ióssif e todos os convidados". Era o primeiro exemplo da notória dança lenta para homens que se tornaria mais afetada depois da guerra.

Stálin assumiu o gramofone e até dançou um pouco de música russa. Mokoian apresentou sua *lezkinka* saltitante. Os Svanidze dançaram foxtrote e convidaram Stálin a participar, mas ele disse que abandonara a dança desde a morte de Nádia. Dançaram até as quatro da manhã.[1]

Na primavera de 1936, a prisão de velhos trotskistas disseminou-se, e os que já estavam nos campos de trabalho receberam novas sentenças. Os condenados por "terrorismo" deveriam ser fuzilados. Mas o verdadeiro trabalho foi a criação de uma nova espécie de espetáculo policial: o primeiro dos grandes processos de

Stálin. Iejov foi o supervisor desse caso — esse promissor teórico estava até escrevendo um livro sobre os seguidores de Zinóviev, corrigido pessoalmente por Stálin.[2] Iagoda, o comissário-geral da Segurança do Estado, que era cético em relação àquele "absurdo", permaneceu no comando, mas Iejov solapou-o constantemente. Esse processo exauriu o frágil Iejov. Logo estaria tão debilitado que Kaganóvitch sugeriu, e Stálin aprovou, que ele fosse mandado para outras férias especiais de dois meses, com mais 3 mil rublos.[3]

Os principais acusados seriam Zinóviev e Kámenev. Seus velhos amigos foram presos para ajudar a persuadi-los a "cumprir o dever". Stálin acompanhou todos os detalhes dos interrogatórios. Os inquiridores do NKVD se dedicariam de corpo e alma a obter as confissões. As instruções de Stálin ao NKVD eram sugestivas desse terrível processo: "Monte em seu prisioneiro e não desmonte enquanto ele não confessar". O desertor do NKVD Alexander Orlov deixou o melhor relato de como Iejov armou esse processo, prometendo às "testemunhas" preservar suas vidas em troca de depoimentos contra Zinóviev e Kámenev, que se recusavam a cooperar. Telefonavam do escritório de Stálin de hora em hora para saber das novidades.

"Você acha que Kámenev pode não confessar?", perguntou Stálin a Mirónov, um dos tchequistas de Iagoda.

"Não sei", respondeu Mirónov.

"Você não sabe?", disse Stálin. "Você sabe quanto pesa nosso Estado com todas as fábricas, máquinas, o Exército com todos os armamentos e a Marinha?" Mirónov achou que era brincadeira, mas Stálin não estava sorrindo. "Pense sobre isso e me diga!" Stálin continuava de olhos fixos nele.

"Ninguém pode saber, Ióssif Vissariónovitch; está na esfera dos números astronômicos."

"Bem, e pode um homem suportar a pressão desse peso astronômico?"

"Não", respondeu Mirónov.

"Então [...] não me apareça até que tenha nessa pasta a confissão de Kámenev." Embora não fossem torturados fisicamente, o regime de ameaças e de impedimento de dormir desmoralizou Zinóviev, que sofria de asma, e Kámenev. O aquecimento foi ligado em suas celas no meio do verão. Iejov ameaçou Kámenev: seu filho seria fuzilado.[4]

Enquanto os interrogadores trabalhavam em Zinóviev e Kámenev, Máximo Gorki estava morrendo de gripe e broncopneumonia. O velho escritor estava agora totalmente desiludido. O risco de ter por companheiros os tchequistas se tornou óbvio quando o filho de Gorki, também Máximo, morreu misteriosamente de gripe. Mais tarde, Iagoda seria acusado, com os médicos da família, de matá-lo. Após sua morte, Marta, a filha de Máximo, lembra como Iagoda, a caminho de Lubianka, visitava a casa de Gorki todas as manhãs para tomar uma xícara de café e flertar com sua mãe: "Ele estava apaixonado por Timocha e queria que ela retribuísse sua afeição", disse a esposa de Alexei Tolstoi.

"Você ainda não me conhece, posso fazer qualquer coisa", ameaçou ele à confusa Timocha; o escritor Alexander Tikhonov afirma que eles começaram um caso; sua filha nega isso. Quando Stálin vinha em visita, Iagoda se demorava, ainda apaixonado por Timocha e cada vez mais preocupado consigo mesmo. Depois que o Politburo partiu, perguntou ao secretário de Gorki: "Eles vieram? Foram embora agora? Sobre o que conversaram? [...] Disseram alguma coisa sobre nós?".[5]

Stálin pedira a Gorki para escrever sua biografia, mas ele recusou a tarefa. Em vez disso, bombardeou Stálin e o Politburo com propostas malucas, tais como o projeto de encomendar a escritores realistas socialistas "reescrever os livros do mundo de outra forma". As desculpas de Stálin para suas respostas atrasadas se tornaram cada vez mais extremas: "Sou preguiçoso como um porco com relação a coisas com a marca 'correspondência'", confessou Stálin a Gorki. "Como se sente? Com saúde? Como vai seu trabalho? Eu e meus amigos vamos bem." Na verdade, o NKVD imprimia edições falsas do *Pravda* especialmente para Gorki, a fim de esconder a perseguição de seu amigo Kámenev.* O próprio Gorki percebeu que estava sob prisão domiciliar: "Estou cercado", murmurou, "preso numa armadilha".

Na primeira semana de junho, Gorki dormiu boa parte dos dias, enquanto sua condição piorava. Era atendido pelos melhores médicos, mas estava se acabando. "Deixe-os vir se conseguirem chegar a tempo", disse ele. Stálin, Mólotov e Vorochílov ficaram contentes ao ver que ele se recuperara — após uma injeção de cânfora. Stálin assumiu o controle do quarto do doente: "Por que há tanta

* Um truque antigo: Kúibichev sugerira imprimir edições falsas do *Pravda* para desinformar o agonizante Lênin.

gente aqui?", perguntou. "Quem está sentada ao lado de Alexei Maximovitch, vestida de preto? Uma freira? Só falta para ela uma vela nas mãos." Tratava-se da baronesa Moura Budberg, a amante que Gorki compartilhava com H. G. Wells. "Tirem todos daqui, exceto aquela mulher, a que está de branco, que está cuidando dele [...]. Por que este clima de funeral aqui? Uma pessoa saudável é capaz de morrer nessa atmosfera." Stálin fez Gorki parar de discutir literatura, mas pediu vinho e eles o saudaram e a seguir o abraçaram. Dias depois, Stálin chegou e ficou sabendo que Gorki estava doente demais para vê-lo.

"Alexei Mikhailovitch, visitamos você às duas da manhã", escreveu ele. "Seu pulso estava em 82, dizem eles. Os médicos não nos deixaram entrar para vê-lo. Concordamos. Alô de todos nós, um grande alô. Stálin." Mólotov e Vorochílov assinaram embaixo.

Gorki começou a cuspir sangue e morreu a 18 de junho, de tuberculose, pneumonia e ataque cardíaco. Mais tarde, afirmou-se que seus médicos e Iagoda o haviam matado deliberadamente: eles certamente confessaram seu assassinato. Sua morte foi conveniente antes do processo de Zinóviev, mas seus registros médicos nos arquivos do NKVD sugerem que ele morreu de causas naturais.[6]

Iagoda estava tentando passar despercebido na sala de jantar da casa de Gorki, mas Stálin já se virara contra ele. "E aquela criatura, o que está fazendo aqui? Livrem-se dele."[7]

Por fim, em julho, Zinóviev pediu para conversar com Kámenev a sós. Então eles pediram para falar ao Politburo: se o Partido garantisse que não haveria execuções, eles confessariam. Vorochílov estava ansioso para pegar a "escória": quando recebeu alguns dos testemunhos contra eles, escreveu a Stálin que "essa gente ruim [...] todos representantes típicos de *petit bourgeois* com o rosto de Trotski [...] está acabada. Não há lugar para eles em nosso país, nem entre os milhões dispostos a morrer pela pátria. Essa escória deve ser totalmente liquidada [...] precisamos nos assegurar que o NKVD comece o expurgo apropriado". Ali estava um líder que parecia genuinamente aprovar o Terror e a liquidação das antigas oposições. A 3 de julho, Stálin respondeu: "Caro Klim, você leu os testemunhos [...]? O que você achou dos cachorrinhos burgueses de Trotski [...]? Eles queriam eliminar todos os membros do Politburo [...]. Não é esquisito? Como as pessoas podem se rebaixar tanto? I. St.".

Iagoda acompanhou os dois homens degradados na curta viagem de Lubianka ao Kremlin, onde ambos haviam vivido outrora. Quando chegaram à sala em que Kámenev presidira tantas reuniões do Politburo, descobriram que somente Stálin, Vorochílov e Iejov estavam presentes. Onde estava o resto do Politburo?

Stálin respondeu que ele e Vorochílov constituíam uma comissão do Politburo. Tendo em vista o caráter de Vorochílov, é fácil entender por que ele estava lá, mas onde estava Mólotov? Talvez o escrupuloso cu de pedra estivesse preocupado com a etiqueta no tocante a mentir a velhos bolcheviques — mas ele certamente não fazia objeções quanto a matar pessoas.

Kámenev implorou ao Politburo garantia para a vida deles.

"Uma garantia?", retrucou Stálin, de acordo com a versão de Orlov. "Que garantia pode haver? É simplesmente ridículo! Talvez vocês queiram um tratado oficial certificado pela Liga das Nações? Zinóviev e Kámenev esquecem que não estão numa feira vendendo um cavalo roubado, mas no Politburo do Partido Comunista Bolchevique. Se uma garantia do Politburo não é suficiente, não vejo motivo para continuar falando."

"Zinóviev e Kámenev comportam-se como se estivessem em posição de impor condições ao Politburo", exclamou Vorochílov. "Se tivessem um pouco de bom senso, cairiam de joelhos diante de Stálin [...]."

Stálin propôs três razões pelas quais eles não seriam executados: era realmente um julgamento de Trotski; se não os havia fuzilado quando se opunham ao Partido, então por que fuzilá-los quando o estavam ajudando? E, por fim, "os camaradas esquecem que somos bolcheviques, discípulos e seguidores de Lênin, e não queremos derramar o sangue de velhos bolcheviques, por mais graves que sejam seus pecados no passado [...]".

Zinóviev e Kámenev, exaustos, concordaram em se declarar culpados, desde que não houvesse fuzilamentos e suas famílias fossem protegidas.

"Isso é óbvio", declarou Stálin, terminando a reunião.[8]

Stálin começou a trabalhar no roteiro do julgamento de Zinóviev, deleitando-se com seu talento hiperbólico de dramaturgo por encomenda. Os novos arquivos revelam como ele chegou a ditar as palavras do novo procurador-geral, Andrei Vichinski, que anotou as perorações de seu líder.[9]

Stálin emitiu uma circular secreta a 29 de julho que anunciava que um monstro terrorista chamado "Centro Trostskista-Zinovievista Unido" havia tentado assassinar Stálin, Vorochílov, Kaganóvitch, Kírov, Sergo, Jdánov e outros. Essas listas de supostos alvos se tornaram uma honraria bizarra, uma vez que a inclusão significava proximidade de Stálin. Pode-se imaginar os líderes verificando a lista como estudantes correndo para o quadro de avisos para ver se foram escalados para a equipe de futebol. É significativo que Mólotov não estivesse no time, o que foi interpretado como um sinal de oposição ao Terror, mas parece que ele estava, de fato, temporariamente em baixa devido a outro desacordo com Stálin. Mólotov jactou-se: "Sempre apoiei as medidas tomadas". Mas há um indício intrigante nos arquivos de que Mólotov estava sob ataque de Iejov. O NKVD havia detido a babá alemã de sua filha Svetlana Mólotova* e seu pai queixara-se a Iagoda. Um tchequista denunciou Mólotov por "comportamento impróprio [...]. Mólotov comportou-se mal". A 3 de novembro, Iejov mandou a denúncia a Mólotov — isso talvez fosse um tiro de advertência.[10]

Iejov era a pessoa mais próxima de Stálin nos dias anteriores ao julgamento, enquanto Iagoda, então em desfavor, devido a sua resistência ao processo, foi recebido apenas uma vez. Stálin queixou-se de seu trabalho: "Você trabalha mal. O NKVD sofre de uma doença grave". Por fim, chamou Iagoda, gritando que iria "bater em seu nariz" se ele não se recompusesse. Temos as anotações de Stálin de sua reunião de 13 de agosto com Iejov, que revelam seu humor. Em uma delas, ele examina a demissão de um funcionário: "Demiti-lo? *Sim, demiti-lo!* Falar com Iejov". Muitas vezes: "Pedir a Iejov".[11]

O primeiro dos famosos processos espetaculares começou a 19 de agosto, no Salão de Outubro, no segundo andar da Casa dos Sindicatos. Os 350 espectadores eram principalmente funcionários do NKVD em roupas comuns, jornalistas estrangeiros e diplomatas. No centro, sobre um tablado, os três juízes, liderados por Ulrikh, sentaram-se em cadeiras semelhantes a tronos, cobertas com pano vermelho. A verdadeira estrela desse espetáculo teatral, o procurador-geral Andrei Vichinski, cuja interpretação de ira espumejante e pedantismo articulado o transformaria numa figura de alcance europeu, estava à esquerda do público. Os acusados, dezesseis sujeitos rotos, guardados por soldados do NKVD de baionetas caladas, sentaram-se à direita. Atrás deles havia uma porta que dava para um espa-

* Muitas das famílias governantes empregavam alemãs do Volga como governantas e babás: Carolina Til dirigia a casa de Stálin; outra alemã dirigia a de Mólotov, e os Béria tinham Ella como governanta e babá. Todas seriam vulneráveis ao terror antigermânico de 1937.

ço comparável à sala de espera das celebridades em um estúdio de televisão. Ali, com sanduíches e refrescos, estava Iagoda, que poderia conferenciar com Vichinski e os acusados durante o julgamento.

Dizia-se que Stálin espiara de uma galeria escondida com janelas escurecidas, nos fundos do salão, onde outrora as orquestras tocavam quadrilhas para a aristocracia e de onde saíram supostamente nuvens de fumaça de cachimbo.

No dia 13, seis dias antes do início do julgamento, Stálin foi de trem para Sotchi, depois de uma reunião com Iejov. É um sinal do segredo impenetrável do sistema soviético o fato de que tenha demorado sessenta anos para que alguém descobrisse que Stálin estava, de fato, longe, embora acompanhasse o melodrama legal quase tão de perto como se estivesse em seu escritório. Oitenta e sete pacotes do NKVD de interrogatórios, mais os registros de confrontações e a pilha usual de jornais, memorandos e telegramas chegaram à mesa de vime da varanda.

Kaganóvitch e Iejov examinaram todos os detalhes com Stálin. O protegido era agora mais poderoso que seu antigo protetor: Iejov assinava seu nome acima do de Kaganóvitch em todos os telegramas. Enquanto a vontade do grande ator-gerente controlava tudo de longe, os dois em Moscou faziam o papel duplo de relações-públicas e empresários. No dia 17, Kaganóvitch e Iejov relataram ao *Khozyain* que "decidimos a cobertura da imprensa [...] da seguinte forma: 1. *Pravda* e *Izvestia* publicarão uma página diária inteira sobre o julgamento". No dia 18, Stálin ordenou que o processo continuasse no dia seguinte.

Os acusados foram indiciados por uma quantidade fantástica de crimes amiúde confusos ordenados pela conspiração obscura liderada por Trotski, Zinóviev e Kámenev (o "Centro Trotskista-Zinovievista Unido") que conseguira matar Kírov, mas falhara várias vezes ao tentar matar Stálin e os outros (sem nunca se preocupar com Mólotov). Durante seis dias, eles confessaram esses crimes com uma docilidade que espantou os espectadores ocidentais.

A linguagem desses processos era tão obscura quanto hieroglifos e só podia ser entendida dentro do universo fechado bolchevique de conspirações do mal contra o bem, em que "terrorismo" significava "qualquer dúvida sobre as políticas ou o caráter de Stálin". Todos os seus adversários políticos eram *per se* assassinos. Mais de dois "terroristas" era uma "conspiração", e a reunião de assassinos de facções diferentes criava um "Centro Unificado" de espantoso alcance global, o que revela tanto sobre o melodrama interno de Stálin quanto sobre a paranoia bolchevique, formada por décadas de vida na clandestinidade.[12]

Enquanto esses homens esmagados diziam suas falas, o procurador-geral Vichinski combinava com brilhantismo o embuste indignado de um pregador vitoriano e as maldições diabólicas de um feiticeiro. Baixo, de "olhos negros brilhantes" atrás de óculos de tartaruga, cabelos ruivos em queda, nariz pontiagudo, bigode bem aparado e vestido de modo esmerado com "colarinho branco, gravata xadrez, terno bem cortado", uma testemunha ocidental achou que se parecia a "um próspero corretor da Bolsa, acostumado a almoçar no Simpson's e jogar golfe em Sunningdale". De uma família polonesa nobre e rica de Odessa, Vichinski fora companheiro de cela de Stálin, com quem dividia os cestos recebidos da família, investimento que pode ter salvado sua vida. Mas, como ex-menchevique, era absolutamente obediente e sedento de sangue: durante os anos 30, seus bilhetes para Stálin costumam propor o fuzilamento dos réus, em geral "trotskistas que planejam a morte de Stálin", terminando sempre com as palavras: "Recomendo VMN — morte por fuzilamento".

Vichinski, de 53 anos, era desagradável com seus subordinados, mas servil com seus superiores: usava a palavra "ilustre" em suas cartas a Mólotov e inclusive para Poskrióbichev (a quem espertamente cultivava). Até seus subordinados o consideravam uma "figura sinistra", que, apesar de sua "excelente educação", acreditava na regra essencial da administração stalinista: "Creio em manter as pessoas ansiosas", mas ele mesmo estava sempre ansioso, sofrendo ataques de eczema, vivendo com medo e ajudando a cultivá-lo. Alerta, vigoroso, vaidoso e inteligente, impressionava os ocidentais tanto quando os assustava com seus maneirismos forenses e inteligência maligna: foi ele quem mais tarde descreveu os romenos, dizendo que não eram "uma nação, mas uma profissão". Orgulhava-se muito de sua notoriedade: apresentado à princesa Margaret em Londres, em 1947, sussurrou ao diplomata que fazia as apresentações: "Por favor, acrescente meu antigo título de procurador nos famosos processos de Moscou".[13]

Todos os dias, Iejov e Kaganóvitch, que deviam estar escutando o julgamento na "sala de recepção", faziam relatos a Stálin como este: "Zinóviev declarou que confirma os depoimentos de Bakaiev sobre o fato de que este último fez um relatório a Zinóviev sobre a preparação de um ato terrorista contra Kírov [...]". Eles adoravam relatar ao ator-gerente-dramaturgo o "desenrolar" bem-sucedido dessa peça teatral.

Porém, havia sérias dúvidas entre muitos dos jornalistas, exacerbadas pelas asneiras cômicas do NKVD: a corte ouviu como Sedov, o filho de Trotski, ordenou os assassinatos em uma reunião no hotel Bristol, na Dinamarca, mas descobriu-se que esse hotel fora demolido em 1917.

"Para que diabos vocês precisam do hotel?", consta que Stálin teria gritado. "Deveriam ter dito 'estação ferroviária'. A estação está sempre lá."[14]

Esse espetáculo teve um elenco maior do que os atores que estavam no palco, porque outras pessoas foram cuidadosamente implicadas, abrindo a perspectiva de outros famosos "terroristas" aparecerem em julgamentos posteriores. Os réus preocuparam-se em implicar alguns comandantes militares e depois tanto esquerdistas, como Karl Radek, como direitistas, como Bukhárin, Ríkov e Tomski. Vichinski anunciou que estava abrindo novos processos contra esses nomes famosos.

Os membros desse elenco fora do palco representaram seus papéis de forma muito diferente: o talentoso jornalista Karl Radek, famoso revolucionário internacional que parecia uma figura absurda com seus óculos redondos, costeletas, cachimbo, botas e casacos de couro, estivera próximo de Stálin no começo dos anos 30, assessorando-o em política alemã. Os escritores sempre imaginam que podem escapar do perigo por escrito. Stálin decretou que "embora não muito convincente, sugiro postergar por ora a questão da prisão de Radek e deixá-lo publicar no *Izvestia* um artigo assinado [...]". As oportunidades, até a indulgência temporária em relação a velhos amigos, podiam mudar o avanço sinuoso de Stálin.*

No dia 22, os acusados se recusaram a argumentar em sua defesa. O Politburo — Kaganóvitch, Sergo, Vorochílov e Tchubar —, junto com Iejov, pediu instruções: "Não é conveniente autorizar qualquer apelação", respondeu Stálin, às onze da noite seguinte, dando instruções exatas sobre a cobertura da imprensa das sentenças. De modo revelador, o dramaturgo achava que o veredicto exigia um pouco de "polimento estilístico". Meia hora depois, escreveu de novo, preocupado com que o julgamento fosse considerado apenas uma "*mise-en-scène*".[15]

Os porta-vozes de Stálin criaram uma abominação pública contra os terro-

* Nem todo o elenco fora do palco comportou-se de modo tão conveniente. Às 7h46 de 22 de agosto, Stálin recebeu o seguinte telegrama de Kaganóvitch, Iejov e Ordjonikidze: "Esta manhã Tomski se suicidou com um tiro. Deixou uma carta para você em que tenta provar sua inocência [...]. Não temos dúvidas de que Tomski [...] sabendo que agora não é mais possível esconder seu lugar no bando Zinóviev-trotskista, decidiu dissimular [...] com o suicídio [...]". Como sempre, o *press-release* era a coisa mais importante.

ristas. Khruchióv, partidário raivoso dos processos e dos fuzilamentos, chegou uma noite ao Comitê Central e encontrou Kaganóvitch e Sergo induzindo o poeta Demian Bedny a produzir um poema curto aterrorizante para o *Pravda*. Bedny recitou o produto de seu esforço. Houve uma pausa desconfortável.

"Não é o que tínhamos em mente, camarada Bedny", disse Kaganóvitch. Sergo perdeu a paciência e gritou com Bedny. Khruchióv fitou-o.

"Não consigo!", protestou o poeta, mas ele conseguia. Seu poema "Sem misericórdia" foi publicado no dia seguinte, numa edição em que o *Pravda* bradava: "Esmagar as criaturas repugnantes! Os cães raivosos devem ser fuzilados!".

No tribunal, Vichinski encerrou sua acusação: "Estes cães raivosos do capitalismo tentaram rasgar de membro a membro o melhor de nossa terra soviética" — Kírov. "Exijo que esses cães raivosos sejam fuzilados — todos eles!" Os cães em pessoa fizeram então seus apelos patéticos e confissões. Mesmo setenta anos depois, são trágicos de ler. Kámenev terminou sua confissão, mas depois se ergueu de novo para apelar por seus filhos, aos quais não tinha outro meio de se dirigir: "Qualquer que seja a minha sentença, considero-a de antemão justa. Não olhem para trás", disse a seus filhos. "Vão em frente [...]. Sigam Stálin." Os juízes se retiraram para decidir seu veredicto já decidido, retornando às duas e meia para sentenciar todos à morte, diante do que um réu gritou: "Viva a causa de Marx, Engels, Lênin e Stálin!".[16]

De volta à prisão, os "terroristas" apavorados apelaram por clemência, lembrando a promessa de Stálin de poupá-los. Enquanto Zinóviev e Kámenev aguardavam em suas celas, Stálin, esperando na ensolarada Sotchi, recebeu um telegrama às 20h48 de Kaganóvitch, Sergo, Vorochílov e Iejov que o informava de que o apelo dos acusados fora recebido. "O Politburo propôs rejeitar os pedidos e executar o veredicto hoje à noite."[17] Stálin não respondeu, talvez congratulando-se por sua iminente vingança, talvez jantando, mas certamente cônscio de que o fuzilamento de dois dos camaradas mais próximos de Lênin marcava um passo gigante no sentido de sua próxima aposta colossal, um intenso reino de terror contra o próprio Partido, uma carnificina que sacrificaria até seus amigos e familiares. Stálin esperou durante três longas horas.

PARTE 4

Matança: Iejov, o anão venenoso, 1937-8

17. O verdugo: O veneno de Béria e a dose de Bukhárin

Minutos antes da meia-noite, Stálin mandou este telegrama lacônico: "Aprovado".[1] Na primeira hora do dia 25 de agosto, várias limusines cruzaram os portões da prisão de Lubianka, trazendo as autoridades que testemunhariam as execuções.

Um Kámenev dignificado e um Zinóviev febril foram retirados das celas. Iejov e Iagoda estavam acompanhados do ex-barbeiro Pauker. Vichinski, na qualidade de procurador-geral, deveria comparecer às execuções importantes, mas dizia-se que era tão sensível que costumava mandar um de seus principais investigadores, Liev Chêinin. Mikoian teria dito que Vorochílov representava o Politburo.

Stálin nunca compareceu a torturas ou execuções (mas testemunhou um enforcamento quando criança e deve ter observado mortes violentas em Tsarítsin), porém respeitava seus verdugos. A execução era oficialmente chamada de "mais alta medida de punição", em geral resumida nas terríveis letras "VMN", ou o acrônimo *Vishka*, mas Stálin a chamava de "trabalho negro", que considerava um nobre serviço do Partido. O mestre do "trabalho negro" na época de Stálin comandava esse ritual sombrio, porém vigoroso: Blokhin, um tchequista belicoso de 41 anos, com um rosto decidido e cabelos pretos puxados para trás, foi um dos carrascos mais prolíficos do século, tendo matado milhares de pessoas pessoalmente, às vezes usando um avental de couro de açougueiro para proteger seu uniforme. Contudo, o nome desse monstro escorregou entre os dedos da história.* No teatro da corte de Stálin, Blokhin permanece a partir de então no fundo da cena, mas raramente sai do palco.[2]

Zinóviev gritou que aquilo era um "golpe fascista" e implorou aos executores: "Por favor, camaradas, pelo amor de Deus!, chamem Ióssif Vissariónovitch! Ióssif Vissariónovitch prometeu salvar nossas vidas!". Alguns relatos dizem que ele abraçou e lambeu as botas dos tchequistas.

Consta que Kámenev respondeu: "Nós merecemos isso por causa de nossa atitude indigna no julgamento", e mandou Zinóviev ficar quieto e morrer com dignidade. Zinóviev fez tanto barulho que um tenente do NKVD o levou para uma cela próxima e o despachou dali mesmo.

Eles foram mortos com um tiro na nuca. As balas, com suas pontas amassadas, foram tiradas dos crânios, limpadas do sangue e dos pedaços de cérebro e entregues a Iagoda, provavelmente ainda quentes. Não surpreende que Vichinski não suportasse esses eventos. Iagoda prendeu nas balas rótulos em que se lia "Zinóviev" e "Kámenev" e levou para casa essas relíquias macabras, mas sagradas, guardando-as orgulhosamente junto com sua coleção de erotismo e meias femininas.** Os corpos foram cremados.

Stálin sempre foi fascinado pela conduta de seus inimigos no momento supremo, deliciando-se com sua humilhação e destruição: "Um homem pode ser fisicamente corajoso, mas um covarde político", dizia ele. Semanas depois, em um jantar para celebrar a fundação da Tcheca, Pauker, o comediante de Stálin, encenou a morte e as súplicas de Zinóviev. Diante das gargalhadas do *Vojd* e de Iejov, o gorducho Pauker foi arrastado pela sala por dois amigos que representavam os guardas. Ali encenou os gritos de Zinóviev de "pelo amor de Deus,

* Houve muitos tchequistas que, às vezes, funcionaram como carrascos, mas Blokhin, auxiliado por dois irmãos homicidas, Vassíli e Ivan Jigarev, cuidava dos casos importantes. V. M. Blokhin era um veterano do Exército czarista na Primeira Guerra Mundial e um tchequista desde março de 1921, que ascendera à chefia do setor da Kommandatura ligado ao Departamento Executivo Administrativo. Isto significava que ele estava encarregado da prisão interna em Lubianka; entre outras coisas, era responsável pelas execuções. O general de divisão Blokhin aposentou-se depois da morte de Stálin e foi elogiado por seu "serviço irrepreensível" por Béria. Após a queda de Béria, foi rebaixado de seu posto em novembro de 1954 e morreu a 3 de fevereiro de 1955.

** Quando ele foi preso, elas foram encontradas entre seus pertences e passadas para Iejov, que também as guardou até sua queda.

chamem Stálin", mas improvisou outro ingrediente. O judeu Pauker, especialista em contar piadas de judeu para Stálin com o sotaque apropriado e comportamento servil, combinou as duas coisas e representou Zinóviev erguendo as mãos aos céus e chorando: "Ouça, oh, Israel, o Senhor é nosso Deus, o Senhor é um".* Stálin riu tanto que Pauker repetiu a cena e ele quase passou mal de tanto se divertir, sacudindo as mãos para que Pauker parasse.[3]

Bukhárin estava escalando montanhas nos Pamirs quando leu nos jornais que fora implicado no processo de Zinóviev. Voltou correndo para Moscou. Ele parecia ter sido perdoado pelos pecados do passado. Como editor do *Izvestia*, voltara à proeminência, com acesso frequente a Stálin. Em 1935, em um banquete, o *Vojd* até fizera um brinde público a ele: "Bebamos a Nikolai Ivanóvitch Bukhárin. Nós todos amamos [...] Bukharchik. Que aqueles que lembram do passado percam um olho!". Fosse para preservar Bukhárin para seu próprio processo (após o suicídio de Tomski), devido a um afeto que perdurava, ou apenas por sadismo felino, Stálin passou a jogar com o amado Bukharchik, que esperava ansiosamente em seu apartamento no Kremlin.

A 8 de setembro, o Comitê Central convocou Bukhárin para uma reunião com Kaganóvitch, na qual, junto com Iejov e Vichinski, ele ficou espantado de encontrar seu amigo de infância Grigori Sokólnikov, um venerável velho bolchevique, que foi levado à sala pelo NKVD. O "confronto" era um dos rituais bizarros de Stálin, no qual, como em um exorcismo, o bem deveria enfrentar e vencer o mal. Eles eram supostamente destinados a aterrorizar o acusado, mas também — e isso pode ter sido sua função principal — convencer os membros do Politburo presentes da culpa da vítima. Kaganóvitch desempenhou o papel de observador imparcial, enquanto Sokólnikov declarava que havia um Centro de Esquerda-Direita envolvendo Bukhárin, que planejava o assassinato de Stálin.

"Você perdeu a razão e não é responsável por suas próprias palavras?", perguntou Bukhárin "banhado em lágrimas". Quando o prisioneiro foi retirado da sala, Kaganóvitch declarou: "Ele está mentindo, o filho da puta, do começo ao fim! Volta para o jornal, Nikolai Ivanóvitch, e trabalha em paz".

* É improvável que Zinóviev tenha recitado a oração da Shema, a mais sagrada da fé judia, pois, como todos os judeus bolcheviques, desprezava a religião, embora pudesse lembrar da oração de seus tempos de infância.

"Mas por que ele mente, Lázar Moisevitch?"

"Descobriremos", respondeu um Kaganóvitch não convencido que ainda "adorava" Bukhárin, mas disse a Stálin que "seu papel ainda será revelado". Stálin sentia que o momento não era oportuno: a 10 de setembro, Vichinski anunciou que a investigação contra Bukhárin e Ríkov fora fechada por falta de culpabilidade criminal. Bukhárin retornou ao trabalho, a salvo de novo, enquanto os investigadores passavam a seu próximo processo — mas o gato não deixou de ficar à espreita do camundongo.[4]

Stálin continuou de férias, dirigindo uma série de tragédias paralelas na escalada de sua campanha para eliminar os inimigos, ao mesmo tempo em que dedicava grande parte de sua energia à Guerra Civil Espanhola. A 15 de outubro, tanques, aviões e "assessores" soviéticos começaram a chegar à Espanha para apoiar o governo republicano contra o general Francisco Franco, apoiado por Hitler e Mussolini. Para Stálin, tratava-se menos de um ensaio para a Segunda Guerra Mundial que de uma repetição de sua própria guerra civil. A luta mortífera com os trotskistas de seu lado e os fascistas no lado oposto criou uma febre de guerra em Moscou, pondo lenha na fogueira do Terror. O verdadeiro interesse de Stálin era manter a guerra em andamento pelo maior tempo possível, embrulhando Hitler sem ofender as potências ocidentais, em vez de ajudar os republicanos a vencer. Ademais, tal como um rematado atravessador, Stálin burlou os espanhóis em várias centenas de milhões de dólares ao resgatar a reserva de ouro deles e depois fazê-los pagar preços inflacionados por suas armas.*

Aos poucos, falando pelo telefone de Sotchi, Stálin instruiu Vorochílov em assuntos militares, Kaganóvitch em temas políticos e Iejov em questões de segurança, e assim comandou a efetiva tomada pelo NKVD da própria República, onde se viu numa genuína luta com os trotskistas. Começou então a liquidação deles, junto com seus próprios homens. Os diplomatas, jornalistas e soldados soviéticos que serviram na Espanha gastaram tanto tempo denunciando uns aos outros quanto combatendo os fascistas.

* Sobre a questão das tendências de atravessador de Stálin, ele estava sempre interessado em descontos em suas negociações com o exterior: "Quanto foi a compra do vaso de guerra italiano?", perguntou em bilhete a Vorochílov. "Se comprarmos dois navios, que desconto eles podem nos dar? Stálin."

Após uma curta estada na pequena datcha nova construída para ele por Lakoba em Novy Afon (Nova Athos),* no Sul da Abkházia, ao lado do mosteiro de Alexandre III, Stálin retornou a Sotchi, onde foram encontrá-lo Jdánov e o presidente Kalínin. Iejov estava expandindo a lista de suspeitos para incluir todos os velhos oposicionistas, mas também nacionalidades inteiras, em particular os poloneses. Ao mesmo tempo, lutava pelo posto de chefe do NKVD, atacando Iagoda por "complacência, passividade e fanfarronice", em uma carta que pode ter sido enviada a Stálin numa descarada candidatura ao emprego: "Sem sua intervenção, as coisas não vão acabar bem". Enquanto isso, Iagoda grampeava as ligações de Iejov a Stálin e, ao ficar sabendo que ele fora chamado a Sotchi, também foi para lá. Mas, ao chegar, Pauker o mandou de volta dos portões da datcha de Stálin.

A 25 de setembro, Stálin, apoiado por Jdánov, decidiu destituir Iagoda e promover Iejov: "Consideramos absolutamente necessário e urgente nomear o camarada Iejov para o posto de Comissário do Povo para Assuntos Internos. Iagoda não está à altura da tarefa de desmascarar o bloco trotskista-zinovievista [...] Stálin, Jdánov".[5]

Sergo visitou a datcha para discutir a nomeação de Iejov e suas próprias batalhas com o NKVD. Stálin sentiu a necessidade de conquistar o apoio de Sergo para essa designação, ainda que Amora e sua esposa fossem amigos de Sergo. "Essa decisão notavelmente sábia de nosso pai condiz com a atitude do Partido e do país", escreveu Kaganóvitch a Sergo depois de afastar Iagoda do NKVD e designá-lo para comissário das Comunicações.

Houve alívio com a nomeação de Iejov. Muitos, inclusive Bukhárin, viram nela o fim do Terror, não o começo, mas Kaganóvitch conhecia melhor seu protegido: ele elogiou para Stálin os "magníficos [...] interrogatórios" de Iejov, sugerindo sua promoção a comissário-general. "O camarada Iejov está cuidando bem das coisas", disse Kaganóvitch a Sergo. "Ele trata os bandidos trotskistas contrarrevolucionários em estilo bolchevique." O pequenino Amora tornara-se o segundo homem mais poderoso da URSS.[6]

* Stálin começara a usar esse charmoso bangalô amarelo nas encostas de Novy Afon em 1935. Havia um caminho até uma casa de verão no topo do morro onde Stálin fazia churrascos. Mais tarde, construiria outra casa ao lado da primeira, que se tornaria uma de suas residências favoritas na velhice. Usada pelo presidente da Abkházia, está em pleno funcionamento. Quando o autor a visitou, em 2002, os administradores o convidaram a ficar e se prontificaram a realizar um banquete em sua homenagem na sala de jantar de Stálin.

Stálin estava profundamente insatisfeito com a "doença" dentro do NKVD, que ele considerava com razão uma rede de velhos bolcheviques, cheia de poloneses, judeus e letões suspeitos. Precisava de alguém de fora para controlar essa elite enfatuada. Há indícios de que, durante os anos 30, ele discutiu a nomeação tanto de Kaganóvitch como de Mikoian para dirigir o NKVD e oferecera recentemente o cargo a Lakoba.*

Lakoba recusou-se a sair de seu feudo paradisíaco e ir para Moscou. Fiel a Stálin, ele era mais apropriado para desempenhar o papel de anfitrião magnânimo nos balneários da Abkházia do que para torturar inocentes nos porões da Lubianka. Mas sua recusa chamou a atenção para o domínio do clã de Lakoba da Abkházia, conhecida como "Lakobistão", que ele queria transformar numa república soviética plena, uma ideia perigosa na frágil URSS multinacional. Não havia "príncipe" maior do que Lakoba. Stálin já proibira o uso de nomes abkhazianos no feudo de Lakoba e repelira seu plano de elevar a posição constitucional da Abkházia.

A 31 de outubro, Stálin retornou a Moscou, onde jantou com Lakoba. Tudo parecia bem. Mas não estava. Quando Lakoba retornou à Abkházia, Béria convidou-o para jantar em Tiflis. Lakoba recusou, até que a mãe de Béria telefonou para insistir. Eles jantaram a 27 de dezembro e depois foram ao teatro, onde Lakoba foi tomado de náuseas. De volta ao hotel, sentou-se à janela gemendo, "aquela víbora do Béria me matou".

Às 4h20 da madrugada, Lakoba morreu de "ataque do coração", aos 43 anos. Béria acompanhou o caixão até seu embarque em um trem para Sukhumi. Os médicos de Lakoba estavam convencidos de que ele fora envenenado, mas Béria mandara remover os órgãos e depois exumou e destruiu o cadáver. A família de Lakoba também foi morta. Ele foi denunciado como inimigo do povo. Lakoba foi o primeiro do círculo de Stálin a ser assassinado. "Veneno, veneno", como escreveu Stálin. Ele dera a Béria carta branca para resolver o assun-

* É interessante observar que nenhum desses candidatos era russo, mas um judeu, um armênio e um abkhaziano. Alguns historiadores acreditam que sempre houve uma política secreta de colocar poloneses, bálticos, judeus e outras minorias para desempenhar as tarefas repugnantes do NKVD. Isso é possível, mas é verdade que Stálin precisava desesperadamente de dirigentes confiáveis nesse Comissariado e costumava ser mais próximo de seus companheiros caucasianos. Ele não tinha interesse em provocar o ressentimento dos russos em relação aos georgianos em postos altos.

to no Cáucaso. Na Armênia, Béria visitara anteriormente o primeiro-secretário, Aghasi Khanchian, que ou se matou, ou foi morto. Em todo o império, as regiões começaram a denunciar conspirações de "sabotadores"* para justificar as ineficiências e a corrupção. O relógio avançava na direção da guerra com a Alemanha de Hitler. Mas, enquanto a tensão crescia com o agressivo Japão no Extremo Oriente e os "assessores" soviéticos lutavam na Espanha, a URSS já estava em guerra.[7]

Pouco antes da morte sinistra de Lakoba, Béria prendeu Papulia Ordjonikidze, irmão mais velho de Sergo, funcionário das ferrovias. Béria sabia que seu ex-protetor Sergo havia advertido Stálin de que ele era um "canalha". Sergo recusava-se a apertar sua mão e construiu uma cerca especial entre suas datchas.

A vingança de Béria foi apenas uma das maneiras pelas quais Stálin começou a pressionar o emotivo Sergo, o *magnífico* industrial que apoiava as políticas draconianas do regime, mas resistia à prisão de seus próprios administradores. A estrela do próximo processo-espetáculo seria o comissário-adjunto de Sergo, Iúri Piatakov, um ex-trotskista e hábil administrador. Os dois eram grandes amigos e gostavam de trabalhar juntos.

Em julho, a esposa de Piatakov fora detida por suas ligações com Trotski. Pouco antes do julgamento de Zinóviev, Iejov convocou Piatakov, leu-lhe todos os depoimentos que o implicavam no terrorismo trotskista e o informou de que ele estava afastado de seu cargo de comissário-adjunto. Piatakov prontificou-se a provar sua inocência pedindo licença para "atirar pessoalmente em todos aqueles sentenciados à morte no julgamento, inclusive sua ex-mulher, e publicar isso na imprensa". Como bolchevique, estava disposto até a executar a própria esposa.

"Mostrei-lhe o absurdo de sua proposta", relatou Iejov a Stálin. A 12 de setembro, Piatakov foi preso. Sergo, recuperando-se em Kislovodsk, votou a favor de sua expulsão do Comitê Central, mas deve ter ficado profundamente preo-

* Na Sibéria Ocidental, houve um espetáculo de julgamento regional de "sabotadores" acusados de tentar matar o líder local, Eikhe, e de tentar assassinar Mólotov em sua viagem anterior à região. Seu motorista testemunhou que planejara se sacrificar e matar Mólotov jogando o carro em um precipício, mas perdera a coragem e só conseguira capotar o veículo num sulco lamacento. Sem dúvida, esse conto da carochinha consolou Mólotov por ter ficado de fora da lista no processo de Zinóviev.

cupado. Era agora uma sombra de si mesmo, grisalho e exausto, tão doente que o Politburo o restringiu a três dias de trabalho por semana. Então o NKVD começou a prender seus assessores especialistas não bolcheviques e ele apelou a Iejov: "Camarada Iejov, por favor, examine isso". Não estava sozinho. Kaganóvitch e Sergo, aqueles "melhores amigos", não somente tinham o mesmo dinamismo, como ambos dirigiam comissariados industriais gigantescos. Os especialistas em ferrovia de Kaganóvitch também estavam sendo presos. Enquanto isso, Stálin mandava a Sergo transcrições dos interrogatórios de Piatakov em que seu adjunto confessava ser um "sabotador".[8] A destruição dos "especialistas" era um dos esportes preferidos dos bolcheviques, porém a prisão do irmão de Sergo revelou a mão de Stálin: "Isso não poderia ser feito sem o consentimento de Stálin. Mas Stálin concordou sem nem ao menos me telefonar", disse Sergo a Mikoian. "Éramos tão amigos! E de repente ele os deixa fazer uma coisa dessas!" Sergo pôs a culpa em Béria.[9]

Sergo apelou a Stálin, fazendo de tudo para salvar seu irmão. Ele fez demais: a prisão no clã de um homem era um teste de lealdade. Stálin não era o único a ver com maus olhos esse sentimentalismo burguês: o próprio Mólotov atacou Sergo por ser "guiado apenas por emoções [...] pensando somente em si mesmo".[10]

A 9 de novembro, Sergo sofreu outro ataque cardíaco. Entrementes, o terceiro irmão Ordjonikidze, Valiko, foi tirado de seu emprego no soviete de Tiflis por sustentar que Papulia era inocente. Sergo engoliu seu orgulho e telefonou a Béria, que respondeu: "Querido camarada Sergo! Depois de seu telefonema, chamei rapidamente Valiko [...]. Hoje Valiko foi reintegrado em seu posto. Seu L. Béria". Esse evento traz as digitais do jogo de gato e rato de Stálin, seu caminho sinuoso para a destruição aberta, talvez seus momentos de afeição nostálgica, seu teste supersensível dos limites. Mas Stálin agora via em Sergo um inimigo: sua biografia acabara de ser publicada, por ocasião de seus cinquenta anos, e Stálin a estudou com cuidado, rabiscando sarcasmos ao lado de trechos que aclamavam o heroísmo de Sergo: "E o CC? E o Partido?".[11]

Stálin e Sergo voltaram separadamente para Moscou, onde 56 funcionários deste último estavam às voltas com o NKVD. No entanto, Sergo continuou a ser uma restrição viva a Stálin, fazendo pequenos gestos corajosos na direção dos direitistas sitiados. "Meu querido, generoso, calorosamente abençoado, Sergo", encorajou Bukhárin: "Fica firme!". No teatro, quando Stálin e os membros do

Politburo encheram as primeiras fileiras, Sergo viu o ex-premiê Ríkov e sua filha Natália (que conta a história), sozinhos e ignorados, vinte fileiras para trás. Deixando Stálin, Sergo foi beijá-los. Os Ríkov derramaram lágrimas de gratidão.*

Na parada de 7 de novembro, Stálin, no Mausoléu, viu Bukhárin em um assento comum e mandou um tchequista lhe dizer: "O camarada Stálin o convidou para o Mausoléu". Bukhárin achou que estava sendo preso, mas depois subiu os degraus agradecido.[12]

Bukhárin, o intelectual encantador, porém histérico, que todos adoravam, bombardeou Stálin com cartas cada vez mais frenéticas, por meio das quais podemos ver a corda apertando. Quando temem por suas vidas, os escritores escrevem e escrevem: "Criançāo!", rabiscou Stálin em uma carta; "Maluco!", em outra. Bukhárin não conseguia parar de apelar a Stálin, com quem tinha sonhos: "Tudo ligado a mim é criticado", escreveu ele a 19 de outubro de 1936. "Até para o aniversário de Sergo, eles não me convidaram para escrever um artigo [...]. Talvez eu não seja digno. A quem posso procurar, como pessoa querida, sem esperar um soco nos dentes? Compreendo sua intenção, mas lhe escrevo como escrevia a Illitch [Lênin], como um homem realmente querido a quem até vejo em sonhos, como via Illitch. Talvez seja estranho, mas é verdade. É difícil para mim viver sob suspeita e meus nervos já estão no limite." Por fim, numa noite insone, escreveu um poema, um hino constrangedor ao "Grande Stálin!".[13]

O outro velho amigo de Bukhárin era Vorochílov. Os dois tinham sido tão íntimos que Bukhárin o chamava de sua "doce gaivota" e até escrevera discursos para ele. Klim lhe dera de presente uma pistola gravada com seu amor e amizade. Vorochílov tentou evitar as cartas de Bukhárin: "Por que você me fere tanto?", perguntou ele a Klim em uma carta.

Sentindo-se em verdadeiro perigo, Bukhárin escreveu um longo apelo a Klim, no qual anunciava que estava "feliz que os cães [Zinóviev e Kámenev] foram fuzilados [...]. Perdoe esta carta confusa: mil pensamentos giram dentro de minha cabeça como cavalos fortes, e não tenho rédeas fortes. Mando-lhe um abraço porque estou limpo. N. Bukhárin". Vorochílov decidiu que tinha de acabar com aquele fantasma de amizade, então mandou seu assistente copiar a carta

* "Existem homens que vão aos céus por pequenas coisas como essa", escreveu Oscar Wilde em *De profundis* sobre Robbie Ross esperando em meio à multidão na Estação Reading e sendo o único a dar um passo à frente e tirar o chapéu quando o escritor caído em desgraça foi para a prisão de Reading. Os riscos eram ainda maiores para Sergo.

para o Politburo e escrever: "Anexo, por ordem do camarada Vorochílov, a resposta do camarada Vorochílov a Bukhárin". Essa resposta era uma obra de amoralidade, crueldade, medo e covardia:

> *Ao camarada Bukhárin, devolvo sua carta em que você se permite fazer ataques vis à liderança do Partido. Se estava esperando [...] me convencer de sua completa inocência, tudo de que conseguiu me convencer é que a partir de agora devo me distanciar de você [...]. E se você não repudiar por escrito seus maldosos epítetos contra a liderança do Partido, deverei mesmo considerá-lo um canalha.*
>
> K. Vorochílov, 3 de setembro de 1936.

Bukhárin ficou arrasado com "sua carta estarrecedora. Minha carta terminava com 'mando-lhe um abraço'. Sua carta termina com 'canalha'".[14]

Iejov estava montando o caso contra os chamados esquerdistas Radek e Piatakov, mas, em dezembro, já conseguira encontrar provas contra Bukhárin e Ríkov. A assembleia de dezembro foi uma espécie de denúncia dessas vítimas e, como sempre acontecia com Stálin, um teste das condições necessárias para destruí-los. Stálin era a vontade dominante, mas o Terror não era obra de um único homem. É possível escutar o entusiasmo evangélico da sede de sangue deles, que às vezes beirava a tragicomédia. Kaganóvitch chegou a contar uma piada stalinista sem graça.

Iejov listou orgulhosamente as duas centenas de pessoas presas no Centro Trotskista na organização Azov-mar Negro, outras trezentas na Geórgia, quatrocentas em Leningrado. Mólotov não era o único que escapara ao assassinato: Kaganóvitch acabara de escapar da morte nos Urais. Primeiro Iejov tratou do processo Piatakov-Radek que estava para começar. Quando leu a descrição feita por Piatakov dos trabalhadores como "um rebanho de ovelhas", esses fanáticos assustados reagiram como numa reunião evangélica histérica.

"Porcos!", gritou Béria. Houve um "barulho de indignação na sala". Então o registro revela:

Uma voz: "Covardes!".

"Até que ponto se rebaixou esse perverso agente fascista, esse comunista degenerado, Deus sabe o que mais! Esses porcos devem ser estrangulados!"

"E Bukhárin?", perguntou uma voz.

"Precisamos conversar sobre eles", concordou Stálin.

"Aí está um canalha para você", rosnou Béria.

"Que porco!", exclamou outro camarada. Iejov anunciou que Bukhárin e Ríkov eram de fato membros do "centro de apoio". Eram verdadeiros terroristas e, no entanto, sentavam-se ali com eles. Bukhárin deveria confessar seus pecados e implicar seus amigos. Ele não o fez.

"Então você pensa que eu também aspirei ao poder? Está falando sério?", perguntou ele a Iejov. "Afinal, há muitos velhos camaradas que me conhecem bem [...] minha própria alma, minha vida interior."

"É difícil conhecer a alma de alguém", zombou Béria.

"Não há uma palavra de verdade no que foi dito contra mim [...]. Kámenev declarou em seu julgamento que me encontrava todos os anos até 1936. Pedi a Iejov para descobrir onde e quando, para que eu pudesse refutar essa mentira. Eles me disseram que não perguntaram a Kámenev [...] e agora é impossível lhe perguntar."

"Eles o fuzilaram", acrescentou tristemente Ríkov. Poucos dos velhos líderes abandonaram Bukhárin, mas Kaganóvitch, Mólotov e Béria o caçaram com fervor. Então, em meio a acusações mortais, Kaganóvitch lembrou-se do cachorro de Zinóviev: "Em 1934, Zinóviev convidou Tomski a sua datcha [...]. Depois de tomar chá, Tomski e Zinóviev foram no carro de Tomski para pegar um cão para Zinóviev. Vejam vocês que amizade, eles até mesmo foram juntos buscar um cachorro".

"Que cachorro era?", perguntou Stálin. "Era um cão de caça ou um cão de guarda?"

"Não foi possível estabelecer", continuou Kaganóvitch, com humor jovial, ainda que de causar calafrios.

"E, afinal, eles pegaram o cachorro?", persistiu Stálin.

"Eles o pegaram", ribombou Kaganóvitch. "Eles estavam procurando por um companheiro de quatro patas, não diferente deles."

"Era um cão bom ou um cão ruim?", perguntou Stálin. "Alguém sabe?" Houve "risadas no salão".

"Foi difícil estabelecer isso na confrontação", respondeu Kaganóvitch.

Por fim, Stálin, percebendo quantos da velha guarda não acompanhavam o ataque a Bukhárin, resumiu mais com tristeza que com raiva: "Acreditamos em você e estávamos errados [...]. Acreditamos em você [...]. Colocamos você na berlinda e estávamos enganados. Não é verdade, camarada Bukhárin?".

Contudo, Stálin terminou a assembleia sem um voto de apoio a Iejov; apenas uma decisão ameaçadora de considerar "a questão de Bukhárin e Ríkov inacabada". Os "príncipes" regionais se deram conta de que até mesmo um gigante podia ser destruído.[15]

Stálin, ajudado por Iejov, transformou os medos delirantes da guerra com a Polônia e a Alemanha e os perigos muito reais da Guerra Civil Espanhola, os inexplicáveis fracassos industriais causados pela incompetência soviética e a resistência dos "príncipes" regionais numa teia de conspirações que combinava com a alma paranoica e a brutalidade nostálgica e gloriosa da guerra civil russa e rixas pessoais entre os bolcheviques. Stálin suspeitava especialmente da infiltração de espiões pela fronteira porosa com a Polônia, tradicional inimiga dos limites ocidentais da Rússia que a havia derrotado (e a Stálin pessoalmente) em 1920.* Na assembleia, Khruchióv foi denunciado como "polonês" secreto. Ele conversava no corredor com seu amigo Iejov, quando Stálin se aproximou e pôs um dedo no ombro de Khruchióv: "Qual é o seu nome?".

"Camarada Stálin, é Khruchióv."

"Não, você não é Khruchióv [...]. Fulano e beltrano dizem que você não é."

"Como pode acreditar nisso? Minha mãe ainda está viva [...]. Verifique." Stálin citou Iejov, que negou. Stálin deixou passar, mas estava verificando os que estavam a sua volta.

Stálin estava finalmente decidido a dominar os "príncipes" regionais. A Ucrânia era um caso especial, a reserva de grãos, a segunda república com forte sentimento de cultura própria. Kosior e Tchubar haviam demonstrado sua fraqueza durante a fome, enquanto o segundo-secretário, Póstichev, comportava-se como um "príncipe", com seu séquito próprio. A 13 de janeiro, Stálin mandou um telegrama atacando-o por falta da "mais básica vigilância do partido". Kaganóvitch, que já era o flagelo da Ucrânia, que governara no final dos anos 20, foi a Kiev, onde logo conseguiu encontrar uma "pessoa humilde" esmagada pelo "príncipe" local. Um camarada meio maluco e abelhudo do Partido chamado Pôlia Nikoláienko criticara Póstichev e sua mulher, que também ocupava um alto cargo. A senhora Póstichev expulsou o impertinente Nikoláienko do Partido. Quando

* As obsessões políticas e pessoais de Stálin encontravam amiúde um paralelo em suas óperas preferidas: ele ia muito a apresentações da ópera *Ivan Susanin*, de Glinka, mas só esperava até a cena em que os poloneses são atraídos para uma floresta pelos russos e lá congelam até a morte. Então saía do teatro e ia para casa.

Kaganóvitch informou Stálin sobre essa "heroica denunciadora", ele imediatamente percebeu sua utilidade.[16]

A 21 de dezembro, a família e os magnatas dançaram até o amanhecer na festa de aniversário de Stálin. Mas as lutas e conspirações cobraram seu tributo do ator-gerente: Stálin sofria amiúde de amidalite crônica quando estava sob pressão. O professor Valedinski, especialista das termas de Matsesta, que fora trazido a Moscou, juntou-se a seu médico pessoal, o distinto Vladímir Vinográdov, que fora um doutor da moda antes da Revolução e ainda vivia em um apartamento cheio de antiguidades e belos quadros. O paciente, com febre, ficou deitado num sofá durante cinco dias, cercado por professores e membros do Politburo. Os professores visitavam-no duas vezes por dia e mantinham vigília durante a noite. Na noite de Ano-Novo, ele estava suficientemente bem para ir à festa em que toda a família dançou junta pela última vez. Quando os médicos o visitaram no Ano-Novo de 1937, ele lembrou de seu primeiro emprego de meteorologista e suas aventuras de pesca durante seus exílios na Sibéria. Mas o duelo de Stálin com Sergo cobrou-lhe novamente um tributo quando ele se preparava para sua jogada mais imprudente desde a coletivização: o massacre do Partido de Lênin.[17]

Stálin arranjou uma "confrontação" entre Bukhárin e Piatakov diante do Politburo. O abrasivo administrador industrial que em breve estrelaria seu julgamento-espetáculo testemunhou que Bukhárin era terrorista, mas era agora um testemunho ambulante dos métodos do NKVD. "Restos vivos", disse Bukhárin a sua esposa, "não de Piatakov, mas de sua sombra, um esqueleto com os dentes quebrados." Ele falou de cabeça baixa, tentando cobrir os olhos com as mãos. Sergo olhou intensamente para seu ex-adjunto e amigo: "Seu testemunho é voluntário?", perguntou.

"Meu testemunho é voluntário", respondeu Piatakov.

Parece absurdo que Sergo tivesse de fazer essa pergunta, mas mais do que isso seria ir contra o Politburo, onde homens como Vorochílov chegavam a paroxismos de ódio: "Seu adjunto revelou-se um porco de primeira classe", falou-lhe Klim. "Você deve ficar sabendo o que ele nos disse, o porco filho da puta!" Quando leu as páginas assinadas do interrogatório de Piatakov, Sergo "acreditou e passou a odiá-lo", mas não foi um momento feliz para ele.[18]

Stálin estava supervisionando o processo do "centro trotskista antissoviético paralelo", que era, na verdade, um ataque ao Comissariado da Indústria Pesada de Sergo, onde dez dos dezessete acusados trabalhavam. Seu papel central nos famosos processos sempre foi conhecido, mas os arquivos revelam que ele chegou mesmo a ditar as palavras do resumo das provas feito por Vichinski. Recuperando-se de sua amidalite, deve ter se encontrado com Vichinski em Kuntsevo. Pode-se imaginar Stálin andando para lá e para cá, fumando, enquanto o servil procurador anotava em sua agenda: "Esses vilãos nem têm nenhum sentimento de cidadania [...] eles têm medo da nação, medo do povo [...]. Seus acordos com o Japão e a Alemanha são acordos da lebre com o lobo [...]". Vichinski anotou as palavras de Stálin: "Enquanto Lênin estava vivo, eles eram contra Lênin". Ele usou exatamente as mesmas palavras no tribunal, no dia 28 de janeiro. Mas os pensamentos de Stálin em 1937 revelam a razão mais ampla para o iminente assassinato de centenas de milhares de pessoas por pouco motivo aparente: "Talvez isso se explique pelo fato de que vocês perderam a fé", dirigiu-se aos velhos bolcheviques. Aqui estava a essência do frenesi religioso do massacre vindouro.[19]

A amidalite de Stálin voltou a atacar. Ele deitou-se na mesa da sala de jantar para que os professores pudessem examinar sua garganta. Então o Politburo juntou-se a Stálin e aos médicos para o jantar. Houve brindes e, depois da refeição, os médicos ficaram espantados de ver os líderes dançando. Mas a mente de Stálin estava nas tarefas brutais daquele terrível ano. Ele fez um brinde à medicina soviética, depois acrescentou que havia "inimigos entre os doutores — vocês descobrirão em breve!". Ele estava pronto para começar.[20]

18. Sergo: A morte de um "bolchevique perfeito"

O melodrama legal estreou a 23 de janeiro e imediatamente expandiu o Terror para milhares de novas vítimas em potencial. Radek, que pode ter sido instruído pessoalmente por Stálin, deleitou-se no humor negro, dizendo que não fora torturado no interrogatório; ao contrário, ele torturara seus investigadores durante meses ao se recusar a cooperar. Depois recitou o que era provavelmente o texto de Stálin: "Mas há em nosso país semitrotskistas, um quarto de trotskistas, um oitavo de trotskistas, gente que nos [trotskistas] ajudou sem saber da organização terrorista, mas simpatizando conosco". A mensagem era clara e, quando combinada com as anotações de Vichinski, resolve o mistério da aleatoricdadc maluca do Terror. Os que não tinham fé cega deveriam morrer.

Às 19h13 de 29 de janeiro, os juízes se retiraram para confabular e às três da manhã seguinte retornaram. Treze dos acusados, inclusive Piatakov, foram sentenciados à morte, mas Radek recebeu apenas dez anos de prisão. Blokhin supervisionou de novo as execuções. Iejov foi recompensado com o posto de comissário-geral da Segurança do Estado e um apartamento no Kremlin.

Em Moscou, 200 mil pessoas, deslumbradas pela propaganda, reuniram-se na Praça Vermelha, apesar da temperatura — de 27 graus Celsius negativos —, carregando estandartes que diziam: "O veredicto da corte é o veredicto do povo". Khruchióv falou para a massa, denunciando o "Judas Trotski", expressão que implicava fortemente que Stálin era o Jesus metafórico. (Sabemos por Iúri Jdánov que ele brincava de se comparar a Jesus.) "Ao erguer a mão contra o camarada Stálin", disse Khruchióv à multidão, "eles levantaram a mão contra tudo o que há de melhor na humanidade, porque Stálin é esperança [...]. Stálin é nossa bandeira. Stálin é nossa vontade, Stálin é nossa vitória." O país foi tomado pela "efervescência emocional" de ódio, medo e sede de sangue. Maria Svanidze escreveu em seu diário que "a baixeza humana de Radek [...] superou toda a imaginação. Esses monstros morais mereceram seu fim [...]. Como pudemos confiar nesse bando de canalhas?".

Hoje, parece impossível que praticamente todas as fábricas e ferrovias estivessem sendo sabotadas por terroristas trotskistas no interior de suas administrações, mas a indústria soviética estava eivada de erros e amaldiçoada por acidentes graças à má administração e à velocidade vertiginosa dos planos quinquenais. Ocorreram milhares de acidentes: por exemplo, somente em 1934 houve 62 mil acidentes nas ferrovias! Como isso poderia acontecer num país perfeito? Os inimigos dentro da elite corrupta explicavam as falhas. A prisão de sabotadores e destruidores nas fábricas e ferrovias se disseminaram. As equipes de Sergo e Kaganóvitch foram atingidas duramente de novo.[1]

Stálin preparou-se com cuidado para a assembleia que iniciaria formalmente o Terror contra o próprio Partido. A 31 de janeiro, o Politburo designou os dois chefes da indústria para falar sobre a destruição em seus departamentos. Stálin revisou seus discursos. Sergo aceitou que era preciso deter os sabotadores, mas queria dizer que, agora que haviam sido presos, era hora de voltar à normalidade. Stálin anotou sobre o discurso de Sergo: "Declarar com fatos quais setores são afetados pela sabotagem e exatamente como são afetados". Quando se encontraram, Sergo parece ter concordado, mas despachou gente de sua confiança para as regiões a fim de investigar se o NKVD estava fabricando os casos: um desafio direto a Stálin.

Sergo, enfermo, percebeu que o abismo entre eles estava crescendo. Defrontava-se com uma ruptura com o Partido ao qual devotara sua vida. "Não compreendo por que Stálin não confia em mim", confidenciou ele a Mikoian, provavelmente numa caminhada noturna pelo Kremlin coberto de neve. "Sou totalmente leal a ele, não quero brigar com ele. As maquinações de Béria desempenham um grande papel nisso — ele dá a Stálin as informações erradas, mas Stálin confia nele." Ambos estavam desconcertados, segundo Mikoian, "com o que estava acontecendo com Stálin, como podiam pôr homens honestos na prisão e depois fuzilá-los por sabotagem".

"Stálin começou um mau negócio", disse Sergo. "Sempre fui tão amigo de Stálin. Eu confiava nele e ele confiava em mim. E agora não posso trabalhar com ele, vou me suicidar." Mikoian disse a ele que o suicídio não resolvia nada, mas que havia frequentes suicídios agora. A 17 de fevereiro, Sergo e Stálin discutiram por várias horas. Sergo foi então para seu escritório, antes de retornar às três da tarde para uma reunião do Politburo.

Stálin aprovou o relatório de Iejov, mas criticou Sergo e Kaganóvitch, que se retiraram para a sala de Poskrióbichev, como estudantes que tivessem de refazer a lição. Às sete, eles também conversaram caminhando em torno do Kremlin: "Ele estava doente, com os nervos arrebentados", disse Kaganóvitch.

Stálin apertou deliberadamente o laço: o NKVD revistou o apartamento de Sergo. Apenas Stálin poderia ter ordenado tamanha afronta. Além disso, os Ordjonikidze passavam os fins de semana com os Iejov, mas a amizade se transformava em pó com as ordens do Partido. Sergo, irado e humilhado como era previsto, telefonou a Stálin.

"Sergo, por que está agitado?", perguntou Stálin. "Esse órgão pode revistar minha casa também a qualquer momento." Stálin chamou Sergo, que saiu tão depressa que esqueceu o sobretudo. Zina correu atrás dele com o casaco e um chapéu de pele, mas ele já estava no apartamento de Stálin. Zina esperou do lado de fora por uma hora e meia. As provocações de Stálin só confirmaram a impotência de Sergo, pois ele "saiu da casa de Stálin em estado de grande agitação, não vestiu o casaco e o chapéu e correu para casa". Começou a refazer seu discurso e depois, de acordo com sua esposa, voltou rapidamente ao apartamento de Stálin, que o provocou ainda mais com suas zombeteiras anotações na margem: "Ha-ha!".

Sergo disse a Zina que não podia com Koba, a quem amava. Na manhã seguinte, permaneceu na cama, recusando o café da manhã. "Sinto-me mal", disse ele. Pediu simplesmente que ninguém o perturbasse e trabalhou em seu quarto. Às 17h30, Zinaida escutou um som surdo e correu para o quarto.

Sergo jazia de peito nu e morto sobre a cama: suicidara-se com um tiro no coração. Zina beijou suas mãos, peito, lábios com fervor e chamou o médico, que atestou a morte. Ela então telefonou a Stálin, que estava em Kuntsevo. Os guardas disseram que ele estava dando uma caminhada, mas ela gritou: "Digam a Stálin que é Zina. Digam que ele venha ao telefone imediatamente. Esperarei na linha".

"Por que tanta pressa?", perguntou Stálin. Zina ordenou-lhe que viesse com urgência: "Sergo fez o mesmo que Nádia!". Stálin bateu o telefone diante desse revoltante insulto.

Aconteceu que Konstantin Ordjonikidze, um dos irmãos de Sergo, chegou ao apartamento nesse momento. Na entrada, o motorista de Sergo disse-lhe para se apressar. Quando chegou à porta da frente, um dos funcionários de Sergo disse simplesmente: "Nosso Sergo não existe mais". Em meia hora, Stálin, Mólotov e Jdánov (por algum motivo, com uma bandagem preta na testa) chegaram do campo para unir-se a Vorochílov, Kaganóvitch e Iejov. Quando Mikoian ouviu a notícia, exclamou "não acredito", e veio correndo. Mais uma vez, a família do Kremlin estava de luto, mas o suicídio causava tanto ira quanto dor.

Zinaida estava sentada na beira da cama, ao lado do corpo de Sergo. Os líderes entraram no quarto, olharam para o cadáver e sentaram-se. Vorochílov, de coração tão mole em assuntos pessoais, consolou Zina.

"Por que me consolar", perguntou ela com agressividade, "quando vocês não conseguiram salvá-lo para o Partido?" Stálin fez um sinal a Zina para que ela fosse com ele até o escritório. Ficaram frente a frente. Stálin parecia esmagado e em estado deplorável, sentindo-se traído de novo.

"O que devemos dizer ao povo agora?", perguntou ela.

"Isso vai sair na imprensa", respondeu Stálin. "Diremos que ele morreu de ataque cardíaco."

"Ninguém vai acreditar nisso", disse a viúva asperamente. "Sergo amava a verdade. A verdade deve ser publicada."

"Por que não acreditariam? Todo mundo sabe que ele sofria do coração e todos acreditarão", concluiu Stálin. A porta do quarto da morte estava fechada, mas Konstantin Ordjonikidze espiou e viu Kaganóvitch e Iejov conversando sentados ao pé do corpo do amigo. De repente, Béria, que estava em Moscou para a assembleia, apareceu na sala de jantar. Zinaida tentou bater nele, gritando "Rato!". Béria "desapareceu em seguida".

Tiraram o corpo volumoso de Sergo do quarto e o deitaram sobre a mesa. O irmão de Mólotov, que era fotógrafo, chegou com sua câmera. Stálin e os magnatas posaram com o corpo.[2]

No dia 19, os jornais anunciaram a morte de Sergo por ataque cardíaco. Uma lista de médicos assinava o boletim mendaz: "Às 17h30, enquanto fazia seu descanso da tarde, ficou subitamente doente e poucos minutos depois morreu de paralisia do coração". A assembleia foi atrasada pelo funeral de Sergo, mas o obstáculo para Stálin fora removido. A morte do "perfeito bolchevique" chocou Maria Svanidze, que descreveu a câmara-ardente no Salão das Colunas entre "guirlandas, música, o perfume de flores, lágrimas, escoltas de honra. Milhares e milhares passaram" diante do caixão aberto. Sergo foi santificado por um culto. Alguns o prantearam mais que outros. Bukhárin escreveu um poema: "Ele rebentava como raios nas ondas espumantes", mas também escreveu outra carta patética a Stálin: "Eu queria escrever a Klim e Mikoian. E se eles me ferirem também? Porque os caluniadores fizeram seu trabalho. Eu não sou eu. Não posso nem chorar sobre o corpo de um velho camarada. [...] Koba, não posso viver nesta situação [...]. Eu realmente o amo apaixonadamente [...]. Desejo-lhe vitórias rápidas e resolutas".

O suicídio permaneceu um segredo fechado. Stálin e outros, como Vorochílov,* acreditavam que Sergo era um desapontamento comodista. Na assembleia, Stálin atacou aquele nobre bolchevique por se comportar como um "príncipe".

Stálin foi o principal carregador da urna com as cinzas, que foi enterrada perto de Kírov, no muro do Kremlin. Mas intuiu que outros poderiam seguir a linha de Sergo. Durante o funeral, ele relembrou Mikoian sobre como escapara do fuzilamento de 26 comissários durante a guerra civil: "Você foi o único a escapar" naquela "história obscura e suja. Anastas, não me obrigue a tentar esclarecê-la". Mikoian deve ter decidido não entornar o caldo, mas dificilmente deixaria de perceber a advertência e a escuridão que se avolumavam.[3]

"Não posso mais viver desse jeito", escreveu Bukhárin a Stálin dias depois. "Não estou em condições físicas ou morais de ir à assembleia [...]. Farei uma greve de fome até que as acusações de traição, destruição e terrorismo sejam retiradas." Mas a agonia de Bukhárin estava apenas começando: sua esposa, Ana,

* Ekaterina Vorochílova escreveu vinte anos depois em seu diário: talvez Zinaida "tivesse razão sobre Ordjonikidze ser um homem de grande alma, mas quanto a isso tenho opinião própria". Eteri, a filha de Sergo, relembrava como Stálin telefonou um par de vezes para confortar a viúva e depois ninguém mais telefonou. Somente Kaganóvitch ainda as visitava. Anos mais tarde, Khruchióv elogiou Sergo em Kuntsevo. Béria o insultou. Stálin não disse nada. Mas, quando partiram, Malenkov puxou Khruchióv de lado: "Escuta, por que você falou tão sem cuidado sobre Sergo? Ele se matou [...]. Você não sabia? Não viu o embaraço depois que você pronunciou o nome dele?". Não obstante, a cidade de Vladikafkaz, no Cáucaso, foi rebatizada Ordjonikidze.

o acompanhou à primeira reunião durante uma tempestade de neve. É notável observar que as principais vítimas da assembleia, Bukhárin e Iagoda, moravam no Kremlin, a apenas algumas portas de distância de Stálin e de membros do Politburo, ao mesmo tempo em que eram acusadas de planejar o assassinato deles. O Kremlin continuava a ser uma aldeia — mas de malevolência insuperável.

Às dezoito horas de 23 de fevereiro, essa assembleia febril e cruel se abriu sob o manto da morte de Sergo, da execução de Piatakov, da multiplicação de prisões e da efervescência pública estimulada pela imprensa. Se houve algum momento em que Stálin emergiu como um ditador com poderes sobre a vida e a morte, foi esse. Iejov abriu a sessão com uma violenta acusação de Bukhárin e sua greve de fome.

"Não vou me dar um tiro", replicou ele, "porque as pessoas vão dizer que me matei para causar dano ao Partido. Mas, se eu morrer, digamos, de uma doença, o que vocês têm a perder?"

"Chantagista!", gritaram várias vozes.

"Seu canalha!", guinchou Vorochílov ao ex-amigo. "Mantenha sua boca fechada! Que patife! Como ousa falar desse jeito?"

"É muito difícil para mim continuar vivendo."

"E é fácil para nós?", perguntou Stálin. "Você realmente tagarela demais."

"Você abusou da confiança do Partido!", declamou Andréiev. Esse veneno encorajou autoridades menores a provar sua lealdade: "Não tenho certeza se há alguma razão para continuarmos a debater esse assunto", declarou I. P. Jukov (sem parentesco com o marechal). "Essa gente [...] deve ser fuzilada como os [outros] canalhas foram fuzilados!" Foi uma manifestação tão raivosa que os líderes vaiaram com risadas: em meio à caça às bruxas, talvez fosse um alívio poder rir. Mas houve mais piadas. Bukhárin gracejou que os testemunhos contra ele eram falsos: "A demanda produz a oferta — isso significa que aqueles que dão testemunho conhecem a natureza da atmosfera geral!". Mais risadas. Mas não serviram para nada: uma comissão de magnatas, presidida por Mikoian, reuniu-se para decidir o destino de Bukhárin e Ríkov, porém, quando eles retornaram, após noites insones, ninguém apertou suas mãos. Mesmo antes de Iejov chegar para o golpe final, Stálin escarneceu de Bukhárin: "Bukhárin está em greve de fome. A quem se dirige seu ultimato, Nikolai, ao Comitê Central?".

"Vocês estão prestes a me expulsar do Partido?"

"Peça perdão ao Comitê Central!"

"Não sou Zinóviev e Kámenev e não vou mentir sobre mim mesmo."

"Se você não confessar", retrucou Mikoian, "vai provar apenas que é um mercenário fascista."

Os "mercenários" aguardaram em casa. No antigo apartamento de Stálin e Nádia, no Palácio Potiéchni, Bukhárin trabalhou freneticamente numa carta para um futuro Comitê Central e para a posteridade, pedindo a sua bela esposa, Ana, de apenas 23 anos, que a memorizasse. "Nikolai Ivánovitch sussurrou várias vezes a carta para mim e me fez repeti-la", escreveu ela. "Depois eu a li e reli, repetindo as frases em voz alta. Ah, como ele [me] agarrava quando eu cometia um erro!"

Do outro lado do rio, em seu apartamento na Casa do Dique, Ríkov só diria: "Eles vão me mandar para a prisão!". Sua esposa sofreu um derrame quando os ataques ao marido se tornaram mais letais. Natália, sua filha de 21 anos, ajudava-o a se vestir todos os dias para a assembleia — como sua mãe o fizera.

A comissão votou sobre o destino deles. Muitos dos devotos de Stálin, como Khruchióv, queriam um julgamento, mas "sem a aplicação da pena de morte". Iejov, Budiony e Póstichev — já também sob fogo — votaram pela morte. Mólotov e Vorochílov apoiaram de maneira servil "a sugestão do camarada Stálin", que era enigmática, porque seu voto originalmente sugeria "exílio", mas depois mudou para "transferir o caso para o NKVD".

Bukhárin e Ríkov foram convocados. Ambos defrontaram com o pânico angustiado e o triste pesar das despedidas. Ríkov pediu que sua filha telefonasse a Poskrióbichev para descobrir seu destino.

"Quando eu precisar dele, mandarei um carro", respondeu Poskrióbichev. Ao entardecer, esse porteiro do destino telefonou: "Estou mandando o carro". Natália ajudou seu querido pai a vestir terno, gravata e sobretudo. Ele não disse nada enquanto tomavam o elevador para descer e saíam para o Dique. Quando olharam na direção do Kremlin, viram a limusine preta. Pai e filha apertaram as mãos e depois se beijaram formalmente *à la russe*, três vezes no rosto. Sem dizer uma palavra, "meu pai entrou no carro que partiu para o Kremlin". Natália jamais esqueceu aquele momento: "E nunca mais o vi — exceto em meus sonhos".

Quando Poskrióbichev telefonou para Bukhárin, Ana "começou a dizer adeus", naquele momento doloroso de separação eterna que seria compartilhado por milhões nos anos seguintes. Poskrióbichev telefonou de novo: a assembleia estava esperando, mas Bukhárin não estava com pressa. Ele caiu de joelhos diante de sua jovem esposa: "Com lágrimas nos olhos, pediu perdão por arruinar minha vida. Mas pediu que eu criasse nosso filho como um bolchevique — 'um bolchevique sem falta', disse duas vezes". Fez Ana jurar que entregaria a carta memorizada ao Partido: "Você é jovem e viverá para fazer isso". Depois se ergueu-se do chão, abraçou-a, beijou-a e disse: "Cuida para não ficar com raiva, Aniutka. Há erros de impressão irritantes na história, mas a verdade triunfará".

"Nós sabíamos que estávamos nos separando para sempre", escreveu Ana. Ela só pôde dizer: "Cuida para não mentir sobre você", mas isso era pedir demais. Vestindo seu casaco de couro, ele desapareceu nas ruelas em torno do Grande Palácio do Kremlin.

Momentos depois, Bóris Berman, um tchequista gordo e antiquado, "com um terno estiloso", grandes anéis nos dedos e uma unha comprida, chegou com o NKVD para revistar o apartamento. Enquanto isso, na assembleia, Stálin propunha que eles fossem "entregues ao NKVD".

"Alguém deseja falar?", perguntou Andréiev. "Não. Há outras propostas além da feita pelo camarada Stálin? Não. Vamos votar [...]. Quem é contra? Ninguém. Alguma abstenção? Duas. Assim a resolução está aprovada, com duas abstenções — Bukhárin e Ríkov." Os dois, que haviam dirigido a Rússia ao lado de Stálin, foram presos ao deixar a reunião. Bukhárin deu um passo equivalente a uma queda de mil quilômetros: em um instante, estava vivendo no Kremlin, com carros, datchas e criados. No minuto seguinte, atravessava os portões da Lubianka, entregava seus objetos, era despido, tinha o ânus verificado, as roupas devolvidas, embora sem cinto e cordões de sapato, e depois trancado numa cela com o costumeiro informante para provocá-lo. Mas Bukhárin não foi torturado.

Ana, a esposa semiparalisada de Ríkov, e sua filha foram presas pouco depois, cumprindo quase duas décadas de trabalhos forçados.*

Essa tenebrosa reunião desferiu também outro golpe: Iejov atacou Iagoda. Mólotov, lendo o relatório de Sergo, citou 585 sabotadores na Indústria Pesada; Kaganóvitch arengou sobre "desmascarar" os inimigos nas ferrovias.

* Natália Ríkova sobreviveu a quinze anos de trabalhos forçados no mar Branco devido "à beleza da natureza que eu via todos os dias nas florestas e à bondade das pessoas, pois havia mais gente boa do que ruim". O autor agradece a ela, que está com 85 anos e vive indômita em Moscou, que contou generosamente sua história sem amargura, mas com lágrimas que corriam pelo rosto. Ana Larina foi separada de seu filho com Bukhárin, ainda um bebê. No entanto, ela sobreviveu e escreveu suas memórias.

Stálin usou a "heroica denunciadora" de Kiev, Pólia Nikoláienko, contra o potentado da Ucrânia Póstichev. Ele a saudou como um "simples membro do Partido" tratado por Póstichev como uma "mosca incômoda [...]. Às vezes, as pessoas mais simples estão muito mais perto da verdade que certos exemplos mais altos". Póstichev não foi preso, mas transferido para outro cargo. A advertência era clara: nenhum "príncipe" do Politburo e seu "grupo familiar" estavam a salvo. "Nós, velhos membros do Politburo, estaremos em breve deixando a cena", explicou Stálin agourento. "É a lei da natureza. Gostaríamos de ter algumas equipes para substituição."

Stálin, político e homem, estava brilhantemente equipado para a constante intensificação da luta que ele transformou em seu credo de Terror: "Quanto mais avançarmos, quanto mais sucesso tivermos, mais exasperados ficarão os remanescentes das classes exploradoras destruídas e mais cedo elas apelarão para formas extremas de luta".[4]

Iejov começou a converter o NKVD numa "seita secreta" de executores sagrados. Despachou os oficiais de Iagoda para inspecionar as províncias e depois os prendeu no trem. Três mil tchequistas seriam executados. O chefe da Segurança, Pauker, e o cunhado de Stálin, Redens, permaneceram em seus postos. Entre 19 e 21 de março, Iejov convocou os tchequistas sobreviventes ao Clube dos Oficiais. Lá, o comissário-geral anunciou que Iagoda era um espião alemão desde 1907 (quando entrou para o Partido) e era também um ladrão corrupto. Iejov fez uma referência absurda a seu tamanho: "Posso ser baixo de estatura, mas minhas mãos são fortes — as mãos de Stálin". A matança seria deliberadamente aleatória: "Haverá algumas vítimas inocentes nesta luta contra os agentes fascistas", disse-lhes Iejov. "Estamos lançando um grande ataque ao inimigo; que não haja ressentimentos se batermos em alguém com o cotovelo. É melhor o sofrimento de dez pessoas inocentes que a fuga de um espião. Quando se corta madeira, saltam lascas."[5]

19. O massacre dos generais, a queda de Iagoda e a morte de uma mãe

Iejov "descobriu" que Iagoda tentara envenená-lo borrifando mercúrio nas cortinas de seu escritório. Mais tarde, revelou-se que Iejov havia simulado esse ataque. Não obstante, Iagoda foi preso em seu apartamento no Kremlin mesmo antes de o Politburo dar a ordem. O poder do Politburo foi oficialmente delegado aos chamados "Cinco": Stálin, Mólotov, Vorochílov, Kaganóvitch e Iejov, embora este último não fosse seu membro.[1]

As buscas nas residências de Iagoda — ele tinha dois apartamentos no centro de Moscou e a datcha luxuosa — revelaram a devassidão da elite do NKVD na lista de seus pertences. Sua coleção pornográfica continha 3904 fotografias, mais onze filmes pornográficos primitivos. Sua carreira de mulherengo foi amplamente ilustrada pelas roupas femininas que guardava em seu apartamento, dando a impressão de que ele dirigia uma loja de lingerie, e não uma força policial; o fato é que os chefões do NKVD não resistiam a explorar seu poder. Havia nove casacos importados, quatro casacos de pele de esquilo, três capas de pele de foca, outra de lã de astracã, 31 pares de sapatos, 91 boinas, 22 chapéus, 130 pares de meias de seda importadas, dez cintos, treze bolsas, onze costumes, 57 blusas, 69 camisolas, 31 blusões, outros setenta pares de meias de seda, quatro lenços de seda — todos femininos —, além de uma coleção de 165 cachimbos e piteiras pornográficos e um pênis de borracha.

Por fim, havia o fetichismo macabro das duas balas que haviam sido extraídas dos miolos de Zinóviev e Kámenev. Tal como relíquias sagradas numa distorção pervertida da sucessão apostólica, Iejov as herdou, guardando-as em seu escritório.[2]

Iagoda, acusado de contrabando de diamantes e corrupção, fez o favor de implicar a geração seguinte de vítimas, orientado por Iejov, que cuidou para que seus próprios protegidos ficassem de fora, antes que os testemunhos fossem enviados a Stálin. Após três semanas de interrogatório, iniciado a 2 de abril, Iejov relatava que Iagoda admitira ter encorajado Ríkov a resistir ao Partido no final dos anos 20: "Você pode agir. Não tocarei em você". Depois, ele denunciou Pauker e confessou ter borrifado o mercúrio no escritório. E, o que é mais importante, Iagoda implicou Ábel Ienukidze no planejamento de um golpe junto com o marechal Tukhatchevski, o antigo inimigo de Stálin da guerra civil. Quando chegou a hora do seu julgamento, junto com Bukhárin e Ríkov, Iagoda já havia confessado o homicídio médico de Gorki e seu filho, bem como o assassinato de Kírov.

Em seu inferno particular, ele sabia que sua família e seus amigos estavam diante da destruição também: a regra no mundo de Stálin era a de que, quando um homem caía, todos os que tinham ligações com ele, fossem amigos, amantes ou protegidos, caíam junto. Seu cunhado e seu sogro foram fuzilados, junto com seu salão de escritores. Sua esposa, sua irmã e seus pais foram exilados; o pai escreveu a Stálin para repudiar "nosso único filho sobrevivente" por seus "graves crimes". Dois filhos haviam dado a vida ao bolchevismo em lutas passadas. Agora, o joalheiro de 78 anos de Nijny Nóvgorod perdia o terceiro. Os pais de Iagoda morreram ambos em campos de concentração.

Parece que Iagoda sofreu uma conversão damascena. "Pela primeira vez em minha vida, preciso contar toda a verdade sobre mim", suspirou de alívio o velho tchequista. Vladímir Kirchon, o escritor que Stálin havia aconselhado em suas peças e que seria fuzilado pouco depois, foi colocado como informante em sua cela. Iagoda perguntou o que a cidade estava dizendo dele, meditando com tristeza: "Eu só queria perguntar a você sobre Ida [sua esposa] e Timocha [sua amante, nora de Gorki], o bebê, minha família, e ver algumas faces familiares antes da morte". Falava sobre a morte: "Se tivesse certeza de que teria permissão para viver, eu carregaria o fardo de admitir ter assassinado" Gorki e seu filho. "Mas é intoleravelmente duro declarar isso historicamente, diante de todos, em especial de Timocha." Iagoda disse a seu interrogador: "Você pode pôr em seu relatório a Iejov que eu disse que deve existir um Deus afinal. De Stálin não mereço nada senão gratidão por meus fiéis serviços; de Deus, mereço a punição mais severa por haver violado seus mandamentos milhares de vezes. Agora veja onde estou e julgue por você mesmo: existe um Deus ou não?".

O veneno de Iagoda fez uma vítima: Pauker. O barbeiro húngaro e favorito das crianças do Kremlin, aos 44 anos, foi preso a 15 de abril, culpado de saber demais e viver bem demais; Stálin já não confiava nos tchequistas antigos com conexões estrangeiras. Pauker foi fuzilado em 14 de agosto de 1937 — o primeiro cortesão a morrer. Ienukidze também foi preso e executado a 20 de dezembro. O NKVD pertencia agora a Stálin, que se voltou então para o Exército.[3]

Na noite de 1º de maio de 1937, após a parada do Dia do Trabalho, houve a festa habitual no apartamento de Vorochílov, mas o clima fervia com a sede de sangue e a tensão. Budiony* registrou como Stálin falou abertamente sobre o iminente massacre de seu círculo interno: era tempo, disse ele, de "terminar com nossos inimigos porque eles estão no Exército, no comando, até mesmo dentro do Kremlin". Sustenta-se com frequência que Stálin planejou o Terror apenas com Iejov e Mólotov; isso prova que, mesmo socialmente, ele era franco com todo o seu círculo, de seus médicos ao Politburo, dizendo que estava prestes "a acabar com" seus inimigos em todo o regime. "Devemos acabar com eles, não olhar para suas faces." Budiony imaginou que isso significava o marechal Tukhatchevski e altos comandantes, como Jonah Iakir e Jan Garmanik, que haviam estado com eles no Mausoléu naquele mesmo dia. Budiony afirmou que esperava que não fosse assim. Contudo, os arquivos mostram que ele e Vorochílov vinham instando Stálin a "destruir" os inimigos dentro do Exército Vermelho havia mais de um ano. É mais provável que os convidados de Vorochílov não somente apoiassem Stálin, como o estimulassem; um ano antes, por exemplo, Vorochílov mandou um relatório interceptado da embaixada alemã para Berlim sobre como Tukhat-

* Semion Budiony publicou suas memórias cautelosas e convencionais muito tempo depois da morte de Stálin, mas suas anotações pessoais, compostas de 76 páginas, em sua maioria inéditas, foram preservadas por sua filha e oferecem relances fascinantes da época. Agradeço a Nina Budiony por me permitir usá-las.

chevski havia subitamente deixado de ser um "francófilo" e agora exibia "grande respeito pelo Exército alemão".[4]

Tukhatchevski, adversário de Stálin na guerra civil e provavelmente seu general mais talentoso, estava destinado a ser seu alvo principal. Aquele "nobre refinado, bonito, inteligente e capaz", como Kaganóvitch o descreveu, não tinha paciência com pessoas chatas e por isso era odiado por Vorochílov e Budiony. O vistoso mulherengo era tão vigoroso e carismático que Stálin o apelidou de "Napoleontchik", enquanto Kaganóvitch parafraseava o ditado de Napoleão: "Tukhatchevski escondeu o bastão de Napoleão em sua mochila".

Ele era implacável como qualquer bolchevique, tendo usado gás venenoso em camponeses rebeldes. No final dos anos 20 e início dos 30, esse "empresário de ideias militares", como um historiador recente o chama, defendeu uma enorme expansão do Exército Vermelho e a criação de forças mecanizadas para ser usadas nas chamadas "operações profundas". Ele compreendia a era dos Panzers e do poderio aéreo, o que o pôs em conflito com os companheiros de Stálin, que ainda viviam no tempo das cargas de cavalaria e trens blindados. Stálin tentou culpar Tukhatchevski de traição em 1930, mas Sergo, entre outros, resistiu e ajudou a trazê-lo de volta ao posto de comissário-adjunto para a Defesa. Porém houve outra rixa com o irascível e vingativo Vorochílov em maio de 1936. Vorochílov ficou tão irritado com as críticas justificadas de Tukhatchevski que gritou: "Vá se foder!". Eles se reconciliaram, mas foi justamente naquela época que o primeiro dos generais do Exército Vermelho foi preso e interrogado para implicar Tukhatchevski. Outros generais foram mencionados no processo de janeiro. Iagoda, Ienukidze e os generais surpresos puseram mais lenha nessa fogueira.

A 11 de maio, Tukhatchevski foi tirado do posto de comissário-adjunto e removido para o distrito do Volga. No dia 13, Stálin pôs a mão no ombro de Tukhatchevski e prometeu que ele voltaria em breve para Moscou. E cumpriu sua palavra, pois, no dia 22, o marechal foi preso e mandado de volta para a capital. Iejov e Vorochílov dirigiram a prisão de quase todo o alto-comando.

Iejov assumiu em pessoa o controle dos interrogatórios. Em uma reunião com Stálin, Vichinski o bajulou, recomendando o uso de tortura.

"Cuide pessoalmente", ordenou Stálin a Iejov, que voltou depressa a Lubianka para supervisionar os sofrimentos do marechal, "mas Tukhatchevski deve ser forçado a dizer tudo [...]. É impossível que agisse sozinho." O marechal foi torturado.[5]

Em meio a esse drama, a mãe de Stálin morreu, no dia 13 de maio de 1937, aos 77 anos. Três professores e dois médicos assinaram sua certidão de óbito, atestando sua esclerose cardíaca. Poskrióbichev aprovou os anúncios oficiais.* Stálin escreveu pessoalmente em georgiano a frase para a coroa de flores, que dizia: "Querida e amada mãe, de seu filho Ióssif Djugachvili"; o uso de seu nome original talvez significasse a distância entre Soso e Stálin. Envolvido na trama de Tukhatchevski, ele não compareceu ao funeral; Béria, com sua esposa e seu filho Sergo, presidiram a cerimônia em seu lugar, mas depois Stálin perguntou sobre o enterro, como se sentisse culpa por não ter comparecido.[6]

Alguns dias depois, enquanto um Iejov azafamado entrava e saía do escritório de Stálin, Tukhatchevski confessou que Ienukidze o havia recrutado em 1928, que ele era agente alemão em conluio com Bukhárin para tomar o poder. A confissão do marechal, que sobrevive nos arquivos, está salpicada de manchas marrons que se descobriu serem de sangue esguichado por um corpo em movimento.

Stálin teve de convencer o Politburo da culpa dos soldados. Iakir, um dos comandantes presos, era amigo de Kaganóvitch, que foi chamado ao Politburo e interrogado por Stálin a respeito dessa amizade. Kaganóvitch lembrou Stálin que fora ele que insistira em promover Iakir, diante do que o *Vojd* murmurou: "Certo, eu lembro [...]. O assunto está encerrado". Confrontado com as espantosas confissões arrancadas dos generais, Kaganóvitch acreditou que "havia uma conspiração de oficiais". Mikoian também era amigo de muitos presos. Stálin leu-lhe trechos em que Uborévitch confessava ser espião alemão: "É incrível", admitiu Stálin, "mas é fato, eles admitiram". Chegaram mesmo a rubricar cada página, para evitar "falsificação".

"Conheço Uborévitch muito bem", disse Mikoian. "É um homem bastante honesto." Então Stálin lhe garantiu que os próprios militares julgariam os generais: "Eles conhecem o caso e descobrirão o que é verdade e o que não é".[7]

Stálin jogou o vice-premiê Rudzutak nesse caldo talvez *pour encourager les autres*, fazendo dele o primeiro candidato a membro do Politburo a ser preso. "Ele entregou-se demais à convivência com amigos filisteus", relembrou Mólo-

* O apartamento dela continha bustos de Stálin e retratos de Lênin e Stálin. Possuía 505 rublos em apólices, mas deixou 42 rublos e vinte copeques em dinheiro e 4533 rublos para suas amigas, mais bilhetes de loteria no valor de três rublos. Em seu quarto havia alguns maços de cigarros, mais retratos de Stálin e — detalhe revelador — de Béria.

tov, o que na linguagem bolchevique significava amigos cultos. Ao tornar-se de certo modo um *bon vivant*, "mantinha distância de nós". Como era típico dos aliados de Stálin nos anos 20, não era confiável, chegando a acusar Stálin de caluniá-lo logo após o assassinato de Kírov. "Você está enganado, Rudzutak", respondera Stálin. Foi preso em um jantar com alguns atores e atrizes — comentou-se que as damas ainda estavam com os restos de seus vestidos de baile semanas depois, na Lubianka. "Ele estava enredado [...] Deus sabe com que tipo de gente, com mulheres [...]", disse Mólotov, e, acrescentou Kaganóvitch, "meninas jovens". Talvez tenha sido fuzilado por sociabilidade. E, contudo, Mólotov explicou: "Acho conscientemente que ele não era um participante [de conspiração]". Mas, mesmo assim, era culpado: "Não devemos agir com base em impressões pessoais. Afinal, tínhamos materiais que o incriminavam". O NKVD começou então a prender muitos dos velhos bolcheviques, em especial aqueles "estúpidos" georgianos obstinados que haviam contrariado Stálin.

De início, cabalou-se o voto das lideranças, de acordo com a tradição do Partido: os votos assinados que estão nos arquivos captam o frenesi vil desse processo. Em geral, os líderes votavam apenas "A favor" ou "Concordo", mas, algumas vezes, em seu desespero, para mostrar sua sede de sangue, eles acrescentavam exclamações raivosas:* "Incondicionalmente, sim", escreveu Budiony sobre as prisões de Tukhatchevski e Rudzutak. "É preciso liquidar essa escória."[8] O marechal Iegórov, cuja esposa atriz (o flerte de Stálin no jantar de novembro de 1932) já estava sob investigação, escreveu: "Todos esses traidores devem ser varridos da face da Terra como os inimigos mais hostis e uma escória nojenta".[9]

A 1º de junho, Stálin, Vorochílov e Iejov reuniram mais de cem comandantes no Kremlin e deram a notícia de que seu alto-comando era constituído esmagadoramente de agentes germânicos. Vorochílov revelou essa "organização fascista de conspiração contrarrevolucionária", admitindo que ele mesmo era próximo dos conspiradores. Era culpado de não querer acreditar naquilo! No dia seguinte, Stálin falou, lançando um clima de mistério aos participantes aterrorizados: "Espero que não haja dúvidas sobre a existência de uma conspiração militar-poli-

* Às vezes, davam-se conta de que não haviam sido suficientemente violentos; por isso, Veinberg escreveu: "Hoje, quando votei pela expulsão de Rudzutak e Tukhatchevski do Comitê Central, lembrei que na votação pela expulsão de [...] Eliava e Orakhelachvili, esqueci acidentalmente de acrescentar as palavras 'e remoção de seus arquivos para o NKVD', então informo que estou votando pela expulsão de todos esses traidores, mas também pela remoção de seus arquivos para o NKVD".

cial", ameaçou ele, explicando que Tukhatchevski fora subornado por Trotski, Bukhárin, Ríkov, Ienukidze, Iagoda e Rudzutak. Como em um bom romance de espionagem, Stálin tentou *chercher la femme*, apontando para os mulherengos Tukhatchevski e Ienukidze. "Há uma experiente espiã na Alemanha, em Berlim [...] Josephine Heinze [...] ela é uma bela mulher [...]. Ela recrutou Ienukidze. Ajudou a recrutar Tukhatchevski." Alguns oficiais foram até presos durante a reunião, e não surpreende que os sobreviventes tenham apoiado Stálin.[10]

Vorochílov regozijava-se com sua vingança. "Jamais confiei em Tukhatchevski, nunca confiei particularmente em Uborévitch [...]. Eles eram canalhas", declarou ao Comissariado de Defesa, exagerando a história de Stálin sobre depravação sexual. "Camaradas, ainda não expurgamos todos. Eu pessoalmente não duvido que há gente que achava que estava apenas falando, nada mais. Eles conversavam: 'Seria uma boa coisa matar Stálin e Vorochílov' [...]. Nosso governo vai exterminar essa gente."

"Certo", gritou a plateia.

"Eles eram degenerados", disse Vorochílov. "Imundos em suas vidas privadas!"[11]

A 9 de junho, Vichinski interrogou o acusado e manteve contato com Stálin duas vezes, chegando ao Cantinho às 22h45. O Politburo examinou a apelação dos oficiais, fazendo-a circular pela mesa.

No apelo de Iakir, Stálin escreveu: "Canalha e prostituto". "Uma descrição precisa e completa", acrescentou Vorochílov. Mólotov assinou, mas o melhor amigo de Iakir, Kaganóvitch, quase teve de dançar sobre sua tumba: "Para este traidor, bastardo e merda só há uma pena — a execução".[12]

No dia 11, a Corte Suprema convocou um tribunal militar especial para julgar os "traidores". O réptil Ulrikh representava o Colégio Militar, mas os juízes principais eram os próprios marechais. Budiony foi um dos mais ativos, acusando-os de "destruir" ao insistir na formação de divisões blindadas.

"Sinto-me como se estivesse sonhando", observou Tukhatchevski sobre a acusação. Não houve menção a Josephine, a deslumbrante espiã germânica. Os generais foram acusados de servir a uma "segunda pátria", sendo Iakir um judeu da Bessarábia. A maioria dos juízes estava aterrorizada: "Amanhã serei posto no mesmo lugar", disse depois o comandante Belov a seus amigos. (Tinha razão.) Todos foram condenados à morte às 23h35 daquele dia. Ulrikh correu a contar para Stálin que, esperando com Mólotov, Kaganóvitch e Iejov, não examinou as sentenças. Disse apenas: "De acordo". Iejov voltou com Ulrikh para supervisionar as execuções, que aconteceram dentro de uma hora, na madrugada de 12 de junho. Como sempre, Stálin mostrou curiosidade sádica: "Quais foram as últimas palavras de Tukhatchevski?", perguntou a Iejov.

"A serpente disse que era dedicado à pátria e ao camarada Stálin. Pediu clemência. Mas era óbvio que não estava sendo sincero, não se havia rendido."

Todos os juízes foram fuzilados mais tarde, exceto Ulrikh, Budiony e Chápochnikov. Se Budiony tinha alguma dúvida sobre apoiar o Terror, o NKVD chegou para prendê-lo logo após o julgamento. Ele puxou uma pistola e ameaçou matar os tchequistas enquanto telefonava a Stálin, que cancelou a prisão. Sua esposa não teve a mesma sorte.

Vorochílov desencadeou um expurgo maciço do Exército, exigindo pessoalmente a prisão de trezentos oficiais em cartas ao NKVD. Em 29 de novembro de 1938, ele gabou-se de que 40 mil haviam sido presos e 100 mil novos oficiais haviam sido promovidos. Três dos cinco marechais, quinze dos dezesseis comandantes de unidades e todos os dezessete comissários foram fuzilados. Stálin estimulava a caça às bruxas com veemência em reuniões informais com oficiais.

"Não sabemos até agora se podemos falar abertamente sobre Inimigos do Povo ou não", falou o comandante naval Laukhin.

"Falar em público?", disse Stálin.

"Não, aqui, internamente."

"Devemos — é uma obrigação!", enfatizou Stálin.

Os comandantes discutiram determinados oficiais: "Gorbátov está preocupado agora", relatou Kulikov, um comandante de divisão na Ucrânia.

"Por que deveria se preocupar, se é um homem honesto?", replicou Stálin.

"Eu não diria que ele é puro. Estava claramente conectado", disse Kulikov.

"Ele está com medo?", perguntou Stálin.

O Exército fora a última força capaz de deter Stálin, motivo suficiente para a destruição de seu alto-comando. É possível que os generais soubessem da ficha de Stálin como agente duplo da Okhrana e tivessem pensado em agir. A explicação habitual é que os alemães plantaram a informação de que estavam planejando um golpe e Stálin acreditou. Heydrich, o espião de Hitler, criara provas que foram passadas a Stálin pelo bem-intencionado presidente tcheco Benes. Mas nenhuma prova alemã foi usada no julgamento de Tukhatchevski — nem era necessário. Stálin não precisava de informações alemãs falsas nem de misteriosos arquivos da Okhrana para persuadi-lo a destruir Tukhatchevski. Afinal, ele já pensava nisso desde 1930, três anos antes de Hitler subir ao poder. Ademais, Stálin e seus companheiros estavam convencidos de que não se devia confiar em oficiais e que estes deveriam ser fisicamente destruídos diante da menor suspeita. Ele lembrou Vorochílov, em um bilhete sem data, sobre os oficiais presos no verão de 1918. "Esses oficiais", escreveu ele, "nós queríamos fuzilar em massa." Nada mudara.[13]

Vorochílov foi ajudado no massacre por um homem que personificava a tragédia que estava para cair sobre o Exército Vermelho. Stálin e Iejov planejaram a divulgação da matança com o editor do *Pravda*, Liev Mekhlis, um dos mais extraordinários de todos os seus cortesãos, que então aflorava no palco nacional, transformado do flagelo da mídia em Mefistófeles militar, comparado a um "tubarão" e um "demônio sombrio". Até Stálin o chamava de "fanático", achava difícil contê-lo e gostava de contar histórias sobre seu "fervor ridículo".

Com cabelos pretos de contornos mal definidos e um rosto pontiagudo de ave, Mekhlis desempenhou um papel tão importante quanto Mólotov ou Béria. Nascido em Odessa em 1889, de pais judeus, deixou a escola aos catorze anos e só aderiu aos bolcheviques em 1918, depois de flertar com outros partidos, mas foi um comissário implacável na Crimeia durante a guerra civil, executando milhares. Conheceu Stálin durante a campanha polonesa, tornando-se um de seus assistentes, aprendendo todos os segredos. Devotado a "meu querido camarada Stálin", para quem trabalhava de forma neurótica e frenética, tinha energia e talento demais para permanecer escondido nos bastidores, como Poskrióbichev. Casado com uma médica judia, colocou o retrato de Lênin com uma faixa vermelha no berço de seu bebê e registrou as reações desse Homem Novo em um diário especial. Em 1930, Stálin designou-o para editor do *Pravda*, onde sua gestão dos escritores foi impressionantemente brutal.*

* Logo depois do anúncio do fuzilamento dos generais, Mekhlis descobriu que o "poeta proletário" Demian Bedny resistia a ordens e redigia secretamente versos dantescos com o pseudônimo de Conrad Rotkehempfer. Escreveu imediatamente a Stálin: "O que devo fazer? Ele explicou que era seu método literário". Stálin respondeu com sarcasmo: "Estou respondendo com uma carta que você pode ler para Demian. Ao novo Dante, vulgo Conrad, oh, na verdade, para Demian Bedny, a fábula ou poema 'Lutar ou morrer' é medíocre. Como crítica do fascismo, é vulgar e desbotada. Como crítica da construção soviética (sem brincadeira), é estúpida, mas transparente. É lixo, mas

Mekhlis, que saíra do Exército czarista como bombardeiro, foi promovido a comissário-adjunto da Defesa, chefe do Departamento Político, caindo sobre o Exército como um cavalo galopante do apocalipse.[14] Stálin e seus Cinco criaram então uma espantosa loteria de morte projetada para matar toda uma geração.

---

uma vez que nós [o povo soviético] temos muito lixo em volta, devemos aumentar a oferta de outros tipos de literatura com outra fábula [...]. Compreendo que devo pedir desculpas a Demian--Dante por minha franqueza". Mekhlis trancava as cartas de Stálin em seu cofre, de onde as tirava para impressionar jornalistas, a quem perguntava se reconheciam a letra. "No meio da noite de 21 de julho", relatou urgentemente a Stálin, "convidei Bedny a criticar seu poema" e ouvir a leitura da carta de Stálin. Bedny disse apenas: "Estou louco [...] talvez esteja velho demais. Talvez devesse ir para o campo e plantar repolhos". Até mesmo esse comentário pareceu suspeito a Mekhlis, e ele lançou a ideia de prender Bedny: "Talvez ele esteja implicado". Stálin não levou adiante. Bedny foi cortado do círculo do poder, mas permaneceu em liberdade, morrendo em 1945.

20. Banhos de sangue aos magotes

Eles nem especificavam os nomes, simplesmente fixavam cotas de mortes aos milhares. A 2 de julho de 1937, o Politburo ordenou que os secretários locais prendessem e fuzilassem "os elementos antissoviéticos mais hostis" que deveriam ser sentenciados por troikas, tribunais de três homens que incluíam usualmente o secretário do Partido, o procurador e o chefe do NKVD local.

O objetivo era "acabar de uma vez por todas" com todos os inimigos e com aqueles impossíveis de educar no socialismo, de modo a acelerar o desaparecimento das barreiras de classe e, portanto, a instauração do paraíso para as massas. Essa solução final era um massacre que fazia sentido em termos da fé e do idealismo do bolchevismo, que era uma religião baseada na destruição sistemática das classes. O princípio de ordenar o assassinato como cotas industriais do Plano Quinquenal era, portanto, natural. Os detalhes não importavam: se a destruição dos judeus por Hitler foi genocídio, então aquilo foi democídio, a luta de classes se transformando em canibalismo. A 30 de julho, Iejov e seu adjunto, Mikhail Frinovski, propuseram a Ordem nº 00447 ao Politburo: que, entre 5 e 15 de agosto, as regiões deveriam receber cotas para duas categorias: Categoria Um, fuzilamento; Categoria Dois, deportação. Eles sugeriram que 72 950 deveriam ser fuzilados e 259 450 presos, embora não incluíssem algumas regiões. As regiões deveriam apresentar mais listas. As famílias dessas pessoas deveriam ser deportadas também. O Politburo confirmou essa ordem no dia seguinte.

Não demorou para que esse "moedor de carne" adquirisse tal impulso que, conforme a caça às bruxas se aproximava de seu auge e os ciúmes e as ambições locais se atiçavam, cada vez mais gente era jogada na máquina. As cotas foram logo cumpridas pelas regiões, que pediram então números maiores: entre 28 de agosto e 15 de dezembro, o Politburo concordou com o fuzilamento de outras 22 500 pessoas e, depois, com mais 48 mil. Nisso, o Terror foi diferente dos crimes de Hitler, que destruíram sistematicamente um alvo limitado: judeus e ciganos. Na Rússia, ao contrário, a morte era, às vezes, aleatória: o comentário esquecido há muito tempo, o flerte com a oposição, a inveja do emprego, da mulher ou da casa de outro homem, vingança ou simplesmente pura coincidência causaram a morte e a tortura de famílias inteiras. Isso não importava: "Melhor ir longe demais do que não ir longe o suficiente", disse Iejov a seus homens, enquanto a cota original de prisões da Ordem nº 00447 inflava para 767 397 prisões e 386 798 execuções.*

Ao mesmo tempo, Iejov atacava "contingentes nacionais", ou seja, a execução por nacionalidade, contra poloneses e alemães que viviam na Rússia, entre outros. A 11 de agosto, ele assinou a Ordem nº 00485, para liquidar "diversionistas e grupos de espionagem poloneses", a qual consumiria a maior parte do Partido Comunista Polonês, a maioria dos poloneses no interior da liderança bolchevique, qualquer um que tivesse "contatos consulares" ou sociais e, é claro, suas esposas e filhos. Cerca de 350 mil pessoas (das quais 144 mil poloneses) foram presas nessa operação, com 247 157 fuzilados (110 mil poloneses) — um minigenocídio. Como veremos, essa operação atingiu o círculo do próprio Stálin com força especial.** No total, pelas últimas estimativas, combinando as cotas e os

* Houve um debate entre aqueles, como Robert Conquest, que insistiram que Stálin iniciara e dirigira em pessoa o Terror e os chamados revisionistas, que sustentaram que o Terror foi criado por pressão de jovens burocratas ambiciosos e pelas tensões entre o centro e as regiões. Os novos arquivos provaram que Conquest estava certo, embora seja verdade que as regiões ultrapassaram suas cotas, mostrando que os revisionistas também tinham razão, mesmo sem captar o quadro completo. Assim, as duas teorias são complementares.

** Cento e setenta mil coreanos também foram deportados. A eles somaram-se em breve búlgaros e macedônios. Stálin ficou satisfeito com a operação polonesa, escrevendo no relatório de Iejov: "Muito bom! Desenterre e expurgue essa espionagem polonesa também no futuro. Destrua-a no interesse da União Soviética!". Poloneses e alemães foram os mais atingidos, mas a operação incluiu a deportação de curdos, gregos, finlandeses, estonianos, iranianos, letões, chineses, romenos e retornados da ferrovia de Harbin. Na Mongólia, o NKVD fuzilou 6 311 padres, lordes e funcionários comunistas, cerca de 4% da população; seu chefe, o marechal Choibalsang, uma paródia de Stálin, também prendeu e fuzilou seu próprio Tukhatchevski, o marechal Demid.

contingentes nacionais, um milhão e meio foram presos nessas operações e cerca de 700 mil fuzilados.[1]

"Batam, destruam sem escolher", ordenou Iejov a seus capangas. Aqueles que mostravam "inércia operacional" na prisão de "formações contrarrevolucionárias dentro e fora do Partido [...] poloneses, alemães e kulaks" seriam eles mesmos destruídos, mas a maioria "tentava ultrapassar uns aos outros com relatórios sobre números gigantescos de pessoas presas". Iejov, seguindo claramente a orientação dos "Cinco", chegou a especificar que "se, durante a operação, umas mil pessoas a mais forem fuziladas, isso não é um grande problema". Uma vez que Stálin e Iejov aumentavam constantemente as cotas, uns mil a mais aqui e ali eram inevitáveis, mas a questão é que eles destruíram deliberadamente toda uma "casta". E, tal como o holocausto de Hitler, tratou-se de uma façanha colossal de administração. Iejov chegou mesmo a especificar quais arbustos deveriam ser plantados para cobrir as covas em massa.[2]

Uma vez iniciado o massacre, Stálin quase sumiu da vista pública, aparecendo apenas para saudar crianças e delegações. Espalhou-se o rumor de que ele não sabia o que Iejov estava fazendo. Em 1937 falou em público apenas duas vezes, e em 1938 somente uma, cancelando todas as suas férias (só iria novamente para o Sul em 1945). Mólotov fez os discursos de 6 de novembro em ambos os anos. O escritor Ilia Ehrenburg encontrou-se com Pasternak na rua: "Ele apertou os braços ao redor de si mesmo, como se estivesse sob o açoite da neve: 'Se pelo menos alguém contasse a Stálin sobre isso'". O diretor de teatro Meyerhold disse a Ehrenburg: "Eles escondem de Stálin". Mas o amigo deles Isaac Babel, amante da mulher de Iejov, sabia da "chave do enigma": "É claro que Iejov desempenha seu papel, porém não está na origem da coisa".[3]

Stálin era o mentor, mas não estava de forma alguma sozinho. Com efeito, não é correto nem útil pôr a culpa do Terror em um único homem, porque o assassinato sistemático começou logo depois que Lênin assumiu o poder, em 1917, e só parou depois da morte de Stálin. Esse "sistema social baseado no derramamento de sangue" justificava o homicídio agora com a perspectiva do paraíso depois. O Terror não foi apenas uma consequência da monstruosidade de Stálin, mas com certeza se formou, expandiu e acelerou graças a seu caráter peculiarmente dominador, refletindo seu rancor e seu espírito vingativo. "A maior delícia", disse ele a Kámenev, "é marcar o inimigo, preparar tudo, vingar-se por completo e depois ir dormir." O Terror não teria acontecido sem Stálin.

Contudo, ele também refletiu os ódios provincianos da incestuosa seita bolchevique, em que os ciúmes fervilhavam desde os anos de exílio e guerra. Stálin e sua facção consideravam a guerra civil seu melhor momento: 1937 era um reencontro de Tsarítsin, como Stálin até lembrou a um grupo de oficiais: "Nós estávamos em Tsarítsin com Vorochílov", começou ele. "Desmascaramos [os inimigos] em uma semana, ainda que não entendêssemos de assuntos militares. Desmascaramos porque os julgamos por seu trabalho e, se hoje os trabalhadores políticos julgarem os homens por seu trabalho verdadeiro, logo desmascararemos os inimigos no interior de nosso Exército."[4] O ressurgimento do antibolchevismo na Alemanha era um fato, e a guerra espanhola estabelecia novos padrões de traição e brutalidade. Os desastres econômicos eram óbvios: os documentos de Mólotov revelam que ainda havia fome e canibalismo* em 1937.[5]

A corrupção das autoridades era notória: Iagoda parecia dirigir palácios e fazer negócios com diamantes com fundos oficiais. Iakir alugava datchas como se fosse um senhorio. As esposas de marechais, como Olga Budiony e sua amiga Galina Iegorova (por quem Stálin se encantou na última ceia de Nádia), floresciam em embaixadas e "salões que lembravam as recepções resplandecentes [...] da Rússia aristocrática", com "companhia deslumbrante, roupas da moda".

"Por que os preços subiram cem por cento, enquanto não há nada nas lojas?", perguntava Maria Svanidze a seu diário. "Onde está o algodão, o linho e a lã, quando medalhas foram ganhas por superar o Plano? E a construção de datchas privadas [...] dinheiro maluco gasto em residências e casas de férias magníficas?"[6]

A responsabilidade fica com as centenas de milhares de funcionários que ordenaram ou perpetraram as mortes. Stálin e os magnatas mataram com entusiasmo, inconsequência, quase com alegria e, em geral, assassinaram mais do que lhes foi pedido. Ninguém jamais foi processado por esses crimes.[7]

Stálin era surpreendentemente franco com seu círculo sobre o objetivo de "acabar" com todos os inimigos. Era capaz de dizer isso com bastante franqueza aos camaradas na festa de 1º de maio de Vorochílov, como relatou Budiony. Parece que comparava constantemente seu Terror com o massacre dos boiardos

* A 14 de abril de 1937, o procurador-geral Vichinski escreveu ao premiê para informar sobre uma série de casos de canibalismo em Cheliabinsk, nos Urais, em que uma mulher comeu uma criança de quatro meses, outra comeu uma de oito anos com seu filho de treze, enquanto outra ainda consumiu seu bebê de três meses.

por Ivan, o Terrível: "Quem vai se lembrar de toda essa gentalha dentro de dez ou vinte anos? Ninguém. Quem lembra agora dos nomes dos boiardos de que Ivan se livrou?* Ninguém [...]. O povo sabia que ele estava se livrando de todos os seus inimigos. No fim, todos ganharam o que mereciam".

"O povo entende, Ióssif Vissariónovitch, ele entende e o apoia", comentou Mólotov. Do mesmo modo, disse a Mikoian: "Ivan matou poucos boiardos. Deveria ter matado todos, para criar um Estado forte". Os magnatas não eram tão desatentos à natureza de Stálin quanto sustentaram mais tarde.[8]

Enquanto as regiões cumpriam suas cotas anônimas, Stálin também matava milhares que conhecia bem. Iejov o visitava quase todos os dias. Em um ano e meio, cinco dos quinze membros do Politburo, 98 dos 139 membros do Comitê Central e 1108 dos 1966 delegados do 17º Congresso foram presos. Iejov entregou 383 listas específicas de vítimas com o pedido: "Peço sanção ao Politburo para condená-los todos dentro da Primeira Categoria".

A maioria das listas de morte foi assinada por Stálin, Mólotov, Kaganóvitch e Vorochílov, mas muitas foram assinadas também por Jdánov e Mikoian. No dia 12 de novembro de 1938, por exemplo, Stálin e Mólotov assinaram 3167 execuções. Em geral, escreviam simplesmente "A favor", VMN ou *Viskha*. Mólotov admitiu: "Assinei a maioria — na verdade, todas — das listas de prisão. Debatemos e tomamos uma decisão. A pressa dominava. Seria possível entrar em todos os detalhes? [...] Às vezes, gente inocente era presa. É óbvio que um ou dois em cada dez eram presos erradamente, mas o resto estava certo". Como dissera Stálin: "É melhor uma cabeça inocente a menos do que hesitações numa guerra". Eles ordenaram a morte de 39 mil pessoas nessas listas de nomes. Stálin marcava listas com bilhetes para Iejov: "Camarada Iejov, aqueles cujos nomes marquei com 'pr' devem ser presos, se já não o foram". Às vezes, Stálin escrevia apenas: "Fuzilar todos os 138". Quando recebia listas de morte regionais, Mólotov simplesmente sublinhava os números, jamais os nomes. Kaganóvitch lembrava o frenesi da época: "Que emoções!". Eles eram "todos responsáveis" e talvez "culpados de ir longe demais".[9]

Stálin declarou que o filho não deveria sofrer pelos pecados do pai, mas depois atingiu cuidadosamente as famílias dos inimigos: isso talvez refletisse sua

* Isso é tão sinistro quanto o comentário de Hitler sobre o genocídio dos judeus, referindo-se ao massacre dos armênios pelos turcos em 1915: "Afinal, quem fala hoje do massacre dos armênios?".

mentalidade caucasiana, ou apenas o labirinto incestuoso das conexões bolcheviques. "Eles tinham de ser isolados", explicou Mólotov, "senão teriam espalhado todo tipo de queixa." A 5 de julho de 1937, o Politburo mandou o NKVD "confinar todas as esposas de traidores condenados [...] em campos por cinco, oito anos" e tomar sob a proteção do Estado as crianças com menos de quinze anos: 18 mil esposas e 25 mil crianças foram levadas embora. Porém isso não foi suficiente: a 15 de agosto, Iejov decretou que as crianças com entre um e três anos seriam confinadas em orfanatos, mas "crianças socialmente perigosas com entre três e quinze anos" poderiam ser aprisionadas "dependendo do grau de perigo". Quase 1 milhão dessas crianças foram criadas em orfanatos e com frequência não viram suas mães durante vinte anos.[10]*

Stálin era o motor dessa máquina mortífera. "Agora tudo ficará bem", escreveu a 7 de maio de 1937 a um de seus matadores que dizia não "ter perdido os dentes", mas ter ficado um pouco entorpecido: "Quanto mais afiados os dentes, melhor. I. St.". Este é apenas um dos muitos bilhetes encontrados nos arquivos recentemente abertos que mostram não apenas suas ordens burocráticas, mas também seu envolvimento pessoal no encorajamento de jovens funcionários para massacrar seus camaradas. Os dentes nunca estavam suficientemente afiados.[11]

Enquanto todos os líderes podiam salvar alguns de seus amigos — e não os dos outros —, Stálin podia proteger quem quisesse: seus caprichos só aumentavam sua mística. Quando seu velho amigo da Geórgia Sergo Kavtaradze foi preso, ele não aprovou sua execução e pôs um traço ao lado de seu nome. Essa minúscula linha de crayon salvou sua vida. Outro velho amigo, o embaixador Troianovski, apareceu numa lista: "Não toquem", escreveu Stálin.** Por mais que alguém fosse denunciado, seu favor podia ser inabalável, mas, se perdia a confiança, a danação era inevitável, embora pudesse demorar anos. A melhor maneira de sobreviver era ser invisível, porque às vezes coincidências medonhas colocavam

* Isso atingiu seu clímax quando sessenta crianças com idades entre dez e doze anos foram acusadas de formar "um grupo contrarrevolucionário terrorista" em Leninsk-Kuzetsk e ficaram presas durante oito meses, até que os próprios policiais do NKVD foram presos e as crianças libertadas.

** Os papéis de Stálin contêm traços fascinantes de suas intervenções: um pai denunciou seu filho à polícia por dar muitas festas escandalosas, mas o rapaz foi preso e enredado em um caso contra Tomski. O pai apelou a Stálin, que escreveu na carta: "É necessário mudar a punição". O pai escreveu para agradecer a Stálin.

as pessoas em contato fatal com Stálin: a comunista polonesa Kostirzewa estava cuidando de suas rosas perto de Kuntsevo quando viu Stálin olhando por sobre a cerca: "Que rosas lindas", disse ele. Ela foi presa naquela noite — era a época da mania da espionagem antipolonesa e talvez ela estivesse em uma das listas.

Stálin esquecia amiúde — ou fingia esquecer — o que acontecera com certos camaradas e anos depois assumia um ar de desapontamento quando ouvia dizer que haviam sido fuzilados. "Vocês costumavam ter gente tão legal", observou mais tarde a camaradas poloneses. "Vera Kostirzewa, por exemplo, vocês sabem que fim levou?" Até mesmo sua memória excepcional era incapaz de lembrar de todas as vítimas.[12]

Gostava de deixar nervosos seus colegas. Foi o que fez com Stetski, que integrara o grupo de jovens protegidos de Bukhárin e conseguira entrar para o Departamento Cultural do CC. Em uma de suas "confrontações" com seus acusadores, Bukhárin deu a Stálin uma carta antiga de Stetski em que ele criticava o líder. "O camarada Bukhárin", escreveu Stálin a Stetski, "me deu sua carta para ele [de 1926-7] com a insinuação de que tudo em relação a Stetski nem sempre é limpo. Não li a carta, Estou devolvendo-a a você. Com saudações comunistas, Stálin." Pode-se imaginar o terror de Stetski ao receber esse bilhete escrito à mão. Respondeu imediatamente: "Camarada Stálin, recebi sua carta e lhe agradeço por sua confiança. Sobre minha carta [...] escrita quando eu não estava limpo [...] eu pertencia ao grupo de Bukhárin. Agora sinto vergonha de lembrar disso [...]". Foi preso e fuzilado.[13]

Stálin pregava peças até em seus camaradas mais próximos. Budiony, por exemplo, se saíra bem no julgamento, mas quando as prisões chegaram a sua própria equipe, ele foi queixar-se com Vorochílov, levando uma lista de homens inocentes sob investigação. Vorochílov ficou assustado: "Fale você mesmo com Stálin". Budiony enfrentou o chefe: "Se esses são os inimigos, quem fez a Revolução? Significa que devemos ir para a prisão também!".

"O que você está dizendo, Semion Mikhailovitch?", disse rindo Stálin. "Você está maluco?" Chamou Iejov: "Budiony aqui diz que está na hora de nos prender". Budiony afirmou depois que dera a lista a Iejov e ele soltara alguns dos oficiais.[14]

Stálin especializou-se em tranquilizar suas vítimas e depois prendê-las. No início daquele ano, a esposa de um dos auxiliares de Ordjonikidze na Indústria

Pesada foi chamada por ele: "Fiquei sabendo que você está a pé. Isso não é bom [...]. Mandarei um carro". Na manhã seguinte, a limusine estava lá. Dois dias depois, seu marido foi preso.

Os generais, diplomatas, espiões e escritores que haviam servido na Guerra Civil Espanhola, mergulhados num lamaçal de traições, assassinatos, derrotas, intrigas e denúncias trotskistas, foram dizimados mesmo quando haviam aparentemente cometido poucos erros. O embaixador em Madri, o ex-trotskista Antónov-Ovseienko, enredou-se ao tentar provar sua lealdade; foi chamado, promovido por Stálin e preso no dia seguinte. Quando recebeu o jornalista Mikhail Koltsov, Stálin fez gracejos com suas aventuras na Guerra Civil Espanhola, chamando-o de "Don Miguel", mas depois perguntou: "Você não pretende se matar? Adeus, Don Miguel". Mas Koltsov participara de um jogo mortal na Espanha, denunciando outros a Stálin e Vorochílov. O "Don" foi preso.[15]

O escritório de Stálin foi bombardeado com avisos de execução das regiões. Um exemplo típico, de 21 de outubro de 1937, listava onze fuzilados em Sarátov, oito em Leningrado, depois mais doze, seis em Minsk, depois mais cinco, num total de 82. Existem centenas dessas listas, dirigidas a Stálin e Mólotov.[16] Por outro lado, Stálin recebeu uma torrente de pedidos desesperados de ajuda. Bonch-Bruevitch, cuja filha era casada com alguém do círculo de Iagoda, insistia: "Acredite-me, querido Ióssif Vissariónovitch, eu levaria um filho ou uma filha pessoalmente ao NKVD se eles fossem contra o Partido".[17] O próprio secretário de Stálin dos anos 20, Kanner, que fora encarregado de suas jogadas sujas contra Trotski e outros, foi preso. "Kanner não pode ser um vilão", escreveu certa Makarova, talvez sua esposa. "Ele era amigo de Iagoda, mas quem poderia pensar que o chefe da Segurança pudesse ser um canalha? Acredite-me, camarada Stálin, que Kanner merecia sua confiança!" Kanner foi fuzilado.

Com frequência, os apelos vinham de velhos bolcheviques que haviam sido amigos íntimos, como Vano Djaparidze, cuja trágica carta dizia: "Minha filha foi presa. Não consigo imaginar o que ela pode ter feito. Peço-lhe, querido Ióssif Vissariónovitch, que alivie o terrível destino de minha filha".[18]

Recebeu também cartas de líderes ameaçados e desesperados para se salvar: "Não consigo trabalhar, não é uma questão de mentalidade partidária, mas é impossível para mim não agir sobre a situação a meu redor, aliviar a tensão e compreender o motivo para isso [...]. Por favor, me dê um momento de seu tempo para me receber [...]", escreveu Nikolai Krilenko, nada menos que Comissário de Justiça do Povo e signatário de muitas sentenças de morte. Também foi fuzilado.[19]

Iejov era o principal organizador do Terror, tendo em Mólotov, Kaganóvitch e Vorochílov cúmplices entusiastas. Mas todos os magnatas tinham poder de vida e morte. Anos depois, Khruchióv lembrava de seu poder sobre um jovem agrônomo que o criticou: "Bem, eu poderia fazer o que quisesse com ele, poderia destruí-lo, poderia tomar providências para que ele desaparecesse da face da Terra".[20]

21. O "Amora" em ação e no lazer

Iejov foi recebido por Stálin 1100 vezes durante o Terror, perdendo em frequência apenas para Mólotov — e esse número inclui somente as reuniões formais no Cantinho. Deve ter havido muitos encontros na datcha. Os arquivos mostram que Stálin anotava em pequenas listas os nomes dos que deveriam ser presos para discutir com "Amora": a 2 de abril de 1937, por exemplo, ele escreve com seus lápis azul e vermelho para Iejov uma lista de seis pontos, muitos ameaçadores, como "Expurgar o Banco do Estado".* Às vezes, Stálin lhe dava uma carona de sua datcha para casa.[1]

Iejov seguia um cronograma duro de trabalho, intensificado pelas terríveis façanhas que supervisionava e pela pressão, tanto de cima como de baixo, para prender e matar mais: ele vivia a existência noturna stalinista e estava constantemente exausto, ficando cada vez mais pálido e nervoso. Sabemos agora como trabalhava: tendia a dormir de manhã, comer em casa com sua esposa, encontrar com seu auxiliar Frinovski para um drinque em suas datchas e depois ir para Buturki ou Lubianka a fim de supervisionar os interrogatórios e as torturas.[2] Uma vez que estava nos altos escalões do Partido havia cerca de sete anos, conhe-

* Iejov respondeu com lápis preto: "Além da cópia do relatório de Uzakovski enviada a você, mando outro, da 7ª Divisão da GUGB (Segurança do Estado), sobre as atividades de sinotrotskistas. Iejov".

cia amiúde suas vítimas pessoalmente. Em junho de 1937, assinou a ordem de prisão de seu "padrinho" Moskvin e sua esposa, cuja casa ele frequentara. Ambos foram fuzilados. Ele podia ser brutal. Quando Bulátov, que dirigira um departamento do CC ao lado de Iejov e frequentara sua casa, estava sendo interrogado pela quinta vez, o comissário-geral pôs a cara na porta: "Então, Bulátov está testemunhando?".

"De forma alguma, camarada comissário-geral!", respondeu o interrogador.

"Então caiam de porrada nele!", disse bruscamente e foi embora. Mas, às vezes, era óbvio que achava seu cargo difícil: quando teve de testemunhar a execução de um amigo, parecia angustiado. "Vejo em seus olhos que você sente pena de mim", disse o amigo. Iejov ficou perturbado, porém ordenou que os executores atirassem. Quando outro velho companheiro foi preso, ele deu mostras de estar emocionado, mas ordenou embriagadamente a seus homens: "Cortem-lhe as orelhas e o nariz, arranquem seus olhos, cortem-no em pedacinhos", no entanto isso era encenação; depois conversou com o amigo até tarde da noite, porém ele também foi fuzilado. O Politburo admirava muito Iejov, que, pensava Mólotov, "não era perfeito, mas era um bom trabalhador do Partido".[3]

Às vezes, em meio à matança, ele mostrava sua velha face. Quando recebeu Vinográdov, o médico de Stálin que teria de testemunhar no processo de Bukhárin contra seu próprio professor, Iejov, bêbado, o advertiu: "Você é uma boa pessoa, mas fala demais. Não se esqueça que toda terceira pessoa é minha gente e me informa de tudo. Recomendo que fale menos".[4]

O comissário-geral estava no auge. Nas férias, foi filmado caminhando pelo Kremlin, rindo com Stálin, enquanto fumava absurdamente o que parecia ser um cigarro muito grande. Durante os longos discursos de 6 de novembro no Teatro Bolchoi, o embaixador americano Davis observou "Stálin, Vorochílov e Iejov obviamente cochichando e brincando entre eles". O *Pravda* o saudou como "um bolchevique inflexível que, sem sair de sua escrivaninha, noite e dia, está desenredando e cortando os fios da conspiração fascista". Cidades e estádios foram batizados com seu nome.* Para o "bardo" cazaque Djambul Djabaiev, ele era "uma chama, queimando os ninhos das serpentes".[5]

* Seus imensos retratos desfilavam diante do Mausoléu em todos os feriados estatais. O trocadilho baseado na semelhança de seu nome com "luva de aço" dera origem a cartazes enormes que mostravam suas garras de ferro "estrangulando as serpentes" com as cabeças de Trotski, Ríkov e Bukhárin. O outro slogan relacionado a seu nome dizia: "*Iejovi rukavitsi* — governo com bastão de ferro!".

Ele e Ievguênia moravam agora numa datcha luxuosa, com os costumeiros cinema, quadra de tênis e criadagem, em Meshcherino, perto de Leninskie Gorki, onde muitos líderes tinham suas residências. Eles haviam adotado uma menina, Natacha, uma órfã de um lar infantil. Iejov era carinhoso e a ensinou a jogar tênis, patinar e andar de bicicleta. Nas fotografias, aparece ao lado de seus amigos, abraçado a Natacha como qualquer pai. Ele a mimava com presentes e brincava com ela ao voltar do trabalho.

Quando começou a jogar comunistas estrangeiros e emigrados que retornavam no moedor de carne, Iejov recebeu um apelo de uma emigrada russa ansiosa, bonita e grávida chamada Vera Trail, filha de Alexander Gútchkov, o liberal pré-revolucionário. Ela recebeu um telefonema depois da meia-noite: "Kremlin falando. O camarada comissário a receberá agora". Uma limusine a levou ao Kremlin, onde ela foi conduzida a seu escritório mal iluminado por um abajur verde. Com o afrodisíaco do poder provocando suas maravilhas, ela de imediato admirou seu "rosto finamente cinzelado", seus "cabelos castanhos ondulados e olhos azuis — o azul mais profundo que eu jamais vira" — e suas "graciosas mãos delgadas". Ela mencionou uma lista de amigos, em sua maioria escritores, que haviam sido presos. Ele foi agudamente perceptivo, "um ouvinte maravilhoso". Amora dispensou seus guardas para recebê-la: "Com certeza não tenho o hábito de receber pessoas totalmente estranhas desprotegido".

"Não tenho nem bolsa", gracejou ela de volta.

"Não, só cigarros Belomor. Mas você disse que estava grávida."

"Disse? Não está vendo?" A barriga dela estava enorme.

"Vejo uma protuberância", brincou Iejov, "mas como vou saber que não é uma bomba-relógio enrolada em um travesseiro? Você não foi revistada, foi?" Ele levantou-se e deu uma volta ao redor da escrivaninha, como se estivesse prestes a examinar a barriga de Vera, mas se deteve e sentou-se rindo: "Claro que você está grávida. Eu estava só brincando". Ali estava um autêntico momento iejoviano em que o comissário exibia seu humor pueril (felizmente, tratava-se de um aprimoramento em relação às disputas de peidos), a arrogância da ameaça — e sua paranoia. Ele prometeu rever o caso dela e recebê-la de novo, sugerindo de forma gentil que ela deveria ir direto para a cama.

Na noite seguinte, telefonaram-lhe do escritório de Iejov de novo: "Parta para Paris imediatamente". Ela pegou o trem na manhã seguinte e ficou convencida de que ele, por alguma razão, saíra da linha para salvar sua vida. Todos os amigos de sua lista foram destruídos, mas ele a salvou.[6]

Contudo, a atração pessoal era raramente motivo para salvar a vida de um inimigo: Amora tivera um caso amoroso com outra Ievguênia, esposa do embaixador na Polônia, durante os anos 30, oferecendo-se para mantê-la em Moscou. Porém Ievguênia Podoskaia não aceitou a oferta, foi presa em novembro de 1936 e fuzilada no dia 10 de março de 1937.[7]

Iejov bombardeava Mólotov com relatórios das conspirações que descobrira.[8] Mólotov e Kaganóvitch ficaram entusiasmados: "Sempre achei que os principais responsáveis eram Stálin e nós que estimulávamos, que éramos ativos. Sempre fui ativo, sempre apoiei as medidas tomadas", disse Mólotov. "Stálin tinha razão — 'melhor uma cabeça inocente a menos...'". Kaganóvitch concordou: "Não fosse assim, jamais teríamos vencido a guerra!". Mólotov revisou uma lista de prisões e escreveu pessoalmente VMN ao lado do nome de uma mulher. Foi Mólotov quem assinou e, aparentemente, adicionou nomes à lista de esposas de inimigos, tais como Kosior e Póstichev, que foram todas fuziladas. Dos 28 comissários subordinados ao premiê Mólotov no início de 1938, vinte foram mortos. Quando viu o nome de um bolchevique chamado G. I. Lomov numa lista, Stálin perguntou: "E este?". "A favor da prisão imediata daquele canalha Lomov", escreveu Mólotov.

No caso de um infeliz professor, Mólotov perguntou a Iejov: "Por que este professor ainda está no Ministério do Exterior e não no NKVD?".[9] Quando alguns livros de Stálin e Lênin foram queimados por engano, Mólotov mandou Iejov acelerar o caso.[10] Ao saber que um procurador regional havia resmungado sobre o expurgo e brincado que era espantoso que Stálin e Mólotov ainda estivessem vivos com tantos terroristas tentando matá-los, Mólotov ordenou ao NKVD: "Investigar, estando Vichinski de acordo [o chefe do funcionário em Moscou]. Mólotov". Kaganóvitch jactava-se de que não havia uma ferrovia "sem sabotadores trotskistas japoneses", tendo escrito pelo menos 32 cartas ao NKVD exigindo 83 prisões — e assinado listas de execução de 36 mil. Foram tantos ferroviários fuzilados que um funcionário telefonou a Poskrióbichev para advertir que havia uma linha sem gente para fazê-la funcionar.

Ao mesmo tempo, todos os líderes sabiam que estavam constantemente sendo testados: ambos os secretários de Mólotov foram presos. "Sinto o perigo me rondando", disse, enquanto coletavam testemunhos contra ele. "Meu primeiro-assistente jogou-se no poço do elevador no NKVD".[11] Ninguém estava a salvo: tinham suas famílias a levar em consideração. Stálin deixara muito claro que os inimigos tinham de ser destruídos "sem olhar para suas faces". Se haviam tido a esperança de que suas posições no poder os protegeriam, as prisões de membros do Politburo como Rudzutak corrigiram essa impressão. Prepararam-se testemunhos contra todos, inclusive Mólotov, Vorochílov e Kaganóvitch. Seus motoristas eram presos com tanta frequência que Khruchióv queixou-se a Stálin, que disse: "Eles estão reunindo provas contra mim também". Todos eles devem ter pensado como Khruchióv, que perguntou: "Você acha que estou seguro [...] que amanhã não vão me transferir deste escritório para uma cela de prisão?".

O caso do marechal Budiony com certeza os preocupava. Em 20 de junho de 1937, pouco depois da execução de Tukhatchevski, Stálin contou ao cavalariano: "Iejov diz que sua esposa está se comportando de modo desonroso, e tenha em mente que não deixaremos ninguém, mesmo uma esposa, comprometê-lo no Partido e no Estado. Fale com Iejov sobre isso e decida o que fazer se for necessário. Você perdeu um inimigo próximo de você. Por que ter pena dela?".

"Uma má esposa é assunto familiar, não político, camarada Stálin", respondeu Budiony. "Cuidarei disso eu mesmo."

"Você deve ser corajoso", disse Stálin. "Acha que não sinto quando meu círculo mais íntimo revela-se formado por inimigos do povo?" Olga, a mulher de Budiony, era uma cantora do Bolchoi muito amiga da esposa atriz do marechal Iegórov. Parece que Olga estava corneando Budiony com um tenor do teatro e flertando com diplomatas poloneses. Budiony foi falar com Iejov, que lhe disse que sua esposa, "junto com Iegorova, visita embaixadas estrangeiras [...]". Quando ele estava inspecionando tropas, sua esposa foi presa na rua, interrogada e sentenciada a oito anos e, depois, a mais três. Budiony soluçou, "as lágrimas escorriam por seu rosto". Olga enlouqueceu no confinamento solitário. Havia a lenda de que Stálin era mais clemente com as mulheres: com certeza, os membros do sexo feminino do CC tinham maior probabilidade de sobreviver.* Mas Galina

* Alexandra Kollontai, agora com 69 anos e embaixadora na Suécia, era uma linda bolchevique nobre que escrevera o romance *O amor das abelhas operárias*, um manifesto do feminismo e do amor livre. Sua vida sexual escandalosa chocava e divertia Stálin e Mólotov. Vários de seus famosos amantes bolcheviques foram fuzilados no Grande Terror. Contudo, ela sobreviveu. Talvez suas cartas a Stálin, sempre dirigidas ao "altamente respeitado Ióssif Vissariónovitch" com "saudações amigas de um coração aberto", com o romantismo de uma mulher outrora bela, tenham atraído seu cavalheirismo. Do mesmo modo, a severa e desinteressante veterana Ielena Stássova sobreviveu e

Iegorova foi fuzilada aos quarenta anos, antes mesmo de seu marido. Nenhum cavalheirismo nisso. Seu flerte com Stálin na noite do suicídio de Nádia não deve ter ajudado em seu caso, porém ele era sempre mais impiedoso se havia uma insinuação de libertinagem.[12]

O Terror foi, entre coisas muito mais importantes, o triunfo da moralidade pudica bolchevique sobre a liberdade sexual dos anos 20. A destruição de Ienukidze, Tukhatchevski e Rudzutak envolveu o que Mólotov chamou de "ponto fraco [...] mulheres!". O perfume das atrizes, o redemoinho dos bailes diplomáticos e o brilho da decadência estrangeira eram, às vezes, suficientes para convencer o solitário Stálin e o austero Mólotov, ambos exalando inveja puritana, de que traição e duplicidade estavam à espreita. Mas a libertinagem nunca foi o motivo verdadeiro da destruição de suas vítimas. A razão sempre foi política. As acusações de desvio sexual eram exibidas para desmoralizá-los entre seus antigos colegas. Foi dito que Ienukidze e Rudzutak seduziam o que Kaganóvitch chamou de "garotas pequenas". Uma vez que é improvável que o Comitê Central contivesse uma célula de pedófilos, assim como uma rede de terroristas e espiões, é mais provável que esses magnatas hedonistas apenas "protegessem" bailarinas, como os milionários sempre fizeram, no passado e no presente. Contudo, Stálin tolerou (e provavelmente apreciou) as festas de Ienukidze durante anos. Mulherengos como Bulgánin e Béria prosperavam, desde que fossem leais e competentes politicamente, mas ninguém poderia dizer que isso era mero mexerico na corte de Stálin.* As pessoas morriam de fofoca.

Stálin era um homem desajeitado do século XIX: flertava e apreciava as mulheres bem vestidas de seu círculo, era rigorosamente pudico com sua filha,

continuou a lhe escrever cartas agradecidas e carinhosas. Também na família de Stálin as mulheres sobreviveram (embora tenham sido presas), porém os homens foram dizimados.

* Em sua geração, a exceção orgulhosa dessa hipocrisia estreita foram aqueles raros bolcheviques que combinaram disciplina partidária com boemia europeia, o comissário do Exterior Maxim Litvínov e sua esposa inglesa Ivy. Ela zombava abertamente de impostores como Mólotov e ostentava sua promiscuidade com um desfile de amantes alemães: "Estou me lixando para o que dizem [...] pois me sinto acima de qualquer um que se regozija com tópicos antiquados de escândalo do tipo quem-dorme-com-quem". Enquanto isso, o comissário Litvínov, o intelectual judeu gorducho, enrugado e forte que conhecia Stálin havia muito tempo, mas nunca fora íntimo dele, começou um caso com uma garota "muito bonita, decididamente vulgar e muito sexy de fato" que morava com eles. Ela até o acompanhava em recepções diplomáticas e chegava ao escritório vestindo culotes justos.

chocava-se com o feminismo e o amor livre do começo dos anos 20, e era grosseiramente machista com seus amigos. Seu puritanismo era completamente "vitoriano": a exibição dos joelhos de Svetlana e até mesmo seu olhar atrevido numa fotografia provocavam crises absurdas. Stálin não aprovou o "primeiro beijo" em *Volga, Volga*, de Alexandreov, que era apaixonado demais, com o resultado de que não apenas o beijo foi cortado, como todos os beijos foram quase banidos dos filmes soviéticos por funcionários exageradamente zelosos. Em *Ivan, o Terrível, Segunda Parte*, de Eisenstein, Stálin, que se identificava tanto com o czar, ficou constrangido com o beijo de Ivan, que disse ser longo demais e por isso tinha de ser eliminado. Quando Tatiana apareceu na ópera *Oneguin* usando apenas uma camisola, Stálin exclamou: "Como pode uma mulher aparecer diante de um homem vestida daquele jeito?". O diretor aplicou imediatamente o "pudor bolchevique" à mundanidade de Puchkin. Na velhice, ao ver um maço de cigarros da Geórgia ilustrado com uma garota sensual, ele ordenou furioso que toda a marca fosse redesenhada: "Onde ela teria aprendido a sentar assim? Em Paris?".

Ele encorajava a moralidade burguesa entre seus magnatas. A mulher de Jdánov queria deixá-lo por causa do alcoolismo dele, mas, assim como Hitler insistiu com Goebbels para voltar para a esposa, Stálin ordenou: "Vocês devem permanecer juntos". Aconteceu o mesmo com Pável Allilúiev. Quando soube que Kúibichev maltratava a mulher, Stálin exclamou: "Se eu tivesse sabido disso, teria posto um fim nesta bestialidade".

Porém, se um velho amigo precisava de ajuda numa situação embaraçosa, Stálin divertia-se em fazer o favor, como mostra uma carta fascinante de seus arquivos. Alexander Troianovski, provavelmente o diplomata, pediu sua ajuda com uma amante (certa F. M. Gratsánova) que trabalhava para o NKVD e ganhara um emprego de Iagoda. Mas, se ambos deixassem seus empregos ao mesmo tempo, "haverá mexericos. Então, posso sair antes dela [...]. Por favor, resolva isso para mim como um velho camarada", escreveu ele a Stálin, que auxiliou com um riso contido, escrevendo: "Camarada Iagoda, resolva esse assunto de Troianovski. Ele está enredado, o infeliz, e somos responsáveis [por ajudá-lo a sair dessa]. Ao Deus ou ao diabo com ele! Resolva esse assunto e faça dele um sujeito calmo [*muzhik*]. Stálin". Em 1938, Troianovski escreveu mais uma vez para pedir a Stálin que fizesse Iejov deixar a dama manter seu apartamento. Stálin ajudou novamente.[13]

Um dos mistérios do Terror era a obsessão de Stálin em forçar suas vítimas a assinar confissões detalhadas de crimes improváveis antes de serem executadas. Foi somente após o massacre da alta direção do NKVD e das Forças Armadas, entre março e julho de 1937, que Stálin emergiu como ditador absoluto. Mesmo então, ele ainda tinha de convencer seus magnatas a obedecer-lhe. Como fazia isso?

Havia o caráter do próprio Stálin: o culto da personalidade era tão difundido no país que "a palavra de Stálin era lei", disse Khruchióv. "Ele não podia cometer erros. Stálin era capaz de ver tudo com clareza." Mikoian pensava que o culto era o motivo por que ninguém poderia desafiá-lo.[14] Mas o Terror não foi consequência apenas da vontade de Stálin: ele pode tê-lo inspirado em grande parte e o Terror ter refletido seus ódios e complexos, mas seus magnatas o instavam constantemente a expurgar mais inimigos. Não obstante, quando conheciam a vítima, exigiam provas. Por isso, Stálin dava tanta atenção às palavras escritas das confissões assinadas pelas vítimas.

Assim que recebia os testemunhos de Iejov, ele os distribuía ao Politburo, que achava difícil refutar o dilúvio de autoincriminações e denúncias: em março de 1937, Stálin mandou uma observação típica a Mólotov, Vorochílov, Kaganóvitch e Mikoian: "Peço-lhes que reconheçam o testemunho das espiãs polaco-germânicas Alexandra (mãe) e Tamara (filha) Litzinskaia, e de Minervina, ex-secretária de A. Ienukidze". Todos os magnatas conheciam bem Ienukidze, então Stálin assegurou-se de que eles vissem todas as provas.[15] Quando Mikoian duvidou das confissões, Stálin o acusou de fraqueza, mas depois o chamou de volta e mostrou-lhe os testemunhos assinados: "Ele os escreve pessoalmente [...] assina em todas as páginas". Essas confissões absurdas eram suficientes para convencer Kaganóvitch: "Como se poderia não assinar [a sentença de morte], se de acordo com a investigação [...] esse homem era um inimigo?". Jdánov, segundo seu filho, "confiava nas denúncias de Iejov [...]. Durante algum tempo, meu pai acreditou de fato que houvesse agentes czaristas na liderança de Leningrado". Mas, quando seus pais eram amigos das vítimas, então sua mãe dizia: "Se ele é um inimigo do povo, então eu sou também!". Repetidamente, em conversas sussurradas, os líderes e suas esposas usavam essas mesmas palavras para expressar suas dúvidas sobre uma ou duas prisões, embora acreditassem na culpa da maioria das vítimas.

Essa reação dos magnatas, porém, não era sincera. Quando eles conheciam a pessoa, naturalmente se interessavam mais pelas provas, mas compreendiam e aceitavam que os detalhes das acusações e confissões não importavam. Então por que foram todos mortos? Nadejda Mándelstam escreveu que foram mortos "por nada", enquanto Maia Kavtaradze, cujos pais foram presos, diz simplesmente: "Não pergunte o porquê!". Eles não foram mortos pelo que *haviam* feito, mas pelo que *poderiam* fazer. Como explicou Mólotov, "O dado principal era que, no momento decisivo, não se poderia confiar neles". Com efeito, alguns, como Rudzutak, não eram nem "conscientemente" desleais. O que estava em jogo era a natureza *potencial* dessa traição, o que significava que Stálin podia até admirar o trabalho ou a personalidade de suas vítimas: após o fuzilamento de Tukhatchevski e Uborévitch, ele ainda era capaz de falar ao Politburo sobre o talento do primeiro ou estimular os soldados a "treinar suas tropas como fazia Uborévitch".[16] Mas havia também um aspecto peculiarmente religioso.

Quando instruiu Vichinski sobre o julgamento de janeiro de 1937, Stálin dirigiu-se aos acusados assim: "Vocês perderam a fé" — e deveriam morrer por tê-la perdido. Ele disse a Béria: "Um Inimigo do Povo não é apenas alguém que faz sabotagem, mas alguém que duvida da correção da linha do Partido. Há muitos deles e precisamos liquidá-los". O próprio Stálin deixou isso implícito quando disse a um camarada desesperado, que perguntou se ainda confiavam nele: "Eu confio em você politicamente, mas não sou tão positivo na esfera das perspectivas futuras das atividades do Partido", o que parece significar que confiava nele agora, mas não necessariamente na guerra vindoura.

"Há algo de grande e ousado na ideia política de um expurgo geral", escreveu-lhe Bukhárin (que entendia Stálin tão bem) da prisão, porque provoca "uma desconfiança perpétua [...]. Desse modo, a liderança está obtendo plena garantia para si mesma". Quanto mais fortes os inimigos do Estado, mais forte o Estado (e Stálin) tinha de ser. Esse círculo da "desconfiança perpétua" era seu hábitat natural. Acreditava ele em todos os casos? Não do ponto de vista legal, mas esse político empedernido acreditava somente na santidade de sua própria necessidade política, às vezes misturada com vingança pessoal.

Em um jantar após os feriados de novembro, Stálin anunciou que quem ousasse enfraquecer o poder do Estado soviético "em pensamento, sim, mesmo em pensamento", seria considerado um inimigo e "os destruiremos como se fossem um clã". Isso poderia ser a fala de um chefe caucasiano medieval, "um brilhante político da Renascença italiana" — ou Ivan. Explicou que ele, que não era grande orador nem causava grande impressão, sucedera à "águia" que era Lênin porque era o que o Partido queria. Ele e seus homens eram impulsionados pelo "temor sagrado" de não estar à altura da confiança das massas. Assim, tratava-se realmente de um Terror sagrado que derivava da natureza messiânica do bolchevismo. Não surpreende que Iejov chamasse o NKVD de sua "seita secreta".[17]

A sordidez dessa seita sagrada de assassinos: a distância das câmaras de tortura da prisão de Lubianka para o Cantinho de Stálin é de cerca de um quilômetro e meio, mas era muito menor naquela época.

22. Mangas ensanguentadas: O círculo íntimo do assassinato

Pela manhã, Amora visitava o Politburo e comparecia a reuniões, vindo direto das câmaras de tortura. Um dia, Khruchióv notou marcas de sangue coagulado nos punhos e na bainha da blusa de camponês de Iejov. Longe de ser um anjo, perguntou o que eram aquelas marcas. Iejov respondeu, com um lampejo em seus olhos azuis, que se orgulhava daquelas manchas, pois eram o sangue dos inimigos da Revolução.

Stálin escrevia amiúde instruções ao lado dos nomes. Em dezembro de 1937, acrescentou a ordem "Bater, bater!" junto a um nome. "Está na hora de espremer este cavalheiro e forçá-lo a contar sobre seu pequeno negócio sujo", escreveu ao lado dc outro. "Onde ele está — numa prisão ou num hotel?" O Politburo especificou oficialmente em 1937 que a tortura deveria ser usada. Como asseverou Stálin mais tarde, "A prática do NKVD do uso da pressão física [...] permitida pelo Comitê Central" era um "método totalmente correto e oportuno".

Iejov supervisionava seus torturadores, que tinham um jargão próprio para seu trabalho: chamavam o processo de destruição de um ser humano inocente de "luta francesa" — *francuskaia borbu*. Anos depois, quando foram também interrogados, alguns deles revelaram como usavam o *jguti*, um bastão especial, e o *dubinka*, cassetete, assim como o método mais tradicional de impedir de dormir e interrogatório constante que chamavam de "esteira rolante". A Tcheca cultivava havia muito tempo a tortura, e Leonid Zakovski, um dos homens de Iagoda, escrevera um manual para ela.

Com frequência, membros do Politburo, como Mólotov e Mikoian, iam interrogar seus camaradas no grande escritório de Iejov na Lubianka: "Rudzutak fora muito espancado e torturado", disse Mólotov sobre uma dessas sessões. "Foi necessário agir com misericórdia." Kaganóvitch achava "muito difícil não ser cruel", mas "é preciso levar em consideração que eles eram velhos bolcheviques bastante experientes: como testemunhariam voluntariamente?" Isso pode dar a impressão de que "o Politburo estava cheio de gângsteres", nas palavras de Mólotov. Eles podem não ter sido pistoleiros da Máfia — poucos, com exceção de Iejov e, depois, Béria, torturaram ou mataram pessoalmente suas vítimas, e nenhum sicário da Máfia seria estúpido o suficiente para gastar tanto tempo com ideologia tediosa —, mas às vezes é difícil ver a diferença.

Stálin e seus magnatas riam amiúde da capacidade do NKVD de fazer as pessoas confessar. Stálin contou esta piada a alguém que fora torturado: "Eles prenderam um menino e o acusaram de ter escrito *Eugênio Oneguin*. O menino tentou negar [...]. Alguns dias depois, o interrogador do NKVD encontrou os pais do menino: 'Parabéns!', disse ele. Seu filho escreveu *Eugênio Oneguin*'".* Muitos dos prisioneiros eram tão espancados que seus olhos literalmente saltavam para fora da cabeça. Costumavam ser espancados até a morte, cuja causa era registrada como ataque do coração.

Iejov inventou pessoalmente o sistema de execução. Em vez de usar os porões de Lubianka ou de outras prisões, como seus antecessores haviam feito, ele criou um abatedouro especial. Usava outro prédio do NKVD, na Travessa Varsanofevski, um pouco atrás e à esquerda da Lubianka. Os prisioneiros eram levados de caminhão (não havia túnel) da Lubianka para o pátio, onde um prédio baixo fora construído especialmente para isso, com piso de concreto inclinado na direção de uma parede distante feita de toras de madeira para absorver os tiros e instalações hidráulicas para lavar a sujeira. Depois do tiro na nuca, as ví-

* Os interrogadores primitivos tentavam adequar o crime ao criminoso, com resultados muitas vezes absurdos: o primeiro-secretário da Oblast Autônoma Judaica em Birobijan foi preso e apropriadamente acusado de envenenar o *gefilte fish* de Kaganóvitch durante sua visita ao local. Presumivelmente, em todas as muitas repúblicas da URSS, o veneno era posto nos pratos nacionais — das linguiças dos países bálticos às sopas apimentadas dos *buriats* e os cozidos de cordeiro dos tadjiques.

timas eram postas em caixões de metal e levadas para um dos crematórios de Moscou. As cinzas era geralmente jogadas numa cova comum como a que havia no cemitério Donskoi.[1]

A estrada que terminava em Donskoi começava muitas vezes com um bilhete sobre a mesa de Stálin. Ele recebia não apenas apelos de vida, mas também denúncias que exigiam a morte. Uma vez desencadeado o Terror, as denúncias funcionaram como querosene jogado no fogo, mantendo-o aceso. Essas denúncias já eram uma parte vital do sistema stalinista: esperava-se que todos delatassem todos. No universo bolchevique, havia só duas maneiras de os erros chegarem ao conhecimento dos líderes: por acaso e por denúncia. Estas últimas inundavam o gabinete de Stálin; algumas eram válidas. "Se vivêssemos em um Estado capitalista, eles estariam falando de nós no Parlamento e nos jornais", disse Vorochílov. Algumas denúncias eram o equivalente stalinista de questões parlamentares incômodas e repórteres investigativos inoportunos: "Você acha provavelmente desagradável que tais cartas sejam escritas, mas estou contente", explicou Stálin. "Seria ruim se ninguém desse queixa. Não tenha medo de desavir-se. Isso é melhor do que a amizade à custa do governo." Mas, em geral, essas cartas venenosas eram resultado da mania de caça às bruxas, malevolência canibal e ambição amoral.

Stálin saboreava a decisão sobre como tratar as denúncias. Se não gostava da pessoa, as cartas iam para o NKVD com a observação "Verificar!", e a morte era a conclusão provável. Se queria "preservar" a pessoa, arquivava a carta e poderia reativá-la anos depois. Por isso, seus papéis estão cheios de denúncias, algumas de pessoas comuns, outras de altos funcionários; um exemplo típico vem de um membro do Comintern que denuncia inimigos no Comissariado do Exterior.[2] É possível perceber a atmosfera de medo e intriga dentro do Kremlin: o ex-secretário de Ordjonikidze, certamente tentando salvar a própria pele, escreveu a Stálin para denunciar a viúva de Sergo, que havia "dito várias vezes que não consegue viver sem Sergo e estou preocupado que ela possa fazer alguma coisa estúpida [...]. Ela recebe frequentemente telefonemas de esposas dos traidores de nosso Partido. Essas mulheres voltam-se para ela com pedidos (para encaminhar ao camarada Iejov). Não está certo e é preciso lhe dizer para não fazer isso [...]. Peço suas instruções. Toda ordem será cumprida até a última gota de sangue. Devotado a você, Semiushkin".[3] Às vezes, a farsa se transformava rapidamente em tragédia, tal qual a história de como a voz de Stálin* era adulterada pelos sabotadores.[4]

Uma denúncia típica que Stálin leu e marcou veio de certo Krilov, na distante Sarátov, que contou a seu líder que "inimigos têm amigos dentro do NKVD e da Procuradoria que estão escondendo inimigos".[5] Os militares eram ávidos como todos: "Peço-lhe para demitir o comandante [...] Osipov", escreveu um oficial de Tíflis, "que é uma pessoa muito suspeita". Stálin sublinhou a palavra "suspeita" com sua caneta azul.[6]

Os raios desse Zeus moscovita caíram sobre as regiões de maneiras diferentes: em julho de 1937, Liuchkov, um tchequista implacável que já havia devastado Rostov, foi convocado ao Kremlin e recebeu ordens para ir para o Extremo Oriente. Stálin falou das vidas das pessoas como se fossem roupas velhas — ficamos com algumas, outras jogamos fora: Vareikis, o primeiro-secretário do Extremo Oriente, não era "completamente confiável", tendo sua própria panelinha, mas "era necessário manter" o marechal Bliukher. O obediente Liuchkov prendeu Vareikis.

Uma maneira menos confiável era utilizar uma ferramenta local, como Pôlia Nikoláienko, a "heroica denunciadora de Kiev", defendida por Stálin. A especialidade dessa terrível camarada, responsável pela morte de 8 mil pessoas,

* No final de 1936, quando Stálin promulgou a nova Constituição, Chumiatski, o chefe do Cinema, perguntou a Mólotov se podia gravar o discurso do líder. A 20 de novembro, Mólotov deu permissão. Maltsev, o chefe da Radiodifusão, relatou a Stálin que o discurso fora gravado com sucesso e aprovado. Agora queria permissão para transformá-lo em disco de gramofone "para que você possa escutá-lo pessoalmente". Stálin concordou. Mas a 29 de abril de 1937, quando os apavorados funcionários da fábrica de discos ouviram ao gramofone, havia algo de errado com a voz de Stálin. Eles contaram imediatamente a Poskrióbichev que havia: "1. Grandes barulhos. 2. Grandes intervalos. 3. Ausência de frases inteiras. 4. Sulcos fechados. 5. Saltos e falta de clareza". O documento continha também uma análise nervosa da sibilação da voz de Stálin e a informação de que era muito difícil reproduzi-la no gramofone. E o pior: mil desses discos haviam sido fabricados. Alguns funcionários queriam recolher os discos, mas, numa atitude típica do período, o chefe atacou essa sugestão por ser um desrespeito à voz do camarada Stálin. Ele achou mais respeitoso distribuí-los sem levar em conta as falhas, os ruídos e saltos. O arquivo termina com um relatório do *Komsomolskaia Pravda* que sugeria que algo muito sinistro acontecera à voz do camarada Stálin na Fábrica de Gramofones, onde a insistência do camarada Straik em "distribuir os discos mais rapidamente" era uma "posição estranha". É óbvio que ele era um destruidor, e todos os sabotadores culpados da fábrica deveriam ser "severamente punidos". Sem dúvida, o NKVD foi escutar a coleção de discos do camarada Straik.

era levantar-se nas reuniões e gritar acusações; Khruchióv viu como ela "apontou o dedo e disse: 'Não conheço aquele homem ali, mas posso dizer pela expressão em seus olhos que ele é um Inimigo do Povo'". Essa conversa da "expressão no olhar" era outro sinal do frenesi religioso do Terror. A única forma de refutar era responder rapidamente: "Não conheço essa mulher que acabou de me denunciar, mas posso dizer pela expressão em seus olhos que ela é uma prostituta". Então Pôlia Nikoláienko apelou para Stálin. O bilhete que acompanha sua carta revela sua simplicidade: "À antessala do camarada Stálin. Peço que deem esta declaração pessoalmente ao camarada Stálin. O camarada Stálin falou sobre mim na assembleia de fevereiro".

Sua carta chegou a Stálin, com consequências devastadoras para os inimigos dela: "Prezado líder, camarada Stálin", escreveu a 17 de setembro de 1937, revelando com esperteza como os chefes locais estavam ignorando as ordens de Stálin. "Peço sua intervenção nos assuntos de Kiev [...]. Os inimigos aqui concentram de novo poder imbatível [...] sentados em seu *apparat* fazendo coisas ruins. Desde a assembleia em que você falou de Kiev e do meu caso como uma 'pessoa pequena', eles organizaram ativamente meu descrédito para me destruir politicamente". Altos funcionários a tratavam como "inimiga" e uma vez mais usavam a linguagem da feitiçaria contra a própria feiticeira: "Uma pessoa ligada aos inimigos do povo gritou: 'Está nos olhos dela, ela tem dupla face!'". O líder ucraniano Kosior e outros a ridicularizaram "em meio a risadas ruidosas". "Eu era, sou e serei devotada ao Partido e ao Grande Líder. Você me ajudou a encontrar a Verdade. A VERDADE DE STÁLIN É FORTE! Desta vez, peço de novo que faça tudo o que pode com a organização de Kiev [...]."

Dez dias depois, Stálin precipitou-se em sua ajuda, dizendo aos chefes ucranianos: "Deem atenção à camarada Nikoláienko (vejam a carta dela). Será que podem protegê-la dessa plateia de desordeiros? De acordo com minhas informações, Glaz e Timoféiev não são de confiança. Stálin". Esses dois homens foram presumivelmente presos, e Kosior sobrevivia, por enquanto.[7]

As regiões estariam em breve matando demais, rápido demais: Khruchióv,*

* Khruchióv foi um terrorista stalinista tão fanático quanto era possível nos anos 30, mas sua capacidade de destruir documentos incriminadores e suas memórias envolveram sua verdadeira conduta num manto de mistério. A. N. Chelepin, ex-chefe da KGB, testemunhou em 1988 que as listas de morte de Khruchióv haviam sido removidas pelo membro da polícia secreta I. V. Serov. Dos papéis de Khruchióv, 261 páginas foram queimadas entre 2 e 9 de julho de 1954.

líder de Moscou, ordenou efetivamente o fuzilamento de 55 741 funcionários, mais do que preenchendo a cota original do Politburo, de 50 mil. A 10 de julho de 1937, ele escreveu a Stálin para pedir o fuzilamento de 2 mil ex-kulaks a fim de cumprir sua cota. Os arquivos do NKVD mostram-no dando entrada em muitos documentos que propõem prisões. Na primavera de 1938, ele já supervisionara a prisão de 35 dos 38 secretários provinciais e municipais, o que dá uma ideia dessa febre. Uma vez que estava em Moscou, levava as listas de morte diretamente para Stálin e Mólotov.

"Não pode haver tantos!", exclamou Stálin.

"Na verdade, há mais", retrucou Khruchióv, de acordo com Mólotov. "Você não pode imaginar quantos existem." A cidade de Stalinabad (Askabad) recebeu uma cota de 6277 para fuzilar, mas executou 13 259.[8]

No entanto, em geral, matavam as pessoas erradas. Os chefes regionais selecionavam as vítimas, achando irresistível destruir seus oponentes e preservar seus amigos. Contudo, eram justamente esses "príncipes" com seus séquitos que Stálin queria destruir. Desse modo, a sangria inicial dos primeiros-secretários não apenas não os salvou, como forneceu uma desculpa para a erradicação deles. Era uma questão de tempo até que o centro desencadeasse uma segunda onda de terror para erradicar os próprios "príncipes".

Só os vice-reis pessoais de Stálin, Jdánov em Leningrado e Béria na Transcaucásia, não requeriam essa "ajuda". Jdánov era outro crente entusiasta de que os trotskistas haviam se infiltrado em Leningrado, embora cismasse com alguns casos: "Você sabe que nunca pensei que Víktorov se revelaria um inimigo do povo", disse ele ao almirante Kuznietsov, que "não percebeu dúvida em sua voz, somente surpresa [...]. Falamos [...] como se fosse de homens que tivessem passado para o além-túmulo". Ele supervisionou a prisão de 68 mil pessoas em Leningrado. Quanto a Béria, esse tchequista profissional supervisionou sua cota inicial de 268 950 prisões e 75 950 execuções. A cota foi aumentada mais tarde. Dez por cento do Partido da Geórgia, que era particularmente bem conhecido de Stálin, foi morto. Béria distinguiu-se por executar pessoalmente a tortura da família de Lakoba, levando sua viúva à loucura ao colocar uma serpente em sua cela e espancar até a morte seus filhos adolescentes.[9]

A solução era despachar os favoritos de Stálin para destruir os "príncipes", o que também era um bom teste da lealdade de um magnata. Não havia melhor forma de derramar sangue do que uma viagem às regiões. Tal como os comandantes da guerra civil, eles partiam com espingardas de caça, acompanhados pelos assassinos do NKVD em trens blindados. Mikoian, comissário do Comércio Exterior e Abastecimento, gozava da reputação de ser um dos líderes mais decentes, e é certo que ajudou as vítimas depois e trabalhou duro para desfazer o domínio de Stálin após sua morte. Mas em 1937 ele também assinou listas de execução e propôs a prisão de centenas de seus funcionários. Durante todo o reinado de Stálin, foi sagaz o suficiente para evitar intrigas, abster-se da ambição por cargos mais altos e, com sua inteligência aguda e capacidade prodigiosa de trabalho, concentrar-se em suas responsabilidades: ele sabia como jogar o jogo e fazer o suficiente.

Os magnatas salvaram amigos, mas fizeram isso principalmente em 1939, em um ambiente diferente. A filha de Andréiev disse que sua antessala "estava cheia dos que ele ajudou", porém Kaganóvitch admitiu honestamente que "era impossível salvar amigos e parentes" devido ao "clima público". Eles tinham de matar muitos para salvar uns poucos. Mikoian fez provavelmente mais do que a maioria, apelando a Stálin para dizer que seu amigo Andreasian fora acusado de ser um agente francês pelos investigadores idiotas porque seu primeiro nome era "Napoleão".

"Ele é tão francês quanto você!", brincou ele. Stálin riu.* Vorochílov, que foi responsável por tantas mortes, transmitiu o apelo da filha de um amigo preso a Stálin, que escreveu em cima, como de costume: "Ao camarada Iejov, verifique isso!". O pai foi libertado e chamado a agradecer a Vorochílov, que perguntou: "Foi terrível?".

"Sim, muito terrível." Os dois amigos jamais discutiram esse assunto de novo.

Stálin era tão assediado por pedidos que baixou um decreto do Politburo banindo as apelações. Se um líder interviesse para salvar um amigo, o vital era evitar que ele caísse nas mãos de outro líder. Mikoian conseguiu salvar um camarada e lhe implorou que deixasse imediatamente Moscou, mas o velho bolchevique, com todo o formalismo de um cavaleiro que precisa da devolução de sua espada, insistiu em ter seu cartão do Partido de volta. Ele telefonou a Andréiev, que mandou prendê-lo de novo.

* Tais absurdos abundavam: em seu terrível campo de trabalho, a viúva de Bukhárin encontrou esse espírito quando outro prisioneiro a denunciou porque ela possuía um livro chamado *Ligações perigosas*, presumivelmente um guia mortal de espionagem.

As gentilezas de Mikoian talvez tenham chegado aos ouvidos de Stálin, pois ele subitamente se distanciou. No final de 1937, testou o compromisso de Mikoian mandando-o à Armênia com uma lista de trezentas vítimas que deveriam ser presas. Mikoian a assinou, mas riscou o nome de um amigo. O homem foi preso assim mesmo. No momento em que ele estava falando numa reunião do Partido armênio, Béria chegou à sala, tanto para observá-lo como para aterrorizar os membros locais. Mil pessoas foram encarceradas, inclusive sete dos nove membros do Politburo armênio. Quando Mikoian retornou a Moscou, Stálin reaproximou-se dele novamente.[10]

Todos os magnatas fizeram excursões sangrentas pelo país. Jdánov expurgou os Urais e o Médio Volga. A Ucrânia teve a infelicidade de receber Kaganóvitch, Mólotov e Iejov. Kaganóvitch visitou o Cazaquistão, Tcheliabinsk, Ivanovo e outros lugares, espalhando o Terror. "O primeiro estudo [...] mostra que o secretário Epántchikev deve ser preso imediatamente", começa seu primeiro telegrama de Ivanovo, em agosto de 1937, que continua: "A destruição trotskista-direitista assumiu amplas dimensões aqui, na indústria, agricultura, no abastecimento, na saúde, no comércio, na educação e no trabalho político [...] excepcionalmente infestado".[11] Mas isso não foi nada comparado com o frenesi assassino dos dois monstros mais prolíficos em excursão.

Andrei Andréiev, então com 42 anos, baixo, de bigode e aparência desprezível, não conseguira estar à altura do desafio das ferrovias soviéticas, mas manteve sua posição dirigindo o Secretariado do CC com Iejov. Um dos raros proletários da liderança, esse tranquilo viciado em Tchaicovski, montanhista e fotógrafo da natureza, casado com Dora Khazan, para quem escrevia postais amorosos sobre seus filhos, tornou-se o mestre indiscutível dessas excursões mortíferas.

A 20 de julho, ele chegou a Sarátov para devastar a República Germânica do Volga.* "Todos os meios são necessários para expurgar Sarátov", contou a Stálin na primeira de uma corrente de telegramas fanáticos, excitados. "A organização de Sarátov aceita todas as decisões do CC com grande prazer." Isso era difícil de acreditar. Em toda parte, ele descobriu como os chefes locais "não

* Após entrevistar Natacha, filha de Andréiev e Dora Khazan e ouvir sobre sua inocência de todos os crimes, o autor descobriu este arquivo incriminador. Os bilhetes e cartas de Andréiev sobreviveram porque, ao contrário de seus colegas de crime, como Kaganóvitch, Malenkov e Khruchióv, ele ficou fora do poder depois da morte de Stálin, quando os outros conseguiram destruir tantos documentos incriminadores.

queriam descobrir o grupo terrorista" e haviam "perdoado inimigos revelados". No dia seguinte, já estava prendendo freneticamente suspeitos: "Tivemos de prender o segundo-secretário [...]. Sobre Freshier, temos provas de que era membro da organização trotskista-direitista. Pedimos permissão para prender". Um grupo consistia em "vinte trabalhando de modo muito obstrutivo na Estação de Tratores. Decidimos prender e processar dois dos diretores que descobrimos fazerem parte de uma 'organização kulak-direitista' que havia 'destruído tratores', ou haviam trabalhado com lentidão, uma vez que 'somente catorze de 74 estavam prontos'". Às 23h38 daquela noite, Stálin respondeu com seu lápis azul: "O Comitê Central concorda com suas propostas sobre processar e fuzilar ex-trabalhadores da fábrica de tratores". Vinte foram fuzilados. Três dias depois, Andréiev jactou-se com Stálin de ter descoberto "uma organização fascista — planejamos prender de imediato o primeiro grupo de cinquenta, sessenta pessoas [...]. Tivemos de prender o premiê da República, Luf, por participação comprovada no grupo de trotskistas-direitistas". Ele seguiu para Kúibichev e depois para a Ásia Central, onde removeu toda a liderança, pois Stálin lhe dissera: "Em geral, você pode agir como achar melhor". O resultado foi que, em Stalinabad, "prendi sete *narkoms*, 55 chefes do CC, três secretários"; e, retornando a Voronej, declarou exultante: "Não há Buro aqui. Todos presos como inimigos. Para Rostov agora!".[12]

Andréiev foi acompanhado nessas viagens maníacas por um gorducho de 35 anos, Gueorgi Malenkov, o burocrata assassino cuja carreira foi a mais beneficiada pelos expurgos, mas que provinha da *intelligentsia* provincial, nobre e filho de servidores públicos czaristas.* Ele viajou com Mikoian à Armênia e com Iejov a Bielo-Rússia. Um historiador calcula que Malenkov foi responsável por 150 mil mortes.

Baixo, flácido, pálido, face redonda e queixo imberbe, sardas no nariz, olhos negros levemente mongóis e cabelos pretos que pendiam na testa, Malenkov tinha ancas largas e femininas, formato de pêra e voz aguda. Não surpreende que Jdánov o tenha apelidado de "Malania", ou Melanie. Parecia que um homem magro e faminto estava tentando sair das camadas de gordura. Seu trisavô viera da Macedônia durante o reinado de Nicolau I, mas, como brincava Béria, ele não

* Lênin, o fundador da Tcheca Felix Dzerjinski e o comissário do Exterior até 1930, Tchitcherin, eram nobres hereditários, assim como Mólotov, Jdánov, Sergo e Tukhatchevski, conforme a Tabela de Nobreza de Pedro, o Grande, que decretava a posição social até 1917. Nenhum deles era da nobreza de título.

tinha nada de Alexandre, o Grande. Os ancestrais de Malenkov haviam governado Orenburg para os czares. Descendente de generais e almirantes, ele se via dentro da tradição de um *posadnik*, um administrador eleito da antiga Nóvgorod, ou um *chinovnik* como seus antepassados. Ao contrário de fanfarrões stalinistas como Kaganóvitch, que gritava e batia em funcionários, Malenkov levantava-se quando os subordinados entravam em sua sala e falava calmamente com esmero, sem dizer palavrões, embora se dissesse que com frequência causava calafrios.

O pai de Malenkov chocou a família ao casar-se com uma poderosa filha de ferreiro que teve três filhos. Gueorgi, que amava sua mãe dominadora, era o mais moço. Estudou no *Gymnasium* clássico local, onde aprendeu latim e francês. Tal como Jdánov, passava por um homem educado por ser engenheiro elétrico no meio de sapateiros e marceneiros. Tal como muitos outros jovens ambiciosos, entrou para o Partido durante a guerra civil: sua família sustenta, sem convencer, que ele participou da cavalaria, mas logo foi para terreno mais seguro, nos trens de propaganda, onde conheceu sua dominadora esposa, Valéria Golubseva, que vinha de família parecida.

Feliz no casamento, Malenkov era conhecido por ser um pai maravilhoso para seus filhos extremamente educados, tendo sido professor e lido poesia para eles, mesmo quando estava exausto, no auge da guerra. Sua esposa ajudou-o a obter um emprego no Comitê Central, onde foi notado por Mólotov, entrou para o Secretariado de Stálin e se tornou secretário do Politburo no começo dos anos 30; era um daqueles jovens entusiasmados, como Iejov, que chamou a atenção primeiro de Kaganóvitch, depois de Stálin, por sua devoção e eficiência. Contudo, em companhia, tinha um senso de humor leve.

Esse magnata astuto, mas "meio eunuco", jamais falava, exceto se fosse necessário, e sempre escutava Stálin, anotando em uma caderneta com o título de "Instruções do Camarada Stálin". Sucedeu a Iejov na chefia do Departamento de Registro de Pessoal do CC, que selecionava quadros para empregos. Em 1937, contou Mikoian, ele desempenhou um "papel especial". Era o maestro burocrático do Terror. Um bilhete nos papéis de Stálin ilustra de modo lacônico a relação deles: "Camarada Malenkov — Moskvin deve ser preso. I. St.". Os jovens astros Malenkov, Khruchióv e Iejov eram tão amigos que eram chamados de "Os Inseparáveis". Contudo, naquela loteria paranoica, até mesmo Malenkov podia ser destruído. Em 1937, foi acusado numa Conferência do Partido de Moscou de ser um Inimigo. Ele estava falando sobre entrar para o Exército Vermelho em Orenburg durante a guerra civil, quando uma voz gritou:

"Havia brancos em Orenburg na época?"

"Sim."

"Isso significa que você estava com eles." Khruchióv interveio:

"Os brancos podem ter estado em Orenburg naquela época, mas o camarada Malenkov não era um deles". Era uma época em que uma hesitação podia levar à prisão.[13] Ao mesmo tempo, Khruchióv salvou a própria pele ao ir pessoalmente a Stálin e confessar um acesso de trotskismo no início dos anos 20.[14]

O séquito estimulou raivosamente o Terror. Mesmo décadas depois, esses "fanáticos" ainda defendiam seu assassinato em massa: "Assumo responsabilidade pela repressão e a considero correta", disse Mólotov. "Todos os membros do Politburo são responsáveis [...]. Mas 1937 era necessário." Mikoian concordava que "todos que trabalharam com Stálin [...] têm uma parcela de responsabilidade". Já era ruim matar tanta gente, mas a completa consciência deles de que muitos eram inocentes até mesmo por seus padrões misteriosos é o mais difícil de aceitar: "Somos culpados de ir longe demais", disse Kaganóvitch. "Nós todos cometemos erros [...]. Mas ganhamos a Segunda Guerra Mundial."[15] Aqueles que sabiam desses massacres refletiram depois que Malenkov ou Khruchióv não eram "cruéis por natureza", nem "o que acabaram se tornando". Eles eram homens de seu tempo.[16]

Em outubro, outra assembleia aprovou a prisão de mais membros do Comitê Central. "Aconteceu gradualmente", disse Mólotov. "Setenta expulsaram uma, quinze pessoas, depois sessenta expulsaram outras quinze." Quando os líderes locais aterrorizados apelaram a Stálin "para me receber por apenas dez minutos sobre questões pessoais — sou acusado numa terrível mentira", ele rabiscou com lápis verde para Poskrióbichev: "Diga que estou de férias".[17]

23. A vida social no Terror: As esposas e os filhos dos magnatas

Não obstante, toda essa tragédia aconteceu numa atmosfera pública de júbilo, uma festa sem fim de triunfos e aniversários. Eis aqui uma cena dos anos do Terror que poderia ter ocorrido em qualquer momento entre uma filha, seu melhor amigo e seu papai embaraçado. Stálin encontrava-se com sua filha em seu apartamento todos os dias ao jantar. No auge do Terror, ele jantava com Svetlana, então com onze anos, e a melhor amiga dela, Marta Péchkova, cujo avô, Máximo Gorki, e cujo pai haviam sido supostamente mortos por Iagoda, o amante de sua mãe. Stálin queria que Svetlana ficasse amiga de Marta, tendo se preocupado em apresentá-las. As meninas estavam brincando no quarto de Svetlana quando a governanta veio dizer-lhes que Stálin estava em casa e à mesa. Ele estava sozinho, mas bem-humorado — era óbvio que gostava de ir a sua casa para ver Svetlana, pois aparecia amiúde gritando "onde está minha *khaziaika*?", e depois a ajudava a fazer as lições de casa. Os de fora ficavam surpresos diante do fato de que aquela criatura tão dura fosse "tão gentil com sua filha". Ele sentou-a em seus joelhos e contou a um visitante: "Desde que a mãe dela morreu, eu sempre lhe digo que ela é a *khaziaika*. Ela acredita tanto que tentou dar ordens na cozinha, mas a mandaram embora imediatamente. Ela estava em lágrimas, porém consegui acalmá-la".

Naquela noite, ele troçou de Marta, que era muito bonita, mas costumava ficar vermelha como um pimentão: "Então, Marfochka, ouvi dizer que você está sendo perseguida por todos os meninos?". Marta ficou tão envergonhada que não conseguia engolir a sopa ou responder. "Tantos garotos atrás de você!", insistiu Stálin. Svetlana veio em ajuda da amiga: "Ora, papai, deixe-a em paz". Stálin riu e concordou, dizendo que sempre obedecia a sua querida *khaziaika*. O jantar, relembrou Marta, "foi horrível para mim", mas ela não tinha medo de Stálin, porque o conhecia desde pequena. Contudo, nada era bem o que parecia para essas crianças, pois muitos pais de amigos de Svetlana haviam desaparecido. Marta acabara de ver* o novo amante de sua mãe ser preso.[1]

Para os filhos dos líderes que não foram presos, não houve época de mais alegria e energia. A mania do jazz ainda varria o país: o último musical de Alexândrov, *Volga, Volga*, estreou em 1938, e suas canções eram tocadas sem parar nos salões de dança. Nas festas para o corpo diplomático, Kaganóvitch saudou o jazz como sendo "sobretudo o amigo do divertimento, o organizador musical de nossa alegre juventude". Ele escreveu um folheto com seu amigo Leonid Utiósov, o milionário do jazz, intitulado *Como organizar conjuntos ferroviários de canto e dança e orquestras de jazz*, no qual o "Locomotiva" dizia que deveria haver uma banda de *djaz* em todas as estações soviéticas. Eles certamente precisavam de animação.

"Era realmente um tempo de enormes esperanças e alegria para o futuro", recorda Stiepan Mikoian. "Estávamos perpetuamente excitados e felizes — o metrô novo foi inaugurado com seus candelabros, o gigantesco hotel Moskva, a nova cidade de Magnitogorsk e toda espécie de outros triunfos." A máquina de propaganda cantava os heróis do trabalho, como o supermineiro Stakhánov, da aviação, da exploração. Vorochílov e Iejov eram saudados como "cavaleiros" em baladas. Os filmes tinham títulos como *Histórias dos heróis da aviação*. "Sim, foi uma era de heróis!", relembra Natacha Andréiev. "Não tínhamos medo então. A vida era plena — lembro de faces sorridentes e montanhas escaladas, pilotos heroicos. Nem todos estavam vivendo sob opressão. Éramos crianças que sabía-

* Marta e sua mãe haviam sido convidadas pelo novo amante de Timocha, o acadêmico Lupel, a ir a Tíflis para a comemoração do aniversário de 750 anos do poeta Rustaveli. Lá, por uma fresta da porta, ela viu quando ele foi preso no meio da noite: "Vi cinco homens levá-lo embora", lembrava ela. Mais adiante, o caso de Timocha com o arquiteto da corte de Stálin, Merjánov, também acabou com a prisão dele. "Sou amaldiçoada", exclamou Timocha Péchkova. "Destruo todos em quem toco."

mos que a primeira coisa a fazer era tornar as pessoas fortes, construir um Novo Homem e educar o povo. Na escola, aprendíamos como usar diferentes ferramentas e íamos para o campo ajudar na colheita. Ninguém nos pagava — era nosso dever."

O NKVD estava cheio de heróis também: a 21 de dezembro, os "Órgãos" celebraram seu vigésimo aniversário numa festa de gala no Bolchoi. Sob flores e estandartes de Stálin, Iejov, Mikoian, vestido com a túnica do Partido, declarou: "Aprendam o estilo stalinista de trabalho com o camarada Iejov, assim como ele o aprendeu com o camarada Stálin". Mas o ponto crucial de seu discurso foi: "Todo cidadão da URSS deveria ser um agente do NKVD".

O país celebrou o aniversário da morte de Puchkin, assim como o aniversário do poeta georgiano Rustaveli, organizado por Béria e ao qual compareceram Vorochílov e Mikoian. Stálin estava fundindo deliberadamente a cultura russa com o bolchevismo, enquanto a Europa se aproximava da guerra. Os soviéticos combatiam os fascistas por procuração na Guerra Civil Espanhola, deflagrando uma moda de canções e bonés espanhóis, "azuis com beira vermelha na pala", e grandes boinas "bem inclinadas para o lado". As mulheres usavam blusas espanholas. "Se o amanhã trouxer a guerra" era uma das canções mais populares. Todos os filhos dos líderes queriam ser pilotos ou soldados.

"Até nós, crianças, sabíamos que a guerra viria", lembra Artiom, o filho adotivo de Stálin, "e tínhamos de ser fortes para não sermos destruídos. Um dia, tio Stálin chamou os meninos e disse: 'O que vocês gostariam de ser na vida?'". Artiom queria ser engenheiro. "Não, precisamos de homens que entendam de artilharia." Artiom e Iákov, que já era engenheiro, entraram ambos para a artilharia. "Esse foi o único privilégio que recebi de meu tio Stálin", diz Artiom. Mas os aviadores eram a elite: mais filhos de magnatas entraram para os "falcões de Stálin" que para qualquer outro serviço; Vassíli fez treinamento de piloto, junto com Stiepan Mikoian e Leonid Khruchióv.[2]

Contudo, as famílias dos líderes suportaram uma experiência especial naquela época. Para os pais, era um tormento diário de depressão, incerteza, contentamento e ansiedade, enquanto amigos, colegas e parentes eram presos. Hoje, ao ler as histórias ocidentais e as memórias soviéticas, somos capazes de acreditar que essa nova elite bolchevique estava convencida de que todos os presos eram inocentes. Isso reflete a culpa pós-datada daqueles cujos pais tomaram parte na carnificina. A verdade foi diferente: Jdánov contou a seu filho Iúri que

Iejov tinha razão até nos casos mais improváveis: "O danado sabe! Eu o conheci durante muitos anos, mas então teve Malinovski!", disse ele, referindo-se ao notório espião czarista.

Andréiev sabia que havia inimigos, porém achava que precisavam ser "completamente verificados" antes de serem presos. Mikoian tinha reservas em relação a muitas prisões, mas seu filho sabia que seu pai era, em suas palavras, um "comunista fanático". As esposas eram mais fanáticas que seus maridos: Mikoian relembrava como sua mulher acreditava totalmente em Stálin e era improvável que questionasse seus atos. "Meu pai acreditava que sabotadores e quintas-colunas estavam destruindo nosso Estado e tinham de ser eliminados. Minha mãe estava totalmente convencida. Nós nos preparávamos para a guerra", conta Natacha Andréieva.

Os magnatas jamais discutiam o Terror diante dos filhos, que viviam num mundo de mentiras e morte. A "relutância em revelar seus pensamentos mesmo diante do filho era o sinal mais assombroso dessa época", lembrava o físico Andrei Sakharov. No entanto, as crianças naturalmente percebiam quando seus tios e amigos da família desapareciam, deixando vazios indizíveis e inquestionáveis em sua vida. Os filhos de Mikoian ouviram seus pais e tios sussurrando sobre as prisões na Armênia, mas seu pai, às vezes, não conseguia deixar de exclamar "Não acredito!". Andréiev "nunca mencionou isso para nós — era problema de nossos pais", relembra Natacha Andréieva. "Mas, se alguém importante era preso, meu pai telefonava para minha mãe: 'Dorochka, pode falar comigo um minuto?'." Com efeito, Dora disse a sua família que era capaz de identificar inimigos olhando dentro de seus olhos. Eles sussurravam atrás da porta da cozinha. Sempre que sua esposa lhe perguntava algo perigoso, Mikoian respondia: "Cala a boca". Antes de sua morte, Ordjonikidze silenciou sua mulher com um firme "Não agora!". Os pais saíam com frequência para caminhadas nos bosques ou em volta do Kremlin.[3]

Os moradores da Casa do Cais, o horrível prédio de luxo para jovens líderes, inclusive os Khruchióv, a maioria dos comissários do povo e parentes de Stálin, como os Svanidze e os Redens, esperavam todas as noites pelos gemidos dos elevadores, a batida nas portas e a chegada do NKVD para prender seus suspeitos.*

* Nadejda Mándelstam escreveu lindamente sobre como ela e seu marido haviam ficado acordados no prédio da União dos Escritores até que o elevador tivesse passado do andar deles.

Como Trífonov relata em seu romance *Casa do Cais*, todas as manhãs o porteiro uniformizado contava aos outros moradores quem fora preso durante a noite. Logo o prédio ficou com muitos apartamentos vazios, com as portas seladas pelo NKVD. Khruchióv preocupava-se com as mulheres fofoqueiras de sua família e ficava furioso quando sua sogra camponesa passava o tempo tagarelando lá embaixo, pois sabia muito bem que a conversa fiada podia custar vidas.

Os pais mantinham maletas prontas para a prisão e pistolas Mauser e Chagan sob o travesseiro, prontos a cometer suicídio. Os mais espertos planejavam o que fazer com as crianças caso fossem presos: a mãe de Zoia Zarúbina, enteada de um tchequista, mostrou-lhe como juntar roupas quentes e levar sua irmã menor, de oito anos, para um parente distante no campo.[4]

As crianças notavam frequentes mudanças de casa, pois cada execução significava apartamento e datcha vagos, que eram avidamente ocupados por sobreviventes e suas esposas cheias de aspirações e que ambicionavam acomodações maiores. Stálin explorava esse modo de amarrar os líderes ao massacre. A família de Iejov mudou-se para os apartamentos de Iagoda. Jdánov recebeu a datcha de Rudzutak, Mólotov ganhou a de Iagoda e, depois, a de Ríkov. Vichinski era o mais morbidamente avaro de todos: cobiçara sempre a datcha de Leonid Serebriakov: "Não posso tirar meus olhos dela [...] Você é um homem de sorte, Leonid", costumava dizer. Dias depois da prisão de Serebriakov, a 17 de agosto de 1936, o procurador exigiu a datcha para si mesmo, conseguindo até um reembolso por sua antiga casa e depois receber 600 mil rublos para reconstruir a nova. Essa vasta quantia foi aprovada em 24 de janeiro de 1937, exatamente o mesmo dia em que Vichinski interrogou Serebriakov no processo de Radek.* A desgraça se abatia sobre quem recusasse esses presentes mal-aventurados: o imprudente marechal Iegórov rejeitou a datcha de um camarada fuzilado. "As almas dos antigos donos pareciam permanecer dentro daquelas paredes", escreveu Svetlana Stálin.[5]

"Jamais tivemos medo em 1937", explica Natacha Andréiev, porque acreditava completamente que o NKVD só prendia inimigos. Portanto, ela e seus pais nunca seriam presos. Stiepan Mikoian "não estava preocupado, mas somente

* Após a morte de Stálin, os Serebriakov conseguiram a devolução de metade da propriedade, mas os Vichinski mantiveram a outra metade. Assim, em 2002, sessenta anos depois que seu pai foi fuzilado por seu vizinho, a família Serebriakov passava seus finais de semana ao lado da família de Vichinski.

depois me dei conta que meus pais viviam em constante apreensão". Ademais, os membros do Politburo recebiam todos os registros dos interrogatórios. Stiepan costumava ler as confissões extraordinárias de amigos de sua família que se revelavam inimigos. Cada família tinha seu "expurgador": no lar dos Mikoian, Serguei Chaumian, filho adotivo de um velho bolchevique falecido, percorreu todos os álbuns de fotografia da família apagando os rostos de inimigos à medida que eram presos e fuzilados, uma distorção horrível dos livros para colorir que muitas crianças apreciam tanto.[6]

Mesmo que não compreendessem a aleatoriedade da morte, tinham consciência de que ela estava sempre presente e aceitavam que a aproximação da guerra significava que todos os inimigos deviam ser mortos. As crianças falavam sobre isso entre elas: Vassíli Stálin contou alegremente a Artiom Serguéiev e seus primos Redens sobre prisões. Protegidas por cochichos e dissimulações em casa, era na escola que as crianças ficavam sabendo mais. A maioria dos filhos dos líderes estava nas Escolas nº 175 (ou 110), para onde eram levadas pelos motoristas de seus pais em seus Packards ou Buicks, que podiam ser tão constrangedores quanto um Rolls-Royce nos portões de uma escola ocidental. Os Mikoian insistiam para descer antes e caminhavam o último meio quilômetro até a escola. Nessa escola de elite, os professores (entre eles a esposa do líder em ascensão Nikolai Bulgánin, que ensinava inglês) fingiam que nada estava acontecendo, enquanto o perigo apenas se mostrava às crianças, que viam seus amigos sendo reprimidos; o melhor amigo de Stiepan Mikoian era Serioja Metálikov, filho do médico do Kremlin e sobrinho de Poskrióbichev, que teve os pais presos em 1937.

Na escola, Svetlana era tratada como uma czarevna (princesa herdeira) pelos professores bajuladores. Uma aluna lembrou de como sua escrivaninha brilhava tal qual um espelho, pois era a única a ser polida. Sempre que um pai era preso, seus filhos eram retirados misteriosamente da classe de Svetlana, para que a czarevna não tivesse de conviver com os parentes de inimigos.

Às vezes, os amigos eram presos em festas de adolescentes, diante de todos os outros. Vassíli Stálin e Stiepan Mikoian estavam bebendo numa festa de um amigo na Academia Militar quando a campainha tocou. Um homem em trajes civis pediu para falar com Vassíli Stálin; o rapaz foi até a porta e lhe disseram, em sinal de respeito quase feudal, que o NKVD chegara para prender um garoto na festa. Vassíli voltou e disse ao amigo para ir até a porta, ao mesmo tempo em que cochichava a Stiepan que ele estava sendo preso. Eles observaram da janela os tchequistas enfiarem o garoto — "membro de um grupo de adolescentes antissoviéticos" — em um carro preto. Nunca mais foi visto.

Os pais escrutinavam cuidadosamente os amigos de seus filhos: "Meu padrasto era muito cauteloso em relação a meus namorados", lembrava Zoia Zarúbina. "Ele queria sempre saber quem eram seus pais", e conferia seus nomes na Lubianka. Os Vorochílov eram mais rigorosos que os Mikoian, que eram mais rigorosos que os Jdánov: quando um dos filhos de Vorochílov recebeu um telefonema de um menino cujo pai acabara de ser preso, Ekaterina Vorochílova mandou que ele rompesse relações. Iúri Jdánov sustenta que seus pais deixavam que ele recebesse em casa filhos de inimigos: "Meus pais não faziam objeções". Mas era tudo uma questão de momento: no frenesi de 1937-8, é difícil acreditar nisso. Depois que começou a sair com uma garota chamada Kátia, Stiepan Mikoian descobriu um relatório do NKVD que mencionava a amizade dela com o filho de um inimigo: "Fiquei esperando que meu pai dissesse alguma coisa para mim [...] mas ele nunca o fez". Porém, quando algumas famílias próximas de Mikoian caíram sob suspeita, ele cortou todo o contato com elas.[7]

No início de 1937, a chegada das glamourosas esposas jovens de Poskrióbichev e Iejov significou que o séquito nunca fora tão vivo e cosmopolita. Em Zubálovo, Stálin ainda convidava a família para piqueniques, levando chocolates para sua filha e Marta Péchkova. Enquanto o país tremia com as investidas do NKVD, Stálin era solícito com as crianças; certa vez, Leonid Redens, que estava com nove anos, perdeu-se em Kuntsevo e finalmente correu para alguns adultos, que riram todos, exceto Stálin, que perguntou: "Você se perdeu? Venha comigo. Vou lhe mostrar o caminho".[8] Porém a velha familiaridade com Stálin estava gradualmente esfriando e se transformando em medo.

PARTE 5

Matança: a chegada de Béria, 1938-9

24. As judias de Stálin e a família em perigo

Certa vez, quando Stálin estava descansando em Zubálovo, Serguei, o filho do meio de Pável e Jênia Allilúiev, não parava de chorar, e os pais estavam preocupados porque o líder seria perturbado. Pável, que tinha um temperamento histérico como o de sua irmã Nádia, bateu em sua filha Kira porque ela não mantinha o menino quieto. Kira, então adolescente, era irreprimível e, tendo crescido ao redor de Stálin, não podia compreender o perigo. Quando ela se recusou a comer algo que Stálin lhe ofereceu, Pável chutou-a por baixo da mesa. Contudo, essas crianças brincavam ao redor de Stálin e seus assassinos tão despreocupadas quanto pássaros voejando para dentro e para fora da boca escancarada de um crocodilo.

Stálin ainda visitava seus camaradas, indo com frequência à casa de Poskrióbichev para jantar, onde dançavam e ele fazia charadas. Poskrióbichev casara-se recentemente com uma garota cheia de vida e energia que entrara para o círculo do poder. Em 1934, esse improvável herói romântico fora a uma festa na casa do médico do Kremlin Mikhail Metálikov, cuja esposa, Ássia, era parente indireta de Trotski, uma vez que sua irmã era casada com o filho dele, Sedov. O verdadeiro sobrenome de Metálikov era Masenkis, uma família de barões do açúcar lituanos judeus, uma combinação perigosa.

A irmã de Metálikov era Bronislava, morena e graciosa, cheia da energia e da alegria que faltava com tanta frequência às mulheres dos velhos bolcheviques. Bronka, de 24 anos, era casada com um advogado, de quem já tinha uma filha, e estudava endocrinologia. As fotografias mostram sua elegância esbelta e maliciosa em um vestido de bolinhas. Na festa daquele dia, ela estava participando de algum tipo de jogo, correndo em torno da mesa da qual Poskrióbichev, o simiesco chefe de gabinete de Stálin, de 43 anos, a observava. Ela então começou uma guerra de tortas, atirou uma delas, mas errou o alvo e a torta caiu na túnica de Poskrióbichev: ele se apaixonou por Bronka e casou-se com ela logo depois. As fotografias de família mostram a devoção de Poskrióbichev, que aparece na história como um Quasímodo, mas é visto aqui como o marido amoroso que repousa a cabeça no ombro da esposa, junto a seus cabelos castanhos.

A Bela e a Fera foram motivo de muita diversão no círculo de Stálin. Kira Allilúieva escutou "a piada sobre a bela esposa polonesa de Poskrióbichev de que ele era tão feio que ela só ia para cama com ele no escuro". Mas Poskrióbichev tinha orgulho de sua feiura; Stálin o escolheu graças a sua aparência horrível. Ele desempenhava com prazer o papel de bobo da corte: Stálin o desafiava a beber um copo de vodca de uma vez só, sem um gole de água, ou ver quanto tempo ele era capaz de manter as mãos erguidas com papel queimando sob cada unha. "Vejam!", ria ele, "Sacha é capaz de beber um copo de vodca e nem franzir o nariz!"

Stálin gostava de Bronka, representante de uma nova geração de mulheres despreocupadas, seguras no âmago da elite, onde estava acostumada a encontrar os magnatas. Ela chamava Stálin com o familiar *ti* [tu] e, se ia ao exterior, sempre trazia, tal como as mulheres Allilúiev, um presente para Svetlana, perguntando a Stálin se poderia dá-lo. "Será que vai servir?", perguntou sobre um pulôver ocidental.

"Claro!"

"Então dê a ela!"

A melhor amiga de Bronka era Ievguênia Iejova, que era editora e *groupie* literária irreprimível. As duas garotas sorridentes e frívolas de origens polonesa ou lituana judaica eram tão parecidas que Kira Allilúieva achou que fossem irmãs. Elas até compartilhavam o mesmo patronímico — Solomonova —, embora não fossem parentes. Iejov e Poskrióbichev também eram amigos íntimos: iam pescar juntos enquanto suas esposas fofocavam.[1]

Enquanto Amora, já promovido a candidato a membro do Politburo, massacrava suas vítimas, sua esposa era amiga de todos os astros das artes e dormia com a maioria deles. O encantador Isaac Babel era o preferido de Iejova: "Se você convidava pessoas 'para Babel', todas elas vinham", escreveu a esposa de Babel, Pirojkova. Solomon Mikhoels, o ator de teatro iídiche que interpretou *Rei Lear* para Stálin, o líder da banda de jazz Leonid Utiósov, o diretor de cinema Eisenstein, o romancista Mikhail Chólokhov e o jornalista Mikhail Kolstov frequentavam o salão dessa fascinante "matraca". Nas festas do Kremlin, Iejova era quem mais dançava o foxtrote, sem perder uma dança. Sua melhor amiga, Zinaida Glikina, também criara um salão literário. Quando seu casamento se rompeu, Iejov convidou-a a morar com eles e a seduziu. Ela estava longe de ser sua única amante, enquanto Ievguênia mantinha entusiásticos casos literários com Babel, Kolstov e Chólokhov. Poucos recusavam um convite da mulher de Iejov: "Imaginem, nossa garota de Odessa se tornou a primeira-dama do reino!", disse Babel.[2]

Após a morte de Nádia, houve um rumor de que Stálin teria se apaixonado e casado com a irmã de Lázar Kaganóvitch, Rosa, com a sobrinha dele (também chamada Rosa) ou sua filha Maia. Isso foi repetido e amplamente aceito: havia até fotografias que mostravam Rosa Kaganóvitch como uma bela mulher morena. A família Kaganóvitch tinha boa aparência; o próprio Lázar era bonito quando jovem, e sua filha Maia poderia ser comparada a Elizabeth Taylor. O significado da história era que Stálin possuía uma esposa judia, propaganda útil para os nazistas, que tinham interesse em fundir os males judeus e bolcheviques no senhor e na senhora Stálin. Os Kaganóvitch, pai e filha, foram tão enfáticos ao negar, que talvez tenham protestado demais, mas parece que essa história em particular é um mito.*

A história é duplamente irônica, uma vez que os nazistas não tinham necessidade de inventar essa personagem: Stálin estava cercado de judias — de Polina Mólotova e Maria Svanidze a Poskrióbicheva e Iejova. O filho de Béria, duvidoso em política, mas confiável em mexericos, relembrou que seu pai listava alegremente os casos de Stálin com judias.[3]

Essas jovens e belas judias adejavam ao redor de Stálin, porém todas tinham "origens duvidosas". Estavam mais interessadas em roupas, piadas e casos que no materialismo dialético. Junto com Jênia Allilúieva e Maria Svanidze, eram

* Houve duas Rosa Kaganóvitch: a irmã de Lázar morreu jovem, em 1924, ao passo que sua sobrinha morou em Rostov e depois se mudou para Moscou, onde ainda vive. É possível que tenham conhecido Stálin, mas não se casaram com ele.

certamente a vida e a alma dessa sociedade fatalmente entrelaçada da família e dos camaradas de Stálin. Stanislas Redens, chefe do NKVD de Moscou, levava amiúde sua família e os outros Allilúiev à casa de Iejov. As crianças eram fascinadas pelo chefe do NKVD: "Iejov descia empertigado a escada, com o uniforme completo de comissário-geral, de um modo um tanto assustador, como se estivesse cheio de si", relembra Leonid Redens. "Ele era tão taciturno, enquanto meu pai era tão aberto." Kira Allilúieva gostava das caçoadas frívolas de Ievguênia Iejova e Bronka Poskrióbicheva. Iejov, que trabalhava a noite inteira, estava geralmente cansado demais para fazer sala, então Kira e os outros adolescentes se escondiam atrás de uma cortina. Quando o minúsculo Amora passava fazendo barulho com as botas, eles começavam a dar risadinhas. Porém seus pais, Pável Allilúiev e Stanislas Redens, que sabiam o que estava em jogo, ficavam furiosos com eles — mas como poderiam explicar quão perigoso era o jogo? Os gracejos pesados e promíscuos das mulheres ao redor de Stálin os deixavam subitamente vulneráveis.

Na primavera, Stálin começou a se distanciar da família, cuja arrogância fofoqueira pareceu, de repente, suspeita. Quando se reuniram em seu apartamento para o aniversário de onze anos de Svetlana, em 28 de fevereiro de 1937, Iákov, o filho georgiano de Stálin, trouxe Júlia, sua esposa judia, pela primeira vez. Ela fora casada com um guarda-costas tchequista quando conheceu Iákov por meio de Redens, a quem Stálin imediatamente culpou por Iákov se juntar com "aquela mulher judia". Maria Svanidze, sempre intrigante, chamou Júlia de "aventureira" e tentou persuadir Stálin: "Ióssif, é impossível. Você deve interferir!". Isso foi suficiente para que a simpatia de Stálin passasse para o filho.

"Um homem ama a mulher que ele ama!", retrucou ele, seja ela "princesa ou costureira". Depois que casaram e tiveram sua filha Gulia, Stálin notou como Júlia cuidava das roupas de Iákov. Ela era uma *baba* afinal. "Agora vejo que sua esposa é boa coisa", disse então a Iákov, que morava com sua pequena família em um grandioso prédio de apartamentos, na rua Granovski. Quando finalmente conheceu Júlia, Stálin gostou dela, cumulou-a de demonstrações de afeto e até lhe deu comida na boca, como um sogro georgiano amoroso.

Stálin, que estava perdendo a paciência com a família, não foi à festa. Maria Svanidze achou que podia entender por quê: os Allilúiev eram uns inúteis. "A maluca Olga, o idiota Fiódor, os imbecis Pável e Niura [Ana Redens], o tacanho Stan [Redens], o preguiçoso Vassia [Vassíli Stálin], o piegas Iacha [Djugachvili].

As únicas pessoas normais são Aliocha, Jênia e eu e [...] Svetlana." Isso era irônico, uma vez que os Svanidze seriam os primeiros a cair. A própria Maria era um poço de egotismo, atormentando seu marido com cartas em que se gabava: "Sou mais bonita que setenta por cento das esposas bolcheviques [...]. Quem me conhece lembra para sempre de mim". Isso era verdade, mas longe de ser de grande ajuda na corte de Stálin. Sente-se pena dessas mulheres decentes e orgulhosas que se viram no atoleiro daquele lugar e tempo, que tão pouco compreenderam.[4]

Naquela primavera, Stálin e Pável jogaram bilhar com Svanidze e Redens. Mandava a tradição que os perdedores engatinhassem por baixo da mesa. Quando o lado de Stálin perdeu, Pável sugeriu diplomaticamente que as crianças, Kira e Serguei, poderiam passar por baixo da mesa no lugar deles. Serguei não se importou — tinha apenas nove anos —, mas Kira, que estava com dezoito, se recusou de forma desafiadora. Sem papas na língua como a mãe e destemida, ela insistiu que Stálin e seu pai haviam perdido e deviam ir para baixo da mesa. Pável ficou histérico e bateu nela com o taco de bilhar.

Pouco depois, Stálin e o Svanidze janota de olhos azuis deixaram subitamente de ser "como irmãos". "Aliocha era bastante liberal, um europeu", explicou Mólotov. "Stálin percebeu isso." Svanidze era vice-presidente do Banco do Estado, uma instituição cheia de cosmopolitas que estavam agora sob grave suspeição. A 2 de abril de 1937, Stálin escreveu um bilhete sinistro para Iejov: "Expurgue a equipe do Banco do Estado". Svanidze também fizera trabalhos secretos para Stálin ao longo dos anos. O diário de Maria Svanidze parou na metade do ano: seu acesso a Stálin acabara de repente. A 21 de dezembro, eles já estavam sob investigação e não foram convidados para o aniversário de Stálin, o que deve ter sido um sofrimento para Maria. Dias depois, os Svanidze visitaram Jênia e Pável Allilúiev na Casa do Cais (onde moravam todos). Maria exibia seu vestido curto de veludo. Depois que partiram, à meia-noite, Jênia e Kira estavam lavando os pratos quando a campainha tocou. Era o filho do primeiro casamento de Maria: "Mamãe e Aliocha foram presos. Ela foi levada vestindo suas lindas roupas". Poucos meses depois, Jênia recebeu uma carta de Maria, que lhe implorava que a encaminhasse a Stálin: "Se eu não sair deste campo, vou morrer". Ela levou a carta a Stálin, que a advertiu: "Jamais faça isso de novo!".

Maria foi transferida para uma prisão pior. Jênia sentiu o perigo que representava para ela e seus filhos estar tão perto de Stálin, embora o tenha adorado até o fim de seus dias, apesar de seus terríveis infortúnios. Ela se afastou de Stálin, ao mesmo tempo em que apoquentava Pável para que falasse com ele sobre seus amigos presos. Aparentemente, ele fez isso: "Eles são meus amigos — então me ponha na cadeia também!". Alguns foram libertados.

Os outros membros da família Allilúiev também fizeram sua parte. A avó Olga, que levava uma vida de *grande dame* no Kremlin, pouco disse. Enquanto outros acreditavam que Stálin não sabia dos detalhes e estava sendo enganado pelo NKVD, somente ela nessa nau dos insensatos compreendeu: "Nada acontece que ele não saiba". Mas seu marido, o respeitado Serguei, apelou várias vezes a Stálin, esperando por ele no sofá de seu apartamento. Às vezes caía no sono ali e acordava nas primeiras horas da manhã, quando Stálin chegava do jantar. Então implorava pela vida de alguém. Stálin implicava com o sogro, repetindo sua expressão favorita: "Exatamente, exatamente". "Então você veio me ver, 'exatamente, exatamente'", brincava ele.

Logo depois da prisão de Svanidze, Mikoian chegou a Kuntsevo para o costumeiro jantar com Stálin, que, sabedor de quão amigo ele era de Aliocha, foi direto até ele e disse: "Você soube que prendemos Svanidze?".

"Sim... mas como isso pôde acontecer?"

"Ele é um espião alemão", respondeu Stálin.

"Como é possível?", retrucou Mikoian. "Não há provas de sua sabotagem. Para que serve um espião que não faz nada?"

Stálin explicou que Svanidze era um "tipo especial de espião", recrutado quando fora prisioneiro dos alemães durante a Grande Guerra, cuja função era apenas fornecer informações. Presume-se que, após essa revelação, o jantar prosseguiu como de costume.[5]

Depois que um líder estava sob ataque, o Terror seguia o próprio ímpeto. Rebaixado recentemente, Póstichev, o duro, pálido e arrogante "príncipe" da Ucrânia, que divertira tanto Stálin com sua dança com Mólotov, provou de maneira frenética sua ferocidade eliminando quase toda a burocracia na cidade de Kúibichev, no Volga.* Na assembleia de janeiro de 1938, ele seria destruído por ter matado as pessoas erradas.

* A antiga cidade de Samara recebera o nome de Kúibichev após sua morte, em 1935.

"A liderança do Soviete e do Partido estava em mãos inimigas", sustentou Póstichev.

"Toda ela? De alto a baixo?", interrompeu Mikoian.

"Não havia ninguém honesto?", perguntou Bulgánin.

"Você não está exagerando, camarada Póstichev?", acrescentou Mólotov.

"Mas houve erros", declarou Kaganóvitch, uma deixa para Póstichev dizer: "Falarei sobre meus erros pessoais".

"Quero que você diga a verdade", disse Béria.

"Por favor, permitam-me terminar e explicar toda a questão da melhor forma possível", pleiteou Póstichev, mas Kaganóvitch interrompeu: "Você não é muito bom em explicações — este é o problema". Póstichev levantou-se para se defender, porém Andréiev falou bruscamente: "Camarada Póstichev, sente-se. Aqui não é lugar para passear".

Os dias de passeio de Póstichev tinham terminado: Malenkov o atacou. Stálin propôs sua saída do Politburo; Khruchióv, que seria em breve nomeado para dirigir a Ucrânia, o substituiu como membro candidato, entrando para a primeira fileira. Mas os ataques a Póstichev continham uma advertência a Iejov, cujas prisões estavam cada vez mais frenéticas. Stálin parecia indeciso quanto a Póstichev:* sua arbitrariedade atraía inimigos que talvez o tenham persuadido a destruí-lo. Sua última esperança foi um apelo pessoal a Stálin, escrito provavelmente depois do confronto com seus acusadores: "Camarada Stálin, peço que me receba depois da reunião".

"Não posso recebê-lo hoje", respondeu Stálin por escrito. "Fale com o camarada Mólotov." Dentro de poucos dias, ele foi preso.[6] Stálin assinou outra ordem de 48 mil execuções por cota, enquanto o marechal Iegórov seguia o mesmo destino de sua "linda" mulher e caía no "moedor de carne". Mas Iejov já estava tão exausto que, a 1º de dezembro de 1937, Stálin foi encarregado de supervisionar suas férias de uma semana.[7]

No início de fevereiro, um bêbado Amora comandou uma expedição para expurgar Kiev, na qual, com a ajuda do novo vice-rei da Ucrânia, Khruchióv,**

* Lembraria Stálin da leve insolência de Póstichev em 1931? Stálin escreveu-lhe para reclamar da lista dos que receberiam a Ordem de Lênin: "Estamos dando a Ordem de Lênin a qualquer merdinha". Póstichev respondeu alegremente que os "merdinhas" haviam sido todos aprovados pelo próprio Stálin.

** Khruchióv, da mesma forma que outros chefões regionais, como Béria e Jdánov, tornou-se objeto outros 30 mil foram presos. Ao chegar e perceber que quase todo o Politburo ucraniano fora expurgado por seu antecessor, Kosior, Khruchióv mandou prender vários comissários e seus auxiliares. O Politburo aprovou o nome de 2140 vítimas da sua lista de fuzilamento. Aqui, ele novamente superou sua cota. Em 1938, 106 119 pessoas foram presas pelo terror ucraniano de Khruchióv. A visita de Iejov acelerou o banho de sangue: "Depois da viagem de Nikolai Ivánovitch Iejov à Ucrânia [...] começou a verdadeira destruição dos inimigos escondidos", anunciou Khruchióv, saudado como um "inabalável stalinista" por sua "impiedosa erradicação dos inimigos". O NKVD descobriu uma conspiração para envenenar cavalos e prendeu dois professores, acusados de agentes nazistas. Khruchióv testou o assim chamado veneno e descobriu que não matava cavalos. Somente depois da nomeação de três diferentes comissões conseguiu provar que essa conspiração era falsa — mas suspeita-se que questionou o trabalho do NKVD apenas após Stálin ter mostrado seu descontentamento.[8]

Em Kiev, embriagado, Iejov exibiu uma imprudência alarmante, jactando-se de que o Politburo estava "em suas mãos". Ele podia prender quem quisesse, até os líderes. Uma noite, foi literalmente carregado de um banquete para casa. Não tardaria para que Stálin ficasse sabendo desses excessos, senão de sua perigosa jactância.[9]

Iejov voltou a tempo para o terceiro e último processo-espetáculo do "Bloco antissoviético de direitistas e trotskistas", que se abriu em 2 de março, estrelando Bukhárin, Ríkov e Iagoda, que admitiu ter matado Kírov e Gorki, entre outros. Bukhárin obteve seu triunfo particular numa confissão de culpa entretecida com zombaria oblíqua esopiana dos complôs infantis de Stálin e Iejov. Mas isso não mudou nada. Iejov compareceu às execuções. Consta que mandou espancar Iagoda: "Vamos lá, batam nele por todos nós". Porém houve um sinal de humanidade quando chegou a vez de Bulánov, seu velho companheiro de bebida e ex-secretário de Iagoda: fez com que lhe dessem um pouco de conhaque.[10]

Quando tudo acabou, Iejov propôs um quarto superprocesso contra os espiões poloneses no Comintern, que ele vinha preparando havia meses. Mas Stálin cancelou o processo. Ele raramente seguia uma política com exclusão de todas as outras: suas antenas percebiam que o massacre estava exaurindo seus lugares-tenentes, em especial o próprio Amora.

---

de um culto local extravagante: uma "Canção de Khruchióv" logo passou a figurar ao lado da "Canção para Béria" e odes a Iejov no livro de canções soviéticas.

25. Béria e o cansaço dos carrascos

No dia 4 de abril, Iejov foi nomeado comissário do Transporte de Água, o que fazia algum sentido, pois a construção de canais era tarefa para o trabalho escravo do NKVD. Mas havia uma simetria preocupante, porque Iagoda fora designado para um Comissariado semelhante ao ser demitido do NKVD. Entrementes, Iejov devastava até o Politburo: Póstichev estava sendo interrogado; Eikhe, da Sibéria Ocidental, foi preso. Stálin promoveu Kosior de Kiev para Moscou, como vice-premiê soviético. Porém, em abril de 1938, o irmão de Kosior foi preso. Sua única esperança era denunciar seu parente.

"Estou vivendo sob suspeita e desconfiança", escreveu ele a Stálin. "Você não pode imaginar como um homem inocente se sente com isso. A prisão de meu irmão lança uma sombra sobre mim também [...]. Juro por minha vida que nunca suspeitei da verdadeira natureza de Casimir Kosior, ele nunca foi próximo de mim [...]. Por que ele inventou tudo isso? Não posso compreender, mas, camarada Stálin, foi tudo inventado do começo ao fim [...]. Peço a você, camarada Stálin, e a todo o Politburo permissão para me explicar. Sou uma vítima das mentiras de um inimigo. Às vezes penso que isso é um sonho absurdo [...]." Com que frequência essas vítimas comparavam seu destino a um "sonho"! A 3 de maio, ele foi preso, seguido de Tchubar. Kaganóvitch afirmou: "Protegi Kosior e Tchubar", mas, diante de suas confissões manuscritas, "desisti".[1]

Iejov, que levava uma existência noturna vampiresca de bebida e sessões de tortura, estava sendo esmagado pelo peso de seu trabalho. Stálin notou a degeneração do Amora e queixou-se: "Você telefona para o Ministério, ele saiu para o Comitê Central. Você telefona para o Comitê Central, ele foi para o Ministério. Você manda um mensageiro ao apartamento dele e lá está ele, totalmente bêbado".[2] A pressão sobre esses chacinadores era imensa: assim como mais tarde Himmler faria preleções a seus açougueiros da SS sobre o trabalho especial deles, Stálin trabalhava duro para tranquilizar e estimular seus homens. Mas nem todos eram fortes o suficiente para aguentar o rojão.

Os executores sobreviviam bebendo. Até os expurgadores sóbrios ficavam tontos com a morte. O funcionário que investigava o Distrito Militar da Bielorrússia admitiu a Stálin: "Não enfraqueci, mas devo confessar [...] que fiquei desorientado por um tempo". Stálin o tranquilizou. Até o temível Mekhlis quase teve um colapso no começo do Terror, quando ainda dirigia o *Pravda*, e escreveu uma carta extraordinária a Stálin que dá uma visão fascinante das pressões de ser um potentado stalinista no redemoinho do Terror:

> Prezado camarada Stálin,
> Meus nervos não aguentaram. Não me comportei como um bolchevique; em especial, sinto a dor de minhas palavras em nossa "conversa pessoal" quando pessoalmente atribuí minha vida e minha *Partinost* a você. Sinto-me absolutamente esmagado. Estes anos levaram para longe de nós muita gente [...]. Preciso dirigir o *Pravda* numa situação em que não há secretário nem editor, em que não temos um tema aprovado, em que me vejo finalmente no papel de "editor perseguido". Isso é um hospício organizado que pode engolir todo mundo. E engoliu gente! Nos últimos dias, senti-me doente, sem sono, e só capaz de dormir às onze ou doze da manhã [...]. Fico mais nervoso em meu apartamento depois de noites insones no jornal. Está na hora de me aliviar [deste emprego]. Não posso ser chefe do *Pravda* quando estou doente e sem dormir, incapaz de acompanhar o que está acontecendo no país, a economia, a arte e a literatura, nunca tendo oportunidade de ir ao teatro. Tinha de dizer isso a você pessoalmente, mas seria descabido. Perdoe-me meu querido camarada Stálin por este minuto desagradável que lhe dei. Para mim, é muito difícil experimentar tal trauma!

O procurador-geral Vichinski também sentiu a pressão ao encontrar isto sobre sua escrivaninha: "Todo mundo sabe que você é um menchevique. Depois de usá-lo, Stálin vai sentenciá-lo à *Viskha* [...]. Fuja [...]. Lembre-se de Iagoda. Esse é o seu destino. O Mouro cumpriu seu dever. O Mouro pode ir embora".

Constantemente bêbado, Iejov percebeu que Stálin estava, como escreveu depois a seu senhor, "insatisfeito com o trabalho do NKVD, que deteriorou meu humor ainda mais".[3] Ele fez tentativas frenéticas para provar seu valor: diz-se que sugeriu rebatizar Moscou de "Stalinodar". Riram da sugestão. Em vez disso, Iejov foi chamado a matar os homens que ele mesmo nomeara para o NKVD e eram seus protegidos. No início de 1938, Stálin e Iejov decidiram liquidar o veterano tchequista Abram Slutski, mas, uma vez que ele dirigia o Departamento do Exterior, inventaram um plano para não assustar seus agentes no exterior. A 17 de fevereiro, Frinovski convidou Slutski a seu escritório, onde outro auxiliar de Iejov chegou por trás dele e jogou uma máscara de clorofórmio sobre seu rosto. Injetaram-lhe então um veneno e ele morreu ali mesmo, no escritório. Anunciou-se oficialmente que fora vítima de um ataque cardíaco.* Logo o expurgo começou a ameaçar os mais próximos de Iejov.[4] Quando seu protegido Liuchkov foi chamado do Extremo Oriente, Iejov passou-lhe o serviço. Liuchkov desertou e passou para o lado dos japoneses. Iejov ficou tão assustado com esse fiasco que pediu a Frinovski para ir com ele contar a Stálin: "Sozinho, eu não tinha força". Iejov "ficou literalmente enlouquecido". Stálin suspeitou, com razão, que Iejov havia avisado Liuchkov.[5]

Ao perceber suas dúvidas crescentes, os magnatas de Stálin, que haviam demonstrado disposição para matar, começaram a denunciar a degeneração e as mentiras de Iejov. Consta que Jdánov, em particular, se opôs ao Terror de Iejov. O filho Iúri sustenta que seu pai queria falar com Stálin a sós, mas que Iejov estava sempre presente: "Papai conseguiu finalmente se encontrar com Stálin *tête-à-tête* e disse que havia uma provocação política em andamento". Isso é convincente porque Jdánov era mais próximo de Stálin, mas os filhos de Malenkov contam uma história semelhante. Mólotov e Iejov tiveram uma rixa no Politburo em meados de 1938. Stálin mandou Iejov pedir desculpas. Quando outro agente do NKVD, Alexander Orlov, que residia na Espanha, desertou, Iejov ficou com tanto medo de Stálin que tentou esconder essa informação.

* Sua esplêndida lápide no cemitério de Novodevichy, não longe da sepultura de Nádia Stálin, não dá nenhuma pista de seu fim sinistro.

A 29 de julho, Stálin assinou outra lista de execuções que incluía mais protegidos de Iejov. O chefe do NKVD estava tão atormentado pelo medo e por maus presságios que começou a fuzilar prisioneiros que poderiam incriminá-lo. Uspenski, o chefe do NKVD ucraniano, estava em Moscou e descobriu que mil pessoas seriam fuziladas nos próximos cinco dias. "As pistas deveriam ser encobertas", Iejov o advertiu. "Todos os casos em investigação deveriam ser encerrados num procedimento acelerado, de tal modo que seria impossível entendê-los."[6]

Stálin disse delicadamente a Iejov que ele precisava de ajuda para dirigir o NKVD e pediu-lhe para escolher alguém. Iejov solicitou Malenkov, mas Stálin queria mantê-lo no Comitê Central; então alguém, é provável que tenha sido Kaganóvitch, propôs Béria. Stálin pode ter querido um caucasiano, talvez convencido de que a tradição de degolas das montanhas — rixas familiares, vendetas e assassinatos secretos — era apropriada para a posição. Béria era a pessoa certa, pois era o único primeiro-secretário que torturava pessoalmente suas vítimas. O cassetete curto de cabo flexível — *jguti* — e o cassetete comum — *dubenka* — eram seus brinquedos favoritos. Era odiado por muitos dos velhos bolcheviques e membros das famílias do círculo do líder. Com o sussurrante, maquinador e vingativo Béria a seu lado, Stálin sentiu-se capaz de destruir seu próprio mundo íntimo poluído.

Iejov tentou provavelmente prender Béria, mas era tarde demais. Stálin já se encontrara com ele durante o Soviete Supremo, a 10 de agosto. Béria estava vindo para Moscou.[7]

Ele progredira muito desde 1931. Com 36 anos agora, era um homem complexo e talentoso, com um cérebro brilhante. Era espirituoso, fonte de piadas irreverentes, anedotas maliciosas e afrontas devastadoras. Conseguia ser ao mesmo tempo um torturador sádico e um marido e pai carinhoso, mas já era um mulherengo priápico a quem o poder transformaria num predador sexual. Administrador hábil, era o único líder soviético "que se poderia imaginar na direção da General Motors", como disse mais tarde sua nora. Era capaz de dirigir enormes empresas com uma mistura de ameaças vis — "vou reduzir você a pó" — e precisão meticulosa. "Tudo que dependia de Béria tinha de funcionar com a precisão [...] de um relógio", e "as duas coisas que não suportava eram a prolixidade e a imprecisão de expressão".* Era um "bom organizador, profissional

* Ele costumava assinar documentos na sua letra pequena e caprichada com tinta azul-turquesa ou

e capaz", dissera Stálin a Kaganóvitch ainda em 1932, possuía os "nervos de aço" e a infatigabilidade que eram necessários para a sobrevivência na corte de Stálin. Era um homem "muito inteligente", admitiu Mólotov, "desumanamente enérgico — era capaz de trabalhar durante uma semana sem dormir".[8]

Béria tinha a "singular capacidade de inspirar medo e entusiasmo ao mesmo tempo". "Idolatrado" por seus ajudantes de confiança, ainda que fosse amiúde áspero e rude, ele gritava: "Vamos prendê-lo e deixá-lo apodrecer nos campos [...] vamos transformá-lo em poeira do campo". Um jovem como Aliocha Mirtchkulava, que Béria promoveu no Partido Georgiano, ainda elogiava Béria por sua "humanidade, força, eficiência e seu patriotismo" quando foi entrevistado para este livro, em 2002.* Contudo, Béria gostava de se vangloriar em relação a suas vítimas: "Deem-me uma noite com ele e o farei confessar que é o rei da Inglaterra". Seus filmes preferidos eram faroestes, mas se identificava com os bandidos mexicanos. Era bem instruído para um magnata bolchevique, e Stálin provocava esse arquiteto frustrado dizendo que seu pincenê era feito de vidro comum e usado para dar a impressão de sisudez intelectual.

Esse hábil intrigante, rude psicopata e aventureiro sexual teria também decepado gargantas, seduzido damas de companhia e envenenado taças de vinho nas cortes de Gêngis Khan, Suleimã, o Magnífico ou Lucrécia Bórgia. Mas esse "fanático", como o chamou Svetlana, adorava Stálin naqueles primeiros anos — era uma relação de monarca e senhor feudal —, tratando-o como um czar, em vez de primeiro-camarada. Os magnatas mais velhos dirigiam-se a Stálin com respeito, embora com familiaridade, mas mesmo Kaganóvitch o elogiava no léxico bolchevique. Béria, no entanto, dizia "ah, sim, você tem tanta razão, absolutamente verdade, quão verdadeiro", de um modo obsequioso, relembrava Svetlana. "Ele enfatizava sempre que era devotado a meu pai, e Stálin ficou sabendo que aquele homem apoiava tudo o que ele dizia." Ao trazer um tempero de sua Abkházia vaporosa para a corte de Stálin, Béria se tornaria ainda mais complexo, poderoso e depravado, e contudo menos devotado ao marxismo à medida que o tempo passava; mas, em 1938, essa "figura colossal", como diz Artiom, mudou tudo.[9]

---

numa máquina de escrever com fita da mesma cor, que não se chocava com os crayons azuis ou vermelhos de Stálin.

* O autor agradece a Aliocha Mirtchkulava, chefe do Komsomol georgiano de Béria e depois primeiro-secretário da Geórgia, por sua entrevista em Tbilissi.

Béria, tal qual muitos antes dele, tentou recusar a promoção. Não há motivo para duvidar da sua sinceridade — Iagoda acabara de ser fuzilado e Iejov estava com os dias contados. Sua esposa Nina não queria se mudar, mas Béria era muito ambicioso. Quando Stálin propôs seu nome para primeiro-adjunto do NKVD, Iejov sugeriu pateticamente que o georgiano poderia ser um bom comissário. "Não, um bom adjunto", tranquilizou-o Stálin.

Stálin mandou Vlássik à Geórgia para providenciar a mudança. Em agosto, depois de voltar correndo à Geórgia para sagrar um sucessor, Béria chegou a Moscou, onde, a 22 de agosto de 1938, foi nomeado primeiro *narkom* adjunto do NKVD. A família ganhou um apartamento na fatídica Casa do Cais. Stálin foi inspecionar o apartamento e não ficou com boa impressão. Os chefes viviam muito melhor no quente e fértil Cáucaso, com suas tradições de luxo, vinho e muitas frutas; Béria residira numa mansão elegante, em Tíflis. Stálin sugeriu que se mudassem para o Kremlin, mas a esposa de Béria não se entusiasmou com a ideia. Por fim, Stálin escolheu para Béria uma mansão aristocrática em Malaia Nikitskaia, no centro da cidade, outrora moradia do general czarista Kuropatkin, na qual viveu esplendidamente pelos padrões do Politburo. Somente Béria tinha sua própria mansão.

Stálin tratou o recém-chegado como um familiar que não visse havia muito tempo. Adorava a esbelta Nina Béria, a quem sempre tratava "como uma filha". Quando o novo líder da Geórgia, Candide Tcharkviani, foi convidado a jantar *chez* Béria, houve um telefonema e uma súbita agitação: "Stálin está vindo!", disse Nina, e se pôs a preparar freneticamente comida georgiana. Momentos depois, ele chegou. Na *supra* georgiana, Stálin e Béria cantaram juntos. Mesmo depois do Terror, Stálin não perdera certa espontaneidade.[10]

Béria e Iejov tornaram-se aparentemente amigos: Béria chamava seu chefe de "querido Iojik", e até ficou em sua datcha. Mas isso não podia durar na selva da corte de Stálin. Béria comparecia à maioria das reuniões com Iejov e assumiu os serviços de informações. Mas travou uma campanha disfarçada para destruir Amora: convidou Khruchióv para jantar, quando o advertiu sobre a proximidade de Malenkov a Iejov. Khruchióv percebeu que Béria, na verdade, o estava advertindo sobre sua própria amizade com Iejov. Sem dúvida, Béria teve a mesma conversa com Malenkov. No entanto a prova mais cabal está nos arquivos: Béria forçou Vichinski a fazer queixa a Stálin da lentidão de Iejov.* Stálin não reagiu, mas Mólotov ordenou a Iejov: "É necessário dar atenção especial ao camarada Béria e apressar-se. Mólotov". Poskrióbichev, o termômetro do favor de Stálin, deixou de tutelar Iejov e começou a visitar Béria.[11]

Béria trouxe um novo espírito para o NKVD: o frenesi foi substituído por um sistema rígido de administração do Terror que se tornou o método stalinista de governar a Rússia. Mas essa nova eficiência não significou consolo para as vítimas. Béria trabalhava com Iejov nos interrogatórios dos magnatas caídos em desgraça, Kosior, Tchubar e Eikhe, que foram cruelmente torturados. Tchubar apelou a Stálin e a Mólotov, revelando seus sofrimentos.[12]

Stálin, Amora e Béria voltaram-se então para o Extremo Oriente, onde o Exército, sob o comando do talentoso marechal Bliukher, havia escapado, em larga medida, do Terror. No final de junho, o "demônio sombrio" Mekhlis caiu sobre o comando de Bliukher com sede de sangue raivosa. Depois de montar seu quartel-general em um vagão de trem, como um chefe da guerra civil, passou a mandar a Stálin e Vorochílov telegramas como este: "O Corpo Ferroviário Especial deixa uma miscelânea de gente duvidosa por todo o lugar [...]. Há 46 comandantes alemães poloneses lituanos letões galicianos [...]. Tenho de ir a Vladivostok para expurgar a unidade". Uma vez lá, jactou-se: "Demiti 215 trabalhadores políticos, a maioria deles presa. Mas o expurgo [...] não terminou. Penso que é impossível deixar Khabarovsk sem investigações mais duras". Quando Vorochílov e Budiony tentaram proteger oficiais, Mekhlis dedurou Vorochílov (eles se odiavam) a Stálin: "Relatei ao CC e ao *narkom* (Vorochílov) sobre a situação no Departamento do Serviço Secreto. Há muita gente duvidosa e espiões lá [...]. Agora o camarada Vorochílov ordena o cancelamento do processo [...]. Não posso concordar com a situação". Até Kaganóvitch achava que Mekhlis "era cruel, ele às vezes exagera!".

Enquanto Mekhlis ia para o leste, o Exército japonês experimentava as defesas soviéticas a oeste do lago Khasan, provocando uma batalha em larga escala. Bliukher atacou os japoneses entre 6 e 11 de agosto e os expulsou, com pesadas perdas. Estimulado por Mekhlis e alarmado com as perdas e hesitações de Bliu-

* O caso dizia respeito a uma investigação para descobrir a pessoa que havia queimado por engano os livros de Lênin, Stálin e Gorki numa fornalha: outro exemplo do absurdo e da letalidade do Terror.

kher, Stálin censurou o marechal por telefone: "Diga-me honestamente, camarada Bliukher, você quer realmente lutar contra os japoneses? Se não quiser, então me diga na cara, como um bom comunista".

"Os tubarões chegaram", contou Bliukher a sua esposa. "Eles querem me comer. Ou eles me comem, ou eu os como, mas isso é improvável." O tubarão assassino selou a sorte do marechal. Mekhlis prendeu quatro membros do Estado-Maior dele e pediu a Stálin e Vorochílov que o deixassem "fuzilar todos os quatro sem processo, por ordem especial minha". Bliukher foi tirado do comando, chamado de volta e preso em 22 de outubro de 1938.[13]

"Agora estou acabado!", soluçou Iejov em seu escritório, enquanto executava qualquer prisioneiro que "pudesse se voltar contra nós". A 29 de setembro, perdeu grande parte de seu poder quando Béria foi nomeado para dirigir o coração do NKVD: a Segurança do Estado (GUGB). Ele agora coassinava as ordens de Iejov. Amora tentou contra-atacar: propôs a Stálin que Stanislas Redens, inimigo de Béria casado com Ana Allilúieva, se tornasse o outro adjunto. Não havia esperança disso.

Iejov ficou bebendo em sua datcha com seus comparsas deprimidos, advertindo que eles seriam destruídos em breve e fantasiando sobre matar seus inimigos: "Remova imediatamente todas as pessoas postadas no Kremlin por Béria", gritou para o chefe da segurança do Kremlin em um desses ataques, "e as substitua por gente confiável". Pouco depois, ele disse, com voz indistinta, que Stálin deveria ser morto.[14]

26. A tragédia e a depravação da família Iejov

As notícias da vida de caçadora sexual-literária de Ievguênia Iejova chegaram subitamente a Stálin. Chólokhov, um de seus romancistas preferidos, começara um caso com ela. Iejov grampeara seu quarto no Hotel Nacional e ficou furioso ao ler o relato pormenorizado de como "eles se beijaram" e depois "se deitaram". Ficou tão enfurecido e enciumado que esbofeteou Ievguênia na presença de sua hóspede Zinaida Glikina (com quem ele estava dormindo), mas depois a perdoou. Chólokhov percebeu que estava sendo seguido e se queixou a Stálin e Béria. Stálin mandou chamar Amora ao Politburo, onde ele se desculpou com o romancista.[1]

Os magnatas manobravam com cautela entre Iejov e Béria. Quando o primeiro prendeu um comissário, Stálin mandou Mólotov e Mikoian investigar. De volta ao Kremlin, Mikoian disse que o sujeito era inocente e Béria atacou o caso. Iejov "mostrou um sorriso amarelo", escreveu Mikoian, "Béria parecia satisfeito", mas "o rosto de Mólotov parecia uma máscara". O comissário* tornou-se o

* Stálin apoiou o encerramento, proposto por Béria, do caso contra o comissário da Marinha Mercante Tevossian, mas disse a Mikoian: "Diga-lhe que o cc sabe que ele foi recrutado pela Krupp para ser agente alemão. Todo mundo compreende que uma pessoa caia em armadilha [...]. Se ele confessar honestamente [...] o cc o perdoará". Mikoian chamou Tevossian a seu escritório para oferecer-lhe a saída proposta por Stálin, mas o comissário recusou-se a confessar, o que Stálin aceitou. Tevossian viria a ser um dos principais administradores industriais da Segunda Guerra Mundial.

que Mikoian chamou de "cadáver de sorte", tendo retornado do mundo dos mortos. Stálin o libertou.[2]

Quando um funcionário do NKVD precisou da assinatura do chefe, Iejov não foi encontrado em lugar algum. Béria disse-lhe para ir até a datcha de Iejov e obter a assinatura. Lá encontrou um homem que, ou estava "fatalmente doente, ou havia passado a noite bebendo muito". Os chefes regionais do NKVD começaram a denunciar Iejov.[3]

A escuridão começou a se abater sobre a família de Iejov, na qual sua esposa sensual e tola iria desempenhar involuntariamente o terrível papel da viúva-negra: a maioria de seus amantes morreria. Ela era uma flor sensível demais para o mundo de Iejov. Ambos eram promíscuos, mas viviam num mundo de alta tensão, poder embriagador sobre a vida e a morte e tumulto dinâmico, em que homens subiam e caíam ao redor deles. Se houve justiça na queda de Iejov, foi uma tragédia para Ievguênia e a pequena Natacha, para quem ele era um pai carinhoso. Uma mortalha caiu sobre o salão literário de Ievguênia. A um amigo que a levou ao Kremlin após uma festa, disse que Babel estava em perigo porque fora amigo de generais trotskistas presos: "Somente sua fama europeia poderá salvá-lo". Ela também corria grande risco.[4]

Iejov, tomando conhecimento de que Béria ia usar Ievguênia, uma "espiã inglesa" do seu tempo em Londres, contra ele, pediu divórcio em setembro. A separação era sensata: em outras ocasiões, de fato salvara a vida do divorciado. Mas a tensão quase derrubou a nervosa Ievguênia, que foi de férias com Zinaida para a Crimeia a fim de se recuperar. Parece que Iejov estava tentando proteger sua esposa da prisão, daí a carta amorosa e agradecida que ela lhe mandou.

"Koliuchenka!", escreveu ela a seu marido assediado, "peço realmente a você — insisto que eu permaneça no controle de minha vida. Kolia, querido! Eu sinceramente imploro que examine toda a minha vida, tudo sobre mim [...]. Não posso me reconciliar com a ideia de que estou sob suspeita de cometer crimes que nunca cometi [...]."

O mundo deles estava encolhendo dia a dia: Iejov conseguira mandar fuzilar o ex-marido dela, Gladun, antes que Béria assumisse o controle do NKVD, mas outro ex-amante, o editor Uritski, estava sendo interrogado. Ele revelou o caso dela com Babel. O secretário de Iejov e amigos também foram presos. Iejov chamou Ievguênia de volta a Moscou.

Ela esperou na datcha com Natacha e Zinaida. Estava desesperadamente preocupada com a família — e quem pode culpá-la? Seus nervos estavam em frangalhos. No hospital, diagnosticaram uma "condição astênico-depressiva, talvez ciclotimia", e a mandaram para um sanatório perto de Moscou.

Quando Zinaida foi presa, Ievguênia escreveu a Stálin: "Imploro-lhe camarada Stálin que leia esta carta [...]. Estou sendo tratada por professores, mas que sentido faz isso se sou consumida pelo pensamento de que você não confia em mim? [...] Você é querido e amado por mim". Jurando pela vida de sua filha que era honesta, ela admitiu que "em minha vida pessoal, houve erros sobre os quais eu poderia contar a você, e tudo por causa do ciúme". Sem dúvida, Stálin já estava a par das suas aventuras de Messalina. Ela fez a oferta sacrifical: "Que eles tirem minha liberdade, minha vida [...] mas não abrirei mão do direito de amar você como todo mundo ama, quem ama o país e o Partido". E terminou: "Sinto-me como um cadáver ambulante. O que devo fazer? Perdoe minha letra escrita na cama". Stálin não respondeu.

A armadilha fechava-se em torno de Ievguênia e seu Koliuchenka. A 8 de outubro, Kaganóvitch redigiu uma resolução do Politburo sobre o NKVD. A 17 de novembro, uma comissão do Politburo denunciou "erros muito graves no trabalho dos órgãos do NKVD". As *troikas* mortíferas foram dissolvidas. Stálin e Mólotov assinaram um relatório que os dissociava do terror.[5]

No desfile de 7 de novembro, Iejov apareceu no Mausoléu, mas ficou atrás de Stálin. Depois desapareceu e foi substituído por Béria no uniforme e boné azul de um comissário de primeira classe da Segurança do Estado. Quando Stálin ordenou a prisão de Uspenski, amigo de Iejov e chefe do NKVD ucraniano, o anão o avisou com antecedência. Uspenski fingiu suicidar-se e fugiu. Stálin (provavelmente com razão) suspeitou que Iejov estava grampeando seus telefones.

A sua maneira, Ievguênia amava Iejov, apesar de todas as suas infidelidades, e adorava a filha deles, porque estava disposta a se sacrificar para salvá-los. Sua amiga Zinaida Ordjonikidze, a viúva de Sergo, visitou-a no hospital, num ato heroico de lealdade. Ievguênia deu-lhe uma carta dirigida a Iejov na qual ela se oferecia para se suicidar e pedia uma dose de sonífero. Sugeria que, quando chegasse o momento, ele lhe mandasse uma pequena estatueta de um gnomo. Ele enviou Luminal e, um pouco mais tarde, ordenou que uma criada levasse a estatueta para sua esposa. Tendo em vista a altura de anão de Iejov, esse gnomo letal parece grotesco: talvez a estatueta fosse um antigo regalo dos primeiros tempos de seu romance que representava o "querido Kolia". Quando a prisão de

Glikina tornou sua detenção inevitável, Ievguênia mandou um bilhete de despedida para Iejov. A 19 de novembro, tomou o Luminal.

Às onze da noite, enquanto ela mergulhava na inconsciência, Iejov chegava ao Cantinho, onde encontrou o Politburo com Béria e Mólotov, que o atacaram durante cinco horas. Ievguênia morreu dois dias depois. Iejov refletiu que fora "compelido a sacrificá-la para se salvar". Ela se casara com um monstro, mas morreu jovem para salvar sua filha, o que, de certa forma, foi um fim maternal para uma vida devotada ao divertimento inocente. Babel ouviu dizer que "Stálin não consegue entender sua morte. Seus nervos são feitos de aço, então ele simplesmente não consegue compreender como, em outras pessoas, eles se rompem". Natacha,* a filha adotiva de nove anos, foi levada pela irmã da ex-mulher de Iejov e posteriormente enviada a um daqueles orfanatos sombrios para filhos de inimigos.[6]

Dois dias depois da morte de Ievguênia, a 23 de novembro, Iejov voltou para mais quatro horas de críticas de Stálin, Mólotov e Vorochílov, após o que renunciou ao NKVD. Stálin aceitou a demissão, mas ele permaneceu no limbo como secretário do CC, comissário do Transporte de Água e membro candidato do Politburo, vivendo no Kremlin como um fantasma minúsculo, experimentando o que suas vítimas haviam conhecido antes dele. Seus amigos "deram as costas para mim como se eu tivesse a peste [...]. Eu nunca me dei conta da profundidade da maldade de toda essa gente". Ele punha a culpa do Terror no *Vojd*, usando uma expressão russa: "Vontade de Deus — julgamento do czar", sendo ele o czar, e Stálin, Deus.

Iejov consolava-se com uma série de orgias bissexuais alcoólicas em seu apartamento do Kremlin. Ao convidar dois companheiros de bebida e amantes homossexuais de sua juventude para ficar, ele gozava das "formas mais pervertidas de libertinagem". Seus sobrinhos lhe traziam garotas, mas ele também retornou à homossexualidade. Quando seu amigo íntimo Konstantínov trouxe a

* Seu sobrenome foi trocado para o do primeiro marido de Ievguênia, Khaiutin, mas ela permaneceu fiel ao seu pai adotivo até o milênio seguinte. Natacha Iejova sobreviveu após terríveis sofrimentos em nome do padrasto. Vassíli Grossman, autor do romance clássico *Vida e destino*, que conhecia a família e frequentava os salões com Babel e outros, escreveu um conto sobre a infância trágica de Natacha. Ela formou-se em Música em Penza e Magadan. Em maio de 1998, entrou com um pedido de reabilitação de Iejov. Por ironia, ela tinha razão, pois ele certamente não era culpado de espionagem, motivo de sua execução. Seu apelo foi negado. No momento em que este livro foi escrito, ela estava viva.

esposa a uma festa, Iejov dançou o foxtrote com ela, tirou para fora o membro e depois dormiu com ela. Na noite seguinte, quando o resignado Konstantínov chegou, eles beberam e dançaram ao som do gramofone até que o convidado caiu no sono; ao acordar, "senti algo em minha boca. Quando abri os olhos, vi que Iejov havia enfiado seu membro em minha boca". De braguilha aberta e destruído, Iejov aguardava seu destino.[7]

Béria, a quem Stálin apelidou de "Promotor", foi nomeado comissário a 25 de novembro e chamou seus capangas georgianos para Moscou. Tendo destruído os séquitos dos velhos "príncipes" bolcheviques, Stálin teve de importar toda a gangue de Béria para destruir Iejov.

Por ironia, os cortesãos de Béria eram muito mais instruídos do que Kaganóvitch ou Vorochílov, mas educação não é barreira para a barbárie. O grisalho, charmoso e refinado Merkúlov, um armênio russificado que iria escrever peças teatrais encenadas em Moscou com o pseudônimo de Vsevolod Rok, conhecia Béria desde quando estudaram juntos na Politécnica de Baku e entrara para a Tcheca, em 1920. Béria, que, tal como Stálin, inventava apelidos para todo mundo, o chamava de "O Teórico". Lá estava o príncipe renegado georgiano (embora na Geórgia os aristocratas sejam tão abundantes quanto as vinhas) Chalva Tsereteli, outrora oficial czarista e membro da antibolchevique Legião Georgiana, que tinha o ar de um cavalheiro antiquado, mas era o assassino particular de Béria, entre outras tarefas que exercia no Departamento Especial do NKVD. Lá estava também o gigante de 130 quilos Bogdan Kobúlov — "o pior homem que Deus pôs na face da Terra". "Era um caucasiano imensamente corpulento com olhos castanhos obstinados e baços", "face gorda de um homem [que] gosta da boa vida [...] mãos peludas, pernas curtas e curvadas" e um bigode garboso, um daqueles vigorosos torturadores que também se sentiriam em casa na Gestapo. Era tão atarracado que Béria o chamava de "Samovar".

Para bater em suas vítimas, Kobúlov usava os punhos, seu peso elefantino e seus cassetetes prediletos. Ele instalou grampos nos telefones dos magnatas para Stálin, mas também se tornou um bobo da corte, substituindo o falecido Pauker, com seus sotaques engraçados. Não demorou a mostrar sua utilidade: Béria estava interrogando uma vítima em seu escritório quando o prisioneiro o atacou. Kobúlov vangloriava-se do que acontecera depois: "Vi o chefe [usou a gíria georgiana *khozeni*] no chão e saltei sobre o sujeito e esmaguei seu pescoço com minhas mãos nuas". Contudo, mesmo esse bruto percebia que seu trabalho não estava certo, pois costumava visitar sua mãe e soluçar para ela como uma criança crescida: "Mamãe, mamãe, o que estamos fazendo? Um dia vou pagar por isso".

A chegada desses exóticos e empertigados georgianos, alguns até assassinos condenados, deve ter sido parecida com a entrada de Pancho Villa e seus bandidos numa cidadezinha do Norte em um dos filmes favoritos de Béria. Stálin fez grande estardalhaço depois, mandando alguns de volta e os substituindo por russos, mas ele mesmo continuava a ser, em boa medida, um georgiano. Os homens de Béria deram ao círculo de Stálin um sabor claramente caucasiano. Na data oficial da nomeação de Béria, Stálin e Mólotov assinaram o fuzilamento de 3176 pessoas. Portanto, estavam muito ocupados.

Béria apareceu à noite na prisão de Lefortovo para torturar o marechal Bliukher, ajudado pelo "Teórico" Merkúlov, o "Samovar" Kobúlov e seu principal interrogador, Rodos, que trabalhou no marechal com tal prazer que Bliukher gritou: "Stálin, está escutando o que eles estão fazendo comigo?". Torturaram-no tanto que conseguiram acabar com um de seus olhos e ele depois morreu em decorrência dos ferimentos. Béria foi contar a Stálin, que ordenou a incineração do corpo. Nesse meio-tempo, Béria acertava contas, prendendo pessoalmente Alexander Kóssarev, o chefe do Komsomol, que certa vez o insultara. Stálin ficou sabendo depois que se tratava de uma vingança pessoal: "Disseram-me que Béria era muito vingativo, mas não havia provas disso", refletiu ele anos mais tarde. "No caso de Kóssarev, Jdánov e Andréiev verificaram a prova."

Béria deleitava-se com o esporte do poder: Ana Larina, a adorável viúva de Bukhárin, que tinha apenas 24 anos, foi levada a seu escritório da Lubianka por Kobúlov, que depois trouxe sanduíches, como um mordomo do inferno.

"Devo lhe dizer que você parece mais bonita do que quando a vi pela última vez", disse Béria. "A execução é só uma vez. E Iejov certamente iria executá-la." Como ela não traiu ninguém, Béria e Kobúlov pararam com o flerte. "Quem você está tentando salvar? Afinal, Nikolai Ivánovitch [Bukhárin] não está mais conosco [...]. Você quer ficar viva? [...] Se não ficar calada, eis o que você vai ganhar!" Ele pôs um dedo na têmpora. "Então, promete que vai ficar calada?" Ela percebeu que Béria queria salvá-la e prometeu.[8] Mas não comeu os sanduíches de Kobúlov.*

* Ana Larina passou vinte anos nos campos de trabalho. Seu filho Iúri tinha onze meses quando foi presa em 1937 e ela só o viu novamente em 1956: mais uma de tantas histórias tristes.

***

Stálin tomou o cuidado de não se colocar totalmente nas mãos de Béria: o chefe da Segurança do Estado, sua segurança pessoal, estava numa posição sensível, porém perigosa. Dois haviam sido fuzilados desde Pauker, mas então Stálin nomeou seu guarda-costas pessoal, Vlássik, para o posto, encarregado da segurança do líder, bem como das datchas, da comida para as cozinhas, dos carros e de milhões de rublos. A partir de então, explica Artiom, Stálin "governou por meio de Poskrióbichev em assuntos políticos e Vlássik em assuntos pessoais". Ambos eram trabalhadores infatigáveis — e imorais.

Os dois levavam vidas parecidas: suas filhas lembram como eles passavam apenas o domingo em casa. Afora isso, estavam sempre com Stálin, retornando exaustos para dormir. Ninguém conhecia melhor o líder. Em casa, jamais discutiam política, mas conversavam sobre suas pescarias. Vlássik, que morava numa mansão elegante no Bulevar Gogolevski, era de fidelidade canina, pouco instruído e ebriamente devasso: já era um mulherengo insaciável, que dava festas com Poskrióbichev. Tinha tantas "concubinas" que mantinha listas delas, esquecia seus nomes e, às vezes, conseguia ter uma em cada quarto em suas orgias. Chamava Stálin de *Khozíain*, mas de "camarada Stálin" diante dele, raramente compartilhando de sua mesa.

A posição social de Poskrióbichev era mais alta: jantava com frequência com os magnatas e chamava Stálin de "Ióssif Vissariónovitch". Era o alvo e também o perpetrador de brincadeiras. Ficava sentado a sua escrivaninha do lado de fora do gabinete de Stálin: o Cantinho era seu domínio. Os magnatas cultivavam sua amizade, lisonjeando sua vaidade canina, para que os avisassem se o líder estava de mau humor. Poskrióbichev sempre telefonava a Vichinski para dizer que Stálin estava a caminho de Kuntsevo, assim o procurador podia ir para a cama, e certa vez protegeu Khruchióv. Era tão poderoso que podia até insultar o Politburo. O "fiel escudeiro", nas palavras de Khruchióv, desempenhava seu papel nos atos mais mundanos e mais terríveis de Stálin, tendo se vangloriado posteriormente do uso que fizeram de veneno. Era um esposo amoroso para Bronka e um pai indulgente para as duas filhas, Galia, do primeiro marido de Bronka, e Natália. Mas quando o *vertuchka* soava no domingo, ninguém mais tinha permissão para atender. Tinha orgulho de sua posição: quando sua filha foi operada, ele lhe disse que deveria se comportar de maneira apropriada a seu status. Ele trabalhava junto com Béria: as famílias visitavam-se com frequência, mas, se havia negócios a resolver, caminhavam pelo jardim. Porém, em última análise, Vlássik e Poskrióbichev eram obstáculos ao poder de Béria.[9] O mesmo não se podia dizer mais da família Allilúiev.

27. A morte da família de Stálin: Uma estranha proposta e a governanta

Deixar Béria entrar na família era como pôr a raposa dentro do galinheiro, mas Stálin também é responsável pelo destino deles. "Toda a nossa família ficou completamente desconcertada, sem saber por que Stálin trouxe Béria — um agente da polícia secreta de província — para tão perto dele e do governo em Moscou", escreveu Svetlana. Foi exatamente por isso que ele o promoveu: ninguém era sagrado para Béria.

Os magnatas e dependentes resmungavam sempre sobre a empáfia das "titias". Insolente com a grandeza de seu novo poder e fervendo com o complexo de inferioridade de um provinciano desdenhado, Béria estava decidido a mostrar quem era destruindo esses membros glamourosos mas esnobes da nova nobreza. No início dos anos 30, tentara flertar com Jênia, enquanto o marido dela e Stálin estavam por perto. Jênia foi direto a Stálin: "Se esse cretino não me deixar em paz, vou esmagar seu pincenê". Todos riram. Béria ficou constrangido. Mas, quando começou a aparecer com mais regularidade em Kuntsevo, ainda quis flertar com ela, que apelou a Stálin: "Íossif! Ele está tentando apertar meu joelho!".

É provável que Stálin considerasse Béria um tipo excêntrico. A família era típica da elite que ele estava tentando destruir. Quando Béria apareceu com um pulôver de gola rulê para o jantar, Jênia, que estava sempre vestida com esmero, sem um sinal de modéstia bolchevique, disse em voz alta: "Como ousa vir jantar assim?". O vovô Allilúiev costumava descrever Béria como um "inimigo".[1]

Em novembro de 1938, a família de Stálin realmente acabou. Béria expandiu o Terror para incluir todos os que tinham alguma ligação com Iejov, que não somente nomeara o cunhado de Stálin, Stanislas Redens, para a direção do NKVD no Cazaquistão, como ainda pedira que fosse seu adjunto: foi o beijo da morte. As relações eram certamente cordiais quando Stálin recebeu a família Redens, antes que partissem para Alma-Ata. Sabemos pouco sobre o papel de Redens no Terror, mas Moscou e o Cazaquistão foram massacrados sob sua vigilância. A chegada de Béria, sua nêmesis em Tíflis em 1931, era má notícia, mas, mesmo sem ela, Stanislas estaria provavelmente condenado.[2]

Enquanto isso, o cargo de comissário das forças blindadas de Pável Allilúiev o colocava em perigo: próximo aos generais executados, estava também envolvido na espionagem da produção de tanques germânica. Quando encontrou o espião soviético Orlov antes de sua deserção, Allilúiev o advertiu: "Jamais pergunte sobre o caso Tukhatchevski. Saber sobre isso é como inalar gás venenoso". Depois, Pável estivera no Extremo Oriente, onde os generais pediram sua intercessão, e ele voltara, segundo sua filha Kira, com provas da inocência deles. Estava claro que ele não compreendia que as provas só existiam para persuadir outros, não para provar a culpa. Stálin "obviamente ficou cansado disso".

Depois de passar férias em Sotchi, Pável retornou, a 1º de novembro. Na manhã seguinte, tomou café da manhã e foi para o escritório, onde descobriu que a maioria dos funcionários de seu departamento fora presa, de acordo com Svetlana: "Ele procurou salvar certas pessoas, tentando falar com meu pai, mas não adiantou nada". Às duas da tarde, telefonaram para Jênia: "O que você deu para seu marido comer? Ele está se sentindo mal". Jênia quis ir correndo, mas não deixaram. Ele foi enviado à clínica Kremlevka. Nas palavras do relatório médico oficial: "Quando foi internado, estava inconsciente, cianótico e aparentemente morrendo. O paciente não recuperou a consciência". Isso era estranho, pois o médico que telefonou para Jênia a fim de lhe dar essa notícia disse: "Por que demorou tanto? Ele tinha alguma coisa para lhe dizer. Ficava perguntando por que Jênia não veio. Ele já está morto". Assim morreu o irmão que dera a pistola a Nádia. As inconsistências em uma morte já suspeita, numa época em que o assassinato médico era quase uma rotina, tornam plausível a ideia de um crime. Stálin guardou o atestado de óbito. Jênia foi depois acusada de ter matado Pável. Às vezes, Stálin acusava os outros dos próprios crimes. Jamais saberemos a verdade.

"Na vez seguinte em que o vi, estava em câmara-ardente no Salão das Colunas", diz Kira. "Tinha apenas 44 anos e jazia ali, queimado do sol, muito bonito com seus longos cílios."* Ao olhar o esquife, Serguei Allilúiev murmurou que não havia coisa mais trágica do que enterrar os próprios filhos.[3]

Redens voltou para Moscou, onde chegou a 18 de novembro. Em Kuntsevo, Vassíli escutou Béria pedir que Stálin o deixasse prendê-lo. "Mas eu confio muito em Redens", disse Stálin. Para surpresa de Vassíli, Malenkov apoiou Béria. Foi o começo da aliança entre os dois, que não teriam pressionado pela prisão se não conhecessem os instintos de Stálin: essas cenas de falsa discussão se parecem com os exercícios de júri praticados por estudantes de Direito. Contudo, Stálin era muito sugestionável. Redens teve o azar, tal como Pável, de estar em dois ou três círculos sobrepostos de suspeita. Culpa-se sempre Béria de ter feito Stálin se voltar contra seu outro cunhado, mas a coisa era mais complexa. Stálin removera Redens da Ucrânia em 1932. Ele era próximo de Iejov. E era polonês. Stálin escutou Béria e Malenkov e depois disse: "Nesse caso, resolva isso no Comitê Central". Como diz Svetlana, "meu pai não quis protegê-lo". No dia 22, Redens foi preso a caminho do trabalho e nunca mais foi visto.

Anna Redens começou a telefonar para Stálin. Ela não era mais bem-vinda em Zubálovo. Não conseguia falar com Stálin. "Então vou procurar Vorochílov, Kaganóvitch e Mólotov", soluçou ela. Quando as crianças chegaram, encontraram a mãe histérica com o desaparecimento de seu amado Stan, deitada na cama lendo Alexandre Dumas. Ela apelou a todos, até que Stálin atendeu seu telefonema e chamou-a ao Cantinho. Redens "será trazido e faremos um inquérito sobre tudo isso", disse, mas impôs uma condição: "E traga vovô Serguei Iakovlevitch com você". Serguei, que perdera dois filhos, não esperava mais Stálin no sofá todas as noites, mas concordou em ir. No último momento, recuou. Béria talvez o tenha ameaçado, ou quem sabe Serguei achou que Redens era culpado de algo em seu trabalho repugnante na Lubianka: Leonid, o filho de Redens, enfatizou que havia tensões entre velhos bolcheviques como Serguei e gente da elite arrogante como Redens. Em seu lugar foi a avó, Olga, um lance corajoso, mas tolo, pois Stálin detestava mulheres que interferiam: "Por que veio? Ninguém chamou você!", rosnou ele. Anna gritou com Stálin, que mandou que a levassem embora.[4]

* Ele jaz perto de sua irmã Nádia, no cemitério de Novodevichy.

Redens e os Svanidze estavam presos, Pável Allilúiev morto. Stálin permitira que o Terror devastasse-lhe o próprio círculo familiar. Quando o comunista búlgaro Gueorgi Dmitrov apelou por alguns camaradas presos, ele deu de ombros: "O que posso fazer por eles, Gueorgi? Todos os meus parentes estão na prisão também". Era uma desculpa reveladora. Com certeza, em relação a Pável, a pistola de Nádia devia estar sempre em sua mente, mas o mesmo acontecia com suas conexões militares e intercessão por "inimigos". Talvez Stálin estivesse acertando contas com uma família muito intrometida, que o lembrava da rejeição de Nádia. Mas não considerava o Terror uma farra particular: ele estava limpando seu país cercado de espiões para salvaguardar suas vastas realizações, antes da irrupção da guerra. Seus familiares estavam entre as baixas. Como supremo pontífice do bolchevismo, considerava-os *sua cota de sacrifício*. Mas estava também afirmando sua separação de laços privados: suas vendetas eram as do Partido porque, como disse a Vassíli, "não sou Stálin [...]. Stálin é o poder soviético!". Mas eles também proporcionavam uma desculpa viva para exigir de seus camaradas o sacrifício de *suas* famílias. Não obstante, poderia ter salvado quem quisesse, e não o fez.[5] O mundo familiar de Stálin e de seus filhos estava encolhendo.

Svetlana perdeu outra parte de seu sistema de apoio: Carolina Til, a governanta digna de confiança, aquele elo aconchegante com sua mãe, foi mandada embora no expurgo dos alemães. Béria substituiu-a por uma sobrinha de sua esposa da Geórgia — embora, como sempre, seus verdadeiros motivos não sejam claros. A nova preceptora de Svetlana era Alexandra Nakachidze, alta, magra, de pernas esguias, pele pálida e perfeita e longos cabelos pretos. Garota ingênua e pouco instruída de uma aldeia georgiana, essa lugar-tenente do NKVD entrou nesse mundo cada vez mais cinzento como um pavão de plumas vermelhas. Ainda hoje ela impressiona os meninos das famílias Allilúiev e Mikoian.

Svetlana não gostou de preceptora. A chegada de Nakachidze mostra o papel especial de Béria na família: poderia ela ser uma espiã no lar de Stálin, que sob todos os outros aspectos estava sob o controle de Vlássik? Sabemos que a corte estimulava Stálin a se casar de novo: teria ela sido posta lá para se casar com ele?[6]* Porém havia uma candidata mais óbvia quase dentro da família.

Jênia Allilúieva era viúva, mas estava convencida de que seu marido fora morto por Béria. Sentiria culpa por sua relação com Stálin? Não há indícios dis-

* Ela continuou a ser uma presença na casa até o final da Segunda Guerra Mundial, quando se casou

so. Seu marido devia saber (ou ter optado por não saber) o que estava acontecendo, mas a relação com Stálin já esfriara em 1938. Então Stálin sentiu sua falta e fez uma estranha proposta indireta a ela. Béria foi visitar Jênia e disse: "Você é uma pessoa tão agradável e tem uma aparência tão boa; quer se mudar e ser governanta na casa de Stálin?". Em geral, isso é interpretado como uma misteriosa ameaça de Béria, mas é certamente improvável que ele fizesse essa proposta sem a permissão de Stálin, em especial porque ela poderia ter telefonado a ele para discutir o assunto. Na cabeça de Stálin, uma "governanta" era sua *baba* ideal, a *khozíaika*. Tratava-se de uma proposta de semicasamento, uma tentativa desajeitada de salvar a calidez dos velhos tempos da destruição que ele mesmo desencadeara. Foi uma inépcia imperdoável mandar Béria, que Jênia detestava, nessa missão delicada, mas isso é típico de Stálin. Se alguém tem dúvidas sobre esta análise, a reação de Stálin ao lance seguinte de Jênia pode confirmá-la.

Jênia ficou alarmada, temendo que Béria fizesse uma armação para acusá-la de tentar envenenar Stálin. Então casou-se rapidamente com um velho amigo chamado N. V. Molóchnikov, um engenheiro judeu que conhecera na Alemanha, talvez o amante que quase acabara com seu casamento. Stálin ficou estarrecido, dizendo que era uma indecência casar-se tão cedo depois da morte de Pável. A proposta de Béria põe a reação de Stálin sob uma luz levemente diversa. Béria atiçou as brasas ao sugerir que Jênia talvez tivesse envenenado o marido, uma ideia com ressonância nesse ninho de envenenadores. Alguns dizem que o corpo foi desenterrado duas vezes para que fossem feitos exames. Apesar das alegações de envenenamento, Stálin mantinha seu fascínio por Jênia, chegando mesmo, pouco antes da guerra, a perguntar a Kira: "Como vai sua mãe?". Jênia e Anna Redens foram banidas do Kremlin, e Stálin procurou por sua "governanta em outro lugar".[7]

No começo dos anos 30, uma jovem criada de quase vinte anos chamada Valentina Vasilevna Istômina trabalhava em Zubálovo. Em 1938, foi trabalhar em Kuntsevo. Stálin sentia atração por um ideal específico: a mulher camponesa russa, peituda, de olhos azuis, cabelos longos e nariz arrebitado, submissa e prá-

---

com um general do NKVD e voltou para a Geórgia, onde teve filhos. Sua filha ainda vive na Geórgia.

tica, uma *baba* que poderia cuidar de um lar sem se envolver de forma alguma em sua outra vida. Jênia tinha essa aparência, mas não tinha nada de submissa. Ele também encontrava as mesmas feições acopladas à arrogância nas maiores artistas da época. Stálin era um frequentador ávido de teatro, ópera e balé, comparecendo regularmente ao camarote do Politburo (outrora do imperador) no Bolchoi ou no Teatro das Artes de Moscou. Suas cantoras preferidas eram a soprano Natália Schpiller, uma valquíria de olhos azuis, e a *mezzo* Vera Davidova. Gostava de instruí-las "de modo paternal", mas também jogava uma contra a outra. Fingia estar apaixonado por Davidova, que mais tarde jactou-se de que ele lhe propusera casamento: se isso aconteceu, foi apenas uma piada. Implicava com ela sugerindo que melhorasse seu canto copiando Schpiller. Quando Davidova apareceu com um cinto fulgurante, ele lhe falou: "Veja, Schpiller também é uma mulher divertida, mas se veste com recato para as recepções oficiais".[8]

Essas divas eram glamourosas demais para Stálin, porém não havia escassez de admiradoras disponíveis, como Vlássik contou a sua filha. Conhecem-se muitas histórias de mulheres convidadas a Kuntsevo: Mirtchkulava, um jovem funcionário georgiano, lembra que em 1938, em um jantar no Kremlin, Stálin mandou-lhe perguntar a uma jovem de sua delegação do Komsomol se ela era filha de certo velho bolchevique e depois a convidou a ir para a datcha. Stálin insistiu que Mirtchkulava a convidasse em segredo, sem o conhecimento dos magnatas que estavam à mesa, nem dos georgianos. O mesmo aconteceu com uma bela piloto georgiana que ele conheceu na exibição aérea de Tuchino em 1938 e que o visitava periodicamente.

Esse era provavelmente o padrão de seus namoricos triviais, mas o que acontecia em Kuntsevo está além de nosso conhecimento. Todos os que conheceram Stálin insistem que ele não era mulherengo e tinha fama de ser inibido em relação a seu corpo. Não sabemos nada sobre seus gostos sexuais, porém as cartas de Nádia sugerem que tinham uma relação apaixonada. Um vislumbre fascinante de seu relacionamento com as mulheres — talvez ligado a sua visão do sexo — é propiciado por sua atitude quanto à dança. Ele gostava de dar passos de dança russa sozinho, mas fazê-lo a dois o deixava nervoso. Em uma festa, contou ao tenor Koslovski que não dançava porque machucara o braço no exílio e "não podia segurar uma mulher pela cintura".

Ao filho Vassíli, advertiu contra as "mulheres com ideias", que julgava incômodas: "Nós conhecemos esse tipo, arenques com ideias, pele e ossos". Sentia-se mais à vontade com as mulheres da equipe de serviço. As criadas, as cozinheiras e os guardas de suas casas eram todos empregados pelo departamento de Vlássik e todos assinavam contratos de confidencialidade, embora dificilmente fossem necessários naquele reino do medo. Mesmo depois do colapso da União Soviética, pouquíssimos abriram a boca.* O barbeiro do Kremlin, que tanto perturbava Nádia, era um deles, assim como sua criada Valentina Istômina, conhecida como Váletchka, que se tornou aos poucos o esteio da vida doméstica de Stálin.

"Ela ria todo o tempo e nós realmente gostávamos dela", disse Svetlana; "Era muito jovem, com faces rosadas e todos gostavam dela. Era uma figura agradável, tipicamente russa." Era a mulher "ideal" de Stálin, saudável e asseada, "de rosto redondo e nariz arrebitado", primitiva, simples e inculta; "servia a mesa com agilidade, jamais participava das conversas", mas estava sempre lá quando preciso. "Tinha cabelos castanho-claros — lembro bem dela a partir de 1936, nada especial, nem gorda nem magra, mas muito amistosa e sorridente", diz Artiom Serguéiev. Longe de Stálin, era divertida de um jeito não ameaçador, até sagaz: "Era inteligente, conversadora, uma tagarela", relembrou um dos guarda-costas de Stálin.

Váletchka foi promovida a governanta, cuidando das "roupas de Stálin, da comida, da casa e assim por diante, e o acompanhava aonde ele fosse. Era uma alma confortadora que transmitia tranquilidade, então ele confiava nela e ela era devotada a ele". Stálin tinha um orgulho cômico do modo como ela cuidava de suas roupas íntimas: depois da guerra, um funcionário georgiano ficou espantado quando ele exibiu as pilhas reluzentes de cuecas brancas em seu guarda-roupa, um momento único na história dos ditadores.

No apartamento do Kremlin, Váletchka servia com frequência a Svetlana e sua amiga Marta, que lembra dela "de avental branco, como uma boa mulher das aldeias, com seus cabelos claros e figura amorfa, mas não gorda. Sempre sorridente, Svetlana gostava dela também". Artiom foi um dos poucos que escutou como Stálin falava com ela: "Ele dizia sobre o aniversário dela algo assim: 'claro, preciso lhe dar um presente'".

"Não preciso de nada, camarada Stálin", respondia ela.

* O avô do presidente Vladímir Pútin foi chefe de cozinha em uma das casas de Stálin e não revelou nada ao neto: "Meu avô falava muito pouco sobre sua vida passada". Quando menino, lembrava de ter servido comida a Rasputin. Depois, cozinhou para Lênin. Com certeza, ele foi o *chef* mais histórico da Rússia, pois serviu a Lênin, Stálin e ao Monge Louco.

"Bem, se eu esquecer, me lembre." No final dos anos 30, Váletchka tornou-se a companheira de confiança dele e efetivamente sua esposa secreta, numa cultura em que a maioria dos casais bolcheviques não era formalmente casada. "Vália cuidava do bem-estar de papai", disse Svetlana. A corte entendeu que ela era sua companheira e nada mais foi dito sobre isso. "Se Istômina era ou não mulher de Stálin, não interessa a ninguém", disse Mólotov já velho. "Engels viveu com sua governanta." Budiony e Kalínin "casaram-se" com suas governantas.

"Meu pai disse que ela era muito íntima dele", assegura Nadejda Vlássika. A nora de Kaganóvitch escutou-o dizer: "Só sei que Stálin tinha uma esposa consensual. Váletchka, sua criada. Ela o amava".*

Váletchka parecia uma jovial, tranquila e saudável enfermeira, sempre de avental branco nos jantares de Stálin. Ninguém notou quando ela esteve nas conferências de Ialta e Potsdam: foi como Stálin queria. A partir daí, por volta de 1939, a vida privada de Stálin ficou congelada: os dramas de Nádia e Jênia, que lhe haviam causado dor e raiva, estavam encerrados. "Essas questões", lembrava o comunista polonês Jakob Berman, que esteve várias vezes em Kuntsevo nos anos 40, "foram resolvidas com extrema discrição e jamais vazaram para fora de seu círculo mais íntimo. Stálin tomava sempre muito cuidado para que não houvesse fofocas sobre ele [...]. Stálin compreendia o perigo das fofocas." Se outros homens podiam ser traídos por suas esposas, disso pelo menos ele estava a salvo. Às vezes, perguntava as opiniões políticas de Váletchka como uma pessoa comum. Não obstante, para esse homem político, ela não era companheira. Ele permaneceu sozinho.[9]

Entre 24 de fevereiro e 16 de março de 1939, Béria comandou a execução de 413 prisioneiros importantes, entre eles o marechal Iegórov e os ex-membros do Politburo Kosior, Póstichev e Tchubar; ele já estava morando na datcha deste

* Os guarda-costas de Stálin, cujas lembranças inexatas mas reveladoras foram recolhidas muito depois de sua morte, não tinham certeza sobre a relação com Váletchka. Quando ela ficou mais velha, casou-se e, nos últimos anos de Stálin, queixava-se das censuras ciumentas do marido. Após a morte de Stálin, Váletchka nunca falou da relação deles, mas, quando lhe perguntaram se a cantora de ópera Davidova visitara alguma vez Kuntsevo, sua resposta talvez tenha revelado uma ponta de sentimento de propriedade: "Jamais a vi na datcha [...]. Ela teria sido expulsa!". Váletchka não era membro do Partido.

último. Então sugeriu a Stálin que dessem uma parada, ou não sobraria ninguém para prender. Poskrióbichev marcou o velho Comitê Central com VN — Inimigo do Povo — e a data da execução. No dia seguinte, Stálin disse a Malenkov: "Acho que nos livramos bem do fardo da oposição. Precisamos de novas forças, gente nova [...]". A mensagem foi enviada pela *vertikal* do poder: quando Mekhlis exigiu mais prisões no Exército "por falta de lealdade revolucionária", Stálin replicou: "Proponho que nos limitemos a uma reprimenda oficial [...]. [Não vejo qualquer má vontade nas ações deles — não são erros, mas mal-entendidos]".* Pondo a culpa de todos os excessos em Iejov, Stálin protegeu seus companheiros grotescos. A "denunciadora" de Kiev, Nikoláienko, foi desacreditada. Mas apelou novamente a Stálin e Khruchióv: "Peço que verifiquem tudo, onde eu estava errada, onde mentiram para mim e onde fui provocada. Estou pronta para ser punida", escreveu ela a Khruchióv. Mas, depois, advertiu Stálin: "Tenho certeza de que há remanescentes demais dos inimigos em Kiev [...]. Caro Ióssif Vissariónovitch, não tenho palavras para lhe dizer como me compreender, mas você compreende a nós, seu povo, sem palavras. Escrevo para você com lágrimas amargas". Stálin a protegeu: "Camarada Khruchióv, peço-lhe que tome medidas para deixar Nikoláienko encontrar calma e um trabalho frutífero, I. St.".

As vítimas de suas criaturas podiam agora apelar a Stálin. Khrúliov, que viria a ser um oficial-intendente durante a Segunda Guerra Mundial, queixou-se a Stálin do peripatético e pomposo Mekhlis. "O leão é o rei da selva", riu Stálin.

"Sim, mas Mekhlis é um animal perigoso que me disse que fará de tudo [para me destruir]", disse Khrúliov. Stálin sorriu com cordialidade:

"Bem, se você e eu [...] lutarmos juntos contra Mekhlis, acha que conseguiremos?", retrucou o "rei-leão".

Stálin não esquecera seu maior inimigo: Béria e um dos talentosos especialistas em mortes silenciosas e rápidas, Pável Sudoplátov, foram recebidos no Cantinho, onde, andando silenciosamente com suas macias botas georgianas, Stálin deu a ordem lacônica: "Trotski deve ser eliminado dentro de um ano".[10]

* Vichinski relatou que a prisão de centenas de adolescentes em Novosibirsk fora simulada pelo NKVD: "As crianças eram inocentes e foram libertadas, mas três funcionários graduados, inclusive o chefe do NKVD e o procurador da cidade, eram culpados de 'trair a lealdade revolucionária' e foram expulsos do Partido". O que deveria ser feito com eles? A 2 de janeiro de 1939, Stálin escrevinhou: "É necessário ter um julgamento público da culpa".

A 10 de março de 1939, os 1900 delegados do 18º Congresso se reuniram* para declarar o fim de uma carnificina que fora um sucesso, ainda que levemente prejudicada pelos excessos maníacos de Iejov. Os sobreviventes, de Mólotov a Jdánov, permaneciam no topo, mas eram desafiados pela geração mais jovem: Khruchióv entrou para o Politburo, enquanto Béria era eleito candidato e "Melanie" Malenkov se tornava secretário do cc. Essa liderança governou o país na década seguinte sem uma única baixa: ao contrário de seu mito, Stálin, o mestre do "dividir para governar" podia ser surpreendentemente leal a seus protegidos. Mas não ao Amora.

Iejov estava na geladeira, porém mesmo assim comparecia ao Politburo, sentava-se ao lado de Stálin no Bolchoi e ia trabalhar no Transporte de Águas, onde jogava dardos de papel durante as reuniões. Farreava durante o dia, mas aparecia nas sessões noturnas do Congresso, tentando obter permissão para falar. "Peço muito que fale comigo por um minuto", escreveu a Stálin. "Dê-me a oportunidade." Ainda membro do cc, compareceu à reunião dos líderes do Partido em que os nomes do novo órgão foram selecionados. Ninguém fez objeção a seu nome, até que Stálin o chamou: "Então, o que você pensa de si mesmo? Você é capaz de ser um membro do Comitê Central?".

Iejov protestou sua devoção ao Partido e a Stálin — não conseguia imaginar o que fizera de errado. Uma vez que todos os assassinos estavam sendo promovidos, o desconcerto do anão é compreensível.

"Isso é verdade?" Stálin começou a mencionar os inimigos próximos de Iejov.

"Ióssif Vissariónovitch!", gritou Iejov. "Você sabe que fui eu, eu mesmo, que revelei a conspiração deles! Fui até você e a relatei [...]."

"Sim, sim, sim. Quando você sentiu que estava prestes a ser apanhado, então veio correndo. Mas e antes disso? Você estava organizando uma conspiração? Queria matar Stálin? Altos oficiais do NKVD estão tramando, porém você supostamente não está envolvido. Pensa que não vejo nada? Lembra quem você mandou em determinada data para servir Stálin? Quem? Com revólveres? Por que revólveres perto de Stálin? Por quê? Para matar Stálin? Então? Caia fora daqui! Não sei, camaradas, será possível mantê-lo como membro do Comitê Central? Duvido. Claro, pensem sobre isso [...]. Como quiserem [...]. Mas eu duvido."

* Na feia sala de madeira que fora criada com a destruição do suntuoso salão Alexandrovski, no Grande Palácio do Kremlin.

Iejov estava decidido a espalhar a culpa e vingar-se da traição destruindo Malenkov, a quem ele denunciou então. A 10 de abril, Stálin mandou Iejov comparecer a uma reunião para ouvir essas acusações. Iejov apresentou-se a Malenkov, que removeu sua fotografia dos ícones da liderança que havia na parede de seu escritório, como um anjo removido dos céus. Béria e seu príncipe-executor georgiano Tsereteli abriram a porta e prenderam Amora, enviando o "Paciente Número Um" para a enfermaria da prisão de Sukhánov.

A revista do apartamento de Iejov revelou garrafas de vodca vazias, semivazias e cheias, 115 livros contrarrevolucionários, armas e aquelas relíquias macabras: as balas amassadas, enroladas em papel, com as etiquetas "Zinóviev" e "Kámenev". E, o que é mais importante, a busca revelou que Iejov havia colecionado materiais sobre os registros policiais de Stálin anteriores a 1917: era isso uma prova de que ele era espião da Okhrana? Havia também provas contra Malenkov.* Os papéis desapareceram no cofre de Béria.

Stálin era agora tão onipotente que, quando errava a pronúncia de uma palavra no pódio, todos os que discursavam depois repetiam seu erro. "Se eu falasse certo, Stálin teria achado que eu o estava corrigindo", lembrava Mólotov. Ele era muito "sensível e orgulhoso". A Europa estava à beira da guerra, e Stálin voltou sua atenção para a caminhada na corda bamba entre a Alemanha nazista e as democracias ocidentais. Entrementes, Jdánov anunciava o fim do massacre de Iejov, brincando (com gosto execrável) sobre "grandes inimigos", "pequenos inimigos" e "inimigos minúsculos", enquanto Stálin e Béria planejavam alguns de seus atos de depravação mais devassos.[11]

* Essa chantagem contra Malenkov, acusando-o de conexões nobres, pode ter feito parte da base de sua aliança com Béria, embora Stálin conhecesse as provas. "Pense que você tem sorte por esses documentos estarem em minhas mãos", disse-lhe Béria. Quando este foi preso, em junho de 1953, após a morte de Stálin, esses papéis foram entregues a Malenkov, que os destruiu.

PARTE 6

"O grande jogo": Hitler e Stálin, 1939-41

28. A divisão da Europa: Mólotov, Ribbentrop e a questão judaica de Stálin

Quando se concentrou na diplomacia, Stálin voltou seus canhões primeiramente contra seus próprios diplomatas. Na noite de 3 de maio de 1939, tropas do NKVD cercaram o Comissariado do Exterior, trazendo para dentro do país a urgência da contagem regressiva para a guerra e a revolução vindoura das alianças. Mólotov, Béria e Malenkov chegaram para informar Maxim "Papacha" Litvínov, o turbulento defensor da paz por meio da "segurança coletiva", que ele estava dispensado. Isso não surpreendeu Litvínov: Stálin dava tapinhas nas costas dele e dizia: "Veja, podemos chegar a um acordo".

"Não por muito tempo", retrucou Litvínov.

O novo comissário para o Exterior seria Mólotov, que já era premiê. Stálin saíra do Terror mais paranoico e mais confiante, um estado mental que o deixava, quando mais não fosse, menos equipado para analisar a perigosa situação internacional. Mikoian observou que esse novo Stálin "era uma pessoa mudada por completo — absolutamente suspeitoso, implacável e com uma autoconfiança sem limites, que falava amiúde de si mesmo na terceira pessoa. Acho que ele ficou bobo". Kaganóvitch lembrava que agora ele raramente reunia o Politburo, decidindo a maioria das coisas informalmente. Stálin "não conhece o Ocidente", pensou Litvínov. "Se nossos oponentes fossem um bando de xás e xeques, ele seria mais esperto do que eles." Seus dois principais assessores, Mólotov e Jdánov, também não tinham qualificações melhores. Stálin se educara lendo sobre história, em particular as memórias de Bismarck, mas não se dava conta de que o Chanceler de Ferro era um estadista convencional em comparação a Hitler. A partir de então, citou generosamente Talleyrand e Bismarck.

Mólotov sempre disse que a política bolchevique era o melhor treinamento para a diplomacia e se considerava um político, e não um diplomata, mas tinha orgulho de sua nova carreira: "Tudo estava nas mãos de Stálin, em minhas mãos", disse ele. Mas trabalhava a sua maneira incansável e metódica sob imensa pressão, discutindo ideias com Stálin, ao mesmo tempo em que aterrorizava seu *staff* com "fúrias cegas". Contudo, em suas cartas a Polina, revelava sua vanglória e sua paixão: "Vivemos sob constante pressão para não deixar passar nada [...]. Sinto muita saudade de você e de nossa filha; quero abraçá-la, apertá-la contra meu peito com toda a sua doçura e encanto [...]". Mais direto e menos intelectual que Stálin, contou a Polina que estava começando a ler, não sobre Talleyrand, mas sobre Hitler. Além do anseio ardente por Polina, a parte mais divertida dessas cartas era o prazer descarado que Mólotov sentia com sua nova fama. "Posso lhe dizer, sem me gabar", gabava-se ele, "que nossos opostos sentem [...] que tratam com gente que sabe o que faz."

Stálin e Mólotov criaram um número internacional de sutileza crescente, como se fossem mestres da velha rotina da dupla "policial bom, policial mau". Stálin era sempre mais radical e imprudente, Mólotov era o analista impassível do possível, mas nenhum dos dois via nenhuma contradição entre expansionismo imperial e cruzada marxista: ao contrário, o primeiro era a melhor maneira de levar a segunda ao sucesso.

No início de 1939, a Europa era, nas palavras de Stálin, um "jogo de pôquer" com três jogadores, no qual cada um deles esperava persuadir os outros dois a se destruir mutuamente e deixar que o terceiro levasse a mesa. Os três jogadores eram os fascistas da Alemanha nazista de Hitler, os capitalistas da Inglaterra capitalista de Neville Chamberlain, aliados à França de Daladier, e os bolcheviques. Embora o georgiano admirasse a brutalidade bombástica do Führer, levava em conta os perigos de uma Alemanha militarmente forte e a hostilidade do fascismo.

Stálin considerava as democracias ocidentais pelo menos tão perigosas quanto a Alemanha. Ele amadurecera politicamente durante a intervenção delas na guerra civil. Sentia instintivamente que poderia trabalhar com Hitler. Assim que o "cabo austríaco" tomou o poder, começou a sondá-lo de forma sutil, aconselhado por Karl Radek, seu especialista germânico, e a usar como emissários pessoais Ábel Ienukidze e David Kandelaki. A sutileza dessas discussões era absoluta, uma vez que Stálin estava fuzilando milhares de pessoas acusadas de ser agentes alemães e o país vivia um frenesi prussiofóbico. Os emissários foram fuzilados.

Hitler manteve distância de Stálin enquanto as democracias continuavam a satisfazê-lo. Mas o acordo de Munique convenceu Stálin de que o Ocidente não era sério quanto a deter Hitler. Ao contrário, Stálin tinha certeza de que estavam dispostos a deixar Hitler destruir a Rússia soviética. Munique significou a bancarrota da "segurança coletiva" de Litvínov. Stálin advertiu o Ocidente de que a União Soviética não ia "servir de bucha de canhão" para eles. O caminho a seguir era uma divisão do mundo em "esferas". Isso era um sinal oblíquo para a Alemanha de que ele trataria com quem quer que tratasse com ele. Berlim notou a mudança. Depois, na assembleia, Stálin atacou Litvínov: "Isto significa que você me considera um Inimigo do Povo?", perguntou o destemido Litvínov. Stálin hesitou enquanto deixava o salão: "Não, não consideramos Papacha um inimigo. Ele é um revolucionário honesto".*

Enquanto isso, Mólotov e Béria aterrorizavam uma reunião de seus diplomatas, muitos deles bolcheviques judeus que se sentiam em casa nas grandes capitais da Europa. Béria lançou-lhes um olhar e disse: "Nazarov, por que prenderam seu pai?".

"Lavrenti Pavlóvitch, sem dúvida, você sabe melhor do que eu."

"Você e eu falaremos sobre isso mais tarde", riu Béria.

O Comissariado do Exterior ficava quase ao lado da Lubianka, e os dois ministérios foram apelidados de "os vizinhos". O adjunto de Mólotov, Vladímir Dekanózov, de 41 anos, outro dos asseclas caucasianos de Béria, supervisionou o expurgo dos diplomatas. Esse pigmeu ruivo, que gostava de filmes ingleses (batizou seu filho de Reginald) e meninas adolescentes, era um estudante de

* Esse tipo de coragem contava pontos com Stálin. Litvínov, que era três anos mais velho do que ele, jamais controlava a língua. Esse rabugento cosmopolita queixava-se aos amigos da "estreiteza, presunção, ambição e rigidez" de Stálin, ao mesmo tempo em que chamava Mólotov de "imbecil", Béria de "carreirista" e Malenkov de "míope". Mólotov disse que Litvínov "permaneceu entre os vivos apenas por acaso", mas Stálin sempre o preservou, apesar do ódio de Mólotov por aquele diplomata muito mais impressionante, porque era tão respeitado no Ocidente que poderia ser útil de novo. Contava-se a história de que Litvínov havia salvo Stálin de ser espancado por estivadores em Londres, em 1907: "Não esqueci aquela ocasião em Londres", Stálin costumava dizer.

Medicina fracassado que conhecia Béria desde a universidade, quando ambos entraram para a Tcheca. Era um georgiano russificado. Mólotov brincava que ele era um armênio que se fingia de georgiano para agradar a Stálin, que o apelidou de "chato kartveliano", alusão a sua região de origem. Em Kuntsevo, Stálin zombou de sua feiura. Quando ele apareceu na porta, disse com sarcasmo, para riso geral: "Que homem lindo! Olhem para ele! Nunca vi coisa igual!".

O assessor de imprensa do Comissariado do Exterior, Ievgueni Gnedin, ele mesmo um pedaço de história revolucionária, pois era filho de Parvus, financista de Lênin e seu intermediário com a Alemanha, foi preso por Dekanózov e levado ao gabinete de Béria, onde recebeu ordens de se confessar espião. Quando se recusou, Béria mandou que deitasse no chão, enquanto o "gigante" caucasiano Kobúlov batia em sua cabeça com o cassetete. Gnedin era um "cadáver de sorte". Em julho, Béria mandou o príncipe Tsereteli matar o embaixador soviético na China, Bovkun-Luganets, e sua esposa, a sangue-frio, em um acidente de carro simulado (o método de matar aqueles que eram eminentes demais para simplesmente desaparecer).*

O terror diplomático de Stálin foi projetado para atrair Hitler. "Expurguem os judeus do ministério", disse ele. "Limpem a 'sinagoga'." "Obrigado por essas palavras", explicou Mólotov (casado com uma judia). "Os judeus constituíam uma maioria absoluta e muitos embaixadores [eram judeus]."[1]

Stálin era um antissemita conforme a maioria das definições, mas, até depois da guerra, tratava-se mais de um maneirismo russo que de uma obsessão perigosa. Jamais foi um racista biológico como os nazistas. Porém não gostava de nenhuma nacionalidade que ameaçasse a fidelidade à União Soviética multinacional. Abraçou o povo russo não porque rejeitava suas origens georgianas, mas exatamente pela mesma razão: os russos eram os alicerces e o cimento da União Soviética. Porém, depois da guerra, a criação do Estado de Israel, a crescente consciência judaica dos judeus soviéticos e a Guerra Fria se combinaram com esse preconceito antigo para transformá-lo em um antissemita assassino.

Stálin e seus camaradas judeus, como Kaganóvitch, eram orgulhosos internacionalistas. Mas Stálin gostava de piadas sobre estereótipos nacionais. Com

* Eles planejaram fazer o mesmo com Litvínov, mas a esposa inglesa dele ficou aterrorizada com a iminente prisão, e quando escreveu sobre isso para alguns amigos americanos, a carta foi acabar sobre a mesa de Stálin. Ele telefonou a Papacha: "Você tem uma esposa extremamente corajosa e franca. Diga para ela se acalmar. Ela não está sob ameaça".

certeza, trazia todos os preconceitos georgianos tradicionais contra os povos muçulmanos do Cáucaso, que ele deportaria. Também perseguiu alemães. Gostava das piadas de judeu contadas por Pauker (também judeu) e Kobúlov e se divertia quando Béria chamava Kaganóvitch de "O israelita". Mas também gostava de piadas sobre armênios e alemães e compartilhava a aversão dos russos pelos poloneses: até os anos 40, era tão polonofóbico quanto antissemita.

Suspeitava sempre dos judeus por não terem uma pátria, o que os tornava "místicos, intangíveis, fantasmagóricos". Contudo, Kaganóvitch insistia que a concepção de Stálin se formara pelo lado judeu de seus inimigos — Trotski, Zinóviev e Kámenev. Por outro lado, a maioria das mulheres a seu redor e muitos de seus colaboradores mais próximos, de Iagoda a Mekhlis, eram judeus. A diferença é óbvia: ele odiava o intelectual Trotski, mas não tinha problemas com o sapateiro Kaganóvitch.

Stálin tinha consciência de que seu regime precisava se erguer contra o antissemitismo, e vemos em suas anotações um lembrete para fazer um discurso sobre isso: chamava-o de "canibalismo", tornou-o uma ofensa criminal e criticava habitualmente os antissemitas. Fundou uma pátria judaica, Birobijão, na fronteira inóspita chinesa, e jactava-se: "O czar não deu uma terra para os judeus, mas nós daremos".

Todavia, a nacionalidade sempre importou na política soviética, por mais internacionalista que o Partido reivindicasse ser. Havia no Partido uma alta proporção de judeus, ao lado de georgianos, poloneses e letões, porque essas eram as minorias perseguidas da Rússia czarista. Em 1937, entre 5% e 7% dos membros do Partido eram judeus, mas compunham a maioria no governo. O próprio Lênin (que tinha parte da ascendência judia) disse que, se o comissário fosse judeu, seu adjunto deveria ser russo; Stálin seguiu essa regra.*

Stálin era "sensível" em relação ao judaísmo de Kaganóvitch. Nos jantares de Kuntsevo, Béria tentava convencer Kaganóvitch a beber mais, mas ele o detinha: "Largue-o de mão. Os judeus não sabem beber". Certa vez, perguntou a Kaganóvitch por que parecia tão infeliz quando contavam piadas de judeu: "Veja Mikoian — rimos dos armênios e ele ri também".

* Os três primeiros premiês soviéticos foram russos. Após a morte de Lênin, Ríkov sucedeu-lhe como *PredSovnarkom*, ainda que Kámenev, um judeu, costumasse presidir as reuniões. Em 1930, Mólotov sucedeu a Ríkov. Mas Stálin recusou o cargo de premiê, por razões tanto políticas quanto raciais.

"Sabe, camarada Stálin, o sofrimento afetou o caráter dos judeus, então somos como a flor mimosa. Toque nela e ela se fecha imediatamente." Ora, a mimosa, a flor supersensível que se encolhe como um animal, era a preferida de Stálin. Ele nunca mais permitiu que contassem esse tipo de piada na frente de Kaganóvitch.

Não obstante, havia um antissemitismo crescente nos anos 30: até em público Stálin perguntava se alguém era um *natsmen* — eufemismo para judeu baseado no quinto item dos formulários soviéticos de pessoal, que perguntava a "nacionalidade". Quando Mólotov relembrou Kámenev, disse que ele "não parecia um judeu, exceto quando se olhava em seus olhos".

Na corte de Stálin, os judeus sentiam que tinham de ser mais russos que os russos, mais bolcheviques que os bolcheviques. Kaganóvitch desprezava a cultura iídiche, tendo perguntado ao ator do teatro iídiche Salomon Mikhoels: "Por que você faz pouco do povo?". Quando o Politburo debateu se derrubaria o Templo do Salvador, um dos atos de vandalismo na criação da Moscou stalinista, Kírov e os outros apoiaram a ideia, mas Kaganóvitch disse: "As Centúrias Negras [as gangues antissemitas de 1905] vão pôr a culpa em mim!". Do mesmo modo, Mekhlis reagiu à referência pejorativa de Stálin aos "judeus" de Trotski: "Sou um comunista, não um judeu". De forma mais honesta, ele explicou sua raiva: "Você deve perceber que há somente uma maneira de lutar contra [o antissemitismo] — ser corajoso; se você é judeu, ser o mais honesto, puro como um cristal, uma pessoa-modelo, especialmente em dignidade humana".

Stálin se deu conta de que, embora tivesse de se opor ao antissemitismo, seus judeus eram um obstáculo à reaproximação com Hitler, em particular Litvínov (valáquio). Muitos judeus bolcheviques usavam pseudônimos russos. Já em 1936, Stálin mandou que Mekhlis usasse esses pseudônimos no *Pravda*: "Não há necessidade de provocar Hitler!". Essa atmosfera ficou mais aguda na assembleia do início de 1939, quando Iákovlev atacou Khruchióv por promover um culto da personalidade usando seu nome completo e patronímico, um sinal de respeito. Khruchióv, que era antissemita, retrucou que talvez Iákovlev devesse usar seu nome real, Epstein. Mekhlis interveio em apoio a Khruchióv, dizendo que Iákovlev, sendo judeu, não podia entender isso.

A remoção dos judeus foi um sinal para Hitler — mas Stálin mandou mensagens duplas: Mólotov nomeou para ser um de seus adjuntos o judeu Solomon Lozovski.[2]

* * *

O jogo de pôquer europeu foi disputado com lances rápidos, conversas secretas e corações gelados. As apostas eram altas. Os ditadores mostraram-se muito mais adeptos desse jogo rápido do que as democracias que haviam começado a jogar a sério tarde demais. À medida que se intensificava a luta contra os japoneses, Hitler aumentava a parada, tendo levado a Áustria e a Tchecoslováquia e voltado seus blindados na direção da Polônia. Atrasadas, as democracias ocidentais perceberam que ele precisava ser detido: a 31 de março, a Grã-Bretanha e a França garantiram as fronteiras polonesas. Precisavam da ajuda da Rússia, mas falharam ao não se colocarem no lugar de Stálin e não compreenderam seu sentimento de fraqueza e isolamento. Por ironia, a garantia polonesa aumentou as dúvidas dele quanto à profundidade desse compromisso britânico: se Hitler invadisse a Polônia, o que impediria a "pérfida Albion" de usar a garantia como mera ficha de barganha para negociar outro acordo estilo Munique, deixando Hitler em suas fronteiras?

Assim, Stálin exigiu uma aliança militar contratual com o Ocidente, para não negociar com Hitler. A 29 de junho, Jdánov apoiou a opção germânica em um artigo publicado no *Pravda*, no qual declarava sua "opinião pessoal" que "me permito expressar [...] embora nem todos os meus amigos partilhem dela [...]. Eles ainda pensam que ao iniciar negociações com a URSS, os governos inglês e francês têm intenções sérias [...]. Acredito que os governos inglês e francês não querem um tratado de igualdade com a URSS [...]". A vulnerabilidade de Leningrado tornava necessária carta-branca nos Estados do Báltico: esse era o preço do que Jdánov chamava de "igualdade". Iúri, filho de Jdánov, lembra de ver Stálin e seu pai lendo um *Mein Kampf* especialmente traduzido e mantendo uma discussão sem fim sobre os prós e os contras de uma aliança com a Alemanha. Stálin leu em *Embaixador do mundo*, de D'Abernon, que, se a Alemanha e a Rússia fossem aliadas, "o poder perigoso do Leste" iria ofuscar a Inglaterra. "Sim!", anotou Stálin na margem do livro.

A Grã-Bretanha e a França haviam despachado para Moscou, por lento navio a vapor, uma infeliz delegação, de ridículo baixo nível, para oferecer uma aliança, mas sem nenhuma garantia para as fronteiras soviéticas e sem nenhuma liberdade de ação nos Estados do Báltico. Quando o almirante sir Reginald Aymler Ranfurly Plunkett-Ernle-Erle-Drax (autor de um livro chamado *Manual do aque-*

cimento solar) e o general Joseph Doumenc chegaram a Leningrado, na noite de 9 para 10 de agosto, o flerte germano-russo estava ficando sério. O almirante e o general tomaram o trem para Moscou e foram levados ao encontro de Vorochílov e Mólotov.

Stálin não estava impressionado com o nome do almirante quando discutiu a delegação com Mólotov e Béria: "Eles não estão sendo sérios. Essa gente não pode ter a autoridade necessária. Londres e Paris estão jogando pôquer de novo [...]".

"Ainda assim, devemos levar adiante as conversações", disse Mólotov.

"Bem, se é preciso, é preciso." A coisa estava se transformando em um leilão pelos favores de Stálin, mas com apenas um arrematante sério. Enquanto isso, na Alemanha, Hitler decidia invadir a Polônia a 26 de agosto: de repente, o acordo com Stálin era urgentemente necessário. As reuniões com as potências ocidentais só começaram a 12 de agosto, mas a distância entre o que o Ocidente estava disposto a oferecer e o preço que Stálin exigia era insuperável. Naquele dia, os russos deram sinais aos alemães de que estavam prontos para iniciar negociações, até mesmo sobre o desmembramento da Polônia. A 14 de agosto, Hitler decidiu mandar Ribbentrop, seu ministro do Exterior, a Moscou. No dia seguinte, o embaixador alemão, conde Friedrich Werner von der Schulenberg, requisitou uma reunião com Mólotov, que, depois de consultar Stálin, disse que a Rússia estava à disposição. Quando Ribbentrop soube disso, correu a contar a notícia para Hitler, no Bergdorf. No dia 17, Vorochílov propôs um tratado de mútua assistência militar aos britânicos e franceses, porém acrescentou que não havia sentido em continuar a discussão até que tivessem persuadido os poloneses e romenos a permitir a passagem de tropas soviéticas caso houvesse um ataque alemão. Mas Drax ainda não recebera ordens de Londres.

"Chega desses jogos!", disse Stálin a Mólotov. Na tarde do sábado 19 de agosto, Mólotov chamou apressadamente Schulenberg, apresentando-lhe um rascunho de um pacto de não agressão que era mais formal que a versão alemã, mas não continha nada objetável. Depois de assinar o tratado de comércio que Stálin especificara que era necessário antes que a negociação para valer se iniciasse, os alemães, cujo prazo final se aproximava, esperaram com a expectativa de um jogador. O sagaz Hitler decidiu cortar o nó górdio da confiança mútua e do prestígio mandando pessoalmente um telegrama a Stálin a 20 de agosto. Stálin, Mólotov e Vorochílov concordaram com a resposta:

> Ao Chanceler da Alemanha A. Hitler. Obrigado por sua carta. Espero que o acordo germano-soviético de não agressão seja um marco na direção de um sério progresso das relações políticas entre nossos países. [...] O governo soviético instruiu-me para lhe informar que concorda com a visita do sr. Ribbentrop a Moscou a 23 de agosto.
> I. Stálin

No Extremo Oriente, no domingo 20, Gueorgi Júkov, comandante do Exército soviético no rio Khalkin-Gol, lançou um bombardeio contra os japoneses, depois atacou pela frente. No dia 23, os japoneses já estavam derrotados, com perdas de até 61 mil homens, uma sangria suficiente para dissuadi-los de atacar a Rússia de novo.

Às três da tarde da segunda-feira 21 de agosto, Mólotov recebeu Schulenberg, que entregou o pedido de Hitler para uma reunião no dia 23. Duas horas depois, ele e Stálin concordaram com a histórica visita de Ribbentrop. De repente, os dois ditadores não estavam mais se refreando, mas correndo um na direção do outro de braços abertos. Às sete da noite do dia seguinte, Vorochílov dispensou os ingleses e os franceses: "Vamos esperar até que tudo tenha sido esclarecido [...]".*

A resposta de Stálin chegou a Hitler às oito e meia daquela noite: "Maravilha! Congratulo-me com o senhor", recitou Hitler, acrescentando, com lampejo de artista: "O mundo está no meu bolso".

Naquela noite, Vorochílov comandava uma delegação vital da liderança

* A comédia dessas negociações ficou claramente resumida na questão da Ordem do Banho. Drax chegara sem as credenciais relevantes, um erro que revelou a Stálin tudo o que precisava saber sobre o compromisso ocidental. No exato momento em que por fim chegaram, as credenciais se haviam tornado totalmente irrelevantes. Quando sir Reginald leu com orgulho seus títulos oficiais e chegou a essa ordem nobre, o intérprete soviético recitou: "Ordem da Banheira". O marechal Vorochílov, exibindo suas duas características dominantes — ingenuidade infantil e capacidade heroica de dar mancadas —, interrompeu para perguntar: "Banheira?". Drax explicou com enfado: "No tempo de nossos primeiros reis, nossos cavaleiros costumavam viajar pela Europa a cavalo, matando dragões e salvando donzelas em dificuldades. Eles voltavam para casa imundos da viagem e se apresentavam [...] ao rei [que] às vezes oferecia ao cavaleiro o luxo [...] de um banho no banheiro real". As democracias ocidentais não podiam pagar o "preço" de uma aliança com os soviéticos, a saber, apoiar a garantia polonesa e entregar os países do Báltico à esfera de influência de Stálin. Talvez tivessem razão, pois isso ainda não asseguraria deter Hitler, ao mesmo tempo em que não parecia fazer muito sentido salvar os poloneses dos hunos para entregá-los aos tártaros.

soviética numa expedição de caça ao pato no campo. Khruchióv acabara de chegar de Kiev. Antes de sair para a caça, jantou com Stálin na datcha. Foi então que Stálin, "que sorria e me observava de perto", informou que Ribbentrop estava para chegar. Khruchióv, que não sabia nada das negociações, ficou "pasmo. Olhei para ele, pensando que era brincadeira".

"Por que Ribbentrop quer nos ver?", perguntou abruptamente. "Ele está desertando?" Depois lembrou que estava saindo para caçar com Vorochílov num grande dia. Deveria cancelar a caçada?

"Vá em frente. Não há nada para você fazer. [...] Mólotov e eu encontraremos Ribbentrop. Quando você voltar, lhe direi o que Hitler tem em mente [...]". Depois do jantar, Khruchióv e Malenkov foram encontrar-se com Vorochílov em sua reserva de caça, enquanto Stálin ficava na datcha para pensar sobre o dia seguinte. Exceto quando estava de muito bom humor, achava que "caçar era uma perda de tempo". Talvez tenha sido naquela noite que Stálin, lendo a *História da Grécia Antiga* de Vipper, tenha marcado o trecho sobre os benefícios de ditadores que trabalham juntos.*

Na terça-feira 22 de agosto, todos os magnatas visitaram o Cantinho em algum momento do dia. Se os detalhes eram secretos, a diretriz política não o era. Seu arquiteto foi Stálin, com a ajuda de Mólotov e Jdánov, mas não havia ninguém contra. Até Khruchióv e Mikoian, em suas memórias destinadas a denegrir Stálin sempre que possível, admitiram que não havia escolha. Esses leninistas, como dizia Kaganóvitch, entendiam aquilo como um Brest-Litovsk ao contrário.

Naquela noite, enquanto os caçadores de patos entravam nos pântanos de Zavidovo, cerca de 110 quilômetros a noroeste de Moscou, o alto, pomposo e

* As memórias de Khruchióv deixaram uma impressão confusa sobre o Politburo e o pacto. Mólotov, premiê e ministro do Exterior, era o homem de frente no jogo diplomático, e Stálin era claramente o motor por trás dele. Costuma-se dizer que o Politburo, inclusive Vorochílov, não sabia de nada sobre as negociações até a chegada de Ribbentrop ser iminente, mas os documentos do Politburo sempre estiveram confinados aos "Cinco" ou "Sete" e não eram distribuídos aos líderes regionais, como o primeiro-secretário da Ucrânia. As mensagens entre Stálin e Hitler foram discutidas com Mólotov, Vorochílov e Béria, que estava encarregado das informações e tinha de saber. Jdánov, com seu ponto de vista de Leningrado e do Báltico, seu conhecimento da cultura germânica e sua suspeita publicamente declarada das intenções ocidentais, havia estado intimamente ligado a toda essa política e talvez tenha sido seu coarquiteto, junto com Stálin. Os aspectos comerciais não poderiam ser negociados sem Mikoian. Jdánov entrou e saiu do gabinete de Stálin naquela semana e disse a seu filho que foi mantido informado das negociações.

ex-vendedor de champanhe Ribbentrop partia no avião Condor de Hitler, Immelman III, com uma delegação de trinta pessoas. À uma da tarde do dia 23 de agosto, ele chegou e desceu do Condor com casacão de couro, jaqueta preta e calças listradas, impressionado ao ver o aeroporto ornamentado de suásticas. Uma orquestra tocou o hino nacional alemão. Ribbentrop foi então levado num ZiS (um Buick soviético) preto à prova de balas por Vlássik. Fizeram uma rápida parada na embaixada alemã para um pouco de caviar e champanhe. Às três horas, ele foi levado ao Kremlin. Foi saudado por Poskrióbichev em uniforme militar e conduzido escada acima pelas antessalas, até uma longa sala retangular onde encontraram Stálin, vestido com a túnica do Partido e calças largas enfiadas nas botas, e Mólotov, de terno preto.

Ao sentarem-se à mesa, os russos de um lado, com seu intérprete N. V. Pávlov, os alemães no outro, Ribbentrop declarou: "A Alemanha não exige nada da Rússia, somente paz e comércio". Stálin ofereceu a palavra ao premiê Mólotov.

"Não, não, Ióssif Vissariónovitch, você fala. Tenho certeza de que fará o trabalho melhor do que eu." Eles concordaram rapidamente sobre os termos do pacto que se destinava a dividir a Polônia e a Europa Oriental em esferas de influência: Stálin ficou com o Leste da Polônia, Letônia, Estônia, Finlândia e a Bessarábia, na Romênia, enquanto Hitler ficava com a Lituânia. Mas, quando Ribbentrop propôs um canto à amizade germano-soviética, Stálin falou com desdém: "Você não acha que temos de dar um pouco mais de atenção à opinião pública de nossos países? Durante vários anos jogamos baldes de merda na cabeça uns dos outros e nossos rapazes da propaganda fizeram de tudo nesse sentido. Agora, de repente, vamos fazer nossos povos acreditarem que tudo foi esquecido e perdoado? As coisas não funcionam tão rápido". Mas com tanta coisa resolvida com tamanha rapidez, Ribbentrop voltou à embaixada para telegrafar a Hitler.

Às dez da noite, ele retornou ao Cantinho, acompanhado por uma delegação muito maior e dois fotógrafos. Quando anunciou que Hitler aprovava os termos do pacto, "um súbito tremor pareceu percorrer Stálin e ele não apertou imediatamente a mão estendida por seu parceiro. Foi como se tivesse primeiro de superar um momento de medo". Stálin pediu vodca e fez um brinde: "Sei quanto a nação alemã ama seu Führer. Ele é um bom sujeito. Gostaria de beber à saúde dele". Então Mólotov saudou Ribbentrop, que saudou Stálin. Um dos jovens alemães, um oficial da SS de mais de 1,80 metro de altura chamado Richard Schulze, notou que Stálin bebia sua vodca de uma garrafa especial e conseguiu encher seu copo com ela, descobrindo que continha água. Stálin deu um sorriso amarelo para Schulze, que não foi o único convidado a provar desse pequeno segredo.

Às duas da manhã do dia 24 de agosto, o tratado estava pronto. Os fotógrafos — os alemães com o equipamento mais moderno, os russos com antigos tripés de madeira e câmeras de madeira e metal — foram trazidos até a sala. O chefe do Estado-Maior do Exército Vermelho, o doente Chápochnikov, respeitado por Stálin, fez anotações em uma pequena caderneta. Na hora da foto, Stálin notou o alto homem da ss que havia provado de sua garrafa e o chamou para posar junto, posicionando-o entre Ribbentrop e Chápochnikov. Mólotov assinou.

Uma criada trouxe champanhe e salgadinhos. Quando um dos fotógrafos alemães disparou o flash no momento em que Stálin e Ribbentrop erguiam as taças, o líder soviético sacudiu o dedo indicador e disse que não queria aquela fotografia publicada. O fotógrafo se ofereceu para lhe dar o filme, mas Stálin disse que confiava na palavra de um alemão. Às três da manhã, quando os excitados líderes foram embora, Stálin disse a Ribbentrop: "Posso dar minha palavra de honra de que a União Soviética não trairá seu parceiro".

Stálin foi para Kuntsevo, onde os caçadores esperavam. Vorochílov, Khruchióv, Malenkov e Bulgánin já tinham trazido seus patos para ser preparados na cozinha da datcha. Quando Stálin e Mólotov chegaram cheios de júbilo com uma cópia do tratado, Khruchióv vangloriou-se de ter acertado mais patos que Vorochílov, o alardeado "primeiro atirador", antes que o risonho *Vojd* lhes contasse sobre a assinatura do pacto Mólotov-Ribbentrop. "Stálin parecia muito satisfeito consigo mesmo", mas não tinha ilusões sobre sua nova amizade. Enquanto se regalavam com os patos, ele se jactou: "Claro que é tudo um jogo para ver quem consegue enganar quem. Sei o que Hitler quer. Ele pensa que é mais esperto que eu, mas fui eu que o enganei". A guerra, explicou ele, "vai nos ignorar por um pouco mais de tempo".*

Jdánov zombou do perfil de pera de Ribbentrop: "Ele tem o maior e mais largo par de ancas de toda a Europa", anunciou, enquanto os magnatas riam da cintura ridícula do ministro alemão. "Que ancas! Que ancas!"

* Do outro lado da Europa, Hitler recebera a notícia durante o jantar, pedira silêncio e contara a seus convidados, os quais levou para a sacada, de onde observaram com admiração as luzes do Norte que iluminavam o céu e os montes Unterberg, num banho fantástico de luz vermelho-sangue, tingindo as faces dos espectadores de encarnado. "Parece uma grande quantidade de sangue", disse Hitler a um ajudante. "Dessa vez, não vamos levá-la a cabo sem violência."

O "grande jogo", como Mólotov chamou a guerra de nervos entre Stálin e Hitler, havia começado.[3]

Às duas da manhã de 1º de setembro, Poskrióbichev entregou a Stálin um telegrama de Berlim informando-o de que, no início daquela noite, "tropas polonesas" (na verdade, forças de segurança alemãs disfarçadas) haviam atacado a estação de rádio alemã de Gleiwitz. Stálin foi dormir na datcha. Poucas horas depois, Poskrióbichev telefonou de novo: a Alemanha havia invadido a Polônia. Stálin acompanhou a campanha enquanto a França e a Inglaterra declaravam guerra à Alemanha, honrando suas garantias. Stálin planejou a invasão soviética da Polônia com Vorochílov, Chápochnikov e Kulik, que comandaria a frente junto com Mekhlis, mas esperou até que tivesse garantido antes um fim para a guerra com o Japão. Às duas da manhã de 17 de setembro, Stálin, acompanhado por Mólotov e Vorochílov, disse a Schulenberg: "Dentro de quatro horas, às seis da manhã, o Exército Vermelho entrará na Polônia". O premiê Mólotov foi ao rádio para anunciar o "dever sagrado de oferecer ajuda [...] aos irmãos da Ucrânia e da Bielo-Rússia". Mekhlis disse a Stálin que os ucranianos ocidentais saudaram as tropas soviéticas "como verdadeiras libertadoras", com "maçãs, tortas, água potável [...]. Muitos choraram de alegria".

Khruchióv, primeiro-secretário da Ucrânia, vestiu um uniforme militar e, acompanhado por seu chefe do NKVD Ivan Serov, uniu-se às forças de Semion Timochenko, comandante do Distrito Militar de Kiev. Timochenko era um veterano rijo, de cabeça raspada, do Primeiro Exército de Cavalaria em Tsarítsin; era um oficial competente, mas, no Terror, denunciara Budiony e fora ele mesmo denunciado. Khruchióv sustentava que havia salvado sua vida. Seu avanço Polônia adentro foi uma aventura, mas mais ainda para sua esposa, Nina Petrovna, que, vestida também de uniforme militar e portando uma pistola, liberou seus pais, que haviam ficado na Polônia desde 1920. Khruchióv, abrigado em Lvov, comemorou ao vê-la com os pais, mas perdeu as estribeiras quando viu sua pistola.*

A invasão pode ter sido alegre para os Khruchióv, mas ela desencadeou

* Houve um momento muito engraçado, quando os pais de Nina chegaram ao apartamento de Khruchióv e ficaram maravilhados com a água encanada. "Ei, mamãe, veja isto", gritou o pai. "A água sai de um cano." Quando viram o imponente Timochenko ao lado do pequeno e gordo Khruchióv, perguntaram se era seu genro.

ataques à população polonesa tão cruéis e trágicos quanto os dos nazistas. Khruchióv suprimiu quaisquer partes da população que pudessem se opor ao poder soviético: padres, oficiais, nobres e intelectuais foram sequestrados, assassinados ou deportados para eliminar a própria existência da Polônia. Em novembro de 1940, um décimo da população — ou seja, 1,17 milhão de inocentes — já havia sido deportada. Trinta por cento deles estavam mortos em 1941; 60 mil foram presos e 50 mil fuzilados. Os soviéticos comportaram-se como conquistadores. Quando alguns soldados foram presos por roubar tesouros de um príncipe Radziwill, Vichinski consultou Stálin, que respondeu com um bilhete: "Se não houver má vontade, eles podem ser perdoados. I. St.".[4]

Às cinco da tarde de quarta-feira 27 de setembro, Ribbentrop voltou para negociar os notórios protocolos, tão secretos que Mólotov ainda negava a existência deles trinta anos depois. Às dez da noite, já estava no Kremlin em conversações com Stálin e Mólotov em torno da mesa coberta de baeta verde. Stálin queria a Lituânia. Ribbentrop telegrafou a Hitler para pedir sua permissão e, por isso, as conversações foram adiadas até as três da tarde do dia seguinte. Mas a mensagem de Hitler ainda não chegara quando Ribbentrop retornou para negociar os detalhes cartográficos.

Naquela noite, enquanto Stálin oferecia um jantar de gala aos alemães para celebrar a divisão da Europa, os russos se encontravam com o infeliz ministro do Exterior da Estônia para forçá-lo a permitir a entrada de tropas soviéticas em seu país, primeiro passo para a anexação pura. Os nazistas foram saudados na porta do Grande Palácio do Kremlin, conduzidos através do feio Salão do Congresso, que parecia uma sala de aula gigantesca, e depois se deslumbraram com a sala escarlate e dourada de recepção, onde Stálin, Mólotov e o Politburo, inclusive o judeu Kaganóvitch, os esperavam. Stálin mostrava modos "simples e despretensiosos", sorrindo com "benevolência paternal" que podia se transformar em "frieza gélida" quando "dava ordens", embora usasse "uma maneira jocosa e gentil com seus assistentes mais jovens". Os alemães notaram quão respeitosos os russos eram com ele: o comissário Tevossian, o "cadáver de sorte" que evitara por pouco a execução em 1938, levantava-se "como um estudante" sempre que Stálin falava com ele. O medo em torno do líder tornara-se intenso a partir de 1937. Mas ele era cordial com Vorochílov, amistoso com Béria e Mikoian, objetivo com Kaganóvitch, conversador com Malenkov. Somente Mólotov "falava com seu chefe como um camarada para outro".

A bazófia deles era de tal forma vulgar que Ribbentrop disse que se sentiu tão à vontade quanto se sentia entre velhos camaradas nazistas. Enquanto os convidados conversavam, Stálin foi ao suntuoso salão Andréievski para conferir os assentos marcados, o que gostava de fazer até mesmo em Kuntsevo.* Os 22 convidados desapareceram diante da grandiosidade do salão, dos colossais arranjos de flores, dos talheres de ouro imperiais e, mais ainda, diante dos 22 pratos que incluíam caviar, todos os tipos de carnes e de peixes e grande quantidade de vodca apimentada e champanhe da Crimeia. Os garçons de branco eram da mesma equipe do hotel Metropol que serviria Churchill e Roosevelt em Ialta. Antes da refeição, Mólotov começou a propor brindes a cada convidado. Era um palavrório cansativo que se tornaria uma das atribulações diplomáticas da guerra. Quando Mólotov terminou de saudar todos os convidados, os alemães suspiraram de alívio, até que ele anunciou: "Agora vamos beber a todos os membros das delegações que não puderam comparecer a este jantar".

Stálin tomou a palavra, brincando: "Bebamos agora ao novo Stálin anti-Comintern", e deu uma piscadela para Mólotov. Depois saudou Kaganóvitch, "nosso comissário do povo das Ferrovias". Stálin poderia ter feito um brinde ao magnata judeu do outro lado da mesa, mas levantou-se deliberadamente e deu a volta na mesa para bater o copo, de tal modo que Ribbentrop teve de seguir o exemplo e beber a um judeu, uma ironia que divertiu Stálin. Quarenta anos depois, Kaganóvitch ainda contava essa história a seus netos. Quando Mólotov começou outro brinde a seu *Vojd*, Stálin deu de ombros: "Se Mólotov quer realmente beber, ninguém faz objeção, mas não deveria me usar como desculpa".

Na verdade, Stálin não bebeu quase nada, e quando Ribbentrop observou como ele estava aguentando bem os brindes, revelou divertido que estava tomando vinho branco. Mas Béria, que transformara a tradição georgiana de hospitalidade forçada numa provação despótica de submissão, deliciou-se em fazer os convidados beber. O diplomata alemão Hilger, que escreveu memórias vívidas daquela noite, recusou outra vodca. Béria insistiu, chamando a atenção do próprio Stálin, que estava sentado diante deles.

"Sobre o que estão discutindo?", perguntou, acrescentando: "Bem, se você não quer beber, ninguém pode obrigá-lo".

* Stálin foi filmado por Vlássik verificando os lugares em Kuntsevo. Hitler também era um minucioso examinador dos lugares do jantar. Ambos apreciavam a importância do orgulho pessoal em questões de Estado.

"Nem mesmo o chefe do NKVD?", perguntou o alemão com um sorriso.

"Nesta mesa, até o chefe do NKVD não manda mais do que qualquer outro", respondeu Stálin. No final do jantar, Stálin e Mólotov desculparam-se, enquanto os alemães eram conduzidos ao Bolchoi para ver *O lago dos cisnes*. Ao sair, Stálin sussurrou a Kaganóvitch: "Precisamos ganhar tempo". Subiram então ao andar superior, onde o ministro do Exterior estoniano esperava para Stálin emascular seu pequeno país báltico. Mólotov exigiu uma guarnição soviética de 35 mil soldados, mais do que todo o Exército da Estônia.

"Ora, vamos, Mólotov, você está sendo rude demais com nossos amigos", disse Stálin, sugerindo 25 mil, mas o efeito era mais ou menos o mesmo. Depois de engolir um país durante o primeiro ato de *O lago dos cisnes*, Stálin retornou aos alemães à meia-noite para uma sessão final, durante a qual Hitler concordou por telefone com a concessão da Lituânia.

"Hitler sabe o que faz", murmurou Stálin. Ribbentrop estava tão excitado que declarou que os dois países jamais lutariam de novo.

"É o que deve acontecer", respondeu Stálin, chocando Ribbentrop, que pediu que a frase fosse traduzida de novo. Quando os alemães sugeriram uma aliança militar contra o Ocidente, Stálin disse apenas: "Jamais permitirei que a Alemanha fique fraca". Ele obviamente acreditava que a Alemanha seria contida no Ocidente pela França e pela Inglaterra. Quando os mapas ficaram finalmente prontos, nas primeiras horas da manhã, Stálin os assinou com crayon azul, com uma assinatura imensa de 25 centímetros de comprimento por dois e meio de altura e uma cauda de 45 centímetros. "Minha assinatura está suficientemente clara para você?"

A 3 de outubro, os três países bálticos já haviam concordado com guarnições soviéticas. Stálin e Mólotov voltaram seus canhões e ameaças para o quarto país do Báltico em sua esfera de influência — a Finlândia —, que esperavam que se curvasse como os outros.[5]

29. O assassinato das esposas

Enquanto o mundo observava Stálin e Hitler dividirem o Leste, o *Vojd* testava a submissão de seus camaradas investigando e, às vezes, matando suas esposas. Sua frágil confiança nas mulheres foi irreparavelmente minada pelo suicídio de Nádia, mas foi exacerbada pela sua destruição das esposas dos inimigos. Como disse Khruchióv, ele se interessou pelas mulheres dos outros homens pela razão incomum de que elas eram possíveis espiãs, em vez de amantes.

Stálin sempre demonstrara um interesse minucioso pelas esposas. Quando recebeu o censo de 1939, marcou o nome de esposas e filhos de alguns magnatas com caneta vermelha. O significado das marcas é um mistério, mas é tentador considerar sinistro tudo o que lhe diz respeito. Talvez estivesse apenas calculando quantos carros a família precisava. As esposas passaram a sentar-se separadas dos maridos nos jantares do Kremlin. Sua atitude em relação às antigas favoritas Polina e Dora tornou-se maliciosa e suspeitosa, refletindo em parte a relação delas com Nádia. Mas ele sempre fora obcecado pelo fato de as esposas saberem demais. Já em 1930, sugeriu a Mólotov que a esposa de certo camarada deveria "ser verificada [...] ela não tem como não saber as coisas ultrajantes que ocorrem em sua casa". Essa suspeita candente da devoção dos maridos às esposas derivava, em parte, do fato de que ele não gostava de nada que interferisse na devoção cega ao Partido e a ele mesmo. "Stálin não reconhecia as relações pessoais", disse Kaganóvitch. "O amor de uma pessoa por outra não existia." Ele via as esposas como reféns do bom comportamento de seus camaradas e punição para os maus: "Ninguém que contradiga Stálin fica com a esposa", disse Béria a Nina. Mas o massacre das esposas coincidiu com a chegada de Béria.

Polina Mólotova, a primeira-dama, corria perigo. Era agora comissária da Pesca, membro candidato ao CC e senhora de seu império dos perfumes. Contudo, Béria começou a investigá-la, descobrindo "vândalos" e "sabotadores" escondidos em sua equipe. Ela havia "inocentemente facilitado a espionagem deles".* Stálin talvez estivesse mandando outro sinal antissemita para Hitler.

A 10 de agosto, quando Stálin e Mólotov estavam tramando seus saltos mortais diplomáticos, o Politburo indiciou Polina. Stálin propôs sua expulsão do Comitê Central. Mólotov absteve-se corajosamente, mostrando capacidade de discordar de Stálin e confiança — bem como amor por Polina. A 24 de outubro, ela foi dispensada de seu Comissariado, censurada por "leviandade e precipitação", mas declarada inocente de "calúnias". Promovida para a direção dos artigos de armarinho soviéticos, voltou a sua magnificência costumeira: sua filha Svetlana já era famosa como "princesa" soviética, com suas peles e modas francesas, mas a família ficou sob constante vigilância.** Stálin não esqueceu o desafio de Mólotov nem os pecados de Polina, que voltariam a assombrá-la. Stálin e Béria haviam pensado em sequestrá-la e matá-la. Ela tinha sorte de estar viva.

A 25 de outubro de 1938, Béria prendeu a esposa do presidente Kalínin. Numa terra em que a mulher do chefe de Estado estava na prisão, ninguém estava a salvo do Partido. O ineficaz Kalínin, que não ousava resistir a Stálin desde as advertências de 1930 e suas confusões românticas com bailarinas, embora ficasse furioso com o mau tratamento, na verdade vivia com outra mulher, sua governanta aristocrática Alexandra Gorchakova. A esposa, a estoniana de nariz arrebitado Ekaterina Ivanovna, foi com uma amiga para o Extremo Oriente a

* Polina tinha um calcanhar de aquiles: não somente era judia, como seu irmão Karp era um bem-sucedido homem de negócios nos Estados Unidos. Com efeito, em meados dos anos 30, Stálin chegara mesmo a estimular o embaixador americano Davies a fazer negócios em Moscou usando Karp, um exemplo raro de seu nepotismo.

** Veja-se o caso da instrutora de educação física de Mólotov, um papel que revela toda uma nova faceta do comissário do Exterior. Poucos meses depois, Vlássik, que não fazia nada sem o conhecimento de Stálin, escreveu a Mólotov para informá-lo de que a instrutora Olga Rostóvtseva vangloriava-se de sua intimidade com a família: "Sabemos de casos em que ela não fala somente de sua instrução esportiva [...] mas também sobre sua família e seus apartamentos [...]".

fim de organizar uma campanha contra o analfabetismo. Quando ela e sua amiga possivelmente lésbica voltaram para o apartamento de Kalínin, foram grampeadas resmungando sobre a sede de sangue de Stálin. A amiga foi executada e Ekaterina mandada para o exílio, como acontecera com a esposa de Budiony. Depois disso, quando pediam a ajuda de Kalínin, ele dava a mesma desculpa de Stálin: "Meu caro, estou em posição idêntica! Não consigo ajudar nem minha própria esposa — não há como eu possa ajudar a sua!". Nem todas tiveram a sorte de Mólotova e Kalínina.[1]

Em abril de 1937, a dra. Bronka Poskriόbicheva, a linda esposa de 27 anos do chefe de gabinete, telefonou a Stálin e pediu para encontrar-se com ele sozinha em Kuntsevo, aonde foi com seu melhor vestido, talvez o de bolinhas que aparece em todas as suas fotografias de família. O marido não sabia de nada e teria ficado furioso se soubesse. Somente Vlássik sabia desse encontro. Ela foi pedir a libertação de seu irmão Metálikov, o médico do Kremlin, que tinha um parentesco indireto com Trotski por meio de sua esposa. Após a morte de Stálin, Vlássik revelou o fato à família e sugeriu, de acordo com Poskriόbichev e sua filha Natália, que os dois teriam iniciado um caso. Isso é improvável, pois Stálin odiava as mulheres que imploravam por parentes, ainda que uma das tragédias da vida soviética de então fosse a de que as mulheres imploravam aos potentados pela vida de seus entes queridos, oferecendo tudo o que podiam, inclusive o corpo. A missão de Bronka fracassou* e ela ficou com medo de ser posta no mesmo saco que os trotskistas.

Antes de sua promoção para Moscou, Béria havia apalpado Bronka em Kuntsevo e ela lhe dera um tapa. "Não esquecerei isso", disse ele. Mas Bronka não desistiu. A 27 de abril de 1939, telefonou a Béria e perguntou se poderia ir vê-lo para discutir o caso de seu irmão. Nunca mais foi vista.

Poskriόbichev esperou até a meia-noite, então telefonou para a casa de

* Numa história marcada por distorções emocionais, o mais estranho de tudo é que Natália Poskriόbicheva, que nasceu nove meses depois da visita de sua mãe a Stálin, acredita que possa ser filha dele, não somente devido à versão de Vlássik, mas também porque encontrou certa vez a filha de Mikhail Súslov, o ideólogo da maior parte do reinado de Bréjnev, que disse: "Todo mundo sabe que seu verdadeiro pai jaz no Mausoléu, ao lado de Lênin" (isso foi dito quando o corpo de Stálin ainda estava naquele lugar). "Pareço com alguém?", perguntou a srta. Poskriόbicheva ao autor. "Com Svetlana Stálin?" É irônico que ela acredite que o assassino de sua mãe seja seu pai, pois, na verdade, ela é a cara de Poskriόbichev.

Béria, que revelou que ela estava sob custódia, mas não discutiria o assunto. Pela manhã, sem ter dormido nada, Poskrióbichev queixou-se a Stálin, que disse: "Não depende de mim. Não posso fazer nada. Somente o NKVD pode resolver". Era uma desculpa que não podia convencer Poskrióbichev. Stálin telefonou para Béria, que o lembrou das conexões trotskistas de Bronka. Os três se encontraram, provavelmente por volta da meia-noite de 3 de maio, quando Béria estava perto do Cantinho. Béria apresentou uma confissão que implicava Bronka. Poskrióbichev implorou a Stálin para soltá-la, usando o argumento menos bolchevique, que teria comovido qualquer um, exceto aqueles empedernidos: "O que vou fazer com minhas filhas? O que acontecerá com elas?". E depois, pensando na filha do primeiro casamento de sua mulher: "E Galia, vai para um orfanato?".

"Não se preocupe, acharemos outra mulher para você", teria supostamente respondido Stálin. Isso era típico dele, do homem que ameaçara Krupskaia de que, se ela não obedecesse ao Partido, eles nomeariam outra pessoa para viúva de Lênin. Pelos padrões da época, Poskrióbichev fez um estardalhaço, mas não podia fazer mais. Dois anos depois, quando os alemães se aproximavam de Moscou, Bronka foi fuzilada, aos 31 anos.*

Disseram a sua filha Natália que ela tivera morte natural. Poskrióbichev criou as filhas sozinho, com dedicação amorosa. Mantinha fotografias de Bronka por toda a casa. Quando Natália apontava para uma delas e dizia "mamãe", seus olhos se enchiam de lágrimas e ele saía correndo da sala. É típico das tragédias da época que Natália só tenha descoberto que sua mãe foi fuzilada na escola, quando a filha do cantor Koslovski lhe contou. Ela soluçou no banheiro. Poskrióbichev casou-se de novo.

A destruição de Bronka não afetou a relação dele com Stálin ou Béria: o Partido era justo. Stálin assumiu um interesse solícito pela filha de Bronka: "Como está Natacha?", perguntava com frequência ao chefe de gabinete. "Está gorducha e doce?" Anos depois, quando não estava conseguindo fazer a lição de casa, ela telefonou ao pai para pedir ajuda. Outra pessoa atendeu.

"Posso falar com meu pai?", perguntou ela.

"Ele não está", respondeu Stálin. "Qual é o problema?" E ele resolveu as

* Seu corpo foi enterrado num túmulo coletivo perto de Moscou, enquanto seu irmão está em uma das covas do cemitério de Donskoi, junto com muitos outros. A filha do dr. Metálikov ergueu um monumento a eles no cemitério de Novodevichy.

questões de matemática para ela. A única situação embaraçosa na aparente amizade de Poskrióbichev com Béria ocorreu quando este abraçou a pequena Natália e suspirou: "Você vai ser tão linda quanto sua mãe". Poskrióbichev "ficou verde", lutou para controlar suas emoções e grunhiu: "Natália, vá brincar".[2]

Antes de matar arbitrariamente outras esposas de seus amigos, Stálin salvou da morte, por capricho, dois antigos companheiros. Sergo Kavtaradze era um velho bolchevista esquerdista que conhecia Stálin desde a virada do século. Era um georgiano inteligente e cosmopolita, casado com a princesa Sofia Vachnadze, cuja madrinha fora a imperatriz Maria Fiodorovna, mãe de Nicolau II. Era um casal incomum. Kavtaradze estava sempre na oposição, mas Stálin sempre o perdoava. Foi preso no final dos anos 20, porém Stálin o trouxe de volta e mandou Kaganóvitch ajudá-lo. Foi preso de novo no final de 1936, aparecendo nas listas de morte de Iejov. Sua esposa também foi detida. Sua filha Maia, então com onze anos, achou que os pais já estavam mortos, mas escreveu corajosamente a Stálin para pedir pela vida deles, assinando a carta: "Pioneira Maia Kavtaradze". Os dois foram torturados. No entanto, pelo fato de Stálin ter colocado um traço ao lado do nome de seu velho amigo, suas vidas foram poupadas. No final de 1939, a carta da "Pioneira Kavtaradze" lembrou Stálin de perguntar a Béria se seu amigo ainda estava vivo.

Na Lubianka, Kavtaradze foi subitamente barbeado por um barbeiro, ganhou um quarto confortável e um cardápio para escolher o que quisesse comer. Solto no hotel Lux, descobriu que sua esposa estava lá: uma sombra do que fora, mas viva. A filha chegou de Tíflis. Pouco depois, telefonaram para ele: "O camarada Stálin o espera. Se estiver pronto, um carro o pegará em meia hora". Ele foi levado a Kuntsevo, onde Koba o recebeu no estúdio: "Olá, Sergo", disse, como se Kavtaradze não tivesse sido considerado culpado de envolvimento em um complô para assassiná-lo. "Por onde andou?"

"Sentado [na prisão]."

"Ah, você achou tempo para sentar?" A gíria russa para estar na prisão é *sidet* — sentar —, daí a piada de Stálin, que ele usava com frequência. Após o jantar, Stálin perguntou-lhe com ansiedade: "Afinal, vocês todos queriam me matar?".

"Você acredita nisso?", respondeu Kavtaradze. Stálin deu um sorriso amarelo. Depois, quando chegou em casa, Kavtaradze sussurrou para a esposa:

"Stálin está doente". Algumas semanas depois, a família recebeu uma visita bizarra e reveladora.*

Eles estavam com alguns amigos convidados para o jantar quando o telefone tocou, às onze da noite. Kavtaradze disse que precisava sair e partiu sem dar explicações. A esposa e a filha, então com catorze anos, foram para a cama. Às seis da manhã, Kavtaradze entrou cambaleando no apartamento de três quartos da rua Gorki, ainda tonto da bebida. "Onde você esteve?", inquiriu a mulher.

"Temos convidados", anunciou ele.

"Você está bêbado!" Então ela escutou passos: Stálin e Béria entraram alcoolizados e sentaram-se à mesa da cozinha. Vlássik ficou de guarda na porta da frente. Enquanto Kavtaradze servia drinques, sua mulher foi até o quarto de Maia.

"Acorda", sussurrou ela.

"Qual o problema?", perguntou a menina. "Eles vieram nos prender de noite?"

"Não, Stálin está aqui."

"Não quero vê-lo", retrucou Maia, que compreensivelmente o odiava.

"Você precisa", disse a mãe, "ele é um personagem histórico." Então Maia se vestiu e foi até a cozinha. Assim que apareceu, Stálin sorriu: "Ah, é você, Pioneira Kavtaradze". Ele lembrava das cartas dela apelando em favor dos pais. "Sente-se no meu colo." Ela sentou-se no joelho de Stálin. "Vocês a mimam?"

Maia ficou encantada. "Ele foi tão amável, tão gentil — beijou-me no rosto e olhei em seus olhos cor de mel, que brilhavam", lembra ela, "mas eu estava ansiosa demais."

"Não temos comida!", exclamou ela.

"Não se preocupe", disse Béria. Dez minutos depois, entregaram comida georgiana do famoso restaurante Aragvi. Stálin olhou de perto a esposa de Kavtaradze, a princesa nascida na corte imperial. Seus cabelos estavam brancos.

* Esse fato é mencionado com frequência nas biografias de Stálin, mas jamais com o testemunho de alguma das cinco pessoas presentes. O que segue baseia-se na entrevista do autor com Maia Kavtaradze, a última sobrevivente, cuja história nunca foi publicada. Com 76 anos agora e morando no enorme apartamento do pai em Tbilissi, cheio de antiguidades, ela permitiu generosamente que o autor usasse as memórias não publicadas de seu pai, que constituem uma fonte inestimável. Em 1940, Kavtaradze foi nomeado para a Editora do Estado e, depois, comissário-adjunto do Exterior, encarregado do Oriente Próximo durante toda a guerra. Uma vez que o Comissariado do Exterior ficava ao lado da Lubianka, Kavtaradze costumava brincar: "Eu atravessei a rua". Ele foi embaixador soviético na Romênia após a guerra e morreu em 1971.

"Torturamos você demais", disse Stálin.

"Quem menciona o passado, que perca os olhos", respondeu ela com sagacidade, usando o provérbio que Stálin usara com Bukhárin. Ele perguntou a Béria sobre o irmão de Kavtaradze, também preso, mas era tarde demais: ele já morrera, como tantos outros, a caminho de Magadan.

Kavtaradze começou a entoar uma canção georgiana, mas estava fora de tom.

"Não, Tojo", disse Stálin, que apelidara o amigo, de olhos orientais, com o nome do general japonês. Então começou a cantar "com voz suave de tenor". Maia ficou "chocada — ali estava ele, baixo e com o rosto marcado de varíola. E agora estava cantando!". Então ele anunciou "quero ver o apartamento" e o inspecionou com cuidado. A festa continuou até as dez da manhã e Maia perdeu a escola naquele dia.

Stálin nomeou Kavtaradze para um emprego de editor que envolvia outro prisioneiro, Chalva Nutsibidze, um famoso filósofo da Geórgia. Quando jovem, ele encontrara Stálin uma vez. Enquanto estava na prisão, começou a traduzir a epopeia georgiana de Rustaveli, *O cavaleiro com pele de pantera,* para o russo. Todos os dias, seu trabalho era tirado de suas mãos e depois devolvido com marcas de um editor anônimo. Kobúlov torturou-o, arrancando suas unhas. Depois, de repente, ficou amistoso, dizendo ao prisioneiro que, durante uma reunião recente, Stálin perguntara a Béria se ele sabia que tipo de pássaro era o tordo.

"Já escutou um tordo cantar na gaiola?" Béria balançou a cabeça. "Acontece a mesma coisa com os poetas", explicou Stálin. "Um poeta não consegue cantar numa cela. Se quisermos que Rustaveli seja traduzido com perfeição, solte o tordo." Nutsibidze foi libertado e, a 20 de outubro de 1940, Kavtaradze o pegou numa limusine; os dois "cadáveres de sorte" foram até o Cantinho para relatar o andamento da tradução de Rustaveli. Quando entraram no gabinete, Stálin estava sorridente.

"É o professor Nutsibidze? Você foi ofendido um pouco, mas não vamos remexer no passado." Então começou a elogiar a "magnífica tradução de Rustaveli". Fez os dois se sentar e deu ao atônito professor um rascunho encadernado em couro da tradução, acrescentando: "Traduzi um dístico. Vejamos se você gosta". Stálin recitou os dois versos. "Se gostar de fato, dou-lhe de presente. Use em sua tradução, mas não mencione meu nome. Tenho grande prazer em ser seu editor." Depois os convidou a jantar, quando relembraram os velhos tempos na Geórgia. Após vários copos de vinho, Nutsibidze lembrou a reunião política em que conhecera Stálin, recitando seu discurso de cor. Stálin ficou encantado: "O talento extraordinário anda de mãos dadas com a memória extraordinária!". Deu a volta na mesa e beijou Nutsibidze na testa.[3]*

Eles foram "cadáveres" particularmente afortunados porque, depois do pacto com Ribbentrop, Stálin liquidou a reserva de casos de Iejov, inclusive o próprio Amora, que confessou ser um espião inglês, japonês e polonês. Mas também denunciou os amantes literários de sua mulher. Assim, a marca indelével dos beijos de Ievguênia revelou-se fatal depois de sua saída de cena. Chólokhov foi protegido pela sombra do próprio Stálin, mas Isaac Babel foi preso, dizendo a sua jovem esposa: "Por favor, cuide para que nossa filha cresça feliz".

A 16 de janeiro de 1940, Stálin assinou 346 sentenças de morte, uma lista dos trágicos destroços do Terror que combinava monstros com inocentes, inclusive alguns dos melhores talentos das artes, como Babel, o diretor teatral Meyerhold e Koltsov, o jornalista amante de Iejova (no qual se baseia o Kárpov de *Por quem os sinos dobram*, de Hemingway), bem como o próprio Iejov, com seu inocente irmão, sobrinhos e a amante Glikina, além do magnata Eikhe. A maioria (mas não Iejov) foi torturada impiedosamente com o tempero que Béria e Kobúlov levaram para seu trabalho na prisão de Sukhánov, o domínio especial de Béria que ironicamente fora outrora o Convento de Santa Catarina.

"Os investigadores começaram a usar força em mim, um homem doente de 67 anos", escreveu Meyerhold a Mólotov. "Obrigaram-me a deitar de bruços e então bateram nas solas de meus pés e na minha espinha com uma tira de borracha. Sentaram-me numa cadeira e bateram em meus pés de cima. [...] Nos dias seguintes, quando aquelas partes de minhas pernas estavam cobertas de extensas hemorragias internas, eles bateram de novo nas manchas vermelhas, azuis e amarelas, e a dor foi tão intensa que era como se jogassem água fervente. [...]

* Pelo resto de sua carreira, sempre que era desafiado, Nutsibidze apontava para sua testa e dizia: "Stálin me beijou aqui". A cara edição de Rustaveli foi publicada, e o nome de Stálin jamais foi mencionado. Ele providenciou para que Nutsibidze morasse até o fim de sua vida numa grande mansão de Tíflis, ainda em mãos da família. O autor agradece ao enteado do professor, Zakro Megrelichvili, pelos trechos da autobiografia de sua mãe.

Uivei e chorei de dor. Bateram nas minhas costas [...] esbofetearam minha cara, tomando grande distância com os punhos. [...] A intolerável dor física e emocional fez com que meus olhos chorassem correntes infindáveis de lágrimas [...]."

Nos dias que se seguiram, o juiz carrasco Ulrikh sentenciou todos à "mais alta medida de punição" em julgamentos perfunctórios na prisão de Lefortovo, para depois comparecer a uma festa no Kremlin, com o tenor Kozlovski e a bailarina Lepechinskaia. Babel foi condenado como "agente da Inteligência francesa e austríaca", ligado à esposa do Inimigo do Povo Iejov, fuzilado à 1h30 da manhã de 27 de janeiro de 1940 e depois cremado.

Eikhe foi submetido a uma última sessão de "luta francesa" na prisão de Sukhánov. Béria e Rodos "bateram brutalmente em Eikhe com bastões de borracha; ele caiu, mas eles o levantaram e continuaram espancando". Béria perguntava sem parar: "Vai confessar que é um espião?". Eikhe se negou a confessar. "Um de seus olhos fora arrancado e escorria sangue, mas ele repetia 'não vou confessar'. Quando Béria convenceu-se de que não obteria uma confissão, [...] mandou que o levassem e fuzilassem."

Chegou a vez de Iejov. A 1º de fevereiro, Béria chamou seu antecessor a seu escritório na Sukhánov para propor que se ele confessasse em seu julgamento, Stálin o pouparia. Diga-se, para seu pouco mérito, que Iejov recusou a oferta: "É melhor partir desta terra como um homem honrado".

A 2 de fevereiro, Ulrikh o julgou no escritório de Béria. Iejov leu sua última declaração a Stálin, dedicada à sagrada ordem da cavalaria bolchevique. Negou todas as acusações de espionagem para o que chamou de "latifundiários poloneses [...] lordes ingleses e samurais japoneses", mas "não nego que bebi muito, porém trabalhei como um animal. Meu destino é óbvio", no entanto pediu "uma coisa: fuzilem-me com calma, sem me obrigar a passar por agonia". Depois pediu que cuidassem de sua mãe e de sua filha e que poupassem seus sobrinhos inocentes. Terminou com o tipo de floreio que se esperaria de um cavaleiro para seu rei no tempo da Távola Redonda: "Digam a Stálin que morrerei com seu nome em meus lábios".

Iejov encarou a *Vichka* com menos coragem que muitas de suas vítimas. Quando Ulrikh pronunciou a sentença, ele desabou, mas foi segurado pelos guardas, enfiado num caminhão nas primeiras horas de 3 de fevereiro e levado a seu pátio especial de execuções, com o piso inclinado e as instalações hidráulicas na travessa Varsanofevski. Ali, Béria, o procurador-adjunto (N. P. Afanássiev) e o executor Blokhin o esperavam. Iejov, segundo Afanássiev, soluçou e chorou. Por fim, suas pernas arriaram e ele foi arrastado pelas mãos. Naquele dia, Stálin encontrou-se com Béria e Mikoian por três horas, provavelmente para discutir assuntos econômicos, mas não há dúvida de que teria querido saber os detalhes da conduta de Amora no momento supremo.

As cinzas desses homens — Iejov, o criminoso, Babel, o gênio — foram jogadas numa cova marcada "Túmulo Comum Número Um — cinzas não reclamadas 1930-42 inclusive" no antigo cemitério de Donskoi. A apenas vinte passos de distância, há uma lápide que diz: Khaiutina, Ievguênia Solomonovna 1904--1938".[4] Iejov, Ievguênia e Babel jazem próximos.*

A importância de Iejov foi apagada das lembranças da época. A partir de então, ele foi retratado como um renegado sanguinário que matava inocentes contra a vontade de Stálin. A época foi chamada de *Iejovshchina*, tempo de Iejov, uma palavra que Stálin provavelmente cunhou, pois ele logo a estaria usando. Iagoda e Iejov eram ambos "escória", pensava ele. Iejov era "um rato que matou muita gente inocente", disse ele a Iákovlev, o projetista de aviões. "Tivemos de fuzilá-lo", confidenciou a Kavtaradze. Mas, depois da guerra, admitiu: "Não se pode acreditar numa porção de provas de 1937. Iejov não conseguia dirigir o NKVD adequadamente e elementos antissoviéticos penetraram nele. Eles destruíram algumas pessoas honestas, nossos melhores quadros".

Olhando em retrospecto, também questionou o terror de Béria: "Béria dirige casos demais e todo mundo confessa". Mas Stálin sempre soube que o NKVD inventava provas: ele gracejava e rosnava, porém escolhia muitas vezes acreditar nelas porque já decidira quem era um Inimigo do Povo. Com mais frequência, ele mesmo as criara. "Meyerhold era um enorme talento", refletiu em 1950, mas "nossos tchequistas não compreendem artistas, que todos cometem erros. Os tchequistas os coletam e depois destroem gente boa. Duvido que Meyerhold fosse um Inimigo do Povo". Ele protestava demais. Stálin seguira cuidadosamente suas carreiras. Não aprovava o "frívolo" Babel e sua *Cavalaria Vermelha*, "da qual ele não sabe nada" — e assinou as listas de morte: nenhum governante supervisionou sua polícia secreta com tanta intimidade quanto ele.

* Nos anos 90, ergueu-se ali um monumento que diz: "Aqui jazem enterrados os restos das vítimas inocentes, torturadas e executadas de repressões políticas. Que jamais sejam esquecidas". Antonina Babel só descobriu que seu marido fora executado em 1954, quando ele foi reabilitado. Ela passou muitos anos vivendo nos Estados Unidos. Suas memórias de partir o coração são obras clássicas, ao lado das de Nadejda Mándelstam e Ana Larina.

Então Béria, limpando os estábulos de Augias dos detritos de Iejov, levou a Stálin a sentença de morte de Blokhin, o executor em pessoa. Stálin recusou o pedido de Béria, dizendo que esse *"tchernaia rabota"* — serviço negro — era um trabalho difícil, mas muito importante para o Partido. Blokhin foi poupado para matar outros milhares. Stanislas Redens, o cunhado de Stálin (implicado por Iejov), foi fuzilado a 12 de fevereiro de 1940. Sua esposa Anna ainda estava convencida de que ele retornaria e telefonava com frequência a Stálin e Béria para perguntar sobre isso. Por fim, Béria lhe disse para esquecer o casamento. Afinal, ele jamais fora registrado.[5]*

* Houve uma estranha clemência: a viúva e os filhos de Redens não compartilharam da tragédia das famílias de outros inimigos, embora tenham sofrido depois também. Na época, passavam os fins de semana em Zubálovo, com Svetlana, e sua vida continuou como se nada houvesse acontecido. Com efeito, Anna continuou a telefonar a Stálin e censurá-lo pelas roupas de Sveltana ou a bebida de Vassíli. Em pouco tempo, chegaram mesmo a se reconciliar.

30. Coquetéis Mólotov: A guerra de inverno e a esposa de Kulik

Stálin estava animado depois do pacto com Ribbentrop, mas continuava perigosamente paranoico, em especial com relação às mulheres de seus amigos. Em novembro de 1939, o telefone tocou na datcha de Kulik, o inábil comissário-adjunto de Defesa que comandara a invasão da Polônia. Ele e sua esposa de olhos verdes e longas pernas, Kira Simonich, considerada a mais bonita do círculo de Stálin, estavam dando sua festa de aniversário, à qual comparecera um *Almanac de Gotha* da elite, de Vorochílov e o conde-operário-camponês Alexei Tolstoi ao onipresente cantor da corte Koslovski e uma hoste de bailarinas. Kulik atendeu a chamada.

"Silêncio!", sussurrou. "É Stálin!". Depois de escutar um momento, respondeu: "O que estou fazendo? Estou comemorando meu aniversário com amigos".

"Espere por mim", disse Stálin, que logo chegou com Vlássik e uma caixa de vinho. Saudou a todos e depois se sentou à mesa, onde bebeu seu próprio vinho, enquanto Koslovski cantava suas canções prediletas, em particular a ária do duque de Rigoletto.

Kira Kulik aproximou-se de Stálin, conversando com ele como se fosse um velho amigo. A mais improvável participante do círculo de Stálin era filha de um conde de origem sérvia que dirigira o setor de Inteligência czarista na Finlândia e fora fuzilado pela Tcheca em 1919. Após a Revolução, ela se casara com um comerciante judeu exilado para a Sibéria; ela o acompanhou e eles conseguiram se estabelecer no Sul, onde ela conheceu Grigory Kulik, o atarracado, "sempre meio bêbado" *bon vivant* que comandara a artilharia de Stálin em Tsarítsin, mas cujo conhecimento de tecnologia militar ficara congelado em 1918. A condessa era sua segunda esposa: eles se apaixonaram assim que se conheceram, abandonando os respectivos esposos — mas ela estava três vezes marcada, pois era uma aristocrata com ligações com a Inteligência czarista e ex-mulher de um comerciante judeu preso. Tal como Bronka, Kira Kulik conversava com Stálin informalmente e "brilhava nas festas do Kremlin", relembrou uma senhora que costumava frequentar essa roda. "Ela era muito bonita. Tukhatchevski, Vorochílov, Jdánov, Iagoda, Béria, todos a cortejavam." Naturalmente, corriam rumores de que era amante do próprio Stálin.

Enquanto ele estava sentado ao piano, Kulik e outras mulheres jovens o cercaram: "Bebemos a sua saúde, Ióssif Vissariónovitch", disse uma bailarina famosa, "e deixe-me beijá-lo em nome de todas as mulheres". Ele retribuiu o beijo e ergueu um brinde a ela. Mas então Kira Kulik cometeu um erro.

Quando se viu sozinha junto ao piano com Stálin, pediu a ele para libertar seu irmão, um ex-oficial czarista, que estava nos campos de trabalho. Stálin escutou afável, depois ligou o gramofone, tocando suas músicas favoritas. Todos dançaram, exceto ele.* A Kulik, deu um livro com a dedicatória "o meu velho amigo, I. Stálin", mas a abordagem de Kira, baseada na familiaridade e na beleza, ficou gravada em sua mente desconfiada.[1]

Dias depois, Kulik ordenou a barragem de artilharia que iniciou a invasão soviética da Finlândia, o quarto país de sua esfera de influência, que, tal como os Estados do Báltico, haviam sido parte do império russo até 1918 e que agora ameaçavam Leningrado.

Em 12 de outubro, uma delegação finlandesa encontrou-se com Stálin e Mólotov no Kremlin para ouvir as exigências soviéticas de cessão de uma base naval em Hango. Os finlandeses recusaram essas exigências, para surpresa de

* Koslovski cantava sempre as mesmas canções em todas as recepções do Kremlin. Quando acrescentava uma canção nova a seu repertório, chegava ao Kremlin e encontrava o mesmo programa de sempre. "O camarada Stálin gosta desse repertório. Ele gosta de escutar as mesmas coisas, como de costume."

Stálin. "Isso não pode continuar por muito tempo sem o perigo de acidentes", disse ele. Os finlandeses responderam que precisavam de uma maioria de cinco sextos no Parlamento. Stálin riu: "Vocês certamente conseguem noventa e nove por cento!".

"E nossos votos no negócio", brincou Mólotov. A última reunião terminou com menos humor: "Nós, civis, não podemos fazer mais nada", ameaçou Mólotov, "agora é a vez dos militares".

Durante um jantar com Béria e Khruchióv em seu apartamento, Stálin mandou seu ultimato à Finlândia. Mólotov e Jdánov, que estava encarregado da política do Báltico, da Marinha e da defesa de Leningrado, apoiaram-no. Mikoian disse a um diplomata alemão que havia advertido os finlandeses: "Tomem cuidado para não contrariar os russos demais. Eles têm sentimentos profundos em relação a essa parte do mundo e [...] só posso lhe dizer que nós, caucasianos do Politburo, estamos encontrando grande dificuldade para conter os russos". Quando se esgotou o prazo do ultimato, eles ainda estavam bebendo no Kremlin. "Vamos começar hoje", disse Stálin, mandando Kulik comandar o bombardeio. A simples presença de Kulik em qualquer enfrentamento militar parecia ser garantia de desastre.

A 30 de novembro, cinco exércitos soviéticos atacaram ao longo dos 1300 quilômetros da fronteira. Seus ataques frontais à linha Mannerheim foram repelidos pelos engenhosos finlandeses, que, vestidos de branco, tal qual fantasmas, destroçaram os russos. As florestas foram decoradas com pirâmides congeladas de cadáveres soviéticos. Os finlandeses usaram 70 mil garrafas cheias de gasolina contra os tanques russos — os primeiros "coquetéis Mólotov", uma parte do culto de sua personalidade que o vaidoso premiê certamente não apreciou. Em meados de dezembro, Stálin já perdera 25 mil soldados. Ele planejou a guerra de inverno de modo amador, como um exercício local, ignorando o plano profissional do chefe do Estado-Maior Chápochnikov. Quando Vóronov, adjunto de artilharia de Kulik, depois um famoso marechal, perguntou quanto tempo estava previsto para a operação, disseram-lhe "entre dez e doze dias". Vóronov achava que levaria dois ou três meses. Kulik disse que aquilo era uma "zombaria ridícula" e ordenou que trabalhasse no máximo em doze dias. Stálin e Jdánov estavam tão confiantes que criaram um governo-títere de comunistas finlandeses. Após 9 de dezembro, o Nono Exército foi dizimado em torno da aldeia destruída de Suomussalmi.

Os amadores militares de Stálin reagiram com espasmos de execuções e recriminações. "Considero essencial um expurgo radical", advertiu Vorochílov à 44ª Divisão. A necessidade de reforma do Exército Vermelho estava clara para os governos da Europa. No entanto, a primeira solução de Stálin foi despachar Mekhlis, então no auge de seu poder, para a frente de batalha.

"Estou tão absorto no trabalho que nem noto os dias passarem. Durmo apenas duas, três horas", contou ele à esposa. "Ontem fez 35 graus abaixo de zero [...] Sinto-me muito bem [...]. Tenho apenas um sonho — destruir os Guardas Brancos da Finlândia. Faremos isso. A vitória não está longe."* No dia 26, Stálin finalmente designou Timochenko para comandar a frente noroeste e restaurar suas forças debilitadas, que agora morriam de fome. Até Béria assumiu uma posição mais humana, relatando a Vorochílov a falta de provisões: "A 139ª Divisão está em dificuldades [...] sem nenhuma ração [...] sem combustível [...]. Soldados dispersando-se". Stálin percebeu que o Exército estava escondendo a escala do desastre. Confiando apenas em Mekhlis, escreveu: "Os finlandeses brancos publicaram seu relatório de operações que afirma 'a aniquilação da 44ª Divisão [...] mil soldados do Exército Vermelho prisioneiros, 102 canhões, 1170 cavalos e 43 tanques'. Diga-me em primeiro lugar: isso é verdade? Segundo: onde estão o Conselho Militar e o Chefe do Estado-Maior da 44ª Divisão? Como eles explicam essa conduta vergonhosa? Por que abandonaram sua divisão? Terceiro: por que o Conselho Militar do 9º Exército não nos informa [...]? Esperamos uma resposta. Stálin".

Mekhlis chegou a Suomussalmi e encontrou cenas caóticas que ele tornou piores. Confirmou as perdas e fuzilou todo o comando: "O julgamento de Vinográdov, Vólkov e do chefe do Departamento Político ocorreu ao ar livre, na presença da Divisão. [...] A sentença do fuzilamento foi cumprida publicamente [...]. A revelação dos traidores e covardes continua". A 10 de dezembro, o próprio Mekhlis quase foi morto, quando seu carro sofreu uma emboscada, como narrou com orgulho a Stálin. Ao contrário de muitos comissários de Stálin, ele era pessoalmente corajoso, senão imprudente, sob o fogo, em parte porque, como era judeu, queria ser "mais puro que cristal". Com efeito, assumiu o comando

* Reverenciando o status imperial de seu líder, Mekhlis estava obcecado também em oferecer a vitória a Stálin no dia de seu aniversário, 21 de dezembro: "Quero celebrá-lo com a derrota total dos Guardas Brancos finlandeses!". Quando o grande dia chegou, Mekhlis disse à família: "Saúdo vocês. Aniversário de sessenta anos de I.S. Celebrem em família".

de companhias em fuga e as conduziu contra o inimigo. Mekhlis e Kulik não esconderam a bagunça: "Não temos pão no Exército", relatou Mekhlis. Kulik concordou: "Rigidez e burocracia estão por toda parte".

Stálin ficou triste com esses desastres: "A neve é intensa. Nossas tropas estão em marcha [...] cheias de ânimo [...]. De repente, há uma irrupção de fogo automático e nossos homens tombam no chão". Às vezes, parecia desamparado e deprimido. Khruchióv o viu deitado num sofá, desanimado, um ensaio para seu colapso nos primeiros dias da invasão nazista. A pressão deixou Stálin doente com seus usuais estreptococos e estafilococos, febre de 38 graus e garganta inflamada. A 1º de fevereiro, sua saúde melhorou, no momento em que Timochenko testava as defesas finlandesas para lançar sua grande ofensiva no dia 11. A superioridade soviética finalmente se fez valer sobre os corajosos finlandeses. Quando os médicos voltaram a examinar Stálin, ele lhes mostrou os mapas: "Vamos tomar Vyborg hoje". Os finlandeses pediram paz. A 12 de março, Jdánov assinou um tratado pelo qual a Finlândia cedia Hango, o istmo da Carélia e a margem nordeste do lago Ladoga, 57 mil quilômetros quadrados, para proteger Leningrado. A Finlândia perdeu cerca de 48 mil soldados, a União Soviética, mais de 125 mil.

"O Exército Vermelho não servia para nada", Stálin disse mais tarde a Churchill e Roosevelt.[2] Ele estava furioso e não era o único: Khruchióv acusou depois Vorochílov de "negligência criminosa", escarnecendo que ele passava mais tempo no estúdio de Guerassimov, o pintor da corte, do que no Comissariado da Defesa. Em Kuntsevo, a raiva de Stálin transbordou. Começou a gritar com Vorochílov, que deu o troco. Vermelho como um peru, respondeu com voz estridente: "Você é o culpado de tudo isso. Foi você que aniquilou a velha guarda de nosso Exército, mandou matar nossos melhores generais". Stálin repeliu-o e Vorochílov "pegou um prato de leitão assado e o quebrou sobre a mesa". Khruchióv admitiu que "foi a única vez em minha vida que testemunhei uma explosão assim". Somente Vorochílov poderia escapar impune disso.

A 28 de março de 1940, Vorochílov, que se tornou o "bode expiatório" de Stálin para os desastres na Finlândia, confessou no Comitê Central que "nem eu, nem o Estado-Maior [...] tínhamos nenhuma ideia das peculiaridades e dificuldades envolvidas nessa guerra". Mekhlis, que odiava Vorochílov e ambicionava seu cargo, declarou que ele "não pode simplesmente largar o posto — deve ser severamente punido". Mas Stálin não podia se dar ao luxo de destruir Vorochílov.

"Mekhlis fez um discurso histérico", disse ele, controlando sua criatura. Em meados de abril, convocou um Conselho Militar Supremo, inusitadamente franco e, às vezes, cômico. Um comandante admitiu que o Exército se surpreendera ao encontrar florestas na Finlândia. Stálin zombou: "Está na hora de nosso Exército saber que há florestas lá [...]. No tempo de Pedro, havia florestas. Elizabeth, Catarina, Alexandre encontraram florestas! E agora! São quatro vezes!" [Risos]. E ficou mais indignado ainda quando Mekhlis revelou que os finlandeses costumavam atacar durante a sesta da tarde do Exército Vermelho. "Sesta da tarde?!", exclamou Stálin.

"Uma hora de sesta", confirmou Kulik.

"As pessoas tiram sestas da tarde em casas de repouso!", rosnou Stálin, que passou a defender a campanha: "Poderíamos ter evitado a guerra? Penso que ela era inevitável. [...] Um atraso de dois meses significaria um atraso de vinte anos". Ele ganhou mais território ali do que Pedro, o Grande, mas advertiu contra o "culto das tradições da guerra civil. Faz-me lembrar os peles-vermelhas que lutaram com tacapes contra rifles... e foram todos mortos". No dia 6 de maio, Vorochílov foi removido do Comissariado da Defesa e substituído por Timochenko.* Chápochnikov deixou de ser o chefe do Estado-Maior, embora Stálin admitisse que ele tivera razão, "mas só nós sabemos disso!". Levantou o moral militar restaurando o posto de general e o comando único por soldados, cujas tarefas haviam se tornado incomparavelmente difíceis com a interferência no comando de comissários. Libertou 11 178 oficiais expurgados, que oficialmente retornaram "de uma longa e perigosa missão". Stálin perguntou a um deles, Konstantin Rokossovski, talvez ao notar que estava sem unhas, se havia sido torturado na prisão.

"Sim, camarada Stálin."

"Há sabujos demais neste país", suspirou Stálin. Mas alguns não voltaram. "Onde está seu Serdich?", perguntou ele a Budiony sobre um amigo mútuo.

"Executado!", contou o marechal.

"Que pena! Queria fazer dele embaixador na Iugoslávia..."[3]

Stálin atacou seus "peles-vermelhas" militares, mas depois se voltou para

* Exemplo muscular de masculinidade camponesa, típico dos cavalarianos de Stálin, Timochenko fora comandante de divisão na guerra polonesa de 1920: ele aparece como o "Savitski cativante" nas histórias de Cavalaria Vermelha, de Isaac Babel, que elogia a "beleza de seu corpo gigantesco", o poder de seu peito decorado "cortando a cabana como um estandarte corta o céu", e suas longas pernas de cavaleiro que eram "como garotas embainhadas em botas brilhantes de cano alto". O menos poético Mikoian chama-o simplesmente de "bravo camponês".

sua própria tribo de bravos primitivos que continuavam obcecados pela cavalaria e desatentos à guerra moderna. Budiony e Kulik acreditavam que os tanques jamais substituiriam os cavalos. "Você não vai me convencer", declarara recentemente Budiony. "Assim que a guerra começar, todo mundo vai gritar 'mandem a cavalaria!'." Stálin e Vorochílov haviam abolido as unidades de tanques especiais. Felizmente, Timochenko conseguiu persuadir o *Vojd* a voltar atrás nessa tolice.[4]

Não obstante, Mikoian chamou o predomínio desses incompetentes de "o triunfo do Primeiro Exército de Cavalaria", uma vez que eram veteranos da unidade predileta de Stálin na guerra civil. Apesar do leitão jogado na mesa, Vorochílov foi promovido a vice-premiê para "assuntos culturais", o que Mikoian considerou uma piada, tendo em vista o gosto do marechal por ser retratado.

Mekhlis, que também se tornou vice-premiê, se achava um grande capitão: insistiu com Timochenko para que pedisse a Stálin que o renomeasse comissário-adjunto da Defesa. Stálin zombou da ingenuidade de Timochenko: "Nós queremos ajudá-lo, mas ele não compreende. Quer que deixemos Mekhlis com ele. Porém, depois de três meses, Mekhlis o porá para fora. Mekhlis quer ser ele próprio comissário da Defesa". Mekhlis gozava da "confiança sem limites" de Stálin. Kulik, o chefe da artilharia, que estimulava seus subordinados com o grito de "prisão ou medalha", era um dinossauro ignorante. Desprezava a artilharia antitanque: "Que lixo — sem estrondo, sem lugar para granadas...". Denunciou os valiosos foguetes Katiucha: "Para que precisamos de artilharia de foguetes? O principal é o canhão puxado por cavalos". Atrasou a produção do notável tanque T-34. Khruchióv, de quem Stálin gostava por seu atrevimento, questionou as credenciais de Kulik.

"Você nem o conhece", rugiu Stálin. "Eu o conheço da guerra civil, quando comandou a artilharia em Tsarítsin. Ele entende de artilharia."

"Mas quantos canhões vocês tinham lá. Dois ou três? E agora ele está encarregado de toda a artilharia em terra?" Stálin mandou Khruchióv cuidar da própria vida. Acima de todos eles, Jdánov era agora o especialista de Stálin em artilharia e Marinha.[5] "Havia gente competente", escreveu Mikoian, "mas Stálin desconfiava cada vez mais das pessoas, então a confiança era mais importante que qualquer outra coisa." Stálin hesitava, oscilava e revertia suas próprias decisões. É incrível que tenham sido tomadas decisões corretas.

Em maio, Stálin mandou sequestrar Kira, a mulher de Kulik, a cuja casa fora convidado em novembro. Em nome da *Instántsiia*, Béria ordenou que o "Teórico" Merkúlov cuidasse do assunto. No dia 5, Kobúlov, o príncipe assassino Tsereteli e o torturador preferido Vladzimirski seguiram Kira no caminho do dentista, enfiaram a beldade num carro e a levaram para a Lubianka. Stálin e Béria partilhavam evidentemente de um sadismo brincalhão e do gosto perverso por esses jogos depravados. O motivo do sequestro é um mistério, uma vez que não foram feitas acusações contra ela, mas Mekhlis montou uma pasta contra os Kulik que cataloga a nobreza de Kira, bem como as indiscrições alcoolizadas, a incompetência, o antissemitismo, o passado social-revolucionário e as conexões com trotskistas de Grigori. Teria sido sequestrada por ter apelado a Stálin, ou teria sido denunciada por seu último amante, outra vítima de pudicícia? Aos olhos de Stálin, o sinal mais suspeito dela pode ter sido a tendência perigosa de Kulik de dar "ordens diante de" suas várias esposas.*

Dois dias depois do sequestro de Kira, a 7 de maio, Stálin promoveu seu marido a marechal, junto com Timochenko e Chápochnikov, no que só pode ser chamado de lance de sadismo irônico. No dia seguinte, o prazer de Kulik com seu novo posto foi temperado pela preocupação com sua esposa. Ele telefonou a Béria, que o convidou a ir a Lubianka. Enquanto Kulik tomava chá em seu escritório, Béria telefonou a Stálin.

"O marechal Kulik está diante de mim. Não, ele não sabe nenhum detalhe. Ela partiu e isso é tudo. Certamente, camarada Stálin, vamos anunciar uma busca em todo o país e fazer o possível para encontrá-la." Ambos sabiam que Kira estava nas celas embaixo do escritório de Béria. Um mês depois, a condessa Simonich-Kulik, mãe de uma menina de oito anos, foi levada para a prisão especial de Béria, a Sukhanovka, onde Blokhin a matou a sangue-frio com um tiro na cabeça. Kobúlov queixou-se que Blokhin a matou antes que ele chegasse. Stálin talvez sentisse satisfação ou prazer em promover companheiros como Kulik, enquanto sabia, ao contrário deles, o destino de seus entes queridos.

A procura pública por Kira Kulik continuou por doze anos, mas o próprio marechal percebeu que as conexões dúbias dela a haviam destruído. Ele não demorou a se casar de novo.[6]

* Nenhum documento com acusações formais foi arquivado e, assim, o sequestro foi ilegal até por padrões bolcheviques. Quando Béria foi preso após a morte de Stálin, esse sequestro e assassinato foi um dos crimes em seu indiciamento.

* * *

Entrementes, Stálin e seus magnatas debatiam o destino dos oficiais poloneses, presos ou capturados em setembro de 1939 e mantidos em três campos, um dos quais ficava próximo da floresta de Katin. Quando Stálin ficava indeciso diante de um assunto, havia uma discussão surpreendentemente franca. Kulik, comandante da frente polonesa, propôs a libertação de todos os poloneses. Vorochílov concordou, mas Mekhlis foi inflexível, dizendo que havia inimigos entre eles. Stálin deteve a libertação, porém Kulik persistiu. Stálin fez um acordo. Os poloneses seriam libertados, exceto cerca de 26 mil oficiais cujo destino foi finalmente decidido no Politburo, a 5 de março de 1940.

O filho de Béria sustentou que seu pai se manifestou contra o massacre, não por filantropia, mas porque os poloneses poderiam ser úteis mais tarde. Não há prova disso, exceto que Béria assumia com frequência uma posição prática, em vez de ideológica. Se assim foi, perdeu a discussão. Ele relatou obedientemente que os 14 700 oficiais, donos de terras e policiais e 11 mil terratenentes "contrarrevolucionários" eram "espiões e sabotadores [...] inimigos empedernidos do poder soviético" que deveriam ser "processados pelos [...] camaradas Merkúlov, Kobúlov e Bachtákov". Stálin rabiscou sua assinatura primeiro e a sublinhou, seguido de Vorochílov, Mólotov e Mikoian. Kalínin e Kaganóvitch foram contatados por telefone e votaram a favor.

Esse massacre significou muito "trabalho negro" para o NKVD, que estava acostumado à *Vichka* de poucas vítimas de cada vez, mas havia um homem à altura da tarefa: Blokhin foi até o campo de Ostachkov, onde ele e dois outros tchequistas equiparam uma cabana com paredes à prova de som e estabeleceram uma cota stakhanovista de 250 fuzilamentos por noite. Ele trouxe um avental de couro e gorro de açougueiro que usou quando começou um dos atos mais prolíficos de assassinato em massa cometidos por um indivíduo, matando 7 mil em exatamente 28 noites com uma pistola Walther alemã para evitar identificações futuras.[7] Os corpos foram enterrados em vários lugares — mas os 4500 do campo de Kozelsk foram sepultados na floresta de Katin.*

* Em novembro de 1941, o embaixador polonês Stanislau Kot perguntou a Stálin sobre o paradeiro desses homens. Stálin encenou um telefonema a Béria e mudou de assunto. Em dezembro de 1941, disse ao general Anders que eles haviam fugido para a Mongólia. Como vimos, esse tipo de preocupação dissimulada fazia parte de seu jogo com Béria. Stiepan, o filho de Mikoian, escreveu cortesmente que a assinatura de seu pai nessa ordem era "o maior fardo para nossa família".

* * *

Em junho de 1940, o Führer desencadeou sua *Blitzkrieg* contra os Países Baixos e a França. Stálin ainda tinha um profundo respeito pelo poderio da França e da Inglaterra, que ele contava que deteria Hitler no Ocidente. A 17 de junho de 1940, a França pediu a paz, um choque que deve ter feito Stálin reavaliar sua aliança com Hitler, embora esse fosse agora o único jogo possível. Mólotov cumprimentou Schulenberg "calorosamente", mas entredentes, "pelo esplêndido sucesso da Wehrmacht* alemã". Aturdido, Stálin "maldisse" os Aliados: "Eles não podiam ter resistido?", perguntou a Khruchióv. "Agora Hitler vai nos fazer quebrar a cabeça!"[8]

Stálin correu para controlar os Estados do Báltico e a Bessarábia, parte da Romênia. Enquanto as tropas atravessavam as fronteiras, bombardeiros soviéticos levavam os procônsules de Stálin para seus feudos: Dekanózov para a Lituânia, Vichinski para a Letônia e Jdánov para a Estônia. Jdánov atravessou a capital estoniana, Tallin, em um carro blindado flanqueado por dois tanques e depois nomeou um "primeiro-ministro" fantoche, dizendo aos estonianos que "tudo será feito de acordo com as regras parlamentares democráticas [...]. Nós não somos alemães!". Para alguns cidadãos bálticos as coisas foram piores. Um total de 34250 letões, quase 60 mil estonianos e 75 mil lituanos foram mortos ou deportados. "O camarada Béria cuidará das acomodações para nossos hóspedes bálticos", disse Stálin. O NKVD pôs a cereja no bolo de Stálin no dia 20 de agosto, quando Ramon Mercader, agente de Béria, enfiou um picador de gelo na cabeça de Trotski. O arqui-inimigo poderia ter minado a política externa de Stálin, mas sua morte realmente encerrou o capítulo do Grande Terror. Stálin estava vingado.[9]

A Rússia tomara uma zona-tampão do Báltico ao mar Negro, mas Stálin começou a receber informações sobre a intenção de Hitler de atacar a URSS. Ele redobrou sua atenção para com os alemães. Contudo, também ria dos nazistas com Jdánov, montando a *Cavalgada das Valquírias* dirigida pelo judeu Eisenstein.

"E quem faz Wotan?", brincou Jdánov com Stálin. "Um cantor judeu." Esses wagnerianos hebraicos não impediram Hitler de avançar gradualmente tropas para o leste. Stálin desconfiava por instinto do serviço de informações do novo chefe da GRU, a inteligência militar, general Filip Gólikov, uma mediocrida-

* As forças armadas regulares da Alemanha. (N. E.)

de não testada, e do NKVD sob o comando de Béria e Merkúlov. Considerava Gólikov "inexperiente, ingênuo. Um espião deve ser como o diabo; ninguém deve confiar nele, nem ele mesmo". Merkúlov, chefe do Departamento do Exterior do NKVD, era "hábil", mas ainda com medo "de ofender alguém". Era compreensível que tivessem medo de ofender "alguém": todos os seus antecessores haviam sido mortos.*

As suspeitas de Stálin e Mólotov em relação a seus próprios espiões refletia suas origens na tenebrosa clandestinidade bolchevique, na qual muitos camaradas (inclusive o próprio *Vojd*) eram agentes duplos ou triplos. Eles avaliavam os motivos dos outros pelos padrões da própria criminalidade paranoica: "Acho que nunca se deve confiar no serviço de informações", admitiu Mólotov anos depois. "É preciso escutar [...] mas conferir [...]. Há provocadores sem fim em ambos os lados." Isso era irônico, pois Stálin possuía a melhor rede de informações do mundo: seus espiões trabalhavam para Marx, não para o deus da riqueza. No entanto, quanto mais sabia, menos confiava: "Seu conhecimento", escreve um historiador, "só aumentava sua aflição e seu isolamento." Por mais persistentes que fossem os fatos da mobilização militar alemã, os espiões soviéticos estavam sob pressão para fornecer a informação que Stálin queria: "Jamais saíamos em busca de informações ao acaso", relembrou um espião. "As ordens para procurar coisas específicas vinham de cima."

Stálin reagiu a essa inquietação impondo agressivamente os tradicionais interesses russos nos Bálcãs, o que alarmou Hitler, que avaliava se deveria atacar seu aliado. O ditador nazista decidiu convidar Mólotov a ir a Berlim para desviar os soviéticos na direção do oceano Índico. Na noite anterior à partida de Mólotov, este ficou até tarde com Stálin e Béria debatendo sobre como manter o pacto. Em sua orientação manuscrita, Stálin o instruiu a insistir nas explicações sobre a presença de tropas alemãs na Romênia e na Finlândia, descobrir os reais interesses de Hitler e afirmar os interesses russos nos Bálcãs e Dardanelos. Mólotov disse a sua esposa que estava estudando Hitler: "Andei lendo *Hitler falou comigo*, de Rauschning. [...] Ele explica muito do que H está fazendo agora [...] e no futuro".[10]

* Na 18ª Conferência do Partido, em fevereiro de 1941, Stálin dividiu o NKVD em dois comissariados. Béria manteve o NKVD, enquanto a Segurança do Estado (NKGB) passou para seu protegido, Merkúlov. Ainda não era um rebaixamento direto de Béria: ele foi promovido a vice-premiê e permaneceu na supervisão, como *curador*, de ambos os órgãos.

31. Mólotov encontra-se com Hitler: Malabarismo político e ilusão

Mólotov partiu na noite de 10 de novembro de 1940 da estação da Bielorrússia com uma pistola no bolso e uma delegação de sessenta pessoas, entre elas os dois protegidos de Béria — Dekanózov, comissário-adjunto do Exterior, e Merkúlov —, dezesseis agentes da polícia secreta, três criados e um médico. Era sua segunda viagem à Europa. Em 1922, ele e Polina haviam visitado a Itália nos primórdios do fascismo. Agora, iria observar o fascismo em seu apogeu.

Às 11h5 da manhã, o trem chegou à estação Anhalter de Berlim, enfeitada com flores sinistramente iluminadas por holofotes de busca e com bandeiras soviéticas escondidas atrás de suásticas. Mólotov desceu vestido com um sobretudo preto e chapéu Homburg cinza e foi recebido por Ribbentrop e pelo marechal de campo Keitel. Trocou um longo aperto de mão com o chefe da ss, Himmler. A banda tocou a *Internacional* em ritmo acelerado — caso algum transeunte ex-comunista resolvesse participar.

Mólotov partiu num Mercedes aberto acompanhado por batedores até o luxuoso hotel Schloss Bellevue, outrora um palácio imperial, no Tiergarten, onde os soviéticos ficaram deslumbrados com as "tapeçarias e as pinturas", a "mais fina porcelana exposta em armários finamente lavrados" e, sobretudo, com as "librés agaloadas de ouro" dos criados. Toda a delegação russa usava ternos azul-escuros, gravatas cinza e chapéus de feltro barato, obviamente encomendados a granel. Uma vez que alguns usavam o chapéu como boina, outros puxado para trás, como caubóis, e outros ainda caído sobre os olhos, como mafiosos, ficou claro que muitos jamais haviam usado chapéus ocidentais. A tepidez da visita ficou óbvia quando Mólotov se encontrou com Ribbentrop no antigo gabinete de Bismarck e falou pouco. "Um sorriso gelado passou por seu rosto inteligente de jogador de xadrez", observou um diplomata alemão que achou engraçado que, nas cadeiras bismarckianas douradas, os pés do pequeno Dekanózov mal tocassem no chão. Quando Ribbentrop encorajou a Rússia a buscar um escape para suas energias em oceanos quentes, Mólotov perguntou: "De que mar você está falando?".

Após o almoço no Bellevue, o Mercedes aberto levou Mólotov à Chancelaria, na qual foi conduzido através de portas de bronze, guardadas por homens da ss que batiam os calcanhares, até o magnífico estúdio de Hitler. Dois gigantes loiros da ss abriram as portas e formaram uma arcada com impecáveis saudações nazistas sob as quais o simples e robusto russo caminhou até a escrivaninha gigantesca de Hitler, no outro extremo da sala. Hitler hesitou, depois caminhou "com passos pequenos e rápidos" para saudar os russos. Parou e fez uma saudação nazista antes de apertar as mãos de Mólotov e dos outros com uma palma "fria e úmida", enquanto seus "olhos febris" se cravavam neles "como verrumas". A encenação de Hitler para aterrorizar e impressionar seus convidados não afetou Mólotov, que se considerava um marxista-leninista e, portanto, superior a todos os outros, em particular aos fascistas: "Não havia nada de notável em sua aparência". Eles eram exatamente da mesma altura — "média", nas palavras do russo baixo. Mas Hitler "era muito presunçoso [...] e vaidoso. Era engenhoso, porém tacanho e obtuso devido a seu egotismo e ao absurdo de sua ideia primordial".

Hitler conduziu Mólotov a uma sala na qual ele, Dekanózov e os intérpretes se sentaram em um sofá, enquanto Hitler ocupava sua costumeira poltrona e desfiava um longo solilóquio a respeito de sua vitória sobre a Inglaterra, sua generosidade com Stálin e seu desinteresse pelos Bálcãs — nada disso era verdade. Mólotov retrucou com uma série de perguntas polidas, mas incômodas, sobre a relação entre as duas potências, apontando precisamente para Finlândia, Romênia, Bulgária. "Eu pedi a ele mais detalhes. 'Vocês precisam ter um porto em águas quentes. Irã, Índia — esse é o futuro de vocês.' E eu perguntei: 'Por que isso é uma ideia interessante, como você a vê?'" Hitler terminou a reunião sem dar a resposta.

Naquela noite, Ribbentrop ofereceu uma recepção a Mólotov no Hotel Kaiserhof, à qual compareceram o marechal Göring, exibindo uma ridícula roupa com fios de prata e joias, e o Führer adjunto Hess. Berejkov, o intérprete russo, ao observar Mólotov conversando com Göring, não podia imaginar dois homens mais diferentes. Um telegrama de Stálin o esperava, insistindo de novo nos Bálcãs e nos Dardanelos. Na manhã seguinte, Mólotov mandou um telegrama a Stálin: "Estou saindo para almoçar e falar com Hitler. Vou pressioná-lo sobre o mar Negro, o Estreito e a Bulgária". Primeiro, telefonou para Göring no Ministério do Ar, quando fez ao "paladino" de Hitler mais perguntas constrangedoras que o marechal do Reich simplesmente abafou com sua cordialidade oleosa. Depois visitou Hess.

"Vocês têm um programa partidário?", perguntou ao Führer adjunto, sabendo que os nazistas não o possuíam. "Vocês têm regras do Partido? E têm uma Constituição?" O ideólogo bolchevique foi insolente: "Como pode haver um Partido sem um programa?".

Às duas da tarde, Hitler recebeu Mólotov, Merkúlov e Dekanózov para um almoço com Goebbels e Ribbentrop. Os russos ficaram desapontados com o menu austero de Hitler, que dizia simplesmente: *Kraftbruhe, Fasan, Obstsalat* (caldo de carne, faisão e salada de frutas).

"A guerra está em andamento, então não tomo café", explicou Hitler, "porque meu povo também não toma café. Não fumo, não tomo bebidas alcoólicas." Mólotov acrescentou depois: "Não preciso dizer que não me abstive de nada".

A segunda reunião, após a refeição, durou três horas "de mau humor". Mólotov pressionou Hitler para que desse respostas. Hitler acusou a Rússia de cobiça. Nada abalou a persistência obstinada do "cu de pedra". Mólotov obedeceu às instruções telegrafadas de Stálin para explicar que "todos os eventos a partir da Guerra da Crimeia [...] até o desembarque de tropas estrangeiras durante a intervenção [guerra civil] significam que a segurança soviética não pode ser resolvida sem [...] os Dardanelos".

Hitler quase perdeu a paciência ao falar de suas tropas na Finlândia e na Romênia: "Aquilo é uma ninharia!".

Mólotov comentou com mordacidade que não havia necessidade de falar com rispidez. Mas como poderiam entrar em acordo sobre grandes questões quando não o conseguiam sobre as pequenas? O russo notou que Hitler "ficou agitado; persisti e o esgotei".

Hitler puxou um lenço, secou o suor sobre seu lábio superior e acompanhou seu hóspede até a porta.

"Estou certo de que a história lembrará do nome de Stálin para sempre", disse ele.

"Não tenho dúvidas quanto a isso", retrucou Mólotov.

"Então, devemos nos encontrar...", sugeriu vagamente Hitler, um encontro que jamais aconteceria. "Mas espero que lembre de mim também", acrescentou com falsa modéstia, pois havia dois dias que acabara de assinar sua Diretiva nº 18, que colocava a invasão da União Soviética no topo de sua agenda, uma empreitada que garantiria seu lugar na história.

"Não duvido disso."

Göring, Hess e Ribbentrop foram os convidados de honra do banquete oferecido por Mólotov, com caviar e vodca, na grandiosa mas desbotada embaixada soviética, e interrompido pela RAF.

"Nossos amigos britânicos queixam-se de que não foram convidados para a festa", brincou Ribbentrop, enquanto Göring atravessava a multidão como um bisão em disparada rumo a seu Mercedes. Não havia abrigo antiaéreo na embaixada, então a maioria dos russos foi levada de volta para o hotel. Vários se perderam, e Mólotov foi levado ao bunker particular de Ribbentrop. Ali, acompanhado pela música das bombas da RAF e o cacarejo dos canhões AA, o gaguejante russo analisou as floridas promessas alemãs. Se, como Hitler dissera, a Alemanha estava travando uma luta de vida e morte contra a Inglaterra, Mólotov sugeriu que isso talvez significasse que a Alemanha estava lutando "pela vida" e a Inglaterra "pela morte". A Inglaterra estava "liquidada", respondeu Ribbentrop.

"Se é assim, então por que estamos neste abrigo e de quem são as bombas que estão caindo?", retrucou Mólotov.

A delegação russa partiu na manhã seguinte, sem ter conseguido nada, como Mólotov disse a Stálin, "mas esclareceu o humor atual de Hitler".

Stálin congratulou-se com Mólotov por seu desafio a Hitler: "Como ele tolerou tudo o que você disse?", perguntou. A resposta era que Hitler não tolerara: as ambições obstinadas de Mólotov em relação aos Bálcãs convenceram-no de que Stálin iria em breve desafiar sua hegemonia na Europa. Depois de hesitar quanto a atacar a Rússia, ele passou a acelerar seus planos. A 4 de dezembro, a Operação Barbarossa foi marcada para maio de 1941.

Alguns dias depois, Iákovlev, o projetista de aviões, que estivera com Mólotov em Berlim, deparou com o comissário para o Exterior na antessala de Stálin.

"Ah, eis o alemão!", brincou Mólotov. "Ambos haveremos de nos arrepender!"

"Do quê?", perguntou nervoso Iákovlev.

"Então, não almoçamos com Hitler? Almoçamos. Não apertamos a mão de Goebbels? Apertamos. Haveremos de nos arrepender." Os bolcheviques viviam em um mundo de pecado e arrependimento. Quando recebeu Iákovlev, Stálin ordenou que estudasse os aviões nazistas: "Aprenda a derrotá-los".[1]

A 29 de dezembro de 1940, onze dias depois de Hitler assinar a Diretiva nº 21 sobre a Operação Barbarossa, os espiões de Stálin alertaram-no sobre isso. Ele sabia que a URSS não estaria pronta para a guerra até 1943 e esperava postergá-la com rearmamento frenético e malabarismo político agressivo nos Bálcãs, mas sem provocar Hitler. Por sua vez, o Führer deu-se conta da urgência de seu empreendimento e que tinha de garantir os Bálcãs antes de atacar a Rússia.

O pânico de Stálin para produzir as melhores armas e inventar a melhor estratégia criou um novo terror a seu redor. A contagem regressiva para a guerra redobrou a atmosfera de medo e ignorância no coração do poder soviético. Quanto mais Stálin se dava conta da condição lamentável de suas forças militares, mais ele se atrapalhava, convencido de sua infalibilidade e esquecido de sua ignorância técnica. Supervisionava os detalhes de cada arma. Suas reuniões tornaram-se ainda mais perturbadoras; sua conduta, pensava Mikoian, ainda mais "desconjuntada".

Havia uma etiqueta muito clara: era fatal discordar demais, mas, de um modo espantoso, seus administradores e generais defenderam teimosamente sua *expertise*. "Eu teria sentido mais medo se soubesse mais", disse um comissário depois. O silêncio era amiúde uma virtude, e os veteranos aconselhavam os neófitos sobre como se comportar e sobreviver.

Quando Stálin mandou o comissário naval Nikolai Kuznietsov inspecionar o Extremo Oriente, o almirante queixou-se a Jdánov de que estava ocupado demais com seu novo trabalho.

"Os papéis podem esperar", respondeu Jdánov. "Aconselho-o a não dizer uma palavra sobre eles ao camarada Stálin."*

* Quando o almirante Kuznietsov o conheceu na viagem ao Extremo Oriente, Jdánov falou sobre como gostava de trabalhar com a Marinha. "Eu gostaria de ir [num cruzador]. Mas nem sempre é

Certa ocasião, um oficial novo que nunca participara de reuniões com Stálin passou a chamá-lo de "Ióssif Vissariónovitch" sempre que queria falar. "Stálin olhou na minha direção e de novo vi [...] uma expressão hostil em seu rosto. De repente, um sussurro do homem que estava atrás de mim explicou tudo: 'Jamais o chame pelo prenome e sobrenome. Ele só permite que um pequeno círculo de íntimos faça isso. Para todos nós, ele é Stálin. Camarada Stálin'." Era mais prudente ficar em silêncio. Kuznietsov estava prestes a se contrapor à construção de uma frota de cruzadores pesados quando outro funcionário cochichou gentilmente: "Cuidado com o que diz! Não insista!".[2]

A 23 de dezembro de 1940, Stálin convocou reuniões do alto-comando. Isso poderia ser uma boa ideia, não estivessem seus membros paralisados de medo. O marechal Timochenko e seu general mais dinâmico, Gueorgi Júkov, que comandava o Distrito Militar de Kiev, criticaram a debilidade óbvia da estratégia soviética e propuseram um retorno às proibidas "operações profundas" projetadas pelo talentoso Tukhatchevski. O poderoso Jdánov, principal conselheiro de Stálin para tudo, de morteiros a navios, de Finlândia a assuntos culturais, participou das reuniões e fez um relatório a Stálin, que convocou os generais no dia seguinte. O insone Stálin, tão acostumado à vida noturna que só conseguia dormir às quatro da manhã, confessou que não descansara nada na noite anterior. Timochenko respondeu nervoso que o *Vojd* aprovara seu discurso.

"Você realmente não acha que tenho tempo de ler todos os papéis que jogam na minha mesa", respondeu Stálin, que pelo menos ordenou novos planos e urgentes jogos de guerra. Porém esses jogos apenas expuseram a fraqueza soviética, o que deixou Stálin tão irritado que a 13 de janeiro de 1941 convocou os generais sem lhes dar tempo para se preparar. O chefe do Estado-Maior, Meretskov, gaguejou enquanto tentava apresentar um relatório, até que Stálin interrompeu: "Bem, quem ganhou finalmente?".

Meretskov estava com medo de dizer, o que só enfureceu Stálin ainda mais. "Aqui entre nós [...] temos de falar em termos de nossas reais capacidades." Por

---

fácil sair", disse ele, acrescentando com um sorriso, "sou um homem mais de rio do que de mar. Um marinheiro de água doce, como dizem. Mas adoro navios". Kuznietsov admirava Jdánov, que "fez muito pela Marinha". Porém ele era menos útil em outros serviços.

fim, ele explodiu: "O problema é que não temos um chefe de Estado-Maior adequado". No mesmo instante, demitiu Meretskov. A reunião se deteriorou ainda mais quando Kulik declarou que os tanques eram superestimados: canhões puxados a cavalo eram o futuro. Era assombroso que depois de duas *Blitzkriege* com blindados e seis meses antes da invasão nazista os soviéticos ainda debatessem isso. Era culpa de Stálin que Kulik tivesse sido promovido, mas, como era de seu feitio, responsabilizou outrem.

"Camarada Timochenko, enquanto houver essa confusão [...] nenhuma mecanização do Exército pode acontecer", disse ele. Timochenko replicou que somente Kulik estava confuso. Stálin virou-se para seu amigo: "Kulik se manifesta contra a máquina. É como se ele fosse contra o trator e apoiasse o arado de madeira. [...] A guerra moderna será uma guerra de máquinas".[3]

Na tarde seguinte, o general Júkov, de 45 anos, foi levado às pressas ao Cantinho, onde Stálin o designou para chefe do Estado-Maior. Júkov tentou recusar. Stálin, impressionado pela vitória do general sobre os japoneses em Khalkin-Gol, insistiu. O perfeito general lutador que se tornaria o maior comandante da Segunda Guerra Mundial era outro cavalariano da guerra civil e protegido de Budiony desde o final dos anos 20. Filho de um fabricante de sapatos empobrecido, esse comunista convicto acabara de conseguir sobreviver ao Terror com a ajuda de Budiony. Baixo, atarracado, infatigável, com traços grosseiros e mandíbula preênsil, Gueorgi Júkov tinha a mesma brutalidade implacável de Stálin, combinando represálias selvagens e disciplina romana com indiferença pelas perdas. Porém não tinha a ardilosidade e o sadismo do líder. Era emotivo e corajoso, ousando com frequência discordar de Stálin, que, percebendo seu talento, era condescendente com ele.[4]

Alguns dias depois, em Kuntsevo, Timochenko e Júkov tentaram persuadir Stálin a mobilizar o país, convencidos de que Hitler iria invadi-lo. Timochenko aconselhou-o sobre como tratar com o líder: "Ele não escuta uma longa fala [...] só dez minutos". Stálin estava jantando com Mólotov, Jdánov, Vorochílov, Mekhlis e Kulik. Júkov disse: "Eles não deveriam reforçar as defesas ao longo da fronteira ocidental?".

"Você está ansioso para lutar contra os alemães?", perguntou asperamente Mólotov.

"Espere um minuto", Stálin acalmou o premiê. Deu uma lição sobre os alemães a Júkov: "Eles têm medo de nós. Em segredo, vou lhe dizer que nosso embaixador teve uma conversa séria com Hitler pessoalmente e Hitler disse a ele: 'Por favor, não se preocupem com a concentração de nossas forças na Polônia. Nossas forças estão fazendo novos treinamentos [...]'". Os generais uniram-se então aos magnatas para o jantar de sopa *bortsch* ucraniana, mingau de trigo-sarraceno, depois carne ensopada, com frutas cozidas e frescas de sobremesa, acompanhados de conhaque e vinho *Khvanchkara* georgiano.[5]

O conselho imbecil de Kulik desencadeou outro paroxismo de terror que levaria a morte a uma família do Politburo. Ao ouvir que os alemães estavam aumentando a espessura de sua blindagem, ele exigiu que parassem toda a produção de armas convencionais e mudassem para morteiros de 107 milímetros da Primeira Guerra Mundial. O comissário de Armamentos, Boris Vánnikov, um excelente administrador judeu que estudara na Politécnica de Baku com Béria, se opôs a Kulik, mas não tinha acesso a Stálin. Kulik ganhou o apoio de Jdánov. No dia 1º de março, Stálin convocou Vánnikov: "Que objeções você tem? O camarada Kulik disse que você não concorda com ele". Vánnikov explicou que era improvável que os alemães tivessem modernizado sua blindagem com tanta rapidez quanto Kulik sugeria: os 76 milímetros continuavam os melhores. Então Jdánov entrou no gabinete.

"Escute aqui", disse Stálin a ele, "Vánnikov não quer fazer o canhão de 107 milímetros [...] mas esses canhões são muito bons. Conheço-os da guerra civil."

"Vánnikov sempre se opõe a tudo, é seu estilo de trabalho", respondeu Jdánov.

"Você é o principal especialista em artilharia que temos." Stálin mandou Jdánov resolver a questão, "e o 107 milímetros é um bom canhão". Jdánov marcou a reunião em que Vánnikov desafiou Kulik. Jdánov acusou-o de "sabotagem". "Os mortos detêm os vivos", acrescentou sinistro. Vánnikov retrucou: "Você está tolerando o desarmamento diante de uma guerra que se aproxima".

Stálin aceitou a solução de Kulik, que teve de ser revertida quando a guerra começou. Vánnikov foi preso.* Somente no reino de Stálin era possível que o maior especialista em armamentos do país fosse preso a poucas semanas de

* Essa não foi de forma alguma a única loucura desse tipo: em outras ocasiões, Stálin encomendou um tanque baseado no princípio maluco de que "ao ser destruído, ele protege".

uma guerra. Mas o lema de Kulik, "prisão ou medalha", triunfara de novo. Quando se espalhou, o veneno atingiu o irmão de Kaganóvitch. No quase bíblico sacrifício de um irmão querido, a têmpera de aço de Lázar seria dolorosamente testada.[6]

Vánnikov foi torturado com crueldade para falar sobre seu recente cargo de adjunto de Mikhail Kaganóvitch, irmão mais velho de Lázar e comissário para a Produção de Aeronaves. A Força Aérea sempre foi o serviço mais propenso a acidentes. Não somente os aviões caíam com periodicidade alarmante, refletindo a pressa e o desmazelo da manufatura soviética, como alguém tinha de pagar pelos acidentes. Em um ano, quatro heróis da União Soviética desapareceram nesses acidentes, e o próprio Stálin questionava os generais da Força Aérea até mesmo sobre os engenheiros que trabalhavam em cada avião. "Que tipo de homem ele é?", perguntou sobre um dos técnicos. "Talvez seja um filho da mãe, um *svolotch*." As quedas tinham de ser culpa de "filhos da mãe". Vánnikov foi forçado a implicar Mikhail Kaganóvitch como o "filho da mãe" nesse caso.

Enquanto isso, Vassíli Stálin, agora um piloto ávido por conquistar o amor paterno, em geral denunciando seus superiores ao pai, desempenhava um papel nessa tragédia. Ficava tão nervoso que, relembra Svetlana, quando seu pai lhe dirigia a palavra no jantar, ele tinha um sobressalto e às vezes nem conseguia responder, tartamudeando: "Não escutei o que você disse, pai. O que foi?". Em 1940, apaixonou-se por Galina Bourdonovskaia, uma bela loira que tocava trompa e pertencia a uma família do NKVD, e casou-se com ela. Contudo, ele era truculento, arrogante, beberrão e, embora às vezes magnânimo, era frequentemente perigoso. Nesse mundo peculiar, o "príncipe da coroa" se tornou, de acordo com Svetlana, "uma ameaça".

"Olá, querido pai", escreveu ele a 4 de março de 1941, "como está sua saúde? Recentemente estive em Moscou sob ordens de Rítchagov [chefe da principal diretoria da Força Aérea], queria muito vê-lo, mas disseram que você estava ocupado. [...] Eles não me deixam voar [...]. Rítchagov me chamou e me ofendeu muito dizendo que, em vez de estudar teoria, eu estava começando a visitar comandantes provando-lhes que tinha de voar. Ele me mandou informar você dessa conversa." Vassíli tinha de voar em aviões velhos, "que são terríveis de ver", e até futuros oficiais não podiam treinar nos aviões novos: "Pai, escreva-me apenas algumas palavras, se tiver tempo, é a maior alegria para mim porque sinto muita saudade de você. Seu Vássia".

Essa denúncia sutil pode não ter ajudado Pável Rítchagov, de 39 anos, um piloto ousado recém-promovido ao alto-comando. Ele chegou bêbado a uma reunião para discutir os aviões. Quando Stálin criticou a Força Aérea, Rítchagov, para justificar a alta taxa de mortalidade, gritou: "Você está nos obrigando a voar em caixões!". Fez-se silêncio, mas Stálin continuou a caminhar em volta da sala: só se escutava o som do cachimbo sendo sugado e das botas macias no chão.

"Você não deveria ter dito isso." Ele deu mais uma volta em torno da mesa mortalmente quieta e repetiu: "Você não deveria ter dito isso". Rítchagov foi preso dentro de uma semana, junto com vários altos oficiais da Força Aérea e o general Stein, comandante do Extremo Oriente, todos fuzilados depois. Eles, tal como Vánnikov, implicaram Mikhail Kaganóvitch.[7]

"Recebemos testemunhos", disse Stálin a Kaganóvitch. "Seu irmão está implicado na conspiração." O irmão era acusado de construir as fábricas de aeronaves perto da fronteira russa para ajudar Berlim. Stálin explicou que Mikhail, um judeu, fora designado chefe do futuro governo títere de Hitler, uma ideia tão absurda que, ou era resultado do solipsismo retardado de algum simplório do NKVD, ou, o que é mais provável, uma brincadeira entre Stálin e Béria. Lembravam eles da fúria de Ordjonikidze diante da prisão de seu irmão? Ordjonikidze fora o amigo mais íntimo de Kaganóvitch.

"É mentira", Kaganóvitch afirmou ter respondido. "Conheço meu irmão. Ele é um bolchevique desde 1905, devotado ao Comitê Central."

"Como pode ser mentira?", retrucou Stálin. "Temos os testemunhos."

"É uma mentira. Exijo uma confrontação." Décadas depois, Kaganóvitch negou que houvesse traído seu irmão: "Se meu irmão fosse um inimigo, eu teria sido contra ele. [...] eu tinha certeza que era direito. Eu o protegi. Eu o protegi!". Kaganóvitch tinha condições de dar uma opinião, mas também tinha de deixar claro que, se o Partido precisava destruir seu irmão, ele devia morrer. "Bem, e daí?", acrescentou. "Se necessário, prendam-no."

Stálin mandou que Mikoian e a dupla sinistra Béria e Malenkov arranjassem uma confrontação entre Mikhail Kaganóvitch e seu acusador Vánnikov, mas o "Lázar de Ferro" não foi convidado para o encontro.

"Não o deixe ansioso, não o perturbe", disse Stálin.

Mikoian realizou a "confrontação" em seu escritório, no mesmo prédio do Cantinho, onde Mikhail se defendeu "apaixonadamente" contra Vánnikov.

"Você está maluco?", perguntou a seu ex-auxiliar, que passara noites em sua casa durante o Terror, com medo de ser preso.

"Não, você fazia parte da mesma organização comigo", replicou Vánnikov.

Béria e Malenkov mandaram Mikhail esperar no corredor enquanto interrogavam um pouco mais Vánnikov. Mikhail foi até o banheiro privativo de Mikoian (um dos privilégios do poder). Escutou-se um tiro.[8] Os três encontraram o irmão de Kaganóvitch morto. Ao suicidar-se antes de ser preso, ele salvou sua família. Lázar passou no teste. Fora encontrado um bode expiatório para os erros nas aeronaves.*

Enquanto esses comissários iam do Kremlin para a câmara de tortura e vice-versa, os alemães dispunham sub-repticiamente suas legiões ao longo da fronteira soviética, ao mesmo tempo em que Stálin canalizava grande parte de sua energia para reafirmar a influência russa nos Bálcãs. Mas, em março, Hitler já conseguira atrair Bulgária, Romênia e Iugoslávia para seu campo. Então, a 26 de março, o governo pró-alemão da Iugoslávia foi derrubado, provavelmente com a ajuda do NKGB e do serviço secreto britânico. Hitler não podia suportar esse ferimento em seu flanco, então os alemães se prepararam para invadir a Iugoslávia, o que atrasou a Operação Barbarossa em um mês.

A 4 de abril, Stálin entrou em negociações com o novo governo iugoslavo, esperando que aquela pequena falha no plano de Hitler o levasse de volta à mesa de negociações ou, pelo menos, atrasasse a invasão até 1942. Ao assinar um tratado com os iugoslavos no momento em que a Wehrmacht começava a bombardear Belgrado, Stálin desconsiderou alegremente a ameaça: "Deixe que eles venham. Temos nervos fortes". Mas a Iugoslávia foi a mais bem-sucedida de todas as *Blitzkriege* de Hitler: dez dias depois, Belgrado rendeu-se. Os acontecimentos avançavam mais rápido que a erosão das ilusões de Stálin.

Naquele mesmo dia, Yosuke Matsuoka, ministro das Relações Exteriores do Japão, chegou a Moscou em sua viagem de retorno de Berlim. Ao ver a Wehrmacht esmagar os iugoslavos, Stálin percebeu que precisava de um novo caminho de volta a Hitler. Mas também estava consciente do benefício inestimável de

* Kaganóvitch foi desprezado por não ter salvado o irmão, mas o enterrou com honras de membro do Comitê Central no cemitério de Novodevichy, não longe de Nádia Stálin. Vánnikov sobreviveu, porém permaneceu na prisão.

uma frente oriental tranquila, se Hitler invadisse a URSS. A vitória de Júkov no Extremo Oriente persuadira Tóquio de que o destino do Japão estava mais ao sul, nos petiscos mais suculentos do Império Britânico. A 14 de abril de 1941, quando Matsuoka assinou um pacto de não agressão com a União Soviética, Stálin e Mólotov reagiram com entusiasmo quase febril, como se tivessem mudado sozinhos o mapa da Europa e salvado a Rússia. Stálin exclamou como era raro "encontrar um diplomata que fala abertamente o que pensa. O que Talleyrand disse a Napoleão era bem conhecido — 'a língua foi dada ao diplomata para que ele possa esconder seus pensamentos'. Nós, russos e bolcheviques, somos diferentes". Dessa vez, Stálin soltou-se e bebeu champanhe com Mólotov até que ambos ficaram tão bêbados quanto Matsuoka.

"Stálin e eu o fizemos beber muito", vangloriou-se Mólotov depois. Às seis da manhã, Matsuoka "quase teve de ser carregado para o trem. Mal conseguíamos ficar de pé". Os três começaram a cantar às gargalhadas uma canção popular russa, "Choumel Kamich", que diz: "Os juncos farfalhavam, as árvores estalam ao vento, a noite era muito escura [...]. E os amantes ficaram acordados a noite inteira". Na estação de Iaroslavski, os diplomatas reunidos ficaram espantados de ver um Stálin bêbado, em seu sobretudo, boné de pala marrom e botas, acompanhado por Matsuoka e Mólotov, que continuava a saudar e gritar: "Sou um pioneiro! Estou pronto!" — o equivalente soviético de uma saudação dos escoteiros. O embaixador búlgaro achou que Mólotov era o "menos bêbado". Stálin, que jamais acompanhara qualquer visitante até a estação, abraçou o cambaleante japonês, mas, uma vez que um não falava a língua do outro, a nova intimidade expressou-se em abraços e grunhidos de "Ah! Ah!".

Stálin estava tão entusiasmado que deu um empurrão jovial tão forte no ombro do minúsculo e calvo embaixador-general japonês que ele "deu três ou quatro passos para trás, o que fez Matsuoka rir de prazer". Então Stálin notou o adido alemão, o alto coronel Hans Krebs, e, abandonando o japonês, deu-lhe um tapinha no peito: "Alemão?", perguntou. Krebs enrijeceu-se atento, e Stálin bateu em suas costas, apertou sua mão e disse em voz alta: "Somos amigos de vocês e continuaremos amigos de vocês".

"Estou certo disso", respondeu Krebs, embora o embaixador sueco tenha achado que "ele não parecia tão convencido disso".* Por fim, arrastando-se de

* Krebs foi chefe do Estado-Maior da Wehrmacht nas últimas horas do Terceiro Reich, em abril de 1945.

volta ao japonês, Stálin abraçou de novo Matsuoka, exclamando: "Vamos organizar a Europa e a Ásia!". De braços dados, conduziu Matsuoka até seu vagão e esperou até que o trem partisse. Diplomatas japoneses acompanharam-no até seu Packard blindado, enquanto o embaixador deles, "de pé sobre um banco, acenou com um lenço e gritou com voz estridente: 'Obrigado, obrigado!'".

A comemoração não havia acabado. Ao entrar no carro, Stálin mandou que Vlássik telefonasse para a datcha de Zubálovo e dissesse a Svetlana, então com quinze anos, que reunisse a família para uma festa: "Stálin chega a qualquer momento".

Svetlana correu a contar para sua tia Anna Redens, que estava lá com seus filhos e Gulia Djugachvili, de três anos, filha de Iakov: "Papai está vindo!". Anna Redens não via Stálin desde a rixa sobre a prisão de seu marido e, com certeza, desde sua execução. Todos se reuniram nas escadas. Minutos depois, bêbado e inusitadamente alegre, Stálin chegou, abriu a porta do carro e chamou Leonid Redens, então com doze anos: "Entre — vamos dar um passeio!".

O motorista deu uma volta no canteiro de flores. Então Stálin desceu e abraçou a apreensiva Anna Redens, que segurava no colo seu filho menor, Vladímir, então com seis anos. Stálin admirava esse sobrinho angelical: "Em nome desse filho maravilhoso, vamos fazer as pazes. Eu a perdoo". A pequena Gulia, sua primeira neta, foi trazida para ser admirada, mas ela sacudiu os braços e gritou, então foi rapidamente levada de volta para seu quarto. Stálin sentou-se à mesa onde outrora reinava ao lado de Nádia sobre sua jovem família. Trouxeram bolos e chocolates. Stálin pôs Vladímir no colo e começou a abrir os chocolates: o menino notou seus "dedos longos e muito bonitos".

"Vocês estão mimando as crianças comprando-lhes presentes que elas nem querem", censurou os funcionários, mas, como diz Vladímir, "de um jeito gentil que fazia com que todos o amassem".

Após o chá, Stálin subiu para uma sesta. Não dormira na noite anterior. Então Mólotov, Béria e Mikoian chegaram para o jantar, no qual "Stálin jogou cascas de laranja no prato de todos. Depois atirou uma rolha no sorvete", o que divertiu Vladímir Allilúiev. A família não podia saber que a iminente invasão de Hitler e a exaustão e paranoia de Stálin fariam daquela reunião o fim de uma era.[9]

* * *

Aquilo foi um oásis de felicidade em um céu que escurecia. Dividido entre o pensamento positivo de sua poderosa vontade e os indícios que se acumulavam, Stálin persistiu em acreditar que uma solução diplomática com Hitler estava por acontecer, ainda que soubesse a data da Operação Barbarossa, informada por seus espiões. Quando o embaixador britânico Stafford Cripps entregou uma carta de Winston Churchill avisando da invasão, o tiro saiu pela culatra, pois Stálin convenceu-se de que a Inglaterra estava tentando armar uma cilada para a Rússia: "Somos ameaçados com os alemães, e os alemães com a União Soviética", disse Stálin a Júkov. "Eles estão nos jogando uns contra os outros."[10]

Contudo, não estava completamente desatento: na disputa que Mólotov chamava de "o grande jogo", Stálin achou que a Rússia conseguiria ficar de fora da guerra até 1942. "Somente em 1943 teremos condições de enfrentar a Alemanha em pé de igualdade", disse a Mólotov. Como sempre, tentava entender o problema com leituras, estudando com minúcias a história da Guerra Franco-Germânica de 1870. Ele e Jdánov citavam o ditado sensato de Bismarck segundo o qual a Alemanha jamais deveria enfrentar a guerra em duas frentes: a Inglaterra continuava de pé; logo, os alemães não atacariam a Rússia. "Hitler não é tão idiota que não perceba a diferença entre a URSS e a Polônia ou a França, ou mesmo a Inglaterra — ou todas juntas", disse Stálin. Todavia, toda a sua carreira era um triunfo da vontade sobre a realidade.

Ele persistia em acreditar que Hitler, o jogador imprudente e "sonâmbulo" da história mundial, era um estadista bismarckiano racional, como ele. Após a guerra, ao falar para um pequeno grupo do qual fazia parte Dekanózov, seu embaixador em Berlim em 1941, ele explicou de modo oblíquo seu comportamento: "Quando você está tentando tomar uma decisão, JAMAIS se ponha na mente da outra pessoa, porque, se o fizer, pode cometer um grande erro".*

As medidas militares foram terrivelmente lentas. Jdánov e Kulik propuseram a remoção dos velhos armamentos das áreas fortificadas e sua colocação em áreas ainda não acabadas; Júkov foi contra: não havia tempo. Stálin apoiou seus

* Dekanózov contou muitas vezes essa história a seu filho Reginald, que a registrou em suas Anotações antes de seu recente falecimento. Ela jamais foi publicada. O autor agradece muito a Nádia Dekanozova, de Tbilissi, Geórgia, por tornar essa fonte disponível.

companheiros, e, assim, as fortificações estavam inacabadas quando o ataque furioso aconteceu.

A 20 de abril, Ilia Ehrenburg, o romancista judeu que Stálin admirava, soube que seu romance antigermânico, *A queda de Paris*, fora recusado pelos censores, que ainda seguiam as ordens de Stálin para não ofender Hitler. Quatro dias depois, Poskrióbichev telefonou e lhe disse para ligar para determinado número: "O camarada Stálin quer falar com você". Assim que conseguiu a ligação, seus cães começaram a latir e sua esposa teve de tirá-los da sala. Stálin lhe disse que havia gostado do livro: Ehrenburg pretendia denunciar o fascismo? O romancista respondeu que era difícil atacar os fascistas, pois não tinha permissão para usar a palavra. "Continue escrevendo", disse Stálin jocosamente, "você e eu tentaremos fazer passar a terceira parte." Era típico desse ditador estranhamente literário pensar que aquilo iria alarmar os alemães: Hitler não dava importância às nuances literárias.

Até mesmo o círculo íntimo de Stálin podia sentir agora o cheiro da guerra. Era tão evidente que Jdánov sugeriu o cancelamento do desfile de 1º de maio, para não ser muito "provocativo". Stálin não o cancelou, mas colocou Dekanózov, o embaixador na Alemanha, a seu lado no mausoléu para sinalizar sua cordialidade para com Berlim.[11]

No dia 4 de maio, mandou outro sinal a Hitler de que estava disposto a conversar: substituiu Mólotov no posto de premiê e promoveu o protegido de Jdánov Nikolai Voznessenski, um impetuoso mestre em economia, para seu adjunto no Politburo. A ascensão de Voznessenski, aos 38 anos, fora meteórica e isso irritou os outros: Mikoian, que ficou particularmente ferido, achava que ele "tinha formação econômica, mas era do tipo professor sem experiência prática". Esse nativo de Leningrado de boa aparência e inteligente, mas arrogante, estava "ingenuamente feliz com sua nomeação", porém Béria e Malenkov já se ressentiam da presença do tecnocrata acrimonioso: Stálin "está promovendo um professor para nos dar lições", cochichou Malenkov com Béria. A partir de então, Stálin governou como premiê por meio de seus auxiliares, tal como Lênin fizera, equilibrando a rivalidade entre Béria e Malenkov de um lado e Jdánov e Voznessenski do outro. E expressou sua ascensão ao palco mundial desfazendo-se de suas calças largas e botas: "Começou a usar calças bem passadas, sem enfiá-las em botas, com botinas de amarrar".[12]

Por fim, preparou os militares para a possibilidade da guerra. A 5 de maio, recebeu apenas uma visita: Jdánov esteve com ele durante 25 minutos. Às seis da tarde, os dois saíram do Cantinho para o Grande Palácio do Kremlin, no qual duzentos oficiais os esperavam. Stálin entrou com Jdánov, Timochenko e Júkov. O presidente Kalínin apresentou um "severo" Stálin, que elogiou a mecanização moderna de seu "novo Exército". Depois, atribuiu excentricamente a derrota francesa a um desapontamento amoroso: os franceses estavam tão "embriagados de autossatisfação" que desprezaram os próprios guerreiros, ao ponto de que "as garotas nem casavam com soldados". O Exército alemão seria imbatível? "Não existem exércitos imbatíveis no mundo", mas a guerra estava chegando. "Se VM Mólotov [...] conseguir deter o começo da guerra por dois ou três meses, isso será nossa boa sorte." No jantar, ergueu um brinde: "Viva a dinâmica política ofensiva do Estado soviético", acrescentando que "quem não reconhece isso é um filisteu ou um idiota". Aquilo era um alívio para os militares: Stálin não estava no mundo das nuvens.[13] O Estado estava pronto para lutar ou não? O Estado não tinha certeza.*

Os magnatas tentaram estabelecer um caminho entre a infalibilidade de Stálin e a realidade de Hitler: o absurdo de explicar como o Exército tinha de estar pronto para uma guerra ofensiva que definitivamente não iria acontecer, ao mesmo tempo em que sustentavam que isso não era uma mudança de política, era tão ridículo que eles se enredaram em nós de sofística stalinista e loucura neroniana. "Precisamos de um novo tipo de propaganda", declarou Jdánov no Conselho Supremo Militar. "Apenas um passo separa a guerra da paz. Então, nossa propaganda não pode ser pacífica."

"Nós mesmos criamos a propaganda desse jeito", explodiu Budiony; então, tinham de explicar por que estava mudando.

* Mas os discursos desencadearam um grande debate sobre se Stálin estava planejando um ataque preventivo contra Hitler: o chamado debate Suvórov, que se seguiu ao artigo de Victor Suvórov publicado em junho de 1985. Ele sustentou que Stálin estava prestes a atacar Hitler devido à mobilização parcial e concentração de forças nas fronteiras ocidentais, à proximidade de campos de aviação e porque o general Júkov apresentou um plano de ataque. Essa ideia está agora desacreditada. Parece que a visão real do Estado-Maior, inclusive do general Vasilevski, era que eles teriam de recuar bastante em seu próprio território — daí a proposta de Vasilevski de mudar os campos de aviação e a infraestrutura para o Volga, proposta atacada como "derrotista" por Kulik e Mekhlis. Porém Stálin sempre achou que a guerra ofensiva era uma possibilidade real, bem como uma necessidade ideológica. Quanto aos discursos, eles se destinavam apenas a levantar o moral do Exército e mostrar um pouco de realismo quanto à situação soviética.

"Estamos apenas alterando o slogan", afirmou Jdánov.

"Como se fôssemos para a guerra amanhã!", zombou o pusilânime Malenkov, dezoito dias antes da invasão.[14]

A 7 de maio, Schulenberg, secretamente contra a invasão de Hitler, tomou o café da manhã com Dekanózov, a quem tentou advertir de forma ambígua. Eles se encontraram três vezes, mas "ele não avisou", disse Mólotov depois, "ele insinuou e propôs negociações diplomáticas". Dekanózov informou Stálin, que estava cada vez mais mal-humorado e nervoso. "Quer dizer que a desinformação chegou agora ao nível de embaixador", rosnou ele. Dekanózov discordou.

"Como você teve coragem de discutir com o camarada Stálin? Ele sabe mais e pode ver mais longe do que todos nós!", disse Vorochílov a Dekanózov em tom de ameaça durante um recesso.[15]

A 10 de maio, Stálin ficou sabendo da fuga quixotesca de Rudolf Hess para a Escócia. Os magnatas, relembrou Khruchióv, que se encontrava no gabinete naquele dia, estavam todos compreensivelmente convencidos de que a missão de Hess estava voltada para Moscou. Porém Stálin estava por fim disposto a se preparar para a guerra, de uma forma tão tímida que era pouco eficaz. A 12 de maio, permitiu que os generais reforçassem as fronteiras, convocando até 500 mil reservistas, mas estava apavorado por ofender os alemães. Quando Timochenko anunciou voos de reconhecimento dos alemães, ele refletiu: "Não estou certo de que Hitler saiba desses voos". No dia 24, recusou-se a tomar mais medidas.

A paralisia atacou de novo. Ele jamais se desculpou, porém de modo indireto reconheceu seus erros quando agradeceu depois ao povo russo por sua "paciência". Mas pôs a culpa da maioria de seus erros crassos em outros, admitindo que "confiava demais em seus cavalarianos". Júkov confessou os próprios erros: "É possível que eu não tenha tido influência suficiente". Esse não era o motivo real para sua aquiescência. Se houvesse pedido mobilização, Stálin teria perguntado: "Baseado em quê? Bem, Béria, leve-o para sua masmorra!". Kulik captou a atitude da maioria dos soldados: "Isso é alta política. Não nos compete".[16]

O setor de Inteligência mandava agora informações em grande quantidade. Antes, a coisa fora apresentada de forma ambígua, mas agora estava claro que algo sinistro se aproximava da fronteira ocidental. Merkúlov mandava relatórios diários a Stálin, que agora desafiava uma avalanche de informações vindas de todos os tipos de fontes. A 9 de junho, quando Timochenko e Júkov mencionaram a quantidade de informações, Stálin devolveu-lhes os papéis e rosnou: "E eu tenho documentos diferentes". Zombou de Richard Sorge, o espião em Tóquio que usava seus apetites amorosos e sibaríticos para esconder sua capacidade sem par de obter informações: "Está aí este filho da puta que monta fábricas e bordéis no Japão e até ousa dizer que a data do ataque alemão será 22 de junho. Vocês estão sugerindo que devo acreditar nele também?".

32. A contagem regressiva: 22 de junho de 1941

A 13 de junho, Timochenko e Júkov, também deprimidos e desconcertados, alertaram Stálin sobre novas atividades na fronteira. "Vamos pensar a respeito disso", respondeu bruscamente Stálin, que no dia seguinte perdeu a paciência com a proposta de mobilização de Júkov: "Isso significa guerra. Você entende isso ou não?". Depois perguntou quantas divisões havia nas áreas fronteiriças. Júkov disse que havia 149.

"Então, isso não é suficiente? Os alemães não têm tantas..." Mas os alemães estão em passo de guerra, respondeu Júkov. "Você não pode acreditar em tudo que está nos relatórios da espionagem", disse Stálin.

No dia 16, Merkúlov confirmou a decisão final de atacar, notícia que veio do agente "Starshina", do quartel-general da Luftwaffe.* "Diga à 'fonte' no comando da Força Aérea alemã que vá para a puta que o pariu!", rabiscou para Merkúlov. "Isso não é uma fonte, mas um desinformante. I. St." Até mesmo Mólotov lutou para se convencer: "Eles não serão estúpidos de nos atacar", disse ao almirante Kuznietsov.

Dois dias depois, em uma reunião de três horas descrita por Timochenko,

* A 14 de junho, Hitler realizou sua última conferência militar antes do início da Barbarossa, quando os generais chegaram à Chancelaria em momentos diferentes para não levantar suspeitas. No dia 16, convocou Goebbels para lhe dar instruções.

ele e Júkov imploraram a Stálin por um alerta total, enquanto o *Vojd* batia nervosamente seu cachimbo na mesa e os magnatas concordavam com sua ilusão maníaca ou ficavam em silêncio taciturno, única forma de protesto com que contavam. Stálin ergueu-se de repente e gritou com Júkov: "Você veio para nos assustar com a guerra, ou quer uma guerra porque não recebeu condecorações suficientes ou seu posto não é alto o bastante?".

Júkov empalideceu e sentou-se, mas Timochenko advertiu Stálin de novo, o que provocou um frenesi: "É tudo obra de Timochenko, ele está preparando todo mundo para a guerra. Ele deveria ser fuzilado, mas sei que é um bom soldado desde a guerra civil".

Timochenko retrucou que estava apenas repetindo o discurso do próprio Stálin de que a guerra era inevitável. O líder dirigiu-se ao Politburo: "Vejam, Timochenko é um bom sujeito, com uma cabeça grande, mas aparentemente cérebro pequeno", e levantou o polegar. "Eu disse isso para o povo, temos de deixá-lo alerta, no entanto você tem de perceber que a Alemanha jamais lutará contra a Rússia por conta própria. Você precisa compreender isso." Stálin saiu subitamente da sala, deixando um silêncio torturante, mas então "abriu a porta, enfiou seu rosto marcado pela varíola e proferiu em voz alta: 'Se você vai provocar os alemães na fronteira movimentando tropas lá sem nossa permissão, então cabeças vão rolar, anote minhas palavras' — e bateu a porta".

Stálin chamou Khruchióv, que deveria monitorar a fronteira ucraniana, a Moscou e não o deixava partir: "Stálin mandou que eu postergasse minha partida: 'Espere', disse ele, 'não tenha tanta pressa. Não há necessidade de voltar correndo'". Khruchióv ocupava um lugar especial na afeição do líder: talvez seu otimismo irreprimível, sua devoção velhaca — e sua esperteza prática o tornassem útil naquele momento. Stálin estava em um "estado de confusão, ansiedade, desmoralização, até paralisia", segundo Khruchióv, acalmando a ansiedade com noites insones e muita bebida em jantares intermináveis em Kuntsevo. "Era possível sentir a estática, a descarga de tensão", relatou Khruchióv. Na sexta-feira 20 de junho, ele finalmente disse: "Preciso ir embora. A guerra está prestes a irromper. Ela pode me pegar aqui em Moscou ou no caminho de volta para a Ucrânia".

"Certo", disse Stálin. "Vá embora."[1]

No dia 19, Jdánov, que dirigia o país com Stálin e Mólotov, saiu por um mês e meio de férias. Sofrendo de asma e da amizade sufocante de Stálin, estava exausto. "Mas tenho o mau pressentimento de que os alemães podem invadir", disse a Stálin.

"Os alemães já perderam o melhor momento. Evidentemente, vão atacar em 1942. Aproveite suas férias", respondeu Stálin.* Mikoian achou que ele era ingênuo de sair, mas Mólotov deu de ombros: "Um homem doente precisa descansar". Então "saímos de férias", lembra Iúri, o filho de Jdánov. "Chegamos a Sotchi no sábado 21 de junho."[2]

A 20 de junho, Dekanózov, de volta a Berlim, advertiu Béria com firmeza de que o ataque era iminente. Béria ameaçou seu protegido, enquanto Stálin resmungava que o "chato kartveliano" não era "inteligente o bastante para entender o que estava acontecendo". Béria encaminhou a "desinformação" para Stálin, com um bilhete servil, mas levemente zombeteiro: "Minha gente e eu, Iossif Vissariónovitch, lembramos firmemente de sua sábia previsão: Hitler não nos atacará em 1941!".

Por volta das sete e meia da noite, Mikoian, o vice-premiê encarregado da Marinha Mercante, recebeu um telefonema do capitão do Porto de Riga: 25 navios alemães estavam partindo, embora muitos não tivessem descarregado ainda. Ele correu ao gabinete de Stálin, no qual alguns líderes estavam reunidos.

"Isso deve ser uma provocação", Stálin disse raivoso a Mikoian. "Que partam." O Politburo estava alarmado, mas obviamente ninguém disse nada. Mólotov estava muito preocupado: "A situação não está clara, um grande jogo está em andamento", confidenciou ao comunista búlgaro Dmitrov, no sábado 21 de junho. "Nem tudo depende de nós." O general Gólikov trouxe novos indícios para Stálin, que escreveu no informe: "Esta informação é uma provocação inglesa. Descubra quem é o autor e o puna". A brigada de incêndio informou que a embaixada alemã estava queimando documentos. O governo inglês e até Mao Tsé-tung (uma fonte surpreendente, via Comintern) mandaram avisos. Stálin telefonou a Khruchióv para adverti-lo de que a guerra poderia começar no dia seguinte e perguntou a Tiuliêniev, o comandante de Moscou: "Como estão as coisas com a defesa antiaérea de Moscou? Note que a situação é tensa [...]. Ponha 75 por cento das tropas da defesa antiaérea de Moscou de prontidão".

O sábado 21 de junho foi um dia quente e agitado em Moscou. As escolas

* Talvez Stálin tivesse encorajado Jdánov a fim de reforçar sua própria confiança vacilante: quando Dmitrov transmitiu uma advertência austríaca, Stálin respondeu que não havia nada com que se preocupar por Jdánov, que dirigia o Distrito Militar de Leningrado e a Marinha, ter saído de férias.

haviam fechado para as férias. O Dínamo de Moscou perdeu o jogo. Os teatros apresentavam *Rigoletto, La traviata* e *As três irmãs*, de Tchekhov. Stálin e o Politburo reuniram-se o dia inteiro, com idas e vindas. No início da noite, o líder estava muito perturbado com os persistentes relatórios que até seu Terror não conseguia desfazer. Mólotov encontrou-o por volta das seis e meia.

Do lado de fora do Cantinho, Poskrióbichev estava de janelas abertas, tomando água de Narzan; ele telefonou para Tchaadáiev, o jovem assistente do Sovnarkom. "Alguma coisa importante?", perguntou Tchaadáiev.

"Eu diria que sim", respondeu Poskrióbichev. "O chefe falou com Timochenko, estava muito agitado [...]. Eles estão esperando pelo... você sabe... ataque alemão..."

Por volta das sete horas, Stálin mandou que Mólotov convocasse Schulenberg para protestar contra os voos de reconhecimento alemães — e descobrir o que pudesse. O conde chegou rapidamente ao Kremlin. Mólotov correu para seu escritório no mesmo edifício. Enquanto isso, Timochenko telefonava para contar que um desertor alemão revelara que a invasão seria ao amanhecer. Stálin oscilou entre a força da realidade e o autoengano de sua infalibilidade.*

No gabinete de Mólotov, Schulenberg ficou aliviado ao ver que o comissário do Exterior ainda não se dera conta da enormidade do que aguardava seu país. Os russos perguntaram-lhe por que a Alemanha parecia insatisfeita com seus aliados soviéticos. E por que as mulheres e crianças da embaixada alemã haviam deixado Moscou.

"Nem todas as mulheres", disse Schulenberg. "Minha mulher ainda está na cidade." Mólotov fez o que o assistente do embaixador Hilger chamou de um "dar de ombros resignado" e retornou ao gabinete de Stálin.

Então, chegou Timochenko, junto com a maioria dos magnatas: Vorochílov, Béria, Malenkov e o poderoso e jovem premiê-adjunto Voznessenski. Às 8h15 da noite, Timochenko retornou ao Comissariado da Defesa, de onde infor-

* Este relato baseia-se nas memórias de Mólotov, Mikoian, Júkov, Timochenko, Hilger e outros, mas as horas baseiam-se no diário do Kremlin, que é claramente incompleto. Tendo em vista, porém, que o medo, a incerteza e o caos daquela noite fizeram com que cada um assinalasse uma hora diferente para suas reuniões, ele pelo menos fornece uma moldura. Júkov não aparece na primeira reunião, às 19h5, e Vatútin, que era chefe-adjunto do Estado-Maior e aparece no relato de Júkov, não é mencionado. Nem Mikoian. Isso não significa que não estivessem lá: nas idas e vindas frenéticas, até Poskrióbichev pode ser perdoado por alguns erros.

mou Stálin que um segundo desertor avisara que a guerra começaria às quatro da manhã. Stálin chamou-o de volta. Timochenko chegou às 8h50 da noite com Júkov e Budiony, comissário-adjunto da Defesa, que conhecia Stálin muito melhor que os outros e tinha menos medo do *Vojd*. Budiony admitiu que não sabia o que se passava na fronteira, uma vez que estava no comando apenas da frente interna. Sem papas na língua, ele desempenhara um papel ambíguo no Terror, mas mesmo então se dispusera a dizer o que pensava, uma qualidade rara naqueles círculos. Stálin nomeou-o comandante do Exército de Reserva. Então Mekhlis, que acabara de reassumir seu antigo posto — chefe do Departamento Político do Exército, braço militar de Stálin —, juntou-se à vigília funérea.

"E agora?", perguntou Stálin enquanto caminhava de um lado para o outro. Houve um silêncio. O Politburo ficou mudo. Timochenko ergueu a voz: "Todas as tropas dos distritos da fronteira devem ser colocadas em alerta máximo!".

"Eles não mandaram o desertor com o objetivo de nos provocar?", disse Stálin, mas depois ordenou a Júkov: "Leia isto em voz alta". Quando Júkov pegou sua ordem de alerta máximo, Stálin o interrompeu: "Seria prematuro emitir essa ordem agora. Talvez ainda seja possível resolver a situação por meios pacíficos". Eles tinham de evitar qualquer provocação. Júkov obedeceu rigorosamente a suas instruções, pois sabia qual era a alternativa: "o calabouço de Béria!".

Os magnatas manifestaram-se então de forma tímida, concordando com os generais de que as tropas deviam ser postas em alerta, "por precaução". Stálin fez um sinal com a cabeça para os generais, que correram ao escritório de Poskrióbichev para reescrever a ordem. Quando voltaram, o obsessivo editor atenuou-a ainda mais. Os generais voltaram correndo ao Comissariado de Defesa para transmitir a ordem aos distritos militares: "Um ataque de surpresa dos alemães é possível durante 22 e 23 de junho [...]. O dever de nossas forças é evitar qualquer tipo de provocação [...]". Isso só se completou no domingo, dia 22 de junho, depois da meia-noite.

Stálin disse a Budiony que a guerra começaria provavelmente no dia seguinte. Budiony foi embora às dez, enquanto Timochenko, Júkov e Mekhlis partiram mais tarde. Stálin não parava sentado. Béria saiu, supostamente para verificar os últimos relatórios da espionagem e voltou às 10h40. Às onze, os líderes subiram ao apartamento de Stálin, onde se sentaram na sala de jantar. "Stálin continuava dizendo que Hitler não começaria a guerra", afirmou Mikoian. Segundo ele, Stálin teria dito: "Acho que Hitler está tentando nos provocar. Ele certamente não decidiu deflagrar a guerra".

Júkov telefonou de novo à meia-noite e meia: um terceiro desertor, um trabalhador comunista de Berlim chamado Alfred Liskov, atravessara a nado o Pruth para avisar que a ordem de invadir fora lida para sua unidade. Stálin conferiu se a ordem de alerta máximo estava sendo transmitida, depois ordenou que Liskov devia ser fuzilado "por sua desinformação". Mesmo numa noite como aquela, era impossível romper a rotina stalinista de brutalidade — e diversão: o Politburo foi para Kuntsevo num comboio de limusines, atravessando as ruas vazias com sua escolta do NKGB. Os generais, observados por Mekhlis, permaneceram tensos no Comissariado da Defesa. Mas, no resto da cidade, os cansados comissários, guardas e datilógrafas que esperavam todas as noites (mesmo aos sábados) até que Stálin deixasse o Kremlin, puderam ir para casa dormir. Pelos padrões do *Vojd*, era cedo.

Mólotov foi ao Comissariado do Exterior para mandar um último telegrama a Dekanózov em Berlim, que já estava tentando contato com Ribbentrop, para fazer as perguntas que Schulenberg deixara de responder. Depois uniu-se aos outros em Kuntsevo: "A gente talvez até veja um filme", disse ele. Por volta das duas da manhã, após uma hora de jantar, bebidas e conversas (as memórias de Júkov, Mólotov e Mikoian são confusas em relação àquela noite), eles voltaram para seus apartamentos no Kremlin.*

Longe dali, ao longo de toda a fronteira soviética, bombardeiros da Luftwaffe dirigiam-se para seus alvos. No mesmo dia em que o Grande Exército de

* Mais ou menos na mesma hora, Hitler decidiu tirar uma hora de sono antes do início da invasão: "A sorte da guerra deve ser decidida agora". Antes, exausto e ansioso, ele andara para lá e para cá em seu gabinete com Goebbels, redigindo a proclamação que seria lida ao povo alemão no dia seguinte: "Esse tumor precisa ser extinto", disse a Goebbels, "Stálin cairá." Liskov, o desertor alemão, ainda estava sendo interrogado, duas horas e meia depois, quando a invasão começou: não foi fuzilado. Os acontecimentos daquela noite foram tão dramáticos que todos os participantes lembram de horários diferentes. Mólotov disse que deixou Stálin à meia-noite; Mikoian, às três da manhã. Mólotov afirmou que Júkov, que é usado como fonte por muitos historiadores, situou os eventos mais tarde para ampliar seu papel. Um pouco da confusão se deve à diferença de uma hora entre os fusos horários russo e alemão; este relato baseia-se no horário russo. Mas é fácil cronometrar os eventos de acordo com a eficiência germânica da invasão, que começou às três e meia do horário de verão alemão (quatro e meia no horário russo) e com a chegada de Berlim das instruções de Schulenberg. A partir das três memórias, fica claro que o grupo foi do gabinete de Stálin para Kuntsevo entre as nove da noite e as três da manhã.

Napoleão invadira a Rússia 129 anos antes, os mais de 3 milhões de soldados de Hitler — alemães, croatas, finlandeses, romenos, húngaros, italianos e até espanhóis —, apoiados por 3600 tanques, 600 mil veículos motorizados, 7 mil peças de artilharia, 2500 aeronaves e cerca de 625 mil cavalos, atravessaram a fronteira para enfrentar os exércitos soviéticos de forças quase iguais, com 14 mil tanques (2 mil deles modernos), 34 mil canhões e mais de 8 mil aviões. A maior guerra de todos os tempos estava prestes a começar, no duelo entre aqueles dois egomaníacos brutais e irresponsáveis. E ambos estavam provavelmente acordados.

PARTE 7

Guerra: o gênio inábil, 1941-2

33. Otimismo e colapso

Stálin retirara-se para seu quarto quando Júkov telefonou para Kuntsevo.

"Quem é?", respondeu a voz sonolenta do general do NKGB.

"Júkov, chefe do Estado-Maior. Por favor, chame o camarada Stálin. É urgente!"

"O quê? Agora? O camarada Stálin está dormindo."

"Acorde-o imediatamente", disse Júkov ao oficial de plantão. "Os alemães estão bombardeando nossas cidades."

Houve um silêncio. Júkov esperou pelo que parecia uma eternidade. Ele não era o único que estava tentando relatar a invasão a Stálin, mas os generais continuavam tão petrificados diante do próprio líder quanto dos alemães. Às 4h17 da manhã (horário russo), o comando do mar Negro telefonou a Júkov no Comissariado de Defesa para relatar um enxame de bombardeiros. Às 4h30, a frente ocidental estava na linha, às 4h40, o Báltico estava sob ataque. Por volta da mesma hora, o almirante Kuznietsov recebeu uma ligação de seu comandante em Sebastopol: o bombardeio alemão começara. Kuznietsov telefonou imediatamente para o Kremlin, onde encontrou a tacanha mentalidade burocrática tão característica das tiranias. Era para ser um segredo que Stálin morava em Kuntsevo, então o oficial respondeu: "O camarada Stálin não está aqui e não sei onde ele está".

"Tenho uma mensagem de extrema importância que devo transmitir com a máxima urgência ao camarada Stálin pessoalmente."

"Não posso ajudá-lo de forma alguma", retrucou o oficial, e desligou. Kuznietsov ligou então para Timochenko, que, inundado por telefonemas, estava com medo de informar Stálin. Kuznietsov tentou todos os números de Stálin que possuía, mas sem sucesso, telefonou ao Kremlin de novo.

"Solicito que informe ao camarada Stálin que aviões alemães estão bombardeando Sebastopol. É a guerra!"

"Informarei à pessoa apropriada." Alguns minutos depois, o almirante descobriu quem era essa "pessoa apropriada": o fraco e de fala mansa Malenkov telefonou-lhe, perguntando com "voz insatisfeita e irritada": "Você percebe o que está relatando?". Até mesmo no momento em que os alemães bombardeavam Kiev e Sebastopol e suas tropas atravessavam as fronteiras, os cortesãos de Stálin ainda tentavam evitar a realidade com ameaças. Malenkov desligou e telefonou para Sebastopol a fim de conferir a história.

Timochenko não estava sozinho em seu gabinete: Mekhlis, "O Tubarão", passou a noite ao lado dos generais. Tal como Malenkov, estava convencido de que não haveria invasão naquela noite. Quando o chefe da Artilharia antiaérea Vóronov chegou correndo, Timochenko estava tão nervoso que lhe deu uma caderneta e, de modo absurdo, "mandou que eu apresentasse meu relatório por escrito", pois, se todos fossem presos por traição, ele seria responsável por seus crimes. Mekhlis ficou atrás dele e espiou por sobre seus ombros para verificar se estava escrevendo exatamente o que dissera. Depois, obrigou-o a assinar o papel. Timochenko ordenou que as forças antiaéreas não reagissem; Vóronov percebeu que "ele não acreditava que a guerra havia começado".

Timochenko recebeu um telefonema do comandante-adjunto do Distrito Militar Especial Ocidental, Boldin, contando que os alemães estavam avançando. Timochenko mandou que não reagisse.

"Como assim?", gritou Boldin. "Nossas tropas estão recuando, as cidades estão em chamas, as pessoas estão morrendo..."

"Ióssif Vissariónovitch acha que isso pode ser uma provocação de alguns generais alemães." O instinto de Timochenko lhe dizia para persuadir outra pessoa a dar a notícia a Stálin. Perguntou a Budiony: "Os alemães estão bombardeando Sebastopol. Devo contar a Stálin ou não?".

"Informe-o imediatamente!"

"Telefone para ele", suplicou Timochenko. "Tenho medo."

"Não, *você* telefona", retrucou Budiony. "Você é o comissário da Defesa!" Por fim, Budiony concordou e começou a ligar para Kuntsevo. Timochenko, ansioso por dividir as responsabilidades, ordenou que Júkov também telefonasse para Stálin.

Júkov ainda estava esperando na linha quando Stálin foi acordado. Três minutos depois, ele atendeu. Júkov fez seu relato e pediu permissão para contra-atacar. Houve um silêncio. Ele podia escutar a respiração do líder.

"Você me entendeu?", perguntou Júkov. "Camarada Stálin?" A única coisa que ouvia era a respiração pesada. Então Stálin disse: "Leve Timochenko ao Kremlin. Diga a Poskrióbichev para convocar o Politburo". Mikoian e os outros membros do Politburo já estavam recebendo telefonemas: "É a guerra!". Budiony conversou com Stálin na datcha e acrescentou que Riga também estava sob bombardeio. Stálin ligou para Poskrióbichev, que estava dormindo em seu estúdio: "O bombardeio começou".*

Stálin voltou rápido para a cidade; havia proibido que os membros do Politburo ficassem em sua datchas e, assim, todos já estavam lá. Subiu pelo elevador até o segundo andar, apressou-se pelos corredores acarpetados de vermelho e paredes com painéis de madeira e ordenou a Poskrióbichev, enquanto entrava em seu gabinete: "Traga os outros aqui agora". Júkov afirmou que o Politburo reuniu-se às quatro e meia da manhã, mas Mólotov achava que fora antes. Porém, o diário do gabinete de Stálin registra que a reunião começou às 5h45, pouco mais de uma hora depois do início do ataque alemão. Mólotov, que morava no mesmo edifício, não longe do apartamento de Stálin, chegou primeiro, seguido por Béria, Timochenko, Júkov e Mekhlis.

Stálin não desmoronou; Mikoian achou que ele estava "amortecido". Júkov notou que estava "pálido" e "perplexo" à mesa coberta de baeta verde, "com um cachimbo na mão". Vóronov achou-o "deprimido e nervoso", mas de qualquer modo estava no comando de seu gabinete. Lá fora, as frentes estavam em anarquia. Mas ali, Tchaadáiev, o assistente do Sovnarkom, lembrou que Stálin "falava devagar, escolhendo as palavras com cuidado, sua voz falhando ocasionalmente. Quando terminou, todos ficaram em silêncio por algum tempo, assim como

* Naquela manhã, o telefone também tocou na datcha de Jdánov em Sotchi: "Minha mãe veio a meu quarto em seguida", relembrou Iúri Jdánov, "e disse — 'É a guerra!' — e voltamos para Moscou com meu pai".

ele". Mas, por incrível que pareça, ainda persistiu na ideia de que a guerra poderia ser "uma provocação dos oficiais alemães", convencido de que Hitler poderia ter um Tukhatchevski no alto-comando da Wehrmacht. "Hitler simplesmente não sabe disso." Stálin não ordenaria a resistência enquanto não tivesse notícias de Berlim.

"Aquele patife do Ribbentrop nos enganou", disse a Mikoian várias vezes, ainda sem culpar Hitler. Eram quase cinco horas e ele ordenou a Mólotov: "Temos de telefonar para a embaixada alemã imediatamente". Mólotov ligou da escrivaninha de Stálin, cheia de telefones, e tartamudeou: "Diga-lhe para vir". Schulenberg já entrara em contato com o gabinete de Mólotov, pedindo para ver o comissário do Exterior. "Saí do gabinete de Stálin e subi as escadas que conduziam ao meu gabinete", o que levou cerca de três minutos. Schulenberg, acompanhado por Hilger, chegou ao escritório que dava para a igreja de Ivan, o Terrível, pela segunda vez naquela noite — e a última em sua carreira. Era verão e o Kremlin estava banhado pelas primeiras luzes da manhã e pelo perfume de acácias e rosas dos jardins Alexândrovski.*

Schulenberg leu o telegrama que chegara às três da manhã, hora de Berlim: as concentrações de forças soviéticas haviam forçado o Reich a tomar "contramedidas" militares. Quando terminou, o rosto de Mólotov encheu-se de descrença e raiva. Por fim, balbuciou: "Devo supor que isso é uma declaração de guerra?".

Schulenberg também não conseguia falar: deu de ombros com tristeza. A raiva de Mólotov superou o choque: "A mensagem que acabei de receber não pode significar outra coisa senão uma declaração de guerra, pois as tropas alemãs já atravessaram a fronteira, e cidades soviéticas como Odessa, Kiev e Minsk foram bombardeadas pela aviação alemã durante uma hora e meia". Mólotov

* Ao mesmo tempo, em Berlim, o embaixador soviético Dekanózov era convocado ao Ministério do Exterior. Ao chegar, notou que a imprensa alemã estava presente para registrar o momento. Adotando sua postura "mais fria", Ribbentrop o recebeu no gabinete do príncipe Bismarck, o estadista que advertira a Alemanha contra a guerra em duas frentes e fora tantas vezes citado a esse respeito por Stálin e Jdánov. Claramente bêbado, "rosto vermelho" e "balançando um pouco o corpo", Ribbentrop leu sua declaração. "Lamento profundamente [...]", respondeu Dekanózov. Ele partiu sem aperto de mãos. Porém, quando estava saindo, Ribbentrop veio atrás e sussurrou que tentara impedir Hitler de iniciar aquela guerra, mas ele não dava ouvidos a ninguém. "Diga a Moscou que fui contra o ataque", sibilou. Ribbentrop percebia que o pacto soviético fora o clímax de sua carreira.

estava gritando agora. Tratava-se de "uma quebra de confiança sem precedentes na história". A Alemanha havia deflagrado uma guerra terrível. "Com certeza, não merecemos isso." Não havia mais nada a dizer: o conde Von der Schulenberg, que seria executado por Hitler por sua participação no complô de julho de 1944, apertou-lhe a mão e partiu, passando pelas limusines que entravam no Kremlin trazendo generais. Mólotov correu ao gabinete de Stálin e anunciou: "A Alemanha declarou guerra contra nós".

Stálin afundou em sua cadeira, "perdido em pensamentos". O silêncio foi "longo e significativo". Stálin parecia "cansado, esgotado", lembrou Tchaadáiev. "Sua face bexiguenta estava fechada e abatida." Aquela "foi a única vez que vi Stálin deprimido", relembrou Júkov. Depois, ergueu-se com um slogan irrefletidamente otimista: "O inimigo será derrotado em todas as linhas" — e voltou-se para os generais. "O que vocês recomendam?"

Júkov sugeriu que os distritos da fronteira deveriam "resistir" aos alemães.

"Aniquilar", interrompeu Timochenko, "não 'resistir'."

"Mande uma diretriz", disse Stálin, ainda sob o encanto de sua grandiosa ilusão: "Não cruzem a fronteira". Foi Timochenko, e não Stálin, quem assinou uma série de diretrizes emitidas durante a manhã. Tchaadáiev notou uma melhora de humor: "Naquele primeiro dia de guerra, todo mundo estava bastante otimista".

No entanto, apesar de tudo, Stálin persistia em se agarrar aos cacos de sua ilusão estilhaçada: disse que esperava resolver as coisas pela diplomacia. Ninguém ousou contradizer esse absurdo, exceto Mólotov, seu camarada desde 1912 e que era um dos últimos que ainda podiam discutir abertamente com ele. "Não!", retrucou ele de forma enfática. Era a guerra, e "nada pode ser feito em relação a isso". Ao meio-dia, a escala da invasão e a insistência de Mólotov fizeram Stálin encarar a realidade: "Eles caíram sobre nós, sem nenhuma reivindicação, fazendo um ataque vil, com se fossem bandidos", disse ao líder do Comintern, Dmitrov. Os "bandidos" tinham a vantagem da surpresa total. A linha de frente soviética fora esmagada. Os exércitos de Stálin eram mais fortes no Sul. Porém, enquanto os alemães avançavam na direção de Leningrado e da Ucrânia, o exército mais forte de Hitler destinava-se a tomar Moscou. As duas tenazes do Grupo de Exércitos do Centro destruíram a frente ocidental soviética, comandada pelo general Pávlov, cujo contra-ataque foi desbaratado quando os Panzers avançaram na direção de Minsk e da estrada para Moscou.

Stálin reagiu com uma torrente de ordens que tinham pouca relação com o desastre na frente de batalha; não obstante, Béria, Malenkov, Mikoian, Kaganóvitch e Vorochílov entraram e saíram do Cantinho ao longo da manhã, de tal modo que, ao meio-dia, todos haviam estado lá pelo menos duas vezes. Béria, três. Mekhlis foi um dos primeiros a chegar, Kulik veio depois. O *Vojd* mandou Kaganóvitch preparar os trens para remover todas as fábricas e 20 milhões de pessoas da frente de guerra — nada deveria cair nas mãos dos alemães. Mikoian supriria os exércitos.

Stálin mantinha um controle minucioso sobre tudo, do tamanho e forma das baionetas às manchetes do *Pravda* e quem escrevia os artigos, sem perder o ciúme da glória dos outros nem seu instinto sem jaça de autopreservação. Quando o general Kóniev recebeu várias menções nos jornais durante a primeira semana, Stálin encontrou tempo para telefonar ao editor e dizer: "Você já publicou demais sobre Kóniev". Quando o mesmo editor perguntou se poderia publicar um artigo de um autor que Stálin denunciara ferozmente antes da guerra, ele respondeu: "Pode publicar. O camarada Avdéienko se arrependeu". Ao mesmo tempo, ele sumia do olhar público de forma deliberada. Suas aparições na primeira página do *Pravda* diminuíram muitíssimo. Espantosamente, a URSS não possuía um Comando Supremo: às nove horas daquela manhã, Stálin criou uma primeira versão, o *Stavka*. Como era de prever, o decreto nomeava Stálin para comandante-chefe, mas ele riscou seu nome e pôs em seu lugar o de Timochenko.

Todos concordavam que o governo tinha de anunciar a guerra. Mikoian e os outros propuseram que Stálin fizesse isso, mas ele se recusou: "Que fale Mólotov". Afinal, fora ele quem assinara o tratado com Ribbentrop. O grupo discordou: as pessoas não iriam entender por que a notícia não estava sendo dada pelo premiê. Stálin insistiu que falaria em outra ocasião. "Ele não quis ser o primeiro a falar", contou Mólotov. "Ele precisava de um quadro mais nítido [...]. Não podia responder como um autômato a tudo [...]. Afinal, era um ser humano."

Mólotov, que ainda se considerava um jornalista político, começou imediatamente a trabalhar no comunicado, mas Stálin dominou a redação, pois possuía o dom de comprimir ideias complexas nas frases simples e arrebatadoras que a partir de então caracterizaram seus discursos de guerra. Ao meio-dia, Mólotov foi ao escritório central dos Telégrafos, na rua Gorki, logo acima do Kremlin. Controlou sua gagueira e fez o famoso discurso com sua voz monótona, mas trêmula: "Nossa causa é justa. O inimigo será esmagado. A vitória será nossa".

Quando retornou, Stálin subiu até seu gabinete para congratulá-lo: "Bem, você parecia um pouco perturbado, mas o discurso foi bom". Mólotov precisava de elogios: era muito mais vaidoso do que parecia. Naquele instante, o *vertuchka* tocou: era Timochenko relatando o caos na fronteira, onde os comandantes, em especial Pávlov na vital frente ocidental, que cobria Minsk e a estrada para Moscou, haviam perdido contato com suas tropas. Stálin vituperou sobre como "o ataque inesperado é muito importante na guerra. Dá a iniciativa aos atacantes [...]. Você deve evitar rigorosamente qualquer pânico. Chame os comandantes, esclareça a situação e faça um relato [...]. De quanto tempo precisa? Duas horas, bem, não mais do que isso [...]. Como está a situação de Pávlov?". Mas Pávlov, sob o impacto do ataque alemão, "não tem conexão com o comando de seus exércitos [...]".

Assessorado por Mólotov, Malenkov e Béria, os três que passariam a maior parte da guerra no Cantinho, Stálin ficou sabendo aos poucos dos sucessos espantosos dos alemães e do colapso soviético. Durante aquela primeira semana, Béria, chefe do Departamento Especial, o *Osobii Otdel*, polícia secreta presente em todas as unidades militares e responsável por caçar os traidores, encontrou-se quinze vezes com Stálin, enquanto Mekhlis, o chefe político do Exército, praticamente morava no Cantinho: o terror era a solução de Stálin para a derrota. Mas esses dois, junto com companheiros da guerra civil como Vorochílov e Kulik, serviram de pouco consolo quando Timochenko relatou no fim do dia que quase mil aviões haviam sido eliminados no solo.

"Mas a Força Aérea alemã não conseguiu atingir todos os campos de aviação?", perguntou Stálin de maneira patética.

"Infelizmente, sim."

Contudo, foi o desastre da frente ocidental de Pávlov que reduziu Stálin a uma fúria selvagem, mas impotente: "Isso é um crime monstruoso. Os responsáveis devem ser decapitados". De repente, ele mandou seus companheiros de maior confiança viajar até as frentes de batalha e descobrir o que estava acontecendo. Quando hesitaram, gritou: "Imediatamente".

O chefe do Estado-Maior deveria ir para a frente sudoeste, mas perguntou quem dirigiria as coisas em sua ausência. "Não perca tempo", escarneceu Stálin, "nós nos viramos." Malenkov e Budiony, um estranho casal formado por um burocrata frio e um cossaco fanfarrão, voaram para Briansk; Kulik foi para a frente ocidental.

O redemoinho quase os consumiu: houve uma série de fiascos meio ridículos, mas todos tiveram a sorte de escapar com vida. Enquanto isso, no Cantinho, as horas de Stálin eram tão inconsistentes quanto o desempenho de seus exércitos. Stálin e Béria foram os últimos a sair, às 16h45. Ainda acreditavam que suas contraofensivas levariam a batalha para o território do inimigo. Devem ter dormido um pouco, mas Stálin estava de volta ao gabinete às 3h20 da madrugada de 23 de junho para se reunir com Mólotov, Mekhlis e Béria até o começo da manhã. No dia 25, confrontado com a queda em todas as frentes, Stálin já estava passando toda a noite, da uma às 5h50 da manhã, no gabinete, num estado de indignação crescente, à medida que seus enviados especiais desapareciam no cataclismo. "Aquele inútil do Kulik precisa de um chute no traseiro", disse ele.[1]

Somente Júkov, brutal, corajoso e enérgico, conseguiu contra-atacar na frente sudoeste, brandindo a impiedade stalinista que o distinguiria durante toda a guerra: "Prendam imediatamente", diz uma de suas típicas ordens ao Departamento Especial sobre oficiais em retirada. "E levem-nos a julgamento urgente como traidores e covardes".[2]

O bufão bebum marechal Kulik, cuja participação na guerra seria uma crônica de mancadas tragicômicas, vestiu-se com uniforme completo de piloto, inclusive casquete e óculos, e chegou à frente ocidental como um Biggles stalinista na noite de 23 de junho. Desnorteado pela destruição do Décimo Exército, ficou isolado, cercado e quase foi capturado. Teve de fugir disfarçado. "O comportamento do marechal Kulik foi incompreensível", denunciou o comissário do regimento a Mekhlis. "Ele mandou todos tirarem suas insígnias, jogar fora documentos e depois vestir roupas de camponês", um disfarce que lhe era mais do que adequado. Depois de queimar seu uniforme de marechal (e sua roupa de aviador), "propôs que jogássemos fora nossas armas e me disse pessoalmente para me desfazer de minhas medalhas e meus documentos [...]. Kulik viajou numa carreta puxada por cavalos pela estrada que os tanques alemães acabavam de tomar [...]".[3] A frente ocidental estava se desintegrando. O enfermo marechal Chápochnikov foi derrubado pela tensão. O quartel-general o perdeu também.

Tal como numa brincadeira de esconde-esconde em que mais e mais crianças são mandadas para achar as que estão escondidas, Stálin enviou Vorochílov para encontrar Kulik e Chápochnikov. A 26 de junho, o "primeiro-marechal" chegou a Mogilev em um trem especial, mas não conseguiu achar a frente ocidental, nem os dois marechais. Por fim, seu ajudante deparou com uma cena deplorável que parecia mais um "acampamento cigano" que um quartel-general e avistou Chápochnikov deitado no chão, coberto por um casacão, aparentando estar exausto. Então viu Pávlov, o comandante, deitado sozinho sob uma árvore, comendo *kacha** de uma lata de rancho, debaixo de uma chuva torrencial que ele parecia não sentir. Chápochnikov mexeu-se. O ajudante percebeu que ele estava vivo e se apresentou. O marechal, estremecendo de dor, agradeceu a Deus pela vinda de Vorochílov e começou a se barbear. Pávlov, que acabara de comer sua *kacha*, ficou aturdido e desesperado: "Estou acabado!".

Vorochílov caiu sobre o acampamento com uma explosão de ameaças, ao mesmo tempo em que mandava o ajudante atrás de Kulik. Depois os dois marechais se retiraram para o trem especial a fim de decidir o que fazer com o pobre Pávlov. Vorochílov pediu o jantar: um cozinheiro trouxe presunto, pão e chá, um repasto que evidentemente desapontou o marechal, pois ele ficou furioso, gritando por seu cozinheiro, o camarada Franz, que apareceu e ficou em posição de sentido. Vorochílov exigiu saber como ele ousava servir aquilo para dois marechais.

"Por que fatiou o presunto? Corta-se presunto desse jeito? Numa estalagem de merda eles servem um presunto melhor!" Vorochílov chamou Pávlov e o repreendeu por seus fracassos. Em outro daqueles momentos que revelam a importância da vingança pessoal, lembrou Pávlov de que outrora dera queixa dele a Stálin. Pávlov caiu de joelhos, implorou perdão e beijou as botas do marechal. Vorochílov retornou a Moscou.[4]

No amanhecer de 4 de julho, Mekhlis prendeu Pávlov por traição: "Pedimos que confirme prisão e processo", relatou Mekhlis. Stálin saudou a notícia "como uma das verdadeiras formas de melhorar a saúde da frente". Sob tortura, Pávlov implicou o general Meretskov, que foi imediatamente detido também. Antes do "julgamento" de Pávlov, Poskrióbichev levou a Stálin o rascunho da "sentença". Ao ver que continha as invenções tradicionais, o líder disse a Poskrióbichev: "Aprovo a sentença, mas diga a Ulrikh para se livrar de todo esse lixo sobre 'atividade conspiratória'. O caso não deve se prolongar. Sem apelação. E depois informe às frentes para que elas saibam que os derrotistas serão punidos sem misericórdia". Mikoian (e supostamente o resto do Politburo) aprovou a sentença e ainda o fazia trinta anos depois, quando escreveu suas memórias: "Foi

* Prato russo feito de cereais fervidos em água ou leite. (N. T.)

uma pena perdê-lo, mas foi justificado". A 22 de julho, os quatro oficiais do comando da frente ocidental foram fuzilados. Chegaram tantos telegramas pedindo permissão para fuzilar traidores que as linhas do escritório de Mekhlis ficaram bloqueadas. Naquele dia, ele disse que sentenciassem e fuzilassem seus próprios traidores.[5]

Stálin estava absorvendo a escala da catástrofe. As frentes de batalha estavam fora de controle: os nazistas aproximavam-se de Minsk, a Força Aérea estava dizimada, trinta divisões esmagadas. No dia 26, chamou com urgência Júkov da frente sudoeste: o chefe do Estado-Maior encontrou Timochenko e o general Vatútin em posição de sentido diante de Stálin, com "os olhos vermelhos por falta de dormir". Stálin ordenou: "Ponham suas cabeças para funcionar juntas e me digam o que pode ser feito".* Deu-lhes quarenta minutos para propor novas linhas de defesa.[6]

Não obstante, mesmo naqueles momentos frenéticos, Stálin lembrava de sua família. A 25 de junho, estava em uma reunião com Timochenko para discutir uma "situação que era extremamente grave em todas as frentes" quando o comissário da Defesa encontrou coragem para perguntar se Iákov Djugachvili, o filho mais velho do líder, de seu primeiro casamento, que sempre o desapontara e a quem ele tratara com insensibilidade, deveria ser mandado para a frente, como pedira. Contendo a raiva, Stálin respondeu: "Alguns oficiais excessivamente zelosos, para usar um eufemismo, estão sempre tentando agradar seus superiores. Não o incluo entre eles, mas o aconselho a nunca mais me perguntar coisas desse tipo". E não disse mais nada, porém mais tarde conferiu se os filhos mais velhos, Iákov e Artiom, ambos da artilharia, seriam enviados para a linha de frente. Depois que Vassíli deu uma festa de despedida, Júlia, esposa de Iákov, acompanhou a partida de seu amado Iacha vestida com um vestido vermelho que mais tarde consideraria amaldiçoado.

Certa noite dos primeiros dez dias de guerra, Stálin telefonou para Jênia Allilúieva, com quem não mantinha contato desde o novo casamento dela. Ao visitar

* Em algum momento daquele dia, o Politburo mandou secretamente que o corpo de Lênin fosse removido do Mausoléu e levado para Tiumen, na Sibéria.

Kuntsevo, "jamais vira Ióssif tão abatido". Ele pediu a ela que levasse Svetlana e as crianças para a datcha em Sotchi e depois lhe fez um resumo espantosamente honesto da situação da guerra, que a chocou, pois a propaganda ainda sustentava que o heroico Exército Vermelho estava prestes a esmagar o invasor fascista: "A guerra será longa. Muito sangue será derramado [...] por favor leve Svetlana para o sul". Numa atitude típica da força de sua personalidade, aquilo que a tornava tão atraente e irritante, Jênia recusou-se a atender Stálin. Ela precisava fazer companhia ao marido. Stálin ficou "perturbado e irado". Nunca mais viu Jênia.

Foi Anna Redens quem acompanhou Svetlana, Alexandra Nakachidze, Galina, esposa de Vassíli, Gulia, filha de Iákov, bem como os próprios filhos até a datcha de Sotchi, onde ficaram até que a frente de guerra se aproximou de lá.[7]

A 28 de junho, os alemães, que haviam penetrado quase quinhentos quilômetros em território soviético, fecharam o cerco de 400 mil soldados e tomaram a capital da Bielo-Rússia, Minsk. Quando fragmentos dessa informação chegaram ao Cantinho durante uma longa sessão que foi do meio da tarde até as 2h40 da manhã, Stálin ficou fora de si. Após poucas horas de sono, foi até o Comissariado de Defesa para saber mais, provavelmente acompanhado por Mólotov, Malenkov e Budiony. A queda de Minsk abriria o caminho para Smolensk e Moscou, mas a derrota foi tão fragorosa que Timochenko perdeu novamente o contato com seus exércitos. Isso enfureceu Stálin, que retornou ao Cantinho às 19h35. Enquanto Timochenko e Júkov iam e vinham com notícias cada vez piores, Béria e Mikoian chegaram para uma reunião de emergência do Politburo. Depois da meia-noite, Stálin telefonou a Timochenko para saber notícias concretas da Bielorrússia: não havia nenhuma. Foi a gota d'água.* Stálin saiu bruscamente do gabinete. Poskrióbichev e Tchaadáiev viram Stálin, Mólotov e Béria entrar no Packard estacionado lá fora.

* Agora que temos acesso a tantas fontes diferentes sobre esse notável episódio, das memórias de Mólotov e Mikoian às de Tchaadáiev, o assistente do Sovnarkom que registrou o relato do chefe de Estado-Maior-adjunto Vatútin, podemos reconstruir essa história até então obscura. Mikoian data a cena no Comissariado de Defesa em 29 de junho e Tchaadáiev em 27 de junho, uma indicação do caos daqueles dias. Na verdade, foi no dia 28, pois sabemos, a partir de sua agenda, que Stálin esteve em seu gabinete durante todo esse dia, mas não apareceu nos dois posteriores. Júkov diz que Stálin foi ao Comissariado duas vezes naquele dia, mas é provável que a cartada final tenha ocorrido à noite, como Mikoian afirma.

"É óbvio que os alemães tomaram Minsk", disse Poskrióbichev.

Minutos depois, os "Cinco" chegaram ao Comissariado de Defesa. Stálin conduziu seus homens ao escritório de Timochenko e anunciou que queria um contato pessoal com os relatórios que chegavam da frente de batalha. Júkov estava para sair, mas Timochenko fez-lhe um sinal para ficar. Os "Cinco" reuniram-se em torno do mapa das operações.

"O que está acontecendo em Minsk?", perguntou Stálin.

"Ainda não tenho condições de fazer um relatório sobre isso", respondeu Timochenko.

"É seu dever ter os fatos diante de si sempre e mantê-los atualizados", disse Stálin. "No momento, você está apenas com medo de nos dizer a verdade." Diante disso, o destemido Júkov interrompeu rudemente: "Camarada Stálin, temos permissão para continuar com nosso trabalho?".

"Por acaso, estamos no meio do seu caminho?", zombou Béria, que devia estar chocado de ver alguém se dirigir a Stálin daquela maneira. A reunião degenerou numa rixa entre Júkov e Béria, com um encolerizado Stálin no meio.

"Vocês sabem que a situação em todas as frentes é crítica. Os comandantes esperam instruções, e é melhor que nós mesmos façamos isso", retrucou Júkov.

"Nós também somos capazes de dar ordens", gritou Béria.

"Se você acha que pode, faça-o!", replicou Júkov.

"Se o Partido mandar, nós o faremos."

"Então espere até que ele mande. Por enquanto, nos disseram para cuidar do assunto." Júkov apelou a Stálin: "Desculpe minha franqueza, camarada Stálin, com certeza podemos resolver isso. Depois iremos ao Kremlin e faremos um relatório". No que Júkov dizia, estava implícito que os generais podiam ser mais competentes que o Politburo. Stálin, que ficara em silêncio até aquele momento, não conseguiu mais conter sua fúria: "Você está cometendo um erro crasso ao tentar fixar limites entre vocês e nós [...]. Devemos todos pensar em como ajudar as frentes".

Então, nas palavras de Mikoian, Stálin "estourou": "O que é o quartel-general? Que espécie de chefe do Estado-Maior é esse que desde o primeiro dia da guerra não tem conexão com suas tropas, não representa ninguém e não comanda ninguém?".

O impassível Júkov despencou diante dessa barragem de fogo, irrompeu em lágrimas, "soluçando como uma mulher", e "correu para outra sala". Mólotov o seguiu. Um dos bolcheviques mais ríspidos confortou um dos mais severos soldados daquele século sangrento: teria Mólotov oferecido um lenço, ou posto a mão sobre o ombro de Júkov? Cinco minutos depois, aquela dupla incongruente retornou. Júkov estava "quieto, mas seus olhos estavam úmidos".

"Estávamos todos deprimidos", admitiu Mikoian. Stálin sugeriu que Vorochílov ou outra pessoa fosse enviada para fazer contato com a frente na Bielorrússia. "Stálin estava muito deprimido." Então ele olhou para seus camaradas.

"Muito bem, vamos deixar que eles resolvam primeiro", disse Stálin. "Vamos embora, camaradas." Dito isso, saiu da sala. Quando embarcavam no carro, murmurou suas primeiras palavras verdadeiras desde o início da guerra: "Tudo está perdido. Eu desisto. Lênin fundou nosso Estado e nós fodemos com tudo". Foi soltando palavrões até Kuntsevo. "Lênin nos deixou uma grande herança e nós, seus sucessores, cagamos tudo." Mesmo ao chegar em casa, Mólotov escreveu, ele continuava a praguejar: "'Nós fodemos com tudo!'. A primeira pessoa do plural incluía a todos nós!". Stálin disse que não podia mais ser o líder. Desistiu. Em Kuntsevo, Mólotov "tentou animá-lo". Deixaram-no amuado na datcha.*

Mikoian não ficou impressionado com essa encenação. A caminho de casa, discutiu-a com Mólotov, de quem não gostava, mas em quem confiava: eles conheciam Stálin muito bem. "Ficamos surpresos com essa declaração de Stálin. E agora, está tudo irrevogavelmente perdido? Achamos que ele havia dito aquilo para causar impressão." Eles tinham razão ao pensar que Stálin estava em parte encenando, mas "ele era um ser humano também", nas palavras de Mólotov. A queda de Minsk abalou o líder, que ficou desacreditado diante de seus camaradas e generais. Era a crise mais grave de sua carreira.

No dia seguinte, descobriram que não era apenas "para causar impressão". Ao meio-dia, quando costumava chegar ao Kremlin, ele não apareceu. Nem no resto do dia. O vácuo de poder era palpável: o titã que, em maratonas de catorze horas, decidia todos os mínimos detalhes, deixou um vazio. Quando seu telefone tocou, Poskrióbichev respondeu: "O camarada Stálin não está e não sei quando estará". Mekhlis tentou ligar para Kuntsevo, mas ninguém atendeu. "Não compreendo", suspirou Poskrióbichev. No final do dia, o chefe de gabinete

* As versões usadas aqui são de Mólotov: "Nós fodemos com tudo"; de Mikoian: "Lênin nos deixou uma grande herança e nós, seu sucessores, cagamos tudo". Béria (por intermédio de Khruchióv, que não estava em Moscou): "Está tudo perdido. Desisto. Lênin nos deixou um Estado proletário e agora fomos pegos de calças arriadas e deixamos tudo ir à merda"; e de Tchaadáiev: "Lênin fundou nosso Estado e nós fodemos com tudo".

de Stálin já estava dizendo: "O camarada Stálin não está aqui e é improvável que venha".

"Ele foi para a frente de guerra?", perguntou o jovem Tchaadáiev.

"Por que você fica me aborrecendo? Já disse que ele não está e que não estará aqui."

Stálin "isolara-se de todos, não estava recebendo ninguém e não atendia o telefone". Mólotov disse a Mikoian e aos outros que ele "ficou em tal estado de prostração nos dois últimos dias que não estava interessado em nada, não mostrava nenhuma iniciativa e não estava bem". Ele não conseguia dormir. Não se preocupava nem mesmo em se despir, e simplesmente perambulava pela datcha. A certa altura, abriu a porta da casa da guarda e o adjunto de Vlássik, major Rumiántsev, perfilou-se, mas Stálin não disse nada e voltou para seu quarto. Depois, diria a Poskrióbichev que tinha um gosto amargo na boca. Contudo, ele conhecia bem história e sabia que Ivan, o Terrível, seu "professor", também se retirara do poder para testar a fidelidade de seus boiardos.

Os boiardos soviéticos ficaram alarmados, mas os mais experientes pressentiram perigo. Mólotov teve o cuidado de não assinar nenhum documento. Enquanto os alemães avançavam, o governo ficou paralisado durante dois dias.

"Você não tem ideias de como as coisas estão", contou Malenkov a Khruchióv.

Na noite do dia 30, Tchaadáiev retornou ao gabinete para obter a assinatura de Stálin, mas ainda não havia sinal dele. "Ele também não esteve aqui ontem."

"Não, ele também não esteve aqui ontem", foi a resposta de Poskrióbichev, sem traço de sarcasmo. Porém algo precisava ser feito. Voznessenski apareceu na escrivaninha de Poskrióbichev, como todos os outros. Quando Tchaadáiev lhe pediu para assinar os documentos, ele se recusou e telefonou a Stálin, mas "não houve resposta da datcha". Então, ligou para Mólotov no andar de cima, que sugeriu uma reunião mais tarde, mas não deixou transparecer que ele já estava trancado com Béria, Malenkov e Vorochílov, resolvendo o que fazer. Então o dinâmico Béria inventou um novo supergabinete de Guerra, um ultra-Politburo com pouquíssimos membros e poderes totais, presidido por Stálin, se ele aceitasse, e com a participação de Mólotov, Vorochílov, Malenkov e o próprio Béria: três velhos bolcheviques e dois astros ascendentes. A exclusão de muitos dos magnatas era um triunfo de Béria e Malenkov, que nem eram membros plenos do Politburo.

Uma vez resolvido isso, Mólotov telefonou a Mikoian, que estava conversando com Voznessenski, e o Politburo se reuniu. Os magnatas jamais haviam sido tão poderosos: essas manobras se assemelhavam muito às intrigas logo após o derrame de Stálin, doze anos depois, pois era a única oportunidade real que tinham de derrubar Stálin desde a revelação do testamento amaldiçoador de Lênin, quase vinte anos antes. Mólotov contou-lhes sobre o colapso de Stálin, mas Mikoian retrucou que, mesmo que o *Vojd* estivesse incapacitado, "o simples nome de Stálin era uma grande força para elevar o moral do povo". Porém o presunçoso Voznessenski cometeu o que se revelaria um erro fatal: "Viatcheslav, você vai em frente e nós o seguiremos!". Mólotov deve ter empalidecido diante dessa sugestão letal e virou-se para Béria, que propôs seu Comitê de Defesa do Estado.* Eles decidiram ir a Kuntsevo.

Quando chegaram, entraram com cautela na casa sombria, cercada por pinheiros, e foram levados à pequena sala de jantar. Ali, sentado nervosamente numa poltrona, estava Stálin, "mais magro [...] abatido [...] desanimado". Quando viu os sete membros do Politburo entrando, "transformou-se em pedra". Um dos relatos conta que ele saudou-os com mais divagações deprimidas: "O grande Lênin não existe mais... Se ao menos ele pudesse nos ver agora. Ver aqueles a quem ele confiou o destino de seu país [...]. Estou inundado de cartas do povo soviético, censurando-nos com razão [...]. Talvez alguns de vocês não se importassem de pôr a culpa em mim". Depois, lançou-lhes um olhar inquisidor e perguntou: "Por que vieram?".

Stálin "parecia alerta, um tanto estranho", relembrou Mikoian, "e sua pergunta não era menos estranha. Na verdade, ele deveria ter-nos convocado. Eu não tinha dúvidas: ele achou que tínhamos chegado para prendê-lo". Béria observou o rosto de Stálin com cuidado. "Era óbvio", disse depois sua esposa, "que Stálin esperava que acontecesse qualquer coisa, até mesmo o pior."

Os magnatas também estavam assustados: mais tarde, Béria disse brincando que Mikoian se escondera atrás dos outros. Mólotov, que era o mais velho e, portanto, o mais exposto à vingança de Stálin, adiantou-se: "Obrigado por sua

* Sergo, o filho de Béria, cujas memórias são confiáveis em anedotas pessoais e duvidosas em questões políticas, sustenta que foi Alexander Scherbakov, o líder do Partido de Moscou, quem cometeu esse erro e que costumava perguntar a Béria se ele algum dia o trairia diante de Stálin. Mikoian, que estava presente, é muito mais confiável, mas Scherbakov pode ter perdido a paciência em outra ocasião, na ameaça a Moscou em outubro.

franqueza", disse ele, de acordo com uma fonte possivelmente secundária, "mas lhe digo aqui e agora que se algum idiota tentasse fazer-me voltar contra você, eu acabaria com ele. Estamos lhe pedindo para voltar a trabalhar [...]".

"Sim, mas pensem sobre isso", respondeu Stálin. "Ainda posso estar à altura das esperanças do povo? Posso liderar o país até a vitória final? É possível que haja candidatos mais merecedores."

"Creio que vou falar em nome de todos", interveio Vorochílov: "Não há ninguém melhor".

"*Pravilno!* Certo!", repetiram os magnatas. Mólotov contou a Stálin que Malenkov e Béria propunham a formação de um Comitê de Defesa do Estado.

"Com quem na chefia?", perguntou Stálin.

"Você, camarada Stálin." Seu alívio foi palpável: "A tensão abandonou sua face", mas ele não disse nada por uns instantes. Depois, Béria adiantou-se e disse: "Você, camarada Stálin, será o chefe", e listou os outros membros.

Stálin notou que Mikoian e Voznessenski haviam sido excluídos, mas Béria sugeriu que eles deveriam dirigir o governo. O pragmático Mikoian, sabedor de que sua responsabilidade de provedor do Exército era relevante, pediu para ser um representante especial. Stálin designou indústrias — Malenkov ficou com aviões, Mólotov com tanques, Voznessenski com armamentos. Stálin estava de volta ao poder.

Afinal, ele sofrera um colapso nervoso ou tudo não passava de encenação? Nada era simples e direto com esse ator político. O colapso foi bastante real: ele estava deprimido e exausto. Isso não fugia a suas características: sofreu crises semelhantes na morte de Nádia e na guerra finlandesa. Seu colapso era uma reação compreensível ao seu fracasso em entender Hitler, erro que não poderia ser escondido de seus cortesãos, que o tinham escutado dizer várias vezes que não haveria invasão em 1941. Mas essa era apenas a primeira parte do desastre: o colapso militar revelara o dano que ele causara e sua inépcia como comandante. O imperador estava nu. Somente um ditador que tivesse matado todos os possíveis concorrentes poderia sobreviver àquela crise. Em qualquer outro sistema, teria ocorrido uma mudança de governo, mas esse tipo de mudança não estava disponível na União Soviética.

Não obstante, Mólotov e Mikoian tinham razão: era também "jogo de cena". A retirada do poder era uma pose bem ensaiada, usada com sucesso de Aquiles e Alexandre, o Grande, a Ivan, o Terrível. O recuo de Stálin possibilitou que fosse efetivamente reeleito pelo Politburo, com o benefício adicional de traçar uma linha divisória com o trabalho malfeito até então, o qual fora perdoado: "Stálin gozou de nosso apoio de novo", escreveu Mikoian oportunamente. Portanto, foi ambas as coisas: um colapso e uma restauração política.

"Fomos testemunhas dos momentos de fraqueza de Stálin", disse Béria depois. "Ióssif Vissariónovitch jamais perdoará aquele nosso gesto." Mikoian tivera razão em se esconder.

Na tarde seguinte, Stálin reapareceu em seu gabinete; era um "novo homem", dedicado a desempenhar o papel de senhor da guerra para o qual se acreditava especialmente qualificado. A 1º de julho, os jornais anunciaram que ele era o presidente do Comitê de Defesa do Estado, o GKO. Pouco depois, mandou Timochenko comandar a frente ocidental que defendia Moscou. A 19 de julho, Stálin tornou-se comissário da Defesa, e, a 8 de agosto, supremo comandante em chefe: a partir de então, os generais o chamaram de *Verkhovnii*, Supremo. A 16 de julho, restaurou o comando duplo de comissários políticos que o Exército tanto odiava, abolido depois da Finlândia: os comissários, comandados por Mekhlis, deveriam conduzir "lutas incessantes contra covardes, disseminadores de pânico e desertores", mas esses amadores presunçosos, com frequência, assumiam o próprio comando, tal como seu grande líder. "O Comissariado da Defesa era como um canil de cachorros loucos com Kulik e Mekhlis", disse Khruchióv.* Enquanto isso, Stálin reunificava as forças de segurança, o NKVD e o NKGB, sob o comando de Béria. A 3 de julho, falou ao povo com uma voz nova, a de um líder nacional russo: "Camaradas, cidadãos", começou de modo convencional, com a voz baixa, a respiração audível pelas ondas de rádio do Império, junto com seus goles de água e o tinir do copo. "Irmãos e irmãs! Guerreiros do Exército e da Marinha! Eu faço um apelo a vocês, meus amigos." Tratava-se de uma guerra patriótica, mas patriotismo endurecido pelo Terror: "Covardes, desertores, pregadores do pânico" seriam esmagados numa "luta impiedosa".[8]

* A gangorra entre o tradicional "comando único" de um general e o "comando duplo" de generais e comissários do Partido marcou o progresso do Partido: os comissários foram introduzidos três vezes — em 1918, 1937 e 1941 — e abolidos três vezes, quando o prestígio dos soldados precisou ser elevado — em 1925, 1940 e 1942.

Duas noites depois, Stálin e Kalínin saíram do Kremlin às duas da manhã, sob forte escolta, comandada por Vlássik, e entraram no Mausoléu de Lênin para dar adeus à múmia do falecido líder, antes de sua partida para a Sibéria em um trem secreto.[9]

A nova decisão de Stálin pouco melhorou a situação nas frentes de batalha. Em três semanas de guerra, a Rússia perdera cerca de 2 milhões de homens, 3500 tanques e mais de 6 mil aeronaves. A 10 de julho, os Panzers alemães retomaram seu avanço sobre Smolensk, a porta de entrada para Moscou, que caiu seis dias depois. Os alemães fizeram mais 300 mil prisioneiros do Exército Vermelho e capturaram 3 mil canhões e 3 mil tanques — mas a luta encarniçada de Timochenko enfraqueceu temporariamente o ímpeto do inimigo. Hitler mandou o Grupo de Exércitos do Centro reagrupar-se no final de julho. Em seu avanço, no Sul, em direção a Kiev, no Norte, para Leningrado, Hitler obtivera vitórias incríveis, mas nenhum dos objetivos da operação Barbarossa — Moscou, Leningrado e a Bacia do Donets — caíra. O Exército soviético não fora destruído. Enquanto os generais alemães imploravam-lhe que jogasse os Panzers contra Moscou, Hitler, talvez lembrando da conquista inútil de Napoleão, queria tomar o petróleo e os grãos do Sul. Acabou concordando com uma nova estratégia, "Moscou e Ucrânia".

O novo Stálin chegou mesmo a aceitar alguma insolência do Politburo. Pouco depois da queda de Smolensk, convocou Júkov e Timochenko à datcha, onde o encontraram vestido com uma túnica velha, andando de um lado para o outro com o cachimbo apagado, o que era sempre um sinal de problema, acompanhado por alguns membros do Politburo. "O Politburo discutiu a demissão de Timochenko [...]. O que vocês pensam disso?" Timochenko ficou calado, mas Júkov discordou.

"Acho que ele tem razão", disse o velho Kalínin, que raras vezes discordara de Stálin desde 1930. Stálin "acendeu o cachimbo sem pressa e olhou para os membros do Politburo".

"E se concordarmos com o camarada Júkov?", perguntou.

"Você tem razão, camarada Stálin", responderam em uníssono. Mas Júkov nem sempre vencia.[10]

Confrontado com a ameaça de mais cercos gigantescos no Sul, Stálin tomou medidas draconianas para obrigar, pelo terror, seus homens a lutar. Na primeira semana, aprovou a Ordem nº 246 do NKGB, que estipulava a destruição das famílias daqueles que fossem capturados; agora, tornava pública sua notória Ordem nº 270. Ordenou que ela fosse assinada por Mólotov, Budiony, Vorochílov e Júkov, ainda que alguns deles não estivessem presentes, mas isso era, afinal, um método tradicional do governo bolchevique.[11] Essas medidas arruinaram a vida de milhões de soldados inocentes e de suas famílias, inclusive a do próprio Stálin.*

A 16 de julho, em um dos cercos, em Vitebsk, um tenente de artilharia do 14º Regimento Howitzer da 14ª Divisão Blindada viu-se invadido pelas forças germânicas. Sentindo-se especial, não se retirou: "Sou filho de Stálin e não permitirei que minha bateria recue". Mas também não se suicidou com honra. A 19 de julho, Berlim anunciou que no meio da massa de prisioneiros soviéticos estava Iákov Djugachvili. Jdánov mandou a Stálin um pacote selado que continha uma fotografia de Iákov, que seu pai examinou detidamente, atormentado pela ideia de seu filho enfraquecendo e o traindo. Pela segunda vez na vida de Iákov, Stálin amaldiçoou o fato de que seu próprio filho não conseguisse se matar: "O estúpido não conseguiu nem se matar com um tiro!", disse a Vassíli.

De imediato, suspeitou de Júlia, a esposa de Iákov. "Por enquanto, não diga nada à mulher de Iacha", disse a Svetlana. Pouco depois, de acordo com a Ordem nº 270, Júlia foi presa. Sua filha de três anos, Gulia, não viu a mãe durante dois anos. Contudo, sabemos agora que Stálin se atormentou com o destino de Iákov e remoeu sobre isso pelo resto da vida.

Ele proibiu rapidamente que Vassíli voasse em missões ativas: "Um prisioneiro é mais do que suficiente para mim!". Mas ficou irritado quando o "príncipe herdeiro" telefonou pedindo dinheiro para um novo uniforme e mais comida. Escreveu de volta: "1. Tanto quanto eu saiba, as rações da Força Aérea são bastante suficientes. 2. Um uniforme especial para o filho de Stálin não está na ordem do dia".[12]

Por volta da época da captura de Iákov, Stálin fez sua primeira tentativa de

* A Ordem nº 270 está escrita no estilo pessoal de Stálin: "Ordeno que (1) quem remover sua insígnia [...] e se render deve ser considerado um desertor maligno cuja família deve ser presa como a de um transgressor do juramento e traidor da pátria. Esses desertores devem ser fuzilados no local. (2) Aqueles que ficarem cercados devem lutar até o fim [...] os que preferirem se render deverão ser destruídos por qualquer meio disponível, e suas famílias devem ser privadas de toda assistência".

contato com Hitler. Ele e Mólotov mandaram Béria sondar o embaixador búlgaro Ivan Stamiênov. Béria confiou a missão ao especialista em assassinatos-espionagem Sudoplátov, que contou essa história em suas memórias semiconfiáveis: suas instruções eram perguntar por que a Alemanha violara o pacto, em que condições Hitler terminaria a guerra e se ele ficaria satisfeito com a Ucrânia, Bielorrússia, Moldávia e os países do Báltico, uma segunda Brest-Litovsk? Béria disse a seu subordinado que isso era para ganhar tempo. Sudoplátov encontrou-se com Stamiênov no restaurante georgiano Aragvi, o preferido de Béria, no dia 25 de julho, mas o búlgaro jamais passou a mensagem a Berlim, dizendo: "Mesmo que vocês recuem para os Urais, ainda assim vencerão no final".[13]

Entrementes, o avanço dos alemães no Sul era inexorável: as tenazes das divisões Panzer do Grupo de Exércitos do Sul, sob o comando de Guderian e Kleist, fizeram a volta em torno de Kiev para cercar as tropas da frente sudoeste do general Kirponos com centenas de milhares de homens. Era óbvio que Kiev teria de ser abandonada, mas, a 29 de julho, Stálin chamou Júkov para discutir todas as frentes de batalha. Poskrióbichev disse sinistramente que a reunião não começaria antes da chegada de Mekhlis. Quando o "demônio sombrio" apareceu com Béria e Malenkov, o chefe do Estado-Maior previu, sob o olhar meduseu do sinistro trio, que os alemães esmagariam a frente sudoeste antes de se voltar contra Moscou. Mekhlis interrompeu para perguntar, em tom ameaçador, como Júkov sabia tanto sobre os planos germânicos.

"E Kiev?", perguntou Stálin. Júkov propôs abandoná-la.

"Por que diz esse absurdo?", vociferou Stálin.

"Se pensa que o chefe do Estado-Maior diz absurdos, então peço que me dispense de meu posto e me mande para a frente de guerra", Júkov gritou em resposta.

"Quem lhe deu o direito de falar com o camarada Stálin desse jeito?", rosnou Mekhlis.

"Não se inflame", disse Stálin a Júkov, mas, "já que você falou, continuaremos sem você." Júkov pegou seus mapas e deixou a sala, para ser chamado novamente quarenta minutos depois e ser informado de que não era mais chefe do Estado-Maior — o que acabou sendo um favor, já que permitiu a esse general de guerra retornar a seu hábitat natural. Stálin tranquilizou-o: "Acalme-se, acalme-se". Chápochnikov foi nomeado para o comando. Stálin sabia que ele estava doente, mas "nós o ajudaremos". Júkov pediu para sair, porém Stálin o convidou a tomar um chá: ele gostava do general. O desastre que se desdobrava em torno de Kiev logo mostraria a sabedoria de seu "absurdo".[14]

As garras dos Panzers fechavam-se ao redor do eixo sudoeste, comandado pelo marechal Budiony e Khruchióv, que implorou para ter permissão de se retirar. Stálin foi informado pelo NKVD que Khruchióv iria entregar Kiev e telefonou para ameaçá-lo. Na alternância entre pânico estrondoso e ansiedade acalmada, que são os sentimentos de uma derrota fragorosa, Khruchióv encontrou Budiony, que bebia conhaque com o chefe de operações de frente Bagramian e lhe dizia afetuosamente que ele deveria ser fuzilado.

A 11 de setembro, com o tempo acabando, Budiony, que era mais corajoso e mais competente que a maioria dos "cavalarianos", sabia que seria demitido ou mesmo preso, mas insistiu com Stálin que "a postergação levará a perdas em homens e uma enorme quantidade de equipamento". Stálin destituiu-o no dia seguinte. Ao designar Timochenko para a frente, deu-lhe de presente dois cachimbos decorados com um cervo para simbolizar sua transferência do Norte para o Sul, em um gesto raro.

"Você assume o comando", disse Budiony a Timochenko na frente, "mas vamos telefonar a Stálin juntos e lhe dizer para recuar de Kiev. Somos verdadeiros marechais e eles vão acreditar em nós."

"Não quero pôr minha cabeça no laço", respondeu Timochenko. Dois dias depois, os agrupamentos de Panzers Um e Dois de Kleist e Guderian fizeram contato, às 18h20, a 180 quilômetros a leste de Kiev, caindo sobre cinco exércitos soviéticos inteiros num cerco gigantesco. O resultado funesto da obstinação de Stálin: 452 720 homens foram capturados. No dia 18, Kiev já caíra. Os nervos de Stálin se mantiveram intactos: "Feche o buraco rapidamente!", ordenou a Chápochnikov.[15]

Stálin e Béria aumentaram tanto a repressão como a redenção. Mais "cadáveres sortudos" foram libertados para ajudar no esforço de guerra. "Não existe ninguém em quem se possa confiar", Stálin murmurou durante uma reunião sobre defesa aérea, fazendo com que o designer de aviões Iákovlev se manifestasse: "Camarada Stálin, faz mais de um mês que Balándin, nosso comissário-adjunto do povo, foi preso. Não sabemos por que ele foi preso, mas não podemos conceber que fosse um inimigo. Ele é necessário [...]. Pedimos que examine seu caso".

"Sim", respondeu Stálin, "ele já está na prisão há quarenta dias, mas não confessou nada. Talvez não seja culpado de nada." No dia seguinte, Balándin, "com o rosto encovado e cabeça raspada", apareceu para trabalhar "como se nada tivesse acontecido". Béria e Mikoian pediram a libertação de Vánnikov, preso por discutir sobre artilharia com Kulik. Ele foi trazido direto da cela à presença de Stálin, que pediu desculpas, admitindo que Vánnikov tivera razão, e depois o promoveu a um alto cargo.

Ocorria certo constrangimento quando os "cadáveres sortudos" encontravam seus torturadores. O general Meretskov, preso durante as primeiras semanas da guerra, fora horrivelmente torturado pelo afável Merkúlov, o "Teórico", de quem fora amigo antes da prisão. Como testemunhou depois um de seus interrogadores: "Tortura brutal contínua foi aplicada em Meretskov por oficiais de alto escalão [...] ele foi espancado com cassetetes de borracha" até ficar coberto de sangue. Então foi limpado e levado a Merkúlov, mas Meretskov disse que eles não podiam mais ser amigos, uma conversa peculiar àquela época estranha: "Vsevolod Nikolaievitch, costumávamos nos encontrar informalmente, mas agora tenho medo de você". Merkúlov sorriu. Minutos depois, de uniforme completo, o general Meretskov apresentou-se a Stálin para sua próxima missão: "Olá, camarada Meretskov? Como está se sentindo?".

Béria também redobrou o Terror.[16] Enquanto o NKVD recuava, nem todos os prisioneiros foram libertados, ainda que Stálin tivesse todas as oportunidades para fazê-lo. Maria e Aliocha Svanidze, aqueles "espiões alemães" que haviam sido tão próximos dele, estavam na prisão desde dezembro de 1937. Stálin lembrou de Aliocha, que, como ele próprio disse a Mikoian, "foi condenado à morte. Mandei Merkúlov lhe dizer antes da execução que, se pedisse perdão ao Comitê Central, ele seria perdoado". Mas Svanidze respondeu orgulhosamente que era inocente e, portanto, "não posso pedir perdão". Ele cuspiu no rosto de Merkúlov: "Esta é minha resposta", gritou. A 20 de agosto de 1941, foi fuzilado. Poucos dias depois, em Kuntsevo, Stálin virou-se para Mikoian: "Quer saber de Aliocha?".

"O quê?" Mikoian, que adorava Svanidze, esperava que ele fosse solto. Mas Stálin, em tom banal, anunciou sua morte.

"Ele não queria pedir desculpas. Que orgulho nobre!", refletiu Stálin.

"Quando foi isso?", perguntou Mikoian.

"Foi fuzilado recentemente." Maria Svanidze, que tanto adorara Stálin, foi fuzilada no ano seguinte, junto com Mariko, irmã de Aliocha.[17]

34. "Feroz como um cão": Jdánov e o cerco de Leningrado

Enquanto Mólotov ficava sentado ao lado de Stálin no Cantinho, Jdánov governava a sitiada Leningrado como um pequeno Stálin. Mas o *Vojd* voltara sua fúria contra os comandantes da cidade de Lênin.* A 21 de agosto de 1941, um ataque alemão no Nordeste quase cortou as ligações de Leningrado com o resto da Rússia. Vorochílov, então com sessenta anos, assumiu o comando ao lado de Jdánov. Ambos tinham muito a provar, mas, enquanto a cidade era gradualmente cercada, eles lutavam para manter a confiança de Stálin.

Dia a dia, os alemães apertavam o cerco e Stálin farejava derrotismo. Ansioso, ele acusou Vorochílov e Jdánov de não perceber "esse perigo fatal. O Stavka não pode concordar com o clima de destino selado, com a impossibilidade de tomar medidas drásticas e nem com conversas sobre como todo o possível foi feito e é impossível fazer mais [...]".[1] Depois, Stálin ficou sabendo que Vorochílov, reeditando seus dias de glória de Tsarítsin em 1918, planejava levantar o moral com a eleição de oficiais — mas, dessa vez, o comissário de guerra escandalizado não foi Trotski.

"Pare imediatamente com as eleições porque elas vão paralisar o Exército

* A abertura dos papéis de Stálin e Jdánov permite que saibamos pela primeira vez de seus frenéticos esforços para salvar Leningrado.

e eleger líderes impotentes", ordenou Stálin, apoiado por Mólotov e Mikoian. "Precisamos de líderes com poder absoluto. Isso vai se espalhar como uma doença. Não se trata de Vologda, mas da segunda cidade do país!" E acrescentou: "Pedimos a Vorochílov e Jdánov que nos informem sobre as operações. Eles ainda não fizeram isso. É uma pena".

"Está tudo entendido", respondeu Leningrado. "Adeus, camarada Stálin. Isso ajuda. Grande gratidão!"[2]

Jdánov assumiu o controle de todos os aspectos da vida em Leningrado, fazendo a famosa declaração: "O inimigo está nos portões". Gordo, asmático e exausto, fumando sem parar seus cigarros Belomor, vestido com uma túnica verde-oliva, pistola no coldre, Jdánov comandava do terceiro andar da ala direita do Instituto Smolny, em um gabinete com retratos de Stálin, Marx e Engels nas paredes. Sua longa mesa era coberta com baeta vermelha, assim como a de Stálin era verde. Sua escrivaninha trazia engastada pedras dos Urais, presente de uma fábrica de Leningrado. Ele bebia chá, como Stálin, em um copo preso numa armação de prata, chupava torrões de açúcar e, tal como o líder, dormia no divã do gabinete. Escrevia editoriais de jornal, alocava pessoalmente cada volt, ameaçava os "pregadores de pânico" com morte instantânea e partilhava do comando da frente de guerra.[3]

Enquanto isso, Vorochílov exibia a admirável coragem que mostrara em Tsarítsin. Quando apareceu na frente de batalha, em Ivanovskoie, os soldados viram o primeiro-marechal andar para lá e para cá sob fogo pesado de artilharia: "Vejam, é ele! Vorochílov! Klim!", exclamaram boquiabertos. "Vejam como ele se ergue como se tivesse saído da terra!" A poucos quilômetros dali, o marechal encontrou alguns soldados que haviam fugido do ataque alemão. Deteve seu carro, empunhou a pistola e liderou os soldados contra os alemães aos gritos de "viva!". O velho cavalariano podia cometer suas bravatas, mas não conseguia estabilizar a frente de guerra.[4]

Stálin não se emocionou com a inépcia heroica desse *beau sabreur*. Sua afeição por Jdánov estava esfriando rapidamente. Quando o pessoal de Leningrado se referiu de maneira respeitosa a seu chefe como "Andrei Alexândrovitch", Stálin respondeu gelidamente: "Andrei Alexândrovitch? A que Andrei Alexândrovitch vocês se referem?". A concordância aterrorizada com suas ordens não ajudava: "Se você não concorda, diga com todas as letras", disse a Jdánov. Mas também mostrou irritação sarcástica, anotando com lápis vermelho: "Você não respondeu à proposta. Você não respondeu? Por que não? [...] Está entendido? Quando você começa o ataque? Exigimos uma resposta imediata em duas palavras: 'Sim' significará uma resposta positiva e rápida implementação e 'Não' significará uma negativa. Responda sim ou não. Stálin". Não obstante, resistia a qualquer tentativa de demitir Jdánov, ainda que ele vacilasse sob o fardo do destino de Leningrado.[5]

No dia 21, dando-se conta da situação desesperadora, Stálin mandou que Mólotov e Malenkov, armados com sua plena autoridade, fossem a Leningrado e designassem um bode expiatório, marcando a queda em desgraça de Jdánov. "Para Vorochílov, Malenkov, Jdánov [...]. A frente de Leningrado só pensa numa coisa: alguma maneira de recuar [...]. Não está na hora de vocês se livrarem desses heróis da retirada?"[6] Mas também tinham uma grande missão não mencionada: deveria Leningrado ser abandonada?

A jornada deles foi em si mesma uma aventura: voaram até Tcherepovets, onde tomaram um trem especial para o oeste, que, de repente, não pôde mais avançar e parou na pequena estação de Mga, a quarenta quilômetros da cidade. Os magnatas podiam ver um ataque de bombardeiros alemães, mas não se deram conta de que aquilo era o começo do avanço germânico que cercaria Leningrado apenas dois dias depois: Mga fora a última entrada. Mólotov e Malenkov ficaram incertos quanto ao que fazer. Caminharam ao longo dos trilhos para Leningrado até encontrar um ônibus elétrico suburbano, que tomaram como passageiros comuns. Mais adiante, foram recebidos por um trem blindado.

Encontraram Jdánov mantendo a situação praticamente sob controle, mas confortando-se com bebida e lutando contra sua asma. Ele jamais fora o mais forte dos homens de Stálin: "Um pouco sem energia", pensava Mólotov. O álcool tornou-se o defeito desse stalinista ideal. Estava agora perto do colapso, e admitira abertamente a Stálin que perdera a coragem em certo momento, tendo entrado em pânico durante o bombardeio e se escondido com bebidas no bunker do Smolny. Mas essa confissão ajudou a manter a boa vontade de Stálin. Ele trabalhava como um homem possuído, porém sua saúde jamais se recuperou.

Malenkov gostava de relatar a história da covardia alcoólica de Jdánov, ao mesmo tempo em que se jactava de jamais tê-la contado a Stálin, o que é difícil de acreditar. Jdánov dava-se bem com Mólotov, mas desprezava Malenkov desde o final dos anos 30. Foi ele quem cunhou o apelido para aquele burocrata gordo, parecido com um eunuco: "Malania". O ódio mútuo desses dois nobres rebentos da *intelligentsia* provinciana iria ferver até acabar em massacre. Malenkov provavelmente propôs a prisão de Jdánov, mas Béria, que sabia do afeto de Stálin pelo "Pianista", disse que não era o momento para levar à corte marcial membros do Politburo. Mólotov concordou: "Jdánov era um bom camarada", porém era "muito desanimado".

Além de caçar bodes expiatórios, os plenipotenciários de Stálin pouco melhoraram as coisas. "Temo", escreveu Stálin histericamente a Mólotov e Malenkov, "que Leningrado será perdida graças à asneira imbecil, e toda Leningrado arrisca-se a ficar cercada. O que Popov [comandante da frente] e Vorochílov estão fazendo? Eles nem mesmo nos falam das medidas que estão tomando contra o perigo. Estão ocupados procurando por novas linhas de recuo. Tanto quanto posso ver, esse é o único objetivo deles [...] isso é puro fatalismo camponês [...]. Que gente! Não consigo entender nada. Você acha que alguém está abrindo a estrada para os alemães nessa direção importante? De propósito? Quem é esse sujeito Popov? O que Vorochílov está fazendo? Como ele está ajudando Leningrado? Escrevo sobre isso porque estou perturbado pela falta de atividade do comandante de Leningrado [...]. Retorne a Moscou. Não demore. Stálin."[7]

Ao voltarem, os emissários o aconselharam a desfazer-se do eixo noroeste de Vorochílov e sacar o primeiro-marechal, que passava "todo o seu tempo nas trincheiras". Entrementes, Schlüsselberg, a fortaleza junto ao Neva, e Mga caíram. Vorochílov não contou a Moscou, e quando Stálin descobriu essas prevaricações, ficou ultrajado.

"Estamos muito indignados com a conduta de vocês", disse a Vorochílov e Jdánov. "Vocês nos contam apenas sobre perdas, mas não falam nada de medidas para salvar cidades [...] e a perda de Schlüsselberg? Qual será o fim de nossas perdas? Decidiram pela rendição de Leningrado?"[8]

A 8 de setembro, Stálin chamou Júkov a seu apartamento, onde estava jantando com seus companheiros de costume — Mólotov, Malenkov e o chefe de Moscou, Alexander Scherbakov.*

* Scherbakov era um dos novos homens que ascenderam sobre os corpos dos mortos nos anos 1930. "Com seu rosto impassível de Buda, com óculos de aros grossos sobre um pequeno nariz arrebitado", esse cunhado de Jdánov — outro exemplo de casamento dentro da elite — fizera seu nome administrando questões culturais, depois sucedeu a Khruchióv no posto de primeiro-secretário de Moscou, tornando-se membro candidato ao Politburo em 1941, junto com Malenkov e Voznessenski. Antissemita grosseiro e alcoólatra, dele disse Khruchióv: "Uma serpente [...] uma das piores".

"Para onde você vai agora?", perguntou Stálin com indiferença.

"De volta à frente", respondeu Júkov.

"Qual frente?"

"A que você considerar mais necessária."

"Então vá para Leningrado de imediato [...]. A situação está quase irremediável lá", e deu a Júkov um bilhete para Vorochílov que dizia: "Entregue o comando a Júkov e volte para Moscou imediatamente". Stálin rabiscou para Jdánov: "Hoje Vorochílov foi chamado de volta!".[9]

Júkov assumiu o comando no Smolny, quartel-general de Leningrado, combinando profissionalismo com impiedade draconiana, gritando para seu *staff*: "Vocês não entendem que, se a divisão de Antónov não ocupar a linha, [...] os alemães entrarão na cidade? E depois terei de fuzilá-lo por traição na frente do Smolny". Jdánov, de pé ao lado de seu novo parceiro de comando, franziu as sobrancelhas: ele não aprovava promessas.

Vorochílov, de crista caída, dirigiu-se a seu *staff*: "Adeus, camaradas, o Stavka me chamou de volta", disse, e fez uma pausa. "É isso que um velho como eu merece. Isto não é a guerra civil. Agora temos de lutar de modo diferente [...] mas não duvidem nem um minuto de que esmagaremos a canalha fascista!"[10]

Em Moscou, Stálin admitiu: "Talvez tenhamos de abandonar 'Peter'". Mas Júkov endureceu a resistência ao ataque alemão e depois contra-atacou.[11] Jdánov, trabalhando junto com Júkov, mostrava agora seu aço, queixando-se de que seus "tribunais estão sendo inativos contra os disseminadores de rumores falsos e provocativos [...]. Os Departamentos Especiais deveriam promover julgamentos de provocadores e boateiros. O público deveria saber como vemos esses canalhas".[12] Qualquer coisa que Stálin sugerisse era posta em prática.* A 13 de novembro, Stálin lhe contou que os alemães estavam construindo fortalezas nos porões de casas comuns. "O Comissário de Defesa do Povo, camarada Stálin, dá as seguintes instruções", escreveu Jdánov, "Ao avançar, não tentem capturar um ou outro ponto, mas [...] incendeiem até que restem somente cinzas nessas áreas po-

* A 31 de outubro, quando Stálin soube que os nazistas estavam usando "delegações" de homens e mulheres russas como escudos humanos, ordenou a Jdánov: "Diz-se que entre os bolcheviques de Leningrado existem aqueles que acham impossível usar armas contra esses 'delegados'. Se há gente assim [...] eles devem ser liquidados antes de mais nada porque são mais perigosos que os soldados alemães. Meu conselho — sem sentimento [...] Destrua os alemães e seus delegados!"

voadas. Assim os alemães serão enterrados [...]. Deixem de lado qualquer sentimento e destruam todas as áreas povoadas que encontrarem em seu caminho!"[13]

Júkov e Jdánov conseguiram fazer com que o ataque a Leningrado custasse muito caro aos alemães. Hitler hesitou, cancelou o assalto e ordenou que a cidade fosse subjugada pela fome e depois arrasada: os novecentos dias de sítio à cidade começavam. Jdánov não perdera o hábito de escrever a Stálin cartas pessoais com uma caneta-tinteiro fina: "A principal causa de nosso fracasso foi o fraco desempenho de nossa infantaria [...]. Lembramos do que você nos disse durante a guerra finlandesa", mas "nosso povo tem o mau hábito de não terminar as coisas e analisá-las — e depois correr em diferentes direções [...]. Hoje estamos trabalhando fortemente para mudar nosso estilo de ataque [...]. O pior é que a fome está se espalhando".[14]

Havia 2,2 milhões de pessoas cercadas em Leningrado. Somente naquele dezembro, morreram 53 mil e muitas outras teriam o mesmo destino. As pessoas caíam mortas na rua, em suas camas, famílias inteiras pereciam, um membro depois do outro. Havia muitos cadáveres e todos estavam demasiado fracos para enterrá-los. O canibalismo floresceu: não era raro encontrar um corpo caído no corredor de um bloco de apartamentos sem coxas e peito. Até julho de 1942, estima-se que 1 milhão de pessoas morreram em Leningrado.

Jdánov, ajudado por seu respeitado segundo-secretário, Alexei Kuznietsov, recuperou o respeito de Stálin e do povo de Leningrado. Eles se tornaram gradualmente heróis, à medida que compartilharam o destino de seus cidadãos, sobrevivendo eles mesmos com uma ração militar de menos de meio quilo de pão por dia, mais uma tigela de sopa de carne ou peixe e um pouco de *kacha*. Enquanto centenas de milhares morriam nas ruas, os líderes trabalhavam dia e noite. Kuznietsov, um jovem alto e desengonçado com um belo rosto comprido, segurou as pontas nos momentos de fraqueza de Jdánov percorrendo as trincheiras acompanhado por seu filho pequeno. O próprio Stálin o elogiou: "A pátria não o esquecerá!", escreveu.

Em novembro, ordenaram a construção da "Estrada da Vida" através do gelo do lago Ladoga, que se tornou o único canal de suprimento de alimentos para a cidade. Durante a fome, Jdánov controlou os suprimentos de comida com tanto detalhamento que, a certa altura, era o único que podia substituir um cartão de ração perdido. Às vezes, exibia lampejos de decência humana: quando irrompeu a disenteria numa escola, ele suspeitou que o *staff* estivesse roubando comida das crianças e mandou um general verificar; o enviado relatou que as crianças estavam levando a comida em potes para suas famílias — mas ele não as deteve. "Eu teria feito a mesma coisa", admitiu Jdánov, e ordenou a evacuação das crianças. Após a guerra, consta que ele teria dito que "as pessoas morriam como moscas", mas "a história jamais me perdoaria se eu tivesse desistido de Leningrado".[15]

Mesmo assim, Stálin ficou furioso quando Jdánov mostrou uma independência perigosa: "Você imagina que Leningrado sob o comando de Jdánov não está situada na URSS, mas em algum lugar numa ilha no meio do Pacífico?".

"Admitimos nosso erro", respondeu Jdánov, que depois relatou um problema com as operações no lago Lagoda, pelo qual culpou "a covardia e a traição" dos comandantes da 80ª Divisão. "Mandamos um pedido para nos deixar [...] fuzilar o chefe da 80ª, Frolov, e seu comissário, Ivanov [...]. O Conselho precisa combater o pânico e a covardia mesmo entre seus oficiais."

"Frolov e Ivanov devem ser fuzilados e conte aos meios de comunicação", respondeu Stálin.

"Entendido. Tudo será feito."

"Não perca tempo", disse Stálin. "Cada momento é caro. O inimigo concentra poder contra Moscou. Todas as outras frentes têm a chance de contra-atacar. Aproveite a ocasião!"[16]

Jdánov terminou assim sua resposta escrita à mão: "Estamos esperando o começo da derrota alemã perto de Moscou. Saúde!". E depois acrescentou: "P.S.: Tornei-me tão feroz quanto um cão!".[17]*

Hitler transferiu suas divisões de blindados para a Operação Tufão, a grande ofensiva contra Moscou, projetada para dar o golpe de nocaute na Rússia soviética. Os Panzers de Guderian surpreenderam e levaram a melhor sobre a frente de Briansk no exato momento em que Stálin recebia o lorde Beaverbrook, barão da imprensa canadense e membro do Gabinete de Guerra britânico, e Averell Harriman, herdeiro de ferrovias e enviado americano, que vieram negociar a ajuda militar para manter a Rússia na guerra.

Os dois plutocratas observaram Stálin fazer o papel de anfitrião gracioso

* Talvez como recompensa por sua ferocidade, a 11 de dezembro Jdánov, que não via Stálin desde 24 de junho, voou para Moscou e começou sua escalada de volta ao topo.

enquanto se defrontava com a catástrofe. "Stálin estava muito inquieto, caminhando para lá e para cá e fumando sem parar e pareceu a nós dois que estava sob intensa pressão", relembrou Beaverbrook. Como sempre, ele oscilou entre a rudeza e o charme, desenhando lobos em seu bloco de anotações em um momento e depois jogando para o lado uma carta não aberta de Churchill para exclamar: "A pobreza de suas ofertas deixa claro que vocês querem ver a União Soviética derrotada".

Ele estava "pálido, cansado, bexiguento [...] quase macilento". No dia 1º de outubro, a frente de Moscou estava entrando em colapso enquanto Stálin oferecia um banquete no Grande Palácio do Kremlin. Às sete e meia da noite, cem convidados conversavam animadamente no setecentista Salão de Catarina, com suas cadeiras e seus divãs marcados pelos monogramas de Catarina, a Grande, papel de parede de seda verde e os velhos retratos em suas molduras de ouro. Pouco antes das oito da noite, os convidados russos começaram a olhar com ansiedade para a alta porta dourada e, na hora certa, fez-se silêncio quando Stálin, vestido com uma túnica que "parecia pender de sua compleição abatida", entrou lentamente no salão.

No jantar, sentou-se entre os convidados estrangeiros, com Mólotov em seu costumeiro lugar à frente de Stálin e, mais adiante, Vorochílov e Mikoian, que a partir de então negociaram a ajuda ocidental.* Enquanto os garçons derramavam sobre os convidados rios de *hors-d'oeuvre*, caviar, sopa e peixe, leitão, frango e carne de caça, sorvetes e tortas, acompanhados por champanhe, vodca, vinho e conhaque armênio, Stálin fez um brinde à vitória antes de Mólotov tomar o bastão. Houve 32 brindes até o fim da noite. Quando gostava de um brinde, Stálin batia palmas antes de beber, mas conversava alegremente enquanto os outros falavam. "Bebeu sem parar de um pequeno copo (de licor)", escreveu Beaverbrook, que registrou tudo com a avidez de um de seus colunistas do *Daily Express*. "Ele comeu bem e até com grande apetite", mordiscando caviar de sua faca, sem pão e manteiga. Stálin e Beaverbrook, dois pândegos ladinos, provocaram-se com malícia. Apontando para o presidente Kalínin, o canadense,

* Até mesmo Stálin admitiu que essa ajuda ocidental foi decisiva em seu esforço de guerra. Mikoian fazia-lhe relatórios detalhados à medida que a ajuda chegava, fossem caminhões através da Pérsia ou armas através de Arcângelo. A urgência era tal que, em novembro de 1941, Stálin somou com sua caneta vermelha o número de aviões (432) nas anotações de Mikoian.

que ouvira falar do gosto dele por bailarinas, perguntou se o velho tinha uma amante. "Ele é velho demais", respondeu Stálin com um risinho. "E você, tem?"

Depois, com as mãos nas costas, Stálin os conduziu ao cinema, onde assistiu atentamente a dois filmes, bebendo champanhe e rindo. Embora já fosse uma e meia da madrugada, o onipotente insone sugeriu um terceiro filme, mas Beaverbrook estava cansado demais. Enquanto os ocidentais iam embora, os alemães abriam caminho para Moscou.[18]

A 3 de outubro, Guderian tomou Orel, duzentos quilômetros adiante da suposta linha de frente russa. A Briansk de Ieremenko e as frentes de reserva de Budiony foram esmagadas: 665 mil russos cercados. No dia 4, Stálin perdeu contato com a estilhaçada frente ocidental, sob o comando de Kóniev, que deixara um buraco de vinte quilômetros nas defesas de Moscou. No começo do dia 5, Sbitov, comandante aéreo de Moscou, transmitiu a notícia quase incrível de que uma longa coluna de tanques alemães avançava na direção de Moscou pela estrada de Ukhnovo, a cem quilômetros do Kremlin. Um segundo avião de reconhecimento confirmou a mesma visão. "Muito bem", disse Stálin ao comissário de Moscou Teléguin, "aja com decisão e energia [...] mobilize todos os recursos disponíveis para deter o inimigo."

Ao mesmo tempo, o séquito de Stálin tentava negar essa notícia, tal como havia tentado negar a invasão alemã. "Escute", Béria ameaçou Teléguin, "você aceita qualquer absurdo como verdade? Você evidentemente recebeu informações de pregadores do pânico e provocadores!" Minutos depois, o pobre coronel Sbitov entrou "pálido e trêmulo" no escritório de Teléguin. Béria dera-lhe ordens para se apresentar imediatamente ao temido chefe do Departamento Especial, Victor Abakúmov, que ameaçou Sbitov e seus pilotos com prisão por "covardia e disseminação de pânico". Quando um terceiro avião confirmou que todas as três frentes haviam desmoronado, as hienas foram caladas.[19]

Stálin telefonou a Júkov em Leningrado: "Tenho apenas um pedido. Você pode pegar um avião e vir a Moscou?".

"Peço para voar ao amanhecer."

"Esperamos você em Moscou."

"Estarei aí."

"Boa sorte", disse Stálin. Entrementes, mandou Vorochílov encontrar as frentes e descobrir o que pudesse.[20]

Ao entardecer de 7 de outubro, Vlássik levou Júkov direto ao apartamento do Kremlin, onde Stálin, resfriado, conversava com Béria. Provavelmente "sem se dar conta da minha chegada", nas palavras de Júkov, Stálin estava ordenando que Béria usasse seu "Órgão" para "sondar as possibilidades de fazer uma paz separada com a Alemanha, tendo em vista a situação crítica". Mas não havia momento mais improvável para Hitler fazer a paz do que aquele em que Moscou parecia estar caindo.* Diz-se que Béria conseguiu uma segunda sondagem, usando um "banqueiro" búlgaro ou o embaixador de novo, mas sem resultado.

Sem nenhum mexerico, Stálin mandou Júkov voar até as frentes de Kóniev e Budiony. Ele precisava de um bode expiatório, perguntava-se se Kóniev não seria um "traidor".[21] Entrando de cabeça no turbilhão, Júkov encontrou os aturdidos comandantes da frente ocidental, o duro Kóniev e o comissário Bulgánin, em uma sala desolada, iluminada por velas. Bulgánin acabara de falar com Stálin, mas não tivera condições de lhe contar nada, "porque nós mesmos não sabemos". Às duas e meia da madrugada do dia 8, Júkov telefonou a Stálin, que ainda estava doente: "O principal perigo agora é que as estradas para Moscou estão virtualmente indefesas". "E as reservas?", perguntou Stálin.

"Cercadas."

"O que você pretende fazer?"

"Vou até Budiony..."

"E você sabe onde é seu quartel-general?", inquiriu Stálin.

"Não... Vou procurá-lo..."

Stálin despachou Mólotov e Malenkov para esse caldeirão a fim de assumirem o controle — e atribuir culpas. O estrago era de tal monta que Júkov não conseguiu achar Budiony. Em Maloiaroslavets, encontrou uma pequena cidade completamente deserta, exceto por um homem dormindo em um jipe que revelou ser o motorista de Budiony. O marechal estava dentro do soviete do distrito, tentando achar seus próprios exércitos no mapa. Os dois cavalarianos abraçaram-se afetuosamente. Budiony salvara Júkov da prisão durante o Terror, mas agora estava confuso e exausto. Na manhã seguinte, Stálin mandou Júkov voltar para o quartel-general da frente ocidental, ao norte de Mozhaisk, e assumir o comando.

* Em 1966, quando as memórias de Júkov foram publicadas em Moscou, isso foi considerado perigoso demais para ser incluído. Foi somente em 1990, quando a versão completa foi publicada, que esse relato apareceu.

Ali ele encontrou Mólotov, Malenkov, Vorochílov e Bulgánin entregues a uma feia caça ao bode expiatório: irrompeu uma rixa entre Kóniev e Vorochílov sobre quem ordenara a retirada. A vida de Kóniev ficou por um fio quando Vorochílov gritou que ele era "um traidor". A acusação foi apoiada por Nikolai Bulgánin, o ex-tchequista loiro e de cavanhaque que fora prefeito de Moscou e chefe do Banco Central. Esse aparentemente afável mulherengo que cultivava uma elegância aristocrática, mas fora apelidado de "Encanador" por Béria devido a seu trabalho nos esgotos de Moscou, era espertamente ambicioso e suavemente rude: queria Kóniev fuzilado, talvez para salvar a própria pele.

Stálin telefonou para ordenar a prisão de Kóniev, mas Júkov convenceu o Supremo de que precisava dele como auxiliar: "Se Moscou cair", ameaçou Stálin, "as cabeças de vocês dois vão rolar [...]. Organize a frente ocidental rapidamente e aja!". Dois dias depois, Mólotov telefonou e ameaçou fuzilar Júkov se ele não detivesse o recuo. Se Mólotov era capaz de fazer melhor, era bem-vindo para tentar, retrucou Júkov. Mólotov desligou.

Júkov endureceu a resistência, embora contasse com apenas 90 mil homens para defender Moscou. Ele lutou para ganhar tempo, com a batalha atingindo níveis de selvageria sem precedentes. No dia 18, Kalínin já caíra ao norte e Kaluga ao sul, e havia Panzers no campo de batalha de Borodino. A neve caiu, depois derreteu, formando um lodaçal que deteve temporariamente os alemães. Ambos os lados lutaram de forma heroica, tanque contra tanque, como dois gigantes num mar de lama.[22]

35. "Você pode segurar Moscou?"

Stálin controlava todos os aspectos da batalha, mantendo uma lista de homens e tanques em sua pequena caderneta de couro. "Estão escondendo canhões de mim novamente?", perguntou a Vóronov. Já em 3 de agosto, ele ordenara em segredo a criação de uma reserva especial de tanques para Moscou: esses tanques "não devem ser entregues a ninguém", especificou. Mas os visitantes ficavam espantados "com o tom de Júkov": ele falava com Stálin "em tom brusco de comando, como se fosse ele o oficial superior, e Stálin aceitava isso".[1]

Repetidas vezes ele elevou o grau da crueldade. Foi então que talvez tenha marcado o trecho em D'Abernon que afirmava que os alemães tinham mais medo de seus oficiais que do inimigo. Primeiro, desencadeou sua política de "terra arrasada" para "destruir e queimar até as cinzas todas as áreas povoadas na retaguarda alemã, até uma profundidade de quarenta ou sessenta quilômetros da linha de frente". Béria, Mekhlis e o chefe em ascensão dos Departamentos Especiais, Abakúmov, relatavam todas as semanas prisões e fuzilamentos de soldados soviéticos. Béria, por exemplo, escreveu a Mekhlis durante a batalha de Moscou para relatar que 638 112 homens haviam sido detidos na retaguarda desde o começo da guerra, com 82 865 presos; Abakúmov relatou a Stálin que, em uma semana, seu departamento havia detido 1189 e fuzilado 505 desertores. Agora na frente próxima de Moscou, os "batalhões interceptores" de Bulgánin partiram para aterrorizar os covardes e prenderam 23 064 "desertores" em apenas três dias.[2] Há um mito de que o único momento em que Stálin cessou sua guerra contra o próprio povo foi durante 1941 e 1942, mas, nesse período, 994 mil soldados foram condenados e 157 mil fuzilados, mais que quinze divisões.[3]

Béria estava liquidando seus velhos prisioneiros: a 13 de outubro, a esposa de Poskrióbichev, a outrora efervescente Bronka, foi fuzilada, fato que, tal como o assassinato dos Svanidze, só poderia ter acontecido por ordem de Stálin. À medida que recuava, o NKVD jogava granadas em suas próprias prisões, ou transferia prisioneiros para o interior. A 3 de outubro, Béria liquidou 157 prisioneiros "célebres", tais como Kámeneva, irmã de Trostski e viúva de Kámenev, na floresta de Medvedev, perto de Orel. No dia 28, ele ordenou o fuzilamento de outros 25, inclusive do ex-comandante da Força Aérea Ritchagov, que respondera a Stálin sobre os "caixões voadores". Os 4905 infelizes que estavam no corredor da morte foram despachados em oito dias.[4]

Nas ruas de Moscou, os grilhões do controle stalinista foram rompidos pelo medo dos exércitos alemães. A ordem foi quebrada. A 14 de outubro, as lojas de alimentos já eram saqueadas, apartamentos vazios eram roubados. Os refugiados entupiam as ruas, fustigados por gangues de criminosos. A fumaça das fogueiras de documentos queimados pelos funcionários pairava sobre a cidade. Na Estação Kursk, "uma aglomeração de mulheres, crianças e idosos enchia a praça. O frio era cortante. Crianças choravam", mas as massas esperavam "de modo paciente e submisso". Uma centena de soldados empunhou as armas para deter a multidão. Alguns comissariados e as famílias da maioria das autoridades foram evacuados para Kúibichev. Canhões antiaéreos iluminavam o céu enquanto o semideserto Kremlin ficava sob blecaute e era camuflado de forma esquisita: uma enorme tela pintada com a fachada de uma fileira de casas, uma verdadeira aldeia de Potiómkin, fora erguida sobre as paredes que davam para o rio.

Béria, Malenkov e Kaganóvitch, de acordo com os guarda-costas de Stálin, "perderam o autocontrole", encorajando a fuga popular. "Seremos abatidos como perdizes", disse Béria numa reunião, defendendo o rápido abandono de Moscou. Esses magnatas aconselharam Stálin a evacuar para Kúibichev. Béria chamou Sudoplátov, especialista em "tarefas especiais", a seu escritório na Lubianka, onde estava com Malenkov, e ordenou-lhe que dinamitasse todos os principais edifícios, do Metrô Kaganóvitch ao estádio de futebol. Na noite do dia 15, Béria piorou as coisas, ao convocar uma reunião dos líderes locais do Partido para seu escritório no porão à prova de bombas na rua Dzerjinski, 2, e anunciar: "A conexão com a frente está rompida". Ele mandou "evacuar todos sem condições físicas de defender Moscou. Distribuir comida para os habitantes". Houve motins em fábricas porque os operários não podiam entrar, uma vez que os edifícios estavam minados. Mólotov disse aos embaixadores que eles seriam imediatamente removidos.[5]

Stálin apresentava um ar de inescrutabilidade solitária, sem revelar seus planos para ninguém, enquanto os magnatas se preparavam para a desocupação. Os ataques aéreos a Moscou se intensificaram, e Stálin subiu ao terraço de Kuntsevo para observar o combate aéreo. Uma vez, estilhaços de granada caíram perto dele quando observava do jardim e Vlássik deu-lhe os fragmentos quentes. Vassíli Stálin chegou uma noite para visitar o pai. Quando um avião alemão passou sobre a casa, os guardas não abriram fogo, pois não queriam chamar a atenção para a residência de Stálin.

"Covardes!", gritou Vassíli, atirando ele mesmo.

Stálin saiu: "Ele acertou em alguma coisa?", perguntou.

"Não, não acertou."

"Ganhador do prêmio Vorochílov de tiro ao alvo",[6] disse secamente. Mas o estresse o estava afetando: ninguém podia acreditar em como ele envelhecera. Era agora um "homem baixo com um rosto cansado e pálido [...] seus olhos tinham perdido a velha firmeza, sua voz carecia de segurança". Khruchióv ficou estarrecido ao ver aquele "saco de ossos". Quando Andréiev e sua filha Natacha andaram em torno do gélido Kremlin, viram-no caminhando para lá e para cá ao lado das fortificações, bastante sozinho e, como de costume, com roupas insuficientes, sem luvas e com o rosto azulado pelo frio. Em seus momentos de folga, continuava lendo sobre história: foi nessa época que rabiscou uma nova biografia de Ivan, o Terrível: "professor professor" e depois: "Venceremos!". Seu humor oscilava entre a fortaleza espartana e arengas histéricas.

Kóniev ficou espantado ao receber um telefonema em que Stálin gritava: "O camarada Stálin não é um traidor. O camarada Stálin é um homem honrado; seu único erro foi confiar demais em cavalarianos". Era atormentado por constantes "visões" de paraquedistas nazistas descendo no meio de Moscou: "Paraquedistas? Quantos? Uma companhia?", gritava ao telefone quando um general chegou para fazer um relatório. "E quem os viu? Você os viu? E onde desceram? Você está maluco [...]. Digo que não acredito. A próxima coisa que você vai me dizer é que eles já desceram em seu escritório!" E bateu o telefone. "Há várias horas eles estão me atormentando com lamúrias sobre paraquedistas alemães. Não me deixam trabalhar. Tagarelas!"[6]

O *staff* de Stálin preparou-se para a partida dele, sem na verdade consultá-lo. As datchas foram dinamitadas. Um trem especial foi preparado, colocado num desvio escondido, lotado com pertences de suas casas, tais como sua amada biblioteca. Quatro Douglas DC-3 americanos ficaram de plantão.

No final de 15 de outubro, Stálin mandou seus guardas levarem-no a Kuntsevo, que fora fechada e minada. O comandante disse que ele não poderia ir, mas Stálin ordenou: "Tire as minas em duas ou três horas, acenda o fogão na casa pequena e trabalharei lá".

Na manhã seguinte, ele foi para o Kremlin mais cedo que de costume. No caminho, esse adorador da ordem ficou espantado ao ver turbas saqueando lojas. Seus guardas afirmaram que ele mandou o carro parar na praça Smolensk, onde foi cercado por uma multidão que fez perguntas bastante pertinentes como: "Quando o Exército soviético vai parar o inimigo?".

"Este dia está próximo", respondeu ele, antes de ir para o Kremlin.[7]

Às oito horas, Mikoian, que trabalhara como de costume até às seis da manhã, foi acordado e convocado. Às nove, os magnatas reuniram-se no apartamento de Stálin para debater a grande decisão da guerra. Stálin propôs evacuar todo o governo para Kúibichev, mandar o Exército defender a capital e manter os alemães lutando até que ele pudesse entrar com suas reservas. Mólotov e Mikoian receberam ordens para administrar a evacuação, com Kaganóvitch providenciando os trens. Stálin propôs que todo o Politburo partisse naquele dia e acrescentou de forma sensacionalista "Eu partirei amanhã de manhã".

"Por que temos de ir hoje se você vai partir amanhã?", perguntou Mikoian com indignação. "Podemos ir também amanhã. Scherbakov e Béria não devem partir antes de organizar a resistência clandestina. Vou ficar e irei amanhã com você." Stálin concordou. Mólotov e Mikoian começaram a dar instruções aos comissários: o Comissariado do Exterior foi chamado às onze horas e recebeu ordens de se apresentar na Estação Kazan imediatamente. No elevador, Kaganóvitch disse a Mikoian: "Escute, quando for embora, por favor me avise para que eu não fique para trás".

Enquanto os líderes entravam e saíam do gabinete de Stálin, suas famílias ganhavam apenas uma hora de aviso para evacuar a cidade.* Às sete da noite do dia seguinte, Achken Mikoian e os três Mikoiantchiks mais jovens, junto com o presidente Kalínin e outras famílias de líderes, embarcaram no trem do CC. Na estação fortemente vigiada, mulheres com casacos de pele conversavam com seus filhos bem-vestidos em meio ao vapor dos trens, enquanto soldados carregavam engradados onde se lia "manusear com cuidado — cristais". Poskrióbichev soluçou enquanto punha sua filha Natacha de três anos no trem com sua ama, sem saber que a mãe da menina fora executada três dias antes. Ele prometeu visitar a filha assim que possível — e voltou correndo para Stálin. Enquanto esperava, Valentin Berejkov, intérprete de Mólotov, notou que as poças de neve derretida estavam congelando. Os Panzers alemães poderiam avançar de novo.

Júkov resolveu segurar a linha de defesa. Mas podia perceber o pânico no alto escalão. Estava convencido de que podia salvar Moscou, disse a um editor visitante, "mas estão ELES, lá?", perguntou, referindo-se a Stálin no Kremlin.[8]

Naquela noite, os líderes chegaram num Kremlin deserto e fantasmagórico. Quando um comissário entrou no apartamento de Stálin, ele apareceu na sala fumando e andando de um lado para o outro, vestido com sua velha túnica e calças largas enfiadas nas botas. Eles notaram que as estantes estavam vazias — os livros estavam no trem. Ninguém se sentou. Então Stálin parou de andar.

"Como está a situação em Moscou?", perguntou. Os magnatas ficaram em silêncio, mas um comissário mais jovem falou: o metrô estava parado, as padarias haviam fechado. As fábricas achavam que o governo fugira. Metade delas não fora paga. Os trabalhadores acreditavam que o chefe do Banco do Estado havia fugido com o dinheiro.

"Bem, não está tão ruim. Achei que ia ser pior." Stálin mandou que o dinheiro fosse trazido de Gorki. Scherbakov e Prónin, chefe do Partido de Moscou

* Na distante Kúibichev, a antiga cidade de Samara às margens do Volga que fora escolhida para nova capital se Moscou tivesse de ser abandonada, vários prédios, inclusive a sede do Partido local e uma mansão situada numa ravina estreita, ao lado das margens íngremes do Volga, cercada por caminhos pavimentados que davam para o rio, foram preparados para Stálin. Construiu-se um abrigo antiaéreo especial, no qual se chegava por um elevador, de onde ele poderia governar o que sobrava da Rússia. Svetlana Stálin foi alojada numa pequena casa com jardim, junto com sua governanta Alexandra Nakachidze, Galina, a esposa grávida de Vassíli, e Gulia, a filha de Iákov (sem sua mãe presa). Kalínin e sua amante compartilharam uma casa pequena com os Mikoian, enquanto a família Khruchióv ficava com a família Malenkov. Poskrióbichev, Litvínov e outras famílias ficaram no sanatório local.

e prefeito, deveriam restaurar a ordem e divulgar por rádio que Moscou seria defendida até a última gota de sangue. Stálin ficou no Kremlin. Os líderes foram para a cidade: Mikoian apareceu diante de milhares de operários inquietos, sem pagamento, na fábrica de automóveis Stálin. Mas o pânico continuava: vagabundos e ladrões patrulhavam as ruas. Até a embaixada britânica foi saqueada, pois seus guardas haviam fugido. Unidades de demolição minavam as dezesseis pontes de Moscou.[9]

Stálin hesitou durante dois longos dias. Ninguém sabe exatamente quais foram seus movimentos, mas ele não apareceu mais em seu gabinete. No auge da legendária luta por Moscou, o Supremo deitou-se de sobretudo sobre um colchão nos corredores subterrâneos do metrô, não muito diferente de um vagabundo onipotente. Os arranjos de trabalho de Stálin revelam a pura falta de preparo para a guerra. Havia ataques aéreos frequentes, mas não havia abrigos no Kremlin ou em Kuntsevo. Enquanto Kaganóvitch supervisionava a construção urgente de bunkers conforme instruções precisas de Stálin, ele foi trabalhar no único posto de comando adequado existente, o quartel-general da defesa aérea, na residência situada na rua Kírov, 33 (rua Miasnitskaia), onde tinha um quarto. Durante os ataques aéreos, descia de elevador para trabalhar na estação de metrô Kírov (hoje Tchistie Prudi), até que, a 28 de outubro, uma bomba caiu no pátio da casa. Então Stálin começou a trabalhar permanentemente na estação, onde também dormia.

No metrô, instalou-se num compartimento especialmente construído, separado dos trens por painéis de compensado. Muitos membros de sua equipe dormiam em trens comuns do metrô parados na estação, enquanto o Estado-Maior trabalhava na Estação Belorusski. Escritórios e compartimentos para dormir conviviam nesse quartel-general nas profundezas da rua Kírov. A passagem dos trens fazia os papéis voar e, por isso, eles eram pregados nas mesas. Depois de trabalhar o dia inteiro no gabinete subterrâneo, Stálin ia para seu compartimento de dormir nas primeiras horas da manhã. Vlássik e seus guarda-costas ficavam de guarda ao redor desse refúgio frágil e provavelmente dormiam atravessados na frente da porta, como escudeiros protegendo um rei medieval. O coronel Serguei Chtemenko, um cossaco eficiente e carismático de 34 anos, com um imenso bigode negro, trabalhava junto com Stálin e, às vezes, eles simplesmente "se amontoavam", dormindo de sobretudo sobre colchões no escritório. É difícil imaginar um dos outros senhores da guerra vivendo desse jeito, mas Stálin estava acostumado a dormir em qualquer lugar, como o jovem revolucionário que fora outrora.[10]

A 17 de outubro, Scherbakov falou pelo rádio para restaurar o moral em Moscou. Teve pouco efeito, pois as ruas estavam lotadas de gangues de desertores e refugiados que empilhavam seus pertences em carroças. Stálin ainda estava discutindo se deveria deixar Moscou, mas o momento por fim chegou, provavelmente no final da noite do dia 18, quando teve de tomar uma decisão. O general da Força Aérea Golovánov lembrava de tê-lo visto deprimido e indeciso. "O que devemos fazer?", repetia sem cessar. "O que devemos fazer?"

No momento mais crítico de sua carreira, ele discutiu a decisão com generais e comissários, guarda-costas e criadas e, evidentemente, leu um pouco de história. Estava lendo a biografia, publicada em 1941, de Kutuzov, que abandonara Moscou, e sublinhou com força a frase: "Até o último minuto, ninguém sabia o que Kutuzov pretendia fazer". Em seu apartamento, Válетchka, de avental branco, estava servindo o jantar a Stálin e aos magnatas quando alguns deles se mostraram inclinados à deserção. Os olhos de Stálin voltaram-se para sua "sempre sorridente" amante.

"Valentina Vassilevna, você está se preparando para deixar Moscou?", perguntou subitamente.

"Camarada Stálin, Moscou é nossa mãe, nosso lar. Ela deve ser defendida", respondeu ela em dialeto camponês.

"É assim que os moscovitas falam!", disse ele ao Politburo.

Svetlana também parecia desencorajar o abandono de Moscou quando escreveu de Kúibichev: "Querido papai, minha alegria preciosa, olá [...]. Papai, por que os alemães continuam chegando cada vez mais perto? Quando eles vão levar no pescoço o que merecem? Afinal, não podemos continuar entregando todas as nossas cidades industriais a eles".

Stálin chamou Júkov e perguntou: "Temos certeza de que podemos segurar Moscou? Pergunto-lhe isso com dor em meu coração. Fale a verdade, como um bolchevique".* Júkov respondeu que poderia ser mantida. "É encorajador que você tenha tanta certeza."[11]

* Júkov lembrava que ele perguntara a mesma coisa em meados de novembro, mas V. P. Prónin,

Stálin ordenou que os guardas o levassem para sua datcha "distante", em Semionovskoe, que ficava mais longe da luta do que Kuntsevo. Béria respondeu em georgiano que aquela também estava dinamitada. Mas Stálin insistiu irado em ir. Uma vez lá, encontrou o comandante empacotando seus últimos pertences.

"Que espécie de remoção está acontecendo aqui?", perguntou com rispidez.

"Estamos preparando, camarada Stálin, a evacuação para Kúibichev." Stálin talvez também tenha ordenado a seu motorista que o levasse até o trem especial que estava estacionado, sob forte escolta, na junção de Abelmanovski, usada em geral para armazenar dormentes de madeira. Uma fonte do gabinete de Stálin contou que ele caminhou ao longo do trem. Mikoian e Mólotov não mencionam isso, e a simples menção de Stálin perto de um trem teria causado pânico, mas era o tipo de cena melodramática que ele teria adorado. Se aconteceu, a imagem daquela figura minúscula e magra, "com seu rosto cansado e pálido", vestida com um sobretudo militar puído, andando ao lado do trem fortemente guardado através do vapor da locomotiva pronta para partir é tão emocionalmente forte quanto seria historicamente decisiva. Pois Stálin mandou os comandantes de sua datcha pararem com o carregamento: "Sem evacuação. Ficaremos aqui até a vitória", ordenou "com calma, mas com firmeza".

Ao voltar ao Kremlin, reuniu seus guardas e lhes disse: "Não vou sair de Moscou. Vocês ficarão aqui comigo". Mandou Kaganóvitch cancelar o trem especial.[12] O sistema stalinista permitia que os magnatas, que oscilavam entre derrotismo e desafio, seguissem diretrizes próprias até que Stálin falasse. Então, sua palavra era lei. Na noite de 18 de outubro, a equipe encarregada de defender a cidade reuniu-se no gabinete de Béria, onde o georgiano "tentou nos convencer de que Moscou devia ser abandonada. Ele considerou", escreveu um dos presentes, "que temos de recuar para trás do Volga. Com o que vamos defender Moscou? Não temos nada [...]. Eles vão nos asfixiar aqui". Malenkov concordou com ele. Mólotov, diga-se a seu favor, "murmurou objeções". Os outros "ficaram em silêncio". Consta que Béria teria sido o principal defensor da retirada, mas ele se tornou o bode expiatório de tudo de repugnante que aconteceu sob o governo de Stálin. Scherbakov, o chefe alcoólatra de Moscou, também queria a retirada e parece que perdeu a compostura: depois, "num estado de terror", perguntou a Béria o que aconteceria se Stálin descobrisse.

---

presidente do Soviete de Moscou (prefeito) lembrava que a pergunta fora feita "em 16 ou 17 de outubro". Com certeza, ele a fez várias vezes.

No dia 19, às 15h40, Stálin convocou seus magnatas e generais para uma reunião no Cantinho, "aproximou-se da mesa e disse: 'A situação é conhecida de todos vocês. Devemos defender Moscou?'".

Ninguém respondeu. O silêncio foi "sombrio". Stálin esperou, depois disse: "Se vocês não querem falar, vou pedir a cada um que dê sua opinião". Começou por Mólotov, que se manteve fiel a sua opinião: "Devemos defender Moscou".

Todos, inclusive Béria e Malenkov, deram a mesma resposta. Béria convertera-se à posição de Stálin, como admitiu seu filho: "Meu pai jamais agiria se não conhecesse [e] previsse as reações [de Stálin]". Se você for, Moscou estará perdida", declarou Béria. Scherbakov foi um dos que pareciam estar em dúvida.

"A atitude de vocês pode ser explicada de duas maneiras", disse Stálin. "Ou vocês são inúteis e traidores, ou são idiotas. Prefiro considerá-los idiotas." Depois expressou sua opinião e pediu que Poskrióbichev trouxesse os generais. Quando Teléguin e o comandante do NKVD de Moscou, general Artiémiev, chegaram, ele andava tenso para lá e para cá, fumando seu cachimbo. "O rosto dos presentes", relembrou o comissário Teléguin, "revelava que uma discussão tempestuosa acabara de ocorrer e que as emoções ainda estavam à flor da pele." Virando-se para os generais sem cumprimentá-los, Stálin perguntou: "Qual é a situação em Moscou?".

"Alarmante", respondeu Artiémiev.

"O que você sugere?"

"Um estado de sítio deveria ser declarado na cidade", respondeu Artiémiev.

"Certo!", disse Stálin, e mandou seu "melhor escrevente" Malenkov redigir a ordem. Quando ele leu seu decreto verborrágico, Stálin ficou tão irritado que "literalmente arrancou as folhas de papel dele". Então o ditou rispidamente a Scherbakov, ordenando "o fuzilamento no ato" de infratores suspeitos.

Stálin listou as divisões que defenderiam Moscou, nomeando muitas delas de memória, e depois chamou diretamente seus comandantes. O NKVD foi solto nas ruas, executando desertores e até porteiros que haviam tentado partir. A decisão de ficar e lutar fora tomada. A presença de Stálin em Moscou, disse o líder do Comintern, Dmitrov, "equivalia a um exército de bom tamanho". Ele sentiu-se renovado pelo fim da incerteza: quando um comissário telefonou do front para discutir a evacuação para o leste, Stálin o interrompeu: "Descubra: seus camaradas têm pás?".

"Como, camarada Stálin?"

"Eles têm pás?" O comissário perguntou ao fundo se eles tinham pás.

"Que tipo de pá, camarada Stálin — comuns ou próprias para cavar?"

"Não importa."

"Sim, temos pás. O que devemos fazer com elas?"

"Diga a seus camaradas para cavar as próprias covas", disse Stálin com calma. Não deixaremos Moscou. Eles também não..."

Mesmo agora, os cortesãos de Stálin brigavam entre si. O líder mandou Mólotov ir até Kúibichev para averiguar Voznessenski, que estava à frente do governo lá.

"Que Mikoian venha comigo", disse Mólotov.

"Não sou seu rabo", gritou Mikoian, "ou sou?"

"Por que você não vai junto?", sugeriu Stálin. Cinco dias depois ele os chamou de volta.[13]

Os Panzers ainda avançavam sobre a neve congelada e ameaçavam cercar Moscou. Júkov não possuía mais reservas. Tendo perdido 3 milhões de soldados desde junho, a caderneta de Stálin estava quase vazia. Tal como um comerciante despótico, ajudado por seu gordo filho contador, Stálin guardava ciosamente suas reservas secretas, enquanto Malenkov, sentado a seu lado, fazia as contas. Quando Stálin perguntou a um general o que salvaria a capital, ele respondeu: "reservas".

"Qualquer idiota poderia defender a cidade com reservas", disparou Stálin, que lhe deu generosamente quinze tanques. Malenkov observou que era tudo o que restava. De maneira surpreendente, em poucos meses, os vastos recursos militares daquele império sem fim foram reduzidos a quinze tanques em uma caderneta. Em Berlim, o escritório de imprensa do Reich declarou que "a Rússia está acabada", mas o controle férreo de Stálin sobre suas reservas e a luta brilhante e brutal de Júkov estavam afetando os alemães, cujas máquinas começavam a sofrer com a lama e o gelo, enquanto seus soldados congelavam e ficavam exaustos. Eles também pararam para preparar a investida final, convencidos de que os recursos de Stálin estavam exauridos. Mas havia uma página da caderneta que haviam esquecido.

O exército do Extremo Oriente de Stálin, com 700 mil homens, estava a postos contra o Japão, porém, no final de setembro, Richard Sorge, o espião que Stálin chamava de dono de bordel, relatou que o Japão não iria atacar a Rússia. A 12 de outubro, Stálin discutiu isso com seus sátrapas do Oriente, que confirmaram a ausência de intenções hostis de Tóquio com os serviços de Inteligência locais. Kaganóvitch arranjou trens diretos que, em poucos dias e horas, trouxeram através dos desertos da Eurásia 400 mil novos soldados, mil tanques e mil aviões, em um dos milagres logísticos mais decisivos da guerra. O último trem partiu no dia 17 e essas legiões secretas começaram a se reunir atrás de Moscou.[14]

Stálin mudou-se para seu novo abrigo no Kremlin, uma réplica exata do Cantinho, até no detalhe dos painéis de madeira, embora seus longos corredores se parecessem mais com "um vagão-dormitório. À direita ficava uma fileira de portas com uma forte guarda de segurança". Os oficiais esperavam em "um dos compartimentos de dormir à esquerda", até que Poskriótbichev aparecia e os conduzia para "uma sala espaçosa e bem iluminada, com uma grande escrivaninha no canto", onde encontravam o perambulante Stálin, em geral acompanhado por seu chefe do Estado-Maior, o enfermo marechal Chápochnikov.

Pouco mais moço do que Stálin, com seus cabelos ralos divididos ao meio e uma face cansada e amarela, com maçãs do rosto tártaras, Chápochnikov parecia "movido por algum ato especial de vodu, pois tinha a aparência de morto (havia pelo menos três meses) e deveria, mesmo quando vivo, ter sido muito muito velho", de acordo com um diplomata britânico. Ele chamava a todos de *golubtchik*, "querido companheiro", e Stálin ficava encantado com a fidalguia daquele coronel czarista. Um dia, quando alguns generais não se apresentaram, Stálin perguntou-lhe irado se ele os havia punido. "Ah, sim", retrucou Chápochnikov: ele lhes dera uma "reprimenda severa". Isso não impressionou Stálin: "Para um soldado, isso não é punição!". Mas Chápochnikov explicou pacientemente: "A velha tradição militar pela qual, se o chefe do Estado-Maior repreende [um oficial], a parte culpada deve apresentar a demissão". Stálin só podia rir dessas palavras antiquadas. Mas Chápochnikov era um sobrevivente: atacara Tukhatchevski nos anos 20, fora seu juiz em 1937 e até denunciara um cozinheiro sabotador por salgar em excesso a carne. Jamais assinava algo sem conferir antes. Na presença de Stálin, era uma pessoa "sem opinião". Embora jamais renunciasse a suas concepções, não objetava a que decidissem o contrário. Era o único general que Stálin chamava por nome e sobrenome, o único com permissão para fumar* em seu gabinete.[15]

* Ninguém mais era convidado a acompanhar Stálin em seu constante hábito de fumar. Essa

A guerra atingira realmente o Kremlin, que estava agora marcado por crateras de bombas. Mikoian foi derrubado por uma delas. A 28 de outubro, Malenkov estava trabalhando na Praça Velha quando Stálin o chamou ao Kremlin. Assim que saiu, uma bomba alemã destruiu o prédio onde estava. "Salvei sua vida", disse-lhe Stálin.

Um dia, Stálin insistiu que queria testemunhar uma barragem de artilharia contra posições alemãs. Béria, de plantão, ficou muito ansioso, pois levaria a culpa se algo desse errado. O carro de Stálin e os guarda-costas partiram pela estrada de Volokolamsk na direção da frente de guerra, mas, quando se aproximavam da luta, Vlássik recusou-se a deixá-los prosseguir. Stálin teve de observar as explosões de longe. Então um tanque borrifou sua limusine, o que deixou seus guarda-costas alvoroçados. Béria forçou Stálin a mudar de carro e voltar para casa. Contudo, o líder recuperara o ânimo e chegou mesmo a permitir que Svetlana o visitasse por alguns dias, mas depois a ignorou no abrigo, praguejando contra os privilégios da "maldita casta" da elite em Kúibichev. E, o que é mais importante, o grande ator-produtor inventou uma cena de senso teatral imprudente, mas inspirada.[16]

A 30 de outubro, Stálin perguntou de repente ao general Artiémiev: "Como vamos fazer a parada militar?".

Não poderia haver parada, respondeu Artiémiev. Os alemães estavam a menos de oitenta quilômetros da cidade. Mólotov e Béria acharam que ele estava brincando. Mas Stálin os ignorou calmamente: "A parada será realizada no dia 7 de novembro [...]. Cuidarei disso pessoalmente. Se houver um ataque aéreo durante o desfile e houver mortos e feridos, eles devem ser rapidamente removidos e a parada deve continuar. Deve-se fazer um cinejornal e distribuí-lo para todo o país. Farei um discurso [...]. O que vocês acham?".

"Mas e o risco?", perguntou Mólotov. "Embora eu admita que a resposta política será imensa."

"Então está decidido!"

---

honra concedida a Chápochnikov é parecida com a da rainha Vitória, que permitia que o velho Disraeli se sentasse durante suas audiências, tendo sido o único primeiro-ministro a receber esse privilégio.

Artiémiev perguntou quando a parada deveria começar. "Cuide para que ninguém saiba, nem mesmo eu, até a última hora", disse Stálin. Uma semana depois, espiões alemães poderiam ter a estranha visão de moscovitas, supervisionados por tchequistas, juntando cadeiras do teatro Bolchoi e as levando para a estação Maiakovski do metrô. Naquela noite, os magnatas desceram até essa estação, onde encontraram um trem estacionado, com as portas abertas. Havia mesas no interior dele, com sanduíches e refrigerantes. Depois desse "coquetel", sentaram-se nas cadeiras do teatro. Então, com um leve toque de vaudevile, Stálin, acompanhado por Mólotov, Mikoian, Béria, Kaganóvitch e Malenkov, reunidos na estação seguinte, seguiram de metrô para a Maiakovski, onde tomaram seus lugares na tribuna do Politburo, sob aplausos entusiasmados. O locutor Levitan transmitiu o programa de um vagão-estação-de-rádio. O conjunto do NKVD tocou as canções de Dunaiévski e Alexândrov. Kozlovski cantou. Stálin falou durante meia hora, num tom de calma inspiradora, advertindo: "Se eles querem uma guerra de extermínio, a terão". Depois, o general Artiémiev aproximou-se de Stálin: a parada estava marcada para as oito horas. Até os oficiais envolvidos só saberiam de todos os detalhes às duas da manhã.

Pouco antes das oito horas, sob uma tempestade de neve e com ventos cortantes que os preservaram do ataque aéreo germânico, Stálin e o Politburo subiram as escadarias do Mausoléu, como nos velhos tempos, exceto que era mais cedo e todos estavam extremamente nervosos. Béria e Malenkov mandaram que seu mago das Tarefas Especiais, Sudoplátov, se apresentasse no Mausoléu se os alemães atacassem. Budiony, o favorito do público nos desfiles, sabre em punho sobre um garanhão branco, veio dos portões Spasski, fez uma saudação e depois montou para passar em revista a parada. Os tanques, inclusive os notáveis T34, e as tropas desfilaram em colunas, fizeram o retorno em São Basílio e depois subiram a rua Gorki na direção da frente de guerra.

Houve um momento de tensão quando um pesado tanque Kliment Vorochílov parou de maneira abrupta e virou na direção errada, seguido por outro. Uma vez que estavam plenamente armados e que Stálin estava de olho naquele erro, Artiémiev mandou seus subordinados investigar de imediato o que acontecera. A tripulação dos tanques foi interrogada e revelou inocentemente que o primeiro tanque recebera uma mensagem de que outro tanque estava com dificuldades e, assim, conforme haviam sido treinados, eles foram em ajuda. Quando Artiémiev contou isso no Mausoléu, os potentados ficaram tão aliviados que riram: ninguém foi punido. Stálin fez um discurso curto sobre a luta patriótica da Rússia de Suvórov, Kutuzov e Alexandre Nevski. A pátria-mãe estava em perigo, mas desafiadora. Apropriadamente, naquela mesma noite, o frio russo baixou para valer.[17]

A 13 de novembro, Stálin telefonou a Júkov para planejar os contra-ataques de forma a contrabalançar os ataques alemães. Júkov e o comissário Bulgánin achavam que seus recursos eram tão escassos que não podiam atacar, mas Stálin insistiu. "Que forças vamos usar?", perguntou Júkov.

"Considere isso resolvido!" Stálin desligou, porém telefonou de imediato para Bulgánin: "Você e Júkov estão assumindo ares de superioridade. Mas vamos pôr um fim nisso". Depois, Bulgánin correu para o gabinete de Júkov: "Bem, a coisa ficou feia para mim desta vez!", disse ele.

Os contra-ataques ficaram para trás na esmagadora ofensiva alemã de 15 de novembro, o último esforço para tomar Moscou. Os alemães romperam as linhas de defesa. De novo, Stálin perguntou a Júkov se ele poderia segurar Moscou.

"Manteremos Moscou, sem dúvida. no entanto precisamos pelo menos de mais dois exércitos e não menos de duzentos tanques." Stálin forneceu os exércitos, "mas no momento não temos tanques". Júkov conseguiu imobilizar os alemães a 5 de dezembro, tendo perdido 155 mil homens em vinte dias. Efetivamente, a *Blitzkrieg* de Hitler fracassara. A 6 de dezembro, Stálin forneceu três novos exércitos a Júkov e ordenou uma grande contraofensiva nas quatro frentes mais próximas.[18] No dia seguinte, o Japão atacou os Estados Unidos em Pearl Harbor.[19]

Júkov fez com que os alemães recuassem mais de trezentos quilômetros. Contudo, mesmo numa batalha tão desesperada, os generais jamais esqueciam a vaidade imperial de Stálin: assim como Mekhlis tentara obter a vitória na Finlândia no dia de seu aniversário, agora Júkov e Bulgánin ordenaram a Gólubiev, comandante do Décimo Exército: "Amanhã será o aniversário de Stálin. Tente marcar esse dia com a captura de Balabanovo. Para incluir essa mensagem em nosso relatório para Stálin, nos informe de seu cumprimento até as dezenove horas de 21 de dezembro". A batalha de Moscou foi a primeira vitória de Stálin, mas foi limitada. Porém ele ficou de imediato excessivamente otimista, dizendo ao secretário britânico do Exterior, Anthony Eden, que o visitava: "Os russos já estiveram em Berlim duas vezes e estarão uma terceira".* Seriam necessários

* Em 1760, durante a Guerra dos Sete Anos, o general Todtleben, da imperatriz Elizabeth, tomou Berlim. Alexandre I conquistou a capital prussiana em 1813.

muitos milhões a mais de mortos e quase quatro anos para chegar a Berlim. Júkov estava tão exausto que, mesmo quando Stálin telefonou, seus ajudantes tiveram de lhe dizer: "Júkov está dormindo e não podemos acordá-lo".

"Aguardem até ele despertar sozinho", respondeu o líder com benevolência. "Deixem-no dormir."[20]

A 5 de janeiro, o excessivamente confiante Supremo reuniu Júkov e os generais para ouvir o plano de um ataque maciço de Leningrado ao mar Negro, a fim de capitalizar em cima da derrota alemã em Moscou.

"Quem deseja falar?", perguntou Stálin. Júkov criticou a ofensiva, dizendo que o Exército precisava de mais homens e tanques. Voznessenski era contra também, dizendo que não poderia fornecer os tanques necessários. Stálin insistiu na ofensiva, e Malenkov e Béria atacaram Voznessenski por "sempre encontrar objeções insuperáveis e imprevistas". "Com isso, vamos concluir a reunião", disse Stálin. Na antessala, o velho Chápochnikov tentou consolar Júkov: "Você argumentou em vão. Essas questões foram decididas de antemão pelo Supremo...".

"Então por que solicitou nossa opinião?"

"Não sei, querido companheiro."[21]

O inteligente e infatigável Béria, então com 43 anos, revelou-se um voraz construtor de império no comando da guerra, mas entregou os tanques e canhões de que Stálin precisava. Béria estava interessado em tirar pontos de Voznessenski, a quem detestava, e logo deixou para trás Mólotov e a geração mais velha. Nenhuma indústria era demasiado complexa ou vasta para que Béria não a dominasse: de vários modos, ele não era apenas o Himmler de Stálin, mas também o Speer, outro arquiteto. Usava as ameaças mais pitorescas que conseguia imaginar, perguntando a seus subordinados: "Vocês querem ver o sol nascer e morrer todos os dias? Tomem cuidado!".

No início de janeiro de 1942, em seu apartamento, Stálin consultou sua alta *troika* industrial, Béria, Malenkov e Mikoian, sobre a escassez de armamentos.

"Qual é o problema?", perguntou. Béria apresentou um diagrama que mostrava como Voznessenski estava deixando de produzir suficientes canhões. "E o que deveria ser feito?"

"Não sei, camarada Stálin", respondeu Béria astutamente. Stálin deu-lhe de imediato o controle dessa indústria vital.

"Camarada Stálin, não sei se consigo administrar isso... Não tenho experiência nesse tipo de coisa..."

"Não é experiência de que precisamos aqui, mas de um organizador forte [...]. Use prisioneiros como mão de obra."

As ferrovias continuavam impossíveis de dirigir, mesmo nas mãos do enérgico e vociferante Kaganóvitch. Quando o comissário Baibakov apresentou-se a ele, a "Locomotiva" agarrou-o e sacudiu-o pela lapela. Béria relatou a Stálin o comportamento violento de Kaganóvitch: "As ferrovias se deterioram porque [Kaganóvitch] não escuta conselhos [...] ele simplesmente reage com histeria". Kaganóvitch foi criticado por administrar mal as evacuações da indústria e afastado duas vezes "por ser incapaz de lidar com o trabalho sob condições de guerra", mas ele estaria logo de volta. Mólotov não estava se saindo melhor no comando da produção de tanques.

"Como [Mólotov] está administrando?", perguntou Stálin a Béria, de novo acompanhado por Malenkov e Mikoian.

"Ele não tem comunicação com as fábricas, mas as dirige adequadamente [...] e realiza reuniões infindáveis", respondeu Béria, que acrescentou os tanques a seu império. Mólotov perdeu os tanques, porém ganhou o mundo.[22]

36. Mólotov em Londres, Mekhlis na Crimeia, Khruchióv em colapso

A 8 de maio, o comissário do Exterior embarcou num bombardeiro quadrimotor para Londres. Stálin o instruiu para obter a promessa de uma segunda frente e confirmar o reconhecimento das fronteiras soviéticas de 1941, incluindo os países do Báltico.

Ele encarregou pessoalmente Golovánov, seu general da Força Aérea preferido, de planejar a rota. "Stálin era um grande conspirador", relembrou Golovánov. "A viagem foi planejada em absoluto segredo. Tive de esconder um mapa da rota em minha escrivaninha, mesmo quando meu assistente entrava no escritório. Stálin me disse: 'Só nós três sabemos disso — você, Mólotov e eu'."

"Mister Brown", codinome de Mólotov, desceu na Escócia e foi recebido por Eden, com quem tomou um trem de Glasgow para Londres. Quando soube que uma segunda frente estava fora de questão, Mólotov recusou-se a discutir a proposta de Eden de um tratado que não mencionava as fronteiras soviéticas. Mólotov contou imediatamente a Stálin: "Consideramos o tratado inaceitável [...] uma declaração vazia". Mas o Supremo mudou seu pensamento:

"1. Nós não o consideramos uma declaração vazia, mas o vemos como importante [...]. Não ruim, talvez. Deixa-nos com carta branca. A questão das fronteiras será decidida pela força. 2. É desejável assinar o tratado o mais rápido possível e voar para a América."

Entrementes, Mólotov experimentava o gostinho da vida no campo inglesa: pedira para ser alojado fora de Londres, talvez por motivos de segurança; então Churchill cedeu-lhe Chequers, sua mansão campestre oficial. "Mister Brown" não se impressionou com sua elegância Tudor. "Não é uma velha construção elegante", refletiu. "Um tipo de jardim pequeno. Algum nobre* deve tê-la dado ao governo." Stálin e Mólotov eram infinitamente esnobes em relação à superioridade da magnificência russa: afinal, moravam e trabalhavam nos palácios de Catarina, a Grande. Porém Mólotov tinha olho bom para banheiros: ele lembrava dos lavatórios muito tempo depois de ter esquecido as negociações. "Havia um banheiro, mas sem chuveiro", queixou-se. Assim que chegou, seus guardas pediram "as chaves de todos os quartos" e ele se trancava todas as noites. "Quando os funcionários conseguiram fazer as camas", escreveu Churchill, "ficaram perturbados ao encontrar pistolas sob os travesseiros. À noite, um revólver ficava ao lado de seu roupão e suas pastas de despachos." Quando Mólotov estava fora, seus "criados" guardavam seu quarto como Cérberos.

Após assinar o tratado, a 26 de maio, Mólotov foi a Washington para se encontrar com o presidente Roosevelt, que o presenteou com uma fotografia assinada, emoldurada em seda verde, que dizia: "Para meu amigo Viatcheslav Mólotov, de Franklin Roosevelt, 30 de maio de 1942". Achou FDR "sociável e agradável" e ficou mais impressionado com a Casa Branca que com Chequers, especialmente no que tange aos banheiros: "Tudo ali era como deveria ser", disse ele. "Havia um banheiro com chuveiro também."

A 9 de junho, a caminho de casa, parou em Londres. Antes da perigosa jornada de volta, houve um momento de sentimentalismo quando Churchill conversou com o russo de "cu de pedra" no portão do jardim do número 10 da Downing Street: "Apertei seu braço", escreveu Churchill, "e nos encaramos. De repente, ele pareceu profundamente emocionado. Dentro da imagem, surgiu o homem. Em silêncio apertamos as mãos. Ele reagiu com pressão igual. Estávamos todos juntos e era uma questão de vida ou morte para milhões". Mólotov admitiu ter se dado bem com Churchill: "Sim, tomamos um ou dois copos", relembrou ele. "Conversamos toda a noite." Mas não conseguia esquecer que Churchill

* Essa descrição era certamente um elogio a Arthur Lee, o aventureiro pitoresco e deputado conservador que comprou a casa com a fortuna herdada por sua esposa americana. Ele ganhou o título de barão (depois visconde) Lee of Fareham de Lloyd George.

era "um imperialista, o mais forte, o mais inteligente deles [...] cem por cento imperialista. Então, fiquei amigo da burguesia".

Ele retornou com a vaga promessa de uma segunda frente de batalha, um valioso tratado de empréstimo e arrendamento com os EUA e uma aliança com a Grã-Bretanha: "Minha viagem e seus resultados foram uma grande vitória para nós". No voo de volta a Moscou, o avião de Mólotov foi atacado por caças inimigos e depois por aviões russos.[1]

Enquanto Mólotov ia para o Ocidente, Stálin lançava uma onda de contra-ataques ao longo de toda a frente de guerra. Ele supunha, de forma bastante razoável, que Hitler atacaria novamente Moscou, mas o Führer planejava, na verdade, uma poderosa ofensiva de verão para tomar os cereais da Ucrânia e, mais importante ainda, o petróleo do Cáucaso. Porém o verdadeiro erro de Stálin estava em seu excesso de confiança: ele não tinha recursos para aquela vasta empresa que, em vez de tirar partido da vitória em Moscou, proporcionou a Hitler a constelação de vitórias que levaram à crise de Stalingrado.

Ele certamente não ajudou ao conceder poderes draconianos a sua tripulação de amadores militares. Além do próprio Stálin, ninguém contribuiu mais para essas derrotas que o corajoso, infatigável e sanguinolento Mekhlis, então no auge de seu poder. O "Tubarão" jamais deixava de alardear seu acesso privilegiado, como lembrou um comissário: "Quando chegava à antessala do gabinete de Stálin, ele nem esperava por um convite para entrar, atravessava a sala e ia direto". Mas "jamais escondia alguma coisa de Stálin [...] que sabia disso e confiava nele". Isso dava-lhe poder para que as coisas fossem feitas: "Se Mekhlis escrevia ao Supremo, as medidas eram muito rápidas". Contudo, seus trejeitos estavam sempre entre o farsesco e o diabólico: certa vez, quando Stálin perguntou qual frente precisava de suprimentos, os generais ficaram em silêncio, exceto Mekhlis, que começou a criticar o oficial-intendente Khrúliov. Stálin ergueu os olhos irados e perguntou quem estava se queixando. "Mekhlis, com toda a probabilidade", respondeu Khrúliov, para gargalhada de todos. Stálin pediu que Mekhlis fizesse uma lista de suas necessidades. "Estamos sem vinagre, pimenta e mostarda", respondeu ele. Até Stálin riu.

Quando Mekhlis soube da apreensão de um arsenal de pornografia alemã, lançou de imediato uma nova frente contra o erotismo nazista, escrevendo um panfleto chamado "Como Hitler corrompe seu exército". Seus assessores sugeriram que pornografia era natural em um Exército burguês e que os hábitos de leitura noturnos dos soldados não eram ditados pessoalmente por Hitler, mas Mekhlis os ignorou e imprimiu 11 milhões de exemplares desse documento, motivo de muita zombaria.[2]

Ele começou o ano com uma visita à Frente Vólkhov, que recebera ordens de ajudar a aliviar o cerco de Leningrado. Ela não estava em condições de lançar uma ofensiva, que, previsivelmente, acabou em desastre. Mekhlis chegou para investigar, prender e fuzilar os culpados. Stálin ofereceu então a frente a Vorochílov, que, com coragem, tendo por fim percebido seus limites, a recusou. Essa atitude indignou Stálin, que ditou uma denúncia sarcástica da "falência de liderança" de Klim. A conclusão era humilhante, mas não fatal: "Que o camarada Vorochílov seja enviado [...] para a retaguarda".* No final de junho, nenhum desses amadores mortíferos podia salvar a Frente Vólkhov: o Exército estava perdido, junto com seu talentoso jovem general Vlássov. Exausto e cansado dos erros crassos de Stálin, ele se tornou traidor. Stálin esbravejou sobre a traição para Béria e Mólotov, que perguntou de modo revelador: "Como ele nos escapou antes da guerra?".

Stálin tentou culpar Khruchióv por Vlássov, mas o dirigente ucraniano respondeu que "Stálin o colocara no comando da contraofensiva de Moscou". O líder, que reagia bem ao desafio corajoso, deixou o assunto de lado.[3]

Vorochílov fora finalmente desacreditado, mas Mekhlis e Kulik, apesar da série de desastres deste último, ainda gozavam de alto prestígio. Em outubro de 1941, Kulik havia fracassado no auxílio a Leningrado; em novembro, no extremo oposto da frente de guerra, fora enviado para salvar a cidade de Kerch, na Crimeia. Ele chegou tarde, e Kerch foi temporariamente perdida para Manstein, um dos melhores capitães de Hitler. Então Stálin pensou em fuzilar Kulik e rabiscou uma nota: "Hoje. Kulik para a Sibéria?". Porém, resolveu finalmente rebaixá-lo para general de divisão e mandar Mekhlis investigar seu atraso.

O "demônio sombrio" revelou a excursão hedonística de Kulik envolvendo barris de vinho e vodca, a falta de 85 898 rublos e a nova esposa adolescente do marechal. Kulik recuperara-se rápido do desaparecimento de sua última esposa

* Leonid Redens, sobrinho de Stálin, encontrou o abatido marechal banhando-se com crianças no Volga, em Kúibichev.

e começara um romance com uma amiga de sua filha, um casamento desigual de que Stálin zombou chamando de sequestro de berço. Tirou Kulik do posto de comissário-adjunto, mas Júkov intercedeu por ele. Esse militar primitivo, porém popular, foi novamente perdoado e, por incrível que pareça, promovido. No entanto, sua velha amizade com Stálin não acabaria bem.[4]

Naquele mês de março, Stálin ordenou um ataque a partir de Kerch na direção do centro da Crimeia, para auxiliar a assediada Sebastopol. Mekhlis, que tal como seu Supremo amador se julgava um verdadeiro soldado, assumiu alegremente o comando desses 250 mil homens, aterrorizando o general deles, Kozlov, e ignorando o comandante da frente, Budiony. Nessa batalha sensível e complicada, Stálin trocara um beberrão inepto e corrupto por um maníaco inepto e incorruptível. Quando Stálin pressionou Mekhlis para lançar a ofensiva na hora, o "Tubarão" respondeu que tinha pouca munição, mas "vou prender [o oficial] se ele não resolver a situação em dois dias [...]. Estamos organizando a grande música para os alemães!".

A 2 de março, Mekhlis tocou sua "grande música", causando um fiasco que foi o apogeu insano do Terror aplicado à ciência militar. Ele proibiu a escavação de trincheiras "para que o espírito ofensivo dos soldados não seja enfraquecido" e insistiu que quem tomasse "medidas elementares de segurança" era um "pregador de pânico". Todos foram "reduzidos a um mingau sangrento". Ele bombardeou Stálin com pedidos de mais Terror: em um dos bilhetes de Mekhlis, o líder escreveu para Béria: "Certo! Em Novorossisk, assegure-se de que nenhum canalha, nenhum patife esteja respirando".

Mekhlis, andando pelo front em seu jipe, sacudindo uma pistola para tentar deter o recuo, exibiu "coragem pessoal irrepreensível e não fez nada por sua própria glória", mas a "tirania estúpida e os modos insensatamente arbitrários desse analfabeto militar", nas palavras do poeta e testemunha dos fatos Konstantin Símonov, revelaram-se desastrosos.

A 7 de maio, o contra-ataque de Manstein expulsou Mekhlis de toda a Crimeia, capturando a cifra alarmante de 176 mil soldados, quatrocentos aviões e 347 tanques. Mekhlis culpou Kozlov e implorou a Stálin por um grande general, um Hindenburg.

Stálin ficou fora de si: "Você assume a estranha atitude de um observador externo, não responsável pela frente da Crimeia. É uma posição muito confortável — porém cheira muito mal! Você não é um estranho, mas o representante do

Stavka [...]. Você pede a substituição de Kozlov por alguém como Hindenburg. No entanto [...] não temos nenhum Hindenburg [...]. Se você tivesse usado a aviação contra tanques e soldados inimigos, e não para espetáculos de feira, o inimigo não teria rompido a frente [...]. Não é preciso ser Hindenburg para entender essa coisa simples [...]". Era típico dos padrões obsoletos da corte de Stálin que Hindenburg, o herói alemão de 1914, ainda fosse o modelo para eles em 1942: eles precisavam de Guderians, e não de Hindenburgs.

A 28 de maio, o pálido Mekhlis esperava na antessala de Stálin, de onde se podia ver o Supremo refletido na atitude de seus assistentes. Poskrióbichev o ignorou, depois disse: "O chefe está muito ocupado hoje. Droga, há muitos problemas".

"Provavelmente alguma coisa que deu errado no front?", perguntou Mekhlis dissimuladamente.

"Você deve saber", respondeu Poskrióbichev.

"Sim, quero fazer um relatório de nosso caso infeliz ao camarada Stálin."

"Parece que o comando da operação não esteve à altura da tarefa", disse Poskrióbichev. "O camarada Stálin está muito descontente."

Mekhlis enrubesceu. O jovem Tchaadáiev entrou na conversa: "Suponho que você pensa que a derrota foi causada por circunstâncias?".

"O que você disse?" Mekhlis caiu em cima do rapazote. "Você não é um soldado! Eu sou um verdadeiro soldado. Como você ousa..." Então Stálin saiu de sua sala.

"Olá, camarada Stálin, posso apresentar o relatório...", tentou Mekhlis.

"Vá para o inferno!", rosnou Stálin, batendo a porta. Depois, Mekhlis, de acordo com Poskrióbichev, "quase se jogou aos pés de Stálin". Ele foi submetido à corte marcial, rebaixado e demitido do cargo de comissário-adjunto da Defesa.

"Está tudo acabado!", soluçou ele, mas Stálin permaneceu espantosamente leal: 24 dias depois, Mekhlis foi designado comissário da frente de guerra e, mais tarde, promovido a general.[5]

Como se Stálin, Kulik e Mekhlis não tivessem provocado derrotas suficientes, o pior estava caindo sobre a frente sudoeste, onde Timochenko e Khruchióv estavam lançando sua ofensiva para retomar Khárkov, sem saber do ataque iminente de Hitler. Júkov e Chápochnikov advertiram sabiamente contra essa ofensiva, mas Timochenko, o general combatente preferido de Stálin, insistiu em prosseguir na ação e o Supremo concordou.

A 12 de maio, Timochenko e Khruchióv, ambos incultos, grosseiros e enérgicos, atacaram com sucesso e obrigaram os alemães a recuar. Se Stálin estava deliciado, Hitler mal podia acreditar em sua sorte. Cinco dias depois, seus Panzers flanquearam Timochenko, envolvendo as forças soviéticas em tenazes de aço, de tal modo que os russos não avançaram mais, mas simplesmente se enterraram mais fundo numa armadilha. O Estado-Maior implorou a Stálin que cancelasse a operação e ele avisou Timochenko das forças germânicas em seu flanco, porém o marechal tranquilizou-o jovialmente, afirmando que estava tudo bem. No dia 18, 250 mil homens estavam quase cercados quando Timochenko e Khruchióv se deram conta da situação.

Por volta da meia-noite, Timochenko, o "bravo camponês" aterrorizado com Stálin, persuadiu Khruchióv a implorar ao Supremo o cancelamento da ofensiva. Em Kuntsevo, Stálin pediu que Malenkov atendesse ao telefone. Khruchióv pediu para falar com Stálin.

"Fale comigo!", disse Malenkov.

"Quem está telefonando?", gritou Stálin.

"Khruchióv", respondeu Malenkov.

"Pergunte o que ele quer!"

"O camarada Stálin repete que você deve falar comigo", disse Malenkov. Em seguida: "Ele diz que o avanço sobre Khárkov deve ser cancelado...".

"Desligue", gritou Stálin. "Como se ele soubesse do que está falando! Ordens militares devem ser obedecidas [...]. Khruchióv está enfiando o nariz nos assuntos dos outros [...]. Meus conselheiros militares sabem mais." Mikoian ficou chocado, pois Khruchióv "estava chamando da linha de frente de batalha, com gente morrendo a seu redor", e Stálin "não deu dez passos para falar com ele".

A armadilha fechou-se sobre 250 mil homens e 1200 tanques. No dia seguinte, Stálin cancelou a ofensiva, porém era tarde demais. Os animados alemães avançaram na direção do Volga e do Cáucaso: o caminho para Stalingrado estava aberto.[6]

Timochenko e Khruchióv acharam que seriam fuzilados. Os dois amigos logo se engalfinharam para salvar suas carreiras e vidas. Conta-se que Khruchióv sofreu um colapso nervoso depois do cerco, voando para Baku, onde ficou com

Baguírov, aliado de Béria, que naturalmente comunicou sua chegada. Inseguro, começou a denunciar veementemente Timochenko, que deu o troco.

"Camarada Stálin", escreveu Timochenko à mão, "devo acrescentar algo ao nosso relatório. O estado cada vez mais nervoso do camarada Khruchióv influencia nosso trabalho. Ele não tem fé em nada — não se podem tomar decisões em dúvida [...]. Todo o Conselho acha que essa é a razão de nossa queda!" Ele parece confirmar que Khruchióv teve realmente um colapso mental: "É difícil discutir — o camarada Khruchióv está muito doente [...]. Fizemos nosso relatório sem dizer quem foi o culpado. O camarada Khruchióv quer pôr a culpa apenas em mim".

Stálin pensou em designar Bulgánin para investigar a situação. Este, percebendo a relutância do líder e, talvez, a culpa, pediu dispensa da tarefa pelo motivo não bolchevique de que ele e Khruchióv eram muito amigos. Stálin não insistiu, porém refletiu brandamente sobre a simplicidade de Khruchióv: "Ele não compreende estatística, mas temos de aguentá-lo", pois apenas ele, Kalínin e Andréiev eram "verdadeiros proletários". Em vez da investigação, Stálin convocou Khruchióv para uma lição de história ameaçadora: "Você sabe que na Primeira Guerra Mundial, depois que nosso Exército caiu no cerco alemão, o general foi submetido à corte marcial pelo czar — e enforcado". Porém Stálin o perdoou e mandou-o de volta para o front. Khruchióv ainda estava aterrorizado, pois, como disse, "eu sabia de muitos casos em que Stálin tranquilizava as pessoas deixando-as sair de seu gabinete com boas notícias e depois mandava pegá-las".

Stálin também foi incrivelmente tolerante quando Timochenko pediu mais homens, depois de perder tantos: "Talvez tenha chegado o momento em que você possa fazer a guerra sem perder tanto sangue, como os alemães estão fazendo? Faça guerra não com quantidade, mas com habilidade. Se não aprender a lutar melhor, todos os armamentos produzidos em todo o nosso país não serão suficientes para você [...]". Isso era altamente irônico vindo do Supremo mais perdulário da história. Mesmo enquanto eles recuavam, Stálin continuou sarcasticamente brando com Timochenko: "Não tenha medo dos alemães — Hitler não é tão ruim quanto dizem".

Khruchióv achava que eles haviam sido poupados porque Mikoian e Malenkov haviam testemunhado seu telefonema para Kuntsevo, mas a explicação talvez fosse mais simples: vida e morte eram prerrogativas de Stálin, e ele gostava de Timochenko* e Khruchióv. De qualquer modo, essa foi a maior crise de Khruchióv até que, como sucessor de Stálin, ele mergulhou na crise dos mísseis em Cuba, vinte anos depois. Mais tarde, Stálin o humilhou ao esvaziar o cachimbo sobre sua cabeça, dizendo: "Isso está de acordo com a tradição romana. Quando um comandante romano perdia uma batalha, ele jogava cinzas sobre a própria cabeça [...] a maior desgraça que um comandante podia suportar".[7]

A 19 de junho, um avião da Luftwaffe caiu adiante das linhas alemãs; nele havia uma pasta com os planos da ofensiva de verão de Hitler para explorar o desastre de Khárkov e avançar na direção de Stalingrado e do Cáucaso do Norte. Mas Stálin decidiu que a informação ou era incompleta, ou uma pista falsa. Uma semana depois, os alemães atacaram exatamente como os planos anunciavam, abrindo um buraco entre o Briansk e as frentes no sudoeste, avançando na direção de Voronej e depois Stalingrado. Mas eram os campos de petróleo que Hitler realmente cobiçava. Quando foi ao quartel-general em Poltava, disse ao marechal de campo Von Bock: "Se não tomarmos Maikop e Grozni, então terei de parar com a guerra".

Timochenko e Khruchióv recuaram para Stalingrado. Quando o primeiro pediu mais divisões, Stálin respondeu com rispidez: "Se vendessem divisões no mercado, eu compraria uma ou duas, mas infelizmente não vendem". Uma vez mais a frente de Timochenko estava em queda livre. A 4 de julho, Stálin interrogou sarcasticamente o marechal: "Então é verdade que as divisões 301 e 227 estão agora cercadas e você está se rendendo ao inimigo?".

"A 227 está recuando", respondeu Timochenko de forma patética, "mas a 301, não conseguimos encontrar..."

"Suas conjeturas soam como mentiras. Se continuar a perder divisões desse jeito, em breve será comandante de nada. Divisões não são agulhas, e é uma coisa muito complicada perdê-las."[8]

Embriagado pela confiança excessiva, Hitler dividiu suas forças em duas: uma para atravessar o Don até Stalingrado, enquanto a outra avançava para o sul, na direção dos campos de petróleo do Cáucaso. Quando Rostov, junto ao

* As cartas de Timochenko para Stálin, rabiscadas em páginas arrancadas de uma caderneta, que estão no recentemente aberto arquivo de Stálin, lançam luz sobre a ofensiva de Khárkov e o quase colapso de Khruchióv.

Don, caiu, Stálin redigiu outra ordem violenta: "Nenhum passo para trás", decretando que os "disseminadores de pânico e covardes devem ser liquidados imediatamente", e deviam ser formadas "unidades bloqueadoras" atrás das linhas para matar os hesitantes. Não obstante, o Grupo de Exército A de Hitler entrou no Cáucaso. Em 4 e 5 de agosto, Stálin, Béria e Mólotov passaram a maior parte das noites no gabinete, enquanto os alemães tomavam Vorochílovsk (Stravropol), avançando rapidamente na direção de Grozni e Ordjonikidze (Vladikavkaz), no Cáucaso e, junto ao Volga, se aproximavam de Stalingrado. O Sexto Exército de Von Paulus estava postado para tomar a cidade e dividir a Rússia em duas.[9]

A 12 de agosto, em meio à calamitosa agitação da batalha decisiva de toda a guerra, Winston Churchill chegou a Moscou para dizer a Stálin que não haveria uma segunda frente logo, uma missão que ele comparou a "levar um pedaço de gelo para o Polo Norte". Mólotov encontrou-o no aeroporto e depois o acompanhou até a residência que lhe havia sido destinada. No caminho, Churchill notou que as janelas do Packard tinham mais de duas polegadas de espessura.

"É mais prudente", explicou Mólotov. Stálin e Béria levaram a visita de Churchill muito a sério, designando-lhe 120 guarda-costas. As defesas em torno do Kremlin foram redobradas. Stálin ofereceu-lhe a própria casa, a datcha nº 7 de Kuntsevo. É típico da falta de transparência soviética que jamais tenham dito isso aos britânicos e que o fato tenha demorado sessenta anos para emergir. Talvez Stálin estivesse retribuindo em espécie, por Churchill ter emprestado *sua* datcha, Chequers, a Mólotov.

37. Churchill visita Stálin: Marlborough *versus* Wellington

Um robusto ajudante de ordens de uma família principesca, de acordo com Churchill, funcionou como seu anfitrião em Kuntsevo. Ele foi levado à sala de jantar de Stálin, onde a longa mesa estava cheia de "todas as iguarias e estimulantes que o poder supremo pode ter a sua disposição". O britânico explorou o lugar com curiosidade.* Sem se dar conta, Churchill descreveu o lar de Stálin: cercada por uma estacaria de quatro ou cinco metros de altura, guardada em ambos os lados, era uma "bela casa grande no meio de gramados e jardins extensos, em um bosque de abetos de cerca de oito hectares. Havia caminhos agradáveis [...] fontes [...] e um grande tanque de vidro com [...] peixinhos dourados. Fui conduzido através de uma sala de recepção espaçosa até um quarto com banheiro de tamanho aproximadamente igual.** Lâmpadas elétricas quase ofuscantes exibiam a limpeza sem máculas".

* A mobília de Kunstsevo era do tipo "utilitária com estilo, suntuosa e de cores vivas", na opinião do jovem diplomata inglês John Reed, "com móveis vulgares e possuía todas as conveniências que o coração de um comissário soviético pudesse desejar. Até os banheiros eram modernos e [...] limpos". A uns cem metros da casa encontrava-se o novo abrigo antiaéreo de Stálin do "último e mais luxuoso tipo", com elevadores que desciam quase trinta metros solo adentro, onde havia oito ou dez quartos dentro de um caixa de concreto de imensa espessura, divididos por portas de correr. "Tudo com ar-condicionado e móveis execráveis [...] como uma monstruosa [...] Lyons Corner House", escreveu Reed.

** Os banheiros de todas as datchas de Stálin eram grandes, com banheiras especialmente adequadas a sua altura.

Dentro de três horas, Churchill, Harriman e o embaixador britânico, sir Archibald Clark Kerr, foram levados ao Kremlin para se encontrar com Stálin, Mólotov e Vorochílov, o qual, banido do comando da frente de guerra, tornou-se o adorno diplomático do *Vojd*, um entreato cômico para o dueto diplomático de Stálin com Mólotov. Churchill decidiu dar a má notícia em primeiro lugar: não haveria segunda frente naquele ano. Stálin, tendo de enfrentar uma luta pela vida no Volga, reagiu com sarcasmo: "Não é possível ganhar guerras sem assumir riscos". Depois acrescentou: "Vocês não devem ter tanto medo dos alemães".

Churchill resmungou que a Inglaterra lutara sozinha em 1940. Depois de tirar do caminho o pior, ele revelou que britânicos e americanos estavam para lançar a Operação Archote com o objetivo de tomar o Norte da África, a qual ele ilustrou com o desenho de um crocodilo e o grande globo que ficava na sala adjacente ao gabinete de Stálin. Numa demonstração impressionante de seus instintos geopolíticos, Stálin entendeu de imediato os motivos daquela operação. Isso, escreveu Churchill, "mostrou o domínio ágil e completo do ditador russo" da estratégia militar. Então Stálin surpreendeu-os ainda mais: "Que Deus ajude no sucesso desse empreendimento!".[1]

Na manhã seguinte, Churchill reuniu-se com o "urbano, rígido diplomata" Mólotov para adverti-lo: "Stálin cometerá um grande erro se nos tratar com grosseria depois de tudo que passamos".

"Stálin é um homem muito sábio", respondeu Mólotov. "Pode ter certeza de que, por mais que discuta, ele compreende tudo."

Às onze, Stálin e Mólotov, acompanhados pelo costumeiro intérprete Pávlov, receberam Churchill no Cantinho, onde o *Vojd* entregou a seu convidado um memorando que atacava o Ocidente por não lançar uma segunda frente, e de novo zombou da covardia britânica.

"Perdoo essa observação somente em respeito à bravura das tropas russas", retrucou o primeiro-ministro, que depois iniciou um magnífico solilóquio sobre a dedicação do Ocidente à guerra. Quando Churchill cutucou seu insatisfatório intérprete Dunlop — "Você disse isso a ele? Você disse aquilo a ele?" —, Stálin por fim sorriu: "Suas palavras não são importantes. O importante é o espírito". Mas o convívio foi difícil. Os insultos de Stálin enfureceram Churchill, que depois foi para Kuntsevo com desânimo e rancor, ameaçando voltar para casa.[2]

Ainda irritado e mal-humorado, Churchill tinha de ir ao Salão de Catarina para o banquete que Stálin ofereceria em sua honra. O líder soviético sentou-se ao centro, com Churchill a sua direita, Harriman a sua esquerda, depois um intérprete, seguido pelo general Allan Brooke, chefe do Estado-Maior britânico, e Vorochílov. Mólotov conduziu os brindes durante as três horas em que a bebida foi servida. Dezenove pratos foram postos sobre a mesa, "repleta com todo tipo de *hors-d'oeuvre*, peixes etc.", escreveu Brooke, "uma orgia completa [...]. Entre os muitos pratos de peixe estava um pequeno leitão [...]. Ele não foi tocado e, à medida que a noite avançava, seu olho negro permanecia fixo em mim e a boca de casca de laranja desenvolveu um sorriso sardônico!".

Stálin estava encantador, deixando claro que "queria pedir desculpas", pensou Clark Kerr, "mas o primeiro-ministro [...] tratou-o com frieza". O líder soviético tentou a lisonja indireta: "Há alguns anos, recebemos a visita de lady Astor", relembrou com malícia. Quando ela sugeriu que convidassem Lloyd George a visitar a Rússia, Stálin respondera: "Por que deveríamos convidar [...] o chefe da Intervenção?". Lady Astor o corrigiu: "Isso não é verdade [...]. Foi Churchill". Stálin disse a Astor: "Se ocorrer uma grande crise, os ingleses [...] talvez se voltem para o velho veterano de guerra". Além disso, acrescentou, "gostamos mais de um inimigo declarado do que de um falso amigo".

"Vocês me perdoaram?", perguntou Churchill.

"Tudo isso é passado, e o passado pertence a Deus", respondeu o ex-seminarista. "A história nos julgará." Houve então um incidente: o guarda-costas de Churchill, comandante Thompson, caiu para trás e derrubou da mão de um garçom o sorvete, que quase atingiu Stálin.

"Então Stálin falou", registrou em suas anotações o intérprete Pávlov. Durante os brindes do Supremo, Vorochílov, que Brooke achou "uma bela alma cordial, disposto a conversar sobre tudo com grande vivacidade", embora com o conhecimento militar de uma "criança", viu que o general inglês estava bebendo água, em vez de vodca, e pediu vodca amarela, com uma ameaçadora pimenta flutuante, com a qual encheu os copos de ambos.

"Sem deixar resto", disse ele, mas Brooke conseguiu apenas bebericar. Vorochílov engoliu então dois copos daquela bomba: "O resultado não demorou a aparecer. Sua testa começou a verter suor, que logo escorreu por seu rosto. Ele ficou carrancudo e quieto, de olhar fixo à frente, e me perguntei se não chegara a hora de ele escorregar para baixo da mesa. Não, ele ficou sentado [...]". Mas justo no momento em que esse inebriado querubínico mergulhava no olvido apimentado, Stálin, que vira tudo, "caiu sobre ele" com um brinde cuja ironia os ocidentais não perceberam.

"Um dos principais organizadores do Exército Vermelho foi o marechal Vorochílov, e gostaria de erguer um brinde a ele." Stálin deu um sorriso safado de velho sátiro, pois, como Mólotov e os outros sabiam bem, havia três meses apenas ele havia denunciado a "ruína" de Vorochílov. O marechal batalhou para se erguer, segurando-se com as duas mãos na mesa, "oscilando levemente para a frente e para trás, com um olhar distante". Quando Stálin ergueu o brinde, Vorochílov tentou concentrar o foco e cambaleou para a frente, mal conseguindo bater o copo. Enquanto Stálin ia adiante para brindar a Chápochnikov, "Vorochílov, com um suspiro profundo, afundou de novo na cadeira".

Após o jantar, Stálin convidou Churchill para assistir ao filme *A derrota fragorosa dos alemães diante de Moscou*, mas o inglês estava irado e cansado demais. Disse adeus e estava a meio caminho da sala cheia quando Stálin correu atrás dele e acompanhou-o até o carro.[3]

Churchill acordou tão intratável quanto "uma criança mimada", segundo Clark Kerr, que chegou à datcha e descobriu que "o primeiro-ministro decidira fazer as malas e ir embora". Exibindo "um despropositado chapéu de vaqueiro", certamente o mais bizarro já visto em Kuntsevo, Churchill saiu para o jardim e deu as costas para Clark Kerr, que se viu falando com "um pescoço rosado e inchado". O embaixador explicou que Churchill "era um aristocrata e um homem do mundo e esperava que aquela gente fosse como ele. Não era. Eles vinham direto do arado ou do torno mecânico".

"Esse homem me insultou", retrucou Churchill. "A partir de agora, ele pode travar suas batalhas sozinho." Por fim, parou: "Bem, e o que você quer que eu faça?".

Dentro de uma hora, a equipe de Churchill telefonou ao Kremlin para pedir um *tête-à-tête* com Stálin. A única resposta foi que "Stálin está fora caminhando", com certeza um passeio diplomático, pois o acesso de raiva de Churchill coincidiu com eventos momentosos que levariam diretamente à batalha de Stalingrado: às quatro e meia daquela manhã, o Sexto Exército alemão havia atacado e esmagado o Quarto Exército de Tanques na curva do rio Don, o que significava uma crise mais imediata do que um ensebado inglês de "chapéu de caubói" vociferando.

Às seis da tarde, Stálin concordou com o encontro. Churchill despediu-se de Stálin no Cantinho. Quando estava para sair, o líder russo "pareceu embaraçado" e perguntou quando se encontrariam de novo: "Por que não vem até a minha casa para tomarmos um drinque?".

"Respondi que, em princípio, eu era sempre a favor desse tipo de política", escreveu Churchill. Assim, Stálin conduziu o primeiro-ministro e seu intérprete, major Birse, "através de muitas passagens e salas até sairmos numa rua tranquila dentro do Kremlin, e, após duzentos metros, chegamos ao apartamento no qual ele morava". Stálin mostrou ao inglês sua "simples e digna" moradia de quatro quartos, com as estantes de livros vazias: a biblioteca estava em Kúibichev. Uma criada, que não era Váletchka, pois Churchill a descreveu como "velha", começou a servir a refeição na sala de jantar. Stálin planejara esse jantar: naquela tarde, Alexandra Nakachidze telefonou a Zubálovo e anunciou que Stálin mandara Svetlana ficar pronta naquela noite "para ser mostrada a Churchill". Stálin conduziu o assunto para as filhas. Churchill disse que sua filha Sarah era ruiva. A minha também, afirmou Stálin, e aproveitou a deixa para pedir que trouxessem Svetlana.

"Uma bela garota de cabelos ruivos" chegou e beijou o pai, que, de forma um tanto ostensiva, lhe deu um pequeno presente. Ele deu tapinhas na cabeça da filha: "Ela é ruiva", sorriu ele. Churchill disse que fora ruivo quando jovem.

"Meu pai estava com aquele humor amistoso e hospitaleiro, quando era capaz de encantar qualquer um", escreveu Svetlana. Ela ajudou a pôr a mesa enquanto Stálin abria um vinho. Svetlana esperava ficar para o jantar, mas, quando a conversa voltou para "canhões e morteiros", Stálin a beijou e "me disse para ir cuidar das minhas coisas". Ela ficou desapontada, porém desapareceu obedientemente.

"Por que não podemos ter Mólotov?", perguntou Stálin. "Ele está preocupado com o comunicado. Poderíamos resolvê-lo aqui. Há uma coisa que precisa conhecer sobre Mólotov: ele sabe beber." Quando Mólotov se reuniu a eles, seguido por um desfile de pratos pesados, culminando com o inevitável leitão, Stálin começou a troçar "impiedosamente" de seu comissário do Exterior. Churchill entrou no jogo: "O senhor Stálin sabia que seu secretário do Exterior, em sua recente visita a Washington, dissera que estava decidido a visitar Nova York por conta própria e que o atraso de sua volta não se devia a nenhum defeito no avião, mas porque ele estava fora por conta própria?".

Mólotov franziu o cenho, Churchill notou, sem se dar conta de que poderia estar plantando as sementes da desconfiança que quase custaram a vida a Mólotov. Mas o rosto de Stálin iluminou-se de alegria: "Não foi a Nova York que ele foi. Ele foi a Chicago, onde os outros gângsteres vivem".

"As tensões desta guerra têm sido tão ruins para o senhor pessoalmente quanto implementar a política de fazendas coletivas?", perguntou Churchill.

"Ah, não", respondeu Stálin. Aquela fora "uma luta terrível".

Churchill convidou Stálin a visitar Londres, e o *Vojd* relembrou sua visita em 1907, com Lênin, Gorki e Trotski. Sobre o tema das grandes figuras históricas, Churchill disse que seu ancestral, o duque de Marlborough, era uma inspiração, pois, em sua época, "acabou com o perigo para a liberdade europeia durante a Guerra da Sucessão espanhola". Churchill "se entusiasmou", elogiando o brilho militar de Marlborough. Mas um sorriso aflorou no rosto de Stálin.

"Penso que a Inglaterra teve um líder militar de maior talento", cutucou Stálin, "na pessoa de Wellington, que esmagou Napoleão, o maior perigo que já existiu na história." À uma e meia da manhã ainda não tinham começado a comer, mas Stálin saiu, provavelmente para escutar as últimas notícias calamitosas do Cáucaso. Quando sir Alexander Cadogan, sub-secretário permanente do Foreign Office, chegou com um rascunho do comunicado à imprensa, Stálin lhe ofereceu o leitão. "Quando meu amigo pediu desculpas por não aceitar, nosso anfitrião atacou a vítima sozinho", escreveu Churchill. O jantar por fim terminou, por volta das três horas. Churchill implorou a Mólotov que não se incomodasse em acompanhar sua partida ao amanhecer, pois ele "estava visivelmente cansado".

"Você acha mesmo que eu deixaria de estar lá?", respondeu, polido, Mólotov.

De volta a Kuntsevo, Churchill deitou-se no sofá de Stálin, "começou a rir e esticar um par de pernas alegres no ar: Stálin fora esplêndido [...] que prazer era trabalhar com 'aquele grande homem'". Churchill, despindo-se para um banho para revelar uma "camiseta pequena e enrolada", de onde "se projetava um par de nádegas branquelas e enrugadas", dizendo empolgado ao entrar na banheira "Stálin isso, Stálin aquilo". Já amanhecia; a aliança estava salva. Mólotov chegou para levá-lo ao aeroporto.[4]

38. Stalingrado e o Cáucaso: Béria e Kaganóvitch na guerra

Stálin recuperou-se de sua bebedeira com Churchill em casa, mas às 23h30 chegou ao gabinete para encarar a crise no Norte do Cáucaso, onde os alemães se aproximavam de Ordjonikidze e Grozni. Budiony, comandante da frente do Cáucaso Norte, acabara de receber Kaganóvitch, que exigira o direito de se redimir no front depois de perder a direção das ferrovias. Stálin concordou, dizendo que "ele conhece bastante o Cáucaso Norte e se deu bem com Budiony na guerra civil". O cossaco cambaio e o comissário de ferro judeu lutaram para deter os alemães. Budiony não perdeu nada de "seu vigor e senso de ironia", recusando-se a entrar em seu abrigo durante os ataques aéreos: "Não se preocupe: deixe-os bombardear!". Mas a "Locomotiva" não apresentava uma boa figura na guerra.

Cercado por um "séquito de oficiais de sua guarda pessoal e consultores de Moscou [...] bajuladores, compradores de briga e intrigantes", trabalhando a noite inteira num estado permanente de histeria urrante, sempre brincando com suas contas ou seu chaveiro, Kaganóvitch imaginava ser "um grande estrategista [...], emitindo ordens por conta própria", e insistia em interferir em todos os planos militares, estabelecendo prazos impossíveis, gritando "Apresente um relatório pessoalmente [...] sobre o cumprimento da ordem — ou então...". Quando alguns caminhões bloquearam o caminho de sua limusine, "Lázaro", como seus oficiais o apelidaram, ficou histérico, gritando: "Rebaixe! Prenda! Corte marcial! Atire!". Mas essa gritaria não deteve os alemães. "De que serve uma linha de defesa se ela não é defendida?", repreendeu-o Stálin. "E parece que você não conseguiu reverter a situação mesmo onde não há pânico e as tropas lutam bem."

No entanto, Kaganóvitch chegou mais perto da guerra que muitos outros. Ele foi atingido por uma granada na mão, uma insígnia de honra pela qual se sentia profundamente orgulhoso. Foi o único membro do Politburo a ser ferido.* Quando foi a Moscou para reuniões, Stálin, a quem ele considerava "nosso pai", perguntou ternamente sobre sua saúde e depois fez um brinde a seu ferimento. Mas também ficou enfurecido porque um de seus camaradas mais próximos havia arriscado a vida daquele modo.[1]

Diante do avanço dos alemães para o sul, Stálin temeu que a frente do Transcáucaso tombasse, abrindo caminho para os campos de petróleo, possivelmente trazendo a Turquia para a guerra e incentivando os inquietos povos caucasianos à rebelião. Quatro dias depois da partida de Churchill, Stálin voltou-se para Béria.

"Lavrenti Pavlóvitch", dirigiu-se respeitosamente. "Leve com você o que quiser e todos os armamentos que julgue necessários, mas, por favor, detenha os alemães." Quando os alemães tomaram o monte Elbrus, Béria e Merkúlov recrutaram o oficial do *staff* de Stálin Chtemenko, ordenaram que Sudoplátov trouxesse 150 alpinistas georgianos, reuniram sua espalhafatosa comitiva, bem como seu filho Sergo, de dezoito anos, e voaram todos numa esquadrilha de C-47 americanos, parando em Tiflis no caminho. Os generais pensavam num abandono estratégico de Ordjonikidze, mas, no dia 22, Béria, acompanhado de sua força, chegou lá para aterrorizar os comandantes do Transcáucaso. Tcharkviani, o chefe georgiano, estava na sala quando Béria "lançou um olhar gélido e penetrante ao redor da mesa" e lhes disse: "Quebrarei a espinha de quem mencionar uma palavra sobre recuo de novo. Vocês vão defender a cidade!". Quando um general sugeriu colocar 20 mil soldados do NKVD na linha de frente, Béria explodiu "em insultos obscenos e ameaçou quebrar minha espinha se eu voltasse a mencionar aquilo". Embora Tcharkviani (que não era um grande admirador

* Ele recebeu um relógio gravado da Frente como prova de sua gratidão: está hoje no arquivo Kaganóvitch, na RGASPI. É interessante observar que Leonid Bréjnev e Mikhail Súslov, que governaram juntos a União Soviética por quase duas décadas depois de 1964, conheceram Kaganóvitch nessa frente.

de Béria) achasse que o chefe do NKVD ganhara a batalha, os generais, escrevendo após sua queda, queixaram-se de que seu progresso ao longo do front foi simplesmente "exibição e barulho" que perturbou gravemente o trabalho deles.

Béria também tinha de destruir qualquer petróleo que pudesse cair nas mãos dos nazistas. Em Moscou, Stálin chamou Nikolai Baibakov, de trinta anos, comissário-adjunto da Produção de Petróleo, a seu gabinete. Ele estava sozinho: "Camarada Baibakov, você sabe que Hitler quer o petróleo do Cáucaso. Por isso, estou mandando você para lá — você é responsável, sob pena de perder sua cabeça, por garantir que nenhum petróleo seja deixado para trás". Mas ele também "perderia a cabeça" se destruísse o petróleo cedo demais. Quando saiu, com a cabeça girando, Stálin acrescentou: "Você sabe que Hitler declarou que, sem petróleo, ele vai perder a guerra?".

Béria fez mais ameaças terríveis. "Eu simplesmente fiquei curvado sob o peso de tamanha responsabilidade", diz Baibakov, que não sentiu medo, mas talvez devesse. "Subestimei o perigo de minha posição pessoal." Os campos de petróleo certos foram dinamitados no momento certo. Baibakov conservou sua cabeça.*

A outra missão de Béria era acabar com os resíduos de traição entre os grupos étnicos do Cáucaso Norte. Por conseguinte, estabeleceu seu próprio comando do NKVD. Na qualidade de mingrélio georgiano que cresceu entre abkhazianos não georgianos, Béria possuía todos os preconceitos de um minúsculo povo caucasiano contra os outros. Os georgianos sempre suspeitaram em particular dos povos muçulmanos, como os tchetchenos: em Grozni, Béria investigou os relatos de que alguns tchetchenos haviam recebido os alemães de braços abertos. Sergo Béria, que acompanhou seu pai, escreveu que eles mandaram delegações para mostrar seu apoio a Moscou, prometendo lutar como seu herói nacional, Chamil. Uma vez que Chamil havia desafiado a Rússia durante

* A entrevista com Baibakov para este livro foi valiosa, pois ele é um dos últimos dos ministros de Stálin ainda vivo. Tornou-se um membro perene do governo soviético: Stálin o nomeou comissário do Petróleo em 1944 e depois ele dirigiu a Gosplan, a principal agência econômica, exceto por um curto intervalo, até ser tirado por Gorbatchóv, nos anos 80. É típico da obsolescência da economia soviética que os jovens que Stálin nomeara ainda a dirigissem quarenta anos depois. Na época em que este livro foi escrito, esse incansável nonagenário ainda trabalhava na indústria do petróleo, atendendo a convites para dar conferências com dinamismo stalinista, enquanto usava suas medalhas, sob um retrato de Lênin.

trinta anos, essa analogia não fez nenhum bem para a causa deles. A amabilidade de Béria com os tchetchenos escondia sua desconfiança.

Béria caiu sobre Kaganóvitch e Budiony em Novorossisk, mas não ficou impressionado com a conduta deles: "Esses dois idiotas desorganizaram tudo", escreveu Sergo Béria, exagerando um pouco. Eles encontraram Budiony "totalmente bêbado" e em "profundo torpor", enquanto Kaganóvitch estava "sóbrio", porém "tremia como vara verde e caiu de joelhos diante de meu pai".

"Não dê este vexame", disse Béria a ele.

O avanço germânico refluiu diante de Ordjonikidze e Grozni, minado pela resistência soviética em Stalingrado. Béria retornou triunfante a Moscou, onde Stálin, que tinha ciúme da glória militar de qualquer um, escutou-o jactar-se de suas façanhas a Malenkov.

"Agora Béria vai imaginar que é um líder militar", grunhiu Stálin para Chápochnikov. Béria recomendou tirar Budiony, que retornou a Moscou de seu último comando ativo para se tornar encarregado da cavalaria. Mas ele apelou a Stálin: "Minha alma anseia por estar na batalha. Deixe-me ir para Stalingrado!".[2] Com efeito, Stalingrado estava prestes a se tornar a batalha das batalhas, o foco do mundo.

Os alemães atacaram por terra e devastaram a cidade de Stálin pelo ar, destruindo aquele leviatã industrial num bombardeio infernal que transformou suas desoladas fábricas stalinistas numa paisagem primeva de cavernas e cânions. Stálin, em seu gabinete desde as primeiras horas do dia, estava fora de si, censurando seus enviados a Stalingrado, Malenkov e o chefe de Estado-Maior, Vassilevski: "O inimigo rompeu nossas defesas [...] com forças pequenas. Vocês têm forças suficientes para aniquilar o inimigo [...]. Mobilizem trens blindados [...]. Usem cortinas de fumaça [...]. Lutem dia e noite [...]. A coisa mais importante agora é não entrar em pânico, não temer o inimigo insolente e manter a confiança em nosso sucesso".[3]

A gravidade da situação de Stalingrado finalmente fez Stálin se concentrar e provocar uma revolução em sua conduta perante a guerra. Ele percebeu que o caminho para a sobrevivência e a glória estava nas mãos de generais profissionais, e não em seu amadorismo impaciente e seus cavalarianos inábeis. A 27 de agosto, mandou Júkov correr para Stalingrado e o promoveu a comandante supremo-adjunto. Júkov recusou a promoção: "Meu caráter não vai deixar que trabalhemos juntos".

"Desastres ameaçam o país", retrucou Stálin. "Devemos salvar a pátria por todos os meios possíveis, sem medir sacrifícios. Que importa nosso caráter? Temos de subordiná-lo aos interesses da pátria. Você irá?"

"Preciso de um dia."

"Tudo bem. Mas você não está com fome? Não faria mal comer alguma coisa." Trouxeram chá e bolo para celebrar o começo da parceria mais bem-sucedida da guerra.

Júkov encontrou-se com Vassilevski em Stalingrado, onde os alemães penetravam na cidade. Stálin exigia contra-ataques, mas suas forças ainda não estavam preparadas para isso. O líder estava tão ansioso que dormia agora numa poltrona de seu gabinete, e Poskrióbichev o acordava de duas em duas horas. Estava tão pálido, cansado e magro que Poskrióbichev deixou-o dormir meia hora a mais, pois não teve coragem de acordá-lo: "Temos agora um filantropo! Ligue para Vassilevski. Rápido! O filantropo careca!".

Stálin gritou com Vassilevski: "Qual é o problema com eles? Não entendem que, se entregarmos Stalingrado, o Sul do país ficará separado do centro, e nós provavelmente não teremos condições de defendê-lo? Eles não se dão conta de que isso não é uma catástrofe apenas para Stalingrado? Nós perderíamos nossa principal via fluvial e logo nosso petróleo também!". Mas a importância não era mais meramente estratégica: Stalingrado levava seu nome porque desempenhara um papel formativo em sua vida. Ali, na cidade que se chamava Tsarítsin em 1918, ele ganhara autoconfiança como homem de ação, aprendera a governar pelo terror, conquistara a confiança de Lênin e o ódio de Trotski. Na "Verdun vermelha" conhecera seus companheiros, de Vorochílov a Budiony, e iniciara seu casamento com Nádia.

"Acho que ainda há uma chance de não perdermos a cidade", respondeu Vassilevski com cautela. Stálin ligou para Júkov e ordenou o ataque: "Postergar é equivalente a cometer um crime". Quando Júkov disse que haveria um atraso, Stálin escarneceu: "Você acha que o inimigo vai esperar até que vocês se mexam?".

Ao amanhecer, os russos atacaram de novo, mas não obtiveram grande avanço. Os alemães quase haviam tomado a cidade, porém uma força obstruía o caminho: o 62º Exército, sob o comando do general Vassíli Tchuikov, que se agarrou à margem esquerda do Volga, comandando abrigos em trincheiras e lutando nas ruínas esqueléticas de uma paisagem industrial apocalíptica, recebendo suprimentos somente por barcas que atravessavam o Volga flamejante, no qual se refletia o destino da Rússia. A coragem, a nobreza, o desespero e a brutalidade dessa luta estão mais bem descritos na epopeia de Vassíli Grossman *Vida e destino*. Eles lutaram com armas modernas e antigas, rifles e granadas, espadas, canos e dedos, morrendo para ganhar tempo: "Sangue é tempo", disse Tchuikov.

A atenção de praticamente todos os minutos de Stálin estava concentrada em uma das batalhas mais intensas da história. Os comandantes diretos de Tchuikov eram o general Andrei Ieremenko e o comissário Khruchióv, nas boas graças novamente, mas a questão era importante demais para ficar apenas nas mãos deles. Stálin supervisionou o front, com Júkov e Vassilevski no comando ativo, enquanto Malenkov agia como seu espião pessoal. Eles apareceram no abrigo de Ieremenko. "Notei Vassilevski e Malenkov cochichando", disse Khruchióv, "preparando-se para denunciar alguém." Malenkov chamou oficiais para ser repreendidos. Eles chegaram ao abrigo para encontrar um "homem baixo, com rosto inchado, vestido de túnica", ao lado de facínoras como Júkov e Ieremenko. Em uma das sessões de repreensão, Malenkov viu-se diante de Vassíli Stálin, que, embora proibido de voar em missões, comandava uma divisão.

"Coronel Stálin", disse Malenkov, "o desempenho em combate de seus aviadores é revoltante." Depois virou-se para outro oficial: "E você, o general de barrete? Pretende lutar ou simplesmente namorar?". Depois que Malenkov partiu, Khruchióv e Ieremenko ficariam sozinhos de novo em seu abrigo, "num silêncio fantasmagórico [...] como uma floresta depois da tempestade". Foi o melhor momento de Khruchióv,* vivendo na trincheira e fazendo as amizades com generais que lhe seriam bastante úteis após a morte de Stálin.[4]

A 12 de setembro, os comandantes rivais de Stalingrado voaram para ver seus respectivos Supremos, numa clara simetria ditatorial. Enquanto Von Paulus se encontrava com o Führer em seu quartel-general, *Werwolf* — uma fileira de cabanas de madeira e bunkers em Vinnitsa —, Júkov e Vassilevski estavam a caminho para ver seu *Vojd*. Enquanto Hitler mandava Von Paulus "capturar o mais rápido possível toda a cidade de Stalingrado", Júkov e Malenkov apresenta-

* Quando estava no poder, Khruchióv mandou que seus companheiros, como Ieremenko, inflassem seu papel heroico em Stalingrado, tal como o próprio Stálin.

vam um relatório a Stálin em que propunham mais ofensivas "para triturar o inimigo [...] e preparar simultaneamente [...] um golpe mais poderoso". Mas qual? Stálin olhou para seu mapa e o estudou em silêncio, ignorando os soldados por um longo momento, perdido em seus pensamentos.

Júkov e Vassilevski afastaram-se da mesa, conversando em voz baixa. Tinha de haver "outra solução".

"E o que 'outra solução' significa?", perguntou Stálin, erguendo subitamente a cabeça. "Nunca pensei que ele tivesse um ouvido tão apurado", observou Júkov. Antes que os generais respondessem, Stálin acrescentou: "Vão até o Estado-Maior geral e pensem cuidadosamente no que precisa ser feito [...]. Nos encontraremos aqui às nove da noite de amanhã". A vitória tem vários pais, e muitos reivindicaram a paternidade pela de Stalingrado, mas ela foi realmente filha da colaboração exclusiva entre Stálin, Vassilevski e Júkov, todos eles talentosos, cada um a sua maneira.

Às dez da noite de 13 de setembro, Stálin recebeu Júkov e Vassilevski em seu estúdio com um gesto incomum — um aperto de mãos: "Bem, o que vocês pensam? O que propõem? Quem faz o relatório?".

"Qualquer dos dois", respondeu Vassilevski. Eles entregaram um mapa que mostrava o plano básico de lançar uma ofensiva maciça contra os flancos alemães, mantidos pelas forças romenas mais fracas, para chocar-se contra a retaguarda deles e cercá-los: era a Operação Urano. Exatamente nesse momento, o ataque germânico ordenado por Hitler em Vinnitsa naquele mesmo dia caiu sobre o 62º Exército. Poskrióbichev entrou na sala — Ieremenko estava na linha para falar de Stalingrado. Tchuikov mal mantinha sua posição na margem esquerda do Volga, enquanto o Stavka preparava a operação. Mandando os dois generais de volta a Stalingrado para fazer o reconhecimento para a Urano, Stálin disse solene: "Ninguém mais sabe o que nós três discutimos aqui. Ninguém além de nós três deve saber sobre isso por enquanto".

A 9 de outubro, Stálin devolveu o comando unitário dos exércitos aos generais. Comemorou de novo com apertos de mãos com Júkov e Vassilevski, que usava como representantes especiais nas frentes: não gostava que eles "ficassem sentados" em Moscou. Chefe do Estado-Maior desde maio, Alexander Vassilevski, de 47 anos, era o terceiro da extraordinária equipe de Stalingrado. De várias maneiras, era até mais próximo de Stálin que Júkov.

De ombros largos e tórax proeminente, mas com uma expressão sensível e encantadora, Vassilevski fora preparado por Chápochnikov. Esse notável oficial foi seu sucessor não apenas profissionalmente, como também por ser o único cavalheiro entre bárbaros, além de confidente especial de Stálin. Sua decência intrigava, impressionava e divertia Stálin, que tanto carecia dela: "Você comanda muitos exércitos, porém é incapaz de machucar uma mosca", refletiu ele. Vassilevski também provinha de um mundo desaparecido que fascinava o líder: seu pai fora um próspero padre de aldeia junto ao Volga e ele fora educado para o sacerdócio, mas se tornou capitão do Exército czarista. Quando entrou para o Exército Vermelho, teve de abandonar seu pai-sacerdote e cortar relações. Após as reuniões, Stálin pedia com frequência que Vassilevski ficasse para discutir se ele sentia a tentação do sacerdócio. "Bem, eu não gostaria que você fosse padre", disse rindo. "Isso está claro. Mas Mikoian e eu queríamos ser padres e fomos rejeitados. Até hoje, não entendo por quê!" Depois: "Sua educação religiosa fez alguma coisa por você?".

"Nenhum conhecimento é totalmente perdido", respondeu Vassilevski com cautela. "Um pouco dela acabou sendo útil na vida militar."

"A coisa que os padres ensinam melhor é como compreender as pessoas", refletiu Stálin, que certa vez disse que seu pai era sacerdote. Talvez pensasse às vezes sobre sua paternidade, pois, por volta dessa época, disse a Vassilevski: "Não devemos esquecer nossos pais". Em ocasião posterior, perguntou-lhe: "Quando você viu seus pais pela última vez?".

"Eu os abandonei", respondeu o general, preocupado com o fato de isso poder ser um teste. "Meu pai é padre, camarada Stálin."

"Mas ele é um contrarrevolucionário?"

"Não, camarada Stálin, ele acredita em Deus, mas não é um contrarrevolucionário."

"Quando a guerra acalmar, acho que você devia pegar um avião, visitar seus pais e pedir-lhes perdão."

Stálin não esqueceu do pai de Vassilevski. "Você foi visitar seus pais e pedir-lhes a bênção?", perguntou mais tarde.

"Sim, camarada Stálin", respondeu Vassilevski.

"Vai demorar muito até que você pague sua dívida para comigo." Abriu então seu cofre e mostrou-lhe alguns papéis. Eram ordens de pagamento em nome do próprio Stálin que haviam sido enviadas ao pai de Vassilevski durante toda a guerra. O filho, espantado e um pouco emocionado, agradeceu profusamente a Stálin. Mas, naquele momento, a responsabilidade especial de Vassilevski era Stalingrado.[5]

Os dois tiranos messiânicos prepararam quase ao mesmo tempo seus povos para a vitória. "Haverá um feriado em nossas ruas também", insinuou Stálin em seu discurso de 7 de novembro. No dia seguinte, Hitler gabou-se para seu povo: "Eu queria chegar ao Volga [...] em determinada cidade. Por acaso, ela tem o nome do próprio Stálin [...]. Eu queria capturá-la e [...] está praticamente em nossas mãos!".

O Cantinho trepidava de tensão. Stálin temia que os alemães adivinhassem o que estava em marcha. No dia 11, preocupou-se por não ter aviões suficientes. No dia 13, quando Von Paulus lançou uma última tentativa de desalojar Tchuikov, que mantinha agora um pedaço arruinado de território com menos de cinquenta metros de largura, Júkov e Vassilevski foram a Moscou para uma reunião final. "Pelo modo como Stálin fumou seu cachimbo, alisou o bigode e não interrompeu nenhuma vez, podíamos ver que estava satisfeito", escreveu Júkov. Depois, Vassilevski retornou a Stalingrado.

No dia 18, Stálin, acompanhado de Béria, Mólotov, Malenkov e Júkov, que continuou no comando da Operação Marte* diante de Moscou, trabalharam no Cantinho até as 23h50. Três horas antes do ataque, as três frentes diante de Stalingrado, sob o comando dos generais Ieremenko, Rokossovski e Vatútin, foram informadas de que seu ataque era iminente. Presume-se que Stálin e seus camaradas tenham ido então jantar ou viram um filme para passar o tempo. Stálin raramente dormia antes das quatro da manhã — "a necessidade simplesmente passa", disse depois a Churchill — e, portanto, com certeza ficou de pé para ouvir que as tropas haviam atacado. Às 7h20 da manhã nevoenta de 19 de novembro, os 3500 canhões do setor norte abriram fogo. Quando esse raio jupiteriano foi desferido, a terra tremeu a cinquenta quilômetros de distância. Um milhão de homens, 1400 tanques e 1115 aviões caíram sobre as forças de Hitler.[6]

* Simultânea à Operação Urano de Stalingrado, Júkov lançou a esquecida Operação Marte contra a saliência de Rjev diante de Moscou, provavelmente sua maior derrota: centenas de milhares de soldados foram perdidos em apenas dois dias de uma operação que ilustrava seu estilo audacioso, mas tosco.

1929-34

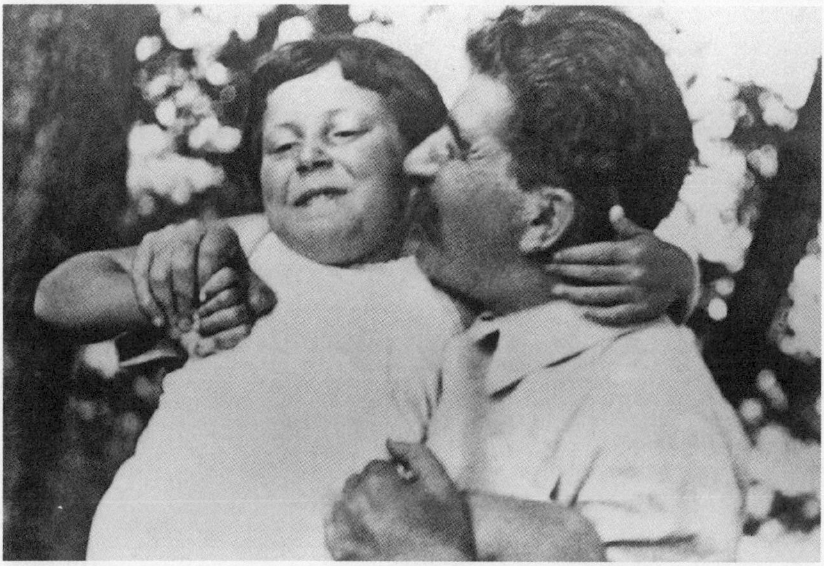

Stálin beija sua filha Svetlana, no início da década de 1930. Ele a adorava: as sardas e o cabelo ruivo dela lembravam-lhe sua mãe, Keké, mas a inteligência e a obstinação vinham do próprio Stálin. Ele foi afetuoso... até ela começar a crescer. COLEÇÃO FAMÍLIA ALLILÚIEV.

Nádia era muito menos carinhosa e mais rígida e moralista com os filhos: quando deu à luz o primogênito, foi caminhando para o hospital. Tinha uma relação especial com o frágil e truculento Vassíli, mas era sobretudo uma mulher bolchevique de carreira que deixava a criação dos filhos para babás. Ao lado, ela segura no colo Svetlana. COLEÇÃO FAMÍLIA ALLILÚIEV.

No topo, Stálin e seu motorista e Nádia em uma das limusines do Kremlin; em geral Packards, Buicks e Rolls-Royces. Nádia e Stálin levavam uma vida ascética, mas ele se preocupava muito em designar carros e apartamentos para seus ajudantes — e, às vezes, até mesmo para os filhos deles. Cada família recebia cerca de três carros. RGASPI.

Acima, à esquerda, um retrato de Stálin e Nádia em aconchegantes e amorosas férias junto ao mar Negro, embora ocorressem brigas com frequência. Os dirigentes da Rússia soviética tendiam a tirar férias e a jantar juntos: na foto, Stálin e Nádia à direita, com o laborioso Mólotov e sua inteligente esposa judia, Polina. O ditador jamais perdoou a amizade das duas. COLEÇÃO FAMÍLIA VLÁSSIK.

Na foto menor, Stálin vem do jardim carregando Svetlana. Em Zubálovo, sua casa de campo perto de Moscou, gozava de finais de semana idílicos. COLEÇÃO FAMÍLIA ALLILÚIEV.

Stálin construiu seu poder informalmente e com charme, apesar da fachada rígida do Congresso do Partido, do Comitê Central e do Politburo. As coisas aconteciam nos corredores do Kremlin. Aqui, em um Congresso de 1927, Stálin conversa com os aliados Sergo Ordjonikidze e (à direita) *o premiê Alexei Ríkov. Mas Ríkov logo se oporia às políticas duras de Stálin — e pagaria por isso com a vida.* RGASPI.

Stálin era o líder soviético dominante desde a metade dos anos 1920, mas ainda não se tornara ditador. Aqui, num Congresso do Partido, Sergo Ordjonikidze (na frente à esquerda) *e Klim Vorochílov viram o rosto para Stálin. Também estão presentes Kírov* (de pé, à direita de Stálin), *Kaganóvitch, Mikoian* (último da direita) *e Póstichev* (o segundo a partir da esquerda). RGASPI.

Após sua morte trágica, Nádia jaz no esquife. Stálin jamais se recuperou de seu suicídio e vingou-se naqueles que acreditava terem-na encorajado. "Ela me aleijou", disse. Ele soluçou quando a viu no caixão. "Não chore, papai", disse Vassíli, que segurava sua mão. RGASPI.

O funeral de Nádia: Stálin caminhou atrás do carro fúnebre, mas depois foi de carro para o cemitério. Pauker, o chefe de sua segurança pessoal, um ex-barbeiro judeu da Ópera de Budapeste, encarregou-se das orquestras, que podem ser vistas à direita. RGASPI.

Abaixo, vemos Stálin saindo do Grande Palácio do Kremlin. Sergo Ordjonikidze, o irascível e emocional flagelo de seus inimigos, do qual se dizia que era o "bolchevique perfeito" e que se parecia com um "príncipe georgiano", aparece no meio. Mikhail "Papai" Kalínin (de bengala), *chefe de Estado soviético, era um ex-camponês cordial e mulherengo. Kalínin opôs-se a Stálin e teve a sorte de sobreviver. Sergo confrontou-o e se viu contra a parede.* COLEÇÃO DAVID KING.

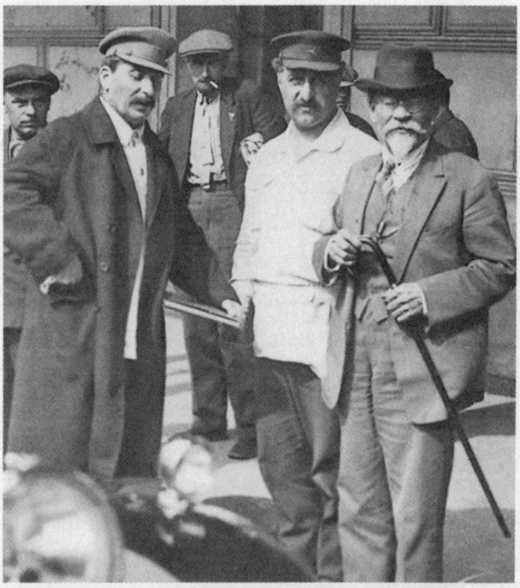

No canto superior direito, Lázar Kaganóvitch, sapateiro vigoroso e bonito, auxiliar rude, enérgico, cruel e inteligente de Stálin nos anos 1930. Na foto acima, durante a fome que acompanhou a coletivização, ele lidera pessoalmente uma expedição ao campo siberiano para procurar grãos escondidos pelos camponeses. O ritmo das campanhas de Stálin era extenuante: Kaganóvitch (no meio) *dorme, cercado por seus funcionários e agentes da polícia secreta.* RGASPI.

Na imagem à esquerda, os magnatas eram tão próximos que pareciam uma família: "Tio Ábel" Ienukidze (à esquerda) *era padrinho de Nádia, velho amigo de Stálin e solteirão sibarita com queda por bailarinas. À direita está o garboso, bonachão, estúpido, invejoso e brutal Vorochílov, que fez nome na batalha de Tsarítsin e, em 1937, supervisionou o massacre de cerca de 40 mil de seus oficiais.* RGASPI.

Em 1933, primeiro ano após a morte de Nádia, as férias de Stálin foram registradas pela políci secreta em um álbum privado especial, que mos a intimidade e informalidade de sua vida nesse meses. Ele gostava especialmente de piquenique Acima, ele e Vorochílov (de suspensórios) *acampam. Ele adorava jardinagem: ao lado, li o jardim de sua datcha em Sotchi; adorava ros mas as mimosas eram suas favoritas. Gostava menos de caçar, mas, na foto abaixo, o vemos e companhia de* (a partir da esquerda) *Budion Vorochílov e um guarda-costas.* RGASPI.

As férias eram a melhor época para conhecer Stálin: havia uma rede frenética de informações entre seus magnatas e até as atividades mais triviais se tornavam politicamente significativas. Acima, o jovem líder georgiano Lavrenti Béria ofereceu-se para ajudar na limpeza do jardim: colocando um machado no cinturão, disse a Stálin que não havia árvore que ele não derrubasse. Stálin compreendeu a mensagem. RGASPI.

Abaixo, Stálin parte numa viagem de pescaria e caça no mar Negro, que acabaria numa misteriosa tentativa de assassinato — seria Béria o responsável? Na foto menor, Stálin inspeciona os peixes apanhados. RGASPI.

Mólotov, premiê durante os anos 1930 — e segundo mais importante líder depois de Stálin — era dominado por sua esposa, Polina. Aqui, em férias, ele joga tênis com sua família; no inverno, empurrava sua filha no trenó. Mas esse Robespierre soviético acreditava no Terror e nunca se arrependeu de ter assinado a sentença de morte das esposas de seus amigos. Stálin o apelidou de "Molotstein", ou, de forma mais carinhosa, "Vetcha". RGASPI.

Stálin governava seu império com a família e os amigos a seu redor, sentado ao sol na datcha de Sotchi, onde escrevia suas ordens com um crayon vermelho, enquanto seus asseclas travavam duelos brutais em seu nome. Béria parece um guarda atrás dele, já tendo entrado em conflito com seu protetor Lakoba (à direita), *enquanto Svetlana* (que chamava Béria de "tio Lara") *brinca ao redor. Dentro de cinco anos, Lakoba e toda a sua família estariam mortos.* RGASPI.

1934-41

Depois da morte de Nádia, Serguei Kírov, o chefe de Leningrado, se tornou o amigo mais próximo de Stálin; ao lado, ele veraneia com Stálin e Svetlana em Sotchi. Mas surgiu tensão quando Kírov se tornou perigosamente popular. Teria Stálin planejado sua morte? COLEÇÃO FAMÍLIA VLÁSSIK.

Mesmo antes do assassinato de Kírov, o entusiasmado e frágil Andrei Jdánov se tornou o favorito de Stálin — que o considerava um "companheiro intelectual". Abaixo, Jdánov aparece com a família do líder, provavelmente na datcha Riacho Frio (a partir da esquerda)*: Vassíli, Jdánov, Svetlana, Stálin e Iákov. À direita, na mesma ocasião, Stálin e Svetlana.* COLEÇÃO FAMÍLIA VLÁSSIK.

A corte do czar vermelho. Stálin está cercado por seus camaradas e pelas mulheres que acabaram por se tornar excessivamente familiares e pagaram o preço disso. Em 21 de dezembro de 1934, ainda sob o efeito do assassinato de Kírov, os cortesãos, famílias e magnatas se reuniram no aniversário de Stálin em sua datcha de Kuntsevo e foram fotografados pelo general Vlássik (última fileira, de pé a partir da esquerda)*: Stan Redens, Kaganóvitch, Mólotov, Aliocha Svanidze, Ana Allilúieva Redens, Vlas Tchubar, Dora Khazan, Andrei Andréiev, Zinaida Ordjonikidze, Pável Allilúiev;* (fileira do meio)*: Maria Svanidze, Maria Kaganóvitch, Sachiko Svanidze, Stálin, Polina Mólotova, Vorochílov;* (na fileira da frente)*: desconhecido, possivelmente Chalva Eliava, Lakoba, possivelmente a esposa de Lakoba, Sergo Ordjonikidze, Jênia Allilúieva, Bronislava Poskrióbicheva, desconhecido; e, bem na frente, Béria, Mikoian e Poskrióbichev.* RGASPI.

As mulheres de Stálin: sua sorridente amante Jênia Allilúieva está sentada a seus pés: ela dizia o que queria a Stálin e isso lhe granjeou inimigos. A bela Bronislava Poskrióbicheva está à direita de Jênia. Sua filha sustenta que ela também foi amante de Stálin. Não obstante, foi liquidada. RGASPI.

Stálin gerenciava o teatro assim como dominava o cinema, a literatura e a política. Os magnatas comiam na sala atrás do camarote entre as cenas. Aqui, no Bolchoi, estão (a partir da esquerda)*: Vorochílov, Kaganóvitch, Stálin, Sergo Ordjonikidze, Mikoian e as esposas.* RGASPI.

Keké, a mãe de Stálin, tinha a mesma espirituosidade sardônica e zombeteira do filho. Eles não eram próximos, mas Stálin mandava cartas, deixando que Béria agisse como seu filho. Pouco antes da morte de Keké, Béria conseguiu que Stálin a visitasse. Antigos amigos e agora rivais, Béria e Lakoba aparecem atrás dela nesta foto tirada em seu quarto. COLEÇÃO FAMÍLIA VLÁSSIK.

À esquerda, Béria, o vice-rei do Cáucaso (no centro), *recebe Vorochílov e Mikoian* (à direita) *em Tiflis para o Festival Rustaveli, no auge do Terror, em 1937.* RGASPI.

Abaixo, Guenrikh Iagoda, chefe do NKVD, *que tinha reservas em relação ao Terror. Stálin ameaçou esbofeteá-lo. Iagoda gozava da boa vida: colecionava vinhos, cultivava orquídeas, cortejava a nora de Gorki, guardava roupas íntimas femininas e comprava filmes pornográficos alemães e piteiras obscenas. Da esquerda para a direita: Iagoda de uniforme, Kalínin, Stálin, Mólotov, desconhecido e Béria.* RGASPI.

O marechal Semion Budiony, cavaleiro cossaco fanfarrão e herói de Tsarítsin, famoso por seu imenso bigode, seus dentes brancos e nível equino de inteligência, posa com Kaganóvitch, a sua esquerda, e Stálin, entre mulheres encantadas. Budiony revelou-se um bom general, mas sua felicidade era criar cavalos, que ele acreditava ser mais úteis do que tanques. RGASPI.

Ao lado, os dois monstros mais depravados da corte de Stálin. Em 1934, no 17º Congresso do Partido, quando entraram para a liderança (mas antes da ascensão ao poder supremo), Béria e Iejov posam abraçados para a câmera. Iejov era um fanático ambicioso, afável, embora propenso à doença, um anão bissexual de que todos gostavam até ser promovido a chefe do NKVD, em 1936, e se tornar um homicida frenético. Béria era um membro inescrupuloso da polícia secreta, mas capaz e inteligente. Em 1938, foi levado para Moscou a fim de destruir Iejov, cuja execução supervisionou. RGASPI.

À esquerda, o prócer ascendente Iejov (que segura sua filha adotiva Natacha) *e sua promíscua esposa Ievguênia, ao lado de seu poderoso amigo Sergo Ordjonikidze. Pouco depois, Iejov ajudaria Stálin a hostilizar Sergo, levando-o ao suicídio. Ievguênia Iejova tornou-se a "viúva negra" do círculo do ditador: muitos de seus amantes morreram graças à conexão com ela. Ievguênia, por sua vez, se sacrificou para tentar salvar sua filha. Acima, à direita, Sergo e Iejov.* RGASPI.

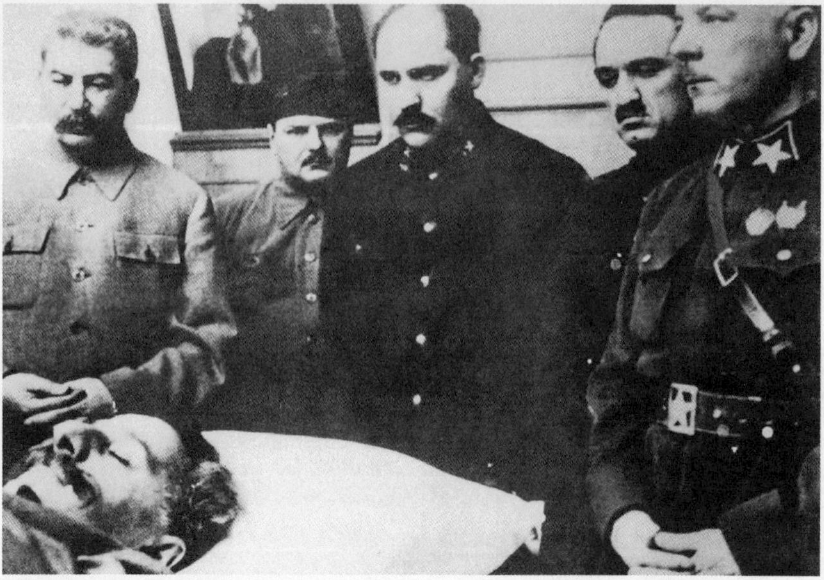

Com o Terror ganhando impulso, Sergo entrou em conflito com Stálin. Houve um tiro no apartamento de Sergo. Sua misteriosa morte resolveu um problema para Stálin, que correu para seu apartamento no Kremlin, onde Sergo foi colocado sobre uma mesa para esta fotografia. Stálin, Kaganóvitch, Mikoian e Vorochílov posam com o corpo. Kaganóvitch e Mikoian eram especialmente íntimos de Sergo e parecem muito chocados. RGASPI.

1937, auge do Grande Terror. Iejov, agora chefe do NKVD, em uniforme da Segurança do Estado (segundo a partir da direita) *e o* (o primeiro da direita) *seu amigo Nikita Khruchióv, recém-nomeado chefe de Moscou e, mais tarde, um dos sucessores de Stálin, acompanham Mólotov, Kaganóvitch, Stálin, Mikoian e Kalínin. Stálin confiava no implacável labrego Khruchióv, que se descrevia como "animal de estimação" do líder. Ele idolatrava Stálin.* RGASPI.

Stálin considerava-se um intelectual. Persuadiu o famoso romancista Gorki a voltar e se tornar o grande escritor do regime, dando-lhe uma mansão em Moscou e duas datchas no interior. A casa de Gorki tornou-se o espaço literário do Politburo. Ali, Stálin disse aos escritores para se tornarem "engenheiros da alma humana". Na foto, Stálin toma chá com Gorki. Quando ele se desencantou com o escritor, sua morte, em 1936, foi conveniente. RGASPI.

Quando, embriagada, ela derrubou creme em sua túnica, Poskrióbichev apaixonou-se pela jovem médica Bronislava, que ficou amiga de Stálin e sua família. Mas suas origens judaico-lituanas, sua amizade com a esposa de Iejov e sua conexão distante com Trotski levaram-na a ser presa por Béria e depois executada. Poskrióbichev chorava quando ouvia seu nome, mas continuou trabalhando ao lado de Stálin, em bons termos com Béria, e se casou de novo. Acima, Poskrióbichev com Bronislava (à direita) *e a irmã dela.* COLEÇÃO FAMÍLIA POSKRIÓBICHEV.

Alexander Poskrióbichev (à direita), *um ex-enfermeiro detalhista, foi chefe de gabinete durante a maior parte de seu reinado. Embora guardasse os segredos do ditador, nos jantares dos líderes, Stálin o desafiava a ver quem bebia mais, apelidava-o de "comandante-em-chefe" e ria quando o tiravam vomitando da mesa.* COLEÇÃO FAMÍLIA POSKRIÓBICHEV.

Poskrióbichev controlava a política, mas o general Nikolai Vlássik, chefe dos guarda-costas de Stálin e fotógrafo da corte, dirigia sua vida doméstica e exercia papel paternal em relação a Vassíli Stálin. Aqui, vemos Vlássik, e a sua esquerda Iákov, o filho de Stálin que morreria na guerra. COLEÇÃO FAMÍLIA VLÁSSIK.

Stálin tinha grande afeição por Svetlana, mas, no final dos anos 1930, ao ver que ela amadurecia muito cedo, ficou alarmado. Quando ela lhe enviou esta foto, vestida com o uniforme de Jovem Pioneira, ele a devolveu com este bilhete no verso: "Sua expressão não é apropriada para alguém da sua idade". Na metade da Segunda Guerra, quando ela se apaixonou por um homem mais velho, Stálin ficou estarrecido. A partir de então, sua expressão mais carinhosa para ela foi "sua tolinha". COLEÇÃO FAMÍLIA ALLILÚIEV.

1941-45

Stálin ficou desnorteado com o ataque de Hitler, mas logo assumiu o papel que acreditava ter sido feito para ele: senhor supremo da guerra. De início, trabalhou com seus magnatas e generais numa atmosfera quase colegiada, antes de fazer o papel de gênio militar. Aqui, Stálin aparece com (de pé a partir da esquerda) *Bulgánin* (de uniforme), *Mikoian, Khruchióv, Andréiev, Voznessenski, Vorochílov* (de uniforme) *e Kaganóvitch;* (sentados, a partir da esquerda)*: Chvernik, Mólotov, Béria e Malenkov.* COLEÇÃO DAVID KING.

No final de 1942, após uma série de desastres desnecessários, Stálin designou Gueorgi Júkov para o vice-comando das operações. Ele admirava os dotes militares, a energia e o ímpeto brutal do general. Júkov desempenhou um papel decisivo nas vitórias de Moscou, Leningrado, Stalingrado e Berlim. No desfile da vitória, Stálin permitiu que Júkov recebesse a saudação, mas depois o ciúme e a paranoia o levaram a rebaixar o general. Aqui, em 1945, Stálin coloca Júkov a sua direita, mas está flanqueado no outro lado por seus marechais "políticos", Vorochílov, que foi corajoso, mas inepto, e Bulgánin, que ascendeu implacavelmente, mas sem sinal de se tornar herdeiro do poder. COLEÇÃO DAVID KING.

Stálin como árbitro da Grande Aliança, jogando Roosevelt contra Churchill. Nesta foto de 1943, Vorochílov está de pé, atrás de seu chefe, enquanto o general Alan Brooke (atrás de Churchill e Roosevelt) *olha para o aliado indigesto.* COLEÇÃO DAVID KING.

Ao lado, Churchill e Stálin em Ialta, seguidos pelo general Vlássik. MUSEU STÁLIN, GORI, REPÚBLICA DA GEÓRGIA.

Na Conferência de Potsdam, Stálin, resplandecente em seu uniforme branco de generalíssimo, posa com Churchill e o novo presidente americano, Harry Truman, que o informou de que os Estados Unidos tinham a bomba atômica. Stálin desprezava Truman, sentia falta de Roosevelt e achava que Churchill era o mais forte dos capitalistas. COLEÇÃO DAVID KING.

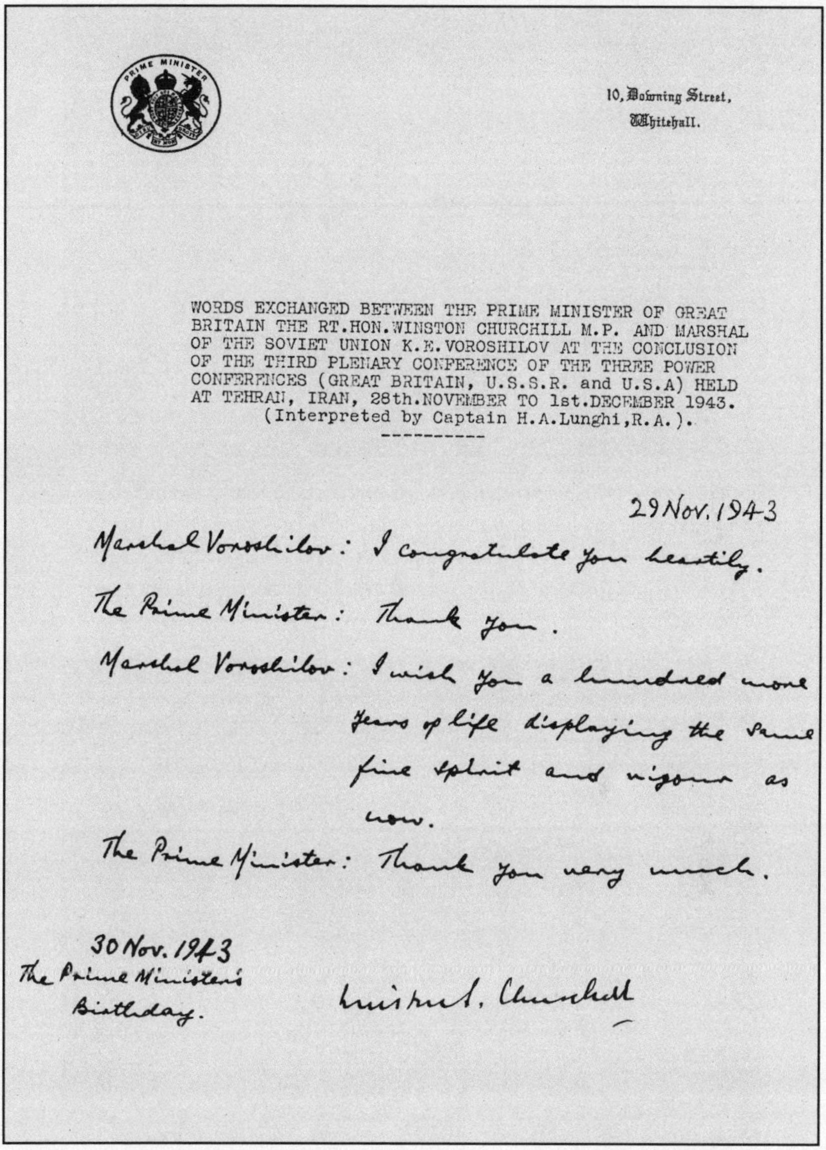

10, Downing Street,
Whitehall.

WORDS EXCHANGED BETWEEN THE PRIME MINISTER OF GREAT BRITAIN THE RT.HON.WINSTON CHURCHILL M.P. AND MARSHAL OF THE SOVIET UNION K.E.VOROSHILOV AT THE CONCLUSION OF THE THIRD PLENARY CONFERENCE OF THE THREE POWER CONFERENCES (GREAT BRITAIN, U.S.S.R. and U.S.A) HELD AT TEHRAN, IRAN, 28th.NOVEMBER TO 1st.DECEMBER 1943.
(Interpreted by Captain H.A.Lunghi,R.A.).

----

29 Nov. 1943

Marshal Voroshilov: I congratulate you heartily.

The Prime Minister: Thank you.

Marshal Voroshilov: I wish you a hundred more years of life displaying the same fine spirit and vigour as now.

The Prime Minister: Thank you very much.

30 Nov. 1943
The Prime Minister's Birthday.

Winston S. Churchill

Em Teerã, Churchill presenteou Stálin com a espada de Stalingrado, e Vorochílov deixou-a cair. Stálin mandou Vorochílov se desculpar com Churchill. Ruborizado, Vorochílov agarrou Hugh Longhi, um jovem diplomata inglês, para ser intérprete. Ele se desculpou e depois desejou feliz aniversário para Churchill, que achou que o marechal estava atrás de um convite para a festa. COLEÇÃO HUGH LUNGHI.

Em Potsdam, Stálin encarregou Béria da corrida pela bomba atômica: ele não podia se dar ao luxo de fracassar. Aqui, Béria e Mólotov visitam as ruínas de Berlim, com os agentes da polícia secreta Kruglov (à esquerda) *e Serov, o especialista em deportações.* FOTOGRAFIAS DO AUTOR/ COLEÇÃO DO AUTOR.

Béria e família, por volta de 1946. Ele era um estuprador e sádico, mas genro e avô encantador. Nina (segunda à esquerda)*, sua esposa, era a mais linda das mulheres dos próceres — Stálin a tratava como uma filha. Svetlana Stálin estava apaixonada por seu filho Sergo* (o último da esquerda)*, de quem Stálin também gostava. Mas ele se casou com Marta Péchkova, neta de Gorki* (a última da direita)*, deixando Svetlana irada.* FOTOGRAFIAS DO AUTOR/ COLEÇÃO DO AUTOR.

Em 1938, quando promoveu Béria a chefe do NKVD e o trouxe para Moscou, Stálin escolheu pessoalmente sua casa. A esposa e o filho viviam numa das alas; seus aposentos e escritórios ficavam no outro lado, onde muitas de suas vítimas foram estupradas. Quando uma delas o repeliu e foi presenteada por um guarda com o buquê de flores usual, Béria teria rosnado: "Não é um buquê, é uma coroa". FOTOGRAFIAS DO AUTOR/ COLEÇÃO DO AUTOR.

A Casa do Cais, construída para as autoridades do governo no começo dos anos 1930, foi dizimada durante o Terror de 1937. De manhã, o porteiro contava aos sobreviventes quem fora preso durante a noite. Neste local, Natália Ríkova viu seu pai partir pela última vez. Pessoas da família de Stálin, como Pável e Jênia Allilúiev, moravam aqui; depois da guerra, Svetlana e Vassíli tiveram apartamentos nesse horrendo colosso. FOTOGRAFIAS DO AUTOR/ COLEÇÃO DO AUTOR.

Em 1949, a morte espreitava o elegante bloco cor-de-rosa da rua Granovski, perto do Kremlin, onde os jovens magnatas moravam em apartamentos luxuosos: Khruchióv e Bulgánin no quinto andar, Malenkov no quarto. Béria era visto com frequência, esperando por Khruchióv e Malenkov. FOTOGRAFIAS DO AUTOR/ COLEÇÃO DO AUTOR

AS RESIDÊNCIAS DE STÁLIN

À esquerda, Kuntsevo, sua principal casa de Moscou a partir de 1932, pintada em um verde-cáqui sombrio. FOTOGRAFIAS DO AUTOR/ COLEÇÃO DO AUTOR.

Ao centro, Sotchi, sua casa favorita de veraneio antes da guerra; na foto menor, a vista a partir do jardim. VICTORIA IVLEVA-YORKE.

Na parte inferior da página, a piscina rasa construída para Stálin e a sala de jantar de Sotchi. O cômodo, onde o ditador promovia grandes banquetes georgianos, era o centro de todas as suas casas. VICTORIA IVLEVA-YORKE.

AS CASAS PREFERIDAS DE STÁLIN NO SUL

Na página ao lado, Riacho Frio; a mansão em Sukhumi; e Museri. FOTOGRAFIAS DO AUTOR/ COLEÇÃO DO AUTOR.

Promovido acima de seus méritos, alcoólatra, instável e aterrorizado, o general Vassíli Stálin abandonou duas esposas e tentou conquistar a boa vontade do pai denunciando oficiais da Força Aérea. Stálin, com vergonha de sua devassidão durante a guerra, rebaixou-o. Vassíli tinha medo de que, depois da morte de seu pai, Khruchióv e Bulgánin o matassem. As garotas se derretiam para o "príncipe herdeiro". COLEÇÃO FAMÍLIA ALLILÚIEV.

Depois da guerra, Vassíli Stálin persuadiu Vlássik a lhe dar esta requintada casa. FOTOGRAFIAS DO AUTOR/ COLEÇÃO DO AUTOR.

Poder e família: o herdeiro legitimário Jdánov. No final da guerra, Stálin aparece sentado entre os dois rivais: o flácido, perverso e pusilânime "funcionário" Malenkov e (à direita) o sorridente e alcoólatra Jdánov. À esquerda, está sentado Kaganóvitch. Na fileira de trás, a partir da esquerda: desconhecido, Vassíli Stálin, Svetlana e Poskrióbichev. Stálin queria que Svetlana se casasse com o filho de Jdánov, mas a disputa entre Jdánov e Malenkov acabou em um massacre. RGASPI.

1945-53

Após a vitória, Stálin teve vários pequenos derrames ou infartos. Aqui, o generalíssimo chega para descansar, acompanhado pelo porcino Vlássik. COLEÇÃO FAMÍLIA VLÁSSIK.

Em agosto de 1945, Stálin lidera seus magnatas para a parada — Mikoian, o vice-rei ucraniano Khruchióv, Malenkov, Bériae Mólotov (com Vlássik atrás dele). FOTOGRAFIAS DO AUTOR/ COLEÇÃO DO AUTOR.

Jdánov, em uniforme de general de exército, era o herdeiro legitimário de Stálin. Stálin promoveu seu filho Iúri e o queria para genro, mas o geneticista charlatão Lyssenko (o último da esquerda) *causaria a desgraça dos dois.* FOTOGRAFIAS DO AUTOR/ COLEÇÃO DO AUTOR.

Na página ao lado, Stálin conduz Béria, Mikoian e Malenkov através do Kremlin para o Mausoléu, a fim de assistir à parada de Primeiro de Maio de 1946. Nesse ninho de víboras, a amizade era uma máscara: eles estavam prontos para liquidar uns aos outros. Agora, Stálin detestava Béria e zombava de Malenkov. Quando Béria começou a atormentá-lo nos jantares de Stálin, escondendo tomates em seus ternos bem talhados e depois os esmagando, Mikoian passou a trazer um terno de reserva. COLEÇÃO DAVID KING.

No topo, Stálin lidera o luto no funeral de Kalínin, em 1946 (fileira da frente, a partir da esquerda)*: Béria, Malenkov, Stálin e Mólotov. Atrás deste último está o doente e frágil Jdánov, no auge de seu poder. Os dois protegidos de Jdánov, Voznessenski e Kuznietsov, estão ambos a sua direita, atrás do ombro de Malenkov. Kaganóvitch está atrás de Mólotov.* RGASPI.

Na segunda imagem, o féretro de Jdánov, amigo e favorito de Stálin, cuja morte desencadeia a vingança de Béria e Malenkov contra sua facção. Stálin, Vorochílov e Kaganóvitch seguem o caixão. Naquela noite, na ceia do funeral, Stálin ficou bêbado: sem Jdánov, ele perdera o único intelectual a sua altura. RGASPI.

Na foto acima, do final de 1948, Stálin está ao lado de Kaganóvitch, Mólotov e Vorochílov, enquanto cresce uma intriga atrás deles. Após dez anos sem o fuzilamento de uma alta autoridade, Béria (na segunda fileira, o primeiro da esquerda, cortado) *e Malenkov* (na segunda fileira, segundo a partir da esquerda) *ajudaram Stálin a matar seus dois sucessores designados, Kuznietsov* (segunda fileira, entre Mólotov e Stálin) *e Voznessenski* (segunda fileira, entre Stálin e Vorochílov). RGASPI.

À esquerda, verão chez Stálin: Mikoian, de branco, Kuznietsov, Mólotov e Poskrióbichev, de uniforme. COLEÇÃO FAMÍLIA VLÁSSIK.

Abaixo, Stálin aparece entre Mao Tse-tung e Khruchióv na festa de seus setenta anos, no palco do Bolchoi. FOTOGRAFIAS DO AUTOR/ COLEÇÃO DO AUTOR.

AS ÚLTIMAS E INQUIETAS FÉRIAS DE STÁLIN, EM 1952
Na página anterior, a casa em Nova Athos (no topo), *de onde governou a Rússia durante meses no final dos anos 1940. Também retornou a uma casa onde passara férias depois do nascimento de Vassíli em 1921 — o palácio Likani* (ao centro), *que outrora pertencera ao irmão do czar Nicolau II. Quando Khruchióv e Mikoian foram visitá-lo, tiveram de dividir um quarto. Ele passou semanas na remota casa do lago Ritsa* (imagem inferior). *Estava tão fraco que seus guardas construíram caixas de metal verde* (detalhe) *com telefones especiais para que Stálin pudesse pedir ajuda se passasse mal.* FOTOGRAFIAS DO AUTOR/ COLEÇÃO DO AUTOR.

Durante toda a sua vida, Stálin dormiu em grandes divãs. Acima, o sofá de Kuntsevo, no qual morreu a 5 de março de 1953. FOTOGRAFIAS DO AUTOR/ COLEÇÃO DO AUTOR.

Na foto à esquerda, planejando a destruição de Mólotov e Mikoian, o idoso mas determinado Stálin observa Malenkov, em sua última aparição pública, no 19º Congresso, em 1952. Ao organizar o antissemita Complô dos Médicos, mandou que a polícia secreta torturasse os doutores: "Bata, bata e bata de novo!", gritou. Mas ainda encontrava tempo para brincar com os netos... COLEÇÃO DAVID KING.

À direita do cadáver de Stálin, Khruchióv e Bulgánin (ao lado de Kaganóvitch e Mikoian) *encaram Béria e Malenkov* (ao lado de Mólotov e Vorochílov). *Béria parecia ter ganhado a batalha da sucessão, mas ele subestimou Khruchióv, o que lhe foi fatal.* COLEÇÃO DAVID KING.

Stálin em 1927: barbudo, marcado pela varíola e totalmente vigilante, o político supremo, o egotista messiânico, marxista fanático e superlativo assassino em massa no melhor de sua forma. RGASPI.

PARTE 8

Guerra: o gênio triunfante, 1942-5

39. O Supremo de Stalingrado

Durante a batalha de Stalingrado, o Supremo costumava dormir vestido com todas as suas roupas num catre de metal que ficava sob as escadas que davam para o segundo andar de Kuntsevo. Se houvesse uma emergência, o "filantropo careca" Poskrióbichev, que dormia em seu escritório, deveria chamá-lo. Ele acordou por volta das onze, quando Chtemenko telefonou do Departamento de Operações para apresentar o primeiro relatório do dia. O Politburo e o *staff* já estavam trabalhando havia horas, pois não somente tinham de compartilhar a insônia de Stálin, como tinham também os próprios impérios onerosos para dirigir: Mikoian trabalhava das dez da manhã até quase cinco da manhã do dia seguinte, tirando uma soneca em seu escritório.

Ao meio-dia, Stálin comia um lanche leve servido por Válетchka, ficando amiúde em casa, fosse em Kuntsevo ou no Kremlin, para trabalhar no começo da tarde. Mas, onde quer que estivesse, o Supremo, então com 63 anos, passava as próximas dezesseis horas comandando a guerra. Recebia boletins de todos os plenipotenciários do Stavka, que tinham de fazer dois relatórios por dia, ao meio-dia e às nove da noite. Vassilevski, em Stalingrado, era aguardado com mais ansiedade. Stálin ficava bastante contrariado se seus enviados não cumprissem o combinado. Certa vez em que Vassilevski não se manifestou, Stálin escreveu:

> Já são três e meia [...] e você ainda não se dignou a apresentar relatório [...]. Não pode usar a desculpa de que não tem tempo, pois Júkov está tão ocupado no front quanto você e manda relatórios todos os dias. A diferença entre você e Júkov é que ele é disciplinado [...] enquanto você não tem disciplina [...]. Estou advertindo-o pela última vez que se esquecer seu dever [...] mais uma vez, será removido do posto de chefe do Estado-Maior-Geral e mandado para o front.

Malenkov era sempre minucioso em seus relatórios, mas até o meticuloso Jdánov distraía-se às vezes com a batalha, provocando outra repreensão: "É extremamente estranho que o camarada Jdánov não sinta necessidade de ir ao telefone ou nos pedir conselho neste momento perigoso para Leningrado". Aos olhos de Stálin, a independência era perigosa.

Às dezesseis horas, o general Alexei Antónov, "jovem, muito bonito, moreno e gracioso", que se tornou seu chefe de Operações de confiança depois da promoção de Vassilevski, e após haver experimentado uma série de oficiais que não demoraram no cargo, chegou com o seguinte relatório. Antónov era "um general incomparavelmente capaz e homem de grande cultura e charme", escreveu Júkov. Stálin era obcecado por relatórios exatos e, relembrava Chtemenko, "não tolerava o menor [...] enfeite". Antónov manejava-o com habilidade: sempre calmo, "um mestre ao avaliar a situação", classificava a urgência de seus papéis por cores e "sabia quando dizer 'dê-me a pasta verde'". Então Stálin respondia sorrindo: "Muito bem, vamos ver sua 'pasta verde'".

No início da noite, Stálin chegava ao Kremlin em seu comboio de Packards, ou então descia as escadas de seu apartamento e caminhava até o Cantinho, onde a "acolhedora" antessala, com suas confortáveis poltronas, vigiadas com rigor por Poskrióbichev, já estava cheia. Os visitantes viam-se num mundo de controle, austeridade e limpeza. Não havia nada desnecessário em nenhum lugar. Todos haviam mostrado seus documentos várias vezes e haviam sido revistados em busca de armas. Até Júkov tinha de entregar sua pistola. "A inspeção era repetida com frequência." Poskrióbichev, agora em uniforme de general do NKVD, recebia-os em sua escrivaninha. Eles esperavam em silêncio, embora os frequentadores assíduos trocassem cumprimentos antes de ficar quietos. Era uma situação tensa. Aqueles que nunca haviam encontrado Stálin ficavam cheios de expectativa, mas lembrou um coronel: "Notei que aqueles que *não* estavam ali pela primeira vez estavam consideravelmente mais perturbados do que aqueles [...] ali pela primeira vez".

Por volta das oito da noite, quando Stálin chegava, corria um murmúrio pela sala. Ele não dizia nada, mas saudava alguns com um aceno de cabeça. O coronel notou que "meu vizinho enxugou gotas de suor em sua sobrancelha e as mãos num lenço". Uma sala pequena, um cubículo, continha os últimos guarda-costas antes da entrada no gabinete. Stálin entrava naquela "sala espaçosa e clara" com sua longa mesa verde. No outro extremo ficava sua escrivaninha, sobre a qual havia sempre uma pilha de documentos, um telefone de alta frequência, uma fila de telefones de cores diferentes, uma pilha de lápis apontados. Atrás da escrivaninha, havia uma porta que dava para o lavatório e para a sala de comunicações, que continha poltronas, todo o equipamento de telégrafo para conectar Stálin com as frentes de guerra e o famoso globo junto ao qual discutira com Churchill a Operação Archote.

Naquela noite, o trio perene — Mólotov, Béria e Malenkov — estava esperando com Vorochílov e Kaganóvitch. Stálin acenou com a cabeça e abriu a reunião do GKO sem delongas; suas sessões continuaram até ele partir, horas depois. Sentava-se à sua mesa, depois andava para lá e para cá, voltando para pegar seus cigarros Herzogovina Flor, que ele abria para encher seu cachimbo. Os civis, como sempre, sentavam-se com as costas para a parede, de frente para os novos retratos de Suvórov e Kutuzov, enquanto os generais se sentavam do outro lado da mesa, de frente para Marx e Lênin, uma disposição que refletia a constante guerra entre eles. Os generais abriam imediatamente seus mapas sobre a mesa e Stálin continuava a andar, bamboleando um pouco. "Ele parava na frente da pessoa com quem estava falando e olhava direto no rosto", com o que Júkov chamou de "um olhar claro e firme que parecia envolver e perfurar o visitante".

Poskrióbichev começava a chamar os especialistas da antessala: "Logo meu vizinho se levantou também [...] o recepcionista o chamou pelo nome, ele foi lívido, esfregou suas mãos trêmulas no lenço, pegou sua pasta [...] e foi com passos hesitantes". Ao acompanhá-los, Poskrióbichev aconselhava: "Não fique entusiasmado. Não pense em discordar de qualquer coisa, o camarada Stálin sabe tudo". O visitante devia ser breve, sem conversa fiada, e depois ir embora. Dentro do gabinete, a sinistra *troika* de Mólotov, Béria e Malenkov se virava para espiar com frieza o recém-chegado.

Stálin transpirava poder e energia. "A gente se sentia oprimido pelo poder de Stálin", escreveu seu novo comissário das Ferrovias, que se reuniu com ele centenas de vezes, "mas também por sua memória fenomenal e pelo fato de saber tanto. Fazia com que nos sentíssemos ainda menos importantes do que éramos." Stálin comandava o ritmo, irrequieto, nervoso, nunca longe de um rompante. Na maior parte do tempo, era lacônico, incansável e gélido. Se não ficava satisfeito, escreveu Júkov, "perdia a paciência e faltava-lhe a objetividade".

Os visitantes sempre podiam perceber o perigo, mas também ficavam surpresos pela discussão genuinamente colegiada naquelas sessões. Mikoian lembrava da "atmosfera maravilhosamente amistosa" entre os magnatas durante os três primeiros anos da guerra. O país era dirigido na forma do GKO, por meio das reuniões de Stálin com os líderes mais importantes, na presença de quem quer que estivesse no gabinete — em geral, o GKO com Mikoian e, depois, Jdánov, Kaganóvitch e Voznessenski.

"Surgiam discussões duras", relembrou Júkov, com "opiniões expressas em termos ásperos e definitivos", enquanto Stálin andava de um lado para o outro. Ele pedia opiniões aos generais: "Stálin escutava mais" quando "eles discordavam. Suspeito que até gostava de pessoas que davam seu ponto de vista e não tinham medo de defendê-lo", pensava o almirante Kuznietsov. Havia criado um ambiente de idolatria lambe-botas, mas se irritava com isso.

"De que adianta falar com você?", gritava. "A tudo que digo você responde, 'sim, camarada Stálin, claro, camarada Stálin [...] sábia decisão, camarada Stálin'." Os generais notaram como "seus associados sempre concordam com ele", enquanto os generais podiam discutir, embora tivessem de tomar muito cuidado. Mas Mólotov e o impetuoso neófito Voznessenski discutiam com ele: "As discussões eram francas", escreveu Mikoian. Quando Stálin, ao ler uma das cartas de Churchill, disse que o inglês achava que "havia selado o cavalo e agora pode gozar de um passeio gratuito [...]. Não tenho razão, Viatcheslav?", Mólotov respondeu: "Acho que não". Júkov "testemunhou discussões e [...] resistência teimosa [...], especialmente de Mólotov, quando a situação chegou a um ponto em que Stálin teve de elevar a voz e até ficou fora de si, enquanto Mólotov ficava quieto com um sorriso e mantinha seu ponto de vista". Quando pediu que Khrúliov assumisse as ferrovias, tolerou sua recusa: "Não acho que você me respeite ao recusar minha proposta", disse ele, complacente com o intendente, um de seus oficiais favoritos. No meio de rixas, Stálin insistia: "Chegue logo ao ponto" ou "Fale claro!".

Depois que formava sua opinião e a discussão acabava, designava alguém para a tarefa com a costumeira ameaça de morte como um incentivo a mais. "Esse homem muito severo controlava o cumprimento de cada ordem", relembra Baibakov, o engenheiro do petróleo. "Quando dava o comando, sempre o ajudava a cumpri-lo, de tal modo que você recebia todos os meios necessários para realizar a tarefa. Por isso eu não tinha medo de Stálin — éramos diretos um com o outro. Eu cumpria meus deveres." Mas Stálin tinha uma "queda para detectar pontos fracos em relatórios". A desgraça caía sobre quem aparecia diante dele sem dominar seu assunto. "De imediato, ele descia a voz sinistramente e dizia, 'Você não sabe? O que está fazendo, então?'"

A Operação Urano parece ter reanimado Stálin, observou Khruchióv, que passou a agir "como um verdadeiro soldado", considerando-se "um grande estrategista militar". Ele jamais foi um general, muito menos um gênio militar, mas, segundo Júkov, que sabia melhor do que ninguém, esse "notável organizador [...] exibiu sua capacidade de Supremo a partir de Stalingrado". Ele "dominou a técnica de organizar operações de front [...] e orientou-as com habilidade, compreendendo completamente questões estratégicas complicadas", sempre mostrando sua "inteligência natural [...] intuição profissional", e uma "memória tenaz". Ele era "multiforme e talentoso", mas "não tinha conhecimento de todos os detalhes". Mikoian estava provavelmente certo quando resumiu, a seu modo prático, que Stálin "sabia tanto de assuntos militares quanto um estadista deve saber — não mais".[1]

Por volta das dez da noite, Antónov fez seu segundo relatório. Havia limites para o espírito amistoso que Mikoian descreveu. A guerra era o estado natural para os bolcheviques e eles eram bons nisso. Terror e luta, as paixões bolcheviques dominantes, permeavam essas reuniões. Stálin usava com liberalidade o medo, mas ele mesmo vivia com os nervos à flor da pele: quando o novo comissário das Ferrovias chegou, disse simplesmente: "Transporte é uma questão de vida e morte [...]. Lembre-se, o não cumprimento de ordens significa o Tribunal Militar!". Ao escutar isso, o jovem oficial sentiu "um frio descer-lhe pela espinha". Quando um trem se perdeu no emaranhado de frentes e ferrovias, Stálin ameaçou: "Se você não o encontrar enquanto é general, irá para o front como soldado". Segundos depois, o comissário, "branco como um lençol", foi acompanhado na saída por Poskrióbichev, que acrescentou: "Cuidado para não fracassar. O chefe está no limite das forças".

Stálin estava sempre andando de um lado para outro. Havia vários sinais de mau humor: o cachimbo apagado era um mau presságio. Se o largasse, uma explosão era iminente. Mas, se acariciasse o bigode com a boquilha do cachimbo, isso significava que estava contente. O cachimbo era ao mesmo tempo um apoio e um termômetro.* Seus ataques de cólera eram aterrorizantes: "Ele mudava praticamente diante de nossos olhos", escreveu Júkov, "ficando pálido, com uma expressão raivosa nos olhos, o olhar pesado e rancoroso." Quando alguns exércitos reclamaram que não haviam recebido seus suprimentos, ele repreendeu Khrúliov: "Você é pior que o inimigo: você trabalha para Hitler".

Os três cães de guarda do Cantinho, Mólotov, Malenkov e Béria, "jamais faziam perguntas, apenas ficavam sentados e escutavam, às vezes fazendo uma anotação [...] e olhando para Stálin ou para quem entrasse. Era como se Stálin precisasse deles para tratar de alguma coisa que surgisse ou como testemunhas da história". O objetivo deles era preservar a ilusão de um governo coletivo e aterrorizar os generais. Stálin e os magnatas se consideravam comandantes amadores e compartilhavam a suspeita, herdada da guerra civil, em relação aos "especialistas militares".

"Veja o exemplo do velho cocheiro", explicava Mekhlis. "Ele gosta e tem pena dos animais, mas o chicote está sempre à mão. O cavalo o vê e tira as próprias conclusões." Aqui temos em resumo, nas palavras de um dos miniditadores de Stálin, da essência do estilo de comando do Supremo. "Nós todos nos lembrávamos de 1937", disse Júkov. Se algo desse errado, eles sabiam que "você acabava nas mãos de Béria, e Béria estava sempre presente durante minhas reuniões com Stálin." Os pecados dos generais eram lembrados: Mekhlis acusara Kóniev de ter parentes kulaks em 1938. Rokossovski e Meretskov estavam naturalmente interessados em não voltar às câmaras de tortura de Béria. Stálin recebia informações, queixas e denúncias da polícia secreta e de seus generais.

Nos anos 60, quando escreveram suas memórias, os generais se apresenta-

* Com o avanço da guerra, o cachimbo tornou-se um símbolo de sua imagem avuncular no Ocidente — Tio Zé —, e os governantes tendiam a mandar-lhe cachimbos de presente. Maiski, embaixador em Londres, por exemplo, escreveu a Stálin: "Depois que o senhor Kerr [o embaixador britânico] lhe deu um cachimbo e a imprensa noticiou, ganhei cachimbos para você de duas firmas [...] e mando-lhe junto uma amostra [...]".

ram como vítimas inocentes de Béria. Eles estavam certamente sob constante ameaça de prisão, mas eram também denunciantes ávidos. Timochenko delatou Budiony e Khruchióv. Mesmo então, a Operação Urano foi lançada sob uma febre de denúncias: Gólikov (o infeliz espião do pré-guerra) denunciou o comandante Ieremenko. Ao mesmo tempo, Stálin usou Malenkov para observar Khruchióv e Ieremenko. Quando Stálin acusou Khruchióv de querer render Stalingrado, o comissário começou a desconfiar da própria equipe. Mas Khruchióv não ficava atrás, tendo posto a culpa de Khárkov em Timochenko. Simultaneamente, um membro do *staff* do general Malinovski se suicidara, deixando um bilhete em que proclamava "Viva Lênin", porém mencionava Stálin: e se Malinovski, que servira na Legião Russa na França durante a Primeira Guerra Mundial, fosse um inimigo?

"É melhor que você fique de olho em Malinovski", ordenou Stálin a Khruchióv, que protegia o general.

Os magnatas brigavam ferozmente por poder e recursos, entre eles e com os generais. Quando Béria pediu 50 mil rifles a mais para o NKVD, o general Vóronov mostrou o pedido a Stálin.

"Quem fez o pedido?", perguntou ele bruscamente.

"O camarada Béria."

"Mande chamá-lo." Béria chegou e tentou persuadir Stálin, falando em georgiano. Stálin o interrompeu irado e mandou que falasse russo.

"Metade será suficiente", decidiu o Supremo, mas Béria argumentou. Stálin, "irritado ao extremo", reduziu os números de novo. Depois, Béria foi atrás de Vóronov: "Espere só, vamos dar um jeito no seu atrevimento", falou entredentes. Vóronov esperava que aquilo fosse uma "piada oriental". Não era.

Stálin agia frequentemente como conciliador em brigas por recursos: quando mandou dar novecentos caminhões à artilharia, Béria e Malenkov, que faziam uma dupla horripilante, tentaram acertar as contas com Vóronov: "Fique com quatrocentos caminhões".

"Eu volto e conto para o Supremo", ameaçou o general. Malenkov entregou a cota completa de caminhões.[2]

Vivendo nesse ambiente de medo e competição, os magnatas eram atormentados por ciúmes mútuos. "Mólotov estava sempre com Stálin", escreveu Mikoian com desdém, "apenas sentado no gabinete, com ares de importante, mas, na verdade, sem fazer nada." Stálin precisava dele apenas "como segundo homem, por ser russo", mas o mantinha "isolado". Mólotov auxiliava na política externa, porém não tinha as responsabilidades dos outros. Mikoian era um dos principais burros de carga, supervisionando a retaguarda, rações, os suprimentos médicos, munição, a Marinha Mercante, os alimentos, combustíveis, roupas para o povo e o Exército, ao mesmo tempo que era comissário do Comércio Exterior, negociando empréstimo e arrendamento com os aliados: um portfólio estupendo. "Somente Mólotov via Stálin com a mesma frequência que eu", jactou-se, esquecendo o incansável e onipresente Béria.

O "terror do Partido", que se comportava como um vilão num *film noir*, Béria floresceu no tempo de guerra,* usando os 1,7 milhão de trabalhadores escravos dos Gulags para construir as armas e as ferrovias de Stálin. Estima-se que cerca de 930 mil desses trabalhadores pereceram durante a guerra. Mas seu NKVD era o pilar do regime de Stálin, representando a supremacia do Partido sobre os militares. Depois que o general Vóronov o desafiou duas vezes diante de Stálin, Béria teve finalmente permissão para prendê-lo. Quando Vóronov não apareceu para uma reunião, Stálin perguntou-lhe em tom casual: "Vóronov está com você?".

Béria respondeu que ele estaria de volta em dois dias. Consta que os generais cunharam um eufemismo para esses interlúdios aterrorizantes: "Foi tomar café com Béria". Seus esbirros vigiavam os soldados em todas as frentes e mandavam relatórios para ele e, com frequência, para o próprio Stálin. Em 1942, Stálin aumentou o grau de vigilância mandando Kobúlov espionar Vorochílov, Budiony — e o próprio Júkov, cujos oficiais foram hostilizados e presos.

Contudo, Stálin desconfiava da construção do império de Béria. Quando conseguiu que Kaganóvitch fosse demitido das ferrovias, Béria tentou indicar o sucessor.

"Você acha que vou concordar com o candidato [...] que Béria quer impor a mim? Jamais concordarei com isso [...]." Mas as ferrovias eram uma dor de cabeça constante, e somente Kaganóvitch, aquele "verdadeiro homem de ferro", nas palavras elogiosas de Stálin, podia realizar os milagres necessários.[3]

* Entre seus comissários estavam Boris Vánnikov e I. F. Tevossian, ambos presos e libertados, e D. F. Ustínov, que tinha apenas 33 anos e viria a ser o senhor máximo do complexo industrial-militar soviético, tornando-se um secretário do CC, marechal — e o ministro da Defesa que ordenaria a invasão soviética do Afeganistão em 1979.

Durante dezesseis horas, Stálin não parou de "emitir instruções, falar ao telefone, assinar papéis, chamar Poskrióbichev e dar-lhe ordens". Ao saber por Mikoian e Khrúliov que os soldados estavam sem cigarros, arranjou tempo durante a batalha de Stalingrado para telefonar a Akáki Mgeladze, chefe do Partido na Abkházia, onde se plantava tabaco: "Nossos soldados não têm nada para fumar! O tabaco é absolutamente necessário no front!". Redigia pessoalmente todos os comunicados à imprensa; era um mestre das frases sucintas, mas estimulantes, tais como "Sangue por sangue!", inserindo citações de Suvórov. Embora conferisse ciosamente as glórias de seus generais, era escrupuloso ao dar-lhes crédito por suas vitórias.[4]

As horas de pressão e trabalho do líder eram espantosas, mas seus comissários e generais estavam invariavelmente acordados desde o amanhecer, uma vida que exigia "enormes recursos físicos e morais", com o perigo de um "colapso nervoso". Stálin legislava sobre a vida de seus generais, decretando pessoalmente sua escala de trabalho e descanso. Vassilevski tinha de dormir das quatro às dez da manhã, sem falta. Às vezes, telefonava ao general, como uma babá rigorosa, para verificar se ele estava dormindo. Se respondesse ao telefonema, Stálin o amaldiçoava. Mas Vassilevski viu que era impossível comparecer aos jantares e filmes noturnos de Stálin e depois fazer todo o seu trabalho; então, tinha de quebrar as regras, colocando um ajudante ao telefone para responder: "O camarada Vassilevski está descansando até as dez". Os outros burros de carga de Stálin, Béria e Mikoian, deviam passar a maioria das noites com ele, ao mesmo tempo que davam conta de uma carga de trabalho hercúlea; mas conseguiam, dirigindo impérios administrativos insones na base da adrenalina da guerra e do patriotismo, de ameaças bolcheviques e do talento para sobreviver.

Stálin bebia pouco e esperava que os outros estivessem sóbrios. O general de artilharia Iákovlev chegou certa vez para apresentar um relatório, robustecido pelo conhaque. Sem erguer a cabeça da escrivaninha, Stálin disse: "Aproxime-se, camarada Iákovlev". O general deu um passo adiante. "Venha mais perto." E depois: "Você está um pouco bêbado, não é?".

"Sim, de leve, camarada Stálin." O Supremo não disse mais nada.[5]

À meia-noite, Vassilevski anunciou com júbilo de Stalingrado: os aliados romenos de Hitler estavam caindo. Enquanto escutava, Stálin chamou Poskrióbichev e pediu chá. Quando o chá chegou, num copo com armação ornamental de prata, o comissário ou general, usualmente Antónov, ficou em silêncio. Todos observaram o ritual do *Vojd*: ele espremeu limão no chá, depois se levantou lentamente, abriu a porta atrás da escrivaninha, foi ao banheiro, abriu o armário embutido na parede e pegou uma garrafa de conhaque armênio. Então voltou, pôs meia colher da bebida no chá, guardou o conhaque, sentou-se, mexeu o chá e disse: "Continue".

De bom humor com aquele sucesso instantâneo, Stálin e seus companheiros deixaram o Cantinho e foram provavelmente a Kuntsevo, para jantar e depois ver um filme, mas esses jantares não eram as farras alcoólicas de anos posteriores. Enquanto os exaustos Béria e Mólotov iam para casa, com apenas algumas horas de descanso até começar a trabalhar de novo, Stálin lia seus livros de história no divã até cair no sono, nas primeiras horas do dia.[6]

Quatro dias depois do início da Operação Urano, o Sexto Exército alemão, composto de 330 mil soldados, estava cercado naquele que Stálin chamou de "momento decisivo da guerra". Enquanto os russos apertavam o cerco, o contra-ataque de Von Manstein não conseguiu abrir caminho. A Luftwaffe mostrou-se incapaz de fornecer suprimentos pelo ar. Os alemães cercados sofreram uma morte lenta e cruel, vítimas da fome, do gelo e da dinamite. A 16 de dezembro, os russos contra-atacaram na retaguarda de Manstein, ameaçando cortar as comunicações com o Grupo de Exército do Don e irromper na direção de Rostov. No Cantinho, o impaciente Stálin escolheu o general Rokossovski, não o comandante de Stalingrado Ieremenko, para supervisionar a Operação Anel, a liquidação do Sexto Exército.

"Por que você não diz nada?", perguntou ele a Júkov, que havia franzido o cenho.

"Ieremenko ficará muito ofendido", respondeu Júkov.

"Não é o momento para ficar ofendido", disse Stálin. "Não somos garotas de colégio. Somos bolcheviques!"

A 10 de dezembro, Rokossovski atacou os surpreendidos alemães, dividindo seu bolsão em dois. O Sexto Exército diminuía dia a dia. A derrota militar se tornou uma luta humana pela sobrevivência, com os alemães comendo cavalos, gatos, ratos, uns aos outros e, por fim, nada. A 31 de janeiro, o marechal de campo

Von Paulus rendeu-se, e 240 mil espantalhos famintos e congelados, em que mal se reconheciam homens, muito menos soldados, foram aprisionados. Stálin escreveu pessoalmente a notícia: "Hoje nossos exércitos capturaram o comandante do Sexto Exército perto de Stalingrado, com todo o seu *staff* [...]".[7]

Então um Stálin confiante, envaidecido e uma Rússia bolchevique imperial, respingada de sangue, mas cheia de orgulho, emergiram de trás da máscara de ferro da austeridade soviética, para lutar por seu lugar na Europa.*

A 6 de janeiro de 1943, Stálin, depois de consultar os dois antigos camaradas Kalínin e Budiony, acabou com o slogan bolchevique "Abaixo as dragonas douradas!" e restaurou essas insígnias dos oficiais czaristas. Ele caçoou de Khrúliov "por sugerir que restauremos o antigo regime", mas instruiu pessoalmente os meios de comunicação sobre como tratar o assunto: a dragona dourada não era "apenas decoração, mas também uma questão de ordem e disciplina: falem sobre isso".

Duas semanas depois, promoveu Júkov a marechal. A 23 de fevereiro, o próprio militar amador onisciente entrou para o marechalato: nos dois anos seguintes, Stálin raras vezes apareceu sem uniforme.

Ao mesmo tempo, cortou de leve as asas poderosas de Béria: em abril,** pôs a Contrainteligência militar, com seus temidos Departamentos Especiais, sob sua égide, como comissário da Defesa. Renomeou-a Smersh, um acrônimo de "morte aos espiões", que ele mesmo cunhou, mas manteve Abakúmov na direção. Esse agente da polícia secreta polido, porém perverso, de 35 anos, trabalhara estreitamente com Béria, mas Stálin, o protetor máximo, o tomou sob suas asas.

* Essa confiança refletiu-se imediatamente na ingratidão de Stálin para com seus aliados ocidentais, apesar do risco que haviam corrido para ajudar a Rússia. Mikoian relatou que os ingleses haviam trazido equipamento de rádio em sua missão naval em Murmansk "sem documentação. Ou pedimos que levem de volta ou que nos deem. Peço orientações". Mólotov simplesmente escreveu "De acordo". Mas Stálin escreveu com seu crayon azul: "Camarada Mólotov concordou — mas Mikoian não sugeriu nada!". Quanto ao rádio da Marinha Real: "Proponho confiscar o equipamento como contrabando!".

** A 16 de abril de 1943, Stálin dividiu uma vez mais o enorme NKVD em duas agências separadas: o NKGB, sob a direção de Merkúlov, com a polícia da Segurança do Estado, e o NKVD, sob o comando de Béria, que controlava a polícia normal e os imensos campos de trabalho escravo. Porém Béria continuou a ser *curador* de ambos os "órgãos".

Contudo, os triunfos históricos de Stálin eram sempre empanados por desapontamentos particulares.[8] Logo depois de Stalingrado, ele recebeu duas mensagens perturbadoras: uma carta que denunciava a libertinagem de seu filho Vassíli e revelava a sedução de sua adorada Svetlana, e uma oferta alemã para trocar seu filho prisioneiro Iákov.

40. Os filhos de Stálin e do Politburo na guerra

A rendição sem precedentes de um marechal de campo alemão humilhou Hitler tanto quanto a captura de Iákov deixou Stálin exposto: os dois ditadores previram que esses constrangimentos causariam problemas. O conde Bernadotte, da Cruz Vermelha, abordou Mólotov com uma oferta para trocar Iákov por Von Paulus. Mólotov mencionou a oferta, mas Stálin recusou-se a trocar um marechal por um soldado: "Todos eles são meus filhos", respondeu como um bom czar, dizendo a Svetlana que "guerra é guerra!".

A recusa em trocar Iákov tem sido tratada como prova da crueldade insensível de Stálin, mas isso não é justo. Ele era um assassino em massa, porém, neste caso, é difícil imaginar que Churchill ou Roosevelt trocariam seus filhos, se fossem capturados, quando milhares de homens comuns estavam sendo mortos ou capturados.* Depois da guerra, um confidente georgiano reuniu coragem

* Gulia, a filha de Iákov, acredita que Stálin "fez a coisa certa". Svetlana compara seu comportamento à recusa de Margaret Thatcher de negociar com os terroristas que sequestraram Terry Waite: "Não se conversa com esse tipo de gente". Iákov não foi o único membro da família de Stálin a ficar em campos de prisioneiros: Artiom Serguéiev também foi apanhado, porém fugiu e voltou a Moscou, onde contou sua história a Mikoian. Ele foi enviado a um comissário-adjunto de Defesa, que lhe disse: "Você é um tenente e eu sou um comissário-adjunto. Você não deve repetir isso para nenhum superior. Esqueça tudo. Há aqueles que podem não compreender, e isso poderia arruinar sua vida, então escreva e assine aqui: 'Eu não estava lá e não vi nada'".

para perguntar a Stálin se a oferta de troca era um mito. Ele "pendeu a cabeça" e respondeu "com voz triste, aguda": "Não é um mito [...]. Pense só em quantos filhos acabaram em campos de prisioneiros! Quem os trocaria por Paulus? Eram piores que Iákov? Eu tinha de recusar [...] O que eles diriam de mim, nossos milhões de pais do Partido, se eu tivesse esquecido deles e concordado com a troca? Não, eu não tinha esse direito [...]". Então ele mostrou de novo a luta entre o homem nervoso, irado, atormentado que havia dentro dele e a personagem que se tornara: "De outro modo, eu não seria mais 'Stálin'". Depois acrescentou: "Tive tanta pena de Iacha!".

Poucas semanas depois, a 14 de abril, num campo de prisioneiros perto de Lübeck, Iákov, que se recusou corajosamente a cooperar com os alemães, suicidou-se jogando-se sobre a cerca eletrificada do campo. Naquela noite, no Cantinho, sem saber do heroísmo de Iákov, Stálin trabalhou com Mólotov e Béria antes de sair para jantar, por volta de uma da manhã. Ele não soube da verdade durante algum tempo, mas, quando descobriu, orgulhou-se do filho. Certa vez, em Kuntsevo, levantou-se do jantar e foi encontrado olhando para a fotografia de Iacha.

"Você conheceu Iacha?", perguntou ao georgiano depois da guerra, mostrando a foto. "Veja! Um verdadeiro homem, eh! Um homem nobre até o fim! O destino o tratou injustamente..." Ordenou a libertação de Júlia, esposa de Iákov (embora ela tenha voltado traumatizada). Tal como Nádia, Iákov o perturbou para sempre.[1]

Stálin recebeu então uma carta do diretor de documentários Roman Karmen que denunciava o coronel Vassíli Stálin pela sedução de sua esposa e por ostentar sua libertinagem. A carta abriu um vespeiro que arruinou as relações dele tanto com o beberrão Vassíli como com a estimada Svetlana. Stálin começou a examinar a vida deles e o que encontrou o deixou profundamente chocado.

No auge da batalha de Stalingrado, Vassíli estava de volta a Moscou, levando uma vida que era uma caricatura das orgias decadentes de grã-finos aristocráticos em *Onegin*, de Puchkin. Mimado pelo servilismo de sua própria corte de czaréviche, marcado pela perda da mãe e a irritação do pai, promovido demais e arrogante, mas também aterrorizado por sua eminência e excessivamente generoso com seus amigos, Vassíli tomou Zubálovo, outrora lar de sua ascética mãe e seu severo pai, e transformou essa mansão (reconstruída depois de dinamitada) em um palácio do prazer, com bebidas, danças e mulheres. O círculo do czaréviche era formado por estrelas de cinema, roteiristas, pilotos, bailarinas e bicões. Karmen e sua linda esposa e atriz, Nina, eram o centro das reuniões, ao lado do poeta Konstantin Símonov e sua esposa e estrela do cinema, Valentina Serova. Stálin conhecia todos pessoalmente e gostava da coleção de poemas de amor de Símonov *Com você e sem você*, um sucesso de vendas.

"Quantos exemplares você está imprimindo?", perguntou Stálin a Merkúlov.

"Duzentos mil", respondeu o agente da polícia secreta.

"Eu li o livro e acho que seria suficiente imprimir dois: um para ela e outro para ele", brincou Stálin. Ficou tão contente com a piada que a repetiu durante toda a guerra.

O divertimento nas orgias de Vassíli era muitas vezes meio angustiante. Ele estava "permanentemente bêbado" e batia amiúde na esposa, Galina, que acabara de dar à luz seu filho Alexander. Costumava sacar o revólver e atirar nos candelabros com seus amigos doidivanas. Frustrado pela proibição por Stálin de participar em missões ativas, descuidado com a própria segurança e com a de seus companheiros, Vassíli gostava de pilotar bêbado, numa versão aérea da roleta-russa. Quando queria se exibir para Marta Pechkova, a bela amiga de sua irmã, chegava bêbado a Tachkent e insistia em levá-la de avião para visitar Svetlana em Kúibichev. "Ele me levou de avião, bêbado e com uma tripulação bêbada", relembra ela. "Embora houvesse gelo nas asas, eles beberam a bebida alcoólica, em vez de usá-la para descongelá-lo, então o avião não conseguia manter altura. Por fim, tivemos de fazer uma aterrissagem forçada e entramos num monte de feno, numa clareira." Marta ficou aterrorizada. Vassíli foi até a fazenda coletiva mais próxima, de onde solicitou uma missão de resgate, e foi festejado na casa do presidente local do Partido. Estava tão bêbado que a esposa do presidente trancou Marta em seu quarto para protegê-la. Até mesmo seu amigo Vladímir Mikoian, morto em Stalingrado, se queixava das "bebedeiras, da teimosia e dos ataques de grosseria" de Vassíli: "Que cretino!".

Mas para os jovens heróis e artistas durante a guerra, Zubálovo era "como o céu", diz o primo de Vassíli, Leonid Redens, "porque estava cheia de toda aquela comida e bebida e longe da luta!". O príncipe herdeiro tinha sua seleção de garotas, mas, quando começou um caso com Nina Karmen, apaixonou-se por ela e a instalou na mansão. Embora Galina e o filho tivessem voltado de Kúibichev, junto com Svetlana, e devessem morar em Zubálovo, ele exibia o caso que, segundo Redens, "ultrapassou todos os limites". Ninguém podia deter o czaréviche, exceto o próprio czar; então o esposo ofendido escreveu a Stálin, que ficou escandalizado. Quando mandou o NKGB investigar o grupo de Vassíli, descobriu algo que seria suficiente para fazer qualquer pai georgiano buscar a espingarda.

Svetlana, então com dezesseis anos, vivendo entre a austeridade do apartamento do Kremlin e a degenerescência enfadonha de Zubálovo, sentia-se "solitária" e menosprezada por seu ocupado pai e seu "desagradável" irmão, mas essa ruiva sardenta amadurecera cedo e se tornara uma garota curvilínea, inteligente e sensível que se parecia com a mãe de Stálin e possuía muito da obstinação e firmeza do pai. Com efeito, seus primos Redens achavam que Vassíli, com todos os seus erros, era "muito mais afetuoso e gentil". Leitora voraz e fluente em inglês, Svetlana encontrou um exemplar da *Illustrated London News*, talvez na casa de Béria, a quem visitava com frequência, com a revelação do suicídio de sua mãe: "Alguma coisa em mim foi destruída", escreveu ela. "Eu não pude mais obedecer à palavra e à vontade de meu pai [...] sem questionar."

Em uma das festas de Vassíli, durante a batalha de Stalingrado, um roteirista bonito, famoso e conhecedor do mundo chamado Alexei Kapler chegou a Zubálovo. Apelidado de Liusia, era um contador de histórias fascinante e um casanova, embora fosse casado: "Ah, ele era bom de conversa e tinha o dom da comunicação com qualquer grupo etário; era como uma criança", escreveu Svetlana. Stálin era seu protetor, supervisionando seu próprio retrato nos roteiros de Kapler para os filmes *Lênin em outubro* e *Lênin em 1918*. Kapler levou um rolo de filme de Greta Garbo em *Rainha Cristina*. Ficou imediatamente encantado com Svetlana, imaginando que a situação deles se parecia a um filme. "Ela era a grande dama e eu era o pobre Dom Alfonso. Ela era corajosa e despretensiosa. Eu tinha quarenta anos e era alguém de importância no cinema", porém "ela estava cercada e oprimida por uma atmosfera digna de um deus." Para a inteligente, mas cismadora, Svetlana, ele era como um personagem de um romance de Dumas.

"Você dança o foxtrote?", perguntou ele. Svetlana sentiu-se constrangida em seus sapatos sem salto, mas "Kapler assegurou-me de que eu dançava bem [...]. Eu estava usando meu primeiro bom vestido, feito por uma modista", com "um velho broche de granada de minha mãe". Ela confiou nele.

"Por que está tão infeliz hoje?", ele perguntou. Svetlana explicou que "fazia exatamente dez anos da morte de minha mãe, mas parecia que ninguém se lembrava". Os dois sentiram-se "irresistivelmente atraídos um pelo outro" — era tempo de guerra "e nós estendemos os braços um para o outro". Ele lhe emprestou livros "adultos" e de poesia sobre amor que a ajudaram a superar seu medo da vulgaridade do sexo sobre a qual Vassíli lhe falava com frequência: "Eu tinha medo dessa parte da vida apresentada para mim de uma forma feia pela conversa suja de Vassíli".

A relação entre eles foi apaixonada, mas nunca plenamente sexual: "Um beijo, foi tudo", relembrou Kapler. Contudo, foi emocionante para Svetlana: "Romântico e puro. Fui criada ouvindo dizer que sexo era apenas para o casamento", revelou ela mais tarde. "Papai nem pensaria em me permitir alguma coisa fora do casamento." Mas a guerra mudara tudo: em outro momento, Kapler talvez tivesse refletido melhor a respeito de seduzir a única filha de Stálin, mas "pensei que ela precisava realmente de mim".

"Para mim", disse Svetlana, "Kapler era a pessoa mais inteligente, carinhosa e maravilhosa do mundo. Ele irradiava conhecimento e toda a sua fascinação", apresentando a estudante para as liberdades excitantes do tempo de guerra: levou-a ao teatro, emprestou-lhe uma tradução ilegal de *Por quem os sinos dobram*, de Hemingway. Vassíli dava festas de arromba no restaurante Aragvi, onde eles dançaram o foxtrote ao som de uma orquestra de jazz. Svetlana relatava ofegante seu romance a Marta Pechkova todos os dias na escola: Kapler deu-lhe um broche caro — uma folha com um inseto pousado.

Esse mulherengo carismático ficou emocionado com a situação de Svetlana, mas também se deleitou com sua nova aventura, jactando-se para o cineasta Mikhail Romm de que agora estava próximo de Stálin. Kapler foi enviado pelo *Pravda* para fazer a cobertura de Stalingrado, mandando suas "Cartas do tenente L de Stalingrado", nas quais exibiu de forma ousada seu caso com as palavras: "Está provavelmente nevando em Moscou. Você pode ver o muro guarnecido de ameias do Kremlin de sua janela". Os *cognoscenti* ficaram espantados com a loucura de cutucar um pai georgiano vingativo na primeira página do *Pravda*, mas, para Svetlana, aquilo era "assombroso em seu cavalheirismo e sua imprudência. No momento em que vi, congelei", porém "percebi que a coisa toda poderia ter um fim terrível". Na escola, Svetlana mostrou o artigo a Marta por debaixo da carteira.

Quando Kapler voltou, Svetlana implorou-lhe que não fosse vê-la, mas, como ele disse, "não lembro quem sugeriu o risco daquele adeus de partir o coração". Eles se encontraram em um apartamento vazio perto da Estação Kursk, onde os amigos de Vassíli tinham encontros amorosos. Seu guarda-costas, Klimov, sentou-se ansiosamente em frente à porta ao lado.

Béria já havia informado Stálin, que advertiu Svetlana "num tom de extremo desgosto que eu estava me comportando de um modo que não poderia ser tolerado", porém culpou Vassíli por corrompê-la. Furioso com a devassidão de Vassíli, demitiu-o do posto de inspetor da Força Aérea por conduta imprópria e mandou que ficasse trancafiado na casa de guarda por dez dias e depois fosse enviado para a fronteira noroeste. Vlássik sugeriu que Kapler saísse de Moscou. Kapler lhe disse para "ir para o inferno", mas arranjou uma missão longe da cidade.

Enquanto isso, Merkúlov entregava a Stálin as gravações das conversas ao telefone de Svetlana e Kapler, um instrumento que não costuma estar à disposição de pais irados de filhas transviadas. Stálin ficou furioso. A 2 de março, Kapler foi enfiado num carro que foi seguido por um sinistro Packard preto, "no qual estava o general Vlássik, com aparência de muito importante". Na Lubianka, Vlássik e Kobúlov supervisionaram sua condenação por "opiniões antissoviéticas" a cinco anos em Vorkuta.

No dia seguinte, já sob pressão, pois a contraofensiva de Manstein retomara Khárkov e ameaçava o sucesso de Stalingrado, Stálin ficou tão irado que levantou horas antes do usual. Svetlana estava se vestindo para a escola com sua babá quando ele "entrou bruscamente no meu quarto, coisa que nunca fizera". Seu olhar foi "suficiente para pregar minha ama no chão". "Eu jamais vira meu pai daquele jeito", disse Svetlana. Stálin estava "engasgado de raiva, quase sem voz".

"Onde, onde estão elas?", explodiu ele. "Onde estão todas essas cartas do seu 'escritor'? Eu sei toda a história! Estou com todas as suas conversas telefônicas aqui!" Ele bateu no bolso da túnica. "Muito bem! Passe as cartas para cá! Seu Kapler é um espião inglês. Ele está preso!" Svetlana entregou as cartas e roteiros de Kapler, e gritou: "Mas eu o amo!".

"Amor!", guinchou Stálin, "com ódio da própria palavra", e "pela primeira vez em minha vida" esbofeteou-a duas vezes. Depois, virou-se para a ama: "Veja só, ama, como ela se rebaixou. Uma guerra destas em andamento e ela está ocupada fodendo!".

"Não, não, não", a babá tentou explicar, agitando as mãos gordas.

"Como assim 'não', se sei toda a história?", perguntou Stálin com mais calma. Depois falou com Svetlana: "Olhe para você mesma! Quem iria querer você? Sua tola! Ele está cheio de mulheres em volta dele!". Stálin pegou as cartas e as levou para a sala de jantar, onde se sentou à mesa em que Churchill jantara e, ignorando completamente a guerra, começou a lê-las. Não foi ao Cantinho naquele dia.

À tarde, quando Svetlana voltou da escola, ele a esperava na sala de jantar, rasgando as cartas e fotografias de Kapler. "Escritor!", escarneceu. "Ele nem é capaz de escrever em russo decente! Ela não conseguiu nem um russo para ela!" O fato de Kapler ser judeu o exasperou especialmente. Ela saiu da sala e eles não se falaram durante muitos meses: a relação amorosa entre pai e filha estava destruída para sempre.

Esse episódio é apresentado amiúde como o auge da brutalidade de Stálin, mas, mesmo atualmente, nenhum pai ficaria feliz com a sedução (como ele pensava) de sua filha adolescente, em especial por um playboy de meia-idade casado. Não obstante, Stálin era um georgiano tradicional impregnado de puritanismo do século XIX e, até hoje, os pais georgianos são propensos a recorrer a suas espingardas diante da menor provocação. "Sendo um georgiano, ele DEVERIA ter matado aquele conquistador", diz Vladímir Redens. Muito tempo depois de ter escrito suas memórias, Svetlana compreendeu que "meu pai reagiu com excesso": ele achou que estava "protegendo sua filha de um velho safado".*

Dias depois, Vassíli e seu séquito foram para a frente noroeste, onde ele finalmente participou de uma ou duas missões de combate, mas seus desmandos continuaram. Em maio, partiu numa expedição de bebedeira e pesca, em que os pilotos pegavam peixes jogando num lago foguetes com detonadores de ação retardada. Uma das bombas explodiu e matou um herói da União Soviética.

A 26 de maio, Stálin mandou o comandante da Força Aérea Nóvikov "1. dispensar o coronel VJ Stálin imediatamente do [...] comando de regimento aé-

* A diferença de idade entre eles era de 24 anos, não muito mais do que a existente entre Stálin e Nádia em 1918, mas esse é um paralelo que talvez tenha intensificado sua raiva. Os dois bofetões não estão entre os maiores crimes de Stálin. Os cinco anos de Kapler foram cruéis, mas ele teve sorte de não ser fuzilado escondido. Ao ser solto, em 1948, retornou a Moscou, infringindo sua liberdade condicional, foi preso novamente e sentenciado a mais cinco anos de trabalho nas minas. Retornou após a morte de Stálin, casou de novo e depois reencontrou Svetlana, com quem teve por fim um caso apaixonado. Morreu em 1979.

reo; 2. anunciar aos oficiais regimentais e vj Stálin que o coronel Stálin está dispensado por beber demais, devassidão e corrupção do regimento". Mas era impossível manter o filho de um ditador por baixo: no fim do ano, o tratante já fora promovido de novo e logo estava dirigindo seu Rolls-Royce ao longo do front, tomando emprestado aviões oficiais sempre que lhe dava na telha. Um de seus companheiros ficou alarmado quando ele insistiu em ultrapassar um caminhão do Exército nas estradas cheias da frente do Báltico. Como o caminhão não deu passagem, Vassíli simplesmente estourou-lhe os pneus com tiros.

Quanto a Svetlana, logo se apaixonou por alguém cujo nome era tão temido que, em duas memórias publicadas e muitas entrevistas ao longo de cinquenta anos, ela nunca revelou sua identidade.[2]

Foi apenas em março de 1943, pouco depois do caso Kapler, que Stálin finalmente conteve o contra-ataque de Manstein, deixando uma cunha soviética que penetrava nas linhas alemãs em torno de Kursk. Hitler aprovou a Operação Cidadela para cortar o bolsão, enquanto Stálin e seus generais debatiam o que fazer. Seus instintos diziam sempre para atacar, mas Júkov e Vassilevski conseguiram persuadi-lo a esperar e esmagar os alemães numa posição defensiva. Isso deixou Stálin mais nervoso e agitado, porém ele aprendera a grande lição de Stalingrado e aceitou o conselho deles sobre aquela que seria a maior batalha de tanques do mundo: Kursk.

Depois de um jantar com Stálin que durou das três às sete da manhã, Júkov e Vassilevski correram para o front para planejar a batalha. Malenkov supervisionou os generais, Mikoian reuniu as reservas, Béria forneceu 300 mil trabalhadores escravos para cavar quase 5 mil quilômetros de trincheiras intransponíveis. Mais de 1 milhão de homens e, incluindo as reservas, por volta de 6 mil tanques esperaram.

A espera causava agonia no irrequieto Supremo, que soltou fumaça num aceso de fúria vulcânica com seu projetista de aeronaves. Iákovlev chegou ao estúdio e encontrou Stálin e Vassilevski examinando fragmentos da asa de seu caça Yak-9. Stálin apontou para as peças e perguntou: "Você sabe alguma coisa a este respeito?". Então explodiu numa arenga frenética: "Eu nunca vira Stálin tão furioso", lembrou Iákovlev. Stálin exigiu saber quando aquela falha fora descoberta. Quando soube que só fora notada "diante do inimigo", ele "perdeu ainda mais a compostura".

"Você sabe que somente o inimigo mais esperto poderia fazer uma coisa dessas — produzir aviões de tal forma que eles parecessem bons na fábrica e ruins no front. Isso é trabalhar para Hitler! Você sabe o serviço que prestou a Hitler? Vocês, hitleristas!"

"Era difícil imaginar a nossa condição naquele momento [...]. Eu estava tremendo", admitiu Iákovlev. O silêncio era "tumular", enquanto Stálin andava de um lado para o outro da sala, até que perguntou: "O que vamos fazer?".

Ao amanhecer de 5 de julho, os alemães jogaram 900 mil homens e 2700 tanques numa colossal batalha de máquinas em que frotas de gigantes de metal se chocaram de frente, cano contra cano. No dia 9, os alemães haviam atingido seu limite. No dia 12, Júkov desencadeou o custoso, mas bem-sucedido, contra-ataque. A batalha de Kursk foi o clímax da era do Panzer, o "equivalente mecanizado do combate corpo a corpo", que deixou um cemitério de setecentos tanques e carne queimada. Ao concordar em cancelar a Cidadela, Hitler perdera sua última chance de vencer a guerra.

Na tarde de 24 de julho, Stálin recebeu Antónov e Chtemenko no Cantinho, com "humor jubiloso". Ele nem quis escutar o relatório deles, apenas remendou alegremente o comunicado da vitória, acrescentando as palavras: "Glória eterna aos heróis que caíram no campo de batalha, na luta pela liberdade e pela honra da pátria!".[3]

Stálin não foi o único a ter dificuldades para controlar seus filhos durante a guerra: Khruchióv e Mikoian desempenharam papéis estelares no triunfo do Kursk, o primeiro como comissário da frente, o segundo como maestro dos suprimentos, mas, simultaneamente, eles viram seus filhos envolvidos em crises perigosas. Stálin era ao mesmo tempo sensível e impiedoso com as tragédias das famílias do Politburo.

Leonid Khruchióv, filho mais velho do primeiro casamento de Nikita, já tinha fama de imprestável. Então se tornou um Guilherme Tell stalinista. Repreendido pelo Komsomol por "embriaguez", ele se acomodou, casou-se com Liubov Kutuzova, com quem teve uma filha, Júlia, e mostrou coragem como piloto de bombardeiro, embora continuasse a ser um bêbado brigão.* Leonid jactava-se

* Em 1941, Leonid gritara que Stálin estava longe de ser "o maior e pai dos povos" — ele era um "patife danado" e assassino de Kírov!

de sua habilidade no tiro e foi desafiado a acertar numa garrafa colocada sobre a cabeça de um piloto. Ele arrancou o gargalo da garrafa. Isso não satisfez os irresponsáveis. Leonid atirou de novo, ferindo de morte o oficial na testa. Foi submetido à corte marcial.

Khruchióv talvez tenha apelado a Stálin por clemência, citando a bravura do rapaz. Mas Stálin, que não salvou Iákov, "não quis perdoar o filho de Khruchióv", como lembrava Mólotov. Porém, ele não foi condenado e teve permissão para voltar a voar. A 11 de março de 1943, foi derrubado numa luta contra dois FockeWulfs 190, perto de Smolensk. Jamais foi encontrado. Espalhou-se o rumor de que se tornara traidor — o que, no sistema stalinista, lançava dúvidas sobre sua viúva, que fora ao teatro em Kúibichev com um "incrivelmente atraente" adido militar francês. É provável que Liubov tenha sido denunciada pelo guarda-costas principal de Khruchióv. Ela foi presa e interrogada por Abakúmov em pessoa, e condenada.

Em outra daquelas tragédias da vida familiar stalinista, disseram à pequena Júlia que sua mãe estava morta. A lembrança de seus pais foi apagada e ela foi adotada pelo avô, o próprio Khruchióv, a quem chamava de "papai".* Os Khruchióv eram pais frios. Nikita parecia acreditar nas acusações contra Liubov. "Stálin fez esse jogo", relembra Júlia, "e Khruchióv estava jogando por sua vida, mas "Nikita jamais falou sobre o assunto e, mesmo quando pensionista, falava apenas em termos gerais. Isso era muito humilhante e doloroso para ele". Segundo Júlia Khruchiova, isso talvez tenha contribuído para sua decisão posterior de denunciar Stálin.[4]

Naquele verão, foi a vez de Mikoian. Dois de seus filhos eram pilotos. Stiepan foi ferido e depois, durante a batalha de Stalingrado, Vladímir, de dezoito anos, foi morto. Assim, Stálin "ordenou expressamente" que seu filho Vassíli pusesse Stiepan em sua própria divisão e "se assegurasse de não perder mais nenhum Mikoian". Sob ordens de Vassíli, o engenheiro de Stiepan afirmava, sempre que possível, que o avião não estava pronto para voar. Essa tolerância não durou.

* Sua mãe ficou presa cinco anos num campo de trabalhos forçados na Mordóvia, seguidos de cinco anos de exílio. Quando retornou, em 1954, Khruchióv recusou-se a encontrá-la. Júlia só viu a mãe novamente em 1956. Elas eram estranhas uma para a outra e assim permaneceram; a mãe ainda está viva e mora em Kiev. Em 1995, descobriu-se um avião perto de Smolensk que continha o esqueleto de um piloto ainda de capacete e óculos: era provavelmente Leonid.

Entre todos os outros filhos que foram para Kúibichev, os meninos mais moços de Mikoian — Vano, de quinze anos, e Sergo, de catorze — eram amigos do perturbado filho de Chakúrin, o comissário da Produção de Aeronaves. Volódia Chakúrin fez uma brincadeira boba, mas arriscada, em que fingia "nomear" um governo de imitação, com os adolescentes Mikoian como ministros, tudo registrado em seu livro de exercícios. Quando eles regressaram a Moscou, Volódia Chakúrin apaixonou-se por Nina, filha do embaixador Umanski, que estava saindo para seu próximo posto.

"Não vou deixar você ir", o jovem Chakúrin disse a Nina. Eles estavam andando perto do Kremlin quando Chakúrin tomou de empréstimo a pistola de Vano Mikoian, que lhe fora cedida pelos guarda-costas de seu pai. O menino correu na frente com Nina e depois, sobre a ponte, matou-a e se suicidou. Vano Mikoian, horrorizado, correu de volta ao Kremlin para contar o fato a sua mãe. O NKGB descobriu que a arma pertencia ao Mikoian, que era também "ministro" no "governo" escolar, o que, estava claro, constituía uma conspiração. Vano foi preso.

"Vano simplesmente desapareceu", lembra Sergo. "Minha mãe ficou maluca e eles telefonaram para as delegacias de polícia." Mikoian, que trabalhava no mesmo corredor de Stálin, telefonou a Béria, depois ligou para sua esposa: "Não se preocupe, Vano está na Lubianka". Mikoian sabia que isso só poderia ocorrer com a permissão de Stálin. O sagaz armênio decidiu não apelar a Stálin "para não piorar as coisas". Dez dias depois, Sergo também foi preso em Zubálovo e levado para a Lubianka de pijama.

"Preciso contar para mamãe", disse ele.

"Só vai demorar uma hora", responderam. Vinte e seis estudantes foram presos, inclusive o sobrinho de Stálin, Leonid Redens, cujo pai fora fuzilado em 1940. A polícia secreta concluiu que os garotos eram inocentes, mas Stálin retrucou: "Eles devem ser punidos". A mensagem era tão vaga que ninguém tinha certeza do que fazer com os jovens prisioneiros. Os meninos foram interrogados pelo general de divisão Vlodzirmirski, um dos torturadores mais cruéis de Béria, "alto e belo em seu uniforme", que era, diz Sergo, "muito maldoso. Ele gritou conosco". Sergo foi posto na solitária por uma semana. Em dezembro, após seis meses na Lubianka, os interrogatórios cessaram e os garotos ficaram realmente assustados. O interrogador de Sergo mostrou-lhe uma confissão de que fora "participante de uma organização [...] para derrubar o governo existente".

"Assine e poderá ver sua mãe de novo!"

"Não vou assinar, não é verdade", disse Sergo.

"Não faz nenhuma diferença", gritou o general. "Assina — e vai para casa. Se não assinar, volta para a cela. Escuta!" Ele podia ouvir a voz de sua mãe na sala ao lado. Todos os meninos assinaram suas confissões. "É claro que isso poderia ter sido usado contra meu pai." Sergo e Vano foram levados com sua mãe de volta para o Kremlin. "Fiquei muito contente por meu pai não estar lá — estava com medo de sua raiva", diz Sergo.

Mikoian disse ao menino mais velho: "Se você é culpado, vou estrangulá-lo com minhas próprias mãos. Vá descansar". Ele nunca mencionou isso ao mais moço. Mas o assunto não estava encerrado: após três dias em casa, os meninos tiveram de ir para o exílio. Os Mikoian passaram um ano em Stalinabad, sob os cuidados de sua criada. Stálin nunca esqueceu o caso e, mais tarde, pensou em usá-lo contra Mikoian.[5]

41. O concurso de canções de Stálin

Por volta das onze da noite de 1º de agosto de 1943, Stálin e Béria chegaram à Estação de Kuntsevo e embarcaram em um trem especial, camuflado com galhos de bétula, armado com morteiros e cheio de provisões especialmente testadas. O trem, que devia ter uma aparência bizarra, com sua galharia teatral e canos de armas protuberantes, partiu para o oeste. Os contra-ataques de Kursk, as operações Rumiántsev, ao norte, e Kutuzov, ao sul, ambas batizadas com nomes de heróis czaristas, tiveram tanto êxito que Stálin se sentiu seguro para fazer essa visita ridiculamente encenada ao front.

Stálin dormiu em Gjatsk, depois foi para Rjev, na frente Kalínin. Transferiu-se para seu Packard e montou o quartel-general numa cabana de madeira propositadamente humilde, com uma varanda pitoresca (ainda hoje um museu) na aldeia de Khorochevo, onde recebeu seus generais. Informado por Júkov de que Orel e Belgorod estavam para cair, saboreou uma "alegre ceia" com seu séquito.

A velha senhora que morava na cabana estava à mão para fornecer um toque de autenticidade local, até que Stálin, que se orgulhava de seu estilo popular, insistiu inesperadamente em pagar por sua estada. Ele não conseguiu calcular uma quantia razoável porque não usava dinheiro desde 1917 e, de qualquer forma, não tinha um tostão no bolso. Pediu dinheiro a seus lacaios. Ocorreu então um momento clássico na farsa do Estado proletário, quando, depois de muito apalpar de bolsos, sacudir de medalhas e farfalhar de galões de ouro, nenhum dos comissários pançudos e alcoolizados conseguiu achar um único copeque para dar à velha. Stálin amaldiçoou os "parasitas". Uma vez que não podia pagar em dinheiro, compensou a companheira com suas provisões.

Depois, deu uma espiada na aldeia que logo notou que fervilhava de tchequistas mal disfarçados: perguntou quantos havia, mas o NKVD tentou esconder o número verdadeiro. Quando explodiu, eles admitiram que havia uma divisão inteira. Com efeito, os generais notaram que a aldeia fora completamente esvaziada: não havia ninguém, exceto o NKVD, numa extensão de quilômetros ao redor.

Stálin dormiu na cama da velha com seu sobretudo. Ieremenko fez-lhe um relatório. Vóronov foi chamado, cobrindo quilômetros para chegar à reunião misteriosa. "Por fim, chegamos ao um belo bosque, onde pequenas estruturas de madeira aninhavam-se entre as árvores." Conduzido até a cabana, lá encontrou Stálin diante de uma "mísera mesa de madeira montada às pressas" e dois bancos toscos. Um telefone especial fora instalado para conectar Stálin às frentes de luta, cujos fios saíam pela janela. Esperando para apresentar seus relatórios ao Supremo, os generais não se impressionaram com essa *mise-en-scène*.

"Bem, que situação notável!", cochichou um general a Vóronov, que subitamente se deu conta: "É intencional — para se parecer com o front". Stálin deixou de lado os relatórios, contentando-se em dar algumas ordens, depois dispensou os generais que tinham de voltar para a verdadeira guerra. Stálin perguntou se podia ir adiante, na direção da luta, mas Béria o proibiu. Visitou o hospital em Iukono, de acordo com seus guarda-costas, e ficou deprimido diante de tantos amputados. Depois, sentiu-se doente e sua artrite se manifestou.* Stálin retornou por rodovia, em seu Packard blindado e seguido por um comboio de carros de segurança.

De repente, o carro parou. "Ele precisava defecar", escreveu Mikoian, que soube da história por alguém que estava presente. Stálin desceu do carro e perguntou "se as moitas à beira da estrada estavam minadas. É claro que ninguém podia garantir que não estivessem [...] então o Comandante em Chefe Supremo baixou as calças na presença de todos." Em um comentário metafórico sobre seu trata-

* Essa cena se parece com o momento em que Hitler, em seu trem, viu-se olhando para um trem-hospital quando voltava da frente oriental: ele e os feridos encararam-se por um segundo, antes que Hitler mandasse fechar as cortinas.

mento do povo soviético e seu desempenho como comandante militar, ele "humilhou-se na frente de seus generais e oficiais [...] e obrou bem ali, na estrada".

Ao voltar, pôde imediatamente exibir sua jornada heroica numa carta ao presidente Franklin D. Roosevelt, com quem estava discutindo o local para a primeira reunião dos três líderes da Grande Aliança: "Tendo acabado de voltar do front, só agora posso responder à sua carta [...]". Ele não poderia se encontrar com FDR e Churchill em Scapa Flow, na Orkney — "Preciso fazer visitas pessoais ao [...] front com frequência cada vez maior". Propôs então que se reunissem num lugar mais conveniente: Teerã, a capital do Irã, ocupada por forças britânico-soviéticas.

Os cortesãos de Stálin sabiam o significado dessa visita ao front. Um mês depois, Ieremenko, seu anfitrião, incitado por Béria e Malenkov, propôs que Stálin recebesse a Ordem de Suvórov Primeira Classe por Stalingrado, e por dar "ordens tão valiosas que garantiram a vitória na frente Kalínin, [...] inspirada pela visita ao front do Comandante em Chefe Supremo".

A 5 de agosto, quando Orel e Belgorod caíram, Stálin perguntou jovialmente a Antónov e Chtemenko: "Vocês leem sobre história militar?". Chtemenko admitiu que ficou "confuso, sem saber como responder". Stálin, que andara relendo a *História da Grécia Antiga* de Vipper, continuou: "Nos tempos antigos, quando as tropas obtinham vitórias, todos os sinos tocavam em honra dos comandantes de suas tropas. Não seria uma má ideia para comemorarmos as vitórias de modo mais impressionante [...]. Nós" — e apontou com a cabeça para seus camaradas — "estamos pensando em fazer saudações de artilharia e arranjar alguns fogos de artifício [...]". Naquele dia, os canhões do Kremlin deram a primeira salva da vitória. A partir de então, Stálin elaborou minuciosamente as saudações que deveriam ser feitas a cada vitória, e o *staff* tinha de cumprir todos os detalhes com exatidão. Pouco antes das onze da noite, as mensagens eram entregues ao estentóreo locutor Levitan, que telefonava a Poskrióbichev para obter a aprovação de Stálin. Então as salvas ressoavam em toda a pátria.

"Vamos escutar", sugeria Stálin com frequência no Cantinho. Os generais competiam agora para ser o primeiro a dar as boas notícias. No dia 28, Kóniev telefonou para anunciar que tomara Khárkov, mas lhe disseram que Stálin sempre dormia de manhã. Kóniev ousou ligar direto para Kuntsevo. Stálin atendeu pessoalmente e ficou feliz com a notícia. Mas quando havia um erro nos anúncios de vitória, ele gritava: "Por que Levitan omitiu o nome de Kóniev? Deixe-

-me ver a mensagem!". Chtemenko deixara o nome de fora. Stálin ficou "terrivelmente furioso". "Que tipo de mensagem anônima é esta? Onde você está com a cabeça? Pare esta transmissão e leia tudo de novo. Pode ir!"

Na próxima vez, pediu a Chtemenko para trazer o comunicado pessoalmente, perguntando: "Você não deixou de fora o nome?". Chtemenko foi perdoado.[1]

Enquanto reunia 58 exércitos, da Finlândia ao mar Negro, para iniciar uma onda colossal de ofensivas, o exultante líder, depois de fechar o Comintern e obter o apoio da Igreja ao designar um patriarca, decidiu criar um novo hino nacional para substituir a *Internacional*. Ele deveria captar a nova confiança eufórica da Rússia. Stálin decidiu que o modo mais rápido para achar a música e a letra era realizar uma competição, que se parecia com um festival ditatorial da canção, com Mólotov e Vorochílov contribuindo para a escolha da letra, e Chostakóvitch e Prokófiev, da música.

Em uma semana do final de outubro, enquanto os ministros do Exterior dos Aliados estavam em Moscou para preparar a reunião das três grandes potências, o hino foi forjado no frenesi do stakhanovismo musical a fim de estar pronto para as comemorações de 7 de novembro. No final de setembro, Stálin convidou compositores de toda a União Soviética a apresentar suas ofertas. Em meados de outubro, 54 compositores, entre eles usbeques, georgianos e alguns cantores judeus, em trajes tradicionais, chegaram a Moscou para se apresentar no primeiro *round* do concurso de Stálin. Antes mesmo de a música estar decidida, ele designou os letristas, Serguei Mikhalkov e El-Registan, cujas notas nos arquivos contam a história. Eles entregaram a primeira versão. Na hora do almoço do dia 23, os letristas foram chamados ao hotel Moskva, aquele colossal edifício stalinista na frente do Kremlin, onde Mólotov e Vorochílov os receberam: "Entrem, ele está lendo a letra". Não precisavam perguntar quem era "ele". Dois minutos depois, Stálin chamou. Vorochílov, que estava "alegre e sorridente", pegou as mãos de El-Registan. "O camarada Stálin fez algumas correções", anunciou ele. Eram palavras que escutariam muito nas duas semanas seguintes. Enquanto isso, o austero Mólotov sugeria também certas mudanças.

"Vocês devem acrescentar algo sobre paz, não sei onde, mas é preciso."

"Daremos a vocês um quarto", disse Vorochílov. "Tem de ser quente. Traga chá para eles, senão vão começar a beber! E não deixe que saiam enquanto não tiverem terminado." Eles trabalharam durante quatro horas.

"Precisamos pensar sobre isso nesta noite", disse Mikhalkov.

"Pensem tudo o que quiserem", retrucou Mólotov, "mas não podemos esperar." Ao sair, ouviram-no ordenar: "Mandem para Stálin!".

Faltando quinze minutos para a meia-noite, Stálin retificou a nova versão com seu lápis vermelho, mudou algumas palavras e mandou para Mólotov e Vorochílov: "Vejam isto. Concordam?". A 26 de outubro, Vorochílov, o marechal rebaixado a jurado de canção, escutava diligentemente outros trinta hinos no Salão Beethoven do Bolchoi quando, subitamente, "Stálin chegou e tudo foi feito com muita rapidez". Foi uma reunião notável, com Stálin, Vorochílov e Béria sentados com Chostakóvitch e Prokófiev para discutir a composição. Quando os letristas chegaram, encontraram Stálin, "cinzento e muito enérgico", em seu novo uniforme de marechal. Andando de um lado para o outro enquanto escutava as melodias, perguntou a Chostakóvitch e Prokófiev qual era a melhor orquestra — deveria ser uma eclesiástica? Era difícil escolher sem uma orquestra. Stálin deu-lhes cinco dias para preparar mais hinos, despediu-se e foi embora.

Às três horas da manhã seguinte, Poskrióbichev chamou os letristas e pôs na linha o Compositor Supremo, que disse que agora gostava da letra, mas que estava muito "magra" e curta. Eles deveriam acrescentar um verso, um verso vibrante sobre o Exército Vermelho, poder, "a derrota das hordas fascistas".*

Stálin comemorou a conferência dos Aliados com um banquete a 30 de outubro e depois retornou à música. Às nove da manhã de 1º de novembro, acompanhado por Mólotov, Béria e Vorochílov, chegou ao Salão Beethoven e escutou quarenta hinos em quatro horas. Depois, durante o jantar, os magnatas chegaram finalmente a uma decisão: Vorochílov telefonou aos dois letristas no meio da noite para anunciar que eles haviam gostado da música de A. V. Alexándrov. Passou então o telefone para Stálin, que ainda estava retificando:

* Quando eles cantaram "as hordas fascistas foram batidas, são batidas e serão batidas", provocaram riso porque as palavras "são batidas", quando cantadas em russo, soavam como "estão nos fodendo". Rindo, eles mudaram rapidamente as palavras para "Nós os bateremos até a morte e vamos batê-los". O marechal Vorochílov retornou de suas reuniões e "gostou muito", então lhe contaram sobre o problema com "foder" e "derrotar". É evidente que isso agradou bastante ao humor grosseiro do cavalariano: "Muito bom para uma canção camponesa, mas não tão bom para um hino nacional!". Ele riu e começou a lembrar de todas as hilaridades do concurso de canções. O que dizer daqueles quatro cantores judeus com roupas tradicionais que cantaram sua canção judaica olhando direto nos olhos de Vorochílov? O marechal deu uma gargalhada: "Tragam vodca! Precisamos beber. De nós, em honra de vocês! Brindo a vocês!". No final da tarde, eles deixaram o Kremlin exaustos.

"Vocês podem deixar os versos, mas precisam reescrever os refrãos. 'País dos sovietes', se não for um problema, mudar para 'país do socialismo'. Status: secreto!". Os letristas trabalharam toda a noite, agora com a música de Alexândrov. Vorochílov mandou a letra para Stálin e convidou os compositores para sua datcha, onde comandou, como "um tio muito engraçado e alegre", um festim suntuoso.

Às nove da noite seguinte, Stálin estava pronto. Os compositores chegaram. Béria, Vorochílov e Malenkov sentaram-se ao redor da mesa. Stálin apertou formalmente as mãos deles, um sinal especial de batalhas vencidas e canções escritas.

"Como está tudo?", perguntou amistoso, mas ainda não acabara de retificar. Queria enfatizar o papel da "pátria! A pátria é boa!". Os escritores correram para datilografar as mudanças. Stálin queria que Chostakóvitch se envolvesse na orquestração.

"Tudo bem. Feito!", exclamou Béria. Então Malenkov falou que deveriam ouvir uma vez mais o hino inteiro. Stálin atribuiu a tarefa a Vorochílov, que, demonstrando seu desrespeito tempestuoso que pertencia a outra época, retrucou: "Que outro faça isso — eu já escutei centenas de vezes, até espumar pela boca!".

O novo hino nacional, disse Stálin com empolgação, "separa o céu e a terra como uma onda sem limites". Em sua primeira execução no teatro Bolchoi, Stálin chegou para saudar os compositores, que foram convidados ao camarote e depois para um jantar no *avant-loge*. Quando Mikhalkov e El-Registan entornaram suas vodcas, ele caçoou: "Por que secar seus copos? Vocês não vão ser interessantes para conversar!".[2]

O entusiasmo espalhou-se de cima para baixo. Quando o hino nacional foi revelado, Mólotov presidiu uma festa de 7 de novembro que poucos iriam esquecer. A elite emergiu naquela noite da severidade dos anos 30 e da austeridade dos anos de derrota. "A festa inteira", observou o jornalista Alexander Werth, "borbulhava de joias, peles, galões de ouro e celebridades [...]. A festa tinha algo daquela extravagância insensata e irresponsável que se costuma associar à Moscou pré-revolucionária." O traje era gravata-borboleta branca e casaca, o que fez Chostakóvitch parecer "um universitário que a usasse pela primeira vez". A partir de então, a corte de Stálin começou a se comportar mais como os senhores de um império do que como severos bolcheviques. Mólotov exibia um uniforme diplomático novo que, tal como o galão de ouro, marcava a nova era imperial: era "preto, adornado com ouro, com uma pequena adaga no cinto [...] muito parecido com a ss de Hitler", julgou o diplomata americano Chip Bohlen.

Mólotov, Vichinski e o velho amigo de Stálin, Sergo "Tojo" Kavtaradze, receberam os convidados em fila. A companhia de Kavtaradze era sua linda filha Maia, então com dezoito anos e trajando um vestido longo de baile. Ela cruzou o olhar com Vichinski, que "abriu caminho no salão" para pedir a ela que abrisse o baile com ele.

O "jovial" Mólotov transformou-se em um bêbado ruidoso, cambaleou até Kathleen, a filha de Averell Harriman, e perguntou com voz pastosa por que só ela não o cumprimentara em seu lindo uniforme. Ela não havia gostado? Kathleen achou que os russos estavam tão excitados com suas insígnias "quanto um menininho vestido com a roupa de bombeiro nova que ganhou de Natal". Quando viu o embaixador da Suécia, Mólotov arrastou-se até ele e declarou que não gostava de neutros.

Então, os membros do Politburo resolveram deixar os embaixadores ocidentais tão bêbados quanto eles. Mikoian, "famoso por sua capacidade de derrubar qualquer um", de acordo com Kathleen Harriman, trabalhou em cima de seu pai, junto com Scherbakov, que já estava nos últimos estágios do alcoolismo. Mólotov, que "aguentava a bebida melhor que os outros", conseguiu permanecer de pé, enquanto o embaixador britânico Clark Kerr "caiu de cara sobre uma mesa coberta de garrafas e copos de vinho", cortando o rosto. Maia Kavtaradze viu um general americano chegar acompanhado por duas prostitutas. Mais tarde, ela notou que todos os potentados haviam desaparecido e foi procurar por seu pai. Encontrou-o num salão vermelho, o equivalente bolchevique de uma "sala vip", ao lado do vistoso e exuberante Mikoian, que fazia uma serenata para as aventureiras sentadas em seus joelhos.

No dia seguinte, Roosevelt concordou finalmente em se encontrar em Teerã vinte dias depois: "O mundo inteiro espera por essa reunião entre nós três [...]".[3]

42. Teerã: Roosevelt e Stálin

A 26 de novembro de 1943, o general de exército Golovánov, o comandante de bombardeiro que seria o piloto de Stálin, foi a Kuntsevo para começar a longa viagem até a Pérsia. Quando ele chegou, escutou gritos e encontrou Stálin "passando uma boa descompostura em Béria", enquanto Mólotov observava, empoleirado no peitoril da janela. Béria, "com as orelhas vermelhas" estava sentado numa cadeira, enquanto Stálin escarnecia dele: "Olhe só, camarada Golovánov! Ele tem olhos de serpente!".

Mólotov queixara-se de brincadeira de que não conseguia ler a letra comprida e fina de Béria. "Nosso Viatcheslav Mikhailovitch não enxerga muito bem. Béria manda-lhe mensagens e ele insiste em usar seu pincenê de vidro sem grau!" Isso marcou o crescente desprezo de Stálin pelo dinâmico georgiano.

Depois, eles embarcaram no trem que chegou a Baku às oito da manhã, indo direto para o aeródromo, onde quatro SI-47 estavam reunidos sob o comando do marechal do ar Nóvikov. Stálin nunca viajara de avião — e não gostou do som daquilo. Mas não havia outro jeito de ir para Teerã. Ao se aproximar de seu avião com Golovánov, viu o avião de Béria ao lado, com seu piloto, o coronel Gratchev, e decidiu trocar de aeronave.

"Generais de exército não pilotam com frequência", disse ele," é melhor irmos com o coronel", mas tranquilizou Golovánov: "Não leve a mal". Embarcou então no avião de Béria. Escoltado por vinte caças, Stálin ficou aterrorizado quando o avião atravessou uma zona de baixa pressão.

Algumas horas depois, chegou à quente e poeirenta Teerã ("lugar muito sujo, de grande pobreza", escreveu Roosevelt), onde foi levado para a embaixada soviética, separada da legação britânica por dois muros e uma rua estreita. Somente a legação americana ficava fora da cidade.

Teerã foi a reunião mais íntima dos Três Grandes: o próprio Stálin viajou com uma delegação minúscula. Estavam apenas Mólotov e Vorochílov, seus adjuntos oficiais nas negociações, Béria como chefe-geral da segurança, Vlássik como chefe da segurança pessoal, e seu médico, professor Vinográdov. A guarda de Stálin, de doze georgianos, era comandada por Tsereteli, que os ocidentais acharam "bem-apessoado, muito inteligente e cortês". Não obstante, era apropriado que o senhor daquele império oriental fosse protegido por uma guarda de compatriotas liderados por um príncipe assassino. Talvez Churchill pensasse da mesma forma, pois sua guarda pessoal foi composta de siques de turbante e metralhadoras Thompson.

A embaixada soviética era uma propriedade elegante, construída por algum magnata persa, cercada por um muro alto. Havia vários bangalôs e palacetes no terreno: Stálin ficou em uma casa, enquanto Mólotov e Vorochílov partilharam o sobrado no qual residia o embaixador. A guarda avançada do NKVD preparara a embaixada durante duas semanas. "Ninguém ousava desobedecer" a Béria, escreveu Zôia Zarúbina, uma jovem oficial do NKGB em Teerã.*

Assim que Roosevelt chegou, Stálin o convidou para se mudar para o recinto soviético. Era impossível controlar a viagem do complexo soviético para a legação americana, feita por estreitas ruas orientais e, sem dúvida, Béria estava mais preocupado com a segurança de Stálin que com a de Roosevelt. A Inteligência soviética afirmava ter descoberto um complô nazista para assassinar os líderes. Stálin estava decidido a dividir os ocidentais, que esperava que fossem se unir contra ele. Acontece que isso também serviu à estratégia de Roosevelt de cativar diretamente Stálin, sem os ingleses, para mostrar que suas suspeitas não

* Béria mandou pessoalmente que uma das tchequistas, a jovem Zôia Zarúbina, enteada do general do NKGB Leonid Eitingon (que providenciara o assassinato de Trotski), escolhesse os móveis para a conferência. Não havia mesa redonda, então foi preciso fazê-la. Uma vez que a conferência era um segredo muito bem guardado, Béria disse a Zarúbina para ir à cidade e fingir que estava encomendando uma mesa de 22 lugares "para um casamento".

tinham fundamento. Harriman foi correndo. Mólotov explicou suas preocupações com a segurança. Mais tarde, mandou Zarúbina telefonar e descobrir quando FDR viria. O almirante William Leahy, chefe do *staff* da Casa Branca, respondeu: "Iremos amanhã".

Quando Zarúbina relatou isso a Mólotov, ele explodiu: "O que você acha que está fazendo? Quem você pensa que é? Quem mandou você fazer esse trabalho? Tem certeza? O que vou dizer a Stálin?".

Enquanto isso, em um daqueles encontros esquecidos entre potentados que parecem pertencer a épocas diferentes, Stálin visitou o orgulhoso Mohammed Pahlavi, o xá de 21 anos de um Irã ocupado, cujo pai, o xá Reza, um ex-oficial cossaco e fundador da dinastia, fora deposto em 1941, por suas inclinações pró-germânicas. Stálin acreditava que poderia seduzir aquele rapaz, cujo império abrangera outrora a Geórgia, a lhe ceder uma cabeça de ponte no Irã. Mólotov, que já era um mestre do diplomaticamente possível, estava céptico. Béria advertiu contra essa excursão por motivos de segurança. Stálin insistiu. O Rei dos Reis ficou agradavelmente "surpreso" com o felino Stálin, que foi "particularmente polido e bem-comportado e parecia disposto a causar uma boa impressão em mim". Sua oferta de "um regimento de tanques T-34 e um de nossos aviões de caça" também impressionou o xá. "Fiquei muito tentado", escreveu ele depois, mas pressentiu perigo naquele georgiano que trazia presentes. Mólotov resmungou que Stálin "não entendeu o xá e ficou numa situação um pouco constrangedora. Stálin achou que podia impressioná-lo, mas não funcionou". Os presentes viriam com oficiais soviéticos. "Declinei da oferta com agradecimentos", escreveu o xá.

Na manhã seguinte, Béria patrulhou pessoalmente os portões, esperando por Roosevelt, que por fim chegou à embaixada soviética com o Serviço Secreto nos estribos dos automóveis brandindo metralhadoras, como se fossem gângsteres, demonstração que o NKVD julgou pouco profissional. Um jipe cheio de filipinos que cuidavam da comida confundiu o NKVD, mas eles finalmente os deixaram entrar também.

Stálin mandou dizer que iria visitar o presidente, encontro para o qual se preparara com cautela. Naturalmente, Béria colocou escutas na suíte presidencial. Sergo, o filho cientista de Béria, estava entre os encarregados da escuta. Stálin o chamou: "Como vai sua mãe?", perguntou, pois gostava de Nina Béria. Depois da conversa-fiada, mandou Sergo realizar a missão "moralmente repreensível e delicada" de lhe apresentar um resumo todas as manhãs, às oito horas. Stálin o inquiria sempre, até sobre o tom da voz de Roosevelt: "Ele disse isso com convicção ou sem entusiasmo? Como Roosevelt reagiu?". Ficou surpreso com a ingenuidade dos americanos: "Será que sabem que estamos na escuta?".* Stálin ensaiou estratégias com Mólotov e Béria, inclusive o lugar onde sentaria.** Fez o mesmo para seus encontros com Churchill, de acordo com o filho de Béria, dizendo: "Pode-se esperar qualquer coisa dele".

Pouco antes das três horas, naquela "linda tarde de domingo iraniano, dourada e azul, agradável e ensolarada", Stálin, acompanhado de Vlássik e do intérprete Pávlov, e cercado por seus guarda-costas georgianos, que caminhavam dez metros à frente e atrás, como faziam no Kremlin, saiu "desajeitamente como um pequeno urso" de sua residência, vestido para o verão com a túnica cor mostarda de marechal, com a estrela de ouro da Ordem de Lênin no peito, e atravessou o recinto para visitar Roosevelt na mansão. Um jovem oficial americano recebeu Stálin com uma continência e o conduziu até a sala do presidente, mas depois viu-se dentro da sala de reunião com apenas os dois líderes e seus intérpretes. Estava a ponto de entrar em pânico quando Bohlen, no papel de intérprete, sussurrou que ele devia sair.

"Olá, marechal Stálin", disse Roosevelt quando eles apertaram-se as mãos. Sua "figura atarracada e redonda", com rosto marcado pela varíola, cabelos grisalhos, dentes quebrados e manchados e olhos amarelos de oriental era completamente distinta da do presidente aristocrático de terno azul sentado ereto em sua cadeira de rodas: "Se ele usasse túnicas chinesas", escreveu Bohlen, "seria o modelo perfeito para o retrato de um ancestral chinês".

Stálin enfatizou sua necessidade de uma segunda frente antes que Roosevelt estabelecesse uma conexão minando o Império Britânico. A Índia estava madura para uma revolução "vinda de baixo", como a Rússia, disse FDR, que

* Roosevelt presumiu que estava sendo grampeado, mas esperava que os resultados pudessem fortalecer a confiança em sua honestidade. O relato de Sergo Béria sugere que essa estratégia funcionou.

** Valentin Berejkov, segundo intérprete soviético, descreveu de que forma Stálin ensaiou a reunião e como Roosevelt veio à residência de Stálin sem um intérprete. Na verdade, Stálin foi aos aposentos de Roosevelt, onde Chip Bohlen traduziu para os americanos e Pávlov para os soviéticos. Pávlov era o intérprete de Stálin e Mólotov de inglês e alemão; Berejkov trabalhava ocasionalmente para Mólotov. A única parte desse incidente que se conserva inteira são os ensaios de Stálin, atitude típica dele. Talvez Berejkov tenha testemunhado essa cena.

estava tão mal informado sobre o leninismo quanto sobre os intocáveis. Stálin mostrou que conhecia mais sobre a Índia, respondendo que a questão das castas era bastante complicada. Este curto *tour d'horizon* estabeleceu a parceria improvável entre o intelectual aleijado da Nova Inglaterra e o bolchevique georgiano. Ambos famosos por serem encantadores quando queriam, a afeição de Stálin por Roosevelt foi o mais genuíno sentimento de amizade diplomática dele por qualquer imperialista. Stálin deixou Roosevelt descansar.

Às quatro da tarde, os Três Grandes se reuniram em torno de uma "mesa de festa de casamento" especialmente construída, num grande salão decorado em denso estilo imperial, com poltronas de seda listrada. Stálin sentou-se ao lado de Mólotov e Pávlov. Vorochílov costumava sentar-se na segunda fileira. Stálin e Churchill concordaram que Roosevelt deveria presidir o encontro: "Na qualidade de mais jovem!", brincou o presidente americano.

"Em nossas mãos, está o futuro da humanidade", proclamou Churchill. Stálin completou este triunvirato declamatório: "A história nos mimou. Ela nos deu muito poder e grandes oportunidades [...]. Comecemos nosso trabalho".

Quando trataram da Operação Overlord (a invasão da França), Stálin queixou-se de que não esperava discutir questões militares e não trouxera seus auxiliares da área. "Tenho somente o marechal Vorochílov. Espero que ele sirva", disse de forma rude. Depois ignorou Vorochílov e cuidou de todos os assuntos militares pessoalmente. O jovem intérprete britânico Hugh Lunghi* ficou chocado ao ver que Stálin tratava Vorochílov "como um cão". Stálin insistiu na preferência pela Overlord, a invasão através do canal da Mancha, e depois encheu calmamente seu cachimbo. Churchill ainda não estava convencido, preferindo uma operação preliminar no Mediterrâneo, usando tropas que já estavam na área. Porém, a FDR já se havia decidido pelo canal. Enquanto um Churchill aturdido se dava conta de que fora derrotado, Roosevelt piscava para Stálin, no começo de um flerte canhestro que reforçou muito a posição do marechal como árbitro da Grande Aliança. Churchill lidava muito melhor com Stálin sendo ele mesmo.

Stálin foi expansivo e encantador com os estrangeiros, mas rabugento com os próprios delegados. Quando Bohlen se aproximou dele por trás, no meio de uma sessão, Stálin disse asperamente: "Pelo amor de Deus, deixe-nos terminar

* O major Hugh Lunghi, cuja entrevista ajudou muito neste relato, é provavelmente o último homem vivo que esteve nas reuniões dos Três Grandes em Teerã, Ialta e Potsdam.

este trabalho". Ficou constrangido quando viu que era o jovem americano. Naquela noite, Roosevelt ofereceu um jantar em sua residência. Os seus rapazes do rancho providenciaram bifes e batatas assadas, e o presidente preparou coquetéis de vermute, gim e gelo. Stálin provou e estremeceu: "Bem, está satisfatório, mas sinto frio no estômago". Roosevelt ficou de repente "verde, e grandes bagas de suor começaram a saltar de seu rosto". Ele foi levado para seu quarto. Quando Churchill disse que Deus estava do lado dos Aliados, Stálin gracejou: "E o diabo está do meu lado. O diabo é comunista, e Deus um bom conservador!".

No dia 29, Stálin e Roosevelt se encontraram novamente: o Supremo sabia, graças ao relatório de Sergo Béria, que seu charme funcionara. "Roosevelt sempre manifestou grande estima por Stálin", relembrou Sergo, o que lhe possibilitou pressionar Churchill. Naquela manhã, o presidente americano propôs que fosse criada uma organização internacional que viria a ser as Nações Unidas. Entrementes, os generais se reuniam com Vorochílov, que, segundo Lunghi, se recusou a entender o desafio anfíbio que uma invasão da França implicava, achando que era como atravessar um rio russo numa balsa.

Antes da sessão seguinte, Churchill, o único primeiro-ministro britânico a exibir uniformes militares no cargo, chegou vestido com um uniforme azul da RAF, com insígnias, para abrir uma cerimônia solene de celebração de Stalingrado. Às três e meia da tarde, todas as delegações se reuniram no salão da embaixada. Então chegaram os Três Grandes. Formou-se uma guarda de honra composta por soldados com baionetas da infantaria britânica e tropas do NKVD em uniformes azuis, cintos vermelhos e metralhadoras a tiracolo. Uma orquestra executou os hinos nacionais. No caso soviético, o antigo. A música parou. Fez-se silêncio. Então o oficial da guarda britânica aproximou-se da grande caixa preta que estava sobre a mesa e a abriu. Uma espada cintilante jazia sobre um leito de "veludo púrpura". Ele a entregou a Churchill, que, segurando a espada sobre as duas mãos, virou-se para Stálin: "Recebi ordens de sua majestade, o rei George VI, de lhe presentear [...] esta espada de honra [...]. A lâmina da espada está gravada com a inscrição: 'Aos cidadãos de coração de aço de Stalingrado, um presente do rei George VI como prova da homenagem do povo britânico'".

Churchill avançou e deu a espada a Stálin, que a segurou com reverência por um longo momento e depois, com lágrimas nos olhos, ergueu-a até os lábios e a beijou. Estava comovido.

"Em nome dos cidadãos de Stalingrado", respondeu "com voz baixa e rouca", "desejo expressar meu apreço [...]." Caminhou até Roosevelt para mostrar-lhe a espada. O americano leu em voz alta a inscrição: "Eles certamente tiveram corações de aço". Stálin passou a espada a Vorochílov, que deixou cair com um baque sua bainha. O cavalariano desastrado, que atacara brandindo o sabre muitas vezes, conseguiu introduzir um toque de comédia no momento mais solene da carreira internacional de Stálin. Com seu rosto querubínico vermelho, Klim ajeitou a espada. O Supremo, observou Lunghi, fechou a cara irritado e depois deu "um sorriso forçado, gélido e sinistro". O tenente do NKVD segurou a espada no alto e a levou embora. Stálin deve ter rosnado para que Vorochílov pedisse desculpas, porque, quando ele retornou, foi atrás de Churchill, recrutando Lunghi como intérprete. Ruborizado, "tartamudeou suas desculpas", mas depois, subitamente, desejou a Churchill "um feliz aniversário" pelo dia seguinte. Um banquete especial de aniversário estava sendo planejado na legação britânica. "Desejo-lhe cem anos a mais de vida", disse o marechal, "com o mesmo espírito e vigor." Churchill agradeceu-lhe, mas sussurrou para Lunghi: "Ele não está sendo um pouco prematuro? Deve estar querendo pescar um convite".* Depois, os três grandes saíram para posar para a famosa fotografia da conferência.

Após um curto intervalo, as delegações voltaram à mesa redonda para a sessão seguinte. Como sempre, Stálin procurou ser o último a chegar. Quando tudo estava pronto, pediram à tchequista Zôia Zarúbina, de plantão do lado de fora, que fosse levar um recado. Ela desceu correndo as escadas e "bateu no ombro de alguém". Para seu horror, era Stálin. "Fiquei paralisada, tensa", escreveu ela. "Achei que certamente me fuzilariam no mesmo instante." Stálin não reagiu e entrou, seguido por Mólotov. Mas Vorochílov, sempre gentil com os jovens e com mais razão do que ninguém para ser indulgente com os desastrados, "bateu na minha mão e disse: 'Tudo bem, garota, tudo bem'".

Stálin, "constantemente fumando e rabiscando cabeças de lobo num bloco com seu lápis vermelho", jamais ficava agitado, raras vezes fazia gestos e consultava pouquíssimo Mólotov e Vorochílov. Porém mantinha a pressão sobre Churchill em defesa da segunda frente: "Os britânicos acreditam realmente na Overlord ou você está dizendo isso para tranquilizar os russos?". Quando soube que os Aliados ainda não haviam concordado quanto ao nome do comandante da

* Hugh Lunghi datilografou essa conversa cômica e pediu a Churchill que a assinasse no dia seguinte. Como intérprete do Estado-Maior britânico, ele também servia de auxiliar para o principal intérprete de Churchill, o major Arthur Birse.

operação, resmungou: "Então essas operações não vão dar em nada". A União Soviética experimentara o comitê de comando e descobrira que não funcionava. As decisões tinham de ser tomadas por um único homem. Por fim, quando Churchill não apresentou uma data, Stálin ergueu-se de súbito, virou-se para Mólotov e Vorochílov e disse: "Não vamos mais perder nosso tempo aqui. Temos muito a fazer no front". Roosevelt conseguiu acalmar os ânimos.

Naquela noite, foi a vez de Stálin oferecer um banquete no estilo usual soviético, com uma "quantidade inacreditável de comida". Um enorme "garçom" russo de casaco branco ficou atrás da cadeira do Supremo durante toda a refeição.* Stálin "bebeu pouco", mas se divertiu alfinetando Churchill, o que parecia agradar Roosevelt, ainda que de maneira indigna. Stálin disse em tom de zombaria que estava contente por Churchill não ser um "liberal", a criatura mais repugnante no léxico bolchevique, mas depois testou sua severidade ao dizer brincando que 50 mil, ou talvez 100 mil oficiais alemães deveriam ser executados. Churchill ficou furioso: empurrou seu copo para a frente, batendo nele de tal forma que o brandy se espalhou sobre a mesa, e grunhiu: "Uma atitude como essa é contrária ao senso de justiça britânico. O Parlamento e o público britânicos jamais apoiariam a execução de homens honestos que lutaram por sua pátria". Roosevelt gracejou que gostaria de entrar num acordo: somente 49 mil deveriam ser fuzilados. Elliott Roosevelt, o filho malsucedido do presidente americano, que também estava no jantar, já meio ébrio, caçoou: os 50 mil não iriam tombar em batalha de qualquer modo?

"À sua saúde, Elliott!", brindou Stálin. Mas Churchill rosnou para o filho do presidente. "Você está interessado em prejudicar as relações entre os Aliados [...]. Como ousa!"** Ele saiu na direção da porta, mas, ao alcançá-la, "mãos vindas de trás seguraram meus ombros e lá estava Stálin, com Mólotov ao lado, ambos de sorriso aberto e declarando ansiosamente que estavam apenas brincando [...]. Stálin pode ser muito cativante quando quer". A deferência de Roosevelt a Stálin e

* Os americanos acharam que ele era o *maître* e, no final da conferência, iriam lhe presentear com cigarros, quando o encontraram nos trajes resplandecentes de um general do NKVD.

** Stálin convidara especialmente Elliott para o jantar. Talvez adivinhasse a semelhança com seu próprio filho Vassíli. Ambos eram pilotos, beberrões inadequados e arrogantes, intimidados e dominados por pais brilhantes. Ambos exploravam o nome da família e causavam constrangimentos aos pais. Ambos fracassaram em vários casamentos e abandonaram suas esposas. Talvez não exista maldição mais triste que a dádiva de um pai titânico o modo indigno como tratou Churchill foram ambos impróprios e contraproducentes, mas a cordialidade foi restaurada quando Stálin implicou com Mólotov: "Venha cá, Mólotov, e nos conte sobre seu pacto com Hitler".

O final do evento foi marcado pela comemoração do aniversário de 69 anos de Churchill, realizada no salão de jantar da legação britânica, que, escreveu Alan Brooke em seu diário, se parecia com "um templo persa", com as paredes "cobertas por um mosaico de pequenas peças de espelho" e "pesadas cortinas vermelhas. Os garçons persas estavam de libré azul e vermelha, luvas de algodão brancas enormes, cujas pontas dos dedos pendiam moles e oscilavam". Siques guardavam as portas.

Béria, que estava lá em segredo, insistiu que o NKVD desse uma busca na sede da missão inglesa, a qual supervisionou em pessoa, junto com Tsereteli. "Não pode haver nenhuma dúvida", escreveu um oficial da segurança britânica, "de que Béria era um homem extremamente inteligente e sagaz, com uma tremenda força de vontade e capacidade de influenciar, comandar e liderar outros homens." Ele desdenhava a opinião de todos, ficando "muito irado se alguém se opusesse a suas propostas". Os outros russos "se comportavam como escravos em sua presença".

Depois que Béria saiu, Stálin chegou, mas, quando um criado tentou tirar seu casaco, um guarda-costas reagiu de forma exagerada, pegando sua pistola. A calma foi rapidamente restaurada. Um bolo com 69 velas estava no meio da mesa principal. Stálin fez um brinde a "Churchill, meu amigo de luta, se é possível considerar o senhor Churchill meu amigo", e depois andou em volta da mesa para brindar com o inglês, pondo os braços sobre seus ombros. Churchill respondeu: "A Stálin, o Grande!". Quando Churchill brincou que a Inglaterra estava "ficando mais rosada", Stálin retribuiu: "Um sinal de boa saúde".

No clímax, o chefe da cozinha da legação apresentou uma criação que chegou mais perto de assassinar Stálin que todos os agentes alemães em todos os *souks* da Pérsia. O líder russo fazia um brinde quando trouxeram sobre rodas duas pirâmides imensas de sorvete, "com uma base de gelo de quase um metro de altura", com uma vela religiosa dentro e um tubo que se elevava 25 centímetros acima do gelo, sobre o qual estava um prato que sustentava um "vasto sorvete", preso com glacê. Mas, quando o monumento se aproximava de Stálin, Brooke notou que a vela estava derretendo o gelo e "agora se parecia mais com a Torre de Pisa". De repente, a inclinação assumiu um ângulo mais perigoso e o chefe do Estado-Maior britânico gritou para seu vizinho se abaixar. "Com o barulho de uma avalanche, toda a construção maravilhosa escorregou sobre nossas cabeças e explodiu num estrondo de pratos". Lunghi viu o nervoso garçom persa "sair para o lado no último momento". Pávlov, em seu novo uniforme diplomático, "foi atingido em cheio! [...] e ficou lambuzado da cabeça aos pés", mas Brooke conjeturou que "deixar de ser intérprete valia mais do que sua vida". Stálin permaneceu incólume.

"Errou o alvo", murmurou o marechal do ar sir Charles Portal.

Na reunião final do dia seguinte, Roosevelt explicou em particular a Stálin que, tendo em vista a eleição presidencial que se aproximava, ele não podia discutir a Polônia naquele encontro. A subordinação do destino do país pelo qual a guerra fora declarada à máquina política americana só pode ter encorajado os planos de Stálin para o controle da Polônia. Na última reunião plenária, um sinal do amadorismo e do imediatismo da conferência foi o fato de que Churchill e Stálin discutiram as fronteiras polonesas usando um mapa recortado do jornal *The Times*. Os perigos dessas reuniões para a comitiva de Stálin foram subestimados pelos ocidentais até que Birse, o intérprete de Churchill, presenteou Pávlov com uma coleção de Charles Dickens. O intérprete russo aceitou o presente com apreensão.

"Você está ficando *muito* próximo de nossos amigos ocidentais", disse Stálin com um sorriso, para aumentar a ansiedade de Pávlov.

A 2 de dezembro, Stálin, "satisfeito" porque os Aliados haviam finalmente prometido deflagrar a operação Overlord na primavera, deixou Teerã. Quando o avião desceu em Baku, já trocara o uniforme de marechal por seus velhos sobretudo, boné e botas. O trem o levou a Stalingrado, sua única visita pós-batalha à cidade que desempenhara um papel tão decisivo em sua vida. Visitou o quartel-general de Paulus, mas sua limusine passou depressa demais pelas ruas estreitas e cheias de equipamentos alemães e bateu em um carro dirigido por uma mulher, que quase desmaiou ao perceber com quem colidira. Ela começou a chorar: "A culpa é minha". Stálin desceu e a acalmou: "Não chore. A culpa não é sua. Ponha a culpa na guerra. Nosso carro é blindado e não sofreu nenhuma avaria. Você pode consertar o seu". Mais tarde, ele regressou a Moscou.[1]

Stalingrado, Kursk e Teerã restauraram a fé fervorosa de Stálin em sua grandeza infalível. "Quando a vitória se afigurou óbvia, Stálin ficou cheio de si e se tornou caprichoso", escreveu Mikoian. Recomeçaram os longos jantares regados a álcool: Stálin voltou a beber, fazendo o papel do diretor de um circo de acrobacias desajeitadas, mas no conjunto de informações que recebia de Béria havia sempre muita coisa para preocupá-lo.

Béria prendeu 931 544 pessoas nos territórios libertados em 1943. Cerca de 250 mil pessoas foram aos cultos religiosos da Páscoa em Moscou. Ele entregou as interceptações telefônicas e os relatórios de informantes a Stálin, que os leu cuidadosamente. Por intermédio deles, o Supremo ficou sabendo como Eisenstein estava fazendo cortes em seu novo filme, *Ivan, o Terrível*, porque os assassinatos do czar recordavam o Terror de Iejov, "que ele não podia lembrar sem se arrepiar". A mensagem era clara: o liberalismo e a falta de disciplina ameaçavam o Estado. O custo das vitórias de Stálin era alto: quase 26 milhões estavam mortos, outros 26 milhões sem lar. Grassava a fome, traição entre os povos do Cáucaso, uma guerra civil nacionalista na Ucrânia e o liberalismo perigoso entre os próprios russos. Tudo isso tinha de ser resolvido com a tradicional solução bolchevique: terror.

Antes de aterrorizar a própria Rússia, Béria e o chefe local Khruchióv comandaram uma nova guerra na Ucrânia, onde três exércitos nacionalistas lutavam contra forças soviéticas. Depois, havia a lealdade dúbia do Cáucaso e da Crimeia.

Em fevereiro de 1944, Béria propôs a deportação dos tchetchenos e inguches muçulmanos. Houvera casos de traição, mas a maioria havia sido leal. Contudo, Stálin e o GKO concordaram — embora Mikoian afirmasse que se opusera à medida. A 20 de fevereiro, Béria, Kobúlov e o especialista em deportações Serov chegaram a Grozny, junto com 19 mil tchequistas e 100 mil soldados do NKVD. A 23 de fevereiro, os moradores locais receberam ordens de se reunir nas praças e foram subitamente presos e amontoados em trens com destino ao Oriente. A 7 de março, Béria relatou a Stálin que 500 mil inocentes estavam a caminho do exílio.

Outros povos, os karatchais e os calmuques, juntaram-se aos alemães do Volga, que haviam sido deportados em 1941. Béria expandia constantemente a rede: "Os balcários são bandidos e [...] atacaram o Exército Vermelho", escreveu a Stálin em 25 de fevereiro. "Se você concordar, antes de meu retorno a Moscou posso tomar as medidas necessárias para reassentar os balcários. Peço suas ordens." Mais de 300 mil pessoas dessa nacionalidade foram deportadas, mas onde despejar tudo isso? Tal como os nazistas com seus judeus, os homens de Stálin tinham de distribuir esses dejetos humanos indesejáveis por todo o seu império. Mólotov sugeriu 40 mil no Cazaquistão, 14 mil em outro lugar. Kaganóvitch arranjou os trens. Andréiev, dirigindo agora a agricultura, tratou do equipamento agrícola. Todo mundo se envolveu. Quando um funcionário observou que ainda havia 1300 calmuques morando em Rostov, Mólotov respondeu que deveriam ser deportados imediatamente. Mikoian pode não ter concordado, mas a capital dos karatchis, Karatchaevsk, ganhou seu nome. Na linguagem seca dessas notas burocráticas podemos ter apenas uma vaga ideia da tragédia e do sofrimento desse crime monumental.

Depois Béria relatou a traição dos tártaros na Crimeia e logo 160 mil deles estavam a caminho do Oriente em 45 trens; ele listou a cota de alimentos deles para Stálin, mas, tendo em vista os milhares que morreram, é improvável que tenham recebido boa parte da comida. Ao longo de todo o ano, Béria continuou achando mais bolsões desses povos pobres: a 20 de maio, ainda havia "partidários dos alemães na república de Cabardino-Balcária depois do reassentamento dos balcários" e ele perguntava se podia "remover" mais 2467 pessoas. "De acordo. I. Stálin", está escrito no pé da página. Quando terminou, o triunfante Béria havia removido 1,5 milhão de pessoas. Stálin aprovou 413 medalhas para os tchequistas de Béria. Mais de um quarto dos deportados morreu, de acordo com o NKVD, sendo que 530 mil pereceram no caminho ou na chegada aos campos. Para cada um desses povos, foi um apocalipse que se aproximou do Holocausto.

Enquanto esses vagões carregados de "gado" humano se arrastavam para o leste, a fome grassava na Rússia, na Ásia Central e na Ucrânia. Numa repetição da coletivização, Stálin percebeu fraqueza em seu Politburo. Há indícios de fatos perturbadores nos arquivos: em novembro de 1943, Andréiev relatou de Sarátov a Malenkov que "as coisas estão muito ruins aqui [...]. Ontem, vindo de carro de Stalingrado [...] vi coisas terríveis [...]". A 22 de novembro de 1944, Béria relatou a Stálin outro caso de canibalismo nos Urais, quando duas mulheres sequestraram e comeram quatro crianças. Mikoian e Andréiev sugeriram dar sementes aos camponeses.

"Para Mólotov e Mikoian", rabiscou Stálin na nota deles, "voto contra. O comportamento de Mikoian é antiestado [...] ele corrompeu completamente Andréiev. O controle do Narkomzag (Comissariado do Suprimento) deveria ser tirado de Mikoian e concedido a Malenkov [...]". Era o começo de uma algidez crescente entre Stálin e Mikoian que se tornaria cada vez mais perigosa.[2]

* * *

No dia 20 de maio de 1944, Stálin reuniu-se com seus generais para coordenar a vasta ofensiva de verão que expulsaria finalmente os alemães do território soviético. Grande parte da Ucrânia já estava liberada e o cerco a Leningrado fora por fim levantado. Stálin propôs a Rokossovski uma única investida na direção de Bobruisk, porém este sabia que eram necessárias duas investidas para evitar baixas desnecessárias. Mas Stálin estava decidido por apenas uma. Rokossovski, o alto e elegante general meio polaco que contava com o favor de Stálin e, no entanto, fora torturado logo antes da guerra, era suficientemente corajoso para insistir em seu ponto de vista.

"Saia e reflita mais uma vez a esse respeito", disse Stálin, que mais tarde o chamou de volta: "Pensou bem sobre o assunto, general?", perguntou de novo.

"Sim senhor, camarada Stálin."

"E então... uma única investida?" — e Stálin a marcou no mapa. Fez-se silêncio até que Rokossovski respondeu: "Duas investidas são mais recomendáveis, camarada Stálin". Fez-se silêncio novamente.

"Saia e reflita mais uma vez a esse respeito. Não seja teimoso, Rokossovski." O general sentou-se novamente na sala ao lado até perceber que não estava sozinho: Mólotov e Malenkov estavam ao seu lado. Rokossovski ergueu-se.

"Não se esqueça de onde está e com quem está falando, general", ameaçou-o Malenkov. "Você está discordando do camarada Stálin."

"Você terá de concordar, Rokossovski", acrescentou Mólotov. "Concordar — é tudo o que há a fazer!" O general foi chamado de volta ao gabinete.

"Então, qual é o melhor?", perguntou Stálin.

"Duas", respondeu Rokossovski. O silêncio perdurou até que Stálin perguntou: "É possível que dois golpes sejam realmente o melhor?".

Stálin aceitou o plano de Rokossovski. A 23 de junho, a ofensiva esmagou as forças alemãs. Minsk e depois Lvov foram recapturadas. A 8 de julho, Júkov encontrou Stálin "exultante" em Kuntsevo. Ao ordenar o avanço sobre Vistula, estava decidido a impor seu próprio governo à Polônia, de tal modo que ela jamais ameaçasse de novo a Rússia; a 23 de julho, criou um Comitê Polonês, sob a direção de Boleslaw Beirut, para formar o novo governo.

"Hitler é como um jogador apostando sua última moeda!", exultou Stálin.

"A Alemanha tentará fazer a paz com Churchill e Roosevelt", disse Mólotov.

"Certo, mas Roosevelt e Churchill não vão concordar", disse Stálin. Então os poloneses colocaram um empecilho aos trabalhos da Grande Aliança.[3]

A ofensiva do Exército Vermelho estava parada e exausta junto ao Vistula, logo ao leste de Varsóvia, quando, no dia 1º de agosto, o general Tadeusz Bor-Komorowski e os 20 mil patriotas do Exército da Pátria polonês promoveram o Levante de Varsóvia contra os alemães. Mas os patriotas, nas palavras de um eminente historiador, tinham por objetivo "não ajudar o avanço soviético, mas impedi-lo". Hitler mandou arrasar Varsóvia, mobilizando uma tropa demoníaca de fanáticos da ss, criminosos condenados e renegados russos para massacrar 225 mil civis, num inferno impiedoso.

O extermínio do Exército da Pátria completou o "trabalho negro" da floresta de Katyn para Stálin, que não tinha interesse em ir em auxílio deles. Contudo, o levante e, mais particularmente, a simpatia ocidental por ele deixaram Stálin confuso. Se seu sucesso ameaçava os planos poloneses de Stálin, a fúria de americanos e ingleses diante de seu fracasso ameaçava a Grande Aliança.

A 1º de agosto, Júkov e Rokossovski encontraram Stálin "agitado", andando para lá e para cá diante dos mapas, chegando mesmo a largar seu cachimbo apagado, sempre um prenúncio de tempestade. Stálin pressionou os generais — seus exércitos poderiam avançar? Júkov e Rokossovski disseram que as tropas precisavam descansar. Stálin pareceu irado. Béria e Mólotov ameaçaram os generais. Stálin mandou os generais para a biblioteca ao lado, onde discutiram nervosamente sua difícil situação. Rokossovski achava que Béria estava instigando Stálin. As coisas poderiam acabar mal: "Sei muito bem do que Béria é capaz", sussurrou Rokossovski, com a cautela de um filho de oficial polonês. "Estive nas prisões dele." Vinte minutos depois, Malenkov surgiu e afirmou que estava apoiando os generais. Não haveria resgate de Varsóvia.

Júkov suspeitava que o Supremo montara essa charada como um álibi. Mas as forças soviéticas estavam exaustas: como contou Rokossovski a um jornalista ocidental, "o levante teria feito sentido somente se estivéssemos a ponto de tomar Varsóvia. Esse ponto não fora alcançado em nenhum estágio [...]. Nós fomos repelidos". Enquanto isso, diante da imensa pressão que Churchill e Roosevelt faziam para que a Rússia ajudasse os poloneses, Stálin afirmava friamente que o relato deles sobre o levante estava "muito exagerado". Quando seus exércitos avançaram pelos territórios de Polônia, Hungria e Romênia, já era tarde demais para os patriotas de Varsóvia.[4]

Sete dias depois da rendição do Exército da Pátria, Churchill chegou a Moscou para dividir os despojos da Europa oriental. Stálin declarara sua verdadeira opinião a Mólotov em 1942: "A questão das fronteiras será decidida pela força". No apartamento de Stálin no Kremlin, Churchill, que dessa vez ficou hospedado numa residência da cidade, propôs um "documento malcriado" para listar os interesses deles nos países menores em porcentagens. O registro soviético nos arquivos de Stálin mostra que, assim como Roosevelt havia minado Churchill em Teerã, agora o inglês abria sua conversa afirmando que "os americanos, inclusive o presidente, ficariam chocados com a divisão da Europa em esferas de influência". Na Romênia, a Rússia tinha noventa por cento, a Inglaterra dez por cento; na Grécia, a Inglaterra tinha noventa por cento, a Rússia dez por cento. Stálin fez uma marca de aprovação.

"Não poderiam pensar que é cinismo se parecer que tratamos dessas questões, tão decisivas para milhões de pessoas, de um modo tão descuidado?", disse Churchill, sentindo-se meio culpado e deixando entrever a arrogância das grandes potências.

"Não, guarde-o", respondeu Stálin. O documento foi levado suficientemente a sério para que Eden e Mólotov negociassem durante mais dois dias sobre a porcentagem de influência soviética na Bulgária e na Hungria, ambas elevadas para oitenta por cento, e Stálin manteve sua parte do acordo sobre a Grécia, mas isso porque lhe servia. O acordo das porcentagens era certamente, do ponto de vista de Stálin, uma tentativa divertida de negociar o que já era um *fait accompli*.

O clímax da visita foi a primeira aparição pública de Stálin no Bolchoi desde o início da guerra, acompanhado por Churchill, Mólotov, Harriman e sua filha Kathleen. Quando chegaram ao teatro, as luzes já estavam quase apagadas — Stálin costumava entrar após o início do espetáculo. Quando as luzes se acenderam e a plateia viu Stálin e Churchill, escutaram-se "vivas e aplausos ensurdecedores". Stálin retirou-se recatadamente, mas Churchill enviou Vichinski para trazê-lo de volta. Os dois levantaram-se juntos, sorridentes em meio a uma gritaria tão alta que era "como um aguaceiro em teto de zinco". Stálin e Mólotov conduziram então seus convidados ao *avant-loge*, onde foi servido um jantar para doze. Emborcando champanhe, Stálin comportou-se como um velho sátiro e travesso, tanto encantando quanto apavorando seus convidados. Quando Mólotov fez um brinde ao "grande líder", Stálin gracejou: "Achei que ele ia dizer algo novo a meu respeito".

Alguém brincou que os Três Grandes eram parecidos com a Trindade, e Stálin completou: "Se assim for, Churchill deve ser o Espírito Santo. Ele muda tanto de direção de voo!".* Quando Churchill foi embora, em 19 de outubro, depois de obter poucos progressos em relação à Polônia, Stálin foi pessoalmente ao aeroporto para se despedir dele, balançando um lenço.[5]

Stálin gozava agora do poder da vitória — e o *showman* intimidador que emergiu não constituía uma visão agradável. Sua jovialidade respeitosa com Churchill metamorfoseou-se em embriaguez ameaçadora com os menos poderosos, como Charles de Gaulle. Em dezembro, o general francês visitou Moscou para assinar um tratado de aliança e auxílio mútuo. Em troca, Stálin queria o reconhecimento francês do governo polonês de Beirut, o que De Gaulle se recusou a conceder. No momento do banquete, as negociações estavam paralisadas. Isso não impediu Stálin de embriagar-se e ficar arrogante, para horror do desanimado De Gaulle. Stálin queixou-se a Harriman que o francês era um "sujeito desajeitado e atrapalhado", mas isso não importava, porque eles "precisavam beber mais vinho e então tudo se arranjaria".

Stálin, emborcando champanhe, assumiu o lugar de Mólotov nos brindes. Após elogiar Roosevelt e Churchill, ao mesmo tempo que ignorava claramente De Gaulle, passou a fazer comentários terríveis sobre seu séquito: brindou a Kaganóvitch, "um bravo homem; ele sabe que se os trens não chegarem na hora" — fez uma pausa — "nós o fuzilaremos!". Depois: "Venha cá!". Kaganóvitch levantou-se e eles brindaram jovialmente. Então Stálin louvou o comandante da Força Aérea Nóvikov, um "bom marechal, bebamos a ele. E, se ele não fizer seu trabalho direito, o enforcaremos" (Nóvikov seria em breve preso e torturado). A seguir voltou-se para Khrúliov: "É bom que ele faça o melhor

* Stálin fez uma piada sobre Maisky, o ex-embaixador em Londres, que estava presente, que não foi traduzida. Mas os russos deram gargalhadas e então Brooke perguntou-lhe o que era tão engraçado. Maisky explicou em tom soturno: "O marechal referiu-se a mim como poeta-diplomata, porque escrevi alguns versos de vez em quando, mas nosso último poeta-diplomata foi liquidado — essa é a piada". O poeta-diplomata original era o embaixador russo na Pérsia, Griboiedov, que foi linchado pela multidão de Teerã em 1829. Maisky foi mais tarde preso e torturado

possível, ou será enforcado, esse é o costume em nosso país!". De novo: "Venha cá!". Notando a repugnância na expressão de De Gaulle, Stálin deu um risinho de satisfação: "As pessoas dizem que sou um monstro, mas como você pode ver, faço piada com isso. Talvez eu não seja tão horrível afinal".

Mólotov agarrou pela gola seu equivalente francês, Bidault, com quem começou a discutir sobre o tratado. Stálin fez um gesto para eles, gritando para Bulgánin: "Traga as metralhadoras. Vamos liquidar os diplomatas". Ao conduzir os convidados para o café e o cinema, Stálin "abraçava os franceses e cambaleava ao redor deles", observou Khruchióv, que também estava presente, mas escapara de um brinde ameaçador. Ele estava "completamente bêbado". Enquanto os diplomatas negociavam, Stálin bebia mais champanhe. Por fim, nas primeiras horas da manhã, depois que De Gaulle fora para a cama, os russos concordaram subitamente em assinar o tratado sem o reconhecimento de Beirut. De Gaulle foi trazido de volta ao Kremlin, onde Stálin pediu primeiro que ele assinasse o tratado original. Quando De Gaulle retrucou irado que "a França foi insultada", Stálin pediu alegremente a nova versão, que foi então assinada, às seis e meia da manhã.

Depois que o fastidioso francês saiu, Stálin chamou seu intérprete e riu: "Você sabe demais. Acho melhor mandá-lo para a Sibéria!". De Gaulle olhou para trás uma última vez: "Vi Stálin sentado sozinho à mesa. Havia começado a comer de novo".

O mesmo exuberante vencedor comandou uma série de jantares e banquetes para os visitantes iugoslavos naquele inverno. Stálin estava ultrajado porque o membro do Politburo iugoslavo Milovan Djilas se queixara da pilhagem e dos estupros cometidos pelo Exército Vermelho. Ele considerava qualquer crítica ao Exército um ataque pessoal. Bêbado, passou um sermão nos iugoslavos, dizendo que seu Exército "abriu caminho 'por milhares de quilômetros' só para ser atacado por ninguém menos que Djilas! Djilas que eu recebi tão bem". Na ausência do próprio, a esposa dele, Mitra Mitrovic, uma das delegadas, atraiu seu olhar e ele "propôs brindes, brincou, implicou com ela e chorou" antes de beijá-la repetidamente, gracejando de forma impudica: "Eu a beijarei mesmo que os iugoslavos e Djilas me acusem de tê-la estuprado!".

Ao convidar algumas autoridades americanas a ir ao cinema do Kremlin, Stálin sentou-se entre os ocidentais, mas depois virou-se para Kavtaradze: "Venha, rapaz, sente-se a meu lado!".

"Como posso?", respondeu Kavtaradze. "Você tem convidados."

Stálin sacudiu a mão e acrescentou em georgiano: "Fodam-se!".

Naquele Ano-Novo, Stálin e seus magnatas, junto com o general Khrúliov, receberam 1945 com uma farra de noite inteira, com cantos e danças.[6]

43. O conquistador arrogante: Ialta e Berlim

Quando pôs os olhos no grande prêmio que seria Berlim, Stálin decidiu mudar a forma de conduzir a guerra: não haveria mais representantes da Stavka encarregados das frentes. A partir de então, o Supremo comandaria diretamente.

Júkov ficaria no comando da Primeira Frente Bielo-russa, que avançaria através de oitocentos quilômetros até Berlim. Seis milhões de soldados soviéticos foram reunidos para a ofensiva Vistula-Oder. Duas semanas depois, Kóniev penetrava no "ouro" da Silésia industrial, Júkov expulsava os alemães da Polônia central e Malinovski lutava freneticamente por Budapeste. As Segunda e Terceira Frente Bielo-russas irromperam no Leste da Prússia, já território alemão, numa orgia de vingança: 2 milhões de mulheres alemãs seriam estupradas nos meses seguintes. Os soldados russos chegaram a violar mulheres russas recém-libertadas de campos nazistas. Stálin pouco se preocupava com isso, dizendo a Djilas: "Você leu Dostoievski, é claro. Vê como a alma humana é complicada? Então, imagine um homem que lutou de Stalingrado a Belgrado — por milhares de quilômetros de sua própria terra devastada, por cima dos cadáveres de seus camaradas e entes mais queridos? Como pode um homem assim reagir normalmente? E o que há de tão medonho em se divertir com uma mulher depois de tais horrores?".

Roosevelt e Churchill vinham discutindo a próxima reunião dos Três Grandes desde julho de 1944. Stálin relutava: quando, em setembro, Harriman sugeriu um encontro no Mediterrâneo, Stálin replicou que seus médicos lhe haviam dito que "qualquer mudança de clima terá um efeito ruim", isso vindo de um homem que desconfiava muito de médicos. Em seu lugar, iria Mólotov, mas este insistiu polidamente que jamais poderia substituir o marechal Stálin.

"Você é modesto demais", disse Stálin, ríspido. Por fim, os aliados concordaram em fazer a reunião em Ialta. A 29 de janeiro, Júkov já estava junto ao Oder. Enquanto as forças alemãs contra-atacavam as cabeças de ponte soviéticas, Roosevelt e Churchill eram saudados, a 3 de fevereiro, na base aérea de Saki, na Crimeia, por Mólotov, de colarinho branco duro, sobretudo preto e chapéu de pele, e Vichinski, resplandecente em seu uniforme diplomático, que ofereceu um "almoço magnífico" no caminho para Ialta.[1]

Stálin ainda não saíra de Moscou, mas aprovara os arranjos de Béria num memorando tão secreto que os principais nomes foram deixados de fora e só preenchidos à mão. A conferência seria guardada por quatro regimentos do NKVD e defendida por canhões AA e 160 aviões de caça. A segurança de Stálin foi descrita da seguinte forma: "Para a segurança do chefe da delegação soviética, além dos guarda-costas comandados pelo camarada Vlássik, há mais cem trabalhadores operacionais e um destacamento especial de quinhentos dos regimentos do NKVD". Em outras palavras, Stálin tinha uma guarda pessoal de cerca de 620 homens, mas, além disso, havia dois círculos de guardas durante o dia, três à noite e cães de guarda. Cinco distritos que abrangiam vinte quilômetros foram "expurgados de elementos suspeitos": 74 mil pessoas haviam sido investigadas e 835 presas. Com suas cidades desertas e em ruínas depois das depredações dos nazistas e da deportação dos tártaros, não surpreende que Churchill tenha apelidado Ialta de "a Riviera do Hades".

Na manhã do domingo 4 de fevereiro, Stálin embarcou em seu vagão de trem verde, acompanhado por Poskrióbichev e Vlássik, indo para o sul por Khárkov. Sua residência, o palácio Iusupov, outrora lar do príncipe travestido que assassinara Rasputin, estava pronta para receber a delegação soviética, com seus vinte quartos e salão de setenta metros quadrados. Tudo fora trazido de Moscou, inclusive pratos, talheres e os garçons de confiança dos hotéis Metropol e Nacional. Padarias especiais faziam pães e pescadores especiais entregavam peixe fresco. "Um telefone especial 'Vch' de alta frequência e um telégrafo Baudot, bem como uma central telefônica automática de vinte números [...] com possibilidade para ampliar para cinquenta", foram montados para que Stálin "pudesse telefonar para Moscou, para as frentes de batalha e todas as cidades". Dispunha também de um abrigo antiaéreo que poderia suportar quinhentos quilos de bombas.

Stálin recebeu imediatamente seus delegados no estúdio, com a sala de Béria quase ao lado, enquanto os diplomatas mais jovens ficavam na ala contígua. Sudoplátov fez os perfis psicológicos dos líderes ocidentais, Mólotov avaliou a espionagem e, de novo, Sergo Béria afirmou que estava encarregado da escuta secreta. Dessa vez, usaram até microfones direcionais posicionados para escutar FDR enquanto era levado para fora.

Às três da tarde, Stálin* visitou Churchill em sua residência, o fantástico palácio do príncipe Michael Vorontsov, um anglófilo que criara um *pot-pourri* arquitetônico único de baronial escocês, neogótico e arabesco mourisco, antes de ir até onde estava Roosevelt, o palácio Livadia de granito branco, construído em 1911 para ser residência de verão do último czar.** Naquela noite, no jantar, Roosevelt avaliou mal a autoimagem irritadiça de Stálin quando confessou que seu apelido era "Tio Joe". Stálin ficou ofendido, resmungando: "Quando posso sair desta mesa?". Tranquilizaram-no dizendo que era uma brincadeira.

Às quatro horas do dia seguinte, a conferência começou no salão de baile do Livadia. Sentado entre Mólotov e Maisky e fumando cigarros sem parar, Stálin impressionou muito o jovem Andrei Gromyko, seu embaixador nos Estados Unidos que depois se tornaria o ministro do Exterior perene de Bréjnev: ele "não

* Um mês depois, o editor do *Izvestia* preparou um álbum fotográfico especial que mandou para Poskriόbichev: "Estimado Alexander Nikolaievitch, mando-lhe as fotografias da conferência da Crimeia para I. V. Stálin". A capa estava gravada em grandes letras em relevo para ele. Stálin estava com aparência abatida ao lado do garboso Mólotov: suas fotos de Ialta mostram os bolsos mal cerzidos de seu adorado, mas amarrotado velho sobretudo. O porcino Vlássik estava sempre um passo atrás dele, sorrindo afável, porém a segurança de Stálin era rígida como sempre. Em certo momento, quando Bohlen notou que Stálin fora ao lavatório, dois guarda-costas soviéticos passaram correndo gritando "Onde está Stálin? Aonde ele foi?". Bohlen apontou para o banheiro.

** O presidente estava exausto e doente. Sua suíte tinha uma sala de estar, uma sala de jantar (a sala de bilhar do czar), quarto e banheiro. Seu assessor mais próximo, Harry Hopkins, estava tão doente que passou a maior parte do tempo na cama. De acordo com Alan Brooke, o general Marshall "está no quarto da czarina" e o almirante King "no *boudoir* dela, que tem uma escada especial para as visitas de Rasputin!".

perdia nada" e trabalhava "sem papéis, sem anotações", usando uma "memória parecida com a de um computador". Foi durante essas assembleias que Stálin soltou sua frase mais famosa. Como sempre acontecia com suas piadas, ele a repetiu com frequência e ela entrou para o vernáculo político como uma expressão da força contra o sentimento. Eles estavam discutindo o papa e Churchill propôs: "Façamos dele nosso aliado".

"Tudo bem", sorriu Stálin, "mas, como os senhores sabem, a guerra é travada com soldados, canhões, tanques. Quantas divisões tem o papa? Se ele nos contar [...] que se torne nosso aliado."*

À noite, Stálin oferecia pequenas festas para seu séquito, nas quais Gromyko observou como ele "trocava algumas palavras com cada membro", e ia de um grupo a outro fazendo piadas, lembrando o nome de todos os 53 delegados. Havia reuniões todas as manhãs e finais de tarde e ele esmagava seus assessores se não fizessem o trabalho deles. Hugh Lunghi, mais uma vez servindo de intérprete, escutou-o dizer: "Não confio em Vichinski, mas com ele todas as coisas são possíveis. Ele irá para qualquer direção a que o mandarmos". Vichinski reagia a Stálin "como um sabujo assustado".

Quando Roosevelt ficou doente, Stálin, Mólotov e Gromyko o visitaram por vinte minutos. Depois, descendo a escada, "Stálin parou subitamente, tirou o cachimbo do bolso, encheu-o sem pressa e, como se falasse consigo mesmo, disse: 'Por que a natureza tem de puni-lo assim? Será que é pior do que os outros?'". Ele sempre desconfiara de Churchill, mas Roosevelt parecia fasciná-lo. Em certa ocasião, perguntou a Gromyko: "Diga-me, o que você pensa de Roosevelt? Ele é inteligente?". Stálin não escondia de Gromyko sua afeição por FDR, o que espantava o jovem diplomata, porque seu caráter era tão áspero que ele "raras vezes era simpático a alguém de outro sistema social". Somente às vezes "cedia às emoções humanas positivas".

No dia seguinte, 6 de fevereiro, eles se encontraram para discutir a questão dolorosa da Polônia e a organização mundial que viria a ser a ONU. A Rússia ficaria com fatias orientais da Polônia em troca de concessões de território alemão no Ocidente. Stálin consentiu apenas na inclusão de alguns nacionalistas poloneses em seu governo dominado pelos comunistas. Quando FDR disse que as eleições tinham de "ficar acima de qualquer dúvida, como a mulher de César", Stálin gracejou: "Eles assim falavam dela, mas ela cometia seus pecados".

* Stálin contou sua versão ao líder albanês Enver Hoxha.

Stálin explicou a obsessão dos russos pela Polônia: "Ao longo da história, a Polônia serviu de corredor para os inimigos que vinham atacar a Rússia". Por isso, queria uma Polônia forte. Se podemos acreditar no filho de Béria, seu pai entrou em seu quarto naquele dia dizendo: "Ióssif Vissariónovitch não cedeu um centímetro na Polônia". Eles aprovaram as três zonas de ocupação numa Alemanha desmilitarizada e desnazificada. Os americanos ficaram satisfeitos com a promessa repetida de Stálin de intervir no Japão, concordando com suas demandas por Sakhalin e as ilhas Kurile.

No dia 8, após outra reunião, eles jantaram com Stálin no palácio Iusupov, no qual seus discursos de abertura se tornaram cada vez mais emotivos, à medida que os Três Grandes, todos envelhecidos pela guerra, contemplavam a vitória. Stálin fez um brinde a Churchill, "um homem que só nasce uma vez a cada cem anos e que bravamente ergueu a bandeira da Grã-Bretanha. Eu disse o que sinto, o que tenho em meu coração e do qual estou consciente". Stálin estava "na melhor das formas", escreveu Brooke, "e estava cheio de alegria e bom humor". Stálin, que não enganou ninguém ao se descrever como "um velho ingênuo [...] e tagarela", fez um brinde agourento aos generais "que são reconhecidos apenas durante a guerra e cujos serviços depois são rapidamente esquecidos. Após a guerra, o prestígio deles cai e as damas lhes dão as costas". Os generais ainda não percebiam que ele pretendia esquecê-los.

Esse jantar épico exibiu um conviva incomum: Stálin convidou Béria, que começava a achar seu papel secreto limitador. Roosevelt o notou e perguntou a Stálin: "Quem é aquele de pincenê, na frente do embaixador Gromyko?".

"Ah, aquele. Aquele é nosso Himmler", respondeu Stálin com deliberada malícia. "Aquele é Béria." O agente da polícia secreta "não disse nada, só sorriu, mostrando seus dentes amarelos", mas "aquilo deve tê-lo ferido profundamente", escreveu seu filho, que sabia o quanto ele desejava entrar no palco mundial. Roosevelt ficou incomodado com o comentário, observou Gromyko, em especial porque Béria também o escutou. O americano examinou aquela figura misteriosa com fascínio: "Ele é baixo e gordo, com lentes grossas que lhe dão uma aparência sinistra, mas bastante cordial", disse Kathleen Harriman, ao passo que Bohlen o via como "gorducho, pálido, com pincenê de mestre-escola". O obcecado por sexo Béria logo começou a discutir a vida sexual de peixes com o mulherengo e beberrão sir Archibald Clark Kerr. Quando já estava completamente bêbado, sir Archibald ergueu-se e brindou a Béria — "o homem que cuida de nossos corpos", um cumprimento inapropriado e desastrado. Churchill considerava Béria o tipo errado de amigo para o embaixador da rainha: "Não, Archie, nada disso. Tenha cuidado", advertiu com o dedo em riste.

A 10 de fevereiro, no jantar oferecido por Churchill, Stálin propôs um brinde à saúde de George VI, com a ressalva de que sempre fora contra os reis porque estava do lado do povo. Churchill, um pouco irritado, sugeriu a Mólotov que, no futuro, ele deveria propor um brinde apenas aos "três chefes de Estado". Com mais ou menos doze pessoas presentes, eles discutiram as eleições britânicas vindouras, nas quais Stálin tinha certeza de que Churchill sairia ganhador: "Quem poderia ser melhor líder que aquele que obteve a vitória?". Churchill explicou que havia dois partidos.

"Um partido é muito melhor", disse Stálin. Quando falaram sobre a Alemanha, Stálin regalou-os com uma história sobre o "senso irracional de disciplina" do país, que havia contado várias vezes para seu próprio círculo. Quando ele desembarcou em Leipzig para uma conferência comunista, os alemães haviam chegado à estação, mas não encontraram um cobrador para recolher as passagens, então esperaram durante duas horas na plataforma, até que o funcionário apareceu.

Após o último jantar na sala de bilhar do czar do palácio de Livadia, Mólotov acompanhou Roosevelt de volta a Saki e subiu no avião presidencial, o Sacred Cow, para se despedir.

Churchill passou a noite no navio *Franconia*, no porto de Sebastopol, partindo de avião no dia seguinte. Stálin já estava no trem de volta para Moscou. Budapeste caiu dois dias depois.*

Stálin ganhara praticamente tudo o que queria dos Aliados, e isso é, em geral, creditado à doença de Roosevelt e a sua suscetibilidade ao charme stalinista. Ambos os ocidentais foram acusados de "entregar a Europa Oriental a Stálin".**A

* Há uma nota intrigante nos arquivos em relação a Churchill: um general chamado Gorbátov relatou a Béria, em 5 de maio, que foram enviadas ordens ao NKVD com o exército do general Malinovski na Hungria para encontrar uma parente de Winston Churchill chamada Betsy Pongrantz e ela fora localizada. O significado não está exatamente claro, mas ninguém da família Churchill soube dessa "parente". A filha ainda viva de Sir Winston, lady Soames, desconhece a existência dessa possível parente húngara: "Talvez o senhor Béria e o NKVD tenham se enganado!", sugere ela.

** Se houve entrega e traição, é provável que isso tenha ocorrido muito antes, na conferência dos ministros do Exterior em Moscou, em outubro de 1943. Não obstante, Stálin estava certamente corte de Roosevelt a Stálin e a descortesia com Churchill estavam mal orientadas. FDR estava doente e exausto. Mas o próprio Stálin sempre acreditou que a força decidiria quem mandaria na Europa Oriental, que foi ocupada por 10 milhões de soldados soviéticos. Ele mesmo contava uma anedota após a guerra que revela sua visão de Ialta. "Churchill, Roosevelt e Stálin foram caçar. Finalmente mataram o urso. Churchill disse: 'Fico com a pele do urso. Roosevelt e Stálin dividem a carne'. Depois, Roosevelt disse: 'Não, eu fico com a pele. Que Churchill e Stálin dividam a carne". Stálin ficou em silêncio, então Churchill e Roosevelt perguntaram: 'Senhor Stálin, o que diz?'. Stálin simplesmente retrucou: 'O urso me pertence — afinal, eu o matei'." O urso era Hitler, a sua pele, a Europa Oriental.[2]

No dia 8 de março, em meio às operações para limpar a Pomerânia, Stálin chamou Júkov a Kuntsevo para uma estranha reunião que marcou a apoteose da parceria íntima e cheia de melindres deles. O Supremo estava doente e "extremamente exausto". Parecia deprimido. "Vinha trabalhando demais e dormindo muito pouco", pensou Júkov. A batalha por Berlim era seu último grande esforço. Depois, ele não poderia mais manter o mesmo ritmo de trabalho. Não estava sozinho nisso: Roosevelt estava morrendo; Hitler estava quase senil; Churchill ficava doente com frequência. A guerra cobrou tributo total de seus senhores. O Stálin que emergiu da guerra era mais sentimental e também mais mortal.

"Vamos esticar as pernas um pouco, me sinto meio mole", disse Stálin. Enquanto caminhavam, Stálin falou sobre sua infância durante uma hora. "Vamos voltar e tomar chá. Quero conversar uma coisa com você." Encorajado por essa intimidade surpreendente, Júkov perguntou por Iákov: "Teve alguma notícia do destino dele?".

Stálin não respondeu. Seu filho Iákov o atormentava. Depois de uns cem passos em silêncio, respondeu com "voz entorpecida": "Iákov não vai conseguir sair do cativeiro. Aqueles assassinos o fuzilarão. Pelo que sabemos, eles o mantêm separado [...] tentam persuadi-lo a trair seu país". Stálin ficou em silêncio de novo, depois disse: "Não, Iákov preferiria qualquer tipo de morte a trair sua pá-

---

feliz de sair de Ialta com a assinatura do secretário do Exterior Eden no acordo para devolver todos os ex-prisioneiros de guerra "soviéticos", vários dos quais emigrados cossacos brancos da Guerra Civil que haviam lutado ao lado dos nazistas. Muitos foram fuzilados ou pereceram nos Gulags de Stálin.

tria". Finalmente sentia orgulho do filho, mas não sabia que ele já estava morto havia quase dois anos. Stálin não comeu, mas sentou-se à mesa: "Que guerra terrível. Quantas vidas de nosso povo ceifadas. Haverá provavelmente poucas famílias que não tenham perdido alguém querido". Falou de como gostava de Roosevelt. Ialta fora um sucesso. Só então Poskrióbichev chegou com sua maleta de papéis e Stálin voltou-se para Berlim: "Vá a Stavka e veja os cálculos para a operação Berlim [...]".

Três semanas depois, na manhã de 1º de abril, Stálin realizou uma conferência com seus dois marechais mais agressivos, Júkov, da Primeira Frente Bielorrussa, e Kóniev, da Primeira Ucraniana, no Cantinho. "Então, quem vai tomar Berlim: nós ou os Aliados?"

"Somos nós que tomaremos Berlim!", exclamou Kóniev, antes que Júkov pudesse responder.

"Então, esse é o tipo de homem que você é", sorriu Stálin com aprovação. Júkov atacaria Berlim a partir das cabeças de ponte do Oder, pelas colinas de Seelow; Kóniev avançaria na direção de Leipzig e Dresden, com seu flanco setentrional penetrando na direção do sul de Berlim, paralelo a Júkov. A ambiguidade do Supremo permitia que ambos acreditassem que poderiam tomar Berlim: "sem dizer uma palavra", Stálin traçou a linha de demarcação entre as frentes até Berlim — então parou e apagou a linha para o sul de Berlim. Kóniev entendeu que isso lhe permitia participar da invasão da cidade — se conseguisse. "Aquele que entrar primeiro", provocou Stálin, "toma Berlim." Naquele mesmo dia, no que um historiador descreveu como "o maior Primeiro de Abril da história moderna", Stálin tranquilizou Eisenhower, dizendo que "Berlim perdeu sua antiga importância estratégica". Dois dias depois, os dois marechais realmente disputaram uma corrida para o aeroporto e seus aviões partiram com diferença de dois minutos. Tal era, admitiu Kóniev, "o desejo apaixonado" deles de ganhar o troféu.

Enquanto eles reuniam suas forças, Roosevelt morreu, marcando o fim de uma era para Stálin. A *entente* deles havia conquistado sua insignificante confiança e provocado sua escassa simpatia humana. Mólotov "parecia profundamente comovido e perturbado". Harriman "nunca escutara Mólotov falar com tamanha sinceridade". Stálin, "profundamente aflito", recebeu Harriman e segurou sua mão por trinta segundos. Anos mais tarde, Stálin, em férias em sua datcha de Nova Athos, diria que "Roosevelt era um grande estadista, um líder inteligente, culto, de visão larga e liberal que prolongou a vida do capitalismo".

Às cinco da manhã de 16 de abril, Júkov deflagrou uma barragem de 14 600 canhões contra as colinas Seelow. Os dois marechais comandavam 2,5 milhões de homens, 41 600 canhões, 6250 tanques e 7500 aviões, "a maior concentração de fogo jamais reunida". Mas as colinas eram um obstáculo bem defendido. As perdas de Júkov foram terríveis. À meia-noite, ele telefonou para Stálin, que escarneceu dele: "Então você subestimou o inimigo no eixo de Berlim? As coisas começaram com mais sucesso para Kóniev".

O Supremo telefonou então para Kóniev: "As coisas estão muito difíceis para Júkov. Ele ainda está martelando as defesas". Stálin silenciou. Kóniev, que conhecia o jeito de Stálin, ficou quieto até que Stálin perguntou: "Será possível transferir os tanques de Júkov e mandá-los para Berlim através da brecha em seu front?". Kóniev respondeu excitado que seus próprios tanques podiam voltar-se contra Berlim. Stálin examinou o mapa. "Concordo. Dirija seus tanques para Berlim." Júkov estava decidido a tomar ele mesmo Berlim: ignorando o conhecimento a respeito de tanques, avançou sobre as colinas com tanques que ficaram presos num pântano de terra pulverizada e cadáveres. Perdeu 30 mil homens. Stálin não telefonou para ele durante três dias.

A 20 de abril, Júkov atingiu os subúrbios do leste de Berlim. Ambos os marechais lutaram casa a casa, rua a rua, na direção da Chancelaria de Hitler. No dia 25, Kóniev ordenou um assalto ao Reichstag. A menos de trezentos metros do edifício do Reichstag, Tchuikov, que liderava a investida de Júkov, encontrou forças russas — os tanques de Kóniev. O próprio Júkov acelerou e gritou para Rybalko, comandante do tanque de Kóniev: "Por que vocês apareceram aqui?".

Kóniev, desapontado, virou para oeste, deixando o Reichstag para Júkov, mas Stálin ofereceu outro prêmio: "Quem vai tomar Praga?".

Stálin esperou em Kuntsevo, aparecendo no gabinete apenas por algumas horas, por volta da meia-noite de cada dia. A 28 de abril, no *Führerbunker*, Hitler casou-se com Eva Braun, ditou seu testamento e ambos beberam champanhe.* Dois dias depois, com a aproximação de Júkov, Hitler testou ampolas de cianureto em seu cãozinho alsaciano Blondi. Por volta das 15h15, ao som do burburi-

* Nos altos escalões do Bunker, o secretário de Hitler descobriu que "uma febre erótica parecia ter se apossado de todos. Em todos os lugares, até na cadeira do dentista, vi corpos entrelaçados em abraços lascivos. As mulheres haviam descartado toda a modéstia e expunham livremente suas partes pudendas".

nho distante da festa no andar de cima, Hitler suicidou-se com um tiro na cabeça. Eva tomou veneno. Goebbels e Bormann fizeram uma saudação final a Hitler diante da pira que consumiu seu corpo no jardim da Chancelaria. Às sete e meia, Stálin chegou ao escritório para se reunir com Malenkov e Vichinski durante 45 minutos, antes de voltar para Kuntsevo.[3]

Nas primeiras horas de 1º de maio, o chefe do Estado-Maior alemão visitou Tchuikov, anunciando a morte de Hitler e pedindo um cessar-fogo. Por ironia, era Hans Krebs, o oficial alemão alto ao qual Stálin dissera, na despedida dos japoneses em abril de 1941: "Permaneceremos amigos". Tchuikov recusou o cessar-fogo. Krebs foi embora e se suicidou. Numa situação inversa ao 22 de junho de 1941, Júkov, ansioso para dar a notícia histórica, telefonou para Kuntsevo. Uma vez mais, a segurança se recusou a ajudar.

"O camarada Stálin acabou de se deitar", respondeu o general Vlássik.

"Por favor, acorde-o", retrucou Júkov. "O assunto é urgente e não pode esperar até de manhã."

Stálin pegou o telefone e ficou sabendo que Hitler estava morto.

"Então é o fim do filho da mãe."

PARTE 9

O perigoso jogo da sucessão, 1945-9

44. A bomba

"Que pena que não conseguimos pegá-lo vivo", disse Stálin a Júkov. "Onde está o corpo de Hitler?"

"De acordo com o general Krebs, seu corpo foi incinerado." Stálin proibiu negociações, exceto para a rendição incondicional. "E não me telefone até de manhã se não houver nada urgente. Quero descansar um pouco antes da parada de amanhã."

Às 10h15 da manhã, a artilharia de Júkov bombardeou o centro da cidade. Ao amanhecer do dia 2, Berlim estava em suas mãos. Em 4 de maio, um coronel da Smersh descobriu os restos carbonizados e secos de Hitler e Eva. Os corpos foram sequestrados. Júkov não ficou sabendo. Com efeito, Stálin divertiu-se humilhando o marechal ao lhe perguntar se sabia algo sobre o corpo de Hitler.* Entrementes, Stálin estava fascinado pela liderança nazista: "Estou lhe mandando [...] a correspondência dos líderes alemães [...] encontrada em Berlim", escreveu-lhe Béria, listando as cartas de Himmler a Ribbentrop.

* O maxilar e uma parte do crânio foram mantidos em Moscou; o resto do cadáver foi conferido pela Smersh e depois enterrado ao lado de uma garagem na base soviética de Magdeburg, onde permaneceu até que o chefe da KGB Iúri Andrópov mandou cremá-lo e espalhar as cinzas, em abril de 1970.

Após a guerra, durante um jantar tardio na costa do mar Negro, perguntaram a Stálin se Hitler era um lunático ou um aventureiro: "Concordo que ele era um aventureiro, mas não posso concordar que fosse louco. Hitler era um homem talentoso. Somente um homem de talento poderia unir o povo alemão. Gostemos ou não [...] o Exército soviético atravessou o território alemão [...] e chegou a Berlim sem que a classe operária alemã jamais atacasse [...] o regime fascista. Poderia um louco unir dessa forma sua nação?".[1]

A 9 de maio, Moscou comemorou o Dia da Vitória, mas o rabugento conquistador estava impaciente com a celebração. Stálin ficou furioso quando um general mais jovem assinou a rendição alemã em Reims e, andando para lá e para cá, ordenou que Júkov assinasse uma rendição apropriada em Berlim, "de onde brotou a agressão germânica". Mas os dias de glória dos generais haviam acabado: Vichinski chegou "para cuidar dos assuntos políticos" e passou toda a cerimônia "levantando-se subitamente para sussurrar instruções ao ouvido de Júkov". Stálin observou de perto Júkov e seus supostos delírios de grandeza. Mais adiante, naquele mesmo ano, convocou-o ao Kremlin para adverti-lo de que Béria e Abakúmov estavam reunindo provas contra ele: "Não acredito em todo esse absurdo, mas fique longe de Moscou".

Isso não era um problema, uma vez que Júkov era o procônsul de Stálin em Berlim. Stálin despachou seus sátrapas para governar seu novo império. Mikoian foi alimentar os alemães. Malenkov e Voznessenski chegaram para discutir se deveriam saquear a indústria alemã ou preservá-la para montar um regime satélite soviético. Jdánov organizou a corte na Finlândia, Vorochílov na Hungria, Bulgánin na Polônia, Vichinski na Romênia. Quando Khruchióv ligou para cumprimentá-lo, Stálin desligou por "perda de tempo".

Uma chamada de Svetlana alegrou Stálin: "Parabéns pela vitória, papai!".

"Sim, nós ganhamos", riu ele. "Parabéns para você também!"

Às oito da noite de 24 de maio, Stálin ofereceu um banquete ao Politburo e a marechais, cantores, atores e até mineiros poloneses, no salão Georgevski. Houve um engarrafamento de limusines desde o portão Borovitski. Os convidados encontraram seus lugares e esperaram ansiosos. Quando Stálin apareceu, "ovações e gritos de 'viva' sacudiram os corredores abobadados [...] com um rugido ensurdecedor". Mólotov fez um brinde aos marechais que bateram copos com os membros do Politburo. Quando o almirante Isakov, que perdera uma perna em 1942, foi saudado, Stálin, ainda um mestre do toque pessoal, foi até sua mesa distante para fazer tintim. Depois elogiou o povo russo e se referiu a seus próprios erros: "Outro povo poderia ter dito ao governo: você não atendeu às nossas expectativas, vá embora e instalaremos outro governo que fará a paz com a Alemanha e nos garantirá uma vida tranquila".

Mais tarde, Stálin perguntou a Júkov e aos marechais: "Vocês não acham que deveríamos celebrar a derrota da Alemanha fascista com um desfile da vitória?".

Stálin decidiu fazer a revista a cavalo. Ele não sabia montar, mas sua fome de glória ainda ardia e ele começou a treinar secretamente para cavalgar um garanhão árabe branco, escolhido por Budiony. Por volta de 15 de junho, uma semana antes da parada, de culotes, esporas e botas, aparentemente acompanhado por seu filho Vassíli, Stálin montou o corcel. Ele apertou as esporas. O cavalo empinou. Stálin agarrou a crina e tentou ficar sobre a sela, mas foi jogado ao chão, machucando o ombro. Recompondo-se de pé, falou com violência: "Júkov vai comandar a parada. Ele é um cavalariano".

Em Kuntsevo, perguntou a Júkov se havia esquecido a equitação.

"Não esqueci. Ainda cavalgo, às vezes", respondeu o marechal.

"Bom [...]. Você assume a parada."

"Obrigado pela honra, mas... você é o Supremo e, por direito, deveria comandá-la."

"Estou velho demais... Você assume. Você é mais moço." Júkov montaria um garanhão árabe branco que Budiony indicaria. No dia seguinte, Júkov estava inspecionando os ensaios no campo de aviação central quando Vassíli Stálin o deteve: "O que vou lhe contar é um grande segredo. Papai esteve se preparando para comandar a parada, mas [...] três dias atrás, o cavalo empinou [...]".

"E qual o cavalo que seu pai estava montando?"

"Um garanhão árabe branco, no qual você vai liderar o desfile. Mas lhe imploro para não mencionar uma palavra a esse respeito." Júkov dominou o árabe.

Às 9h57 da manhã do dia 24 de junho, Júkov montou o garanhão no portão Spasski. Caía um temporal. Os relógios marcaram dez horas: "Parada, atenção!".

"Meu coração bateu mais rápido", escreveu Júkov. Ao mesmo tempo, o marechal Rokossovski esperava montado no cavalo de batalha negro de Budiony, chamado apropriadamente de Polus — Polonês — no portão Nikolski. Stálin, com seu capote, sem demonstrar nenhum sentimento, saiu caminhando de forma desajeitada, devagar, e depois subiu rápido os degraus do Mausoléu, com Béria e Malenkov suando, sem fôlego para acompanhá-lo. Quando a multidão o viu, os vivas ecoaram pela praça. A chuva caía forte e escorria por sua viseira. Ele não secou o rosto em nenhum momento. Quando os carrilhões soaram, Júkov e Rokossovski partiram, ambos ensopados, com as bandas tocando *Slavsia!* — Glória a ti — de Glinka, e os tanques e lança-foguetes retumbaram sobre as pedras do pavimento. O silêncio caiu sobre a Praça Vermelha. "Então se escutou o *staccato* ameaçador de centenas de tambores", escreveu Iákovlev. "Marchando em formação precisa e batendo uma cadência de ferro, uma coluna de soldados soviéticos aproximou-se." Duzentos veteranos, cada um com uma bandeira nazista. Diante do Mausoléu, viraram à direita e lançaram as bandeiras, blasonadas com suásticas vermelhas e pretas, aos pés de Stálin, onde o temporal as ensopou. Ali estava o clímax da vida de Stálin.

Assim que o desfile terminou, Stálin e as altas patentes foram para a sala atrás do Mausoléu para um bufê e drinques. Foi ali, de acordo com o almirante Kuznietsov, que um dos marechais, provavelmente Kóniev, propôs pela primeira vez a promoção de Stálin a generalíssimo. Ele rejeitou a ideia, mas depois declarou que estava agora com 67 anos e cansado: "Vou trabalhar mais dois ou três anos e depois terei de me aposentar".

O Politburo e os marechais protestaram na mesma hora que ele viveria para governar o país por muito tempo ainda. Durante as festividades regadas a álcool, Stálin riu quando Poskrióbichev tirou a adaga cerimonial do uniforme diplomático de Vichinski e a substituiu por picles. Para a diversão de Stálin e o sorriso afetado dos magnatas, o pomposo ex-procurador desfilou pelo resto do dia sem se dar conta do vegetal em sua bainha.

Naquela noite, em um banquete para 2500 oficiais, Stálin, que já estava pensando em como apertar a disciplina e manter amarrada a União, saudou o "povo russo" e os "parafusos", a gente comum, "sem os quais, todos nós, marechais e comandantes de frentes e exércitos [...] não valeriam nada".

Nesses brindes com palavras cuidadosamente escolhidas, Stálin deu um recado a seus cortesãos. Os marechais "não valiam nada" em comparação com o povo russo, o qual apenas o Partido (Stálin) podia representar. Sua conversa sobre aposentadoria desencadeou uma luta brutal entre homens implacáveis pela sucessão de um imperador do século XX que não tinha nenhuma intenção de se aposentar. Dentro de cinco anos, três dos disputantes estariam mortos.[2]

A proposta de Kóniev a Mólotov e Malenkov para que promovessem Stálin a generalíssimo, a fim de diferenciá-lo dos marechais, não era completamente despropositada — Suvórov fora generalíssimo —, mas havia alguma coisa de junta sul-americana nela. Stálin era contra a ideia. Estava dotado de todo o prestígio de um conquistador do mundo, uma "divindade [...] um anão desajeitado que passava através dos corredores imperiais de mármore e dourados", mas os magnatas estavam decididos a honrá-lo como Herói da União Soviética, outra Ordem da Vitória e o posto de generalíssimo.

"O camarada Stálin não precisa disso", disse a Kóniev. "O camarada Stálin tem a autoridade sem isso. Em que título vocês pensaram! Chiang Kai-shek é generalíssimo. Franco é generalíssimo — que bela companhia para mim!" Kaganóvitch, o orgulhoso inventor do "stalinismo", também propôs rebatizar Moscou de Stalinodar, uma ideia que fora sugerida pela primeira vez por Iejov, em 1938. Béria o apoiou. Isso simplesmente deixou Stálin "ultrajado": "Para que preciso disso?".

O cortesão esperto percebe quando seu senhor quer em segredo que ele desobedeça. Malenkov e Béria fizeram Kalínin assinar o decreto. Três dias depois da parada, o *Pravda* anunciou o novo posto de Stálin e as medalhas. Ele ficou furioso e chamou Mólotov, Malenkov, Béria, Jdánov e o velho Kalínin, que já estava muito doente, com câncer de estômago. "Não liderei regimentos no campo [...]. Estou recusando a estrela porque não a mereço." Eles argumentaram, mas ele insistiu. "Digam o que quiserem. Não vou aceitar as condecorações." Porém eles notaram que tomara o cuidado de aceitar o generalíssimo.

Uma vez que os marechais pareciam agora árvores de Natal, repletos de galões e medalhas, o uniforme do generalíssimo tinha de ser totalmente superior: o alfaiate da elite, Lerner, criou uma extravagância dourada com uma capa curta de ouro. Khrúliov vestiu três oficiais robustos com esses trajes góringuescos. Quando saiu de seu gabinete para falar com Poskriόbichev, Stálin rosnou: "Quem são estes? O que esse pavão está fazendo aqui?".

"São três amostras do uniforme de generalíssimo."

"Não estão certas para mim. Preciso de alguma coisa mais modesta [...]. Vocês querem que eu pareça um porteiro?"

Stálin aceitou por fim uma túnica branca e dourada de colarinho alto, com calças com listras pretas e vermelhas, que o faziam parecer um maestro de banda de música, senão um porteiro da Park Avenue. Quando o vestiu, se arrependeu, resmungando para Mólotov: "Por que concordei?".

Malenkov e Béria ficaram com a medalha: como fazer o chefe aceitá-la? Aqui, a corte de Stálin se dissolve numa farsa de ópera bufa em que o birrento generalíssimo foi virtualmente perseguido pela cidade por cortesãos tentando pendurar a medalha em seu peito. Primeiro, Malenkov concordou em tentar, mas Stálin não lhe deu ouvidos. Depois, recrutaram Poskrióbichev, que aceitou a missão, porém desistiu quando Stálin resistiu energicamente. Béria e Malenkov tentaram Vlássik, mas ele também fracassou. Decidiram que era melhor emboscar Stálin quando ele estivesse cuidando do jardim, porque amava suas rosas e seus limoeiros; persuadiram então Orlov, o comandante de Kuntsevo, a entregá-la. Quando Stálin pediu a tesoura para podar suas amadas rosas, Orlov trouxe o podão, mas ficou segurando a estrela atrás das costas, perguntando-se o que fazer com ela.

"O que você está escondendo?", perguntou Stálin. "Deixe-me ver." Orlov mostrou com cautela a estrela. Stálin o amaldiçoou: "Devolva isso para aqueles que inventaram esse absurdo!".

Por fim, em 1950, ele aceitou a medalha: "Vocês estão mimando um homem velho. Não ajudará em nada a minha saúde!". Jamais a usou. Stálin não aceitou o posto de generalíssimo apenas para se juntar a Franco. A vaidade fundiu-se com a política: o posto ajudava a diminuir o prestígio perigoso do marechalato. A 9 de julho, ele diluiu ainda mais as honras dos militares promovendo Béria, o flagelo deles, a marechal, igualando-o a Júkov e Vassilevski.

O bom humor do vitorioso, no entanto, podia causar calafrios. Sempre que encontrava o comissário da Construção Naval, Nosenko, brincava: "Ainda não prenderam você?". Na próxima vez que o viu, gracejou: "Nosenko, você ainda não foi fuzilado?". A cada vez, Nosenko sorria ansioso. Por fim, numa reunião comemorativa do Sovnarkom, Stálin declarou: "Nós acreditamos em vitória e [...] nunca perdemos nosso senso de humor. Não é verdade, camarada Nosenko?"[3]

Uma semana depois, Stálin, que agora, segundo Gromyko, "sempre parecia cansado", subiu em seu trem blindado de onze vagões para a jornada até Potsdam; viajou em quatro vagões verdes que haviam sido tirados do trem do czar de algum museu, por uma rota de exatos 1923 quilômetros, de acordo com Béria, que organizou o que talvez tenha sido o esquema de segurança mais rigoroso para um potentado em viagem. "Para proporcionar a devida segurança", escreveu ele a Stálin no dia 2 de julho, "1515 homens do NKVD/GB do *staff* operacional e 17 409 soldados do NKVD estão colocados na seguinte ordem: em territórios russos, seis homens por quilômetro; em território da Polônia, dez homens por quilômetro; em território alemão, quinze homens por quilômetro. Além desse esquema na rota do trem especial, oito trens blindados patrulharão — dois na URSS, dois na Polônia e quatro na Alemanha." "Para dar segurança ao chefe da delegação soviética", havia sete regimentos do NKVD e novecentos guarda-costas. A segurança interna "será realizada pelo *staff* operacional do 6º Departamento do NKGB", organizado "em três círculos concêntricos de segurança, totalizando 2041 homens do NKVD". Dezesseis companhias de forças do NKVD eram responsáveis por guardar suas linhas telefônicas, enquanto onze aviões proporcionavam conexões rápidas com Moscou. Em caso de necessidade urgente, os três aviões de Stálin, inclusive um Dakota, estavam a postos. A polícia secreta iria "garantir a ordem adequada e expurgar todos os elementos antissoviéticos" em todas as estações e aeroportos.*

Na noite anterior à chegada a Potsdam, Stálin telefonou para Júkov: "Nem pense em nos receber com guarda de honra e banda de música. Venha pessoalmente à estação e traga quem você considerar necessário".

Às cinco e meia da manhã de 16 de julho, dia da chegada de Stálin, os Estados Unidos testaram uma bomba nuclear no Novo México que mudaria tudo e, de várias maneiras, estragaria o triunfo de Stálin. A notícia foi telegrafada para Harry S. Truman, que sucedera a Roosevelt na Presidência, com o eufemismo do século: "Bebês nascidos satisfatoriamente".

Stálin e Mólotov, acompanhados por Poskrióbichev, Vlássik e Váletchka, encontraram a plataforma quase vazia, exceto por Júkov, Vichinski e uma mesa com três telefones ligados ao Kremlin e aos exércitos. "De bom humor", Stálin tirou o chapéu e embarcou na limusine blindada ZiS 101, mas depois abriu a porta e convidou Júkov a ir com ele até a residência de Bavelsberg, "uma villa de pedra de dois andares" com "quinze quartos e uma varanda aberta", informou Béria, "suprida com toda a necessária eletricidade, aquecimento e centrais tele-

* O NKVD havia restabelecido todos os sistemas elétricos de Babelsberg e, tal como em Ialta, trouxera sua própria brigada de incêndio. Mais do que isso, Stálin tinha sua própria "reserva organizada de suprimentos econômicos, com vinte refrigeradores [...] e três fazendas — uma de gado, uma de frangos e uma de verduras e legumes", mais "duas padarias especiais, com equipe de confiança capaz de produzir 850 quilos de pão por dia".

fônicas com *VCh* para cem números". Fora a residência de Ludendorff. Stálin odiou a mobília extravagante e mandou que boa parte dela fosse removida — como outrora fizera em seu apartamento do Kremlin.

Ele estava atrasado para a conferência, mas isso pouco importava: as grandes decisões haviam sido tomadas em Ialta. Os outros líderes haviam chegado no dia 15 e ido visitar a Chancelaria de Hitler. Béria, que já estava em Berlim para supervisionar os arranjos, acompanhado de seu filho Sergo, queria muito visitar as ruínas, mas obedientemente esperou para pedir a permissão de Stálin. Stálin não quis ir, pois não era turista. Então Béria, num terno largo e camisa de colarinho aberto, foi com o imaculado Mólotov.

Ao meio-dia da terça-feira 17, Stálin, resplandecente em um uniforme castanho de generalíssimo, chegou à "Pequena Casa Branca" de Truman para a primeira reunião. O novo presidente americano não disse nada sobre o tópico que dominou a conferência. Sergo Béria escreveu que seu pai, informado por espiões do projeto nuclear americano, deu a notícia a Stálin durante essa semana. "Eu não sabia então, pelo menos não dos americanos", foi como Stálin tratou do assunto. Béria lhe dera as primeiras informações sobre o Projeto Manhattan em março de 1942: "Precisamos começar", disse Stálin, encarregando Mólotov do assunto. Mas, sob o comando do cu de pedra, a coisa avançou com lentidão torturante. Por fim, em setembro de 1944, o principal cientista nuclear russo, professor Igor Kurtchátov, escreveu a Stálin para denunciar o lerdo Mólotov e implorou para que Béria assumisse o projeto. Stálin pouco sabia da importância destruidora da fissão nuclear, nem dos vastos recursos que exigiria. Ele e Béria não confiavam em seus próprios cientistas e espiões. Não obstante, estavam cientes da urgência de obter urânio e duas vezes, durante a conferência, Stálin e Béria debateram como reagir aos americanos.* Eles haviam concordado que Stálin deveria "fingir não compreender" quando o assunto fosse mencionado. Mas, até então, Truman não dissera nada. Eles discutiram a entrada da Rússia na guerra contra o Japão. Truman pediu que Stálin ficasse para o almoço, porém ele recusou o convite: "Você poderia, se quisesse", disse Truman.

* Béria também garantira o máximo possível de urânio numa operação especial nas ruínas de Berlim: ele e Malenkov relataram a Stálin que haviam encontrado "250 quilos de urânio metálico, duas toneladas de óxido de urânio e vinte litros de água pesada" no Instituto Kaiser Guilherme, capturado físicos alemães fundamentais e levado todo esse tesouro para a URSS. Roy Medvedev, em seu *Neizvestnye Stalin*, sustenta que Béria não contou a Stálin sobre o teste americano até 20 ou 21 de agosto, mas não sabemos a data exata.

Stálin ficou, sem se impressionar com o comerciante do Missouri, que não era substituto para Roosevelt. "Não havia comparação entre eles", disse mais tarde. "Truman não é nem educado nem inteligente." (No entanto, Truman ficou encantado: "Gosto de Stálin!", mas, de modo revelador, Stálin lembrou-lhe seu protetor, T. J. Pendergast, o chefe da máquina política de Kansas City.)

Cada vez mais preocupado com a aparência, Stálin vestiu seu traje branco e dourado de generalíssimo, com a única estrela de ouro de Herói da União Soviética, e foi o último a chegar para a primeira sessão, no palácio Cecilienhof, construído em 1917 para o último príncipe herdeiro, zombando de sua grandiosidade kaiseriana: "Humm. Nada de mais", disse a Gromyko. "Modesto. Os czares russos construíram algo muito mais sólido." Na conferência, Stálin sentou-se entre Mólotov e seu intérprete Pávlov, ladeado por Vichinski e Gromyko. Trouxeram taças de champanhe para brindar à conferência. Churchill, fumando charuto, aproximou-se de Stálin, que também estava fumando um charuto churchilliano. Se alguém fotografasse o generalíssimo com um charuto, isso "criaria uma imensa sensação", disse Churchill com um sorriso aberto, "todo mundo vai dizer que é influência minha". Na verdade, a influência britânica era muito menor na nova ordem mundial das superpotências, na qual a Inglaterra podia concordar com a desnazificação da Alemanha, mas não com as reparações ou sobre a Polônia. Agora que Hitler se fora, as diferenças eram gigantescas.

Quando Stálin decidiu que queria dar um passeio nos jardins após a sessão, um delegado britânico espantou-se ao ver "um pelotão de russos armados de metralhadoras em posição de ataque, depois vários guardas e unidades do NKVD. Por fim, apareceu Tio Joe a pé, cercado por seus costumeiros capangas, seguido por outra linha de atiradores. O enorme oficial que sempre se sentava atrás do Tio nas reuniões estava obviamente encarregado das operações e corria de um lado para o outro, orientando os soldados das metralhadoras a cobrir todas as aleias". Após umas poucas centenas de metros, Stálin embarcou em seu carro.

Às oito e meia da noite do dia 18, Churchill jantou na vila de Ludendorff e observou que Stálin estava doente, "fisicamente oprimido". Fumando charutos juntos, eles discutiram poder e morte. Stálin admitiu que a monarquia mantinha a aliança do Império Britânico, talvez pensando em como manter a união de seu próprio império.* Sem ser um bom psefologista, previu que Churchill ganharia

* Stálin era um regicida que se comparava constantemente a monarcas; chegou mesmo a gracejar

a eleição por oitenta assentos no Parlamento. Depois ponderou que as pessoas no Ocidente estariam se perguntando o que aconteceria quando ele morresse, mas "tudo já foi resolvido". Ele promovera "gente boa, pronta para tomar" seu lugar.

Por fim, a 24 de julho, dois momentos grandiosos simbolizaram o fim iminente da Grande Aliança. Primeiro, Churchill atacou Stálin por fechar a Europa Oriental, citando os problemas da missão britânica em Bucareste: "Uma cerca de ferro caiu ao redor deles", disse ele, pondo à prova a expressão — que depois se difundiria — "a cortina de ferro".

"Histórias da carochinha!", retrucou Stálin.[4] A reunião acabou às sete e meia da noite. Stálin dirigiu-se para a porta do salão, mas Truman pareceu correr atrás dele. O intérprete Pávlov teve a habilidade de se juntar a Stálin. Churchill, que discutira esse momento com o presidente americano, observou fascinado quando Truman se aproximou do generalíssimo "como que por acaso", nas palavras de Stálin: "Os Estados Unidos testaram uma nova bomba de extraordinário poder destrutivo", disse Truman.

Pávlov observou de perto Stálin: "Nenhum músculo se moveu em seu rosto". Ele simplesmente disse que estava contente por saber disso: "Uma nova bomba! De potência extraordinária! Provavelmente decisiva para os japoneses! Que sorte!". Stálin seguiu o plano que havia traçado com Béria, para não dar satisfação aos americanos, mas ainda achava que eles estavam fazendo jogo: "Uma bomba atômica é uma arma completamente nova e Truman não disse exatamente isso". Ele notou também o júbilo de Churchill: Truman falou, "não sem o conhecimento de Churchill".

De volta à villa de Ludendorff, Stálin, acompanhado de Júkov e Gromyko, contou imediatamente a Mólotov sobre a conversa. Mas Stálin sabia que, até então, os americanos possuíam apenas uma ou duas bombas — havia tempo para alcançá-los.

"Eles estão aumentando o preço deles", disse Mólotov, que estava encarregado do projeto nuclear.

---

com seus visitantes iugoslavos: "Talvez Mólotov e eu devêssemos nos casar com princesas", uma perspectiva que certamente causou calafrios em todo o *Almanaque de Gotha* [publicação que lista a nobreza europeia desde o século XVIII]. Ele ficava contente de usar monarquias quando necessário, instando Tito a restaurar no trono o jovem rei iugoslavo: "Você sempre pode enfiar um punhal nas costas dele quando ninguém estiver olhando".

"Deixe-os", disse Stálin. Teremos de conversar com Kurtchátov e fazê-lo acelerar as coisas." O professor Kurtchátov contou a Stálin que lhe faltava energia elétrica e não tinha tratores suficientes. Stálin ordenou de imediato que desligassem a energia em várias áreas populosas e deu-lhe duas divisões de tanques para funcionar como tratores. A importância revolucionária da bomba ainda estava por ser plenamente compreendida quando a primeira delas foi jogada sobre Hiroshima. Stálin começava a perceber a escala dos recursos necessários.

Convocou então uma reunião com Mólotov e Gromyko na qual anunciou: "Nossos Aliados nos contaram que os Estados Unidos têm uma nova arma. Falei com nosso físico Kurtchátov assim que Truman me contou. A verdadeira questão é se os países que têm a bomba devem simplesmente competir uns com os outros ou [...] devem buscar uma solução que significaria a proibição de sua produção e uso?". Ele percebia que os Estados Unidos e a Inglaterra "esperam que não sejamos capazes de desenvolver a bomba durante algum tempo [...]" e "querem nos forçar a aceitar seus planos. Bem, isso não vai acontecer". Ele amaldiçoou-os no que Gromyko chamou de "linguagem adulta", depois perguntou aos diplomatas se os Aliados estavam satisfeitos com todos os acordos.

"Churchill está tão atento a nossas policiais de trânsito em seus maravilhosos uniformes que deixou cair a cinza de seu charuto no seu terno", respondeu Gromyko. Stálin sorriu.

Na manhã seguinte, Churchill e o líder trabalhista Clement Attlee voltaram para Londres, onde descobriram que o senhor da guerra fora redondamente derrotado na eleição geral, acabando assim o triunvirato de Teerã e Ialta. Stálin preferia Roosevelt, mas admirava mais Churchill: "Um político poderoso e inteligente", lembrou-se dele em 1950. "Nos anos de guerra, comportou-se como um cavalheiro e realizou muito. Era a personalidade mais forte do mundo capitalista."

Durante esse intervalo, Stálin se encontrou com seu filho Vassíli, agora servindo na Alemanha, que relatou que os aviões soviéticos ainda eram inferiores aos americanos, e perigosos de pilotar. As denúncias de Vassíli talvez fossem bem-intencionadas, mas Stálin sempre achava um uso mortal para elas. Na hora do almoço do dia 25, ele se encontrou com o bisneto da rainha Vitória, primo de Nicolau II e supremo comandante dos Aliados no Sudeste Asiático, o exaltado almirante lorde Louis Mountbatten, que o lisonjeou dizendo que alterara a rota de sua viagem da Índia à Inglaterra "especialmente para encontrar o generalíssimo", sendo de longa data "um admirador das realizações do generalíssimo, não apenas na guerra, como também na paz".

Stálin respondeu que fizera o melhor possível. "Nem tudo" fora "bem-feito", mas era o povo russo "que realizava essas coisas". A verdadeira intenção de Mountbatten era cavar um convite para visitar a Rússia, pois estava convencido de que suas conexões com os Románov seriam apreciadas, explicando que havia visitado com frequência o czar quando criança, "três ou quatro semanas de cada vez".

Stálin perguntou secamente, com um sorriso superior, se "fazia tempo que ele estivera lá". Mountbatten "veria que as coisas mudaram bastante". Mountbatten pediu várias vezes um convite e retornou a suas conexões imperiais, que ele esperava que impressionassem Stálin. "Ao contrário", diz Lunghi, o intérprete de Mountbatten, "a reunião foi constrangedora porque Stálin não deu a menor importância. Não fez nenhum convite. Mountbatten saiu com o rabo entre as pernas."*

Potsdam acabou com um impasse afável, mas cada vez mais gelado: Stálin possuía a Europa Oriental, mas Truman tinha a bomba. Antes de partir, a 2 de agosto, ele se deu conta de que a bomba exigiria um esforço colossal e seu administrador mais dinâmico. Retirou Mólotov do projeto e encarregou Béria de criar a bomba soviética. Sergo Béria observou seu pai "fazendo anotações numa folha de papel [...] organizando a futura comissão e selecionando seus membros". Béria incluiu Malenkov e outros na lista.

"Que necessidade você tem de incluir essas pessoas?", perguntou Sergo.

"Prefiro que eles estejam dentro. Se ficarem de fora, vão estragar meus planos." Era o auge da carreira de Béria.

* Esse talvez seja o motivo por que essa história não aparece em nenhuma das biografias de Mountbatten e é contada aqui pela primeira vez. Agradeço a Hugh Longhi por sua entrevista sobre o episódio e pela generosa doação de suas anotações oficiais não-publicadas.

45. Béria: Potentado, esposo, pai, amante, assassino, estuprador

A 6 de agosto de 1945, os Estados Unidos soltaram sua bomba sobre Hiroshima. Stálin não quis perder os despojos, enviando seus exércitos contra o Japão, mas a destruição da cidade japonesa causou um impacto muito maior que o aviso de Truman. Svetlana visitou Kuntsevo naquele dia: "Todo mundo estava ocupado e ninguém deu atenção para mim", resmungou. "A guerra é bárbara", refletiu Stálin, "mas usar a bomba atômica é uma superbarbárie. E não havia necessidade de usá-la. O Japão já estava condenado!" Ele não tinha dúvida de que o alvo de Hiroshima era ele mesmo: "A chantagem da bomba atômica é política americana".

No dia seguinte, manteve uma série de reuniões em Kuntsevo com Béria e os cientistas: "Hiroshima estremeceu o mundo inteiro. O equilíbrio foi destruído", contou a eles. "Isso não pode ficar assim."

Stálin compreendia agora que aquele projeto era da maior importância; com o codinome de "Tarefa Número Um", deveria ser dirigido "em escala russa" pelo "Comitê Especial" de Béria, que funcionava como uma espécie de "Politburo Atômico". Os cientistas tinham de ser persuadidos e ameaçados. Vantagens e privilégios eram vitais: "Com certeza, é possível garantir que vários milhares de pessoas possam viver muito bem [...] e melhor do que bem". Stálin estava "entediado" com a ciência, mas tratava Kurtchátov com gentileza: "Se uma criança não chora, a mãe não fica sabendo do que ela precisa. Peça o que quiser. Não será recusado".[1]

Béria jogou-se na Tarefa Número Um como se sua vida dependesse dela — o que era verdade. O projeto tinha uma escala realmente soviética, com Béria dirigindo entre 330 mil e 460 mil pessoas e 10 mil técnicos. Béria era o empresário preeminente do Terror, tendo dito a um de seus gerentes: "Você é um bom trabalhador, mas, se passasse seis anos nos campos, trabalharia ainda melhor". Ele controlava seus cientistas nas *charachki*, prisões específicas para técnicos especialistas, descritas em *O primeiro círculo*, de Soljenítsin. No romance, quando um especialista sugere que poderia trabalhar melhor se fosse livre, Béria escarnece: "Certamente. Mas seria arriscado. O tráfego nas ruas é maluco e você poderia ser atropelado".

Contudo, ele também podia ser "insinuante", perguntando ao físico Andrei Sákharov: "Há alguma coisa que você queira me perguntar?". Seu aperto de mão, "gordo, úmido e mortalmente frio", fazia Sákharov lembrar da morte: "Não se esqueça que temos muito espaço em nossas prisões!". Seu nome era suficiente para aterrorizar a maioria das pessoas: "Apenas uma observação do tipo 'Béria ordenou' funcionava absolutamente sem falha", lembrava Mikoian. Quando chamava Vichinski, ele "saltava de sua cadeira respeitosamente" e "se encolhia como um criado diante do patrão".

A Tarefa Número Um, como todos os projetos de Béria, funcionava de modo "tão fluente e confiável quanto um relógio suíço". Kurtchátov achava que Béria era "extraordinariamente enérgico". Mas ele também conquistou a lealdade dos cientistas protegendo-os, apelando para Stálin, que concordou: "Deixe-os em paz. Sempre podemos fuzilá-los depois". Brutalidade mefistofélica, precisão suíça e energia infatigável eram as marcas de Béria, que tinha uma "inteligência incrível [...] um homem incomum e também um grande criminoso".

Ele foi um dos poucos stalinistas que compreenderam instintivamente o dinamismo americano: quando Sákharov perguntou por que os projetos deles "estavam tão atrás dos Estados Unidos", somente Béria teria respondido como um diretor da IBM: "Não temos P & D". Mas Béria e seu principal gerente, Vánnikov, ex-chefe de armamentos, não entendiam nada das complexidades científicas. "Enquanto eles falam, eu pestanejo", admitiu Vánnikov. "As palavras parecem russo, mas as estou escutando pela primeira vez." Quanto a Béria, um cientista brincou com Sákharov: "Até Lavrenti Pavlóvitch sabe o que são mésons". Sua solução era a arrogância ditatorial e a ameaça: "Se essa informação estiver errada, porei você no calabouço!".

Essa fusão da maça de Béria com os mésons de Kurtchátov levou a algumas brigas bombásticas. Em novembro de 1945, Piotr Kapitsa, um dos mais brilhantes cientistas soviéticos, queixou-se a Stálin de que Béria e os outros se comportavam "como super-homens". Kapitsa relatou sua discussão com Béria: "Eu lhe disse direto, 'você não entende de física'". Béria "retrucou que eu não entendo nada de gente". Béria tinha "a batuta do maestro", mas o maestro "deve não apenas sacudir a batuta, mas também compreender a partitura". Béria não entendia a ciência. Kapitsa sugeriu que ele deveria estudar física e acabava astutamente sua carta: "Desejo que o camarada Béria fique sabendo desta carta, pois não se trata de uma denúncia, mas de crítica útil. Eu teria dito tudo isso pessoalmente, mas é muito complicado conseguir vê-lo".

Stálin disse a Béria que ele devia se dar bem com os cientistas. Béria chamou Kapitsa, que, num gesto incrível, retrucou: "Se você quer falar comigo, então venha ao Instituto". Béria engoliu a humilhação e levou um rifle de caça como oferta de paz. Mas Kapitsa se recusou a ajudar mais. Enquanto isso, Stálin escrevia-lhe um bilhete: "Recebi todas as suas cartas [...]. Há muita coisa instrutiva e estou pensando em encontrá-lo em algum momento [...]". Mas nunca o fez.[2]

Béria estava no centro não somente do mundo político, mas também do mundo pessoal de Stálin. Agora, suas famílias quase se fundiam numa aliança dinástica georgiana. Svetlana, ainda sofrendo com o fim de seu primeiro caso de amor com Kapler, passava muito tempo nas casas de Béria com Nina, a loira e bela esposa dele (embora de pernas grossas), uma cientista qualificada de uma família aristocrática que também conseguia ser uma tradicional dona de casa georgiana. Stálin ainda a tratava paternalmente, e assim continuou, mesmo depois que começou a detestar Béria. "Stálin pediu para Nina cuidar de Svetlana porque ela não tinha mãe", contou a nora de Béria.

Béria sempre desejou mulheres atléticas, rondando os vestiários das nadadoras e jogadoras de basquete soviéticas. A própria Nina era um pouco amazona, sempre se exercitando, jogando tênis com guarda-costas, andando em bicicleta de dois lugares. Béria, como muitos mulherengos, era um marido bastante ciumento, e os guarda-costas eram os únicos homens que podiam chegar perto dela. Ele vivia com algum estilo: dividia sua grande mansão da cidade em escritórios e dependências privadas de um lado e apartamentos para a esposa e a família do outro. A esposa e o filho viviam principalmente em sua "suntuosa e imensa" datcha branca em Sosnovka, perto de Barvikha, que "era em estilo Jugend, com muito vidro e pedra, como na *art déco*, com um terraço e guardas aos montes em volta", bem como ursinhos e raposas de estimação.*

Não obstante, Nina a mantinha "aconchegante" e sempre repleta de revistas e livros ingleses e alemães. Em férias no Sul, Béria, que era arquiteto formado, projetou sua datcha em Gagra, perto da de Stálin, e Lavrenti e Nina eram convidados pelo Supremo, muitas vezes com seu filho Sergo.

Ao final da guerra, Béria, de rosto redondo e calvície pronunciada, com seus lábios inchados e úmidos e os olhos castanhos sombrios, estava "feio, flácido e de aparência doentia, com uma tez cinza-amarelada". A vida de um magnata stalinista não era saudável. Ninguém trabalhava mais que o "desumanamente enérgico" Béria, mas ele ainda jogava vôlei todos os fins de semana com Nina e seu time de guarda-costas: "Embora fosse bastante inapto, era espantosamente rápido com os pés". Como outros predadores humanos, tornou-se vegetariano, comendo "capim" e pratos georgianos e só raramente carne. Ia para casa nos fins de semana, praticava tiro ao alvo no jardim, assistia a um filme em seu cinema e depois ia embora.

Vestindo-se como um vinhateiro meridional, Béria odiava uniformes, tendo usado o seu de marechal apenas em 1945: normalmente trajava suéter de gola rulê, uma jaqueta leve, calças largas e um chapéu mole. Era mais talentoso, arrogante e ambicioso que os outros magnatas e não resistia a deixar isso bem claro. Zombava da aparência de Khruchióv e sua queda pelas mulheres dizendo: "Vejam Nikita, ele não tem grande aparência, mas que conquistador!". Atormentava Andréiev por causa de suas doenças, Vorochílov pela estupidez, Malenkov por sua frouxidão, e disse a Kobúlov que se vestia como Göring. Ninguém esquecia seus gracejos. Nina pedia-lhe para ser mais circunspecto: "Ela odiava o modo como ele feria as pessoas", escreveu o filho deles. Seus cortesãos, que "o idealizavam", se reuniam como modernos diretores empresariais em seu camarote do estádio de futebol do Dínamo. As principais organizações tinham seus

* Muitos dos líderes soviéticos tinham seus zoos ou coleções de animais: Bukhárin colecionara filhotes de ursos e raposas; Khruchióv tinha filhotes de raposas e veados; Budiony, Mikoian e Kaganóvitch criavam cavalos.

times de futebol — o MVD de Béria tinha o Dínamo, os sindicatos tinham o Spartakus. A competição foi tão feroz em 1942 que Béria mandou prender o bem-sucedido treinador do Spartakus, Nikolai Staróstin, e o despachou para o exílio. Para um jovem tchequista, o convite para assistir a um jogo no camarote de Béria significava entrar em seu círculo.

Um inventário de sua escrivaninha após sua prisão, anos mais tarde, revelou seus interesses: poder, terror e sexo. Em seu escritório, ele mantinha cassetetes para torturar pessoas e a coleção de roupas íntimas femininas, brinquedos sexuais e pornográficos, que parecia ser obrigatória para os chefes da polícia secreta. Descobriram que ele guardava onze pares de meias de seda, onze ursinhos de seda, sete camisolas de seda, trajes esportivos femininos — o equivalente soviético das roupas de líderes de torcida —, blusas, lenços de seda, incontáveis cartas de amor obscenas e "uma grande quantidade de artigos de devassidão masculina".

Apesar da carga de trabalho gigantesca, Béria achava tempo para uma vida sexual vampiresca que combinava amor, estupro e perversidade em medidas quase iguais. A guerra dera-lhe a oportunidade de se dedicar a uma vida de banditismo sexual ainda mais intensa e imprudente que aquela desfrutada por seus predecessores no cargo. Os chefes da polícia secreta sempre tiveram a maior licenciosidade sexual: somente a Smersh observava Béria; afora isso, ele podia fazer o que quisesse. Pensou-se outrora que as seduções e os estupros de Béria haviam sido exageradas, mas a abertura dos arquivos de seu próprio interrogatório, bem como depoimentos de testemunhas e até daquelas que foram violadas por ele, revelam um predador sexual que usava seu poder para se entregar à depravação obsessiva. É muitas vezes impossível diferenciar entre mulheres seduzidas por ele que o procuraram para pedir por seus entes amados e aquelas que ele simplesmente raptou e estuprou. Ainda assim, mães serviram de alcoviteiras para suas filhas em troca de limusines e privilégios. Béria era capaz de ser um cavalheiro, tratando algumas amantes tão bem que elas jamais o criticaram, mesmo quando ele foi desmascarado como um Barba Azul soviético.*

* A 17 de janeiro de 2003, a Promotoria russa confirmou a existência de 47 volumes de arquivos sobre as atividades criminosas de Béria que foram reunidos na época de sua prisão, após a morte de Stálin. Embora o caso contra ele fosse totalmente político, com acusações fabricadas, os arquivos confirmam as dezenas de mulheres que o acusaram de tê-las estuprado. A rede de televisão estatal RTR teve permissão para filmar a lista manuscrita dos nomes delas e seus números de telefone. Os arquivos só serão abertos dentro de 25 anos.

Em Moscou, estavam acostumados a vê-lo cruzar as ruas em seu Packard blindado e mandar seus guarda-costas caucasianos, coronéis Sarkíssov e Nadaraia, atrás de mulheres para ele. Os coronéis nem sempre ficavam felizes com esse papel — com efeito, Sarkíssov mantinha um registro das perversões de Béria para poder denunciá-lo a Stálin. As garotas eram geralmente levadas à casa da cidade, onde um banquete georgiano e vinho as aguardavam, numa caricatura de cavalheirismo caucasiano. Um dos coronéis sempre oferecia um buquê de flores no caminho para casa. Se elas resistissem, era provável que fossem detidas. A cantora Zôia Fiodorovna foi apanhada por esses tchequistas num momento em que ainda estava amamentando seu bebê. Levada para uma festa onde não havia outros convidados, foi recebida por Béria, a quem ela implorou para ir embora porque seus seios doíam. "Béria ficou furioso." O oficial que a levaria para casa se enganou e lhe deu um buquê na saída. Quando viu, Béria gritou: "É uma coroa, não um buquê. Que ele apodreça em sua cova!". Ela foi presa mais tarde.

A atriz de cinema Tatiana Okuniêvskaia teve menos sorte ainda: no final da guerra, Béria a convidou para se exibir ao Politburo. Em vez disso, foram para uma datcha. Béria encheu-a de bebida, "praticamente despejando vinho em meu colo. Ele comeu sofregamente, atacando a comida com as mãos, tagarelando sem parar". Depois, "ele se despe, anda ao meu redor, comendo-me com os olhos, um sapo feio e disforme. 'Gritar ou não, não vai fazer diferença', disse ele. 'Pense e se comporte de acordo'". Béria a estuprou. Ela também foi presa pouco depois e condenada ao confinamento solitário. Cortando árvores na taiga siberiana, foi salva, como tantos outros, pela bondade da gente comum.

Essas mulheres eram apenas a ponta de um iceberg degenerado. A energia priápica de Béria era tão frenética e infatigável quanto seu vigor burocrático. "Peguei sífilis durante a guerra, em 1943, acho, e fiz tratamento", confessou depois. Após a guerra, foram Vlássik e Poskrióbichev que, lembrando de Bronka, contaram a Stálin sobre a sífilis. As listas eram uma obsessão stalinista e, assim, esse viciado em sexo sentia-se compelido a manter um registro de suas conquistas. Seus coronéis anotavam o escore; alguns dizem que a lista tinha 39 nomes, outros, 79: "A maioria dessas mulheres foi minha amante", admitiu ele. Béria mandou Sarkíssov destruir a lista, o que ele fez, mas, sendo um tchequista, o guarda-costas tinha uma cópia, usada depois contra seu patrão.

Algumas amantes, como "Sofia" e "Maia", uma estudante do Instituto de

Relações Exteriores, cometeram a inconveniência de engravidar. Mais uma vez os coronéis Sarkíssov e Nadaraia foram chamados a conseguir abortos no Departamento Médico do MVD — quando uma criança fruto de um desses relacionamentos nasceu, eles a mandaram para um orfanato.*

Béria também tinha má reputação entre os magnatas: o próprio Stálin tolerava os pecadilhos de seus potentados desde que estes fossem politicamente confiáveis. Durante a guerra, Béria estava dirigindo metade da economia e o Supremo foi informado do seu priapismo, mas reagiu com condescendência: "O camarada Béria está cansado e com excesso de trabalho". Mas, quanto menos confiava em Béria, menos tolerante se tornava. Certa ocasião, ao saber que Svetlana estava na casa dele, Stálin entrou em pânico, telefonou e lhe disse para ir embora imediatamente. "Não confio em Béria." Não está claro se essa frase se referia a sua sexualidade ou a seu comportamento político. Quando Béria disse a Poskrióbichev que sua filha era tão bonita quanto a mãe, o chefe de gabinete disse a ela: "Jamais aceite uma carona de Béria". A nora de Vorochílov foi seguida pelo carro de Béria durante todo o trajeto de volta do Kremlin. A esposa de Vorochílov ficou apavorada: "É Béria! Não diga nada! Não conte a ninguém!".

As esposas dos líderes detestavam-no: "Como você pode trabalhar com um sujeito desses?", perguntou Achken Mikoian ao marido. "Fique quieta", respondeu Mikoian, mas Achken não ia a cerimônias se houvesse a probabilidade de Béria estar presente: "Diga que estou com dor de cabeça!".

Nina Béria contou a Svetlana e a outras amigas que "estava terrivelmente infeliz. Lavrenti nunca está em casa. Estou sempre sozinha". Mas sua nora lembra que "ela nunca deixou de amar Béria". Sabia que ele tinha outras mulheres, "porém tinha uma visão georgiana tolerante disso". Quando ele vinha para casa no fim de semana, "ela passava horas fazendo as unhas e se maquiando. Vivia no andar de baixo, em seu quarto, mas, quando ele chegava, ela se mudava para cima para compartilhar a cama com ele". Eles "se aconchegavam junto à lareira

* Até hoje, os filhos ilegítimos de Béria são bem conhecidos na sociedade de Moscou e Tbilissi: entre eles estão um altamente respeitado membro georgiano do Parlamento e uma matrona soviética que se casou com o filho de um membro do Politburo de Bréjnev. Depois da guerra, Stálin transformou os Comissariados do Povo em Ministérios, e assim o NKVD e o NKGB se tornaram o MVD e o MGB. O Comitê de Defesa do Estado (GKO) foi abolido em 4 de setembro de 1945. O Politburo tornou-se novamente o mais alto organismo do Partido, embora Stálin governasse como premiê, deixando a Secretaria do Partido para Malenkov.

e assistiam a filmes de faroeste, em geral sobre caubóis e bandidos mexicanos. Seu filme preferido era *Viva Villa!*, sobre Pancho Villa. Conversavam amorosamente em mingrélio". Nina nunca acreditou na escala das aventuras dele: "Quando Lavrenti iria arranjar tempo para fazer dessa horda de mulheres suas amantes? Ele passava o dia e a noite inteira no trabalho". Então ela presumia que essas mulheres deviam ser "agentes secretas" dele.[3]

Sergo Béria, então com 21 anos, cujo nome era uma homenagem a Ordjonikidze, frequentara a Escola nº 175 com Svetlana Stálin, Marta Péchkova e a maioria dos filhos da elite. Como pai, Béria estava ausente a maior parte do tempo, mas sentia enorme orgulho de Sergo. Tinham a relação tipicamente formal entre um bolchevique e seu filho. "Se Sergo quisesse falar com o pai", relembrava sua esposa, "Lavrenti dizia, 'venha me ver no escritório'." Tal como Malenkov e a maioria dos líderes, Béria tinha o firme propósito de que seu filho não entrasse para a política. Como acontecia com todos os pais do Politburo, estimulou-o a se tornar um cientista: o coronel Béria destacou-se na tecnologia militar como chefe do Birô Número Um de Projetos de Mísseis. Sergo crescera ao redor de Stálin, e Béria não podia evitar que o generalíssimo o convidasse para as conferências da época da guerra.

Sergo era inteligente, culto e, conforme Marta Péchkova, o melhor amigo de Svetlana Stálin, "tão lindo que parecia um sonho — todas as garotas se apaixonavam por ele". Em 1944, Svetlana se enrabichou por ele também, fato que ela deixou de fora de suas memórias e de suas entrevistas. Quando Sergo escreveu suas memórias e revelou esse fato, muitos historiadores não acreditaram. Contudo, Svetlana queria casar com ele, ambição de que nunca desistiu, mesmo quando ele se casou com outra mulher. Quando ele estava em Sverdlovsk durante a guerra, Svetlana fez com que seu irmão a levasse de avião até lá. Após o caso com Kapler, essa paixonite preocupou os Béria: "Você não percebe o que está fazendo?", falou Nina Béria a Svetlana. "Se seu pai descobrir, vai esfolar Sergo vivo."

Stálin queria que ela se casasse com o filho de um de seus potentados, especificando que ela deveria escolher entre Iúri Jdánov, Sergo Béria ou Stiepan Mikoian. Mas essa honra deixava Béria estarrecido. "Isso seria terrível", disse ele a Mikoian. Mesmo que Stálin tivesse mostrado interesse na ideia, ambos sabiam que ele, na verdade, "interpretaria isso como uma tentativa de se insinuar dentro da família", como disse Béria a Sergo. Svetlana estava decidida a se casar com Sergo, mas os Béria se opuseram ferrenhamente. Como admitiu ela de forma indireta: "Eu queria me casar com alguém quando era uma jovem [...]. Mas seus pais não me aceitaram por eu ser quem era. Foi um golpe muito doloroso".[4]

O pior viria depois: Marta Péchkova era agora "linda e roliça como uma codorna" e parecia viver numa "nuvem perfumada e cálida de estranha atração". Conforme Gulia Djugachvili, era "difícil ter Marta como amiga". O namorado dela era Rem Merkúlov, filho do chefe do NKGB. Tendo crescido ao redor de Iagoda, ela talvez tivesse uma inclinação por principezinhos da Tcheca, porque depois se apaixonou por Sergo Béria, com quem casou pouco depois. A família não fez uma grande festa de casamento: "Não era o estilo da época", diz Marta. Béria disse a Sergo que Stálin não aprovaria "essa ligação com aquela família" — os Gorki.

De fato, Stálin convidou Sergo a ir a Kuntsevo: "Gorki não era mau, mas quanta gente antissoviética havia a seu redor. Não caia sob a influência de sua mulher", advertiu o generalíssimo, sempre desconfiado das esposas.

"Mas ela pouco se interessa por política", respondeu Sergo.

"Eu sei. Mas considero esse casamento um ato de deslealdade de sua parte [...] não a mim, mas ao Estado soviético. Ele foi [...] imposto a você por seu pai?" Ele acusou Béria de estabelecer conexões com a "*Intelligentsia* oposicionista". Porém Sergo culpou Svetlana por lhe apresentar Marta.

"Você nunca contou nada sobre isso a Svetlana", retrucou Stálin. "Ela mesma me disse." Depois sorriu para Sergo: "Não repare, gente velha é sempre rabugenta [...]. Quanto a Martfotchka, eu a vi crescer".

Marta mudou-se para a datcha dos Béria, onde conheceu, e adorou, o homem mais infame de seu tempo.* Béria não poderia ter sido mais amável com ela: "Eu gostava muito dele. Era bastante alegre e divertido, sempre cantando a canção mexicana 'La paloma' e contando histórias cômicas de sua vida", tais como o modo como perdera a virgindade na Romênia, ficando enredado nas

* Tive a felicidade de Marta Péchkova, neta de Gorki, melhor amiga de Svetlana e nora de Béria, ter me ajudado com suas excepcionais memórias e me apresentado à família Gorki-Béria, inclusive as netas de Béria (ver Pós-Escrito). De presente de casamento, Stálin deu a Sergo e Marta um exemplar de *O cavaleiro na pele de pantera*, de Rustaveli, que ele mesmo editara com o professor Nutsibidze, com uma dedicatória provocadora: "É melhor que vocês estabeleçam laços com a *Intelligentsia* georgiana".

volumosas calças da mulher. Ele dizia que fora um bebê hercúleo e que o encontraram no jardim segurando uma cobra na mão. Aos domingos, seu único dia de descanso, ele e Nina dormiam até tarde e depois jogavam vôlei com Sergo e Marta, com a ajuda dos guarda-costas. Quando Marta deu a Béria sua primeira neta, "ele não poderia ter sido mais doce, passando horas sentado ao lado do berço, apenas olhando para ela. Pela manhã, pediam que levassem o bebê até seu quarto e colocava a menina entre ele e Nina e sorria para ela". Era tão condescendente com a criança que "a deixava pôr as mãos inteiras nos bolos de aniversário".

Marta gostava menos de Nina. Sua sogra revelou-se tão despótica dentro de casa quanto seu sogro fora dela. Nina era solitária, e Marta logo descobriu que via mais a sogra que seu marido. Ela queria montar a própria casa, mas Nina lhe falou: "Se você mencionar isso de novo, vai ficar muito longe de seus filhos".

Béria, diz Marta, era "a pessoa mais inteligente ao redor de Stálin. De certa forma, sinto pena dele, porque foi seu destino estar naquele lugar naquele momento. Em outra época, ele teria sido muito diferente. Se tivesse nascido na América, teria chegado a algo como presidente da General Motors". Ela tinha certeza de que ele nunca foi um verdadeiro comunista: certa vez, a deixou admirada quando estava brincando com a neta e disse: "Esta menina vai estudar em casa e depois irá para a universidade de Oxford!". Nenhum outro membro do Politburo diria tal coisa.[5]

Svetlana Stálin saiu de Sergo para um casamento inadequado. No apartamento de Vassíli, Svetlana conheceu Gricha Morózov, que serviu durante a guerra na polícia de trânsito. "Nasceu uma amizade", relembra Svetlana, mas "eu não estava apaixonada por ele." Porém ele se apaixonou por ela. Stálin tinha dúvidas em relação a Morózov, outro judeu: depois de Kapler, começou a achar que aqueles judeus queriam se introduzir na sua família. Mas Svetlana sentia-se atraída pela vivacidade e cultura deles, então Stálin disse: "É primavera [...]. Você quer se casar. Vá para o inferno. Faça o que quiser".

"Eu só queria superar a rejeição", explicou Svetlana anos depois, "então nos casamos, mas sob outras circunstâncias, não foi escolha minha. Meu primeiro marido era uma pessoa muito boa que sempre me amou." Não houve cerimônia: eles simplesmente foram até o cartório, onde o funcionário olhou o passaporte dela e perguntou: "Seu papai sabe disso?".

Ao se casar com alguém da família de Stálin, Morózov "tornou-se instantaneamente importante", diz Leonid Redens. Logo chegou o primeiro filho — chamado de Ióssif, é claro. Svetlana descobriu-se despreparada para o casamento: "Fui mãe aos dezenove anos [...]. Meu jovem marido também era estudante. Tivemos pessoas que cuidaram do bebê. Fiz três abortos e depois sofri um aborto espontâneo muito ruim". Entrementes, Stálin recusava-se a se encontrar com Morózov.

Svetlana ainda estava apaixonada por Sergo Béria. "Ela nunca me perdoou por ter casado com ele", diz Marta. Svetlana lembrava Sergo de que Stálin ficara "furioso" com seu casamento. Ela ainda visitava Nina, sua mãe substituta. Certa vez, sugeriu que removessem Marta, que poderia levar a filha mais velha, e então ela iria viver com Sergo e cuidar da mais nova. "Ela é como o pai", disse Mikoian. "Sempre consegue o que quer!"

Porém Svetlana também podia ser muito bondosa. Quando ficou provado o heroísmo de Iákov no cativeiro alemão, sua viúva Júlia foi libertada, mas descobriu que sua filha de sete anos, Gulia, mal a reconhecia. Svetlana concordou em cuidar da menina e um dia anunciou: "Hoje, vamos conhecer a mamãe". Porém a criança ficou com medo da estranha, então diariamente, com a mais tocante sensibilidade, Svetlana levava-a para ver a mãe, até que as duas estabeleceram laços afetivos. Isso teve de ser feito sub-repticiamente porque, enquanto Gulia era criada por babás, sua mãe permanecia fora da família. Por fim, ela escreveu a Stálin: "Ióssif Vissariónovitch, peço-lhe muito para não recusar meu pedido porque é duro ver Gulia. Vivemos na esperança de ver você e conversar sobre coisas não colocadas nesta carta. Gostaríamos que conhecesse Gulia [...]". Mais tarde, graças a Svetlana, Stálin conheceu sua primeira neta.[6]

46. Uma noite na vida noturna de Ióssif Vissariónovitch: tirania de filmes e jantares

Verdadeiro vencedor da guerra, Stálin gozava do prestígio de um conquistador do mundo, mas a disparidade entre seu poder político e sua exaustão fazia com que se sentisse vulnerável.

O generalíssimo e Mólotov estavam satisfeitos, embora nunca saciados, com os troféus. Em um jantar meridional, Stálin mandou Poskrióbichev trazer o novo mapa. Abriram-no sobre a mesa. Usando o cachimbo como batuta, Stálin passou em revista seu império: "Vejamos o que temos então: no norte, está tudo bem, a Finlândia nos tratou muito mal, então avançamos a fronteira para bem adiante de Leningrado. Os Estados Bálticos, que eram território russo nos tempos antigos, são nossos novamente, toda Bielo-Rússia é nossa agora, os ucranianos também e os moldávios estão de novo conosco. Assim, está tudo certo a oeste". Voltou-se então para o leste: "O que temos aqui? As ilhas Kurile são nossas e todo o Sakhalin [...] China, Mongólia, tudo como deve ser". O cachimbo Dunhill desceu para o sul: "Agora, desta fronteira não gosto nada. Os Dardanelos [...]. Temos também reivindicações ao território turco e à Líbia". Esse poderia ter sido o discurso de um czar — dificilmente seria o de um bolchevique georgiano. Mólotov compartilhava dessa missão: "Minha tarefa como ministro do Exterior era expandir as fronteiras de nossa pátria. E parece que Stálin e eu demos conta do recado. Mas eu não me importaria de conseguir o Alasca de volta", brincou ele. Mólotov compreendia, no entanto, que não havia contradição entre bolchevismo e construção de império: "Foi bom que os czares russos tenham tomado tanta terra para nós em guerras. Isso torna nossa luta contra o capitalismo mais fácil".[1]

Mas os cortesãos notaram que o triunfo de Stálin havia virado sua cabeça. "Ele se tornou presunçoso", disse Mólotov, "o que não é característica para um estadista." Seu prestígio era tão grande que ele era absoluto em todos os assuntos: suas meras palavras eram tomadas por "ordens do Partido e obedecidas instantaneamente". Contudo, governava agora de modo muito diferente: ele "se afastou da direção direta", disse um de seus funcionários, e assumiu o manto olímpico de um líder supremo, como o velho presidente Mao, que gostava de guiar seus homens com anedotas, sinais e dicas. Usava o segredo, o capricho e a obscuridade para manter seu domínio sobre os magnatas mais jovens, mais fortes e ambiciosos. Dominava seu séquito pelo mistério.

"Ele jamais dava ordens diretas", escreveu o chefão georgiano Tcharkviani, "então você tinha de tirar suas próprias conclusões." Stálin compreendia que "não importa em que parte da lagoa você joga a pedra, as ondulações se espalharão". Certa vez, mostrou ao líder abkhaziano Mgeladze seus amados limoeiros várias vezes até que o *apparatchik* entendeu finalmente e declarou que a Abkházia produziria limões para toda a URSS. "Agora você entendeu!", disse Stálin com um sorriso.

A menos que estivesse de mau humor, em geral terminava suas ordens com "faça como quiser", mas ninguém deixava de entender seu sentido. Se, por outro lado, desse uma ordem direta, escrevendo "não creio que minhas razões precisem ser discutidas, elas estão perfeitamente claras", ou apenas gritasse seus desejos, era obedecido de imediato. No MGB, a mera menção de *Instántsiia* justificava qualquer ato de barbarismo.

Porém, o generalíssimo também estava mais fraco e velho. Pouco antes da parada da vitória, sofrera algum tipo de ataque cardíaco, ou o que Svetlana chamou de "um pequeno derrame", o que dificilmente surpreende, tendo em vista a tensão que comandar uma guerra representou sobre seu metabolismo notavelmente resistente. "Certamente exaurido", observou Mólotov, Stálin já sofria de artrite, mas era o endurecimento de suas artérias, a arteriosclerose, que reduzia o fluxo de sangue para o cérebro e poderia prejudicar suas faculdades mentais. Após voltar de Potsdam, adoeceu de novo e sentiu-se mais fraco no exato momento em que sua posição era a mais forte. Foi colocado sob o poder dos médicos, uma profissão que desprezava e que havia corrompido (fazendo seu médico Vinográdov testemunhar nos processos dos anos 30). Poskrióbichev, ex-enfermeiro, tornou-se seu médico secreto, receitando comprimidos e remédios.

Essas contradições davam a Stálin uma imprevisibilidade mortal que se desencadeava sobre os que estavam a seu redor. As esperanças e liberdades da guerra não fizeram diferença para sua crença de que a melhor solução para os problemas da União Soviética estava na eliminação de indivíduos. A pobreza de seu império, em comparação com a riqueza crescente dos Estados Unidos, combinava com seu sentimento de que sua energia estava falhando e com os complexos de inferioridade de toda uma vida.

Em geral "calmo, reservado e paciente", com frequência "explodia e tomava decisões irrelevantes e erradas". Khruchióv disse que "depois da guerra, ele não estava muito certo da cabeça". Continuava a ser um supremo manipulador, embora seja provável que a arteriosclerose exacerbasse a irritação, a depressão e a paranoia existentes. Jamais enlouquecia; com efeito, suas mais estranhas obsessões sempre tinham uma base na política real. Apesar disso, a mortalidade o fez perceber a esterilidade que criara dentro de si mesmo: "Sou uma pessoa muito infeliz", disse a Júkov, "tenho medo de minha própria sombra". Mas era sua supersensibilidade que o tornava um político ao mesmo tempo assustador e hábil. Seu medo de perder o controle do império tinha bases reais; até mesmo em seu Politburo, Mikoian sentia que a guerra era uma "grande escola de liberdade", sem necessidade de "retornar ao terror".

Stálin desprezava essa falta de firmeza. Chegou a brincar com ela quando mandou alguns escritores visitar o Japão conquistado e perguntou a Mólotov se eles haviam partido. Sucede que haviam cancelado a viagem. "Por que eles não foram?", perguntou Stálin. "Foi uma decisão do Politburo. Talvez eles não a aprovassem e quisessem apelar ao Congresso do Partido?" Os escritores foram embora rapidamente. Mas ele percebia essa atitude frouxa em toda a sua volta.

"Ele era muito nervoso", disse Mólotov. "Seus últimos anos foram os mais perigosos. Oscilava entre extremos." Tinha ciúmes do prestígio de Mólotov e de Júkov, suspeitava do poder de Béria, e não gostava da enfatuação sem energia de seus magnatas. Mesmo doente e velho, nunca se sentia tão feliz como quando orquestrava uma luta. Era seu dom, seu estado natural. Algumas espinhas tinham de ser dobradas.[2] Stálin governava "por meio de um pequeno grupo próximo a ele em todos os momentos" e o governo formal "deixou de existir". Até mesmo em suas longas férias longe de Moscou, mantinha seu poder supremo dirigindo cada pasta mediante sua relação direta com a autoridade em questão, e ninguém mais. Suas intervenções eram quase deliberadamente caprichosas e inesperadas.

Mais do que nunca, seus cortesãos tinham de saber como lidar com ele, mas, antes, precisavam sobreviver a sua rotina noturna. Não é exagero dizer que, a partir de então, Stálin governou, de Berlim às ilhas Kurile, da mesa de jantar e do cinema. O desafio do próprio tempo é a medida definitiva da tirania: as luzes nas suas capitais — de Varsóvia a Ulan Bator, de Budapeste a Sófia — brilhavam na noite.

Os magnatas se encontravam no Cantinho e depois da reunião o generalíssimo sempre propunha um filme. Conduzia seus convidados ao longo de corredores carpetados de azul e vermelho até o cinema, que fora construído com luxo no antigo jardim de inverno, no segundo andar do grande palácio do Kremlin. Béria, Mólotov, Mikoian e Malenkov eram seus companheiros constantes, mas seus procônsules na Finlândia e na Ucrânia, Jdánov e Khruchióv, também compareciam com frequência.

Depois havia toda uma nova corte de vassalos europeus: seus favoritos eram o líder polonês Boleslaw Beirut, "polido, bem-vestido, bem-educado", um "perfeito cavalheiro com as mulheres", mas um implacável stalinista com "uma fé fanática no dogma", seu vice, Jakob Berman, o presidente tcheco, Clement Gottwald, Matvei Rakosi, da Hungria. O marechal Tito e Milovan Djilas, iugoslavos mais orgulhosos, eram menos apreciados. Cada um deles era honrado com uma ida a Moscou para prestar homenagem e receber a sabedoria sacerdotal e os comandos imperiais de Stálin. Também tinham de aprender a se comportar no cinema e ao jantar.

A visão do generalíssimo e seus guardas se aproximando era aterrorizante para qualquer jovem funcionário que por acaso estivesse passando por esses corredores. Os guardas à paisana andavam 25 passos à frente e dois metros atrás de Stálin, enquanto os guardas uniformizados o seguiam com os olhos. No meio dessa falange de esbirros, caminhando sem fazer barulho, mas com rapidez e agilidade, com as pontas dos pés voltadas para dentro, vinha o pançudo imperador com sua cabeça de homem da montanha, seus ombros inclinados, as rugas cruéis de seu sorriso maroto. Quem quer que o visse se aproximando tinha de se encostar na parede e mostrar as mãos. O jovem diplomata Anatoli Dobrínin viu-se uma vez nesse dilema: "Apertei-me de costas contra a parede". Stálin "não deixou de notar minha confusão" e perguntou "quem eu era e onde trabalhava". Depois "enfatizando suas palavras com um movimento lento do dedo de sua mão direita" diante do rosto de Dobrínin, declarou: "A juventude não deve temer o camarada Stálin. Ele é amigo dela". Dobrínin arrepiou-se.

A caminhada até o cinema levava alguns minutos. Decorado em azul, continha fileiras de poltronas estofadas colocadas aos pares, com mesas entre cada assento com água mineral, vinho, cigarros, caixas de chocolates. O carpete era cinza, com tapetes pequenos espalhados. Antes da chegada de Stálin, os membros do Politburo tomavam seus lugares, deixando a fileira da frente vazia. Eram recebidos pelo ministro do Cinema, Ivan Bolchákov, que dirigia a indústria cinematográfica desde 1939 e se tornara uma presença vital, mas cômica, na comitiva. Bolchákov morria de medo de Stálin, pois seus dois predecessores no cargo haviam sido fuzilados. À medida que Stálin envelhecia, o cinema se tornava um ritual obsessivo, bem como um amparo, e um foro, para governar.

A grande decisão de Bolchákov era qual filme exibir. Para tanto, tentava adivinhar o humor de Stálin. Observava o modo de andar do líder, sua entonação de voz e, às vezes, se estava com sorte, Vlássik ou Poskrióbichev lhe davam uma dica. Se Stálin estivesse de mau humor, Bolchákov sabia que não era uma boa ideia mostrar um filme novo. Stálin era dominado por hábitos: adorava seus velhos preferidos dos anos 30, como *Volga! Volga!*, ou fitas estrangeiras como *Na velha Chicago*, *Missão em Moscou*, a comédia *Aconteceu naquela noite*, ou qualquer filme de Charlie Chaplin.

Stálin possuía agora uma nova filmoteca de fitas americanas, inglesas e alemãs que até recentemente haviam sido propriedade de Goebbels. Se estivesse de mau humor, um dos filmes do ministro alemão o satisfazia. Gostava de fitas de detetive, faroeste, gângster — e apreciava lutas. Não queria saber de nenhum sinal de sexualidade. Quando Bolchákov lhe mostrou certa vez uma cena levemente picante que envolvia uma garota nua, ele bateu na mesa e disse: "Está fazendo disso aqui um bordel, Bolchákov?". Depois foi embora, seguido pelo Politburo, deixando o pobre Bolchákov à espera da prisão. A partir de então, cortava até o menor relance de nudez.

Stálin mandava Bolchákov traduzir os filmes estrangeiros, mas o inglês dele era precário. Assim, passava boa parte de seu tempo preparando essas sessões da meia-noite, fazendo com que intérpretes traduzissem o filme para ele e depois aprendendo o script. Isso era um desafio, pois, a qualquer momento, tinha centenas de filmes para exibir ao generalíssimo. Assim, sua tradução era, em geral, absurdamente óbvia e bem atrasada, chegando muito tempo depois de ficar claro o que a personagem dissera. O Politburo ria e debochava do atarantado Bolchákov por causa de suas traduções. Béria apontava para a tela e gritava: "Vejam, ele está começando a correr". Todos riam, mas Stálin, que evidentemente gostava dessa farsa, nunca pediu um intérprete apropriado. Em 1951, Bolchákov pediu-lhe que aprovasse um filme de Tarzan: pode-se imaginar que sua tradução dos gritos do rei das selvas balançando no cipó e grunhidos de corte a Jane divertiu a plateia. Se Bolchákov passava o velho favorito *Volga! Volga!*, Stálin gostava de se exibir e mostrar como conhecia bem o filme, interpretando cada cena antes do próprio ator.

Se o chefe estava de bom humor, Bolchákov tinha a oportunidade de escolher um filme soviético novo. Stálin continuava a ser o censor de toda a indústria cinematográfica: nenhuma fita podia ser exibida sem sua aprovação pessoal. Quando ficava no Sul durante meses, nenhuma decisão podia ser tomada, e ele precisava ver todos os filmes novos quando voltava.

Quando Stálin se aproximava, Bolchákov assumia seu posto do lado de fora do cinema. Uma vez assustou Stálin movendo-se nas sombras: "Quem é você?", perguntou Stálin. "Por que está se escondendo?" Depois disso, mostrou a carranca para Bolchákov durante semanas. Ao tomar seu lugar na primeira fila com os convidados a seu lado, em geral misturando vinho branco da Geórgia com água mineral, sempre perguntava: "O que o camarada Bolchákov vai nos mostrar hoje?".

Bolchákov anunciava o filme, sentava-se nos fundos e mandava o projecionista começar. Certa ocasião, um deles deixou cair o projetor e quebrou parte do aparelho, o que espalhou mercúrio pelo chão. Foram acusados de tentar assassinar o generalíssimo.*

Stálin conversava durante todo o filme. Gostava de fitas de caubói e admirava Spencer Tracy e Clark Gable, mas também "os maldizia, dando-lhes uma avaliação ideológica", relembrava Khruchióv, "e depois encomendava novos filmes".

* O envenenamento por mercúrio tinha uma tradição especial na corte de Stálin: Iejov borrifara seu próprio escritório com mercúrio e afirmara que Iagoda estava tentando envenená-lo.

Stálin admirava os atores, perguntando com frequência: "Onde vimos esse ator antes?". Após a guerra, atores e diretores participavam amiúde dos jantares de Stálin, em particular Mikhail Tchiaureli, o diretor georgiano de filmes sobre o heroico líder, e os atores que faziam seu papel, Mikhail Guelovani (que fazia Stálin com um sotaque georgiano) e Alexei Diki (cada vez mais, depois da guerra, com sotaque russo). "Você está me observando completamente", disse Stálin a Guelovani. "Você não perde tempo, não é?" Certa vez, perguntou a Diki como ele iria "interpretar Stálin".

"Como o povo o vê", respondeu o ator.

"A resposta certa", disse Stálin, dando-lhe uma garrafa de brandy.

Quando o filme terminava, Stálin sempre perguntava a seu companheiro intelectual: "O que o camarada Jdánov nos diz?". Jdánov dava seu veredicto pomposo, seguido pelo julgamento lacônico de Mólotov e as piadas sarcásticas de Béria. Stálin gostava de fazer graça com os autores: "Se o camarada [diretor ou roteirista] não for bom, o camarada Ulrikh vai assinar sua sentença de morte".

Certa vez, Bolchákov telefonou para Béria e Mólotov para perguntar se *Jukovski*, um filme sobre o aviador, poderia ser lançado no dia da Força Aérea, mas Stálin, de férias, ainda não o vira. A decisão deveria ser dele, responderam os magnatas, então Bolchákov lançou a fita. Quando Stálin voltou, assistiu a *Jukovski* e disse: "Sabemos que você decidiu pô-lo nas telas da União Soviética! Eles querem me enganar, mas é impossível". Bolchákov congelou. "Com que autoridade?", perguntou Stálin. Bolchákov respondeu que havia feito "consultas e decidido".

"Você fez consultas e decidiu", repetiu Stálin calmamente. Levantou-se e caminhou na direção da porta, abriu-a e repetiu: "Você decidiu". E saiu, deixando um silêncio mortal. Depois, reabriu a porta e disse com um sorriso: "Você decidiu corretamente". Se tivesse detestado o filme, teria apenas ido embora, mas não sem antes implicar com Bolchákov.

O ministro do Cinema fazia anotações de todas essas augustas críticas. Pela manhã, telefonava aos diretores ou roteiristas e transmitia os comentários, sem especificar a fonte, porém, sem dúvida, sua voz trêmula e falta de fôlego deixavam óbvio de onde vinham.*

Stálin impunha a política aos filmes, mas também o cinema à realidade. Djilas notou como ele parecia misturar os acontecimentos "do modo como um

* Bolchákov sobreviveu a Stálin e foi vice-ministro de Comércio de Khruchióv. Morreu em 1980.

homem inculto toma a realidade artística pela realidade factual". Deleitava-se com filmes sobre assassinatos de amigos e associados. Khruchióv e Mikoian viram várias vezes um filme inglês — sem dúvida, da coleção de Goebbels — sobre um pirata que rouba o ouro e depois, "um por um", mata seus cúmplices para ficar com a muamba. "Que sujeito, vejam o que ele fez!", exclamou Stálin. Isso era "deprimente" para seus camaradas, que não podiam esquecer que, como disse Khruchióv, "éramos pessoas temporárias".

A posição isolada de Stálin tornava esses filmes cada vez mais poderosos. Após a guerra, ele queria cobrar impostos dos camponeses, ainda que o campo estivesse mergulhado na fome. Todo o Politburo se opôs a isso, o que irritou Stálin. Ele estava convencido de que os camponeses podiam arcar com o imposto e apontou para a abundância mostrada em seus filmes de propaganda, que lhe possibilitavam ignorar a fome. Depois de ver o filme sobre o almirante de Catarina, a Grande, *Uchakov*, ficou obcecado em construir uma frota poderosa, citando um personagem do filme que dizia: "As forças de terra são uma espada em uma das mãos, as forças do mar são uma espada na outra".

Com frequência, insistia em ver dois filmes em seguida e depois, por volta das duas da manhã, dizia: "Vamos procurar alguma coisa para comer", acrescentando, "se vocês têm tempo", como se houvesse escolha.

"Se isso é um convite, com a maior satisfação", respondia Mólotov. Então Stálin voltava-se para seus convidados, muitas vezes Tito ou Beirut: "Quais são seus planos para esta noite?", como se pudessem ter algum àquela hora da madrugada. Stálin ria. "Humm, um governo sem plano de Estado. Vamos comer uma coisinha". A "coisinha" durava, em geral, seis horas intermináveis, até o amanhecer.[3]

Stálin mandava o onipresente Poskrióbichev chamar os carros, mas, quando eles se atrasavam, tremia "de raiva, gritava, ficava com o rosto distorcido, fazia movimentos bruscos e jogava invectivas na cara de seu secretário, que ficava [...] pálido como se tivesse sofrido um ataque cardíaco". O secretário arrebanhava outros convidados, que tinham de se preparar para os jantares, descansando à tarde, porque "os que dormiam à mesa de Stálin tinham um triste fim", disse Khruchióv.* Às vezes, convidava os diretores e atores de cinema georgianos para animar a festa: "Você sabe se Tchiaureli e Guelovani estão em Moscou agora?".

* As famílias dos magnatas reconheciam a espera tensa pelo convite dos secretários de Stálin para ir ao cinema ou à datcha. Nos fins de semana, única chance que tinham de ver as famílias, os líderes

Os convidados estrangeiros iam junto com Stálin, que sentava sempre no assento dobrável, atrás do motorista e, às vezes, acendia uma luz acima de sua cabeça para ler. Mólotov costumava ficar no outro assento dobrável, enquanto Jdánov e os outros convidados iam nos assentos traseiros. Béria e Malenkov, "aquele par de salafrários", como Stálin os chamava, sempre compartilhavam um carro.* Enquanto os carros se dirigiam para fora da cidade à velocidade que Stálin apreciava, ele planejava a rota, tomando "estranhos desvios" para confundir terroristas.

Depois de andar pouco mais de quinze quilômetros pela Rodovia do Governo, chegavam a uma barreira, dobravam à esquerda e se aproximavam de um capão de abetos novos. Após outro ponto de verificação, entravam pelos portões de Kuntsevo. Uma vez dentro, passavam por um grande mapa no hall, onde Stálin, Jdánov e Mólotov paravam para fazer declarações geopolíticas grandiosas e tomar decisões caprichosas. Jdánov, seu rival Malenkov e Voznessenski sempre traziam suas agendas prontas para registrar as ordens de Stálin, enquanto Mólotov e Mikoian, velhos bolcheviques, se consideravam acima desse puxa-saquismo.

Os lavatórios ficavam no porão e, quando os convidados se lavavam antes do jantar, Mólotov gracejava nos mictórios: "Chamamos isso de descarregar antes de carregar!". Esse lavatório era um dos poucos lugares de Moscou onde os magnatas podiam se dar ao luxo de uma discussão honesta. Béria e os outros sussurravam uns com os outros sobre o tédio das histórias de Stálin de seu exílio na Sibéria. Quando ele contou que havia esquiado doze quilômetros para matar doze perdizes, Béria, que já começava a detestar Stálin, contestou: "Ele está simplesmente mentindo!".

Eles entravam na espaçosa sala de jantar onde havia uma longa mesa com cerca de catorze cadeiras cobiçadas de cada lado; havia cadeiras muito confortáveis ao lado da mesa, janelas altas com longas cortinas e dois lustres e luzes colocadas nas paredes. Como em todas as casas de Stálin, as paredes, os pisos e tetos eram

---

ficavam especialmente tensos sempre que o telefone tocava. Não comiam durante o dia para deixar espaço para o infindável desfile de pratos. Mas, quando a chamada chegava, Serguei Khruchióv notava a rapidez com que seu pai partia.

* Os motoristas dos líderes ficavam muito contentes quando seus chefes eram convidados à casa de Stálin. Vorochílov era agora convidado com menos frequência que antes da guerra. "Meu velho não é mais tão convidado a ir lá", queixou-se seu veterano chofer.

feitos de painéis de pinho claro da Carélia. Era tão limpo, tão quieto e tão "isolado do outro mundo" que os visitantes se imaginavam "em um hospital".

Stálin sentava sempre à esquerda da cabeceira da mesa, com Béria na ponta, com frequência como *tamada*, e o convidado de honra à esquerda de Stálin. Assim que se sentavam, começavam a beber. De início, era civilizado, com algumas garrafas de vinho, às vezes o fraco "suco" georgiano e algum champanhe, que Stálin apreciava muito. Mikoian e Béria costumavam trazer vinho.

"Sendo caucasiano, você entende de vinho mais que os outros, experimente...", dizia Stálin. Logo ficou claro que ele testava os vinhos para ver se estavam envenenados; então pararam de trazê-los. Stálin fornecia seu próprio vinho e cordialmente abria ele mesmo as garrafas. À medida que a noite avançava, os brindes de vodca, vodca apimentada e brandy se tornavam mais insistentes, até que mesmo esses beberrões contumazes ficassem totalmente bêbados. Stálin gostava de culpar Béria pelo excesso de bebedeira. Nos jantares georgianos, o anfitrião costumava brincar de forçar seus convidados a beber e se ofender se eles resistissem. Mas, agora, essa hospitalidade estava grosseiramente distorcida e não representava senão poder e medo. Depois das bebedeiras de Stálin em 1944-5, o professor Vinográdov recomendou que cortasse a bebida e ele começou a tomar somente vinho diluído com água. Não obstante, às vezes bebia demais, e Svetlana o viu cantando um dueto com o ministro da Saúde, orgulhoso apesar das duas pernas amputadas. Forçar seus duros camaradas a perder o controle sobre si mesmos se tornou seu esporte e uma medida de seu domínio.

A bebedeira começava com Stálin, não com Béria: ele "nos forçava a beber para soltar a língua", escreveu Mikoian. Stálin gostava do velho jogo de adivinhar a temperatura. Quando Djilas estava presente, Béria errou por três graus e teve de tomar três vodcas. Béria, que Svetlana chamou de "um magnífico espécime moderno do cortesão astuto", reforçava o desejo de Stálin de ver seus cortesãos se humilhar e policiava a bebedeira, assegurando-se de que ninguém evitasse uma rodada. "Vamos, beba como todo mundo", atormentava ele a Mólotov, porque "sempre queria se exibir diante de Stálin — nunca ficava para trás se Stálin dizia alguma coisa". Às vezes, o generalíssimo defendia os visitantes estrangeiros e poupava Kaganóvitch porque "os judeus não são grandes bebedores". Mesmo durante essas sessões, a mente de Béria pulsava com imagens eróticas: depois de forçar Djilas a beber vodca com pimenta, zombou dizendo que "é ruim para as glândulas sexuais". Stálin observou o convidado para ver se ele estava chocado, "pronto para cair na gargalhada".

Em segredo, Béria odiava essas sessões de bebedeira e queixava-se amargamente a Nina, Khruchióv e Mólotov. Nina perguntou por que ele fazia aquilo: "A gente precisa se colocar no mesmo nível das pessoas com quem está", respondeu, mas havia mais do que isso em seu comportamento. Béria deleitava-se com seu poder: nisso, como em muitas outras coisas, "eu não podia resistir". Khruchióv concordava que os jantares eram "terríveis".

Às vezes, a bebedeira nessas farras era tão intensa que os potentados, tal como estudantes bêbados, saíam cambaleando para vomitar, se sujavam ou simplesmente tinham de ser carregados para casa por seus guardas. Stálin elogiava a capacidade de Mólotov, mas às vezes até ele ficava borracho. Poskrióbichev era o vomitador mais prolífico. Khruchióv era um beberrão prodigioso, ansioso para agradar tanto a Stálin como a Béria. Às vezes, ficava tão ébrio que Béria o levava para casa e o punha na cama, que ele imediatamente molhava. Jdánov e Scherbakov não conseguiram controlar a bebedeira e se tornaram alcoólatras: o último morreu dessa doença em maio de 1945, mas Jdánov tentou lutar contra o alcoolismo. Bulgánin era "praticamente um alcoólatra!". Malenkov só ficou mais inchado.

Béria, Malenkov e Mikoian conseguiram subornar um garçom para que lhes servisse "água colorida", mas Scherbakov os denunciou a Stálin. Após traçar alguns conhaques colossais, Mikoian cambaleou para fora da sala de jantar e encontrou uma pequena sala ao lado, com um sofá e uma pia. Jogou água na cara, deitou-se e conseguiu dormir por alguns minutos, o que se tornou um hábito secreto. Mas Béria delatou-o para Stálin, que já estava se virando contra o armênio: "Quer ser mais espertinho que o resto, não é?", disse Stálin devagar. "Espero que não se arrependa depois!" Essa era sempre a ameaça *chez* Stálin.[4]

Os vassalos da Europa Oriental de Stálin não se comportavam melhor. Gottwald ficou tão embriagado que pediu que a Tchecoslováquia se unisse à União Soviética. Sua esposa, que o acompanhava, apresentou-se heroicamente como voluntária: "Camarada Stálin, permita-me beber no lugar de meu marido. Beberei por nós dois". Rakosi cometeu a estupidez de dizer a Béria que os soviéticos eram "beberrões". "Vamos cuidar disso", zombou Stálin, que se uniu a Béria na pressão para encher o húngaro de bebida.

No verão, os convidados se arrastavam para as varandas. Stálin pedia conselhos a Béria ou Khruchióv sobre suas rosas (que ele podava amorosamente), seus limoeiros, verduras e legumes. Supervisionou a plantação de uma horta onde criou variedades, tais como o cruzamento de abóboras com melancias. Alimentava as aves todos os dias. Uma vez, Béria fez uma estufa de presente para ele: "Quem foi o idiota que mandou fazer isso?", perguntou Stálin. "Quanta eletricidade vai gastar com holofotes?" Mandou derrubá-la.

O padrão das brincadeiras grosseiras de bêbados não era muito melhor que o de uma república estudantil. Khruchióv e Poskrióbichev empurraram Kulik para dentro do lago — eles sabiam que Stálin perdera o respeito pelo bufão. Kulik, famoso pela força, saiu do lago ensopado e correu atrás de Poskrióbichev, que se escondeu nos arbustos. Béria advertiu: "Se alguém tentar fazer isso comigo, faço picadinho dele". Poskrióbichev era periodicamente jogado no lago, até que os guardas, preocupados com a possibilidade de um magnata bêbado se afogar, trataram discretamente de esvaziar o lago. O infantilismo deliciava Stálin: "Vocês são umas crianças!".

Num final de tarde, Béria sugeriu que dessem uns tiros no jardim. Havia codornas numa gaiola. "Se não atirarmos nelas, os guardas as comerão", disse Béria. O líder, que provavelmente já estava bêbado, saiu cambaleando e pediu algumas armas. Velho, fraco e embriagado, primeiro se sentiu "tonto" e atirou no chão, quase acertando Mikoian. Depois atirou para o ar e conseguiu acertar seus guarda-costas, coronéis Tukov e Khrustáliov, com chumbo. Pediu desculpas a eles, mas culpou Béria.*

Na sala de jantar, as criadas, camponesas gorduchas com aventais brancos, tal como enfermeiras vitorianas, surgiam com uma variedade de pratos georgianos que colocavam sobre o aparador, ou no outro lado da mesa imensa, e depois desapareciam. Quando estava servindo chá a Stálin e aos poloneses, uma delas parou e hesitou. Stálin notou de imediato: "O que ela está querendo escutar?". Se não havia eminências estrangeiras, o jantar era servido por uma das criadas, em geral Váletchka, e um guarda-costas. Os convidados se serviam, depois se reuniam a Stálin à mesa.

"Aos poucos, Stálin começou a se interessar muito por sua comida", relem-

* Esse episódio se parece com o do imperador Napoleão, que numa excursão de caça cegou um olho do marechal Masséna. O incidente convenceu Béria e Khruchióv ainda mais de que as histórias de caçadas de Stálin eram mentiras e que ele era incapaz de atirar.

brou Mikoian. O fatigado generalíssimo procurava recuperar sua energia "com uma enorme quantidade de comida, apropriada para uma pessoa muito maior". "Comia pelo menos duas vezes mais que eu", escreveu Mikoian. "Pegava um prato fundo, misturava duas sopas nele, depois, num costume do campo que eu conhecia de minha própria aldeia, jogava pão esfarelado na sopa quente e recobria tudo com outro prato — e depois comia tudo até o fim. A seguir vinham as entradas, o prato principal e muita carne." Ele gostava de peixe, em especial de arenque, mas "também de carne de caça — galinha-d'angola, patos, frangos" e codornas cozidas. Chegou mesmo a inventar um prato que chamou de *Aragvi*, feito de carne de carneiro com berinjelas, tomates, batatas e pimenta-do-reino, tudo em um molho picante, que pedia com frequência. Contudo, era tão desconfiado que tentava persuadir Khruchióv, o mais guloso dos magnatas, a experimentar seu carneiro ou arenque ante de comê-los.

Os jantares eram uma espécie de imperialismo culinário, projetados para impressionar com sua simplicidade e provocar admiração com seu poder — e funcionavam. Enquanto os independentes iugoslavos ficavam consternados pela grosseria da companhia, os dóceis poloneses se impressionavam com o "delicioso urso assado" e consideravam seu anfitrião "um homem encantador" que os tratava com cordialidade paternal, sempre perguntando se suas famílias estavam gostando das férias na Crimeia. Com gente de fora, Stálin mantinha seu antigo dom de ser um praticante magistral do "toque humano". Esse charme tinha seus limites. Beirut insistiu em perguntar a Stálin o que acontecera aos comunistas poloneses que haviam desaparecido em 1937.

"Lavrenti, onde estão eles?", perguntou Stálin a Béria. "Eu falei para você procurá-los, por que não os encontrou?" Stálin e Béria compartilhavam um prazer por esses jogos sinistros. Béria prometeu procurar os poloneses desaparecidos, mas, quando Stálin não estava escutando, voltou-se para Beirut: "Por que encher o saco de Ióssif Vissariónovitch? Para com isso, larga do pé dele. Ou vai se arrepender". Beirut não mencionou mais seus amigos perdidos.

Stálin sofria de dentes ruins que afetavam sua corte, pois só comia o cordeiro mais macio ou a fruta mais madura. Suas dentaduras, quando foram colocadas, desencadearam uma nova competição feroz. Esse comilão insistia também na austeridade bolchevique, dois instintos que eram difíceis de combinar quando os cortesãos competiam para lhe dar os melhores pedaços. Uma vez, apreciou um cordeiro delicioso, mas perguntou a um guarda-costas: "De onde vem o cordeiro?".

"Do Cáucaso", respondeu o guarda.

"Que combustível você usou no avião? Água? Esta é uma das brincadeiras de Vlássik!"* Stálin mandou montar uma fazenda em Kuntsevo, onde era possível manter vacas, ovelhas e galinhas, e o lago estocado com peixes, administrada por uma equipe de três especialistas agrícolas. Quando Béria entregou trinta rodovalhos, Stálin provocou os guardas: "Vocês não conseguiram achar rodovalhos, mas Béria conseguiu". Os guardas mandaram os peixes para análise de laboratório e revelaram que estavam podres.

"Não se pode confiar naquele trapaceiro", disse Stálin. Apesar de sua barriga crescente, Stálin criticava a pança em expansão de "Malania" Malenkov, ordenando-lhe que fizesse exercícios a fim de "recuperar a aparência de um ser humano". Béria aproveitou para implicar com seu aliado: "Então, aquela aparência de ser humano, onde está? Você perdeu algum peso?".

Mas a glutonaria de Khruchióv divertia Stálin, que cochichou para os guardas: "Ele precisava de mais dois peixes e alguns faisões, o glutão!". Contudo, estimulava o esférico Khruchióv a comer mais: "Veja! Os miúdos, Nikita. Você já os experimentou?". Os potentados tentavam controlar sua dieta comendo apenas frutas e verduras um dia por semana para "desintoxicar", mas parece que isso não funcionava. Béria insistia em comer somente verduras, pois já estava tão gordo quanto Malenkov.

"Bem, camarada Béria, aqui está seu capim", anunciou a governanta de Stálin.[5]

Stálin acreditava que seus jantares se pareciam com uma "sociedade de jantares políticos", mas seu "colega intelectual" Jdánov o persuadiu de que suas

* Vlássik e o general Sacha Egnatachvili, o confiável filho do estalajadeiro de Gori e protetor de Keké, eram provavelmente os responsáveis pela comida de Stálin, que era preparada num laboratório do MGB chamado "A Base" e depois marcada com um "Não encontrados elementos venenosos". Um livro recente sustenta que Egnatachvili era o provador da comida de Stálin, o que é obviamente um mito. Porém, Stálin fazia amiúde sua comitiva experimentar a comida e o vinho antes dele. Quando ia a uma festa, levava sua própria caixa de vinhos e seus cigarros, que abria pessoalmente. Só comia ou bebia se ele próprio tivesse rompido o selo, deixando a comida, o vinho inacabado e os cigarros para serem divididos por Vlássik. O desperdício era imenso; a tentação de venalidade, irresistível, mas perigosa. Vlássik jamais resistia a essas guloseimas.

amplas discussões eram o equivalente dos simpósios dos gregos antigos. Não obstante, esses ajuntamentos salpicados de vômito foram o mais perto que ele chegou do governo de gabinete. O império era realmente "governado da mesa de jantar", disse Mólotov. A liderança era como "uma família patriarcal com um chefe extravagante cujas fraquezas deixavam o pessoal de casa apreensivo", mas "não oficialmente e de fato", escreveu Djilas, "uma parte significativa da política soviética tomava forma nesses jantares. Era ali que o destino da vasta terra russa, dos territórios recém-conquistados e [...] da raça humana era decidido". A conversa ia de piadas e literatura "aos mais graves assuntos políticos". O Politburo trocava informações sobre seus feudos, mas a informalidade era ilusória: "O visitante incauto talvez não detectasse nenhuma diferença entre Stálin e os outros, mas ela existia".

Durante o jantar, Jdánov, "o Pianista", era o mais loquaz, exibindo-se sobre sua última campanha cultural ou resmungando que Mólotov deveria deixá-lo anexar a Finlândia, enquanto seu principal rival, o superfuncionário obeso Malenkov, ficava geralmente em silêncio: "Cautela extrema com Stálin" era sua política. Béria, o mais bajulador e, ao mesmo tempo, o mais irreverente, era hábil em provocar e manipular Stálin, ou, como disse sua esposa, "brincar com o tigre"; ele podia derrubar a proposta de qualquer um, se não a tivessem antes discutido com ele. Béria era "muito poderoso", porque era capaz de "pegar o momento certo para [...] tirar vantagem da boa ou má vontade de Stálin".

Quando os estrangeiros estavam ausentes, decidia-se amiúde o destino de pessoas. Contudo, Stálin falava de seus conhecidos assassinatos durante os anos 30 "com o distanciamento calmo de um historiador, não mostrando pena nem raiva, apenas um leve humor". Certa vez, foi até um dos seus marechais que fora preso e libertado: "Ouvi dizer que você esteve recentemente em confinamento".

"Sim, camarada Stálin, estive, mas eles resolveram meu caso e me soltaram. Mas quanta gente boa e notável pereceu lá."

"É, perdemos muita gente boa e notável", Stálin murmurou pensativo. Depois saiu da sala para o jardim. Os cortesãos viraram-se contra o marechal: "O que você disse ao camarada Stálin?", exigiu Malenkov, que sempre se comportava como o bedel da escola. "Por quê?" Então Stálin reapareceu com um buquê de rosas na mão e o presenteou ao marechal, como se fosse um estranho pedido de desculpas.

* * *

O poder supremo é, com frequência, o poder supremo de entediar: nada supera o tédio obrigatório e a verbosidade inebriada do monarca absoluto em declínio. O velho generalíssimo se tornara repetitivo, irritável e esquecido. Béria e Khruchióv sabiam de cor as exageradas aventuras dele no exílio, suas viagens a Londres e Viena, os espancamentos da infância nas mãos de seu pai. Stálin repisava cada vez mais a curiosa felicidade de seu exílio, talvez a única felicidade verdadeira que conhecera. Ele recebeu um apelo de um amigo de seu exílio em Turukhansk, durante a Primeira Guerra Mundial: "Ouso perturbá-lo da aldeia de Kureika", escreveu um velho mestre-escola chamado Vassíli Solómin, que vivia com uma pensão de 150 rublos. "Lembro quando [...] você pescou um esturjão. Quanta felicidade aquilo me deu!"

"Recebi sua carta", respondeu Stálin. "Não esqueci de você e de meus amigos de Turukhansk e tenha certeza de que jamais o esquecerei. Mando-lhe 6 mil rublos de meu salário. A quantia não é muito grande, mas será útil. Boa saúde, Stálin."

Cada magnata policiava os outros, em vigilância constante para proteger seus interesses e evitar provocar o velho tigre. Tornava-se mais e mais difícil discutir a verdadeira política. Quando Mikoian contou a Stálin que havia escassez de alimentos, o líder ficou ansioso e, enquanto se banqueteava com uma miríade de pratos, perguntou várias vezes: "Por que não há comida?".

"Pergunte a Malenkov, ele é o encarregado da Agricultura", retrucou Mikoian. Naquele momento, os calcanhares de Béria e Malenkov caíram pesados sobre o pé de Mikoian, sob a mesa. "De que serve isso?", os dois atacaram Mikoian depois. "Só serve para irritar Stálin. Ele começa a atacar um de nós. Só devemos contar-lhe o que ele gosta de ouvir para criar uma atmosfera simpática, não para estragar o jantar!"[6]

Eles estudavam Stálin como se fossem zoólogos, para descobrir seus humores, conquistar seu favor e sobreviver. A chave era compreender sua mistura peculiar de desconforto supersensível e arrogância histórico-mundial, seu desejo de ser aceito e sua crueldade impiedosa; era vital não deixá-lo ansioso. Quando o irmão de Mikoian, projetista de aviões, estava em dificuldades, ele "aconselhou Artiom sobre como lidar com Stálin". Khruchióv notou de que maneira o polonês Beirut "conseguiu evitar o desastre porque sabia como lidar com Stálin".

Havia certas regras fundamentais que se parecem com o conselho dado a um turista sobre como se comportar se tiver o azar de encontrar um animal selvagem em seu acampamento de férias. A primeira regra era olhar direto nos olhos. Se assim não fosse, ele perguntava: "Por que você não está me olhando nos olhos hoje?". Mas era perigoso olhar demais em seus olhos: Gomulka, um dos líderes poloneses, tomou notas e mostrou respeito, mas a intensidade de seu olhar deixou Stálin nervoso: "Que tipo de sujeito é Gomulka? Ele fica sentado ali todo o tempo olhando em meus olhos como se procurasse alguma coisa". Seria um agente?

O visitante tinha de manter a calma em todas as circunstâncias: o pânico alarmava Stálin. Beirut "jamais deixou Stálin nervoso e constrangido". Os visitantes deviam mostrar respeito fazendo anotações, tal qual Malenkov, mas não de modo frenético, como Gomulka: "Por que ele traz um bloco de anotações?", perguntava-se o líder. Se os guardas batiam os calcanhares com excesso de formalidade, Stálin perdia a paciência: "Quem você pensa que é? O soldado Schweik?", dardejava. Contudo, de modo geral, firmeza e humor funcionavam bem com ele: admirava e protegia Júkov e apreciava Khruchióv por suas opiniões fortes.

Ele sabia que Béria e Malenkov tentavam prefixar as decisões e por isso apreciava a honestidade de Voznessenski. Mas não gostava mais da franqueza dos velhos camaradas. Vorochílov, "o mais ilustre dos próceres soviéticos", de quem ele agora desconfiava por seu gosto pelo esplendor e pelo círculo boêmio, tentou relembrá-lo da longa amizade: "Não lembro", retrucou Stálin. Mikoian era um dos mais francos e contradizia amiúde o líder, o que fora aceitável durante a guerra, mas não mais: certa vez, quando estavam discutindo a ofensiva de Khárkov, Mikoian deixou escapar corajosamente que a culpa do desastre era de Stálin. O gênio militar ficou furioso, tornando-se ainda mais desconfiado de Mólotov e Mikoian.

Os potentados jamais podiam se encontrar em particular: "O perigo rondava amigos e amizades", escreveu Serguei Khruchióv. "Uma reunião inocente podia terminar de modo trágico." Quando Khruchióv, Malenkov, Mekhlis, Budiony e outros moravam na rua Granovski, praticamente não se visitavam. Stálin saboreava seus ódios mútuos: Béria e Malenkov detestavam Jdánov e Voznessenski; Mikoian odiava Béria; Bulgánin odiava Malenkov. Suas residências estavam agora todas grampeadas. ("Fui grampeado a vida inteira", admitiu Mólotov quando seu guarda-costas lhe contou que sua própria casa estava grampeada.) Mas Béria afirmava que fazia deliberadamente críticas à política em casa porque, de outro modo, Stálin nutriria suspeitas. A importância deles dependia, não da antiguidade, mas puramente de suas relações com o líder. Assim Poskrióbichev, um faz-tudo, embora membro do CC, insultou Mikoian, um membro do Politburo, quando este último estava em desfavor.

Stálin tinha de ser consultado a respeito de tudo, por menos importante que fosse o assunto, mas ao mesmo tempo não queria ser importunado por decisões porque isso também o deixava nervoso. Béria jactava-se de que, enquanto Iejov corria para Stálin com cada detalhe, ele só o consultava em questões importantes. Se o líder estava de férias, a opção mais segura era não tomar nenhuma decisão, estratégia aperfeiçoada por Bulgánin, que, em consequência, subiu na hierarquia sem deixar traço. Se houvesse dúvida, era apelar para a sagacidade de Stálin: "Sem você, ninguém resolverá este problema", dizia um bilhete. Ele gostava de escutar a opinião dos outros antes de dar a sua, mas Mikoian preferia "esperar para ouvir o que Stálin vai dizer".

Béria disse que a única maneira de sobreviver era "atacar primeiro". Era sensato denunciar seus companheiros sempre, ou, como Vichinski disse, "manter as pessoas em posição crítica". Quando Mólotov cometia um erro, Vichinski se regozijava. Mas os denunciantes estavam em situação crítica também. Manuilski escreveu uma denúncia de dez páginas de Vichinski: "Prezado camarada Stálin, dirijo-me a você sobre o caso de Vichinski [...]. No exterior, sem controle do CC, ele é uma pessoa que se atribui importância pequeno-burguesa sem limites, para quem seus interesses próprios assumem precedência". Stálin decidiu não fazer nada a respeito disso, mas, como sempre, informou a vítima. Mais tarde, no mesmo dia, Vichinski foi visto refletindo sobre sua situação: "Estou só teoricamente vivo. Apenas sobrevivi ao dia. Bem, pelo menos já é alguma coisa, graças a Deus!".

A regra dominante era não esconder nada de Stálin: Jdánov neutralizou sua crise em Leningrado e Khruchióv seu trotskismo de juventude fazendo confissões submissas ao líder. O olho de Stálin para qualquer fraqueza era aquilino: quando Vichinski ficou doente e se retirou de uma reunião diplomática, Stálin ficou sabendo no mesmo instante e telefonou para o subordinado dele, Gromyko: "O que aconteceu com Vichinski? Ele estava bêbado?". Gromyko disse que não. "Mas os médicos dizem que ele é alcoólatra [...]. Certo, tudo bem!"[7]

* * *

Após o jantar, Stálin fazia um brinde solene a Lênin, cujo busto iluminado tremeluzia na parede: "Para Vladímir Illich, nosso líder, nosso mestre, nosso tudo!". Mas essa bênção sacerdotal encerrava todo o decoro remanescente. Quando não havia estrangeiros presentes, Stálin criticava Lênin, o herói que se havia voltado contra ele, e chegou mesmo a contar para o jovem Sergo Béria histórias sobre casos de Lênin com suas secretárias. Para Khruchióv, "no final de sua vida, ele perdeu o controle sobre o que dizia". Era provavelmente depois das quatro da manhã; os convidados estavam desesperadamente bêbados, cansados e nauseados, mas o onipresente insone permanecia desperto, vigilante e quase sóbrio.

Havia um curto descanso para lavar as mãos, outra oportunidade para revirarem os olhos para o último pecadilho de Stálin: os magnatas riam à socapa da quantidade crescente de cadeados nas portas e cochichavam sobre outra das bazófias dele a respeito de suas aventuras com a bebida: "Você vê, mesmo na juventude ele já bebia demais!". Depois voltavam ao jantar, que agora caía no nível de um clube do Bolinha primitivo.

Às vezes, o próprio Stálin "ficava tão bêbado que tomava liberdades como jogar um tomate em alguém", disse Khruchióv. Béria era o mestre das brincadeiras de mau gosto, junto com Poskrióbichev. Os dois convidados mais dignos, Mólotov e Mikoian, tornaram-se vítimas à medida que a desconfiança de Stálin em relação a eles se tornou mais maligna. Béria tomava por alvo o esplendor elegante do "vistoso" Mikoian. Stálin zombava de seus "ares elegantes", enquanto Béria se deliciava jogando o chapéu do armênio nos galhos dos pinheiros, onde permanecia. Enfiava tomates maduros no terno de Mikoian e depois o "empurrava contra a parede", para que explodissem em seu bolso. Mikoian começou a trazer calças sobressalentes para o jantar. Ao chegar em casa, Achken achou ossos de frango em seus bolsos. Stálin sorria quando Mólotov sentava num tomate ou Poskrióbichev engolia de um trago uma vodca cheia de sal que o faria vomitar. Poskrióbichev apagava com frequência e tinha de ser carregado. Béria escreveu certa vez "pentelho" num pedaço de papel e o grudou nas costas de Khruchióv, que não notou e todo mundo deu gargalhadas. Khruchióv nunca esqueceu a humilhação.

Às vezes, Svetlana aparecia durante o jantar, mas não conseguia esconder seu constrangimento e desgosto. Ela achava que os magnatas se pareciam com "os boiardos de Pedro, o Grande", que quase se matavam bebendo para divertir o czar em seu "Sínodo" embriagado.

Depois do jantar, "Stálin tocava o gramofone, considerando isso seu dever de cidadão. Jamais o abandonava", disse Berman. Deleitava-se com seus discos cômicos, inclusive um "em que os gorjeios de uma cantora eram acompanhados pelos latidos e uivos de cães", o que sempre o fazia rir com hilaridade. "Então, isso ainda é engenhoso, diabolicamente engenhoso!" Marcava os discos com comentários: "Muito bom!".

Stálin instava seus magnatas a dançar, mas não era mais o rodopio divertido, leve e saltitante de Vorochílov e Mikoian. Isso também se tornara um teste de energia e força. O próprio Stálin "arrastava os pés com os braços abertos" ao estilo georgiano, ainda que tivesse "senso de ritmo".

"Camarada Ióssif Vissariónovitch, como você está forte!", falava alegremente alguém do Politburo. Então ele parava e ficava soturno: "Ah, não. Não vou viver por muito tempo. As leis fisiológicas estão impondo sua vontade".

"Não, não", recitava Mólotov. "Camarada Ióssif Vissariónovitch, precisamos de você, você ainda tem uma longa vida pela frente!"

"A idade chegou sem que eu visse e já sou um homem velho!"

"Absurdo. Você está com ótima aparência. Está aguentando maravilhosamente."

Na presença de Tito, Stálin deixou de lado essas frases tranquilizadoras e disse para seu convidado, cujo assassinato ordenaria mais tarde: "Tito deveria cuidar de si mesmo caso alguma coisa aconteça com ele. Porque não vou viver por muito mais tempo". Virou-se para Mólotov: "Mas Viatcheslav Mikhailovitch ficará aqui". Mólotov ficou constrangido. Então, numa bizarra demonstração de sua virilidade, Stálin declarou: "Ainda há força em mim!". Enfiou os braços sob os de Tito e por três vezes o ergueu do chão, ao ritmo de uma canção folclórica russa que tocava no gramofone, um *pas-de-deux* que era o equivalente tirânico de Nureiev e Fonteyn.

"Quando Stálin diz dance", contou Khruchióv a Mikoian, "um homem sábio dança." Ele obrigou o suado Khruchióv a baixar os quadris e dançar o *gopak*, o que o fez parecer "uma vaca dançando sobre gelo". Bulgánin "sapateou". Mikoian, "dançarino reconhecido" ainda, conseguia fazer sua selvagem *lezginka*, e "nosso dançarino da cidade" Mólotov valsava imaculadamente, exibindo um improvável talento para a dança. Desde os anos 30, o número de Mólotov nas festas era dançar seriamente com outro homem, para as gargalhadas de Stálin; seu último parceiro, Póstichev, fora fuzilado havia muito tempo.

O chefe da Segurança polonês Berman ficou espantado quando o ministro do Exterior soviético o tirou para dançar uma valsa. "Eu só mexi os pés ao ritmo, como uma mulher", disse Berman. "Mólotov conduziu. Ele não era um mau dançarino. Tentei acompanhar, mas eu parecia mais estar fazendo uma palhaçada do que dançando. Foi agradável, mas havia uma tensão interna." Stálin observava ao lado do gramofone, sorrindo matreiro enquanto Mólotov e Berman deslizavam pela sala. Era ele que "realmente se divertia", disse Berman. "Para nós, essas sessões de dança eram uma boa oportunidade para cochicharmos coisas que não podiam ser ditas em voz alta." Mólotov advertiu Berman "sobre estar infiltrado por várias organizações hostis", um aviso combinado com Stálin.*

Era rara a presença de mulheres nesses jantares, mas elas eram, às vezes, convidadas para o Ano-Novo ou o aniversário de Stálin. Quando Nina Béria estava em Kuntsevo com o marido, Stálin perguntou-lhe por que não estava dançando. Ela disse que não estava com vontade, então Stálin foi até um jovem ator e mandou que ele a tirasse para dançar, com o objetivo de provocar Béria, que ficou furioso. Svetlana odiava suas visitas a essas orgias. Stálin insistia para que ela dançasse também: "Vamos lá, Svetlana, dance! Você é a anfitriã, portanto dance!".

"Eu já dancei, papai. Estou cansada." Stálin puxou os cabelos dela, expressando sua "perversa afeição em sua forma estúpida". Quando ela tentou fugir, ele chamou: "Camarada anfitriã, por que deixou a nós, pobres criaturas ignorantes, sem [...] direção? Conduz-nos! Mostre-nos o caminho!".

Quando Jdánov tocava piano, eles cantavam hinos religiosos, hinos brancos e canções folclóricas georgianas, como "Suliko". Quando os atores e diretores georgianos como Tchiaureli estavam presentes, a diversão era ainda maior. As "imitações, canções, anedotas de Tchiaureli faziam Stálin rir". Ele adorava cantar

* Essa dança masculina simboliza a sinistra degenerescência da ditadura de Stálin, mas não era sem par. Em novembro de 1943, na festa do Dia de Ação de Graças oferecida pelo presidente Roosevelt no Cairo, logo antes de partirem para se encontrar com Stálin em Teerã, houve escassez de parceiras femininas. Então Churchill dançou alegremente com o assistente militar de FDR, general Edwin "Pa" Watson.

e era muito bom nisso. Os dois meninos do coro, Stálin e Vorochílov, juntavam-se a Béria, Mikoian e Jdánov ao piano.*

Ao amanhecer, a nostalgia obsessiva dessas canções dos mundos perdidos dos seminários e coros de igreja era instantaneamente destruída pelas explosões de raiva e desdém de Stálin. Nas palavras de Khruchióv, "um interrogador razoável não se portaria como um criminoso empedernido, que era o modo como Stálin se comportava com amigos à mesa". Quando Mikoian discordou do líder, ele disparou: "Vocês ficaram velhos. Vou substituir todos vocês".

Por volta das cinco da manhã, Stálin dispensava seus exaustos camaradas, amiúde tão bêbados que mal podiam andar. Os guardas chamavam os carros e os motoristas "levavam embora suas cargas". A caminho de casa, Khruchióv e Bulgánin relaxavam, aliviados por ter sobrevivido: "Nunca se sabe se a gente vai para casa ou para a prisão", murmurou Bulgánin.

Os guardas trancavam as portas da datcha e se retiravam para a casa da guarda. Stálin deitava-se em um de seus divãs e começava a ler. Por fim, a bebida e a exaustão acalmavam seu dínamo obsessivo. Ele dormia. Seus guarda-costas notavam as luzes se apagarem nos aposentos de Stálin: "Nenhum movimento".[8]

* Eles ficavam tão contentes com essas sessões que fizeram uma gravação dessa banda masculina assassina, com Vorochílov nos vocais, apoiado por Jdánov ao piano. É possível escutar as belas vozes e o som do piano de uma noite em Kuntsevo. Essa notável gravação encontra-se com a família Jdánov.

47. A chance de Mólotov: "você faz qualquer coisa quando está bêbado!"

"A guerra acabou comigo", admitiu Stálin. Em outubro de 1945, ele estava doente de novo. Durante um jantar, declarou de repente: "Que Viatcheslav assuma agora. Ele é mais jovem". Kaganóvitch, aos soluços, implorou ao líder que não se aposentasse. Não há honra menos invejável que ser designado herdeiro por um tirano assassino. Mas então Mólotov, o primeiro de uma linhagem mortal de sucessores potenciais, ganhou sua chance de atuar como líder substituto.

A 9 de outubro, Stálin, Mólotov e Malenkov votaram "para dar ao camarada Stálin férias de um mês e meio", e o generalíssimo partiu em seu trem especial para Sotchi e depois Gagra, junto ao mar Negro. Em algum momento entre 9 e 15 de outubro, Stálin sofreu um ataque cardíaco grave. Uma fotografia do arquivo da família de Vlássik mostra-o visivelmente doente, seguido pelo ansioso Vlássik, provavelmente chegando em Sotchi, uma mansão verde de dois andares construída em torno de um pátio. Depois ele foi mais para o sul, até Riacho Frio, sua residência perto de Gagra. Tratava-se de um refúgio inexpugnável, cortado na rocha, no alto de um penhasco sobre o mar. Transformada por Merjánov numa casa que se parecia muito com Kuntsevo, passou a ser sua principal residência meridional pelo resto da vida, uma espécie de Camp David secreto. Só era possível chegar a seus portões de madeira tachonados por uma "estrada estreita e muito sinuosa". Era completamente circundada por uma varanda georgiana e tinha um grande terraço para tomar sol. Uma casa de verão de madeira sem solidez, empoleirada na beira da montanha.

Nesse lindo isolamento, Stálin recuperou-se num ritmo de férias repousante e hermético: dormia a manhã inteira, caminhava durante o dia, tomava o desjejum no terraço, lia até tarde, recebendo uma torrente de papelada, inclusive as duas pastas que jamais deixava de ver: os relatórios do NKVD e as traduções da imprensa estrangeira. Talvez porque vigiasse de tão perto a imprensa soviética, tinha uma fé surpreendente nos jornalistas estrangeiros.

Durante sua ausência, Mólotov dirigiu o governo com Béria, Mikoian e Malenkov, os Quatro do Politburo. Mas o lugar ao sol de Mólotov foi logo coberto pelas sombras de rumores inquietantes de que Stálin agonizava, ou já estava morto. A 10 de outubro, a agência de imprensa soviética Tass anunciou que "o camarada Stálin partiu para um repouso". Mas isso só despertou a curiosidade e provocou a vigilância de Stálin. O *Chicago Tribune* publicou que Stálin estava incapacitado. Seus sucessores seriam certamente Mólotov e o marechal Júkov — uma reportagem enviada para o Sul com o título acrescentado de "Rumores na imprensa estrangeira sobre o estado de saúde do camarada Stálin". As suspeitas do generalíssimo aumentaram quando leu uma entrevista com Júkov em que o marechal assumia o crédito pela vitória na guerra, dignando-se a elogiar Stálin apenas no final. O líder tratou de saber por que esses rumores haviam aparecido. Quem os havia espalhado e por que a honra soviética, em sua pessoa, fora denegrida?

Talvez "nosso Viatcheslav" estivesse tão emocionado por finalmente assumir a responsabilidade que não notou a ruminação na Abkházia. Mólotov estava no auge de seu prestígio de estadista internacional. Acabara de retornar de uma série de reuniões internacionais. Houvera tensão entre eles quando Stálin exigira que seu ministro pressionasse a Turquia a entregar certo território: Mólotov argumentara contra isso, mas Stálin insistira; as exigências soviéticas foram rechaçadas. Em abril, Mólotov visitara Nova York, Washington e San Francisco, para se encontrar com o presidente Truman e comparecer à abertura da ONU. Numa reunião desagradável, Truman confrontou Mólotov sobre a perfídia soviética na Polônia. "Vivemos sob pressão constante, para não perder nada", escreveu Mólotov a "Polinka, meu amor", mas, como de hábito, vangloriou-se de sua eminência: "Aqui, entre o público burguês, fui o foco da atenção, com quase nenhum interesse nos outros ministros!". Como de hábito, "tenho saudades de você e de nossa filha. Não posso esconder que às vezes sou tomado pelo desejo impaciente de estar perto de você e de seus carinhos". Porém o essencial era que "Moscou [isto é, Stálin] realmente apoia nosso trabalho e o estimula".

Em setembro, Mólotov esteve em Londres para o Conselho de Ministros do Exterior, quando defendeu uma administração de território pela URSS da Líbia italiana, fazendo brincadeira sobre o talento soviético para a administração colonial. Ao contrário de Stálin, que pressionava sem parar para dar saltos radicais, Mólotov era um gradualista realista em política externa e sabia que o Ocidente jamais concordaria com uma Líbia soviética. Cometeu algumas gafes, mas Stálin o perdoou pelo fracasso da conferência, pondo a culpa na intransigência americana. Mólotov queixou-se de novo a Polina da "pressão para não falhar". Ele mal saiu da embaixada soviética, assistindo a filmes como *Um marido ideal*, adaptação da obra de Wilde, porém "uma vez, somente uma vez, fui ao túmulo de Karl Marx". Em estilo tipicamente soviético, congratulou Polina por seu "desempenho no plano anual [de têxteis]", mas "quero te abraçar apertado e desafogar meu coração".

Agora, com Stálin se recuperando e Mólotov agindo com maior independência, a temperatura elevou-se. Mólotov achava que a ocasião era apropriada para um acordo com o Ocidente. Stálin o desautorizou: era o momento para "rasgar o véu da cordialidade". Quando Mólotov continuou a se comportar com brandura demais em relação aos Aliados, Stálin, usando um tratamento formal, atacou-o duramente. "A maneira de Mólotov de se separar do governo para passar a imagem de mais liberal [...] não serve para nada." Mólotov cedeu com desculpas ritualísticas: "Admito que cometi um grave equívoco". Foi uma fase significativa para os magnatas: até Stálin e Mólotov deixaram de se dirigir um ao outro de maneira informal: não mais "Koba", apenas "camarada Stálin".

A 9 de novembro, Mólotov mandou o *Pravda* publicar um discurso em que Churchill elogiava Stálin como "um verdadeiro grande homem, o pai de sua nação". Mólotov não captara a nova visão que Stálin tinha do Ocidente. Ele telegrafou uma mensagem furiosa: "Considero um erro a publicação do discurso de Churchill com seu elogio da Rússia e de Stálin". Atacava seu "êxtase infantil" que "gera [...] subserviência diante de figuras estrangeiras. Contra essa subserviência, devemos lutar com unhas e dentes [...]. Desnecessário dizer que os líderes soviéticos não necessitam de elogios de líderes estrangeiros. Falando pessoalmente, esse elogio só me desagrada. Stálin".

No momento em que a imprensa do exterior anunciava a doença de Stálin e sua sucessão por Mólotov, este ficou embriagado numa recepção do dia 7 de novembro e propôs aliviar a censura à imprensa estrangeira. Stálin telefonou a Mólotov, que sugeriu tratar "com mais liberalidade os correspondentes estrangeiros". O valetudinário ficou violento: "Você fala sem pensar quando está bêbado!".

Stálin devotou os três dias seguintes de suas férias a esmagar Mólotov. Quando o *New York Times* escreveu sobre a doença dele "de um modo mais rude que o da imprensa marrom francesa", ele decidiu dar uma lição a Mólotov. Ordenou que os Quatro investigassem: o erro seria de Mólotov? Os outros três tentaram proteger Mólotov pondo a culpa num diplomata secundário, mas admitiram que ele seguia instruções de Mólotov. A 6 de dezembro, Stálin telegrafou a Malenkov, Béria e Mikoian, ignorando Mólotov, e atacou a "ingenuidade" deles por tentar "disfarçar o assunto", ao mesmo tempo que escondiam "o truque de mãos dos quatro". Stálin estava furioso com esse "ultraje" contra o "prestígio" do governo soviético. "Vocês tentaram provavelmente abafar o caso para bater na cara do bode expiatório e parar por aí. Mas cometeram um erro." Referindo-se com hipocrisia à falsa aparência de governo do Politburo, declarou: "Nenhum de nós tem o direito de agir sozinho [...]. Mas Mólotov se apropriou desse direito. Por quê? [...]. Por que essas calúnias fazem parte de seu plano?". Uma reprimenda não era mais suficiente, porque Mólotov "cuida mais de ganhar popularidade entre certos círculos estrangeiros. Não posso considerar tal camarada meu primeiro-substituto". Terminava dizendo que não estava enviando o telegrama para Mólotov "porque não confio em algumas pessoas de seu círculo". (Tratava-se de uma primeira referência à judia Polina.)

Béria, Malenkov e Mikoian, que simpatizavam com o pobre Mólotov, o convocaram como se fossem juízes, leram-lhe o telegrama de Stálin e o atacaram por seus erros crassos. Mólotov admitiu seus erros, mas achou que não era justo desconfiar dele. Os três relataram a Stálin que Mólotov chegou mesmo "a derramar algumas lágrimas", o que deve ter satisfeito um pouco o generalíssimo. Mólotov escreveu então uma desculpa a Stálin que, diz um historiador, foi "talvez o documento mais emocional de sua vida na política".

"Seu telegrama cifrado está imbuído de uma profunda desconfiança sobre mim, como bolchevique e como ser humano", escreveu o lacrimoso Mólotov, "e aceito isso como a advertência mais séria do Partido para todo o meu trabalho subsequente, qualquer que seja a função que eu venha a desempenhar. Procurarei me superar em feitos para restaurar sua confiança, em que todo bolchevique honesto vê não apenas confiança pessoal, mas a confiança do Partido — uma coisa que valorizo mais que a própria vida."

Stálin deixou Mólotov de molho durante dois dias; depois, à 1h15 da manhã de 8 de dezembro, respondeu de novo aos Quatro, reconduzindo Mólotov a seu cargo de primeiro-vice-premiê. Mas Stálin nunca mais falou de Mólotov como seu sucessor e guardou esses erros para usá-los contra ele.*[1]

Este foi apenas o começo. Stálin sentia-se melhor, mas havia ruminado com raiva sobre os desafios do exterior, a indisciplina em casa, a deslealdade em seu círculo, a impertinência entre seus marechais. Estava entediado e deprimido pela calmaria e solidão, porém sua raivosa energia e seu gosto pela vida eram estimulados pela luta. Deleitava-se com a excitação da manipulação das pessoas e do conflito ideológico. Ao retornar, em dezembro, com um brilho em seus olhos amarelos e vigor em seus passos, resolveu revigorar o bolchevismo e diminuir seus poderosos boiardos, num hábil lance de prisões e demissões.

Depois de abalar Mólotov, Stálin voltou-se contra Béria e Malenkov. Não precisava inventar o escândalo. Quando Vassíli Stálin o visitou em Potsdam, relatou o desastroso histórico de segurança dos aviões soviéticos: 80 300 perdas de aviões na guerra, 47 por cento das quais se deviam a acidentes, e não ao fogo inimigo ou a erro dos pilotos. Stálin refletira sobre isso em suas férias, tendo mesmo convidado o ministro da Produção Aeronáutica, Chakúrin,** para ir a Sotchi. Então ordenou a investigação do "Caso dos Aviadores" contra Chakúrin e o comandante da Força Aérea, marechal do ar Nóvikov, um dos heróis da guerra, a quem ameaçara de brincadeira no banquete a De Gaulle.

* Mikoian também sentiu sua desaprovação gélida. Ele achava que seus dois velhos camaradas eram direitistas enrustidos, o que é absurdo no caso de Mólotov. Mas, durante as complexas discussões sobre destruir a indústria da Alemanha ou fazer do setor oriental um satélite, e as infindáveis crises de fome e grãos, Mikoian tornara-se uma voz moderada. Quando ele não mandou um relatório apropriado do Extremo Oriente, recebeu outro bilhete ácido de Stálin: "Não mandamos você ao Extremo Oriente para que pudesse encher sua boca de água [dizer nada] e não mandar informações para Moscou".

** Foi o filho de Chakúrin quem matou a namorada e depois se suicidou em Kamenny Most, em 1943.

A 2 de março, Vassíli Stálin foi promovido a major-brigadeiro. A 18 de março, Béria e Malenkov, os dois potentados da época da guerra, foram promovidos a membros plenos do Politburo — justamente quando o Caso dos Aviadores mordia seus calcanhares. Então Chakúrin e o marechal do ar Nóvikov foram presos e torturados. Seus tormentos foram cuidadosamente dirigidos para matar dois coelhos com uma cajadada: o senhor supremo da produção aeronáutica era Malenkov.

Abakúmov, o chefe da Smersh e protegido de Stálin, arranjou o Caso dos Aviadores, que também tinha por alvo Béria. Havia muito tempo que a velha afeição de Stálin pelo mingrélio se transformara em desdém rude. A bajulação teatral de Béria e a criatividade assassina desgostavam Stálin tanto quanto seu gênio administrativo o impressionava. Stálin não confiava mais no "Olhos de Serpente". Sua primeira regra era manter o controle pessoal sobre a polícia secreta. "Ele sabe demais", disse Stálin a Mikoian. O ressentimento do líder cozinhava em fogo brando. Eles estavam caminhando pelos jardins de Kuntsevo com Kavtaradze quando Stálin sibilou venenosamente para Béria no dialeto mingrélio (que ninguém entendia, exceto os georgianos): "Seu traidor, Lavrenti Béria!". Depois acrescentou "com um sorriso irônico": "Traidor!". Quando jantava na casa de Béria, era encantador com Nina, mas não dava atenção a Béria; em seus brindes, fazia os elogios mais insípidos a Béria. Certa vez, este lembrou seu primeiro encontro com o líder, em 1926.

"Não me lembro", retrucou Stálin friamente.

As tentativas de Béria de falar em georgiano com ele nas reuniões o irritavam agora: "Não tenho segredos com estes camaradas. Que tipo de provocação é essa? Fale na língua que todo mundo entende!".

Stálin percebia, corretamente, que Béria, o senhor industrial e nuclear, queria ser um estadista. "Ele é ambicioso em escala global", disse a um protegido da Geórgia, "mas sua munição não vale um centavo!" Stálin decidiu que algo estava podre nos Órgãos. Durante as férias, perguntou a Vlássik sobre a conduta de Béria. Vlássik, feliz por poder destruir Béria, denunciou sua corrupção, incompetência e, possivelmente, sua doença venérea. Em um jantar no Sul, Stálin contou uma piada sobre Béria: "Stálin perde seu cachimbo predileto. Em poucos dias, Lavrenti telefona para Stálin e pergunta: 'Você achou seu cachimbo?'. 'Sim, o encontrei embaixo do sofá', responde Stálin. 'Isso é impossível!', exclama Béria. 'Três pessoas já confessaram esse crime!'". Stálin adorava as histórias sobre o poder da Tcheca de fazer pessoas inocentes confessar. Mas ficou sério: "Todo mundo ri dessa piada. Mas não é engraçado. Os infratores não foram extirpados do MVD!".

Stálin agiu com rapidez contra ele: Béria foi aposentado como ministro do MVD em janeiro, mas continuou a ser *curador* dos Órgãos, com Merkúlov na direção do MGB. Então Merkúlov foi denunciado por seu secretário. Béria lavou as mãos. A 4 de maio, Stálin, apoiado por Jdánov, manobrou a promoção de Abakúmov a ministro da Segurança do Estado: suas qualificações para o cargo eram sua obediência cega e independência de Béria. Quando Abakúmov modestamente recusou o posto, Stálin perguntou em tom de brincadeira se ele "preferia o Monopólio do Chá".

Abakúmov continua a ser o mais misterioso dos chefes da polícia secreta de Stálin, assim como os anos do pós-guerra permanecem os mais obscuros do reinado de Stálin, embora saibamos agora muito mais sobre o período. As atrocidades que viriam a seguir são de responsabilidade de Abakúmov, não de Béria, ainda que muitas histórias ponham a culpa neste último. Béria, que, como vice-premiê encarregado da bomba e da indústria de mísseis, mudou-se da Lubianka para o Kremlin, foi a partir de então "sacado" dos Órgãos. Ele ressentiu-se amargamente disso.

"Béria tinha pavor de Abakúmov e tentou a todo custo ter boas relações", relembrou Merkúlov. "Béria encontrou alguém a sua altura em Abakúmov." Tal como um rato no navio que afunda, o alcoviteiro de Béria, coronel Sarkíssov, denunciou a degenerescência sexual do "Barba Azul" bolchevique para Abakúmov, que contou imediatamente para Stálin: "Traga-me tudo que esse idiota escrever!", fuzilou Stálin.

48. Jdánov, o herdeiro, e o tapete sangrento de Abakúmov

Abakúmov, homem alto, com um rosto em forma de coração, olhos sem cor, cabelos pretos retintos usados à maneira *broussant*, lábios salientes e grossas sobrancelhas, era outro torturador pitoresco e fanfarrão, *condottiere* amoral e "carreirista zoológico" que possuía todo o sadismo de Béria, mas não sua inteligência.* Ele forrava seu escritório com um tapete manchado de sangue antes de começar a tortura de suas vítimas, a fim de não sujar seus caros tapetes persas. Ao seu espião Leopold Trepper disse: "Sabe, só há duas maneiras de agradecer a um agente: cobrir seu peito de medalhas ou cortar fora sua cabeça". Certamente, não estava sozinho nessa concepção bolchevique.

Até que Stálin o agarrasse para torná-lo seu próprio tchequista, Victor Abakúmov era um típico membro da polícia secreta que se distinguira nos expurgos de Rostov, em 1938. Nascido em 1908, em Moscou, filho de um operário, era um *bon vivant* e mulherengo. Durante a guerra, escondeu suas amantes no hotel Moskva e importou cargas inteiras de frutos da pilhagem de Berlim. Seu esplêndido apartamento pertencera a uma soprano que ele prendera, e costumava usar

* Abakúmov aparece como o consumado cortesão esperto, totalmente submisso aos misteriosos caprichos de Stálin, no romance de Soljenítsin sobre o terror do pós-guerra *O primeiro círculo*, e como um agente da polícia secreta carreirista sagaz e depravado em *Fogo e cinzas*, de Ribakov, o último volume de sua trilogia *Filho de Arbat*.

os esconderijos do MGB para encontros amorosos. Adorava jazz. O *bandleader* Eddie Rosner tocava em suas festas, até que o jazz foi banido.

Abakúmov tratava direto com Stálin, vendo-o semanalmente, mas nunca entrou para o círculo dos jantares: "Não fiz nada por conta própria", afirmou depois da morte do líder. "Stálin dava ordens e eu as cumpria." Não há motivo para não acreditar nisso. Ele cultivava a amizade dos filhos de Stálin. Em um jantar no Kremlin, "ergueu-se de repente e inclinou obsequiosamente sua cabeça diante de uma garota pequena e de cabelos avermelhados" — Svetlana Stálin. A grandiosidade do líder era tal que as pessoas reverenciavam agora sua filha. Abakúmov bebia com Vassíli Stálin. Juntos, eles insuflaram o Caso dos Aviadores. Vassíli roubou a datcha de Nóvikov enquanto o "pai da força aérea soviética" era torturado. Stálin perguntou o que Abakúmov recomendava: "Eles devem ser fuzilados".

"É fácil fuzilar as pessoas", retrucou Stálin. "É mais difícil fazê-las trabalhar. Faça-os trabalhar." Chakúrin ganhou sete anos de trabalhos forçados, e Nóvikov dez anos — mas suas confissões comprometeram peixes maiores.

A 4 de maio, Malenkov foi removido abruptamente do Secretariado. Sua família lembrava que tiveram de sair de sua datcha. A mãe os levou para longas férias no Báltico. Malenkov foi despachado para fiscalizar a colheita na Ásia Central durante vários meses, mas nunca foi preso. Béria tentou persuadir Stálin a trazê-lo de volta, o que divertiu o generalíssimo: "Por que você se preocupa tanto com aquele imbecil? Você será o primeiro a ser traído por ele".

Béria perdeu os Órgãos e seu aliado Malenkov, então o sucesso da bomba era fundamental. Próximo do final do ano, ele correu a Elektrostal, em Noginsk, perto de Moscou, para ver o reator nuclear experimental do professor Kurtchátov criar a primeira reação nuclear autossustentada soviética. Béria observou Kurtchátov levantar a alavanca de controle no painel e escutou os cliques que registraram os gemidos dos nêutrons.

"Está funcionando!", disseram eles.

"Isso é tudo?", vociferou Béria, com medo de ser enganado por aqueles intelectuais. "Nada mais? Posso ir ao reator?" Isso teria sido uma deliciosa perspectiva para os milhões de vítimas dele, mas o impediram, ajudando assim a preservar Béria.

* * *

A inversão das fortunas de Béria e Malenkov marcou a ressurreição do inimigo deles, Andrei Jdánov, o amigo especial de Stálin, aquele intelectual pretensioso e cordial que, após o estresse de Leningrado, tornou-se um alcoólatra rechonchudo, com olhos lacrimosos e pele lívida. Stálin falava abertamente dele como seu sucessor. Enquanto isso, Béria mal podia esconder seu desprezo pelas pretensões de Jdánov: "Ele mal consegue tocar piano com dois dedos e distinguir entre um homem e um touro num quadro, mas discute pintura abstrata!".[1]

O "Pianista" tornara-se um herói em Leningrado, onde pôde jactar-se de que o cerco fora mais importante que a batalha de Stalingrado. Enviado como procônsul de Stálin para a Finlândia em 1945, dominou a história finlandesa, exibia um conhecimento enciclopédico sobre a política de Helsinque e até encantou o representante britânico naquela cidade. Quando pressionou pela anexação da Finlândia (que foi um ducado russo até 1917), Mólotov o repreendeu: "Você foi longe demais [...]. É emotivo demais!". Mas nada disso prejudicou sua posição junto a Stálin, que o chamou de Leningrado e o promoveu a representante do Partido, encarregado da Agitprop e das relações com outros partidos comunistas, tornando-o ainda mais poderoso do que fora antes da guerra. Sua família, em particular seu filho Iúri, se aproximou de Stálin de novo. Com efeito, escreviam para ele em família: "Querido Ióssif Vissariónovitch, o congratulamos cordialmente no aniversário da vitória do bolchevismo e pedimos que aceite nossos mais afetuosos cumprimentos, Zinaida, Andrei, Ana e Iúri Jdánov".

Jdánov jogara suas cartas com inteligência desde seu retorno em janeiro de 1945. Consolidou seu triunfo sobre Malenkov e Béria persuadindo Stálin a promover sua própria camarilha de Leningrado ao poder em Moscou: Alexei Kuznietsov, o herói de rosto longo e abatido e fala mansa do cerco, recebeu o Secretariado de Malenkov. Jdánov compreendeu que Stálin não queria que Béria controlasse o MGB e sugeriu que Kuznietsov o substituísse como *curador* dos Órgãos. Foi ingenuidade de Kuznietsov aceitar esse cálice envenenado; "ele deveria ter recusado", disse Mikoian, mas "não era deste mundo". As promoções de Kuznietsov lhe renderam o ódio mortal dos dois predadores mais vingativos da selva stalinista: Béria e Malenkov.

Em fevereiro de 1946, com Stálin semiafastado, Jdánov parecia ter o controle do Partido, bem como dos assuntos de cultura e relações exteriores, e ter neutralizado os Órgãos e os militares.* Jdánov foi saudado como o "segundo homem do Partido", seu "maior trabalhador" e sua equipe cochichava sobre "nosso príncipe herdeiro". Stálin brincou com sua designação para secretário-geral. Durante 1946, Jdánov assinou decretos como "secretário", junto com Stálin como premiê. O "Pianista" era tão importante que o embaixador iugoslavo notou como, quando um burocrata entrava no seu gabinete, curvava-se "para Jdánov quando ele se aproximava" e depois recuava, conseguindo cobrir "cinco ou seis metros andando de costas e se inclinando, tentando nervosamente achar o trinco da porta com a mão". Na parada de novembro, Jdánov, na ausência de Stálin, recebeu a saudação, com sua camarilha de Leningrado enchendo o Mausoléu.

Contudo, sua saúde era fraca.** Jdánov jamais quis ser o sucessor. Durante as doenças graves de Stálin, ficava aterrorizado com essa perspectiva, dizendo a seu filho: "Que Deus não permita que eu sobreviva a Stálin!".[2]

Stálin e Jdánov retomaram do ponto em que haviam parado antes da guerra, debatendo como fundir o patriotismo russo da guerra com o bolchevismo da Revolução, com o objetivo de erradicar a influência estrangeira e restaurar a moralidade, o orgulho e a disciplina. Tal como dois professores ranzinzas, obcecados pela grandeza da cultura do século XIX e sentindo repulsa pela degeneração da arte e da moral modernas, o velho seminarista e o herdeiro da *intelligentsia* provinciana se voltaram para suas juventudes, planejando um ataque selvagem ao modernismo ("formalismo") e à influência estrangeira na cultura russa ("cosmopolitismo"). Estudando cuidadosamente revistas literárias até tarde da noite, esses dois "intelectuais" meticulosos e remendões que compartilhavam daquele voraz apetite bolchevique pela instrução maquinaram o ataque à liberdade cultural da época da guerra.

* O próprio Stálin logo se afastou do cargo de ministro das Forças Armadas, entregando-o a Bulgánin, outro aliado de Jdánov que odiava Malenkov porque ele o tirara da Frente Ocidental em 1943. O círculo governante interno dos Cinco (Stálin, Mólotov, Mikoian, Malenkov e Béria) expandiu-se gradualmente para abranger Jdánov, Voznessenski, Bulgánin e Kuznietsov, independentemente de serem ou não formalmente membros do Politburo.

** No final de 1946, Jdánov teve problemas cardíacos e precisou repousar em Sotchi; a 5 de janeiro de 1947, escreveu a Stálin: "Agora me sinto muito melhor [...]. Não quero terminar o curso do tratamento [...]. Peço-lhe que acrescente dez dias a minhas férias [...]. Deixe-me voltar no dia 25 [...]. Pelo que ficarei enormemente grato. Saudações! Seu Andrei Jdánov".

Montado nos clássicos e desprezando a arte recente, Jdánov partiu para uma política que teria sido familiar aos czares Alexandre I e Nicolau I. A vitória abençoara o casamento da "russidade" com o bolchevismo; Stálin via nos russos o elemento de união da URSS, o "irmão mais velho" dos povos soviéticos, seu próprio tipo de nacionalismo russo, muito diferente de seu ancestral do século XIX. Não haveria novas liberdades, nem influências estrangeiras, pois esses impulsos seriam suprimidos numa celebração imposta da "russidade".

As revistas de Leningrado eram o lugar natural para começar, pois publicavam as obras do satirista Mikhail Zóschenko, que Stálin outrora lera para seus filhos, e a poeta Ana Akhmátova, cujos versos apaixonados simbolizavam a dignidade indestrutível e a sensibilidade da humanidade no terror e na guerra. Os papéis de Jdánov revelam em suas palavras o que Stálin queria: "Por favor examine isto com cuidado", pediu Jdánov ao chefe, "está bom para a imprensa? O que precisa ser melhorado?".

"Li seu relatório. Acho que está perfeito", respondeu Stálin com crayon. "Você deve se apressar para publicá-lo e depois em livro. Saudações!" Mas "há algumas correções" que expressam o pensamento do líder: "Se nossa juventude tivesse lido Akhmátova e sido educada em tal atmosfera, o que teria acontecido na Grande Guerra Patriótica? Nossa juventude [foi] educada no espírito jubiloso capaz de conquistar a vitória sobre a Alemanha e o Japão [...]. Esta revista ajuda nossos inimigos a destruir nossa juventude".*

A 18 de abril, Jdánov iniciou seu terror cultural, conhecido como a Jdanovshchina, com um ataque às revistas de Leningrado. Em agosto, o inquisidor literário foi a Leningrado e declarou: "Quão fraca é a vigilância sobre aqueles cidadãos de Leningrado na liderança da revista *Zvezda* para que publicassem obras [...] envenenadas com a peçonha da hostilidade à liderança soviética!". Criticou severamente Akhmátova, essa "meia freira, meia meretriz, ou antes meretriz-freira, cujo pecado está misturado à prece", numa distorção grotesca

* Jdánov discutiu a campanha com seu filho Iúri, que havia estudado química, feito um mestrado em filosofia e era o ideal de jovem de Stálin e seu genro dos sonhos. Jdánov explicou que "após a guerra, com milhões de mortos e a economia destruída, temos de formar um novo conceito de valores espirituais para dar um fundamento a um país devastado, baseado na cultura clássica". Jdánov, criado com os autores do século XIX, "de Puchkin a Tolstoi, compositores como Haydn e Mozart", buscava "uma base ideológica nos clássicos".

dos versos da poeta. Depois, seguiram-se ataques a cineastas e músicos. Numa famosa reunião com Chostakóvitch e outros, o "Pianista" dedilhou o piano para demonstrar canções populares fáceis de cantarolar, uma ideia tão absurda quando José II advertindo Mozart por escrever "notas demais". Iúri Jdánov foi ao teatro com seu pai e Stálin. Depois, quando foram falar com os atores, o elenco revelou orgulhoso que o espetáculo havia sido aclamado em Paris.

"Aqueles franceses não valem a sola dos sapatos de vocês", retrucou Stálin. "Não há nada mais importante que o teatro russo."

Divertindo-se com caçoadas, a dupla onipotente Stálin e Jdánov mantinha *conversazione* para orientar escritores e diretores de cinema. Na noite de 14 de maio de 1947, receberam os dois burocratas literários preferidos de Stálin, o poeta Símonov e o romancista assalariado Fadéiev, presidente da União dos Escritores. Primeiro, Stálin estabeleceu o pagamento para os escritores: "Eles escrevem um livro bom, constroem suas datchas e param de escrever. Nós não lhes regateamos dinheiro", riu Stálin, "mas isso não pode acontecer". Então sugeriu que montassem uma comissão.

"Eu participarei dela!", declarou Jdánov, mostrando sua independência.

"Muito modesto!", disse Stálin com uma risadinha. Durante o debate sobre a comissão, Jdánov se opôs três vezes a Stálin, para depois ser derrotado, em outro exemplo de como seu favorito ainda podia discutir com ele. Stálin caçoava de Jdánov com afeição. Quando o "Pianista" disse que recebera uma carta lamentável de certo escritor, o líder brincou: "Não acredite em cartas que inspirem piedade, camarada Jdánov!".

Stálin perguntou aos escritores: "Se isso é tudo, tenho uma questão para vocês: em que tipo de temas os escritores estão trabalhando?". E começou uma aula sobre "patriotismo soviético". As pessoas tinham orgulho, mas "nossa *intelligentsia* média, médicos e professores não têm educação patriótica. Têm uma admiração injustificada pela cultura estrangeira [...]. Essa tradição vem de Pedro [...] admiração por alemães, franceses, por estrangeiros, por idiotas" — ele riu. "O espírito de auto-humilhação deve ser destruído. Vocês devem escrever um romance sobre este tema."

Stálin tinha em mente um escândalo recente. Dois professores de medicina especializados em tratamento de câncer haviam publicado seu trabalho numa revista americana. Stálin e Jdánov criaram "tribunais de honra", outro retrocesso ao tempo do czarismo, para julgar os professores (Jdánov presidiu o tribunal).

Stálin mandou Símonov escrever uma peça sobre o caso. Jdánov passou uma hora inteira fazendo crítica literária de Símonov e depois o próprio Stálin reescreveu o final da peça.*

Em agosto, Bolchákov, o encarregado do cinema, mostrou a Stálin um filme novo, *Ivan, o Terrível, parte dois*. Sabedor por relatórios do MGB que Eisenstein comparava o Terrível com Iejov, Stálin rejeitou esse "pesadelo", odiando sua falta de orgulho russo, seu retrato de Ivan (bem como a duração de seus beijos e o comprimento da barba). Eisenstein espertamente apelou para Stálin. Às onze da noite de 25 de fevereiro de 1947, ele e seu roteirista chegaram ao Cantinho, onde Stálin e Jdánov lhes deram uma aula magna sobre bolchevismo nacional, um *tour d'horizon* altamente revelador de história, terror e até sexo. Stálin atacou o filme por fazer o MGB do czar, a *Opritchinina*, se parecer com a Ku Klux Klan. Quanto a Ivan, "seu czar é indeciso, se parece com Hamlet", disse Stálin. "O czar Ivan foi um grande e sábio governante [...] sábio [...] por não deixar os estrangeiros entrar no país. Pedro, o Grande, também é um grande czar, mas tratou os estrangeiros com muita liberalidade [...]. Catarina, mais ainda. A corte de Alexandre I era russa? [...] Não, era alemã [...]." Depois Jdánov deu seu parecer, com sua interessante reflexão sobre a natureza do próprio Stálin: "Ivan, o Terrível, parece um histérico na versão de Eisenstein!".

"As figuras históricas", acrescentou Stálin, "devem ser mostradas de modo correto [...]. Ivan, o Terrível, beijou por tempo demais sua esposa." Beijos, novamente. "Não era permitido naquela época." Então veio o ponto crucial: "Ivan, o Terrível, era muito cruel", disse Stálin. "Você pode mostrar que ele foi cruel. Mas deve mostrar por que ele *precisava ser cruel*." Então Jdánov levantou a questão crucial da barba de Ivan. Eisenstein prometeu encurtá-la. O diretor perguntou se podia fumar.

"Parece-me que não existe proibição para fumar. Talvez votemos sobre isso." Stálin sorriu para Eisenstein. "Não lhe dou instruções, apenas lhe faço os comentários de um espectador."**

* "Cumpri as ordens conforme as instruções do camarada Stálin que anotei sobre a peça", escreveu Símonov a Poskrióbichev no dia 9 de fevereiro de 1949, ao entregar a obra para inspeção.

** Eisenstein morreu antes de poder encurtar a barba, cortar o beijo e mostrar por que o Terrível "precisava ser cruel". Isso foi uma misericórdia, pois parece improvável que ele sobrevivesse ao expurgo antissemita de 1951-3.

A campanha de Jdánov para promover o patriotismo russo logo ficou tão absurda que, como Sákharov lembrava, as pessoas faziam piada sobre a "Rússia, pátria do elefante". Mas o mais terrível é que a onda de nacionalismo russo e os ataques aos "cosmopolitas" se voltaram contra os judeus.

49. O eclipse de Júkov e os saqueadores da Europa: a elite imperial

No começo da guerra, Stálin percebeu a utilidade dos judeus soviéticos no apelo à ajuda dos americanos, mas já então o projeto foi manchado de sangue.* Stálin mandou Béria montar o Comitê Antifascista Judeu (CAJ), controlado pelo NKVD, mas oficialmente liderado pelo famoso ator do teatro iídiche Solomon Mikhoels, "baixo, com o rosto de um intelectual endiabrado, com uma testa proeminente e lábio inferior saliente", que Kaganóvitch fez interpretar o *Rei Lear* para Stálin. Em abril de 1943, quando Mikhoels viajou pelos Estados Unidos para conseguir apoio para a Rússia, Mólotov deu-lhe instruções e Stálin saiu de seu gabinete para se despedir dele. O CAJ era supervisionado por Solomon Lozovski, um velho bolchevique grisalho com uma barba bíblica que era o judeu *pro forma* nos escalões mais altos do Comissariado do Exterior de Mólotov.

As chocantes revelações do Holocausto nazista, a viagem de Mikhoels e as promessas do sionismo de dar ao povo judeu um abrigo seguro amoleceram o internacionalismo pétreo até mesmo da alta hierarquia bolchevique. Stálin tolerava isso, mas estimulou uma tradicional reação antissemita. Ao escolher o elenco de *Ivan, o Terrível*, Bolchákov recusou abertamente uma atriz porque "seus tra-

* Os dois primeiros candidatos a comandar essa campanha de relações públicas durante a guerra, os líderes poloneses do Bund (Partido Socialista Judeu), V. Alter e G. Ehlich, exigiram demais e foram presos: o primeiro foi fuzilado e o outro suicidou-se na prisão.

ços semitas são claramente visíveis". Todos os que tinham uma aparência demasiado judaica foram tirados do elenco.

Quando o avanço do Exército soviético revelou o genocídio dos judeus cometido por Hitler, Khruchióv, o chefe da Ucrânia, recusou-se a dar tratamento especial aos judeus que voltavam em condições deploráveis dos campos de concentração. Chegou mesmo a negar-lhes a devolução de suas casas, que haviam sido ocupadas por ucranianos. Esse antissemita contumaz grunhiu que os "Abramovich" estavam caindo sobre seu feudo "como corvos".

Isso deflagrou um debate genuíno ao redor de Stálin. Mikhoels queixou-se a Mólotov que "depois da catástrofe judaica, as autoridades locais não dão nenhuma atenção". Mólotov encaminhou a reclamação a Béria, que, diga-se a seu favor, foi sensível a ela. Ele exigiu que Khruchióv ajudasse os judeus que "foram mais reprimidos do que quaisquer outros pelos alemães". Nisso, estava assumindo um risco, pois Stálin decretara que todos os cidadãos soviéticos haviam sofrido *igualmente*. O líder suspeitou mais tarde que Béria estava muito próximo dos judeus, talvez a origem do rumor de que o próprio Béria era um judeu "secreto". Mólotov encaminhou a ordem de Béria. Khruchióv concordou em ajudar seus "Abramoviches".

Encorajado por essa crescente simpatia, Mikhoels e seu colega Fefer,* poeta e informante do MGB, sugeriram uma república judaica na Crimeia (agora vazia de tártaros), ou em Sarátov (agora vazia de alemães do Volga) a Mólotov e seu adjunto encarregado do CAJ, Lozovski. Mólotov achou a ideia de Sarátov ridícula — "é impossível imaginar um judeu num trator" — e preferiu a Crimeia: "Por que você não escreve um memorando para mim e o camarada Stálin, e veremos?".

"Todos acreditavam que a Crimeia judaica aconteceria", relembra Vladímir Redens. Mólotov, mostrando mais independência que antes, pode ter discutido isso com Béria, mas seu parecer quase lhe custou a vida. Dentro de cinco anos, a maioria dos envolvidos estava morta.

A 2 de fevereiro de 1944, Mikhoels entregou sua carta a Mólotov, com cópia para Stálin, que decidiu então que o ator passara da propaganda soviética para a judaica. Com sua aguda consciência de antissemitismo, ele mandou Kaganóvitch jogar água fria na ideia dessa "Califórnia judaica": "Somente atores e poetas

* Fefer era o autor de um poema absurdo escrito durante a Segunda Guerra intitulado "Eu, um judeu", em que elogiava os grandes bolcheviques judeus, do rei Salomão a Marx, Sverdlov e "o amigo de Stálin, Kaganóvitch", o que, sem dúvida, constrangeu muito este último.

poderiam ter inventado um plano desses", disse ele, que "não vale nada na prática!". Jdánov supervisionou a confecção de listas de judeus em diferentes departamentos e recomendou o fechamento do CAJ.* Tal como Mólotov em 1939, Jdánov soltou seus cães contra os judeus dentro do *apparat*, que, disse ele, se havia transformado "numa espécie de sinagoga".

O antissemitismo de Stálin continuava a ser uma mistura de preconceito antiquado, suspeita de um povo sem terra e desconfiança, uma vez que seus inimigos eram com frequência judeus. Era tão despudorado que, em Ialta, disse francamente a Roosevelt que os judeus eram "atravessadores, especuladores e parasitas". Mas, depois de 1945, houve uma mudança: Stálin passou a ser um antissemita obsessivo e rancoroso.

Sendo antes de tudo um homem político, essa posição de Stálin era, em parte, um juízo prático: combinava com seu novo nacionalismo russo. A supremacia dos Estados Unidos, com sua poderosa comunidade judaica, fazia com que os judeus soviéticos, com suas conexões americanas restauradas durante a guerra, parecessem uma desleal quinta-coluna. Suas suspeitas em relação aos judeus eram outra faceta de seu complexo de inferioridade em relação aos Estados Unidos, bem como um sintoma de seu medo da nova confiança autoassertiva de seu próprio povo vitorioso. Era também uma maneira de controlar seus velhos camaradas cujas conexões judaicas simbolizavam sua nova confiança cosmopolita após a vitória. Do mesmo modo, detestava qualquer pessoa com lealdades mistas, e notara que o Holocausto havia tocado e despertado os judeus soviéticos, mesmo entre os magnatas. Seu novo antissemitismo emanava de sua nova paranoia, exacerbada quando o destino entrelaçou os judeus a sua família.

Não obstante, ainda fazia o papel de internacionalista, atacando amiúde as pessoas por serem antissemitas e recompensando judeus em público, de Mekhlis ao romancista Ehrenburg. Logo esse redemoinho malévolo ameaçou consumir Mólotov, Béria e o clã do próprio Stálin.[1]

* O principal ideólogo antissemita de Jdánov era o alto, magro e ascético secretário do CC Mikhail Súslov, que desempenhara um papel-chave nas deportações do Cáucaso e depois fora procônsul de Stálin no Báltico, que ele expurgou de forma brutal depois da guerra. Trabalhando alternadamente com Jdánov e Malenkov, tornou-se um dos mais jovens protegidos de Stálin.

"Assim que as hostilidades terminam, os soldados são esquecidos e caem no olvido", disse Stálin em Ialta. Ele queria que fosse dessa forma, mas o prestígio do marechal Júkov nunca fora maior. A imprensa ocidental chegava a anunciá-lo como o sucessor de Stálin. Ele gostava de Júkov, porém "não reconhecia laços pessoais" e resolveu testar se essa ideia tinha algum apoio.

"Estou ficando velho", disse causalmente a Budiony, seu velho companheiro e amigo de Júkov. "O que você acha de Júkov me suceder?"

"Aprovo Júkov, mas ele é um tipo complicado."

"Você conseguiu governá-lo, e eu posso administrá-lo também."

Stálin "administrou" Júkov usando o Caso dos Aviadores contra ele, torturando o marechal do ar Nóvikov para comprometê-lo.* "Moralmente devastado, levado ao desespero, noites sem dormir, eu assinei", admitiu Nóvikov mais tarde. Abakúmov torturou setenta outros generais para obter as provas necessárias. Em março, Júkov foi chamado a Moscou. Em vez de se apresentar diretamente ao generalíssimo, foi convocado pelo ministro das Forças Armadas, Bulgánin, o "Encanador" (como Béria o chamava), que estava em alta cotação. Júkov rosnou para a arrogância de Bulgánin e este rosnou que Júkov havia resistido a ordens do Partido. Stálin mandou o "Encanador" convocar um tribunal irregular contra Júkov. Abakúmov revistou as casas de Júkov, que se revelaram uma caverna de Aladim de despojos de guerra.

"Podemos simplesmente dizer", relatou Abakúmov com júbilo a Stálin, "que a datcha de Júkov é um museu", cheia de ouro, 323 peles, quatrocentos metros de veludo e seda. Havia tantas pinturas que algumas estavam penduradas na cozinha. Júkov chegou a pendurar acima de sua cama uma enorme tela que representava duas mulheres nuas... "Não encontramos um único livro soviético." Havia ainda "vinte armas de caça sem par de Holland & Holland". Eles deixaram os troféus (retornando para buscá-los em 1948), mas, na ocasião, confiscaram estranhamente a boneca de uma das filhas do marechal e suas memórias.

* Também Churchill tinha ataques de ciúmes de seus generais: "Monty quer encher o Mall quando ganhar seu bastão! E ele não vai encher o Mall". Churchill disse a sir Alan Brooke, ao voltar de Moscou, em outubro de 1944: "Ele vai encher o Mall porque ele é Monty, e eu não vou deixá-lo encher o Mall!". Para Brooke, foi "um estranho ataque de ciúme quase mesquinho da parte dele [...]. Aqueles que se interpunham entre ele e o sol não contavam com sua aprovação". Havia uma grande tradição de governantes com ciúme de — e ameaçados por — generais brilhantes, mas poderosos demais: o imperador Justiniano humilhou Belisário; o imperador Paulo fez o mesmo com Suvórov.

"Deixe a escrita da história para os historiadores", advertiu Stálin a Júkov.

No início de junho, Júkov foi convocado pelo Supremo Conselho Militar. Stálin entrou "tão soturno quanto uma nuvem preta". Sem uma palavra, jogou um bilhete para Chtemenko.

"Leia", fuzilou. Chtemenko leu o testemunho de Nóvikov de que Júkov reivindicara as honras da vitória soviética, criticara Stálin e criara sua própria panelinha. Chegara mesmo a conceder uma medalha à estrelinha Lídia Ruslanova, com quem talvez tivesse um caso.

Isso era "intolerável", declarou Stálin, virando-se para os generais. Budiony (que fora instruído por Bulgánin) criticou vagamente seu amigo, porém sem condená-lo. Kóniev, o rival de Júkov, chamou-o de difícil, mas honesto. Apenas Gólikov, que Júkov havia removido da Frente Voronej em 1943, realmente o denunciou. No entanto, Mólotov, Béria e Bulgánin acusaram o marechal de "bonapartismo", exigindo que ele fosse "posto no seu lugar". Júkov defendeu-se, mas admitiu que havia exagerado sua importância.

"O que devemos fazer com Júkov?", perguntou Stálin, que, como sempre, não exprimira sua opinião. Os potentados queriam reprimi-lo, os soldados, não. Stálin, percebendo que não estava em 1937, sugeriu a remoção dele para o Distrito Militar de Odessa. O terror contra os vitoriosos era uma política deliberada: o almirante Kuznietsov, entre outros, foi preso (embora também apenas removido). O ex-marechal Kulik, que estava grampeado, reclamou pelo telefone que os políticos estavam roubando as honras dos soldados. Isso era heresia: ele foi fuzilado na surdina, em 1950. O próprio Júkov foi expulso do CC, teve seus troféus confiscados, amigos torturados e depois foi removido para os Urais. Sofreu um ataque cardíaco, mas Stálin nunca deixou Abakúmov prendê-lo por planejar um golpe bonapartista: "Não confio em ninguém que diga que Júkov poderia fazer isso. Conheço-o muito bem. Ele é uma pessoa franca, impetuosa, capaz de falar claramente com qualquer um, mas jamais iria contra o CC".

Por fim, Stálin demonstrou a subordinação dos generais escrevendo este bilhete ao Politburo: "Proponho que o camarada Bulgánin seja promovido a marechal por sua distinção na Guerra Patriótica". Caso alguém quisesse questionar (com toda a razão) seus serviços bélicos e civis prestados, Stálin acrescentou: "Penso que minhas razões não requerem discussão — estão absolutamente claras".[2]

Júkov não estava sozinho em seu "museu" de ouro e pinturas. A corrupção é a história não contada do terror stalinista do pós-guerra: os magnatas e marechais saquearam a Europa com a avareza de Göring, embora com muito mais justificativa depois do que os alemães haviam feito com a Rússia. Essa elite imperial deixou de lado boa parte de sua antiga "modéstia bolchevique". Mas aos visitantes do exterior se dizia que "o camarada Stálin não suporta a imoralidade", embora sempre tenha acreditado que os conquistadores podiam ficar com alguns despojos de guerra e as garotas locais. Ria dos luxos de seus generais com suas cortesãs e seus ordenanças, porém seus arquivos transbordam de denúncias de corrupção que ele geralmente deixava de lado para mais tarde.

Os marechais se beneficiaram da etiqueta feudal de pilhar pela qual os oficiais roubavam seu butim e depois pagavam uma espécie de tributo a seus superiores. Alguns não precisavam dessa ajuda: o marechal do ar Golovánov, um dos favoritos de Stálin, desmontou a casa de campo de Goebbels e levou-a de avião para Moscou, uma façanha que arruinou sua carreira.

Os soldados chegavam primeiro aos tesouros, mas eram os tchequistas que ficavam com a melhor fatia. Em Gagra, Béria perseguia e impressionava atletas femininas numa frota de lanchas pilhadas. Abakúmov andava por Moscou em carros esportivos italianos, saqueou a Alemanha com uma extravagância digna de Göring, mandava aviões a Berlim para trazer quantidades potiómkinescas de roupas íntimas, montando um tesouro de antiguidades como se fosse uma loja de departamentos. Trouxe de avião da Alemanha a estrela do cinema alemão e mulher misteriosa internacional Olga Tchekhova, para ter um caso. Quando a atriz Tatiana Okuniêvskaia (já estuprada por Béria) o recusou, ganhou sete anos nos Gulags. O *staff* de Stálin estava atolado em corrupção. Vlássik, o vizir que dirigia um luxuoso império de alimentos, bebidas e mansões, entretinha suas cortesãs em casas de repouso oficiais, com uma tripulação de pintores vulgares, tchequistas sanguinários e burocratas sibaritas. Limusines faziam a entrega de "concubinas" que ganhavam apartamentos, caviar, entradas para as paradas da Praça Vermelha e jogos de futebol. Vlássik seduzia as esposas de seus amigos mostrando-lhes fotografias de Stálin e mapas de Potsdam. Chegou mesmo a roubar das casas de Stálin, saqueando a vila de Potsdam, subtraindo cem peças de porcelana, pianos, relógios, carros, três touros e dois cavalos, levados para sua casa em trens e aviões do MGB. Ele passou boa parte da conferência de Potsdam bebendo, fornicando ou roubando.

Havia também o imenso desperdício de comida nas datchas de Stálin. Vlássik logo foi denunciado por vender as sobras de caviar, provavelmente por Béria, a quem ele, por sua vez, denunciara. Em 1947, foi quase preso, mas, em vez disso, Stálin o deixou explicar seus pecados: "Sempre que a hora da refeição era alterada por [Stálin], parte dos pratos não era usada e era distribuída entre o *staff*". Stálin o perdoou — e pediu menos comida que antes. Vlássik manteve o cargo.

Contudo, as amantes de Vlássik, tal como os alcoviteiros de Béria, deram informações sobre ele a Abakúmov, o qual, por sua vez, foi denunciado por seu rival no MGB, general Serov, que escreveu a Stálin sobre a corrupção e a libertinagem do ministro. Stálin guardou as cartas para uso posterior. Dizia-se que o próprio Serov teria roubado a coroa do rei da Bélgica. Cortesãs, alcoviteiros e generais do MGB informavam uns sobre os outros, num carrossel de favores sexuais e traições.

Os potentados de Stálin viviam agora numa estufa de privilégios rarefeitos, com escritórios forrados de tapetes persas e grandes pinturas a óleo.* Suas casas eram palácios: o chefão de Moscou ocupava agora todo o palácio do grão-duque Serguei Alexândrovitch. O próprio Stálin fomentou essa nova era imperial quando, depois de Ialta, encantou-se com os palácios Livadia, de Nicolau II, e Alupka, do príncipe Vorontsov: "Ponha estes palácios em ordem", escreveu a Béria a 27 de fevereiro de 1945. "Prepare-os para trabalhadores responsáveis." Ele gostou tanto do palácio de Alexandre III em Sosnovka, na Crimeia, que mandou construir uma datcha lá, a qual visitou apenas uma vez. A partir de então, os magnatas e seus filhos reservaram esses palácios por meio do 9º Departamento do MGB. Stiepan Mikoian passou a lua de mel no palácio de Vorontsov; Stálin passou férias no Livadia. As famílias iam de avião para o Sul numa ala especial da linha aérea estatal; Sergo Mikoian lembra de voltar para casa de avião com Poskriómbi-

* O tamanho e a qualidade de seus retratos de Stálin eram um sinal do lugar na hierarquia tanto quanto as estrelas nos uniformes dos oficiais: um original a óleo em tamanho natural feito por um artista da corte como Guerássimov era o signo de um potentado. Budiony e Vorochílov exibiam retratos em tamanho natural deles mesmos, em trajes militares, a cavalo e com sabre, também de Guerássimov. Esses "próceres" eram agora tão pomposos, relembrou Svetlana, que faziam "discursos autorizados" sob "qualquer pretexto", mesmo no almoço em suas casas, enquanto suas famílias "suspiravam de tédio".

chev. Os filhos gozavam de privilégios, mas tinham de dar o exemplo e seguir os ditames do Partido: quando Jdánov denunciou o jazz, Khruchióv quebrou os adorados discos de jazz de seu filho num ataque de cólera.

Svetlana Stálin notou como as datchas das famílias Mikoian, Mólotov e Vorochílov estavam "cheias de presentes de trabalhadores [...] tapetes, armas de ouro caucasiano, porcelanas" que eles recebiam como "o costume medieval de os vassalos pagarem tributos". Os magnatas viajavam em limusines ZiS blindadas, baseadas no Packard americano, por ordem de Stálin, seguidos por uma "cauda" de tchequistas, com as sirenes abertas. Os moscovitas chamavam esse desfile de "casamento de cachorro".

Um destacamento inteiro, comandado por um coronel ou um general, era designado para cada líder, morando de fato em suas datchas, meio membros de uma família extensa, meio informantes do MGB. Havia tantos deles que cada membro do Politburo podia formar um time de vôlei, com os Béria jogando contra os Kaganóvitch. Mas Kaganóvitch recusava-se a jogar em seu próprio time: "Béria ganha sempre, e quero estar do lado vencedor", disse ele. Na linguagem do MGB, o magnata era chamado de "o sujeito", suas casas de "o objeto" e os guardas de "acessórios do sujeito"; as crianças costumavam rir quando os escutavam dizer que "o sujeito está a caminho do objeto". Malenkov ia da rua Granovski para o Kremlin cercado por uma falange de "acessórios".

As senhoras dos membros do Politburo tinham agora seu *designer* de alta-costura. As melhores famílias iam ao ateliê na Kutuzovski Prospekt, controlado por um departamento do MGB, no qual Abram (Donjat Ignatovitch, de acordo com Nina Khruchiova) Lerner e Nina Adjubei desenhavam os ternos dos homens e os vestidos das mulheres. Lerner era um tradicional alfaiate judeu que criava uniformes, inclusive a extravagância de generalíssimo de Stálin. Se ele era o Dior do Politburo, Nina Adjubei, "baixa, redonda, nariz chato e muito forte", treinada por "monges em um mosteiro", era sua Chanel. Viam-se por toda parte pilhas de *Harper's Bazaar* e *Vogue*. Ela copiava dessas revistas, de Dior, ou fazia criações próprias, "mas era tão boa quanto Chanel", diz sua cliente Marta Péchkova, nora de Béria. "Você não precisava pagar se não perguntasse o preço", explica Sergo Mikoian. "Minha mãe sempre pagava, mas Polina Mólotov não." Essa prática foi finalmente denunciada, como todo o resto, para Stálin, que passou uma reprimenda no Politburo. Achken Mikoian jogou as contas na cara de Anastas, provando que ela sempre pagava. Adjubei "fez o primeiro vestido de Svetlana Stálin".*

A costureira foi descoberta por Nina Béria, mas Polina Mólotova era sua melhor cliente. Outrora, os próceres da Europa vitoriana iam às águas no balneário de Carlsbad, na Boêmia. Agora Zinaida Jdánova e Nina Béria tinham sua corte lá. "Vestida com luxo e coberta de peles", com sua filha numa "estola de *vison*", Polina chegava amiúde ao mesmo spa num avião oficial com um séquito de cinquenta pessoas. Sua filha Svetlana, "uma verdadeira princesa bolchevique", era levada de carro todos os dias ao Instituto de Relações Exteriores, no qual muitos filhos da elite estudavam, chegando numa nuvem de Chanel nº 5 e "usando uma roupa nova todos os dias".

Stálin mantinha o controle sobre esses privilégios, continuando a escolher os carros para cada líder, de tal forma que Jdánov ganhou um Packard blindado, um Packard normal e um ZiS 110; Béria, um Packard blindado, um ZiS e um Mercedes, enquanto Poskrióbichev ficava com um Cadillac e um Buick. Ele consolou a família de Scherbakov, o chefe de Moscou que morreu vítima de alcoolismo, com uma chuva de dinheiro vivo.** Stálin especificou: "Dar a eles um apartamento com datcha, direito ao hospital do Kremlin, limusine [...] *staff* especial do NKVD [...] professor para as crianças [...]". Concedeu à viúva de Scherbakov 2 mil rublos por mês, mil rublos mensais para seus filhos até a formatura, setecentos rublos para sua mãe e trezentos para sua irmã. A esposa recebeu também uma quantia bruta de 200 mil rublos e sua mãe, 50 mil — uma prodigalidade impensável para o trabalhador médio. Essa era a nova ordem imperial de Stálin.[3]

O "príncipe herdeiro" Vassíli estabeleceu um novo padrão de corrupção, devassidão e capricho. Mesmo quando se queixavam dele para Stálin, os oficiais

* Nina Adjubei também entrou para a elite quando seu filho se casou com a filha de Khruchióv, Rada. Quando Khruchióv assumiu a liderança da URSS, Alexei Adjubei tornou-se poderoso como conselheiro do sogro e editor do *Izvestia*.

** Embora fosse cínico em relação a rebatizar lugares com o nome de seus magnatas falecidos, Stálin decidiu construir uma estátua e renomear uma região, rua e fábrica com o nome de Scherbakov. O projeto original sugeria dar seu nome também a uma cidade, mas Stálin riscou isso, rabiscando: "Dar seu nome a uma fábrica de tecidos". A 9 de dezembro de 1947, o Politburo estabeleceu salários anuais do premiê e do presidente de 10 mil rublos e dos vice-premiês e secretários do CC de 8 mil rublos. Os envelopes de pagamento de Stálin empilhavam-se sobre sua escrivaninha em Kuntsevo, sem ser gastos.

usavam uma fórmula especial para definir o lugar sagrado de Vassíli: "Ele está próximo do povo soviético porque é seu filho". Contudo, sob a arrogância, ele era o mais aterrorizado de todos os cortesãos. Stálin escarnecia dele dizendo que seu filho "caminharia sobre o fogo" se assim ele ordenasse.

Vassíli temia especialmente o futuro: "Só tenho duas saídas", disse a Artiom. "A pistola ou a bebida! Se usar a pistola, causo muitos problemas para papai. Mas se ele morrer, Khruchióv, Béria e Bulgánin me arrasam. Você percebe como é viver sob o machado?".

Insensível, ele abandonou a esposa, Galina, levando seu filho Sacha para morar com ele na Casa do Cais. Galina sentia tanto a falta do filho que a babá se encontrava secretamente com ela para que pudesse brincar com o menino. Mas Galina tinha medo demais para exigir um apartamento ou dinheiro para os gastos domésticos. Vassíli casou-se então com Ekaterina, filha do marechal Timochenko, "uma bonita ucraniana". Como seu apartamento não era suficientemente grandioso para os descendentes do generalíssimo e do marechal, ele pediu a elegante villa do general Vlássik, em Gogolevski. Voltou da Alemanha com o avião lotado de "butim": ornamentos de ouro, diamantes, esmeraldas, dezenas de tapetes, muita lingerie, uma quantidade enorme de ternos, sobretudos, casacos de pele, estolas de pele, astracãs, até que sua casa ficasse "estourando de ouro, tapetes alemães e cristais lapidados". Era tanta coisa que Ekaterina as vendeu aos poucos e embolsou o dinheiro. Quando essa união acabou, ele se casou com uma estrela da natação, a escultural Kapitolina Vassileva, com quem foi mais feliz. Svetlana achava que ele procurava a mãe nas esposas porque as chamava de "mamãe", e Kapitolina até fazia um coque nos cabelos, como Nádia.

Vassíli comandava a Força Aérea no Distrito Militar de Moscou, um cargo acima de sua capacidade. Ele exigiu que seu empertigado séquito o chamasse de *Khozíain*, como seu pai. "Vassíli bebia muito quase todos os dias", testemunhou mais tarde seu ajudante de ordens, "não aparecia no trabalho durante semanas e não conseguia deixar as mulheres em paz".

Outrora, os príncipes herdeiros adestravam orgulhosamente seus regimentos. Agora, tal como um filho de milionário do Ocidente, Vassíli estava decidido a colocar o VVS, time de futebol da Força Aérea, no topo do campeonato. Demitiu imediatamente o treinador, tendo decidido trazer de volta Stárostin, o treinador exilado no Gulag por Béria por conspirar para assassinar Stálin. Stárostin foi chamado ao escritório do comandante do campo de trabalho forçado e lhe deram o *vertuchka*: "Alô, Nikolai, aqui é Vassíli Stálin". O avião do general Stálin chegou e levou o treinador de volta a Moscou, onde Vassíli o escondeu enquanto tentava anular sua sentença.

Abakúmov, agora dono do Dínamo, ficou furioso. O MGB sequestrou Stárostin. Vassíli, usando oficiais da espionagem da Força Aérea, o arrebatou de volta. Abakúmov sequestrou-o de novo. Quando Vassíli telefonou ao ministro, ele disse não saber nada a respeito do treinador, mas Stárostin conseguiu mandar uma mensagem para Vassíli, que enviou o chefe da segurança da Força Aérea para trazê-lo de volta novamente. Naquele dia, Vassíli foi ao jogo do Dínamo no camarote do governo, com Stárostin ao seu lado. As altas patentes do MGB ficaram atônitas. Vassíli chamou o adjunto de Abakúmov e gritou: "Duas horas atrás você me disse que não sabia onde estava Stárostin... Ele está sentado aqui, a meu lado. Seus rapazes o raptaram. Lembre-se, em nossa família, jamais perdoamos um insulto. Quem lhe diz isso é o general Stálin!".*

Quando visitou Tiflis, Vassíli embebedou-se, pilotou um caça sobre a cidade e causou estrago ao se precipitar sobre as ruas. Se não conseguia o que queria, denunciava oficiais a Abakúmov ou Bulgánin. A única saída era denunciá-lo ao próprio Stálin: "Prezado Ióssif Vissariónovitch, peço-lhe que diga a Vassíli Ióssifovitch para que não toque em mim", escreveu o oficial da Força Aérea N. Sbitov, que avistara o primeiro tanque alemão que se aproximava de Moscou. "Eu poderia ajudá-lo." Sbitov revelou que Vassíli usava constantemente o nome do pai: "Quando meu pai aprovou este posto, ele queria que eu tivesse um comando independente", lamuriou-se.

Vassíli certamente se comportava como um menino criado por tchequistas: quando alguns "inimigos" foram encontrados em seu comando, montou uma câmara de tortura improvisada em seu próprio apartamento e começou a "bater

* Quando Stárostin foi finalmente devolvido a seu campo de concentração (onde dirigiu o time de futebol), Vassíli contratou o famoso treinador do Dínamo de Tiflis e conseguiu chegar ao quarto lugar no campeonato de 1950 e às semifinais da copa da URSS. Ele favorecia punições stalinistas e incentivos plutocráticos: quando seu time perdeu de dois a zero, mandou que, como castigo, o avião os largasse no meio do nada, longe de Moscou; quando o time ganhou, um helicóptero desceu no meio do campo com presentes. Quando se dignava a aparecer no trabalho na Força Aérea, também comandava com generosidade desmedida e terror implacável. Agradeço a Zurab Karumidze por essas histórias de seu sogro, o treinador de futebol de Vassíli.

nas solas dos pés do homem com um bastão fino", até que essa imitação de Lubianka dissolveu-se numa festa.[4]

Dias depois do exílio de Júkov, o presidente Kalínin, que estava com câncer no estômago, começou a piorar. Stálin tinha afeto por Papai Kalínin e tomou pessoalmente providências a fim de que ele fosse se recuperar na Abkházia; telefonou ao chefe local e exigiu "máximo cuidado" e, mais tarde, ordenou que seus guarda-costas tratassem dele com brandura. Não obstante, também atormentava o semicego Kalínin, lembrando-lhe de sua dissidência nos anos 20, motivo pelo qual fora excluído do governo vigente por duas décadas. Quando Tito ofereceu a Kalínin alguns cigarros em um banquete, Stálin gracejou: "Não pegue nenhum desses cigarros ocidentais!". Confuso, Kalínin "deixou-os cair de seus dedos trêmulos".

Aos 71 anos, Kalínin vivia com sua governanta e dois filhos adotivos, enquanto sua adorada esposa apodrecia nos campos de concentração. Encorajado por sua morte iminente, ele apelou a Stálin.

"Olho com calma para o futuro de nosso país [...] e desejo apenas uma coisa: preservar seu poder e força, a melhor garantia de sucesso do Estado soviético", começava sua carta. "Pessoalmente, faço-lhe dois pedidos: perdoe Ekaterina Ivánovna Kalínina e designe minha irmã para cuidar dos dois órfãos que vivem comigo. De todo o coração, um último adeus. M. Kalínin." Stálin, Malenkov e Jdánov votaram a favor do perdão da esposa de Kalínin depois que ela admitiu sua culpa, a condição usual do perdão: "Fiz coisas ruins e fui severamente punida [...] mas nunca fui uma inimiga do Partido Comunista — perdoem-me!".

"É necessário perdoar e libertar imediatamente e trazer a perdoada para Moscou. I. Stálin."

Antes de sua morte, a 24 de junho, Kalínin escreveu a Stálin uma carta extraordinária, mas patética, inspirada por sua dolorosa necessidade de redenção bolchevique: "Esperando a morte [...] devo dizer que durante todo o tempo das oposições, ninguém da oposição jamais propôs hostilidade à linha do Partido. Isso talvez o surpreenda porque eu era amigo de alguns deles [...]. Contudo, fui criticado e desacreditado [...] porque Iagoda trabalhou duro para insinuar minha proximidade às oposições". Então revelava um segredo guardado por 22 anos: "No ano seguinte à morte de Lênin, depois da briga com Trotski, Bukhárin convidou-me para ir a seu apartamento admirar seus troféus de caça e me perguntou se eu consideraria 'governar sem Stálin'; respondi que não poderia contemplar tal coisa. Qualquer combinação sem Stálin era incompreensível [...]. Após a morte de Lênin, acreditei na política de Stálin [...]. Eu achava que Zinóviev era muito perigoso". Depois, pedia de novo que Stálin cuidasse de sua irmã e dos órfãos e confiasse "esta carta ao arquivo".

No funeral, quando os fotógrafos incomodaram Stálin, ele apontou para o caixão e grunhiu: "Fotografem Kalínin!".[5]

No dia 8 de setembro, Stálin saiu de férias, enquanto Mólotov corria o mundo para comparecer a reuniões com os Aliados e negociar a nova Europa. Em Paris, defendeu os interesses soviéticos na Alemanha, ao mesmo tempo que ainda tentava conquistar um protetorado sobre a Líbia, contra a oposição cada vez mais dura dos aliados ocidentais. Parece que Stálin ainda tinha esperanças de consolidar sua posição mediante negociações com seus antigos aliados.

Escrevendo com o codinome de "Drujkov" ou *Instántsiia*, Stálin elogiou a indomável rebeldia de Mólotov, o qual também estava muito contente consigo mesmo. Quando se viu relegado à segunda fileira numa parada francesa, retirou-se do pódio, porém depois escreveu pedindo a aprovação de Stálin: "Não estou seguro de ter feito a coisa certa".

"Você se comportou com absoluta correção", respondeu Stálin. "A dignidade da União Soviética deve ser defendida não somente nas grandes questões, mas também nas minúcias."

"Querida Polina", escreveu exultante o vaidoso Mólotov, "mando-lhe saudações e fotos de jornais quando fui embora da parada no domingo! Mando junto o *Paris-Midi*, que mostra três fotos de 1. eu na tribuna; 2. começo a sair; 3. deixo a tribuna e entro no meu carro. Beijos e abraços apertados! Beije Svetusia por mim!". Mólotov voou para outra sessão, em Nova York, que Stálin supervisionou novamente de Gagra: ele se importava menos com os detalhes das reparações de guerra italianas que com o status de grande potência da URSS. Mólotov estava nas boas graças de novo: a 28 de novembro, Stálin escreveu com afeto: "Percebo que você está nervoso e ficando contrariado com o destino da proposta soviética [...]. Comporte-se com mais calma!". Mas, diante da fome na Ucrânia e da rivalidade americana, o rabugento *Vojd* percebia uma perigosa fraqueza, corrupção e deslealdade a sua volta.

* * *

Enquanto Mólotov sentia-se triunfante por ter assinado os tratados de paz com as nações derrotadas, Stálin maquinava outra humilhação. Ele já era membro da Academia de Ciências e agora ofereciam a Mólotov a mesma honra, com a bênção do *Vojd*. Mólotov mandou um telegrama de agradecimento à Academia, sobre o qual Stálin caiu com rancor aquilino: "Fiquei espantado com seu telegrama [...]. Você está realmente tão extasiado com sua eleição para acadêmico honorário? O que significa essa assinatura 'cordialmente, Mólotov'? Nunca pensei que você pudesse ficar tão emocionado com um assunto tão secundário [...]. Parece-me que você, um homem de Estado do mais alto tipo, deva cuidar mais de sua dignidade".

Stálin continuava a atormentar-se sobre a inconveniência de seu povo morrer de fome. Era a Fome de 33 de novo.* Primeiro tentou brincar com a situação, chamando um alto funcionário de "Irmão Distrofia". Depois, quando até Jdánov relatou a fome, Stálin pôs a culpa em Khruchióv, seu vice-rei da Ucrânia, tal como fizera em 1932: "Eles o estão enganando [...]". Contudo, 282 mil pessoas morreram em 1946, 520 mil em 1947. Por fim, atacou o chefe do Abastecimento, Mikoian. Mandou que Mekhlis, ressurgindo como ministro do Controle do Estado, investigasse: "Não confie em Mikoian em nenhum assunto porque sua falta de caráter tornou o Abastecimento um covil de ladrões!".

Mikoian foi suficientemente esperto para pedir desculpas. "Vi tantos erros em meu trabalho e, com certeza, você vê tudo claramente", escreveu para Stálin com ironia submissa. "É óbvio que nem eu, nem o resto de nós podemos colocar a questão tão honestamente quanto você. Farei o melhor possível para estudar com você como trabalhar o necessário. Farei de tudo para aprender as lições [...] para que me sirvam bem em meu trabalho subsequente sob sua paternal liderança."

Tal como no caso de Mólotov, a antiga intimidade com Stálin acabara. Khruchióv também caiu em desfavor por causa de sua atitude em relação à fome: "Falta de energia!", Stálin o repreendeu, e, em fevereiro de 1947, tirou-o do cargo de primeiro-secretário da Ucrânia (continuou a ser premiê). Kaganóvitch, que pa-

* Stálin não apenas não conseguia alimentar seus civis, como sua correspondência com Béria e Serov (na Alemanha) mostra que os soviéticos estavam angustiados por não poder alimentar seu Exército na Alemanha, muito menos os alemães orientais.

recia agora um "latifundiário gordo", o substituiu e chegou a Kiev para pô-lo em forma. O desfavor do líder sempre provocava estresse debilitador nos magnatas: Khruchióv contraiu pneumonia. Seu nome sumiu dos jornais ucranianos, seu culto encolheu. Mas Kaganóvitch ordenou que os médicos o tratassem com penicilina, um dos medicamentos ocidentais que Stálin tanto desaprovava. Mesmo que Khruchióv se recuperasse, estaria o "querido" de Stálin condenado?[6]

50. “Os sionistas enganaram você!”

Em 1947, o secretário de Estado George Marshall revelou um amplo programa de ajuda econômica à Europa que a princípio soou atraente ao despedaçado Império. Mólotov foi imediatamente enviado a Paris para descobrir mais. De início, os líderes pensaram no plano como Empréstimo e Arrendamento, sem restrições, mas Stálin logo compreendeu que ele ressuscitaria a Alemanha e enfraqueceria sua hegemonia no Leste europeu. No início Mólotov foi favorável ao plano e ainda se inclinava para um acordo negociado, mas Stálin rejeitou o Plano Marshall.

Stálin e Jdánov resolveram apertar o controle sobre a Europa Oriental. Ao mesmo tempo, o líder apoiou a fundação do Estado judeu, que esperava que viesse a ser um satélite soviético no Oriente Médio. A 29 de novembro, votou a favor da sua criação na ONU e foi o primeiro a reconhecer Israel. Deu a Mikhoels o prêmio Stálin. Mas logo ficou claro que Israel ia ser um aliado dos americanos, e não dos russos.

No caldeirão dos preconceitos irracionais de Stálin, seus instintos políticos e sensibilidades agressivamente russas, o sonho de Mikhoels de uma Crimeia judaica tornou-se um sinistro cavalo de troia sionista-americano,* um Plano Mar-

* Tal como em tantos temores febris de Stálin, havia fundamento nisso: os sultões otomanos tinham

shall hebraico. Sionismo, judaísmo e Estados Unidos tornaram-se intercambiáveis na mente de Stálin. Ele tinha, é óbvio, o apoio de seus magnatas. Mesmo depois de sua morte, Khruchióv explicou a alguns comunistas poloneses: "Nós todos conhecemos os judeus, todos têm alguma conexão com o mundo capitalista porque têm parentes vivendo no exterior. Este tem uma avó [...]. A Guerra Fria começou; os imperialistas estavam estudando como atacar a URSS; então os judeus queriam se estabelecer na Crimeia [...] aqui estão a Crimeia e Baku [...]. Por meio de suas conexões, os judeus haviam criado uma rede para levar adiante os planos americanos. Então ele reprimiu tudo". Essa opinião não era defendida somente nos conselhos de Stálin: seu sobrinho Vladímir Redens concordava com as reclamações de que "o Comitê estava distribuindo uma terrível propaganda sionista [...] como se os judeus fossem o único povo que sofria". O antissemitismo de Stálin se encaixava com sua campanha de nacionalismo tradicional. Até mesmo seus preconceitos estavam subordinados e complementavam a *realpolitik*.

Stálin mandou Abakúmov reunir provas de que Mikhoels e o Comitê Judeu eram "ativos nacionalistas orientados pelos americanos para fazer trabalho antissoviético", em especial por meio da viagem de Mikhoels aos Estados Unidos, quando "fizeram contato com judeus famosos ligados ao serviço secreto americano". Mikhoels jogou a favor de Stálin.

O ator do teatro iídiche, em seu duelo com o *Golem* stalinista, queria apelar a Stálin. Ele telefonou para o segundo judeu mais influente depois de Kaganóvitch, Polina Mólotova, para perguntar se deveria apelar a Jdánov ou Malenkov.

"Jdánov ou Malenkov não vão ajudá-lo", respondeu Polina. "Todo o poder do país está nas mãos de Stálin e ninguém pode influenciá-lo. Não o aconselho a escrever para Stálin. Ele tem uma atitude negativa em relação aos judeus e não vai nos apoiar." Seria impensável que ela falasse desse modo antes da guerra.[1]

Mikhoels tomou a decisão tentadora, mas num momento completamente errado, de chegar a Stálin por meio de Svetlana. Stálin já estava cismado com o gosto de sua filha por homens judeus. Depois de Kapler, havia Morózov, com

---

controlado o mar Negro por meio do domínio da Crimeia. Catarina, a Grande, e o príncipe Potiómkin anexaram a Crimeia em 1783 pelo mesmo motivo, assim como os exércitos anglo-franceses desembarcaram lá em 1853 para enfraquecer a Rússia. Numa medida controversa, Khruchióv deu a Crimeia à Ucrânia em 1954, uma decisão que quase causou uma guerra civil nos anos 90 entre ucranianos e aqueles que queriam ser governados pela Rússia.

quem ela se casara após a tentativa frustrada com Sergo Béria. Stálin não tinha nada contra Morózov pessoalmente, "um bom sujeito", porém ele não lutara na guerra, e era judeu. "Os sionistas enganaram você", disse a Svetlana. Vôlia, filha de Malenkov, acabara de casar com o neto judeu de Lozovski, que dirigia o Comitê Judeu de Mikhoels. Mólotov propôs a carta sobre a Crimeia judaica de Mikhoels e o irmão de Polina era um homem de negócios americano. Esses agentes americanos estavam por toda a parte. Então, ficou pior.

Mikhoels, ansioso para proteger a comunidade judaica, perguntou a Jênia Alliluíeva, que convivia com a *intelligentsia* judaica, se ele poderia encontrar Svetlana. Os filhos da elite desconfiavam de pretendentes que queriam usá-los para suas conexões: "Uma das coisas desagradáveis de ser filha de um *tchinovnik* era que eu não podia confiar em gente jovem a meu redor", diz Vôlia Malenkova. "Muitos queriam casar comigo. Eu não sabia se queriam a mim ou a influência de meu pai."

Os Alliluíev advertiram Jênia do perigo que representava envolver-se em assuntos judaicos: "Estava tudo misturado naquela panela", diz Vladímir Redens. "Sabíamos que aquilo não ia acabar bem." Mas parece que Jênia apresentou Mikhoels a Svetlana e Morózov. Stálin ficou sabendo disso de imediato* e teve uma explosão de raiva: os judeus estavam "se infiltrando em sua família". Além disso, Anna Redens estava mais uma vez irritando Stálin ao publicar memórias imprudentes de seus primeiros tempos e censurar Vassíli, que se queixou para Stálin. Assim, Mikhoels tropeçou inocentemente num ninho de vespas.

Stálin mandou Abakúmov investigar a conexão dos Alliluíev com a espionagem sionista-americana, murmurando para Svetlana que Jênia havia envenenado seu marido Pável em 1938. As pessoas perspicazes começaram a se separar de seus cônjuges judeus. Svetlana Stálin divorciou-se de Morózov: todos os livros de história repetem que Stálin mandou Svetlana fazer isso, e o primo dela, Leonid Redens, afirma a mesma coisa. Mas ela mesma explicou: "Meu pai nunca me pediu para me divorciar dele", acrescentando em entrevistas mais recentes que não estava apaixonada por Morózov: "Nos divorciamos porque eu não o amava". Isso soa verdadeiro no que diz respeito a este caso: Leonid Redens acrescenta que "houve muitos homens na vida de Svetlana; ela estava cansada

* Não demorou para que Jênia soubesse que seu próprio marido era um agente do MGB que informava sobre ela desde o casamento deles, mas todas as famílias da elite tinham seu informante. Ela se divorciou dele.

de Morózov". Porém o próprio Stálin disse a Mikoian que "se ela não se divorciar de Morózov, vão prendê-lo". Ela deixou o marido: "Ninguém me deixaria", disse essa czarevna. Parece que Stálin fez seu filho resolver o assunto. "Vassíli tomou o passaporte de Morózov e trouxe-lhe um novo, sem o selo do casamento", diz Redens.*

Abakúmov começou a prender o círculo judeu dos Allilúiev. A 10 de dezembro, prendeu Jênia Allilúieva, outrora tão íntima de Stálin, acusando-a de "disseminar calúnias imundas sobre o chefe do governo soviético". O marido de Jênia, sua filha, a vivaz atriz Kira, e Anna Redens também foram detidos. Judeus proeminentes foram presos.

O *Instántsiia*, aquele eufemismo terrível para a sagrada eminência no Kremlin, acreditava que o conjunto judeus-Allilúiev havia "expressado interesse na vida pessoal do chefe do governo soviético, apoiado pela espionagem internacional". Stálin permitiu "métodos de persuasão" para comprometer Mikhoels. A "luta francesa", como os torturadores a chamavam, foi comandada por Komarov, um violento psicopata antissemita, que anunciava a suas vítimas: "Seu destino está em minhas mãos, e não sou um homem, sou uma besta". Acrescentava: "Todos os judeus são filhos da puta nojentos!". Abakúmov supervisionava esse sádico diabólico, ordenando para os prisioneiros "um espancamento mortal!".

Goldchtein, que apresentara Mikhoels aos Allilúiev, testemunhou depois que "eles começaram a bater em mim com um bastão de borracha nas partes macias de meu corpo e meus calcanhares nus [...] até que eu não podia mais ficar sentado ou de pé". Eles bateram tanto na cabeça que "meu rosto ficou terrivelmente inchado e minha audição afetada. Exaurido por interrogatórios feitos de dia e à noite, aterrorizado pelos espancamentos, imprecações e ameaças, caí em profunda depressão, numa confusão moral total, e comecei a dar provas contra mim e os outros".

"Então você diz que Mikhoels é um porco?", gritou Abakúmov.

"Sim, ele é", respondeu o prostrado Goldchtein, que admitiu que Mikhoels lhe pedira para "notar todos os pequenos detalhes da relação entre Svetlana e Grigori [...] para informar nossos amigos americanos". Quando Stálin leu isso, teve confirmados seus piores temores em relação a Mikhoels.

* Grigori Morózov, que se tornou um respeitado advogado soviético e sempre se comportou com grande discrição e dignidade, recusou-se a ser entrevistado para este livro, dizendo: "Jamais quero relembrar 1947 de novo". Ele morreu em 2002.

Vladímir Redens, aos doze anos, havia perdido agora pai e mãe. Seus jovens primos, filhos de Jênia, haviam perdido os pais e a irmã. Vladímir correu para contar o ocorrido a Olga, sua avó, que continuara a morar no Kremlin depois da morte de seu marido, Serguei, em 1946. Para seu espanto, ela nunca perdoara Jênia por se casar tão rápido: "Graças a Deus!", disse ao saber da prisão de Jênia, e fez o sinal da cruz. Mas telefonou para Stálin sobre a prisão de Anna.

"Eles estavam sendo usados pelo inimigo", respondeu o líder. Quando a família desejou que "alguém contasse a Stálin", a velha dama retrucou: "Nada aconteceu sem que ele soubesse". Eles ingenuamente culparam Béria, não se dando conta de que Abakúmov respondia apenas a Stálin.

Svetlana tentou interceder pelos "tios", mas Stálin advertiu-a de que "eles falavam demais. Você também faz comentários antissoviéticos". Kira Allilúieva, primeira prima de Svetlana também presa, afirma que Stálin avisou sua filha: "Se você agir como defensora deles, a poremos também na cadeia". Tanto ela como Vassíli viraram as costas para os Allilúiev.

Agora que Svetlana estava solteira de novo, Stálin começou a indicar quem ela deveria escolher para se casar, anunciando a seus magnatas: "Ela diz que se casaria com Stiepan Mikoian ou Sergo Béria". Os pais do Politburo ficaram alarmados. A czarevna não parecia se importar com o fato de que ambos os rapazes não só estavam casados, como amavam suas esposas. Stálin disse aos ansiosos Mikoian e Béria: "Eu disse a ela que nem um nem outro. Ela deveria se casar com Iúri Jdánov". Ao mesmo tempo, esse casamenteiro desajeitado e tirânico disse a Iúri para se casar com Svetlana.

A 16 de julho, Stálin partiu numa viagem terrestre para se encontrar com o povo e ver o país, algo que não fazia desde 1933. Deveriam ser férias reflexivas e nostálgicas de três meses, um sinal de sua exaustão e seu novo estilo como um líder distante, mas superior. Deixou o indeciso Bulgánin em seu lugar.[2]

Enquanto Abakúmov torturava judeus para criar uma nova conspiração "americana" e destruir Mikhoels, Stálin, acompanhado de Váletchka e um comboio de ZiS110 blindados, partia para o sul, na direção de Khárkov.

51. Um velho solitário em férias

O generalíssimo ordenou que não houvesse cerimônia tediosa, e tudo se passou "sem nenhum sensacionalismo, o que muito agradou a Stálin", escreveu Vlássik, que achou a expedição exaustiva. Stálin só dormiu cerca de duas horas, mas estava "de bom humor, o que nos deixou a todos felizes". Ele inspecionou tudo, murmurando que não teria visto nada "de minha escrivaninha".

Chegou mesmo a experimentar aspectos da vida comum. Seu carro quebrou perto de Orel, ele desceu para uma caminhada, cercado por seus "acessórios", e se aproximou de alguns caminhões estacionados cujos motoristas ficaram estupefatos quando ele se apresentou. Em Kursk, Stálin passou a noite no apartamento de um tchequista local. De manhã, achou que deveriam dar um presente ao casal; então deixou um frasco de perfume no toucador da senhora. Em Khárkov, notou que havia pessoas que ainda moravam em abrigos cavados nas rochas. Disse a Váletchka que isso o incomodava. Ao chegar, Khruchióv (que estava em baixa) tranquilizou Stálin dizendo que as notícias da fome eram exageradas e lhe presenteou com alguns melões suculentos. Váletchka ficou estarrecida e resmungou para Svetlana que eles enganavam "seu pai — logo ele!".

Por fim, o aliviado Vlássik embarcou Stálin num trem especial que os levou até Ialta, onde ele ficou provavelmente no Livadia, antes que o cruzador *Mólotov* o transportasse para Sotchi. O tempo estava maravilhoso, e a tripulação, emocionada com seu passageiro. Vlássik, o fotógrafo da corte, tirou tantas fotos, que Stálin, "sempre sensível", observou: "Vlássik está indo bem, mas ninguém o fotografa. Alguém precisa fotografá-lo conosco".

Em Sotchi, Stálin passeou pela cidade, seguido por Vlássik, Poskrióbichev e os frenéticos seguranças que batalhavam para controlar as pessoas que estavam acampando na costa. Quando alguns estudantes se reuniram ao redor de seu carro, ele lhes ofereceu uma carona ao café local, o Riviera, onde uma menina chorou porque não ganhara balas. Stálin sentou-a no colo e disse-lhe que escolhesse o que quisesse. O porcino Vlássik pagou a conta, depois virou-se para as crianças e gritou: "Agora, crianças! Um viva de pioneiros para o camarada Stálin!" — a versão soviética de "hip hip hurra!". Pode-se imaginá-lo dando um soco no ar enquanto "as crianças gritavam o harmonioso viva!".

Depois foram para o lar espiritual de Stálin daqueles anos crepusculares, a Abkházia, onde ele acreditava que o ar e a comida garantiam a longevidade: "Você lembra de como o escritor inglês J. B. Priestley ficou espantado quando conheceu um camponês abkházio de 150 anos?", refletiu ele. "Se eu morasse aqui, poderia viver até os 150!"*

Stálin dizia com frequência a Mólotov que sentia saudades de sua terra natal. Ele defendera o povo russo como o laço que amarrava seu império; era ele quem proporcionava a energia dinâmica para promover o bolchevismo e garantia sua glória. Seu destino era russo. Por isso, Vassíli dizia que "papai foi outrora georgiano". Mas sua "russidade" pessoal tem sido exagerada. Seu estilo de vida e sua mentalidade continuaram a ser georgianos. Ele falava georgiano, sua comida era georgiana, cantava em georgiano, governava pessoalmente a Geórgia por meio dos chefes locais, envolvendo-se na política paroquial, sentia saudades de seus amigos de infância e passou quase a metade de seus últimos oito anos na isolada Geórgia de suas fantasias.

Fez sua base em Riacho Frio, mas mudava-se constantemente para novas casas. Afirma-se que eram sombrias. Com certeza, os painéis de madeira eram

* Stálin sempre se interessou muito por longevidade. Em 1937, patrocinara o trabalho do professor Alexander Bogomólov sobre o fenômeno da longevidade extraordinária das pessoas da Geórgia e da Abkházia. Dizia-se que Stálin acreditava que isso se devia à água das geleiras e à dieta deles; por essa razão, bebia água glacial.

escuros, porém, quando se as visita no verão, são agradáveis. Stálin costumava fazer as refeições e trabalhar do lado de fora, nas varandas, e todas tinham jardins luxuriantes cheios de flores, pelos quais ele adorava caminhar. As moradias eram escolhidas sobretudo por suas vistas: os panoramas descortinados dessas casas austeras são todos de tirar o fôlego.

Nessa época, ele começou a ficar na mansão branca em falso estilo barroco, nos exuberantes jardins do parque Dedra, em Sukhumi, onde Mándelstam vira Iejov dançar o *gopak*. Durante os anos 30, passara férias numa pequena datcha construída por Lakoba, em Nova Athos; agora, tinha outra vila, em estilo cubano, construída ao lado, toda térrea e com uma esplêndida vista para o mar. Já havia um sanatório do CC junto ao remoto lago Ritsa, cujo único acesso era um longo caminho que atravessava uma garganta pitoresca ao lado de uma torrente borbulhante. Em 1948, ele mandou construir uma casa nova ao lado da antiga.*

Stálin tinha acesso a qualquer das inumeráveis datchas estatais, mas parece que usava com regularidade cerca de cinco perto de Moscou, várias na Crimeia, inclusive dois palácios imperiais, três na Geórgia e outras cinco na Abkházia. Pelo menos quinze tinham *staff* permanente. Contudo, de muitas maneiras, ele continuava a ser o revolucionário georgiano itinerante e irrequieto de sua juventude. Acompanhado por Poskrióbichev, recebia constantemente por via aérea os últimos documentos do CC, convocava seus potentados quando bem queria, despachava telegramas para o mundo inteiro: era sempre o fulcro do poder.

* O acesso à maioria das casas de Stálin se dava por uma abertura em arco do prédio da segurança (mas não no lago Ritsa e em Nova Athos), para depois chegar a um jardim luxuriante com sebes de alfenas e um caminho que conduzia à vila em estilo mediterrâneo cercada por uma varanda. Sua maior dependência era sempre a sala de jantar, com pé-direito alto e painéis de madeira, que exibia uma longa mesa que podia ser encurtada. Essas moradias eram pintadas com um tom verde-oliva, talvez para camuflá-las, se vistas do céu. Todas eram praticamente invisíveis, escondidas no alto de alamedas estreitas e tão cercadas de palmeiras e abetos que era difícil avistá-las mesmo de seu próprio jardim. A maioria dispunha de cais próprios e todas tinham pavilhões de verão, onde Stálin trabalhava e oferecia jantares. Em todas havia a sala de bilhar dos mexericos, geralmente combinada com um cinema, em que o filme era projetado de pequenas janelas de madeira que ficavam do outro lado da mesa de bilhar sobre a parede oposta. Elas possuíam muitos quartos com divãs e vastos banheiros com banheiras minúsculas, feitas de acordo com a estatura de Stálin. Todas foram construídas ou remodeladas para Stálin pelo arquiteto da corte Miron Merjánov, que vivia com a mãe de Marta Béria, Timocha, nora de Gorki e a paixão de Iagoda. Merjánov foi preso no final dos anos 40, tal como todos os amantes anteriores de Timocha.

* * *

Quando chegava, havia um ritual que era um eco de outros tempos: Stálin pendurara a máscara mortuária de Lênin numa parede de Kuntsevo, onde era iluminada como um ícone por uma lamparina. Sempre que saía de férias, o ícone ia junto. Mandava seu comandante Orlov "pendurar o rosto no lugar mais visível".

Com sua chegada, os magnatas e toda a liderança georgiana ocupavam simultaneamente suas casas locais, esperando a convocação. Abakúmov ficava pronto para ir de avião com as notícias dos últimos interrogatórios. Se havia rixas no Politburo, mandava chamar os magnatas para um julgamento salomônico. Eles temiam ter de passar qualquer tempo com Stálin em férias, que "era pior que os jantares", de acordo com Khruchióv, que certa vez suportou um mês inteiro. Lutando contra a fome e o separatismo da Ucrânia, Khruchióv continuava sob nuvem temporária enquanto se recuperava. Stálin ordenou que Kaganóvitch supervisionasse Khruchióv e eliminasse qualquer nacionalismo dos ucranianos, uma façanha que ele já realizara nos anos 20. Os dois eram aliados de longa data, e suas famílias passeavam juntas nos fins de semana. Inevitavelmente, logo se tornaram inimigos mortais. Ambos apelaram a Stálin, que os chamou a Riacho Frio. Durante um jantar e um filme, ele atiçou o ódio entre eles, fez valer a paz e, por fim, mandou Kaganóvitch de volta para Moscou.

Seus vassalos do Leste europeu, em especial Gottwald, Beirut e Hoxha, não ousavam resistir às convocações. Mas os dois favoritos eram os chefes locais, com quem Stálin podia relaxar, em parte porque ambos tinham trinta e poucos anos, em parte porque eram georgianos. Ao confiar neles mais que nos próprios filhos, parecia divino para ambos, mas também paternal.

Candide Tcharkviani, o culto primeiro-secretário georgiano, visitava o líder "dia sim, dia não". Ajudava na relação o fato de que Stálin fora alfabetizado por um padre chamado Tcharkviani, que no entanto não era parente de Candide. Ele confiava tanto em Tcharkiviani que não só revelou seus arranjos para dormir, como, quando Candide lhe contou sobre um príncipe da Geórgia que trocava as roupas íntimas diariamente, Stálin mostrou-lhe uma cômoda cheia de "roupas íntimas brancas de algodão" e gracejou: "Não é difícil para um príncipe, mas eu sou um camponês e faço o mesmo".

O outro confidente era Akáki Mgeladze, o implacável e maneirosamente belo chefe da Abkházia, a quem Stálin apelidou de "camarada Lobo". Stálin gostava de Tcharkviani por seu conhecimento de literatura e de Mgeladze por suas intrigas políticas. Às vezes, desafiava este a ir de carro de seu gabinete em Sukhumi até a datcha em dezessete minutos. Tcharkviani e Mgeladze odiavam-se mutuamente, como seus antecessores, Béria e Lakoba.*

Váletchka, Vlássik e Poskrióbichev, que ficavam em datchas próximas, mais uma estenógrafa e um oficial especializado em códigos eram suas outras companhias comuns. Com sua "face triste, olhos perspicazes e esperteza", Poskrióbichev selecionava os papéis que chegavam de Moscou, por via aérea, todos os dias e depois os levava até a vila. Stálin dera-lhe ultimamente o apelido de "comandante em chefe". Ele defendia o generalíssimo de chamadas indesejadas. Quando Mikoian telefonou, em outubro de 1947, ele o censurou: "Já lhe disseram que não deve perturbar o camarada Stálin com essa questão e você insiste". Para as pessoas de fora, para quem o Politburo era o santuário dos santuários, isso era uma demonstração chocante.

Stálin fazia as refeições nas varandas, no pavilhão de verão ou junto ao lago Ritsa, lendo os documentos. Havia revistas e livros abertos sobre quase todas as superfícies e pilhas de papéis. Antes de partir para o Sul, rabiscou para Poskriróbichev: "Encomende todos estes livros. Stálin. *Cartas de Goethe, Poesia da Revolução Francesa*, Puchkin, Konstantin Símonov, Shakespeare, Herzen, *História da Guerra dos Sete Anos* e *Batalha no mar 1939-1945*, de Peter Scott".

Ele ainda trabalhava noite adentro e começava seus jantares tarde. Vlássik e Poskriróbichev nem sempre jantavam com o líder, mas o chefe de gabinete convidava as pessoas com as temíveis palavras: "Stálin espera por você". Quando Poskriróbichev conduzia os convidados até a porta, Stálin brincava: "Então, como está nosso comandante em chefe?". Bronzeado, cabelos grisalhos, com uma leve calvície, rosto fino, barrigudo e ombros caídos, Stálin os recebia na varanda, como um afável georgiano do campo, vestido com uma espécie de traje de safári. Quando estava muito quente, havia um aspersor no terraço de Riacho Frio que refrescava o ar, borrifando água sobre o telhado.

Às vezes, a governanta indicava aos convidados o jardim, no qual encontra-

* Este relato baseia-se nas memórias de Tcharkviani. As memórias de Mgeladze, que estão quase no mesmo nível das de Mikoian por sua intimidade, foram publicadas apenas na Geórgia. Os chefes georgiano e abkházio eram naturalmente rivais: no caso de Béria contra Lakoba, o chefe de Tbilissi destruiu o chefe de Sukhumi, mas ocorreu o contrário com Tcharkviani e Mgeladze.

vam Stálin limpando com uma pá as ervas daninhas ao redor de seus limoeiros, ajudado pelo general Vlássik: "Estou mostrando a vocês como trabalhar!".

Ele exibia seus limões e rosas: "Era um romântico da natureza", escreveu Mgeladze. Mas sua flor favorita, a mimosa, era uma metáfora orgânica de sua sensibilidade reservada, pois, quando era tocada, fechava-se como uma boca. "A mimosa é a primeira flor que anuncia a chegada da primavera", contou ele a Mgeladze. "Como os moscovitas adoram mimosas, fazem filas por elas. Pense em como plantar mais para deixar os moscovitas felizes!" Eles faziam caminhadas frequentes e, às vezes, até passeavam por Sukhumi, onde Stálin fazia perguntas aos estudantes, tais como: "O que você quer ser quando crescer?".

Nos banquetes georgianos, servidos muitas vezes do lado de fora da casa, Stálin abria as garrafas. As "refeições infindáveis" eram torturantes para os magnatas, mas fascinantes para os georgianos mais jovens. Traziam-se mapas, admiravam-se impérios, discutiam-se personagens do passado, contavam-se piadas, erguiam-se brindes. Poskriόbichev brindava Stálin por ter destruído Bukhárin e Ríkov: "Você tinha razão, camarada Stálin. Se eles tivessem vencido...". O chefe de gabinete podia se permitir certa leviandade com Stálin, que, com frequência, o designava "*tamada*". "Agora, você vai beber à minha saúde!", ordenava Poskriόbichev. Stálin obedecia.

Mólotov saudava Stálin de modo mais elaborado: "Se você não fosse Stálin, a URSS não teria vencido Trotski, ganhado a guerra, obtido a bomba ou conquistado um império para o socialismo". Isso agradava ao anfitrião. A bebedeira ficava muitas vezes desagradável quando membros do Politburo ou vassalos estrangeiros eram os convidados, mas, com os georgianos, era muito mais alegre e nostálgico.

Quando Stálin cantava, Poskriόbichev e Vlássik providenciavam as harmonias, como um par de grotescos coroinhas. Após o jantar, os convidados costumavam pernoitar. Stálin podia ser perturbadoramente gentil: quando Artiom, o irmão de Mikoian, projetista do avião MiG (Mikoian-Gurev), sofreu uma crise de angina e ficou de cama, percebeu que alguém entrava em seu quarto e o cobria de maneira afetuosa com um cobertor. Ficou espantado ao ver que era Stálin.

Uma coisa unia praticamente todos os convidados: o desejo de escapar desse estranho e nervoso velho com sua alternância de explosões violentas e perigosas, lamentos de autopiedade e lembranças torturantemente tediosas. Seus esforços frenéticos e criativos a fim de encontrar desculpas para deixar seu anfitrião todo-poderoso, mas supersensível, sem provocar ofensa, dão um tom cômico a essas longas noites.[1]

Naquele ano, Svetlana foi uma das primeiras convidadas, ficando durante três semanas em sua própria casa, que era menor. Ela achava um tédio os jantares com Béria e Malenkov. Escapar era mais fácil para ela, mas, mesmo assim, uma luta. Certa vez, num jantar com Mólotov, Mikoian e Tcharkviani, ela pediu subitamente: "Deixe-me voltar para Moscou!".

"Por que tanta pressa?", retrucou o pai ferido. "Fique dez dias. Está chato aqui?"

"Pai, é urgente! Por favor, me deixe ir!"

Stálin ficou bravo: "Pare com isso! Você vai ficar!". Mais tarde, Svetlana começou de novo.

"Vá se quiser!", vociferou Stálin. "Não posso obrigar você a ficar!" Ele não conseguia captar o grau em que seus assassinatos políticos haviam esterilizado e envenenado seu mundo, mas talvez sentisse isso quando disse a Svetlana em tom patético: "Você não está na casa de um estranho". Svetlana ainda estava lá quando Jdánov chegou. Ela conseguiu partir em bons termos, mandando ao pai uma carta afetuosa, à qual ele respondeu: "Olá, Svetka [...]. É bom saber que você não esqueceu seu pai. Estou bem [...]. Não estou solitário. Estou mandando para você alguns presentinhos — tangerinas. Um beijo".

Jdánov chegou para ajudar Stálin a elaborar sua política para manter o controle da Europa Oriental. A tendência de Mólotov de negociar com o Ocidente havia acabado com a rejeição ao Plano Marshall. Agora, Jdánov parecia ganhar ascendência em assuntos externos, além dos internos, ou, antes, ele estava naturalmente mais próximo da voz de seu senhor. A relação deles continuava quase paternal. Stálin marcava os discursos de Jdánov com observações de mestre-escola: "Precisa pôr citações de Lênin!", rabiscou com crayon marrom em um deles.

Juntos, criaram o discurso de Jdánov que dividia a Europa em "dois campos", a base ideológica para a Cortina de Ferro nos quarenta anos seguintes. Objetivando contra-atacar o Plano Marshall e a desconfortável independência da Iugoslávia de Tito, Stálin mandou que Jdánov criasse uma nova Internacional Comunista, o Cominform, para impor a hegemonia soviética ao Leste europeu.

Jdánov, acompanhado por seu odiado rival Malenkov, recentemente rebaixado para um posto menor, foi então até a cidade polonesa de Szklarska Poreba, onde os Partidos Comunistas governantes da Polônia e da Iugoslávia esperavam as instruções de Moscou. A conferência se realizou numa casa de convalescença da polícia secreta, na qual Jdánov e o restante dos delegados ficaram no andar de cima. Além de fazer seu discurso dos "dois campos", a 25 de setembro, Jdánov comportou-se com toda a arrogância vociferante de um vice-rei imperial. Quando Berman, um dos líderes poloneses (aquele que havia valsado com Mólotov), expressou dúvidas sobre o Cominform, Jdánov retrucou com soberba: "Não comece a bancar o importante. Em Moscou, sabemos melhor como aplicar o marxismo-leninismo".

A cada etapa, o "camarada Fílipov" (Stálin em férias) instruía "Serguéiev e Boríssov" (Jdánov e Malenkov) sobre como proceder. Esse foi o ponto mais alto da carreira de Jdánov e sua última realização duradoura, se assim se pode chamá-la. Era apropriado que a reunião se realizasse num sanatório, pois, no final dela, o "Pianista" estava desabando devido ao alcoolismo e ao colapso cardíaco. Ele pode ter triunfado sobre Mólotov, Malenkov e Béria, mas não podia controlar a própria força. Aos 51 anos, exaurido, sabia que "não era forte o suficiente para suportar a responsabilidade de suceder a Stálin. Ele jamais quis o poder", afirma seu filho. Jdánov voltou para a beira-mar a fim de se recuperar perto de Stálin, onde os dois se visitavam, mas então ele sofreu um ataque cardíaco.*

A doença de Jdánov criou um vácuo que foi entusiasticamente preenchido por Malenkov e Béria, os quais se tornaram tão próximos que chegaram a mandar juntos saudações a Stálin naquele novembro, escrevendo: "Tivemos grande felicidade de trabalhar sob seu comando [...]. Devotados a você, L. Béria e G. Malenkov". Contudo, a amizade deles sempre foi política: Béria achava que Malenkov era "um fraco [...] não passa de um bode!". Não obstante, Jdánov notou o ressurgimento deles e disse a seu filho: "Formou-se uma facção". Em descanso até dezembro, estava debilitado demais para travar essa batalha violenta.[2]

Depois que Mólotov e Mikoian, recentemente humilhados, foram embora, Stálin viu-se sozinho. Ele ansiava pela companhia de gente jovem. Béria, segun-

* Jdánov não foi o único: Andréiev, com apenas 52 anos, ficou doente em 1947, embora tenha permanecido um ativo membro do Politburo até 1950; perdeu seu posto em 1952.

do seu filho, achava que a solidão de Stálin era uma representação. Ele queria os colaboradores a seu redor, "para manter um olho em cima deles, não por medo da solidão", mas isso não explica seu desejo pela companhia de jovens sem importância. "Enquanto todo mundo fala sobre o grande homem, gênio em tudo", resmungou Stálin para Golovánov, "não tenho ninguém com quem tomar uma xícara de chá." Jdánov, em uma de suas visitas, estava acompanhado de seu filho Iúri, o genro ideal para Stálin. O líder telefonava-lhe amiúde para dar conselhos sobre sua carreira: "As pessoas dizem que você gasta muito tempo em atividades políticas", dissera certa vez a Iúri, "mas eu lhe digo que política é um negócio sujo — precisamos de químicos!".

Iúri formou-se em química e depois fez mestrado em filosofia. Agora com 28 anos, ele e uma de suas tias estavam andando de carro junto ao mar Negro quando, na estrada que ia para a datcha de Gagra, foram surpreendidos por vários guardas que corriam em sua direção.

"O camarada Stálin chama você, camarada Jdánov!", disseram eles. Iúri mandou uma mensagem dizendo que estava com sua tia, e o guarda voltou correndo: "Ambos estão convidados". Na varanda fechada, Stálin, bronzeado e descontraído, esperava por eles. Após perguntar pela saúde do pai de Iúri e enquanto servia vinho, foi ao ponto: "Talvez você devesse trabalhar para o Partido".

"Camarada Stálin, você me disse uma vez que a política era um negócio sujo."

"Agora é uma época diferente. Os tempos mudaram. Você fará trabalho para o Partido, vai viajar e inspecionar as regiões. Verá como tomamos decisões e como eles discordam delas imediatamente."

"Acho melhor consultar meus pais", disse Iúri, que sabia que nenhum magnata queria seus filhos no covil de serpentes da corte de Stálin. Mas Jdánov concordou: Stálin designou seu filho para o importante cargo — para um homem tão jovem — de chefe do Departamento de Ciências do CC. Inadvertidamente, Iúri estava pondo sua cabeça dentro das mandíbulas do crocodilo no exato instante em que a batalha pela sucessão estava prestes a explodir em derramamento de sangue. "Eu não tinha medo dele", diz Iúri agora, "eu o conhecia desde a infância. Somente mais tarde me dei conta de que *deveria* ter sentido medo."

Iúri não precisou ficar, mas outro jovem teve menos sorte e suportou nove dias, antes de conseguir escapar. Naquele outubro, Oleg Troianovski, um intérprete do Ministério do Exterior, foi mandado a Gagra para ser intérprete de Stálin numa reunião com alguns deputados do Partido Trabalhista britânico.*

Bonito e erudito, Troianovski era outro filho da elite. Quando Stálin o conheceu, gostou tanto dele que usou o sotaque dos peles-vermelhas de *O último dos moicanos*: "Mande meus cumprimentos ao irmão cara-pálida do líder dos peles-vermelhas!". Depois que os deputados britânicos partiram, disse a Troianovski: "Por que não fica conosco por um tempo? Vamos embebedá-lo e então veremos que tipo de pessoa você é".

Foi algo tão inesperado e alarmante que Troianovski gaguejou que aquilo seria certamente "um fardo para o camarada Stálin", mas ele insistiu. O intérprete estava compreensivelmente apreensivo, porém Stálin o convocou para jogar bilhar algumas vezes, jogo em que ele era tão bom que nem mesmo parecia mirar na bola. Eles se encontravam principalmente ao jantar, quando ganhavam, às vezes, a companhia de Poskrióbichev ou de membros do Politburo. O anfitrião servia pessoalmente Troianovski. A conversa "nunca era embaraçosa, não havia silêncios", embora Troianovski fosse perspicaz o bastante para não fazer perguntas e emitir poucas opiniões. Stálin comandava a conversa, lembrando de sua estada com o pai de Oleg em Viena em 1913, sua "primeira vez com uma família de estilo ocidental". Quanto ao mais, Stálin dizia-lhe apenas para repousar, mas "dificilmente seria possível descrever algo relacionado a Stálin como repousante".

Troianovski, tal como todos os outros convidados, sofreu para descobrir de que forma escapar sem ofender Stálin. Após nove noites, encontrou coragem para perguntar a Stálin se poderia ir embora. Stálin pareceu surpreso e ele explicou que estava retornando a Moscou para se tornar um membro do Partido.

"Um evento importante", disse Stálin. "Boa sorte." Presenteou Troianovski com uma cesta de frutas e houve um momento embaraçoso, mas revelador,

* Stálin ficara com o pai de Troianovski, Alexander, em Viena, em 1913, nomeou-o primeiro embaixador soviético em Washington e protegeu-o durante o Terror. Stálin gostava de Troianovski, que era um ex-menchevique, mas nunca confiou muito nele. Certa vez, chegou sorrateiramente por trás, pôs as mãos sobre os olhos dele e cochichou: "Amigo ou inimigo?". Em 1948, a carreira de Troianovski como intérprete de Stálin chegou a um fim abrupto quando Mólotov o removeu para protegê-lo. Seu pai, o velho diplomata, vinha jogando bridge e criticando a liderança com o indômito Litvínov. Era uma época perigosa. Mais tarde, Troianovski foi intérprete de Khruchióv. Este relato baseia-se em uma entrevista com ele.

quando se despediu do jovem: "É provavelmente chato para você aqui. Acostumei-me com a solidão. Acostumei-me com ela na prisão".[3]

Ao retornar a Moscou, no dia 21 de novembro, esse velho anfitrião cordial mandou Abakúmov matar o ator do teatro iídiche Mikhoels. Nove dias depois, ele apoiou o voto da ONU pela criação de Israel.

52. Duas mortes estranhas: o ator de teatro iídiche e o herdeiro legitimário

O Comitê do Prêmio Stálin mandou Mikhoels a Minsk para julgar peças nos teatros da Bielo-Rússia. Quando isso foi relatado a Stálin, ele deu ordem verbal a Abakúmov para matar o ator imediatamente, especificando alguns detalhes na presença de Malenkov. Abakúmov confiou a tarefa a seu auxiliar e chefe do MGB de Minsk, invocando a *Instántsiia*. O plano de Abakúmov era "convidar Mikhoels a visitar alguns conhecidos à noite, oferecendo-lhe um carro [...] levá-lo às vizinhanças da datcha de Tsanava [o chefe do MGB bielo-russo] e matá-lo ali; depois levar o cadáver para uma rua deserta, colocá-lo atravessado na rua que levava ao hotel e passar com um caminhão por cima dele [...]". O plano tinha todas as marcas de gangsterismo dos jogos canhestros que Stálin costumava inventar com Béria para liquidar os famosos demais para ser presos. Tsanava retransmitiu as ordens para os escalões inferiores, sempre pronunciando a palavra mágica — *Instántsiia*.

A 12 de janeiro, Mikhoels e seu amigo Vladímir Golúbov-Potápov, crítico de teatro e agente do MGB, passaram o dia se encontrando com atores, depois jantaram no hotel. Às oito da noite, saíram do hotel para se encontrar com o "amigo" de Golúbov. Presume-se que o carro do MGB os levou à datcha de Tsanava, onde é provável que tenham injetado veneno no ator para deixá-lo tonto, outra tarefa para os médicos do MGB. Ele talvez tenha resistido. Esse artista exuberante, a última conexão com o brilhantismo intelectual de Mándelstam e Babel, amava a vida e deve ter lutado. Foi atingido na têmpora por um objeto rombudo e também levou um tiro. Golúbov, o espectador de má-fé, também foi morto. Os corpos foram levados para a cidade, atropelados por um caminhão e abandonados na neve.*

É provável que Stálin tenha sido informado dos assassinatos antes que os corpos fossem jogados na rua e justo quando Svetlana chegava para visitá-lo em Kuntsevo. Ele estava ao telefone, conversando possivelmente com Tsanava: "Alguém estava fazendo um relato e ele escutava. Depois, para resumir, disse: 'Então, um acidente de carro'. Lembro muito bem de sua entonação — não era uma pergunta, era uma confirmação [...]. Ele não estava perguntando, estava propondo o acidente de carro". Após desligar o telefone, beijou Svetlana e falou: "Mikhoels foi morto num acidente de carro".

Às sete horas da manhã seguinte, dois corpos foram encontrados na neve. O de Mikhoels foi levado para Moscou e entregue ao laboratório do professor Boris Zbarski, o bioquímico (judeu) encarregado da múmia de Lênin. Notando o ferimento na cabeça e o furo de bala, recebeu ordens de preparar a vítima do "acidente de carro" para a câmara-ardente no Teatro Judeu, onde ninguém foi enganado por seu "rosto quebrado" e "traços mutilados disfarçados com maquilagem pesada".

Mikhoels era um herói artístico para alguns dos cortesãos de Stálin, bem como para o público. Na noite do dia 15, antes do enterro, Polina Mólotova, que redescobrira suas raízes judaicas durante a guerra, compareceu ao velório e murmurou: "Foi assassinato". Após o funeral, Iulia Kaganóvitch, sobrinha de Lázar e filha de Mikhail, que se suicidara em 1941, chegou à casa dos Mikhoels

* Segundo uma história pitoresca, mas não comprovada, citada em *The secret file of Joseph Stalin*, de Brackman, Stálin mandou matar Mikhoels com um machado envolto numa jaqueta porque mandara matar seu próprio pai dessa forma, décadas antes em Kutaisi. Mas não há provas de que ele tenha matado seu pai. Ninguém que tenha visto o corpo do ator mencionou algum ferimento a machado, embora a equimose em seu rosto possa ter sido causada por um cabo de machado. O homem encarregado da operação foi Lavrenti Tsanava, um dos georgianos bigodudos que Béria trouxera para Moscou. Tal como muitos membros da Tcheca, era um criminoso. Quem o conhecia bem só dizia que "ele era um animal". Seu verdadeiro nome era Djandjugava e ele fora condenado por assassinato até que Béria o resgatou e ele se tornou chefe do MGB bielo-russo. Não se mostrou um protegido especialmente fiel, pois aproximou-se de Abakúmov. Após a morte de Stálin, foi preso e fuzilado.

e levou a filha dele até o banheiro. Ali, com as torneiras correndo, ela cochichou: "Meu tio manda seus sentimentos", acrescentando uma ordem do ansioso Kaganóvitch: "Ele me pediu para lhe dizer — jamais pergunte a qualquer um sobre qualquer coisa". O Teatro Judeu ganhou o nome de Mikhoels; abriu-se uma investigação de assassinato. O Comitê Judeu continuou e Stálin seria o primeiro a reconhecer Israel.

Porém, longe dos olhares públicos, Tsanava, o assassino do ator, recebeu a Ordem de Lênin "por execução exemplar de uma missão especial do governo". Jênia Allilúieva foi condenada a dez anos, sua filha Kira a cinco anos, "por fornecer informações sobre a vida pessoal da família [de Stálin] à embaixada americana". Anna Redens também pegou cinco anos. Elas foram postas em confinamento solitário.*

O MGB começou então a montar um caso contra o ministro-adjunto do Exterior, Solomon Lozovski, e outros judeus proeminentes: Polina Mólotova foi sacada de seu cargo na surdina. Stálin fazia piadas sobre seu próprio antissemitismo, provocando Djilas sobre os judeus na liderança iugoslava: "Você também é antissemita, você também...".[1]

Jdánov, apesar de seu "rosto vermelho inchado e movimentos enérgicos", recuperou sua força e seu poder: "Eu posso morrer a qualquer momento e posso viver por muito tempo", disse a Djilas. Nos jantares, tentava resistir à bebida e só comia um prato de sopa.

Para um homem doente, os meses seguintes dificilmente poderiam ter sido menos repousantes, pois Stálin encontrou sua primeira oposição verdadeira em quase vinte anos. O marechal Tito não era um vassalo. Seus partidários haviam lutado valentemente contra os alemães e não dependeram do Exército Vermelho para se libertar. Agora, os iugoslavos denunciavam o "comportamento ditatorial" de Jdánov na conferência do Cominform. Quando Stálin leu isso, não pôde acreditar na impertinência, rabiscando com crayon marrom: "Informação muito esquisita!".

* As "tias" estavam na prisão de Vladímir. Jênia queria se suicidar e engoliu pedras, mas sobreviveu. Tal como tantos outros, foi mantida viva pela bondade de estranhos. Uma prisioneira polonesa, na cela vizinha, batucou em código da prisão: "Viva por seus filhos".

Stálin concordara em deixar a Grécia para o Ocidente, reservando-se o direito de quando e onde enfrentar os Estados Unidos. Tito não concordou com suas ordens e começou a dar sustentação aos comunistas gregos. Stálin estava decidido a testar a resolução americana em Berlim, não em alguma aldeia obscura dos Bálcãs. A gota d'água foi a planejada federação balcânica combinada entre o líder búlgaro Dmitrov e Tito, sem a permissão de Stálin. Com o esquentamento da rixa, Tito mandou seus camaradas Milovan Djilas e Edvard Kardelj para negociar com Stálin. Em jantares medonhos em Kuntsevo, Stálin, Jdánov e Béria tentaram intimidar a Iugoslávia com a supremacia soviética. Djilas estava fascinado, mas desafiador. Assim, a 28 de janeiro, o *Pravda* denunciou o plano de Dmitrov.

A 10 de fevereiro, Stálin chamou os iugoslavos e búlgaros ao Cantinho para humilhá-los, como se fossem membros insolentes do Politburo. Em vez de se opor ao plano búlgaro-iugoslavo, propôs uma colagem de pequenas federações, ligando países que já se odiavam mutuamente. Stálin estava "ameaçador e rabiscando sem parar".

"Quando digo não, isso significa não!", exclamou ele, que propôs então que a Iugoslávia engolisse a Albânia, fazendo gestos de engolir com seus dedos e sons de tragar com a boca. Os três carrancudos — Stálin, Jdánov e Mólotov — só conseguiram endurecer a resistência de Tito.

Stálin e Mólotov mandaram uma carta de oito páginas deixando implícito que Tito era culpado do pecado hediondo de trotskismo. "Pensamos que a carreira política de Trotski é suficientemente instrutiva", escreveram de modo ameaçador, mas os iugoslavos não se importaram. A 12 de abril, eles rejeitaram a carta. Stálin decidiu esmagar Tito.

"Eu sacudo meu dedo mínimo e não haverá mais Tito!", falou bombástico para Khruchióv. Mas Tito revelou-se uma noz mais dura do que Trotski ou Bukhárin.[2]

Nos jantares de Kuntsevo, Jdánov, o suposto herdeiro, mas cada vez mais um alcoólatra incapaz de resistir à tentação e cardíaco, "às vezes perdia a força de vontade para se controlar" e bebia. Então Stálin "gritava com ele para parar de beber", um dos raros momentos em que tentou restringir a bebida, sinal do lugar especial ocupado por Jdánov. Mas, em outras ocasiões, o pálido Jdánov, sóbrio e discreto enquanto Stálin blasfemava contra Tito e ria com afetamento das piadas escatológicas, o deixava ultrajado: "Olhem para ele, sentado ali como Cristo, como se nada lhe dissesse respeito! Ali, olhando para mim agora como se fosse Cristo!".

Jdánov empalideceu e seu rosto se cobriu de gotas de suor. Svetlana, que estava presente, deu-lhe um copo de água, mas tratava-se apenas de uma explosão rotineira do mau humor de Stálin, que geralmente passava tão rápido quanto vinha. Não obstante, Stálin estava cada vez mais irritado com a presunção e autonomia de Jdánov. Béria e Malenkov receberam ajuda em seus projetos de vingança de uma fonte surpreendente.

Escolhido por Stálin, cada vez mais próximo de Svetlana e, aos 28 anos, chefe do Departamento de Ciências do CC, Iúri Jdánov era arrogante. Levava a ciência tão a sério quanto seu pai levava a cultura. Iúri ressentia-se do domínio absurdo de Trofim Lisenko no campo da genética: o charlatão científico usara o apoio de Stálin durante o Terror para expurgar a pesquisa genética de verdadeiros cientistas.

"Iúri, não se meta com Lisenko", advertiu seu pai em tom de brincadeira. "Ele vai cruzar você com um pepino." Mas Jdánov talvez estivesse doente demais para detê-lo.

A 10 de abril de 1948, o jovem Jdánov atacou o assim chamado neodarwinismo de Lisenko e sua supressão de cientistas e suas ideias, num discurso proferido na Politécnica de Moscou. Lisenko escutou a palestra por um alto-falante num escritório próximo. Esse cortesão experiente apelou a Stálin, atacando a imprudência de Iúri ao falar para o Partido "em seu próprio nome". O geneticista copiou a carta a Malenkov, que o apoiava. As rodas giravam. Malenkov mandou a palestra a Stálin, que agora se julgava o corifeu — mestre do coro no teatro antigo — da ciência. Ele leu a palestra de Iúri com crescente desdém: "Ha-ha-ha!", rabiscou irado. "Absurdo!" e "Cai fora!" O impertinente peralta contradissera a concepção do próprio Stálin sobre hereditariedade e evolução e usurpara sua autoridade pessoal. Quando Iúri afirmou que se tratava de suas ideias pessoais, Stálin exclamou "aha!" e encaminhou seus comentários para Malenkov.

Frustrado pela resistência iugoslava, pela tensão em Berlim e pelas intrigas sionistas, o líder decidira que era o momento de desafiar os americanos na Europa. Ele exigia disciplina partidária: Iúri havia escarnecido dela. Numa intervenção olímpica que mudou a ciência e a política soviéticas, o corifeu interveio. A

10 de junho, Stálin realizou uma de suas sessões de humilhação no Cantinho. Enquanto Andrei Jdánov tomava notas humildemente e seu filho espiava por detrás, Stálin, andando para lá e para cá "com o cachimbo na mão e dando baforadas frequentes", resmungava: "Como alguém ousa insultar o camarada Lisenko?". Jdánov anotou as palavras do líder em seu caderno de exercícios: "Relatório está errado, JDÁNOV ERROU". Então Stálin parou e perguntou: "Quem autorizou isso?".

Seu olhar congelou a sala. "Houve um silêncio tumular", escreveu Chepílov, um protegido de Jdánov. Todos baixaram os olhos. Chepílov ergueu-se e admitiu: "A decisão foi minha, camarada Stálin".

O líder foi até ele e o encarou. Mais tarde, Chepílov relembrou: "Posso honestamente dizer que nunca vi um olhar como aquele [...]. Seus olhos pareciam possuir uma força incrível. Suas pupilas amarelas me paralisaram como [...] uma cobra enrodilhada para atacar". Stálin "não piscou durante o que pareceu uma eternidade". Depois perguntou: "Por que você fez isso?".

Chepílov tentou explicar, mas ele o interrompeu. "Vamos montar uma comissão para esclarecer todos os fatos. O culpado deve ser punido. Não Iúri Jdánov, ele ainda é jovem", e apontou o cachimbo para o "Pianista": "É preciso punir os pais". Depois, num silêncio terrível, andando lentamente, ele listou os membros da comissão: Malenkov... mas nenhum Jdánov! Stálin esperou deliberadamente até o fim. Aquilo significava que a *Jdánovshchina* acabara? "Depois de um longo pensamento, Stálin murmurou 'e Jdánov', deixando um longo silêncio antes de acrescentar, 'pai'."

Iúri escreveu um pedido de desculpas a Stálin, citando sua "inexperiência": "Eu inquestionavelmente cometi uma série de erros graves". Malenkov manipulou o atrevimento não intencional de Jdánov júnior para se colocar de volta no centro: o pedido de desculpas foi publicado no *Pravda*. Mas o próprio Stálin havia maquinado o eclipse de Jdánov. A humilhação piorou o estado de saúde do "Pianista": ele deve ter pensado que deveria ter imitado os Béria e Malenkov, que mantinham seus filhos longe da política.[3]

A 19 de junho, o exaurido Jdánov, acompanhado por seu rival Malenkov, chegou à segunda reunião do Cominform em Bucareste, para comandar a expulsão da Iugoslávia da congregação. Ele fez uma declaração absurda: "Possuímos informações de que Tito é um espião imperialista". Os iugoslavos foram excomungados.

A 24 de junho, Stálin impôs o bloqueio de Berlim, desafiando os americanos e esperando forçá-los a sair com o fechamento das linhas terrestres de suprimento para sua zona no interior da Alemanha Oriental soviética. Ambos os desafios só poderiam acelerar a campanha violenta contra os judeus em Moscou e a luta venenosa pela sucessão de Stálin. Costuma-se dizer que Jdánov apoiara os iugoslavos e, portanto, não era culpado pela rachadura. Com efeito, Jdánov e Voznessenski conheciam bem os iugoslavos desde 1945, mas eles não somente apoiaram a posição de Stálin, como a aceleraram ao chamar sua atenção para as jogadas de Tito.

O cisma iugoslavo foi um resultado desnecessário da teimosia de Stálin. Enquanto o país cultuava Stálin, o Deus, a familiaridade engendrava desprezo. Já em 1948, Djilas achava que ele "mostrava sinais claros de senilidade", comparando tudo com lembranças distantes de sua infância ou dos exílios na Sibéria: "Sim, eu lembro as mesmas coisas", e depois, "rindo de inanidades e piadas bobas". Seus próprios homens observaram seu declínio intelectual e imprevisibilidade perigosa: "Velho e confuso, começamos a perder respeito por ele", disse Khruchióv. Béria também passara pela mesma "evolução" — começando com devoção e terminando em desilusão. Mas a maioria dos magnatas, em particular Mólotov, Mikoian, Kaganóvitch e Khruchióv, continuava a ser crente fanática no marxismo-leninismo, ao mesmo tempo que quase todos eles, inclusive Malenkov, que se considerava um *tchinovnik* servidor civil, acreditavam que Stálin ainda estava do lado da história, apesar de todos os seus defeitos.[4]

Em junho, Jdánov, de volta de Bucareste, sofreu outra crise cardíaca e um pequeno derrame, que lhe acarretou dificuldades respiratórias e paralisia do lado direito. "Disseram-me para ter cuidados médicos e repousar", contou a um protegido. "Não acho que ficarei longe por muito tempo." No dia 1º de julho, Stálin o substituiu na Segunda Secretaria por Malenkov. Ele era um bode expiatório útil, mas, na órbita de Stálin, não havia necessidade de destruir Jdánov para promover Malenkov: para o líder, era conveniente mantê-los em paralelo. Jdánov desmaiou no caminho de volta de Kuntsevo: extremamente enfermo, não podia mais cumprir seus deveres. Iúri explica que seu pai "não foi demitido — ele simplesmente ficou doente e não pôde defender seus interesses", o que é confirmado pelos médicos: "O camarada Jdánov precisa de dois meses de repouso, um na cama". O professor Iegórov contou a Stálin, num relatório altamente secreto, no qual Stálin escreveu: "Onde férias? Onde tratamento?".

Iúri lembra que Stálin "ficou preocupado. A doença de papai causou uma mudança no equilíbrio do poder". Mikoian confirmou isso. Com efeito, os aliados de Jdánov, Voznessenski e Kuznietsov, continuaram em ascensão. Iúri manteve seu cargo.

Stálin mandou seus médicos para supervisionar Jdánov, que foi levado para um sanatório em Valdei, perto de Nóvgorod. Não obstante, Jdánov sentiu que o poder escapava por entre seus dedos esclerosados: no dia 23 de julho, quando Chepílov telefonou para informá-lo do retorno de Malenkov, Jdánov gritou ao telefone. Naquela noite, teve um ataque cardíaco. Stálin mandou seu adjunto Voznessenski e seu próprio médico Vinográdov visitarem o paciente.

Os óbvios sintomas de Jdánov de arteriosclerose e colapso cardíaco foram mal diagnosticados. Em vez de cardiogramas diários e repouso total, receitaram-lhe exercícios e massagens prejudiciais. A 29 de agosto, ele sofreu outro ataque grave. Uma vez mais Stálin enviou Vinográdov e ordenou que Voznessenski e Kuznietsov verificassem o tratamento. Antes da chegada dos políticos, irrompeu uma rixa sobre o paciente. A dra. Lídia Timachuk, cardiologista, diagnosticou "infarto do miocárdio" e estava provavelmente certa, mas os distintos professores fizeram-na refazer seu relatório para identificar algo muito mais vago: "Disfunção devida a arteriosclerose e hipertensão", num típico exemplo de luta interna burocrática. Os médicos desconsideraram o grave diagnóstico dela e receitaram caminhadas no parque. Então Jdánov sofreu outro infarto.

Timachuk denunciou seus superiores e fez o chefe dos guarda-costas de Jdánov entregar a carta ao general Vlássik, para dá-la pessoalmente a Stálin. Como nada aconteceu, Timachuk, que era agente do MGB, escreveu para a polícia secreta. Abakúmov encaminhou a carta a Stálin no mesmo dia. Stálin assinou-a, escreveu "para o arquivo", mas não fez nada. Porém estava "muito ansioso e mandou de novo Voznessenski para averiguar papai", diz Iúri, que já estava lá.

No dia 31, o ex-favorito de Stálin levantou-se da cama para ir ao banheiro e morreu de trombose coronária. Por ordem de Poskrióbichev, a autópsia foi feita num banheiro mal iluminado, na presença de Kuznietsov. Os professores ficaram aterrorizados diante da possibilidade de o erro de diagnóstico e o encobrimento serem revelados, então demitiram e denunciaram Timachuk, que escreveu mais cartas a Stálin e Kuznietsov, o curador do MGB. No entanto, dessa vez, Vlássik não entregou a carta e Kuznietsov ignorou a sua.

Timachuk tornou-se a vilã do Complô dos Médicos porque suas cartas foram depois usadas por Stálin, mas isso foi irônico, pois ela estava certa do ponto de vista médico. Jdánov pode ter recebido o tratamento errado, porém os rumores de assassinato parecem improváveis. O Kremlevska era para ser o melhor hospital soviético, mas era tão governado pelo medo de errar, pelo atraso científico e pela competição política que decisões incompetentes eram tomadas por um comitê de médicos apavorados. Pacientes famosos, de Mekhlis a Kóniev, recebiam comumente tratamento errado. Mesmo nas democracias, os médicos tentam sempre encobrir erros estúpidos. Se Stálin quisesse matar Jdánov, não seriam necessários cinco ataques cardíacos ao longo de anos, mas uma rápida injeção. A viúva e o filho de Jdánov estavam convencidos de que ele não fora morto: "Tudo foi mais simples", relembra Iúri. "Conhecíamos bem seus médicos. Papai estava muito doente. Seu coração estava fraco."

Contudo, por que o paranoico Stálin ignorou a denúncia? A moléstia de Jdánov era obviamente grave e o líder poderia estar disposto a deixar o tratamento para os melhores médicos do Kremlin; além disso, estava irritado com Jdánov. Porém, num nível mais profundo, essas querelas médicas representavam uma oportunidade para Stálin. Nos anos 30, ele mesmo utilizara assassinatos médicos e forçara doutores a confessar o assassinato de Kúibichev e Gorki. Esse oportunista meticuloso e conspirador paciente, mais velho, mas ainda um gênio para engendrar maquinações complexas, exploraria a morte de Jdánov quando estivesse pronto para criar o Terror, de cuja necessidade estava convencido. Um ano depois, seu velho camarada e líder búlgaro Dmitrov morreu quando estava em tratamento pelo mesmo médico. Caminhando pelo jardim de Sotchi com seu ministro da Saúde, Stálin parou de admirar suas rosas e disse em tom de reflexão: "Não é estranho? Um mesmo médico os tratou e ambos morreram". Ele já estava pensando no Complô dos Médicos, no entanto demoraria três anos para voltar às cartas de Timachuk.

Stálin ajudou a carregar o caixão aberto de Jdánov no funeral, demonstrando atenção à família. Mais tarde, no jantar, embebedou-se.*

Foi dito que o restaurante Aragvi ficou cheio de georgianos de Béria naquela noite, que comemoravam a morte de Jdánov.[5]

* Talvez Stálin tenha sido afetado pela morte de Jdánov. Ele deu seu nome a seu local de nascimento (Mariopol), junto ao mar Negro. De acordo com os guarda-costas, após o enterro de Jdánov, Mólotov ficou preocupado com a saúde de Stálin e pediu-lhes para não deixá-lo cuidar do jardim. Quando o líder descobriu essa interferência em sua vida privada, passou a desconfiar ainda mais de Mólotov.

* * *

A 8 de setembro, Stálin, que se retardara em Moscou devido à crise de Berlim e ao funeral de Jdánov, iniciou férias de três meses, indo de Sukhumi para o Livadia, onde recebeu o presidente tcheco, Gottwald. Em Museri, a velha datcha, construída por Lakoba, foi visitada por Mólotov e Mikoian. Ao jantar, Poskrióbichev levantou-se e denunciou Mikoian: "Camarada Stálin, enquanto você está aqui, descansando no Sul, Mólotov e Mikoian prepararam um golpe contra você em Moscou".

Mikoian saltou, com os olhos negros fuzilando: "Seu filho da puta!, gritou, erguendo o punho para bater em Poskrióbichev.

Stálin pegou sua mão: "Por que gritou deste jeito?", acalmou Mikoian. "Você é meu convidado!" Mólotov ficou "da cor do papel, pálido como uma estátua". Mikoian protestou sua inocência. "Se é assim, não dê atenção a ele", acrescentou Stálin, que, antes de mais nada, havia inspirado Poskrióbichev.

O líder declarou que aqueles veteranos eram velhos demais para lhe suceder. Mikoian, com apenas 52 anos, muito mais jovem que Stálin, achou aquilo estúpido, mas não disse nada. O sucessor, disse o líder, tinha de ser russo, não caucasiano. Mólotov continuava a ser "a pessoa óbvia", porém Stálin estava desencantado com ele. Então, numa bênção letal, Stálin apontou para o rosto benigno de Kuznietsov, o protegido de Jdánov: "Eis o homem" que queria que lhe sucedesse como secretário-geral. Voznessenski seria o premiê. Mikoian percebeu que aquilo era "um serviço muito ruim a Kuznietsov, considerando aqueles que sonhavam secretamente com aqueles cargos".

Stálin inclinava-se a suspeitar de qualquer sucessor ungido, em especial devido ao fracasso de seu bloqueio de Berlim, que fora suspenso quando o Ocidente estabeleceu com sucesso uma ponte aérea para manter o suprimento de suas zonas. Isso só fez alimentar a paranoia de Stálin, já estimulada pela própria moléstia, pela rebeldia de Tito e pela agitação sionista dos judeus russos. Béria e Malenkov afiaram suas facas.[6]

PARTE 10

O tigre em fim de carreira, 1949-53

53. A prisão da senhora Mólotov

Enquanto Stálin ungia sucessores no Sul, a indômita enviada extraordinária do novo Estado de Israel, Golda Myerson (que ficou conhecida como Golda Meir), chegava a Moscou a 3 de setembro, para a excitação tumultuosa dos judeus soviéticos. O Holocausto e a fundação de Israel haviam tocado até os mais duros dos velhos bolcheviques internacionalistas, como Polina Mólotova. A mulher de Vorochílov (*née* Golda Gorbman) espantou a família ao dizer: "Agora também temos nossa pátria mãe".

No Ano-Novo judaico, Meir compareceu à Grande Sinagoga de Moscou: judeus jubilosos esperavam do lado de fora porque a sinagoga estava lotada, mas não se pode falar de tumulto. Até Polina Mólotova, então com 53 anos, apareceu. Na recepção diplomática oferecida por Mólotov no dia 7 de novembro, Polina conheceu Golda Meir, duas grandes mulheres inteligentes, de formação quase idêntica. Polina falava iídiche, a língua de sua infância, que sempre usava quando encontrava judeus da Europa Central, embora a chamasse discretamente de "a língua austríaca". Meir perguntou-lhe como sabia iídiche. "*Ikh bin a yidishe tokhter*", respondeu Polina. "Sou filha do povo judeu." Quando se despediram, Polina disse: "Se as coisas andarem bem para você, então andarão bem para os judeus de todo o mundo". Ela talvez não soubesse quanto Stálin se ressentia de sua inteligência atrevida, elegância esnobe, formação judaica, de ser irmã de um homem de negócios americano e, como disse a Svetlana, "má influência sobre Nádia". Sua demissão em maio fora uma advertência, mas ela não sabia que Stálin considerara a hipótese de matá-la em 1939.*

A "manifestação" na sinagoga e o *schtick* iídiche de Polina escandalizaram o velho líder em férias, confirmando que os judeus soviéticos estavam se tornando uma quinta-coluna americana. Não era de surpreender que Mólotov tivesse apoiado uma Crimeia judaica. A 20 de novembro, o Politburo desmantelou o Comitê Judeu e desencadeou um terror antissemita, administrado por Malenkov e Abakúmov. Os colegas de Mikhoels foram presos, junto com alguns brilhantes escritores e cientistas judeus, do poeta de língua iídiche Perets Markish à bioquímica Lina Stein. Prenderam também o pai do ex-marido de Svetlana, que ouviu de Stálin um sermão: "Toda a geração mais velha está contaminada pelo sionismo e agora o estão ensinando aos jovens também".

O generalíssimo ordenou que os prisioneiros fossem torturados para comprometer Polina Mólotova, ao mesmo tempo que passava as noites quentes dos jantares em Riacho Frio contando a Tcharkviani histórias de sua infância. De repente, sentia saudades de seus velhos amigos, em particular de um padre chamado Pedro Kapanadze, com quem estudara no seminário. Depois da Revolução, o padre se tornara professor, mas Stálin enviava-lhe dinheiro de vez em quando. Convidou então Kapanadze e o general de divisão do MGB Sacha Egnatachvili, amigo da família de Gori a quem Stálin chamava de "filho do estalajadeiro", para um jantar. Tcharkviani voltou depressa a Tiflis para reunir os convidados. Os sete velhos amigos logo estavam cantando canções georgianas, liderados "pelo anfitrião com voz doce". Stálin insistiu que alguns deles ficassem durante uma semana, ao final da qual, como todos os seus convidados, estavam desesperados para ir embora. Por fim, um deles demonstrou considerável engenhosidade para cantar uma canção folclórica durante um jantar cujo refrão era "Melhor ir do que ficar!".

* Alguns judeus foram postos no olho da rua. Kaganóvitch continuou como premiê-adjunto e membro do Politburo, mas seu irmão mais velho, Iuli, perdeu o emprego. Tal como Polina, o neto de Kaganóvitch recorda que Lázar também lembrava do iídiche da infância: quando se encontrou com o comunista alemão Ernest Thalman, tentou usá-lo. A "segunda-dama do Estado", a esposa de Andréiev, Dora Khazan, foi demitida do posto de vice-ministra dos Têxteis e a esposa judia do general Khrúliov foi detida. Mekhils, tal como Kaganóvitch, continuou como ministro do Controle do Estado e só se aposentou em 1950, depois de um derrame. O judeu Boris Vánnikov continuou a dirigir a Primeira Diretoria do Sovmin, encarregada do projeto nuclear.

"Ah, entendo", disse Stálin, "vocês estão entediados. Devem estar sentindo falta dos netos."

"Não, Soso", retrucou o convidado. "É impossível ficar entediado aqui, mas estamos aqui há quase uma semana, desperdiçando seu tempo..." Stálin os deixou partir, retornando em 2 de dezembro para Moscou, ruminando sobre a perigosa duplicidade de Mólotov. Ele descobrira (provavelmente com Vichinski) que Mólotov viajara sozinho num vagão especial de Nova York a Washington, quando talvez tivesse recebido instruções para minar a URSS com uma terra judaica. Foi Poskrióbichev, o *alter ego* de Stálin, que "começou a insinuar" a Mólotov: "Por que eles lhe designaram um carro especial?". Mólotov tirou suas conclusões, mas não havia nada que pudesse fazer.

Por incrível que pareça, foi uma ópera que convenceu finalmente Stálin a agir contra os Mólotov. Logo após seu retorno, ele assistiu a uma ópera armênia, *Almast*, que contava a história de um príncipe cuja esposa o trai. "Ele viu que a traição poderia estar em qualquer lugar, em qualquer um", mas especificamente entre as esposas dos grandes. Stálin, fortalecido pela ópera e armado com os testemunhos de Abakúmov, confrontou Mólotov com a culpa de Polina. "Ele e eu tivemos uma altercação sobre isso", disse Mólotov.

"Está na hora de você se divorciar de sua mulher", disse Stálin. Mólotov concordou, em parte porque era um bolchevique, mas também porque a obediência poderia salvar a mulher que ele amava. Quando contou a ela sobre as acusações que lhe faziam, Polina gritou: "E você acredita neles! Se é disso que o Partido precisa, nos divorciaremos", concordou ela. De um modo esquisito, foi um divórcio muito romântico, com um se sacrificando para salvar o outro. "Eles discutiram como salvar a família", diz o neto deles. Polina mudou-se para a casa de sua irmã. Eles esperaram nervosamente, mas, disse Mólotov, "um gato preto cruzou nosso caminho".

Stálin mandou Malenkov e Abakúmov montar o Caso Judeu. Malenkov repetiu a Béria que não era antissemita: "Lavrenti, você sabe que sou macedônio. Como você pode suspeitar que eu seja um chauvinista russo?".

Uma vez que a peça central era o plano de uma Crimeia judaica, em 13 de janeiro de 1949 Malenkov convocou Lozovski, ex-líder do Comitê Judeu, para ser interrogado. Já se tratava de uma questão de vida ou morte para Lozovski, no entanto também apresentava perigos para o escrupuloso mas homicida "funcionário" Malenkov, porque sua filha mais velha, Vôlia, era casada com o filho de um judeu chamado Chamberg, cuja irmã era casada com Lozovski.

"Você simpatizou [...]" com a Crimeia judaica, disse Malenkov, "e a ideia era maligna!" Stálin mandou prender Lozovski.

Malenkov livrou sua família das conexões judaicas. Vôlia Malenkova divorciou-se de Chamberg. Todas as histórias repetem que Stálin ordenou esse divórcio e que Malenkov fez cumprir a ordem. Vôlia Malenkova nega vigorosamente, sustentando que seu casamento não funcionara porque Chamberg se casara com ela pelas razões erradas — e tinha "mau gosto artístico". "Meu pai até me desestimulou dizendo: 'Pense com cuidado e seriedade. Você se apressou a casar. Cuidado antes de se apressar a descasar'." Mas não foi essa a impressão de Chamberg, que foi chamado ao gabinete de Malenkov. Assim como Vassíli Stálin acelerou o divórcio de Svetlana, o guarda-costas de Malenkov resolveu o de Vôlia.*

Cerca de 110 prisioneiros, a maioria judeus, estavam sofrendo com a "luta francesa" nas mãos do violento Komarov na Lubianka. "Fui implacável com eles", jactou-se ele mais tarde, "rasguei suas almas ao meio [...]. O próprio ministro não os assustou tanto quanto eu [...]. Fui especialmente impiedoso com os nacionalistas judeus (os que mais odeio)." Quando interrogou a famosa cientista Lina Stein, Abakúmov gritou com ela: "Sua puta velha [...]. Confesse! Você é uma agente sionista!" Komarov perguntou a Lozovski quais líderes "tinham esposas judias", acrescentando "ninguém é intocável". Os prisioneiros também foram encorajados a comprometer os magnatas judeus Kaganóvitch e Mekhlis, mas Polina Mólotova era o verdadeiro alvo. Abakúmov contou a Stálin que ela tinha "contatos com pessoas que se revelaram Inimigos do Povo"; ela foi à sinagoga uma vez, aconselhou Mikhoels, "compareceu a seu enterro e mostrou preocupação com sua família".

Cinco dias depois, Stálin reuniu o Politburo para ler as bizarras acusações sexual-semíticas contra Polina. Um jovem testemunhou ter tido um caso e "sexo

* Chamberg ficou "de coração partido", de acordo com sua amiga Júlia Khruchióva. Tanto Svetlana Stálin como Vôlia Malenkova insistem em dizer que terminaram casamentos infelizes, mas não pode ter havido incentivo maior para terminar um casamento judeu infeliz que a paranoia reprimida antissemita de Stálin. Ele não precisava dizer uma palavra. Os jovens sabiam o que fazer. Diga-se a favor de Malenkov que ele conseguiu proteger os Chamberg, escondendo o pai Mikhail nas províncias. "Vôlia" era um nome inventado por Malenkov, que significa "Vontade".

grupal" com essa matrona bolchevique. Mólotov mal podia crer naquela "terrível imundície", mas, enquanto Stálin lia, ele percebeu que "a Segurança fizera um serviço completo nela!". Até o cu de pedra Mólotov ficou apavorado: "Meus joelhos tremeram". Kaganóvitch, que não gostava de Mólotov e que, como judeu, tinha de dar provas de sua lealdade, o atacou violentamente, relembrando que "Mólotov não podia dizer nada!".

Polina foi expulsa do Partido por causa de "relações íntimas com nacionalistas judeus", apesar de ter sido advertida em 1939, quando Mólotov se abstivera em votação semelhante. Agora, ele se abstinha de novo, mas, sentindo a gravidade do caso, curvou-se. "Quando o Comitê Central votou a proposta de expulsar PS Jemtchújina [...] me abstive, o que reconheço que foi politicamente incorreto", escreveu ele a Stálin no dia 20 de janeiro de 1949. "Por meio desta, declaro que, depois de repensar a questão, voto agora a favor [...]. Reconheço que cometi falta grave ao não impedir a tempo uma pessoa próxima de mim de dar passos em falso e se relacionar com nacionalistas antissoviéticos como Mikhoels [...]."

A 21 de janeiro, Polina foi presa, com seu casaco de pele de esquilo. Suas irmãs, seu médico e suas secretárias foram detidos. Uma das irmãs e um irmão morreriam na prisão. Sua detenção foi sinistra para os outros líderes que simpatizavam secretamente com ela.[1]

Polina, que não foi torturada, negou tudo: "Não estive na sinagoga [...]. Foi minha irmã". Mas ela também enfrentou mais acusações de devassidão sexual. O confronto com Ivan X parece uma farsa de má qualidade: "Polina, você me chamou a seu escritório [e] propôs relações íntimas!".

"Ivan Alexeievitch!", exclamou Polina.

"Não negue!"

"Não tive relações com X", asseverou ela. "Sempre considerei Ivan Alexeievitch X uma pessoa não confiável, mas nunca pensei que fosse um canalha." Mas X apelou para a clemência dela: "Lembro-lhe de meus filhos e minha família arruinada para fazer você admitir sua culpa em relação a mim [...]. Você me forçou a manter relações íntimas".

Enquanto isso, Polina continuava a fazer o papel de *grande dame* no inferno. Outro prisioneiro a escutou gritar: "Telefonem para meu marido! Digam-lhe para me mandar minhas pílulas de diabetes! Sou uma inválida! Vocês não têm o direito de me alimentar com esse lixo!".

Ninguém soube mais de Polina, que se tornou Objeto nº 12. Muitos acreditavam que estava morta, mas Béria, que desempenhou papel pequeno no Caso Judeu, sabia mais, graças a seus contatos. "Polina está viva", cochichava para Mólotov nas reuniões do Politburo.

Stálin e Abakúmov discutiram se fariam dela a principal acusada no processo dos judeus, mas depois decidiram que Lozovski seria o astro. Polina foi sentenciada a cinco anos de exílio em Kustanai, na Ásia Central, uma sentença suave, levando-se em conta o destino de seus coprisioneiros. Ela começou a beber, mas conseguiu superar esse problema. Mais tarde, disse a suas filhas: "A gente precisa de três coisas na prisão: sabão para se manter limpa, pão para se manter alimentada e cebolas para se manter bem". Por ironia, ela contou com a amizade de alguns kulaks deportados — esses camponeses inocentes, cuja eliminação ela e seu marido outrora haviam defendido com tanto ardor, foram os bondosos estranhos que salvaram sua vida. Ela nunca deixou de amar Mólotov, pois durante sua prisão escreveu: "Com estes quatro anos de separação, quatro eternidades se derramaram sobre minha estranha e terrível vida. Somente o pensamento em você me força a viver e o conhecimento de que você talvez ainda precise dos restos de meu atormentado coração e de todo o meu imenso amor por você". Mólotov jamais deixou de amá-la: de modo tocante, ordenou que as criadas colocassem um lugar para ela à mesa todas as noites, enquanto ele comia sozinho, consciente de que "ela sofria por minha causa".

Stálin excluiu Mólotov dos escalões mais altos, ordenando que os documentos fossem assinados por Voznessenski, Béria e Malenkov, "mas não pelo camarada Mólotov, que não participa do trabalho do Birô do Conselho de Ministros". Porém, ainda confiava em Mikoian o suficiente para enviá-lo numa missão secreta a fim de avaliar Mao Tse-tung, que estava prestes a completar sua conquista da China.

A guerra civil chinesa estava em seus estertores. Stálin calculara mal a velocidade com que o regime de Chiang Kai-shek cairia. Até 1948, o sucesso de Mao era uma inconveniência para a *Realpolitik* de Stálin de uma parceria com o Ocidente, mas a Guerra Fria mudou sua posição. Ele passou a pensar em Mao como um aliado em potencial, embora tenha dito a Béria que o presidente era um "marxista de margarina".

A 31 de janeiro de 1949, em total segredo, Mikoian chegou ao quartel-general de Mao, em Xibaipo, na província de Hopei, onde se encontrou com o líder chinês e Chou En-lai e deu os presentes enviados por Stálin. Um dos mimos era tipicamente venenoso: Mikoian teve de dizer a Mao que um americano de sua corte era um espião e deveria ser preso. Stálin (camarada Filipov) se manteve em contato com Mikoian (camarada Andréiev) por meio do médico russo de Mao, Terebin, que fazia também o papel de decodificador. A visita foi um sucesso, embora Mikoian admitisse que esperava um descanso dos hábitos noturnos de Stálin, mas descobrira que Mao funcionava nas mesmas horas.

Ao retornar, Mikoian teve um choque. Stálin tirou Mólotov e Mikoian dos Ministérios do Exterior e do Comércio Exterior, embora ambos continuassem a ser vice-premiês. Então acusou Mikoian de romper o segredo oficial sobre sua viagem à China. Mikoian falara apenas para seu filho Stiepan.

"Você contou para alguém sobre minha viagem à China?", perguntou ao filho.

"Svetlana", respondeu Stiepan.

"Não seja tagarela."

Um comentário inocente feito por Svetlana ao pai pusera em perigo os Mikoian. Stálin não esquecera a prisão dos filhos de Mikoian em 1943. Eles ainda estavam sob vigilância.

"O que aconteceu com seus filhos que foram presos?", Stálin perguntou ameaçadoramente a Mikoian. "Você acha que eles merecem estudar em instituições soviéticas?" Mikoian tomou o cuidado de não responder, mas entendeu a ameaça, em especial depois da prisão de Polina. Ele esperava que os rapazes fossem presos, porém nada aconteceu. Stálin começou a resmungar que Vorochílov era "um espião inglês" e pouco o via,* enquanto Mólotov e Mikoian apenas ficavam por perto. Mas então os sucessores escolhidos por Stálin sucumbiram à vingança brutal de Béria e Malenkov, num inesperado banho de sangue.[2]

* A 22 de agosto de 1946, Stálin escutou a previsão do tempo e ficou enfurecido ao saber que estava completamente errada. Mandou então que Vorochílov investigasse os meteorologistas para descobrir se havia "sabotagem" entre eles. Era uma tarefa absurda, que refletia o desdém dele pelo primeiro-marechal, que relatou no dia seguinte que era injusto culpar os meteorologistas pelos erros.

54. Assassinato e casamento: o caso de Leningrado

Os "dois canalhas" só faziam a aposta mais alta: morte. Mas Stálin também estava sempre pronto a decepar as papoulas mais altas — aqueles talentosos homens de Leningrado — para manter sua preeminência.

O herdeiro aparente de Stálin no posto de premiê, Nikolai Voznessenski, "se achava a pessoa mais esperta depois de Stálin", relembrou o administrador do Sovmin, Tchaadáiev. Aos 44 anos, o mais jovem membro do Politburo distinguia-se como um brilhante planejador que gozava de uma relação honesta pouco comum com Stálin. Porém, isso o tornava tão atrevido que ele "não se preocupava em esconder seus humores", ou seu estridente nacionalismo russo. Rude com os colegas, ninguém fazia tantos inimigos como Voznessenski. Agora que seu protetor Jdánov estava morto, seu inimigo Malenkov ressurgia. Béria "o temia" e invejava seus poderes econômicos. A arrogância de Voznessenski e a suscetibilidade de Stálin o tornavam vulnerável.

Durante 1948, Stálin notou que a produção aumentou no último trimestre do ano, mas caiu no primeiro. Tratava-se de uma variação sazonal normal, mas o líder pediu que Voznessenski a nivelasse. Este, que dirigia o Gosplan, prometeu que o faria. Porém não conseguiu e, com medo de Stálin, escondeu os dados estatísticos. De algum modo, essa escamoteação chegou ao conhecimento de Béria, que descobriu que centenas de documentos secretos do Gosplan haviam sido perdidos. Uma noite, em Kuntsevo, Béria contou esse fato a Stálin, que, observou Mikoian, "ficou pasmo" e depois "furioso".

"Isso significa que Voznessenski engana o Politburo e nos faz de bobos?" Béria revelou então o segredo que guardara ciosamente desde 1941: durante a crise de Stálin, Voznessenski dissera a Mólotov: "Viatcheslav, vá em frente, nós o seguiremos!".

Essa traição foi decisiva. Andréiev, o incansável assassino burocrático, recebeu ordem para investigar. Em pânico, Voznessenski telefonou para Stálin, mas ninguém o receberia. Afastado do Politburo a 7 de março de 1949, passava os dias em seu apartamento escrevendo um tratado de economia. Foi a dupla sinistra Malenkov e Abakúmov — de novo ela — que assumiu o Caso Gosplan.

O outro herdeiro ungido era o "jovem e belo" Kuznietsov, que ajudara Jdánov a remover Malenkov em 1946 e substituíra Béria como *curador* do MGB, granjeando assim o ódio deles. Sincero e afável, Kuznietsov era o oposto de Voznessenski: quase todo mundo gostava dele. Mas a decência era relativa na corte de Stálin: Kuznietsov ajudara Jdánov em assuntos antissemitas e encaminhara a Stálin um relatório sobre os pecadilhos sexuais de autoridades do Partido. Ele idolatrava Stálin, conservando o bilhete que dele recebera durante a guerra, mas não o compreendia. Cometeu o erro de examinar velhos arquivos do MGB sobre o assassinato de Kírov e os processos dos anos 30. O fato de Kuznietsov fuçar em assuntos tão sensíveis provocou suspeitas em Stálin.

Ao mesmo tempo, Malenkov alertava Stálin de que o Partido de Leningrado encobrira um escândalo de votação e realizara uma feira de comércio sem a permissão do governo. Ele conseguiu ligar esses pecados com um vago plano trazido à baila por Jdánov de criar um partido *russo* (em vez de soviético) ao lado do soviético e fazer de Leningrado a capital russa. Essas trivialidades dificilmente podem ser consideradas crimes puníveis com a morte, mas elas mascaravam as linhas divisórias no Império Soviético e na ditadura de Stálin.* Além disso, um partido russo não poderia ser liderado por um georgiano. Stálin defendia o povo

* Esses perigos ficaram perfeitamente demonstrados em 1991, quando Boris Ieltsin usou sua presidência russa para demolir a URSS de Gorbatchóv. A mudança da capital para Leningrado, cidade de Zinóviev e Kírov, era uma questão mortal na política russa desde Pedro, o Grande. Homens morreram por ela no século XVIII e morreriam também em 1949. Stálin suspeitava ainda do heroísmo popular de Kuznietsov e da própria cidade de Leningrado durante a Segunda Guerra Mundial. Ela representava um totem alternativo de patriotismo militar a ele e a Moscou.

russo como força unificadora da URSS, mas continuava a ser um internacionalista. O nacionalismo de Voznessenski preocupava os caucasianos: "Para ele, não apenas os georgianos e armênios, mas até os ucranianos não são povos", disse Stálin a Mikoian. Béria devia estar preocupado sobre seu futuro sob o comando dos homens de Leningrado.

Malenkov havia espertamente reunido uma coleção de erros que tocavam em todas as partes sensíveis de Stálin. "Vão até lá e vejam o que está acontecendo", ordenou o líder a Malenkov e Abakúmov, que chegaram a Leningrado com dois trens carregados de quinhentos oficiais do MGB e vinte investigadores do *Sled-Tchast*, o departamento para "investigar casos especialmente importantes". Quando "Stálin manda que ele mate um, Malenkov mata mil!", disse Béria. Malenkov atacou os chefes locais, amarrando fios disparatados numa conspiração letal. As prisões começaram, mas Voznessenski e Kuznietsov ficaram em seus apartamentos no quarteirão rosado da Granovski, convencidos de que Stálin os perdoaria: 1937 parecia estar muito longe. Até Mikoian considerava que o derramamento de sangue era coisa do passado.

Ele tinha motivos para achar isso porque seu filho mais moço, Sergo, então com dezoito anos, estava noivo da "encantadora e linda" Alla, filha de Kuznietsov. Quando o pai dela caiu, Alla deu a Sergo a chance de evitar o casamento com uma proscrita: "Isso muda suas intenções?". Mas Sergo amava Alla e seus pais a adoravam "como se fosse nossa filha". Mikoian apoiou o casamento.

"E você permite esse casamento? Ficou maluco?", sussurrou o pusilânime Kaganóvitch a Mikoian. "Você não entende que Kuznietsov está condenado? Cancele o casamento." Mikoian não cedeu. A 15 de fevereiro de 1949, Kuznietsov foi afastado da Secretaria do Partido e acusado de "desvio não bolchevique" e separatismo "antiEstado". Três dias depois, os jovens se casaram. Kuznietsov era jovialmente desatento, "um homem corajoso", pensava Mikoian, "sem a menor ideia dos costumes de Stálin". Mikoian ofereceu ao casal uma festa em Zubálovo, mas Kuznietsov, percebendo finalmente sua situação, telefonou a Mikoian para dizer que não podia comparecer porque estava "mal do estômago". Mikoian não quis saber disso: "Temos banheiros suficientes na casa. Venha!".

"Não tenho carro", respondeu Kuznietsov. "Vocês estarão melhor sem mim."

"Não é decente que um pai não compareça ao casamento da filha", retrucou Mikoian, que mandou uma limusine buscá-lo.* Na festa, Kuznietsov não conseguiu se descontrair. Sentia que estava pondo em perigo sua filha.

"Não me sinto bem", disse ele, "então bebamos aos nossos filhos!" Depois, foi embora.

Naquela perigosa primavera, Kuznietsov compareceu a outro casamento do Politburo que envolvia a facção sitiada de Jdánov. "Stálin sempre quis que eu casasse com Svetlana", relembra Iúri Jdánov, ainda no Comitê Central. "Éramos amigos de infância, então não era atemorizador." Mas casar-se com a filha de um ditador não era tão simples: Iúri não sabia ao certo a quem fazer a proposta, ao ditador ou a sua filha. Foi até Stálin, que tentou dissuadi-lo: "Você não conhece o caráter dela. Ela logo lhe mostrará a porta da rua". Mas Iúri persistiu. "Stálin não fez preleções, porém me disse que confiava em mim para cuidar de Svetlana", diz Iúri.

Stálin estava agora fazendo o papel de casamenteiro, de acordo com Sergo Béria: "Eu gosto daquele sujeito", disse a Svetlana. "Ele tem futuro e ama você. Case com ele."

"Ele fez a declaração de amor para você?", retrucou ela. "Ele nunca olhou para mim."

"Fale com ele e verá", disse Stálin.

Svetlana ainda amava Sergo Béria e lhe disse: "Você não me quis? Certo. Vou casar com Iúri Jdánov".

Porém, ela passou a gostar de "meu devoto Iurotchka" e eles concordaram em casar. Mas "meu segundo casamento foi escolha de meu pai", explicou Svetlana, "e eu estava cansada de lutar, então levei adiante a coisa".

O generalíssimo não foi à festa de casamento na datcha dos Jdánov, onze quilômetros adiante de Zubálovo pela estrada Uspenskoie. Entre os convidados estava outro casal do Politburo: Natacha, filha de Andréiev e Dora Khazan, com

* Entrementes, em outro apartamento da Granovski, ocorria uma discussão semelhante neste pequenino mundo: Rada Khruchióva, cujo pai ainda estava em Kiev, estava hospedada com os Malenkov. Ela queria ir ao casamento, mas Malenkov, que sabia quão condenado Kuznietsov estava, recusou-se a ceder a limusine para levá-la à festa. "Não lhe darei o carro — você não está estudando bem." Mas Rada foi por conta própria.

seu marido, Vladímir Kúibichev, filho do falecido magnata. "Estavam também colegas de escola [...] de famílias comparativamente comuns", lembra Stiepan Mikoian. Houve dança e banquete: Iúri, tal como o pai, tocava piano. Era natural que Kuznietsov estivesse presente, porque fora o aliado mais próximo de Jdánov, mas todos sabiam que ele estava marcado.

Iúri e Svetlana, junto com o filho dela Ióssif Morózov, então com quatro anos, foram morar com a viúva de Jdánov, no Kremlin. "Nunca vi meu próprio pai", lembrou Ióssif. "Eu chamava Iúri de 'papai'. Iúri me amava!"

Alguns dias depois, estavam visitando Zubálovo quando Vlássik telefonou: Stálin estava a caminho. "Por que você quer morar com os Jdánov?", perguntou ele a Svetlana. "Você será engolida viva pelas mulheres de lá. Há mulheres demais naquela casa." Ele queria que o casal se mudasse para Kuntsevo, onde acrescentaria um segundo andar, mas, em seu jeito desastrado, não conseguia perguntar de forma direta e provavelmente não queria ser incomodado.

Svetlana continuou com as viúvas de Jdánov e Scherbakov: logo estava detestando a sogra, Zinaida, que combinava "fanatismo partidário" com "complacência burguesa". Seu casamento não tinha amor: "A lição que aprendi foi nunca mais entrar num casamento como acordo". Sexualmente, nas palavras dela, "não foi um grande sucesso". Ela jamais perdoou Zinaida Jdánova por lhe contar que sua mãe estivera "louca". Porém o casal teve uma filha, Kátia. Svetlana adoeceu tanto no parto que escreveu ao pai dizendo que se sentia abandonada — e ficou deliciada com a resposta brusca dele.*

Ademais, o casamento não ocorreu num bom momento para os Jdánov. Kuznietsov e Voznessenski estavam à beira do precipício. Iúri percebia que o Caso Leningrado "tinha sem dúvida seu pai como alvo", mas "eu não estava com medo então. Descobri depois que eu deveria ter sido destruído [...]". Ele tinha razão: os prisioneiros foram mais tarde torturados para comprometer Jdánov.

* Stálin escreveu a Svetlana, que estava no hospital, em maio de 1950: "Querida Svetotchka. Recebi sua carta. Estou feliz por você ter se recuperado tão depressa. Problemas de rins são muito sérios. Para não dizer nada sobre ter um filho. Onde arranjou a ideia de que abandonei você? É o tipo de coisa que as pessoas sonham. Aconselho você a não acreditar em seus sonhos. Cuide-se. Cuide de sua filha também. O Estado precisa de gente, mesmo daqueles nascidos prematuros. Tenha um pouco mais de paciência — nos veremos em breve. Beijos, minha Svetotchka. Seu papaizinho". Ele não devotava todo o seu tempo ao Caso Leningrado. Por aqueles dias, também supervisionava a criação da nova Enciclopédia Soviética, decidindo cada detalhe, da qualidade do papel ao conteúdo. Quando o editor lhe perguntou se deveria incluir "pessoas negativas", como Trotski, ele brincou: "Vamos incluir Napoleão, mas ele era um grande canalha!".

* * *

Stálin matutava sobre o destino de Kuznietsov. Poskrióbichev convidou o homem de Leningrado para jantar em Kuntsevo, mas Stálin recusou-se a apertar a mão dele: "Eu não chamei você". Kuznietsov "pareceu encolher". Stálin esperava uma carta de autocrítica de Kuznietsov, e o ingênuo rapaz não mandou nada. "Significa que é culpado", murmurou Stálin a Mikoian.

Porém, Stálin tinha dúvidas. "Não é um desperdício não deixar Voznessenski trabalhar enquanto decidimos o que fazer com ele?", perguntou a Malenkov e Béria, que ficaram calados. Então o líder lembrou-se de que o marechal do ar Nóvikov e Chakúrin ainda estavam na prisão. "Vocês não acham que já é hora de soltá-los?"

De novo, a dupla não disse nada, cochichando no banheiro que, se libertassem Chakúrin e Nóvikov, "isso pode se espalhar para os outros" — o pessoal de Leningrado. Enquanto meditava sobre essas questões de vida e morte, Stálin foi para sua datcha em Semionovskoe, passando no caminho por uma fila de cidadãos que esperavam um ônibus na chuva. Stálin parou o carro e mandou seus guarda-costas oferecerem uma carona às pessoas, mas elas ficaram com medo. "Vocês não sabem falar com as pessoas", grunhiu o líder; ele desceu do carro e as conduziu para a limusine. Contou-lhes sobre a morte de seu filho Iákov e uma menininha lhe falou da morte do pai dela. Posteriormente, mandou para ela um uniforme e uma sacola escolar. Três semanas depois, ordenou que Abakúmov prendesse, torturasse e destruísse os homens de Leningrado que recentemente haviam sido seus sucessores ungidos.[1]

A 13 de agosto, Kuznietsov foi chamado ao gabinete de Malenkov. "Voltarei", disse ele à esposa e ao filho Valéri. "Não comecem o jantar sem mim." O menino observou-o dirigir-se ao Kremlin. "Ele se virou e me acenou. Foi a última vez que o vi", diz Valéri. Kuznietsov foi preso pelos guarda-costas de Malenkov.

Porém, Stálin hesitava em relação a Voznessenski, cuja prisão o deixaria nas mãos de Malenkov e Béria. Ainda o convidou a Kuntsevo para os costumeiros jantares e falou em designá-lo para o Banco do Estado. A 17 de agosto, Voznessenski mandou uma carta patética ao líder, implorando trabalho: "É difícil estar separado dos camaradas [...]. Entendo a lição do espírito de partido [...]. Peço-lhe para me mostrar confiança". E assinava: "Devotado a você". Stálin mandou a carta a Malenkov. A dupla manteve a pressão. O enfermo mas sinistro Andréiev denunciou todos os tipos de "desordens nesta organização": 526 documentos haviam desaparecido do Gosplan. Esse caso inventado foi uma das últimas façanhas de Andréiev. Voznessenski admitiu que não havia processado os acusados porque "não havia fatos [...]. Agora eu compreendo [...] eu fui culpado". Khruchióv acusou mais tarde Malenkov de "cochichar a Stálin" para garantir que Voznessenski fosse exterminado. "O quê!", retrucou Malenkov. "Que eu estava manobrando Stálin? Você deve estar brincando!" Stálin não era manobrável, mas era altamente sugestionável: ele continuava no comando absoluto.

Quatro meses depois, Voznessenski foi preso na esteira da limpeza de jdanovistas, unindo-se a Kuznietsov e 214 outros prisioneiros que foram torturados num frenesi de "luta francesa". Irmãos, esposas e filhos seguiram o mesmo destino. Kuznietsov foi tão espancado que teve os tímpanos perfurados. "Fui espancado até sair sangue de meus ouvidos", testemunhou um prisioneiro, Turko, após a morte de Stálin. "Komarov bateu minha cabeça na parede." Turko comprometeu Kuznietsov. Os torturadores perguntaram a Abakúmov se podiam bater na prisioneira Zakrijevskaia, que estava grávida.

"Vocês a estão defendendo?", berrou Abakúmov. "A lei não proíbe isso. Sigam com seu trabalho!"

Ela foi torturada e abortou. "Conte-nos tudo", disseram-lhe os torturadores. "Somos a vanguarda do Partido!"

A vanguarda caída, Kuznietsov e Voznessenski, foram mantidos numa prisão especial, na rua Matrosskaia Tichina, montada por Malenkov, que chegou incógnito com Béria e o Politburo para interrogar os prisioneiros.

O sinistramente cordial Bulgánin, que também estava ameaçado, ganhou a tarefa de interrogar seu velho amigo Alexander, irmão de Voznessenski, que fora reitor da universidade de Leningrado. Quando o viu, o prisioneiro achou que estava salvo. "Ele correu para mim", admitiu mais tarde Bulgánin, "e gritou: 'camarada Bulgánin, meu querido, finalmente! Não sou culpado. Que ótimo que você veio! Agora o camarada Stálin vai saber a verdade!'."

Bulgánin rosnou para seu antigo amigo: "O lobo de Tambov é seu amigo", um ditado russo que significa "não sou seu amigo". Bulgánin achou que não tinha escolha: "O que eu podia fazer?", lamuriou-se. "Eu sabia que Béria e Malenkov estavam sentados no canto e me observavam." Como em todos os casos de Stálin, a culpa era elástica e podia ser ampliada a seu bel-prazer: Mólotov, que era íntimo de Voznessenski, também foi vagamente comprometido.

* * *

Quando Alla e Sergo voltaram correndo da lua de mel, poucos dias depois, o pai dela já fora espancado até assinar uma confissão. Anastas Mikoian recebeu sua nora em seu estúdio do Kremlin. "Foi muito difícil para mim falar com Alla", escreveu ele. "Evidentemente, eu tinha de lhe contar a versão oficial." Alla saiu correndo aos soluços.

"Corri para segui-la", relembra Sergo, "com medo de que ela se matasse."* Mikoian chamou Sergo de volta e lhe mostrou a confissão de Kuznietsov, que Stálin havia distribuído. Sergo não acreditou nas acusações.

"Todas as páginas estão assinadas", disse Mikoian.

"Estou certo de que o caso vai se esclarecer e ele voltará", retrucou Sergo.

"Eu não podia dizer a ele que o destino de Kuznietsov já estava predeterminado por Stálin", escreveu Mikoian. "Ele jamais retornaria."[2]

O Caso de Leningrado não foi o único sucesso de Béria: logo após a prisão de Kuznietsov, no final de agosto de 1949, ele partiu num trem blindado especial para uma instalação nuclear secreta, no meio das estepes do Cazaquistão. Béria estava muito preocupado, pois, se as coisas dessem errado, "nós todos teríamos de responder perante o povo", como disse um de seus diretores. A família de Béria seria destruída. Malenkov o confortava.

Béria chegou a Semipalatinsk-21 para o teste do "artigo". Instalou-se numa minúscula cabana, ao lado do posto de comando do professor Kurtchátov. Na

* Sergo e Alla estavam convencidos de que aquilo era "uma intriga de Malenkov e Béria, que enganavam Stálin. É espantoso que acreditássemos nisso", lembra Sergo. "Mas nunca mais falamos sobre o caso até a morte de Stálin." Seu pai permitiu que ele se encontrasse com o filho de Kuznietsov, porém não com a esposa dele, pois sabia que ela também seria presa. Quanto aos filhos do Kremlin que moravam na rua Granovski, eles notaram que, de repente, seus vizinhos, os Voznessenski e os Kuznietsov, sumiram. "Mas ninguém mencionou o fato", disse Igor Malenkov, cujo pai era responsável pelos acontecimentos. "Eu só me dedicava a ler sobre esportes." Júlia Khruchióva "costumava brincar com Natacha, filha de Voznessenski. Logo depois da prisão do pai dela, levei-a até nosso apartamento. Mas minha mãe não disse nada". A etiqueta variava de família para família: enquanto Natacha Poskrióbicheva continuou brincando com Natacha Voznessenskaia, Nadia Vlássik "atravessava a rua sempre que a via". Agradeço especialmente a Sergo Mikoian por me contar esta história.

manhã de 29 de agosto, Béria observou um guindaste colocar o tampão de urânio em posição no seu reparo; o hemisfério de plutônio foi colocado dentro dele. Os explosivos e o detonador estavam no lugar. O "artigo" foi então levado durante a noite para uma plataforma, onde seria elevado ao topo da torre. Béria e os cientistas foram embora.

Às seis da tarde, eles se reuniram no posto de comando, distante dez quilômetros, com seu painel de controles e telefones ligados a Moscou, tudo atrás de um muro de terra para desviar a onda de choque. Kurtchátov ordenou a detonação. Viu-se um clarão. Depois que a onda de choque passou, correram para fora para admirar o cogumelo que se erguia majestosamente diante deles.

Béria estava excitadíssimo e beijou Kurtchátov na testa, mas não parava de perguntar: "Foi parecido com a americana? Não cometemos erros? Kurtchátov não está nos fazendo de bobo, está?". Ficou aliviado ao saber que a destruição no local fora apocalíptica. "Teria sido uma grande infelicidade se não tivesse funcionado", disse ele. Correu para o telefone a fim de ser o primeiro a contar para Stálin. Mas o líder respondeu que já sabia e desligou. Stálin tinha suas próprias fontes. Béria deu um soco no general que ousara contar primeiro, gritando: "Você estragou meus planos, seu traidor. Vou moê-lo até os ossos". Porém estava imensamente orgulhoso de sua "colossal realização". Quatro anos após Hiroshima, Stálin tinha a bomba.

Béria tinha outro motivo para estar feliz: conhecera uma mulher bonita chamada Drojdova, cujo marido trabalhava no Kremlin. Ele talvez tenha tido um caso com essa mulher antes que ela o apresentasse a sua filha, Lília, de apenas catorze anos, mas já um "exemplo de beleza russa, de olhos azuis, pernas compridas e longas tranças loiras", relembra Marta Péchkova. Béria ficou extasiado: "Seu último grande amor".

A mãe queria todos os benefícios: "Não ceda a ele enquanto não tiver um apartamento, carro, datcha", ensinou a Lília, de acordo com Péchkova. Béria a estabeleceu com estilo. Nina Béria tolerou esse caso, mas, no verão, enquanto ela e Marta estavam em Gagra, seu marido entretinha Lília na datcha. "Toda a Moscou sabia", diz Marta. Béria e Malenkov estavam em alta, porém seria outra a pessoa que mais se beneficiaria do vácuo de poder deixado pelos homens de Leningrado.

Stálin chamou Khruchióv, que estava em Kiev. "Não pude deixar de me sentir ansioso", admitiu ele, quando Kuznietsov e Voznessenski estavam sendo torturados. Ele telefonou para Malenkov, que o confortou: "Não se preocupe. Não posso lhe dizer agora por que você foi chamado, mas garanto que não tem nada a temer".

Khruchióv governava a Ucrânia desde 1938, onde expurgou implacavelmente os kulaks antes da guerra, esmagou os nacionalistas ucranianos, ordenou a morte dos bispos uniatas mais tarde e, em fevereiro de 1948, organizou a expulsão de "elementos danosos" das aldeias: quase 1 milhão de pessoas foram presas por iniciativa dele, um crime colossal que se aproxima da deportação dos kulaks em brutalidade e escala. Não admira que na aposentadoria ele tenha refletido: "Estou de sangue até os cotovelos". Afora um curto período em 1947, quando Stálin mandou Kaganóvitch substituí-lo em Kiev, Khruchióv, "vital, teimoso, folgazão", mas agora calvo e quase esférico, era um favorito duradouro. Seu modo direto de falar fazia seu servilismo parecer genuíno. Stálin considerava esse homem dinâmico um camponês semialfabetizado: "Khruchióv é tão ignorante quanto o negus da Etiópia", disse a Malenkov. Contudo, não subestimava completamente sua "profunda naturalidade, masculinidade pura, sagacidade tenaz, bom senso e força de caráter". "Com ele", refletiu Stálin, "é preciso rédea curta."

Quando chegou a Moscou, Khruchióv correu à casa de Béria para maior tranquilidade. Havia uma crescente solidariedade entre os cortesãos de Stálin. Béria também o confortou.

Stálin nomeou Khruchióv secretário do CC e chefe de Moscou, mas confidenciou que "as coisas não vão muito bem [...]. Descobrimos uma conspiração em Leningrado. E Moscou fervilha de elementos antipartidários". Ele queria que Khruchióv investigasse o assunto. Como mostrava o Caso de Leningrado, o sistema estimulava o espírito empreendedor do terrorismo. Os magnatas podiam tanto abafar um caso como inflamá-lo e transformá-lo num massacre: cabia então a Stálin decidir se protegeria as vítimas, guardaria as provas para mais tarde ou as massacraria imediatamente.

"Isso é obra de um provocador", retrucou Khruchióv. Stálin aceitou seu julgamento. Logo o colocou à frente da Agricultura. "Stálin me tratou bem." Tendo destruído a conexão de Leningrado e minado Mólotov e Mikoian, os "dois canalhas" estavam perfeitamente colocados para a sucessão. Khruchióv foi chamado para equilibrar o poder deles. Porém, esse plano não funcionou muito bem porque o ucraniano se tornou "inseparável" de Béria e Malenkov. Sua família morava perto dos Malenkov,* na Granovski, ao mesmo tempo que a limusine de Béria parecia estar constantemente estacionada na rua, à espera deles. Às vezes, ele saudava os Khruchióv jovens quando iam para a escola: "Olhem só vocês! A própria imagem de Nikita!".

Os três faziam piadas sobre o plano de Stálin, ao mesmo tempo que traíam um aos outros junto ao líder. Depois que Malenkov fracassou na tarefa impossível de controlar a Agricultura, Andréiev assumiu o cargo, mas foi então desacreditado e forçado a se retirar, marcando o fim de sua carreira. Agora Khruchióv estava no comando da Agricultura, porém seu plano para gigantescos centros agrícolas saiu pela culatra. Stálin, Béria e Malenkov o forçaram a se desdizer em público. Mólotov e Malenkov queriam demiti-lo, mas Béria, que subestimava o "tolo de cara redonda", interveio para salvá-lo. Stálin protegia Khruchióv, batendo com seu cachimbo na cabeça dele: "É oca!", brincava.

No dia 5 de setembro, Stálin começou suas férias em Sotchi, onde Béria foi encontrá-lo para um churrasco de *chachliks* para comemorar a bomba, a qual, junto com a destruição dos homens de Leningrado, fizera com que caísse, temporariamente, de novo nas graças do líder. Mas isso não duraria. A desconfiança de Stálin dos homens que o cercavam era agora avassaladora. Ele foi para Nova Athos, mais para o sul, a menor e mais aconchegante de suas casas, onde passou a maior parte de suas últimas férias.

Quando o Soviete Supremo anunciou a bomba soviética, Stálin disse em tom reflexivo a seu jovem confidente Mgeladze sobre a nova ordem mundial: "Se houver guerra, o uso de bombas atômicas vai depender dos Trumans e Hitlers que estiverem no poder. O povo não vai permitir que gente assim fique no poder. As armas atômicas dificilmente poderão ser empregadas sem ter como consequência o fim do mundo". Ele estava tão feliz que começou a cantar "Suliko" acompanhado por Vlássik e Poskrióbichev, numa interpretação perfeitamente adequada para a ocasião, tal como a bomba de Béria.

"Tchaliapin cantava isto um pouco melhor", disse Stálin radiante.

* Eles eram agora o coração do novo "quinteto" de Stálin, junto com Béria e Bulgánin. Kaganóvitch gozava de um retorno parcial ao favor. Aos domingos, os dois burocratas gordos, Malenkov e Khruchióv, faziam caminhadas pela rua Gorki, cercados por uma falange de agentes da polícia secreta.

"Só um pouco melhor", disseram em coro seus companheiros.

O velho Stálin pensava cada vez mais em Nádia. Caminhando pelo jardim com Mgeladze, lamentou seus desastres como pai. Primeiro, havia Iacha: "O destino tratou muito mal Iákov [...] mas ele morreu como um herói". Vassíli era um alcoólatra: "Ele não faz nada, mas bebe muito". Depois Svetlana, seu *alter ego* feminino, "faz o que bem entende". Esse marido destrutivo era suficientemente sensível em relação aos casamentos da filha: "Morózov era um bom sujeito, mas, para Svetlana, não era amor [...]. É só divertimento para ela. Ela pisava em cima dele [...]. Naturalmente, isso fez do casamento um fracasso. Então ela se casou de novo. Quem sabe o que vai acontecer em seguida? [...] Svetlana é incapaz até de pregar um botão, as babás não lhe ensinaram. Se tivesse sido criada pela mãe, seria mais disciplinada. Você entende, sempre houve pressão demais sobre mim [...]. Sem tempo para os filhos, às vezes eu não os via durante meses [...]. Os meninos não tiveram sorte. Ekaterina!". Ele mencionou ternamente sua primeira esposa, Kato, depois exclamou "oh, Nádia, Nádia!". Mgeladze jamais vira Stálin tão triste. "Camarada Lobo, peço-lhe que não diga uma palavra sobre o que ouviu."[3]

55. Mao, o aniversário de Stálin e a Guerra da Coreia

Em 7 de dezembro de 1949, Stálin voltou a Moscou a tempo para dois eventos momentosos: a chegada do novo líder chinês, o presidente Mao Tse-tung, e a comemoração de seus setenta anos de vida. Ao meio-dia de 16 de dezembro, Mao, que tomara Beijing em janeiro, chegou à Estação Iaroslavski, onde foi recebido por Mólotov e Bulgánin vestidos com seus uniformes de marechal.* A visita começou tão canhestra quanto terminou. Mao convidou os russos para uma refeição chinesa no trem, porém Mólotov recusou o convite. Mao ficou aborrecido, no começo de um mau humor tão monumental quanto a Grande Muralha. Maravilhado com a grandeza de Stálin, mas também desdenhoso de sua consistente falta de apoio e má interpretação dos eventos chineses, o grandalhão Mao foi levado diretamente para uma das datchas de Stálin, Lipki.

Às seis da tarde, Mao e Stálin se encontraram pela primeira vez no Cantinho. Os dois titãs comunistas do século, ambos fanáticos, poetas, paranoicos, camponeses que chegaram a governar impérios cuja história os obcecava, indi-

* Mao trouxera um tesouro de presentes chineses e vários vagões de arroz. Os ornamentos laqueados ainda estão nas paredes do apartamento em que Mólotov morou depois de aposentado, na rua Granovski, e o arroz foi dividido por Stálin entre seus cortesãos. Em troca, Stálin presenteou-o com os nomes dos agentes soviéticos no Politburo chinês. Ao voltar a Beijing, Mao os liquidou rapidamente.

ferentes assassinos de milhões e comandantes militares amadores, pretendiam selar o pior pesadelo dos americanos: um tratado sino-soviético que seria a última realização significativa de Stálin. Contudo, ambos se observaram friamente da altura olímpica de seus egoísmos. Mao queixou-se de ser "posto de lado durante muito tempo".

"Os vitoriosos jamais são culpados", respondeu Stálin. "Alguma ideia ou desejo?"

"Viemos para completar uma certa tarefa", disse Mao. "Ela deve ser bela e saborosa."

Seguiu-se um silêncio rabugento. Stálin parecia desconcertado por essa enigmática alusão, que significava um tratado que era ao mesmo tempo simbólico e prático, em defesa ao mesmo tempo da revolução mundial e dos interesses nacionais da China. A maior prioridade do líder soviético era proteger seus ganhos no Extremo Oriente, acordados em Ialta e confirmados no velho tratado sino-soviético. Ele assinaria um novo tratado se não alterasse o antigo. Mao queria salvar as aparências antes de entregar terras chinesas. Tratava-se de um impasse. Mao sugeriu chamar Chou En-lai, seu premiê, para concluir as negociações.

"Se nós não podemos estabelecer o que deve ser concluído, por que chamar Chou?", perguntou Stálin.

Eles se separaram. Mao afirmou que Stálin se recusou a vê-lo, mas tinha seus próprios motivos para esperar. Permaneceu infeliz em Moscou durante várias semanas até que os dois lados se reunissem, reclamando amargamente que "não havia nada para fazer lá, exceto comer, dormir e cagar". Os cerimoniosos russos ficaram chocados com as piadas escatológicas de Mao, tanto em pessoa como nas escutas clandestinas.

"Camaradas", disse Stálin, "a batalha da China ainda não acabou. Está apenas começando." Béria disse de brincadeira a outros que Stálin estava com ciúmes de Mao porque ele governava uma nação maior.

O dirigente chinês não foi completamente ignorado: Mólotov, Bulgánin e Mikoian o visitaram na datcha. Stálin se perguntava se o enigmático chinês era um "verdadeiro marxista". Tal como um abade testando um noviço, Mólotov testou os conhecimentos do marxismo de Mao, decidindo que o presidente era "um homem inteligente, um líder camponês, algo como um Pugatchiov chinês,*

* Emellian Pugatchiov foi o impostor cossaco que dizia ser o falecido imperador Pedro III e liderou uma enorme rebelião camponesa contra Catarina, a Grande, em 1773-4.

mas não um verdadeiro marxista. Afinal, repetiu Mólotov para Stálin, Mao "confessou que nunca lera *Das Kapital*".[1]

Em 21 de dezembro, Mao e o mundo comunista inteiro se reuniram no Bolchoi para celebrar o aniversário de seu supremo pontífice. Algo entre uma peregrinação religiosa e um triunfo imperial, um casamento real e um convescote empresarial, as festividades custaram 5,6 milhões de rublos e atraíram milhares de peregrinos. Stálin, dividido entre o desprezo e o desejo pelo culto, fez o papel de rabugento modesto enquanto Malenkov, sempre na linha de frente dos atos mais baixos de idolatria, tentava persuadi-lo de que "o povo" esperava uma comemoração — e mais medalhas.

"Nem pensem em me dar outra estrela", grunhiu o aniversariante.

"Mas camarada Stálin, o povo..."

"Deixe o povo fora disso." Porém ele sentiu-se feliz de inspecionar os arranjos. Os arquivos contêm as extraordinárias preparações: o presidente Chviêrnik encabeçou o "Comitê para as Preparações do Aniversário do Camarada Stálin", que constrangidamente envolvia "trabalhadores comuns", magnatas, marechais e artistas como Chostakóvitch, que debateram gravemente a criação de uma Ordem de Stálin, a lista de convidados, lugar na mesa e um pacote de presentes para o líder. Ao custo total de 487 mil rublos, cada delegado receberia um roupão, chinelas, barbeador e um conjunto de sabonete, talco e perfume Moskva (a criação de que Polina Mólotova, agora na prisão, mais se orgulhava).

No *Pravda*, Khruchióv saudou a "aguda intransigência [de Stálin] para com os cosmopolitas sem raízes", os judeus. Poskrióbichev elogiou o brilhantismo do líder na plantação de limões. As esposas dos magnatas trouxeram seus próprios presentes — Nina Béria fez geleia de nozes "como uma pequena lembrança [...] de sua mãe". Stálin escreveu uma carta de agradecimento: "Enquanto como sua geleia, lembro de minha juventude".

Béria revirou os olhos: "Agora você vai ter de aguentar isso todos os anos".

Artistas famosos e filhos da elite ensaiaram seus tributos. Os pais nunca foram tão ousados: Poskrióbichev conseguiu para sua filha Natacha o papel especial de recitar um poema idólatra e depois presentear Stálin (que mandara matar sua mãe) com um buquê. No Bolchoi, as bailarinas praticavam "mesuras ao Deus".

No Cantinho, na noite anterior, Stálin mudou os lugares na mesa para não ficar mais no centro, mas Malenkov insistiu que ele tinha de ficar na fileira da frente. Ele se colocou oportunamente entre Mao e Khruchióv, o novo favorito. Mais tarde, sentiu pressão no pescoço, depois cambaleou de tontura, mas Poskrióbichev o apoiou. Não quis chamar os médicos, e o chefe de gabinete lhe receitou um de seus remédios.

Na noite seguinte, o Bolchoi lotado esperava pelos magnatas. O séquito exótico de Stálin — entre outros, Mao, Ulbricht da Alemanha, Rakosi da Hungria e Beirut da Polônia — juntou-se no *avant-loge* até que tudo estivesse pronto. Quando entraram, a plateia aplaudiu loucamente. Stálin sentou-se à esquerda do centro, sob uma floresta de bandeiras vermelhas e um retrato gigantesco dele mesmo. Então começaram os infindáveis discursos, saudando a genialidade do aniversariante. Stálin fez um aceno para o general Vlássik e cochichou que os convidados deveriam falar nos próprios idiomas, um gesto internacionalista do "pai dos povos". Togliatti falou em italiano e ele mesmo traduziu para o russo. O discurso de Mao, com sua voz surpreedentemente aguda, recebeu uma ovação. Stálin cansou-se de tanto se levantar. Então as estudantes, em seus vestidos de pioneiras, surgiram lideradas por Natacha Poskrióbicheva para recitar seu poema. O chefe de gabinete piscou para sua filha, que deu uma corrida rápida e entregou o buquê de rosas vermelhas: "Papai e Stálin adoravam rosas vermelhas", diz ela.

"Obrigado *rijik*, ruiva, pelas rosas!", disse Stálin, e apontou para seu devotado Poskrióbichev, que resplandecia de orgulho.

O grupo voltou a se reunir para um imenso banquete no salão Gueorguievski do Kremlin e para um concerto com o tenor Koslovski, a bailarina Maia Plisetskaia e a soprano Vera Davidova. Vlássik examinou pessoalmente seus camarins em busca de assassinos ou bombas. Quando dançou, Maia notou "o rosto bigodudo do imperador na primeira fila da longa mesa festiva, de costas para o palco e meio virado para mim [com] Mao a seu lado".[2]

O mau humor superlativo de Mao estava enfraquecendo. As aparências haviam sido salvas. Quando tentou telefonar para Stálin, disseram-lhe que ele "não estava em casa e que seria melhor falar com Mikoian". Por fim, a 2 de janeiro, Stálin mandou Mólotov e Mikoian iniciar as negociações. Chou En-lai* chegou

* Stálin admirava Chou e o presidente Liu Shaoqi como os mais "distintos" dos homens de Mao, mas achava que o marechal Zhu-De era uma versão chinesa de "nossos Vorochílov e Budiony".

no dia 20 e começou a negociar com o novo ministro do Exterior, Vichinski, e Mikoian. Mao e Chou foram convidados ao Kremlin apenas para ser repreendidos por Stálin por não terem assinado uma crítica a um recente discurso do secretário de Estado americano Dean Acheson. Quando Mao resmungou a respeito da resistência de Stálin ao tratado, Stálin retrucou: "Ao diabo com aquilo! Devemos ir fundo".

Mao ficou mais mal-humorado. Na limusine a caminho de Kuntsevo, o intérprete chinês convidou Stálin a visitar Mao. "Engula suas palavras!", sibilou Mao em chinês ao intérprete. "Não o convide!" Nenhum dos titãs falou durante toda a viagem de trinta minutos. Quando Stálin convidou Mao para dançar ao som de seu gramofone, uma honra singular para um líder visitante, ele se recusou. Não importava: o jogo de pôquer havia acabado. Enquanto reservava para si o supremo sacerdócio do comunismo internacional, Stálin permitia que Mao tivesse papel principal na Ásia.

No banquete realizado no hotel Metropol em 14 de fevereiro, após a assinatura do tratado, Stálin propositadamente denunciou o titoísmo — e Mao continuou em seu heroico amuo. Os dois gigantes mal se falaram: trocas de palavras "esporádicas" eram seguidas por "pausas infindáveis". Gromyko batalhou para manter a conversa acesa. Stálin pode não ter gostado de Mao, mas ficou impressionado: "No mundo marxista, o mais notável é Mao [...]. Tudo em sua vida marxista-leninista mostra princípios e energia, um lutador coerente". A aliança foi imediatamente testada nos campos de batalha da Coreia.[3]

Kim Il-Sung, o jovem líder da Coreia do Norte comunista, chegou a Moscou a fim de pedir permissão a Stálin para invadir a Coreia do Sul. Stálin encorajou Kim, mas espertamente passou o problema para Mao, dizendo ao coreano que ele "só poderia entrar em ação" depois de consultar "pessoalmente o camarada Mao". Em Beijing, o nervoso Mao mandou-o falar com Stálin. Em 14 de maio, Stálin retrucou: "A questão deve ser decidida, em última análise, pelos camaradas chineses e coreanos juntos". Assim, ele protegia seu papel dominante, mas repassava a responsabilidade. Não obstante, seus magnatas estavam preocupados com seus desafios irresponsáveis aos Estados Unidos e sua cada vez mais fraca capacidade de julgar. Às quatro da manhã do domingo 25 de junho de 1950, a Coreia do Norte atacou o Sul. Levando tudo de roldão, os comunistas logo estavam em posição de vencer.

Em 5 de agosto, Stálin partiu em trem especial para suas mais longas férias até então. Seriam quatro meses e meio, ruminando seu caso contra os judeus, sua raiva de Mólotov e Mikoian, sua desconfiança de Béria e sua insatisfação com a crueldade do MGB de Abakúmov — ao mesmo tempo que o mundo balançava à beira do abismo a milhares de quilômetros, na distante Coreia.

Assim que chegou para o descanso, o desastre se abateu na distante península. Stálin se retirara da ONU em protesto contra a recusa de reconhecer a China de Mao, em vez de Taiwan, como governo legítimo, mas o presidente Truman tirou a máscara de Stálin ao convocar o Conselho de Segurança para aprovar a intervenção da ONU contra a Coreia do Norte. A União Soviética poderia ter evitado isso, porém Stálin insistiu erroneamente em boicotar a sessão, contra o conselho de Gromyko. "Naquela vez , Stálin foi guiado pela emoção", relembrou Gromyko. Em setembro, o poderoso contra-ataque americano em Inchon, sob a bandeira da ONU, cercou os norte-coreanos no Sul e depois esmagou o exército deles. Uma vez mais, Stálin testara a capacidade de decisão americana e se dera mal. Mas o velho líder simplesmente suspirou para Khruchióv e disse que, se Kim fosse derrotado, "e daí? Que assim seja. Que os americanos sejam nossos vizinhos". Se ele não obtivesse o que queria, a Rússia ainda assim não interviria.

Enquanto os americanos avançavam pela Coreia do Norte rumo à fronteira chinesa, Mao olhou desesperadamente na direção de Stálin, temendo que, se eles interviessem e lutassem contra os americanos, o tratado sino-soviético envolveria a Rússia também. Stálin respondeu, com a desfaçatez de um Nero, que ele estava "longe de Moscou e um tanto distante dos eventos na Coreia". Porém, a 5 de outubro, mandou um telegrama de rude *Realpolitik* e desavergonhado blefe: os Estados Unidos "não estão preparados [...] para uma grande guerra", mas, quanto a isso, "que aconteça agora e não dentro de alguns anos, quando o militarismo japonês estará restaurado". Desse modo, Stálin desfazia as reservas de Mao e empurrava seu aliado para mais próximo da guerra.

Mao deslocou nove divisões, porém mandou Chou En-lai visitar Stálin em sua residência de férias, provavelmente Nova Ethos, para discutir a prometida cobertura aérea soviética para as tropas chinesas. A 9 de outubro, um tenso Chou, acompanhado por Lin Biao — o frágil mas talentoso protegido de Mao e seu possível herdeiro, que teria um fim trágico —, encarou Stálin, Malenkov, Béria, Kaganóvitch, Bulgánin, Mikoian e Mólotov.

"Hoje, queremos ouvir as opiniões e o pensamento de nossos camaradas chineses", disse Stálin ao abrir a reunião. Chou descreveu a situação e Stálin retrucou que a Rússia não poderia entrar na guerra, mas a China deveria fazê-lo. Não obstante, se Kim perdesse, ele ofereceria refúgio aos norte-coreanos. Só poderia ajudar com equipamentos militares. Chou, que contava com a cobertura aérea soviética, ficou ofegante. Mais tarde, Stálin convidou os chineses a participar de uma bebedeira da qual somente Lin Biao emergiu sóbrio. Essa foi uma das ocasiões em que Béria discordou de Stálin e, como sempre, foi o mais ousado ao se expressar. Quando saiu da reunião sobre o envio de forças chinesas à Coreia, encontrou Tcharkviani: "O que ele está fazendo?", exclamou nervoso, pois compreendia a ameaça nuclear. "Os americanos vão ficar furiosos. Ele fará deles nossos inimigos." Tcharkviani ficou espantado ao escutar tal heresia.

"É difícil para mim confiar cem por cento em alguém, mas acho que posso contar com ele", disse Stálin a Mgeladze durante o jantar, depois de manobrar Mao para que lutasse contra os americanos sem a cobertura aérea soviética.

Em 19 de outubro, Mao jogou suas ondas de bucha para canhão chinesas para repelir os surpresos americanos. A partir de então, mesmo quando o front se estabilizou ao longo do paralelo 38 e os norte-coreanos imploraram a paz, Stálin recusou-se a concordar: o atrito lhe convinha. Como disse a Chou numa reunião posterior, numa frase que ilustra toda a sua carreira monstruosa, os norte-coreanos deveriam continuar lutando indefinidamente porque eles "não perdem nada, *exceto seus homens*".[4]

Enquanto lagarteava no Sul mexendo os pauzinhos na Coreia, o velho generalíssimo também matava seus próprios homens. Em 29 de setembro, Kuznietsov e Voznessenski foram julgados no Clube dos Oficiais de Leningrado diante de uma plateia do MGB. Antes do começo do julgamento, os acusados receberam ordens de deixar Jdánov de fora de seus testemunhos. Os principais acusados foram condenados à morte por fuzilamento no dia seguinte e o Politburo endossou as sentenças. "Ele assinava primeiro", admitiu Khruchióv, "e depois passava adiante para que o resto de nós assinasse. Assinávamos sem nem mesmo olhar." Teriam assinado a lista de morte durante o jantar na varanda?

Kuznietsov recusou-se a confessar, o que deixou Stálin ultrajado e constrangeu Abakúmov: "Sou um bolchevique e assim permanecerei apesar da sentença que recebi. A história nos absolverá". Consta que os acusados foram enfiados em sacos brancos pelos tchequistas e arrastados para fora a fim de ser fuzilados. Foram mortos 59 minutos após a meia-noite de 1º de outubro, enquanto suas famílias estavam exiladas nos campos de trabalho. Há indícios de que Stálin marcou as listas com símbolos, especificando como deveriam morrer. Voznessenski talvez tenha sido mantido vivo por algum tempo, porque Stálin perguntou mais tarde a Malenkov: "Ele está nos Urais? Deem-lhe alguma coisa para fazer!". Malenkov informou que Voznessenski havia congelado até a morte na traseira de um caminhão em temperaturas abaixo de zero. Após a morte de Stálin, Rada Khruchióva perguntou o que acontecera com Kuznietsov.

"Ele teve uma morte terrível", respondeu seu pai, "com um gancho atravessado no pescoço."[5]

Esse pequeno massacre consolidou o poder de Malenkov, Béria, Khruchióv e Bulgánin, mas foi o canto do cisne de Abakúmov. Esse sádico sensual em breve enrolaria seu tapete sangrento para sempre. Talvez tenha sido excesso de confiança que o levou a fechar o Caso Judeu em março de 1950: ninguém foi libertado. As torturas foram tão violentas que uma vítima contou duzentos golpes em seu traseiro e nos calcanhares.

No entanto, enquanto aquele caso principal se acalmava, Stálin orquestrava outro espasmo antissemita durante suas férias. Agora, o antissemitismo "crescia como um tumor na cabeça de Stálin", disse Khruchióv, mas ele mesmo o elogiava no *Pravda*. Stálin chamou os chefes ucranianos para um jantar no qual os instruiu para orquestrar uma campanha antissemita similar em Kiev. A caça ao "perigo sionista" foi levada a cabo pelo governo, com milhares de judeus sendo demitidos.*

Stálin estava particularmente fascinado com um caso contra os gerentes judeus da prestigiosa fábrica de automóveis Stálin, que fazia suas limusines; eles haviam enviado a Mikhoels um telegrama de comemoração pela fundação de Israel.

"Os bons trabalhadores da fábrica deveriam ganhar porretes para que pudessem dar uma surra para valer naqueles judeus no final do dia de trabalho", disse Stálin a Khruchióv em fevereiro.

"Então, receberam suas ordens?", perguntou o sarcástico Béria. O insepará-

* Até o marido de Svetlana se envolveu nisso. Na máquina do Comitê Central, Iúri Jdánov, o genro de Stálin, aquele exemplo altamente qualificado da educação soviética, relatou ao orquestrador da caça antissemita que alguns cientistas "haviam inundado os departamentos teóricos de [...] Institutos com seus partidários de origem judaica".

vel trio Khruchióv, Malenkov e Béria chamou ao Kremlin os gerentes judeus da ZiS e os acusou de "perda de vigilância" e cumplicidade num "grupo de sabotagem nacionalista judeu antissoviético". Um dos gerentes desmaiou. Os três magnatas tiveram de reanimá-lo com água fria. Stálin libertou o gerente, mas dois jornalistas judeus (um deles, uma mulher) que haviam escrito sobre a fábrica foram executados. Sua intervenção pessoal fazia a diferença entre vida e morte. Outro gerente judeu, Zaltsman, foi salvo porque, durante a guerra, mandara a Stálin um conjunto para escrivaninha em forma de tanque em que as canetas ocupavam os lugares dos canhões.

Os judeus não eram o único alvo de Stálin: suas suspeitas de Béria eram constantemente avivadas pelo ambicioso Mgeladze, seu chefe da Abkházia, que espertamente revelou os crimes e vinganças de Béria do final dos anos 30. Stálin o estimulou a denunciar Béria durante as conversas do jantar. Mgeladze era apenas uma das vozes que informavam Stálin sobre a corrupção do governo mingrélio da Geórgia. Béria era mingrélio, assim como Tcharkviani, que dirigia a Mingrélia desde 1938. Stálin mandou Abakúmov inspecionar a notoriamente venal Geórgia e montar um caso contra os mingrélios, sem esquecer o próprio Béria: "Vá atrás do Grande Mingrélio".[6]

A 18 de novembro, perto do final de suas férias, Stálin concordou em prender o primeiro médico judeu. O professor Iákov Etinger, que tratara dos líderes, foi grampeado falando com demasiada franqueza sobre Stálin. Etinger foi torturado para revelar suas tendências "nacionalistas" por um dos oficiais de Abakúmov, o tenente-coronel Mikhail Riúmin, que o obrigou a comprometer todos os médicos judeus mais ilustres de Moscou, mas mesmo assim não conseguiu satisfazer seu chefe. Abakúmov mandou Riúmin desistir, mas o oficial torturou Etinger com tanto entusiasmo que ele morreu de "paralisia do coração" — um eufemismo para a morte sob tortura. Riúmin estava em apuros, a não ser que destruísse seu chefe antes.

Não se podia acusar Abakúmov de preguiçoso: Stálin estava agora redobrando a repressão. As prisões se intensificaram. Em 1950, havia mais escravos do que nunca nos Gulags. Mas Abakúmov sabia demais sobre os casos de Leningrado e dos judeus. Pior do que isso, Stálin percebia a relutância do MGB e do próprio Abakúmov. Era Iagoda de novo — e ele precisava de um Iejov.

Os freios no Caso dos Judeus, os rumores de corrupção, os cochichos de

Béria e Malenkov, possivelmente a presunção emproada do próprio sujeito, tudo virou Stálin contra Abakúmov. Não houve um rompimento súbito, mas, quando retornou das férias,* logo após seu aniversário de 71 anos, ele não convocou Abakúmov. Cessaram as reuniões semanais, como tinha acontecido com Iagoda e Iejov. Dentro do ninho de cobras do MGB, a retirada do apoio de Stálin e a morte de Etinger apresentaram uma oportunidade favorável a Riúmin. O "Pequeno Michka", ou, como o líder o apelidou, "O Nanico" ou "Pigmeu" — o "*Chibsdik*", foi o segundo anão homicida do *Vojd*.

* "Quero retardar meu retorno devido ao mau tempo em Moscou e ao perigo de resfriado. Estarei em Moscou depois da chegada do gelo", escreveu Stálin a Malenkov em dezembro de 1950.

56. O nanico e os médicos assassinos: "Bata, bata e bata de novo!"

Riúmin, de 38 anos, gorducho e careca, estúpido e violento, foi o último na sucessão de torturadores ambiciosos, dispostos a agradar a Stálin e estimulá-lo encontrando novos inimigos e os matando para ele. Ao contrário de Iejov, que fora tão popular até se tornar inquisidor, Riúmin já era um homicida entusiástico, embora tivesse muito estudo e fosse contador formado. Como demonstrava Malenkov, a instrução não era impedimento para o assassinato em massa. Ele tinha seus problemas. Demitido por apropriar-se de dinheiro em 1937 e agora em perigo por ter matado o idoso médico judeu, o Nanico decidiu agir. Talvez para sua própria surpresa, ele acendeu o pavio do Complô dos Médicos.

No dia 2 de julho de 1951, escreveu a Stálin e acusou Abakúmov de matar deliberadamente Etinger a fim de esconder uma conspiração médica judaica para matar líderes como o finado Scherbakov. Isso reuniu os medos de Stálin da idade, dos médicos e dos judeus. Não foi Béria, mas Malenkov quem mandou a carta de Riúmin para Stálin. Isso foi confirmado pelo assistente de Malenkov, embora ele sustentasse que Riúmin escrevera a carta "por seus próprios motivos". O Complô dos Médicos funcionou contra Béria e gente da velha guarda, como Mólotov, mas poderia ameaçar Malenkov e Khruchióv também. Como acontecia com frequência na corte de Stálin, um caso podia ser iniciado por coincidência, encorajado por algum magnata e depois jogado de volta contra eles por Stálin, como um bumerangue sangrento. Malenkov aliava-se às vezes a Khruchióv, às vezes a Béria, mas era sempre Stálin quem tomava as grandes decisões. A alegação de Riúmin de homicídio por médicos talvez tenha sido sugerida pelo próprio Stálin, ou pode ter sido a faísca que o inspirou a voltar à morte de Jdánov e criar um labirinto de conspirações para provocar um terror que uniria o país contra os Estados Unidos lá fora e seus aliados internos.

Mandou então que Béria e Malenkov examinassem a "Situação Ruim no MGB", acusando Abakúmov de corrupção, inépcia e devassidão. Por volta da meia-noite de 5 de julho, no Cantinho, Stálin concordou com a sugestão de Malenkov de designar Semion Ignátiev, de 47 anos, para a chefia do órgão. À uma da manhã, Abakúmov foi chamado para saber de sua queda. À 1h40, Riúmin chegou para receber seus prêmios: promoção a general e, depois, a ministro-adjunto. Tendo sido tchequista por pouco tempo em 1920, Ignátiev era um ávido burocrata do CC, amigo de Khruchióv e Malenkov. Com efeito, Khruchióv descreveu-o como "calmo e atencioso", embora os médicos judeus tivessem poucos motivos para concordar com essa descrição. Béria deixou novamente de recuperar o controle da polícia secreta. A partir de então, o próprio Stálin comandou a caça ao Complô dos Médicos por intermédio de Ignátiev. Mandou Malenkov dizer ao MGB que queria descobrir uma "grandiosa rede de espionagem dos EUA" ligada "aos sionistas".

No dia 12 de julho, Abakúmov foi preso. Na tradição do membro da polícia secreta que caía, sua corrupção foi cuidadosamente registrada: foram encontrados em suas casas 3 mil metros de tecidos caros, conjuntos de porcelana, vasos de cristal — "suficientes para uma loja". A fim de construir seus apartamentos, Abakúmov removera dezesseis famílias e gastara 1 milhão de rublos para fazer um "palácio", usando duzentos operários, seis engenheiros e todo o Departamento de Construção do MGB. Contudo, a queda de monstros também destruía inocentes: a jovem esposa dele, Antonina Smirnova, com quem tinha um filho de dois meses, recebera presentes no valor de 70 mil rublos, entre eles um carrinho de bebê vienense antigo. Então foi presa e se desconhece tanto seu destino quanto o do bebê.*

* Tal como em 1937, o terrorismo destruiu primeiro a liderança do próprio MGB. O coronel Naum Chvartsman, um dos torturadores mais cruéis desde o final dos anos 30 e jornalista especializado em editar confissões, testemunhou que fizera sexo não somente com os próprios filho e filha, mas também com Abakúmov e, na noite em que invadira a embaixada britânica, com sir Archibald Clark Kerr, num evento momentoso das relações anglo-soviéticas que havia misteriosamente pas-

Abakúmov, não mais ministro, mas apenas um número — Objeto 15 —, passou três meses algemado na cela refrigerador, sendo violentamente interrogado por aquele que queria vingança, o Nanico. Escreveu a Béria: "Prezado LP. Sinto-me tão mal [...]. Você é a pessoa mais próxima de mim e espero que me chame de volta [...]. Você vai precisar de mim no futuro".

Abakúmov foi destruído por não levar adiante o Caso Judeu. Ignátiev e o egrégio "Nanico" Riúmin começaram a torturar os membros do Comitê Antifascista Judeu e os médicos para "substanciar a prova da espionagem e atividade nacionalista".[1]

O empresário desse teatro de complôs e dor estava agora envelhecendo depressa. Às vezes, ficava tão tonto que caía em seu apartamento do Kremlin. Os guarda-costas tinham de ficar atentos porque "ele não se cuidava". Mal se preocupava em ler todos os seus documentos. Kuntsevo estava cheia de caixas não abertas. Ainda corrigia os discursos de Bulgánin, como um mestre-escola, mas esqueceu o nome dele diante do resto do Politburo: "Escute, qual é o seu nome?".

"Bulgánin."

"Claro... Era o que eu queria dizer."

Assolado pela artrite, afetado pela arteriosclerose, atordoado por ataques de tontura, constrangido pelas falhas da memória, atormentado por gengivas inflamadas e dentes postiços, imprevisível, paranoico e irado, Stálin partiu no dia 10 de agosto para suas últimas e mais longas férias. "A maldita velhice me pegou", resmungou. Estava ainda mais inquieto que o usual, indo e voltando de Gagra para Nova Athos, de Tsaltubo para Borjomi. No lago Ritsa, os bosques, a margem do lago e as trilhas foram salpicadas de estranhas caixas verdes de metal que continham telefones especiais para que ele pudesse pedir ajuda se passasse mal num passeio.

Mas as vertigens não o impediriam de fazer uma limpeza em seu séquito: "Eu, Mólotov, Kaganóvitch, Vorochílov, estamos todos velhos [...] precisamos

---

sado despercebido na corte britânica. Chvartsman afirmou ter sido envenenado com "sopa sionista" — uma ideia que lembrava o infame complô de inimigos no Oblast Judeu Autônomo durante os anos 30 para envenenar o *gefilte* de Kaganóvitch. Mas ele também entregou o que Stálin queria, comprometendo Abakúmov, um improvável simpatizante sionista.

encher [...] o Politburo com quadros mais jovens", disse ameaçador a Mgeladze. A paranoia não lhe dava descanso: "Estou acabado", disse a Mikoian e Khruchióv, que, tal como todos os magnatas, estavam em férias nas proximidades para que pudessem visitar Stálin duas vezes por semana. "Não confio nem em mim mesmo."

Ao jantar, ele inspecionava seus cortesãos e "enchendo o peito como um peru", entrava em seu tema preferido, mas letal: sua sucessão. O sucessor não poderia ser Béria, porque "não era russo", nem Kaganóvitch, por ser judeu. Vorochílov estava velho demais. Ele nem mencionava Mikoian (um armênio) ou Mólotov. Não poderia ser Khruchióv porque era um "rapaz do campo", e a Rússia precisava de um líder da *intelligentsia*. Então mencionou Bulgánin, aquele cujo nome tendia a esquecer, como seu sucessor no posto de premiê. Nenhum deles estava ideologicamente qualificado para liderar o Partido, mas ele não mencionara Malenkov, que talvez tenha tomado isso como um sinal encorajador. Ele encomendou livros e começou a estudar de forma frenética.

"O camarada Stálin exige que eu estude ciência política." Malania, surpreendido lendo Adam Smith, perguntou a um colega: "Quanto tempo se leva para dominar esse assunto?".

Os magnatas estavam convencidos de que Stálin estava ficando senil, mas, na verdade, ele nunca fora tão perigoso, determinado e dono da situação. Disparava em todas as direções: contra seus camaradas, os judeus, os mingrélios, até contra os importadores de bananas. A história das bananas exemplifica o estilo de governar do Stálin idoso.

Vlássik soube que um carregamento de bananas acabara de chegar e, ansioso para aliviar os dentes ruins do líder, levou algumas para Stálin. Em um jantar em Riacho Frio com todos os magnatas, Vlássik apresentou orgulhosamente as bananas. Stálin descascou uma e descobriu que não estava madura. Tentou outras duas: também estavam verdes. "Vocês experimentaram as bananas?", perguntou aos convidados. Chamou então Vlássik: "Onde você conseguiu estas bananas?".

Vlássik tentou explicar, mas Stálin gritou: "Esses escroques aceitam subornos e roubam o país. Qual é o nome do navio das bananas?".

"Não sei", disse Vlássik, "não prestei atenção..."

"Pois preste! Vou processar você junto com o resto deles!", berrou Stálin. Poskrióbichev tratou de descobrir o nome do navio e ordenar as prisões. Malenkov pegou uma caderneta e fez anotações. Stálin mandou Mikoian demitir o novo ministro do Comércio. Mas Béria estava ansioso por bater em Mikoian com as bananas, por assim dizer.

O jantar terminou às cinco da manhã. Às seis, Stálin telefonou a Béria para também lhe dizer que despedisse o ministro. Quando Mikoian telefonou a Moscou, logo após as seis horas, soube que Béria já havia repreendido o infeliz. Poucos dias depois, Mikoian foi se despedir de Stálin, que ainda falava daquelas bananas. O ministro foi demitido. Tcharkviani escreveu que aquilo era típico das "explosões de Stálin, levando a decisões irrelevantes". Stálin, concluiu Mikoian, "simplesmente gostava muito de bananas".[2]

Os membros do líder doíam, mas, quando ele foi às águas em Tsaltubo, o tempo estava quente demais. Decidiu então ir para Borjomi e visitar uma casa com lembranças especiais. Ele ficara com Nádia, em tempos mais felizes, no palácio Likani, uma mansão neogótica que dava para o rio Kura, de propriedade do grão-duque Michael, irmão de Nicolau II. Era agora um museu e pouco habitável, sem quartos, o que servia perfeitamente a Stálin. Não tanto a seus magnatas: mandou que Khruchióv e Mikoian ficassem também. Eles vieram de Sotchi e Sukhumi, mas, sem camas, tiveram de acampar juntos, dividindo um quarto como escoteiros.

Stálin comia todos os dias numa mesa colocada sob uma árvore junto ao rio, numa paisagem idílica. Quando saía para caminhar, maldizia os guarda-costas, dando encontrões neles ao mudar subitamente de direção. Decidiu visitar Bakuriani, porém os habitantes do local cercaram seu carro, colocando tapetes e mesas de banquete na estrada. O supremo rabugento teve de descer do carro e participar do festim oferecido por seus fãs georgianos. "Eles abrem a boca e gritam como imbecis", murmurou com o rosto crispado. Nunca chegou a Bakuriani e retornou para a Abkházia.

No palácio, onde Nádia descansara após o nascimento de Vassíli, Stálin refletiu sobre sua família. Vassíli, agora lamentavelmente alcoólatra, veio visitá-lo. "A saúde dele está tão fraca, seu estômago doente, não pode nem comer", confidenciou Stálin a Tcharkviani. Tal como um milionário ocidental que interna seu filho playboy na Betty Ford Clinic, ele interveio para inscrever Vassíli num programa de combate à bebida, mas aqui também procurou um culpado e o encontrou no fornecedor de bananas: "Vlássik e seus amigos fizeram isso, transformaram sua bebida em vício!".

Stálin vinha maldizendo a corrupção de Vlássik havia anos. Uma carta de denúncia e uma investigação de Malenkov sobre a venalidade no MGB revelaram as orgias e embromações de Vlássik. Stálin ficou contrariado, mas sentiu-se atolado na corrupção. Finalmente, despediu seu mais devotado criado.*

O casamento de Svetlana com Iúri acabou em pouco mais de dois anos. Stálin disse a Mgeladze que sua filha vestia as calças: "Iúri Jdánov não é o chefe daquela família — é incapaz de insistir em qualquer coisa. Ele não dá ouvidos a ela, nem ela a ele. O marido deve mandar na família [...] isso é o principal". Mas Iúri jamais ousaria falar com Stálin sobre divórcio, então Svetlana veio visitá-lo.

"Eu sei o que você quer dizer", disse ele. "Você decidiu se divorciar dele."

"Pai", respondeu Svetlana em tom de súplica. Tcharkviani, que estava presente, ficou constrangido e pediu licença para sair, mas Stálin insistiu para que ele ficasse.

"Então, você está se divorciando dele?", perguntou Stálin.

"Não consigo viver com minha sogra. Ela é impossível!"

"O que diz seu marido?"

"Ele apoia a mãe!"

Stálin suspirou: "Se você resolveu se divorciar dele, não posso mudar sua decisão, mas seu comportamento é inaceitável". Ela ruborizou-se e foi embora, para depois se afastar da família Jdánov e mudar-se para um apartamento na Casa do Cais com seus dois filhos.

"Quem sabe o que vai acontecer em seguida?", resmungou o líder.

"Stálin não ficou muito feliz quando o casamento acabou", admite Iúri, mas também não se mostrou surpreso. Não se voltou contra o ex-genro e convidou-o a ficar no lago Ritsa, onde conversaram quase uma noite inteira sobre a visita do líder a Londres, em 1907. Quando falaram naturalmente sobre a campanha contra o cosmopolitismo, Iúri Jdánov, que desempenhara seu papel na caça aos cientistas judeus, perguntou a Stálin se ele não achava que a campanha estava "assumindo um caráter nacional desigual", querendo dizer que estava voltada demais contra os judeus.

"O cosmopolitismo é um fenômeno disseminado", respondeu o líder. Quando finalmente se levantou para ir dormir, nas primeiras horas da madrugada,

* Vlássik foi rebaixado a comandante-adjunto de um campo de trabalho forçado nos Urais, de onde bombardeou Stálin com protestos de inocência. Mas isso não pôs Béria no comando de seus guarda-costas, que continuaram sob a responsabilidade do MGB de Ignátiev.

citou uma judia que admirava: "Maria Kaganóvitch — eis uma verdadeira bolchevique! Devemos prestar atenção na posição social, não na condição nacional!". E foi cambaleante para a cama. De manhã, a mesa foi posta na margem do lago, e Iúri observou Stálin folhear o *Pravda*. "Sobre o que eles estão escrevendo?", rosnou, lendo em voz alta: "Viva o camarada Stálin, líder de todas as nações!". Jogou o jornal longe, com desgosto.

Depois de receber outros velhos amigos, que reclamaram que os mingrélios eram notoriamente corruptos, Stálin voltou para Nova Athos e desafiou Mgeladze a chegar em até dezessete minutos. O ambicioso abkhaziano, que pressentia que suas horas de conversa com o velho líder estavam prestes a frutificar, fez o trajeto em quinze minutos e convenceu por fim Stálin de que Tcharkviani estava dirigindo "um bordel!".

Ele convocou furiosamente o chefe do MGB georgiano, o tosco e parrudo Rukhadze. "Não se pode confiar de forma alguma nos mingrélios", disse Stálin, que na velhice adotou os ódios paroquiais das diferentes regiões da Geórgia. Milhares de mingrélios foram presos, mas Stálin queria destruir Béria. Talvez suspeitasse que Lavrenti não era marxista: "Ele se tornou muito pretensioso [...] não é mais o que costumava ser [...]. Camaradas que jantam com ele dizem que é totalmente burguês".

Stálin tinha "medo de Béria", pensava Khruchióv, "e ficaria feliz de se livrar dele, mas não sabia como fazê-lo". O próprio generalíssimo confirmou isso, percebendo que Béria estava ganhando apoio: "Béria é muito manhoso e astuto. Ganhou tanto a confiança do Politburo que eles o defendem. Não percebem que ele jogou areia nos olhos deles. Por exemplo: Viatcheslav [Mólotov] e Lázar [Kaganóvitch]. Acho que Béria está de olho num alvo futuro. Porém é limitado. Na sua época, fez um grande trabalho, mas agora... Não estou certo de que não usaria mal seu poder". Então Stálin se lembrou de seus aliados mais próximos: "Jdánov e Kírov tinham má opinião sobre ele, no entanto [...] gostávamos de Béria por sua modéstia e eficiência. Depois, ele perdeu essas qualidades. Não passa de um policial".

Ignátiev mandou para Tiflis sessenta interrogadores do MGB e um especialista em tortura, com sua maleta médica cheia de instrumentos. Stálin telefonou a Tcharkviani, com quem passara horas discutindo literatura e família e, sem dizer alô, ameaçou: "Você fechou os olhos para a corrupção na Geórgia [...]. As coisas vão mal para você, camarada Tcharkviani". Ele desligou e Tcharkviani ficou aterrorizado.

A família de Béria, Nina e Sergo, pressentiu o aperto do garrote. Stálin designou Béria para fazer o prestigioso discurso de 6 de novembro, mas, três dias depois, ditou uma ordem sobre uma conspiração mingrélia que ameaçava Béria de forma direta, usando as ligações de sua esposa com os emigrados mencheviques de Paris.

Vassíli Stálin confidenciou ingenuamente a Sergo Béria que as relações entre seus pais estava "tensa" e pôs a culpa disso nos russos antigeorgianos do Politburo. Svetlana, que era muito amiga de Nina, advertiu-a de que algo estava em marcha. O casamento de Béria com Nina estava sob tensão porque Lília Drojdova dera à luz uma filha de Béria que recebeu o nome da mãe dele, Marta. Lília tinha agora dezessete anos e era amante de Béria havia alguns anos. Os guarda-costas disseram a Marta Péchkova que, quando Lília estava na datcha, o bebê era colocado nos mesmos berços de quando Sergo era criança. Não é de surpreender que a chegada do bebê tenha perturbado Nina. Ela decidiu que precisava de uma vida separada e construiu para ela um bangalô em Sukhumi.

Em 22 de dezembro de 1951, Stálin, como um tigre velho, inquieto e faminto, voltou para Moscou, decidido a impor um novo terrorismo, com características especificamente antissemitas. As câmaras de tortura de Ignátiev e Riúmin gemeram com novas vítimas judaicas e mingrélias para destruir Mólotov e Béria. Stálin não sabia como "se livrar" de Béria, mas o "mestre da dosagem" sempre trabalhara com paciência torturante. Porém, agora estava velho. Ele detestava Béria, contudo "quando estava taciturno, nos procurava em busca de calor humano". Béria admitiu a Nina que mal conseguia dormir: "Você não sabe como estou cansado. Tenho de dormir como um perdigueiro".

Béria sabia lidar com Stálin: astuto, se ofereceu para expurgar a Geórgia. Em março de 1952, afastou Tcharkviani,* substituiu-o por Mgeladze e admitiu publicamente: "Também sou culpado".

* Stálin protegeu Tcharkviani porque aprendera o alfabeto com um padre de mesmo nome e o transferiu para trabalhar como inspetor do cc em Moscou. Mas Béria estava impotente para defender a si mesmo e seus protegidos. Quando o agente da polícia secreta mingrélio Rapava, que era amigo de sua família, foi preso, sua esposa corajosamente partiu em segredo para Moscou para pedir a ajuda de Nina Béria. Porém, quando a mulher desesperada telefonou para a casa de Béria, Nina estava apavorada demais para atender o telefone. A governanta alemã Ella disse: "Nina não pode vir ao telefone". Foi assim que os mingrélios se deram conta de que o próprio Béria estava em apuros.

Stálin e Béria se desprezavam mutuamente, mas estavam ligados pelos fios invisíveis de crimes do passado, inveja mútua e esperteza complementar. O líder ainda discutia política externa com Béria, deixando mesmo que ele escrevesse uma proposta de Alemanha reunificada e neutra. Béria ainda podia manipular o generalíssimo com o que Khruchióv chamou de "argúcia jesuíta", mas ele era muito inteligente, irritando Stálin. "Você está brincando com um tigre", advertiu-o Nina.

"Não pude resistir", respondeu Béria.

O abismo entre os sonhos de Béria e sua realidade fizera dele "um homem profundamente infeliz", escreveu seu filho. Sem o fanatismo ideológico que ligava os outros a Stálin, Béria questionava agora todo o sistema soviético: "A URSS jamais terá sucesso enquanto não tivermos propriedade privada", disse a Tcharkviani. Ele desprezava Stálin, a quem considerava "não mais humano. Acho que só há uma palavra que descreve o que meu pai sentia naqueles dias", escreveu Sergo Béria: "Ódio". Béria tornou-se cada vez mais ousado em suas denúncias de Stálin: "Durante muito tempo", escarneceu, "o Estado soviético foi pequeno demais para Ióssif Vissariónovitch!". Sempre o mais covarde e o mais irreverente, denunciava Stálin, mas os outros líderes tinham medo de acompanhá-lo: "Eu considerava aquilo uma tentativa de nos provocar", disse Mikoian.

No entanto, aos poucos, o medo compartilhado deles diante da imprevisibilidade de Stálin criou um "sentimento de solidariedade", um sistema de apoio entre assassinos ambiciosos que queriam sobreviver e proteger suas famílias. Até Béria se transformou numa espécie de tio conselheiro para pugilistas como Khruchióv e Mikoian naqueles tempos difíceis. Os outros se deliciavam com o eclipse de Béria — e compartilhavam seus medos. Malenkov o advertiu, Khruchióv caçoou dele. Mólotov e Kaganóvitch estavam tão impressionados com Béria que, até quando Stálin o criticava, eles o defendiam. Porém todos estavam prontos para destruir os outros. Não demorou para que Ignátiev e seus torturadores tentassem até unir as duas obsessões de Stálin: Béria, sussurravam, era secretamente judeu.[3]

Naquela primavera, Stálin foi examinado por seu veterano médico Vinográdov, que ficou chocado com sua deterioração. Ele sofria de hipertensão e arteriosclerose, com distúrbios ocasionais na circulação cerebral que causavam derrames menores e pequenos cistos no tecido do lobo frontal, resultado da encefalomácia. Isso exacerbava a cólera, a amnésia e a paranoia. "Descanso absoluto, isenção de todo o trabalho", escreveu Vinográdov na ficha, mas a menção de aposentadoria enfureceu Stálin, que ordenou que fossem destruídos seus registros médicos e resolveu não ver mais médicos. Vinográdov era um inimigo.

A 15 de fevereiro, Stálin mandou prender mais médicos que admitiram ter ajudado a matar Scherbakov, o que por sua vez levou à dra. Lídia Timachuk, a cardiologista que escrevera a Stálin sobre os erros do tratamento de Jdánov. Stálin chamou Ignátiev e lhe disse que, se não acelerasse os interrogatórios dos médicos judeus já presos, ele faria companhia a Abakúmov na prisão. O MGB estava cheio de "paspalhões!".

"Não sou um suplicante do MGB", vociferou para Ignátiev. "Posso derrubá-lo se não obedecer a minhas ordens [...]. Vamos dispersar seu grupo!" Agora, falava mais com seus guarda-costas e Váletchka que com seus camaradas. A morte do ditador da Mongólia, marechal Choibalsang, em Moscou naquela primavera, o preocupou o suficiente para confidenciar a seu motorista: "Eles morrem um depois do outro. Scherbakov, Jdánov, Dmitrov, Choibalsang [...] morrem tão depressa!* Devemos trocar os velhos médicos por novos". Os guarda-costas podiam conversar com bastante intimidade com ele, e o coronel Tukov respondeu que aqueles médicos tinham muita experiência. "Não, precisamos trocá-los por novos [...]. O MVD insiste em prendê-los como sabotadores." Váletchka escutou-o dizer que não tinha certeza sobre o caso. Mas Stálin não estava disposto a mudar de direção: queria que o caso da Crimeia judaica fosse julgado logo. Lozovski e um elenco ilustre de intelectuais judeus se tornaram novamente joguetes de Riúmin e Komarov.

Enquanto isso, o tratamento do alcoolismo de Vassíli Stálin fracassara por completo. Na parada do Primeiro de Maio, o tempo estava ruim e os aviões não deveriam ter voado, mas o bêbado Vassíli ordenou que os voos prosseguissem. Dois bombardeiros Tupolev 4 caíram. Stálin observou taciturno o acidente do Mausoléu e a seguir afastou Vassíli do comando da Força Aérea de Moscou, mandando-o de volta para a Academia da Força Aérea.[4]

Sete dias depois, ao meio-dia de 8 de maio, iniciou-se no Clube dos Oficiais Jerjinski, na Lubianka, o "julgamento dos poetas judeus", estrelado por Solomon Lozovski, ex-vice-ministro do Exterior, e pelo poeta de língua iídiche Perets Markich. Stálin já havia especificado que praticamente todos os acusados deveriam ser fuzilados.

* Gueorgui Dmitrov, o líder búlgaro, morreu em 1949.

Lozovski fora torturado, mas seu orgulho de bolchevique e, mais surpreendente, de judeu, não foi quebrado. Seu discurso, nessa escuridão primordial, brilha como a mais notável e emocionante oração de dignidade e coragem em todos os processos stalinistas. Ele também reduziu a pó a imbecil conspiração judaico-crimeiana de Riúmin.

"Mesmo que eu quisesse me engajar nessa atividade [...] teria eu entrado em contato com um poeta e um ator? [...] Afinal, existe uma embaixada americana [...] fervilhando de oficiais da informação. O porteiro do Comissariado das Finanças não faria uma coisa dessas, muito menos o vice-ministro do Exterior!"

Lozovski foi tão convincente que o juiz, o tenente-coronel Alexander Tcheptsov, parou o julgamento, um fato excepcional que mostra que Stálin estava impondo um novo terrorismo a uma burocracia relutante, e não mais cegamente obediente. Tcheptsov reclamou da fragilidade do processo a Malenkov, na presença de um Ignátiev atrapalhado e um Riúmin humilhado. Malenkov mandou prosseguir com o julgamento. A 18 de julho, Tcheptsov condenou à morte treze réus (inclusive duas mulheres), poupando apenas a cientista Lina Stein, talvez devido à pesquisa dela sobre longevidade. Porém Tcheptsov não levou a cabo as execuções, ignorando as ordens de Riúmin nesse sentido, e apelou a Malenkov.

"Você quer nos pôr de joelhos diante desses criminosos?", retrucou Malenkov. "O Politburo investigou este caso três vezes. Cumpra a resolução do Politburo." Malenkov admitiu mais tarde que não contara tudo a Stálin: "Não ousei!".

Stálin rejeitou os apelos oficiais. Lozovski e os poetas judeus foram fuzilados no dia 12 de agosto de 1952.*[5]

Stálin recusou-se a tirar férias naquele agosto: em vez disso, infeliz com a predominância de Malenkov e Khruchióv, decidiu convocar um Congresso em outubro, o primeiro desde 1939, para ungir novos e mais jovens líderes e destruir seus velhos camaradas.

* Um dos sobreviventes da época de Stálin, Maxim Litvínov, o ex-comissário do Exterior judeu, morreu em sua cama a 31 de dezembro de 1951. Ele foi um alvo perene dos casos antissemitas e do MGB. Mólotov admitiu que Litvínov deveria ter sido fuzilado por suas indiscrições indisciplinadas nos últimos anos da guerra: "Foi só por acaso que ele permaneceu entre os vivos", disse Mólotov. Havia um plano para encenar um acidente de carro a Mikhoels, mas Litvínov acabou morrendo com sua esposa errante à cabeceira. "Inglesa, vá para casa!", foram suas últimas palavras. "Eles não o pegaram", disse Ivy Litvínov, que retornou para Londres. A filha deles mora agora em Brighton.

Em setembro, Ignátiev, ajudado pelo "Nanico" Riúmin, já havia extraído sob tortura de seus prisioneiros "provas" de que os doutores do Kremlin, liderados pelo médico do próprio Stálin, haviam de fato assassinado Jdánov, Scherbakov, Dmitrov e Choibalsang. Uma nova leva foi presa, mas Vinográdov ainda permaneceu em liberdade. No dia 18, Stálin mandou Riúmin torturar os doutores. O Nanico, que possuía um dom macabro para o teatro primitivo, designou uma câmara especial de tortura em Leforovo, mobiliada como uma sala de dissecação e cirurgia, para intimidar os médicos. Muito antes de Laurence Olivier fazer o papel de dentista nazista em *Maratona da morte*, Stálin já torturava seus médicos numa horripilante paródia cirúrgica.

"Você está se comportando como uma puta! Você é um espião ignóbil, um terrorista!", gritou Riúmin para um dos médicos. "Vamos torturá-lo com um ferro em brasa. Temos todo o equipamento necessário para isso." A família de Stálin foi incluída num melodrama médico bizarro, criado por sua imaginação furiosa e pela obediência diabólica de Riúmin: os doutores haviam deliberadamente subvertido o tratamento de Vassíli Stálin para "desordens nervosas" e deixaram de evitar a toxemia em Svetlana após o nascimento de sua filha Kátia Jdánov, na primavera de 1950. Um toque surrealista, se ainda era preciso algum, foi acrescentado pelo caso de Andréiev, que estava doente desde 1947: os médicos receitaram cocaína para sua insônia. Não é difícil entender por que ele não conseguia dormir. Andréiev* tornou-se um dos mais improváveis viciados em cocaína da história.[6]

Por mais absurdos que os detalhes possam parecer, o Complô dos Médicos tinha a bela simetria de uma panaceia envolvente, uma das fantásticas obras-primas de Stálin: trabalhando sozinho, informando os magnatas apenas quando tinha resultados e mantendo controle completo de todas as tramas paralelas por meio do Nanico, ele teceu um tapete que unia todas as intrigas e principais vítimas depois da guerra, a fim de mobilizar o povo soviético contra o inimigo externo (os Estados Unidos) e seus agentes internos, os judeus, e, portanto, justificar um novo terrorismo. Pesquisas recentes mostram que Stálin ia jogar nesse

* Andréiev apelara a Malenkov em janeiro de 1949 para "investigar o tratamento [...]. Não me sinto bem apesar de seguir as ordens dos médicos. Minha cabeça está zonza [...] quase desmaio. Estou um desastre. Acho que o diagnóstico e o tratamento estão errados". É provável que estivesse certo, pois a cocaína era obviamente o remédio errado. E terminava: "Estou extremamente infeliz por não poder trabalhar".

caldeirão vários judeus e doutores "homicidas", Abakúmov e seus "paspalhões" tchequistas "desatentos" e Kuznietsov, o homem de Leningrado executado, que seria o elo entre os judeus, a morte de Jdánov e os magnatas — em especial Mikoian, pelo casamento de seus filhos. Assim como em 1937 uma pessoa não precisava ser trotskista para ser fuzilada como tal, agora as vítimas não precisavam ser judias para ser acusadas de "sionismo": Abakúmov, em hipótese alguma filossemita, era agora manchado de sionismo. Quanto ao firmemente russo Mólotov, Stálin não o apelidara de "Molotstein" nos anos 20 por nada.

Será que Stálin acreditava realmente nisso tudo? Sim, de forma apaixonada, porque era uma necessidade política, o que era melhor que a mera verdade. A Ignátiev, declarou: "Nós mesmos seremos capazes de determinar o que é e o que não é verdade".

Estimulado por seu labirinto de investigações secretas, ele não abandonou seus interesses literários e científicos. Enquanto seu cérebro atrofiava, ainda "queimava as pestanas como um bom aluno", nas palavras de Béria, estudando para dominar novos campos e resolver problemas ideológicos. "Estou com setenta anos e continuo aprendendo da mesma forma", jactou-se para Svetlana. Lia todos os candidatos ao prêmio Stálin e presidia o comitê para escolher os vencedores em seu gabinete. Naquele ano, andando para lá e para cá como sempre, decretou que um romancista chamado Stiepan Zlobin deveria vencer. Porém Malenkov puxou uma pasta e informou: "Camarada Stálin, Zlobin comportou-se muito mal quando esteve num campo de concentração alemão".

Stálin andou ao redor da mesa três vezes em silêncio mortal, depois perguntou: "Perdoar?". Continuou andando em silêncio. "Ou não perdoar? Perdoar ou não perdoar?" Por fim, respondeu: "Perdoar!". Zlobin ganhou o prêmio.

Stálin atacou então o antissemitismo: nos últimos tempos, ele insistia que os escritores judeus deveriam ter seus nomes semitas publicados entre parênteses depois de seus pseudônimos russos. Agora perguntava ao surpreso Comitê: "Para que isso? Dá prazer para alguém enfatizar que esse homem é judeu? Por quê? Para promover o antissemitismo?". Como de costume, a velha raposa estava fazendo vários jogos paralelos.

Ele sempre se interessara pela teoria linguística: o campo era dominado pelo professor Marr, que estabelecera a ortodoxia stalinista argumentando que as línguas, tal como as classes, acabariam por se fundir em um único idioma à medida que o comunismo se aproximasse. Um linguista da Geórgia, Arnold Tchikobava, escreveu a Stálin para atacar essa teoria. O líder, interessado em escorar seu bolchevismo nacional derrubando a teoria de Marr, convocou Tchikobava para um jantar que durou das nove da noite às sete da manhã, em que tomou notas como um estudante diligente. Depois realizou um debate aberto no *Pravda* e, por fim, interveio com artigo próprio, "O marxismo e o problema da linguística", que alterou imediatamente todo o campo da ciência e da ideologia soviéticas.*

Pouco antes da abertura do Congresso, Stálin distribuiu orgulhosamente outro fruto de seus estudos, sua empolada obra-prima *Problemas econômicos do socialismo na URSS*, que declarava a "objetividade" das leis econômicas e reafirmava a ortodoxia de que os Estados imperialistas iriam à guerra, mas também saltava alguns estágios do marxismo para sustentar que o comunismo era atingível no curso de sua vida. A fé na ideologia sempre foi vital para Stálin, porém os velhos crentes Mólotov e Mikoian não concordaram com esse "desvio esquerdista". Quando foram jantar em Kuntsevo, Stálin perguntou: "Alguma pergunta? Algum comentário?".

Béria e Malenkov, que jamais foram ideólogos, fizeram elogios. No entanto, mesmo naquele momento em que corria risco de vida, Mólotov não concordou com um desvio ideológico. Ele apenas murmurou e Mikoian não disse nada. Stálin notou o silêncio deles e, mais tarde, deu um sorriso maligno para Mikoian: "Ah, você ficou para trás! Justamente agora, chegou o momento!".

Quando se reuniram para discutir o Presidium do Congresso, Stálin disse: "Não é preciso incluir Mikoian e Andréiev — eles são membros inativos do Politburo!". Uma vez que Mikoian estava imensamente ocupado, o Politburo riu à socapa.

"Não estou brincando!", rosnou Stálin. "Minha sugestão é séria." O riso parou instantaneamente, mas Mikoian foi incluído. Mesmo no auge de sua tirania, Stálin tinha de agir com cuidado nessa bem tramada oligarquia: Mikoian e

* Tchikobava contou a Stálin que alguns de seus colegas armênios haviam sido despedidos por compartilhar suas ideias; o líder telefonou de imediato para o chefe da Armênia, Arutiúnov, e perguntou sobre os professores. "Eles foram removidos de seus postos", respondeu Arutiúnov. "Você se apressou demais", retrucou Stálin, e desligou. Os professores foram acordados imediatamente e reintegrados em seus cargos. É provável que esse encontro com Tchikobava tenha ocorrido a 12 de abril de 1950, no momento em que discutia a guerra na Coreia; o artigo de Stálin foi publicado a 20 de junho do mesmo ano. A carta original de Tchikobava foi enviada a Stálin por Candide Tcharkviani, então primeiro-secretário da Geórgia, o que mostra o poder daqueles que tinham acesso direto ao *Vojd*.

Mólotov eram prestigiosos titãs do Politburo, respeitados não apenas por seus colegas, mas também pelo público. Stálin propôs a expansão do Politburo em um Presidium de 25 membros. Mikoian percebeu que isso tornaria mais fácil remover os membros antigos. "Pensei: alguma coisa está acontecendo." Mikoian sentiu subitamente medo: "Fiquei assombrado". Eles se deram conta de que Stálin falara sério quando gritara: "Vocês ficaram velhos. Vou substituir todos vocês!".[7]

Às sete da noite (para adaptar-se ao horário de Stálin) do dia 5 de outubro de 1952, foi inaugurado o 19º Congresso. Os líderes sentaram-se todos à esquerda, enquanto Stálin ficava sozinho à direita. Ele compareceu apenas ao começo e ao final do Congresso, mas, ao passar os principais relatórios a Malenkov e Khruchióv, os colocou na primeira fila da sucessão.* Só falou no fim do Congresso, por poucos minutos divagantes, mas bêbado de ponche, jactando-se a Khruchióv: "Aí está, veja isto! Eu ainda posso fazê-lo!".

Khruchióv ficou doente durante o Congresso: quando um velho médico o visitou na rua Granovski e o tratou com gentileza, "fiquei atormentado, porque já tinha o testemunho contra o doutor. Eu sabia que não importava o que eu dissesse, Stálin não o pouparia". Mas a verdadeira ação acorreu no dia 16 de outubro para eleger o Presidium e o Secretariado. Ninguém estava preparado para a emboscada de Stálin.

* Mólotov abriu o Congresso, Kaganóvitch falou sobre as regras do Partido e Vorochílov o encerrou, representando o *status quo*, que poucos desconfiavam que Stálin planejava derrubar radicalmente. Mas havia indícios. De modo significativo, Stálin mudou o nome do Partido de Bolchevique para Comunista. No novo Presidium, Béria caiu de seu usual terceiro lugar, depois de Mólotov, e Malenkov para quinto, depois de Vorochílov. Os acólitos de Béria, Merkúlov e Dekanózov, foram retirados do novo CC.

57. Gatinhos cegos e hipopótamos: a destruição da velha guarda

Stálin galgou os dois metros que separavam o púlpito dos assentos parecidos com bancos de igreja onde estavam os magnatas. A assembleia observou com fascínio frio o velho líder começar a falar "ferozmente", fixando o olhar na pequena plateia "com atenção e tenacidade, como se tentasse adivinhar seus pensamentos".

"Então, realizamos o Congresso do Partido", disse ele. "Foi ótimo e, para a maioria das pessoas, vai parecer que gozamos de unidade. Porém não temos unidade. Algumas pessoas expressam desacordo com nossas decisões. Por que excluímos ministros de cargos importantes [...] Mólotov, Kaganóvitch, Vorochílov? [...] O trabalho dos ministros exige muita energia, conhecimento e saúde." E então ele desferiu o golpe: "Se estamos falando de unidade, não posso deixar de mencionar o comportamento incorreto de alguns políticos honrados. Refiro-me aos camaradas Mólotov e Mikoian".

Sentados logo atrás de Stálin, o rosto deles ficou "pálido e morto" no "terrível silêncio". Os magnatas, "pétreos, tensos e circunspectos", se perguntaram "onde e quando Stálin pararia, se mencionaria outros depois de Mólotov e Mikoian". Primeiro, ele tratou de Mólotov.

"Mólotov é fiel a nossa causa. Peçam a ele e não duvido que dará sua vida pelo Partido sem hesitação. Mas não podemos deixar de ver atos indignos." Stálin trouxe à tona o erro de Mikoian com a censura: "O camarada Mólotov, nosso ministro do Exterior, bêbado de *chartreuse* numa recepção diplomática, deixou o embaixador britânico publicar jornais burgueses em nosso país [...]. Este é o primeiro erro político. E que valor tem a proposta do camarada Mólotov de dar a Crimeia aos judeus? Trata-se de um enorme erro [...] o segundo erro político do camarada Mólotov". O terceiro era Polina: "O camarada Mólotov respeita tanto sua esposa que assim que adotamos uma decisão do Politburo [...] ela chega instantaneamente aos ouvidos da camarada Jemtchújina [...] um fio escondido conecta o Politburo com a mulher de Mólotov — e seus amigos [...] que não são confiáveis. Tal comportamento não é aceitável em um membro do Politburo". Depois, atacou Mikoian por se opor à cobrança de impostos mais altos do campesinato: "Quem ele pensa que é, nosso Anastas Mikoian? O que não está claro para ele?".

Então, tirou um pedaço de papel do bolso de sua túnica e leu a lista dos 36 membros do novo Presidium, com muitos nomes novos. Khruchióv e Malenkov trocaram olhares: de onde Stálin tirara aquela gente? Quando propôs o Birô interno, todos ficaram espantados com a exclusão de Mólotov e Mikoian.* Depois, ao retornar ao seu assento na tribuna, explicou a queda deles: "Eles estão assustados com o poder acachapante que viram na América". E fez uma ligação agourenta entre Mólotov e Mikoian e os direitistas Ríkov e Frumkin, fuzilados havia muito tempo, e Lozovski, que acabara de ser morto em agosto.

Mólotov ergueu-se e confessou: "Sou e continuo sendo um discípulo leal de Stálin", mas o generalíssimo pôs a mão em concha no ouvido e vociferou: "Absurdo! Não tenho discípulos! Somos todos discípulos de Lênin. De Lênin!".

Mikoian opôs-se desafiador: "Você deve lembrar-se bem, camarada Stálin [...]. Provei que não era culpado de nada". Malenkov e Béria o apartearam, chamando-o de "mentiroso", mas ele persistiu. "E quanto ao preço do pão, nego completamente a acusação", porém Stálin o interrompeu: "Vejam, este é Mikoian! Ele é o novo Frumkin!".

Então uma voz gritou: "Devemos eleger o camarada Stálin para a Secretaria Geral!".

* Contudo, Stálin ainda se lembrava de seu mais fiel dependente, Mekhlis, que sofrera um derrame em 1949. Na ocasião, estava morrendo em sua datcha e tudo o que desejava era comparecer ao Congresso. Stálin o impediu disso, resmungando que aquilo não era um hospital, mas, quando anunciou o novo CC, lembrou-se dele. Mekhlis ficou emocionado: morreu tranquilo e Stálin autorizou um funeral majestoso.

"Não", retrucou o líder. "Dispensem-me dos cargos de secretário-geral e presidente do Conselho de Ministros [premiê]." Malenkov ergueu-se e correu para a frente, rosto trêmulo, com a graça desesperada de um lebréu preso dentro de um manjar-branco. Sua "terrível expressão" não era de medo, observou Símonov, mas advinha de uma "compreensão muito maior do perigo mortal que pairava sobre todos: era impossível concordar com o pedido de Stálin". Malenkov, gaguejando na beira do palco, ergueu as mãos como se estivesse rezando e falou com voz estridente: "Camaradas! Devemos exigir por unanimidade que o camarada Stálin, nosso líder e mestre, continue na Secretaria Geral!". Ele sacudiu o dedo, enfatizando. O salão inteiro entendeu e começou a gritar que Stálin deveria permanecer no posto. As bochechas de Malenkov relaxaram, como se ele houvesse "escapado de um perigo direto e realmente mortal". Mas ainda não estava em segurança.

"O aplauso da assembleia não é necessário", replicou Stálin. "Peço que me dispensem [...]. Já estou velho. Não leio os documentos. Elejam outro secretário."

O marechal Timochenko argumentou: "Camarada Stálin, o povo não vai entender. Nós todos, como se fôssemos um único, o elegemos nosso líder — secretário-geral!". A ovação durou um longo tempo. Stálin esperou e, depois, fazendo um aceno modesto, sentou-se.

A decisão do generalíssimo de destruir seus antigos camaradas não era um ato de loucura, mas a destruição racional de seus mais prováveis sucessores. Como ele lembrava bem, Lênin, já enfermo, atacara seu provável sucessor (o próprio Stálin) e propusera uma ampliação do Comitê Central sem a participação de nenhum dos líderes. Os magnatas perceberam então que "estavam todos no mesmo barco", porque, disse Béria ao seu filho, "nenhum deles seria o sucessor de Stálin: ele pretendia escolher um herdeiro da nova geração". É provável que não houvesse um herdeiro secreto: apenas um "coletivo" poderia suceder a Stálin.*

* Um desses herdeiros seria provavelmente Mikhail Súslov, de 51 anos, secretário do Partido, que combinava as necessárias qualificações ideológicas (sucessor de Jdánov como chefe de Ideologia e Relações Internacionais do CC) com dedicação brutal: expurgara Róstov em 1938, supervisionara a deportação dos karatchais durante a guerra, reprimira os bálticos depois e comandara a campanha antissemita. Em 1948, reuniu-se com frequência com Stálin. Ademais, era pessoalmente ascético. Béria detestava esse "rato do Partido" de óculos, alto e magro, chamava-o de "solitária" com voz "aguda e irritante de castrado". Roy Medviêdev faz a conjetura educada de que Súslov era "o her-

Ele ficou satisfeito com a submissão ritual de Mólotov, mas pediu-lhe que devolvesse os protocolos secretos do pacto com Ribbentrop, com o objetivo óbvio de incluí-lo no caso contra ele. Em relação a Mikoian, ficou chocado com sua afronta. Em Kuntsevo, na ausência de seus dois fantasmas, ele resmungou para Malenkov e Béria: "Vejam, Mikoian chegou mesmo a discutir!".

Nos dias posteriores à assembleia, Mólotov e Mikoian continuaram a desempenhar seus papéis usuais no governo, porém Stálin estava agora supervisionando o clímax do Complô dos Médicos, furioso com o professor Vinográdov por ter recomendado sua aposentaria. Mas foi um gesto típico desse velho e furtivo conspirador ter reprimido sua raiva e esperado onze meses para reunir provas a fim de destruir seu próprio médico. Agora, tudo explodia. Ao ordenar a Ignátiev que prendesse Vinográdov, gritou: "Grilhões nas pernas! Aos ferros com ele!".[1]

A 4 de novembro, Vinográdov foi preso, abalando todas as famílias do Politburo, pois, como escreveu Sergo Béria, ele era "nosso médico de família".

Três dias depois, Svetlana, agora enredada em nova relação perigosa, dessa vez com Johnreed Svanidze, filho dos "espiões" executados Aliocha e Maria, levou seus dois filhos para brincar com o avô. Era o feriado da Revolução, o vigésimo aniversário do suicídio de Nádia. No auge do terrorismo contra os judeus, Stálin realmente "fez camaradagem" com seu neto meio judeu, Ióssif Morózov, então com sete anos, com seus "enormes olhos judeus brilhantes e longos cílios".

"Que olhos pensativos", disse ele, dando à criança dedais de vinho "à maneira do Cáucaso". "É um garoto esperto." Svetlana ficou comovida. Ele encontrara recentemente a filha de quinze anos de Iákov, Gulia Djugachvili, a quem encantou ao deixá-la servir o chá.

"Deixem a *khozíaika* servir!", disse ele, enquanto a descabelava e beijava. Gulia, mais do que ninguém, captou a excitação febril dele diante do grande em-

---

deiro secreto de Stálin" em seu novo livro *Neizvestnie Stalin*, mas não há provas disso. Súslov ajudou a derrubar Khruchióv e sua desestalinização em 1964 e se tornou a eminência parda do regime reestalinizante de Bréjnev, até sua morte, em 1982. Na assembleia, o próprio Bréjnev foi um dos jovens eleitos para o Presidium. Quanto a seu título, Stálin venceu: posteriormente, apareceu como "primeiro-secretário", e não mais como "secretário-geral", uma mudança que persuadiu alguns historiadores a julgar que ele perdera poder na assembleia. Até recentemente, o único relato dessa extraordinária reunião era o de Símonov, porém agora temos também as memórias de Mikoian, Chepílov e Efriémov.

preendimento de uma nova luta: "Seu rosto estava muito cansado, mas ele mal conseguia parar quieto".

Stálin estava enfurecido pela lentidão de Riúmin em arrancar as provas dos médicos, chamando o MGB de um bando de "hipopótamos". Gritou com Ignátiev: "Bata neles! O que você é? Quer ser mais humanitário que Lênin, que mandou Jerjinski [o fundador da Tcheca] jogar Savinkov pela janela? [...] Jerjinski não estava a sua altura, mas ele não se esquivava do serviço sujo. Vocês trabalham como garçons de luvas brancas. Se querem ser tchequistas, tirem as luvas". Malenkov repetiu a ordem do líder de usar "golpes mortais".

A 13 de novembro, poucos dias depois da visita do pequeno Ióssif, ele ordenou ao petrificado Ignátiev que pusesse Riúmin na rua: "Demita o Nanico!". Quanto aos médicos, "bata neles até que confessem! Bata, bata e bata de novo. Ponha-os nos ferros, moa-os até transformá-los em pó!". Stálin ofereceu a vida a Vinográdov se ele admitisse "as origens de seus crimes [...]. Você pode dirigir seu testemunho ao Líder que promete salvar sua vida [...]. O mundo inteiro sabe que nosso Líder sempre cumpriu suas promessas". Vinográdov não sabia disso.

"Minha situação é trágica", respondeu o médico. "Não tenho nada a dizer." Ele tentou mencionar o nome de pessoas mortas que seu testemunho não poderia mais prejudicar. Stálin atacou então o próprio Ignátiev por se mostrar relapso. Ignátiev sofreu um ataque cardíaco e caiu de cama.*

Stálin voltou-se então para o canino Vlássik, destruindo sua guarda devassa do mesmo modo como acabara com o pitoresco Pauker em 1937. Vlássik costumava beber com os médicos homicidas, mas também sabia demais, em particular que Stálin fora informado do mau tratamento de Jdánov e não fizera nada a respeito. O próprio Vlássik havia provavelmente ignorado as cartas de Timachuk seguindo o precedente do chefe. Mas agora foi preso, levado para Moscou e acusado de esconder as provas com Abakúmov. Ele jamais traiu seu chefe. Porém sua prisão era um lance esperto porque a "traição" de Vlássik ajudou a encobrir o papel do próprio Stálin. Todas as suas amantes e seus companheiros de

* O Nanico caiu à mesma velocidade em que subira para uma escrivaninha obscura no Ministério do Controle Estatal e foi substituído por S. A. Goglidze. Antes, Stálin voltou-se contra seu instrumento no caso mingrélio, o chefe do MGB da Geórgia Rukhadze, que se vangloriara de sua intimidade com o *Vojd*. "A questão da prisão de Ruklhadze é oportuna", escreveu a Mgeladze e Goglidze a 25 de junho de 1952. "Mandem-no para Moscou, onde decidiremos seu destino!" Riúmin, Goglidze e Rukhadze foram fuzilados depois da morte de Stálin.

bebida foram detidos e interrogados por Malenkov. Vlássik foi torturado: "Meus nervos se quebraram e sofri um ataque cardíaco. Passei meses sem dormir". Stálin sabia que Poskrióbichev, seu outro velho e devotado criado, era muito amigo de Vlássik: teria ele desempenhado algum papel na eliminação das provas contra os médicos assassinos? Ele desconfiava de Poskrióbichev desde seu artigo de 1949 sobre a perícia de Stálin no cultivo de limões: estaria alguém estimulando seu soturno amanuense a sair das sombras? Mas Stálin ficou sabendo também que Poskrióbichev participara das orgias de Vlássik. Estava atolado em "coisas imundas", disse Mólotov. "Mulheres podem servir de agentes!" Poskrióbichev chegou em pânico na casa de Béria: todos corriam para Béria em busca de tranquilização, porém ele mesmo estava em perigo.

Stálin tirou Poskrióbichev (foi substituído por seu auxiliar Tchernukha), transferiu-o para a secretaria do Presidium e o recebeu pela última vez no dia 1º de dezembro. Ele removera seus dois servidores mais fiéis.[2] Agora tinha provas suficientes para uma escalada da histeria.

Depois de ver o inconsolável Poskrióbichev, Stálin revelou o horror do que chamou de "os assassinos do jaleco branco" ao Presidium: "Vocês são como gatinhos cegos", advertiu-os em Kuntsevo. "O que acontecerá sem mim é que o país vai morrer porque vocês são incapazes de reconhecer seus inimigos." Ele explicou aos "gatinhos cegos" que "todos os judeus são nacionalistas e agentes da espionagem americana" que acreditam "que os Estados Unidos salvaram o povo deles". Estabeleceu a ligação desses médicos-assassinos aos homicídios de Groki e Kúibichev e repetiu sua justificativa para 1937. Um Grande Terror era de novo iminente. Voltou-se contra a polícia secreta: "Precisamos 'tratar' da GPU. Eles sabem que estão sentados na merda!".

Os magnatas entenderam essa referência sinistra porque um processo antissemita já estava em andamento em Praga, onde o secretário-geral tcheco, Rudolf Slanski (judeu), foi acusado de "conspiração contra o Estado". Três dias depois, ele e dez outros comunistas, em sua maioria judeus, foram enforcados. Stálin planejava algo semelhante em Varsóvia, pois perguntou a Beirut sobre seus auxiliares judeus: "Quem é mais querido para você — Berman ou Minc?".

Diga-se a favor de Beirut que ele respondeu: "Ambos igualmente".

Stálin ordenou mais projetos para assassinar Tito.[3]

As execuções na Tchecoslováquia puseram a corda no pescoço de Mólotov e Mikoian, que discutiram como se portar em tribunal de homens condenados. Stálin os chamou de "espiões americanos ou ingleses". "Até hoje, não sei exatamente por quê. Percebi que ele desconfiava muito de mim", relembrou depois Mólotov.

Eles continuavam aparecendo para jantar como se nada tivesse acontecido. "Stálin ficava contente de vê-los", observou Khruchióv. Por fim, baniu Mólotov e Mikoian: "Não quero mais aqueles dois à minha volta". Mas o *staff* contava a eles quando os jantares aconteceriam. Então Stálin proibiu-os de falar com eles. Ainda assim, continuavam aparecendo porque Khruchióv, Béria, Malenkov e Bulgánin (os Quatro) os alertavam — um sinal de simpatia crescente, porque calculavam que "estavam tentando ficar próximos para se salvar [...] para permanecer vivos". Mikoian pediu conselhos a Béria.

"Seria melhor se você se humilhasse", sugeriu ele.

"Eu gostaria de ver a sua cara quando [...] for demitido", retrucou Mikoian.

"Isso me aconteceu anos atrás", disse Béria.

Mólotov e Mikoian, ao se dar conta de que suas vidas estavam em perigo, encontraram-se no Kremlin para decidir o que fazer. Mikoian sempre confiara que Mólotov não repetiria seus comentários, e ele "nunca me decepcionou ou usou minha confiança contra mim". Ambos estavam feridos e irados.

"É praticamente impossível governar um país com mais de setenta anos e decidir tudo sobre a mesa de jantar", disse Mólotov em voz alta numa reunião, um ato arriscado de lesa-majestade que seria impensável antes da assembleia.*

Os magnatas teriam todos ajudado na liquidação de Mólotov e Mikoian. Stálin estava velho, vociferante, vingativo, paranoico e com pressa. Mas seu senso do possível, a paciência e o encanto que contrabalançavam sua crueldade e sua rudeza ainda funcionavam, enquanto ele geria o caso nos mínimos detalhes, com método e lógica. Por ironia, a fúria imprevisível, a pressa frenética e a paranoia implacável fizeram os magnatas se aproximar. Béria e Khruchióv eram contra as mudanças de Stálin. Malenkov confortava Béria, que confortava Mikoian; Khruchióv e Béria confortavam Mólotov. Durante conversas cochichadas nos banheiros de Kuntsevo, os Quatro riam das suspeitas de Stálin e zombavam do Complô dos Médicos.

* Vorochílov, posto na rua e humilhado, parece também nutrir um respeitoso ressentimento por Stálin. Sua esposa costumava cochichar que Stálin tinha ciúmes da popularidade de Klim — outra heresia impensável.

"Devemos proteger Mólotov", disse Béria aos outros três, "o Partido ainda precisa dele."

Vinte e um de dezembro era oficialmente o dia do aniversário de 73 anos de Stálin. Mólotov e Mikoian não faltavam à comemoração havia trinta anos. Ele raras vezes convidava alguém — as pessoas simplesmente apareciam para o jantar. Os proscritos discutiram o que fazer. Mikoian achava que, se não fossem, isso significaria que "havíamos mudado nossa atitude em relação a Stálin". Telefonaram para os Quatro, que lhes disseram que deveriam ir.

Assim, às dez da noite eles chegaram a Kuntsevo, onde o líder pendurara na parede plangentes fotografias, tiradas de revistas, de crianças alimentando ovelhas e cenas históricas famosas, como *A resposta dos cossacos de Zaporojian*, de Replin, seu quadro favorito. Svetlana estava lá também. Stálin estava quieto, mas amigável, orgulhoso por ter deixado de fumar depois de cinquenta anos. Porém já sofria de dificuldades respiratórias. Seu rosto estava lívido e mais gordo, sugerindo pressão alta. Tomava vinho leve georgiano. Na saída de Svetlana, perguntou a ela: "Precisa de dinheiro?"

"Não."

"Você só está fingindo. Quanto precisa?" Deu-lhe 3 mil rublos, para ela e para a filha de Iákov, dinheiro útil para a casa, mas Stálin achava que eram milhões. "Compre um carro para você, porém me mostre sua carteira de motorista!" No íntimo, ele estava "irado e indignado" porque os Quatro haviam convidado Mólotov e Mikoian.

"Acham que não percebo que vocês falaram com Mólotov e Mikoian? Parem com isso! Não vou tolerar", advertiu Khruchióv e Béria. Mandou que dessem esta mensagem aos proscritos: "Não vai funcionar, ele não é mais camarada de vocês e não quer que o visitem". Isso deixou Mikoian realmente alarmado: "Estava ficando claro [...] que Stálin queria acabar conosco, e isso significava não apenas a destruição política, mas também física".

Os quatro homens restantes decidiram, de acordo com o filho de Béria, "não deixar Stálin jogar uns contra os outros". O líder perguntava às vezes aos Quatro: "Vocês estão formando um bloco contra mim?". Em certo sentido, estavam, mas nenhum deles, nem mesmo Béria, tinha a intenção. Mikoian discutiu, provavelmente com Mólotov, o assassinato de Stálin, mas, como disse depois a Enver Hoxha, "desistimos da ideia porque temíamos que o povo e o Partido não fossem entender".[4]

A 13 de janeiro de 1953, depois de dois, talvez até cinco anos de maquinação paciente, Stálin desencadeou uma onda de antissemitismo histérico ao anunciar a prisão dos médicos no *Pravda*: "Ignóbeis espiões e assassinos sob a máscara de professores doutores", frase que ele cunhara pessoalmente e escrevinhara no rascunho do artigo que anotou com minúcias.* Em 20 de janeiro, a dra. Timachuk, a cardiologista de Jdánov, foi chamada ao Kremlin, onde Malenkov lhe deu os agradecimentos pessoais de Stálin por sua "grande coragem". No dia seguinte, ela recebeu a Ordem de Lênin. No entanto Stálin ainda estava usando Ehrenburg como isca quando, uma semana depois, a 27 de janeiro, lhe concedeu o prêmio Stálin. Mas, durante janeiro e fevereiro, as prisões se intensificaram.

O artigo revelava a falta de vigilância dos serviços de segurança, um sinal de que Béria também era um alvo. Seus aliados na Geórgia foram presos e seus protegidos em Moscou, como o chefe do Estado-Maior, Chtemenko, foram demitidos. Sua ex-amante V. Mataradze também foi presa. Ele "esperava o golpe da morte [...] a qualquer momento", escreveu seu filho. Béria "expressava seu desrespeito por Stálin de modo cada vez mais atrevido, insultuoso", observou Khruchióv. Chegou a se vangloriar para Kaganóvitch de que "Stálin não percebe que, se tentar me prender, os tchequistas organizam uma insurreição".

Afora os temores pela própria vida, os magnatas estavam preocupados com uma guerra nuclear com os americanos: Stálin, que ainda atiçava o conflito na Coreia, oscilava de forma inconsistente entre o medo da guerra e a convicção ideológica de que ela era inevitável. Béria, Khruchióv e Mikoian temiam o efeito sobre os Estados Unidos da imprevisibilidade alarmante dele.** Stálin cercou Moscou de mísseis antiaéreos. Enquanto sua própria campanha inspirava o medo do ataque americano, ele discutia até com seus guarda-costas: "O que você acha — os Estados Unidos vão nos atacar ou não?", perguntou ao comandante-adjunto de Kuntsevo, Piotr Lozgatchiov.

* Stálin acrescentou diligentemente à mão as seguintes frases: "Durante muito tempo, o camarada Stálin nos advertiu de que nosso sucesso tinha sombras [...]. A imprevidência é boa para nossos inimigos que nos sabotam [...]". Eles eram os "senhores de escravos e canibais dos Estados Unidos e da Inglaterra [...]. O que dizer das pessoas que inspiraram os assassinos? Elas podem ter certeza de que lhes daremos o troco [...]. Enquanto houver sabotagem, precisamos matar a imprevidência em nosso povo".

** Após sua morte, Mikoian disse a seus filhos que, "se não tivemos guerra quando ele estava vivo, não teremos agora". Isso era irônico, pois, apesar de toda a paranoia, as inconsistências e os riscos de Stálin na política externa, foi o canhestro e impulsivo Khruchióv quem levou o mundo para mais perto da guerra nuclear durante a crise dos mísseis em Cuba.

"Acho que eles terão medo de fazer isso", foi a resposta do oficial, diante da qual Stálin estourou: "Saia já daqui! Aliás, o que você está fazendo aqui? Não chamei você". Mas ele era sensível aos guardas de um modo que era impensável em relação aos políticos. Chamou de volta Lozgatchiov: "Esqueça que gritei com você, porém lembre-se: eles vão nos atacar. São imperialistas e com certeza nos atacarão. Se deixarmos. Esta é a resposta que você deveria dar".

Dormindo em seus sofás como "um perdigueiro", Stálin se acalmava escutando repetidamente o concerto para piano nº 23 de Mozart. Os visitantes o julgavam "muito mudado" — um "velho cansado" que "falava com dificuldade" entre "longas pausas" —, mas ele administrava seu terrorismo com tenacidade.[5] Orquestrou a redação de uma carta, a ser assinada por proeminentes judeus soviéticos, implorando que os judeus fossem deportados das cidades para protegê-los do *pogrom* vindouro. A própria carta nunca foi encontrada, mas Mikoian confirmou que "a expulsão voluntário-compulsória de judeus" estava sendo preparada. Kaganóvitch ficou magoado quando lhe pediram para assiná-la, porém encontrou uma maneira leal de se recusar.

"Por que você não vai assinar?", perguntou Stálin.

"Sou membro do Politburo, não uma figura pública judaica, e só assinarei como membro do Politburo."

Stálin deu de ombros: "Tudo bem".

"Se for necessário, escreverei um artigo."

"Talvez precisemos de um artigo", disse o líder.

Até Kaganóvitch queixava-se de Stálin, confidenciando a Mikoian: "É tão doloroso para mim que sempre lutei conscientemente contra o sionismo — e agora tenho de 'assinar embaixo'". Khruchióv afirmou que Kaganóvitch "esperneou", mas assinou a carta (nenhum dos dois é testemunha confiável no que tange a seus próprios papéis). Porém Ehrenburg, que viu a carta e conseguiu evitar assiná-la apelando a Stálin, disse que ela era dirigida *ao* Politburo e assinada por "intelectuais e compositores", o que sugere que Kaganóvitch tivera êxito ao "espernear". Os últimos indícios mostram que dois novos campos de trabalho estavam em construção, talvez para os judeus.[6]

Stálin lia com atenção os testemunhos dos doutores torturados, enviados diariamente por Ignátiev. Ordenou que a provável estrela de seu Caso Judeu, o Objeto 12 (também conhecido como Polina Mólotova), fosse trazido de volta a

Moscou e interrogado. Mas o Caso Judeu não era a única preocupação de Stálin durante aquelas semanas.

Ele raramente via diplomatas, mas, em 7 de fevereiro, recebeu o jovem embaixador da Argentina Leopoldo Bravo, que achou "Stálin saudável, bem descansado e ágil na conversação". Stálin admirava Perón, oferecendo empréstimos generosos, porque, apesar de seu passado fascista, ele exibia antiamericanismo. Mas estava mais interessado em Eva Perón.*

"Diga-me", perguntou a Bravo, "ela deveu sua ascensão a seu caráter ou ao casamento com o coronel Perón?". Bravo foi o penúltimo estrangeiro a ver Stálin vivo.[7]

Sete dias depois, às oito da noite de 17 de fevereiro, ele visitou o Cantinho pela última vez para receber o diplomata indiano K. P. S. Menon. Sua mente estava fazendo maquinações, pois passou meia hora desenhando cabeças de lobos em seu bloco, refletindo: "Os camponeses têm razão ao matar lobos loucos". Às dez e meia, saiu com Béria, Malenkov e Bulgánin, provavelmente para jantar em Kuntsevo.

Ainda estava montando um caso contra Béria e seus outros inimigos: mandou que o novo chefe georgiano, Mgeladze, fizesse Béria assinar uma ordem para atacar o MGB, efetivamente contra si mesmo. Béria não ficou feliz, mas teve de concordar. Uma das últimas reuniões do premiê foi para ordenar outra tentativa de assassinato de Tito.

Às oito da noite de 27 de fevereiro, Stálin chegou sozinho ao Bolchoi para ver *O lago dos cisnes*. Ao sair, pediu a seu "acessório", coronel Kirillin, que agradecesse ao elenco por ele, voltando rapidamente para Kuntsevo, onde trabalhou até cerca de três da manhã. Levantou-se tarde, leu os últimos interrogatórios dos médicos judeus e os relatórios da Coreia, deu uma caminhada pelo jardim nevado e ordenou ao comandante Orlov: "Varra a neve dos degraus". Naquela tarde, Stálin talvez tenha tomado um banho de vapor. O calor aliviava a artrite de seu braço, mas o professor Vinográdov havia proibido *banias* por causa da pressão alta. Béria lhe dissera que ele não precisava acreditar em médicos. Agora ele jogava a cautela ao vento. À noite, foi levado ao Kremlin, onde se encontrou no cinema com seus perenes companheiros Béria, Khruchióv, Malenkov e Bulgánin. Vorochílov juntou-se a eles para ver o filme, notando que Stálin estava

* Evita morrera de câncer no ovário a 26 de julho de 1952.

"animado e alegre". Antes de ir embora, combinou o menu com o comandante--adjunto Lozgatchiov e encomendou algumas garrafas de vinho fraco georgiano.

Às onze da noite, Stálin e os Quatro foram para a datcha jantar. O bufê georgiano foi servido por Lozgatchiov e Matrena Butúzova (Váletchka estava de folga naquela noite). Bulgánin relatou o impasse na Coreia e Stálin decidiu aconselhar os chineses e os norte-coreanos a negociar. Ele pediu mais "suco". Falaram sobre os interrogatórios dos médicos. Consta que Béria teria dito que Vinográdov tinha uma "língua comprida" e fofocava sobre os desmaios de Stálin.

"Certo, o que vocês propõem fazer agora?", perguntou Stálin. "Os médicos confessaram? Digam a Ignátiev que, se ele não obtiver confissão completa deles, ficará uma cabeça mais curto."

"Eles vão confessar", respondeu Béria. "Com a ajuda de outros patriotas, como Timachuk, completaremos a investigação e viremos até você para pedir permissão para um julgamento público."

"Resolva isso", disse Stálin. Esse é o relato de Khruchióv: ele e Malenkov culparam mais tarde Béria por todos os crimes, mas seus próprios papéis no Complô dos Médicos permanecem obscuros. É improvável que Béria fosse o único a estimular Stálin.

Os convidados ansiavam por voltar para casa. Stálin estava satisfeito com o tranquilo Bulgánin, porém grunhiu que havia gente na liderança que achava que podia se safar com seus méritos passados. "Eles estão errados", disse.

Em um relato, ele então saiu da sala, deixando os convidados sozinhos. Talvez tenha voltado. As informações parecem contraditórias — mas assim também era seu comportamento. Por volta das quatro da manhã do domingo 1º de março, Stálin finalmente se despediu deles. Estava "bastante bêbado [...] muito bem-humorado", socando Khruchióv na barriga, cantarolando "Nitchik" com sotaque ucraniano.

Os aliviados Quatro pediram ao "acessório" coronel Khrustáliov suas limusines: como sempre, Béria compartilhou seu ZiS com Malenkov, Khruchióv com Bulgánin. Stálin e o guarda os acompanharam até os carros. De volta, deitou-se num divã de forro cor-de-rosa na pequena sala de jantar, com painéis de madeira clara, lugar que o velho conspirador itinerante escolhera para dormir naquela noite — não desamparado, não louco, mas um brutal organizador de terrorismo no auge medonho de seu poder.

"Vou dormir", disse jovialmente a Khrustáliov. "Pode tirar uma soneca também. Não vou chamá-lo." Os "acessórios" ficaram contentes: Stálin jamais lhes dera uma noite de folga antes. Eles fecharam as portas.

Ao meio-dia daquele domingo, os guardas esperavam que o chefe se levantasse, sentados na casa da guarda, que era ligada a seus quartos por uma passagem coberta de quase 23 metros de comprimento. Mas não houve "nenhum movimento" durante toda a tarde. Os guardas ficaram ansiosos. Por fim, às seis horas, Stálin acendeu a luz na pequena sala de jantar. Era óbvio que finalmente se levantara. "Graças a Deus, pensamos", disse Lozgatchiov, "tudo está bem." Ele os chamaria em breve. Mas não o fez.

Uma, duas, três, quatro horas se passaram, porém Stálin não apareceu. O pequeno grupo de guardas ficou nervoso. Algo estava errado. O coronel Stárostin, o "acessório" mais velho, tentou persuadir Lozgatchiov a ver o que acontecia com o velho líder. "Respondi 'você é o mais antigo, vai você!'", relembrou Lozgatchiov.

"Estou com medo", disse Stárostin.

"O que você acha que sou? Um herói?", retrucou Lozgatchiov. Eles não eram os únicos a esperar: Khruchióv e os outros esperavam o chamado para o jantar. Mas o chamado não veio.

58. "Eu acabei com ele!": o paciente e seus trêmulos doutores

Por volta das dez da noite, chegou a correspondência do CC. O baixo e corpulento Lozgatchiov agarrou os papéis e entrou nervosamente na casa, indo de cômodo em cômodo. Preocupou-se em fazer bastante barulho, pois "tínhamos cuidado em não nos aproximar em silêncio [...] para que ele escutasse que alguém vinha". O guarda "viu uma cena terrível" na pequena sala de jantar. Stálin estava caído no tapete, de calça de pijama e camiseta, inclinado sobre uma mão "de um jeito muito desconfortável". Estava consciente, porém incapacitado. Quando ouviu os passos de Lozgatchiov, chamou-o com "um movimento débil da mão". O guarda correu para ele: "O que há de errado, camarada Stálin?".

O líder murmurou um som indistinto, mas não conseguia falar. Seu corpo estava frio. Havia um relógio e um exemplar do *Pravda* no chão, ao seu lado, e uma garrafa de água mineral Narzan sobre a mesa. Ele se urinara.

"Devo chamar o médico, quem sabe?", perguntou Lozgatchiov.

"Jhhh", zumbiu Stálin. Lozgatchiov pegou o relógio: estava parado desde as seis e meia da manhã, quando sofrera o derrame. O líder deu um ronco e pareceu dormir. Lozgatchiov correu para o telefone e chamou Stárostin e Butúzova.

"Vamos pô-lo no sofá, está desconfortável [...] no chão", disse a eles, e os três o ergueram e o deitaram no sofá. Lozgatchiov ficou de vigília — "Não saí do lado do chefe" —, enquanto Stárostin telefonava para o chefe do MGB Ignátiev, encarregado da segurança pessoal de Stálin desde a demissão de Vlássik, em maio de 1952. Mas ele estava assustado demais para tomar alguma decisão. Tinha poder para chamar os médicos, porém precisava agir com cautela. Mandou Stárostin telefonar a Béria e Malenkov. É provável também que tenha avisado seu amigo Khruchióv, porque precisava de proteção contra Béria, que o culpava pelo Complô dos Médicos e o Caso Mingrélio, e queria sua cabeça. Béria foi provavelmente o último a saber.

Enquanto isso, os "acessórios" levaram Stálin para o sofá da sala de jantar principal, onde aconteciam os jantares famosos, porque era mais arejado. Ele estava muito frio. Cobriram-no com um cobertor e Butúzova desdobrou suas mangas. Stárostin não conseguiu encontrar Béria, provavelmente às voltas com sua amante em algum lugar, mas contatou Malenkov, que disse que o procuraria. Meia hora depois, ele retornou a ligação: "Ainda não achei Béria", admitiu.

Depois de mais outra meia hora, Béria telefonou: "Não contem a ninguém sobre a doença do camarada Stálin", ordenou, "e não telefonem". Lozgatchiov sentou-se ansioso ao lado do chefe. Ele disse que seus cabelos ficaram grisalhos naquela noite. Malenkov ligara também para Khruchióv e Bulgánin: "Os tchequistas telefonaram da casa de Stálin. Estão muito preocupados, dizem que aconteceu alguma coisa com ele. É melhor irmos até lá".

No entanto, Khruchióv afirmou que, quando chegaram à casa da guarda, "concordaram" em não entrar e deixar essa questão sensível para os guardas. Stálin estava dormindo e não gostaria de ser visto "em estado tão impróprio. Então fomos para casa". Os guardas não lembram dessa visita. Parece mais provável que Khruchióv, Bulgánin e possivelmente Ignátiev, depois de consultas frenéticas, tenham mandado Béria e Malenkov para descobrir se havia algo realmente errado. De algum modo, durante a noite, a campanha antissemita no *Pravda* foi detida por alguém — ou teria sido uma pausa deliberada de Stálin?*

Às três da manhã de segunda-feira 2 de março, essa pequena delegação chegou a Kuntsevo, mais de quatro horas depois do primeiro telefonema de Stárostin a Malenkov. Ambos agiram conforme seus papéis: Béria foi o aventureiro dinâmico, ligado (possivelmente bêbado), e Malenkov o funcionário nervoso e meticulo-

* Talvez os outros dois tenham esperado do lado de fora, em seus ZiS. Ignátiev também deve ter estado presente. Mas parece que Béria já assumira o controle. Ninguém sabe quem deteve a campanha antissemita na imprensa naquela noite. Súslov era o secretário do CC encarregado da Ideologia, mas quem deu a ordem para suspender a campanha? Isso ainda é um mistério.

so. Enquanto Béria entrava a passos largos, Malenkov ficou horrorizado por seus sapatos estarem estalando e os tirou. "Malania" os enfiou debaixo do braço e avançou na ponta dos pés com meias, com a graça de um dançarino flácido.

"O que há de errado com o chefe?" Eles olharam para o adormecido generalíssimo, roncando sob o cobertor, e depois Béria virou-se para os "acessórios".

"O que você pretendem? [...] começar um pânico?", rosnou para Lozgatchiov. "O chefe está obviamente dormindo em paz. Vamos embora, Malenkov."

"Malania" saiu na ponta dos pés enquanto Lozgatchiov tentava explicar que "o camarada Stálin estava doente e precisava de atenção médica".

"Não nos importune, não cause pânico e não perturbe o camarada Stálin!" Os preocupados guardas persistiram, mas Béria xingou: "Quem designou vocês, idiotas, para o camarada Stálin?".

A limusine foi embora na direção de Khruchióv e Bulgánin, que esperavam. A negociação pelo poder certamente começou naquela noite. Lozgatchiov retornou para sua vigília, enquanto Stárostin e Butúzova foram dormir na casa da guarda.

O amanhecer caiu sobre os abetos e bétulas de Kuntsevo. Passavam-se agora doze horas do derrame e Stálin ainda roncava no sofá, úmido de sua própria urina. Os magnatas certamente discutiram se deveriam chamar os médicos. Era extraordinário que não o tivessem feito em doze horas, mas se tratava de uma situação extraordinária. Isso é, em geral, usado como prova de que deixaram Stálin deliberadamente sem ajuda médica a fim de matá-lo. Mas, na situação frágil em que estavam, numa corte já cercada pela paranoia dos médicos-assassinos, não era exagero ter medo de causar pânico. O próprio médico de Stálin estava sob tortura apenas por ter dito que ele deveria repousar. Se Stálin acordasse se sentindo grogue, teria considerado o próprio ato de chamar os médicos uma tentativa de tomar o poder. Ademais, estavam tão acostumados com seu controle minucioso que mal podiam funcionar por conta própria.

Mas os Quatro tiveram aquelas horas para dividir o poder. A decisão de não fazer nada convinha a todos. Béria e Malenkov, os primeiros vices de Stálin, no governo e no partido respectivamente, assumiam o poder de forma legal até uma reunião plena do Politburo e, depois, do Comitê Central. Se Stálin estava morrendo, eles precisavam de tempo para amarrar o poder. Possivelmente pelos mesmos motivos, era do interesse de Khruchióv e Bulgánin retardar a ajuda médica até que tivessem protegido suas posições. Parece que haviam prometido proteger Ignátiev e promovê-lo ao Secretariado do CC.

Béria, o único dos Quatro que temia pela própria vida na ocasião, tinha todas as razões para esperar que o odiado Stálin morresse. (Mólotov e Mikoian ainda não sabiam que o chefe estava doente.) No entanto, ele nunca ficou sozinho com Stálin — fez questão que Malenkov estivesse a seu lado. Não tinha controle do MGB, nem do Complô dos Médicos, nem dos guarda-costas, daí seu comentário: "Quem designou vocês, idiotas, para o camarada Stálin?". Embora ele tenha sempre sido responsabilizado pelo atraso, Khruchióv e Ignátiev podem, na verdade, ter sido a causa disso.

Quaisquer que fossem seus motivos, os Quatro retardaram a chamada aos médicos até de manhã. Jamais saberemos se isso foi decisivo ou não. Havia a possibilidade de uma operação para tirar o coágulo, mas os médicos concordam que isso precisaria ser feito dentro de poucas horas depois do derrame, e quem ousaria autorizá-la? Nos anos 50, havia uma chance remota de sucesso dessa cirurgia: com maior probabilidade, ela mataria o paciente. Relatos melodramáticos da morte de Stálin, dos quais não há escassez, sustentam que ele foi assassinado. É mais provável que a negação de cuidados médicos não tenha feito a menor diferença. Mas Béria certamente achava que fizera: "Acabei com ele!", vangloriou-se mais tarde diante de Mólotov e Kaganóvitch. "Salvei vocês todos!"

Pesquisas recentes sugerem que ele talvez tenha "batizado" o vinho de Stálin com uma droga diluidora do sangue, como a warfarina, que, após vários dias, poderia causar um derrame. Talvez Khruchióv e os outros fossem cúmplices e por isso o acobertamento convinha a todos.

Os Quatro voltaram para suas casas e foram dormir, sem dizer nada às famílias. Na cabeceira imperial, Lozgatchiov estava desesperado. Ele acordou Stárostin e lhe disse para telefonar ao Politburo — "Senão ele vai morrer e será o fim para você e para mim". O terror que impedia os líderes de chamar os médicos agora fazia os guardas exigirem a presença deles. Telefonaram para Malenkov, que disse para mandar Butúzova dar outra olhada. Ela anunciou que "não era um sono comum". Malenkov telefonou para Béria.

"Os rapazes ligaram de novo da casa de Stálin", contou Malenkov a Khruchióv. "Dizem que há realmente algo de errado com o camarada Stálin. Teremos de voltar lá. Concordamos que é preciso chamar os médicos." Béria e Malenkov estavam tomando todas as decisões, mas quais médicos chamar? Pediram então a Tretíakov, o ministro da Saúde, que escolhesse alguns doutores russos (não judeus). Khruchióv chegou a Kuntsevo para dizer aos aliviados "acessórios" que os médicos estavam a caminho. O coronel Tukov telefonou para Mólotov, Mikoian e Vorochílov, outro sinal de que os Quatro nunca haviam aprovado a exclusão deles.

"Ligue para o Politburo. Estou a caminho", respondeu Mólotov. Quando o telefone tocou na casa de Vorochílov, o velho marechal se transformou: "Ele ficou forte e organizado", escreveu sua esposa em seu diário não publicado, "como eu o vira em situações de perigo, na guerra civil e nas grandes guerras patrióticas [...]. Compreendi que a infelicidade estava vindo. Com grande medo e lágrimas nos olhos, perguntei-lhe: 'O que aconteceu?'. Ele me abraçou. 'Não tenha medo!'".

Vorochílov juntou-se a Kaganóvitch, Mólotov e Mikoian na cabeceira do líder. Mólotov notou que "Béria estava no comando". Stálin abriu os olhos quando Kaganóvitch chegou e olhou para seus lugar-tenentes um por um — e depois fechou os olhos de novo. Ao contrário do arrogante Béria, Mólotov e Kaganóvitch estavam profundamente emocionados. Lágrimas escorriam em seu rosto. Vorochílov dirigiu-se com reverência ao paciente: "Camarada Stálin, estamos aqui, seus amigos e camaradas fiéis. Como se sente, querido amigo?".

O rosto de Stálin estava "contorcido". Ele se movia, mas nunca recuperou plenamente a consciência. Khruchióv ficou "bastante abalado. Sentia muita pena de estar perdendo Stálin". Ele correu até sua casa para se lavar e voltou a Kuntsevo, sem que ninguém de sua família fizesse alguma pergunta. De acordo com seu filho, Béria ligou para casa e contou à esposa sobre a doença de Stálin: Nina irrompeu em lágrimas. Tal como a maioria das esposas do Politburo, mesmo aquelas prestes a ser mortas, ela ficou inconsolável.

Às sete da manhã, os médicos, liderados pelo professor Lukomski, chegaram finalmente, mas era uma equipe nova que jamais trabalhara com Stálin. Foram levados ao paciente, na grande sala de jantar, que devia feder a urina. Com seus colegas sob tortura, estavam apavorados pela santidade de Stálin e petrificados com a presença mefistofélica de Béria atrás deles. O exame do paciente impotente, outrora onipotente, foi uma comédia de erros. "Eles tremiam como nós", observou Lozgatchiov. Primeiro, um dentista tirou a dentadura de Stálin, mas "estava tão assustado que ela caiu de suas mãos" e tombou no chão. Depois, Lukomski tentou tirar a camisa do líder a fim de medir sua pressão arterial. "Suas mãos tremiam tanto", notou Lozgatchiov, "que não conseguiam despi-lo." Lukomski estava "aterrorizado por tocar em Stálin" e não conseguia nem medir seu pulso.

"Segure a mão dele direito!", disse Béria em tom áspero para Lukomski.

Foi preciso cortar as roupas com tesoura. "Eu rasguei a camisa", contou Lozgatchiov. Eles começaram a examinar o paciente, que estava "deitado de costas no divã, com a cabeça virada para a esquerda, olhos fechados, com hiperemia moderada da face [...]. Houve micção involuntária [suas roupas estavam ensopadas de urina]". Seu pulso era 78; batidas cardíacas "fracas"; a pressão estava 19 por 11. Seu lado direito estava paralisado, enquanto seus membros esquerdos estremeciam às vezes. Sua testa estava fria. Deram-lhe um copo de uma solução de dez por cento de sulfato de magnésio. Um neuropatologista, um terapeuta e uma enfermeira ficaram de plantão. Os médicos perguntaram o que os guardas haviam visto. Os guardas temiam agora pela própria vida: "Nós pensamos, é o fim, eles vão nos pôr num carro e adeus, estamos liquidados!".

Stálin sofrera uma catástrofe cerebral, ou, nas palavras dos médicos, "uma hemorragia arterial cerebral médio-esquerda [...]. O estado do paciente é extremamente grave". Agora era oficial. Stálin não poderia voltar a trabalhar.

Os guarda-costas recuaram e sumiram em meio à mobília. Havia pouco que os médicos pudessem fazer. Recomendaram: "Repouso absoluto, deixar o paciente no divã; ventosas atrás das orelhas (oito já colocadas); compressas frias na cabeça [...]. Nenhum alimento hoje". Quando fosse alimentado, deveria ser com uma colher "para dar líquido quando não houver engasgo". Trouxeram cilindros de oxigênio. Os médicos injetaram cânfora e tiraram uma amostra da urina. O paciente agitou-se. "Stálin tentou se cobrir."

Svetlana, que comemorara seu aniversário na noite anterior, foi chamada numa aula de francês e lhe disseram que "Malenkov quer que você vá" a Kuntsevo. Khruchióv e Bulgánin, ambos em lágrimas, fizeram o carro dela parar e a abraçaram.

"Béria e Malenkov vão lhe contar tudo." Ficava novamente claro quem estava no comando. O alvoroço e o barulho a espantaram: Kuntsevo sempre fora tão quieto. Ela notou que os médicos eram estranhos. Quando chegou à cabeceira, beijou Stálin, dando-se conta de que "eu amava meu pai com mais ternura do que nunca".

Quando foi chamado, Vassíli estava com tanto medo do pai que achou que teria de apresentar seu trabalho: chegou com seus mapas da Força Aérea. Logo se embebedou. Nos próximos dois dias, ele entrou e saiu da sala do doente gritando: "Vocês, seus porcos, não salvaram meu pai!". Svetlana ficava constrangida com isso. Os líderes se perguntaram se deveriam afastá-lo, mas Vorochílov levou-o para um canto e o acalmou: "Estamos fazendo tudo ao nosso alcance para salvar a vida de seu pai".

Uma vez estabelecido que ele estava incapacitado, Béria "vomitava seu ódio de Stálin"; mas, sempre que as pálpebras do generalíssimo tremiam ou seus olhos abriam, Béria, aterrorizado com a hipótese de que ele se recuperasse, "ajoelhava-se e beijava sua mão", como um vizir oriental à cabeceira do sultão. Quando Stálin mergulhou de novo no sono, Béria praticamente cuspiu nele, revelando sua ambição irresponsável e falta de tato e prudência. Os outros magnatas o observavam em silêncio, mas estavam chorando por Stálin, seu velho mas inválido amigo, líder há tanto tempo, titã da história e o supremo pontífice do credo internacionalista deles, mesmo que suspirassem de alívio diante de sua agonia. Talvez 20 milhões de pessoas tivessem sido mortas, 28 milhões deportadas, das quais 18 milhões escravizadas nos Gulags. No entanto, depois de todos esses massacres, eles ainda eram crentes.

Por volta das dez horas, todo o antigo Politburo, de Béria e Khruchióv a Mólotov, Vorochílov e Mikoian, foi para o Kremlin, que se reuniu às 10h40 da manhã no Cantinho para combinar um plano. O assento de Stálin permaneceu vazio. Eles se haviam restaurado no poder. Durante dez minutos, o dr. Kuperin, novo chefe do Kremlevka, e o professor Tkátchiov apresentaram nervosamente o relatório citado acima aos magnatas confusos, abalados e encurralados. Depois, ninguém falou, o que deixou Kuperin ainda mais nervoso. Talvez fosse muito cedo para discutir o que aconteceria a seguir. Por fim, Béria, que já emergira como o líder mais ativo, dispensou os médicos com esta ordem agourenta: "Vocês são responsáveis pela vida do camarada Stálin. Compreendem? Vocês devem fazer todo o possível e o impossível para salvar o camarada Stálin!".

Kuperin se retraiu e depois se retirou. Malenkov, com quem Béria parecia estar coordenando tudo, leu um decreto de vigílias de 24 horas dos líderes, aos pares. Então Béria e Malenkov voltaram para Kuntsevo a fim de vigiar o paciente. A Mólotov e Mikoian não foi pedido que fizessem vigília: Béria mandou Mikoian ficar no Kremlin e governar o país.

De volta a Kuntsevo, pediram um prognóstico ao médico. Kuperin mostrou um mapa da circulação sanguínea: "Vejam o vaso sanguíneo entupido", ensinou ao Politburo como se seus membros fossem alunos de medicina. "Está do tamanho de uma moeda de cinco copeques. O camarada permaneceria vivo se o vaso tivesse sido desentupido a tempo".

"Quem garante a vida do camarada Stálin?" Béria desafiou os médicos a operar, se ousassem.

"Ninguém ousou", disse Lozgatchiov. Malenkov pediu um prognóstico.

"A morte é inevitável", responderam os doutores. Mas Malenkov não queria que Stálin morresse já: não poderia haver um interregno.

Às oito e meia da noite, os líderes, presididos agora por Béria, reuniram-se de novo durante uma hora no Cantinho. O relatório oficial de Kuperin não apresentava o estado de Stálin como sem esperança, mas o paciente piorara. Sua pressão era agora de 21 por 12, a respiração e a pulsação estavam irregulares. Seis a oito ventosas foram aplicadas ao redor de seus ouvidos. Stálin recebeu enemas de sulfato de magnésio e colheres de chá doce.

Naquela noite, Lukomski recebeu a companhia de mais quatro médicos, inclusive do eminente professor Miasnikov: o Politburo sabia que todos os melhores doutores estavam na prisão.

Em Kuntsevo, o dr. Miasnikov encontrou um "baixo e gordo" Stálin "caído e imóvel [...] o rosto contorcido [...]. O diagnóstico era claro — uma hemorragia no hemisfério esquerdo do cérebro resultante de hipertensão e esclerose". Os médicos mantiveram um diário detalhado, fazendo anotações a cada vinte minutos. Os magnatas lacrimejavam em poltronas, esticavam as pernas, ficavam à cabeceira, observavam os médicos. Essas noites infindáveis deram-lhes a oportunidade de planejar a transferência do poder.

"Malenkov nos deu a entender", escreveu Miasnikov, "que esperava que as medidas médicas conseguissem prolongar a vida do paciente 'por um período suficiente'. Todos percebemos que ele tinha em mente o tempo necessário para a organização do novo governo."

Não houve mais reuniões oficiais no Kremlin até 5 de março. Enquanto Béria e Malenkov cochichavam sobre a distribuição dos gabinetes, Khruchióv e Bulgánin se perguntavam como evitar que Béria agarrasse o controle da polícia secreta. Os planos de Béria estavam prontos havia muito tempo, provavelmente com Malenkov: uma vez que mais um georgiano não poderia governar a Rússia de novo, Malenkov planejava chefiar o governo, ao mesmo tempo que continuava secretário. Béria tomaria seu velho feudo, o MGB/MVD.

Naquela noite, mais tarde, Mikoian visitou rapidamente o agonizante. Mólotov estava doente, porém aparecia de quando em quando, pensando em Polina, que ele esperava que estivesse viva no exílio. Não sabia que ela estava sendo interrogada na Lubianka. Mas, naquela noite, por ordem de Béria, seus interrogatórios pararam subitamente. Porém, os dos médicos continuaram. Ignátiev, o factótum do Complô dos Médicos, foi visto espiando nervosamente da porta da sala onde estava Stálin. Ainda sentia pavor dele.

"Entre, não seja tímido!", disse Lozgatchiov. Na manhã seguinte, Khruchióv apareceu em casa para dormir e contou à família que Stálin estava doente.

Havia momentos em que o líder parecia recuperar a consciência: estavam dando-lhe sopa com uma colher quando ele apontou para a fotografia sentimental pendurada na parede de uma garota alimentando uma ovelha e depois "apontou para si mesmo". "Ele meio que sorriu", pensou Khruchióv. Os magnatas retribuíram o sorriso. Mólotov achou que era um exemplo do espírito de autodepreciação de Stálin. Béria caiu de joelhos e beijou suas mãos com fervor. Stálin fechou os olhos, "para nunca mais abri-los". Às 10h45 da manhã, os médicos relataram que seu estado havia piorado.

"Os filhos da puta mataram papai", acusou Vassíli, cambaleante de novo. Khruchióv pôs o braço sobre o ombro daquele homem minúsculo e aterrorizado, conduzindo-o para a sala ao lado.

Béria, que foi almoçar em casa, não escondia o alívio. "Será melhor para ele morrer", disse à família. "Se sobreviver, será como um vegetal." Nina ainda chorava pela morte de Stálin: "Você é muito engraçada, Nina. A morte dele salvou sua vida". Ela visitava Svetlana diariamente para confortá-la.

No final do dia 4, Stálin começou a definhar, com a respiração se tornando mais curta e rasa, o padrão de respiração Cheyne-Stokes de um paciente que perde as forças. Béria e Malenkov conferiram com sua equipe reserva de médicos. Naquela noite, três prisioneiros surpresos, torturados todos os dias no Complô dos Médicos, foram conduzidos para nova sessão. Dessa vez, seus torturadores não estavam interessados na conspiração sionista, mas pediram-lhes polidamente conselhos médicos.

"Meu tio está muito doente", disse o interrogador, e está com "essa respiração Cheyne-Stokes. O que acha que isso significa?"

"Se você espera herança de seu tio, considere o dinheiro no bolso", respondeu o professor, que não perdera seu humor judeu. A outro ilustre professor, Iákov Rapoport, pediram que indicasse o nome de especialistas que poderiam tratar esse "tio doente". Rapoport indicou Vinográdov e os outros médicos presos. Mas o interrogador perguntou se os drs. Kuperin e Lukomski também eram bons e ficou chocado com a resposta de Rapoport: "Somente um dos quatro é um médico competente, mas num nível muito mais baixo que o dos doutores presos". Os interrogatórios continuaram, porém os investigadores haviam perdido o interesse. Às vezes dormiam durante as sessões. Os prisioneiros não sabiam de nada.

Às onze e meia da noite, Stálin teve ânsia de vômito. Havia longas pausas entre respirações desiguais. Kuperin disse aos magnatas reunidos, que observavam em silêncio reverente, que a situação era crítica.

"Tome todas as medidas para salvar o camarada Stálin!", ordenou o excitado Béria. E assim os médicos continuaram a lutar para manter o agonizante generalíssimo vivo. Um respirador artificial foi trazido e jamais usado, mas estava acompanhado de jovens técnicos que observaram de "olhos esbugalhados" as coisas surreais que aconteciam ao redor deles.

No dia 5, Stálin empalideceu subitamente e sua respiração se tornou mais curta, com longos intervalos. O pulso estava rápido e fraco. Ele começou a sacudir a cabeça. Houve espasmos no braço e na perna esquerda. Ao meio-dia, vomitou sangue. As últimas pesquisas revelaram uma primeira versão das anotações dos médicos que mostram que estava com hemorragia no estômago, detalhe suprimido do relatório final. Talvez tenha sido cortado porque sugeriria envenenamento. A warfarina poderia causar tal sangramento, que de fato parece suspeito, mas pode ter sido apenas um sinal do colapso de um corpo velho e doente.

"Venha depressa; Stálin piorou!", contou Malenkov a Khruchióv. Os magnatas acorreram logo. O pulso do líder ficou mais lento. Às 3h35 da tarde sua respiração parava por cinco segundos a cada dois ou três minutos. Ele estava afundando rapidamente. Béria, Khruchióv e Malenkov haviam recebido permissão do Politburo para garantir que os "documentos e papéis [de Stálin], tanto os correntes como os arquivados, sejam postos na ordem adequada". Agora, deixando os dois à cabeceira do moribundo, Béria correu para o Kremlin a fim de começar o processo de busca de documentos incriminadores no cofre e nos arquivos do líder. Talvez houvesse um testamento: Lênin deixara um e Stálin falara em gravar seus pensamentos. Se havia, Béria o destruiu. Os arquivos estavam cheios de denúncias e provas contra todos os líderes. Haveria provas do papel dúbio de Béria em Baku durante a guerra civil e também haveria os documentos desaparecidos que revelavam o papel sangrento de Malenkov e Khruchióv no Grande Terror, no Caso de Leningrado e no Complô dos Médicos. Naquela tarde, esses três começaram a destruição de documentos que protegeu a reputação histórica de Khruchióv e Malenkov, mesmo que a de Béria já estivesse comprometida de forma irremediável.*

Béria retornou. Os médicos relataram o último declínio. Uma reunião oficial de todo o regime, trezentas altas autoridades, foi marcada para aquela noite. Então os magnatas se reuniram informalmente em uma ou outra das salas para compor o novo governo. Béria e seu "bode" Malenkov haviam combinado antes a "liderança coletiva", revezando-se na proposta de designações. Mólotov e Mikoian voltaram ao Presidium, reduzido ao tamanho anterior. Mólotov voltou ao Ministério do Exterior, Mikoian ao Ministério do Comércio Interno e Externo. Khruchióv continuou numa das secretarias, mas foi excluído do governo. Béria dominava, reunindo o MVD e o MGB, ao mesmo tempo que permanecia como primeiro vice-premiê. Malenkov ficava com os dois postos de Stálin de premiê e secretário do CC. Mas os militares também foram fortalecidos: os novos adjuntos do ministro da Defesa, Bulgánin, eram os velhos paladinos Júkov e Vassilevski. Vorochílov tornou-se presidente. Não surpreende que Béria estivesse exultante.

O mingrélio ilegítimo, formado em arquitetura mas temperado na polícia, já sonhava com o governo do Império, uma das superpotências nucleares, e em se tornar um estadista internacional, não mais um simples agente da polícia secreta. Ele sobrevivera contra todas as probabilidades; estava livre do medo. Podia desencadear seu ódio contra Stálin: "Aquele canalha! Aquele sujo! Graças a Deus estamos livres dele!". Podia desmascarar aquele generalíssimo de araque: "Ele não ganhou a guerra!", logo estava dizendo as seus confidentes. "Nós ganhamos a guerra!" Além disso, "teríamos evitado a guerra!". Ele cunhou a expressão "culto da personalidade" para denunciar Stálin. Ele libertaria as nacionalidades, abriria a economia, libertaria a Alemanha Oriental, esvaziaria os campos de trabalho com uma anistia beneficente e desmascararia o Complô dos Médicos.

* Cinco cartas reveladoras foram supostamente encontradas sob uma folha de papel na escrivaninha de Stálin, contou Khruchióv a A. V. Sniêgov, que só conseguiu se lembrar de três delas para o historiador Roy Medviêdev. A primeira era a carta de Lênin de 1923 exigindo que Stálin se desculpasse pela grosseria com sua esposa Krupskaia. A segunda era o último apelo de Bukhárin: "Koba, por que você precisa que eu morra?". A terceira era de Tito, em 1950. Consta que dizia: "Pare de mandar assassinos para me matar [...]. Se isso não parar, enviarei um homem a Moscou e não haverá necessidade de mandar ninguém mais".

Não duvidava por um só momento que sua inteligência superior e novas ideias antibolcheviques triunfariam. Até Mólotov percebia que "ele era um homem do futuro".

Se suas políticas pareciam prefigurar as reformas de Gorbatchóv, Béria sempre permaneceu "apenas um policial", nas palavras de Stálin, pois ansiava por vingar-se daqueles que, como Vlássik, o haviam traído. Ele não era o sucessor, somente o homem forte numa "liderança coletiva". Mas muitos dos novos potentados tinham medo dele, de sua brutalidade e de sua busca de popularidade com a "desbolchevização" do regime. Béria subestimou Khruchióv e os marechais. Não obstante, foi uma realização notável.

Mais tarde, os magnatas se reuniram ao lado do paciente ofegante. Béria se aproximou e anunciou de forma melodramática, como um príncipe herdeiro de cinema: "Camarada Stálin, todos os membros do Politburo estão aqui. Fale para nós!".

Não houve reação. Vorochílov puxou Béria: "Vamos deixar os guarda-costas e o *staff* vir até a cabeceira — ele os conhece intimamente". O coronel Khrustáliov ficou ao lado da cama e falou com ele. Stálin não abriu os olhos. Os líderes fizeram uma fila dupla para se despedir, como estudantes por ordem de importância, com Béria e Malenkov na frente, depois Vorochílov, Mólotov, Kaganóvitch e Mikoian, seguidos pelos líderes mais jovens. Apertaram a mão dele ritualmente. Malenkov afirmou que Stálin apertou seus dedos, passando-lhe a sucessão.

Deixando apenas Bulgánin na cabeceira, os potentados correram então para o Kremlin, onde o Presidium, o Conselho de Ministros e o Presidium do Soviete Supremo se reuniram para endossar o novo governo. Tiraram Stálin do posto de premiê, mas estranhamente o mantiveram como membro do Presidium. Os cerca de trezentos dirigentes confirmaram o acordo já feito. Houve um sentimento de "alívio" entre os magnatas.*

* Khruchióv e Bulgánin protegeram Ignátiev, que se tornou secretário do CC, mas Béria conseguiu depois afastá-lo por seu papel no Complô dos Médicos. Porém ele foi apenas repreendido e mandado para a Bachkíria como primeiro-secretário, antes de ir dirigir a Tartária. Khruchióv o apresentou como vítima, e não como monstro em seu discurso secreto. A maioria dos altos tchequistas do Complô dos Médicos, inclusive Ogóltsov, que comandara o assassinato de Mikhoels, e Riasnoi, foram protegidos durante o governo de Khruchióv e, depois, de Bréjnev. A punição dos crimes de Stálin por Khruchióv foi altamente seletiva. Ignátiev recebeu medalhas em seu septuagésimo aniversário, em 1974. O mais sortudo dos chefes do MGB da época de Stálin, foi o único a morrer respeitado em sua cama, aos 79 anos, em 1983.

Eles esperavam a ligação de Bulgánin que anunciaria a morte de Stálin, mas ela não veio. O líder ainda se aguentava e eles voltaram para Kuntsevo. Após as nove da noite, ele começou a suar. Seu pulso estava fraco, seus lábios ficaram azulados. O Politburo, Svetlana, Váletchka e os guardas se reuniram ao redor do sofá. Os líderes mais jovens ficaram do lado de fora, observando da porta.

Às nove e meia da noite, a respiração de Stálin era de 48 por minuto. Sua pulsação ficou mais fraca. Às 9h40, com todos observando, os médicos deram-lhe oxigênio. Seu pulso praticamente desapareceu. Os doutores propuseram uma injeção de cânfora e adrenalina para estimular seu coração. A decisão deveria ser de Vassíli e Svetlana, mas eles apenas observaram. Béria deu a ordem. Stálin teve um tremor após a injeção e ficou cada vez mais sem fôlego. Lentamente, começou a se afogar nos próprios fluidos.

"Tirem Svetlana daqui", ordenou Béria, para evitar que ela visse aquela cena horrível, porém ninguém se moveu.

"Seu rosto estava pálido", escreveu Svetlana, "seus traços ficaram irreconhecíveis [...]. Ele literalmente se sufocou até morrer enquanto observávamos. A agonia da morte foi terrível [...]. No último minuto, abriu os olhos. Foi um olhar terrível, louco ou irado e cheio de medo da morte." De repente, o ritmo de sua respiração mudou. Sua mão esquerda se ergueu. Uma enfermeira achou que era "como uma saudação". Ele "parecia estar apontando para algum lugar acima ou nos ameaçando a todos", observou Svetlana. O mais provável é que estivesse simplesmente agarrando o ar em busca de oxigênio. "Então, no momento seguinte, seu espírito, depois de um último esforço, arrancou-se de seu corpo." Uma médica irrompeu em lágrimas e jogou os braços ao redor da devastada Svetlana.

A luta não terminara ainda. Um médico caiu sobre o cadáver e começou uma respiração artificial, massageando o peito com força. Foi tão doloroso olhar para aquilo que Khruchióv sentiu pena de Stálin.

"Pare, por favor! Não vê que ele está morto? O que você quer? Não vai trazê-lo de volta à vida. Ele já está morto", gritou Khruchióv, mostrando sua autoridade impulsiva na primeira ordem não dada por Béria ou Malenkov. As feições de Stálin ficaram "pálidas [...] serenas, lindas, imperturbáveis", escreveu Svetlana. "Ficamos todos imóveis e em silêncio."

Uma vez mais entraram em fila dupla: Béria correu para a frente e foi o primeiro a beijar o corpo quente, o que equivalia a arrancar o anel do dedo de um rei morto. Os outros enfileiraram-se para beijá-lo. Vorochílov, Kaganóvitch, Bulgánin, Khruchióv e Malenkov soluçavam junto com Svetlana. Mólotov chorou, pranteando Stálin apesar da iminente liquidação dele e de sua esposa. Mikoian escondeu seus sentimentos, mas "pode-se dizer que tive sorte". Béria não chorava: com efeito, ele estava "radiante" e "reabilitado" — um sapo cinzento protuberante, mas efervescente, faiscando de mal disfarçada satisfação. Ele passou entre os potentados chorosos e foi para a entrada da casa. O silêncio sepulcral em torno do leito de morte foi subitamente "quebrado pelo som de sua voz alta, a badalada desabrida do triunfo", nas palavras de Svetlana.

"Khrustáliov, o carro!", gritou ele, pronto para voltar ao Kremlin.

"Ele saiu para tomar o poder", disse Mikoian a Khruchióv. Svetlana notou que "estavam todos com pavor dele". Eles se entreolharam e depois, com pressa frenética, "os membros do governo correram para a porta". Mikoian e Bulgánin ficaram um pouco mais, porém a seguir também chamaram suas limusines. O *Instántsiia* deixara o prédio. O colosso desaparecera, deixando apenas o invólucro de um velho sobre um sofá de uma casa feia de subúrbio.

Ficaram apenas os criados e a família: "Cozinheiras, motoristas e guardas, jardineiros e mulheres que serviam a mesa" surgiram agora do fundo da cena "para dizer adeus". Muitos soluçavam, e guarda-costas durões secavam os olhos com a manga, "como crianças". Uma velha enfermeira lhes deu gotas de valeriana. Svetlana observava entorpecida. Alguns criados começaram a apagar as luzes e a arrumar a casa.

Então a companheira mais próxima de Stálin, o conforto da solidão cruel desse monstro sem paralelo, Váletchka, que estava agora com 38 anos e trabalhara para Stálin desde os vinte, passou entre as criadas, "caiu pesadamente de joelhos" e jogou-se sobre o cadáver com toda a dor despudorada das pessoas comuns. Essa mulher alegre, mas absolutamente discreta, que vira tanta coisa, estava convencida, e assim ficou até o dia de sua morte, de que "nunca houve homem melhor na Terra". Ela deitou sua cabeça sobre o peito dele, com lágrimas rolando por "seu rosto redondo", e "gritou de dor, como fazem as mulheres das aldeias. Ficou assim durante longo tempo e ninguém tentou detê-la".[1]

Pós-escrito

Stálin foi embalsamado. A 9 de março de 1953, Mólotov, Béria e Khruchióv discursaram em seu funeral, após o qual ele foi depositado no Mausoléu, ao lado de Lênin. Polina Mólotova ainda estava na Lubianka. No dia seguinte, Béria convidou Mólotov a visitá-lo em seu escritório na prisão. Quando ele chegou, Béria apressou-se a saudar Polina: "Uma heroína!", declarou. A primeira pergunta dela foi: "Como está Stálin?". Desmaiou ao saber que ele estava morto. Mólotov a levou para casa.

Béria tratou de liberalizar o regime e prendeu os responsáveis pelo Complô dos Médicos, mas sua proposta de liberar a Alemanha Oriental provocou um levante que alarmou os outros magnatas. Khruchióv começou a planejar a destruição de Béria e conseguiu a adesão de Malenkov e do ministro da Defesa, Bulgánin. Mólotov ainda admirava Béria, mas concordou em apoiar Khruchióv por causa da crise em relação à Alemanha. Surpreendentemente, Vorochílov ficou ao lado de Béria. Quando foi consultado, Mikoian disse que não confiava em Khruchióv porque ele era muito próximo de Béria e Malenkov. Khruchióv não contou a Mikoian toda a história, porém ele concordou que Béria deveria ser transferido para a direção do Ministério do Petróleo. Kaganóvitch, como de costume, ficou em cima do muro. Mas o marechal Júkov e seus generais forneceram o apoio militar.

A 25 de junho, Béria balançava-se alegremente numa rede em sua datcha, entoando canções georgianas. Fora chamado para uma reunião especial do Presidium. Nina o advertiu para ser cauteloso, mas ele não estava preocupado porque, explicou, Mólotov lhe dava apoio. Por volta da uma da tarde do dia seguinte, Khruchióv levantou-se na reunião e atacou Béria. Bulgánin fez coro, mas Mikoian ficou surpreso ao escutar que Béria deveria ser preso.

"O que está acontecendo, Nikita?", perguntou Béria. "Por que está procurando pulgas nas minhas calças?" Quando foi a vez de Malenkov apoiar o golpe, ele perdeu o sangue-frio e fez um sinal secreto para os generais que esperavam do lado de fora. O marechal Júkov invadiu a sala e agarrou Béria.

Nina Béria, seu filho Sergo e a nora Marta Péchkova também foram detidos e aprisionados. De sua cela, Béria bombardeou Malenkov com cartas implorando ajuda e clemência para sua família. A 22 de dezembro, junto com Merkúlov, Dekanózov e Kobúlov, Béria foi condenado à morte por um tribunal político secreto por traição e terrorismo, acusações das quais esses assassinos eram obviamente inocentes.

Béria foi deixado apenas com a roupa de baixo, teve as mãos amarradas e presas a um gancho na parede. Implorou desesperadamente pela vida, fazendo tanto barulho que enfiaram uma toalha em sua boca. Seus olhos formaram um volume na venda colocada em seu rosto. Seu executor, o general Batitski (depois promovido a marechal por seu papel), atirou diretamente na testa de Béria. Ele foi cremado. Seu protegido e então rival, Abakúmov, foi julgado pelo Caso de Leningrado e fuzilado em dezembro de 1954. A eles foi atribuída a culpa por muitos dos crimes de Stálin.

Quando os novos líderes começaram a soltar prisioneiros, as reações deles foram muitas vezes semelhantes. Kira Alliluíeva, também recém-liberta, buscou sua mãe, Jênia, na Lubianka. "Então finalmente Stálin nos salvou!", declarou Jênia. "Sua estúpida!", exclamou Kira. "Stálin está morto!"

Jênia admirou Stálin até sua morte, em 1974. Sua cunhada Anna Redens e Olga, a segunda esposa de Budiony, enlouqueceram no confinamento e nunca mais se recuperaram. Vlássik retornou quebrado da prisão, mas ele e Poskrióbichev continuaram amigos até a morte de ambos, em meados dos anos 60.

Khruchióv emergiu como o líder dominante. Malenkov foi substituído no posto de premiê por Bulgánin. Em 1956, o novo líder, apoiado por Mikoian, fez a famosa denúncia dos crimes de Stálin em seu "Discurso secreto". Cinco anos depois, o corpo de Stálin foi removido do Mausoléu e enterrado no muro do Kremlin.

Em 1957, Mólotov, Kaganóvitch e Malenkov, apoiados por Vorochílov e Bulgánin, conseguiram derrubar Khruchióv no Presidium. Porém Khruchióv mobilizou o Comitê Central, trazendo seus partidários em aviões organizados pelo marechal Júkov.

Numa assembleia, os magnatas homicidas de Stálin engalfinharam-se para culpar uns aos outros por seus crimes: "Com as mangas enroladas, machadinhas na mão, eles cortaram cabeças", acusou-os Júkov — inclusive Khruchióv. Este atacou Malenkov, que retrucou: "Só você é completamente puro, camarada Khruchióv!". Kaganóvitch insistiu que "todo o Politburo assinou" as listas de morte. Khruchióv o acusou de novo, porém Kaganóvitch vociferou: "Você não assinou ordens de morte na Ucrânia?". Por fim, Khruchióv gritou: "Todos nós juntos não valemos a merda de Stálin!". Como escreveu um historiador recentemente, "não foi com certeza Nuremberg", mas foi "o mais perto que os asseclas de Stálin chegaram de um ajuste de contas". Mólotov, Kaganóvitch e Malenkov foram demitidos. Kaganóvitch e Malenkov foram mandados para a direção de uma usina elétrica e um fábrica de potassa, em regiões distantes. A filha de Malenkov diz que seu pai achou essa função de pouca importância um alívio; o neto de Kaganóvitch relata que o "Lázar de Ferro" desfez-se de imediato de seu famoso mau gênio e nunca mais gritou, tornando-se um avô terno.

Mólotov tornou-se embaixador soviético na Mongólia e depois, em 1960, representante na Agência Atômica da ONU, em Viena; portanto, estava presente — e ignorado ao fundo — quando o presidente Kennedy e Khruchióv ali se reuniram com suas delegações, em junho de 1961.

Khruchióv, tal como Stálin, tornou-se premiê e primeiro-secretário. O marechal Júkov assumiu o Ministério da Defesa como recompensa por sua ajuda, mas sua belicosidade e fama ameaçavam o cada vez mais vaidoso Khruchióv, que o defenestrou, acusando-o de "bonapartismo". Em 1960, quando o senil Vorochílov deixou a Presidência, Khruchióv e Mikoian eram os últimos magnatas de Stálin ainda no poder. Durante a crise dos mísseis em Cuba, foi Mikoian quem viajou a Havana, acompanhado por seu filho Sergo, a fim de persuadir Fidel Castro a concordar com o recuo de Khruchióv e depois foi a Washington para conversar com Kennedy. Ele, que ajudara a carregar o esquife de Lênin, também compareceu ao funeral de Kennedy.

Depois do temor da crise dos mísseis e da loucura autocrática de sua panaceia agrícola, Khruchióv foi derrubado em 1964 por uma conspiração de jovens astros de Stálin: Bréjnev, Kosíguin e a eminência parda deles, Súslov, que governaram até morrer, nos anos 80. Mikoian sobreviveu também a esse levante e se tornou presidente, aposentando-se em 1965.

Os velhos magnatas tiveram dificuldades para lidar com a queda. Esperavam a prisão e, portanto, todos ficaram aliviados por permanecer vivos. Quando deixaram seus apartamentos no Kremlin, em 1957, Kaganóvitch e Andréiev descobriram que não eram donos nem de suas toalhas ou lençóis. Muitos deles ganharam apartamentos nos prédios palacianos da rua Granovski, onde o esperto Mólotov conseguiu dois apartamentos, além de uma datcha. Kaganóvitch e Malenkov retiraram-se para apartamentos espartanos, porém grandes, em outro prédio do dique Frunze, mas evitavam um ao outro. Esses velhos pensionistas famosos e respingados de sangue dedicaram a aposentadoria a escrever suas memórias, receber admiradores stalinistas, evitar os olhares hostis de antigas vítimas que encontravam nas ruas, pedir readmissão no Partido e remexer nos papéis da Biblioteca Lênin. Buscaram o anonimato, mas identificá-los tornou-se uma forma emocionante de arqueologia viva.

Novamente juntos e felizes, Mólotov e Polina continuaram stalinistas impenitentes: Svetlana escreveu que visitá-los era como entrar num "museu paleontológico". O desdém entre Mólotov e Kaganóvitch durou até a morte de ambos, mas não era nada comparado com o ódio que sentiam por Khruchióv. Este admitiu estar mergulhado "até os cotovelos" no sangue de suas vítimas e que "isso oprime minha alma". Ele desafiou seus sucessores ao ditar suas memórias seletivas, porém honestas, tendo morrido em 1971. Apesar de suas doenças, Andréiev morreu nesse mesmo ano: a placa comemorativa no muro da rua Granovski faz dele o último dos açougueiros de Stálin a ter sido homenageado. Mikoian escreveu memórias francas, mas igualmente seletivas, até sua morte, em 1978.

Três outros sobreviveram e experimentaram uma nova era: enquanto Polina morreu em 1970, Mólotov deixou suas reminiscências sem remorsos para a posteridade em conversas com um jornalista sensível. Ele viu a ascensão de Gorbatchóv, falecendo em 1986. Malenkov continuou stalinista, mas gostava da poesia de Mándelstam e redescobriu a fé cristã de sua infância, o que pode ter sido uma espécie de contrição. Em 1988, foi enterrado sob uma cruz e uma estátua (totalmente inadequada) do "leão da justiça", esculpida por seu neto. Kaganóvitch, sempre o mais cauteloso e pusilânime, sobreviveu a todos e testemunhou o começo do fim da União Soviética que ele ajudara a construir, morrendo em 1991.

Suas famílias tiveram destinos diversificados e têm opiniões muito diferentes sobre Stálin e o papel de seus parentes; a maioria se tornou editores, arquitetos ou cientistas. Vassíli Stálin foi mandado para a prisão; solto, casou de novo e, por fim, morreu tragicamente em decorrência do alcoolismo, em 1962. Seu filho Alexander, que usa o sobrenome da mãe, é um respeitado cenógrafo em Moscou. Svetlana Allilúieva desertou, voltou para a Rússia e depois partiu de novo, casou-se com um americano, com quem teve uma filha, morou em Harvard e Cambridge, ganhou e perdeu uma fortuna com suas memórias belamente escritas, por fim viu-se sem recursos num abrigo de Bristol e hoje vive na obscuridade, no Meio-Oeste americano. Tendo abraçado o liberalismo e rejeitado o stalinismo, herdou tanto a inteligência do pai quanto sua paranoia. Seus filhos russos, Ióssif Morózov e Kátia Jdánova, são ambos médicos na Rússia.

Iúri Jdánov casou-se de novo e retornou à universidade, tornando-se reitor da universidade de Rostov, onde ainda vive como professor emérito, admirador de Stálin e defensor de seu pai. Artiom Serguéiev continuou no Exército, chegou a general de divisão e mora nas cercanias de Moscou. O resto da família Allilúieva permanece próxima: Kira foi atriz e é tão irreprimível hoje quanto o foi quando se recusou a engatinhar sob a mesa de bilhar de Stálin, em 1937.

Stiepan Mikoian floresceu como piloto de testes e chegou a major-brigadeiro. Seu irmão mais moço, Sergo, editou uma revista sobre a América Latina. Ambos vivem em Moscou. Maia, a filha de Kaganóvitch, casou-se, teve filhos e cuidou do pai na velhice, sobrevivendo a ele por poucos anos.

Sergo Béria e Marta Péchkova foram libertados e mudaram-se para Kiev com a viúva de Béria, que jamais deixou de amar o marido. Marta divorciou-se de Sergo, que continuou a trabalhar como cientista de mísseis com o sobrenome da mãe, Gueguetchkori. Pouco antes de sua morte, em 2000, publicou suas memórias e apelou ao Supremo Tribunal russo para reabilitar o pai. O tribunal sustentou as acusações forjadas contra Béria. Marta, que manteve a aparência, ainda vive em sua grande datcha, na velha propriedade de seu avô Gorki. Os encantadores netos de Béria, que usam o sobrenome Péchkov, são um decorador de interiores, um professor universitário de arte e um especialista em eletrônica.

Lília Drojdova, "último amor" de Béria, jamais o traiu. Vive em Moscou e, com sessenta e poucos anos, continua linda.

A terceira esposa de Budiony ainda mora em seu apartamento da Granovski, cheio de pinturas em tamanho natural do marechal a cavalo. Os apartamentos nesse local valem hoje mais de 1 milhão de dólares, e os Mólotov alugaram-nos para banqueiros americanos, talvez provando que Stálin estava certo ao suspeitar das tendências "direitistas" de Viatcheslav. O neto de Mólotov, Viatcheslav Níkonov, foi um dos principais liberais de 1991 que ajudaram a abrir os arquivos da KGB e se tornou um dos altos assessores do presidente Ieltsin, trabalhando em sua equipe da reeleição, em 1996. Ele dirige agora um dos mais respeitados *think-tanks* de Moscou e está escrevendo a biografia de seu avô.

Talvez Stálin também tivesse razão quanto à família Mikoian: Stas, neto de Anastas, tornou-se um astro do rock soviético, montou seu próprio selo durante os anos 90 e é agora o principal empresário de rock russo. A esperança de Béria de que seus netos viessem a estudar em Oxford não se realizou, mas seu bisneto acabou de sair da escola pública inglesa de Rugby. Vólia, a filha de Malenkov, é arquiteta e seguiu a trilha religiosa do pai, tornando-se construtora de igrejas na velhice: seus cartões de visitas mostram imagens das igrejas que construiu. Ela e seus irmãos, ambos professores de ciências, continuaram convencidos da inocência do pai.

O confidente de Stálin, Candide Tcharkviani, sobreviveu para ver a independência da Geórgia, em 1991, e escreveu suas memórias, não publicadas. Seu filho Gela é o principal assessor político do presidente Chevardnadze desde 1993.

Até hoje as amizades e as rixas do reino de Stálin sobrevivem entre os filhos dos magnatas. As famílias dos potentados que permaneceram no poder — Mikoian, Khruchióv e Budiony — são consideradas a aristocracia soviética. Nina Budiony, ainda stalinista, é amiga de Júlia Khruchióva, que não é stalinista. A amizade dos marechais Budiony e Júkov passou não só para seus filhos, como para os netos. Stiepan Mikoian continua amigo de Natacha Andréieva, embora ele seja um liberal e ela, uma stalinista empedernida. Artiom Serguéiev mantém contato com suas companheiras Nadia Vlássik e Natacha Poskrióbicheva. Porém os Malenkov e Andréiev ainda desprezam os Khruchióv.

É natural que todos defendam o papel de seus pais no Terror. Os descendentes de Khruchióv e Mikoian têm a coragem e a decência de admitir a verdade, refletindo as tentativas de seus pais de corrigir as piores atrocidades de Stálin (e deles). Não obstante, vários dos filhos dos magnatas ainda defendem com entusiasmo o Terror e muitos preferem culpar Béria pelos crimes de Stálin.

Marta Péchkova, que foi criada com Gorki em Sorrento, que ainda acredita que seu avô e seu pai foram assassinados e que quando criança brincou com Stálin, considera-o "tão inteligente quanto cruel. A política no tempo de Stálin era como um frasco fechado com intrigantes que lutavam uns contra os outros até a morte. Que época apavorante! Mas se Béria tivesse conseguido se impor depois de Stálin, ele teria melhorado o estilo de vida do país e teríamos provavelmente evitado a destruição e a pobreza de hoje!".

Vladímir Allilúiev (Redens), que teve o pai foi fuzilado por ordem de Stálin e cuja mãe enlouqueceu na prisão, insiste que ele era um "grande homem com lados bons e ruins". Natacha Poskriróbicheva, cuja mãe foi fuzilada por Stálin, o admira enormemente e afirma que é filha dele. Natacha Andréieva, que vive em situação difícil num apartamento cheio da mobília *art déco* de seu pai, é a stalinista mais agressiva. "Herdei a intuição de minha mãe", advertiu a este autor durante sua entrevista para o livro. "Posso ver um inimigo pelos seus olhos. Você é um inimigo? Você tem medo da bandeira vermelha?" Ela ainda apoia o Terror: "Tivemos de destruir espiões antes da guerra". Apesar do imenso arquivo que relata a orgia assassina de seu pai em 1937, ela assevera a inocência dele e afirma: "As mãos sujas de Khruchióv mataram muito mais na Ucrânia!". O "sistema", e não Stálin, deve ser responsabilizado pelos "erros", conclui Andréieva. "Mas vocês, capitalistas ocidentais, mataram muito mais na Rússia com sua Aids do que Stálin jamais matou!"

Aqueles que tiveram a experiência extraordinária, terrível e privilegiada de ser filhos dos magnatas de Stálin continuam ligados, e não surpreende que suas atitudes desafiem o tempo — e o destino de suas próprias famílias. Os ideais apaixonadamente otimistas do marxismo-leninismo-stalinismo e os triunfos imperiais dos exércitos do generalíssimo continuam tão potentes e persuasivos quanto a presença do próprio Stálin, do qual jamais se libertam. Na velhice de Mólotov, perguntaram-lhe se sonhava com Stálin: "Não com frequência, mas às vezes. As circunstâncias são muito incomuns. Estou numa cidade destruída e não consigo encontrar a saída. Depois, encontro STÁLIN...".[1]

Notas sobre fontes

UMA OBSERVAÇÃO SOBRE FONTES E GRAFIA DE NOMES

Este livro baseia-se em minhas pesquisas nos arquivos do RGASPI e do GARF, com seu conjunto esclarecedor de novas cartas e diários, dos bilhetes entre Stálin e seus companheiros líderes ao diário de Ekaterina Vorochílova, bem como em novas pesquisas no RGVA e no TSAMO da Federação Russa. Mas também usei sem pudor minhas próprias entrevistas e as memórias dos participantes e de membros de suas famílias. É evidente que estes últimos materiais são menos confiáveis que os anteriores, mas creio que ainda são valiosos: sempre que possível, conferi essas entrevistas com outras testemunhas. Utilizei-as em questões sobre as quais elas estavam bem informadas. Por exemplo, pode-se dizer que os filhos de Malenkov são provavelmente confiáveis em relação às histórias que seu pai lia para eles na hora de dormir, mas têm pouco valor quanto a seu papel no Politburo. As memórias de Sergo Béria têm o objetivo de redimir a reputação de seu pai, mas, para minha surpresa, ao conferir suas histórias, descobri que são bastante confiáveis sobre os cortesãos de Stálin e as conversas ao redor da mesa. É evidente que as reminiscências de magnatas como Khruchióv, Mólotov, Kaganóvitch, Mikoian, Chepílov e as recém-publicadas de Mgeladze são valiosas, porém, ao mesmo tempo, muitas vezes evasivas ou mentirosas. Tive a felicidade de poder usar as memórias não publicadas de Tcharkviani, Kavtaradze, Budiony e do filho de Dekanózov, mas as mesmas regras se aplicam a elas.

Usei materiais das confissões no NKVD, tais como testemunhos que tinham por alvo Iejov em 1939 e citados na nova biografia dele, escrita por Marc Jensen e Nikita Petrov; os testemunhos contra Vlássik, em 1952; e contra Béria, em 1953. Nos três casos, o objetivo dos "Órgãos" era desumanizar os incriminados manchando-os com acusações de má conduta sexual. Eles são usados com essa advertência saudável, mas concordo quando Petrov diz que podem ser utilizados com cautela. Nos três casos, as entrevistas confirmaram a verdade mais ampla de algumas dessas acusações.

Por fim, devo destacar minha dívida para com as grandes obras sobre a história de Stálin que usei como meus textos essenciais neste livro. São elas: os dois volumes de Robert Tucker, *Stalin as revolutionary* e *Stalin in power; The Great Terror*, de Robert Conquest; *The road to Terror*, de Arch Getty; *A history of the 20th century Russia*, de Robert Service; *The road to Stalingrad* e *The road to Berlin*, de John Erickson; *Russia's war*, de Richard Overy; *Everyday stalinism*, de Sheila Fitzpatrick; *Inside the Kremlin's Cold War*, de Vladislav Zubok e Constantine Plechakov; *Grand delusion*, de Gabriel Gorodetsky; *Stalin and the bomb*, de David Holloway; *Beria* e *Who killed Kirov*, de Amy Knight; *Ezhov*, de Marc Jansen e Nikita Petrov; *Stalin's generals*, de Harold Shukman; *Out of the red shadows*, de Gennadi Kostirtchenko; *Stalin's last crime: the Doctors Plot*, de Jonathan Brent e Vladímir Naumov; *Nikita Khrushchev*, de William Taubman, Serguei Khruchióv e Abbott Gleason; as coleções da correspondência de Stálin com Mólotov e Kaganóvitch de Oleg Khlevniuk e suas obras sobre os anos 30 e Ordjonikidze.

NOTA DA EDIÇÃO BRASILEIRA. A sempre controvertida e problemática transliteração de nomes russos contou com o valioso auxílio da professora Elena Vássina, do Departamento de Línguas Orientais da USP. Procurou-se fugir da transliteração do original, feita para a língua inglesa, na tentativa de indicar aproximadamente como seria a pronúncia em português. Seguiu-se quase sempre a regra de acentuação da língua portuguesa (Stálin, Lênin) e foi feito vasto uso de acentos, a fim de chamar a atenção para a acentuação correta de nomes que costumamos ler como oxítonos (Mólotov, Bréjnev, Allilúiev, Vissariónovitch). Uma exceção são os nomes terminados em "ski" (Vichinski, Vassilevski), em que a pronúncia paroxítona é natural em português. Além disso, manteve-se um ou outro nome cuja grafia já está consagrada (Isaac Babel, em vez do correto Issáac Bábel, por exemplo).

REVISTAS E JORNAIS CITADOS

American History Review
Argumenty i Fakty
Bolchevik
Cold War History
Europe/Asia Studies
Ejegódnik Iberiisko-Kavkázskogo Iazykoznánia
Far Eastern Affairs, Moscou
Glásnost
International Affairs
Istótchnik
Istorítcheski Arkhiv (IA)
Istorítcheski Jurnal
Istoria SSSR
Itogui
Iúnost
Izvestia
Izvestia TsK KPSS

Komunist
Komsomolskaia Pravda
Kraznaia Zvezdá
Leningrádskaia Pravda
Literatúrnaia Gazeta
Literaturuli Sakhartvelo
Literatúrnaia Rossia
Mir Istórii
Molodaia Gvárdia
Moskóvskie Nóvosti
Nezavíssimaia Gazeta
Nezavíssimoe Voiênoe Obozrênie
Novy Jurnal
Nóvaia i Novêichaia Istória
Novy Mir
Ogoniok
Pravda
Rôdina
Rossíiskaia Gazeta
Rossiiskie Vesti
Chpion
Slavic Review
Slavic Military Studies
Slavonic and East European History Review
Sovercheno Sekretno
Sovietskaia Rossia
Sovietskaia Milítzia
Soviet Studies
Svobódnaia Mysl
Síntaksis
Transcaucasia
Trud
Vetcherni Klub
Viêstnik Protivovozdúchnoi Oborony
Voiênno-Istorítcheski Jurnal (VIJ)
Voieny Arkhiv
Voprossy Filossofii
Voprossy Istorii
Voprossy Istorii Komunistítcheskoi Partii Soviêtskovo Soiuza
Znánie

ABREVIAÇÕES DOS NOMES DOS ARQUIVOS CITADOS

RGASPI	Arquivo do Estado Russo de História Política e Social
GARF	Arquivo do Estado da Federação Russa
RGVA	Arquivo de Guerra do Estado Russo
TSAMO	Arquivos Centrais do Ministério da Defesa da Federação Russa
FSB FR	Arquivos Centrais do Serviço de Segurança da Federação Russa
RGAE	Arquivos Econômicos do Estado Russo
RGALI	Arquivos do Estado Russo de História e Literatura
APFR	Arquivo de Administração do Presidente da Federação Russa
Izvestia TSK KPSS	Izvestia do Comitê Central do Partido Comunista da União Soviética

PRÓLOGO: O JANTAR FESTIVO (pp. 25-45)

1. Este relato sobre o dia 8 de novembro de 1932 baseia-se nas memórias de Mólotov e Svetlana Allilúieva, entrevistas com os membros sobreviventes da família de Stálin e filhos dos líderes soviéticos, junto com os registros sobre a saúde de Nádia, cartas de e para Stálin, e relatórios oficiais nos arquivos RGASPI e GARF, bem como em relatos publicados, tais como *Stalin*, de Edvard Radzinski. Aparência de Nadejda: Svetlana Allilúieva, *Twenty letters to a friend*, pp. 90-111. Boris Bajánov, *Bajanov and the damnation of Stalin*, p. 110. Testemunho de Nadejda Stálin citado em Radzinski, *Stalin*, pp. 278-9. Mulheres: F. Chuiev (ed.), *Molotov remembers* (doravante, *MR*), pp. 164, 174. Diário de Stálin de 8 de nov.: Póstichev também estava na reunião, *Istorítcheski Arkhiv* (doravante *IA*) 1994, nº 1 a 1997 nº 1 e Índice. 1998 nº 4, Posetileli Kremlevskogo Kabineta IV Stallina 1924-53. Iagoda: A. L. Litvin *et al.* (eds.), *Guenrikh Iagoda Narkom vnytrennikh del SSSR, Generalnii kommissar gossudarstvennoi besopastnosti* (doravante *Iagoda*), pp. 1-20. Bigode hitleriano de Iagoda: entrevista de Marta Péchkova. Aparência de Stálin: olhos cor de mel, entrevista de Maia Kavtaradze. Braço não tão ruim, sobretudo velho: entrevista de Artiom Serguéiev. Cheiro de tabaco: entrevista de Leonid Redens com o autor e de Svetlana Allilúieva com Rosamund Richardson (doravante, Svetlana *RR*). Atores copiam modo de andar: Galina Vichnevskaia, *Galina, a Russian story*, pp. 95-7. Layout do Kremlin e residências dos líderes: entrevista de Stiepan Mikoian. Época maravilhosa: RGASPI 74.1.429.65-6, diário de E. D. Vorochílova, 21 de junho de 1954.

2. Segurança: RGASPI 17.162.9.54, citado em Oleg Khlevniuk, *Le circle du Kremlin, Staline et le bureau politique dans les années 30. Les jeux du pouvoir*, p. 51. Sobre Lênin: Robert Service, Lenin, pp. 400-1. Visitas a Bedni: ver Pável Sudoplátov, *Special tasks*, p. 52. Mendigo: *MR*, pp. 14, 213. N. S. Vlássik, "Moia Biografiia", *Chpion*, v. 8-9, pp. 25-7: até 1927, Stálin tinha um guarda-costas, Iusis, um lituano que ganhou então a companhia de Vlássik. Caroneiros: entrevistas de Iúri A. Jdánov, Artiom Serguéiev. Sudoplátov, p. 52. Decreto sobre caminhada de Stálin: RGASPI 17.162.9.54, citado em Khlevniuk, Circle, p. 51. F. Chúev (ed.), *Tak govoril Kaganovitch* (doravante, *Kaganovitch*), p. 191. Ver também *MR* para a história de como Stálin e Mólotov encontraram um vagabundo caminhando por Moscou. Crianças do Kremlin encontrando Stálin: entrevista de Natália Andréieva.

3. Para a teoria da psoríase, que não está provada, ver W. H. Bos e E. M. Farber, "Joseph Stalin psoriasis: its treatment and the consequences", em *Cutis*, v. 59, abril de 1997. Agradeço a R. Service por me chamar a atenção para isso. Para tonsilite e garganta inflamada: I. Valedinski,

"Vospominaniia o vstretchah s tov. Stalinim IV", em *Muzei Revolutzii*, v. 23, Moscou, 1992, pp. 121-6. Stálin repreende Vassíli: Artiom Serguéiev. Também: ver Akáki Mgeladze, *Stalin kakim ia ego jnal*, pp. 198-9: "Se eu tivesse feito isso, eu não teria sido Stálin". "Cinco ou seis Stálins" — *Kaganovitch*, p. 154. *Litsedei*: ver V. Zubok e C. Plechakov, *Inside the Kremlin Cold War, from Stalin to Khrushchev* (doravante Zubok), p. 21. A formação inicial do caráter de Stálin: "Joseph Stalin, the making of astalinist", de Robert Service, em J. Channon (ed.), *Politics, society and Stalinism in the USSR*, pp. 15-30.

4. RGASPI 558.11.1550.34-5, Stálin a Nádia, 21 de junho de 1930. Nádia informante: RGASPI 85.28.63.13, Nádia Allilúieva para Ordjonikidze queixando-se de esquecimento do pedido de Stálin para treinamento correto de técnicos na Academia, 2 de abril de 1931. Agradeço a Robert Service por esta informação.

5. RGASPI 558.11.1550, Nádia a Stálin, 28 de agosto de 1929.

6. Sobre a loucura de Nádia: *MR*, pp. 173-4. Os problemas mentais da família Allilúiev: entrevistas de Kira Allilúieva e Stanislas Redens. Svetlana *RR*. Polina citada em Svetlana, *Twenty letters*, p. 118.

7. RGASPI, 558.11.1550.27, Nádia a Stálin, 27 de setembro de 1929.

8. RGASPI 558.11.1550.8, Stálin a Nádia, 29 de agosto de 1929. Sobre os estudos de Vassíli e seu professor: RGASPI 558.11.1550.31-2, Stálin a Nádia, 2 de julho de 1930. 558.11.1550.61-63, Svetlana a Stálin, 21 de setembro de 1931.

9. RGASPI 558.11.1550.7, Nádia a Stálin, 28 de agosto de 1929. RGASPI 558.11.1550.8, Stálin a Nádia, 29 de agosto de 1929. Stálin sobre os médicos de Nádia: RGASPI 558.11.1550.30, Stálin a Nádia, 21 de junho de 1930. Os dentes de Stálin: RGASPI 558.11.1550.43-5, Stálin a Nádia, 24 de set. de 1930 e RGASPI 558.11.1550.34-5, Nádia a Stálin, 5 de setembro de 1930.

10. RGASPI 558.11.1550.29, Nádia a Stálin, 1º de outubro de 1929.

11. RGASPI 558.11.1550.36-7, Stálin a Nádia, 8 de setembro de 1930.

12. RGASPI 558.11.1550.7, Nádia a Stálin, 28 de agosto de 1929.

13. Nádia a Stálin sobre política: por exemplo, RGASPI 558.11.1550.10-12, Nádia a Stálin, 2 de set. de 1929. Ela relata como Ordjonikidze e Rudzutak se encontraram com Vorochílov; e opinião de Ordjonikidze sobre a economia da Kabardia Pequena.

14. Nádia, Stálin e livros. Sobre a literatura dos russos brancos sobre Stálin: RGASPI 558.11.1550.65-6, Nádia a Stálin, 26 de setembro de 1931. RGASPI 558.11.1550.35-6, Stálin a Nádia e Nádia a Stálin, 5 e 8 de setembro de 1930. RGASPI 558.11.786,123-4, Nádia a A. N. Poskrióbichev, 10 de julho de 1932.

15. Fotografias: RGASPI 558.11.1550.43-5, Stálin a Nádia, 24 de setembro de 1930. A aparência engraçada de Mólotov: RGASPI 558.11.21550, 65-6, Nádia a Stálin, 29 de setembro de 1931.

16. RGASPI 535.1.53.18, N. Allilúieva, IKKI, 12 de maio de 1927. Sobre *babas*: RGASPI 44.1.1.417, Nádia Allilúieva a Maria Svanidze, 11 de jan. de 1926. Sobre galinhas: Nádia a Kalínin citado em Radio 4, *Kremlin women*, de Robert Service.

17. RGASPI 558.11.1550.9, Stálin a Nádia, 1º de setembro de 1929.

18. Vida no Kremlin, memórias de Vorochílov e apartamento: Artiom Serguéiev. Natália Andréieva, Stiepan Mikoian. *MR*, p. 210. Aqui caminhou Ivan: Zubok, p. 16.

19. Gulia Djugachvili, *Ded Otets, Ma i Drugie*, pp. 18-19. Kírov levou Iákov para Moscou em 1921 e cuidou dele em Petersburgo, RGASPI 558.11.1550.10-12, Nádia a Stálin, 2 de setembro de 1929. Sobre Iacha e o suicídio de Nádia: RGASPI 558.11.1.213-95, diário de Maria Svanidze, 9 de maio de 1935. Sobre a piada de Stálin a respeito do suicídio de Iacha: Svetlana Allilúieva *RR*.

20. A aparência de Nadejda: Svetlana, *Twenty letters*, pp. 90-111. Bajánov, p. 110. Testemunho de Nadejda Stálin citado em Radzinski, pp. 278-9. *MR*, p. 164. Artiom Serguéiev. Desequilibrado mental: Z. A. Jdánova citado em Svetlana, *Twenty letters*, p. 112. Bater em Vassíli: Rosamond Richardson, *The long shadows: inside Stalin's family*, pp. 130-1. Registros médicos de Nádia: RGASPI 558.11.1551.

21. Sobre presença no jantar: Andréievs: Natália Andréieva. Mikoians: Stiepan Mikoian. Ordjonikidze: Eteri Ordjonikidze. Bukhárin, Mólotov, Kalínin: Stálin a Bukhárin em Anna Larina, *This I cannot forget, The memoirs of Nikolai Bukharin's widow*, pp. 142, 291. Pável e Jênia Allilúiev: Kira Allilúieva. Budiony: Nina Budiony. Dentes brancos: Isaac Babel, *1920 Diary*, p. 89. História de Nádia dançando com outra pessoa: "Alguém estava dando demasiada atenção a ela na festa [...]" Nadejda Stálin (neta que escutou a história de Ana Allilúieva), citado em Radzinski, p. 278. Dançando com Ienukidze: entrevista com Natália Ríkov.

Sobre Stálin e as mulheres: Stálin "bem bonito" etc.: *MR*, p. 174. "Bela" Iegórova: A. T. Rubin, *Stalin v Oktyabre 1941*, p. 20. Sobre Iegórova "dançando e diversão": registro de interrogatório citado por Larissa Vassílieva, *Kremlin wives*, pp. 103-11. "A bela esposa de Iegórov que fora estrela do cinema": Joseph E. Davies, *Mission to Moscow*, p. 95; Svetlana Allilúieva, *Only one year* (doravante Svetlana *OOY*), pp. 131, 317; entrevista com Nadejda Vlássik. Correspondência de fãs: RGASPI 558.11.726.61, Rachel Dizik a Stálin e resposta de Stálin, 3 de abril de 1931. Sobre Mikúlina: *IA*; visita de E. N. Mikúlina a Stálin: Jores Medviêdev, *Politische Dnevnik*, 1975, pp. 364, 418-34, *Sotchinenia* de Stálin, v. 12 (1949), pp. 108-15. História de Rusudana Jordania: A. T. Rubin, *Stalin v Oktyabre 1941*, p. 18. Na entrevista do autor com A. Mirtchkulava, que conheceu bem Rusudana, ele ridicularizou a ideia de um caso: "Ela era tão mais jovem do que ele"; entrevista com Natália Poskrióbicheva. Sobre Vlássik: entrevista com Nadejda Vlássik. Sobre o sucesso com mulheres do Partido, Stal e Slavotisnskaia: *Kaganovitch*, p. 160. Sobre Dora Khazan: Bajánov, p. 36. Sobre ciúmes (bailarina) e "autocondescendente": entrevista com Vladímir F. Allilúiev (Redens). Sobre ciúme (barbeira) e loucura: *MR*, p. 173; Natália Ríkova; Davies, p. 95. Sobre as cartas enciumadas de Nadejda a Stálin: RGASPI 558.11.1550.148, 30 de junho de 1930. Dançar: Koslovski em Vladímir Kárpov, *Rastrelyannye Marshaly*, p. 342. Rosa Kaganóvitch: *Kaganovitch*, pp. 48-50. Sobre mulheres no Grande Terror: Robert Conquest, *Stalin: breaker of nations*, p. 216. Sobre as esposas do Politburo (PB), 5 de julho de 1937: AP FR 3.58.174.107, citado em Alexander Iákovlev, *A century of violence in Soviet Russia*, p. 42. Michael Parrish, *The Lesser Terror* (doravante *Lesser Terror*) *Soviet State security 1939-1953*, p. 33. Todas as Allilúiev querem dormir com Stálin: Sergo Béria, *Beria my father: inside Stalin's Kremlin* (doravante Sergo B), p 150. história contada a Nina Béria por Svetlana.

22. Sobre o casamento de Stálin e Nadejda: entrevista com Kira Allilúieva. Uma "mulher irascível": Pauker citado por Alexander Orlov, *Secret history of Stalin's crimes*, p. 315. Instabilidade de Nádia: Eteri Ordjonikidze, "Depressão — uma forma de esquizofrenia incipiente que afligia" a família de sua mãe — Svetlana *RR*. Sobre seu comodismo, sua doença, "até a babá se queixava de que ela não se interessava pelos filhos" — Vladímir Allilúiev (Redens). Sobre sua rudeza com Stálin: "Cala a boca": entrevista com Nina S. Budiony; e Maria Budiony (terceira esposa) em Vassílieva, *Kremlin wives*, p. 72. Sobre "alguém lhe dando atenção": Nadejda Stálin em Radzinski, p. 278. Sobre Ienukidze: Natália Ríkova. Sobre o brinde político: Rybin, *Oktyabre 1941*, p. 10. Sobre suas rixas: batidas na porta do banheiro, N. S. Khruchióv, *Khrushchev remembers: the Glasnost papers* (doravante *Glasnost*), p. 16. Nadejda "uma idiota" de acordo com sua mãe: Svetlana *OOY*, p. 317. Sobre

a conversa de Polina Mólotova com Nadejda na noite de 8-9 de novembro: *MR*, p. 173, e Svetlana, *Twenty letters*, pp. 117-8.

23. Polina e Nádia, Stálin no apartamento: *MR*, p. 173; Polina e relato da ama a Svetlana, *Twenty letters*, pp. 116-8; mais relatos da família ao autor: Kira Alliluíeva, Artiom Serguéiev, Leonid Redens, Vladímir Alliluíev (Redens). Rosa derrubada: Nadejda Stálin, bisneta, em Radzinski, p. 278. A arma: pedido de Nadejda a Pável, porta trancada: entrevista com o autor. O apartamento: *MR*, p. 189; também Artiom Serguéiev. História de Guseva e guarda idiota: Khruchióv, *Glasnost*, pp. 15-7. Hora da morte: relatório secreto do dr. Kuchner: GARF 7523c.149a.2-7.

24. Svetlana, *Twenty letters*, pp. 116-8: ela cita os relatos de sua babá e Polina Mólotova de 1955. Anastas Mikoian, *Tak bylo* (doravante Mikoian), p. 332: embora estivesse muito mais perto do tiro, Zina Ordjonikidze só escutou "um som surdo" quando Sergo Ordjonikidze se matou. Sobre a Plataforma Riútin: Vlássik em entrevista ao dr. N. Antipenko, citada em Radzinski, p. 286. "Ióssif, Nádia não está mais entre nós": Svetlana, *Twenty letters*, p. 117. "Ióssif, Nádia está morta": Vassílieva, *Kremlin wives*, p. 67. Ienukidze foi o primeiro a chegar, chamado por uma ama: Larina, p. 142.

25. Papel de Ienukidze: GARF 7523c-149a-2.1-6, inclusive relatório do professor Kuchner, documento 7. A fofoca do *staff* e a versão oficial: GARF 3316.2.2016.1-8. Pedido de perdão de A. G. Kortchagina a Kalínin. Ela fora presa em 1935 por ser membro de grupo terrorista. "Oh Nádia, Nádia": Mgeladze, pp. 117-8. "Ela me aleijou": diário de Svanidze. *Kaganovitch*, pp. 73, 154. Svetlana, *Twenty letters*, pp. 116-20, "Não posso continuar vivendo desse jeito". Um trapo: Svetlana, Richardson, *Long shadow*, pp. 130-1. Stálin, pistola "de brinquedo": *MR*, p. 173.

1. O GEORGIANO E A ESTUDANTE (pp. 49-62)

1. Data verdadeira de nascimento: RGASPI 558.4.2.2. Poesia: RGASPI 558.4.600. O relato neste capítulo da juventude de Stálin e sua ascensão está baseado essencialmente no excelente *Stalin as revolutionary*, de Robert Tucker, bem como em *Stalin: breaker of nations*, de Robert Conquest; Radzinski; Volkogónov, *Stalin: triumph and tragedy* (doravante Volkogónov); Edward Ellis Smith, *Young Stalin*; nas memórias de Serguei Alliluíev e Ana Alliluíeva, publicadas com o título de *The Alliluiev memoirs*, ed. David Tutaiev, e em russo, S. Alliluíev, *Proidennyi put*; e nas memórias não publicadas de Candide Tcharkviani, a quem Stálin falou de suas infância e juventude. Sobre Keké: Sergo B., pp. 20-1. Sobre Beso e o padre, Keké expulsa Beso e visita de Beso ao seminário e amizade com a família Egnatachvili, inclusive Vaso e o general Alexander Egnatachvili, "minha bolsa de cinco rublos, mais cinco rublos por mês para cantar", envia dinheiro à mãe, ateu no primeiro ano, morte do pai, não gostava de discutir a infância: Candide Tcharkviani, pp. 1-7, o seminário, pp. 9-10. Sobre Egnatachvili como padrinho, não pai, proximidade de Stálin da família: entrevista com Tina Egnatachvili. Stálin sobre gente comum na história: David Holloway, *Stalin and the bomb*, p. 264. Stálin estava discutindo o suicídio do secretário da Defesa americano Forrestal. Camisa engordurada: Radzinski, p. 47.

2. Dentes, exílio, 1902-3 passados nas prisões de Batumi e Kutaisi; ele vê uma amputação: "Ainda ouço o grito", Stálin em Tcharkviani, pp. 20-5. Tucker, *Revolutionary*, pp. 134, 156-7; sete exílios, seis fugas, pp. 94-5, baseado na biografia oficial de Stálin, embora ele possa ter exagerado os números. Roman Brackman, *The secret file of Joseph Stalin*, é útil para a atmosfera da luta clandestina.

3. S. Allilúiev, *Proidennyi put*, p. 182. "Carinhosa com Stálin; Olga com "queda por casos amorosos" e "fraqueza por homens meridionais", poloneses, turcos etc.: Svetlana, *Twenty letters*, pp. 49-58. Stálin sobre as mulheres Allilúiev querendo dormir com ele: ver Sergo B, p. 150. Vassílieva, *Kremlin wives*, p. 55.

4. Papel em Kartli, 1905-7; roubos: memórias de Stálin: Tcharkviani, pp. 12-4; A. S. Allilúieva, *Vospominaniia*, pp. 187-90; Tucker, p. 158; *Argumenty i fakty*, setembro 1995; Radzinski, p. 67; Svetlana, *OOY*, p. 381.

5. Zubok, p. 80. Entrevista com V. Níkonov, maio de 2001. Entrevista com Natália Poskrióbichev. Stálin e Stal: *MR*, p. 164. *Kaganovitch*, p. 160.

6. Registro policial, 1913: RGASPI 558.4.214. A. S. Allilúieva, *Vospominaniia*, pp. 187-90; Tucker, *Revolutionary*, pp. 150-8; *Argumenty i fakty*, set. 1995; Radzinski, p. 67; Svetlana *OOY*, p. 381. Stálin sobre Lênin e nacionalidades em Cracóvia, 1912-3: Tcharkviani, pp. 25-7; caçando e congelando no Ártico, p. 22.

7. A. S. Allilúieva, *Vospominaniia*, pp. 183-90. *MR*, p. 93, Tucker, *Revolutionary*, pp. 150-7, 165. Service, *Lenin*, pp. 253-83. Vassílieva, *Kremlin wives*, p. 55. Lendo para filhos: Artiom Serguéiev.

8. *MR*, pp. 96-7. N. N. Sukhánov, *The Russian Revolution 1917*, p. 230. Radzinski, pp. 115-7.

9. Este relato de Tsarítsin baseia-se em Tucker, *Revolutionary*, pp. 190-7, e Conquest, *Breaker of nations*, inclusive "nenhum homem, nenhum problema"/barcaça, pp. 76-83. Sobre a barcaça: RGASPI 74.2.38.130, Stálin a Vorochílov s.d. Stálin, Vorochílov e Sergo comentam sobre a versão de Trotski de Tsarítsin, "comandante de opereta", em RGASPI 74.2.37.60, Vorochílov e Stálin a Mólotov, Kaganóvitch e Ordjonikidze, 9 de junho de 1933. K. E. Vorochílov, *Stalin and the Armed Forces of the USSR*, pp. 18-9. Stálin, *Sotchineniya* IV, pp. 118-21, 420. Tucker, *Revolutionary*, 190-7. Roy Medviêdev, *Let history judge* (doravante Medviêdev), p. 13. Svetlana *RR*. Vassílieva, *Kremlin wives*, pp. 60-1, 78-9, 90. O. Khlevniuk, *In Stalin's shadow: the career of Sergo Ordzhonikidze* (doravante *Ordzhonikidze*), pp. 7-16.

10. Mikoian, cap. 4-7. Tucker, *Revolutionary*, pp. 202-5.

11. Este breve relato de 1920-9 baseia-se nas seguintes obras clássicas notáveis: *Harvest of sorrow*, de Robert Conquest, cap. 5; Robert Service, *Lenin*, pp. 421-94; Service, *A history of 20*[th] *century Russia*, pp. 170-81; o segundo volume de *Stalin in power: the Revolution from above*, de Robert Tucker, pp. 91-7, 139-43; Geoffrey Hosking, *History of the Soviet Union 1917-1991*, pp. 159-70. O relato de Stálin de 1928: Tcharkviani, p. 30; Gerald Easter, *Reconstructing the State*, p. 71. Meu relato sobre o Partido e sua ideologia está baseado nas melhores obras sobre o tema: Sheila Fitzpatrick, *Everyday Stalinism*, pp. 14-21; Service, *Lenin*, pp. 142, 153-5, 377-8; Tucker, *Power*, p. 120; Zubok, pp. 3-8. J. Arch Getty e Oleg V. Naúmov, *The road to Terror, Stalin and the self-destruction of the Bolsheviks 1932-9* (doravante Getty), pp. 5-29.

2. A FAMÍLIA DO KREMLIN (pp. 63-7)

1. RGASPI 74.1.429.65-6, E. D. Vorochílova, 21 de junho de 1954. Svetlana, *Twenty letters*, p. 35.

2. RGASPI 74.2.37.46, Vorochílov a Stálin, 6 de junho de 1932. Batendo na porta: Mikoian, pp. 53-4; Natália Andréieva.

3. RGASPI 55.11.1550.29, Nádia a Stálin, 18 de outubro de 1929. Sobre Kírov: 558.11.1550.34, Nádia a Stálin, 5 de setembro de 1930, e 558.11.1550.53-8, Nádia a Stálin, outono de 1931. Sobre a

interferência de Mólotov: 558.11.1550.36-41, Nádia a Stálin, 8, 12, 19 de set. de 1930; 558.11.1550.43-5, Stálin a Nádia, 24 de setembro de 1930. Sobre Kaganóvitch: 558.11.1550.46-9, Nádia a Stálin, 30 de setembro de 1930. Sobre as visitas de Zina Ordjonikidze e Mólotov: 558.11.1550.52, Stálin a Nádia, 9 de setembro de 1931.

4. "Meu radiante amor, meu coração e felicidade", RGASPI 82.2.1592.1, Mólotov a Polina, 13 de agosto de 1940. "Beijo todo o teu corpo", RGASPI 82.2.1592.4-6, Mólotov a Polina, 15 de agosto de 1940. "Como eu adoraria segurá-la em minhas mãos, perto do meu coração [...] amarrado de corpo e alma". Mólotov a Polina: RGASPI 82.2.1592.40-5, provavelmente abril de 1945, Nova York. RGASPI 82.2.1592.19-20, Mólotov a Polina, 8 de julho de 1946. Carreira de Mólotov: Volkogónov, pp. 244-66; Zubok, pp. 80-4. "Uma vez tocou violino por dinheiro para comerciantes bêbados", mas criou a política externa com Stálin/"mais de uma vez ergueu sua voz a meu favor ou de outros, sofrendo a raiva explosiva de Stálin", Khruchióv, *Glasnost*, pp. 75-7. Bajánov, pp. 13-4. Jornalista/grande precisão mas lerdo: Oleg Troianovski, em William Taubman, Serguei Khruchióv e Abbott Gleason, *Nikita Khrushchev* (doravante Taubman), p. 211. Também entrevista com Oleg Troianovski. Carreira de Polina: Roi Medviêdev, *All Stalin's men*, pp. 97-128; Guennadi Kostirtchenko, *Out of the red shadows: Antisemitism in Stalin's Russia*, pp. 119-20; Khlevniuk, *Circle*, pp. 257-60. Arrogância de Polina — "Primeira-dama do Estado" e "primeiro violino em casa": Mikoian, pp. 298-9. Duro, mas não uma máquina: Artiom Serguéiev. Mólotov: dançarino, N. S. Khruchióv, *Khrushchev remembers* (doravante *KR*), v. 1, p. 310. Irritação de Mólotov com seus subordinados: N. T. Fedorenko, "Zapiski diplomata: rabota s Molotovym", *Novaia Noveichaia Istória*, nº 4, 1991, pp. 81-2; Inez Cope Jeffery, *Inside Russia: life and times of Zôia Zarúbina* (doravante *Zarúbina*), pp. 3-4; Sergo B, p. 48; Zubok, pp. 87-92. Desagradável: Oleg Troianovski. Fedorenko: Y. Tchaadáiev citado em Grigory Kumániev (ed.), *Ryadom so Stalinism* (doravante Kumániev), p. 420. Gagueja para Stálin: Berejkov, *History in the making*, p. 49. Meticuloso: Anatoli Dobrínin, *In confidence*, p. 31. Sono de treze minutos: Andrei Gromiko, Memoirs, p. 314. Parceria com Stálin e contradiz Stálin: Milovan Djilas, *Conversations with Stalin* (doravante Djilas), pp. 67-72. Rancor: Mikoian em Kumániev (ed.): lentidão, dureza e vaidade de Mólotov, p. 67. Início da carreira: Easter, pp. 71-5. Mólotov: "Sou um homem do século XIX", nove em dez crianças, tocavam bandolim, *MR*, pp. viii-xiii. Rixas com Stálin: *MR*, pp. 20, 92.

5. Sobre os jantares: Mikoian — "Clube político". Entrevista com Iúri A. Jdánov: seu pai, Jdánov e Stálin comparavam os jantares a "simpósios". *KR*, pp. 70-1. Jantares: Mikoian, pp. 352-7. *Kaganovitch*, pp. 58, 81. Xadrez: Maia Kaganóvitch a Galina Udenkova, entrevista do autor. Polina, truste do perfume TeJe: Mikoian, pp. 298-9. Kira Allilúieva. Artiom Serguéiev. Natália Andréieva.

6. Stálin fica sem dinheiro: RGASPI 558.11.822, Stálin a A. B. Khalátov, presidente do GIZ, 3 de janeiro de 1928. Nádia pede dinheiro: RGASPI 558.11.1550.16-24, Nádia a Stálin, 26 de setembro de 1929. RGASPI 558.11.1550, Stálin a Nádia, 25 de setembro de 1929. Stálin confirma se ela recebeu: RGASPI 558.11.1550.28. Ela recebeu: RGASPI 558.11.1550.29, Nádia a Stálin, 1º de outubro de 1929.

7. Dinheiro: RGASPI 558.11.822, Stálin a Khalátov, 3 de janeiro de 1928. *KR*, I, p. 81. Sempre com escassez de comida. Sobre Mikoian/Polina: entrevistas com Stiepan e Sergo Mikoian. Sobre Nádia e Dora Khazan nos bondes: Natália Andréieva. Sobre mobília: RGASPI 558.11.753.3, Stálin a Iaroslavski e Kalínin, 25 de junho de 1925.

3. O ENCANTADOR (pp. 69-84)

1. RGASPI 558.11.27.16-18, Stálin sobre o que é um kulak, um escravo? 1928-9. RGASPI 558.11.765.48-58, Mikoian a Stálin, 23 de agosto de 1929 sobre exaustão e resistência. Lênin e kulaks: Lênin, *Polnoye sobraniye sotchinenii*, v. 37, p. 41, e v. 50, pp. 137, 142-5. Comissão de Mólotov, 30 de janeiro de 1930: "Sobre medidas para liquidar lares de kulaks em regiões de coletivização total", RGAE 7486. 37.78.4/44 e 95-7, sobre estatísticas, tudo citado em Iákovlev, pp. 91-8. Stálin sobre abraçar Mólotov: *MR*, p. 242. O relato da coletivização baseia-se em Tucker e Conquest. Tucker, *Power*, pp. 94-5, 129, 138-47, 172-6. Tucker cita estatísticas sobre campos: 2 milhões de prisioneiros, p. 173, aqueles "dekulakizados", p. 181; gato massacrado, p. 182, 5-7 milhões tratados como kulaks em decreto de 1930: Service, *20th Century Russia*, p. 180. Conquest, *Harvest of sorrow*, caps. 6 e 7. Sobre a cultura partidária: Fitzpatrick, *Everyday Stalinism*, pp. 14-21. Service, *Lenin*, pp. 142, 153-5, 377-8, 458. Tucker, *Power*, p. 120. Zubok, pp. 3-8; Getty, pp. 5-30. N. K. Baibakov, *Delo jizni: zapiski neftyanika*, p. 163. Béria citado em Andrei Sákharov, *Memoirs*, p. 159. Agitação nas fábricas: Moisei Kaganóvitch em Service, *20th Century Russia*, p. 243. Liev Kópeliev, *No jail for thought*, p. 32. Sacralidade de "camarada" — Julia Minc em Teresa Toranska, *Oni* (doravante, *Oni*), p. 16, fé total, Stefan Staszewski, pp. 128-37, necessidade interior, Jakub Berman, p. 207. Desprezo de Mólotov pelos nazistas e líderes ocidentais: *MR*, p. 20 e citado em Zubok, p. 26. Kírov — nada de obras teóricas: *MR*, p. 221. Stálin sobre Mao: Zubok, p. 62. Stálin e Krupskaia: *MR*, p. 133. Stálin e A. S. Iákovlev citado em Seweryn Bialer (ed.), *Stalin and his generals*, p 99. Lênin e o Terror: citação de Service, *Lenin*, p. 421. Elogio a Stálin como lutador comunista: Rudzutak, 7-12 de janeiro de 1933, citado em Getty, p. 93. Stálin e pena por amizades: Stálin a Mólotov, 24 de agosto de 1930, L. T. Lih, O. V. Naúmov e O. V. Khlevniuk, *Stalin's letters to Molotov* (doravante *Molotov letters*), p. 206. Bater na cara: *Molotov letters*, Stálin a Mólotov, 2 de setembro de 1930, p. 210.

2. RGASPI 73.2.44.14, Mólotov a Andréiev, 18 de junho de 1929.

3. RGASPI 73.2.44.9, Stálin a Andréiev, "Não fique zangado", s.d., e RGASPI 73.2.44.13, Stálin a Andréiev, "Não acho que você não está fazendo nada", 11 de março de 1929. RGASPI 73.2.44.14, Stálin a Andréiev, "Dobrá-los", 18 de maio, s.d. Ver também Easter, pp. 112-25.

4. Mikoian, p. 52. RGASPI 558.11.765.48-9, Mikoian a Stálin sobre saúde do PB, 23 de agosto de 1928. Desprezo de Mikoian por Mólotov: Stiepan Mikoian, *Memoirs of military test-flying and life with the Kremlin's elite* (doravante Stiepan M), p. 329. Desprezo de Mólotov por Kaganóvitch: *MR*, pp. 228-79. Rixas de Kaganóvitch com Mólotov: *Kaganovitch*, p. 61. Sergo e Kaganóvitch verdadeiros amigos: *Kaganovitch*, p. 162 e em entrevista com Eteri Ordjonikidze. Kaganóvitch pede desculpas a Sergo: Khlevniuk, *Ordzhonikidze*, p. 94.

5. Sergo B, pp. 134, 142-3, 148: ansioso para vê-lo de novo, expressivo e versátil, elástico, jamais improvisa. Gueorgi Júkov, *Vospominaniia i raznychleniya* (doravante Júkov), 10ª ed., 1, p. 273. Sudoplátov, p. 66. Lydia Dan, "Bukharin o Staline", *Noviye Jurnal*, 75, março de 1964, p. 82. Artiom Serguéiev. Extrema inteligência etc., de Béria, citado em Sergo B, p. 290.

6. RGASPI 558.11.712.18, Stálin a A. M. Bolchákov, 17 de outubro de 1925. O Caso Chakhti de 1928 fora montado pelo funcionário do GPU Ievdokímov, que bebia e passava férias com Stálin na época: Orlov, p. 28. RGASPI 558.11.773.1.2.3, D. P. Maliútin a Stálin, 8 de agosto de 1932.

7. Rosliakov citado em Amy Knight, *Who killed Kirov? The Kremlin greatest mystery* (doravante *Kirov*), p. 160.

8. RGASPI 558.11.768.131, Mólotov a Stálin, 21 de dezembro de 1929.

9. *Pravda*, 22 de dezembro de 1929.

10. Piadas: humor malicioso e grosseiro: Djilas, pp. 62-4. Cagões: RGASPI 558.11.787.6, Stálin a Póstichev, 9 de setembro de 1931. Piada sobre Koslovski: Gromiko, *Memoirs*, p. 101; piada sobre etíopes: Gromiko, p. 103. Medalha de Koslovski, o velho porteiro: Rubin, *Stalin i Jukov*, pp. 9-10. Piada do perneta: *Lesser Terror*, p. 190. Canções sujas: Medviêdev, p. 329. Canções da igreja: Orlov, p. 322, e Galina Vichnevskaia, *Galina* (doravante *Galina*), pp. 95-7. Poesias obscenas, Kira Allilúieva. Outras piadas: Onegrin e GPU — ver seção sobre Terror: memórias não publicadas de Sergo Kavtaradze, p. 74; ver também Sudoplátov, p. 151. Para piadas racistas: ver seção sobre judeus. Humor negro: ver adiante Stálin a I. I. Nosenko: "Eles ainda não prenderam você?", em *Soverchenno Sekretno*, 3 de novembro de 2000, pp. 12-4.

11. RGASPI 82.2.1420.118, Stálin a Bukhárin e Mólotov, 27 de junho de 1926.

12. Mikoian, p. 275. RGASPI 82.2.1420.150-1 e RGASPI 558.11.69.84, Stálin a Mólotov, 4 de setembro de 1926 e 24 de agosto de 1926.

13. Sergo B, pp. 15, 34. Saco de balas: Oleg Troianovski. Também Oleg Troianovski, *Tcherez dody i rasstoyaniya*, pp. 148, 156-64.

14. Nenhum detalhe é pequeno demais: Natália Andréieva.

15. "Números interessantes": RGASPI 558.11.753.13, Stálin a Mólotov sobre memorando de Kalínin, 11 de dezembro de 1935. Certamente é possível: Stálin a Kurtchátov citado em Holloway, p. 147. Sobre Stálin verificando casas: Galina Udenkova sobre a família Kaganóvitch. A casa de Béria: Sergo B, p. 34. Aparelhos: Museu Kírov, em Petersburgo, Stiepan M, pp. 52-3. Carros: Stiepan M, p. 46. Pauker em Orlov, pp. 339-41. Artiom Serguéiev. Eugenia Ginsburg, *Journey into the whirlwind*, p. 37. Carros, 19 de dezembro de 1947: D. Babichenko e M. Sídorov: "Nevelika Pobeda", em *Itogi*, nº 31(269), 2001. Sobre privilégios, Máximo do Partido etc., a melhor obra é Fitzpatrick, *Everyday Stalinism*. Sobre a espada de Budiony: RGASPI 558.11.712.90-7, Stálin a Budiony 1920; ele era um bom protetor de Budiony: "Dou-lhe minha palavra de revolucionário, vou cuidar de sua cavalaria", escreveu em 1920; "Pode ter certeza de que será [...] chefe da cavalaria", escreveu em 1923. RGASPI 558.11.822, Stálin a Khalátov, 3 de janeiro de 1928.

16. Stálin sobre relações pessoais: Stálin, *Sotchineniya*, v. 12, p. 1. Kírov e esposas citado em Volkogónov, p. 205. Famílias: irmãs de Kírov, *Kirov*, p. 162. Stálin sobre família: Irina Ienukidze entrevistada em filme para a TV, *Stalin secret history*, parte 3. Para o mundo dos casamentos entrelaçados de Iagoda, que era casado com a sobrinha de Svérdlov, primeiro chefe de Estado soviético, e Averbakh, cunhado de Iagoda, ver Vitaly Chentalisnki, *The KGB's Literary Archive* (doravante *KGB Lit. Archive*), pp. 256-69. O filho de Mikoian escoltado por Ordjonikidze e Vorochílov e os Chaumians: Stiepan Mikoian, pp. 25, 28. Artiom Serguéiev. Kaganóvitch e irmão: Pai do Partido, *Kaganovitch*, p. 29. Mólotov sobre a prisão de irmãos: *MR*, p. 114. Partido órfão com a morte de Lênin: Jeffrey Brooks, *Thank you comrade Stalin*, p. 24. Criação de uma nova viúva de Lênin: *KR* I, p. 74.

17. Tucker, pp. 172-4, 185. Mikhail Chólokhov, *Virgin soil upturned*, pp. 240-3, 247.

18. RGASPI 558.11.69.36, Stálin a Mólotov, 3 de junho de 1927: "os amigos mais íntimos"; RGASPI 558.11.69.43, Tovstukha a Stálin, 9 de junho de 1926: "o círculo mais restrito de seus amigos", ambos citados por Pável Chinsky, *Staline Archives Inedites*, pp. 125-6. "Amigos": Khlevniuk, *Circle*, p. 94. "Formado na luta": RGASPI 54.1.100.101-2, Stálin a Kaganóvitch, 2 de agosto de 1932.

19. Em 1931, isso foi alterado para reuniões nos dias 1º., 8, 16, e 23 de cada mês, às quatro da tarde. Duas dessas reuniões eram "fechadas". Khlevniuk, *Circle*, p. 77.

20. Mikoian, pp. 335, 367.

21. Família Vorochílov: "Olá amigo!" RGASPI 74.2.38.4, Stálin a Vorochílov, 27 de julho de 1921. "Pena que você não esteja em Moscou": RGASPI 74.2.38.55, Stálin a Vorochílov, 27 de outubro de 1931. Opinião de Stálin sobre Vorochílov: "Ele até faz exercícios" — Kira Allilúieva. Charme, vaidade, estupidez: Sergo B, pp. 39-40, 51, 141, 165. Descrição em Albert Seaton, *Stalin as military commander*, p. 155. Bondade: *Zarubina*, p. 7. Bebida: Artiom Serguéiev. Stiepan Mikoian. Visconde Alanbrooke, *War diaries*, p. 217; Stiepan M, p. 52. Desconfiança de Stálin da boa vida: *MR*, p. 225. Coragem, mas simplicidade: Djilas, p. 55. Marapultsa condenado corretamente: RGASPI 558.11.773.47, Vorochílov a Stálin, 14 de outubro de 1930. Considerar a destruição de Minin: RGASPI 74.2.37.89, Vorochílov a Stálin, 25 de maio de 1935. Ver cartas de Vorochílov a Bubnov, RGASPI 74.2.40.66-99. Seu humor: RGASPI 85.1.110.1-20, Vorochílov a Ordjonikidze. Seus pintores da corte: *KR* 2, p. 74. Conhecida estupidez: Bajánov, pp. 98-9. Confrontos iniciais com Stálin: Kirov, p. 104. Carreira: Volkogónov, pp. 251-3. William J. Spahr, *Stalin's lieutenants*, pp. 19-33. Vorochílov, *Razzkazzy o jizni*, pp. 79-84, 247-8. Medviêdev, *All Stalin's men*, pp. 1-11. "Adorava o esplendor" e usava roupas de flanela branca: Svetlana *OOY*, pp. 346-7.

22. RGASPI 558.11.27.9-10, Vorochílov, Stálin, Kalínin, s.d.

23. RGASPI 74.2.38.39, Stálin a Vorochílov, 14 de março de 1929.

24. RGASPI 74.2.39.447, Vorochílov a Stálin e resposta, s.d.

25. Roubando você: RGASPI 74.2.38.127, Stálin a Vorochílov, s.d. Desorganização: RGASPI 74.2.38.103, s.d., Stálin a Tchubar, Vorochílov, Mikoian. Inglaterra e Índia: RGASPI 74.2.39.38, s.d. Stálin e Vorochílov. Peixe: RGASPI 74.2.39.54, Vorochílov a Stálin e resposta, s.d.

26. RGASPI 79.1.760, Vorochílov a Kúibichev. RGASPI 74.2.39.15, Stálin, Vorochílov, Mólotov, Ordjonikidze, 30 de abril de 1933.

27. Adiar para quarta-feira: RGASPI 74.2.38.21, Stálin a Vorochílov, 31 de fevereiro de 1927. Assuntos militares: RGASPI 74.2.38.37, Stálin a Vorochílov, 3 de janeiro de 1929.

28. RGASPI 85.1.110.1-20, Vorochílov a Ordjonikidze, 8 de junho de 1929. Khlevniuk, *Circle*, p. 32. Stálin derrotado na votação: RGASPI 74.2.38.74, Stálin a Vorochílov, 26 de junho de 1932.

29. RGASPI 558.11.27.22, Stálin e Kalínin, 7 de maio de 1929.

30. RGASPI 74.1.38.43, Stálin a Vorochílov, 16 de abril de 1929. Uso constante de imagens de doença: ver *netchist*, sujo, em *Molotov letters*, p. 215. "Santo medo", em Tucker, *Power*, pp. 484-5.

31. RGASPI 558.11.1550.43-5, Stálin a Nádia, 24 de setembro de 1930.

32. RGASPI 558.11.1550.16-24, Nádia a Stálin, 26 de setembro de 1929, e RGASPI 558.11.1550.27, Nádia a Stálin, 27 de setembro de 1929.

33. *Molotov letters*, p. 215.

34. Khlevniuk, *Circle*, pp. 38-9. Intimidação dos especialistas: Service, *20th Century Russia*, p. 175. *Molotov letters*, p. 213.

35. Khlevniuk, *Circle*, p. 43. *Molotov letters*, 6 de agosto de 1930, p. 200.

36. RGASPI 558.11.27.30-33, Stálin a V. Mejlauk, 23 de maio de 1930.

4. A FOME E O CAMPO (pp. 85-98)

1. Relatórios médicos de Nádia: RGASPI 558.11.1551. Também: junho/julho de 1930, Stálin a Nádia, em Radzinski, p. 274.

2. Khlevniuk, *Circle*, pp. 46-8. Sergo apoia Stálin: "Devemos acabar com a direita como fizemos com Trotski [...] eles são devassos", RGASPI 558.11.778.40, Sergo a Stálin, 26 de setembro de 1930.

3. RGASPI 74.2.37.60 e 74.2.38.56, correspondência de Vorochílov; opinião de Stálin sobre os planos de Tukhatchevski: RGASPI 74.2.38.59, Stálin a Vorochílov.

4. Sobre o complô de Tukhatchevski: RGASPI 558.11.778.43, Stálin a Ordjonikidze, 24 de setembro de 1930. "Só nós três sabemos", em Khlevniuk, *Circle*, pp. 48-9. Tukhatchevski "cem por cento limpo", Stálin a Mólotov, 23 de outubro de 1930, *Molotov letters*, p. 223.

5. RGASPI 558.11.778.38, Menjinski a Stálin, 10 de setembro de 1930.

6. RGASPI 74.2.38.56, Stálin a Tukhatchevski, 7 de maio de 1932.

7. Nádia a Stálin e Stálin a Nádia, 10 e 24 de setembro de 1930, citados em Radzinski, p. 275.

8. RGASPI 558.11.1550.43-3, Stálin a Nádia, 24 de setembro de 1930.

9. RGASPI 558.11.728.40-2, Stálin a Ienukidze, 13 de setembro de 1933. Ienukidze inclina-se para a direita: *MR*, p. 173.

10. *Molotov letters*, 23 de agosto e 2 de setembro de 1930, p. 203.

11. RGASPI 558.11.1550.43-5, Nádia a Stálin, 24 de setembro de 1930. Stálin a Mólotov, 13 de setembro de 1930, *Molotov letters*, p. 213. RGASPI 74.2.37.9-12, Vorochílov a Stálin, 8 de outubro de 1930. *Kaganovitch*, p. 60. RGASPI 558.11.765.68, s.d., Mikoian a Stálin. RGASPI 558.11.778.43, Sergo a Stálin, 9 de outubro de 1930.

12. Khlevniuk, *Circle*, pp. 51-2.

13. *Molotov letters*, p. 223.

14. Getty, pp. 46-9. RGASPI 74.2.37.9-12, Vorochílov a Stálin, 8 de outubro de 1930. Lominadze/Ordjonikidze e o ataque de Stálin ao "principesco" Ordjonikidze em 1937: Khlevniuk, *Ordzhonikidze*, pp. 34-7, 172.

15. Stálin como juiz de brigas no PB: Kaganóvitch *vs* Sergo sobre transportes: Stálin "Você vai morrer sem transporte", *Kaganovitch*, p. 160; Kaganóvitch *vs* Mólotov, pp. 61, 130. RGASPI 558.11.765.72-3, Mikoian a Stálin, 12 de setembro de 1931. Sergo "não amava Mólotov", Mikoian, p. 324. havia um padrão: Sergo *vs* Mólotov e Kúibichev, embora ele também discutisse com seu amigo Kaganóvitch.

16. Kaganóvitch: duzentos por cento stalinista, *MR*, pp. 192, 228-9, 362. Contas de âmbar: N. I. Strakhov, em Bialer (ed.), p. 445. L. M. Kaganóvitch, *Pamiatniye Zapiski*, p. 19. *Kaganovitch*, pp. 29, 77-8, 105. Locomotiva: Artiom Serguéiev. E. Rees, *Stalinism and Soviet rail transport*, pp. 111-8. Kaganóvitch centralista: Service, *Lenin*, p. 383. Robert Service, *Bolshevik Party in Revolution, a study in organizational change 1917-23*, pp. 106-8, 129. Easter, p. 73. Kocherovitch, Stálin, um dedo mínimo: *KR*, 1 pp. 57, 75-7, também Medviêdev, p. 507. Escrevendo errado, mas com rapidez e inteligência: Bajánov, pp. 8, 74. G. Bessedovski, *Revelations of a Soviet diplomat*, pp. 219-23. Volkogónov, pp. 247--8. Bonito, cílios longos e sensibilidade de Stálin: Sergo B, p. 51. Vida em casa, história de amor com a esposa, lendo livros escolares, conjunto de ferramentas: entrevista com Joseph Minervin, neto de Kaganóvitch. Sotaque de judeu masculino: *Galina*, pp. 162-3. Parecido com um latifundiário gordo: Svetlana *OOY*, p. 353. Serviço na seção de Agitprop do Exército Vermelho em 1917-8: John Erickson, *Soviet high command*, p. 20. Pavio curto: Málichev em *Beria affair*, p. 83. Botas examinadas: Volkogónov, pp. 247-8. Bater ou erguer pela lapela: entrevista com N. Baibakov. Colas escolares quando se reunia com Stálin: Tcharkviani, p. 33. Carreira e marcas de pontuação: *Stalin i Kaganovitch Perepiska 1931-36* (doravante *Kaganovitch Perepiska*), p. 40. Kaganóvitch a Stálin, 11 de agosto de

1931. Fotografias pessoais do homem de família: RGASPI 81.1.160. Sobre a expedição dos grãos, exaustão: RGASPI 81.1.160.31-2. Robespierre: *Kaganovitch*, pp. 56, 140.

17. "Tu": *Kaganovitch*, p. 129. Mikoian, p. 352. Querido Soso: RGASPI 558.11.765.68 UD, Mikoian a Stálin.

18. Anne Applebaum, *Gulag*, pp. 64, 521-2.

19. RGASPI 558.11.27.56-72, anotações de Stálin, 3 de maio de 1933.

20. RGASPI 558.11.27.6-7, s.d., provavelmente 1928: Stálin, pão. 558.11.27.37: listas de Stálin.

21. Sair da cidade: RGASPI 74.2.39.49, Stálin a Vorochílov, s.d.

22. Vida no campo: Svetlana *RR*; entrevistas com Kira Allilúieva, Artiom Serguéiev, Leonid Redens, Vladímir Allilúiev (Redens), Stiepan Mikoian e Sergo Mikoian, Iúri Jdánov, Nadejda Vlássik, Natália Poskrióbicheva. Svetlana *Twenty letters*, pp. 34-40 (inclusive raposa de Bukhárin). Richardson, *Long shadow*, pp. 111-8. Pauker: Orlov, pp. 339-41. Papai Noel: entrevista com Kira Allilúieva. Tênis com Nádia: RGASPI 74.1.429.65-6, diário de E. D. Vorochílova. Stálin restabelece as árvores de Natal: Brooks, *Thank you c. Stalin*, p. 71. N. Petrov e K. V. Scorkin, *Kto Rukovodil NKVD 1934-41: Spravotchinik*.

23. Poskrióbichev: RGASPI 558.11.786.120, Stálin a Poskrióbichev, 19 de janeiro de 1932. Burocratismo: RGASPI 558.11.27.106, anotação de Stálin para si mesmo, 13 de agosto de 1936. Stálin encarrega Poskrióbichev: "O que aconteceu? Você esqueceu [...]": RGASPI 558.11.786.107-9, Stálin a Poskrióbichev, 30 de julho de 1930, e RGASPI 558.11.786.110, Stálin a Poskrióbichev, s.d., 1930. Entrevistas com Natália Poskrióbicheva, Artiom Serguéiev, Leonid Redens, Iúri Jdánov, Nadejda Vlássik, Kira Allilúieva. RGASPI 558.11.774.118, Poskrióbichev assina "P". Sergo B, p. 141. Bajánov, pp. 43, 34-6, 94. Medviêdev, p. 371. Mikoian, p. 535. "Cão fiel de Stálin": *KR* I, p. 295. "Mulheres puseram P em dificuldades": *MR*, p. 223. Khlevniuk, *Circle*, p. 141. Stálin chamava P de "chefe": Svetlana *OOY*, pp. 332-3. Tucker, *power*, pp. 123-5. Bajánov, pp. 94, 345-6, 43. Volkogónov, pp. 202-4. N. E. Rosenfeldt, *Knowledge and power: the role of Stalin's secret chancellery in Soviet system and government*, pp. 76, 158, 181. Dia de Stálin no final dos anos 20: Vlássik citado em Chinsky, p. 33. Você vai aterrorizar as pessoas: *Vetchernii Klub*, 22 de dezembro de 1992.

24. Entrevistas com Artiom Serguéiev, Stanislas Redens, Vladímir Allilúiev, Kira Allilúieva, Natália Poskrióbicheva. Svetlana *RR*. Cultura do partido: Fitzpatrick, *Everyday Stalinism*, pp. 14-21. Service, *Lenin*, pp. 142, 153-5, 377-8. Tucker, *Power*, p. 120. Zubok, pp. 3-8. Kaganóvitch chama Stálin de "nosso pai": Kaganóvitch a Ordjonikidze, citado em Khlevniuk, *Stalinskoe Politburo*, pp. 148-52. Severidade de Mikoian: Stiepan M, p. 34. *Kirov*, pp. 159-61. Irina Ienukidze entrevistada no filme para TV *Stalin secret history*, parte 3.

5. FÉRIAS E INFERNO (pp. 99-110)

1. RGASPI 558.11.1481.27, Tovstukha a Iagoda, 9 de junho de 1926. RGASPI 558.11.1481.28-41, decretos do PB sobre férias de Stálin de 1922 a 1934.

2. RGASPI 558.11.68.49, s.d.

3. RGASPI 558.11.71.26-8, S. Partchine a Serguéiev, 27 de junho de 1927; também Chinsky, pp. 28-9.

4. RGASPI 558.11.71.26-8, S. Partchine a Serguéiev, 27 de junho de 1927; também Chinsky, p. 28. Artiom Serguéiev.

5. Mikoian, p. 291. Trupe feliz: Larina, p. 188.

6. *Molotov letters*, p. 233. Stálin a Mólotov, 1º de setembro de 1933. RGASPI 79.1.769.1, Ienukidze a Kúibichev, s.d.

7. Chinsky, p. 37.

8. RGASPI 73.2.44.11, Stálin a Andréiev, s.d.

9. RGASPI 558.11.778.26, Stálin a Ordjonikidze, 23 de agosto de 1930, e depois Ordjonikidze e Kaganóvitch a Stálin, RGASPI 558.11.778.24-5.

10. RGASPI 558.11.71.26-8, S. Partchine a Serguéiev, 27 de junho de 1927. Também Chinsky, p. 28. Artiom Serguéiev. Stálin, do Sul, a Poskrióbichev em Moscou: "Você pode vir me ver por alguns dias? Se decidir vir, traga livros e artigos [...]": RGASPI 558.11.786.110.

11. RGASPI 74.2.7.46-51, Vorochílov a Stálin, 6 de junho de 1932 e 21 de junho de 1932.

12. *Molotov letters*, p. 231.

13. RGASPI 558.11.80.87, Kaganóvitch a Stálin e resposta deste, 5 de setembro de 1933 e RGASPI 558.11.739.28-29, Kaganóvitch a Stálin, 20 de agosto de 1931. Altercação: *Kaganovitch Perepiska*, p. 185.

14. RGASPI 558.11.71.26-8, S. Partchine a Serguéiev, 27 de junho de 1927. Também Chinsky, p. 28. Sobre jardineiro: RGASPI 558.11.786.112, Stálin a Poskrióbichev, s.d., 1930. RGASPI 74.1.429.65--8, E. D. Vorochílova, 21 de junho de 1954. Budiony: Victor Anfilov, em Harold Shukman (ed.), *Stalin's generals*, pp. 57-62. Isaac Babel, *1920 diary*, p. 89. Babel, "Kombig 2", em *Collected stories*, pp. 136-7, 357. Boliche: Artiom Serguéiev.

15. Amy Knight, *Beria, Stalin's first lieutenant* (doravante *Beria*), pp. 15-40. RGASPI 85.29.414.3, 85.29.370 e 85.27.71.1-2, Béria a Ordjonikidze. *MR*, p. 341. Svetlana, *Twenty letters*, p. 27, e Svetlana *RR*. "Matar seu melhor amigo": GARF 7523.85.236.17-23, testemunho de Lavrenti Tsanava, 24 de março de 1955. Advertência de Kírov: Mgeladze, pp. 178-9. Eteri Ordjonikidze. Artiom Serguéiev. Marta Péchkova. S. Lakoba, *Ocherki po politicheskoy istorii Abkhazii*, pp. 101-10, 112-5. Corte de Nina Gegechkori: Sergo B, pp. 4-5. História do estupro no trem: Svetlana *OOY*, p. 355.

16. RGASPI 558.11.778.102, Stálin a Ordjonikidze. Medviêdev, pp. 242-3.

17. Mikoian, pp. 351-2.

18. RGASPI 82.2.1420.45, Stálin a Mólotov, 1º de agosto de 1925.

19. Para amidalite e garganta inflamada: Valedinski, "Vospominaniia", pp. 121-6. Sobre o dentista Shapiro: RGASPI 558.11.786.117, Stálin a Poskrióbichev, 8 de setembro de 1930.

20. RGASPI 558.11.778.12, Stálin a Ordjonikidze, 13 de setembro de 1929. Ienukidze também recebia relatos periódicos sobre seus banhos: "As águas aqui são maravilhosas, inestimáveis", mas o "lugar não é bom". RGASPI 558.11.728.22, Stálin a Ienukidze, 29 de agosto de 1929, e RGASPI 558.11.728.30-2, Stálin a Ienukidze, 9 de setembro de 1929.

21. RGASPI 558.11.769.159.61.

22. RGASPI 558.11.778.26, Stálin a Ordjonikidze, 23 de agosto de 1930, e depois Ordjonikidze e Kaganóvitch a Stálin, RGASPI 558.11.778.24-5.

23. RGASPI 558.11.778.24, Ordjonikidze a Stálin, 17 de julho de 1930.

24. RGASPI 558.11.769.109-16, Mólotov a Stálin.

25. RGASPI 558.11.1550.53-8, setembro de 1931.

26. RGASPI 558.11.1550.58-60, Stálin a Nádia, 14 de setembro de 1931.

27. RGASPI 74.2.38.47, Stálin a Vorochílov, 24 de setembro de 1931. RGASPI 558.11.712.108, Budiony a Stálin, 25 de maio de 1931. RGASPI 74.2.37.54-9, Vorochílov a Stálin, 26 de julho de 1932.

28. RGASPI 558.11.1550.52-67, cartas de Stálin a Nádia e de Nádia a Stálin, entre 9 e 29 de setembro de 1931, e bilhete de Svetlana a seu pai.

6. TRENS CHEIOS DE CADÁVERES (pp. 111-22)

1. Sobre a fome: Tucker, *Power*, pp. 190-5. Conquest, *Harvest*, pp. 225-59. RGASPI 74.1.429.65-6, E. D. Vorochílova, 21 de junho de 1954. Mikoian: nunca entediante e línguas: Artiom Serguéiev. O "cavalheiro" de Khruchióv: Cecil Parrott, *The serpent and the nightingale*, p. 83. "Raposa astuta": William Taubman, *Khrushchev the man and his era*, p. 581. Infância, seminário, casamento: Mikoian. Vida familiar: Stiepan Mikoian e Sergo Mikoian. Mais atraente: Svetlana *OOY*, p. 346. Hinos religiosos: *MR*, p. 189. Hino preferido de Stálin "Mnogaya leta": *Galina*, pp. 95-7. RGASPI 74.1.429.65-6. Diário inédito de E. D. Vorochílova, 21 de junho de 1954. Orlov, citando Pável Allilúiev na p. 322. Canções obscenas: memórias de K. K. Ordjonikidze em Medviêdev, p. 329. Cantor profissional: Tcharkviani. Stálin a Truman em Gromiko, *Memoirs*, p. 113.

2. RGASPI 558.11.712.108, Budiony a Stálin, 25 de maio de 1931. *Kaganovitch Perepiska*, pp. 168-9 e 179-80, Stálin a Kaganóvitch, 15 e 18 de junho de 1932. Tucker, *Power*, pp. 119, 190-6, estatísticas 180-1 e 187. Kópeliev, pp. 32-3, 41. Service, Lenin, p. 401. *Molotov letters*, p. 230. Cultura partidária: Fitzpatrick, *Everyday Stalinism*, pp. 14-21.; Service, *Lenin*, pp. 142, 153-5, 377-8; Tucker, *Power*, pp. 1-9, 120; Zubok, pp. 3-8. Sacerdotes guerreiros: Sergo B, p. 291; Service, *Lenin*, p. 458. Sobre sistema social baseado no derramamento de sangue: Iákovlev, p. 8. Pai fanático: Sergo Mikoian; Sergo B, p. 133. Candide Tcharkviani: "Stálin sempre foi um fanático convicto, ele sacrificaria tudo pela vitória do socialismo [...] até mesmo em assuntos familiares", p. 61. Religião: *Kaganovitch*, pp. 106-7. Lozovski: "Fui religioso até os treze anos", e Kalínin, em Joshua Rubenstein e Vladímir Naúmov, *Stalin's secrete pogrom*, p. 58. Sacralidade do "camarada": Júlia Minc em *Oni*, p. 16, fé total, Stefan Staszewski, pp. 128-37; necessidade interior, Jakub Berman, p. 207. Desprezo de Mólotov pelos líderes nazistas e ocidentais, *MR*, p. 20, e citado em Zubok, p. 26. Kírov — sem obras teóricas: *MR*, p. 221. Stálin sobre Mao: Zubok, p. 62. Stálin e Krupskaia: *MR*, p. 133. Stálin e Iákovlev citado em Bialer (ed.), p. 99. Lênin e o Terror: citado de Service, *Lenin*, p. 421. Elogio a Stálin como lutador comunista: Rudzutak, 7-12 de janeiro de 1933, citado em Getty, p. 206. Stálin e pena das amizades: Stálin a Mólotov, 24 de agosto de 1930, *Molotov letters*, p. 206. Nadejda Mándelstam, *Hope against hope*, pp. 164-6. Carta de amor de Mólotov que discute marxismo: RGASPI 82.2.1592.8-9, Mólotov a Polina, 19 de agosto de 1940.

3. Kira Allilúieva. Svetlana, *Twenty letters*, p. 37. Artiom Serguéiev.

4. RGASPI 558.11.1549.40, Nádia a Keké Djugachvili, 12 de março de 1932. Larina, pp. 65, 142. Influência de Bukhárin e Ienukidze: *MR*, p. 173.

5. Nádia informante: RGASPI 85.28.63.13, Nádia Allilúieva para Ordjonikidze queixando-se de esquecimento do pedido de Stálin para treinamento correto de técnicos na Academia, 2 de abril de 1931. Agradeço a Robert Service por esta informação. Entrevista com Nina Budiony. Atormentador e "mulher irascível" de Pauker: Orlov, p. 315. Jênia sobre doença e Stálin sobre cafeína: diários de Svanidze, 9 de maio de 1935 e 11 de setembro de 1933. Entrevista de Irina Ienukidze em filme para a TV, *Stalin: secret history*, parte 3. Eteri Ordjonikidze. Desequilibrada: *MR*, p. 173.

6. RGASPI 558.11.754.121, Stálin a Kosior, 26 de abril de 1932.

7. *MR*, pp. 42-3.

8. RGASPI 558.11.90-132, reunião de Stálin com Transkalfaz Kraikom e nomeações de Béria. Medviêdev, pp. 242-3. Chefes locais tentam anular: Béria, intriga com Redens: RGASPI 558.11.801.42, Redens a Stálin, 14 de novembro de 1930.

9. RGASPI 79.1.777.1, Kaganóvitch a Kúibichev, 2 de julho de 1932. Férias: reuniões em 29 de maio de 1932 com Kaganóvitch, Kúibichev, Ordjonikidze etc. etc.: *IA*. Tucker, *Power*, pp. 109-95. Conquest, *Harvest*, pp. 225-59.

10. Lakoba, p. 115.

11. RGASPI 74.2.37.54-9, Vorochílov a Stálin, 26 de julho de 1932. Também RGASPI 54.1.100.101-2, Stálin a Kaganóvitch.

12. Stálin a Churchill: W. S. Churchill, *The Second World War*, 4, pp. 447-8.

13. Relatórios da OGPU a Stálin em férias: RGASPI 558.11.79.101 e 129. Sobre a lei de 7 de agosto: RGASPI 558.11.78.85, Kaganóvitch, Mólotov a Stálin, 24 de julho de 1932. Ordjonikidze também em férias: RGASPI 558.11.78.39, Stálin a Kaganóvitch e Mólotov, 14 de julho de 1932. O caso Kornêiev: RGASPI 558.11.79.10, Kaganóvitch a Stálin, 15 de agosto de 1932. RGASPI 558.11.79.8--9, Vorochílov a Stálin, 15 de agosto de 1932. RGASPI 558.11.79.8, Stálin a Kaganóvitch, Vorochílov, 15 de agosto de 1932. Khlevniuk, *Circle*, pp. 102-3. Chinsky, pp. 88-94. Perder a Ucrânia, adverte Redens: RGASPI 81.3.991.44-51, Stálin a Kaganóvitch, 11 de agosto de 1932. *Kaganovitch Perepiska*, p. 273. Bukhárin e Ienukidze: *MR*, p. 173.

14. Riutin: Khlevniuk, *Circle*, pp. 101-2. *Kirov*, p. 154. Tucker, *Power*, pp. 210-1. 27 de agosto: *IA*.

15. RGASPI 558.11.1551. *IA*.

16. Sobre a Plataforma de Riutin e Nádia: Radzinski cita Vlássik por Antipenko, p. 286. Khlevniuk, *Circle*, pp. 101-2. Kirov, p. 154. Tucker, *Power*, pp. 210-1. Tantos inimigos: Mgeladze, pp. 117-8.

7. STÁLIN, O INTELECTUAL (pp. 123-32)

1. O CC mandou a Stálin listas de escritores confiáveis organizadas em seções diferentes de lealdade e utilidade política. Havia escritores velhos, como Gorki, e uma seção especial para estranhos dóceis, como Alexei Tolstoi e Ehrenburg. RGASPI 558.11.815, I. Iákovlev a Stálin, 3 de julho de 1933.

2. RAPP como "ala literária": expressão de Orlando Figes, *Natasha's dance*, pp. 262-4, 471. Também *KGB Lit. Archive*.

3. RGASPI 74.2.38.89, Stálin a Vorochílov. Mikoian visita Gorki: Stiepan M., p. 38. Svetlana, *OOY*, p. 327. Marta Péchkova. *KGB Lit. Archive*, p. 257. Outro exemplo da opinião cínica de Stálin sobre Gorki: quando o escritor lhe mostrou outra de suas obras, em que agradecia a Bela Kun, o brutal bolchevique húngaro, Stálin sugeriu tirar o nome de Kun: "Só vai enfraquecer o efeito do humanismo. Saudações! Stálin". RGASPI 558.11.720.28, Stálin a Gorki, 16 de março de 1934.

4. *KGB Lit. Archive*, p. 261. *Pravda*, 15 de novembro de 1930.

5. Iagoda: Iagoda, pp. 15-8; gastando 3,7 milhões de rublos em suas datchas, p. 444. *KGB Lit. Archive*, pp. 253-7. Babel e Iagoda: A. N. Pirojkova, *At his side. The last ten years of Isaac Babel*, p. 63. Timocha e Iagoda: Vassílieva, *Deti Kremlya*, pp. 283-7.

6. *KGB Lit. Archive*, pp. 257-9. Radzinski, pp. 259-63, baseado em relatos de Piotr Pavlenko, Evgueni Gabrilovitch e Korneli Grómov, *Stalin: Vlast i Iskusstvo*, pp. 150-5 — canivete com cabo de

madrepérola, "tom de ferro", rindo antes em relato do escritor K. Zelinski. A. Kemp-Welch, *Stalin and the literary intelligentsia*, pp. 12-31.

7. *O bom soldado Chveik*: Rubin, *Oktyabre 1941*. Dostoievski: Djilas, pp. 110, 157. Biblioteca: Svetlana *OOY*, pp. 14, 327. Ainda estudando: Svetlana, *Twenty letters*, p. 222. Lendo Tchekhov para os Allilúiev: Kira Allilúieva. Lendo Zoshchenko para meninos: Artiom Serguéiev. Lendo Saltikov-Shchedrin para Jdánov: Iúri Jdánov. Svetlana *OOY*, pp. 335-7. Lendo *O cavaleiro na pele da pantera* para Vorochílov: Ketevan e Chalva Nutsibidze, *Nakaduli*, pp. 96-105. Profundo conhecimento da literatura georgiana: Tcharkviani, pp. 68-73. Conhecimento da Antiguidade: *MR*, p. 177. *O último dos moicanos*: Oleg Troianovski. Biblioteca de Stálin: RGASPI 558.3.186, *Sub Rosa*, de Anatole France. "Ha-ha-ha!" — ver, por exemplo, Gamsakhurdia: RGASPI 558.3.50. Gulia Djugachvili em Enzo Biagi, *Svetlana: the inside story*, pp. 53-4, e Svetlana *OOY*, p. 336. Stálin lendo Gogol, Tchekhov, Hugo, Thackeray, Balzac. Stálin escreveu seus comentários nos livros enquanto os lia: ele realmente foi fundo em *Sub Rosa*. Quando France diz que quer escrever sobre amor e morte, Stálin brincou: "Pena que não conseguiu". Quando France discute como o Deus judeu era cruel e fútil, Stálin anotou: "Anatole é bem um grande antissemita. Ela era um pedante". France sugeria que as pessoas seguissem os próprios sonhos, e Stálin comentou: "Verdade revelada", acrescentando "Aqueles que confiam em Deus não o entendem". Sobre Deus, refletiu: "Então não sabia, não via que Deus não existia para mim. E para onde posso ir? (Saudação a Deus) Ha-ha!". France sustenta que Napoleão teria escolhido o sol para seu Deus. "Bom", escreveu Stálin. A respeito da obra de E. Leonidze sobre Gueorgi Saakadze, ele cobriu as páginas com "o que isto significa?" e "cena ridícula". RGASPI 558.3.186. Sobre Bulgákov: RGASPI 558.11.711.63 e 74-5, Stálin a V. Bil-Belotsarkovski, dezembro de 1928 e s.d. J. A. E. Curtis, *Manuscripts don't burn. Mikhail Bulgakov: a life in letters and diaries*, pp. 69-71, 111-3. Sobre telefonema a Bulgákov: *KGB Lit. Archive*, p. 91. RGASPI 558.11.773-44, Stálin a N. Y. Marr, 20 de janeiro de 1932. Stálin adorava Zola, "descubra o que eles leem" e quinhentas páginas por dia: Sergo B, p. 142. Sobre Pilniak: ver *KGB Lit. Archive*, pp. 139-57.

8. Easter, pp. 127, 177. "*Molot*", 8 de novembro de 1932, e *Pravda*, 19 de novembro de 1932. Cadáveres: Kópeliev, p. 33. RGASPI 558.11.1549.40, 12 de março de 1932. Khruchióv, *Glasnost*, pp. 14-5. Sobre as reuniões de Stálin de 8 de novembro de 1932: *IA*. Sobre Iagoda e o relatório sobre atividades de A. Eismont e A. P. Smimov: Radzinski, p. 268. Svetlana, *Twenty letters*, pp. 114-6. Cafeína: diários de Svanidze, 11 de setembro de 1933. Prisões logo antes do jantar de novembro: Tucker, *Power*, pp. 189, 210-1. Artiom Serguéiev. Kira Allilúieva. Natália Andréieva. Tanta pressão, inimigos: Mgeladze, pp. 117-8.

9. A arma: pedido de Nadejda a Pável: entrevista com Kira Allilúieva, 10 de julho de 2001. Artiom Serguéiev foi quem deu a pistola: entrevista em maio-junho de 2001. O apartamento: Svetlana, *Twenty letters*, pp. 116-7. Também: Artiom Serguéiev. Hora da morte: relatório secreto do dr. Kushner — GARF 7523c.149a.2-7.

8. O FUNERAL (pp. 135-45)

1. Documentos que mostram o papel de Ienukidze: GARF 7523c.149a.2.1-6, inclusive relatório do professor Kushner, documento 7. Os mexericos do *staff* e a versão oficial: GARF 3316.2.2016.1-8. Apelo de perdão de A. G. Kortchagina a Kalínin. Ela foi presa em 1935 por participar de grupo terrorista. "Oh, Nádia, Nádia": Mgeldaze, pp. 117-8. "Destruiu minha vida": Nádia Vlássik.

2. GARF 7523c.149a.2.10-11. Perguntas de Stálin: Svetlana, *Twenty letters*, p. 120.

3. *Kaganovitch*, p. 73.

4. Natália A. Andréieva. GARF 7523c.149a.2.10-11. Svetlana, *Twenty letters*, p. 119.

5. O funeral: Artiom Serguéiev, Kira Allilúieva, Natália Andréieva, Vladímir Allilúiev. Baseado nas fotografias em RGASPI 667.1.42.23-4. *MR*, pp. 173-5. Larina, pp. 141-2. Svetlana, *Twenty letters*, pp. 119-20. *Kaganovitch*, p. 73. O discurso: GARF 7523c.149.2.8-10. "Oh Nádia, Nádia", Mgeladze, pp. 117-8.

6. Stálin mudou: *Kaganovitch*, p. 154. RGASPI 74.1.429.65-66, diário de E. D. Vorochílova, 21 de junho de 1954. Cuspir na parede: relato de Jênia Allilúieva a Kira Allilúieva.

7. RGASPI 74.2.38.80, Stálin a Vorochílov, 17 de dezembro de 1932. Resignação: Svetlana, *Twenty letters*, p. 120, e Rosliakov, citado em *Kirov*, p. 158. RGASPI 558.11.787.10, Póstichev a Stálin e resposta, 28 de dezembro de 1932. Diários de Svanidze, 28 de dezembro de 1934, 21 de dezembro de 1935 e 9 de maio de 1935. Entrevista com Nina Budiony, 5 de dezembro de 2001. O suicídio mudou a história: Leonid Redens. Cartas a Stálin sobre Nádia: RGASPI 558.11.1551.38-42, companheiros de trabalho de Allilúieva a Stálin, 17 de novembro de 1932. RGASPI 558.11.1551.31-5, poema traduzido por Vano Birkhimova enviado a Stálin. RGASPI 558.11.1551.44-5, V. M. Kazanovski a Poskrióbichev e Stálin a Poskrióbichev, 27 de março de 1948. Svetlana, *Twenty letters*, p. 120: Stálin não podia viver sem Nádia. Diário de Svanidze, 8 de dezembro de 1934. Visitas ao escritório de Stálin: novembro de 1932: *IA*.

8. *Kirov*, pp. 1-76: este esboço de Kírov baseia-se no excelente relato de Amy Knight, *Who killed Kirov?* — junto com a pesquisa do autor em RGASPI e entrevistas com sobreviventes. RGASPI 558.11.746.53, Kírov a Stálin em Kislovodsk, 5 de julho de 1925. Stálin quer Kírov todo o tempo: diário de Svanidze, 13 de dezembro de 1934.

9. Artiom Serguéiev — memórias de Stálin e Kírov.

10. *Kirov*, pp. 130-1.

11. RGASPI 558.11.746.82, Stálin a Kírov, 6 de junho de 1932.

12. *Kirov*, p. 139.

13. RGASPI 558.11.746.131, Stálin a Kírov, 21 de julho de 1932.

14. Kírov: ficando à noite na casa de Stálin — Artiom Serguéiev. Svetlana se apresenta para Kírov: diário de Svanidze, 14 de novembro de 1934. Tensões com Sergo Ordjonikidze: ver *Kaganovitch Perepiska*, pp. 276-7, em 1932 e *Molotov letters*, em 1933, p. 234.

15. Mudando divãs e Nicolau I: Tcharkviani, p. 35. Andando pelo sul: Stálin a G. Dmitrov, 25 de outubro de 1934, em Alexander Dallin e F. I. Firson (eds.), *Dmitrov and Stalin 1934-1943* (doravante, *Dmitrov/Stalin*), p. 22.

9. O VIÚVO ONIPOTENTE E SUA ADORÁVEL FAMÍLIA (pp. 146-56)

1. Cenário espartano de Stálin: Svetlana *OOY*, pp. 345-70. Cantinho: gabinete de Stálin, ver Chtemenko em Bialer (ed.), p. 353. Segurança: RGASPI 17.162.9.54, citado em Khlevniuk, *Circle*, p. 51. Sobre Lênin: Service, pp. 400-1. Visitas a Bedny, ver Sudoplátov, p. 52. Mendigo: *MR*, pp. 14, 213. Mudança para o apartamento de Bukhárin: Svetlana, *Twenty letters*, p. 130. Artiom Serguéiev em entrevista e citado, com Mólotov, em *MR*, pp. 10-1. RGASPI 558.11.801.42-43, Redens a Stálin, 14 de novembro de 1930.

2. Pável e Jênia Allilúiev retornam de Berlim: Kira Allilúieva. Svetlana *RR*. Redens "brigão, ares": Svetlana, *Twenty letters*, p. 64. Redens substituído na Ucrânia por Balitski: *Kaganovitch Perpoiska*, pp. 276-7. Redens arruinado: Sergo B, pp. 21, 47. Leonid e Vladímir Redens. Ana tagarela: RGASPI 74.2.38.89, Stálin a Vorochílov, s.d.

3. Mikoian, p. 357. Svanidzes: ver diário de Maria sobre a família, 5 de março de 1937; poema de Maria para Stálin, RGASPI 44.1.1.361-6. "Mais bonita que setenta por cento das esposas/ quem me conhece se lembra de mim para sempre": RGASPI 44.1.1.340-4, Maria Svanidze a Aliocha Svanidze. RGASPI 44.1.1.403, Aliocha a Maria sobre Mikoian, Sergo e Ienukidze, 9 de novembro de 1930. RGASPI 44.1.1.417, Nádia Allilúieva a Maria Svanidze sobre *"babas"*, 11 de janeiro de 1926. Svanidzes: Svetlana, *Twenty letters*, pp. 81-7.

4. RGASPI 558.3.4, Stálin a Iákov. Parecia com o pai: Vlássik, p. 27.

5. Svetlana *RR*. Diário de Svanidze, 15 de abril de 1935. Este relato do círculo familiar e dos arranjos de moradia depois da morte de Nádia baseia-se nas seguintes fontes: entrevistas do autor com Artiom Serguéiev, Kira Allilúieva, Vladímir Allilúiev (Redens), Leonid Redens e Stiepan Mikoian. Svetlana *RR*. Svetlana, *Twenty letters*, p. 130. Diários de Svanidze, setembro de 1933 e 4 de outubro de 1934. Desconfiança de Stálin em relação a Ana tagarela: ver RGASPI 74.2.38.89, s.d., Stálin a Vorochílov, e também ver carta de Stálin ao comandante Efímov a respeito de Vassíli. Sobre Svanidze e Stálin, *Mikoian*, pp. 357-8: irmãos.

6. Vlássik, pp. 25-7. Entrevista com Nadejda Vlássik. Cartas de V. Stálin, I. Stálin, comandante S. Efímov, K. Pauker, 1933-38, citadas em A. Sukhomlínov, *Vassili: Syn Vojdya* (doravante *Vassili*), pp. 28-30, 51. Sobre as histórias sexuais de Vassíli para Svetlana: Svetlana *RR*. A pistola: Artiom Serguéiev.

7. Mgeladze, p. 117.

8. Tucker, *Power*, pp. 200-3. *Kirov*, pp. 148-9. Anne Applebaum, *Gulag*, pp. 78-83.

9. RGASPI 85.1.144.

10. Kirov, pp. 167-8.

11. Kúibichev mulherengo e beberrão: Oleg Troianovski. Ver também Stálin a Mólotov: *Molotov letters*, p. 233. Stálin a Mólotov, 1º de setembro de 1933 e 12 de setembro de 1933.

12. RGASPI 74.2.38.89, Stálin a Vorochílov, s.d.

13. Nadejda Vlássik. *Beria*, pp. 47-53. S. Lakoba, *Ocherki po politicheskoy istorii Abkhazii*, pp. 117-8. Álbum de Stálin, RGASPI 558.11.1668. Mudando de lugar: Stálin a Dmitrov, 25 de outubro de 1934, em *Dmitrov/Stalin*, p. 22. *Kganovitch Perepiska*, pp. 308-20.

14. RGASPI 558.11.765.72. Mikoian a Stálin, 12 de setembro de 1931. Khlevniuk, *Circle*, pp. 83-97.

15. Khlevniuk, *Circle*, pp. 94-7. *Molotov letters*, pp. 233-4. *Kaganovitch Perepiska*, pp. 315-23.

16. *Molotov letters*, p. 233. Stálin a Mólotov, 1 e 12 de setembro de 1933. Ver também RGASPI 79.1.798, Mólotov a Kúibichev, 12 de setembro de 1933.

17. Stálin e Sergo: "Devo cumprimentá-lo ou não?" RGASPI 558.11.778.48, Stálin a Sergo, 15 de janeiro de 1931. "Você está preparado?" RGASPI 558.11.778.45, Sergo a Stálin. "Acabe com a direita" RGASPI 558.11.778.40, Sergo a Stálin, 26 de setembro de 1930. RGASPI 81.3.99.27-8, Stálin a Sergo, 9 de setembro de 1931. Os arquivos estão cheios de provas do gênio de Sergo e de queixas sobre isso; por exemplo, RGASPI 558.11.737.65, A. Ikramov (Uzbequistão) a Stálin, 12 de junho de 1935: "Nenhuma questão foi resolvida por causa do camarada Ordjonikidze [...] ele me repreendeu e me acusou de todas as coisas possíveis. Algumas, não posso nem repetir [...]. Acho que esse comportamento é incorreto e lhe peço que me receba". Stálin aprova Sergo: "Realmente bateu

neles" RGASPI 74.2.38.25, Stálin a Vorochílov, 10 de fevereiro de 1928. Khlevniuk, *Ordzhonikidze*, pp. 7-16, 21-4, 158, citando E. M. Bogdateva sobre sua força. Sobre a luta: *MR*, p. 113. Seus ataques: S. R. Gershberg, em Khlevniuk, p. 149. Eteri Ordjonikidze. Matando os que odiava: Mikoian, p. 332. Orlov, p. 185. Cavalheiresco: *KR*, p. 107. Easter, pp. 59-62. *Kaganovitch*: Sergo "Beijos", pp. 63, 162. O bolchevique perfeito: diário de Svanidze, 5, 1937. Stálin sobre Béria e Sergo (vaidade): *Kaganovitch Perepiska*, pp. 92, 276. Sobre férias para Kislovodsk: *Kaganovitch Perepiska*, p. 326, e cartas para e de Stálin, pp. 340, 342. Stálin sobre nobreza de Sergo: Tcharkviani, p. 23. "Príncipe": Sergo B, p. 15.

10. VITÓRIA ESTRAGADA (pp. 157-63)

1. Béria, pp. 47-53. Lakoba, pp. 117-8. Álbum de Stálin, RGASPI 558.11.1668. Mudando de lugar: Stálin a Dmitrov, 25 de outubro de 1934, em *Dmitrov/Stalin*, p. 22. Fasil Iskander, *Sandro of Chegem*. Visita do autor a Museri, 2002.

2. Casa de Gagra: RGASPI 558.11.728.40-2, Stálin a Ienukidze, 13 de setembro de 1933. Visita do autor a Kholodnaia Retchka, Gagra, 2002. Stalin em Gagra: *Kaganovitch Perepiska*, p. 378. Ver também, mais tarde, Averell Harriman e outros visitantes.

3. RGASPI 558.11.728.40-2, Stálin a Ienukidze, 13 de setembro de 1933.

4. Este relato do Congresso baseia-se em *Kirov* de Amy Knight, pp. 127, 171-7, mais *KR* I, p. 77. *Kaganovitch*, pp. 70-1. Sergo B, p. 17. Sobre a proposta de Béria ao CC: Kírov advertiu Stálin: Mgeladze, p. 178. Khlevniuk não acha muito relevante a história dos votos do CC. Tucker, *Power*, pp. 260-3. Khlevniuk, *Circle*, pp. 117-23. Rosliakov, *Ubitistvo Kirova*, pp. 28-33. Radzinski, pp. 297-300.

5. RGASPI 558.11.746, Kírov a Stálin, 15 de julho de 1933.

6. Rosliakov em *Kirov*, p. 160.

7. "Meu Kiritch" RGASPI 558.11.746.85, Stálin a Kírov, 6 de março de 1929. Telefonemas a Kírov: diário de Svanidze, 4 de outubro de 1934. *Kirov*, pp. 158-9, 186. Brincadeiras sobre "líder do proletariado": Artiom Serguéiev. Kírov, centro da atenção: Sergo B, p. 15.

11. O ASSASSINATO DO FAVORITO (pp. 164-76)

1. Mikoian, p. 534. Ana Akhmátova citada em Figes, *Natasha*, pp. 482-5. Tucker, *Power*, pp. 260-3, 273. *KGB Lit. Archive*, pp. 175-6. Mándelstam, pp. 82, 158, 112-3, 117, 145-7, 23-4. Radzinski, pp. 300-1. RGASPI 558.11.806.117, Stálin a Stavski sobre escritor Sobolev e capricho criativo, 10 de dezembro de 1935.

2. RGASPI 558.1.5374, Stálin a K. Stanislavski, 9 de novembro de 1931.

3. RGASPI 558.11.702.6-12, 41a e 69, expulsão do Kremlin, 4 de setembro de 1932. RGASPI 558.11.702.35, Mólotov a Bedny CC Stálin, 12 de dezembro de 1930. "Caldeirão de cobre": *KR* I, pp. 79-80.

4. RGASPI 558.11.754.1-21, V. Kirshon a Stálin e Stálin a Mekhlis, 20 de outubro de 1932. Kirshon a Stálin e Stálin a Kirshon, 9 e 15 de outubro de 1932. Escritores confiáveis listados para Stálin: RGASPI 558.11.815, I. Iákovlev a Stálin, 3 de julho de 1933. Pilniak: RGASPI 558.11.786.50.1, Stálin a Pilniak, 7 de janeiro de 1931.

5. RGASPI 558.11.754.26, Kirshon a Stálin e Kaganóvitch, e Stálin a Kirshon, 13 de agosto de 1933. Kirshon a Bulgákov em Curtis, pp. 69-71; Kirshon e Leopold Averbakh, ex-chefe da RAPP e intimamente ligado a Iagoda, atacou a peça de Bulgákov, *Fuga*, e cancelou sua temporada no começo de 1929. Foi então que Bulkágov, impedido de trabalhar, apelou a Stálin.

6. RGASPI 558.11.786.9-13, Panfiórov a Stálin, 25 de fevereiro de 1934.

7. "Sim! Sim!": RGASPI 74.2.37, Stálin a Vorochílov, 15 de março de 1931. "Vapor verde": Upton Sinclair a Stálin e Stálin a Sinclair, também comentando Eisenstein: RGASPI 558.11.804.12, 26 de outubro de 1931.

8. RGASPI 558. 1. 5374, Stálin a K. Stanislavski, 9 de novembro de 1931.

9. RGASPI 558.11.702.6-12, 41a e 69, expulsão do Kremlin, 4 de setembro de 1932. RGASPI 558.11.702.35, Mólotov a Bedny cc Stálin, 12 dezembro de 1930. *KR* I, pp. 79-80. *Kaganovitch Perepiska*, pp. 149 e 164.

10. "Todo mundo vai visitar alguém": Mándelstam, pp. 79-80, 113. RGASPI 558.11.710.24, Bukhárin a Stálin e Stálin a Kaganóvitch sobre Ehrenburg, 9 de agosto de 1935. Tolstoi: Tucker, *Power*, pp. 282-90, 114-8. Ver o excelente capítulo em Nikolai Tolstoi, *The Tolstoys*. *Kaganovitch*, pp. 105-7. Mándelstam, p. 164. Stálin no teatro: ver Curtis, pp. 250-1, para os sentimentos de Bulgákov em relação aos comentários de Stálin.

11. RGASPI 558.11.775.99, Meyerhold a Stálin. Sobre Pasternak, ver Mándelstam, p. 148. RGASPI 558.11.725.130, Gidosh a Stálin, 2 de setembro de 1932. Bedny e Babel: *Kaganovitch Perepiska*, pp. 122, 149.

12. Kírov, pp. 179-81: Rosliakov, Kírov a Maria Lvovna.

13. Este relato baseia-se em Iúri Jdánov. Mikoian, p. 562. *MR*, pp. 221-2. Artiom Serguéiev. Zubok, pp. 112-7.

14. Jdánov: Iúri Jdánov. Marta Péchkova. RGASPI 77: documentos de Jdánov. Para a relação com Stálin, ver RGASPI 558.11.730.2-9, Jdánov a Stálin, s.d., 1934. RGASPI 558.11.83.143, Kaganóvitch e Jdánov a Stálin, 23 de agosto de 1934. RGASPI 558.11.86.2-16, Jdánov a Stálin, 3 de setembro de 1934. RGASPI 558.11.730.18, Jdánov a Stálin, 6 de setembro de 1934. "Você leu este livro novo?" — Stálin a Jdánov, de acordo com o auxiliar de Jdánov, A. Beliakov, citado em Rubin, *Oktyabre 1941*, p. 51. Fraco, intelectual, queria ser agricultor, pegava livros com Stálin, pomposo, gostava de flores: Svetlana *OOY*, pp. 360-2. Zubok, pp. 112-7.

15. RGASPI 558.11.76.113, Stálin a Béria, 19 de setembro de 1931. Chinsky, p. 47.

16. Uma seleção dos livros de história intensamente anotados por Stálin inclui Kutuzov: RGASPI 558.3.25.2. *Embaixador do mundo* de D'Abernon: RGASPI 558.3.25.32. *História da Grécia*, de Vipper: RGASPI 558.3.36. *A guerra franco-germânica de 1870*, de Von Molke: RGASPI 558.3.224. *Ivan, o Terrível*: "Professor" RGASPI 558.3.350.

17. Árvore Mamre, atmosfera cordial: Iúri Jdánov. Chólokhov: Grómov, *Vlast i Iskusstvo*, p. 144. Piadas, Jdánov chocado: Artiom Serguéiev. "Dar no pé": Kírov a Tchudov em *Kirov*, p. 181. E. G. Evdokímov para substituir Filipp Medvied na chefia do NKVD de Leningrado: *Kirov*, p. 161. D. B. Sorokin, cunhado de Medvied. Evdokímov: ver Robert Conquest, *Inside Stalin's secret police, NKVD politics 1936-1939*, p. 25.

18. RGASPI 558.11.730.2-9, Jdánov a Stálin, s.d., 1934. RGASPI 558.11.83.143, Kaganóvitch e Jdánov a Stálin, 23 de agosto de 1934. RGASPI 558.11.86.2-16, Jdánov a Stálin, 3 de setembro de 1934. RGASPI 558.11.730.18, Jdánov a Stálin, 6 de setembro de 1934. Jdánov a Stálin : "Antes do Congresso, Gorki tentou mais uma vez criticar as listas, embora tivesse concordado com elas antes [...] quei-

xou-se que Kámenev não foi eleito para a Secretaria. Ele não queria ir ao Congresso ou presidir a assembleia. Pena [...] ele está muito cansado". RGASPI 558.11.730.1, Stálin a Kaganóvitch, Jdánov, Stetski e Mekhlis, 24 de agosto de 1934. Kaganóvitch relatou as demandas de Gorki e como toda a liderança dele, Mólotov, Vorochílov e Jdánov tinham enfrentado a questão. RGASPI 558.11.742.21, Kaganóvitch a Stálin, 12 de agosto de 1934 e RGASPI 558.11.742.28, Kaganóvitch a Stálin, 12 de agosto de 1934.

19. RGASPI 558.11.730.10, Jdánov a Stálin, setembro de 1934. Lugares no PB: Khlevniuk, *Circle*, p. 122.

20. RGASPI 558.11.730.37-40, Jdánov a Stálin, 1º de setembro de 1935.

21. RGASPI 558.11.730.21, Stálin a Jdánov e Kúibichev, 11 de setembro de 1934.

22. RGASPI 558.11.730.22, Stálin a Jdánov, Iagoda e Akúlov, 9 de outubro de 1934.

23. Os destinos dos líderes são encontrados na carta de Kaganóvitch a Stálin de 1º de setembro: Kírov foi para o Cazaquistão, Mikoian para Kursk, Tchubar para o Médio Volga, Kaganóvitch para a Ucrânia, Jdánov para Stalingrado, Vorochílov para a Bielo-Rússia e Mólotov para a Sibéria. M. D. Boríssov era o guarda-costas. RGASPI 79.1.170.1, 2, 3, Kírov a Kúibichev, 18 de setembro de 1934 e 23 de setembro de 1934. *KR* I, p. 61. *Kirov*, p. 185. RGASPI 558.11.730.23-36, Jdánov a Stálin, 8 de outubro de 1934: Jdánov relatou a Stálin que havia problemas de coleta de pão na região de Stalingrado: "Alguns trabalhadores devem ser mandados a julgamento aqui", escreveu a 8 de outubro. Os líderes do Partido de lá eram "fracos". Kírov para Moscou: *Kirov*, pp. 183-4. Telefonema e chegada, Stálin de mau humor: diário de Svanidze, 14 e 16 de novembro de 1934.

24. S. Frederick Starr, *Red and hot. The fate of jazz in the Soviet Union 1917-80*, p. 126. Fitzpatrick, *Everyday Stalinism*, pp. 94-5.

25. *Kirov*, p. 187.

26. Khlevniuk, *Ordzhonikidze*, pp. 65-6. Veneno: Sudoplátov, pp. 270-1.

27. RGASPI 558.11.27.24, anotações de Stálin, 7 de maio de 1929.

28. Rubin, *Ryadom*, pp. 14-6.

29. Este relato baseia-se na excelente reconstrução de Amy Knight em *Who killed Kirov?*, pp. 88-99; Tucker, *Power*, pp. 288-96; Conquest, *Great Terror*, pp. 43-61, bem como em *Kaganovitch*, *MR*, diário de Svanidze e memórias de Mikoian *Tak bylo*.

12. "ESTOU ÓRFÃO" (pp. 179-91)

1. *Kaganovitch*, pp. 71-2. Mikoian, pp. 316-8. 1998: 2. *Kirov*, pp. 199-201. Tucker, *Power*, p. 292.

2. Eteri Ordjonikidze. Khlevniuk, *Ordzhonikidze*, p. 67. Ginsburg em *Kirov*, p. 197. *Kaganovitch*, pp. 71-2. Mikoian, pp. 316-8. *Kirov*, 199-201.

3. Tucker, *Power*, pp. 294, 646. Beijando Kírov: Rubin, *Ryadom*, p. 88. "Levem-no daqui": Radzinski, p. 312. Ver também Orlov. *Kirov*, pp. 200-8, inc. Nikoláiev.

4. Tucker, *Power*, pp. 294-6. Vlássik viu Pauker "tremer" quando deu a notícia sobre Boríssov em *Kirov*, pp. 205-9.

5. Sobre o assassinato de Voíkov e a reação de Stálin, ver Chinsky, p. 83. Sobre *Instántsiia*, agradeço ao professor Derek Beales. Para ordens verbais, ver assassinato de Mikhoels.

6. Stálin adorava Kírov: Rubin, *Ryadom*, p. 87; *Kaganovitch*, p. 72. Conselho sobre Béria: Stálin citou a advertência de Kírov contra Béria depois da guerra a Mgeladze, p. 178. Larina, p. 291.

7. RGASPI 558.11.773.81, Stálin à chefe de Colcós D. Emalinanova, sobre o caso de M. A. Mièrzlikov, 27 de fevereiro de 1930. Peter Kapanadze, padre e presente de 2 mil rublos: Tcharkviani, p. 45, carta de 7 de dezembro de 1933. Presente a menino ucraniano: RGASPI 558.11.712, Ivan Bobochko a Stálin: "Recebi dez rublos do senhor, muito obrigado".

8. Cérebro de Kírov, Jdánov, Agránov, Iejov e o funeral: *Kirov*, pp. 214-5. Tucker, *Power*, pp. 294-5, 298. *KR* I, pp. 98-100.

9. Diário de Svanidze, 5-13 de dezembro de 1934. Mikoian, pp. 316-8. *Kirov*, pp. 5-8. Tucker, *Power*, pp. 301-2.

10. Diário de Svanidze, 5-13 de dezembro de 1934. *Kaganovitch*, pp. 71-2. Mikoian, pp. 315-7. Tucker, *Power*, p. 298. *Kirov*, pp. 5-7, inclusive citação de Sergo.

11. Tucker, *Power*, pp. 297-9. Diário de Svanidze, *IA*, 5-13 de dezembro de 1934.

12. RGASPI 558.11.800.113, Rudzutak a Stálin e resposta deste, 5 de dezembro de 1934. Larina, p. 173.

13. Iúri Jdánov: "tudo mudou". Também Artiom Serguéiev: "Nada foi igual depois". Popovitch citado em Dedijer, *Tito speaks*, p. 278. Isakov entrevistado por Símonov em *Znamya*, v. 5 (1988), p. 69.

14. Este relato do dia 21 de dezembro de 1934 baseia-se nas lembranças de lembranças de dois dos convidados: diário de Maria Svanidze, 23 de dezembro de 1934; entrevista com Artiom Serguéiev. Temos também o poema de Maria dos arquivos e as fotografias em duas versões. Agradeço a identificação das personagens a Stiepan Mikoian, Natália Andréieva e Kira Allilúieva, cujos pais estavam presentes. Poema: RGASPI 44.1.1.361-6. Fotografia: RGASPI 558.11.1653.22.

13. UMA AMIZADE SECRETA (pp. 192-9)

1. Diário de Svanidze: julho, outubro e 23 de dezembro de 1934. Anedotas de Stálin e Jênia: Kira Allilúieva. Também Artiom Serguéiev e Leonid Redens. Svetlana *RR*. Richardson, *Long shadow*, p. 99.

2. Khlevniuk, *Circle*, pp. 149-50.

3. *Kirov*, p. 222.

4. Filmes: Jay Leyda, *Kino. History of Russian and Soviet film*, p. 319. Peter Kenez, *Cinema and Soviet society*, pp. 95, 111, 131, 159. Béria em Sergo B, p. 17. Lênin citado em Figes, *Natasha*, p. 451, e Hollywood soviética, p. 477. Medviêdev, p. 309. Svetlana *OOY*, p. 331. Fitzpatrick, *Everyday Stalinism*, pp. 93-4.

5. RGASPI 558.11.27.88, Stálin como autor de canções, 8 de julho de 1935. História de Alexândrov: Gromiko, *Memoirs*, pp. 328-9. Leyda, p. 319. Kenez, pp. 95, 111, 131, 158-61. Taylor e Christie, *The film factory*, p. 384, citado em Figes, *Natasha*, p. 477. Ver também Fromov, *Vlast i Iskusstvo*, G. V. Alexândrov, *Epokha i kino*, e G. Mariámov, *Kremlevskii tsenzor: Stalin smotrit kino* na parte sobre Stálin e o cinema do pós-Segunda Guerra Mundial.

6. RGASPI 558.11.727.33, conversa de A. Dovjenko com Stálin, com Póstichev, Kosior e Kalínin presentes, 27 de maio de 1935. Também Kenez, p. 133.

7. Eisenstein: Figes, *Natasha*, pp. 454-9, 477-81. Kírov e *Contraplano*: *Leyda*, p. 290. Kaganóvitch e Eisenstein: Kenez, p. 138. Stálin sobre Eisenstein: RGASPI 558.11.804.12, Stálin a Upton

Sinclair, outubro de 1931. Stálin a Kaganóvitch, 12 de outubro de 1931, em *Kaganovitch Perepiska*, p. 101. "Muito talentoso": Mgeladze, p. 212.

8. Tucker, *Power*, pp. 330-1. Brooks, *Thank you c. Stalin*, pp. 64-6. Stalinismo e Kaganóvitch: *KR* I, p. 75. Mikoian, p. 31. Culto de líderes: Fitzpatrick, *Everyday Stalinism*, pp. 72-4.

9. RGASPI 45.1.803.1, Stálin a F. Samoilova, 6 de dezembro de 1938.

10. RGASPI 558.11.730.189, Stálin a Jdánov e Pospelov, 24 de setembro de 1940. Sobre *A infância do Líder*, de K. Gamasakhurdia, ele escreveu: "Peço que proíba a publicação em russo". RGASPI 558.11.787.2, Stálin a Jdánov e Pospelov, 24 de setembro de 1940. RGASPI 558.11.730.188, Stálin a Jdánov, 14 de setembro de 1940. Quando os velhos bolcheviques quiseram publicar suas memórias dos primeiros dias, Stálin ordenou: "Não publique!". RGASPI 558.11.1496.17, Stálin a Mekhlis, 21 de julho de 1937. RGASPI 558.11.773.84, Stálin a Mekhlis, 1930.

11. RGASPI 558.11.717, Stálin a P. M. Vsiliev, 3 de dezembro de 1930 ou 1932.

12. RGASPI 558.11.786.106, Stálin a Poskrióbichev, julho de 1929.

13. RGASPI 558.11.711.182, Stálin a Blokhin, 29 de julho de 1925.

14. O ANÃO ASCENDE (pp. 200-8)

1. Sudoplátov, pp. 270-1. Tucker, *Power*, pp. 301-2.

2. Troca de posto de Kaganóvitch: Rees, p. 132. Khlevniuk, *Circle*, pp. 172-7.

3. Sobre Khruchióv: *Oni*, p. 171. *KR* I, p. 57; *KR* II, p. 151. *Kaganovitch*, pp. 99-100. Primeiros anos: Iurii Shapoval, "The Ucranian years 1894-1949", em Taubman, pp. 1-17. Animal de estimação: William Taubman, *Khrushchev, man and era*, p. 75.

4. Ascensão de Iejov: M. Jansen e N. Petrov, *Stalin's loyal executioner, people's commissar Nikolai Ezhov 1895-1940*, pp. 25-6. RGASPI 17.3.961.61. Iejov foi designado para verificar a equipe do NKVD e Komsomol. Ele fora supervisor eficaz do NKVD para Stálin desde dezembro de 1934 e logo sucedeu a Kaganóvitch na presidência da Comissão de Controle do Partido.

5. "Humano, gentil" Iejov — Iúri Dombrovski, em Jansen-Petrov, pp. 19-20. A. Polianski, *Iejov: Istoriya jeleznogo stalisnkogo narkoma*, pp. 1-40. Mándelstam, pp. 324-5. "Homem baixo e esguio" — Liev Razgon, *Plen v svoem otechestve*, pp. 50-1. Mulheres sobre Iejov: lindos olhos azuis — Vera Trail, memórias inéditas, pp. 5-11. *Nikolai Ezhov*, Moscou, 1937. Olhos azul-cinzentos, opinião de Bukhárin e professor na Ásia Central: Larina, pp. 250, 268. Sobre a datcha de Stálin em Sukhumi: visita do autor em 2002. "Olhos verde-cinzentos, mais esperto que uma cobra": D. Chepilov, "Vospominaniia", *Voprosy Istorii*, nº 4, 1998, pp. 3-25. Altura: Jansen-Petrov, pp. 1-11, 14.

6. Jansen-Petrov, pp. 1-11, 14, 22. Getty, pp. 156-7. Khlevniuk, *Circle*, pp. 175-7. Polianski, pp. 40-84. Memória: Stálin a Nutsibidze, *Nakaduli*, 2, 1993, pp. 96-100.

7. Miniaturas de iates: Jansen-Petrov, p. 199. "Não conheço um trabalhador mais ideal": I. M. Moskvin citado em Razgon, pp. 50-1. RGASPI 558.11.89.156, Dvinski a Stálin, 17 de setembro de 1935. Sobre a bissexualidade de Iejov, bebidas e flatulências, confissão de Iejov, FSB 3.6.1, e Caso Frinovski, FSB N-15301.12, em Jansen-Petrov, pp. 18-9. Doenças: Jansen-Petrov, p. 196.

8. RGASPI 558.11.787.6, Stálin a Póstichev sobre férias de Iejov, 9 de setembro de 1931.

9. RGASPI 558.11.818.3, Stálin a Iejov, 31 de maio de 1935, e RGASPI 558.11.756.88, Stálin a Kaganóvitch e Iejov, 22 de setembro de 1934. *KR* I, p. 115.

10. RGASPI 558.11.775.35, Stálin a Iejov, 23 de agosto de 1935.

11. Trail, p. 8. Jansen-Petrov, p. 22.

12. Jansen-Petrov, p. 16. Polianski, pp. 88-92. *KGB Lit. Archive*, pp. 42-4.

13. Mándelstam, p. 113. Eteri Ordjonikidze.

14. RGASPI 558.11.83.16, Stálin, via Dvinski, para Besanov, Berlim, 5 de agosto de 1934.

15. Opinião de Bukhárin e professor na Ásia Central: Larina, pp. 250, 268. *KR* I, p. 115.

16. RGASPI 558.11.83.50, 51, 93 e RGASPI 558.11.84.14, 18, 66, 110, telegramas da Embaixada em Berlim e do CC sobre saúde de Iejov encaminhados por Dvinski a Stálin, Sotchi, agosto de 1934.

17. "Solitário como uma coruja" em Sotchi: RGASPI 558.11.728.40, Stálin a Ienukidze, 13 de setembro de 1933. Ienukidze sexualmente anormal: diário de Svanidze, 28 de junho de 1935. Politburo: diário de Svanidze, 11 de setembro de 1933. Passando a noite: Mikoian, p. 356. Natália Andréieva, Kira Allilúieva.

18. RGASPI 558.11.728.67-107 e 114, RGASPI 558.11.728.40-2, Stálin a Ienukidze, 13 de setembro de 1933. Conquest, *Stalin: breaker of nations*, p. 189.

19. RGASPI 558.11.704.20. *Beria*, pp. 58-62.

20. Assembleia: Getty, pp. 160-8. Khlevniuk, *Circle*, pp. 149-50. Caso do Kremlin: Jansen-Petrov, p. 30. APFR 57.1.273. Queda de Ienukidze: Jansen-Petrov, pp. 31-3. I. N. Júkov, "Tainy Kremlevskogo delo 1935 goa i sudba Avelia Ienukidze", em *Voprosy Istorii*, 2000, nº 9, pp. 83-113. "Algo podre": Kaganóvitch em RGASPI 17.2.547 e RGASPI 17.3.963. Bukhárin e Ienukidze "dominaram" Nádia politicamente: *MR*, p. 173.

21. Diário de Svanidze, 9 de maio e 28 de junho de 1935.

15. O CZAR ANDA DE METRÔ (pp. 209-17)

1. Diário de Svanidze, 29 de abril de 1935.

2.. Sachiko e a fotografia, duas horas atrasado para o jantar: diário de Svanidze, 28 de junho de 1935. Mais forte que o Politburo: diário de Svanidze, 11 de setembro de 1933.

3. Diário de Svanidze, 29 de abril de 1935.

4. "O povo russo é czarista": Radzinski, citando P. Chagin, p. 323. Mólotov: sobre Ivan, o Terrível, em Volkogónov, p. 310. Mikoian: sobre Ivan, p. 534. "Stalin Molotov i Jdanov o vtoroy serii filma Ivan Grozni", *Moskovskie Novosti*, nº 37, 7 de agosto de 1988, p. 8. Budiony *Anotações*, 8. Professor e Ivan: RGASPI 558.3.350. Bukhárin como "Chuiski", em *Kaganovitch*, p. 74. Tucker, *Power*, pp. 104, 937. Nadir Xá: RGASPI 558.11.27.24, anotações de Stálin, 7 de maio de 1929. Sergo B, p. 284. A. W. Harriman e E. Abel, *Special envoy* (doravante Harriman-Abel), sobre Alexandre I: p. 178. Tcharkviani sobre Nicolau I: p. 35. Eisenstein: Kenez, p. 179.

5. Cadillacs: RGASPI 82.2.897.7, Iagoda a Mólotov e Mólotov e Stálin a Iagoda, 15 de junho de 1935. Rolls-Royces: RGASPI 558.11.81.13, Stálin e Vorochílov a Kaganóvitch, 19 de setembro de 1933. *Kaganovitch Perepiska*, p. 350. Gastando em coisas de luxo: RGASPI 558.11.27.95, Stálin, 20 de maio de 1936. Havia agora sete classes de salários: um comissário do povo ganhava quinhentos rublos. Funcionários Classe Um recebiam 250 rublos. Tucker, *Power*, p. 324. Fitzpatrick, *Everyday stalinism*, pp. 93-7. Erickson, *Soviet High Command*, pp. 402-3. Terno de Bukhárin: Larina, pp. 247-8.

6. Trud, 30 de dezembro de 1936. Brooks, *Thank you c. Stalin*, p. 71.

7. Tucker, *Power*, pp. 284-7. *KR* I, pp. 84-5.

8. RGASPI 558.11.754.101, Stálin e Poskrióbichev a Mirzoian, 3 e 21 de abril de 1935, e a resposta dele, 23 de abril.

9. Khlevniuk, *Circle*, pp. 154-6.

10. RGASPI 81.3.100.91, Stálin a Kaganóvitch, 8 de setembro de 1935, e RGASPI 558.11.743.17. Kaganóvitch a Stálin, 13 de setembro de 1935. RGASPI 558.11.89.71-6 e 89, Stálin e Salínin a Kaganóvitch, Iejov e Mólotov, 7 de setembro de 1935, e Kaganóvitch a Stálin, 10 de setembro de 1935. RGASPI 558.11.90.55, Kaganóvitch a Stálin, 23 de setembro de 1935. Velhos estúpidos: RGASPI 81.3.100.91-94; Stálin também estava furioso porque Orakhelachvili estava mantendo relações sociais com Ienukidze. Agránov mandava informações sobre Ienukidze a Stálin, que ele distribuía ao PB. Ver também *Kaganovitch Perepiska*, pp. 554-8. Chinsky, pp. 39-47.

11. Nadejda Vlássik. Cartas de V. Stálin, Stálin, comandante S. Efimov, K. Pauker, 1938-8, citado em *Vasily*, pp. 28-30, 51. Sobre suicídios: Getty, p. 21. Tucker, *Power*, pp. 265, 367. Conquest, *Great Terror*, pp. 86-7.

12. RGASPI 558.11.1743.1, Kaganóvitch a Stálin e Svetlana, 16 de agosto de 1935. *Kaganovitch Perepiska*, p. 524. RGASPI 81.3.100.89, Stálin a Kaganóvitch, 19 de agosto de 1935. RGASPI 558.11.743.5, Kaganóvitch a Stálin, 22 de agosto de 1935. RGASPI 558.11.743.23, Kaganóvitch a Stálin, 31 de agosto de 1935. *Kaganovitch Perepiska*, pp. 527, 530, 543.

13. RGASPI 558.11.1549.1-41, cartas de Stálin e Nádia a E. Djugachvili. A carta citada por inteiro é RGASPI 558.11.1549.45, Stálin a Keké, 24 de março de 1934. Béria e Keké: Sergo B., pp. 20-1.

14. RGASPI 558.11.92.22, Poskrióbichev a Stálin, 21 de outubro de 1929. RGASPI 558.11.92.82, Stálin ao CC, 29 de outubro de 1935. RGASPI 558.11.1549.48-69, cartas a E. Djugachvili de Stálin, Iacha Stálin, Sacha Egnatachvili e outros parentes, 1934-7. Svetlana, *Twenty letters*, pp. 260-2. Sobre a morte dela: RGASPI 558.11.1549.74-92, bilhete de Stálin sobre coroa, anúncio da Tass aprovado por Poskrióbichev e objetos da casa dela. Conversa de Stálin com Keké: dr. N. Kipchidze, seu médico, citado em Radzinski, p. 23. Stálin e maternidade, Tolstoi: RGASPI 558.3.353. Sobre o comentário dela a respeito de Trotski e fofocas: Sergo B, pp. 20-1. Sobre Stálin e Sacha Egnatachvili, "O que você espera de um filho de estalajadeiro": Tcharkviani, pp. 4-5. "O Coelho": Brackman, p. 4. Entrevista com Tina Egnatachvili.

15. Gente verdadeira: RGASPI 558.11.730.39, Jdánov a Stálin, 1º de setembro de 1935. Getty, pp. 247-8. Tucker, *Power*, pp. 366-7. Conquest, *Terror*, pp. 99-105. *Voprosy Istorii*, nº 2, 1995, p. 17. *Isvestia TsK KPSS*, nº 8, 1989, p. 85.

16. ESCOLHA SEUS PARCEIROS, MONTE EM SEUS PRISIONEIROS (pp. 218-27)

1. Diário de Svanidze, 7 de dezembro de 1936.

2. *From factionalism to open counterrevolution*, por Nikolai Iejov, APRF 57.1.273. Iejov a Stálin, 17 de maio de 1935, Jansen-Petrov, p. 29. Papel de Iejov no julgamento: os documentos de Iejov contêm dez pastas sobre o julgamento — Jensen-Petrov, p. 46.

3. *Voplosy Istorii*, nº 2, 1995, p. 17. *Izvestiya TsK KPSS* nº 8, 1989, p. 85. Getty, pp. 247-8. RGASPI 558.11.89.156, Dvinski a Stálin, 17 de setembro de 1935.

4. Orlov, p. 130.

5. Pirojkhova, p. 61. Larina, pp. 99-100. *KGB Lit. Archive*, pp. 262-99. Marta Péchkova.

6. Marta Péchkova. Como você se sente? RGASPI 558.11.720.107, Stálin a Gorki, 21 de maio

de 1936. Svetlana e Stálin visitam Gorki, *OOY*, p. 327. "Sobre todas as questões abordadas em sua carta, inclusive organização, precisamos consultar o camarada Stálin. O camarada Stálin está muito interessado em problemas culturais e está pessoalmente administrando o departamento do CC que trata disso." RGASPI 73.2.44.21-2, Gorki a Andréiev, Andréiev a Stálin, Stálin a Andréiev, 30 de dezembro de 1935. Stálin corrigiu os artigos de Gorki com Kaganóvitch. RGASPI 558.11.720.69, Stálin a Gorki, s.d. Nós visitamos você às duas: RGASPI 558.11.720.120, Stálin, Mólotov, Vorochílov a Gorki, junho de 1936. *KGB Lit. Archive*, pp. 251-7, 267-74, 272-5. Iagoda: testemunho de Averhakh e Khruchióv, pp. 260-1.

7. Doença grave: Chinsky, pp. 99-100. "Aquela criatura": *KGB Lit. Archive*, p. 273. Tensão: Iejov e Vichinski *vs* Iagoda. Vichinski queixava-se com frequência de Iagoda, obviamente com o suporte de Stálin. GARF 8431.37.70.134, Vichinski a Stálin e Mólotov, 16 de fev. de 1935.

8. RGASPI 74.2.37.104, Vorochílov a Stálin, 25 de junho de 1936. RGASPI 74.2.38.82, Stálin a Vorochílov, 3 de julho de 1936. Kaganóvitch também os chamou de "escória" em sua carta de 6 de julho, quando estava de férias em Kislovodsk: RGASPI 558.11.743.53, Kaganóvitch a Stálin. Sobre Mólotov: Conquest, *Terror*, p. 103. Orlov, pp. 130-40. Tucker, *Power*, p. 368.

9. RGASPI 558.2.155.104-7, as notas de Vichinski compõem o resumo para o processo de 1937. Exemplos de inserções de Stálin: Tucker, *Power*, p. 318.

10. RGASPI 82.2.8971.8, 9, 10, Iejov a Mólotov, 3 de novembro de 1936. Orlov, pp. 162-6. Khlevniuk, *Circle*, pp. 183-4. *MR*, pp. 255-60. Discordância Stálin-Mólotov: D. H. Watson, *Molotov and Soviet government: Sovnarkom 1930-41*, pp. 160-2.

11. "Você trabalha mal": Larina, p. 94. RGASPI 558.11.27.97, anotações de Stálin, 13 de agosto de 1936. RGASPI 558.11.27.106, anotações de Stálin, 13 de agosto de 1936. Última reunião de Iagoda: *IA*, 1994:4.

12. RGASPI 558.11.93.20, RGASPI 558.11.93.2, Iejov e Kaganóvitch a Stálin, 17 e 18 de agosto de 1936. Mekhlis, Vichinski e Agránov estavam envolvidos em checar os artigos de jornal. Chinsky, p. 102. Os telegramas de Kaganóvitch e Iejov aparecem em *Kaganovitch Perepiska*, pp. 629-40, e Chinsky, pp. 102-22. Orlov, p. 169. Tucker, *Power*, pp. 367-73. Radzinski, pp. 332-5. Conquest, *Terror*, pp. 113-7. O mundo dos "terroristas" de Stálin está descrito com brilhantismo em Tucker, *Power*, pp. 399-403.

13. Vichinski: sua descrição baseia-se em A. Vaksberg, *Stalin's prosecutor. The life of Andrei Vyshinsky* (doravante Vaksberg), e citação de Fitzroy Maclean, p. 115. Princesa Margaret: sir Frank Roberts citado em Vaksberg, pp. 253-5. Carreira: pp. 172-5. Mesma cela de Stálin e Ordjonikidze na prisão de Bailovka, fevereiro de 1908, pp. 19-21. "Pessoas ansiosas"/sinistro: Gromyko, *Memoirs*, pp. 318-20. Piada sobre romenos: Djilas, p. 140. Óculos de aro de tartaruga e olhos brilhantes: Enver Hoxha: Jon Halliday (ed.), *Artful Albanian: the memoirs of Enver Hoxha*, p. 119. Mau gênio: Dobrínin, p. 20. Admiração ocidental: Davies, p. 54. W. Bedell Smith, *My three years in Moscow*: charme, pp. 4-5. C. C. Bohlen, *Witness to history*, pp. 285, 48-9. Recomenda fuzilamento: GARF 8431.37.70.7--14, Vichinski a Stálin e Mólotov, 7 ou 8 de janeiro de 1936. Ilustre Mólotov: GARF 8431.37.70.103, Vichinski a Mólotov, 1º de outubro de 1935. Ilustre Poskrióbichev: GARF 8431.37.70.78, Vichinski a Poskrióbichev, 31 de janeiro de 1936.

14. RGASPI 558.11.93.32-3 e 42-6, Iejov e Kaganóvitch a Stálin, 19/20 de agosto de 1936. RGASPI 558.11.93.35, Stálin a Kaganóvitch, 20 de agosto de 1936. *Kaganovitch Perepiska*, pp. 629-40. Chinsky, pp. 102-22. Orlov, pp. 9-71, 169. Tucker, *Power*, pp. 367-73. Radzinski, pp. 332-5. Conquest, *Terror*, pp. 113-7.

15. RGASPI 558.11.93.35, Stálin a Kaganóvitch e Iejov sobre Radek, 19 de julho de 1936. Tomski: RGASPI 558.11.93.55, Kaganóvitch, Iejov, Ordjonikidze a Stálin, 22 de agosto de 1936. *Mise-en--scène*: RGASPI 558.11.93.65, Kaganóvitch e PB mais Iejov a Stálin, 22 de agosto de 1936, e RGASPI 558.11.93.62-3 e 77-80, Stálin a Kaganóvitch, 23 de agosto de 1936.

16. Bedni: *KR* I, p. 101. Tucker, *Power*, pp. 370-1. Conquest, *Terror*, pp. 116-7.

17. Radzinski, p. 334.

17. O VERDUGO (pp. 231-44)

1. RGASPI 558.11.93.89, Stálin a Kaganóvitch e PB, 24 de agosto de 1936.

2. Sudoplátov, p. 165. Michael Parrish, "Downfall of the Iron Comissar NI Yezhov 1938--1940", *Slavic Military Studies*, v. 14, nº 2, junho de 2001, p. 87. Blokhin, "trabalho negro": Petrov e Scorkin.

3. Tucker, *Power*, p. 373. Vaksberg, *Stalin against the Jews*, p. 42. Conquest, *Terror*, p. 117. Victor Serge, *From Lenin to Stalin*, p. 146. Orlov, pp. 350-1. Vaksberg, p. 42. Covarde político: W. Taubman, *Khrushchev, man and era*, p. 266.

4. Larina, pp. 294-5, 47-8. Stephen Cohen, *Bukharin and the Bolshevik Revolution, a political biography 1888-1938*, pp. 368-72. *Kaganovtich*, p. 74. *Kaganovitch Perepiska*, p. 678. Medviêdev, p. 333.

5. Jansen-Petrov, pp. 49-50. Dias depois, Iejov informava Stálin de que Iagoda conhecera um centro trotskista em 1933 e não fizera nada a respeito (p. 53). Iagoda admitiu mais tarde, em seu interrogatório, que grampeara as ligações de Stálin com Iejov (p. 226), usando os interrogatórios de Frinovski (Frinovski N-15301). Espanha: este relato está completamente baseado nas novas pesquisas de arquivo em R. Radosh, *MR* Habeck e G. Sevostianov (eds.), *Spain betrayed: the Soviet Union in the Spanish Civil War*: Stálin atravessador, tomada pelo NKVD da República, e o alvo não era vencer, mas manter Hitler atolado: ver Introdução, pp. xv-xxv e citações de Paul Preston, Walter Kravitsky e Gerald Howson. Para relatórios enviados a Vorochílov sobre pessoal soviético, ver pp. 58-70. Kaganóvitch e Sergo envolveram-se em planejamento econômico na Espanha, ver pp. 89-91. Para questões de segurança, ver Iejov a Vorochílov, pp. 100-1. Vorochílov manda relatórios a Stálin: "Leia, vale a pena", pp. 145-7. Denúncias a Stálin e Vorochílov pelo jornalista M. Koltsov, pp. 267, 521. Stálin pede desconto em navios de guerra: RGASPI 74.2.38.55, Stálin a Vorochílov, 10 de janeiro de 1932. Jansen-Petrov, p. 54, e testemunho de F. S. B. Pauker. *Kaganovitch Perepiska*, p. 678.

6. *Kaganovitch Perepiska*, pp. 682-3 e 701-2. Khlevniuk, *Ordzhonikidze*, pp. 104-5. Khlevniuk, *Stalinskoe Politburo*, pp. 148, 152. Jansen-Petrov, pp. 53-5.

7. Lakoba, pp. 120-3: Stálin ofereceu o cargo em dezembro de 1935. O CC proibiu o uso de nomes abkhazianos, 17 de agosto de 1936. *Beria*, pp. 70-5. Grão-duques/príncipes apanagiados, Stálin no 17º Congresso: Getty, pp. 205, 265. Mólotov: Tucker, *Power*, p. 389.

8. Khlevniuk, *Ordzhonikidze*, pp. 103-5, 158-9, 178, 190-4. Rees, p. 118. Amizade de Kaganóvitch e Sergo, *Kaganovitch*, pp. 62-3. Eteri Ordjonikidze. *Izvestia TsK KPSS*, nº 9, 1989, pp. 36-7. Jansen-Petrov, pp. 45-51.

9. Mikoian, p. 328.

10. *MR*, pp. 114-5. Mikoian, p. 328.

11. Khlevniuk, *Ordzhonikidze*, pp. 105-10.

12. Natália Ríkova. Larina, pp. 293-5, 139-42. Khlevniuk, *Ordzhonikidze*, pp. 113-4, 139-40.

13. "Maluco": RGASPI 558.11.710.48-76, Bukhárin a Stálin e anotação de Stálin, 2 de julho de 1935. "Crianção": RGASPI 558.11.710.91, Bukhárin a Stálin e resposta. Quando Bukhárin se queixou de demissões em sua equipe do *Izvestia*, Stálin mandou o apelo a Iejov, que rabiscou com seu lápis vermelho predileto e devolveu a Stálin: "Tudo está feito — Bukhárin não reclama mais", RGASPI 558.11.710.78, Bukhárin a Stálin a Iejov a Stálin, 13 de janeiro de 1936 (CC seção de Iejov). Radek: RGASPI 558.11.710.163, Bukhárin a Stálin, 17 de setembro de 1936. Bukhárin em sonhos: RGASPI 558.11.710.164-6, Bukhárin a Stálin, 24 de setembro de 1936. RGASPI 558.11.710.172-8, Bukhárin a Stálin e poema.

14. "Doce gaivota" e pistola: Larina, p. 310. RGASPI 74.2.40.138.1, Bukhárin a Vorochílov: "Por que você me fere tanto?", RGASPI 74.2.40.137, Bukhárin a Vorochílov, 3 de janeiro de 1935. Bukhárin a Vorochílov, 1º de setembro de 1936. Volkogónov, pp. 295-6.

15. Aqui, minha narrativa utiliza de perto os relatos de Getty e Khlevniuk. Assembleia: Getty, pp. 304-8, 311-2, 315-29. Khlevniuk, *Ordzhonikidze*, pp. 100, 140.

16. Khruchióv, *Glasnost*, pp. 36-8. Polônia: William J. Chase, *Enemies within the gates?*, pp. 234-5, 239, 265. Stálin e ópera de Glinka, *Ivan Susanin*, ver Svetlana *OOY*, p. 337. Getty, pp. 339-59.

17. Diário de Svanidze, 5 de março de 1937. I. Valedinski, "Vospominaniia", p. 124.

18. Khlevniuk, *Ordzhonikidze*, p. 101. *Rodina*, 1995, nº 10, pp. 63-4. *Istotchnik*, nº 1, 2001, pp. 63-77. Sergo acreditou na confissão de Piakatov: Zinaida Ordjonikidze, em Mikoian, p. 331.

19. RGASPI 588.2.155.104-7, anotações de Vichinski da reunião com Stálin. Palavras de Vichinski no dia 28 de janeiro, de Conquest, *Terror*, p. 179.

20. Valedinski, "Vospominaniia", p. 124.

18. SERGO: A MORTE DE UM "BOLCHEVIQUE PERFEITO" (pp. 245-53)

1. Tucker, *Power*, pp. 405-7. Conquest, *Terror*, pp. 179-85. RGASPI 588.2.155.104-7, anotações de Vichinski de reunião com Stálin. Iúri Jdánov sobre piada de Stálin a respeito dos apóstolos. Diário de Svanidze, janeiro-fevereiro de 1937. Efervescência emocional, em Michael Burleigh, *The Third Reich, a new history*, p. 7. Iejov no Kremlin: Jansen-Petrov, p. 121. Khlevniuk, *Ordzhonikidze*, pp. 190-4. Ferrovias: Rees, p. 118.

2. Este relato dos últimos dias de Sergo baseia-se em Khlevniuk, *Ordzhonikidze*, pp. 119, 126--42, 145. Mikoian, p. 329. Também em *Beria affair*, p. 110. O relato de sua morte está baseado na versão de Zinaida Ordjonikidze contada a Mikoian, pp. 331-3, e na de Konstantin Ordjonikidze, irmão, em Medviêdev, pp. 195-6. Stiepan Mikoian, p. 38. Eteri Ordjonikidze.

3. Poema: Larina, p. 328. RGASPI 558.11.710.180-1, Bukhárin a Stálin, 20 de fevereiro de 1937. Natália Ríkova. Eteri Ordjonikidze. RGASPI 74.1.429.79, diário de E. D. Vorochílova, 1956. *KR* I, p. 174. Khlevniuk, *Circle*, p. 261.

4. A assembleia baseia-se principalmente em Getty, pp. 373-97, 413-9. Larina, pp. 64-5, 146, 330, 334-9. Natália Ríkova. Mólotov lendo em voz alta a resposta cruel de Vorochílov à carta de Bukhárin: Volkogónov, pp. 280-6. Ferrovias: Rees, p. 169. Conquest, *Terror*, p. 193. Póstichev não foi preso ainda, mas transferido para dirigir o Partido em Kúibichev (Samara): Khlevniuk, *Circle*, pp. 233-4, 262, e Khlevniuk, *Ordzhonikidze*, p. 171. Tucker, *Power*, pp. 423, 426, 429.

5. Walter Krivitsky, *I was Stalin's agent*, p. 197. Orlov, pp. 147, 221. Tucker, *Power*, p. 432. E. P. Frolov, citado em Medviêdev, p. 339.

19. O MASSACRE DOS GENERAIS (pp. 254-63)

1. Jansen-Petrov, pp. 71-2.

2. *Iagoda*, p. 20 e p. 89 para a busca, 28 de março-4 de abril de 1937.

3. *Iagoda*, pp. 115-61, 171, 95-118, 109-17, 234, 255-7, 450. Jansen-Petrov, p. 63. Conquest, *Stalin: breaker of nations*, p. 203. Orlov, p. 264.

4. Budiony, *Anotações*, p. 25. RGVA 4.19.16.265, Budiony a Vorochílov, 22 de agosto de 1936; mais Kaganóvitch e Vorochílov a Stálin, ver antes. Vorochílov encaminha mensagem interceptada pela inteligência do Exército da embaixada alemã para Berlim sobre oficiais do Exército Vermelho, entre eles Iegórov, Budiony e Tukhatchevski: RGVA 4.19.1.170-4, 20 de abril de 1936. Ver também Vorochílov a Stálin sobre entrevista do camarada Tukhatchevski a jornais poloneses: RGVS 4.19.71.52-60, janeiro de 1936.

5. Opinião de Stálin sobre os planos de Tukhatchevski 1930: RGASPI 74.2.38.59, Stálin a Vorochílov. Jansen-Petrov, pp. 69-70. Timochenko em Kumániev (ed.), p. 270. Shimon Naveh, *Tukhachevsky*: Harold Shukman (ed.) *Stalin's generals*, p. 266. "Napoleontchik", em Larina, p. 198. Spahr, pp. 169, 171 (testemunho da irmã de Tukhatchevski). *Slavic Military Studies*, v. 11, nº 4, dezembro de 1998. Resenha por John Erickson de *Forging Stalin's Army: M. Tukhachevsky and the politics of military innovation*, de Sally Stoecker, Boulder, CO., 1998. A expressão "empresário militar" é dela. *IA* 1998. *Kaganovitch*, p. 100. S. Uchakov e A. A. Stukakov, *Front Voennykh Prokurov*, p. 71. Manchas de sangue: *Izvestia TsK KPSS*, nº 4, p. 50, 1989. R. R. Reese, *Stalin's reluctant soldiers. A social history of the Red Army*, pp. 131-4.

6. Sergo B, p. 22. Sobre a morte dela: RGASPI 558.11.1549.74-92, anotação de Stálin para coroa, anúncio da Tass aprovado por Poskrióbichev e objetos de sua casa.

7. *Kaganovitch*, pp. 45-6, 100. Mikoian, p. 552. Stiepan M., p. 39.

8. Rudzutak: Larina, p. 173. *MR*, p. 273. *Kaganovitch*, p. 89. RGASPI 558.11.800.113, Rudzutak a Stálin e resposta de Stálin, 5 de dezembro de 1934. Votos: RGASPI 17.2.615.68. *Izvestia TsK KPSS*, nº 4, 1989, p. 50. Getty, p. 448. Estúpidos: RGASPI 81.3.100.91-4.

9. RGASPI 17.2.630.56, Assembleia: Iegórov, 4 de dezembro de 1937. RGASPI 17.2.614.377, Veinberg, 26 de maio de 1937.

10. *Izvestia TsK KPSS*, nº 4, 1989, pp. 52-4. Spahr, p. 172. *Istotchnik*, nº 3, 1994, pp. 72-88. "Prisão e testemunho de M. Tukhatchevski, maio-junho de 1937", de Steven J. Main, *Slavic Military Studies*, v. 10, nº 1, março de 1997, pp. 151-95. *VIJ*, nºs 8 e 9, 1991. *Molodaa gvardia*, nºs 9 e 10, 1994. Para as últimas pesquisas, ver O. F. Suvenírov, *Tragedia RKKA 1937/8*.

11. RGVA 4.18.61.7-66, Vorochílov no NKO, 9-10 de junho de 1937.

12. Medviêdev, p. 345. Vaksberg, *Vyshinsky*, pp. 104-5.

13. RGVA 4.18.62.1-357. Stálin encontra os comandantes do Exército, 3-4 de agosto de 1937. Papel de Vorochílov: Iákovlev, *Century*, p. 18. Vaksberg, *Vyshinsky*, pp. 104-5. Volkogónov, pp. 323-4. Tucker, *Power*, p. 437. Spahr, pp. 158-65. Ilia Ehrenburg, *Eve of war*, p. 197. A esposa e dois irmãos de Tukhatchevski foram fuzilados, a mãe e as irmãs foram exiladas. *Izvestia TsK KPSS*, 1989, nº 4, p.59. Budiony: Vaksberg, p. 104. Caso de Tukhatchevski em 1930: RGASPI 558.11./78.43, Stálin a Ordjonikidze, 24 de setembro de 1930. RGASPI 558.11.778.38, Menjinski a Stálin, 10 de setembro de 1930. Para a história de Stálin, arquivo Okhrana e os generais, ver relato de Orlov em Edward P. Gazur, *Secret assignment: the FBI's KGB general*, pp. 441-73. Fuzilamento de oficiais em massa: RGASPI 74.2.38.130, Stálin a Vorochílov, s.d.

14. Mekhlis como secretário de Stálin: ordens de Stálin RGASPI 558.11.68, Stálin a Mekhlis, 17 de julho de 1925. RGASPI 558.11.773.92, Stálin sobre o Congresso da União de Escritores para Kaganóvitch, Jdánov, Stetski e Mekhlis, 24 de agosto de 1934; RGASPI 558.11.773.95, Stálin a Mekhlis criticando o *Pravda*, 17 de dezembro de 1936. RGASPI 558.11.773.93, Mekhlis a Stálin, 4 de dezembro de 1935. Mekhlis apoia pedido de Gorki para Stálin se reunir com redatores do *Pravda*. RGASPI 558.11.723.119, Mekhlis a Stálin e deste para Mekhlis, 27 de maio de 1936. "Camarada Stálin, Gorki nos mandou um artigo [...] que contém problemas filosóficos [...]. Gostaria que você lesse. L. Mekhlis." Stálin leu o artigo e respondeu logo: "Camarada Mekhlis: publique sem mudanças". Seus dias de rufião literário não haviam acabado. Em dezembro, ele mandou o ex-editor do *Pravda* expurgar Kiev e "tomar todas as medidas necessárias" para fortalecer "as pessoas da editoria nos jornais ucranianos". A partir de então, foram os infelizes militares que sentiram os golpes das "medidas necessárias" de Mekhlis. Ele entrou para o CC em 12 de outubro de 1937 e se tornou comissário-chefe do Exército Vermelho a 30 de dezembro de 1937. RGASPI 558.11.702.112, Mekhlis a Stálin, Mólotov, Iejov, 19 de junho de 1937; resposta de Stálin, 20 de julho, e resposta de Mekhlis, 21 de julho de 1937. RGASPI 558.11.702.99-100, Stálin a Mekhlis, 8 de dezembro de 1937. Stálin ri do "fervor ridículo" de Mekhlis: Tcharkviani, pp. 30-1. Mekhlis, juventude e começo de carreira: I. Rubsov, *Alter Ego Stalina: Stranitsy politicheskoi biografi LZ Mekhlisa* (doravante, *Mekhlis*), pp. 1-100.

20. BANHOS DE SANGUE AOS MAGOTES (pp. 264-72)

1. As cotas: RGASPI 17.162.21.189. Getty, pp. 468-81. Jansen-Petrov, pp. 82-91. Estatísticas: Jansen-Petrov, p. 91. "Acabar de uma vez por todas" — Ordem nº 00447. *Trud*, 4 de junho de 1992, 2 de agosto e 17 de outubro de 1997. Khlevniuk, *Circle*, pp. 254-6, 210-21: sobre Iejov, ver Vorochílov, 2 de setembro: "Ontem o camarada Iejov recebeu o camarada Gribov. Discuti então isso com o camarada Iejov, que declarou ao telefone que não tinha um arquivo nem um caso contra o camarada Gribov. Julgo possível designar o camarada Gribov co do Cáucaso Norte". "Melhor ir longe demais" — Jansen-Petrov, p. 89, do testemunho de Frinovski FSB N15301.5.110-11. Contingentes nacionais: Jansen-Petrov, pp. 93-101, citando ordem do NKVD nº 00439, 25 de julho de 1937. N. Okhotin e A. Roginskii, pp. 54-71. Ordem FSB nº 00485; contatos consulares: FSB 3.4.104. Estatísticas de nacionais: Jansen-Petrov, p. 99, citando N. Petrov e A. Roginskii, *Polskaya operatsii*, pp. 30, 31, 33. Mongólia: Jansen-Petrov, p. 101. Números de prisões PB/CC: Khruchióv citado em Jansen-Petrov, p. 103. Total de prisões e execuções: Jansen-Petrov, p. 104. Rees, p. 169.

2. "Ultrapassar uns aos outros": Iejov, em testemunho de Frinovski FSB 3-os.6.3, citado em Jansen-Petrov, p. 85. "Uns mil a mais": testemunho de N. V. Kondálov, chefe do NKVD na Armênia, maio de 1939, em FSB 3-os.6.4, em Jansen-Petrov, pp. 85-235.

3. Ehrenburg, *Eve of war*, p. 197. Mándelstam, p. 321. Tucker, *Power*, p. 447. Férias: Jansen--Petrov, p. 79.

4. RGVA 4.18.62.1-357, Stálin se encontra com os comandantes do Exército, 3-4 de agosto de 1937.

5. Canibais: RGASPI 82.2.887.32, Vichinski a Stálin e Mólotov, 14 de abril de 1937.

6. Diário de Svanidze, janeiro-fevereiro de 1937. Diamantes de Iagoda: *Iagoda*, pp. 115-61, 171, 95-118, 109-17. Vilas de Iakir: Chadenko em reunião do RKKA, 3-4 de agosto de 1937; RGVA

4.18.61.7-66: Stálin comentou: "Ele comerciou, ele não conseguia viver sem comerciar". Vorochílov no NKO, 9-10 de junho de 1937. Recepções deslumbrantes: interrogatório de Galina Iegórova, relato da boa vida nas festas da embaixada etc., em Vassílieva, *Kremlin wives*, pp. 108-9.

7. Iákovlev, *Century*, pp. 8, 15, 20.

8. Mólotov: sobre Ivan, o Terrível, em Volkogónov, p. 310. Mikoian: sobre Ivan, o Terrível, p. 534. "Stalin Molotov i Jdanov o vtoroy serii filma Ivan Grozny", em *Moskovskie Novosti*, nº 37, 7 de agosto de 1988, p. 8. Budiony, *Anotações*, 8.

9. *MR*, p. 254. Kaganóvitch concordou com essa análise, *Kaganovitch*, pp. 35, 37. Tucker, *Power*, p. 445. Também G. A. Kumarev, "Dve besedy s LM Kaganovitchem", *Novaya i Noveishaya Istoria*, nº 2, 1999, pp. 101-16. Mólotov recebia listas de execuções determinadas por tribunais do Colégio Militar quase todos os dias: uma amostra típica do início de 1937 revela que 32 foram fuzilados na ferrovia de Amur, 36 em outra por serem destruidores trotskistas, enquanto outros vinte foram fuzilados por "planejar atos terroristas contra o camarada Kaganóvitch em sua jornada ao Oriente". Mólotov sublinhava os números dos executados com caneta vermelha, mas nunca os nomes. Eles simplesmente não importavam. *IA* 1998, p. 17. Listas de morte: RGASPI 82.2.887.66--9, 70, 133, 163, amostra de listas de execuções, 26-27 de março, 3 de junho, 16 de agosto. Todas Vichinski a Mólotov, Volkogónov, p. 339.

10. Filhos e famílias: PR, 5 de junho de 1937. Jansen-Petrov, p. 100. *Trud*, 17 de outubro de 1997. *Memorial-Aspekt* nºs 2-3, 1993. Okhotin e Roginskii, *Iz Istorii*, pp. 56-7. Iákovlev, *Century*, pp. 39-45. *MR*, p. 415. Ordem de Iejov de agosto de 1937 de *Sbornik zakonodatelnykh I normativnykh actov o repressiyakh I reabilitatsii*, pp. 8-93. Em 1954, ainda havia 884 057 crianças "especialmente reassentadas". Clã: Jansen-Petrov citam Smitrov, p. 111.

11. RGASPI 558.11. 698.33, Aronstam a Stálin e resposta deste, 7 de maio de 1937.

12. Pai apela a Stálin e filho é poupado: RGASPI 558.11.712.11-13. Cultivador de rosas polonês: *Oni*, Roman Werfel, p. 104, e Berman, pp. 235-7. Sergo Kavtaradze. Oleg Troianovski. Pasternak e Ehrenburg foram protegidos apesar de aparecerem nas confissões de muitos escritores presos. Os irmãos Egnatachvili também foram protegidos.

13. RGASPI 558.11.805.75, Stálin a Stetski, 17 de janeiro de 1937, e resposta.

14. Budiony, *Anotações*, pp. 28-32.

15. Tucker, *Power*, p. 446. A conexão espanhola: Vladímir Antonov Ovseenko, Medviêdev, pp. 291, 188. Ver Radosh et al. (eds.), *Spain betrayed*, pp. 150-3; Koltsov, p. 267, e denúncia a Stálin e Vorochílov, p. 521, n. 60.

16. RGASPI 82.2.896.71-5.

17. RGASPI 558.11.712.65, V. Bonch-Bruevitch a Stálin, 15 de junho de 1937.

18. Sobre Kanner: RGASPI 558.11.775.100, E. Makarova a Stálin, 2 de junho de 1937. RGASPI 558.11.55.822, Stálin a Khitarov, 11 de maio de 1937. RGASPI 558.11.726.22, Varo Djaparidze a Stálin, 11 de março de 1937.

19. RGASPI 558.11.756.118, N. Krilenko a Stálin, 4 de novembro de 1937.

20. Khruchióv a Stefan Staszewski, *Oni*, p. 158.

21. O "AMORA" EM AÇÃO E NO LAZER (pp. 273-82)

1. RGASPI 558.11.27.129.

2. Interrogatório de Frinovski FSB N-15301.2.32-5, citado em Jansen-Petrov, p. 110.

3. Jansen-Petrov, pp. 200-1. Razgon, p. 104. Medviêdev, p. 241.

4. Kostirtchenko, p. 269.

5. Jansen-Petrov, pp. 117-9. Fitzpatrick, *Everyday Stalinism*, p. 24. Jansen-Petrov, pp. 114-5. Larina, p. 151. Davies, pp. 138, 155.

6. Jansen-Petrov, pp. 121-3, 199. G. Javoronkov, "I snitsia notchiu den", *Sintaksis*, nº 32, 1991, p. 46-65; B. B. Briukhánov e E. N. Chochkov, "Opravdaniiu ne podlejit: Iejov i ejovschina", p. 124; B. Stárkov, "Narkom Yezhov", em J. A. Getty e R. T. Manning (eds.), *Stalinist terror: new perspectives*, pp. 34-5. B. Kamov, "Smert Nikolaia Iejova", em *Iunost*, nº 8, 1993, pp. 41-3. Vassíli Grossman, "Mama", em *Znamya*, nº 5, 1989, pp. 8-15. Vera Trail, pp. 4-11.

7. Jansen-Petrov, pp. 123-4. Listas de execução: Arquivos Memoriais nº 32D-1355. V. Chentalinski, "Okhota v revzapovednike", em *Novy Mir*, nº 12, 1998, pp. 170-96. FSB 3-os.6.4.238-41.

8. RGASPI 82.2.904.60, Iejov a Mólotov, 12 de março de 1938.

9. *MR*, pp. 277-8. Kaganóvitch, p. 75. Nina Khruchióv citada em Serguei Khruchióv, *Khrushchev and the creation of a superpower*, p. 18. Iákovlev, *Century*, pp. 15-7. Tucker, *Power*, p. 448. Medviêdev, p. 346. Máscara de Mólotov: Mikoian, pp. 321-7.

10. RGASPI 82.2.897.12-13, Vichinski a Stálin e Mólotov e Mólotov a Iejov. Quando o busto de Mólotov foi quebrado, o físico Andrei Sákharov lembra como isso se tornou um perigoso incidente político, p. 35, enquanto um menino que derrubou um retrato de Stálin e pisou em seu rosto foi preso. Volkogónov, p. 269.

11. Rees, p. 153. Volkogónov, p. 306. RGASPI 558.2.155.111-3, Mólotov ao NKVD, 7 de abril de 1938. Stálin mantinha pessoalmente a pressão sobre o premiê: "Ao camarada Mólotov", escreveu a 28 de janeiro de 1938, "Por que foi impossível prever esse negócio estudando a situação financeira? Escapou de você? É necessário discutir no Politburo". Khlevniuk, *Circle*, p. 258. Listas de execuções: Arquivos Memoriais nº 32D-1355.

12. Tucker, *Power*, p 447. *Kaganovitch*, p. 46. Medviêdev, p. 312. Budiony, *Anotações*, 47. Testemunho de Galina Iegórova nos arquivos do FSB citado por extenso em Vassílieva, *Kremlin wives*, pp. 105-11. RGASPI 558.11.749.15/15 e 23, A. Kollontai a Stálin.

13. Agradeço ao dr. Dan Healey por seu conselho sobre idade de consentimento e moral. Modéstia bolchevique: *MR*, pp. 273-4; *Kaganovitch*, pp. 88-9. Formalismo: *MR*, pp. 111, 145, 149. Divórcios: Khruchióv, *Superpower*, p. 29. Kaganóvitch não escreve a palavra "prostituta", só "p...": Tucker, *Power*, p. 437. Comentário absurdo da mulher de Jdánov sobre mulheres nuas em Paris: Svetlana *OOY*, p. 360. Moral imunda de Tukhatchevski: RGVA 4.18.61.7-77, Vorochílov, NKO, 9-10 de junho de 1937. Kira Allilúieva: joelhos de Svetlana e bilhete de Stálin, *OOY*, p. 318. Beijo em *Volga, Volga*: Kenez, p. 166. "Stalin Molotov i Jdanov o vtoroy serii filma Ivan Grozny", *Moskovskie Novosti*, v. 37, 7 de agosto de 1988, p. 8. *Galina*, p. 96. Cigarros georgianos: Tcharkviani, pp. 45-9. Beijos na festa de aniversário de Kulik, Kárpov, *Rastrelyannye Marshaly*, p. 343. Casamento de Jdánov: Sergo B, p. 139. Kúibichev: Troianovski, p. 162. Durante a guerra, quando Stálin ficou sabendo que o editor Tikhonov estava tendo um caso, fez com que a esposa dele fosse retirada por avião do cerco de Leningrado para acabar com a história. *Lesser Terror*, p. 113. RGASPI 558.11.818.23-27, A. A. Troianovski a Stálin, 24 de julho de 1934, e Stálin a Iagoda, s.d. Troianovski a Stálin, 11 de setembro de 1938. Béria e sexo: GARF 8131sj.32.3289.41, Eudenko a Khruchióv sobre denúncia de Sarkisov a Abakúmov. Dizia-se que Dekanózov também era pedófilo, embora tivesse um casamento feliz: Vaksberg, *Vyshinsky*, pp. 290, 353. Estupro: Djilas, pp. 93, 108-9; Djilas, *Wartime*, pp. 428-9. Maxim e Ivy Litvínov: ver John Carswell, *The exile. The life of Ivy Litvinov*, pp. 130-7.

14. Khruchióv, *Glasnost*, p. 28. Mikoian, p. 318.

15. RGASPI 558.11.769.173, Stálin a Mólotov, Vorochílov, Kaganóvitch e Mikoian, 31 de março de 1937. Tucker, *Power*, p. 416. Stiepan Mikoian.

16. *MR*, p. 254. Mikoian, pp. 318, 552. *Kaganovitch*, pp. 27, 28, 30, 45-7. Iúri Jdánov. Maia Kavtaradze. Medviêdev, p. 325.

17. Fé e pensamento: Vichinski e "Vocês perderam a fé": RGASPI 558.2.155.104-7. "Temor sagrado", morte por pensamentos e os clãs: Getty, pp. 486-7. Tucker, *Power*, pp. 482-4, diário de Dmitrov, 7 de novembro de 1937. Béria a A. A. Iepishev, citado em Volkogónov, p. 279. RGASPI 558.11.725.1-2, K. Gai a Stálin e resposta, 25 de março de 1937. O coronel Stárinov ficou sabendo durante um interrogatório do NKVD que muitos dos soldados presos eram acusados de "falta de fé no poder do Estado socialista". Stárinov, em Bialer (ed.), p. 71. Seita assassina: Jansen-Petrov, p. 65. "Brilhante político da Renascença italiana": Ehrenburg, *Eve of war*, p. 306. Bukhárin a Stálin, 10 de dezembro de 1937. Getty, p. 557.

22. MANGAS ENSANGUENTADAS (pp. 283-93)

1. Tortura: Jansen-Petrov, p. 111, citando APRF 3.24.413.5.122, "Bater, bater", M. I. Baránov. "Prisão ou hotel", Jansen-Petrov, p. 111, citando *Reabilitatsiya*, p. 258. Manchas de sangue: Chepílov, "Vospominaniia", *Voprosy Istorii*, nº 4, 1998, p. 6. Ordem para torturar: Jansen-Petrov, pp. 10-1. *Rossiiskaia Gazeta*, 19 de abril de 1996. *IA* 1998. Ordem sobre tortura: 20 de janeiro de 1939, Conquest, *Terror*, p. 206. Tucker, *Power*, p. 467. Kaganóvitch disse a Khruchióv "nós assinamos tudo", Khruchióv, *Glasnost*, p. 136. GARF 8131.32.3289.117-8, as investigações de Rudenko sobre métodos dos interrogadores Vlodzirmirski, Rodos, Chvartsman, Goglidze etc., 22 de março de 1955. Uma vez que a geração de Iejov não descreveu suas torturas, este relato baseia-se nos homens de Béria. Local de execução e enterro: Nikita Petrov. Jansen-Petrov, p. 188. Relato da execução de Iejov por N. P. Afanássiev, em Uchakov e Stukalov, pp. 74-5. Sobre tortura dos velhos bolcheviques: *Kaganovitch*, pp. 138-9. Mólotov sobre tortura de Rudzutak, *MR*, pp. 274-5 e "gângsteres do Politburo", *MR*, p. 240. Stálin contava muitas piadas sobre tortura e interrogatórios: esta é das memórias inéditas de Sergo Kavtaradze, p. 74. Outra versão, Svetlana *OOY*, p. 333. Máscara de Mólotov: Mikoian, pp. 321-7.

2. RGASPI 558.11.756.109-16, Krílov a Stálin, 26 de maio de 1937. Outra do mesmo mês denuncia espiões e inimigos no Comissariado do Exterior. RGASPI 558.11.727.86, Dmitrov a Stálin, 15 de maio de 1937. "Grupo fiel a si mesmo": Stálin a Liuchkov sobre a panelinha de Varekis no Extremo Oriente: Alvin D. Coox, "The lesser of two hells: NKVD general GS Lyushkov's defection to Japan 1938-45", *Slavic Military Studies*, v. 11, nº 3, setembro de 1998, pp. 145-86.

3. RGASPI 558.11.806.122, Semiushkin a Stálin, 28 de maio de 1937. Stálin costumava mandar Iejov "checar" ou "verificar". Denúncias: Vorochílov em RGVA 4.19.14.1-74. Reunião do Conselho Supremo Militar, 16 de maio de 1939. Iákovlev, em Bialer (ed.), pp. 88, 102.

4. Escândalo do gramofone: RGASPI 558.11.1082.1-18.

5. RGASPI 558.11.756.109-16, Krílov a Stálin, 26 de maio de 1937. Outra do mesmo mês denuncia espiões e inimigos no Comissariado do Exterior. RGASPI 558.11.727.86, Dmitrov a Stálin, 15 de maio de 1937.

6. RGASPI 558.11.818.35-43, P. V. Tiuliêniev a Stálin, 30 de março de 1938.

7. RGASPI 558.11.132.137-40, P. T. Nikolaienko a Stálin, 17 de setembro de 1937. RGASPI 558.11.132.36, Stálin ao camarada Kudriavtsev, 27 de setembro de 1937. Tucker, *Power*, pp. 456-61. *KR* I, pp. 114-5. Khruchióv, *Glasnost*, p. 32.

8. Terror de Khruchióv: *KR* I, pp. 113, 129-36. *MR*, pp. 295-7. *Izvestia TsK KPSS*, 2, 1989. Istotchnik, 1, 1995. Vladímir Naúmov, em Taubman, pp. 88-90; Iúri Chapoval, em Taubman, pp. 19-25.

9. Jdánov sobre inimigos: A. S. Iákovlev, *Tsel jizni*, p. 17. Sobre o caso do Momsomol: Mgeladze, pp. 170-3. Kuznietsov, em Bialer (ed.), p. 96. Khlevniuk, *Circle*, pp. 210-1; Tucker, *Power*, pp. 470-9. Beria, pp. 80-5. Família de Lakoba torturada: ver Lakoba, *Ocherki po politicheskoy istorii Abkhazii*. Uso pessoal da tortura por Béria: GARF 8131.32.3289.117-18. As investigações de Rudenko sobre os métodos dos interrogadores Vlodzirmirski, Rodos, Chvartsman, Goglidze, Tsanava etc., 22 de março de 1955. Djafar Baguírov, no Azerbaijão, também não pediu substituição. Prisão de pessoas erradas: ver Andréiev: RGASPI 73.2.19.27, Andréiev a Stálin, 18 de agosto de 1937. Malenkov denunciado: Khruchióv defende Malenkov: Elena Zubkova, em Taubman, p. 75.

10. Iákovlev, *Tsel jizni*, p. 18: carta a Iejov, 15 de junho de 1937, sobre prisões de membros do Instituto de Pesquisas Científicas de Toda a União e funcionários do Vnechtorg (Comissariado do Comércio Exterior). Prisões no Vnechtorg: Fitzpatrick, *Everyday Stalinism*, p. 45. Ver Katyn adiante. Mikoian sobre expurgos: p. 583. Stiepan M., p. 197. Mikoian na Armênia: Tucker, *Power*, p. 488. *Beria*, p. 84. Mikoian foi acompanhado por Malenkov: "Meu pai salvou gente": Natália Andréieva. Natacha Lopatina: história de seu avô, Ivan Konstantinovitch Mikhailov e K. E. Vorochílov. *Kaganovitch*, p. 89.

11. Sobre excursão: Medviêdev, p. 248. Mais exemplos de Kaganóvitch: RGASPI 17.21.3966--4092. Easter, p. 157. Iákovlev, *Century*, p. 18. Mikoian a Iejov, 15 de junho, pp. 15-9.

12. Massacre épico de Andréiev: RGASPI 73.3.45, 138, anotações de outubro de 1937. 73.2.19, Andréiev a Jdánov, 6 de janeiro de 1937. 73.2.19.2, Andréiev a Stálin, 12 de abril de 1937, Voronej. 73.2.19, Andréiev a Stálin, 20 de julho de 1937, Sarátov. 73.2.19.3, Andréiev a Stálin, 4 de junho de 1937, Tcheliabinsk. 73.2.19.12, Andréiev a Stálin, 21 de julho de 1937, Sarátov. 73.2.19.16, Andréiev a Stálin e ordens de Stálin para fuzilar trabalhadores do MTS, 28 de julho de 1937. 73.2.19.19, Andréiev a Stálin, 1º de agosto de 1937. 73.2.19.22, Andréiev a Stálin, 1º de agosto de 1937, Sarátov. 73.2.19.27, Andréiev a Stálin, 18 de agosto de 1937, Kúibichev. 73.2.19.34-36, Andréiev a Stálin, 17-18 de setembro de 1937, Tachkent. 73.2.19.44, Stálin, Mólotov a Andréiev, 20 de setembro de 1937: "Você pode prendê-lo". 73.2.45.54, Andréiev a Stálin: "Ikramov preso", 21-2 de setembro de 1937, Tachkent. 73.2.45.58, Stálin e Mólotov a Andréiev, 22 de setembro de 1937. 73.2.45.72 e 73, Stálin a Andréiev: "Aja conforme sua consideração e situação", 26 de setembro de 1937 e (74) resposta de Andréiev a Stálin, 27 de setembro de 1937; Bokhara (79-84). 73.2.45.86, Stálin a Andréiev em Stalinabad, 29 de setembro de 1937. 73.2.45.101, Stálin a Andréiev sobre oficial do NKVD, 4 de outubro de 1937. 73.3.45.87.101, Andréiev a Stálin e ordens de Stálin: "Remova Achurov", 2-4 de outubro de 1937, Stalinabad. 73.2.45.105, Andréiev a Stálin, 5 de novembro de 1937, Arcangel e Voronej: "Vou para Rostov".73.2.45.113, Andréiev a Stálin, 15 de novembro de 1937, Rostov. 73.2.45.119-26, Andréiev a Stálin e Malenkov, 18 de novembro de 1937, Krasnodar, Kuban. "Estou indo para a região de Ordjonikidze".

13. Malenkov: Tchaadáiev em Kumániev (ed.), p. 429. Entrevistas com Igor Malenkov e Volia Malenkova. Zubok, pp. 141-3. Svetlana *OOY*, p. 358. Mikoian, pp. 566, 586. Sergo B, p. 161. Tipo de Malenkov: *Kaganovitch Perepiska*, p. 609. RGASPI 558.11.762, 1ª , Stálin a Malenkov, 22 de

novembro de 1938: prisão. Seu papel como perseguidor secreto emerge no apelo a Stálin da velha secretária de Lênin, Stasova, que contou como Malenkov a acusara de dar dinheiro a trotskistas, mas ignorou provas da inocência dela. Stálin a protegeu. RGASPI 558.11.805.11, Stasova a Stálin, 17 de maio de 1938. Sobre Malenkov no expurgo: Parrish, "Yezhov", p. 90. Béria, p. 85. Khlevniuk, *Circle*, pp. 264-6. Mikoian, p. 320. Leonid Redens fala do testemunho de Vassíli Stálin sobre o papel de Malenkov. D. N. Sukhánov, *Memoirs*. Inseparáveis: Sergo B, p. 36. Khruchióv defende Malenkov: Zubkova, em Taubman, p. 75. Humor: Sergo B, p. 162, e ver também Parrott, *Serpent and nightingale*, p. 65. Djilas, p. 108: "sob rolos [...] movia-se outro homem, ativo e proficiente".

14. Iúri Chapoval, em Taubman, pp. 12-3. Kaganóvitch aconselhou-o a ficar quieto, depois contou a Stálin.

15. *MR*, p. 254; versão russa, pp. 413-4, 393. Mikoian, p. 556. Sergo Mikoian: pai fanático. Kaganóvitch: "Nós permitimos distorções, ultrajes, crimes? Permitimos. [...] Sou responsável politicamente": Kaganóvitch na assembleia de junho de 1957: RGASPI 17.3.153; ver *Kaganovitch*, pp. 35-7.

16. Sergo B, p. 157.

17. RGASPI 558.11.737.86, I. Ivánov, ex-secretário do Obkom [Comitê Regional] de Kursk a Stálin 21 fevereiro 1937. Sobre prisões no CC, setenta prenderam quinze: Mólotov, em Getty, p. 467.

23. A VIDA SOCIAL NO TERROR (pp. 294-300)

1. Marta Péchkova. "Svetlana *khoziaika*, mas eu a acalmei": Stálin, em Tcharkviani, pp. 55-7.

2. Natália Andréieva. Marta Péchkova. Vorochílov cavaleiro — Fitzpatrick, *Everyday Stalinism*, pp. 71-3. Stiepan e Sergo Mikoian. Artiom Serguéiev. Davies, pp. 119, 193, 26 de março de 1938. Kaganóvitch e o jazz: Starr, *Red and hot*, pp. 126-9, 178. Agradeço a Mariana Haseldine por esta indicação. Rustaveli: *Beria*, p. 84: Culto de Puchkin: Figes, *Natasha*, p. 482. Blusas espanholas: A. Adjubei — Fitzpatrick, *Everyday Stalinism*, p. 69. Letras de canções: Fitzpatrick, p. 71. Aniversário da Tcheka: G. D. Raanan, *International policy formation*, p. 171. *Pravda*, 21 de dezembro de 1937. Parrish, "Yezhov" p. 159. Meu tio Stálin: Artiom Serguéiev.

3. *Zarúbina*, pp. 29-31. Natália Andréieva. Sergo e Stiepan Mikoian. Eteri Ordjonikidze. Sakhárov, p. 93. A obra mais sensível sobre a presença e os efeitos da morte é Catherine Merridale, *Night of stone. Death and memory in Russia*, pp. 253-63.

4. Pistola de Mikoian: Stiepan Mikoian. *Zarubina*, p. 32. Iúri Trífonov, *House on the embankment*.

5. Datchas de homens mortos: Vaksberg, *Vyshinsky*, pp. 87-93. Svetlana *OOY*, p. 355. Sudoplátov, p. 103. S. Khruchióv, *Superpower*, p. 16. Depois de seu suicídio, a datcha de Gamarnik em Zubálovo passou para o oficial favorito de Stálin, Chápochnikov, e outro favorito, Kulik, ficou com seu apartamento.

6. Apagar: Stiepan M., p. 25. Leonid Redens.

7. Escola no Terror: Stiepan M., p. 37. Richardson, *Long shadow*, p. 207. Na escola do NKVD nº 50, as prisões foram ainda mais intensas: *Zarubina*, p. 32. Escrivaninha de Svetlana: Júlia Gorchkova. Crianças e famílias: PB, 5 de julho de 1937. Jansen-Petrov, p. 100. *Trud*, 17 de outubro de 1997. Memorial-Aspekt, 1993, nºs 2-3. Okhotin e Roginskii, *Iz Istorii*, pp. 56-7. Jovens testemunhas de prisões: Stiepan M., p. 47: o menino em questão era Oleg Frinovski, o belo e alto filho do adjunto de Iejov no NKVD. Isso ocorreu em 1939. Pais vetam amigos: Stiepan M., p. 47. Igor Boitsov telefo-

nou para o filho adotivo de Vorochílov Timur Frunze. Mikoian cortou relações com os Allilúiev: Kira Allilúieva. Iúri Jdánov.

8. Leonid Redens. Svetlana, *Twenty letters*, pp. 56-7. Marta Péchkova.

24. AS JUDIAS DE STÁLIN E A FAMÍLIA EM PERIGO (pp. 303-10)

1. Bronka: baseado nas entrevistas do autor com Natália Poskrióbicheva e histórias contadas a ela por sua tia Faina, sua meia-irmã, Galina, e sua babá, Kira Allilúieva. Também entrevistas de Brackman com o primeiro marido de Bronislava, I. P. Itskov, *Secret file*, p. 329. Itskov afirma que Bronka só se casou com Poskriόbichev para salvar seu irmão da prisão, mas isso parece prematuro. Também Volkogónov, p. 155.

2. Iejova: Iejov e Ievguênia amantes: Jansen-Petrov, pp. 123-4. Interrogatório de Simon Uritski citado in *KGB Lit. Archive*, p. 56. Polianski, pp. 190-7. Pirojkova, p. 105. V. F. Nekrássov; *Jeleznye Narkom*, p. 211. S. Povartzov, *Pritchina smerti-rastrel*, p. 151. Iejova era de Gomel, mas cresceu em Odessa.

3. Rosa Kaganóvitch: *Kaganovitch*, pp. 48-50. Mulheres judias: Sergo B, p. 211. Para o mito, ver Kahan, *Wolf of the Kremlin*.

4. Diário de Svanidze, 5 de março de 1937. Djugachvili, *Ded Otets Ma i Drugie*, pp. 18-24. Aventuras de Júlia: diário de Svanidze, 5 de março de 1937. RGASPI 44.1.1.340-3, Maria Svanidze a Aliocha Svanidze, s.d. Leonid Redens. Kira Allilúieva.

5. Svanidze: *MR*, p. 174. RGASPI 558.11.27.129, bilhetes de Stálin para Iejov. Papéis de Maria Svanidze, RGASPI 44.1.1.33b. Brackman, p. 287. Mikoian, p. 359. Kira Allilúieva. Leonid Redens. Svetlana, em Richardson, *Long shadow*, p. 43.

6. Póstichev: Getty, pp. 503-11. Khlevniuk, *Circle*, pp. 231-40. RGASPI 558.11.787.45-6, P. Póstichev a Stálin, 16 de março de 1938. Ele foi preso a 12 de fevereiro Jansen-Petrov, p. 125. Cagões: RGASPI 558.11.787.6, Stálin a Póstichev sobre Ordens de Lênin, Férias de Iejov, 9 de setembro de 1931, e Póstichev responde com insolência.

7. Jansen-Petrov, p. 124, citam Suvenírov, *Tragedia RKKA*, p. 23. Sobre embriaguez: FSB 3-os.6.1.265-70. Interrogatórios de Frinovski e Efímov, N-15301.7.193-4, em Jansen-Petrov, p. 124. Novas cotas: 48 mil, em Getty, pp. 518-9, e queda de Iegórov, pp. 521-2.

8. Chapoval, em Taubman, pp. 19-25; *KR* I, pp. 129-36. *Izvestia TsK KPSS*, 2, 1989. *Istotchnik*, 1, 1995. Naúmov, em Taubman, pp. 88-90, 91-2, 167 565 pessoas foram presas em um ano e meio até 1940.

9. Jansen-Petrov, p. 134: caso de A. I. Uspenski FSB 3.6.1 e 3.6.3. Cota extra: *Moskovskie Novosti*, 1992, nº 25.

10. Julgamento de Bukhárin: Conquest, *Terror*, pp. 367-425.

25. BÉRIA E O CANSAÇO DOS CARRASCOS (pp. 311-8)

1. Kosior e Tchubar: RGASPI 558.11.754.122-7, Kosior a Stálin, 30 de abril de 1938. *KR* I, p. 106. Sonhos: ver julgamento de Tukhatchevski. Medviêdev, p. 295. *Kaganovitch*, p. 89.

2. Stálin ao projetista de aviões Iákovlev, citado em *MR*, p. 262.

3. RGASPI 558.11.698.33, Aronstam a Stálin e resposta deste, 7 de maio de 1937. RGASPI 558.11.773.94, Mekhlis a Stálin, 13 de janeiro de 1936, ou possivelmente 1937. RGASPI 588.2.156.43, aviso a Vichinski. Jansen-Petrov, p. 124, citam Suvenírov, *Tragedia RKKA*, p. 23. Sobre embriaguez: FSB 3-os.6.1.265-70. Interrogatórios de Frinovski e Efimov, N.15301.7.193-4, em Jansen-Petrov, p. 124. Carrascos bêbados: Peter Deriabin, *Inside Stalin's Kremlin*, p. 42. Parrish, "Yezhov", pp. 71-7. Iejov percebe a insatisfação de Stálin: Jansen-Petrov, p. 143, citando APRF 7458.3.158-62, Iejov a Stálin. Mesmo o brutal Béria sofria às vezes o estresse nervoso de uma vida em permanente paranoia: "Não posso discutir com todo mundo durante toda a minha vida [...] vai arruinar meus nervos. [...] Sinto que não posso continuar por muito tempo", escrevera ele no começo dos anos 30. *Beria*, p. 40, L. P. Béria a Ordjonikidze.

4. "Stalinodar": Jansen-Petrov, p. 117. Parrish, "Yezhov", pp. 78-8. Slutski: Jansen-Petrov, p. 230, citam o caso do FSB de Frinovski N-15301.3.117-23. O relato feito por Orlov disso é essencialmente correto.

5. Liuchkov: Jansen-Petrov, pp. 144-5. Carta de Iejov não remetida a Stálin: APRF 57.1.265.16--26. Coox, "Lesser of two hells", pp. 145-86; Coox "L'affaire Liuchkov: anatomy of a defector", *Soviet Studies*, pp. 145-86; vol. 8, nº 3, 1967, pp. 405-20.

6. Iúri Jdánov. Vôlia Malenkova. Ver também Andrei Malenkov, O *moem otse Georgii Malenkove*. M. Ebon, *Malenkov*, pp. 38-9. Stárkov, "Narkom Yezhov", em Gerry/Manning (eds.), pp. 35-7. Piscando na luz: Leonid Redens. Rees, p. 197. Iejov e espião polonês e Orlov: Jansen-Petrov, p. 147, citando FSB 3-05.6.1.350. Uspenski, pistas encobertas: Jansen-Petrov, p. 148, em FSB 3-os. 6.1.350 e FSB 30s.6.3.316. Lista de mortes assinada por Stálin a 20 de agosto de 1938: APRF 3.24.417.248-53.

7. Béria e Iejov: Khruchióv citado em Jansen-Petrov, p. 157. *Beria*, pp. 53, 87-91. Jansen-Petrov, pp. 149-57. V. A. Donskoi propôs Béria. Stárkov, "Narkom Yezhov" in Getty/Manning (eds.), pp. 38-9. *Voenno-Istoricheskii Jurnal* (doravante *VIJ*), julho de 1989, outubro de 1991. Papel pessoal de Béria na tortura: GARF 8131.32.3289.117-18. As investigações de Rudeko sobre métodos dos interrogadores, 22 de março de 1955. V. E. Nekrazov, *Beria: Konets karieri*, pp. 374-5. B. S. Popov e V. G. Oppokov, "Berievshchina", *VIJ*, 3, 1990, pp. 81-90.

8. IBM ou GM: Marta Péchkova. V. I. Nóvikov citado em Nekrássov, *Konets karieri*, pp. 229-37. Romanov citado em Sergo B, p. 245. Y. Cohen, "Des lettres comme action: Stalin au début des années rente vu depuis les fonds Kaganóvitch", em *Cahiers du Monde Russe*, v. 38, nº 3, julho-setembro de 1997, pp. 327, 307-45. RGASPI 82.2.897.32, Béria a Mólotov, 26 de fevereiro de 1940. *Beria*, pp. 195, 174. "Nervos de touro": entrevista com Nikolai Baibakov. Incansável, inteligente: "Uma entrevista com VN Mólotov", *Literaturuli Sakhartvelo*, 27 de outubro de 1989, em *Beria*, pp. 195-274.

9. Matar o melhor amigo: GARF 7523.85.236.17-23, Tsanava, 24 de março de 1955. Medo e entusiasmo: Sudoplátov, p. 186. "Idolatrado" — Krotkov citado em *Beria*, p. 203. "Poeira dos campos": *Beria affair*, p. 5. Rei: *KR* I, p. 125. Entrevista com Aliocha Mirtchkulava. Aconchego com esposa, bandidos mexicanos: Marta Péchkova. Adorava Stálin: Sergo B, pp. 144-5. Richardson, *Long shadow*, p. 158. Limpa pincenê: Golovánov, em *MR*, p. 343. Artiom Serguéiev.

10. Candide Tcharkviani na casa de Béria quando Stálin chegou: entrevista com Gela Tcharkviani. Sergo B, p. 34. Mikoian, p. 33.

11. RGASPI 82.2.897.12-13, Vichinski a Stálin e Mólotov e Mólotov a Vichinski, s.d. Vôlia Malenkova. Marta Péchkova. Kira Allilúieva. Sudoplátov, pp. 39-40. *Beria*, pp. 87-91. Polianski, p. 190. *KR* I, pp. 118-9. Jansen-Petrov, pp. 154-9.

12. Khlevniuk, *Circle*, pp. 240-5. Volkogónov, p. 338.

13. RGVA 9.29.390.275, Mekhlis a Stálin e Vorochílov, 23 de agosto de 1938. Mekhlis, pp. 103--4, 107. Papel de Mekhlis: *Voprosy istorii*, nº 10, 1998, p. 78. Coox, "Liushkov", pp. 145-86. Mekhlis foi acompanhado pelo adjunto de Iejov, Frinovski. "Nomeie comissão para investigar a Academia Lênin [...] se alguém do grupo de Tolmatchev ainda está lá, remova até o último deles. Mekhlis, 5 de julho de 1938." Volkogónov, p. 368. Mekhlis a Stálin, 20 de novembro de 1938, *Mekhlis*, p. 102; sobre Bliukher, p. 106. Guerra e Bliukher: Volkogónov, p. 328. *Mekhlis*, p. 124. Spahr, p. 186. M. V. Zakharov, *Generalnyi chtab v predvoennyegody*, pp. 137-42. *Kaganovitch*, p. 30. Roy Medviêdev, "Joseph Stalin and Joseph Apanasenko: the Far Eastern Front during ww2", em *Neizvestnye Stalin*.

14. S. Fedoseiev, "Favorit Yejova", *Soverchenno Sekretno* 9, 1996. Jansen-Petrov, pp. 150-6, citando FSB 3-os.6.3.367/Caso Frinovski N-15301.2.32; Frinovski N-15301.7.195; Dagin, em FSB 3.6.3.323, 259; Evdokímov, em FSB 3.64403 e FSB 3.6.3.261.

26. A TRAGÉDIA E A DEPRAVAÇÃO DA FAMÍLIA IEJOV (pp. 319-26)

1. V. D. Uspenski, *Tainy Sovetnik Vojdia*. *Lesser Terror*, pp. 4-6. Jansen-Petrov, pp. 153, 159, 166--7. Chentalinski, "Okhota", pp. 70-96.

2. O rosto de Mólotov como uma máscara: Mikoian, pp. 321-7. Mólotov sustenta ter salvado Tevosian, *MR*, p. 294.

3. Khlevniuk, *Circle*, pp. 224-30. Parrish, "Yezhov", pp. 78-89. Sudoplátov, p. 43.

4. Tragédia da família de Iejov: Jansen-Petrov, pp. 121-4; Briukhánov e Chochkov, p. 124; Stárkov, "Narkom Yezhov", Getty/Manning (eds.), pp. 34-5. Kámov, *Smert Nikolaia Jejova*, pp. 41-3. Vasily Grossman, *Mama*, pp. 8-15. Interrogatório de Simon Uritski citado em *KGB Lit. Archive*, p. 56. Polianski, pp. 190-7.

5. Sobre Béria o plano de Stalin de usar Ievguênia contra Iejov: *Politicheskii Dnevnik*, v. 2, Amsterdã, 1975, p. 136. Karnov, *Smert Nikolaia Yezhova*, pp. 41-3. Iejova a Stálin: APRF 45.1.729.96, citado em Jansen-Petrov, pp. 166-8. Polianski, p. 190. Briukhánov e Chochkov, pp. 122-3. *KGB Lit. Archive*, p. 42. Iejova a Stálin, APRF 45.1.729.100, citado em Jansen-Petrov, p. 169. Stalin, Kaganóvitch e Mólotov distanciam-se de Iejov e do Terror: RGASPI 17.3.1002.37. Sobre *troikas*: *Moskovskie Novosti*, 21 de junho de 1992, citado em Getty, p. 531. RGASPI 17.3.1003.85-7.

6. Jansen-Petrov, p. 164. *IA*, 1995: 5-6, p. 24. Testemunho de I. Deméntiev em FSB 3-os-6.3.257; APRF 3.24.375.120; testemunho de Iejov em FSB 3-0S.6.3.332-333; ambos citados em Jansen-Petrov, pp. 170-2. Chentalinski, *Okhota*, p. 179. A autópsia que a descreve como uma "mulher de 34, de estatura média, físico bem desenvolvido" revela que ela morreu de envenenamento por Luminal. Parrish, "Yezhov", p. 101. Polianski, p. 190. *Beria*, p. 250. O irmão de Iejov foi fuzilado. *KR* I, pp. 115-20. Pirojkova, p. 105.

7. Jansen-Petrov, p. 164, orgias e sexo oral, p. 173, vontade de Deus, p. 174, e "atacado pela peste", p. 202. Sexo gay com Deméntiev, FSB 3-os.6.1 e 6.3. Sexo com Konstantínov e esposa: FSB 3-os.6.3.247-52, todos citados em Jansen-Petrov, pp. 172-3. Khlevniuk, *Circle*, pp. 224-30. Parrish, "Yezhov", p. 89. *VIJ*, 2, 1993. *IA* 1998. Getty, pp. 528-39. RGASPI 17.3.1003.34 e 17.3.1004.11.

8. Parrish, "Yezhov", testemunho de Zimin, chefe de Lefortovo, e do médico da prisão dr. Rozenblum, em 1956, citado em Vaksberg, *Vyshinsky*, p. 118. Béria prendeu pessoalmente o chefe do Komsomol, A. V. Kóssarev, a 29 novembro, um ato de vingança por insultos. Mgeladze, pp.

168-73: Mgeladze contou a Stálin a história completa da destruição vingativa de Béria de Kóssarev depois da guerra. Contudo, o caso Kóssarev vinha fervendo havia algum tempo: ver RGASPI 558.11.725.160, Gorchenin a Stálin, 13 de julho de 1937. Larina, pp. 186-200. Sobre os homens de Béria: *Beria*, pp. 90-4. Sergo B, pp. 179-80. Entrevistas com Marta Péchkova, Gela Tcharkviani, Eka Rapava, Maia Kavtaradze, Nina Rukhadze, Nádia Dekanózova, Aliocha Mirtchkulava, Nikita Petrov. Sobre a vergonha de Kobúlov: Elena Durden-Smith. Ver também: *Lesser Terror*; Parrish, "Yezhov"; Petrov e Scorkin.

9. Nadejda Vlássik. Natália Poskrióbicheva. Parrish, "Yezhov", p. 86. Petrov e Scorkin. *KR* I, pp. 294-5. Artiom Serguéiev. Svetlana *OOY*, p. 333. Vlássik, pp. 24-45.

27. A MORTE DA FAMÍLIA DE STÁLIN (pp. 327-37)

1. Richardson, *Long shadow*, p. 154. Desprezo do PB pelas mulheres Allilúiev: Natália Andréieva. Irritação de Vlássik com as constantes reclamações de Anna Redens sobre lavagem: Nadejda Vlássik. Poskrióbichev nos tratava como parentes pobres: Kira Allilúieva. Richardson, *Long shadow*, p. 156. Bronka apalpada por Béria: Natália Poskrióbicheva. Jênia zomba dos flertes de Béria: Svetlana *OOY*, p. 323.

2. Redens e o trabalho escravo: *Iagoda*, pp. 41, 382-90. Discurso de Agránov na assembleia de 1937, em Getty, p. 430. Proibição de espancamento? Leonid Redens e Vladímir Allilúiev (Redens). Petrov e Scorkin.

3. Vladímir Allilúiev (Redens). Kira Allilúieva. Svetlana *RR*, p. 144. Orlov, p. 309. Relatório médico de Pável: RGASPI 558.11.1551.43.

4. Svetlana, *Twenty letters*, pp. 66-7. Béria e Malenkov propõem a prisão de Redens: Vassíli Stálin a Vladímir Allilúiev (Redens). Envolvimento de Redens em complô contra Béria 1931: RGASPI 558.11.801.42-3, Redens a Stálin. Redens substituído por Balitski, agosto de 1932: *Kaganóvitch Perepiska*, pp. 273-5. Iejov sobre poloneses, Chase, *Enemies*, pp. 234-5, 239, 265. Richardson, *Long shadow*, p. 150. Mikoian, p. 59. Vladímir Allilúiev (Redens). Leonid Redens.

5. Stalin e Dmitrov: *Soverchenno Sekretno*, 3, 2000. "Não sou Stálin": Artiom Serguéiev.

6. Nakachidze: Sergo Mikoian. Marta Péchkova. Leonid Redens. Svetlana, *Twenty letters*, pp. 135-7. Casamento para Stálin: Volkogónov, p. 155.

7. Kira Allilúieva. Kostirtchenko, p. 80.

8. Stalin apreciador de mulheres bem-vestidas, flertes: Kira Allilúieva, Leonid Redens. Diário de Svanidze. Tipos de Stálin, Schpiller e Davidova. Svetlana *OOY*; p. 329. Vassílieva, *Kremlin wives*, pp. 74-6. *Galina*, p. 95. *MR*, p. 174. Maia Plisetskaia e Tim Schott, *I, Maya* (doravante *Maya*), p. 81. Cinto de Davidova: Rubin, *Ryadom so Stalinym v Bolshom Teatre*, pp. 32-3, 67-9. Stalin apelidou Lepechinskaia, sua bailarina favorita, de "Libélula". "Ióssif Vissariónovitch, eu dancei bem?", perguntou a Libélula a Stálin. "Você girou bem", respondeu ele, "mas Asaf Messerer era melhor que você!" Sua atriz preferida no Teatro de Arte de Moscou era Alla Tarasova.

9. Rusudana Jordaniya: Rubin, *Oktyabre 1941*, p. 18. Entrevista com Aliocha Mirtchkulava: ela conhecia bem Rusudana e ridicularizava a ideia de um caso: "Ela era muito mais jovem do que ele", contou ela ao autor. Também não viu nada de suspeito no convite de Stálin feito por meio dela à garota georgiana. Dançar: Kozlovski, em Kárpov, *Rastrelyannye Marshaly*, p. 342. Mulheres com ideias: Svetlana, *OOY*, p. 329. *MR*, p. 174. *Kaganovitch*, pp. 160-2. Kuzakova, em Radzinski, p.

65. Istômina nega Davidova: Rubin, *Stalin i Jukov*, p. 63. Tagarela, alma confortadora: Lozgatchiov, em Radzinski, p. 560. Confortos do papai: Richardson, *Long shadow*, p. 248. Artiom Serguéiev. Marta Péchkova. Kira Allilúieva. Sobre a confidencialidade da equipe de serviço: conversa com Roy Medviêdev. Esposa consensual: nora de Kaganóvitch: Vassílieva, *Kremlevsky Jenye*, p. 372. Ciúme do marido de Váletchka: Rubin, *Oktyabre 1941*, p. 18. Vladímir Pútin, *First person*, p. 3; também Oleg Blotsky, *Vladímir Putin: the story of my life*. Não interessa a ninguém/governanta de Engels: *MR*, p. 208. De avental como uma enfermeira: Popovitch citado em Dedijer, *Tito speaks*, p. 282. Gosto de Stálin pela discrição: Berman em *Oni*, p. 236. Váletchka em Ialta e Potsdam: Volkogónov, p. 574. Orgulho de Stálin por sua gaveta de roupas íntimas: Tcharkviani, p. 35. "Claro que se sabia que ela era a mulher dele": Natália, filha de Poskrióbichev.

10. Stálin detém o Terror: Volkogónov, pp. 337, 344. Béria muda-se para a datcha de Tchubar: *Beria*, p. 98. Svetlana *OOY*, p. 355. RGASPI 558.11.773.101, Mekhlis a Stálin e resposta, 6 de novembro de 1939. Vichinski, por exemplo, escreveu para reclamar que o NKVD havia detido funcionários sem mandado do procurador. Seria ingênuo dizer que a legalidade estava se reafirmando; apenas a ilusão estava substituindo uma caça às bruxas frenética. RGASPI 82.2.897.28, Vichinski a Stálin/Mólotov, 31 de março de 1939. Podemos seguir as complexas discussões entre Vichinski e o NKVD com Malenkov tentando restaurar alguma ordem entre eles: RGASPI 588.2.155.39.60. Stálin, Khrúliov e Mekhlis, Kumániev (ed.), p. 343. Caso das crianças de Novosibirsk: RGASPI 588.2.155.65, Vichinski a Stálin e resposta, 2 de janeiro de 1939. Podemos ver o funcionamento da liderança e a prática da ditadura absoluta nesse exemplo de relaxamento. Quando Mólotov sugeriu, depois de alguma pressão de Vichinski, que deviam libertar as prisioneiras não políticas, que haviam cometido o crime grave, nessa condição de trabalho escravo, de sair do trabalho durante o dia, Mólotov concordou, mas Stálin especificou pessoalmente: "Sou contra. Acho que estaria certo se essas mulheres pagassem uma multa de um mês de salário, em vez de prisão, e deve ser feito assim: 25% do salário deve ser deduzido durante quatro meses. Stálin". Isso tornou-se lei três dias depois: RGASPI 588.2.1551.27-33, Vichinski a Mólotov a Stálin, 23-6 de agosto de 1940. Nikolaienko: RGASPI 558.11.132.141-5, P. T. Nikolaienko a Stálin e Khruchióv, 20 de fevereiro de 1939 e Stálin a Khruchióv. Trotski: Sudoplátov, p. 66.

11. Tucker, *Power*, pp. 586-9. *Lesser Terror*, pp. 31-2. Kuznietsov conta como Frinovski foi casualmente mandado embora por Stálin e substituído por ele, Bialer (ed.), p. 92. Khlevniuk, *Circle*, pp. 260-6. *Béria*, p. 94. A prisão de Iejov antes e depois: Iejov a Stálin, em APRF 45.1.20.53, citado em Jansen-Petrov, p. 178. Dardos no Transporte de Água: Medviêdev, pp. 458-60. Conquest, *Stalin: breaker of nations*, pp. 208-9. N. G. Kuznietsov, "Krutye povoroty: iz zapisok admirala", *VIJ*, 7,1993, p. 50. N. P. Dúdorov, ministro do Interior em 1957, disse à assembleia do CC que Béria havia interrogado Iejov especialmente sobre Malenkov, produzindo vinte páginas de provas contra ele, Jansen-Petrov, p. 158. Sudoplátov, p. 63. Parrish, "Yezhov", p. 90. Polianski, pp. 216-7. D. Likhánov e V. Níkonov, "Ya pochistil OGPU", em *Soverchenno Sekretno*, 4, 1992. Jansen-Petrov, pp. 182, 176, citando Piliatskin, *Vrag Naroda*, e APRF 57.1.287.7-18. "Julgue-se com sorte": Sergo B, p. 161. Nota explicativa de D. Sukhánov sobre perda do testemunho de N. I. Iejov contra G. M. Malenkov, 21 de maio de 1956, em O. Khlevniuk, I. Gorlitski, L. P. Kócheleva, A. I. Miniuk, M. Y. Prozimenchikov, L. A. Rogovaia, S. V. Somonova, *Politburo TsK BKP i Soviet Ministrov SSSR 1945/1953*, p. 203 (doravante *PB/Sov-Min*).

28. A DIVISÃO DA EUROPA (pp. 341-56)

1. Esta análise baseia-se nos notáveis livros sobre política externa soviética e a invasão alemã: Zubok e Plechakov, *Inside the Kremlin's Cold War*, e Gabriel Gorodetsky, *Grand delusion: Stalin and the German invasion of Russia*. Litvínov demitido, mudança na política externa: *Beria*, pp. 100-1. Soloviov, citado em Zubok, pp. 20-88. Falso georgiano e Mólotov; chato kartveliano e Stálin: Nádia Dekanózova. Stálin zomba da feiura de Dekanózov: Maia Kavtaradze. Erickson, *Soviet High Command*, pp. 513-25. Ehrenburg, *Eve of war*, p. 276. Tucker, *Power*, p. 614. Carswell, pp. 145-9. Medviêdev, p. 309. Stálin mandou Iejov prender Kandelaki a 2 de abril de 1937 — ele encabeça a lista manuscrita "a fazer", RGASPI 558.11.27.129, nota de Stálin para discutir com Iejov, 2 de abril de 1937. Gnedin em *Beria*, p. 101. Larina, p. 200. Parrish, "Yezhov", p. 91. Acidente de carro de Litvínov: *KR* I, p. 282. Sergo B, pp. 47-8. Vaksberg, *Stalin against Jews*, pp. 34-5. Novos diplomatas: Gromyko, *Memoirs*, p. 24. *Kaganovitch*, pp. 64, 154. Mikoian, em Kumániev (ed.), p. 22. Litvínov sobre Stálin diplomata, Stálin cita Talleyrand e Bismarck: Gorodetski; pp. 1-9, 316; Bismarck lendo sobre a Guerra Franco-Alemã de 1870: Von Moltke, *German-French War of 1870*, RGASPI 558.3.224. Bismarck: R. Medviêdev, *Neizvestnyi Stalin*: capítulo "Arquivo pessoal de Stálin". Cartas de Mólotov a Polina: Vivemos sob constante pressão [...] sua doçura e charme: RGASPI 82.2.1592.40-5, NYC, 20 de novembro de 1945. Conhecendo nosso negócio: RGASPI 82.21592.19-20, 8 de julho de 1946, de Paris. Lendo sobre Hitler: RGASPI 82.2.1592.1, 13 de agosto de 1940. Fui o foco da atenção: RGASPI 82.2.1592.40-5, NYC, 20 de novembro de 1945? Paradigma revolucionário-imperial, Zubok, pp. 1-5; Mólotov, o diplomata, pp. 80-98. Stálin sobre pôquer: "Eles estão jogando pôquer de novo", em Volkogónov, p. 349.

2. Stálin e os judeus: Limpem a sinagoga e número de judeus na liderança, Lênin, *MR*, p. 120; *Kaganovitch*, pp. 47-8, 100, 105, 128-9, 175. Estatísticas, *Lesser Terror*, p. 137. *Marxismo e a questão nacional* de Stálin, citado em Vaksberg, *Stalin against Jews*, p. 4. Bajánov: Mekhlis e Yids, p. 59. Inimigos de Stálin todos judeus: *Kaganovitch*, p. 128. Kaganóvitch israelita: *KR* I, pp. 122, 283. RGVA 4.18.62.1/357, uso de "natsman", Stálin ao Exército Vermelho, 3 e 4 de agosto de 1937. Judeus não podem beber: *Kaganovitch*, p. 106. Judeus como mimosa: *Kaganóvitch*, p. 191. Mimosa, flor favorita de Stálin: Mgeladze, pp. 95-7. Mekhlis: judeus puros como cristal, em diário de Símonov, caderno de notas RGALI, 1º de abril de 1945. Antissemitismo: listas de coisas a fazer: RGASPI 558.11.27.32. Discurso do canibalismo, 23 de dezembro de 1930. Birobijão: o czar, J. Rubenstein e V. P. Naúmov, *Stalin's secret Pogrom*, pp. 34, 511. Stálin critica outros por antissemitismo: K. Simonov, "Glazami tcheloveka, moego pokoleniya", *Znamya*, 5, 1988, p. 85. Sem necessidade de excitar Hitler: Brooks, *Thank you c. Stalin*, p. 171. I. Iákovlev e nomes judeus: *KR* I, pp. 119-20. Kaganóvitch e Mikhoels: Rubenstein e Naúmov, pp. 293, 399. Birobijão teatro Kaganóvitch: Kostirtchenko, pp. 42, 144. As Centúrias Negras e a catedral do Salvador em Moscou: *Kaganovitch*, p. 47. Agradeço a Robert Service por suas inestimáveis ideias sobre esse tema.

3. Este relato das negociações entre URSS, Alemanha, França e Inglaterra baseia-se em Gorodetski, *Grand delusion*; Richard Overy, *Russia's War*; Anthony Read e David Fisher, *The deadly embrace: Hitler, Stalin and the Nazi-Soviet Pact 1939-1941*, *Mólotov remembers*, *Khrushchev remembers* e G. Hilger e A. Mayer, *Incompatible allies: a memoir history of German-Soviet relations*. Gorodetski; pp. 5-9; Raanan, pp. 15-8. Iúri Jdánov. Overy, pp. 34-53. Michael Bloch, *Ribbentrop*, pp. 239, 245; Volkogónov, pp. 349, 255; Andrew Roberts, *The Holy Fox: a biography of Lord Halifax*, p. 166; Erickson,

Soviet High Command, p. 525. Read-Fisher, pp. 128-30, 230-2. Extremo Oriente: Júkov, *Vospominaniya* (doravante Júkov) I, pp. 242-3, 273. Símonov, "Zametki k biografii Gk Jukkova", em *VIJ*, nº 6, pp. 50-3. Spahr, p. 209. D'Abernon: RGASPI 558.3,25,32. Paradigma revolucionário-imperial: Zubok, pp. 1-5; Mólotov, o diplomata, pp. 80-98. Stálin sobre pôquer: "Eles estão jogando pôquer de novo", em Volkogónov; p. 349. *KR* I, pp. 125-9, 149. *Kaganovitch*, pp. 58, 90. Iúri Jdánov. Sergo B, pp. 49-52. Bloch, p. 245. RGASPI 558.3.36. Vipper, *History of Greece*. O relato da assinatura do pacto baseia-se em *MR*, pp. 9-11. Hilger-Mayer, pp. 290-2. Read-Fisher, pp. 251-9. Jantar após a assinatura: diário de Dmitrov, 21 de junho de 1941. Iúri Jdánov sobre piada de Jdánov. Grande jogo: *MR*, p. 31, e também Mólotov a Dmitrov; em Gorodetski, p. 308: "Um grande jogo está sendo jogado".

4. Invasão da Polônia: Hilger-Mayer, p. 312. Volkogónov, pp. 358-9. Khruchióv: S. Khruchióv; *Superpower*, p. 5. Vassílieva, *Kremlin wives*, pp. 182-3. Pilhando a Polônia: RGASPI 588.2.155.168, Vichinski a Stálin e resposta deste, 21-31 de outubro de 1939. Estatísticas: Overy; pp. 51-2. Burleigh, p. 435. Papel de Khruchióv: Taubman, p. 23. Parrish estima em 1 ou 2 milhões os deportados, *Lesser Terror*, p. 47. *KR* I, p. 160. Em junho de 1941, o adjunto do NKVD Chernichev relatou a Stálin que 494 310 ex-cidadãos poloneses haviam chegado à URSS e que 389 382 estavam nas prisões, nos campos e locais de exílio. Volkogónov, p. 360. Papel de Serov: "The last relic": Serov, *Slavic Military Studies*, vol. 10, nº 3, 1997, pp. 107-10. Sudoplátov, pp. 110-1.

5. Hilger-Mayer, pp. 301-2, 312-3. *MR*, pp. 9-11. *Kaganovitch*, pp. 58, 90. Neto de Kaganóvitch relembra o avô contando a história: Joseph Minervin. Read-Fisher, p. 357. O ministro do Exterior da Estônia: Bohlen, p. 91.

29. O ASSASSINATO DAS ESPOSAS (pp. 353-67)

1. Conquest, *Stalin: breaker of nations*, p. 216. *Lesser Terror*, p. 33. Vassílieva, *Kremlin wives*, pp. 103-11. Censo: Volkogónov, p. 516. *Molotov letters*, 23 de agosto de 1930, p. 203. *Kaganovitch*, p. 150. "Muito curioso sobre as esposas dos outros líderes." Não que se sentisse atraído por elas como mulheres: *KR* 2, p. 177. Ninguém que contradiga Stálin consegue manter sua esposa: Sergo B, p. 148. As amantes judias de Stálin: Sergo B, p. 211. Kalinina: *Kremlin wives*, pp. 119-23. Larina, p. 231. Cartas de Kollontai: RGASPI 558.11.749.14-15, 23, A. Kollontai a Stálin. Polina: Andréiev, Malenkov e Jdánov foram encarregados de achar outro emprego para ela: em novembro, ela foi designada para dirigir a Administração de Têxteis e Armarinhos do Comissariado da Indústria Leve do RSFR. Sobre Abakúmov e o caso de 1939, bem como o caso de 1949, quando as mesmas personagens foram presas de novo, contra Jemtchújina: GARF 8131.32.3289.144, discurso de Rudenko no julgamento de Béria. Khlevniuk, *Circle*, pp. 257-8. Kostirtchenko, pp. 119-20. Mikoian, pp. 298-9. Instrutor de ginástica: RGASPI 82.2.904.80-1, Vlássik a Mólotov, 7 de fevereiro de 1940.

2. Natália Poskrióbicheva. Galia Poskrióbicheva, em Volkogónov, p. 165.

3. Kavtaradze e Nutsibidze: Nutsibidze, vol. 2, pp. 96-100. Entrevista com Maia Kavtaradze e o professor Zakro Megrelichvili (filho de Ketevan Nutsibidze): meus agradecimentos a ambos. "Vocês todos queriam me matar": *Literatúrnaia Rossia*, 12, 1989, pp. 17-20: entrevista com Sergo Kavtaradze. Stálin ordena que Kaganóvitch ajude Kavtaradze: *Kaganovitch Perepiska*, p. 246. Medviêdev, p. 311. Larina sobre a soltura de Sofia Kavtaradze: p. 234. *Béria*, p. 247.

4. *KGB Lit. Archive*, pp. 22-44, 26, 43-8, inclusive relatório de Béria sobre Babel para Jdánov. Sobre "luta francesa": GARF 8131.32.3289.117-18. As investigações de Rudenko sobre os métodos

dos interrogadores Vlodzirmirski, Rodos, Chvartsman, Goglidze etc., 22 de março de 1955. Jansen-Petrov, pp. 185-6. Pirojkova, pp. 110-3. "Yezhov", Parrish, pp. 94-8. Polianski, pp. 211-8, 244, 259-61. Eikhe: Testemunho de Leonid Bachtákov em 1955, citado em Vaksberg, *Vyshinsky*, pp. 197-8, 350, 167. Julgamento de Babel, 26 de janeiro de 1940. Jansen-Petrov, p. 191. Ulrikh os sentencia a 1/2 de fevereiro A festa: 2 de fevereiro de 1940. O marechal Iegórov fuzilado no Dia do Exército Vermelho, 23 de fevereiro. Spahr, p. 177. Sentença de Iejov: *Moskovskie Novosti*, nº 5, 30 de janeiro de 1994. Declaração diante do Colégio Militar, 3 de janeiro de 1940. Polianski, pp. 304-5. Jansen-Petrov, p. 188. Getty, pp. 560-2. Execução de Iejov, citando N. P. Afanássiev: Jansen-Petrov, pp. 188-9. Uchakov e Stukakov, pp. 74-5. Atestado de óbito de 4 de fevereiro de 1940 assinado pelo tenente Krivitski, mas é provável que Blokhin tenha realizado pessoalmente essa importante tarefa. Agradeço a Nikita Petrov.

5. Rato: Iákovlev, *Tsel jizhni*, p. 509. Stálin cunha *Iejovschina*? Mgeladze, pp. 170-1; "escória", p. 211; prova incrível, p. 167; todo mundo confessa, pp. 168-73, 210-1. Stálin e Kaganóvitch sobre Babel: *Kaganovitch Perepiska*, pp. 49, 189, 198. Trabalho negro e Blokhin: Nikita Petrov. Redens: Svetlana, *Twenty letters*, p. 66. *Beria*, p. 90. Leonid Redens.

30. COQUETÉIS MÓLOTOV (pp. 368-78)

1. Kárpov, *Rastrelyannye Marshaly*, pp. 325-6, 343. Kira Allilúieva: os joelhos de Svetlana e o bilhete de Stálin. *OOY*, p. 318. Beijo do Volga: Kenez, p.166. "Stalin Mólotov i Jdánov o vtoroy serii Ivan Grozny", *Moskovskie Novosti*, v. 37, 7 de agosto de 1988, p. 8. *Galina*, p. 96. Kozlovski, citado em Kárpov, p. 337.

2. Finlândia: Crickson, *Soviet High Command*, pp. 541-8. Raanan, p. 14. Overy, pp. 55-7. K. A. Meretskov, *Na slujbe narodu*, pp. 171-7. Mikoian: Bohlen, p. 93. *KR*, p. 152. Vóronov, em Bialer (ed.), pp. 131-3. Spahr, pp. 220-7. Expurgo de Vorochílov: Volkogónov em Harold Shukman (ed.), *Stalin's generals*, p. 317. Harold Shukman (ed.), *Stalin and the Soviet-Finnish War*, pp. xxi-xxvi, 29. (O comentário de Stálin sobre florestas é da reunião do Conselho Militar Supremo, 14-7 de abril de 1940.) Também: RGVA 4.19.73.19-23, major Botchkov do NKVD, Seção Especial do GUGB para Narkom Vorochílov e sua resposta, 1º de fevereiro de 1940. RGVA 4.19.75.1.12, Botchkov a Béria, 28 de dezembro de 1939: cartas de Mekhlis à esposa: p. 130. TSAMO RF 5.176705.1, Stálin a Mekhlis, 9 de janeiro de 1940. RGVA 9.29.554.111, Mekhlis a Stálin, 9 de janeiro de 1940 RGVA 9.29.554.76, Mekhlis a Stálin, 9 de janeiro RGVA 9.29.554.59, Mekhlis a Stálin, 11 de janeiro de 1940. RGVA 9.29.554.62: no dia seguinte, Mekhlis relatou a execução de um oficial ferido, um comissário do NKVD. RGVA 9.29.554.228, Mekhlis a Stálin e Vorochílov, 12 de dezembro de 1939. Coragem de Mekhlis: general A. F: Khrenov e alm. Kuznietsov, em Mekhlis, pp. 132-3. RGVA 9.29.554.55, Mekhlis a Stavka, 12 de janeiro de 1940. RGVA 9.32.85.80, Kulik a Kuznietsov (vice-chefe do Departamento de Polícia.), 19 de dezembro de 1939. *KR* I, p. 154. Valedinski, "Vospominaniya", p. 124. Pável Aptekov e Olga Dúdorova, "Peace and statistics of losses, unheeded warning and the winter war", *Slavic Military Studies*, v. 10, nº 1, março de 1997, pp. 200-9. Read-Fisher, pp. 401-17. O Exército Vermelho não serve para nada: Bohlen, p. 60. Perdas: estatísticas de fontes russas, E. A. Rjechevski e O. Vetchvilaininen, *Zimnaya voyna* 1939-40, v. 1: Finlândia 48 243 mortos; 43 mil feridos; mil prisioneiros; URSS 87 506 mortos, 39 369 desaparecidos, 5 mil prisioneiros. Agradeço ao dr. M. Mjakov por essa informação.

3. Discussão de Vorochílov com Stálin: *KR* I, pp. 185, 154. Discurso histérico: memórias de Khrúliov, em *Mekhlis*, p. 135, Shukman, *Stalin and Soviet-Finnish War*, pp. XXI-XXVI, e Conselho Militar Supremo, 14-7 de abril de 1940, pp. 29, 269, 250, 252. Volkogónov em Shukman, *Stalin's generals* (doravante *Stalin's generals*) pp. 365-6, 243, e Rjechevski, p. 225. Vorochílov e o pintor da corte: Mikoian, p. 386. Mekhlis comissário do Controle do Estado: Khrúliov, memórias, em *Mekhlis*, p. 140. Promoção de marechais: Erickson, *Soviet High Command*, p. 552. Timochenko, juventude e ascensão, duplo comando: Victor Anfilov, em *Stalin's generals*, pp. 239-42. Savitski, em Babel, "My first goose", *Collected stories*, p. 119. Bravo camponês: Mikoian, p. 386. Papel de Jdánov: Volkogónov, p. 368. Roskossovski: *Soverchenno Sekretno*, 2000, p. 3. Também: Harrison Salisbury; *900 days* (doravante *900 days*), p. 111. Marechal Golovánov citado em *MR*, pp. 265-95. Budiony, *Anotações* sobre pedido a Stálin em relação a Serdich. Spahr, p. 230. Também: expurgos militares, ver *Stalin's generals*, p. 361. A 20 de junho, por exemplo, Timochenko apelou a Stálin em favor de K. P. Podlas, um dos generais no Extremo Oriente; "De minha parte, peço sua libertação". Stálin concordou. RGVA 4.19.71.243, Timochenko a Stálin, 20 de junho de 1940, e resposta de Stálin. Oficiais libertados: RGVA 9.29482.11-13.

4. RGVA 4.18.54.1-499, Soviete Supremo Militar do NKO, 21-7 de novembro de 1937.

5. Triunfo do grupo de Tsarítsin e meandros da administração econômica: Mikoian, pp. 339-44 e Kumániev (ed.), p. 22. Dito de Kulik: Vóronov, em Bialer (ed.), p. 159. Kulik e o poder de Mekhlis: 4 *KR* I, pp. 188, 200. V. E. Korol, A. I. Sliusarenko, I. U. Nikorenko, "Tragic 1941 and Ukraine: new aspect of problems", *Slavic Military Studies*, v. 11, nº 1, março de 1998, pp. 147-64.

6. Parrish, "Yezhov", p. 87. Kárpov, *Rastrelyannye Marshaly*, pp. 316-7, 324-5, 335-9, 340-4, 360-3. Foi dito que Kira Kulik estava tendo um caso com o recentemente preso diretor do Bolchoi, Mordvinov. Relatório de Mekhlis "materiais comprometedores", julho de 1941, RGVA 9.39.105.412-17.

7. Floresta de Katyn: RFE/RL Relatório de Pesquisa, v. 2, nº 4, 22 de janeiro de 1993, p. 22. Béria foi de início um dos membros da *troika* encarregada da liquidação, mas Stalin riscou seu nome e pôs o de Kobúlov, provavelmente porque Béria estava ocupado demais. Isso certamente não é prova de que Béria se opunha ao massacre, uma vez que "O Teórico" e "O Samovar" eram seus auxiliares mais próximos. Overy, p. 53. Stiepan M., p. 197. *Lesser Terror*, p. 57; Parrish, "Yezhov", pp. 83-5; "Serov", *Slavic Military Studies*, v. 10, setembro de 1997, p. 110. Sergo B, pp. 55, 320.

8. *KR* I, p. 157.

9. Báltico e Bessarábia: no mesmo dia do colapso francês, Timochenko produziu planos para invadir os países bálticos. RGVA 4.19.71.238, Timochenko a Stálin e Mólotov, 17 de junho de 1940. *Beria*, p. 104. Júkov I, pp. 275-6: Júkov comandou a libertação da Bessarábia. Parrish, "Serov", p. 107. Burleigh, p. 535. Gorodetski, pp. 34-5. (Quando Stálin morreu, 175 mil estonianos, 170 mil letões e 175 mil lituanos já haviam sido deportados.) Desejo ostensivo de Stálin de que a Alemanha derrotasse a Inglaterra: *Soverchenno Sekretno*, 2000, p. 3.

10. Wagner: Iúri Jdánov. Espiões: Gorodetski, pp. 39, 50; sobre Gólikov/Merkúlov, pp. 53-4. Conhecimento de Stálin acrescentando-se à dor: Zubok, p. 24; jamais foi olhar, Modin, p. 24. Mólotov citado em Gorodetski, p. 53.

31. MÓLOTOV ENCONTRA-SE COM HITLER (pp. 379-96)

1. RGASPI 82.2.1592, Mólotov a Polina, 13 de agosto de 1940. Este relato da viagem de Mólotov a Berlim baseia-se em Berejkov, pp. 24-42, inclusive sugestão de Hitler sobre encontrar-se com

Stálin; *MR*, pp. 15-20, 45; Hilger-Mayer, pp. 321-7; Iákovlev, em Bialer (ed.), pp. 117-22; Gorodetski para instruções e telegramas de Stálin-Mólotov, pp. 58, 74, 76, 81, 83; Volkogónov, pp. 372-3; *Beria*, pp. 102-3; Zubok, p. 92; Read-Fisher, p. 510-33. Merkúlov/Himmler: *Lesser Terror*, p. 61.

2. Reuniões até a guerra: "Com mais medo se soubesse": Nikolai Baibakov. "Nunca o chame pelo nome": Emelíanov, em Bialer (ed.), p. 113; Kuznietsov; pp. 95-7, 173; Iákovlev, p. 100.

3. Gorodetski, pp. 125-31. Também: Kazakov em Bialer (ed.), pp. 139-45; Ieremenko, pp. 46-51. *900 days*, pp. 55-7. Insônia: Stálin a Churchill, *Record of private talk between Prime Minister and Generalissimo Stalin after Plenary Session, July 17, 1945, Potsdam*, PREM 3/430/7, Churchill e Stálin, FCO Historians, março de 2002. Korol, Sliusarenko e Nikolarenko, pp. 147-64.

4. Experiências na Guerra Civil: Júkov I, pp. 95-115, 48; sobre expurgos: Júkov I, pp. 137-40, 180-2.

5. Gorodetski, p. 228. Júkov I, pp. 305-73.

6. Kulik, Jdánov e Howitzers: Vánnikov, em Bialer (ed.), pp. 153-9. Tanques e aviões malucos: Emelíanov, em Bialer (ed.), p. 109; Iákovlev, p. 101.

7. Queda de aviões: RGVA 4.19.4.1-74. Conselho Militar Supremo, 16 de maio de 1939. Stálin recebeu queixa sobre as peças ruins nos aeroplanos: RGASPI 45.1.803, N. Sbitov a Stálin, 14 de setembro de 1940. Essa foi apenas uma de muitas outras: mas ele também foi informado mais perto de casa. *Vassili*, p. 66: Vassíli Stálin a Stálin, 13 de novembro de 1939. Sobre Vassíli e casamento com Galina: Svetlana RR. *Vassili*, pp. 81-3: Vassíli Stálin a Stálin, 4 de março de 1941. Spahr, p. 230. Shukman, *Stalin's generals*, Fantasmas, p. 366. Símonov, "Glazami", p. 73. *Lesser Terror*, p. 30.

8. Khlevniuk, *Circle*, pp. 265-7. Volkogónov, p. 374. *Béria*, p. 106. Medviêdev, *Stalin's men*, p. 132. Medviêdev, p. 310. *MR*, pp. 228-9. *Kaganovitch*, pp. 29, 77-8. Contas de Kaganóvitch — Strakhov em Bialer (ed.), p. 443.

9. Gorodetski, pp. 146-51, 193, 197-9. Zubok, p. 83. *MR*, p. 21. Sudoplátov, pp. 118-9. Partido: Leonid Redens e seu irmão Vladímir Allilúiev Redens.

10. Gorodetski, p. 166. Júkov achou que Stálin acreditava que tinha ascendência sobre Hitler — daí sua misteriosa confiança no Führer. Símonov, "Zametki", pp. 50-3.

11. Felix Tchúev (ed.), *Sto Sorok Besed s Molotovym*, p. 31. Meretskov, p. 202. Reginald Dekanózov, *Alguns episódios da história das relações soviético-alemãs antes da guerra*. Nádia Dekanózova. Júkov I, pp. 321-36. Gorodetski, pp. 207-34. Ehrenburg, *Eve of war*, p. 275. Dekanózov ficou entre Stalin e Vorochílov — coleção de fotos de Nádia Dekanózova. V A. Nevejin, "Stalin's 5th May address: the experience of interpretation", *Slavic Military Studies*, v. 11, nº 1, março de 1998, pp. 116-46.

12. Khlevniuk, *Circle*, pp. 265-9, 274. Mikoian, p. 344. Tchaadáiev sobre Voznessenski, Béria e Malenkov, em Kumániev (ed.), p. 383-442. Desenvolvimento do conflito Jdánov-Malenkov: ver Jonathan Harris, "The origins of the conflict between Malenkov and Jdánov 1939-1941", *Slavic Review*, v. 35, nº 2 (1976). Jdánov foi oficialmente elevado a vice de Stálin na Secretaria do Partido, posição ocupada por Kaganóvitch no início dos anos 30. A 7 de maio, Stálin tornou-se o chefe do Birô Interno do Conselho de Comissários com Voznessenski, seu vice, ao lado de Mólotov, Mikoian, Béria, Kaganóvitch, Mekhlis e Andréiev. Vorochílov, Jdánov e Malenkov entraram nos dias seguintes. Béria supervisionava os órgãos de segurança, bem como várias indústrias. Roupas novas de Stálin: Tcharkviani, p. 37.

13. Nevejin, pp. 116-46. Debate de Suvórov: Klaus Schmider, *Slavic Military Studies*, v. 10, nº 2, junho de 1997, pp. 183-94; *RUSI Journal* 130, 2 de junho de 1985, pp. 183-94; Victor Suvórov, "Who was planning to attack whom in June 1941?" B. V. Sokolov, "Did Stalin intend to attack Hi-

tler?", *Slavic Military Studies*, v. 11, nº 2, junho de 1998, pp. 113-41. Também sobre Vassilevski: Spahr, p. 237. Gorodetski, p. 207.

14. Conselho Militar Supremo, 4 de junho de 1941: Jdánov, Malenkov e Budiony discutem novos documentos de propaganda, TSAMO RF 32.11302.20.84-6.

15. Mikoian, p. 377. Gorodetski; pp. 212-6. Dekanózov, *Episodes*. Nádia Dekanózova.

16. Hess: Mikoian, p. 377. *KR* I, p. 155. Gorodetski, pp. 234-8, 241-3. Paralisia de maio: Júkov I: pp. 341-6. Stálin a Kóniev: Símonov, em Brooks, *Thank you c. Stalin*, p. 251. Calabouços de Béria: N. G. Pavlenko, "G. K. Júkov: Iz neopublikovakany vospominanii", *Kommunist*, 14, setembro de 1986, p. 99. Kulik — Vóronov, em Bialer (ed.), p. 209. Símonov, "Zametki", pp. 51-3.

32. A CONTAGEM REGRESSIVA (pp. 397-403)

1. Últimos dias: Zubok, p. 24. G. Kumániev, "22-go na rassvete", *Pravda*, 22 de junho de 1989. Relato da reunião com Stálin ameaçando fuzilar Timochenko: Timochenko, em Kumániev (ed.), pp. 270-1. Júkov I, pp. 332-69. Merkúlov reportava-se com frequência a P. M. Fitin, chefe da Diretoria Exterior do NKGB. *Izvestiya TsK KPSS*, 4, 1990, p. 221, Merkúlov a Stálin, 16 de junho de 1941. Sudoplátov, pp. 120-1. Gorodetski, pp. 296-8. *Lesser terror*, pp. 260-3. *Slavic Military Studies*, junho de 1999, p. 234. Mólotov preocupado: Kuznietsov, em Kumániev (ed.), p. 294. Khruchióv, *Glasnost*, p. 56.

2. Iúri Jdánov. *MR*, p. 25. Mikoian, pp. 377-81. *Lesser Terror*, pp. 260-5. Vaksberg, *Vyshinksy*, p. 219. Nekrássov, *Beria*, p. 399. Ver também: *Vestnik*, 10, 1989. Diário de Dmitrov, 21 de junho de 1941. Gorodetski, pp. 306-15. Overy, pp. 71-4. L. Trepper, *Bolshaia igra*, p. 125. Djilas, p. 123. Tiuliêniev, em Bialer (ed.) p. 202. V. P. Naúmov, *1941 god*, livro 2, p. 416. Medviêdev, *Neizvestnyi Stalin*, capítulo "Stálin e a guerra".

33. OTIMISMO E COLAPSO (pp. 407-28)

1. O relato da Grande Guerra Patriótica nas duas seções sobre a guerra baseia-se nas duas obras-primas de John Erickson, *The road to Stalingrad* e *The road to Berlin*; na notável história narrativa de Richard Overy, *Russia's war*; no excelente *Stalin's generals*, de Harold Shukman; em memórias como as de Mólotov, Mikoian, Kaganóvitch, Khruchióv, Sergo Béria, Svetlana, Júkov e outros soldados; nas *Anotações* de Budiony; nas pesquisas do autor nos arquivos de RGASPI, RGVA, TSAMO, GARF; entrevistas com testemunhas e histórias recentes da Rússia, como a biografia de Mekhlis de Rubtsov, *Alter Ego Stalina*.

Últimas horas: Read-Fisher, pp. 612-42. *Anotações* de Budiony. Anfilov sobre Budiony, *Stalin's generals*, p. 62. Júkov I, pp. 369-71, e 2, pp. 1-14. Pavlenko, "Júkov", p. 99. Livro de registros de Stálin: *IA* 1998. Hilger-Meyer, pp. 335-6. *MR*, pp. 34-7. Mikoian, p. 388. Volkogónov, pp. 401-7, Bloch, p. 333. Gorodetski, pp. 309-15. Mikoian, em Kumániev (ed.), pp. 24-5, Tchaadáiev, pp. 409-12. Nina Budiony. Iúri Jdánov. *Mekhlis*, p. 151. Ian Kershaw, *Hitler: Nemesis*, p. 394. Burleigh, p. 489. Kuznietsov, em Bialer (ed.), pp. 195-6. Vóronov citado em *Mekhlis*, p. 153. Anfilov sobre Timochenko, *Stalin's generals*, pp. 246-7. Natália Poskrióbicheva: Poskriebichev contou-lhe que Stálin o chamou para dizer que o bombardeio começara. Berejkov, em Bialer (ed.), pp. 216-8. Número das forças soviéticas: 3 milhões se referem a distritos ocidentais. Os soldados soviéticos eram inferiores em número aos alemães, mas superiores em equipamento. Número total de soldados soviéticos: 5 milhões. I. Kulikov, "Napadeniye Germanii na SSSR", em *Mirovye voiny XX veka*, livro 3, pp. 133-86. Mólotov diz não e trens/suprimentos: *Kaganovitch*, p. 88. Mikoian, pp. 388-9. *MR*, p. 39. Imprensa, Kóniev: Brooks, *Thank you c. Stalin*, pp. 166, 168. Erickson, *Stalingrad*, pp. 101, 136-8. Tchaadáiev, em Kumániev (ed.), p. 42. Budiony, *Anotações*, p. 49. Júkov II, pp. 12-3. *IA* 1998: 4, 22, 23, 24 de junho de 1941. Spahr, sobre Kulik, p. 265.

2. RGVA 9.39.100.252, Bolotin, chefe da 4ª Unidade do Depto. de Unidades Especiais NKVD, a Júkov, 21 de julho de 1941, e resposta de Mekhlis e Júkov: Júkov 2, p. 14.

3. RGVA 9.39.99.329-39, Mikheiev, chefe do 3º Departamento NKO, a Mekhlis sobre Kulik, 15 de julho de 1941. Relatório do comissário regimental Boldin em *900 days*, p. 29. Spahr sobre Kulik, p. 265.

4. Mamsurova, 1988, pp. 12-3, citado em Spahr, pp. 255-8.

5. TSAMO RF 215.1184.48, 30. Mekhlis para todas as frentes, 22 de julho de 1941. *Mekhlis*, pp. 179-83. KVS, 1991, nºs 14 e 65. Mikoian, p. 541. Volkogónov, pp. 421-2. Erickson, *Stalingrad*, pp. 137-78.

6. Spahr, p. 251.

7. Sobre Iákov, Tchaadáiev, em Radzinski, p. 451. Sobre vestido vermelho: Gulia Djugachvili, *Ded Otets Ma i Drugie*, p. 25. Artiom Serguéiev. *MR*, pp. 210-1. *Vassili*, pp. 92-3. Jênia Alliluíeva; entrevistas com Kira Alliluíeva, Vladímir e Leonid Redens; Svetlana *RR*; *OOY*, p. 322. Svetlana situa essa chamada em agosto de 1941, mas a filha de Jênia, Kira, a situa nos "primeiros dez dias".

8. Tchaadáiev em Radzinski, pp. 450-5. Tchaadáiev baseou seu relato em conversas com o chefe-adjunto do Estado-Maior Vatútin, *KR* 2, p. 7. Khruchióv, *Memuary*, pt. 6, p. 682, citado em *Beria*, p. 255. Júkov 2, pp. 33-40. Mikoian, pp. 390-2. *MR*, p. 39. Stálin com medo: Mikoian, p. 389. Surpresa de Stálin com a exclusão de Mikoian: Mikoian, pp. 391-2. Mikoian em Kumániev (ed.), pp. 31-3. Tchaadáiev em Radzinski, pp. 453-5. Mólotov citado em Mikoian, p. 390. *MR*, pp. 238-9. Sergo B, p. 324. Volkogónov, pp. 411, 424. Sobre Mikoian esconder-se, Stálin esperava o pior; tensão saiu do rosto de Stálin: Sergo B, p. 71. Tchaadáiev, em Radzinski, p. 455, baseia-se no relato de Bulgánin, que provavelmente não estava presente. Ele não foi candidato a membro do Politburo até 1946, embora fosse membro da recém-formada Comissão do Sovnarkom para tocar o governo cotidiano, com Voznessenski e Mikoian, então pode ter entrado para o grupo. Nem Mikoian nem Mólotov o mencionam. Stálin teve nosso apoio de novo: Mikoian, p. 392. Erickson, *Stalingrad*, pp. 171-82; *Soviet High Command*, p. 601. Béria, p. 111. *KR* I, p.182.

9. Zbarsky e S. Hutchinson, *Lenin's embalmers*, pp. 119-20. Rubin, *Kto Otravil Stalina?*, p. 38.

10. Júkov 2, pp. 64-5. Erickson, *Stalingrad*, pp. 180-5. Overy; pp. 81-8.

11. Volkogónov, p. 427. Símonov, "Zametki", p. 56. FSB 66.1.6.314-43: NKGB Ordem nº 246 "Sobre procedimentos para levar à justiça os traidores da pátria e membros de suas famílias, 28 de junho de 1941", em Iákovlev, *Century*, p. 172.

12. *MR*, p. 209. Volkogónov, pp. 429, 609. Radzinski, p. 457. Svetlana *RR*. Svetlana *Twenty letters*, p. 177. Mikoian, p. 362. Artiom Serguéiev. Sobre Stálin maldizendo: "O estúpido" Stiepan M. Prisão de Júlia: Gulia Djugachvili, *Ded Otets Ma i Drugie*, pp. 28-9. "Eu teria deixado de ser Stálin: Mgeladze, pp. 198-9. Um prisioneiro é suficiente para mim: Vassíli Stálin a Vladímir Alliluíev (Redens).

13. TsKhSD Comissão de Controle do Partido 13/76, v. 1, p. 30. Testemunho de Sudoplátov em 11 de outubro de 1960: Sudoplátov, pp. 146-7.

14. Júkov 2, pp. 119-22. Erickson, *Stalingrad*, pp. 178-9. Mekhlis como "demônio sombrio": S. P. Ivánov citado em Spahr, p. 59. Símonov "Zametki", pp. 55-6.

15. *KR* I, pp. 196, 201-2. Sobre Budiony e Timochenko: Nina Budiony. Budiony, *Anotações*. Sobre a situação militar: Erickson, *Stalingrad*, pp. 204-9. Sobre Stálin e Timochenko: Anfilov em *Stalin's generals*, pp. 248-9.

16. Balandin: Iákovlev, em Bialer (ed.), p. 301. Meretskov: Vaksberg, pp. 221-3. Béria estudara junto com Vánnikov na Escola Técnica de Baku, uma conexão que pode ter salvado sua vida. Mikoian, pp. 425-6. *Lesser Terror*, p. 73. Sudoplátov, p. 127.

17. Mikoian, pp. 359-60. Overy, pp. 82-3.

34. "FEROZ COMO UM CÃO" (pp. 429-39)

1. Este relato do cerco de Leningrado baseia-se em *900 days*, de Harrison Salisbury, *Road to Stalingrad*, de John Erickson, pp. 83, 120, 143, 145-8, 181-95, 262-3, *Russia's War*, de Richard Overy, pp. 99-112, e nas pesquisas do autor em RGASPI e TSAMO. RGASPI 558.11.492, Stálin a Vorochílov e Jdánov, 17 de agosto de 1941. Mikoian, p. 393. *900 days*, p. 218.

2. RGASPI 558.11.492.6, Stalin, Mólotov e Mikoian a Vorochílov, Jdánov, Popov etc., 23 de agosto de 1941.

3. *900 days*, pp. 208-9, 304, 402.

4. *900 days*, pp. 181-7.

5 RGASPI 558.11.492.57, Stálin a Jdánov e A. A. Kuznietsov, 4 de outubro de 1941. Andrei Alexandrovitch: *900 days*, p. 542. Sim ou não! RGASPI 558.11.492.63, Stálin, Mólotov a Jdánov, Kuznietsov, 18 de outubro de 1941. Diga direto: RGASPI 558.11.492.66, Stálin a Jdánov ao telefone, 8 de novembro de 1941.

6. Vorochílov: Volkogónov, em *Stalin's generals*, p. 317.

7 Kuznietsov, em Kumániev (ed.), p. 294. Malenkov *vs* Jdánov: Sukhánov, *Memoirs*, Biblioteca do Congresso, Coleção Volkogónov, Rolo 8. *900 days*, pp. 260-1. Béria *vs* Jdánov, em Raanan, pp. 171-2; *Beria*, p. 263. Iúri Jdánov. Vôlia Malenkova — seu pai contou à família sobre a covardia bêbada de Jdánov, mas acrescentou que não dissera nada a Stálin. Sergo B, p. 75, ouviu de seu pai que Malenkov propôs corte marcial para Jdánov e Béria vetou. A confissão de covardia de Jdánov a Stálin: Mikoian, p. 562. Stálin agora falava com Mólotov e Malenkov, bem como com Jdánov em seus telefonemas diários. RGASPI 558.11.492.29-33, Stálin a Kuznietsov, Vorochílov, Jdánov, Popov e Mólotov, 27 de agosto de 1941, e resposta de Vorochílov, Jdánov, Popov, Kuznietsov, Mólotov e Malenkov, 28 de agosto de 1941. Ao voltar a Moscou, Malenkov falava frequentemente com Jdánov em nome de Stálin: "Por ordem do camarada Stálin, peço o seguinte [...]. Os tanques estão participando — quantos e de que tipo", assim começavam seus telefonemas. RGASPI 558.11.492.73--8 e 79 (16 de novembro) e 90 (2 de dezembro), Malenkov a Jdánov, 13 de novembro de 1941. *MR*, p. 40. Mikoian, p. 562. Erickson, *Stalingrad*, pp. 188-9. *900 days*, pp. 208-9, 304, 402.

8. RGASPI 558.11.492.35-8, Stálin a Kuznietsov, Mólotov, Malenkov, 29 de agosto de 1941.

9. RGASPI 558.11.492.49, Stálin, Mólotov, Malenkov, Béria a Vorochílov e Jdánov, 9 de setembro de 1941. Júkov e Stálin: *900 days*, pp. 265-6.

10. RGASPI 558.11.492.50 e 51, Stálin e Mólotov a Vorochílov e a Júkov e Jdánov, ambos em 13 de setembro de 1941. *900 days*, pp. 265-6. Erickson, *Stalingrad*, p. 189. Símonov, "Zametki", p. 48.

11. Bitchevski, em Bialer (ed.), pp. 435-8. Kuznietsov, em Kumániev (ed.), p. 294. *900 days*, pp. 267, 344, 346. Símonov, "Zametki", p. 48.

12. TSAMO RF 217.1258.14.16, Jdánov ao front de Leningrado, 27 de setembro de 1941.

13. TSAMO RF 217.1258.11.18, Khozin, Jdánov, Kuznietsov aos Conselhos Militares dos 8º e 55º Exércitos, 13 de novembro de 1941.

14. RGASPI 558.11.191-3, Jdánov a Stálin, 5 de dezembro de 1941.

15. Erickson, *Stalingrad*, pp. 194-5. *900 days*, pp. 351, 415, 403, 451; números da fome, p. 515. Jdánov, citado em *900 days*, p. 518. Overy, pp. 111-2: mais de 1 milhão de mortos. Jdánov visita Moscou: *900 days*, p. 416. *IA*, 1998: 3.

16. RGASPI 558.11.492.86, Stálin e Mólotov conversam com Jdánov, 1º de dezembro de 1941.

17. RGASPI 558.11.191-3, Jdánov a Stálin, 5 de dezembro de 1941.

18. Este relato baseia-se na Narrativa de Moscou de Beaverbrook, em BBK/D/96/98/99/100, em Anne Chisholm e Michael Davie, *Beaverbrook: a life*, pp. 406-20. Berejkov, pp. 138-50. A. J. P. Taylor, *Beaverbrook*, pp. 487-91. Harriman, pp. 86-101. Erickson, *Stalingrad*, pp. 210-5. Mikoian, pp. 408-15. Mólotov presidiu a delegação para a ajuda ocidental; Mikoian negociou os detalhes. Ajuda ocidental: Mikoian relata a Stálin que adiciona aviões: RGASPI 558.11.765.80-104, Mikoian a Stálin, julho de 1941-dezembro de 1942.

19. Este relato da batalha de Moscou está baseado em Erickson, Overy e nas memórias de Júkov, Mólotov e Mikoian. *Lesser Terror*, p. 113. Erickson, *Stalingrad*, p. 217. Teléguin, em Bialer (ed.) pp. 274-6.

20. RGASPI 558.11.492.59, Stálin a Júkov, 5 de outubro de 1941.

21. TsKhSD Comissão de Controle do Partido 13/76, v. 1, p. 30. Pável Sudoplátov à Comissão de Controle do Partido, 11 de outubro de 1960. Ver também: Sudoplátov, pp. 146-7. Sergo B, p. 324. *Béria*, p. 112. Júkov 2, pp. 201-3. Volkogónov, pp. 172-3, cita o marechal K. S. Moskalenko sobre a sondagem de paz de Béria a 7 de outubro de 1941, novamente por meio de Stamiênov. Erickson, *Stalingrad*, pp. 221-2. Anfilov, Júkov, em *Stalin's generals*, pp. 350-1.

22. TSAMO 48a.1554.91.346, Chápochnikov a Budiony e Kóniev designando Júkov para representante no Stavka, 6 de outubro de 1941. Júkov 2, pp. 201-16. Spahr, pp. 269-71. Anfilov, Júkov, em *Stalin's generals*, p. 351; *Stalin's ghosts*, Woff, p. 364; Rjechevski, Kóniev, p. 95. Símonov, "Zametki", Mólotov e Júkov, p. 56. S. Khruchióv, *Superpower*, p. 236. Overy, pp. 114-5. Encanador Bulgánin: Sergo B, p. 127.

35. "VOCÊ PODE SEGURAR MOSCOU?" (pp. 440-55)

1. Vóronov; Bialer (ed.), p. 302; Tom de Júkov: Belov, p. 295. TSAMO 132.2642.233, Stálin a Fedorenko, comandante do Departamento de Tanques, Exército Vermelho, 3 de agosto de 1941. A 12 de outubro, Stálin usa canhões antiaéreos contra tanques; TSAMO 132a.2642-45.26, Ordem de Stálin ao Stavka, 12 de outubro de 1941. Erickson, *Stalingrad*, p. 238.

2. RGVA 9.39.103.390, Béria a Mekhlis, 12 de dezembro de 1941. RGVA 9.39.100.312-4, Abakúmov a Stálin, Mólotov, Malenkov, Mekhlis, Júkov, 28 de julho de 1941. *Lesser Terror*, pp. 47-9. RGASPI 558.3.25, p. 32. D'Abernon, biblioteca de Stálin.

3. Iákovlev, *Century*, p. 174. *Lesser Terror*, pp. 47-9.

4. Natália Poskrióbicheva. *Lesser Terror*, pp. 69-72. Anatoli Suliánov, *Arrestovat v Kremle*; *O jizni i smerti marchala Béria*, p. 189.

5. Pânico: Valery Soyfer, *Lysenko and the tragedy of Soviet science*, p. 48: relato de A. A. Proko-

fieva-Belagovskaia. Harriman-Abel, pp. 84-5. Pânico em Moscou; Béria, Kaganóvitch, Malenkov; Ilia Novikov, secretário do Comitê de Sverdlovsk; Vassíli Prónin, em Rubin, *Oktyabre 1941*, pp. 3-14. Sudoplátov, p. 135. Caos nas fábricas: Mikoian, p. 420. V. P.; Prónin, *lzvestia TsK KPSS* 4 (1991), p. 218; *VIJ* 10 (1991), p. 39. Overy, pp. 113-8. Erickson, *Stalingrad*, pp. 249-50.

6. Vorochílov atirador: Rubin: *Kto Otravil Stalina?* — memória de V. Tukov, pp. 55-6. Pânico: Rubin, *Oktyabre 1941*, pp. 3-10. Belov, em Bialer (ed.), p. 296. Stálin caminhando: Natália Andréieva. Berejkov, p. 45. Brooks, *Thank you c. Stalin*, p. 178. Símonov, "Glazami", p. 251. Livro sobre Ivan, o Terrível: RGASPI 558.3.350. Paraquedistas: Vóronov, Bialer (ed.) p. 302.

7. Mikoian, pp. 417-22. *MR*, p. 42. Rubin, *Oktyabre 1941*, pp. 8-14. Rubin, que usa o testemunho de guarda-costas, embora ele mesmo não fosse mais um dos guardas da segurança pessoal de Stálin, sendo responsável pela segurança do teatro Bolchoi, afirma que os eventos descritos durante a noite de 15 e a manhã de 16 de outubro precederam a reunião descrita por A. Chakhurin, o Comissário do Povo para a Produção Aeronáutica. Naturalmente, os guarda-costas não sabiam qual reunião era. V. P. Prónin, *Izvestia TsK KPSS* 4 (1991), p. 218; *VIJ* 10 (1991), p. 39.

8. Soyfer, p. 48. Relato de A. A. Prokofieva-Belagovskaia. Berejkov, pp. 153-5. Mikoian, pp. 417-22. Natália Poskrióbicheva. Dúvidas de Júkov em relação a Stálin: D. I. Ortenberg, "U Júkova v Perkhuchkogo", em *Krasnaya Zvezda*, 30 de novembro de 1991, p. 5. Kúibichev: Radzinski, p. 467. Casa em Kúibichev: S. Khruchióv, *Superpower*, p. 25. Svetlana, *Twenty letters*, pp. 172-3. Mikoian, pp. 417-22. *MR*, Rubin, *Oktyabre 1941*, pp. 8-4. Vaksberg, pp. 225-7.

9. A. Chakhurin, *Voprosy lstorii*, 3, 1975, pp. 42-3. Chakhúrin afirma que essa reunião ocorreu a 16 de outubro, mas ela aconteceu obviamente depois da reunião de Mikoian que teve uma agenda diferente. Os comissários entravam e saíam durante essas reuniões que mudavam de lugar, entre o apartamento de Stálin, seu escritório e abrigo na estação Kirovskaia do metrô (ver nota seguinte) e suas datchas. Portanto, essa é certamente uma parte da reunião. Seu livro de visitantes mostra que Stálin não estava em seu gabinete entre 15 e 18 de outubro: sabemos que a reunião com Chakhúrin ocorreu em suas dependências privadas, onde não havia registro de reuniões: IA. Ele trabalhava principalmente na casa da rua Kírov perto da Estação Kirovskaia: Rubin, *Oktyabre 1941*, cita o guarda-costas N. Kirilin na p. 12. Mikoian, pp. 417-22.

10. Sou grato pelo acesso ao novo livro do general I. Gorkov sobre o quartel-general da estação Kirovskaia. Também: *Nezavisimoe Voennoe Obozrenie*, 19, 2002, p. 5: Memórias do oficial de Comunicações Vladímir Kazakov. Chtemenko: Jukes em *Stalin's generals*, pp. 234-8. Deriabin, "amontoavam-se", p. 105. Khruchióv, *Glasnost*, p. 65. Volkogónov, p. 416. *IA*, 1996: 2, pp. 68-9. Kuznietsov: Bialer (ed.), p. 428.

11. *IA*, 1996: 2, pp. 68-9. Erickson, *Stalingrad*, pp. 220-2. Péchkova sobre Istômina "sempre sorridente". Svetlana, *Twenty letters*, pp. 172-3. Rubin, *Oktyabre 1941*, pp. 8-14, inclusive Istômina. Stálin também discutiu isso com Jdánov em Leningrado. Tchaadáiev, em Kumániev (ed.), p. 419. RGASPI 558.3.32 *Kutuzov*, de M. Bragin, p. 60. Júkov, em Bialer (ed.), p. 291. Prónin; *Izvestia TsK KPSS*, 4, 1991, p. 218. Júkov data essa conversa depois de 19 de novembro, mas Prónin escutou uma semelhante em 16 e 17 de outubro. Júkov II, pp. 230-6. Belov, Bialer (ed.), p. 296.

12. Volkogónov, pp. 434-5. Rubin, *Ryadom*, p. 86. Rubin, *Oktyabre 1941*, pp. 9-13. Belov, em Bialer (ed.), p. 296. Visita a trem? *Vlast* 5, 2000. Entrevista de E. Jernov com Mikhail Smirtukov, assistante do Sovnarkom.

13. Teléguin; Bialer (ed.), p. 304. V. P. Prónin, "Gorod-voin, Bitva za Moskvu", p. 465; Prónin, *Izvestia TsK KPSS*, 4, 1991, p. 218. Prónin, *VIJ*, 10, 1991, p. 39. Prónin, "Gorod u linii fronta', *Mos-*

kovskie Novosti, nº 21, 26 de março-2 de abril de 1995, p. 14. Sobre Béria prever opinião de Stálin e ataque de Stálin a Shcherbakov, Sergo Béria citando o que seu pai disse a sua mãe; ele situa a crise de Shcherbakov em junho: pp. 75-6, 71. Djilas, p. 38. Júkov 2, pp. 235-40. Rubin, *Oktyabre 1941*, pp. 11-3. Prónin disse que a reunião ocorreu à noite, mas o livro de registro de Stálin mostra que a reunião do dia 19 começou às 15h40 e terminou às 21h20. Espadas: Timochenko, em Kumániev (ed.), pp. 272-3. Não sou sua cauda: Mikoian, pp. 417-22. *MR*, p. 42.

14. Erickson, *Stalingrad*, pp. 221-2. Overy, pp. 113-20. Sobre Malenkov e o Extremo Oriente, a chamada foi de G. Borkov: Sukhánov, *Memoirs*. Albert Seaton, *Stalin as military commander*, pp. 124-6. Júkov 2, pp. 235-40. Medviêdev, *Neizvestnyi Stalin*: capítulo sobre Ióssif Stalin e Ióssif Apanasenko: "The Far Eastern Front during ww2", citando memórias do general A. P. Belodórov, em *Sovietskaya Rossiya*, 20 de outubro de 1989. O comandante do Extremo Oriente Apanasenko conseguiu camuflar o desaparecimento da maior parte de seu Exército formando um novo instantaneamente e aumentando-o para 1 milhão de soldados, a fim de garantir que os japoneses não percebessem sua fraqueza e decidissem atacar afinal.

15. Bunker: Svetlana, *Twenty letters*, pp. 172-3. Símonov, *Glazami*, p. 37. Belov, em Bialer (ed.), p. 295. Kaganóvitch e bunkers: Rubin, *Oktyabre 1941*, p. 7. Chápochnikov: Rjechevski sobre fumar, patronímico e respeito de Stálin, *Stalin's generals*, pp. 226-30. Mikoian, p. 386. Sem nunca deixar de checar: Bialer (ed.), p. 592. Velho companheiro: Spahr, p. 83. Stálin limita horas: GKO, 11 de maio de 1942. Muito gentil: Vóronov em Bialer (ed.), p. 211. Medo de Béria: S. P. Ivánov, *Chtab armeirkii*, p. 250. Vodu: FO 800/360, John Reed, Moscou, 19 de agosto de 1942, *Churchill and Stalin* FCO, março de 2002. Também Alanbrooke, p. 303. Viagem ao front: Volkogónov, pp. 433-4.

16. Volkogónov, pp. 433-4. Bomba de Malenkov: Vôlia e Igor Malenkov. Mikoian, p. 415. Svetlana, *Twenty letters*, pp. 172-3.

17. Cadeiras: *Zarubina*, pp. 47-8. Sobre 6-7 de novembro: Stiepan M. p. 69. P. A. Artiémiev, em Bialer (ed.), pp. 305-9. Volkogónov, p. 436. Sudoplátov, pp. 133-6. *900 days*, p. 384. A música: Rubin, *Ryadom so Stalinym v Bolshom Teatre*, p. 32.

18. Júkov 2, pp. 235-44.

19. Berejkov, pp. 160-2.

20. Maisky, *Memoirs of a Soviet ambassador*, pp. 229-37. Berejkov, pp. 162-8. Alanbrooke, p. 302. TSAMO RF 208.2524.20.124, Júkov e Bulgánin a Gólubev, co 10º Exército, 20 de dezembro de 1941. Overy, pp. 117-22. Erickson, *Stalingrad*, pp. 248-96, Júkov: Bialer (ed.), p. 292. Seaton, pp. 132--4. Anfilov, Júkov em *Stalin's generals*, p. 352. Júkov 2, pp. 240-50.

21. Júkov 2, pp. 254-8.

22. Sobre Béria: Tchaadáiev em Kumániev (ed.), pp. 429-32. Sobre Malenkov: Sukhanov. *Memoirs*, Mikoian, pp. 424-6. Sobre Kaganóvitch: Nikolai Baibakov. Werner Hahn, *Postwar Soviet politics: the fall of Jdánov*, p. 348. *Beria affair*, discurso de Andréiev, p. 154.

36. MÓLOTOV EM LONDRES, MEKHLIS NA CRIMEIA, KHRUCHIÓV EM COLAPSO (pp. 456-65)

1. Erickson, *Stalingrad*, p. 398. Berejkov, pp. 188-9. Golovánov no gabinete de Stalin: abril/maio de 1942: *IA*. Golovánov: *MR*, pp. 46-9, 72, inclusive citação de Churchill, p. 49. Churchill 4, pp. 296-304. Vaidade de Mólotov: RGASPI 82.2.1592.19-20, Mólotov a Jemtchújina, 8 de julho de 1947, e RGASPI 82.21592.40-5, Mólotov a Jemtchújina, abril de 1945.

2. *Mekhlis*, pp. 181, 193. Atitude de Stálin em relação a Mekhlis: Meretskov citado em *Mekhlis*, p. 228, Mekhlis no gabinete de Stálin, A. A. Manassev citado p. 275; mostarda, Khrúliov, p. 249. Piadas sobre as manias de Mekhlis: Tcharkviani, pp. 30-1. Zamértsev: Bialer (ed.), pp. 442-7. Stárinov: Bialer (ed.), pp. 456-7.

3. Spahr, pp. 277-80. Meretskov, pp. 228-52, 280-3. Leonid Redens. Volkogónov, Vorochílov em *Stalin's generals*, p. 318. Vlássov: *KR*, p. 204. Volkogónov, pp. 443-4.

4. Kulik sobre o front da Crimeia e a investigação de Mekhlis: Spahr, pp. 266-7, 294. V. Bobrénov e V. Riazántsev, "Marchal protiv Marchala", *Armia*, 1993, nº 9, p. 47. David Glantz, "Forgotten battles of German Soviet, war — the winter campaign: the Crimean counter-offensive", *Slavic Military Studies*, v, 14, nº 1, março de 2001, pp. 121-70. Sobre as denúncias de Kulik: materiais Kompromat nos arquivos de Mekhlis RGVA 9.39.105.412-7, julho de 1941. A esposa jovem de Kulik, Olga: Kira Allilúieva. Kárpov, *Rastrelyannye Marchaly*, p. 323. Corte marcial: Volkogónov, *Rise and fall of the Soviet Empire*, p. 116.

5. Mekhlis na Crimeia: *Mekhlis*, pp. 200-31. Glantz, "Forgotten battles, pp. 121-70. Stálin e Hindenburg, em Spahr, p. 287. Hindenburg citado por A. M. Vassilevski, *Delo vsei Jizni*, pp. 186-7. Símonov citado em Medviêdev, p. 463. Símonov, p. 36. TSAMO 215.A.1184.73.19, Conversa de Vassilevski e Mekhlis sobre reforços e a grande música, 23 de janeiro de 1942. David Ortenberg, *Stalin Shcherbakov Mekhlis i drugie*, pp. 60-6, 183-4. Mekhlis: "Dane-se", disse Stálin — Tchaadáiev, em Kumániev (ed.), p. 437, declara que foi a 3 de junho, mas *IA* sugere 28 de maio. Também: "Vá para o inferno", Símonov a Kapler, citado em Biagi, p. 34.

6. A ofensiva de Khárkov: Júkov 2, pp. 271-8. Anfilov Timochenko em *Stalin's generals*, p. 251. Erickson, *Stalingrad*, pp. 332-7, 345-7. Overy, pp. 154-8. Seaton, pp. 144-5. Spahr, p. 282. Stálin gostava de Timochenko, com quem podia ser surpreendentemente polido: quando pediu ao marechal que entregasse algumas unidades a outro comando, escreveu: "Transmitam minhas palavras ao marechal — que eu peço muito sua concordância com a proposta do Stavka para transferir [...]. Sei que será um sacrifício muito grande. Mas peço esse sacrifício". Stálin a Timochenko, 27 de outubro de 1941. Biblioteca do Congresso dos EUA, Coleção Volkogónov, Rolo do Estado-Maior. Mikoian sobre Timochenko, bravo camponês, p. 386. Telefonema: Khruchióv exagerou sua presciência: seu telefonema para Stálin foi no dia 18, e não 17. Mikoian, p. 465. Stiepan M., p. 104. *KR* I, pp. 205-7. Khruchióv, *Glasnost*, pp. 60-2. Júkov 2, pp. 271-82. Perdas de Khárkov: Vassilevski, p. 193.

7. "Aprenda a guerrear melhor". TSAMO 3.11556.6.16, Stálin a Timochenko, 27 de maio de 1942. Timochenko denuncia Khruchióv por falta de fé e doença mental e por delatá-lo: RGASPI 558.11.818.7, Timochenko a Stálin, 7 de junho de 1942. Ver também RGASPI 558.11.818.10-11, Timochenko a Stálin, 22 de junho de 1942 e RGASPI 558.11.818.9, Timochenko a Stálin, junho de 1942. "Hitler não é tão mau": RGASPI 558.11.489.9, Stálin a Timochenko, 13 de junho de 1942. História de Khruchióv e Baguírov, Natália Poskrióbicheva. Khruchióv denuncia Timochenko: Stálin confirmou isso a Júkov; ver William J. Spahr, *Zhukov, the rise and fall of a great captain*, pp. 95-101. Investigação de Bulgánin: Tchaadáiev in Kumániev (ed.), p. 442. *KR* I, pp. 210-2. Khárkov: David Glantz, "The Khárkov Operation, May 1942", Slavic Military Studies, v. 5, nº 3, setembro de 1992, pp. 451-94; v. 5, nº 4, dezembro de 1992, pp. 611-86. Volkogónov, p. 433. Cinzas na cabeça de K.: William Taubman, *Khrushchev, man and era*, p. 168.

8. Divisões não são agulhas: TSAMO 96a.2011.26.137-42, Stalin e Timochenko, 4 de julho de

1942. Antony Beevor, *Stalingrad*, pp. 69-72. Overy; pp. 156-8. Seaton, p. 147. Divisões no mercado Jukes, Vassilevski, em *Stalin's generals*, p. 281.

9. A queda de Rostov, aproximação de Stalingrado e Cáucaso Norte: Ordem nº 270, 16 de agosto de 1941, TSAMO 3.11.556.9. Volkogónov, p. 459. TSAMO 298.2526.5a, citado em Volkogónov, p. 427. Ordem nº 227, 16 de agosto de 1942, TSAMO 48.486.28.8, citado em Beevor, p. 85. Overy, pp. 158-61. Seaton, *Stalingrad*, pp. 150-3. 4 e 5 de agosto: *IA*.

37. CHURCHILL VISITA STÁLIN (pp. 466-71)

1. Kuntsevo: O. A. Rjechevski, *Winston Churchill in Moscou 1942, Churchill and Stalin*, FCO, março de 2002. Churchill 4, pp. 429, 437. Also: FO 800/300. John Reed (Moscou), 19 de agosto de 1942. Doc. 32.

2. Churchill 4, pp. 428-36. Harrirnan-Abel, pp. 52-5. Cab. 127/23: Gravação de conversa entre Churchill e Stálin, 12 de agosto de 1942, *Churchill and Stalin*, Doc. 29, FCO, março de 2602. AFP RF 64.4.131.20-23, notas de Pávlov da reunião Churchill-Mólotov, citado por Rjechevski, *Churchill in Moscow*.

3. Harriman-Abel, pp. 155-9. Churchill 4, pp. 436-2. CAB 127/23: Gravação da conversa entre Churchill e Stálin, 13 de agosto de 1942, *Churchill and Stalin*, Doc. 30.

4. Arquivo do presidente da Federação Russa: 45.1.282.48-52: notas de Pavlov do jantar em honra de Churchill e Harriman, 4 de agosto de 1942, citado por Rjechevski, *Churchill in Moscow*. Berejkov, pp. 193-9. Sobre Malenkov eunuco e Vorochílov cordial: FO 800/300, John Reed. (Moscou), 19 de agosto de 1942; Churchill dá as costas para Stálin: FO 800/300, diário de Sir A. Clark Kerr, Moscou, 16 de agosto de 1942, ambos em *Churchill and Stalin*. Churchill 4, p. 443. Alanbrooke, pp. 301-3. Harriman-Abel, p. 160. Arquivo do presidente da Federação Russa, 45.1.282.64, gravação da reunião de Churchill com Stálin em seu apartamento na noite de 15-6 de agosto de 1942, citado por Rjechevski, *Churchill in Moscow*. V. N. Pavlov, "Avtobiographicheskie Zametki", *Novaia i Noveichaia Istoria*, nº 4, 2000, pp. 109-10; Svetlana, ruivas, o presente, Marlborough. Além disso, este relato usa as fontes convencionais de Churchill 4, pp. 445-51. Svetlana, *Twenty letters*, pp. 178-9. PRO, Prem 3/7612, pp. 35-7, notas do maj. Birse. A. H. Birse, *Memoirs of an interpreter*, p. 19. Churchill balançando as pernas, amuado: FO 800/300. Diário de Sir A. Clark Kerr, Moscou, 16 de agosto de 1942, *Churchill and Stalin*. Erickson, *Stalingrad*, p. 369.

38. STALINGRADO E O CÁUCASO (pp. 472-80)

1. RGASPI 558.11.489.11, Stálin a Budiony, 27 de julho de 1942, união da Frente Sul de Malinovski com a Frente do Cáucaso Norte de Budiony. Kaganóvitch, *Zapiski*, pp. 463-79. Strakhov, Bialer (ed.) pp. 442-7, 608. TSAMO 132a.2642.32.45-7, Stálin a Kaganóvitch, agosto de 1942. RGASPI 558.11.712.119-20, Budiony a Stálin, 19 de setembro de 1942 e 25 de novembro de 1942. Sobre a fúria de Stálin em relação ao ferimento de Kaganóvitch: Sudoplátov, p. 48, e Sergo B, p. 83. Kaganóvitch foi ferido no final de outubro e visitou Stálin a 19 de novembro de 1942, *IA*.

2. *Beria*, p. 120. Sergo B, pp. 79-85. Sudoplátov, pp. 48-51. Tiuliêniev em Bialer (ed.), pp. 451-2, e Strakhov, pp. 442-7, 608. Entrevista com Nikolai Baibakov. Também: Baibakov, p. 113. A che-

gada de Béria a Ordjonikidze: Gela Tcharkviani de Candide Tcharkviani, anotações. Béria esteve fora entre 20 de agosto e 17 de setembro. Overy, pp. 157-9. Erickson, *Stalingrad*, pp. 370-1, 376-81. Kaganóvitch, *Zapiski*, pp. 463-79. TSAMO 132a.2642.32.145-7, Stálin a Kaganóvitch, agosto de 1942. RGASPI 558.11.712.119-20, Budiony a Stálin, 19 de setembro de 1942 e 25 de novembro de 1942. "Estou de volta a Moscou por sete dias e quero vê-lo, mas você está muito ocupado. Estar sem trabalho na presente situação é impossível [...] por favor, receba-me."

3. As principais fontes para este relato de Stalingrado são A. Beevor, *Stalingrad*, Overy, *Russia's war*, e Erickson, *The road to Stalingrad* e *The road to Berlin*, D. Volkogónov, *Stalin: triumph and tragedy*, e as memórias de Júkov e Vassilevski. TSAMO 3.11556.9, Stálin a Vassilevski, Ieremenko e Malenkov, 23 de agosto de 1942.

4. Júkov 2, pp. 293-9. Erickson, *Stalingrad*, pp. 384-5. Volkogónov, p. 461. Beevor, *Stalingrad*, pp. 117-27. Overy, pp. 166-9. Vassilevski voltou, deixando Malenkov em Stalingrado para trabalhar com Júkov. Caráter de Stálin e Júkov: Júkov, "Korotko o Staline", *Pravda*, 20 de janeiro de 1989, p. 3. *KR* I, p. 218. Victor Gobáriev; "Khrushchev and the military, historical and psychological analysis", *Slavic Military Studies*, v. 11, nº 3, setembro de 1998, pp. 128-44, inclusive Gobáriev: "K's finest hour". Luganski, em Bialer (ed.), pp. 54, 610: general Stiepan Mikoian, amigo de Vassíli Stálin e filho de Mikoian, lança dúvidas sobre essa história. Agradeço a Antony Beevor por isso.

5. A. M. Vassilevski, *Delo Vsey Jizni*, pp. 95-6. Volkogónov, p. 470. Agradeço ao professor Oleg Rjechevski pelo resto da história baseada em sua conversa com Vassilevski. Ordens de pagamento: *MR*, p. 303. Sobre a frase de Stálin: "'Meu pai também era padre...", *Ogonyok*, 2, abril de 1988, nº 14, p. 20. Alexander Bolotin, "Chto my znaem o Liapidevskom?", o famoso aviador Anatoli Liapidevski se encontrou com Stálin no Kremlin: "Camarada Liapidevski, seu pai era padre, o meu também. Em caso de necessidade, contate o camarada Stálin diretamente", citado em Tucker, *Power*, p. 3. A amizade durante toda a vida de Stálin com o padre Peter Kapanadze: Tcharkviani, pp. 45-6. Sobre Stálin libertar um prisioneiro: Vassilevski sobre seu amigo Chavlovski em Kumániev (ed.), p. 236. Sobre cronograma e Stavka: Erickson, *Road to Berlin*, p. 41. Chápochnikov e vodu: FO 800/300, John Reed (Moscou), 19 de agosto de 1942. TSAMO 215.1184.48.179, decisão do GKO nº 1723, assinada Stálin Ch, GKO, 11 de maio de 1942. Na verdade, Vassilevski já vinha agindo como chefe do Estado-Maior desde 24 de abril, quando Chápochnikov tentara se retirar pela primeira vez; Jukes, Vassilevski em *Stalin's generals*, pp. 279-80. Incapaz de ferir uma mosca: Sergo B, p. 339.

6. Júkov 2, pp. 307-41, 342-58. Anfilov, Júkov em *Stalin's generals*, p. 354. Erickson, *Berlin*, pp. 433, 445, 425, 429, 452, 461-3, 458, 452. Beevor, *Stalingrad*, pp. 213, 232-4, 240. Alan Clark, *Barbarossa*, p. 218. *Slavic Military Studies*, v. 10, nº 4, dezembro de 1997, pp. 104-39. Insônia: PREM 3/430/7: registro de conversa privada entre o PM e o generalíssimo Stálin depois da Sessão Plenária de 17 de julho de 1945, Potsdam: *Churchill and Stalin*, FCO 2002. Sobre a Operação Marte: ver David Glantz, *Zhukov's greatest defeat: the Red Army's epic disaster in Operation Mars* 1942, em que ele estima perdas de até 500 mil. Os dados soviéticos sugerem perdas muito menores, de 70 mil mortos e desaparecidos (A. S. Orlov, "Operaziya Mars: razlichnye traktovki", em *Mir Istorii*, v. 4, 2000).

39. O SUPREMO DE STALINGRADO (pp. 483-94)

1. Stálin na guerra: dorme vestido, I. Orlov em Rubin, *Oktyabre 1941*, p. 13. Chtemenko, em Bialer (ed.), pp. 351-9. TSAMO 3.11.556.13.247-8. Stálin a Vassilevski, 23 de agosto de 1943. Vassilevs-

ki, Jukes em *Stalin's generals*, pp. 279, 283. Jdánov: RGASPI 558.11.492.86. Stálin e Mólotov falam com Jdánov, 1º de dezembro de 1941. Pastas verdes de Antónov: Chtemenko, em Bialer (ed.) pp. 351-8. Antónov, "moreno, bonito e gracioso", Djilas, p. 109. Antessala: Stárinov, em Bialer (ed.) pp. 456-7. I. V. Kovaliov, em Volkogónov, p. 419. Júkov por Símonov, em Volkogónov, p. 385. "Sábia decisão, camarada Stálin", Volkogónov, pp. 390-1. "Discussões francas, Stálin escutava", Mikoian, pp. 463-5. Mikoian, em Kumániev (ed.), p. 70. "Acho que não": Golovánov citado em *MR*, p. 306. Estilo de Stálin: Nikolai Baibakov. Voznessenski: Vassilevski, em Kumániev (ed.), pp. 237-8. Frustração: Belov, em Bialer (ed.), p. 295. Kuznietsov, em Bialer (ed.), p. 349, inclusive "seus auxiliares jamais discutiam", Júkov, em Bialer (ed.), pp. 259, 267, Belov (pálido, abatido), p. 295, Chtemenko, p. 352. "Saco de ossos" — Khruchióv; *Glasnost*, p. 65. Cachimbos: RGASPI 558.11.775.110, Maiski a Stálin, 18 de agosto de 1943. Stálin como *expert* militar: Mikoian, pp. 463-5; *KR* I, p. 145; Júkov (ed. inglesa), pp. 281-4, Khrúliov recusa as ferrovias: Khrúliov, em Kumániev (ed.), pp. 349-50. "Não perca mais nenhum Mikoian": Stiepan M., p. 86. Stálin também mandou que o escritor Alexei Tolstoi fosse mantido longe da frente de batalha: Brooks, *Thank you c. Stalin*, p. 185.

2. Medo: Júkov, Anfilov em *Stalin's generals*, p. 347. Gólikov denuncia Ieremenko: RGASPI 558.11.725.180-2. Gólikov a Stálin, 12 de setembro de 1942. Vóronov, em Bialer (ed.), pp. 457-9. *Mekhlis*, p. 99. Mikoian, pp. 396-9. *KR* I, 196, 214, 218, 226-7; durante a Batalha de Kiev, V. T. Sergienko mandou várias vezes informações sobre Khruchióv para Stálin, p. 196. Rjechevski, Kóniev, em *Stalin's generals*, p. 94. Iaroslav: *MR*, p. 24. Khrúliov: N. Antipenko. "Tyl Fronta", *Novy Mir*, v. 8.

3. Magnatas na guerra: Mikoian, pp. 394, 400, 463-4. Stiepan M., p. 110. Sobre Jdánov, *900 days*, p. 542. *KR* I, p. 155. *Béria*, pp. 111, 118. *Lesser Terror*, p. 73. Escutas: Sudoplátov, p. 328. Oficiais de Júkov presos: Spahr, *Zhukov*, p. 197: V. S. Goluchkevitch. Béria: Mikoian, p. 424. Para exemplo do café dos generais com Béria, ver *The Times*, 18 de janeiro de 2003, "Béria's terror files are opened". Sobre sacar Kaganóvitch: *Beria affair*: discurso de Andréiev, p. 154. Khrúliov, Kumániev (ed.) pp. 349-50. Stálin admira Kaganóvitch: Mgeladze, pp. 203-4. Estatísticas de trabalho: Anne Applebaum, *Gulag*, pp. 521-5.

4. RGASPI 558.11.490.7-49: os comunicados de imprensa de Stalingrado são de nºs 34-49. Tabaco: Mgeladze, p. 40. Quando seu ex-secretário lhe escreveu perguntando se ele poderia ir para Moscou, Stálin respondeu pessoalmente: "Você pode vir para Moscou. Stálin". RGASPI 558.11.726.4-6, Dvinsky a Stálin, 25 de julho de 1942.

5. Chtemenko, em Bailer (ed.), pp. 350-7. Noites insones de Kaganóvitch: Kovaliov, Volkogónov, p. 419. Tempo de descansar: Chtemenko, em Bialer (ed.), pp. 352-3. Jukes, Vassilevski, em *Stalin's generals*, pp. 279-80. História do marechal de artilharia Iákovlev: Artiom Serguéiev. Horas de trabalho para Poskrióbichev: Natália Poskriróbicheva.

6. Mikoian, pp. 463-4. Jantares, Khruchióv, *Glasnost*, p. 66. Ritual do chá: Kovaliov em Volkogónov, pp. 419, 471.

7. Júkov 2, pp. 307-42. Volkogónov, p. 469. S. S. Smirnov, *Marchal Júkov: kakim my ego pomnium*, p. 245. Overy, pp. 177-85. Erickson, *Berlin*, 2, pp. 1-27. Beevor, *Stalingrad*, pp. 292-3, 300-1. 320-3. RGASPI 558.11.490.49, Stálin sobre a batalha de Stalingrado, Sovinformburo.

8. Stálin trata rádio inglês como contrabando: RGASPI 558.11.765.105, Mikoian a Stálin e Mólotov, 5 de janeiro de 1943; Stálin a Mólotov, Béria, Malenkov, Mikoian, 21 de janeiro de 1943. Erickson, Berlin, pp. 38-41. Brooks, *Thank you*, p. 120. I. I. Kuznietsov, "Stalin's Minister V. I. Abakumov", *Slavic Military Studies* v. 12, nº 1, março de 1999, pp. 49-59. *Beria*, p. 125.

40. OS FILHOS DE STÁLIN E DO POLITBURO NA GUERRA (pp. 495-506)

1. Iákov: *MR*, p. 209. Troca por Paulus "Eu tinha de recusar [...] eu não seria mais Stálin", Mgeladze, pp. 116, 198-9. Svetlana *RR*. Svetlana, *Twenty letters*, pp. 168-77. Mikoian, p. 362. Artiom Serguéiev. Sobre o praguejar de Stálin: "O estúpido" — Vassíli Stálin por intermédio de Stiepan Mikoian. Prisão de Júlia: Gulia Djugachvili, *Ded Otets Ma i Drugie*, pp. 28-9. Volkogónov, pp. 429, 609: TSAMO 7.11.250.39.37. Radzinski, p. 457. Um prisioneiro é suficiente para mim: Vassíli Stálin por intermédio de Vladímir Allilúiev (Redens).

2. Vassíli: Sudoplátov; p. 151. Stiepan M. pp. 74-85 e entrevistas. Vassíli: "Cabelos ruivos curtos", *Zarubina*, pp. 30-1. Svetlana: príncipe herdeiro, *Twenty letters*, pp. 176-8, 221-9. Boa pessoa que daria sua última camisa: Sergo B, p. 154. Esposa de Vassíli — espancamento, fuga bêbada, maturidade precoce de Svetlana e caso de amor: Marta Péchkova. Coronel: *Lesser Terror*, p. 179. Protegido da luta; refúgio de Zubálovo: Leonid Redens. Vida em Kúibichev: Svetlana, *Twenty letters*, pp. 172-3. Galina Bourdonovskaia Stálin: bela loira: entrevista com Iúri Soloviev. Escola da KGB: Svetlana *RR*. Erickson, *Berlin*, pp. 49-51. Svetlana e Kapler: Kapler entrevistado por Biagi, pp. 15-34. Vladímir Allilúiev. Leonid Redens. Iúri Soloviev. Svetlana mostra artigos de Kapler, Kapler jogando, broche, roteiro: Marta Péchkova. Kira Allilúieva. Svetlana *RR*: boca suja de Vassíli, Kapler podia falar, sexo fora do casamento, o maior professor, meu pai teve reação excessiva. Apelo de Kapler, 27 de janeiro de 1944, em Volkogónov, p. 154. Punição de Vassíli, fevereiro de 1943: Stiepan M., pp. 83-6. Vassíli após a demissão: *Vassili*, p. 108. Volkogónov, p. 468. Stiepan M., pp. 89-90. TSAMO 132.2642.230.15, Stálin a Nóvikov, 26 de maio de 1943. Sobre o Rolls-Royce de Vassíli e estourar os pneus: Iúri Soloviev.

3. Kursk: Erickson, *Berlin*, 2, pp. 65-72, 97, 99-120. Overy, pp. 198-211: "Combate corpo a corpo" é a excelente frase de Overy. Mikoian, p. 452. Júkov 3, pp. 3-31, 43-57. Chtemenko, em Bialer (ed.) pp. 361-7. Júkov, "Na Kurskaya Duge", *VIJ*, agosto de 1967, pp. 70-1. Trabalho escravo: M. Parrish, ensaio resenha, *Slavic Military Studies*, v. 11, nº 2, junho de 1998, pp. 172-8. Iákovlev, em Bialer (ed.), pp. 381-2. Seaton, pp. 179-83. Sobre número de tanques: M. Miagkov, em *Mirovye voiny XX veka*, livro 3, pp. 159-61: as frentes Central e Voronej tinham 1,3 milhão de homens e 3400 tanques, mas a Frente da Estepe tinha mais 500 mil soldados e 1400 tanques.

4. Leonid Khruchióv: entrevistas com: Sergo e Stiepan Mikoian. Júlia Khruchiova: humilhação de Khruchióv, nunca conheceu os pais; Natália Poskrióbicheva. Artiom Serguéiev. Igor Malenkov. Vôlia Malenkova. Marta Péchkova. Leonid Khruchióv denuncia Stálin: N. Vaschshenko, *Za Granyu Istorii*. S. Khruchióv, *Superpower*, pp. 21-4. *MR*, p. 352: Stálin não perdoaria LK. *Lesser Terror*, p. 178. Rubin, *Oktyabr 1941*, p. 3, repete o rumor sobre Liubov. Stiepan M., p. 76. Vassílieva, *Kremlevskie Jeny*, p. 387. I. Iziúmov, "Why Khrushchev took revenge on Stalin", *Dosye Glasnost*, nº 12, 2001. Taubman, *Khrushchev, man and era*, pp. 155-60.

5. Os filhos de Mikoian: Sergo Mikoian, Stiepan Mikoian, Vano Mikoian, em Vassílieva, *Kremlevskie Jeny*, pp. 326-7. Stiepan M., pp. 99-100. Leonid Redens também foi exilado na Ásia Central. Não perca mais nenhum Mikoian: Vassíli Stálin por intermédio de Stiepan M., p. 86.

41. O CONCURSO DE CANÇÕES DE STÁLIN (pp. 507-13)

1. Mikoian, p. 563. Rubin, *Ryadom*, pp. 39-42, o sobretudo, ceia, queda de Orel e Belgorod. Rubin, *Oktyabre 1941*, pp. 13-4. NKVD na aldeia/dinheiro para senhora: M. Smirtukov em *Vlast*,

2000, nº 25, p. 46. Vóronov, em Bialer (ed.), pp. 438-9. Erickson, *Berlin*, pp. 116-8. Medalha: GARF 7523.149.5.1, Ieremenko para GKO cc Kalínin, Mólotov, Malenkov, Béria, 21 de setembro de 1943. Overy, p. 211. Chtemenko, em Bailer (ed.), pp. 361-7. Seaton, pp. 189-92. Volkogónov, p. 481

2. RGASPI 558.1.3499.1-27 e RGASPI 558.1.3399. "My Byom ikh" — "estamos batendo neles" soa como "ebiom ikh" — "estamos fodendo eles — quando cantadas depressa. RGASPI 558.1.3399, correções de Stálin. As datas das notas escritas apressadamente por El Registan são problemáticas porque ele às vezes escreve 23 quando quer dizer 28 e novembro quando quer dizer outubro. Tentei dar alguma ordem ao caos. RGASPI 558.1.3499 1-27. "Por que secar seus copos?" Grómov, *Stalin Vlast I Iskusstvo*, p. 343. Jantar diplomático: Berejkov, pp. 206-33. Harriman-Abel, p. 239. Erickson, Berlin, 2, p. 131. Bohlen, pp. 130-1. RGASPI 558.1.3399. As notas de Registan dizem que a reunião de aprovação final de 4 de novembro ocorreu às nove *da manhã*, mas é muito mais provável que seja nove *da noite*, tendo em vista os hábitos de Stálin e a confusão ocasional de Registan de datas e horas. Sobre o poema de Mikhalkov: RGASPI 558.11.775.112, S. Mikhalkov a Stálin e Stálin a Mólotov, 7 de fevereiro de 1944. Sobre a presença deles no gabinete de Stálin nos dias 28 de outubro e 4 de novembro de 1943: *IA*.

3. Khruchióv, *Glasnost*, p. 66. Recepção de novembro de 1943: Maia Kavtaradze. Bohlen, p. 130. Harriman-Abel, pp. 242, 253-5. Alexander Werth, *Russia at war 1941-5*, p. 753.

42. TEERÃ (pp. 514-31)

1. Golovánov, citado em *MR*, p. 306; Xá surpreso, p. 50. Xá Mohammed Reza Pahlavi, *Mission for my country*, p. 79. Béria e Tsereteli em Teerã: *Beria*, pp. 130-1 inclusive descrições de Tsereteli e Béria, revista da embaixada britânica; por Nicholas Kviatachvili. *Zarubina*: a mesa, acesso de raiva de Mólotov, residência de Stálin, encontrão em Stálin pp. 1-7. Harriman-Abel, pp. 263-4. Professor Vinográdov: Kostirtchenko, p. 264. Bohlen: urso desajeitado, pp. 131, 135-43; pacto de Mólotov com Hitler, p. 340. Berejkov — saída de Stálin do aeroporto de Baku, pp. 254-92. Entrevista: Hugh Lunghi: Vorochílov, Pavlov presente. Alanbrooke, pp. 482-9. Esse episódio do sorvete combina os relatos de Lunghi e Alanbrooke. Erickson, *Berlin*, pp. 156-8. Overy, pp. 220-1. Sobre assassinos alemães: Sudoplátov, pp. 130, 230. Sergo B, pp. 92-5, sobre voo, escutas, moralmente repreensíveis, cronograma. Churchill, 5, pp. 302-60 sobre espada de Stalingrado, arranjos de segurança, Vorochílov fazendo o melhor possível, piada das 50 mil execuções de Stálin, revista da legação britânica, insulto de Alanbrooke, jantar de aniversário. Visita a Stalingrado: A. Kravtchenkov em Rubin, *Ryadom*, p. 87. Diários de FDR citados em Ted Morgan, *FDR*, pp. 692-704: *FDRL* OF 200 3/N. Ver K. Sainsbury, *The turning point*.

2. Mikoian, pp. 465-6. *MR*, p. 210. Khruchióv, *Glasnost*, p. 66. Kavtaradze, *Memoirs*, p. 74. RGASPI, 73.2.44.26-7, Andréiev a Malenkov, 6 de outubro de 1943. GARF 9401.2.67.379-80, Béria a Stálin, Mólotov e Malenkov, 22 de novembro de 1944. GARF 9401.2.64.60, Béria a Stálin, Mólotov, 19 de dezembro de 1944. GARF 9401.2.69.220, Béria a Stálin, 21 de abril de 1944. Béria a Stálin, GARF 9401.2.69.346, Béria a Stálin e Mólotov; resposta deste: "Acho que isso está certo", 25 de junho de 1944. GARF 9401.2.64.13-62, Béria a Stálin e Stálin a Béria, 26 de janeiro de 1944, 8 de janeiro de 1944, 29 de janeiro de 1944. GARF 9401.2.64.9, Béria a Stálin, 4 de janeiro de 1944. GARF 9401.2.64.8, 53, 57, 90, Béria a Stálin 5 de janeiro, 8 de janeiro, 12 de janeiro, 4 de fevereiro de 1944. GARF 9401.2.67.283-92, Béria a Stálin, 5 de novembro de 1944. GARF 9401.2.64.291, Béria a Stálin e Mólotov,

17 de abril de 1944. Sobre expurgo na Bielo-Rússia: GARF 9401.2.93.50, Béria a Stálin, Mólotov, Malenkov, 22 de fevereiro de 1945. GARF 9401.2.64.157-63, nacionalistas ucranianos: Béria a Stálin 3 de março de 1944. Deportações: Overy, pp. 232-3. Divisão de Manuscritos da Biblioteca do Congresso, Volkogónov Rolo 18, Béria a Stálin, 16 de agosto de 1943. GARF 9401.2.64.1, Béria a Stálin e Mólotov, 3 de janeiro de 1944. GARF 9401.2.69.44-5, 121, Béria a Mólotov e resposta deste, 29 de janeiro de 1944, 24 de fevereiro de 1944, inclusive pedido de mais trens de Kaganóvitch e Béria, *Beria*, pp. 126-7. *Lesser Terror*, pp. 103-5: Karatchevsk renomeada Mikoian-Chakhar a 5 de outubro de 1944. Overy, pp. 232-4, Mikoian objeta: Mikoian, p. 514. GARF 9401.2.69.137-9, Béria a Mólotov e resposta deste, 4 de março de 1944. GARF 9401.2.64.213, 258a, Béria a Stálin, 31 de março de 1944: "Preste atenção nisso". Os tártaros, cotas de alimentos, trens: GARF 9401.2.64.41-52, alimentos 49, trens 115, totais 119 e 126. GARF 9401.2.64.254-6. A lei para essas deportações foi editada com data anterior e apresentada por Béria a Kalínin a 7 de abril de 1944. GARF 9401.2.64.121, Béria a Stálin e Stálin concorda, 20 de maio de 1944. GARF 9401.2.64.161-3, Béria a Stálin, 29 de maio de 1944: Béria lista um total de 225 009 da Crimeia, incluindo todas as últimas deportações. GARF 9401.2.64.158, Béria a Stálin, março-dezembro de 1944.

3. Rokossovski, em Bialer, pp. 460-1. Erickson, *Berlin*, pp. 199-231. Overy, pp. 239-46. Júkov 3, pp. 145-50. Júkov, *Korotko o Staline*.

4. Erickson, *Berlin*, 2, pp. 269-86, 199-231. Overy, pp. 239-46: "não ajuda [...] mas antecipação". Overy, p. 247. Júkov 3, pp. 169-72. Símonov, "Zametki", p. 59. Rokossovski, em Overy, p. 248. Harriman-Abel, pp. 314-39.

5. Registro soviético da conversa sobre "porcentagens": RGASPI 558.11.283.6-14, *Zapis besedy Tov IV Stalina s Churchillem 9 Oktyabrya 1944 g v 22 chasa*. Também: *Istotchnik*, 4 (17), 1995. O. A, Rjechevski (ed.), *War and diplomacy: the making of the Grand Alliance*. Apartamento de Stálin: Berejkov, pp. 369-70. Alanbrooke, pp. 601-11. Martin Gilbert, *Churchill: a life*, pp. 796-801. Harriman-Abel, pp. 353-64, inclusive relato de Kathleen Harriman. Churchill, 6, pp. 197-212. Geoffrey Roberts, *Beware Greek gifts: the Churchill-Stalin percentages agreement of October 1944*: meu relato baseia-se na análise perspicaz de Geoffrey Roberts. GARF 9401.2.93.255 Velho sátiro: Djilas, p. 102. Fronteiras pela força, 1942: Erickson, *Berlin*, 1, p. 398.

6. Khrushchev, *Glasnost*, p. 99. *Memoires de guerre* de Charles de Gaulle, 3, pp. 50-79, e *Complete memoirs*, pp. 754-5. Harriman-Abel, pp. 375-9. Radzinski, pp. 483-4. Djilas, p. 93. Djilas, *Wartime*, pp. 428-9. "Fodam-se", Sergo Kavtaradze, agradeço a Maia Kavtaradze.

43. O CONQUISTADOR ARROGANTE (pp. 532-41)

1. Júkov, 3, pp. 171-3. Símonov, *Zametki*, p. 59. Woff, Rokossovski, em *Stalin's generals*, p. 191. Overy, pp. 256-63. Erickson, *Berlin*, pp. 424-6. Chtemenko, em Bialer (ed.), p. 479; Kóniev, p. 481. Overy, pp. 256-63. Djilas, pp. 108-9. Estupros: Antony Beevor; Berlin, pp. 28-9 e (Malenkov) p. 108; ofensiva, pp. 15-7. K. Rokossovski, *Soldatskii dolg*, p. 286. Harriman-Abel, p. 353.

2. Ialta: GARF 94001ss.2.94, Béria a Stálin/Mólotov, 27 de janeiro de 1945. Churchill, 6, pp. 300-44. "Meu pai governou a Rússia", Natália Poskrióbicheva. Sudoplátov, p. 222. Sergo B, p. 104. Gromyko, *Memoirs*, pp. 77-114. GARF 9401c.3.321, *Conference of leaders of three States in Crimea 1945*, e também o álbum de Stálin em RGASPI: L. Ilitchev a Poskriôbichev, 27 de março de 1945. Sergo

Kavtaradze também esteve em Ialta. N. G. Kuznietsov, "Memoirs", *Voprosy Istorii*, v. 4, 1965, pp. 122-5. Gromyko, *Memoirs*, pp. 87-99. Bohlen, pp. 173-96. Entrevista com Hugh Lunghi. Alanbrooke, pp. 655-60. Overy, pp. 252-4. Vaksberg, *Vyshinsky*, p. 245. Sobre Béria: Sergo B, pp. 104-6, 113. Harriman-Abel, pp. 383-408, 415. Bohlen, p. 355. A. Gromyko, *Pamyatnoye*, p. 241. Béria, p. 130. Nekrássov, *Beria*, pp. 221-2. Quantas divisões tem o papa: Stálin a Enver Hoxha, em Halliday (ed.), *Hoxha*, p. 133. O urso: Mgeladze, p. 137. Palácios para Stálin: GARF 9401.2.93.219, Béria a Stálin, 27 de fevereiro de 1945 e ordem de Stálin/Tchaadáiev/Sovnarkom. Parente de Churchill: GARF 9401.2.93.255, gen. Gorbatov a Béria, 5 de maio de 1945.

3. Berlin: Overy, pp. 264-7. Erickson, *Berlin*, p. 522. Júkov 3, pp. 211-4, 219-24, 242-5; 4, pp. 125, 226. Júkov, em Bialer (eds.), pp. 512-3; Kóniev, pp. 513-6, 527. I. S. Kóniev, *Sorok pyatyi*, pp. 91--3. S. Chtemenko, *Generalny chtab v gody voiny*, pp. 328-31. Beevor, *Berlin*, pp. 46-7, 206, 244, 343, 358: "Primeiro de Abril" e "maior concentração de fogo já reunida". Iákov: Mgeladze, pp. 198-9. Harriman-Abel, p. 440. FDR: Mgeladze, pp. 130, 137. Símonov, "Zametki", p. 60. Kóniev, pp. 116-7. *IA* 1992:2.

44. A BOMBA (pp. 545-56)

1. Hitler: Mgeladze, p. 137: o jantar foi em 1950. Júkov, 3, pp. 244-66, 271; 4, pp. 269-70. Krebs em Moscou: Gorodetski, p. 198. Overy, pp. 277-8. Elena Rjevskaia, "B tot dei pozdhnei osenie", em S. S. Smirnov, *Marchal Júkov: kakim my ego pomnium*, pp. 292-5. Cartas alemãs e interrogatórios de Göring etc.: GARF r9401.2.97.159-217, pp. 366-445, Béria a Stálin, 6 de julho de 1945 e Serov a Stálin, 17 de julho de 1945.

2. Vitória: Vóronov, em Bialer (ed.), pp. 558-9; Iákovlev, p. 561. Júkov 3, pp. 271-9. Vichinski e Júkov: D. D. Eisenhower, *Crusade in Europe*, p. 1667. Vaksberg, Vyshinsky, p. 251. *KR* I, p. 240. Svetlana, *Twenty letters*, p. 193. Sudoplátov, p. 171. I. V. Stálin, *Vistuplenie na prieme v Kremle v tchest kommanduiushchikh voiskami Krasnoi Armii*, Works, ed. Robert McNeal, vol. 2, 1941-5, pp. 203-4. Holloway; p. 265. Parada: Júkov 3, pp. 304-8; 4, p. 297. Spahr, *Zhukov*, p. 192. Rjevskaia, "B tot den pozdnei oseniu", p. 300. Iákovlev, em Bialer (ed.), pp. 561-2; Kuznietsov, p. 562; Vóronov, p. 559. GARF 9401c.3.99, *NKVD Album of Victory Parade*. Anfilov, Júkov, Stalin's generals, p. 357. Zubok, p. 1. Vladímir Kárpov, *Marchal Júkov: Opala*, pp. 80-3. Vichinski e picles de Poskrióbichev: Vaksberg, *Vyshinsky*, p. 278. N. G. Kuznietsov, *Memoirs*, p. 110. Stálin anda passos à frente, gordos como Béria e Malenkov, Sergo B, p. 140.

3. RGASPI 558.11.775.122, O. Mechakova a Stálin, 8 de maio de 1945. Djilas, p. 106. Generalíssimo/Promoções: *MR*, pp. 175-6. V. Tukov, em Rubin, *Oktyabre 1941*, p. 41. Promoções de 9 de julho de 1945: I. I. Kuznietsov, "KGB General Naum Isakovich Eitingon 1899-1991", *Slavic Military Studies*, v. 4, nº 1, março de 2001, p. 375. Brooks, *Thank you c. Stalin*, p. 186. Volkogónov, pp. 525, 500. Radzinski, p. 523. Merkúlov tornou-se general de exército; Kobúlov, Abakúmov, Serov, generais de exército. A maioria dos magnatas já era general: Khruchióv, general de divisão; Jdánov, general de exército. Piada de Nosenko: *Soverchenno Sekretno*, 3, 2000, pp. 12-4.

4. Potsdam: GARF r9401c.2.97. 124-30, Béria a Stálin e Mólotov, 2 de julho de 1945. Sobre as combinações feitas com ingleses e americanos: GARF r9401c.2.97.73-6, Béria a Stálin, Mólotov e Antónov, s.d. Stálin sempre cansado: Gromyko, *Memoirs*, p. 100. Sergo B, pp. 15-8. Churchill 6,

pp. 548-79. Júkov 3, pp. 325-36. N. G. Pavlenko, "Razmichleniya nad o sudbe polkovodtsa", em *VIJ*, nº 12, pp. 30-1. Natália Poskriόbicheva; Nadejda Vlássik: pais em Postdam. Kuznietsov, *Memoirs*, pp. 111-3: esperando na estação. Gromyko, pp. 97-114, Bohlen, pp. 227-40. Harriman-Abel, pp. 484-93. Overy, pp. 281-4. Charles L. Mee, Jr, *Meeting at Potsdam*, pp. 77, 90-3, 96-105, 118-20, 171-5, 218. *Record of private conversation between PM and Generalissimo Stalin after Plenary sesson 17 July 1945 at Potsdam*, PREM 3/430/7 Doc. 70, Churchill e Stalin. Sobre Truman/bomba atômica: Mgeladze, pp. 130, 170. Eu *gosto* de Stálin, Pendergast: Truman à esposa, citado em Roy Jenkins, *Truman*, p. 72. Sergo B, pp. 115-7. Stálin desconfia de cientistas, lentidão de Mólotov, designa Béria, Holloway; pp. 35, 117-9. Sudoplátov, p. 178. GARF 9401.2.97.283-99, Béria a Stálin, Mólotov, Malenkov, 8 de julho de 1945, em Beevor, *Berlin*, pp. 324-5. N. Riehl e F. Seitz, *Stalin's captive Nikholaus Riehl and the Soviet race for the bomb*, p. 152. Precisamos começar: Medviêdev, *Neiznestnyi Stalin*, nº 3 (1985), p. 8. Stálin e a bomba atômica.

45. BÉRIA: POTENTADO, ESPOSO, PAI, AMANTE, ASSASSINO, ESTUPRADOR (pp. 557-67)

1. Bomba: V. N. Pavlov, "Avtobiograficheskie Zametki", *Novaya i Noveishaya Istoria* nº 4 (2000), p. 110. Harriman-Abel, p. 491. Gilbert, pp. 854-5. Mgeladze, pp. 129-30: Truman "como por acaso", "nova arma", "conhecimento de Churchill". Volkogónov, *Rise and fall*, p. 121. *MR*, p. 56. Júkov 3, pp. 325, 335. Tratores: Dobrínin, p. 23, citando Gromyko. Polícia feminina: Gromyko, *Memoirs*, pp. 108-9. Sergo B, p. 174. Holloway, pp. 114-8, 84, 117-27, 131-3, 178-86. Charles L. Mee, *Potsdam*, pp. 229, 249-50, 275-7. Overy, pp. 284-7. Stálin sobre Churchill: Mgeladze, p. 137. Hugh Lunghi, *Minutes of meeting between Generalissimo J. V. Stalin and Admiral Mountbatten at Babelsberg, Germany on 25th July 1945*. Spahr, Zhukov, p. 197. Pavlenko, "Razmichleniya", pp. 30-1. Khruchióv, *Glasnost*, pp. 60-2. Stálin na reunião de 25 de janeiro de 1946 com Mólotov e Béria, citado em Holloway, p. 147. Zubok: Stálin e Malenkov — Partido, p. 41. Béria relata a Stálin sobre Kurtchátov e cientistas: GARF 9401.2.97.283/99, Béria a Stálin, Mólotov, Malenkov, 8 de julho de 1945. Stálin sobre "barbaridade" da bomba: Mgeladze, pp. 129-30.

2. Estilo de Béria: incomum mas grande criminoso: Stefan Stazewski, em *Oni*, p. 172. Colossal: Artiom Serguéiev. Zubok, p. 42, citando Vladímir Novikov, p. 310. Risco nas ruas: Golovánov citado em notas do editor, Sergo B, p. 346. Relógio suíço: V. I. Nóvikov citado em notas do editor, Sergo B, p. 345. Sákharov, pp. 145-9. Holloway, pp. 134-41. Gromyko, *Memoirs*, p. 319. Kurtchátov, em *Beria*, pp. 137-9. Fuzile-os depois: Holloway, p. 212. P&D: Sákharov, p. 145. *Beria*, p. 133. *Lesser Terror*, p. 47. RGASPI 558.11.744, Stálin a P. Kapitsa, 4 de abril de 1946. Frustração técnica: Holloway, p. 137. Sákharov, p. 79. Politburo atômico: expressão de Roy Medviêdev, *Neizvestnyi Stalin*: Stálin e a bomba.

3. Feio, flácido, cinzento: Tatiana Okunevskaia, em Vassílieva, *Kremlin wives*, p. 156; e na BBC2: "Béria, Stalin's creature". *Beria affair*, Málichev, p. 85. Sergo B, pp. 122, 141, 168. Sudoplátov, p. 103. A. I. Romanov, *The nights are longest there*, p. 179. Dacha e basquete, aconchego em casa: Marta Péchkova. Imensa vila branca suntuosa, aconchegante, repleta de livros e jornais ingleses e alemães: Svetlana, *OOY*, pp. 355-6. Incansável, inteligente: "Uma entrevista com VM Mólotov", *Literaturuli Sakhartvelo*, 27 de outubro de 1989, em *Beria*, pp. 195-274. O MVD o "idealizava", *Beria*, p. 203. Sobre sua culpa e estupros: *Izvestia TsK KPSS*, 1991, nº 1, assembleia do CC, 2-7 de julho de 1953. Sarkíssov trai Béria para Abakúmov: *Vlast*, 2000, nº 22, p. 44. "O camarada Béria está cansado

e com excesso de trabalho" e Poskrióbichev conta a Stálin sobre a sífilis de Béria, escritório cheio de loiras, Deriabin, pp. 62-71. Ekaterina Katutova repetindo história de Z. Fiodorovna em Vassílieva, *Kremlin wives*, p. 157; Tatiana Okunevskaia, pp. 159-60; interrogatório de Béria, *Kremlin wives*, pp. 150-1, 56, 171. Béria e Poskrióbichev: Natália Poskriόbicheva. Abertura de 47 pastas sobre a culpa de Béria: Robin Shepherd, *The Times*, 18 de janeiro de 2003. Vida no lar: Marta Péchkova.

4. Insinuar-se na família Stálin: Marta Péchkova sobre Sergo e Béria. Sergo B, pp. 151-2. Stálin menciona três rapazes. Stiepan M. p.145. Béria desaprova: Mikoian, pp. 362-3. Também: Sudoplátov cita o secretário de Béria, Ludvigov, p. 321. Svetlana *RR*.

5. Beleza de Marta: Sergo B, p. 191 Marta: nuvem perfumada, difícil de ter como amiga — Gulia Djugachvili, *Ded, Otets, Ma i Drugie*, p. 55. Stálin favorece Iúri Jdánov, estimula amizade com Marta: Svetlana, *OOY*, p. 319. Detalhes da vida na casa de Béria: Marta Péchkova.

6. Leonid Redens. Svetlana *RR*: "Eu não estava apaixonada por ele". Svetlana, *Twenty letters*: Stálin não se encontrava com ele, mas jamais pediu a ela para se divorciar, pp. 193-6. Svetlana semelhante a Stálin: Tcharkviani, p. 58, citando Mikoian. Ameaças ciumentas de Svetlana: Marta Péchkova. Pai de Svetlana furioso: Sergo B, p. 192. RGASPI 558.11.727.92, Júlia Djugachvili a Stálin, 29 de maio de 1946. Gulia Djugachvili, *Ded, Otets, Ma i Drugie*, p. 28.

46. UMA NOITE NA VIDA NOTURNA DE IÓSSIF VISSARIÓNOVITCH (pp. 568-89)

1. *MR*, pp. 8, 71. Mgeladze, pp. 78-9.

2. Cabeça virada e presunção: *Kaganovitch*, p. 154. *MR*, pp. 73, 210, "muito perigoso", pp. 212-3. Mikoian, pp. 465-6, 513. Mikoian, em Kumániev (ed.), p. 22. *KR* I, p. 333. Khruchióv, *Glasnost*, p. 66. Vôlia Malenkova: "Meu pai disse que Stálin mudou depois da guerra". Seixos: Ehrenburg, *Postwar years*, p. 131 Stálin: calma e ataques de mau humor, ordens indiretas, sempre obedecidas, Tcharkviani, pp. 37, 70. Limoeiros: Mgeladze, em *MR*, p. 175. "Afastou-se da direção direta" — Smirtukov em *Vlast*, nº 7, 2000, p. 53. "Meus motivos estão claros": Stálin ao Politburo, 3 de novembro de 1947, em RGASPI 558.11.712.142 sobre o marechalato de Bulgánin. Exaustão: *MR*, p. 190; Mgeladze, p. 68. Opinião sobre médicos: "Como eles falam!", RGASPI 74.2.38.89, Stálin a Vorochílov s.d. "Se eu seguisse fielmente o conselho dos médicos, estaria na cova", Harriman, pp. 349-53. Natália Poskriόbicheva. Rubin, *Next to Stalin*, p. 43. Iákov Rapoport, *The doctors' plot: Stalin's last crime*, pp. 17-8. Svetlana, em Richardson, *Long shadow*, p. 170. Escritores: Símonov, "Glazami", p. 41. Minha sombra: Rjevskaia, "B tot den pozdnei oseni", p. 307.

3. Vassalos: Beirut: Minc, p. 19; Berman, p. 308, em *Oni*. Dobrínin, p. 21. Mostre suas mãos: E. Jirnov, em *Vlast*, 25, p. 44. Cinema: Svetlana, *Twenty letters*, p. 152. Traduções de Bolchákov: *KR* I, p. 318. História de Papava sobre filme *Academician Ivan Pavlov*, Grómov, *Stalin*, pp. 214-6. Bolchákov, cinema, humor de Stálin, projecionistas, "bordel de Bolchákov, filmes de Goebbels, onde vimos esse ator?", comentários de Jdánov, filme sobre Jukovski, de Pudóvkin, camarada Ulrikh e onde é a próxima parada de seu trem: G. Mariámov, Kremlevsky Tzenzor: *Stalin smotrit kino*, pp. 7-13. Ascensão de Bolchákov e queda de Dukelski e Chumiatski: Kenez, pp. 116-8. Bolchákov faz uma surpresa a Stálin: Jirnov em *Vlast*, nº 25, 2000, p. 46. Bedell Smith, p. 219. Ivan, o Terrível: "Stálin, Mólotov i Jdánov o vtoroy serii filma 'Ivan Grozny'", *Moskovskie Novosti*, nº 37, 7 de agosto de 1988, inclusive o beijo de Ivan. Sobre Béria e relatórios do MGB a Stálin sobre Eisenstein e Ivan,

o Terrível: GARF R9401.2.67.283-92, Béria a Stálin, 5 de novembro de 1944. *Ivan, Primeira Parte*: Jdánov dá instruções, janeiro de 1941: Kenez, p. 179; Bolchákov e Eisenstein, pp. 196-8; Bolchákov, p. 190; obras-primas junho de 1948, p. 189; Kaganóvitch *vs* Eisenstein, p. 138. Stálin a Kaganóvitch sobre Eisenstein: quase um trotskista, *Kaganovitch Perepiska*, p. 101. Talentoso, viu Nevski várias vezes: Mgeladze, p. 212. Stálin comenta roteiros de filmes: por exemplo RGASPI 558.11.713.115, Vsevelod Vichenvski a Stálin com agradecimentos pelos comentários sobre seu script, *Inesquecível 1919*, que Stálin mandou por Mikhail Tchiaureli, 20 de janeiro de 1950. Stálin faz comentários durante filme, mistura realidade e filme: Djilas, p. 103. *KR* I, p. 318. Mariámov, pp. 7-13. Acreditou em filme de propaganda de Hitler sobre Dantzig, *KR* I, p. 158, mas também acreditava nos próprios filmes, p. 185. Discussão de política — "certos problemas especiais" — *MR*, p. 321. Filmes mudam política: sobre transporte aéreo e marítimo, Stálin influenciado pelo filme sobre Uchakov, *KR* II, p. 20, e sobre forças da terra e do ar, *KR* II, p. 43. Também sobre destruição de aldeias nas áreas de fronteira na Segunda Guerra: Volkogónov, p. 478. Stálin adorava *Volga! Volga!* e Charlie Chaplin; Svetlana, *Twenty letters*, pp. 198-9. Filmes estrangeiros favoritos: Leyda, p. 380. Stálin mostra filme de Hull sobre o Japão: Berejkov, p. 234. Mikoian e Khruchióv inquietos em relação ao entusiasmo de Stálin por filme sobre assassinato de companheiros: Mikoian, p. 534. *KR* I, pp. 318-28. Sobre Jdánov e a resolução do CC sobre cinema: Leyda, pp. 390-1; Kenez, p. 195. Sobre Bolchákov e a indústria cinematográfica da URSS: Leyda, pp. 299-391. Escolha de filmes: Troianovski, p. 154. Tchiaureli e Guelovani na casa de Stálin: Tcharkviani, pp. 44-5. Tarzan: *Istochnik* nº 4, 1999, Bolchákov a Poskrióbichev, 31 de janeiro de 1951. Sobre convidados ao cinema: Guelovani: Tcharkviani, pp. 44-5; Diki: Artiom Serguéiev. Clark Gable / Spencer Tracey: Gulia Djugachvili, em Biagi, pp. 81-3. Sotaques: Medviêdev: *Neiztvestnyi Stalin*: Stálin como nacionalista russo.

4. Carros: K. Popovic, em Dedijev, *Tito speaks*, pp. 280-4. Escolhe a rota: *KR* I, pp. 318, 320, 325. Djilas, pp. 67-9, 147. Convidados "se tiverem tempo": Tchiaureli e Guelovani: Tcharkviani, pp. 44-5. Limpeza: Popovic, em *Tito speaks*, p. 282. Cadernetas: Djilas, pp. 67-9, 147-8: Jdánov sobre nomes alemães, Voznessenski faz anotações também. Malenkov anota: "Eu odiava essa bajulação", Mikoian, p. 586. Banheiros: Djilas, p. 148. *KR* I, pp. 307, 320, 324: "Stálin mentindo", "Mesmo na infância ele bebia demais" Assentos: Berman, em *Oni*, pp. 235-7. Djilas, pp. 75-6, 108-9. Bebidas: preferência por champanhe — *MR*, p. 177. Mikoian, pp. 353-4. *KR* I, pp. 330-2. Berman, em *Oni*, p. 234. Svetlana, *Twenty letters*, p. 116; Stálin às vezes bêbado, cantando com o ministro da Saúde I. Smirnov; Béria incita a beber, Svetlana, *OOY*, pp. 332-3. Djilas, pp. 148, 155-7, parecendo conversa de Béria com Clark Kerr, ver Ialta. Sergo B, p. 168, não conseguia resistir à bebida, pp. 120-1. Ver também Troianovski, p. 156. *Kaganovitch*, p. 106. Djilas sobre Mólotov: praticamente bêbado, p. 77. Khruchióv bebia muito: *MR*, p. 177. Stiepan M., p. 71. Comida e cigarros: Stálin e suas próprias garrafas de vinho: ver Kárpov, *Rastrelyannye Marshaly*, sobre jantar de Kulik. Sobre Egnatachvili como Coelho, ver Brackman, p. 4; como general do MGB encarregado de logística / alimentos, ver Tcharkviani, pp. 5-7. Sobre teste da comida: Svetlana *OOY*, p. 334. Versão de Khruchióv da história: Béria, Malenkov e Mikoian subornam criadas, mas afirmam que foram traídos por Shcherbakov, *KR* I, p. 322.

5. Lago: Sergo B, p. 41. Svetlana *OOY*, pp. 332-3. *KR* I, p. 330-2. Rosas: Natália Poskrióbicheva. Aves: Chtemenko citado em Jonathan Lewis e Philip Whitehead, *Stalin: a time for judgement*, p. 157. Gottwald: Khrushchev, *Glasnost*, pp. 131-3; Rakosi: *KR* I, pp. 325, 330-2. S. Khruchióv, *Superpower*, p. 31. Júlia Khruchióva. Vôlia Malenkova. Comida: Mikoian, pp. 353-5, 529-33. Teste da comida antes de Stálin: *KR* I, p. 321. Comida / garçonete: Berman, em *Oni*, pp. 235-7. Djilas, pp. 75-7. Peso

de Malenkov e de Khruchióv: Sergo B, p. 140. *KR* I, pp. 318-20. Djilas, p. 77. Vegetarianismo de Béria: Marta Péchkova. Rybin, *Ryadom*, p. 88: P. Lozgatchiov — Béria, peixe e peras, também crianças pequenas. Acertando nos guardas: Rybin, *Kto Otravil Stalina*; Lozgatchiov, pp. 5-10, e *KR* I, p. 324. Rubin, *Oktyabre 1941*, V. Tukov, p. 47. *Rubin, Stalin i Zhukov*: lembranças de jardins, carneiro, estufa, S. Soloviov, pp. 42-4.

6. Mólotov e Mikoian ainda discutiam com Stálin: Mikoian e Khárkov: Khruchióv, *Glasnost*, pp. 60-2. Vorochílov: *MR*, pp. 224-5. Mikoian, Stálin sobre Svanidze, p. 359; cautela de Malenkov, p. 586. *KR* I, pp. 226-7 sobre Malinovski/Larin, p. 271, checando com Béria primeiro. Djilas, pp. 71, 76-7, 148-56. Tigre: Sergo B, pp. 120-1. Stálin sobre os mortos: calma de um historiador, Tcharkviani, p. 30. Desculpa ao marechal: Medviêdev, pp. 332-3. Charme: Berman, em *Oni*, p. 234; caia fora, Staszewski, p. 146. RGASPI 558.11.804.84-5, V. G. Solómin a Stálin, 16 de janeiro de 1947, e Stálin a Solómin, 5 de março de 1947. Histórias do exílio, em especial expedição congelante de caça; Béria "ele está mentindo": *KR* I, pp. 322-3, 330-3. Vlássik, p. 44, Tcharkviani, p. 22. Béria pisa no pé: Mikoian, p. 355. Mais ilustre dos magnatas, Vorochílov: Svetlana *OOY*, p. 346.

7. Guia para a sobrevivência: Mikoian, pp. 355, 564, 521, 563. Sergo B, p. 312. *KR* I, pp. 178, 277 (evitar olhos). Lozgatchiov citado em Radzinski, p. 553. RGASPI 558.11.732.42-5, B. Dvinski a Stálin, 23 de setembro de 1946. Gromyko, *Memoirs*, pp. 319-21. Bohlen, p. 255. RGASPI 588.2.156.31--41, Manuilski a Stálin, 28 de dezembro de 1948. S. Khruchióv, *Superpower*, p. 29. Woff sobre Ribalko, em *Stalin's generals*, p. 214. *KR* I, p. 218, p. ex. Khruchióv sobre Ieremenko, sobre Kulik e Pavlov, pp. 199-200; trigo de primavera, pp. 260-1, 335; checando com Béria, p. 271. Grampos: todos os líderes grampeados — Deriabin, pp. 43-4. Mólotov advertido por tchekistas: *MR*, p. 224. Voznessenski: Kovaliov, em Símonov, "Glazami", p. 58. Sudoplátov, p. 231.

8. Stálin provoca Mikoian, Sergo B, p. 140. Bricandeiras de Béria com tomates contra Mikoian e jogando seu chapéu nas árvores, Lozgatchiov, em Rubin, *Kto Otravil Stalina?*, p. 10. Mikoian *vs* Béria: *MR*, p. 233; Béria "não confiava em nenhum armênio, Mikoian, p. 582. Ossos de frango — Stiepan Mikoian. Mikoian vistoso: Svetlana *OOY*, p. 346. Mikoian, "ares elegantes": *KR* I, p. 406. Brincadeiras de mau gosto, tomates, sal ou vodca no vinho, principais vítimas Poskrióbichev e Mikoian: Svetlana *OOY*, pp. 332-42. Sergo B, p. 141. Lênin: Djilas, p. 161. *KR* II, p. 108. Gramofone, canto e dança: os georgianos, Tcharkviani, pp. 44-5. Berman, em *Oni*, pp. 235-7. Stálin dança: *KR* I, p. 309-11. Djilas, p. 161. K. Popovic, em Dedijer, *Tito speaks*, p. 283. Sergo B, p. 142. Svetlana: *KR* I, pp. 309-11. Líderes dançam: Bulgánin "sapateou"; Khruchióv dança *gopak*, ri dos ferrolhos e bebida, *KR* I, pp. 309-11, 322-4, 330-3. Bulgánin, em *Galina*, p. 48. Mólotov dança com Berman, em *Oni*, pp. 235-7. Stálin e Tito dançam: Hugh Thomas, *Armed truce: the beginnings of the Cold War 1945-6*, pp. 45-7. Churchill 5, p. 330. Sobre música: Stálin a Truman, em Gromyko, *Memoirs*, p. 113. Jdánov: Iúri Jdánov. Canções: *MR*, p. 189. Stálin joga tomates, ameaças, prisão ou lar? *KR* I, pp. 277-9. Mikoian, p. 573. Svetlana *OOY*, pp. 332-3. Histórias de Stálin contra Lênin: Sergo B, p. 135. Pentelho: W. Taubman, *Khrushchev, man and era*, p. 214.

47. A CHANCE DE MÓLOTOV (pp. 590-6)

1. "A guerra acabou comigo": Mgeladze, p. 125. *MR*, p. 190. *Kaganovitch*, pp. 52, 60. RGASPI 558.11.481.45, Stálin a Mólotov e Malenkov, 9 de outubro de 1945. RGASPI 82.2.1592.40-5, Mólotov a Polina, abril de 1945 em Nova York. RGASPI 82.2.1592.72, Mólotov a Polina, setembro de 1945?,

Londres. Sobre Coldstream: Harriman-Abel, p. 511. Sobre Stalin e Mólotov: Vladímir O. Petchátnov, "Os Aliados estão pressionando você para quebrar sua vontade...". Correspondência de Política Externa entre Stálin e Mólotov e outros membros do Politburo, setembro de 1945-dezembro de 1946, Working Paper 26, *Cold War International History Project*. Também: A. O. Tchubarian e V. O. Petchátnov, "Mólotov 'the Liberal': Stalin's 1945 Criticism of his Deputy", *Cold War History*, nº 1, agosto de 2000, pp. 129-40. Zubok, pp. 92-8. Véu de amizade: Overy, p. 283. Mikoian: RGASPI 558.11.732.42-50, Dvinski a Stálin: "Mikoian disse que estamos gastando demais em pão". Stálin a Jdánov, Voznessenki; Bulgánin, Patólitchiev, Dvinski e Khrúliov. Béria a Poskrióbichev, incluindo relatório de Serov a Béria. Mikoian, pp. 484, 493. RGASPI 558.11.765.107-9, Stálin a Mikoian. 22 e 25 de setembro de 1945.

48. JDÁNOV, O HERDEIRO E O TAPETE SANGRENTO DE ABAKÚMOV (pp. 597-604)

1. Sobre as denúncias de Vassíli: RGASPI 45.1.807, N. Sbitov a Stálin, 24 de março de 1948. Svetlana *OOY*, pp. 315-20; *Twenty letters*, pp. 221-9. *KR* I, p. 274. Pavlenko, "Razmysheniya', pp. 30--1. Expurgo dos vitoriosos: Erickson sobre Nóvikov, em *Stalin's generals*, p. 173. Vladímir Kárpov, "Rasprava Stalin nad Marchalom Jukovym", *Vestnik Protivovojuchnoi Oborony*, 7-8, 1992, pp. 69-72. Kostirtchenko, pp. 67-8. *Lesser Terror*, p. 179. Hahn, p. 35. Rubin, *Next to Stalin*, p. 69. *MR*, p. 209. Béria traidor: Kavtaradze, p. 74. Olhos de serpente: Golovánov, *MR*, p. 306. Béria "afastado", ressentido: Béria a Mikoian em 1952: Fui afastado há anos", em Sergo B, p. 242. Stálin sobre Béria e em jantar com Béria, Mgeladze, pp. 64-7, 100; sobre Béria, cachimbos, MVD, p. 168. Sabe demais: Mikoian, pp. 563-6. Marta Péchkova. Vlássik, p. 130. Abakúmov: Lesser Terror, pp. 115, 175-5. Abakúmov mostra independência de Béria: a 28 de abril de 1943, Abakúmov prendeu o chefe do Departamento de Polícia Secreta do NKGB, V. N. Iliin. Sudoplátov, p. 238. Malenkov *vs* Merkúlov: Sukhánov, *Memoirs*. Parrish, "Serov", p. 120. Parrish, "Yezhov", pp. 81, 98. Sudoplátov, p. 238. Abakúmov vs Béria: Merkúlov citado em *Beria*, p. 140. Abakúmov e Stálin reúnem provas sobre a vida sexual de Béria: *Vlast*, 2000, nº 22, p. 44. Kuznietsov; "Abakúmov", pp. 149-65. *Lesser Terror*, pp. 251-2, L. N. Smírov citado sobre "carreirista zoológico". Leopold Trepper, em Thomas, *Armed truce*, p. 63. Jazz e Eddie Rosner: programa da BBC2 sobre Storyville. Abakúmov e Svetlana: Vóronov, Memórias de N. V Vóronov; *VIJ*, 6 de junho de 1994, pp. 61-2. Sudoplátov, p. 310: Vassíli e Abakúmov. Fuzilamento de Nóvikov: Sudoplátov, p. 310. Malenkov: Hahn, p. 44. N. S. Patólitchiev, *Ispytanie na zrelost*, pp. 280-4. Perda da dacha: Igor Malenkov e Vôlia Malenkova. Prisão em casa: Andrei Malenkov, *O moem otse Georgie Malenkove*, p. 53. Bomba de Béria em dezembro: Holloway, p. 182. Sergo B, p. 160. Stálin zomba da ajuda de Béria a Malenkov: Sergo B, p. 188. Resolução do PB sobre reorganização do MGB, 4 de maio de 1946, em *PB/Sovmin*, pp. 207-20.

2. Retorno de Jdánov. Perfeito: RGASPI 558.11.732.1, Stálin a Jdánov, 19 de setembro de 1946. Feliz Dia da Revolução: RGASPI 558.11.732.129, família de Jdánov a Stálin, 6 de novembro de 1947. Carta de Jdánov a Stálin, 5 de janeiro de 1947 em *PB/Sovmin*, p. 398. Béria sobre pretensões de Jdánov, Sergo B, p. 160. Você leu aquele livro novo? — Stálin a Jdánov, de acordo com o auxiliar de Jdánov, A. Beliakov, citado em Rubin, *Oktyabr 1941*, p. 51. "O mais intelectual": Svetlana *OOY*, pp. 336-8. Richardson, *Long shadow*, p. 210. Zubok, pp. 116-8, 120-4, 308. Jukka Nevakivi (ed.), *Finnish--Soviet relations 1944-1948*, pp. 73, 52, 77, 79; Magill, p. 77. Ódio entre Béria/Malenkov e Jdánov/Kuznietsov: Mikoian, pp. 563-5. Entrevistas: Vôlia e Igor Malenkov; Iúri Jdánov; Stiepan e Sergo

Mikoian. Hahn, pp. 22-33, 35-9, 61 — por exemplo, a 20 de setembro de 1946, Jdánov assinou um decreto de colcós como secretário, Stálin como premiê. Iúri Jdánov confirmou esse arranjo temporário. Curvando-se para Jdánov: Dedijer, *Tito speaks*, p. 307, memórias do embaixador iugoslavo Vladímir Popovic. Príncipe herdeiro: C. L. Sulzberger, citado em Raanan, pp. 132-3. Capa da revista *Time*, 9 de dezembro de 1946. Sobre Leningrado *vs* Stalingrado: Jdánov a Maxwell M. Hamilton, representante dos EUA na Finlândia, 13 de março de 1945, em Raanan, p. 133. Jdánov citando "O Rei" de Schiller: Yves Delbars, *The real Stalin*, p. 400, citado em Raanan, p. 133. Mikoian, pp. 563-5. (Béria desistiu do MVD em 1946 para Kruglov a 15 de janeiro: ver *PB/Sovmin*.) Patolitchev, pp. 279--84, 113. Ascensão de Jdánov nas listas do PB, citado em Bedell Smith, p. 60. *Lesser Terror*, p. 168. Desfile de novembro de 1946: Raanan, p. 25. Sergo B, p. 354. Sukhánov: Jdánov presidiu o Secretariado e o Orgburo depois da demissão de Malenkov. Sobre o exílio de Malenkov: Igor Malenkov; Vôlia Malenkova. Votos conjuntos de Béria e Malenkov em 6 de novembro de 1947: RGASPI 558.11.762. 14, Béria e Malenkov a Stálin, 6 de novembro de 1947. Sobre Kuznietsov como *curador* do MGB: RGASPI 17.3.1066.47, resolução do PB sobre supervisão do MGB, 17 de setembro de 1947, *PB/Sovmin*, p. 51. Yoram Gorlizki, *Stalin's Cabinet: the Politburo and decision-making in the postwar years*, em Christopher Read, *The Stalin years: a reader*, pp. 192-5.

49. O ECLIPSE DE JÚKOV E OS SAQUEADORES DA EUROPA (pp. 605-19)

1. Jdánovschina/antissemitismo: A. A. Jdánov, "Doklad Jdánova o zhurnalask Zvezda i Leningrad", *Bolshevik* nºs 17-8, setembro de 1946, pp. 4-5. Iúri Jdánov: "Ele estava citando a poesia dela" Zubok, pp. 115, 120-4, 308. RGASPI 558.11.732.1-18, Jdánov a Stálin e Stálin a Jdánov, 14 e 19 de setembro de 1946. Ver também: RGASPI 558.11.732.55, Jdánov a Stálin e relatório de Stálin "Bom relatório", 4 de novembro de 1946. RGASPI 558.11.806.104, Símonov a Poskrióbichev, 9 de fevereiro de 1949. Símonov, "Glazami", pp. 52-61. A 5 de junho, Jdánov presidiu este tribunal de honra e mandou a Stálin seu discurso: "Concordo", aprovou Stálin. RGASPI 558.11.732.87-8, Jdánov a Stálin, 29 de maio de 1947. Kostirtchenko, pp. 71-2. Sákharov, p. 123. Judeus, Mikhoels, Crimeia: *MR*, pp. 191-2. RGASPI 82.2.1012.21-52, relatório de Súslov sobre CAJ, Súslov e E. Alexândrov a Mólotov e A. A. Kuznietsov, 20 de novembro de 1946. Kostirtchenko: antissemitismo no *apparat* do CC, pp. 22-7: a demissão do general David Ortenberg, pp. 35-7, 51-61. Rubenstein e Naúmov, *Pogrom*, pp. 14-23. Mikhoels: Ehrenburg, *Postwar years*, p. 124. Sudoplátov, p. 290. Rei Lear, Medviêdev, p. 483. RGASPI 82.2.1012-20, Mikhoels e Epchtein a Mólotov cc Malenkov, Mikoian e Voznessenski, 18 de maio de 1944, Mólotov a Béria cc Malenkov, Mikoian, Voznessenski, 20 de maio de 1944. Béria a Mólotov, Mólotov a Khruchióv e Khruchióv a Mólotov. Sergo Béria sustenta que Stálin chamou Béria de "Himmler" para desacreditá-lo porque suspeitava que Béria estava estabelecendo laços com interesses judeus, Sergo B, pp. 110-3. *Beria*, pp. 146-9. Poema de Fefer: Kostirtchenko, p. 41. RGASPI 17.125.246. Mikoian, p. 497. Stálin a FDR: Bohlen, pp. 173-96, 203. Stálin ataca condutor Golovánov como antissemita: Grómov, p. 348. Birojidão: Rubenstein e Naúmov, *Pogrom*, pp. 34 e 511; pp. 258--9 para testemunho de Lozovski de Mólotov e projeto da Crimeia. *Lesser Terror*, p. 202, cita *The long return*, de Esther Markish, p. 236. Sudoplátov, pp. 290-1. Zubok, pp. 123-5. Listas de judeus: Jdánov recebe listas de número de judeus de Kosíguin no Ministério das Finanças a 29 de maio de 1948: 15,5% eram judeus, *PB/Sovmin*, pp. 264-5.

2. Caso Júkov. Alanbrooke, pp. 605, 660. Stálin e Júkov: Nina Budiony. *Kaganovitch*, pp. 150,

101. *Beria*, p. 129. Mikoian (sobre casos Júkov/Kulik), pp. 184, 557. Parrish, "Serov", p. 119. *VIJ*, 2, 1993, p. 27. Chtemenko, *Generalnyi Chtab*, v. 2. pp. 18-21. Pavlenko, *Razmyshleniya*, pp. 30-1. G. K. Júkov, "Korotko o Staline", *Pravda*, 20 de janeiro de 1989, p. 3. Budiony, *Anotações*, p. 41. RGASPI 82.2.896,126, Malenkov a Mólotov sobre julgamento de Kuznietsov, Galler, 8 de abril de 1948. RGASPI 82.2.896.129, S. Dukelski a Mólotov e Jdánov, sobre pedido de Stálin, referente trabalho de agentes do inimigo no Estado-Maior; 22 de março de 1948. Kóniev, *Zapiski*, pp. 594-7. Kárpov, "Razprava Stalin", pp. 69-72. Livro de Berlim: Símonov, *Zametki*, pp. 49-50. Spahr, pp. 205-8. Volkogónov, *Rise and fall*, p. 116. RGASPI 558.11.712.142, Stálin promove Bulgánin a marechal, 3 de novembro de 1947. Procure e veja: N. N. Iákovlev, *Zhukov*, pp. 427-8. "Como um museu": *Voennyi Arkhiv Rossii*, nº 1 (1993), p. 189, Abakúmov a Stálin, 10 de janeiro de 1948.

3. Elite imperial: *VIJ* 6, 1994. *Lesser Terror*, p. 185. *Voennyi Arkhiv Rossii*, nº 1, 1993, p. 189, Abakúmov a Stálin, 10 de janeiro de 1948. Camarada Stálin não pode suportar: Djilas, p. 170. Saque de Vassíli: Svetlana *OOY*, pp. 320-1. Sobre saques oficiais: RGASPI 82.2.907.32, Abakúmov a Mólotov, 2 de março de 1948. Sistema de tributos dos saques: Kópeliev, pp. 63-4. A. Vaksberg, "Delo marchala Júkova: nerazorvavshayasya bomba", *Literaturnaya Gazeta*, nº 32, 5 de agosto de 1992, p. 12. Sobre corrupção, Golovánov e Serov, ver Medviêdev, *Neiznestnyi Stalin*, capítulo "Arquivo pessoal de Stálin". Stálin conta histórias sobre luxo de generais: Kavtaradze, p. 35. Confissões do caso Vlássik: GARF 7523.107.127.1-6, Vlássik pede perdão, 18 de maio de 1953. Ver também *VIJ*, 12, 1989, pp. 85-92. Vlássik, p. 130: guardas de Béria. Abakúmov denunciado por corrupção: Serov a Stálin, 4 de maio de 1948, *Svobodnaia musl*, nº 11, novembro de 1997, p. 115. Também: *Voennyi Arkhiv Rossii*, 1993, e *VIJ*, 6, 1994. Parrish, "Serov", p. 121. Kuznietsov, "Abakúmov", pp. 149-65. *Lesser Terror*, pp. 251-2. *VIJ*, 12, 1989. Sarkíssov trai Béria a Abakúmov: *Vlast*, 2000, nº 22, p. 44. Magnatas: luxo, Svetlana *OOY*, pp. 45-62. Nina Budiony. Marta Péchkova. Vassílieva, *Kremlin wives*, p. 186. Vassíli e butim de Ekaterina Timochenko: Svetlana *OOY*, p. 320; discursos, p. 326. A. Brot, chofer, citado em Radzinski, p. 526. Svetlana *OOY*, p. 346, e Svetlana, *Twenty letters*, p. 197. Zoos: S. Khruchióv, *Superpower*, pp. 8-40. Dachas de Stálin, Sosnovka, Crimeia: RGASPI 74.1.429.65, Ekaterina Vorochílova, 21 de junho de 1954. Stálin encomenda Livadia e Alupka para magnatas: GARF 9401.2.93.319, Stálin e Tchaadáiev a Béria, 27 de fevereiro de 1945. S. Khruchióv; *Superpower*, pp. 38-40. Pinturas a óleo como sinais de posição social: Sákharov, p. 93. Voos especiais, camarote no Bolchoi: Sergo Mikoian. Stiepan Mikoian. Stiepan M, pp. 134-5. Sobre guarda-costas: Joseph Minervin; Júlia Khruchióva. Svetlana *OOY*, pp. 357, 346. Igor Malenkov. Basquete entre famílias Kaganóvitch e Béria: Joseph Minervin e Marta Péchkova. Vestidos: pagando por vestidos e intervenção de Stálin: Sergo Mikoian. Stiepan Mikoian. Júlia Khruchióva. Svetlana *OOY*, pp. 346. *Kremlin wives*, p. 186. Polina e Svetlana Mólotov: *Kremlin wives*, pp. 130-1. Em Carlsbad: Jdánova e Nina Béria, Sergo B, p. 160. Carros de Stálin: D. Babitchenko e M. Sidorov, "Nevelika Pobeda", *Itogi* nº 31 (269), 2001, p. 42. As famílias dos líderes mortos também ganhavam seus carros de Stálin: a viúva de Ordjonikidze ganhou um Ford 8 e a viúva de Felix Dzerjinski, o fundador da Tcheka, ganhou um Pobeda. Sofia Dzerjinski escreveu para agradecer a Stálin pessoalmente por seu Pobeda e chofer, RGASPI 558.11.726.57, 59, 60, Sofia Dzerjinski a Stálin para denunciar camarada Varsky do PC polonês, 1º de janeiro de 1935; para agradecer a Stálin por ajudar seu filho a entrar na academia militar, 2 de março de 1935; por carro, 31 de dezembro de 1947. GARF 7523.65.208.1-24, camaradas Chvernik e Chkiriatov a Stálin e assinado por Stálin, Tchaadáiev, Sovmin, 10-1 de maio de 1945. GARF 7523.65.208, 23-29, Stálin/Tchaadáiev — pensões para Vera Shcherbakova e seu agradecimento a Stálin. Salários: ver *PB/Sovmin*, pp. 401-2. T. Okunevskaia, *Tatianin den*, p. 227.

4. Vassíli: RGASPI 45.1.807.85-92, N. Sbitov a Stálin, 24 de março de 1948: "perto do povo soviético". Artiom Serguéiev. Nadejda Vlássika. Procura por Nádia em Kapotilina: Svetlana *RR*. Stiepan M., p. 125. Svetlana, *Twenty letters*, pp. 221-9, *OOY*, p. 320. Mau tratamento de Galina por Vassíli, medo dela de não ver os filhos, corta Redens na prisão de sua mãe e depois é gentil com ele: Leonid Redens. Bombardeio de Tiflis: Tcharkviani, pp. 55-7. Ajudante Polianski sobre bebida, mulheres e reserva de veados; B. Voitekhov sobre sedução da esposa; major A. Kapelkin sobre tortura — tudo em Radzinski, pp. 525-8. *Vassili*, pp. 156-60. Também: entrevista de Zurab Karumidze com seu sogro, Gaioz Djejelava, Treinador de futebol de Vassíli Stálin 1949-52, era inestimável. Béria e o futebol: Sudoplátov, p. 103.

5. Kalínin. Jantar de Tito: Djilas, p. 102. Mgeladze: Stálin telefona sobre Kalínin, p. 42. Ternura de Stálin, funeral: Rubin, *Kto Otravil Stalina?*, pp. 37-9. RGASPI 558.11.753.19-20, Kalínin a Stálin, 8 de junho de 1944. GARF 7523.64.683.1-6, Stálin, Malenkov, Jdánov, Chkiriatov, Presidium Supremo Soviético, 11 de junho de 1945. Merkúlov a Chvernik, 24 de maio de 1945. Kalínina a Chvernik, 12 de maio de 1945. Merkúlov a Poskrióbichev e Stálin a Gorkin, secretário do Presidium Supremo Soviético, s.d. Kalínina a Stálin, 9 de maio de 1945. RGASPI 558.11.753.22-9, M. Kalínin a Stálin, 24 de junho de 1946. Stálin honrou esses pedidos, dando também a sua nora 25 mil rublos, GARF 7523.65.164.

6. Stálin *vs* Mólotov, Mikoian, fome: *MR*, pp. 191-2. Mikoian, p. 497. Rubenstein e Naúmov, *Pogrom*, pp. 18-23; p. 259 para testemunho de Lozovski de Mólotov e o projeto da Crimeia. Kostirtchenko, pp. 35-7. *Lesser Terror*, p. 202. Diplomacia: Mólotov, Stálin, Polina: RGASPI 82.2.1592, 19-20, Mólotov a Polina, 8 de julho de 1946, Paris. RGASPI 82.2.1592.30-1, Mólotov a Polina, 28 de agosto de 1946. Férias de Stálin em 1946: RGASPI 558.11.1481.49: 8 de setembro a 21 de dezembro. Jantar monótono de Béria: Mgeladze, pp. 63-5. Ver também: Petchátnov, pp. 17-24. Zubok, pp. 91--103. Mikoian/fome: RGASPI 558.11.731.120, Mikoian a Stálin e Stálin a Jdánov, Mikoian, Kosíguin e Béria, 15 de setembro de 1946. Fome: *KR* I, p. 249; 2, p. 112. RGASPI 558.11.732.42-54, Serov a Béria, Béria a Stálin, Stálin a Voznessenski, Jdánov e Patólitchiev, 15 de outubro de 1946. RGASPI 558.11.765.113, Mikoian a Stálin. RGASPI 558.11.156.47, Stálin a Béria, 12 de setembro de 1946. RGASPI 558.11.765.116-8, Dvinski a Stálin, 22 de setembro de 1946. Stálin mandou o ministro do Controle do Estado, Mekhlis, controlar Mikoian. Khruchióv e fome, estatísticas: Chapoval, em Taubman, pp. 33-4. Kaganóvitch à Ucrânia: Resolução do PB sobre mudanças na liderança ucraniana, 27 de fevereiro de 1947, em PB/*Sovmin*, p. 46. Taubman, *Khrushchev, man and era*, pp. 203-5. Svetlana *OOY*, p. 353.

50. "OS SIONISTAS ENGANARAM VOCÊ!" (pp. 620-4)

1. Plano Marshall/Crimeia judaica: Zubok, pp. 105-7: Empréstimo e Arrendamento sem restrições, p. 104. Raanan p. 81: Jdánov pró-árabe. Khruchióv sobre Crimeia/judeus: Stiepan Staszewski, em *Oni*, pp. 170-2. RGASPI 82.2.1012.21-52, Mikhoels e Epchtein Fefer; relatório de Súslov (24-38); Súslov e F. Alexândrov a Mólotov e A. A. Kuznietsov, 20 de novembro de 1946 (46-51); Mikhoels e Fefer a Mólotov (p. 52), 16 de abril de 1947; Abakúmov a Mólotov cc Stálin, Mólotov, Jdánov e Kuznietsov, 26 de março de 1948. Rubenstein e Naúmov, *Pogrom*, pp. 19-40. Kostirtchenko, pp. 51-60. Vladímir Redens. "Diga-me, por que há tantos judeus em sua organização?" Leopold

Trepper, citado em *Lesser Terror*, p. 175. Sudoplátov, p. 291. *Lesser Terror*, p. 210, Abakúmov prendeu o general I. F. Dachíchev por antissemitismo em julho de 1942.

2. Svetlana *OOY*, pp. 139-41, 319. Morózov assume ares, judeus na família: Vladímir Allilúiev (Redens). "Insinuando-se para entrar na família": Svetlana, citada em Rubenstein e Naúmov, *Pogrom*, p. 35. Entrevista com Vôlia Malenkova. Exemplo de pedidos de favores a Svetlana: Iúri Soloviov pediu-lhe para descobrir por que ele fora expulso do Instituto de Relações Exteriores e ela arranjou um encontro com o vice-ministro Dekanózov. Svetlana *RR*: "Sendo quem eu sou, ninguém me larga". Vassíli ajudou amigos: Svetlana *OOY*, p. 320. Kostirtchenko, pp. 79-85. Svetlana *RR*. O pai de Morózov foi logo preso. "Stálin nunca me pediu para me divorciar": Svetlana, *Twenty letters*, p. 196. Sergo Béria confirma que Svetlana queria o divórcio — Sergo B, p. 152. Se ela não se divorciar, espião americano, Mikoian, p. 362. Vaksberg, *Stalin against the Jews*, pp. 155-7. "Luta francesa": GARF 8131.32.3289.117, Ivánov sobre métodos de Vlodzirmirski, Rodos, Komarov e Chvartsman. GARF 8131.32.3289.181, Komarov ao professor Iudin, citado em Rudenko no julgamento de Béria. Mais tarde, ele se jactou de sua crueldade bestial e do ódio de suas vítimas judias. Carta de Komarov a Stálin: Kostirtchenko, pp. 123-4. Rubenstein e Naúmov, *Pogrom*, p. 281: Komarov a Lozovski; p. 288. Vladímir Allilúiev: "Jênia matou...?". Rubenstein e Naúmov, *Pogrom*, p. 40. Investigador G. Sorokin: testemunho sobre *Instantsiia* em *Stalin against Jews*, p. 156. "Fique quieta", diz Vlássik, Svetlana na cadeia também, Olga sabe: Kira Allilúieva. "Nada aconteceu sem que ele não soubesse". Leonid Redens: Svetlana e Vassíli cortam relações. Iúri Jdánov. Mikoian, pp. 362-3: Stálin sobre casamentos de Svetlana. Stiepan M., p. 145. Intérprete: Oleg Troianovski: "Você está maluco?": Iúri Soloviov. RGASPI 558.11.1481.51, férias de Stálin em 1947, 16 de julho a 21 de novembro.

51. UM VELHO SOLITÁRIO EM FÉRIAS (pp. 625-35)

1. Casas: baseado em visitas do autor a Kholodnaia Retchka, lago Ritsa, Nova Athos, palácio Likani, palácio Livadia, datcha de Sukhumi etc., 2002. Ícone de Lênin: Orlov, em Rubin, *Ryadom*, p. 91. Viagem rodoviária de 1947: Vlássik, pp. 35-40. Incomodado com abrigos nas rochas em Khárkov e Váletchka: Svetlana, *Twenty letters*, p. 197. Conversas com crianças à beira-mar: Mgeladze, p. 87; saudades da Geórgia, p. 82; J. B. Priestley e velho camponês de 150 anos, p. 68: horário de leitura, p. 113; jardinagem, rosas, mimosa, pp. 53, 96, 142; cantando "Suliko" com Vlássik e Poskrióbichev, p. 128. Livros: RGASPI 558.11.786.131, Stálin a Poskrióbichev. Iúri Jdánov. Marta Péchkova. Palácio Livadia 1948: Vlássik, p. 44. Sobre Miron Merjánov: Marta Péchkova, Também: Vassílieva, *Deti Kremlya*, p. 287. Jantares: KR I, pp. 325-8. Filmes: Svetlana, *Twenty letters*, p. 198. Governo georgiano sob chamada permanente: Tcharkviani, pp. 1, 34, 45, 53; Mgeladze, pp. 53, 95-7, 128, 142 etc. Entrevistas com: Aliocha Mirtchkulava. Eka Rapava; Nádia Dekanózova; Nina Rukhadze. Roupa íntima e dormir no sofá: Tcharkviani, pp. 34-7. Iúri Jdánov. Marta Péchkova. Poskrióbichev como comandante em chefe: Mgeladze, pp. 72-5, 82; mapa: pp. 78-9; encontro com estudantes, p. 87; corrida à datcha, p. 146; brindes, pp. 80-1. Canções: Tcharkviani, pp. 54, 64-6; Mgeladze, pp. 129-30. Gentileza com Artiom Mikoian: Mikoian, p. 564. Humores de Stálin: Tcharkviani, pp. 38-45. Promovendo as pazes entre Khruchióv e Kaganóvitch: entrevista com Oleg Troianovski. Também Troianovski, pp. 148, 156-64.

2. Svetlana parte: Tcharkviani, p. 58. Este relato da fundação do Cominform baseia-se em

Zubok, pp. 132-4, 110, 130-4, 136, bem como na correspondência Jdánov/Stálin em RGASPI, p. ex. 558.11.731.19, Jdánov a Stálin e Stálin a Jdánov; RGASPI 77.3. Também: Mólotov *vs* Jdánov: Nikolai Krementsov, *Stalinist science*, pp. 155-7. Holloway, p. 254. Jakob Herman, em *Oni*, pp. 281-2. Raanan, p. 101. Dedijer, *Tito speaks*, pp. 303-6. RGASPI 558.11.762.14, Béria e Malenkov a Stálin, 6 de novembro de 1947. Iúri Jdánov. Sobre a estada de Rada com os Malenkov: Igor Malenkov. Vôlia Malenkova. Júlia Khruchióva: Svetlana, *Twenty letters*, p. 198. Malenkov para Béria, "um fraco... um bode": *KR* I, pp. 336. Doença de Jdánov e pedido do professor Iegórov para que Stálin estendesse suas férias até 2 de dezembro de 1947: *PB/Sovmin*, p. 269, n. l.

3. Sergo B, p. 158. Golovánov, em *MR*, p, 303. Iúri Jdánov. Oleg Troianovski. Também Troianovski, pp. 148, 156-64.

52. DUAS MORTES ESTRANHAS (pp. 636-45)

1. Sobre ordens verbais aos assassinos da *Instántsiia*: Victor Levachov, *Mikhoels: Ubiystvo Mikhoelsa*, pp. 464-74. Kostirtchenko, pp. 90-1. Svetlana *OOY*, pp. 140-1. Cara quebrada: poema de Perets Markish, em Kostirtchenko, p. 95. Maquilagem: Ehrenburg, *Postwar*, pp. 124-5. Mólotova: Kostirtchenko, p. 97. *Kaganovitch*, em Vaksberg, *Stalin against Jews*, pp. 171, 168-79. Sentenças dos Allilúiev: Kostirtchenko, p. 98. Você também é antissemita: Djilas, pp. 154, 170. O corpo: Zbarsky e Hutchinson, pp. 158-9. Rubenstein e Naúmov, *Pogrom*, pp. 40-6, 397, testemunho de Benjamin Zuskin. Ogóltsov, ministro-adjunto de Abakúmov e Lavrenti Tsanava, ministro da Segurança do Estado da Bielo-Rússia, foram encarregados da operação por ordens da *Instántsiia*. Testemunho de Abakúmov: *Argumenty i Fakty*, nº 19, 1992. Testemunho de Abakúmov citado em carta de L. P. Béria a G. M. Malenkov, 2 de abril de 1953. Testemunho e biografia de Tsanava: GARF 7523.85.236.4-5 e 17-23, apelo de L. F. Tsanava ao presidente Vorochílov, 5 de julho de 1953 e interrogatórios. "Uma besta" — Kiril Mazurov, membro do PB no governo Bréjnev, Elena Durden-Smith. Parrish, "Serov", p. 124. A agulha: Sudoplátov, p. 297. A bala: Zbarsky e Hutchinson, p. 158. O machado enrolado numa toalha: Brackman, p. 373, baseado em entrevista com Vassíli Rudich, que relatou o testemunho de Olga Chatunovskaia citando Malenkov.

2. RGASPI 558.11.732.130, Poskrióbichev manda para Stálin relatório do Politburo francês trazido por Djilas a Moscou e anotação de Stálin, 27 de fevereiro de 1948. Saúde de Jdánov: Djilas, p. 149. Sopa: Bedell Smith, pp. 65 e 218. Zubok, pp. 134-5, 194-7. Kostirtchenko, p. 265. Raanan, pp. 135-7, 43. Holloway, pp. 259-60. Dedijer, *Tito speaks*, pp. 319-70. Dedo mínimo: Khrushchev, *Secret speech*, *KR* I, p. 624. *MR*, p. 233.

3. Jdánov bebe/humor de Stálin: Svetlana *OOY*, pp. 332, 359-62, 380. *KR* I, p. 305. Entrevista com Iúri Jdánov. Iúri A. Jdánov, "Vo Mgle Protivorechiy", em *Voprosy Filosofii*, nº 7, 1993, pp. 65-92. Chepílov, "Vospominaniya", *Voprosy Istorii*, nºs 3, 4, 56 (1998); v. 6, pp. 9-11. Soyfer, *Lysenko*, pp. 165-72, e entrevista com Chepílov, pp. 178-9. Alexei Kojevnikov, *Games of stalinist democracy. Ideological discussions in Soviet sciences 1947-1952*, em Sheila Fizpatrick (ed.), *Stalinism: new directions*, pp. 145-50, 154-160. Hahn, pp. 98-104. Jores Medviêdev, *The rise and fall of Lysenko*, pp. 112-28. Svetlana *RR*. Medviêdev, p. 115. "Meu Iurotchka é o melhor": Gulia Djugachvili, *Ded, otets, Ma i Drugie*, p. 60. Comentários de Stálin sobre palestra de Jdánov: RGASPI 17.125.620.2-45, anotações de A. A. Jdánov RGASPI 77.1.180. *Pravda*, 7 de agosto de 1948. Holloway, pp. 259-60. Krementsov, *Stalinist*

science, pp. 153-67. Crise de Berlim: Zubok, pp. 51-3. Victor Gorborev, "Soviet military plans and actions during the first Berlin crisis", *Slavic Military Studies*, v. 10, nº 3, setembro de 1997, pp. 1-23.

4. Raanan pp. 135-7, 143. Zubok, pp. 134-7, 194-7. Holloway, pp. 259-60. Dedijer, *Tito speaks*, pp. 319-70. Khruchióv, *Glasnost*, pp. 102-3. Djilas, pp. 151-3, 181. Sergo B, pp. 144-5 — a evolução do culto louco à percepção.

5. Iúri Jdánov. Voznessenski e Kuznietsov nomeados sucessores/doença de Jdánov leva ao retorno de Malenkov, Mikoian, p. 565. Sobre nomeação de secretários, Malenkov e Ponamarenko, 1º de julho de 1948, em *PB/Sovmin*, p. 58. Também: Stálin conta a Malenkov que "Jdánov está muito doente e Stálin propôs designar um jovem das regiões", Ponamarenko a Kumániev, citado em *PB/ Sovmin*, pp. 58-9. Relatório altamente secreto sobre a saúde de C. Jdánov, secretário do CC, professor Iegórov a Stálin, 5 de julho de 1948, em *PB/ Sovmin*, p. 268. As doenças de Andréiev e depois de Mekhlis levaram à aposentadoria deles sem caírem em desgraça. Kostirtchenko, pp. 265--7. Morte natural: Deriabin, p. 106: o general Boris Sákharov, guarda-costas de Jdánov, insistiu que a morte foi natural. Lídia Timachuk: "Tsel byla spasti jijn bolnovo, Pisma Lidii Timachuk", *Istotchnik*, nº 1, 1997 pp. 3-17. "Não acho que vou ficar longe": Chepílov, "Vospominaniia", pp. 9-11. Ehrenburg, *Postwar years*, p. 44. Trazer de volta o corpo: Poskriòbichev ordena a Voznessenski e A. A. Kuznietsov, Vaksberg, *Stalin against the Jews*, pp. 262-3. Ceia do funeral e Mólotov manda os guardas impedir a jardinagem de Stálin: Rubin, *Ryadom*, p. 51. Primeira carta de Timachuk e reação de Stálin: Sudoplátov, p. 298. Ver também *Timewatch* da BBC2 sobre o caso Leningrado que cita o professor americano de cardiologia William McKinnon dizendo que o tratamento errado foi "deliberado". Último argumento a favor do mau tratamento deliberado; Abakúmov a Stálin, 30 de agosto de 1948; ideias sobre Dmitrov, J. Brent e V P. Naúmov, *Stalin's last crime*, pp. 13, 18-21, 26-7, 48-9, 107-9, 164, 168.

6. RGASPI 558.11.481.51, férias de Stálin em 1948: 8 de setembro-2 de dezembro. Poskriòbichev acusa Mikoian, p. 535; sucessores: pp. 656-6: Kuznietsov (mau serviço), Mólotov (pessoa óbvia).

53. A PRISÃO DA SENHORA MÓLOTOV (pp. 649-55)

1. Stálin *vs* Mólotov: Golda Meir, *My life*, citado em Vaksberg, *Stalin against Jews*, pp. 188-91. On Carp/Karp: Davies, *Mission to Moscow*, 5 de junho de 1938, p. 224. Vorochílova: Vassílieva, *Kremlin wives*, p. 236. Kostirtchenko, pp. 104, 112, 116, 117, 121-2. Rubenstein e Naúmov, *Pogrom*, pp. 46-7: contaminada, Svetlana, p. 42. Jantar de Stálin no Sul: Tcharkviani, pp. 45, 55; sobre Egnatachvili, pp. 5-7. GARF 8131.32.3289.144, Rudenko sobre Abakúmov/Béria/caso Polina. Vaksberg, p. 189. *MR*, vagão de trem, p. 325. *Kaganovitch*: ópera, pp. 150-1. Polina demitida: Kostirtchenko, p. 120. Como salvar a família: entrevista com Viatcheslav Nikonov. Svetlana *RR*. "Má influência" de Polina sobre Nádia, Svetlana, *Twenty letters*, p. 202. Prisão de Lozovski, Kostirtchenko, pp. 36-9. Casamento de Vôlia Malenkova: entrevista com Vôlia Malenkova. Entrevista com Chamberg, Rubenstein e Naúmov, *Pogrom*, 44-5. (O divórcio de Malenkova foi em janeiro de 1949, de acordo com Naúmov; em 1947, segundo Vôlia Malenkova.) Mikhail Chamberg designado vice-chefe do Conselho Regional de Kostrama — Kostirtchenko, p. 118. Júlia Khruchióva. Igor Malenkov também afirmou: "Não havia motivo político para o divórcio. Era impossível influenciar Vôlia. Ela estava infeliz, seu amor havia acabado". 110 prisões: Kostirtchenko, pp. 116-8. Tortura de Komarov, em Kostyrchenko, pp. 124-5. Rubenstein e Naúmov, *Pogrom*, pp. 45-6, 325; esposas judias, Koma-

rov a Lozovski, pp. 282-3. GARF 8131.32.3289.144-7, Rudenko sobre Abakúmov/Béria/caso Polina. *KR* I, pp. 280, 313: Stálin mandou Malenkova se divorciar de Chamberg. Esposa de Fadéiev, Valéria Guerassimova, citado em *Stalin against Jews*, p. 189. Casaco de pele de Polina: Larissa Alexevna, em Vassílieva, *Kremlin wives*, p. 147. Irmã e irmão morrem: Viatcheslav Níkonov. Svetlana Mólotova mais bem vestida, Svetlana *OOY*, p. 351. Sergo B, pp. 169-70; ninguém que o contradissesse mantinha a esposa, p. 148; Malenkov nega antissemitismo, p. 161; Resolução do PB sobre exclusão de Jemtchújina do Partido, 29 de dezembro de 1948, e carta de Mólotov admitindo voto errado sobre P. S. Jemtchújina, em *PB/Sovmin*, pp. 312-3.

2. Caso Mólotov: Komarov, em Kostirtchenko, pp. 124-5. Sua puta velha: Rubenstein e Naúmov, *Pogrom*, p. 52. *MR*, pp. 322-6. Não na sinagoga; sem relação íntima, telefone para meu marido, quatro eternidades: Vassílieva, *Kremlin wives*, pp. 141-3, 149. Muitos acharam que ela fora fuzilada: *KR* I, p. 280. Kulaks: Viatcheslav Níkonov. Mólotov: RGASPI 558.11.762.15, Stálin a Voznessenski, Béria, Malenkov, 9 de abril de 1948. RGASPI 82.2.906.22-3, 24-7, vice-ministro do MGB Ogóltsov a Mólotov sobre Vano Ivánovitch Mikoian e "filhos de A. I. Mikoian". Vorochílov: *MR*, p. 225. Vorochílov, Stalin e tempo: GARF P5446.54.31.148, Vorochílov a Stálin, 23 de agosto de 1946. Mao, Mikoian: Serguei N. Gontcharov, John W. Lewis e Xue Litai, *Uncertain partners: Stalin, Mao and the Korean War*, pp. 38-40. Mikoian pp. 528-9. Stiepan M., pp. 136-40. Entrevista com Stiepan M. Zubok, pp. 57-9.

54. ASSASSINATO E CASAMENTO (pp. 656-67)

1. Caso de Leningrado: Resolução do PB sobre remoção de A. A. Kuznietsov, M. I. Rodionov e P. S. Popkov, 15 de fevereiro de 1949, *PB/Sovmin*, pp. 66-7; Resolução do PB sobre expulsão de Voznessenski do PB, 7 de março de 1949, p. 69. Arrogância de Voznessenski, Mikoian, pp. 559-60, 564-8. Ucranianos não são um povo, p. 559. Afável em casa: Sergo Mikoian. Integridade: Símonov cita Stálin a Kovaliov, "Glazami", p. 58. Pessoa mais esperta depois de Stálin: Tchaadáiev, em Kumániev (ed.), p. 426. Aprovação de Stálin da questão dos alimentos de Voznessenski e respostas: RGASPI 558.11.731.126-34, Stálin a Jdánov, Patólitchiev, Béria e Kosíguin, setembro de 1946. Béria *vs* Voznessenski, *MR*, pp. 292-4. Sergo B, pp. 217-8. Kuznietsov e Jdánov arranjam exílio de Malenkov *IA* I (1994), p. 34. Sergo Mikoian: filho de Kuznietsov a Sergo Mikoian sobre arquivos de Kírov. *MR*, AAK "um bom sujeito", p. 292; "belo jovem Kuznietsov", e Stálin se recusa a apertar sua mão, Svetlana *OOY*. Mikoian, MK legal, sincero, jovial" e tesouros de Stálin, pp. 559-65. Sudoplátov: Kuznietsov amigo de Abakúmov, pp. 325-7. Extravagâncias sexuais de autoridades: *Lesser Terror*, pp. 214-21. Orgulho em carta: "A pátria não o esquecerá" de Stálin: Valeri A. Kuznietsov em BBC2, *Timewatch*, Caso Leningrado. Hahn, p. 123. Ver Kuznietsov, "Abakúmov", *Slavic Military Studies*, março de 1999. Deriabin: trens para Leningrado, p. 39. Volkogónov, pp. 520-1. Voznessenski sobre gelo no jantar, *KR* I, p. 272. "Stálin diz mate um, ele mata mil", Béria sobre Malenkov; Sergo B, p. 162. Sergo e Alla: Mikoian, pp. 565-7. Sergo Mikoian: o casamento, "Não me sinto bem", disse Kuznietsov. Malenkov a Rada: "Não vou lhe dar o carro", Júlia Khruchióva. Svetlana e Iúri Jdánov. Proposta a Stálin: sem palestra, Iúri Jdánov. "Não conheço o caráter dela, você não me quis", Sergo B, p. 152. "Meu Iurotchka", em Gulia Djugachvili, p. 60. Casamento de Iúri Jdánov e Svetlana Stálin: Stiepan Mikoian e Natacha Andréieva. Casamento, meu pai queria, nunca fez um trato, sexo não foi um sucesso: Svetlana *RR*. Stálin chega a Zubálovo: *Twenty letters*, pp. 200-1. "Nossos

caráteres não combinavam", Mikoian dá p. 362. Stálin não mais atenção do que antes: Svetlana *OOY*, p. 319. Nascimento de Kátia, nota de Stálin, Zinaida Jdánova: Svetlana, *Twenty letters*, pp. 207-9. "Significa que ele é culpado": Mikoian, p. 567. Pode se espalhar para outros: *KR* I, pp. 272-5. RGASPI 558.11.713.110-4, reuniões de 13 de junho e 19 de julho sobre Enciclopédia, relatório de S. Vavilov das reuniões com Stálin. Carona na chuva: Tukov, em Rubin, *Ryadom*, p. 87.

2. Mikoian, pp. 567-8. Sergo Mikoian. Igor Malenkov. Júlia Khruchióva. Natália Poskrióbicheva. Papel de Bulgánin: *Vlast*, nº 7, 2000, p. 53: Smirtukov sobre Bulgánin. GARF 8131.sj.32.3289.1-11, Rudenko a Khruchióv, testemunhos de I. M. Turko, ex-secretário do Obkom de Iaroslavski, de Zakrijevskaia, do investigador Putitsev; Abakúmov a Stálin: "Proponho ao C. Stálin prender Kapustin [...] espião inglês"; lista de sentenças; Komarov manda acusado comprometer Jdánov e Kosíguin, mas no último momento Komarov ordena que não façam isso. Rudenko informa, 29 de janeiro de 1954 e culpa Abakúmov, 12 de fevereiro de 1954. Khruchióv inseparável de Malenkov e Béria: *Kaganovitch*, p. 64; Mikoian, p. 587. Papel de Bulgánin: Budiony, *Anotações*, p. 49. Interrogatórios: *Lesser Terror*, pp. 214-21. Ver Parrish, "Serov"; Kuznietsov, "Abakúmov". Sobre Leningradskoe delo: *Komsomolskaia Pravda* 2/1990. Iu S. Aksenov, em *Voprosy Istorii*, KPSS, novembro de 1990, pp. 102-3. Vozvrashchennaia Imeria, vol. 1, p. 317. *Izvestia TsK KPSS*, 2, 1989. *Sovietskaia Militaria*, 4, 1991. Volkogónov, pp. 520-1. Hahn, p. 123. Sergo B, p. 217. *IA*. Sudoplátov, p. 325. Julgamento: *Argumenty I facty*, nº 17, 1998, p. 7. *KR* I, pp. 251, 279. Mólotov ligado a Voznessenski: *Vlast*, nº 38, 2000, p. 53. Despedida de Kuznietsov: Valeri Kuznietsov em BBC2, *Timewatch*, Caso Leningrado. Khruchióv acusa Malenkov de "cochichar para Stálin" na assembleia de junho de 1957, *IA*. Mólotov e Béria "temiam Voznessenski", *MR*, p. 292. Júkov sobre caso Gosplan e inveja de Béria do Gosplan, IA v. 3, 1993, pp. 221-7, e v. 4, p. 74; sobre Kuznietsov *vs* Malenkov: IA, v. 1, 1994, p. 34. *Rodina*, v. 5, 1994, p. 82. Sobre erros de Voznessenski, Kruglov a Stálin, 3 de março de 1949; sobre saída de Voznessenski, 7 de março de 1949; relatório de Andréiev, 22 de agosto de 1949; e bilhetes de Voznessenski a Stálin sobre perda de documentos secretos, 1º de setembro de 1949, em *PB/Sovmin*, pp. 278, 285, 293-5, 297. RGASPI 83.1.5.96, Voznessenski a Stálin, 17 de agosto de 1949.

3. Béria e a bomba: este relato baseia-se completamente em Holloway, pp. 213-9, inclusive "diante do povo" — Pervukhin; carta de Béria de julho de 1953 a Malenkov sobre sua "atitude de camarada" na partida para Semipalatinsk e "realização colossal", p. 143. "Moê-lo até os ossos", *Beria*, p. 139. Béria em alta, Vlássik, p. 130. Deriabin, pp. 62-3. Lília Drojdova, "beleza", "não permita", "grande amor": Marta Péchkova. Khruchióv é chamado: *KR* I, pp. 249, 268-75; retorno, Caso de Moscou, favorito, equilíbrio com Malenkov/Béria, *KR* 2, p. 95. Sobre o Caso de Moscou: Stálin a Malenkov: "Conheço os fatos sobre Moscou. Talvez eu seja culpado de não dar atenção às queixas porque confiei em Popov. Devemos verificar...". RGASPI 558.11.762.30-1, Stálin a Malenkov sobre G. M. Popov e Caso de Moscou, 29 de outubro de 1949. Naúmov, em Taubman, pp. 93-6; Barsukov, em Taubman, pp. 44-8; brutalidades de Khruchióv, quase 1 milhão: Chapoval, em Taubman, pp. 33-41. Khruchióv a Stálin sobre a necessidade de expulsar "elementos danosos das aldeias", fevereiro de 1948, e Resolução do PB sobre Comissão para indivíduos reassentados, a organização de prisões especiais e campos, e expulsão da Ucrânia de elementos danosos, 10 de fevereiro de 1948, *PB/Sovmin*, pp. 250, 254: "Agrovilas". Malenkov e Mólotov *vs* Khruchióv que é salvo por Béria: entrevista do autor com A. Mirtchkulava. Negus da Etiópia: Igor Malenkov. Símonov em *Beria*, p. 209: Béria subestima Khruchióv: "tolo" e "profunda naturalidade masculinidade pura" etc. Execução do arcebispo uniata e de nacionalistas ucranianos: Sudoplátov, p. 249. "Teimoso, folgazão", Svetlana *OOY*, p. 163. "Eu seu filho" Stefan Staszewski em *Oni*, p. 171. Hahn, pp. 137-41.

RGASPI 82.2.897.101, Khruchióv a Stálin e Mólotov, março de 1945. Limitar Béria/rédea curta: Sergo B, p. 218. Malenkov e Khruchióv, S. Khruchióv, *Superpower*, p. 29. Vida/passeios na Granovski: Júlia Khruchióva, Igor Malenkov, Vôlia Malenkova, Nina Budiony. Inseparáveis: *Kaganovitch*, p. 85. Mikoian, pp. 581-3. RGASPI 73.2.23.43. Autocrítica de Andréiev sobre erros de sua posição sobre organização do trabalho em fazendas coletivas, fevereiro de 1950. Khruchióv se desdiz a Stálin, 6 de março de 1951, em *PB/ Sovmin*, p. 334. Cabeça oca: Taubman, *Khrushchev, man and era*, p. 230. Liderança interna. Yoram Gorlizki, "Stalin's Cabinet: the Politburo and decision-making in the postwar years', pp. 194-6, em Christopher Read: *The Stalin years*. RGASPI 558.11.1481.51, férias de Stálin: 5 de setembro a 7 de dezembro de 1949. A bomba e cantar: Mgeladze, pp. 127-9; amas: pp. 117-8, 120.

55. MAO, O ANIVERSÁRIO DE STÁLIN E A GUERRA DA COREIA (pp. 668-77)

1. O relato da visita de Mao e da guerra na Coreia baseia-se em Serguei N. Gontcharov, John W. Lewis e Xue Litai, *Uncertain partners: Stalin, Mao and the Korean War*, pp. 84-93, 111-29, e Vladislav Zubok e Constantine Plechakov, *Inside the Kremlin's Cold War*, pp. 36, 54-6, 62-72. Lipki: Rubin, *Stalin i Zhukov*, citando V. Tukov, p. 39. Fedorenko, "St-Mao summit in Moscow", *Far Eastern Affairs, Moscow*, 2:1989. Gromyko, *Memoirs*, p. 249. Deriabin: grampos, batalha da China, p. 109. Verdadeiro marxista, arroz, Stálin com ciúmes: Sergo B, p. 221. Mao em Kuntsevo, Pugatchiov chinês: *MR*, p. 81. Recepção no Metropol: Ehrenburg, *Postwar years*, p. 302. Escatologia: *Lesser Terror*, p. 190

2. Comitê de aniversário e medalhas: GARF 7523.65.218a.1-28. Medalhas: GARF 7523.65.218. Lista de convidados: GARF 7523.65.181a.1-7. Pacotes de presentes: GARF 7523c.65.739.1-14, Chvernik a Zverev. Todos datados de 17 de dezembro de 1949. Brooks, *Thank you c. Stalin*, pp. 219-20. Volkogónov, pp. 525-8. Maia, p. 114. Sergo B, p. 219. Stiepan M., p. 190. Natália Poskrióbicheva.

3. Fedorenko, "St-Mao summit in Moscow", *Far Eastern Affairs, Moscow*, 2: 1989. Gromyko, *Memoirs*, p. 249. Deriabin: grampos, batalha da China, p. 109; parceiros incertos: pp. 84-93, pp. 111--29. Zubok, pp. 36, 57-62. Verdadeiro marxista, arroz, Stálin com ciúmes: Sergo B, p. 221; Mao em Kuntsevo, Pugatchiov chinês: p. 81. Recepção no Metropol: Ehrenburg, *Postwar years*, p. 302.

4. Coreia: RGASPI 558.11.1481.51. Férias de 1950: 5 de agosto-22 de dezembro Zubok, pp. 64-6. Este relato baseia-se também em Holloway, pp. 277-83, e Gontcharov, Lewis e Litai, pp. 135, 189-99. Notável Mao, confiança: Mgeladze, p. 137. Gromyko, *Memoirs*, p. 102. Khruchióv, *Glasnost*, pp. 46-7. "Nada, exceto seus homens", Zubok, pp. 71 e 299. Alguns relatos sustentam que Chou En-lai se encontrou com Stálin na casa de Sotchi, mas ele passou a maior parte desse período em Nova Athos. "Acho que posso confiar nele" — Mgeladze, p. 138. "O que ele está fazendo?" — Béria, anotações de Tcharkviani. Gela Tcharkviani.

5. GARF 8131.sj.32.3289.1-11, Rudenko a Khruchióv: Volkogónov, pp. 520-1. Hahn, p. 123. *MR*, p. 292. Sergo B, p. 217. *IA*. Sudoplátov, p. 325. Julgamento: *Argumenty i Facty*, nº 17, 1998, p. 7. *KR* I, p. 279. Sobre sinais de Stálin ao lado dos nomes dos acusados: Liev Voznessenski em BBC2 *Timewatch*, Caso Leningrado. Sobre a morte de Voznessenski: Andrei Malenkov, p. 54. A morte de Kuznietsov: Júlia Khruchióva.

6. Judeus: Kostirtchenko, pp. 224-7, Zaltsman e Caso ZiS. Kostirtchenko, sobre Iúri Jdánov, p. 244. Stefan Staszewski, em *Oni*, pp. 170-2. Khruchióv sobre judeus: corvos, Sudoplátov, p. 294,

Abramoviches, em *Istochnik*, 3, 1994, p. 96. Judeus na fábrica de automóveis, *KR* I, pp. 280-9; tumor na mente de Stálin e orientação aos líderes ucranianos Melnikov e Korotchenko, pp. 280-9. Kostirtchenko sobre Caso ZiS: pp. 227-33. Rubenstein e Naúmov, *Pogrom*, p. 51. Sobre o Caso Mingrélio: Béria, p. 158; Sudoplátov, pp. 321-5; Abakúmov reúne perversões de Béria, p. 315. Stálin pode ter usado a expressão "Grande Mingrélio" para Ignátiev: *Lesser Terror*, pp. 236-7. Sarkíssov trai Béria para Abakúmov/Stálin: *Vlast*, 2000, nº 22. Compreende-se que Mgeladze relute em recontar seu papel nesse caso, mas adora relatar que destruiu Béria: Mgeladze, pp. 99-100, 167-70. Anotações de Tcharkviani, Gela Tcharkviani, Eka Rapava. Nina Rukhadze. Aliocha Mirtchkulava.

56. O NANICO E OS MÉDICOS ASSASSINOS (pp. 678-92)

1. Riúmin: *Lesser Terror*, pp. 174, 230-5, 272. Kostirtchenko, pp. 125-6, 262. Gulags: A. Applebaum, *Gulag*, p. 522. Riúmin *vs* Abakúmov: J. Brent e V. Naúmov; *Stalin's last secret*, pp. 107-25. Sudoplátov: papel de Sukhánov/Malenkov, pp. 328-9; o Complô dos Médicos como luta intestina pelo poder — Stálin, Malenkov; Khruchióv *vs* Béria e velha guarda, pp. 298-300. Ignátiev já era o secretário do CC responsável pelo MGB antes de se tornar ministro: Sudoplátov, pp. 300-6. Sukhánov, *Memoirs*. Sergo B, p. 217; Sergo Béria afirmou que Malenkov "ditou" a carta de Riúmin, o que é possível, mas retira Béria da equação. *Beria*, pp. 157-9. O Nanico: ver Kostirtchenko, pp. 125-6. Pequeno Michka Riúmin: Deriabin, pp. 47-57, 89. Poskrióbichev: artigos no *Pravda*, 13 de outubro de 1952 e 30 de dezembro de 1952. GARF 7523.55.65.1, Ignátiev designado para o MGB em 5 de julho e oficialmente a 9 de agosto; Abakúmov demitido em 11 de agosto de 1951; Riúmin oficialmente vice-ministro, 19 de outubro de 1951, *PB/Sovmin*, pp. 343-8. GARF 8131.sj.32.3289.26, Abakúmov a Béria, 15 de agosto de 1952. A carreira de Abakúmov e seu papel na destruição da família Ordjonikidze, inclusive Konstantin Ordjonikidze, GARF 8131.sj.32.3289.38, Rudenko a Khruchióv, janeiro de 1954. Luxos de Abakúmov: GARF 8131.32.3289.199-200, Rudenko sobre Béria. Naúmov, pp. 53-5. Abakúmov quebrado: *Golgofa*, pp. 10-5, 21-8, 30-40. Ignátiev: Hahn, p. 142; "suave e considerado", *KR* I, pp. 303-7. Desapontamento de Béria com Merkúlov: *Béria*, pp. 157-9. Sobre curadores: Nikita Petrov. Corrupção de Abakúmov e carrinho de bebê: Deriabin, pp. 47-57; Chvartsman, Sudoplátov, pp. 300-6. Merkúlov também havia denunciado Abakúmov, esperando reconquistar o MGB. Foi recompensado com o Ministério do Controle do Estado. Férias, RGASPI 558.11.1481.52; RGASPI 83.1.9.57, Stálin a Malenkov, 13 de dezembro de 1950.

2. Férias de Stálin, 10 de agosto-22 de dezembro de 1951. Saúde: Tukov e Orlov, citados em Rubin, *Ryadom*, pp. 91-4. Medviêdev, *Neizvestnyi Stalin*, pp. 19-20. Visita Stálin duas vezes por semana: Mikoian, p. 529. Lago Ritsa: visita do autor. "Estou acabado": *KR* I, p. 272. Ignora Vorochílov, *MR*, p. 225, e não lê papéis, pp. 179-80. Entediado com questões econômicas: Medviêdev, p. 490. Orçamento atrasado até o último minuto: Smirtukov, em *Vlast*, 2000, nº 25, p. 46. Correção do discurso de Bulgánin: RGASPI 558.11.712.145, novembro de 1950. Novos quadros: Mgeladze, p. 125; movimentos: Mgeladze, p. 141. Estudos de Malenkov: Chepílov, "Vospominoshiya", p. 3. Bananas: Mikoian, pp. 529-33; Tcharkviani, pp. 40-1. Tcharkviani diz que isso foi em Riacho Frio, Mikoian, em Nova Athos: Também liderança interna: Gorlizki, p. 197: ministro Menchikov demitido, 4 de novembro de 1951. Sucessores: Khruchióv, *Glasnost*, p. 39.

3. Últimas férias: *KR* I, pp. 325-8. Vlássik, p. 41. Mgeladze: movimentos entre as casas, pp. 141-7. Svetlana, *Twenty letters*, pp. 200-1, 207-9, Nádia mencionada. Svetlana *OOY*, p. 319, e deixa o

Kremlin, p. 40. Svetlana *RR*. Fotos de Nádia: Volkogónov, pp. 154-5. Convidava velhos amigos que resmungavam: *MR*, p. 212. Casamento de Svetlana: Iúri Jdánov. Svetlana no comando e o que vai acontecer em seguida?: Mgeladze, pp. 117-20. Svetlana pede ao pai para se divorciar: Tcharkviani, pp. 59-60. Renascimento de Jdánov: Raanan, p. 168. Mikoian, p. 362. Stiepan M, p. 145. Ludvigov, secretário de Béria, em Sudoplátov, p. 321. Netos: Svetlana, *Twenty letters*, pp. 75-8. Gulia Djugachvili, p. 28. Dentadura: relatório dos médicos em *Vassili*, p. 181. Caso Mingrélio: começa com caso antissuborno contra camarada Baramia a 9 de novembro de 1951, depois resolução do PB sobre o Partido Comunista Georgiano, 27 de março de 1952, em *PB/Sovmin*, p. 349. *Lesser Terror*, pp. 236-7. Sergo B, pp. 241-3; tigre, pp. 120-1; gracejos, p. 168; Stálin dorme como um perdigueiro, gosta de Nina, medo, visitas de Svetlana, pp. 241-2; Béria infeliz, p. 296; Estado soviético pequeno demais: pp. 235, 247: papel de Malenkov; solidariedade, p. 239. C. H. Fairbanks, "Clientism and higher politcs in Georgia 1949-53", *Transcaucasia*. Tcharkviani, pp. 40-58. O telefonema: Gela Tcharkviani. Mgeladze dirige as casas de férias, Sudoplátov, p. 359. Mgeladze e Caso Mingrélio: bordel, pp. 142-3, 162-3; corrida à casa, pp. 146, 180-4, 192-200; Stálin odiava Béria, pp. 178-9; últimos jantares em Nova Athos com Khruchióv e seus brindes, pp. 148-9; resistência do PB a jovens líderes, p. 191. Nina Rukhadze. *KR* I, pp. 271, 309-11. Lília Drojdova — Marta Péchkova. Visita de Tamara Rapava — Eka Rapava; semelhança quando Candide Tcharkviani, que foi a promovido a inspetor do CC em Moscou, pediu para ser recebido por Béria, não conseguiu vê-lo — Gela Tcharkviani. Béria e política externa, reunificação da Alemanha em 1952: Zubok, em Taubman, pp. 275-7. Apoio mútuo: Mikoian, pp. 536, 581-3; Vlássik: Nadejda Vlássika. GARF 7523.107.127.1-6, pedido de perdão de Vlássik. Guardas: Deriabin, pp. 74, 83-5. Stálin queixa-se que Béria é apoiado por Mólotov e Kaganóvitch, Mgeladze, p. 178.

4. Médicos: Kostirtchenko, pp. 262-70. Vaksberg, *Stalin against Jews*, p. 242. Exame de Vinográdov: Rapoport, pp. 216-8, O exame *post mortem* do dr. Miasnikov confirmou grave endurecimento das artérias cerebrais, arteriosclerose — ver *Beria*, pp. 172, 270. Stálin sobre médicos: tagarelas: RGASPI 74.2.38.89, Stálin a Vorochílov, s.d. "Bebendo": Stálin a Edward Kardelj, em Dedijer, *Tito speaks*, p. 294. "Em minha cova" — Harriman-Abel, pp. 349-53. Comprimidos de Poskrióbichev etc.: Natasha Poskriόbicheva. Volkogónov, p. 526. Destruição de registros médicos: Medviêdev, *Neizvestnyi Stalin*, pp. 18-20. Sintomas descritos por guarda-costas: Rubin, *Ryadom*, pp. 91-4. Conversas com guarda-costas V. Tukov sobre médicos: Rubin, *Kto Otravlil Stalina*, p. 10, e com Váletchka, em Svetlana, *Twenty letters*, p. 215. Ordem de Vassíli sobre vôos: Stiepan M, p. 171.

5. Rubenstein e Naúmov, *Pogrom*, pp. 55-61: desconstrução de Lozovski, p. 256; Kostirtchenko, pp. 126-35. Descrição de Lozovki por Margaret Bourke-White, em Rubenstein e Naúmov, *Pogrom*, p. 219. Longevidade: trabalho do professor A. Bogolómov: Medviêdev, *Neizvestyi Stalin*, p. 17. Morte de Litvínov: Carswell, p. 162.

6. RGASPI 83.1.35.35, Andréiev a Malenkov, 7 de janeiro de 1949. Kostirtchenko, pp. 273-8, Cocaína de Andréiev, p. 284. Correntes nas pernas, Vaksberg, *Stalin against Jews*, p. 242. Stálin a V. Tukov, guarda-costas, em Rubin, *Kto Otravil Stalina*, p. 10. Sobre guerra: Lozgatchiov citado por Radzinski, p. 551. Devemos evitar a guerra: Sergo B, p. 357. Stálin tremia de medo da guerra: KR 2, p. 11. Também: desculpas a seus guardas e gentileza com *staff*, em Rubin, *Ryadom*, pp. 90-1. Rubin, *Stalin i Zhukov*, "Chefe", pp. 42-3. A última pesquisa sobre o Complô dos Médicos: J. Brent e V. Naúmov, *Stalin's last crime*, pp. 130-5, 184.

7. Sergo B, pp. 148, 236-7; "fanatismo islâmico", p. 133. Svetlana, *Twenty letters*, p. 222. *KR* I, pp. 290-5. *Thank you c. Stalin*, p. 326. Reunião do Prêmio Stálin e antissemitismo: Símonov, "Glaza-

mi", pp. 83-5. Mikoian, pp. 569-71. Holloway, p. 289. *Mekhlis*, pp. 291-4: Mekhlis morreu a 13 de fevereiro de 1953, três semanas antes de Stálin, que lhe concedeu um funeral magnífico. Tchikobava/linguística: Arnold Tchikobava, "Kogda i kak eto bylo", *Ejegodnik iberiysko-kavkazkogo yazykoznaniya*, v. 12, 1985, pp. 9-14. Medviêdev, *Neizvestnyi Stalin*: "Stálin e linguística: um episódio na história da ciência soviética". Alexei Kojevnikov, "Games of stalinist democracy, ideological discussions in Soviet sciences 1947-1952", em Fitzpatrick (ed.), *Stalinism: new directions*, pp. 162-9. Prestígio de Mólotov, Mikoian: Gorlizki, p. 207.

57. GATINHOS CEGOS E HIPOPÓTAMOS (pp. 693-705)

1. L. N. Efriémov, "Memoir of Plenum", em *Dosye Glasnosty*, *Spetvypusk*, 2001, p. 11. Símonov, "Glazami", *Znamya*, pp. 97-9. Mikoian, pp. 573-7. *MR*, p. 319. *KR* I, pp. 299-302, médico, pp. 303-7. Sergo B, p. 342; Béria sobre Suslov, p. 161; nenhum sucederia a Stálin, p. 161. *Beria*, pp. 165-8. Resolução da assembleia do CC sobre a composição do Presidium, Birô do Presidium e Secretariado, 16 de outubro de 1952, em *PB/Sovmin*, p. 89. Sobre Lênin: Service, *Lenin*, pp. 449-50. Sobre ideologia final: Zubok, p. 76. "De Lênin! De Lênin!" — "Neizvestnaya Rossiya", *20th Century* vol. 1, 1992, p. 275, citado em Zubok, pp. 73 e 295. Stiepan M, pp. 186-7. Deriabin, p. 95. Hahn, pp. 148-9. Rosenfeldt, pp. 191-2. Retorno dos protocolos de Ribbentrop: Sudoplátov, p. 327. Súslov como sucessor: Medviêdev, *Neizvestnyi Stalin* (herdeiro secreto de Stálin). Reuniões de Súslov com Stálin em 1948: *IA*.

2. Sergo B sobre dr. Vinográdov, p. 243. Stálin a Ignátiev — "Bata, bata": *KR* I, pp. 303-7. Ignátiev: *Lesser Terror*, pp. 234-5. Aliança de Stálin com Riúmin e Goglidze, *Golgofa*, p. 28. Svetlana, *Twenty letters*, pp. 75-7, e Johnreed Svanidze, p. 87; Gulia Djugachvili, p. 28. Nunca parada e caso de Svetlana com Johnreed Svanidze: G. Djugachvili em Biagi, pp. 60-3. Kostirtchenko, pp. 280-1, 262. Sergo B sobre Vinográdov: pp. 243-4. Algeme-os e bata neles: Ludvigov a Sudoplátov, p. 306. Queda de Rukhadze: RGASPI 558.11.135.88, Stálin a Goglidze, Mgeladze, 25 de junho de 1952. Paradas de 6 e 7 de novembro: Hahn, pp. 148-9. GARF 7523.107.127.1-6, pedido de perdão de Vlássik. Kostirtchenko, pp. 285-7. Vaksberg, *Stalin against Jews*, p. 246. Fuzilamento da equipe de Vlássik: Parrish, "Serov", p. 125. Vlássik e caviar/Poskrióbichev apela a Béria, Sergo B, pp. 363, 242. "Vocês parasitas!" Stálin a Vlássik, Svetlana, *Twenty letters*, p. 217. Sobre Poskrióbichev: artigos no *Pravda*, 13 de outubro e 30 de dezembro de 1952. *IA* 1997: I, p. 34. Volkogónov, pp. 528, 569, e Medviêdev, *Neizvestnyi Stalin*, "Enigmas da morte de Stálin". V. P. Malin foi aparentemente designado seu sucessor, embora pareça que seu adjunto S. Tchernukha tenha continuado a dirigir o escritório. Natacha Poskriobicheva. Nádia Vlássika. Poskriobichev visitava com frequência Béria: Marta Péchkova. Mólotov sobre Poskriobichev, Vlássik e mulheres: *MR*, pp. 223, 235. Sobre Poskriobichev e papéis desaparecidos: *KR* I, pp. 290-5.

3. Reunião de 1º de dezembro do PB: Málychev em *Istotchnik*, 5, 1997, pp. 140-1. Kostirtchenko, pp. 285-7. Terror europeu: Berman, em *Oni*, pp. 318-22. Caso Slansky: Kostirtchenko, p. 279. Hipopótamos/1937/luvas brancas — testemunho de Ignátiev: J. Brent e V. Naúmov, *Stalin's last crime*, pp. 212, 218-9, 252, 269, 272.

4. Confiança de Mólotov e Mikoian:: "Ele nunca me entregou"; conversas em apartamentos, provocações de Béria, Béria quer proteger Mólotov: Mikoian, pp. 536, 581-3. Tigre: Sergo B, pp. 120-1, 237-9. Mólotov: Stálin desconfiava muito de mim, *MR*, p. 325. Viatcheslav Níkonov: sem

medo depois da prisão. *KR* I, pp. 303-7 (Kóniev), 330-2; Béria ataca Stálin, p. 337; protegendo Béria p. 332. Malenkov tranquiliza Béria com relação à bomba; Béria a Malenkov, julho de 1953. Kaganóvitch adverte Mikoian sobre o Caso Leningrado. Béria conforta Khruchióv, Poskrióbichev, Mikoian. Malenkov conforta Khruchióv na chamada a Moscou. Stálin percebe apoio a Béria de Mólotov, Kaganóvitch etc. Raiva de Mólotov contra Stálin sobre setenta: Oleg Troianovski. Sobre Khruchióv e Malenkov: Júlia Khruchióva, Vôlia Malenkova. Béria e Khruchióv contra a mudança do último; Stálin percebe desaprovação e apoio a Béria: Mgeladze, p. 191. Stálin impotente contra os Quatro: B. Ponomarenko, *Sovershenno Sekretno*, 3, 1990, p. 13. Aniversário e depois: Mikoian, pp. 577-80. Svetlana, *Twenty letters*, pp. 214-8. Medviêdev, *Neizvestnyi Stalin*, pp. 19-20. Saúde: Rubin, *Ryadom*, pp. 91-4. Matar Stálin: *Hoxha: Artful Albanian*, p. 144. Solidariedade no grupo: Sergo B, pp. 237-9.

5. Stalin lê a carta de Timachuk, *KR* I, pp. 303-7, 337. Timachuk: *Pravda*, 21 de janeiro de 1953. Kostirtchenko, pp. 285-300. Dirigido a Béria: *MR*, p. 236. Prisão de homens de Béria, Deriabin, pp. 103-21. 14 mil presos na Geórgia: *Lesser Terror*, p. 239; Prisão de aliados de Béria, judeu secreto, pp. 236-7. A. Malenkov, em *Jurnalist* 2, 1991, p. 64. Béria a Kaganóvitch na assembleia de julho de 1953: "Plenum TZK KPSS 2-7 de julho de 1953", *Izvestia TsK KPSS*, n°s 1 e 2, 1991. "Béria, devemos proteger Mólotov" — Mikoian, p. 584. Caso Judeu: K. M. Símonov, *Literaturnaya Gazeta*, 13 de janeiro de 1953. *Pravda*, 13 de janeiro de 1953. Pânico antissemita: Ehrenburg, *Postwar years*, p. 298. Sergo B, pp. 237-9. Concerto para piano nº 23 de Mozart: I. B. Borev, em *Staliniade*, citado em *Lesser Terror*, p. 235. Medo de guerra com os EUA: Stiepan M.: após a morte de Stálin, Mikoian disse: "Se não tivemos guerra enquanto Stálin estava vivo". Medo da guerra de Béria: Candide Tcharkviani, Gela Tcharkviani. Sobre guerra: Lozgatchiov, citado por Radzinski, p. 551. "Devemos evitar a guerra" — Sergo B, p. 357. Stálin tremia de medo da guerra — *KR*, 2, p. 11. Muito mudado: Sudoplátov, p. 333.

6. RGASPI 558.11.157.9-14, Chepílov a Stálin e anotações manuscritas de Stálin, 10 de janeiro de 1953. Complô dos Médicos, *Pravda*, 16 de janeiro de 1953: "Protiv subyektivistshikh izvrashcheniy yestestvoznanii". A carta judia: Mikoian, p. 536. *Kaganovitch*, p. 174. *Lesser Terror*, pp. 247-9. *Nauka i Jizn*, nº 1, 1990. *KR* 2, p. 78. Ehrenburg também se recusou a assinar, com uma carta esperta para Stálin. *Stalin against Jews*, pp. 257-70: conforme Vaksberg, a ideia da deportação foi lançada inicialmente por Dmitri Tchesnokov, editor-chefe de *Voprosy Filosofii*, em 1952; ele foi indicado para o Presidium por Stálin na assembleia de outubro; carta de Ehrenburg, pp. 263-4. Campos: J. Brent e V. Naúmov, *Stalin's last crime*, p. 295.

7. Adalberto Zelmar Barbosa, *El Federalismo bloquista: Bravo o el pragmatismo politico*, pp. 22--31. Também entrevista em Buenos Aires com Leopoldo Bravo e família; Stálin gostava de Perón — Mikoian, p. 549.

58. "EU ACABEI COM ELE!" (pp. 706-19)

1. Últimas reuniões: Mgeladze, p. 232. Menon, em Georges Bortoli, *Death of Stalin*, p. 122. *IA*. Tito: Sudoplátov, p. 333. Rybin, *Ryadom*, pp. 83-99 inclusive Vassíli. *KR* I, pp. 338-341. Lozgatchiov, em Radzinski, pp. 550-8. Svetlana, *Twenty letters*, pp. 13-21, e banho de vapor, p. 215; encorajado por Béria, Volkogónov, *Rise and fall*, p. 176. Medviêdev, *Neizvestnyi Stalin*: pp. 21-44 sobre papel de Ignátiev e Khruchióv no atraso dos médicos. Malenkov: Stálin aperta a mão — Smirtukov,

citado em *Vlast*, vol. 5, 2000, p. 53. *MR*, pp. 236-7: Béria beija, eu acabei com ele; Malenkov sabia mais. Kaganóvitch, *Zapiski*, p. 499: "ele abriu os olhos, olhou para nós". Idas e vindas de Khruchióv: S. Khruchióv, *Superpower*, pp. 31-2. Mikoian, p. 580: Eu tive sorte. Béria em casa; dor de Nina; planos de Béria, acordo sobre sucessão: Sergo B, pp. 248-9. Apontando para ovelha e menina / espirituosidade de Stálin / Mólotov: Gromyko, *Memoirs*, p. 103. Governo criado antes da morte de Stálin: *Istotchnik*, I, pp. 106-11. *Izvestia TsK KPSS* nº 1, 1991, pp. 149-50. Registros médicos: dr. A. L. Miasnikov, *Literaturnaya Gazeta*, 1º de março de 1989, p. 13. Fim dos interrogatórios de Polina — Kostirtchenko, p. 300. Perguntas sobre Cheyne Stokes a médicos na prisão: Rapoport, pp. 151-3; Vaksberg, *Stalin against Jews*, p. 271. Beija-mão de Béria: *MR*, p. 237; *KR* I, pp. 338-41. "Partindo para tomar o poder", Mikoian, p. 587. Última noite: Khruchióv, citado por Volkogónov, pp. 570-1. E. D. Vorochílova: RGASPI 74.1.429.47, diário, 2 de março de 1953. Máscara mortuária e mãos: RGASPI 45.1.1683.1-10, de perfil, de frente e mãos. Relatórios dos médicos: APRF 45.1.1486.1-156, citado em Volkogónov, *Rise and fall*, pp. 173-8. Reunião de governo, 5 de março. APRF 45.2.196.1-7. *IA* Reuniões 2/5 março no gabinete de Stálin. Alívio: Símonov, "Glazami", p. 228. N. Barsukov, "Mart 1953. Stranitsy istorii KPSS", *Pravda*, 27 de outubro de 1989. Teoria de warfarina e hemorragia estomacal: J. Brent e V Naúmov, *Stalin's last crime*, pp. 321-2. Estatísticas sobre mortes, exílios, Gulags: A. Applebaum, *Gulag*, pp. 521-8. Béria sobre Stálin nos dias após sua morte: a M. Tchiaureli: "Canalha e sujo", citado em Krotkov Y. em Nekrássov, p. 257. "Evitar a guerra": Béria a Charia no julgamento de Charia, em *Istoricheskii Jurnal*, 10, 1991, p. 57. A Candide Tcharkviani: "Culto da personalidade" e "Nós ganhamos a guerra". "Homem do futuro", Béria, *MR*, p. 232. Últimas cartas: Medviêdev, *Neizvestnyi Stalin*, "Arquivos pessoais de Stálin: escondidos ou destruídos? Fatos e teorias".

PÓS-ESCRITO (pp. 721-7)

1. Esta parte baseia-se principalmente em entrevistas com: Viatcheslav Níkonov; Natália Andréieva, Joseph Minervin, Stas Namin, Marta Péchkova, Júlia Khruchióva, Sergo e Stiepan Mikoian, Nina Budiony, Igor e Vôlia Malenkova, Iúri Jdánov; Leonid Redens, Vladímir Alliluíev (Redens), Kira Alliluíeva. Queda de Béria: Mikoian, *Tak bylo*, pp. 584-8 (pulgas em minhas calças), e o relato familiar em *Khrushchev remembers*. Também Amy Knight, Béria; para a morte de Béria, toalha na boca, ver Michael Parrish, *The Lesser Terror*, e para banho de ácido ver *Vlast*, vol. 22, 2000, pp. 46-7. Morte de Béria e assembleia de 1957/"Nuremberg": W. Taubman, *Khrushchev, man and era*, pp. 256, 321-4. Ver também Svetlana Alliluíev, *Only one year* e *Twenty letters*; Medviêdev, *All Stalin's men*; Khruchióv, "com sangue até os cotovelos" citado por Chapoval, Taubman, *Khrushchev*, p. 41. Sonho: citado em *Molotov letters*, p. 1.

Bibliografia selecionada

PRIMÁRIA

Alanbrooke, Visconde, *War diaries 1939-45*. Londres, 2001.

Alexândrov, G. V., *Epokha I kino*. Moscou, 1983.

Alliluiev, Serguei, e Alliluieva, Ana, *The Alliluyev memoirs* (ed. David Tutaev). Londres, 1968.

Alliluiev, Serguei, *Proidennyi put*. Moscou, 1946.

Alliluieva, Ana S., *Vospominaniya*. Moscou, 1946.

Alliluieva, Svetlana, *Only one year*. Londres, 1971.

Alliluieva, Svetlana, *Twenty letters to a friend*. Londres, 1967.

Antipenko, N. A., "Tyl Fronta". *Novy Mir*, nº 8, 1965.

Babel, Isaac, *1920 Diary*. New Haven, 1990.

Babel, Isaac, *Collected stories*. Londres, 1994.

Baibakov, N. K., *Delo jizni: zapiski neftyanika*. Moscou, 1984.

Bajánov, Boris, *Bazhanov and the damnation of Stalin*. Athens, Ohio, 1990.

Berejkov, Valentin, *History in the making. Memoirs of WW2 diplomacy*. Moscou, 1983.

Berejkov, Valentin, *Kak ia stal perevodtchikom Stalina*. Moscou, 1963.

L. P. BÉRIA:

Beria affair, cc Plenum 12-7 July 1953. *Izvestiya TSK KPSS*, nº 1 e 2, 1991.

Béria, L. P., "Laventry Beria: Pizma iz tyuemnogo bunkera". *Istotchnik*, nº 4, 1994.

Béria, L. P., *On the history of Bolshevik organizations in Transcaucasia*. Moscou, 1949.

Béria, Nina, "Letter to Members of Presidium 7 January 1954". *Vlast*, n. 34, 2001.

Béria, Nina, "Letters to LP Beria". *Istotchnik*, nº 2, 1994.

Béria, Sergo, *Beria my father: inside Stalin's Kremlin*. Londres, 2001.

Bessedovsky, G., *Revelations of a Soviet diplomat*. Londres, 1931.

Birse, A. H. *Memoirs of an interpreter*. Londres, 1967.

Bohlen, Charles E., *Witness to history*. Londres, 1973.
Bolchákov, I. G., "Letter to AN Poskrebyshev on film Tarzan". *Istotchnik*, nº 4, 1999.
Budiony, S. M., *Notes*, (ed. Nina Budiony), inédito.
Budiony, S. M., *Proidennyi put*. Moscou, 1968.
Bukhárin, Nikolai, *How it all began*. Nova York, 1998.
Cadogan, Alexander, *The diaries of Sir Alexander Cadogan*. Londres, 1971.
Tcharkviani, Candide, *Memoirs on Stalin*. inédito
Tchikobava, Arnold, "Kogda ix kak eto bylo". *Ejegodnik iberiysko-kavkazskogo yazykoznaniya*, v. 12, 1985.
The Beria affair. The meetings signalling the end of stalinism (ed. D. M. Sickle). Nova York, 1992.
W. S. CHURCHILL:
Churchill and Stalin, documents from British Archives. FCO Historians.
Churchill, Winston S., *Second World War*. Londres, 1951.
Dan, Lydia, "Bukharin o Staline". *Noviy Jumal*, 75 (mar. 1964).
Davies, Joseph E., *Mission to Moscou*. Londres, 1942.
Dedijer, V., *Tito speaks*. Londres, 1953.
Dekanózov, Reginald, *Some episodes of the history of Soviet-German relations before the war*. Inédito.
Deriabin, Peter, *Inside Stalin's Kremlin*. Dulles, VA., 1998.
Djilas, Milovan, *Conversations with Stalin*. Nova York, 1962.
Djilas, Milovan, *Wartime*. Londres, 1980.
Djugachvili, Gulia, *Ded, Otets, Ma i Drugie*. Moscou, 1993.
Dmitrov, Gueorgi, (ed. Ivo Banac), *The Diary of Georgi Dmitrov 1933-49*. New Haven, a sair.
Dobrínin, Anatoli, *In confidence: Moscow's ambassador to six Cold War presidents*. Washington DC, 2001.
Eden, A., *Memoirs. Facing the dictators*. Londres, 1962.
Efimov, Boris, *Mikhail Koltsov, Kakim On Byl*. Moscou, 1965.
Efriémov, L. N., Memoir of Plenum, *Dosye Glastnosty, Spetsvypusk*, 2001.
Ehrenburg, Ilia, *Men, years, life*. Londres, 1966.
Eisenhower, D. D., *Crusade in Europe*. Londres, 1948.
Fedorenko, N. T., "Zapiski diplomata. Rabota s Molotovym". *Novaya i Noveishaya Istoriya*, nº 4, 1991.
Gaulle, Charles de, *Complete war memoirs of Charles de Gaulle 1940-46*. Nova York, 1964.
Gaulle, Charles de, *Memoires de guerre*. Paris, 1959.
Ginsburg, Eugenia S., *Journey into the whirlwind*. Nova York, 1967.
Gnedin, E. A., *Katastrofa i vtoroe rojdenie*. Amsterdã, 1997.
Gromyko, Andrei, *Memoirs*., Londres, 1989.
Gromyko, Andrei, *Pamyatnoye*. Moscou, 1990.
Grossman, Vassíli, "Mama". *Znamya*, v. 5, 1989.
Grossman, Vassíli, *Lift and fate*. Londres, 1985.
Guinzburg, S. Z., *O proshlom, dlya budushchego*. Moscou, 1984.
Gunther, John, *Inside Russia Today*. Nova York, 1962.
Harriman, Averell W., e Abel, Elie, *Special envoy to Churchill and Stalin, 1941-6*. Nova York, 1975.
Hilger, Gustav e Mayer, Alfred, *Incompatible allies: a memoir history of German-Soviet Relations 1918--41*. Nova York, 1953.

Hoxha, Enver, (Jon Halliday ed.), *Artful Albanian: the memoirs of Enver Hoxha*. Londres, 1986.
Iskander, Fasil, *Sandro of Chegem*. Londres, 1979.
L. M. KAGANÓVITCH:
Kaganóvitch, L. M. (ed. Felix TChúev), *Tak Govoril Kaganovitch*. Moscou, 1992.
Kaganóvitch, L. M. *Pamiatniye Zapiski*. Moscou, 1997.
Kamov, B., "Smert Nikolaia Yejova". *Iunost*, 1993, nº 8.
Kavtaradze, Sergo, entrevista, *Literaturnaya Rossiya*, nº 12, 1989.
Kavtaradze, Sergo, *Memoirs*. Inédito.
Kennan, George, *Memoirs*. Boston, 1967.
N. S. KHRUCHIÓV:
Khruchióv, N, S., "Memuary Nikity Sergeevicha Khrushcheva". *Voprosy Istorii*, 1990-95.
Khruchióv, N. S. (Jerrold Schecter e Vyacheslav Luchkoy, eds.), *Khrushchev remembers: the Glasnost tapes*. Nova York, 1990.
Khruchióv, N. S., *Khrushchev remembers*. Londres 1971 / Londres 1974.
Khruchióv, Serguei, *Nikita Khrushchev and the creation of a superpower*. Pensilvânia, 2001.
Kóniev, I. S. *Sorok pyatyi*. Moscou, 1966.
Kóniev, I. S. *Zapiski kommanduushchego frontom*. Moscou, 1991.
Kópeliev, Liev, *No jail for thought*. Londres, 1977.
Kravtchenko, Victor, *I chose freedom*. Nova York, 1946.
Krementsov, Nikolai, *Stalinist science*. Princeton, 1997.
Krivitsky, Walter, *I was Stalin's agent*. Londres, 1940.
Kuznietsov, N. G., Memoirs. *Voprosy Istorii*, nº 4-5, 1965.
Larina, Ana, *This I cannot forget. The memoirs of Nikolai Bukharin's widow*. Londres, 1993.
Lunghi, Hugh, *Meeting Stalin*. European Service, General News Talk, BBC, 1º de março de 1963.
Lunghi, Hugh, *Minutes of meeting between generalissimo JV Stalin and admiral Mountbatten at Babelsberg, Germany, 25 July 1945 at 12.45 hours*. Inédito.
Lunghi, Hugh, *Tribute to Sir Winston Churchill at Churchill Memorial Concert*. Blenheim Palace, 1º de março de 1997.
Maisky, Ivan, *Memoirs of a Soviet ambassador*. Londres, 1967.
Malenkov, Andrei, *O moem otse Georgie Malenkove*. Moscou, 1992.
Malychev, V. A., Notes. *Istotchnik*, 1997, nº 5.
Mándelstam, Nadejda, *Hope against hope*. Londres, 1999.
Meretskov, K. A., *Na slujbe narodu*. Moscou, 1970.
Mgeladze, Akáki, *Stalin, kakim ya ego znal*. Tbilisi, 2001.
A. I. MIKOIAN:
Mikoian, Anastas, *Tak bylo*. Moscou, 2000.
Mikoian, N., "A month at Beria's dacha". *Forum*, nº 3, 1995.
Mikoian, Stepan, *Memoirs of military test-flying and life with the Kremlin's elite*. Londres, 1999.
V. M. MÓLOTOV:
Chakúrin, A., "Memoirs". *Voprosy Istorii*, nº 3, 1975.
Chepílov, D., "Vospominaniya". *Voprosy Istoriii*, 1998 vols. 3, 4, 5, 6.
Chepílov, D., *Neprimknuvshii*. Moscou, 2001.
Chólokhov, Mikhail, *Virgin soil upturned*. Londres, 1988.

Chostakóvitch, Dmitri, *Testimony. The memoirs of Dmitri Shostakovich as related to and edited by Solomon Volkov*. Londres, 1981.

Chtemenko, S. M., *Generalnyi shtab v gody voiny*. Moscou, 1981.

Miasnikov, A. I., "Medical notes on JV Stalin's illness". *Literaturnaya Gazeta*, 1º de março de 1989.

Mólotov, V. M. (Felix TChúev ed.), *Molotov remembers*. Chicago, 1993.

Mólotov, V. M. (Felix TChúev ed.), *Sto Sorok Besed s Molotovym*. Moscou, 1991.

Muratov, E, "6 Chasov s I V Stalinym na Prieme v Kremle". *Neva* nº 7, 1993.

Nutsibidze, Ketevan e Chalva, *Nakaduli*. Tbilisi, 1993.

Okuniêvskaia, Tatiana, *Tatianin den*. Moscou, 1998.

Orlov, Alexander, *Secret history of Stalin's crimes*. Londres, 1954.

Ortenberg David, *Stalin Shcherbakov Mekhlis i Drugie*. Moscou, 1995.

Ortenberg, David, "U Jukova v Perkbushkogo". *Krasnaya Zvezda*, 30 nov. 1991.

Pahlavi, HIM Mohammed Reza, *Missions for my country*. Londres, 1961.

Parrott, Cecil, *The serpent and the nightingale*. Londres, 1977.

Patólitchiev, N. S., *Ispytanie na zrelost*. Moscou, 1977.

Pávlov, V. N., "Avtobiographitcheskie Zametki". *Novaya i Noveishaya Istoriya*, 2000, nº 4.

Pirojkova, A. N., *At his side. The last ten years of Isaac Babel*, VT 1996.

Platonov, Andrei, *The foundation pit*. Londres, 1996.

Plisetskaia, Maia, e Tim Scholl, *I, Maya*. New Haven, 2001.

Pronin, Vassíli P., "Gorod u linii fronta". *Moskovskie Novosti*, nº 21, 26 de março/2 de abril de 1995, p. 14.

Prónin, Vassíli P., *Gorod-voin, Bitva za Moskvu*. Moscou, 1966.

Pútin, Vladímir, *First person*. Nova York, 2000.

Rapoport, Iakov, *The Doctors' Plot, Stalin's last crime*. Londres, 1991.

Razgon, Lev, *Plen v svoem otechestve*. Moscou, 1994.

Rjevskaia E. *B tot den pozdhnei oseniu*, in S. S. Smirnov, *Marshal Jukov: kakim my ego pomnium*. Moscou, 1988.

Roberts, Frank, *Dealing with dictators*. Londres, 1991.

Rokossovski, K., *Soldatskiy dolg*. Moscou, 1968.

Románov, A. I., *The nights are longest there*. Boston, 1972.

Rosliakov, K. *Ubiystvo Kirova. Polititcheskie i ugolovnye prestupleniya v 1930 godakh*. Leningrado, 1991.

Rubin A. T. *Kto Otravil Stalina?* Moscou, s. d.

Rubin, A. G. *Stalin v Oktyabre 1941*. Moscou, s. d.

Rubin, A. T. "Ryadom s I V Stalinym". *Soziologicheskie Issledovaniya*, nº 3, 1988.

Rubin, A. T. *Ryadom Stalinym v Bolshom Teatre*. Moscou, s. d.

Rubin, A. T. *Stalin i Jukov*. Moscou, 1994.

Rubin, A. T., *Next to Stalin: notes of a bodyguard*. Toronto, 1996.

Sakharov, Andrei, *Memoirs*. Nova York, 1992.

Sbornik zakonodatelnykh i normativnykh actov o repressiyakh i reabilitatsii. Moscou, 1993.

Serge, Victor, *From Lenin to Stalin*. Londres, 1937.

Símonov, K., "Conversations with Admiral IS Isakov". *Znamya*, nº 5, 1988.

Símonov, K., "Glazami cheloveka moego pokoleniya". *Znamya*, nº 3, 1988.

Símonov, K., "Zametki k biografii GK Jukova". *Voprosy Istorii*, nºs 6, 7, 8, 9, 10, 12, 1987.

Símonov, K., *Diaries*. RGALI, Moscou.

Smirnoff, S. S., *G. K Jukov: Kakim My Ego Pomnium*. Moscou, 1988.

Smith, Walter Bedell, *My three years in Moscow*. Nova York, 1948.

I. V. STÁLIN:

"Stálin, Mólotov Jdanov o vtoroy serii filma Ivan Grozny". *Moskovskie Novosti*, nº 37, 7 de agosto de 1988.

Iossif Stálin v obiatiiakh semyii: iz lichnogo arkiva. *Istotchnik*, Moscou, 1993.

Lib, Lars T., Oleg V. Naúmov e Oleg V Khlevniuk (eds.), *Stalin's letters to Molotov*. New Haven, 1995.

O. V. Khlevniuk, R. W. Davies, L. P. Kosheleva, E. A. Rees, L. A. Rogovaya, *Stalin i Kaganovich Perepiska 1931-36*. Moscou, 2001.

Stálin, I. V, *Ekonomicheskiye problemy socializma v SSSR*. Moscou, 1953.

Stálin, I. V, *Sochineniya*. Moscou, 1946/1952.

Stálin, *Vystuplenie na prieme v Kremle v chest kommanduyushchikh voiskami Krasnoi Armii, in Works* (ed. Robert McNeal), v. II 1941-5. Stanford CA, 1967.

Stárostin, Nikolai, *Futbol skvoz gody*. Moscou, 1992.

Sudoplátov, Pável, Sudoplátov, Anatoli, com Schecter, Jerrold I. e Leona, *Special tasks. The memoirs of an unwanted witness, a Soviet spymaster*. Londres, 1994.

Sukhánov, D. M., *Memoirs*. Library of Congress.

Sukhánov, N. N., *The Russian Revolution 1917. A personal record*. Londres, 1955.

Timachuk, Lídia "Tsel byla spasti jizn bolnogo. Pisma Lidii Timashuk". *Istotchnik*, 1997, nº 1.

Trail, Vera, *Memoirs of Iejov*. Inédito.

Trífonov, Iúri, *House on the Embankment*. Evanston, Illinois, 1999.

Troianovski, Oleg, *Cherez godiy rasstoyaniya*. Moscou, 1997.

Trotski, Leon, *My life*. Nova York, 1930.

Trotski, Leon, *Stalin*. Londres, 1968.

Valedinski, I., "Vospominaniya o vstrechah s tov. Stalinym I V, *Muzei Revolutsii*, v. 23, livro 2, Moscou, 1992.

Vaschshenko, N., *La Granjo Istorii*. Moscou, 1998.

Vassilevski, A. M., *Delo Vsey Moey Jizni*. Moscou, 1978.

Vichnevskaia, Galina, *Galina, Russian story*. Londres, 1984.

N. S. VLÁSSIK:

"Vlássik Case: Interrogations". VIJ, nº 12, 1989.

Vlássik, N. S., "Moya Biografiya". *Shpion*, vols. 8/9.

Vorónov, N., *Memoir of NV Voronov. Volkogónov* Collection, Rolo 8, 6 junho de 1994.

K. E. VOROCHÍLOV:

Vorochílov, K. E., *Razzkaz o jizni. Vospominaniya*. Moscou, 1968.

Vorochílov, K. E., *Stalin and the Armed Forces of the USSR*. Moscou, 1951.

Werth, Alexander, *Russia at war*. Londres, 1964.

Werth, Alexander, *Year of Stalingrad*. Londres, 1946.

G. IAGODA:

Eroféiev, Vladímir, "Ten Years of Secretaryship". *International Affairs*, v. 9, 1991.

Iákovlev, A. S., *Tsel jizni*. Moscou, 1970.

Litvin, A. L., (ed.), *Guenrikh Iagoda Narkom vnutrennikh del SSSR, Generalnyi kommissar gosudarstvennoy besopastnosti*. Kazan, 1997.

Zákharov, M. V., *Generalnyi shtab v predvoennye gody*. Moscou. 1989.

Zbarsky, Ilya, e Samuel Hutchinson, *Lenin's Embalmers*. Londres, 1998.

A. A. JDÁNOV:

A. A. Jdánov, "Dok1ad Jdanova o jurnalakh Zvezda i Leningrad". *Bolshevik*, nºs 17-18, setembro de 1946.

Jdánov, Iúri, "0 kritie i samokritike v nauchnoy rabote". *Bolshevik*, 1951, nº 21. pp. 28-43.

Jdánov, Iúri, "Vo mgle protivorechii". *Voprosy Filosofii*, 1993, nº 7 p. 74.

G.K. JÚKOV:

Júkov, G. K., "Korotko o Staline". *Pravda*, 20 de janeiro de 1989.

Júkov, G. K., "Na Kurskoy Duge". VIJ, agosto de 1967.

Júkov, G. K., *Vospominaniya i razmyshleniya*. 10ª ed., Moscou, 1990.

SECUNDÁRIA

"Career of Communications Worker Vladímir Kazakov", *Nezavisimoe Voennoe Obrozenie*, v. 19, p. 5, 2002.

Antónov-Ovseienko, Anton, *Beria*. Moscou, 1999.

Antónov-Ovseienko, Anton, *The time of Stalin: portrait of a tiranny*. Nova York, 1980.

Applebaum, Anne, *GULAG: a history of the Soviet concentration camps*. Londres, 2003.

Aptekov, Pavel, e Olga Dúdorova, "Peace and statistics of losses: unheeded warning and the Winter War". *Slavic Military Studies*, v. 10, nº 1, março de 1997.

Avtorkhanov, Abdurakhman, *Stalin and the Soviet Communist Party*. Londres, 1959.

Axell, Albert, *Stalin's War through the eyes of his commanders*. Londres, 1997.

Babichenko, D., Sidorov, M., "Nevelika pobeda". *ltogi*, nº 31(269), 2001.

Barbosa, Adalberto Zelmar, *El federalismo bloquista: Bravo o el pragmatismo politico*, Buenos Aires, 1988.

Barsukov, N., "Mart 1953. Stranitsy Istorii KPSS". *Pravda*, 27 out., 1989.

Beevor, Antony, *Berlin: the downfall 1945*. Londres, 2002.

Beevor, Antony, *Stalingrad*. Londres, 1998.

Biagi, Enzo, *Svetlana: the inside story*. Londres, 1967.

Bialer, Seweryn (ed.), *Stalin and his generals*. Nova York, 1969.

Bloch, Michael, *Ribbentrop*. Londres, 1994.

Blotsky, Oleg, *Vladimir Putin. The story of my life*. Moscou, 2002.

Bobrénov, V. e V. Wiazantsev, "Marshal protiv Marshala". *Armia*, 1993, nºs 8, 9, 10.

Bortoli, Georges, *Death of Stalin*. Londres, 1975.

Bos, W. H., e Farber, E. M., "Joseph Stalin's psoriasis: its treatment and the consequences". *Cutis*, v. 59, abril 1997.

Brackman, Roman, *The secret file of Joseph Stalin*. Londres, 2001.

Brent, Jonathan, e Vladimir P. Naumov, *Stalin's last crime: the Doctors' Plot*. Londres, 2003.

Briukhánov, B. B. e E. N. Chochkov, *Opravdanryu ne podlejit: Iejov I ejovshchina*. São Petersburgo, 1998.

Bromage, Bernard, *Molotov*. Londres, 1956.

Brooks, Jeffrey, *Thank you Comrade Stalin*. Princeton, 2000.

Burleigh, Michael, *The Third Reich, a new history*. Londres, 2000.

Carlton, David, *Churchill and the Soviet Union*. Londres, 2000.

Carr, E. H., *What is history?* Londres, 1964.

Carswell, John, *The exile, the life of Ivy Litvinov*. Londres, 1980.

Chase, William J., *Enemies within the gates? The Comintern and the Stalinist repression 1934-39*. New Haven, 2001.

Chêinis, Z, Maxim *Maksimorich Litvinov*. Moscou, 1989.

Chentalinski, Vitali, *The KGB's Literary Archive*. Londres, 1995.

Chentalinski,Vitali, "Okhota v revzapovednike". *Novy Mir*, 1998, nº. 12.

Chinsky, Pavel, *Staline archives inedites*. Paris, 2001.

Chisholm, Anne, e Michael Davie, *Beaverbrook: a life*. Londres, 1992.

Chubariyan, Alexander O. e Petchátnov, Vladimir O., "Molotov the liberal: Stalin's 1945 criticism of his deputy". *Cold War History*, v. 1, nº 1, agosto 2000.

Clark, Alan, *Barbarossa*. Londres, 1996.

Cohen, Stephen, *Bukharin and the Bolshevik Revolution, a political biography 1888/1938*, Londres, 1973.

Cohen, Y, "Des lettres comme action: Stalin au début des années 1930 vu depuis les fonds Kaganovich". *Cahiers du Monde Russe*, nº 3, v. 38, julho-setembro 1997.

Conquest, Robert, *Harvest of sorrow; Soviet collectivization and the terror/famine*. Londres, 1986.

Conquest, Robert, *Inside Stalin's Secret Police. NKVD politics 1936/1939*. Stanford CA, 1985.

Conquest, Robert, *Stalin and the Kirov murder*. Oxford, 1989.

Conquest, Robert, *Stalin: breaker of nations*. Londres, 1991.

Conquest, Robert, *The Great Terror: Stalin's purge of the thirties*. Londres, 1968.

Conquest, Robert, *The nation killers*. Londres, 1972.

Coox, Alvin D., "L'affaire Lushkov: anatomy of a defector". *Soviet Studies*, 1967-8, nº 3.

Coox, Alvin D., "The lesser of two hells: NKVD general G. S. Lyushkov's defection to Japan 1938--45". *Slavic Military Studies*, v. II, nº 3, set. 1998.

Curtis, J. A. E., *Manuscripts don't burn. Mikhail Bulgakov: a life in letters and diaries*. Londres, 1991.

Dalin, Alexander e E. I. Firsov (ed.), *Dmitrov and Stalin 1934-1943*. New Haven, 2000.

Davies, R. W., "The Sypsov/Lominadze affair". *Soviet Studies*, 33, nº 1, jan. 1981.

Easter, Gerald, *Reconstructing the State: personal networks and elite identity in Soviet Russia*. Cambridge, 2000.

Ebon, M., *Malenkov*. Londres, 1953.

Erickson, John, *Soviet high command: a military / political history 1918-41*. Londres, 1962.

Erickson, John, *The road to Berlin*. Londres, 1996.

Erickson, John, *The road to Stalingrad*. Londres, 1983.

Fairbanks, C. H., "Clientilism and higher politics in Georgia 1949/1953". *Transcaucasia*, Ann Arbor, 1983.

Fay, Laurel, *Shostakovich, a life*. Oxford, 2001.

Figes, Orlando, *A people's tragedy. The Russian Revolution 1891/1924*. Londres, 1996.

Figes, Orlando, *Natasha's dance. A cultural history of Russia*. Londres, 2002.

Fitzpatrick, Sheila, *Everyday stalinism. Ordinary life in extraordinary times: Soviet Russia in the 1930s*. Oxford, 1999.

Fitzpatrick, Sheila, *Stalinism: new directions*. Londres, 2000.

Fitzpatrick, Sheila, *The cultural front. Power and culture in revolutionary Russia*. Ithaca NY, 1992.

Garros, V., Korenevskaya, N., e Lahusen, T., *Intimacy and terror: Soviet diaries of the 1930s*. New Press, 1995.

Gazur, Edward P., *Secret assignment: The FBI's KGB general*. Nova York, 2001.
Gendlin, L., *Confession of Stalin's lover*. Moscou, 1991.
Getty, J. A., Manning, R. T., (ed.), *Stalinist terror: new perspectives*. Cambridge, 1993.
Getty, J. Arch, e Naúmov, Oleg V., *The road to terror: Stalin and the self-destruction of the Bolsheviks, 1932-9*. New Haven, 1999.
Getty, J. Arch, *Origins of the great purges: the Soviet CP reconsidered 1933/1938*, Cambridge, 1985.
Gilbert, Martin, *Churchill, a life*. Londres, 1991.
Glantz, David, "Forgotten battles of German Soviet war — the winter campaign: the Crimean counter-offensive". *Slavic Military Studies*, v. 4, março 2001.
Glantz, David, "The Khárkov Operation May 1942". *Slavic Military Studies*, v. 5, set. 1992, dez. 1992.
Glantz, David, *Barbarossa: Hitter's invasion of Russia 1941*. Londres, 2001.
Glantz, David, *Zhukov's greatest defeat: the Red Army's epic disaster in Operation Mars 1942*. Manchester, 2000.
Gleason, Abbott, *Totalitarianism: the inner history of the Cold War*. Oxford, 2001.
Gobarev, Victor, "Khrushchev and the military: historical and psychological anaysis". *Slavic Military Studies*, v. II.
Gobarev, Victor, "Soviet military plans and actions during the first Berlin crisis". *Slavic Military Studies*, v. 10, set. 1997.
Gontcharov, Serguei N., John W. Lewis e Xue Litai, *Uncertain partners: Stalin, Mao and the Korean War*. Stanford CA, 1993.
Gorlizki, Yoram, *Stalin's cabinet: the Politburo and decision-making in the post-war fears, in* Christopher Read, *The Stalin fears*. Londres, 2003.
Górlov, S. A., "Peregovory VM Molotova v Berline v Noiabre 1940 goda". VIJ, vols. 6/7, 1992.
Gorodetsky, Gabriel, *Grand delusion; Stalin and the German invasion of Russia*. New Haven, 1999.
Gorodetsky, Gabriel, *Stafford Cripps' mission to Moscow 1940-2*. Londres, 1984.
Grómov, E, *Stalin: Vlast I Iskusstro*. Moscou, 1998.
Hahn, Werner, *Postwar Soviet politics: the fall of Zhdanov and the defeat of moderation 1946-53*. Ithaca NY, 1982.
Harris, Jonathan, "The origins of the conflict between Malenkov and Zhdanov 1939-1941". *Slavic Review*, v. 35, nº 2, 1976.
Holloway, David, *Stalin and the Bomb: the Soviet Union and atomic energy 1939-1956*. New Haven, 1994.
Hosking, Geoffrey, *A history of the Soviet Union 1917-1991*. Londres, 1992.
Iákovlev, A. N., Pikhoya, R. e Geishtor, A., *Katyn*. Moscou, 1997.
Iákovlev, Alexander, *A century of violence in Soviet Russia*. New Haven, 2002.
Iákovlev; N. N., *Jukov*. Moscou, 1992.
Ivanov, S. P., *Shtab armeiskii, Shtab frontovoi*. Moscou, 1990.
Iziúmov, Y., "Why Khrushchev took revenge on Stalin", *Dosye Glasnost*, nº 12, 2001.
Jansen, Marc, e Petrov, Nikita, *Stalin's loyal executioner: people's commissar Nikolai Iejov 1895/1940*. Stanford CT, 2002.
Jávoronkov, G., "1 snitsya nochyu den". *Sintaksis*, nº 32 (1992).
Jeffery, Inez Cope, *Inside Russia: life and times of Zoya Zarubina*. Austin TX, 1999.
Jenkins, Roy, *Truman*. Londres, 1986.

Jírnov, E, "Conversation with Office Manager of USSR Council of Ministers Mikhail Smirtukov". *Vlast*, v. 11, (Mólotov), vol. 7 (Bulgánin), vol. 5 (Malenkov), vol. 25 (Stálin), 2000.

Jírnov, E., "Gornichnyh Predstavit k Nagradam". *Vlast*, v. 16, 2000.

Júkov, N. Y, "Tainy Kremlevskogo dela 1935 goda I sudba Avelia Yenukidze". *Voprosy Istorii*, nº 9, 2000.

Júkov, Y. N., "Borba za v last v rukovodstve SSSR v 1945-1952". *Voprosy Istorii*, nº 1, 1995.

Kahan, Stuart, *Wolf of the Kremlin*. Nova York, 1987.

Kárpov, Vladímir, "Rasprava Stalina nad marshalom Jukovyrn". *Vestnik Protivovozdushnoy Oborony*, 7-8, 1992.

Kárpov, Vladímir, "Tainaya rasprava nad marshalom Jukovyrn". *Vestnik Protivovozdushnoy Oborony*, nºs. 7, 8, 17 e 19, agosto 1991.

Kárpov, Vladímir, *Marshal Jukov: Opala*. Moscou, 1994.

Karpov, Vladímir, *Rastrellyannye Marshaly*. Moscou, 2000.

Kemp-Welch, A., *Stalin and the literary Intelligentsia*. Londres, 1991.

Kenez, Peter, *Cinema and Soviet society from the Revolution to the death of Stalin*. Londres, 2001.

Khlevniuk, Oleg, *In Stalin's shadow, the career of Sergo Ordzhonikidze*. Nova York, 1993.

Khlevniuk, Oleg, *Le Circle du Kremlin, Staline et le bureau politique dans les années 30: les jeux du pouvoir*. Paris, 1996.

Khlevniuk, Oleg, *Stalin NKVD i sovetskoe obshchestvo*. Moscou, 1993.

Khlevniuk, Oleg, *Stalinskoe Politburo v 1930 gody. Sbornik dokumentov*. Moscou, 1995.

Khlevniuk, Oleg, Y. Gorlizki, A. I. Miniuk, M. Y. Prozymenshikov, L. A. Rogovaya, S. V. Somonova (eds.), *Politburo TSK BKP i Sovet Ministrov SSSR 1945-53*. Moscou, 2002.

Kirilina, A. A. *L'Assassinat de Kirov*. Paris, 1995.

Knight, Amy, *Beria: Stalin's first lieutenant*. Princeton, 1993.

Knight, Amy, *Who killed Kirov? The Kremlin's greatest mystery*. Nova York, 1999.

Kojevnikov, Alexei, *Games of Stalinist democracy, ideological discussions in Soviet sciences 1947-1952, in* Sheila Fitzpatrick, *Stalinism: new directions*. Londres, 2000.

Korol, V. E., A. I. Sliusarenko, e I. U. Nikolaenko, "Tragic 1941 and Ukraine: new aspect of problems". *Slavic Military Studies*, v. II, nº 1, março 1998.

Kostirtchenko, Guenadi, *Out of the red shadows, anti-semitism in Stalin's Russia*. Nova York, 1995.

Kotkin, Stephen, *Magnetic mountain: Stalinism as a Civilisation*. University of California, 1995.

Kulikov, E., Miákgov, M. e O. Rjechevski, *Voina 1941-1945*. Moscou, 2001.

Kuznietsov, I. I., "KGB general Naum Isakovich Eitingon 1899-1991". *Slavic Military Studies*, v. 14, nº 1, março 2001.

Kuznietsov, I. I., "Stalin's Minister V. I. Abakúmov". *Slavic Military Studies*, v. 12 nº 1, março 1999.

Lakoba, S., *Ocherki po politicheskoy istorii Abkhazii*. Sukhumi, 1990.

Lastours, S. de, *Toukhatchevski*. Paris, 1996.

Lébedeva, N. S., *Katyn*. Moscou, 1994.

Levachov, Viktor, *Mikhoels: Ubrystoo Mikhoelsa*. Moscou, 1998.

Lewis, Jonathan, e Whitehead, Phillip, *Stalin: time for judgement*. Londres, 1990.

Leyda, Jay, *Kino: history of Russian and Soviet film*. Londres, 1973.

Likhánov, D. e Níkonov, V., "La pochistil OGPU", *in Sovershenno sekretno* 1992, 4.

Lôguinov, V., *Taini Stalina, General Vlasik i yego soratniki*. Moscou, 2000.

Malia, Martin, *The Soviet tragedy: a history of socialism 1917-2000*. Nova York, 1994.

Marcucci, L., *Il Commissario di Ferro di Stalin*. Turim, 1997.

Mariámov, Grigory, *Kremlevskiy tsenzor: Stalin smotrit kino*. Moscou, 1986.

McLoughlin, Barry e Kevin McDermott, *Stalin's terror: high politics and mass repression in the Soviet Union*. Londres, 2002.

Medviêdev, Jores, *The rise and fall of L D. Lysenko*. Nova York, 1969.

Medviêdev, Roy e Zhores, *Politicheskiy dnevnik*. Amsterdã, 1975.

Medviêdev, Roy, *All Stalin's men: six who carried the bloody purges*. Nova York, 1985.

Medviêdev, Roy, *Khrushchev*. Nova York, 1983.

Medviêdev, Roy, *Let history judge*. Londres, 1976.

Medviêdev, Roy, *Neizvestnyi Stalin*. Moscou, 2001.

Medviêdev, Roy, *On Stalin and stalinism*. Oxford, 1979.

Mee, Charles L. Jr., *Meeting at Potsdam*. Londres, 1975.

Merridale, C., *Moscow politics and the rise of Stalin: the Communist Party in the Capital 1925-32*. Basingstoke/Londres, 1990.

Merridale, Catherine, *Night of stone. Death and memory in Russia*. Londres, 2000.

Morgan, Ted, *FDR*. Londres, 1985.

Naúmov, V., *1941 god, Dokumenty*. Moscou, 2000.

Nekrássov, V. F., *Beria: Konets kariery*. Moscou, 1991.

Nekrássov, V. F., *Zhelezni Narkomy*. Moscou, 1995.

Nenarákov, A, "Shatbs/Kapitan, Marshall, Vrag Naroda, Iegórov". *Rodina*, nº 10, 1989.

Nevakivi, Jukka (ed.), *Finnish-Soviet relations 1944-1948*. Helsinque, 1994.

Nevejin, V. A., "Stalin's 5th May address: the experience of interpretation". *Slavic Military Studies* v. 11, nº. 1, março 1998.

Nove, Alex, (ed.) *The Stalin phenomenon*, Nova York, 1993.

Overy, Richard, *Russia's war*. Londres, 1997.

Papkov, S. A., *Stalinsky Terror v Sibiri 1928-1941*. Novosibirsk, 1997.

Parrish, Michael, "Downfall of the Iron Commissar N. I. Yezhov 1938-1940". *Slavic Military Studies*, v. 14, junho 2001.

Parrish, Michael, "The Last Relic: Serov" *Slavic Military Studies*, v. 10, set. 1997.

Parrish, Michael, *TheLesser Terror Soviet State securiy 1939-1953*. Londres, 1996.

Pavlenko, N. G., "GK Jukov: Iz neopublikovanykh vospominaniy'. *Kommunist*, v. 14, set. 1988.

Pavlenko, N. G., "Razmyshleniya o sudbe polkovodtsa". *VIZh*, nºs. 10, 11, 12, 1988.

Perlmutter, Amos, *A not so grand alliance 1943-45*. Columbia, MO, 1994.

Perrie, Maureen, *The cult of Ivan the Terrible in Stalin's Russia*. Londres, 2001.

Petchátov, Vladimir 0., "The Allies are pressing on you to break your will ..." *Foreign policy correspondence between Stalin and Molotov and other Politburo members, September 1945/December 1946*. Working Paper 26, Cold War International History Project, Woodrow Wilson International Centre for Scholars, Washington DC.

Petrov, N. V. e Scorkin, K. V., *Kto Rukovodil NKVD 1934-41: Spravochnik*. Moscou, 1999.

Polianski, A., *Iejov: Istoriya jeleznogo stalinskogo narkoma*. Moscou, 2001.

Pope, Arthur Upham, *Maxim Litvinov*. Londres, 1943.

Popov, B. S. e V. G. Oppokov, "Berievshchina". VIJ, 1990, nº 3

Porter, Cathy, *Alexandra Kollantai*. Londres, 1980.

Povartsov, S. *Prichina smerti-rastrel*. Moscou, 1996.

Raanan, Gavriel D., *International policy formation in the USSR. Factional "debates" during the Jdanovshchina*. Hamden CT, 1983.

Radosh, R., M. R., Habeck, G. Sevostianov (ed.), *Spain betrayed the Soviet Union in the Spanish Civil War*. New Haven, 2001.

Radzinski, Edvard, *Stalin*. Londres, 1996.

Read Anthony e David Fisher, *The deadly embrace: Hitler, Stalin and the Nazi-Soviet Pact 1939-1941*. Londres, 1988.

Read, Christopher, *The Stalin years: a reader*. Londres, 2003.

Rees, E. A., *Stalinism and Soviet rail transport 1928-1941*. Londres, 1995.

Reese, R. R., *Stalin's reluctant soldiers: a social history of the Red Army*. Kansas, 1996.

Ribakov, Anatoli, *Children of the Arbat*. Boston, 1988.

Richardson, Rosamond, *The long shadow: inside Stalin's family*. Londres, 1993.

Rieber, Alfred J., "Stalin man of the borderlands". *American History Review*, v. 106, nº 5, dezembro 2001.

Riehl, Nikolaus e Frederick Seitz, *Stalin's captive Nikolaus Riehl and the Soviet race for the Bomb*, Londres, 1996.

Rigby, T. H., "Was Stalin a disloyal patron?" *Soviet Studies* 38, nº 3, julho 1986.

Rigby, T. H., *Political Elites in the USSR*. Aldershot, 1990.

Ritterspoon, G. T., *Stalinist simplifications and Soviet complications. Social tensions and political conflicts in the USSR 1933-53*. Filadélfia, 1991.

Rjechevski, O. A., (ed.), *War and diplomacy: the making of the Grand Alliance*. Nova York, 1996.

Rjechevski, O. A., "Winston Churchill in Moscou 1942". *Churchill and Stalin, FCO Historians Conference 2002*.

Rjechevski, O. A., *Vtoraya Mirovaya Voina*. Moscou, 1995.

Roberts, Andrew, *The holy fox: a biography of Lord Halifax*. Londres, 1991.

Roberts, Geoffrey, "Beware Greek gifts: the Churchill/Stalin percentages agreement of october 1944". *Churchill and Stalin, FCO Historians' Conference 2002*.

Rogovin, Vadim Z., *1937: Stalin's year of terror*, Oak Park MI, 1988.

Rosenfeldt, N. E., *Knowledge and power: the role of Stalin's secret Chancellery in the Soviet system of government*. Copenhague, 1978.

Rubenstein, Joshua e Naumov, Vladimir P., *Stalin's secret pogrom. The postwar inquisition of the Jewish Anti-Fascist Committee*. New Haven, 2001.

Rubenstein, Joshua, *Tangled loyalties: the life and times of Ilya Ehrenburg*. Londres, 1996.

Rubtsov, Y., *Alter Ego Stalina: Stranitsy politicheskoi biografi LZ Mekhlisa*. Moscou, 1999.

Rubtsov, Y., *Marshay Stalina*. Rostov, 2000.

Sainsbury K., *The turning point*. Londres, 1986.

Salisbury Harrison, *900 Days. The siege of Leningrad*. Londres, 1969 (reimpr. 2000).

Seaton Albert, *Stalin as military commander*. Conshohocken, Pensilvânia, 1998.

Service, Robert, "Architectural problems of reform: from design to collapse". *Totalitarian Movements and Political Religions*, v. 2, nº 2, outono 2001.

Service, Robert, *A history of 20th century Russia*. Londres, 1997.

Service, Robert, *Joseph Stalin, the making of a stalinist. In* John Channon (ed.), *Politics, society and stalinism in the USSR*, Londres, 1998.

Service, Robert, *Lenin*. Londres, 2000.

Service, Robert, *The Bolshevik Party in revolution: a study in organisational change 1917-23*. Londres, 1979.

Shapiro, Leonard, *The Communist Party of the Soviet Union*. Londres, 1970.

Shukman, Harold (ed.), *Stalin and the Soviet-Finnish War 1939-1940*. Londres, 2002.

Shukman, Harold (ed.), *Stalin's generals*. Londres, 1993.

Siegelbaum, Lewis e Sokolov, Andrei (ed.) *Stalinism as a way of life. A narrative in documents*. New Haven, 2001'.

Smith, Edward Ellis, *Young Stalin*. Nova York, 1967.

Soyfer, Valery, *Lysenko and the tragedy of Soviet science*, NJ 1994.

Spahr, William J., *Stalin's lieutenants. A study of command under Duress*. Novato CA, 1997.

Spahr, William J., *Zhukov, the rise and fall of a great captain*. Novato CA, 1995.

Starr, S. Frederick, *Red and hot. The fate of jazz in the Soviet Union 1917-80*. Oxford, 1983.

Stoliarov, K. A., *Golgofa*. Moscou, 1991.

Sukhomlinov, A., *Vasily: Syn Vojdya*. Moscou, 2001.

Suliánov, Anatoli, *Arrestovat v Kremle. O jizni i smerti marshala Beria: Povest*. Minsk, 1991.

Suny, Ronald Grigor, *The making of the Georgian nation*. Stanford CA, 1988.

Suvenírov, O. E., *Tragediya RKKA 1937-8*. Moscou, 1998.

Taubman, William, *Khrushchev, the man and his era*. Londres, 2002.

Taubman, William, Serguei Khrúshchev e Abbott Gleason, *Nikita Khrushchev*. New Haven, 2000.

Taylor, A. J. P., *Beaverbrook*. Londres, 1972.

Thomas, Hugh, *Armed truce, the beginnings of the Cold War 1945-6*. Londres, 1986.

Thurston, Robert W., *Life and terror in Stalin's Russia 1934-41*. New Haven, 1996.

Tolstoy, Nikolai, *Stalin's secret war*. Londres, 1981.

Tolstoy, Nikolai, *The Tolstoys*. Londres, 1983.

Toranska, Teresa, *Oni, Stalin's Polish puppets*. Londres, 1987.

Tortchinov, B. A. e A. M. Lentiuk, *Vokrug Stalina*. São Petersburgo, 2000.

Trepper, L., *Bolshaya igra*. Moscou, 1990.

Tucker, Robert, *Stalin as revolutionary*. Nova York, 1974.

Tucker, Robert, *Stalin in power: the revolution from above*. Nova York, 1990.

Tucker, Robert, *Stalinism. Essays in historical interpretation*. New Brunswick, NJ, 2000.

Uchakov, S. e A. A. Stukakov, *Front Voennykh Prokurotov*. Moscou, 2000.

Uspenski, V D., *Taynyi Sovetnik Vojdya*. Moscou, 1992.

Vaksberg, Arkady, "Delo marshala Jukova: nerazorvavshayasya bomba". *Literaturnaya Gazeta*, nº 32, 5 de agosto de 1992.

Vaksberg, Arkady, *Stalin against the Jews*. Nova York, 1995.

Vaksberg, Arkady, *Stalin's Prosecutor. The life of Andrei Vyshinsky*. Nova York, 1991.

Vassílieva, Larissa, *Deti Kremya*. Moscou, 2001.

Vassílieva, Larissa, *Kremlevskie Jeny*. Moscou, 2001.

Vassílieva, Larissa, *Kremlin wives*. Londres, 1994.

Veiskopf, Mikhail, *Pisatel Stalin*. Moscou, 2001.

Volkogónov, Dmitri, *Stalin: triumph and tragedy*. Londres, 1991.

Volkogónov, Dmitri, *The rise and fall of the Soviet empire*. Londres, 1998.

Watson, Derek, "The early career of V. M. Molotov". *CREES Discussion Papers, Soviet Industrialisation Project Series, Univ. of Birmingham, vol. 26*, 1986.

Watson, Derek, *Molotov and Soviet government: Sovnarkom 1930-41*. Basingstoke, 1996.

Wheatley, Dennis, *Red eagle. The story of the Russian Revolution and of Klimenty Eftemovitch Voroshilov, marshal and commissar for Defence of the USSR*. Londres, 1938.

Young, Gordon, *Stalin's heirs. Who's who in Soviet Russia*. Londres, 1953.

Zenkovich, N. A., *Marshaly I genseki*. Smolensk, 1997.

Zubkova, Elena, "Obshchestvennaya atmosphera posle voiny (1945-1946)". *Svobodnaya Mysl*, nº 6, 1992.

Zubok, Vladislav e Pleshakov, Constantine, *Inside the Kremlin's Cold War, from Stalin to Khrushchev*. Harvard, 1996.

Índice remissivo

1ª EDIÇÃO [2006] 5 reimpressões

ESTA OBRA FOI COMPOSTA PELO GRUPO DE CRIAÇÃO EM DANTE E
IMPRESSA PELA GRÁFICA SANTA MARTA EM OFSETE SOBRE PAPEL PÓLEN NATURAL
DA SUZANO S.A. PARA A EDITORA SCHWARCZ EM JUNHO DE 2023

FSC
www.fsc.org
MISTO
Papel | Apoiando o manejo florestal responsável
FSC® C005648

A marca FSC® é a garantia de que a madeira utilizada na fabricação do papel deste livro provém de florestas que foram gerenciadas de maneira ambientalmente correta, socialmente justa e economicamente viável, além de outras fontes de origem controlada.